Lernen und Gedächtnis

Prof. Dr. James E. Mazur

Lernen und Gedächtnis

PEARSON Studium

ein Imprint von Pearson Education
München • Boston • San Francisco • Harlow, England
Don Mills, Ontario • Sydney • Mexico City
Madrid • Amsterdam

Bibliografische Information Der Deutschen Bibliothek

Die Deutsche Bibliothek verzeichnet diese Publikation in der Deutschen Nationalbibliografie; detaillierte bibliografische Daten sind im Internet über *http://dnb.ddb.de* abrufbar.

10 9 8 7 6 5 4 3 2

06 05

ISBN 3-8273-7086-8

ein Imprint der Pearson Education Deutschland GmbH,
Martin-Kollar-Straße 10-12, D-81829 München/Germany

www.pearson-studium.de
Übersetzung: Elisabeth Steinweg-Fleckner, Susanne von Somm, Andreas Zantop
Fachlektorat: Dr. Melanie Steffens, Universität Trier
Lektorat: Christian Schneider, cschneider@pearson.de
Korrektorat: Margret Neuhoff, München
Einbandgestaltung: adesso 21, Thomas Arlt, München
Titelbild: Getty Images
Herstellung: Claudia Bäurle, cbaeurle@pearson.de
Satz: mediaService, Siegen (www.media-service.tv)
Druck und Verarbeitung: Kösel, Kempten (www.KoeselBuch.de)

Printed in Germany

Inhaltsverzeichnis

Vorwort

Dieses Buch will dem Leser einen Zweig der Psychologie nahe bringen, der sich damit beschäftigt, wie Menschen und Tiere lernen und wie dadurch ihr Verhalten verändert wird. Dies ist natürlich ein sehr weites Feld, da fast all unser Verhalten in irgendeiner Weise von Lernerfahrungen beeinflusst ist. Weil es so viele Beispiele für Lernerfahrungen und erlernte Verhaltensweisen gibt, ist das Ziel der meisten in diesem Bereich tätigen Psychologen auf die Entdeckung allgemeiner Prinzipien gerichtet, die auf viele verschiedene Spezies und Lernsituationen anwendbar sind. Mich beeindruckt und inspiriert nach vielen Jahren Arbeit in diesem Bereich nach wie vor die Tatsache, dass es möglich ist, solch allgemeine Aussagen über Lernen, Verhalten und Gedächtnis zu machen. Das Buch beschreibt einige der wichtigsten Prinzipien, Theorien, Kontroversen und Experimente, die in diesem Zweig der Psychologie in den ersten hundert Jahren hervorgebracht wurden.

Der Text ist für Grund- und Mittelstufenseminare zum Thema Lernen, Konditionierung oder experimentale Verhaltensforschung geeignet. Es wird keinerlei Wissen über Psychologie vorausgesetzt, aber die Lektüre ist vermutlich für jene leichter, die bereits Einführungskurse besucht haben. Viele der Konzepte und Theorien in diesem Bereich sind ziemlich abstrakt und um sie konkreter (und relevanter) zu machen, habe ich zahlreiche Beispiele aus dem Alltag und Analogien eingefügt. Außerdem enthalten die meisten Kapitel Abschnitte darüber, wie die Theorien und Prinzipien im praktischen Bereich der Verhaltenstherapie angewendet werden.

Grob gesagt dringt die Materie vom Einfachen ins Komplexe vor, wobei die Schwierigkeiten des Lernstoffs und die behandelten Lernarten berücksichtigt werden. Kapitel 1 widmet sich dem Wesen wissenschaftlicher Theorien und Experimente. Hier wird die behavioristische Herangehensweise beleuchtet und mit der kognitiven kontrastiert. In Kapitel 2 werden zunächst einige der frühesten Theorien über den Lernprozess beschrieben und dann einige grundlegende Entdeckungen über die physiologischen Hintergründe des Lernens dargestellt. In Kapitel 3 werden angeborene Verhaltensweisen und der einfachste Lerntyp, die Habituation, erläutert. Viele der hier eingeführten Begriffe und Vorstellungen tauchen in späteren Kapiteln über die klassische und operante Konditionierung und das Bewegungslernen wieder auf.

Die folgenden beiden Kapitel behandeln die klassische Konditionierung. Kapitel 4 beginnt mit grundlegenden Prinzipien und endet mit der Darstellung einiger therapeutischer Anwendungsformen. Kapitel 5 beschreibt neuere theoretische Entwicklungen und Ergebnisse aus Experimenten auf diesem Gebiet. In den folgenden drei Kapiteln werden die verschiedenen Aspekte des operanten Konditionierens diskutiert: In Kapitel 6 werden die grundlegenden Prinzipien und die Terminologie der positiven Verstärkung, in Kapitel 7 die Möglichkeiten der Verstärkung und Anwendung und in Kapitel 8 die negative Verstärkung und Bestrafung dargestellt. Kapitel 9 und 10 sind stärker theoretisch ausgerichtet (obwohl auch hier viele empirische Ergebnisse beschrieben werden). In Kapitel 9 werden verschiedene Ansichten über so fundamentale Fragen wie die, was einen Verstärker eigentlich ausmacht und welche Bedingungen notwendig sind, damit Lernen überhaupt stattfinden kann, dargestellt. Kapitel 10 widmet sich etwas gründlicher der Generalisierung und Diskrimination, als dies in den früheren Kapiteln möglich war und untersucht die Forschung zur Entstehung von Konzepten.

Kapitel 11 bietet einen Überblick über eine ganze Bandbreite von Ergebnissen im rasch wachsenden Bereich der komparativen Kognition. Kapitel 12 und 13 stellen zwei Lerntypen vor, die in vielen Texten über das Lernen kaum oder gar nicht beachtet werden – das Beobachtungslernen und das Bewegungslernen. Diese Kapitel wurden aufgenommen, weil ein wesentlicher Teil des menschlichen Lernens entweder Beobachtung oder die Entwicklung neuer motorischer Fähigkeiten einschließt und die Leser zu Recht enttäuscht über ein Lehrbuch zum Thema Lernen wären, das ihnen diese Bereiche vorenthielte. Kapitel 14 stellt schließlich einen Überblick über die behavioristische Forschung zur Verfügung.

Für diese vorliegende fünfte Auflage wurden zahlreiche Veränderungen vorgenommen, die den Studenten beim Erlernen des Materials helfen sollen und gleichzeitig eine Aktualisierung darstellen. So wurde ein Glossar erstellt, damit die Leser rasch eine Definition der Schlüsselbegriffe finden. In jedem Kapitel gibt es nun Querverweise auf Internetseiten, die weiterführende Informationen oder Demonstrationen der im Kapitel dargestellten Konzepte anbieten. Jedes Kapitel wurde um neue Studien erweitert, die aktuelle Entwicklungen in diesem Bereich wiedergeben. Ein Trend in der Lernforschung scheint der zunehmende Einsatz von menschlichen Versuchsteilnehmern in den Experimenten zu einfachen Verhaltensprozessen. Diese Auflage trägt diesem Trend Rechnung, indem neuere Forschungsvorhaben mit menschlichen Probanden zu so verschiedenen Fragen wie der klassischen Konditionierung, physiologischen Mechanismen, regelbestimmtem Verhalten, biologischer Prädisponiertheit, Stimuluskontrolle und so weiter aufgenommen wurden.

Ich möchte mich bei den folgenden Personen für ihre Hilfe bei der Vorbereitung dieses Buches bedanken. Viele meiner Gedanken über das Lernen und die Psychologie im Allgemeinen entstanden in den Gesprächen mit Richard Herrnstein, meinem Lehrer, Berater und Freund. Ich danke auch denen, die Teile des Buches gelesen haben und mir wertvolle Rückmeldung gaben: Mark Branch, University of Florida; Gary Brosvic, Rider University; Valerie Farmer-Dougan, Illinois State University; Adam Goodie, University of Georgia; Kenneth P. Hillner, South Dakota State University; Peter Holland, Duke University; Ann Kelley, Harvard University; Kathleen McCartney, University of New Hamphire; David Mostofsky, Boston University; Thomas Moye, Coe College; Jack Nation, Texas A & M University; David Schaal; West Virginia University; James R. Sutterer, Syracuse University; E. A. Wasserman, University of Iowa und Joseph Wister, Chatham College. Besonderer Dank gilt auch Marge Averill, Stan Averill, John Bailey, Chris Berry, Paul Carroll; David Coe, David Cook, Susan Herrnstein, Margaret Makepeace, Margaret Nygren, Seven Pratt und James Roach für ihre kompetente und freundliche Hilfe bei den verschiedenen Auflagen dieses Buches sowie Jayme Heffler von Prentice Hall für die Mitarbeit und Beratung. Zuletzt gilt meiner Frau Laurie Averill für ihre Hilfe bei dieser Auflage ein großes Dankeschön.

James. E. Mazur

Kapitel

1 Die Psychologie des Lernens und Verhaltens

In diesem Kapitel

Wenn Sie nichts über jenen Bereich der Psychologie wissen, der sich mit dem Lernen beschäftigt, haben Sie möglicherweise falsche Vorstellungen davon. Ich kann mich erinnern, wie ich als Student im ersten Semester das Vorlesungsverzeichnis durchblätterte und auf ein vom Fach Psychologie angebotenes Seminar mit dem prägnanten Titel „Lernen“ stieß. Ich verzichtete darauf, die Seminarbeschreibung zu lesen, fragte mich aber, was wohl die Inhalte sein mochten. Lernen, dachte ich, ist das, was Schüler und Studenten tun. Ging es also darum, den Studenten besseres Lernen, Lesen und Mitschreiben beizubringen? Oder beschäftigte sich das Seminar mit dem Lernverhalten von Kindern? Ging es um die beste Art, Kindern das Lesen, Schreiben und Rechnen beizubringen? Womöglich standen Kinder mit Lernbehinderungen im Zentrum des Seminars. Ich konnte mir jedoch kaum vorstellen, dass dieses recht begrenzte und spezielle Thema ein Einführungsseminar ein ganzes Semester lang ausfüllen würde.

Meine Vorstellung von der Psychologie des Lernens war in vielfacher Hinsicht falsch. Erstens sollte ein Psychologieseminar, das sich mit dem Lernen im Unterricht beschäftigt, eher einen Namen wie „Pädagogische Psychologie“ haben. Zweitens ist die Psychologie des Lernens alles andere als ein begrenztes Thema. Denkt man nur einen Moment lang nach, wird klar, dass Studenten und Schüler kein Lernmonopol haben. Kinder haben schon ungeheuer viel gelernt, bevor sie ein Schulzimmer betreten und Erwachsene lernen immer weiter, indem sie sich beispielsweise an Veränderungen in ihrer Umgebung anpassen. Weil Lernen in jedem Alter stattfindet, konzentriert sich die Psychologie des Lernens auch nicht auf das in der Schule stattfindende Lernen. Da der Mensch nur eine von Tausenden lernfähiger Spezies auf diesem Planeten ist, kümmert sie sich auch keineswegs nur um die Erforschung des menschlichen Lernens. Aus Gründen, die später erläutert werden, wurde ein großer Teil aller psychologischen Experimente zum Thema Lernen mit nicht menschlichen Versuchsteilnehmern durchgeführt. Lernpsychologen kann man daher zwar einiges vorwerfen, aber nicht, dass sie nur die menschliche Spezies beachten.

Obwohl sogar Spezialisten Schwierigkeiten mit einer genauen Definition des Begriffs **Lernen** haben, würden die meisten sicherlich zustimmen, dass es sich dabei um einen Veränderungsprozess handelt, der als Ergebnis individueller Erfahrung auftritt. Psychologen, die sich mit dem Lernen beschäftigen, interessieren sich in jedem Fall für diesen Prozess, ob er nun bei Erwachsenen, bei Schulkindern, anderen Säugetieren, Reptilien oder Insekten auftritt. Das klingt bereits nach einem sehr weiten Feld. Tatsächlich ist es aber noch umfassender, denn die Lernforscher untersuchen nicht nur den **Prozess** des Lernens, sondern auch das **Ergebnis**, also jene langfristigen Veränderungen im Verhalten eines Individuums, die aus Lernerfahrungen resultieren.

Das folgende Beispiel verdeutlicht den Unterschied zwischen dem Prozess und dem Ergebnis des Lernens. Stellen Sie sich vor, Sie schauen aus dem Fenster und sehen bei den im Hof stehenden Mülleimern einen Waschbären. Sie beobachten, wie er es schafft, eine Mülltonne umzuwerfen, den Deckel wegzuschieben und die darin befindliche Mülltüte aufzureißen. Nehmen wir an, dass der Waschbär durch den Geruch von Lebensmitteln angezogen war, aber nie zuvor Mülltonnen gesehen hatte. Wenn wir dieses besondere Verhalten untersuchen wollen, sind zunächst etliche Fragen zu klären. Manche beziehen sich unmittelbar auf den Lernprozess: Hat das Tier die Tonne rein zufällig geöffnet oder wurde es durch einen „Handlungsplan“ geleitet? Welche Faktoren bestimmen, wie lange der Waschbär sich mit der Mülltonne beschäftigt, wenn er nicht sofort erfolgreich ist und etwas zu fressen aufspürt? Diese Fragen beziehen sich auf die so genannte **Akquisitionsphase**, in der das Tier eine neue Fähigkeit erwirbt.

Auch wenn der Waschbär bereits Erfahrung im Umgang mit Mülltonnen hat, kann er bei seinen Streifzügen durch die Nachbarschaft Überraschungen erleben. Obwohl die Akquisitionsphase im Bezug auf Mülltonnen im Wesentlichen abgeschlossen ist, können wir das Verhalten des Waschbären weiterhin untersuchen, wobei unsere Fragen auf die **Performanz** des gelernten Verhaltens zielen. Der Waschbär hat vermutlich nur gelegentlich Erfolg bei der Futtersuche in Mülltonnen, denn manchmal wird eine Tonne leer sein oder nichts Genießbares enthalten. Wie oft sucht der Waschbär einen bestimmten Hof auf und wie wirkt sich die Erfolgsrate auf die Häufigkeit dieser Besuche aus? Wahrscheinlich hat das Tier zu bestimmten Zeiten des Tages oder der Woche mehr Erfolg. Werden seine Besuche bald zu den günstigsten Zeiten stattfinden? Diese Fragen beziehen sich auf das Endprodukt des Lernprozesses, nämlich die neu erworbenen Verhaltensmuster des Waschbären. Dass das vorliegende Buch *Lernen und Gedächtnis* heißt und nicht nur einfach *Lernen*, spiegelt die Tatsache wider, dass die Psychologie des Lernens sowohl den Erwerbsprozess als auch das daraus resultierende langfristige Verhalten umfasst.

1.1 Die Suche nach allgemeinen Lernprinzipien

Da sich die Psychologie des Lernens mit allen Arten des Lernens und erlernten Verhaltens bei allen Arten von Lebewesen beschäftigt, ist dieses Forschungsgebiet natürlich sehr umfassend. Denken Sie nur einmal an die vielen verschiedenen Verhaltensweisen, die Sie in den ersten beiden Stunden nach dem Aufstehen heute an den Tag gelegt haben. Wie viele davon wären ohne einen vorangehenden Lernprozess nicht möglich gewesen? In den meisten Fällen ist diese Frage leicht zu beantworten. Sich anziehen und waschen, das Bett machen, ins Esszimmer gehen und frühstücken sind gute Beispiele für Verhaltensweisen, die teilweise oder völlig von Lernerfahrungen in der Vergangenheit abhängen. Der Verzehr einer Frühstücksmahlzeit gelingt aufgrund verschiedener Lernvorgänge, durch die sowohl Kenntnisse über die Auswahl und Menge der richtigen Lebensmittel und die Verwendung von Werkzeugen als auch die korrekte Koordination der Bewegungen von Hand, Auge und Mund erworben wurden. Abgesehen von Erscheinungen wie Atmung und Herzschlag, die ununterbrochen stattfinden müssen, damit eine Person überleben kann, gibt es wenig menschliche Verhaltensweisen, die nicht auf vorangehende Lernerfahrungen zurückzuführen sind.

Die Vielzahl der von Menschen und anderen Geschöpfen erlernten Verhaltensweisen lässt die Lernpsychologie uferlos erscheinen. Wie kann eine einzelne Disziplin hoffen, diese vielen verschiedenen Lernvorgänge sinnvoll beschreiben zu können? – Natürlich kann nicht jedes Beispiel eines Lernvorgangs für sich genommen und isoliert untersucht werden. Die wenigsten Wissenschaftler gehen so vor. Vielmehr besteht ihre Strategie darin, auf vermutlich willkürlicher Basis einige wenige Lernsituationen auszuwählen, diese genau zu untersuchen und dann davon ausgehend und verallgemeinernd andere Lernvorgänge zu beschreiben. Ein wichtiges Ziel der Lernforschung war und ist somit die Entwicklung von allgemeinen Grundregeln, die auf ein breites Spektrum von Lebewesen und Lernsituationen anwendbar sind.

B. F. Skinner, eine der einflussreichsten Persönlichkeiten in der Geschichte der Psychologie, bekräftigte seinen Glauben an diese Strategie in seinem ersten größeren Werk *The Behavior of Organisms* (1938). In seinen ersten Untersuchungen verwendete Skinner weiße Ratten als Probanden und das Betätigen eines Hebels als Reaktion. Eine einzelne Ratte wurde in eine kleine Versuchskammer gesetzt, in der es lediglich einen Hebel und einen Futternapf gab, der manchmal Futter enthielt, nachdem die Ratte den Hebel betätigt hatte. Eine modernere Variante dieser Versuchskammer ist in Abbildung 1.1 zu sehen. Skinner ging davon aus, dass durch die Beobachtung des Verhaltens der Ratten in dieser kargen Umgebung Rückschlüsse auf die Grundlagen des Verhaltens vieler Tiere, einschließlich des Menschen, in der komplexeren Umgebung außerhalb des psychologischen Labors möglich sind. Die Arbeit von Skinner und seinen Schülern wird zu Beginn des sechsten Kapitels genau beschrieben, wo Sie selbst entscheiden können, ob sich Skinners Strategie bewährt hat.

Abbildung 1.1: Eine Versuchskammer, in der eine Ratte Futter bekommen kann, indem sie einen Hebel betätigt. Die Futterkörnchen gelangen in die viereckige Öffnung unterhalb des Hebels. Die Kammer verfügt über Licht und Lautsprecher, so dass visuelle und akustische Signale gegeben werden können.

Dieses Suchen nach allgemeinen Regeln ist keine Besonderheit der Lernpsychologie. Versuche, Grundregeln oder Gesetze mit breiter Anwendbarkeit zu entdecken, sind Teil der meisten wissenschaftlichen Bemühungen. Ein allgemeiner Grundsatz der Physik ist zum Beispiel das Gesetz der Schwerkraft, das unter anderem Aussagen über die Entfernung zulässt, die ein frei fallender Gegenstand in einer bestimmten Zeit zurücklegt. Wenn der Fall eines Objekts in einer bestimmten Position beginnt und s Sekunden andauert, ergibt die Gleichung $d = 9{,}81 m/s^2$ die Distanz, die es zurücklegt. Das Gesetz der Schwerkraft ist eine allgemeine Grundregel, denn theoretisch lässt es sich auf jeden fallenden Gegenstand anwenden, egal ob es sich um einen Stein, einen Baseball oder einen Fallschirmspringer handelt. Weder Gewicht, chemische Zusammensetzung, Form, Temperatur oder politische Überzeugung noch irgendein anderes Charakteristikum des Gegenstandes spielt dabei eine Rolle: Die oben angeführte Gleichung enthält offensichtlich keine Termini für diese Eigenschaften.

Nichtsdestoweniger hat das Gesetz der Schwerkraft Grenzen. Wie die meisten wissenschaftlichen Grundregeln ist es nur dann anwendbar, wenn bestimmte Kriterien erfüllt sind. Eingeschränkt wird die Gleichung durch die Tatsache, dass sie nur gilt, wenn die Objekte sich (1) in der Nähe der Erde befinden und (2) nicht von anderen Kräften wie dem Luftwiderstand beeinflusst werden. Würden wir beschließen, diese Kriterien zu ignorieren, wäre es leicht, das Gesetz der Schwerkraft zu „widerlegen". Wir könnten einfach einen Stein und ein Blatt fallen lassen, um zu zeigen, dass das Blatt viel langsamer fällt. Werden jedoch die Einschränkungen des Gesetzes anerkannt, belegt unser Experiment gar nichts, denn wir hatten den Einfluss des Luftwiderstandes nicht eliminiert. Dieses Beispiel zeigt, weshalb es oft notwendig ist, im Labor zu arbeiten, um einen aussagekräftigen Test einer wissenschaftlichen Regel durchzuführen. Im Labor kann der Luftwiderstand durch die Verwendung einer Vakuumkammer minimiert werden. Das Blatt und der Stein werden in dieser künstlichen Umgebung mit derselben Geschwindigkeit herabfallen und dadurch das Gesetz der Schwerkraft verifizieren. Aus ähnlichen Gründen können Grundregeln des Lernens und Verhaltens, die in einer natürlichen Umgebung durch eine Vielzahl äußerer Faktoren verwischt werden, in einer Laborsituation möglicherweise entdeckt werden.

Geht man von den beschriebenen Einschränkungen der Gravitation aus, könnte ein naiver Leser annehmen, dass das Gesetz keinerlei praktischen Nutzen hat, da es ja in der natürlichen Umwelt kein Vakuum in Erdnähe gibt. Aber dieser Schluss ist nur dann richtig, wenn es um extrem genaue Messungen geht. Denn bei vielen festen Gegenständen mit Kugelform ist der Einfluss des Luftwiderstandes so gering, dass sich mit Hilfe des Gesetzes der Schwerkraft recht zutreffende Aussagen machen lassen. Ebenso wäre es naiv anzunehmen, ein psychologisches Prinzip habe in einer natürlichen Umgebung keine Relevanz, nur weil es im Labor nachgewiesen wurde. Beginnend mit dem zweiten Kapitel werden in jedem Kapitel dieses Buches verschiedene neue Prinzipien des Lernens und Verhaltens vorgestellt, die fast alle in Laborsituationen erforscht wurden. Um zu zeigen, dass sie auch in einem natürlichen Rahmen Geltung haben, werden in den Kapiteln auch zahlreiche Situationen aus dem Leben beschrieben. Viele der Beispiele stammen aus der Verhaltenstherapie, bei der Lernprinzipien angewendet werden, um Menschen zu helfen, mit ihren psychischen Störungen oder Problemen klarzukommen.

1.2 Das Wesen wissenschaftlicher Theorien

Bevor wir anfangen, Theorien des Lernens zu untersuchen, ist es wichtig, die charakteristischen Merkmale wissenschaftlicher Theorien und die häufigsten Kriterien zu ihrer Evaluation zu verstehen. Wie bei vielen abstrakten Begriffen bietet es sich auch in diesem Falle an, ein konkretes Beispiel zu betrachten. Nehmen wir eine spezielle Theorie über das menschliche Verhalten und untersuchen wir, inwiefern sie einer wissenschaftlichen Überprüfung standhält.

1.2.1 Ein Beispiel für eine Verhaltenstheorie: Biorhythmus

Obwohl sie sicherlich in den siebziger Jahren des 20. Jahrhunderts populärer war, hat die Biorhythmustheorie noch heute ihre Anhänger. Ich begegnete ihr zum ersten Mal 1977 in einem Artikel der *New York Times*, in dem berichtet wurde, dass mindestens fünf Football-Teams der amerikanischen National League Biorhythmusdaten der eigenen und gegnerischen Spieler benutzten, um Spielstrategien zu entwickeln. Vertreter der Biorhythmustheorie behaupten nämlich, dass es auf der Grundlage des Geburtsdatums eines Menschen möglich sei, mit Hilfe von Tabellen sein Leistungsvermögen an einem bestimmten Tag im Voraus zu berechnen. Wenn das zutrifft, sind die Implikationen für die Entwicklung einer Spielstrategie offensichtlich. Wird erwartet, dass der normalerweise gefährliche gegnerische Rückschläger am Tag des Spiels weniger leistungsfähig ist, kann eine doppelte Deckung unterbleiben und die Verteidigung besser eingesetzt werden. Wenn der eigene Läufer am Sonntag einen günstigen Biorhythmus haben wird, sollte der Spielverlauf offensiver geplant werden. Es wäre also dumm von einem Trainer, die Biorhythmen der Spieler nicht zu berücksichtigen, die sich auf die Leistungsfähigkeit auswirken. Aber was ist der Biorhythmus und wie genau wirkt er sich auf das Verhalten aus?

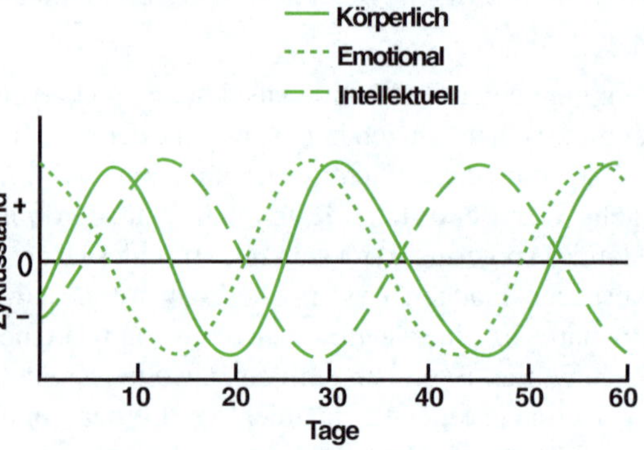

Abbildung 1.2: Ein typisches, von der Biorhythmus-Theorie angenommenes Muster, das die drei Körperzyklen über einen Zeitraum von zwei Monaten darstellt.

Nach Bernard Gittelson (1977, 1996), einem Vertreter der Biorhythmustheorie, ist die grundlegende Vorstellung die, dass das Verhalten jeder Person durch drei Zyklen beeinflusst wird: einem körperlichen Zyklus, der 23 Tage dauert, einem emotionalen Zyklus, der 28 Tage dauert und einem intellektuellen Zyklus, der 33 Tage dauert. Abbildung 1.2 zeigt in einem Beispiel die drei Zyklen einer Person über zwei Monate hinweg. Jeder der drei Zyklen befindet sich die Hälfte der Zeit im positiven, die andere Zeit im negativen Bereich. Der positive Bereich wird mit guten Leistungen in Verbindung gebracht (zum Beispiel klugen Entscheidungen, kreativen Ideen, überdurchschnittlicher körperlicher Leistung). Ist ein Zyklus jedoch im negativen Bereich, so neigt die Person dazu, Fehler zu machen, Unfälle zu haben und bei alltäglichen Verrichtungen unterdurchschnittliche Leistungen zu erbringen. Abgesehen von diesen Höhe- und Tiefpunkten der drei Zyklen spielen die Zeitpunkte, an denen eine Zykluskurve die Nullmarke (die horizontale Linie in der Abbildung) kreuzt, ebenfalls eine wichtige Rolle in der Biorhythmustheorie. Sie werden „kritische Tage" genannt, und das Verhalten der Person ist an diesen Tagen vermutlich suboptimal.

Im Artikel der *Times* wurde eine Reihe von Fällen beschrieben, die für die Biorhythmustheorie sprachen. Als der Footballtrainer von Ohio State, Woody Hayes, am 19. November 1977 beispielsweise einen Kameramann vom Fernsehen an der Seitenlinie niederschlug, weil seine Mannschaft dabei war zu verlieren, waren sein körperlicher und sein intellektueller Zyklus sehr niedrig. Am folgenden Tag erreichte Walter Payton von den Chicago Bears einen neuen Stürmerrekord im NFL-Einzelspiel. Alle drei Zyklen waren bei ihm sehr hoch. Biorhythmustheoretiker sind davon überzeugt, dass derartige Beispiele verdeutlichen, wie die Leistung von Personen durch den Biorhythmus beeinflusst wird.

Aber wie kann der Biorhythmus allein anhand des Geburtstages einer Person berechnet werden? Die Theorie geht davon aus, dass alle drei Zyklen sich an der Nullmarke befinden, wenn ein Kind geboren wird, und sich danach in positiver Richtung entwickeln. Da die Zyklen angeblich eine genau festgelegte Länge von 23, 28 und 33 Tagen haben, können sie für jeden Tag in der Zukunft im Voraus berechnet werden. Da der emotionale Zyklus 28 Tage hat, sollte er am siebten Lebenstag des Neugeborenen einen Höhepunkt erreichen, am vierzehnten Tag die Nullmarke wieder kreuzen und am einundzwanzigsten Tag an einem Tiefpunkt ankommen, und so weiter.

Wenn es zutrifft, dass alle Menschen derartigen regelmäßigen Veränderungen in ihrem Leistungsvermögen unterworfen sind und gute und schlechte Tage im Voraus vorhergesagt werden können, sind die Implikationen für viele andere Lebenssituationen offensichtlich. Gittelson (1977) beschrieb etliche Beispiele, in denen die Biorhythmustheorie in die Praxis umgesetzt wurde. Als er sein Buch schrieb, benutzten über 5.000 Firmen in Japan Biorhythmusdiagramme ihrer Angestellten, um Arbeitsunfälle zu reduzieren. Ein großes japanisches Busunternehmen schickte seinen Fahrern an den kritischen Tagen eine Karte, um sie zu warnen und zu besonderer Vorsicht aufzufordern. Bei der Swissair gab es die Regel, dass die Biorhythmen von Pilot und Kopilot eines Flugzeuges nicht am selben Tag in einem kritischen Bereich sein durften.

Die Biorhythmustheorie ist ein Beispiel für eine Verhaltenstheorie, die Vorhersagen über das über- oder unterdurchschnittliche Verhalten einer Person bei der Bewältigung von Alltagsaufgaben trifft. Als Verhaltenstheorie enthält sie alle wichtigen Komponenten einer typischen psychologischen Theorie. Daher eignet sie sich gut als Beispiel, an dem die Merkmale der meisten psychologischen und wissenschaftlichen Theorien herausgestellt werden können.

1.2.2 Die wichtigsten Bestandteile wissenschaftlicher Theorien

Die Wissenschaft ist darum bemüht, Information über **Kausalität** oder die Beziehung zwischen Ursache und Wirkung zu bekommen. Ein einfaches Beispiel für eine Ursache ist die Bewegung eines Tischtennisschlägers, der den Ball trifft. Die Wirkung dessen ist die Bewegung des Balls durch die Luft. In der Psychologie, aber auch in anderen Wissenschaften, wird das Wort **Ursache** oft durch den Begriff **unabhängige Variable** ersetzt. Dieser Begriff impliziert, dass der Versuchsleiter die „Freiheit“ besitzt, diese unabhängige Variable je nach Bedarf zu variieren (er kann zum Beispiel das Tempo festlegen, mit dem der Tischtennisschläger den Ball trifft). Der Begriff **abhängige Variable** ersetzt das Wort **Wirkung**. Dadurch wird deutlich, dass die Wirkung von bestimmten Eigenschaften der unabhängigen Variablen *abhängt* (so wie die Flugbahn des Tischtennisballs vom Tempo des Schlägers). Die wissenschaftlichen Konventionen fordern, dass sowohl die unabhängigen als auch die abhängigen Variablen beobachtbare Ereignisse sind, wie im Fall des Tischtennisbeispiels. Im Falle der Biorhythmustheorie ist die unabhängige Variable die Anzahl der Tage, die seit der Geburt einer bestimmten Person bis zu einem angenommenen Stichtag vergangen ist. Die abhängige Variable ist die Leistungsfähigkeit der Person in Bezug auf eine bestimmte Aufgabe an diesem Stichtag.

Um die Beziehung zwischen unabhängigen und abhängigen Variablen vorherzusagen, verwenden viele wissenschaftliche Theorien die so genannten **intervenierenden Variablen**. Sie sind rein theoretischer Natur und können nicht unmittelbar beobachtet werden. Um die Flugbahn eines Tischtennisballs vorherzusagen, verlässt sich Newtonsche Physik auf eine Reihe von intervenierenden Variablen wie *Kraft, Masse, Luftwiderstand* und *Schwerkraft*. Sie gehen recht in der Annahme, dass die intervenierenden Variablen der Biorhythmustheorie die drei Körperzyklen mit ihren spezifischen Zeiträumen sind. Nicht alle psychologischen Theorien schließen intervenierende Variablen ein; manche Psychologen wenden sich gegen ihre Verwendung, eben weil sie nicht beobachtbar sind. Die Diskussion über ihre Verwendung wird weiter unten in diesem Kapitel genauer dargestellt.

Die letzte wichtige Komponente einer wissenschaftlichen Theorie ist ihre **Syntax**, also die Regeln und Definitionen, die festlegen, wie die unabhängigen und abhängigen Variablen gemessen werden müssen. Sie bestimmen die Beziehungen zwischen den unabhängigen, abhängigen und intervenierenden Variablen. Die Syntax der Biorhythmustheorie beschreibt, wie ausgehend vom Geburtstag einer Person der derzeitige Status der drei Zyklen berechnet wird. Durch die Syntax werden die Zyklen auf die abhängige Variable, also die Leistungsfähigkeit, bezogen, indem vorausgesetzt wird, dass positive Zyklen zu einer guten Leistungsfähigkeit führen, während negative oder kritische Zyklen eine geringe Leistungsfähigkeit verursachen. Zusammenfassend lässt sich sagen, dass die Bestandteile einer wissenschaftlichen Theorie in vier Hauptkategorien unterteilt werden können: Unabhängige Variablen, abhängige Variablen, intervenierende Variablen und Syntax.

1.2.3 Die Beurteilung wissenschaftlicher Theorien

Die meisten Menschen bilden sich vermutlich schon beim ersten Mal, wenn sie etwas über die Biorhythmus-Theorie lesen, eine Meinung über ihre Validität. Manche lassen sich von den Beispielen, die Woody Hayes und Walter Payton anführen, überzeugen und schließen daraus, dass die Theorie zutreffend ist. Andere gehen davon aus, dass die Beispiele auf Zufälligkeiten beruhen und bleiben skeptisch. In diesem Buch beschäftigen wir uns allerdings weniger mit der Frage, was durchschnittliche Leser über Verhalten denken, sondern mehr damit, was Wissenschaftler über Verhalten annehmen. Schauen wir uns dazu einige der Kriterien an, die von Wissenschaftlern verwendet werden, um den wissenschaftlichen Nutzen einer Theorie zu prüfen. So können wir vielleicht ein Urteil darüber fällen, inwiefern die Biorhythmus-Theorie diesen Kriterien entspricht. Obwohl es keine allgemein akzeptierte Auflistung der zur Beurteilung wissenschaftlicher Theorien notwendigen Standards gibt, gehören die folgenden fünf Kriterien für die meisten Wissenschaftler zu den wichtigsten.

1. *Überprüfbarkeit (Falsifizierbarkeit).* Eine Theorie sollte eindeutige Vorhersagen machen, die anhand der Tatsachen überprüft werden können. Dieses Kriterium wird häufig **Falsifizierbarkeit** genannt, denn es ist allgemein akzeptiert, dass eine gute Theorie im Prinzip widerlegbar sein soll. Psychologische Theorien können diesem Kriterium zuwiderlaufen, wenn sie keine klaren Vorhersagen über beobachtbares Verhalten treffen. Auf den ersten Blick erlaubt die Biorhythmus-Theorie eindeutige Vorhersagen: Hohe Biorhythmus-Zyklen lassen eine gute Leistungsfähigkeit erwarten, niedrige oder kritische Zyklen weisen auf eine eingeschränkte Leistungsfähigkeit hin. Unglücklicherweise ist aber das Verhältnis zwischen Biorhythmus und Leistungsfähigkeit nicht so einfach, weil an vielen Tagen ein oder zwei Zyklen im positiven Bereich sind, die anderen aber im negativen Bereich. Aus derart vermischten Mustern lassen sich keine klaren Vorhersagen ableiten.

   Diese Unsicherheiten hinsichtlich der Vorhersagbarkeit machen es schwierig, die Biorhythmus-Theorie zu überprüfen. Eine wissenschaftliche Theorie muss genaue Vorhersagen treffen, denn wenn es nach dem Sammeln der Daten noch Freiräume für Reinterpretationen und Modifikationen der Vorhersage gibt, lässt sich jedes Ergebnis durch die Theorie erklären. Nehmen wir an, wir wollen die Leistungsfähigkeit eines Gewichtshebers vorhersagen, der einen niedrigen Biorhythmus-Zyklus und zwei hohe Zyklen hat. Bringt der Sportler eine gute Leistung, können wir sagen, dass dies auf die beiden positiven Zyklen zurückzuführen ist (dadurch wird die Theorie gestützt). Bringt er eine schlechte Leistung, können wir dies auf den einen negativen Zyklus schieben (auch dadurch wird die Theorie gestützt). Das Beispiel zeigt also, wie eine Mehrdeutigkeit in der Beziehung zwischen intervenierenden Variablen und beobachtbarem Verhalten die Falsifizierbarkeit einer Theorie unmöglich macht. Eine Theorie aber, die nicht widerlegt werden kann, hat keinen Vorhersagewert.

2. *Einfachheit.* Wenn zwei Theorien hinsichtlich ihrer Fähigkeit bestimmte Daten zu erklären, gleichwertig sind, so ist diejenige zu bevorzugen, die mit weniger hypothetischen Konstrukten und Annahmen auskommt (Popper, 1959). Ohne eine konkurrierende Theorie, mit der die Biorhythmus-Theorie verglichen werden könnte, ist es nicht möglich, sinnvolle Aussagen über deren Einfachheit zu machen. Die Dimension der Einfachheit lässt sich aber am Beispiel von zwei Theorien über das Sonnensystem verdeutlichen. Ptolemäus ging davon aus, dass die Erde sich im Zentrum des Sonnensystems befindet. Um die Gegebenheiten (die Bewegungen der Sonne, Sterne und Planeten) zu erklären, entwickelte er ein schwerfälliges theoretisches System, das auf zahlreichen voneinander abhängigen Zyklen und Epizyklen basierte. Kopernikus ging dagegen von der Hypothese aus, dass sich die Sonne im Zentrum des Sonnensystems befindet. Dadurch konnte er dieselben Beobachtungen mit viel weniger theoretischen Annahmen erklären. Obwohl beide Theorien die Bewegungen der Himmelskörper am nächtlichen Himmel vorhersagen können, ist Kopernikus' Theorie aufgrund ihrer ver-

gleichsweisen Einfachheit aus wissenschaftlicher Sicht der Vorzug zu geben (auch wenn wir moderne Beobachtungen außer Acht lassen, die die kopernikanische Theorie untermauern, die ptolemäische aber in Frage stellen).

3. *Generalisierbarkeit.* Theorien, die eine Vielzahl von Phänomenen und Beobachtungen berücksichtigen, gelten im Vergleich zu Theorien mit eingeschränktem Anwendungsbereich üblicherweise als besser. Würde man die Biorhythmus-Theorie nur für Vorhersagen im Bereich des Football heranziehen, wäre sie wenig beeindruckend. Könnte man sie auf Tennisspieler, Hochspringer und alle anderen Athleten anwenden, wäre sie eine Theorie über sportliche Leistungen mit einer größeren Allgemeingültigkeit. Aber die Anwendbarkeit der Biorhythmus-Theorie ist noch breiter, denn wie wir gesehen haben, ermöglicht sie auch Aussagen über die Leistungsfähigkeit von Menschen mit ganz verschiedenen Berufen. Auf Flugzeugpiloten, Busfahrer und Fabrikarbeiter ist sie gleichermaßen anwendbar. Diese Allgemeingültigkeit ist ein enormer Vorzug der Biorhythmus-Theorie.

4. *Fruchtbarkeit.* Eine wichtige Eigenschaft wissenschaftlicher Theorien ist ihre Fähigkeit, weitergehende Forschung und Theorienbildung zu einem bestimmten Thema anzuregen. Dieses Kriterium basiert auf der Überlegung, dass auch eine Theorie, die sich als falsch oder nur begrenzt gültig erweisen wird, eine wichtige Funktion erfüllt, wenn sie neue Studien anstößt, die ansonsten nicht durchgeführt worden wären. Oft werden bei Versuchsanordnungen, die dem Nachweis einer bestimmten Theorie dienen, neue Phänomene entdeckt, die die Theorie nicht erklären kann. Dies kann für eine wissenschaftliche Disziplin außerordentlich gewinnbringend sein, denn neue Daten und Informationen ebnen möglicherweise den Weg zur Entwicklung einer genaueren Theorie. In Bezug auf die Biorhythmus-Theorie beschrieb Gittelson (1996) eine ganze Reihe von Studien, die ihrer Untersuchung dienten. Möglicherweise führen diese von der Biorhythmus-Theorie angeregten Forschungsarbeiten über das Auftreten von Leistungsschwankungen im Beruf ganz unabhängig davon, ob die Biorhythmus-Theorie untermauert wurde oder nicht, zu einem besseren Verständnis von Arbeitsunfällen.

5. *Übereinstimmung mit den Daten.* Dieses letzte Kriterium ist die Überprüfung, ob und wie gut eine Theorie mit den Tatsachen übereinstimmt. Wenn aufgrund einer Theorie Vorhersagen gemacht werden, die ganz klar anerkannten Tatsachen zuwiderlaufen, muss die Theorie entweder modifiziert oder aufgegeben werden. Wenn sie aber einige besondere Gegebenheiten sehr gut erklären kann, sollte sie, zumindest vorübergehend, beibehalten werden. Dieses letzte Kriterium leitet zu der komplexen Frage über, wie Forschung betrieben werden muss, damit wissenschaftliche Hypothesen überhaupt überprüft werden können.

1.2.4 Die Vorgehensweise bei der Prüfung von Theorien anhand von Daten

Diese Darlegung der Plausibilität der Biorhythmus-Theorie verdeutlicht drei verschiedene Vorgehensweisen, die häufig angewandt werden, um psychologische Daten zu erheben. Alle werden in den folgenden Kapiteln dieses Buches erneut auftauchen. Hier in der Einführung werden nur die grundlegendsten Aspekte dieser Forschungsmethoden dargelegt. (Über die Forschungsstrategien, die in den behavioristischen Wissenschaften verwendet werden, wurde viel geschrieben, unter anderem: Bordens & Abbott, 1998; Cozby, 1997; Elmes, Kantowitz & Roediger, 1999; McBurney, 2000.)

Anekdoten oder Fallbeispiele

Die Plausibilität der Biorhythmus-Theorie basiert zum großen Teil auf Anekdoten berühmter Personen wie Walter Payton und Woody Hayel. Gittelson (1996) führt zahlreiche Beispiele bekannter Menschen an, die an Tagen mit besonders ungünstigem Biorhythmus Unfälle hatten oder Tragödien erlebten. Er erwähnt, dass die intellektuelle und emotionale Kurve von Präsident Gerald Ford an dem Tag, an dem er Richard Nixon uneingeschränktes Pardon für alle möglichen im Zusammenhang mit der Watergate-Affaire begangenen kriminellen Handlungen gewährte (was viele politische Analysten für einen großen Fehler hielten), extrem niedrig war. Die Schauspielerin Marilyn Monroe starb am 5. August 1962 an einer Überdosis Schlaftabletten. An diesem Tag war ihr körperlicher Zyklus laut Gittelson kritisch und ihr emotionaler Zyklus niedrig. Gittelsons Buch ist voll mit derartigen Beispielen. Obwohl sie eine interessante Lektüre darstellen, hat diese Art von Evidenz aus wissenschaftlicher Sicht ernsthafte Mängel. Sind Ihnen diese klar?

Gittelsons Umgang mit diesen Anekdoten ähnelt in gewisser Hinsicht der in manchen Bereichen der Psychologie üblichen Verwendung von **Einzelfallanalysen**. Auch in der Verhaltenstherapie (besonders bei Berichten über Patienten mit seltenen psychischen Störungen, denen Kliniker nur ein oder zwei Mal begegnen) ist dies üblich. Ein häufig vorgebrachter Einwand gegen die Verwendung von Einzelfällen ist, dass sie eine **verzerrte Stichprobe** darstellen können. Möglicherweise hat der Psychologe nur jene Fälle geschildert, in denen die Behandlung der Störung erfolgreich war und die erfolglosen Behandlungsversuche verschwiegen? Um dieser Kritik zuvorzukommen, informieren klinische Psychologen meist über die Anzahl aller Fälle, mit denen sie zu tun hatten, die Zahl der für die Behandlung ausgewählten Patienten, die Kriterien für die Auswahl dieser Personen und die Anzahl der erfolgreich behandelten Fälle. In Bezug auf die anekdotische Evidenz für die Biorhythmus-Theorie stehen uns keine derartigen Informationen zur Verfügung. Die Fälle von Gerald Ford, Marylin Monroe und anderen Berühmtheiten stützen die Theorie zwar anscheinend, aber wir wissen nicht, wie viele andere Fälle von Gittelson untersucht wurden, die ihr widersprechen. Vielleicht hat Gittelson 90 Prozent der untersuchten Fälle dargelegt, vielleicht nur 20 Prozent. Der Rest war möglicherweise für die Argumentation nicht geeignet und wurde deshalb verschwiegen. Da sich diese Frage nicht überprüfen lässt, sind die Anekdoten aus wissenschaftlicher Sicht wertlos.

Beobachtung

Zu den Beobachtungsmethoden gehören zahlreiche Forschungsmethoden wie die Feldstudie (die einfache Beobachtung von Menschen oder Tieren in ihrer natürlichen Umgebung), Umfragen und Fragebögen, die Verwendung von Archivmaterial (Informationen aus schriftlichen Dokumenten und Aufzeichnungen). Was diese Methoden mit den Fallbeispielen verbindet, ist die Tatsache, dass der Versuchsleiter ein mehr oder weniger passiver Beobachter ist, der keinerlei Anstrengung unternimmt, um die Variablen, die auf das Verhalten des Probanden einwirken, zu manipulieren. Im Gegensatz zu den Fallbeispielen gehört zur Beobachtung immer die systematische Bemühung, repräsentative Stichproben der jeweiligen Population zu bekommen.

Gittelson (1977) erwähnt einige Studien, die mit der Technik der Beobachtung arbeiteten. In einem Fall nahm ein Wissenschaftler namens Newcomb aus den Akten eines öffentlichen Verkehrsbetriebs eine zufällige Stichprobe von 100 Unfällen. Da die Stichprobe zufällig zusammengestellt wurde, können wir annehmen, dass es sich um einen ziemlich repräsentativen Durchschnitt der Ausgangsgruppe (aller aktenkundigen Unfallberichte dieses Unternehmens) handelte. Newcomb fand, dass 53 dieser Unfälle an kritischen Tagen der Verantwortlichen passierten. Leider erfahren wir nicht, nach welchen Kriterien Newcomb diese kritischen Tage definierte. Wenn er nur jene Tage dazugezählt hat, an denen die Zyklen die Nullmarke kreuzten, dann ist sein Ergebnis erstaunlich, denn laut Zufall dürften an diesen Tagen nur 20 Unfälle passieren. Gittelson zählt aber je einen Tag vor und nach dem Kreuzen der Nullmarke zu den kritischen Tagen. Wenn auch Newcomb so vorgegangen ist, sind seine Ergebnisse nicht besonders beeindruckend, denn schon allein durch Zufall könnten an den derart unpräzise definierten kritischen Tagen 52 Unfälle passieren. Der Unterschied zwischen den 52 aufgrund von Zufall möglichen Unfällen und den 53 tatsächlich gezählten Unfällen könnte das Ergebnis eines von Statistikern so bezeichneten **Stichprobenfehlers** sein. Das heißt, dass die Anzahl der Unfälle, die an einem kritischen Tag stattfanden, bei verschiedenen Untersuchungen mit je 100 zufällig ausgewählten Unfallberichten mit ziemlicher Wahrscheinlichkeit unterschiedlich wäre (beispielsweise 44 in der zweiten Stichprobe, 58 in der dritten, 47 in der vierten usw.).

Stichprobenfehler lassen sich verringern, indem die Menge der Daten in der Stichprobe vergrößert wird, denn je größer die Stichprobe ist, desto größer ist die Wahrscheinlichkeit, dass die Stichprobe repräsentativ für die Population ist. Etliche Studien über Verkehrsunfälle, bei denen große Stichproben mit Hilfe von Beobachtung untersucht wurden, ergaben keinen Zusammenhang zwischen den Biorhythmus-Zyklen und der Häufigkeit der Unfälle (Pitariu, Bostenaru, Lucacui & Oachis, 1984; Trinkaus & Booke, 1982). Da die Stichproben mehr Datenmaterial berücksichtigten, können wir ihnen mehr vertrauen als jenen von Newcomb.

Experimente

Durch Beobachtung untersuchen Forscher lediglich unabhängige und abhängige Variablen in bereits bestehenden Zusammenhängen und versuchen, ihr Verhältnis zueinander zu klären. In einem Experiment manipuliert der Forscher aktiv und systematisch die unabhängige Variable. Das erwähnte Vorgehen des japanischen Busunternehmens, die Fahrer vor ihren kritischen Tagen mit einer Karte zu warnen, kann somit als Experiment gesehen werden. Die unabhängige Variable war, ob die Fahrer eine Warnung erhalten oder nicht.

Die Unfallstatistik aus dem Vorjahr wurde mit der des Jahres nach der Einführung des Programms verglichen. Die zugrunde liegende Annahme war, dass gewarnte Fahrer, die von ihren kritischen Tagen wissen, besonders vorsichtig sind und dadurch ihr Unfallrisiko verringern. Tatsächlich sank die Unfallrate in dieser Firma im ersten Jahr nach der Einführung der Warnkarten um fast 50 Prozent.

Obwohl dieses Ergebnis bei oberflächlicher Betrachtung die Biorhythmus-Theorie zu belegen scheint, wären die meisten Psychologen äußerst vorsichtig, wenn es darum ginge, daraus Schlussfolgerungen zu ziehen. Denn abgesehen von den Warnkarten können sich viele andere variable Faktoren, die die Unfallrate beeinflussen, von einem Jahr zum nächsten verändert haben. Vielleicht geschahen weniger Unfälle, weil die Fahrer im zweiten Jahr schon mehr Erfahrung hatten oder weil das Busunternehmen unzuverlässige Fahrer ersetzt hatte. Vielleicht war das Wetter im zweiten Jahr insgesamt besser. Derartige Variablen, die für die Wissenschaftler eigentlich uninteressant sind, aber das Ergebnis eines Experiments beeinflussen können, werden **Störvariablen** genannt. In jedem Experiment, in dem eine ausgewählte Gruppe von Probanden zwei oder mehr Bedingungen unterworfen ist, können Störvariablen die Ergebnisse beeinflussen.

Eine weitere mögliche Erklärung für das Sinken der Unfallrate verdient ernsthafte Betrachtung. Immer wenn Menschen wissen, dass sie an einem Experiment teilnehmen, kann der so genannte **Placeboeffekt** auftreten. Von **Placebo** spricht man in der Medizin, wenn einer Gruppe von Patienten eine Substanz ohne Inhaltsstoffe gegeben wird, während eine zweite Gruppe ein richtiges Medikament erhält. Wissen die Teilnehmer nicht, ob die eingenommene Substanz einen Wirkstoff enthält oder nicht, kommt es häufig vor, dass beide Gruppen eine positive Wirkung beschreiben. Obwohl die Placebos nicht über mehr Heilkraft verfügen als ein Löffel Zucker, geht es vielen Patienten besser, einfach weil sie erwarten, dass die verabreichte Substanz ihnen hilft. Placeboeffekte (auch **Erwartungseffekte genannt**) können in der Verhaltensforschung genauso auftreten wie in der Medizin. Im Falle der japanischen Busfahrer war es den Fahrern sicherlich bewusst, dass die Warnkarten das Ziel hatten, die Unfallrate zu verringern. Die verringerte Unfallhäufigkeit könnte daher auch auf einen Placeboeffekt zurückzuführen sein. Anhand dieses Beispiels lässt sich trefflich über weitere Faktoren spekulieren, die eine ähnliche Wirkung haben könnten. Man könnte auch annehmen, dass die Fahrer nach Erhalt der Warnkarte einfach vorsichtiger gefahren sind als normalerweise; sie könnten sich überlegt haben, wie gefährlich ein Unfall für die Fahrgäste und ihre berufliche Laufbahn wäre und deshalb an diesen Tagen vorsichtiger gefahren sein.

Die durch eine bestimmte Erwartungshaltung entstehenden Schwierigkeiten verschwinden nicht einfach, wenn die Probanden nicht darüber informiert sind, dass sie an einem Experiment teilnehmen. Untersuchungen von Rosenthal (1966) und anderen haben gezeigt, dass eine Art Placeboeffekt bereits dann auftreten kann, wenn lediglich der Versuchsleiter weiß, welches Ergebnis erwünscht ist. Dass die Wunschvorstellung des Versuchsleiters das Ergebnis beeinflussen kann, ist leicht nachzuvollziehen. Nehmen wir an, ein Forscher versucht zu zeigen, dass ein bestimmtes Training Studenten bei der Lösung geometrischer Probleme hilft. Eine Gruppe, die normalerweise als **Experimentalgruppe** bezeichnet wird, nimmt vor einer Geometrieprüfung an diesem besonderen Training teil, während die zweite Gruppe, die **Kontrollgruppe**, kein anfängliches Training bekommt.

Wenn der Versuchsleiter weiß, welche Probanden der Experimentalgruppe und welche der Kontrollgruppe angehören, kann sein Verhalten (auch wenn er die ehrlichsten Absichten hat) gegenüber diesen Teilnehmern unterschiedlich sein. Wenn ein Versuchsteilnehmer eine Frage rasch löst, sagt er möglicherweise „korrekt" und lächelt dabei. Gibt ein Kontrollteilnehmer eine richtige Antwort, sagt er vielleicht „korrekt", schaut aber verwirrt oder verärgert. Derartig subtile Unterschiede im Verhalten des Versuchsleiters können enorme Auswirkungen auf die Leistungen eines Teilnehmers haben.

Um Placeboeffekte zu vermeiden, werden viele Studien mit dem **Doppelblindverfahren** durchgeführt. Das bedeutet, dass weder die Teilnehmer noch die Versuchsleiter wissen, wer in der Versuchsgruppe und wer in der Kontrollgruppe ist. Oft erfordert es eine gewisse Geschicklichkeit, um den Kontrollpersonen die Teilhabe an der durch das Experiment bedingten Behandlung vorzugaukeln. Bevor Sie hier weiterlesen, können Sie einmal nach einer Möglichkeit suchen, um mögliche Placeboeffekte in der japanischen Busfahreruntersuchung zu kontrollieren.

Wenn die Unfallrate sank, nachdem die Busfahrer vor ihren kritischen Tagen gewarnt worden waren, so kann dies auf folgende Faktoren zurückzuführen sein:

1. Störvariablen wie Wetterbedingungen
2. eine allgemeine Zunahme des Sicherheitsbewusstseins der Fahrer
3. die Vorstellung der Fahrer, dass sie mit Hilfe der erhaltenen Informationen Unfälle vermeiden können
4. die Möglichkeit, an kritischen Tagen mit hohem Unfallrisiko vorsichtiger zu sein

Gittelson ging davon aus, dass die vierte Möglichkeit zutrifft. Um dies gelten zu lassen, müssen wir die ersten drei Möglichkeiten jedoch überprüfen. Eine einfache Lösung wäre, die Hälfte der Fahrer zu einer Versuchsgruppe, die andere Hälfte zu einer Kontrollgruppe zu machen. Die Teilnehmer der Versuchsgruppe würden an ihren kritischen Tagen eine Warnkarte bekommen, so wie in dem japanischen Busunternehmen. Die Teilnehmer der Kontrollgruppe würden genauso viele Warnkarten bekommen, aber an zufällig ausgesuchten Tagen, unabhängig vom Biorhythmus. Weder die Fahrer noch die Versuchsleiter würden wissen, welche Teilnehmer die Karten an den kritischen Tagen bekommen. Schauen Sie sich noch einmal die vier oben genannten Erklärungen an, um sich zu überzeugen, dass dieses Verfahren eine Kontrollmöglichkeit für die ersten drei darstellt. Wenn die Versuchsgruppe wesentlich weniger Unfälle hätte als die Kontrollgruppe, könnten wir daraus schließen, dass dies auf die Tatsache zurückzuführen ist, dass sie ihre Warnkarten an den echten kritischen Tagen erhalten hat.

Hines (1998) überprüfte 134 Studien, die versuchten, die Biorhythmus-Theorie zu belegen. In 99 dieser Studien konnten keine Belege dafür geliefert werden. Die 35 Studien, die behaupteten, Argumente für die Biorhythmus-Theorie zu liefern, wiesen laut Hines zum Großteil Form- oder Interpretationsfehler auf. In manchen waren die kritischen Zeiten länger als 24 Stunden, was zu den im Zusammenhang mit Newcombs Studie angeführten Problemen führte. In anderen gab es statistische Fehler oder es waren fragwürdige Interpretationsmethoden angewendet worden. Hines schloss daraus, dass es keine überzeugende Evidenz für die Validität der Biorhythmus-Theorie gibt.

Statistik und Signifikanztests

Nehmen wir an, die Unfallrate der Versuchsgruppe in dem hypothetischen Experiment mit den japanischen Busfahrern wäre um 33 Prozent gesunken, in der Kontrollgruppe um 27 Prozent. Diese Differenz von sechs Prozent zwischen den beiden Gruppen könnte auf die Tatsache zurückzuführen sein, dass die Fahrer Informationen über ihren Biorhythmus hatten. Sie könnte aber auch ein einfacher Stichprobenfehler sein. Wie groß muss eine derartige Differenz zwischen den beiden Gruppen sein, damit wir sicher sein können, dass das Ergebnis auf die von uns vorgenommene Veränderung der unabhängigen Variablen zurückgeht und nicht auf einen Stichprobenfehler? Psychologen verlassen sich bei der Beantwortung dieser Frage oft auf die **Inferenzstatistik** (die so heißt, weil sie Wissenschaftlern hilft, Inferenzen oder theoretische Schlussfolgerungen aus empirischen Ergebnissen zu ziehen).

Die Verwendung von Statistik in der Verhaltensforschung ist ein weites Feld und in vielen Texten wird die Anwendung verschiedener statistischer Verfahren und die dahinter liegende Logik beschrieben (zum Beispiel Howell, 1999; Runyon, Coleman & Pittenger, 2000; Thorne & Giesen, 2000). Die Frage, die in statistischen Untersuchungen am häufigsten gestellt wird, lautet: Wie groß ist die Wahrscheinlichkeit, dass ein beobachteter Unterschied zwischen zwei Gruppen lediglich auf einen Stichprobenfehler zurückgeht? Wenn die Wahrscheinlichkeit, dass die Ergebnisse zufallsbedingt sind, gering ist, bezeichnet man den Unterschied zwischen den Gruppen als **statistisch signifikant**. In der Fachsprache der Statistiker impliziert der Begriff „signifikant" keine Aussage über die Wichtigkeit eines Ergebnisses, sondern bedeutet nur, dass dieses sehr wahrscheinlich nicht zufällig zustande kam.

Ein Ergebnis wird in der psychologischen Forschung normalerweise dann als signifikant bezeichnet, wenn die Wahrscheinlichkeit, dass es zufallsbedingt ist, kleiner als 5 Prozent ist. Manchmal steht geschrieben, dass der Unterschied zwischen der Versuchsgruppe und der Kontrollgruppe „auf dem 5-Prozent-Niveau signifikant" sei. Das bedeutet, dass ein derartiger Unterschied zwischen den Gruppen auf Zufallsbasis nur in fünf von 100 Fällen erwartet wird. Es ist daher sehr wahrscheinlich, dass der Unterschied auf die Veränderung der unabhängigen Variablen durch den Versuchsleiter zurückzuführen ist.

1.3 Behavioristische und kognitive Ansätze in der Lernforschung

Der Bereich des Lernens wird häufig mit dem **Behaviorismus** in Verbindung gebracht, der in der ersten Hälfte des 20. Jahrhunderts die dominierende Richtung in der Lernforschung war. In den sechziger Jahren des 20. Jahrhunderts entwickelten Forscher aus Unzufriedenheit mit dem Behaviorismus die **kognitive Psychologie** als neuen Ansatz. Im vorliegenden Text werden beide Perspektiven berücksichtigt, der Behaviorismus wird jedoch stärker betont. Deshalb ist es wichtig, dass Sie wissen, was darunter genau zu verstehen ist und weshalb sich die Anhänger der kognitiven Psychologie davon abwandten. Zwei herausragende Charakteristika des behavioristischen Ansatzes sind (1) die große

Bedeutung von Versuchstieren und (2) die Betonung äußerer Ereignisse (Umweltreize und offenes Verhalten) und eine damit einhergehende Abneigung, über innerhalb des Organismus ablaufende Prozesse zu spekulieren. Bei einer genaueren Untersuchung dieser Merkmale wird sich zeigen, weshalb sich die kognitive Psychologie dagegen wandte.

1.3.1 Die Verwendung von Versuchstieren

Vorteile und Nachteile

Die meisten der in diesem Buch beschriebenen Studien wurden mit Versuchstieren, vor allem Tauben, Ratten und Kaninchen, durchgeführt. Lernforscher entscheiden sich aus zahlreichen Gründen häufig für nicht menschliche Probanden. Erstens ist die Gefahr eines Placeboeffektes bei Tieren viel geringer. Während sich das Verhalten eines Menschen drastisch ändern kann, wenn er weiß, dass eine Beobachtung stattfindet, ist dies bei Tieren ziemlich unwahrscheinlich. Die meisten Studien mit Versuchstieren werden so durchgeführt, dass die Tiere durch die Beobachtung und Aufzeichnung nicht beeinflusst werden und davon nichts wissen. Außerdem ist es natürlich unwahrscheinlich, dass ein Versuchstier motiviert ist, dem Versuchsleiter zu gefallen oder zu missfallen, was bei menschlichen Versuchsteilnehmern den ganzen Versuch verderben kann. Ein zweiter Grund ist die leichte Verfügbarkeit der Versuchstiere. Die am häufigsten verwendeten Tierarten sind problemlos und preiswert zu halten; Tiere mit einem bestimmten Alter und Geschlecht sind für den Versuchsleiter unbeschränkt verfügbar. Sind die Versuchstiere erst einmal angeschafft, nehmen sie genauso regelmäßig an den Versuchen teil wie der Versuchsleiter, denn im Gegensatz zu menschlichen Versuchsteilnehmern kommen sie immer pünktlich zu den Terminen.

Der vermutlich größte Vorteil von domestizierten Tieren als Versuchsteilnehmer ist, dass ihre Umgebung viel besser kontrolliert werden kann, als dies bei Wildtieren oder Menschen der Fall ist. Vor allem bei Versuchen zur Lernforschung spielt das eine große Rolle, denn vorangegangene Erfahrungen können das Verhalten eines Individuums in einer neuen Lernsituation erheblich beeinflussen. Wenn ein menschlicher Versuchsteilnehmer in einem Lernexperiment versucht, eine besonders harte Nuss zu knacken, kann der Versuchsleiter nicht feststellen, wie viele ähnliche Probleme die Person in ihrem Leben schon gelöst hat. Wenn Tiere in den Laboren gezüchtet und aufgezogen werden, lässt sich ihre Umgebung so gestalten, dass jeder Kontakt mit Gegenständen oder Situationen, die den im Experiment auftauchenden ähneln, vermieden werden kann.

Ein letzter Grund für die Verwendung von Versuchstieren ist ihre relative Einfachheit. Ebenso wie ein Kind, das anfängt sich für Elektrizität zu interessieren, besser eine Taschenlampe untersucht als ein Radio, tun sich Forscher leichter damit, die Grundlagen des Lernens zu entdecken, wenn sie Geschöpfe beobachten, die weniger intelligent und komplex sind als Menschen. Vorausgesetzt wird hier, dass Menschen sich in manchen Punkten zwar von Tieren unterscheiden, in anderen Punkten aber sehr ähnlich sind. Diese Gemeinsamkeiten lassen sich mit Versuchstieren gut untersuchen.

Die Kritik an der Verwendung von Versuchstieren lässt sich auf drei Hauptargumente reduzieren. Erstens lassen sich viele wichtige Fertigkeiten wie Sprechen, Lesen und das Lösen komplexer Probleme nicht bei Tieren untersuchen. Obwohl kognitive Leistungen wie Sprache und Problemlösungsverhalten durchaus bei Tieren erforscht wurden (siehe Kapitel 11), stimmen die meisten Lernpsychologen darin überein, dass etliche komplexe Fähigkeiten nur bei Menschen vorkommen. Der Unterschied zwischen den Anhängern der behavioristischen und der kognitiven Psychologie scheint nur darin zu bestehen, dass die kognitiven Psychologen sich besonders für jene komplexen Fähigkeiten interessieren, über die nur Menschen verfügen, während die Behavioristen sich typischerweise mehr für das Lernverhalten interessieren, das vielen verschiedenen Arten gemeinsam ist. Das ist zunächst nichts anderes als ein Interessensunterschied, über den sich nicht streiten lässt.

Das zweite Argument gegen Versuchstiere ist, dass Menschen sich von allen Tieren so sehr unterscheiden, dass jeder Rückschluss von tierischem auf menschliches Verhalten unmöglich ist. Auch dieser Punkt kann nicht durch Diskussionen ausgeräumt werden. Vielmehr muss nach der Erhebung entsprechender Daten über eine Haltung entschieden werden. Wie in diesem Buch gezeigt wird, gibt es unendlich viel Evidenz dafür, dass die Untersuchungsergebnisse über das Lernen von Tieren durchaus auf menschliche Verhältnisse übertragbar sind.

Das dritte Argument gegen die Verwendung von Versuchstieren kreist um ethische Fragen, die im nächsten Abschnitt genauer beleuchtet werden.

Ethische Einwände gegen Tierversuche

In den letzten Jahren wurde die Verwendung von Versuchstieren intensiv diskutiert. Die Ansichten darüber sind extrem unterschiedlich. Einerseits gehen radikale Vertreter der Rechte der Tiere davon aus, dass diesen dieselben rechtlichen Ansprüche wie Menschen zugebilligt werden und überhaupt keine Tiere in wissenschaftlichen Experimenten verwendet werden sollten (Regan, 1983). Organisationen wie die PETA (People for the Ethical Treatment of Animals) formulieren das als Slogan folgendermaßen: „*Tiere gehören uns weder als Nahrung noch als Kleidung oder Versuchstiere*“. Manche Mitglieder solcher Tierschutzorganisationen arbeiten auf eine Gesetzgebung hin, die medizinische und wissenschaftliche Tierversuche verbietet. Andere Interessensvertreter sind weniger radikal, unterstützen aber die Position, dass die Verwendung von Versuchstieren verringert und langfristig verboten werden sollte (siehe Bowd & Shapiro, 1993; Compton, Dietrich & Johnson, 1995).

Im Gegenzug betonen manche Wissenschaftler die Tatsache, dass viele Fortschritte in der Medizin ohne Tierversuche nicht möglich gewesen wären. Dies trifft unter anderem auf Impfungen, Chirurgie und Medikamente zu. Sie warnen, dass der medizinische Fortschritt und die Verbesserung der Gesundheit der Weltbevölkerung ernsthaft behindert und verlangsamt werden könnte, wenn Tierversuche verboten würden (Biermann, 1990; Pardes, West & Pincus, 1991).

Im Bereich der psychologischen Forschung ist einer der vehementesten Verteidiger der Tierversuchspraxis Neal Miller. Er hat die vielen Bereiche dokumentiert, die von der psychologischen Tierforschung profitiert haben, zum Beispiel „*... Verhaltenstherapie und Verhaltensmedizin; Rehabilitation neuromuskulärer Erkrankungen; Verringerung von*

Stress- und Schmerz, Entwicklung und Testung von Medikamenten zur Behandlung von Angstzuständen, Psychosen und Parkinson'scher Krankheit, neues Wissen über die Mechanismen, die Drogensucht, Rückfällen und der Schädigung von Föten zugrunde liegen;... und das Verstehen der Mechanismen und möglichen zukünftigen Linderung altersbedingter Gedächtnisprobleme" (N.E. Miller, 1985, S. 423).

Andere haben zugestimmt, dass die Vorteile der Tierversuche für die psychologische Forschung wesentlich waren und die Fortschritte im Umgang mit geistigen und seelischen Erkrankungen gefährdet würden, wenn keine Tiere mehr für die Versuche zur Verfügung stünden (Baldwin, 1993). Wer sich genauer über die komplexen Fragen im Zusammenhang mit Tierversuchen informieren möchte, sollte sich das nachdenklich stimmende Buch von Perinovich (1999) besorgen, das einen umfassenden Überblick aus historischer, rechtlicher und ethischer Perspektive liefert.

Ein Ergebnis der Diskussionen über Tierversuche ist die Entwicklung von Alternativen dazu. Die Kosmetikindustrie beispielsweise hat in dieser Hinsicht große Fortschritte gemacht und zahlreiche Testverfahren ohne Tiere hervorgebracht, um die Unbedenklichkeit der Produkte zu prüfen. Leider sind die meisten Versuchsanordnungen für die psychologische Forschung ungeeignet, denn um das Verhalten eines Tieres zu untersuchen, muss man das Tier beobachten. Zellkulturen in Petrischalen oder Computersimulationen sind dazu ungeeignet.

> **WWW**
>
> Die „Richtlinien für die Pflege und Verwendung von Tieren" der American Psychological Association finden Sie unter **http://www.apa.org/science/anguide.html**.

Aber auch wenn es in der psychologischen und biomedizinischen Forschung nicht möglich ist, auf die Verwendung von Tieren ganz zu verzichten, so sind doch zahlreiche neue Bestimmungen in Kraft getreten, die alle das Ziel verfolgen, das Wohlergehen der Tiere zu verbessern. In den Vereinigten Staaten müssen alle Institute, Universitäten und Forschungszentren, die mit Tieren arbeiten, ein Gremium (Institutional Animal Care and Use Committee – IACUC) haben, das die auf Tierforschung basierenden Projekte überwacht. Diese Gremien kontrollieren vor Beginn der Versuche die Einhaltung aller gesetzlichen Bestimmungen und den korrekten Umgang mit den Tieren. Schmerzen und Unwohlsein der Tiere muss so weit als möglich vermieden werden. Wird ein Tier beispielsweise operiert, muss eine angemessene Narkose vorgenommen werden. Alle Versuchstiere müssen Futter und Wasser in ausreichender Menge bekommen und eine saubere und regelmäßig kontrollierte Unterkunft haben, deren Temperatur, Feuchtigkeit und Beleuchtung den natürlichen Lebensbedingungen entspricht. Außerdem muss stets für tierärztliche Betreuung gesorgt sein. (Leider gibt es keine vergleichbaren Bestimmungen, die auch den menschlichen Mitgliedern unserer Gesellschaft ausreichende Nahrung, eine warme Unterkunft und adäquate Gesundheitsversorgung sichern.)

Für die in diesem Buch beschriebenen Tierversuche ist das Erscheinungsjahr ein guter Indikator für die Bestimmungen, die währenddessen in Kraft waren. Die nach 1980 durchgeführten Studien waren von strengen Maßgaben hinsichtlich des humanen Umgangs mit den Versuchstieren geprägt. Davor gab es weniger Vorschriften. Dennoch kann man sagen, dass auch damals die meisten Versuche von Wissenschaftlern durchgeführt wurden, die ihre Tiere sehr gut versorgten, weil sie wussten, dass die Forschungsergebnisse besser sind, wenn die Tiere gesund und in guter Verfassung sind.

> **WWW**
>
> Informationen über das für Tierversuche und Ethik zuständige Gremium der APA finden Sie unter **http://www.apa.org/science/bsaweb-care.html**.

1.3.2 Die Betonung äußerer Ereignisse

Der Begriff **Behaviorismus** wurde von John B. Watson von der Johns Hopkins University kurz nach der Jahrhundertwende des 20. Jahrhunderts geprägt. Watson gilt als der erste Behaviorist und sein Buch *Psychology from the Standpoint of a Behaviorist* (1919) war sehr einflussreich. Er kritisiert darin die damals in der Psychologie vorherrschenden Forschungstechniken. Eine weit verbreitete Methode war beispielsweise die Introspektion, die darin bestand, über die eigenen geistigen Vorgänge zu reflektieren, zu berichten und sie zu analysieren. Ein Psychologe könnte also versucht haben, seine Gedanken und Empfindungen beim Betrachten eines Bildes oder bei der Ausführung einer ganz bestimmten Aufgabe zu untersuchen und zu beschreiben. Ein Problem dabei war, dass gekonnte Introspektion viel Erfahrung voraussetzte und selbst zwei erfahrene Psychologen angesichts derselben Situation unter Umständen gänzlich unterschiedliche Gedanken und Empfindungen hatten. Watson (1919) erkannte diese Schwäche und setzte sich dafür ein, dass mündliche Berichte von privaten Erlebnissen (Empfindungen, Gefühle, Bewusstseinszustände) aus der Psychologie verbannt werden sollten:

> *„Bewusstseinszustände“, wie die so genannten Phänomene im Spiritualismus, sind nicht objektiv verifizierbar und können aus eben diesem Grund niemals Grundlage einer Wissenschaft sein. In allen andern Wissenschaften sind die beobachteten Tatsachen objektiv, verifizierbar und können von allen geschulten Beobachtern überprüft und kontrolliert werden... (S. 1) ...wir können sagen, dass das Ziel der psychologischen Forschung die Ermittlung von Daten und Gesetzen ist, so dass – gegeben der Stimulus – die Psychologie vorhersagen kann, was die Reaktion sein wird; andererseits jedoch kann sie – gegeben die Reaktion – die Beschaffenheit des Reizes spezifizieren. (S.10)*

Watsons Logik kann in Form eines Syllogismus formuliert werden:

Gegeben dass:	1. Psychologie eine Wissenschaft sein soll,
und dass:	2. Wissenschaft sich nur mit Ereignissen beschäftigt, die jeder beobachten kann,
folgt daraus, dass:	3. Psychologie sich nur mit beobachtbaren Ereignissen beschäftigen darf.

Laut Watson sind die beobachtbaren Ereignisse in der Psychologie Reize und Reaktionen, ganz sicher aber nicht die subjektiven Berichte geschulter Introspektionisten.

Während Watson gegen die Verwendung von nicht beobachtbaren Ereignissen als psychologisches Material argumentierte, kritisierte B. F. Skinner wiederholt die Verwendung von nicht beobachtbaren Ereignissen in der psychologischen Theoriebildung. Skinner (1950, 1953, 1985) erklärte es für gefährlich und unnötig, nicht beobachtbare Ereignisse oder **intervenierende Variablen** als Verhaltensursache anzugeben. Stellen wir uns eine Versuchsanordnung vor, in der einer Ratte mehrere Stunden lang Trinkwasser vorenthalten wird. Die Ratte wird dann in eine Versuchskammer gesetzt, in der sie Wasser bekommt, wenn sie einen Hebel betätigt. Vermutlich stehen die unabhängige Variable, die Stunden ohne Wasser, und die abhängige Variable, die Häufigkeit, mit der die Ratte den

Hebel betätigt, in einem bestimmten, regelmäßigen Verhältnis zueinander, das sich überprüfen lässt. Die Regel zur Beschreibung dieses Verhältnisses wäre ein Teil der Syntax unserer Theorie und wird durch den Pfeil in Abbildung 1.3a dargestellt.

Skinner hat darauf hingewiesen, dass viele Psychologen lieber noch weiter gehen und eine intervenierende Variable wie Durst annehmen würden, die vermutlich von den Stunden ohne Zugang zum Trinkwasser abhängig wäre und die Häufigkeit bestimmen würde, mit der die Ratte den Hebel betätigt (siehe Abbildung 1.3b). Laut Skinner ist diese intervenierende Variable aber unnötig, da sie unsere Fähigkeit, das Verhalten der Ratte vorherzusagen, nicht verbessert. Das können wir genauso gut, wenn wir wissen, wie lange die Ratte kein Wasser hatte. Die Ergänzung um die intervenierende Variable verkompliziert seiner Meinung nach die Theorie unnötig. Die Syntax müsste dann zwei Verhältnisse beschreiben: das Verhältnis zwischen der Dauer des Wasserentzugs und des Durstes und das zwischen Durst und Betätigung des Hebels. Da beide Theorien dieselbe Vorhersagekraft haben, ist diejenige ohne intervenierende Variable (Abbildung 1.3a) aufgrund des Kriteriums der Einfachheit vorzuziehen.

a) Stunden ohne Wasser → Häufigkeit, mit der der Hebel gedrückt wird

b) Stunden ohne Wasser → Durst → Häufigkeit, mit der der Hebel gedrückt wird

Abbildung 1.3: **(a)** Schematische Darstellung einer einfachen Verhaltenstheorie ohne intervenierende Variable. **(b)** Dieselbe Theorie mit einer intervenierenden Variablen. In diesem Beispiel ist die intervenierende Variable Durst überflüssig, denn sie verkompliziert die Theorie.

Skinner führte an, dass die Einführung einer intervenierenden Variablen wie Durst gefährlich ist, weil sie zu der unrichtigen Annahme verleitet, man hätte den Grund für ein bestimmtes Verhalten gefunden. In Wirklichkeit handelt es sich aber um eine hypothetische und unbeobachtbare Größe. Andere intervenierende Variablen, die in psychologischen Theorien auftauchen können, sind Größen wie *Ärger, Intelligenz, Eigensinnigkeit* oder *Faulheit.* Ein gutes Beispiel dafür, dass eine intervenierende Variable als Verhaltensursache angenommen wird, ist der folgende Fall: Nehmen wir an, ein Vater wird gefragt, warum sein zehnjähriger Sohn seine Hausaufgaben nicht immer macht. Der Vater antwortet vielleicht, dass der Junge faul sei. Faulheit, eine nicht beobachtbare Größe, wird als Erklärung angegeben. Akzeptiert man diese Erklärung, wird jede Bemühung, das problematische Verhalten zu verändern, vorzeitig hinfällig. Denn wie sollen wir ein Verhalten beeinflussen, wenn der Grund dafür in der Person selbst zu suchen ist?

Skinner geht davon aus, dass viele Verhaltensursachen in der äußeren Umgebung zu finden sind und dass sich Verhalten daher durch eine Veränderung der Umgebung verändern lässt. Vielleicht macht der beschriebene Junge seine Hausaufgaben nicht, weil er den ganzen Nachmittag draußen spielt oder weil er spät mit der Familie Abendbrot isst und dann zu müde ist, um seine Aufgaben zu erledigen. Wenn dem so ist, könnte eine kleine Veränderung in seinem Umfeld sein Verhalten verbessern. Das könnte einerseits ein Vorziehen der Essenszeit sein, andererseits könnte der Junge ein, zwei Stunden vor dem Abendessen nach Hause kommen, um seine Aufgaben zu machen. Kurz gesagt, sind die Möglichkeiten, ein Verhalten zu kontrollieren, wesentlich besser, wenn eine intervenierende Variable wie Faulheit ausgeschlossen und eine äußere Verhaltensursache gesucht wird.

Neal Miller (1959), ebenfalls Psychologe der behavioristischen Schule, widersprach Skinners Position, dass intervenierende Variablen immer unerwünscht sind. Miller hielt dagegen, dass intervenierende Variablen oft nützlich sind, wenn verschiedene unabhängige und abhängige Variablen vorhanden sind. Anhand des Beispiels in Abbildung 1.3 erläuterte er, dass die Zeit ohne Wasser nur ein Faktor von vielen ist, die die Häufigkeit beeinflussen, mit der die Ratte den Hebel betätigt. Diese Häufigkeit könnte auch dann zunehmen, wenn die Ratte trockenes Futter oder eine Injektion mit Kochsalzlösung bekommen hat. Außerdem ist die Häufigkeit, mit der die Ratte den Hebel bedient, nur eine unter vielen abhängigen Variablen, die durch die Dauer des Wasserentzugs, durch trockenes Futter oder die Injektion von Salzlösung beeinflusst werden könnten. Zwei andere abhängige Variablen wären die Menge des aufgenommenen Wassers und die Menge an Chinin (das dem Wasser einen bitteren Geschmack verleiht), die zugesetzt werden müsste, damit die Ratte mit Trinken aufhört.

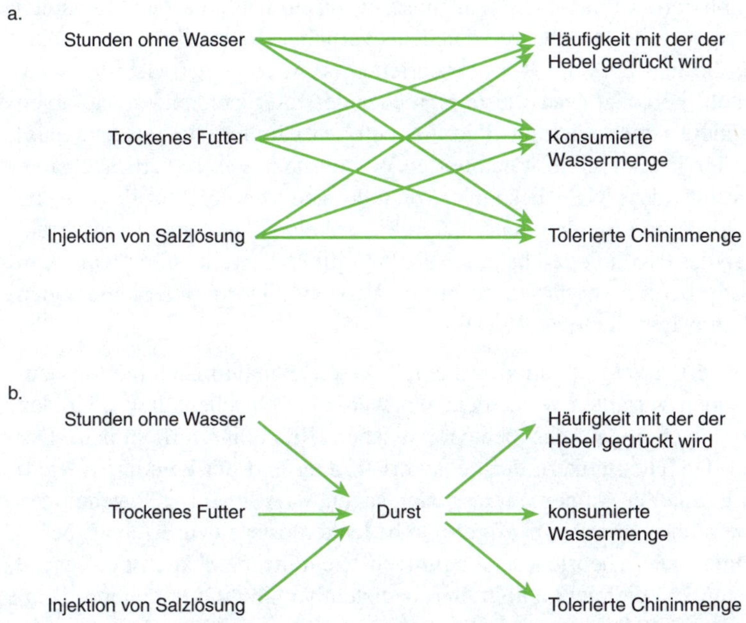

Abbildung 1.4: **(a)** Die Pfeile repräsentieren die neun Beziehungen zwischen unabhängigen und abhängigen Variablen, die durch eine Theorie ohne intervenierende Variable definiert werden müssen. **(b)** Die Pfeile repräsentieren die sechs Beziehungen, die von der Theorie definiert werden müssen, wenn die intervenierende Variable Durst aufgenommen wird. Neal Miller argumentierte dafür, dass die zweite Theorie besser, weil knapper sei. (Nach N.E. Miller, 1959)

Wie in Abbildung 1.4 dargestellt, ging Miller davon aus, dass jede dieser drei abhängigen Variablen von jeder der drei unabhängigen Variablen beeinflusst wird. Vorausgesetzt, all diese Variablen sind gegeben, müsste eine Theorie ohne intervenierende Variable diese neun Ursache-Wirkung-Zusammenhänge, die durch die neun sich kreuzenden Pfeile in der Abbildung symbolisiert werden, mit je einer eigenen Regel beschreiben. Diese ziemlich komplizierte Theorie könnte durch eine intervenierende Variable wie Durst erheblich vereinfacht werden. Wir können davon ausgehen, dass jede der drei unabhängigen Variablen sich auf den Durst eines Tieres auswirkt, und dieser wiederum beeinflusst jede der drei abhängigen Variablen. Abbildung 1.4b zeigt, dass nur sechs Ursache-Wirkung-Zusammenhänge beschrieben werden müssen, wenn die intervenierende Variable Durst in dieser Weise aufgenommen wird: drei, um die Beziehung zwischen den unabhängigen Variablen und dem Durst zu beschreiben, und drei weitere, um die Beziehung zwischen dem Durst und den abhängigen Variablen zu beschreiben. In diesem Fall kommt das Kriterium Einfachheit zum Tragen, das für die Theorie mit der intervenierenden Variablen spricht. Miller zeigte, dass der mögliche Vorteil, den intervenierende Variablen haben können, zunimmt, je mehr unabhängige Variablen in einer Theorie vorkommen.

Wie Sie vielleicht schon vermuten, haben Millers Argumente die Diskussion um intervenierende Variablen nicht beendet. Als Antwort auf die Art von Logik, die Miller entwickelte, vertrat Skinner (1956a) die Position, dass Durst, unabhängig davon, was genau das ist, ein ziemlich kompliziertes Phänomen sein muss, wenn er von so vielen Variablen beeinflusst wird und seinerseits so viele verschiedene Verhaltensmuster beeinflusst. Die vereinfachte Theorie, die in Abbildung 1.4b beschrieben ist, wird seiner Meinung nach dieser Komplexität nicht gerecht. Aber die Fürsprecher der intervenierenden Variablen entfalten noch eine andere Argumentationslinie. Sie betonen nämlich die Tatsache, dass intervenierende Variablen in anderen, fest etablierten Wissenschaften sehr verbreitet sind. Es wurde bereits erwähnt, dass viele bekannte Vorstellungen aus der Physik (wie die Schwerkraft zum Beispiel) im Grunde intervenierende Variablen sind, da sie nicht direkt beobachtbar sind. Manche Psychologen haben deshalb argumentiert, dass Fortschritte in der Psychologie unnötig behindert würden, wenn die Verwendung von intervenierenden Variablen nicht möglich wäre (Nicholas, 1984).

Wie der Fall von Neal Miller zeigt, stimmt es nicht, dass alle Behavioristen die Verwendung von intervenierenden Variablen vermeiden. Wir werden noch sehen, dass sie in den Theorien zahlreicher Psychologen der behavioristischen Richtung vorkommen. Der Unterschied zwischen den Theoretikern der behavioristischen und der kognitiven Richtung ist also eher ein gradueller. Allgemein lässt sich sagen, dass kognitive Psychologen dazu neigen, intervenierende Variablen häufiger und bedenkenloser einzusetzen als behavioristische Psychologen. Die Theorien der kognitiven Richtung beinhalten eine ganze Bandbreite an Vorstellungen, die nicht unmittelbar beobachtbar sind. Dazu gehören Konzepte wie Kurzzeitgedächtnis, Langzeitgedächtnis, Speicherung von sensorischer Information, Aufmerksamkeit, Memorieren und Ähnliches. Behavioristische Psychologen neigen dazu, intervenierende Variablen seltener und vorsichtiger einzusetzen.

WWW

Mehr Informationen über die behavioristische Herangehensweise finden Sie in dem hervorragenden Tutorium über Behaviorismus von Dr. Jay Moore unter **http://server.bmod.athabascau.ca/html/Behaviorism.**

Die Diskussion über die Verwendung von intervenierenden Variablen ist Jahrzehnte alt, und wir werden sie hier nicht zu einem Ende bringen können. Mein eigener (wenig origineller) Standpunkt ist, dass psychologische Theorien daran gemessen werden sollten, wie gut sich mit ihrer Hilfe Verhalten vorhersagen lässt. Wenn eine Theorie genaue Vorhersagen über zukünftiges Verhalten ermöglicht, die zuvor nicht möglich waren, dann ist sie nützlich, unabhängig davon, ob sie intervenierende Variablen enthält oder nicht. In diesem Buch werden jedenfalls zahlreiche nützliche Theorien jeder Art Erwähnung finden.

1.4 Über freien Willen, Determinismus und Chaostheorie

Determinismus ist eine philosophische Richtung, der zufolge das ganze Weltgeschehen einschließlich des ganzen menschlichen Verhaltens physikalische Ursachen hat, die – zumindest im Prinzip – mit wissenschaftlichen Techniken entdeckt und analysiert werden könnten. Eine beträchtliche Anzahl von Psychologen geht davon aus, dass diese Annahme zutrifft, und verwendet sie als Ausgangspunkt für die Untersuchung des menschlichen Verhaltens. Andererseits finden viele Menschen die deterministische Position inakzeptabel, weil sie die Möglichkeit des **freien Willens** ausschaltet, also die Vorstellung, dass nichtphysikalische Größen wie der Wille oder die Seele menschliches Verhalten bestimmen können. Viele Religionen gehen beispielsweise davon aus, dass menschliche Wesen so frei sind, dass sie zwischen Gut und Böse wählen können. Jene, die an den freien Willen glauben, behaupten daher, dass nicht jedes menschliche Verhalten vorhergesagt oder durch wissenschaftliche Analysen (die voraussetzen, dass es einen physischen Grund für jedes Verhalten gibt) erklärt werden kann.

Die Lehre des Determinismus wurde nicht nur von Philosophen und Theologen, sondern auch von einigen Wissenschaftlern kritisiert, was zum Teil mit dem zunehmenden Interesse an der **Chaostheorie** zu tun hat. Die Chaostheorie liefert mathematische Techniken, um mit komplexen physikalischen Systemen umzugehen. Sie wird zur Erklärung ganz verschiedener wissenschaftlicher Phänomene wie zum Beispiel dem menschlichen Herzschlag oder zur Wettervorhersage herangezogen. Einer der Leitgedanken der Chaostheorie ist, dass komplexe physikalische Systeme per se unberechenbar sind, zumindest in gewisser Hinsicht.

Ein wichtiges Prinzip der Chaostheorie ist, dass physikalische Systeme *extrem sensibel* auf Veränderungen der Ausgangsbedingungen reagieren (Duke, 1994). Das bedeutet, dass schon winzige Veränderungen der aktuellen Bedingungen sich nach und nach lawinenartig zu größeren Veränderungen auswachsen können. Ein hypothetisches Beispiel dafür ist der so genannte *Schmetterlingseffekt*. Die unbedeutenden Luftschwingungen, die ein Schmetterling mit seinem Flügelschlag auslöst, führen möglicherweise langfristig zu größeren Veränderungen in den Windrichtungen und Windgeschwindigkeiten. Das globale Wettergeschehen ist nach einiger Zeit vielleicht völlig verschieden von dem, was ohne den Flügelschlag des Schmetterlings aufgetreten wäre. Dass kleinste Ereignisse langfristig manchmal enorme Konsequenzen haben, wurde durch Computersimulationen bei der Wettervorhersage bestätigt. Ändert sich beispielsweise die aktuelle Temperatur um ein tausendstel Grad, so hat dies vielleicht keine spürbaren Auswirkungen auf die kurzfristige Wetterentwicklung. Langfristig kann es jedoch zu einer völlig anderen Vorhersage führen. Aus diesem Grund glauben manche Wissenschaftler, dass wir nie in der Lage sein werden, exakte Langzeitprognosen in Bezug auf das Wetter an einem bestimmten Tag zu machen oder das Wetter für einen bestimmten Ort vierzehn Tage im Voraus vorherzusagen. Allerdings sind Meteorologen in der Lage, recht genaue Kurzzeitprognosen (für morgen oder übermorgen) zu geben und allgemeine Wettertrends (zum Beispiel, dass der November kälter und nässer sein wird als der Oktober) vorherzusagen.

Vielleicht können Sie sich jetzt schon vorstellen, welche Implikationen dieses Prinzip der Chaostheorie für die Untersuchung des menschlichen Verhaltens hat. Menschliche Wesen sind sehr komplex, und das gilt auch für ihre Umwelt. Wenn es nicht möglich ist, das Wetter zwei Wochen im Voraus genau vorherzusagen, wie wahrscheinlich ist es dann, dass frühzeitige Prognosen über das Verhalten oder Äußerungen einer bestimmten Person genau zutreffen? Genaue Vorhersagen in Bezug auf menschliches Verhalten werden vielleicht nie möglich sein (Guess & Sailor, 1993). Dennoch lassen sich wie bei der Wetterprognose (zumindest manchmal) bestimmte Verhaltensmuster kurzfristig durchaus genau vorhersagen; allgemeine Trends können auch langfristig ermittelt werden. Dass recht genaue Vorhersagen eines kurzfristig zu erwartenden Verhaltens möglich sind, zeigt sich in folgenden Beispielen: Was passiert, wenn Sie sich einem Spatz nähern, der im Gras sitzt und frisst? Oder: Wie ändert sich der Verkehrsfluss, wenn die Ampel von Grün auf Gelb und dann auf Rot schaltet? Als Beispiel für einen allgemeinen, langfristigen Trend eignet sich die Anzahl der Studenten, die Sie in der Fachbereichsbibliothek im Laufe des Semesters antreffen. Sie können vermutlich vorhersagen, wie sie sich verändern wird, wenn die Prüfungswoche näher kommt. Dennoch können Sie vermutlich langfristig keine genauen Vorhersagen über bestimmte Ereignisse in der Zukunft machen, zum Beispiel darüber, welche Studenten Sie in einigen Wochen an welchem Tag und zu welcher Uhrzeit in der Bibliothek antreffen werden.

Man muss kein Determinist sein, um den wissenschaftlichen Analysen des in diesem Buch beschriebenen Verhaltens zu folgen. Unabhängig von Ihren religiösen Neigungen oder philosophischen Überzeugungen können Sie von der Lektüre dieses Buches profitieren, solange Sie davon ausgehen, dass es gewisse Regelmäßigkeiten und vorhersagbare Aspekte im Verhalten von Menschen und Tieren gibt. Zwar ist keine Wissenschaft nötig, um Regelmäßigkeiten im Verhalten aufzuzeigen, aber indem wir die in diesem Kapitel beschriebenen wissenschaftlichen Methoden anwenden, können wir ein besseres Verständnis dieser Regelmäßigkeiten gewinnen und genauere Vorhersagen über zukünftiges Verhalten machen. Dazu brauchen wir in der Kontroverse über den freien Willen und den Determinismus keine Position zu beziehen.

Zusammenfassung

Ein großer Teil der Forschung, die sich mit Lernen und Verhalten beschäftigt, zielt darauf ab, allgemeine Regeln zu formulieren, die in möglichst vielen Situationen sowohl auf Menschen als auch auf andere Spezies anwendbar sind. Jede wissenschaftliche Theorie muss ihre unabhängigen und abhängigen Variablen definieren. Viele wissenschaftliche Theorien enthalten auch Störvariablen, die nicht direkt beobachtbar sind. Die fünf Merkmale guter Theorien sind Überprüfbarkeit, Einfachheit, Generalisierbarkeit, Fruchtbarkeit und Übereinstimmung mit der Wirklichkeit. Um psychologische Theorien zu überprüfen, können verschiedene Forschungsmethoden verwendet werden, darunter die Einzelfallanalyse, Beobachtungstechniken und Experimente.

Behavioristische Psychologen verwenden oft Versuchstiere, weil sie an allgemeinen Prinzipien des Lernens interessiert sind, die auf viele Spezies zutreffen. Tiere sind weniger komplex als Menschen und ihre Umwelt kann besser kontrolliert werden. Tierversuchsgegner zweifeln daran, dass von Tieren auf Menschen geschlossen werden kann, und formulieren ethische Bedenken gegen die Verwendung von Versuchstieren.

Behavioristen haben dafür plädiert, dass die Psychologie sich nur mit beobachtbaren Ereignissen beschäftigen sollte, während kognitive Psychologen regelmäßig intervenierende Variablen wie Hunger, Erinnerung, Aufmerksamkeit und Ähnliches einsetzen. Skinner wendete ein, dass intervenierende Variablen wissenschaftliche Theorien unnötig kompliziert machen. Neal Miller zeigte, dass Theorien mit vielen unabhängigen und abhängigen Variablen durch die Einführung von intervenierenden Variablen dagegen einfacher werden können.

Deterministen glauben, dass menschliches Verhalten immer physikalische Gründe hat, die im Prinzip durch wissenschaftliche Methoden entdeckt und vorhergesagt werden können. Kritiker des Determinismus behaupten, dass menschliches Verhalten zumindest teilweise durch freien Willen oder andere Faktoren begründet ist, die die Wissenschaft niemals enthüllen kann. Die deterministische Herangehensweise wird auch durch die Chaostheorie in Frage gestellt, die gezeigt, hat, dass selbst unbelebte Systeme wie das Wettergeschehen langfristig nicht präzise vorhersagbar sind.

Wiederholungsfragen

1. Was sind die vier Hauptkomponenten wissenschaftlicher Theorien? Geben Sie zu jeder ein konkretes Beispiel. Was sind die fünf Merkmale einer guten wissenschaftlichen Theorie?
2. Was ist der Hauptunterschied zwischen Einzelfallanalyse, Beobachtung und Experiment? Welche Vorgehensweisen werden bei psychologischen Experimenten häufig eingesetzt, um Störvariablen auszuschließen?
3. Warum ging B. F. Skinner davon aus, dass intervenierende Variablen in psychologischen Theorien nicht verwendet werden sollten? Wie reagierten andere Psychologen auf Skinners Einwände?
4. Worum geht es bei der kontroversen Debatte über freien Willen versus Determinismus? Weshalb konnte die wissenschaftliche Forschung im Bereich der Chaostheorie die deterministische Position in Frage stellen?

Kapitel

2 Einfache Ideen, einfache Assoziationen und einfache Zellen

In diesem Kapitel

Die wissenschaftliche Erforschung des Lernens begann erst am Ende des 19. Jahrhunderts. Im ersten Teil dieses Kapitels werden einige historische Entwicklungen theoretischer und experimenteller Natur dargestellt, die der Entstehung dieser Forschungsbemühungen vorausgingen und sie stark beeinflussten. Die meisten davon gingen auch der Entstehung der Psychologie selbst voraus. Obwohl sich die Entstehung der Psychologie als eigener Disziplin nicht an einem einzelnen Ereignis festmachen lässt, wird oft auf die Gründung des ersten psychologischen Labors im Jahr 1879 in Leipzig durch Wilhelm Wundt verwiesen. Davor galt die psychologische Forschung als Bestandteil der Philosophie und meist waren es Philosophen, die über psychologische Fragen schrieben oder Vorlesungen hielten. Die Schriften einiger dieser Philosophen, die zwar in verschiedenen Jahrhunderten lebten, aber heute zusammenfassend als **Assoziationisten** bezeichnet werden, gehören zu den frühesten Aufzeichnungen über das Lernen überhaupt.

2.1 Frühe Theorien über die Assoziation von Ideen

2.1.1 Aristoteles

Aristoteles (ca. 350 v. Chr.) wird im Allgemeinen als der erste Assoziationist bezeichnet (obwohl er selbst diesen Begriff nicht verwendete). Er formulierte drei Assoziationsprinzipien, die als eine elementare Theorie des Gedächtnisses gelten können und seiner Auffassung nach beschreiben, wie ein Gedanke zum nächsten führt. Bevor Sie weiterlesen und mehr über die drei Prinzipien erfahren, haben sie die Gelegenheit etwas auszuprobieren, was Aristoteles nie getan hat: Ein einfaches Experiment durchführen, um die Prinzipien zu testen. Dieses Experiment ist eine Art Untersuchung der **freien Assoziation** und sollte nur wenige Minuten dauern. Nehmen Sie ein Blatt Papier und einen Stift und schreiben Sie die Zahlen 1 bis 12 in einer Spalte an den linken Rand des Blattes. Abbildung 2.1 enthält eine Liste mit Wörtern, die ebenfalls von 1 bis 12 durchnummeriert sind. Lesen Sie ein Wort und schreiben Sie die ersten zwei oder drei Wörter auf, die Ihnen dazu einfallen. Halten Sie sich nicht zu lange mit den einzelnen Wörtern auf, denn Ihre spontanen Einfälle sind die aufschlussreichsten.

Wenn Sie Ihre Assoziationen zu den zwölf Wörtern aufgeschrieben haben, gehen Sie sie noch einmal durch und versuchen Sie einige Regeln zu formulieren, die die verschiedenen Antworttypen beschreiben. Können Sie schon erraten, welche drei Prinzipien Aristoteles formulierte? Als erstes Prinzip beschrieb er **Kontiguität**: Je näher sich zwei Gegenstände in Zeit und Raum sind, desto wahrscheinlicher ist es, dass der Gedanke an den einen Gegenstand zum Gedanken an den anderen Gegenstand führt. Ein Beispiel für räumliche Kontiguität ist die Assoziation *Stuhl* auf das vorgegebene Wort *Tisch*, denn die beiden Gegenstände werden häufig am selben Ort verwendet. *Blitz* ist eine durch zeitliche Kontiguität ausgelöste Assoziation zu *Donner*. Beachten sie, dass für die Entstehung derartiger Assoziationen kein Verständnis von Ursache und Wirkung notwendig ist. Zwar wissen die meisten Erwachsenen, dass Donner und Blitz Ergebnis derselben elektrischen Entladung sind, aber auch ein kleines Kind oder ein völlig ungebildeter Erwachsener würde die beiden Wörter vermutlich zusammenbringen, ohne den physikalischen Zusammenhang zwischen ihnen zu kennen. Andere Beispiele für Assoziationen aufgrund von Kontiguität sind *Brot – Butter* und *Zahnarzt – Schmerz*.

1.	Apfel
2.	Nacht
3.	Donner
4.	Brot
5.	Stuhl
6.	Fledermaus
7.	Mädchen
8.	Zahnarzt
9.	still
10.	Sonnenuntergang
11.	Elefant
12.	blau

Tabelle 2.1: Wörter für das Experiment zum freien Assoziieren

Aristoteles nannte die beiden anderen Prinzipien der Assoziation **Ähnlichkeit** und **Kontrast**. Er stellte fest, dass der Gedanke an eine Sache oft zu einem Gedanken an eine ähnliche Sache führt. Beispiele für Assoziationen aufgrund des Ähnlichkeitsprinzips sind Birne oder Orange zum Stichwort Apfel oder die Antworten gelb oder grün zum Stichwort blau. Unter Kontrastprinzip verstand Aristoteles, dass der Gedanke an einen Gegenstand oft den Gedanken an sein Gegenteil auslöst (zum Beispiel Nacht – Tag, Mädchen – Junge, Sonnenuntergang – Sonnenaufgang). Die meisten Menschen, die dieses einfache Experiment zum freien Assoziieren machen, finden, dass die von Aristoteles formulierten Prinzipien der Assoziation Stärken und Schwächen haben. Einerseits scheint die Liste der Prinzipien unvollständig und möglicherweise sind auch Ihnen schon andere Faktoren aufgefallen, die sich auf den Gedankenfluss auswirken. Andererseits haben die Aristotelischen Prinzipien für die meisten Menschen eine intuitive Gültigkeit und scheinen ein vernünftiger erster Schritt bei der Entwicklung einer Theorie über das Verhältnis zwischen Erfahrung und Gedächtnis zu sein.

2.1.2 Die britischen Assoziationisten: Einfache und komplexe Ideen

Für Aristoteles waren die Prinzipien der Assoziation nur Hypothesen darüber, wie ein Gedanke zum nächsten führt. Viele der Philosophen, die Jahrhunderte später über den Assoziationismus schrieben, gaben ihm aber eine viel größere Bedeutung: Der Assoziationismus wurde als Theorie des Wissens schlechthin angesehen. Zu den **Britischen Assoziationisten** gehörten Thomas Hobbes (1651), John Locke (1690), James Mill (1829), John Stuart Mill (1843) und andere. Sie werden auch **Britische Empiristen** genannt, denn sie gingen davon aus, dass jeder Mensch sein ganzes Wissen ausschließlich durch Empirie erwirbt, also durch Erfahrung. Dieser Standpunkt spiegelt sich treffend in John Lockes Formulierung, der Geist eines neugeborenen Kindes sei eine *tabula rasa* (eine leere Fläche), auf der Erfahrungen ihre Spuren hinterlassen. Die Empiristen glaubten, dass alle Erinnerungen, Ideen und Vorstellungen einer Person auf eine oder viele vergangene Erfahrungen zurückgehen.

Das Gegenteil des Empirismus ist der **Nativismus**, der davon ausgeht, dass einige Vorstellungen angeboren sind und nicht von den vergangenen Erfahrungen des Individuums abhängen. Der Nativist Immanuel Kant (1781) beispielsweise glaubte, dass die Konzepte von Zeit und Raum angeboren sind und dass durch Erfahrungen auf der Grundlage dieser ursprünglichen, angeborenen Kategorien neue Konzepte entstehen. Die empiristische Position ist die extremere der beiden, denn sie kann keine Gegenbeispiele akzeptieren. Ein einziges Beispiel für eine angeborene Kategorie würde ausreichen, um sie zu erschüttern. Der Beleg, dass die meisten gedanklichen Konzepte durch Erfahrung erworben werden, tut der nativistischen Position, die die Rolle der Erfahrung anerkennt, jedoch keinen Abbruch. Wir werden im Folgenden verschiedene Male erleben, dass die moderne Wissenschaft viele Beispiele entdeckt hat, die einem extremen Empirismus widersprechen.

Glücklicherweise ist der Assoziationismus logisch nicht an den extremen Empirismus gebunden. Wir können gleichzeitig annehmen, dass manche Konzepte angeboren sind, viele aber aufgrund von Erfahrungen entstehen. Die Britischen Empiristen versuchten Hypothesen darüber zu entwickeln, wie alte Konzepte in der Erinnerung assoziiert werden und wie neue Konzepte entstehen. Die Assoziationisten gingen davon aus, dass es eine direkte Entsprechung zwischen Erfahrung und Erinnerung gibt. Erfahrung besteht aus **Sinneseindrücken** und Erinnerung aus **Vorstellungen**. Jede sinnliche Erfahrung besteht aus vielen **einfachen Sinneseindrücken**. Wenn eine Person beispielsweise einen roten, schachtelförmigen Gegenstand wahrnimmt, so lässt sich diese Wahrnehmung auf zwei einfache Sinneseindrücke – *rot* und *rechteckig* – reduzieren. Zu einem späteren Zeitpunkt besteht die Erinnerung dieser Person vermutlich aus den beiden entsprechenden **einfachen Vorstellungen** von *rot* und *rechteckig*. Wie in Abbildung 2.1 a dargestellt, gibt es eine eins-zu-eins Entsprechung zwischen einfachen Sinneseindrücken und einfachen Vorstellungen. Eine einfache Vorstellung ist eine Art schwacher Abdruck des einfachen Sinneseindrucks, aus dem sie hervorgegangen ist.

Nehmen wir nun an, dass die fragliche Person wiederholt einen roten, schachtelförmigen Gegenstand wahrnimmt. Aufgrund des Prinzips der Kontiguität entsteht zwischen der Vorstellung von *rot* und der von *rechteckig* eine Assoziation, die in der Abbildung 2.1 b gezeigt wird. Hat diese sich erst einmal herausgebildet, wird die Person beim Anblick von roten Gegenständen nicht nur an *rot*, sondern aufgrund der Assoziation auch an *rechteckig* denken (Abbildung 2.1 c).

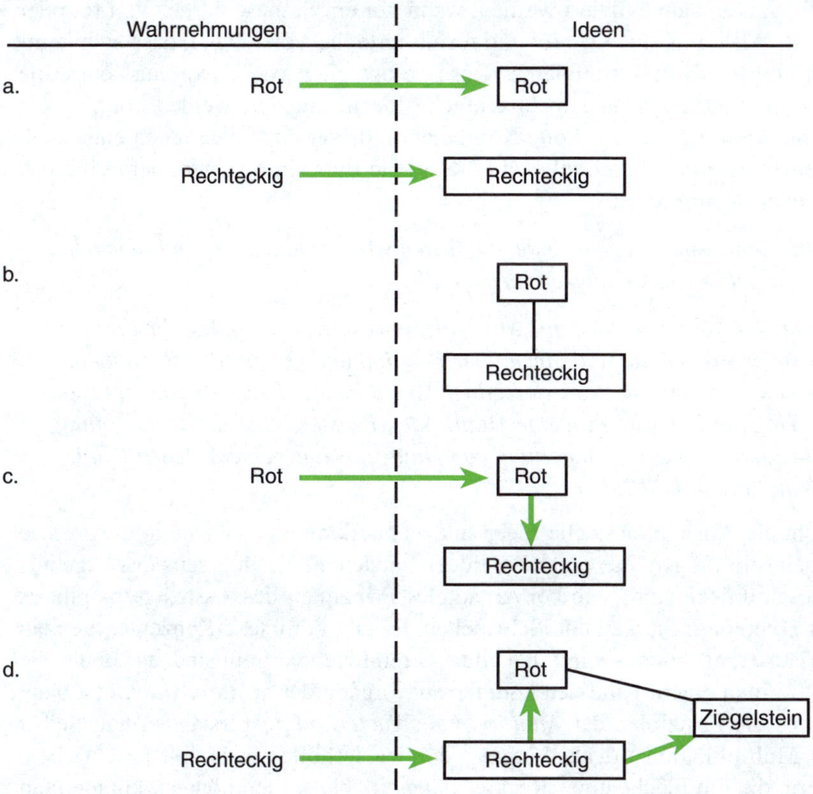

Abbildung 2.1: Einige Prinzipen des Assoziationismus. **(a)** Die eins-zu-eins Entsprechung zwischen einfachen Sinneseindrücken und einfachen Ideen. **(b)** Durch wiederholtes gemeinsames Auftreten der beiden Sinneseindrücke entsteht eine Assoziation zwischen den jeweiligen Vorstellungen. **(c)** Hat sich erst einmal eine Assoziation gebildet, werden durch die Präsentation nur eines Reizes beide Vorstellungen aktualisiert. **(d)** Treten zwei einfache Ideen oft genug zusammen auf, bildet sich eine komplexe Vorstellung, die die beiden einfachen Ideen umfasst. Die komplexe Vorstellung kann nun durch jeden der einfachen Reize aktiviert werden.

Es ist offensichtlich, dass eine derartige Hypothese zumindest einige Ergebnisse des Experimentes zum freien Assoziieren erklären kann. Das Stichwort *Donner* „aktiviert" die Vorstellung *Blitz*, weil zwischen beiden eine Assoziation besteht, die durch Kontiguität entstanden ist. Viele unserer Vorstellungen und Konzepte sind viel komplexer als rot, rechteckig, Donner oder Blitz. Im Bemühen, die große Menge an Erinnerung und Weltwissen, die alle Menschen in sich tragen, zu erklären, spekulierten verschiedene Assoziationisten über die Entstehung komplexer Ideen. James Mill (1829) stellte sich vor, dass eine **komplexe Idee** möglicherweise dann entsteht, wenn zwei oder mehr einfache Sinneseindrücke wiederholt zusammen auftreten. Sie ist das Ergebnis dieser Verbindung. Wenn die Sinneseindrücke *rot* und *rechteckig* wiederholt zusammen auftreten, entsteht möglicherweise eine neue, komplexere Vorstellung von *Ziegelstein*. Mill konnte über den genauen Vorgang nicht viel sagen, aber Abbildung 2.1 d zeigt eine Möglichkeit, Mills Hypothese grafisch darzustellen. Hat sich eine solche komplexe Idee gebildet, kann sie durch Assoziation auch dann aktiviert werden, wenn nur ein Sinneseindruck von rot oder rechteckig auftritt. Mill ging noch weiter und formulierte die Vorstellung, dass sich komplexe Ideen zu **Duplexideen** kombinieren. Kurz gesagt ging Mill davon aus, dass alle komplexen Ideen (1) auf zwei oder mehr einfache Ideen reduziert werden können und dass sie (2) immer durch die wiederholte Kombination dieser einfachen Ideen entstehen. In der folgenden Textpassage beschreibt Mill (1829) die Entstehung einer Hierarchie von Ideen zunehmender Komplexität:

> *„Einige der bekanntesten Gegenstände, mit denen wir vertraut sind, sind Beispiele für diese Vereinigung von komplexen Ideen und Duplexideen.*
>
> *Ziegelstein ist eine komplexe Idee und Mörtel ist eine weitere komplexe Idee; diese Ideen, zusammen mit den Vorstellungen über Position und Quantität, bilden meine Vorstellung von einer Wand... In derselben Weise entsteht aus den komplexen Ideen Glas, Holz und ähnlichen meine Duplexidee Fenster; Und die Verknüpfung dieser Duplexideen ist meine Vorstellung von Haus, das aus verschiedenen Duplexideen besteht." (S. 114-116)*

Dies verdeutlicht die Ansicht, dass alle Ideen und Vorstellungen, unabhängig davon, wie komplex sie auch sein mögen, aus einfachen Ideen entstehen, die ihrerseits das Ergebnis einfacher Sinneseindrücke sind. Wie bei Aristoteles Prinzipien des Assoziierens gibt es auch bei dieser Hypothese Stärken und Schwächen. Es gibt komplexe Konzepte, die man Kindern erst erläutert, nachdem sie mit den einfacheren Ideen vertraut sind, aus denen sie bestehen. So wird man einem Kind den komplexen Vorgang der *Multiplikation* erst dann erklären, wenn es die Prinzipien der *Addition* und *Wiederholung* verstanden hat. Selbst dann wird die Multiplikation oft als Vorgang der wiederholten Addition beschrieben. Älteren Schülern, die die Fläche eines Rechtecks bereits berechnen können, könnte man die *Integration* anfangs als eine Technik zur Berechnung der Gesamtfläche einer Reihe sehr dünner Rechtecke erklären. In beiden Beispielen entsteht die komplexe Idee erst nachdem die einfacheren Ideen bewältigt wurden und es fällt schwer sich den Lernvorgang in der entgegengesetzten Richtung vorzustellen. Allerdings scheinen andere Beispiele Mills Theorie nicht so problemlos zu entsprechen, darunter sein eigenes von der Vorstellung von *Haus*. Ein Zweijähriger kennt vielleicht das Wort *Haus* und verwendet es korrekt, ohne die „einfacheren" Konzepte *Mörtel*, *Decke* oder *Dach* zu kennen. Haus, aber auch viele andere komplexe Konzepte scheinen zunächst als grobe Vorstellung eines Ganzen möglich, bevor alle Einzelkomponenten bekannt sein müssen, obwohl dies laut Mills Theorie ausgeschlossen ist. Sie scheint also in einige Fällen Gültigkeit zu haben, ansonsten aber unvollständig zu sein. Einige neuere Theorien über Konzepte und ihre Entstehung werden in Kapitel 10 vorgestellt.

2.1.3 Thomas Browns sekundäre Assoziationsprinzipien

Wie oben bereits erwähnt, scheint Aristoteles Liste der Assoziationsprinzipien unvollständig. Der Assoziationist Thomas Brown (1820) versuchte diesen Mangel zu beheben, indem er Aristoteles Liste um neun sekundäre Prinzipien der Assoziation erweiterte.

Diese sind von mehr als historischem Interesse, denn in gewisser Hinsicht wurden sie alle von modernen Wissenschaftlern untersucht. Browns sekundäre Prinzipien lauten in aller Kürze: (1) Die *Zeitdauer*, über die zwei Sinneswahrnehmungen koexistieren, bestimmt die Stärke der Assoziation. (2) Die *Lebendigkeit* oder Lebhaftigkeit einer Sinneswahrnehmung beeinflusst ebenfalls die Stärke der Assoziation. Laut Brown werden „strahlende Objekte" oder „Situationen großer Freude oder Trauer" häufiger und leichter assoziiert und erinnert. Eine stärkere Assoziation ist auch dann wahrscheinlich, wenn (3) die beiden Sinneseindrücke *häufig* zusammen auftraten, (4) erst *kurze Zeit zuvor* zusammen auftraten oder wenn (5) beide Sinneseindrücke *unbelastet von starken Assoziationen* mit anderen sinnlichen Eindrücken sind. Wenn Sie beispielsweise auf einer Party viele neue Menschen kennen gelernt haben, werden Sie sich vermutlich leichter an den Mann erinnern, der sich als *Jeremias* vorgestellt hat (ein ungewöhnlicher Name), als an *Christof* (denn so heißen noch etliche andere Personen in ihrem Bekanntenkreis). Andere Faktoren, die die Stärke einer Assoziation beeinflussen können, sind (6) *konstitutionelle Unterschiede* zwischen den Individuen, (7) der aktuelle *emotionale Zustand* der fraglichen Person, (8) der derzeitige *körperliche Zustand* der fraglichen Person (krank oder gesund, unter Drogen usw.) und (9) *die früheren Gewohnheiten* der Person.

Die primären Prinzipien des Aristoteles, die sekundären Prinzipien von Thomas Brown und James Mills Hypothese über die Entwicklung von komplexen Ideen können als erste Theorien über das Lernen betrachtet werden, denn sie versuchten zu erklären, wie sich Menschen in der Folge von Erfahrungen verändern. Aber obwohl die Assoziationisten ihre Theorien hatten, führten sie keine Experimente durch, um diese zu testen. Rückblickend ist es bemerkenswert, dass vor dem Ende des 19. Jahrhunderts keine systematischen Experimente über das Lernen gemacht wurden, obwohl man sich 2000 Jahre lang dafür interessierte. Dass man das Lernen nicht genauer erforschte, lag nicht an technischen Mängeln – die ersten Lernexperimente waren so einfach, dass sie auch schon Jahrhunderte früher hätten stattfinden können.

2.2 Ebbinghaus Gedächtnisexperimente

Hermann Ebbinghaus (1885) war der erste, der die Prinzipien der Assoziationisten einem experimentellen Test unterzog. In seinen Gedächtnisexperimenten wollte er zunächst Wörterlisten als Material verwenden, vermutete aber, dass Wörter nicht ideal seien, weil alle erwachsenen Menschen bereits unzählige bestehende Assoziationen zu Wörtern haben (wie beispielsweise *Kaffee – heiß*) und diese zweifellos einen Einfluss auf das Versuchsergebnis haben. Um dieses Problem zu vermeiden, erfand Ebbinghaus die **sinnlose Silbe** – eine bedeutungslose Silbe, die aus zwei durch einen Vokal getrennten Konsonanten besteht (zum Beispiel HAQ, PIF, ZOD). Ebbinghaus entwarf eine Originalliste mit 2300 sinnlosen Silben und wählte per Zufallsprinzip aus dieser jeweils so viele Silben aus, wie er für jede Untersuchungsliste brauchte.

Ebbinghaus war über viele Jahre, in denen er die Versuche durchführte, seine einzige Versuchsperson, was natürlich modernen Standards nicht entspricht, weil die Wahrscheinlichkeit eines Bias bei der Versuchsperson dabei sehr hoch ist. Darüber hinaus kann jeder einzelne natürlich mehr oder weniger untypisch und unrepräsentativ im Vergleich mit anderen Menschen sein. Trotz dieser möglichen Fallstricke haben die Ergebnisse von Ebbinghaus im Laufe der Jahre ihre Gültigkeit nicht verloren: Seine wichtigsten Entdeckungen wurden von Forschern später bestätigt, obwohl sie die dem modernen Wissenschaftsstandard entsprechenden Verfahren mit verschiedenen Versuchspersonen anwendeten. Der grundlegende Plan der meisten seiner Experimente bestand darin, eine Liste mit sinnlosen Silben immer wieder laut und mit gleich bleibender Geschwindigkeit zu lesen, bis sie perfekt erinnert werden konnte. In regelmäßigen Abständen testete Ebbinghaus seine Erinnerung, indem er versuchte, die Liste auswendig aufzusagen. Indem er die Anzahl der für eine korrekte Wiedergabe notwendigen Wiederholungen zählte, konnte er die beim Erinnern einer solchen Liste auftretenden Schwierigkeiten objektiv messen. Aber wie konnte er ermitteln, was von dem Lernerfolg zu einer späteren Zeit (sagen wir 24 Stunden später) noch übrig war? Ebbinghaus löste diese Frage, indem er die Liste perfekt lernte, einige Zeit verstreichen ließ und die Liste dann noch einmal perfekt lernte, wobei er wieder zählte, wie viele Wiederholungen nötig waren. Sein Maß für die Erinnerungsstärke war die so genannte **Ersparnis**, mit der er messen konnte, wie viel weniger Zeit nötig war, um eine zuvor gelernte Liste sinnloser Silben wiederzuerlernen. Wenn für das Erlernen einer Liste beim ersten Mal beispielsweise 20 Wiederholungen nötig waren, aber nur 15 Wiederholungen bei der zweiten Lernphase, so stellte dies eine Ersparnis von fünf Wiederholungen oder 25 Prozent dar. Wie weiter unten gezeigt wird, erwies sich das Messen der Ersparnis als vernünftiges Mittel, um zu beurteilen, wie ein ursprünglicher Lernerfolg über die Zeit erhalten bleibt.

2.2.1 Die wichtigsten Ergebnisse von Ebbinghaus

Die Länge der Liste

Eine der einfachsten und am wenigsten überraschenden Entdeckungen von Ebbinghaus betraf die Beziehung zwischen der Länge einer Liste und der Anzahl der zum Erlernen nötigen Wiederholungen. Natürlich erforderten längere Listen mehr Wiederholungen. Ebbinghaus stellte fest, dass er eine Liste mit zwölf sinnlosen Silben nach etwa 17 Wiederholungen gelernt hatte. Für eine Liste mit 24 Stichwörtern brauchte er dagegen schon 44 Wiederholungen, für eine Liste mit 36 Stichwörtern 55 Wiederholungen. Die von diesen Ergebnissen nahe gelegte allgemeine Regel lautet, dass die Zeit, um die doppelte Menge an Lernstoff zu bewältigen mehr als doppelt so lang ist. Anders gesagt: Wenn die Länge der Liste zunimmt, nimmt auch die für das Erlernen jedes Stichwortes erforderliche Zeit zu.

Die Wirkung der Wiederholung

Ein sekundäres Prinzip der Assoziation von Thomas Brown lautet, dass die Häufigkeit des gemeinsamen Auftretens zweier Gegenstände die Stärke der Assoziation unmittelbar beeinflusst. Dies wird offensichtlich durch die simple Tatsache untermauert, dass eine Liste, die nach wenigen Wiederholungen noch nicht gelernt wurde, nach vielen Wiederholungen schließlich doch erinnert werden kann. Auch eines der Ergebnisse von Ebbinghaus unterstützt dieses Prinzip der Häufigkeit. Wenn er eine Liste nach einer korrekten Wiedergabe weiterhin lernte (zum Beispiel weitere 10 oder 20 Wiederholungen machte), konnte er sich nach 24 Stunden noch an deutlich mehr Silben erinnern. Das heißt, dass eine Fortsetzung des Einübens selbst nach dem scheinbar perfekten Erlernen einer Liste zu einer verbesserten Leistung in einem späteren Test führt. Wird das Üben nach einer korrekten Leistung noch fortgesetzt, so nennt man das **Überlernen**. Ebbinghaus zeigte, dass das von Thomas Brown beschriebene Prinzip der Häufigkeit nicht nur auf Phasen zutrifft, in denen ein sichtbarer Erfolg durch das Lernen erzielt wird, sondern auch auf Phasen des Überlernens.

Die Wirkung der Zeit

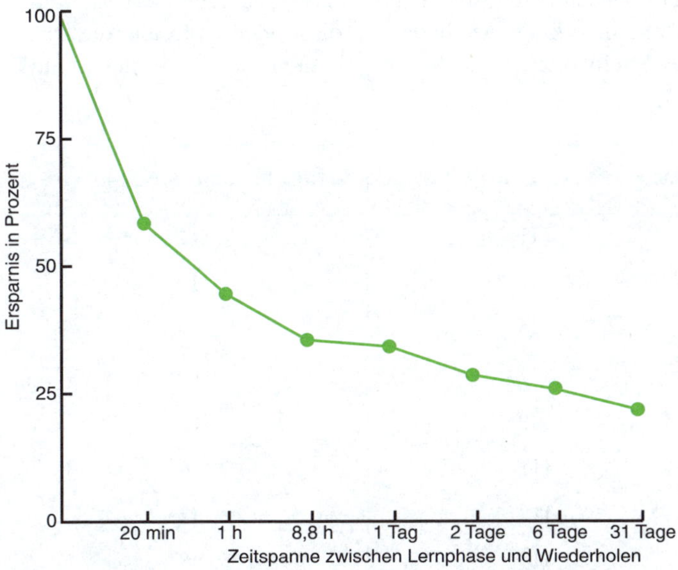

Abbildung 2.2: Die Vergessenskurve von Ebbinghaus. Der prozentuale Grad der Ersparnis wird zu unterschiedlichen Zeitpunkten zwischen der ersten Lernphase und dem Wiederholen der Listen mit den sinnlosen Silben angegeben. (Ebbinghaus, 1885)

Eines der von Thomas Brown formulierten Prinzipien besagt, dass eine Assoziation umso stärker ist, je kürzer die seit dem letzten Zusammentreffen der beiden Gegenstände vergangene Zeit ist. Ebbinghaus testete dieses Prinzip, indem er die Länge der Zeit zwischen seiner Lernanstrengung und der Testphase verlängerte. Wie in Abbildung 2.2 gezeigt, untersuchte er Zeiträume von 20 Minuten und mehr als einem Monat. Die Kurve in der Abbildung ist ein Beispiel für eine **Vergessenskurve**, denn sie zeigt, wie negativ die vergehende Zeit sich auf die Leistung bei einem Erinnerungsversuch auswirkt. Die Kurve zeigt, dass unmittelbar nach der Lernphase am meisten vergessen wird, die Vergessensrate aber sinkt, je mehr Zeit vergeht. Die Form dieser Kurve ähnelt

> **WWW**
>
> Sie können unter **`http://coglab.psych.purdue.edu/coglab/Labs/BrownPeterson.html`** selbst ein Experiment durchführen, um festzustellen, wie schnell Sie neue Informationen vergessen.

jenen Vergessenskurven, die andere Wissenschaftler später in zahlreichen Experimenten mit Versuchspersonen und Versuchstieren ermittelten (Blough, 1959; Peterson & Peterson, 1959), obwohl die Zeitskala auf der x-Achse in Abhängigkeit von den Aufgaben und den Versuchsteilnehmern stark variierte. Vergessenskurven dieser Art sind eine deutliche Bestätigung des von Thomas Brown formulierten Prinzips der Unmittelbarkeit.

Die Rolle der Kontiguität

Das Prinzip der Kontiguität geht davon aus, dass der Gedanke an einen Gegenstand umso zuverlässiger zum Gedanken an einen anderen Gegenstand führt, je näher die beiden sich sind. Ebbinghaus argumentierte, dass die stärkste Assoziation in seiner Liste die zwischen zwei benachbarten Silben sein müsste, wenn das Kontiguitätsprinzip zutreffend sei. Die Assoziationen zwischen nicht benachbarten Silben sollten aber ebenfalls messbar, wenn auch schwächer sein. Er erfand eine kluge Methode, um diese Idee zu testen, die darin bestand, die Reihenfolge der Stichwörter in der bereits gelernten Liste zu verändern und sie dann erneut zu lernen.

Liste 0 (Originalliste)	Liste 1 (1 Item ausgelassen)	Liste 2 (2 Items ausgelassen)
I1	I1	I1
I2	I3	I4
I3	I5	I7
I4	I7	I10
I5	I9	I13
I6	I11	I16
I7	I13	I2
I8	I15	I5
I9	I2	I8
I10	I4	I11
I11	I6	I14
I12	I8	I3
I13	I10	I6
I14	I12	I9
I15	I14	I12
I16	I16	I15

Tabelle 2.2: Das Ebbinghaus-Experiment mit neu angeordneter Liste
Anmerkung: Eine Originalliste mit 16 Silben (hier durch die Symbole I1 bis I16 repräsentiert) wurde neu angeordnet, um mögliche Assoziationen zwischen Stichpunkten deutlich zu machen, die durch eine Silbe (Liste 1) oder zwei Silben (Liste 2) getrennt waren.

In Tabelle 2.2 sehen Sie, wie er die Listen umgestellt hat. Die Bezeichnungen I1 bis I16 beziehen sich auf die 16 Items, die in einer bestimmten Reihenfolge in der Originalliste (Liste 0) angeordnet waren. Nach dem Erlernen dieser Liste sollte eine starke Assoziation zwischen I1 und I2 vorhanden sein, eine etwas schwächere Assoziation zwischen I1 und I3 (da diese in der Originalliste nur durch ein Item voneinander getrennt waren), eine noch schwächere Assoziation zwischen I1 und I4 und so weiter. Die Abstufung der Stärke der Assoziation zwischen jedem einzelnen Item und seinem Nachbarn sollte ähnlich sein. Die neu arrangierte Liste (Liste 1 in der Tabelle 2.2) wurde verwendet, um die Assoziation zwischen Items zu testen, die durch eine Silbe voneinander getrennt sind. In Liste 1 befinden sich also Items nebeneinander, die in der Originalliste durch eine Silbe getrennt waren. Wenn es eine Assoziation zwischen I1 und I3, zwischen I3 und I5 und so weiter gibt, dann sollte die Liste 1 leichter zu lernen sein, als eine vollkommen neue Liste (das heißt, ein Teil der Ersparnis sollte von Liste 0 auf Liste 1 übergehen). In ähnlicher Weise ist die Liste 2 ein Test zur Überprüfung der Assoziation zwischen Items die in der Originalliste durch zwei Silben voneinander getrennt waren.

Ebbinghaus verwendete in diesem Experiment einen Zeitraum von 24 Stunden zwischen dem Erlernen einer Originalliste und dem Test mit der neu geordneten Liste. Wenn Liste 0 nach diesen 24 Stunden leicht wiedererlernt werden konnte, so betrug die Ersparnis etwa 33 Prozent. Ebbinghaus ermittelte eine durchschnittliche Ersparnis von 11 Prozent, wenn Liste 1 nach 24 Stunden erlernt wurde und eine Ersparnis von 7 Prozent, wenn Liste 2 verwendet wurde. Obwohl die Ersparnis bei diesen neu geordneten Listen also nicht enorm war, ergab sich ein regelmäßiges Ergebnismuster: Wenn die Anzahl der ausgelassenen Silben in den neuen Listen zunahm, nahm die Ersparnisrate ab. Diese Ergebnisse entsprechen vollkommen dem Prinzip der Kontiguität, denn sie implizieren, dass die Stärke einer Assoziation zwischen zwei Items von ihrer Nähe in der Originalliste abhängt.

Rückwärtsgerichtete Assoziationen

In einem Experiment lernte Ebbinghaus an einen Tag eine Liste auswendig und versuchte am folgenden Tag, sie in umgekehrter Reihenfolge zu lernen. Geht man vom Kontiguitätsprinzip aus, wie es die Britischen Assoziationisten beschrieben haben, so gibt es auch für diese Variante eine genaue Vorhersage. Da ein einfaches Umdrehen der Reihenfolge der Items die Kontiguität von zwei benachbarten Silben nicht verändert und da die Stärke einer Assoziation eine Funktion der Kontiguität ist, sollte es genauso einfach sein, die Liste in umgekehrter Reihenfolge zu lernen, wie die Originalliste erneut zu lernen. Das Experiment von Ebbinghaus konnte diese Vorhersage jedoch nicht bestätigen. Er erreichte bei den umgekehrten Listen nur 13 Prozent Ersparnis, also viel weniger als die 33 Prozent, die beim erneuten Lernen der Originalliste erreicht wurde. Die Untersuchung verdeutlicht also eine Grenze des Kontiguitätsprinzips: Wenn wir die Wahrscheinlichkeit schätzen wollen, mit der die Präsentation des einen Items auch zum Gedanken an das zweite Item führt, so müssen wir nicht nur wissen, wie nah die beiden Items sich in der Lernphase waren, sondern auch, in welcher Reihenfolge sie angeordnet waren. Das Experiment mit der umgedrehten Liste zeigt, dass der zweite Lernerfolg besser ist, wenn die Silben in derselben Reihenfolge erinnert werden müssen, wie in der ersten Lernphase.

2.2.2 Ebbinghaus und die Assoziationisten im Vergleich zu späteren Lerntheoretikern

Obwohl Ebbinghaus und die Britischen Assoziationisten den Anfängen des Behaviorismus und der kognitiven Psychologie vorausgingen, gibt es eine Reihe von Parallelen zwischen diesen frühen Autoren und den beiden modernen Lerntheorien. Die Assoziationisten führten keine Experimente durch, ähnelten aber in ihrer theoretischen Herangehensweise den kognitiven Psychologen. Wie diese waren sie an gedanklichen Prozessen und an der Natur des menschlichen Wissens interessiert. Sie spekulierten über die Beziehung zwischen nicht beobachtbaren einfachen und komplexen Ideen. Sie zeigten wenig Interesse an beobachtbarem Verhalten oder daran, wie Erfahrungen mit verschiedenen Stimuli das spätere Verhalten einer Person verändern können.

Ebbinghaus andererseits war eher ein Vertreter der behavioristischen Herangehensweise. In seinen Experimenten arbeitete er mit beobachtbaren Stimuli (der Liste mit den sinnlosen Silben) und offenem Verhalten (seiner Wiedergabe der Liste). Seine Ergebnispräsentation würde auch den strengsten Behavioristen zufrieden stellen: Sein Buch ist voll mit Tabellen, die zeigen, dass einige objektive Verhaltensmessungen (meist der Ersparnisse) von einigen klar definierten unabhängigen Variablen (wie der Anzahl der Wiederholungen, der Zeit seit der ersten Lernphase und der Anordnung der Liste) abhängen. Die Vergessenskurve in der Abbildung 2.2 beispielsweise zeichnet die abhängige Variable, die Ersparnisse in Prozent, als Funktion der unabhängigen Variablen, der seit dem ersten Lernen verstrichenen Zeit, auf. Wie ein strenger Behaviorist sicherlich behaupten würde, sind keine intervenierenden Variablen und keine Hypothesen über Gedankenprozesse nötig, um zu erkennen, dass das Verstreichen der Zeit die Erinnerungsfähigkeit systematisch beeinflusst.

Ein Behaviorist könnte auch argumentieren, dass dieses Beispiel zeigt, dass wir keine Theorie über Gedankenprozesse brauchen, um Entdeckungen wie die von Ebbinghaus praktisch anzuwenden. Die Vergessenskurve könnte etwa nahe legen, dass die letzte Wiederholung des Lernstoffes vor einer Prüfung, bei der reines Auswendiglernen gefordert ist (beispielsweise einer Geschichtsprüfung, bei der Namen, Schauplätze und Jahreszahlen nur wenig mehr immanenten Zusammenhang aufweisen, als die sinnlosen Silben) so kurz vor dem Examen wie möglich stattfindet. Denn sie zeigt, dass ein wesentlicher Anteil derartigen Lernstoffes schon nach wenigen Stunden wieder vergessen ist.

Aus dem von Ebbinghaus durchgeführten Experiment zum Überlernen könnte man schließen, dass eine Fortsetzung der Lernbemühung selbst dann noch sinnvoll ist, wenn der Lernstoff offenbar problemlos wiedergegeben werden kann, da das Überlernen die Ersparnis zu einem späteren Zeitpunkt vergrößert. Das Experiment mit den umgekehrten Listen schließlich zeigt, dass die Reihenfolge, in der der Lernstoff erlernt wird, die Fähigkeit zur Wiedergabe beeinflussen kann. Wenn Sie wissen, dass Ihnen im Examen eine Liste mit Daten vorgelegt werden soll, zu denen Sie die entsprechenden Ereignisse angeben sollen, bietet es sich an, beim Lernen die Daten als Stimulus zu nehmen und darauf mit den richtigen Ereignissen zu antworten. Das ist besser als die zu den verschiedenen Ereignissen gehörenden Jahreszahlen zu lernen. Beachten Sie, dass all diese Schlussfolgerungen einfach aus den Forschungsergebnissen von Ebbinghaus abgeleitet werden können, wenn man diese auf andere Situationen überträgt, in denen mechanisches Memorieren gefragt ist. Sie hängen nicht von einer Theorie des Wissens oder dem Verständnis dessen ab, was Ideen oder Assoziationen überhaupt sind und auch nicht von einer Theorie darüber, was in unseren Gehirnen vorgeht, wenn wir lernen. Eine streng behavioristische Herangehensweise, die die regelhaften Beziehungen zwischen Stimulus und Reaktion betont, kann nützliche Informationen über Verhalten vermitteln, ohne dass über innere Vorgänge reflektiert werden müsste.

2.3 Physiologische Fakten und Theorien bezüglich des Assoziationismus

Nachdem wir einige der frühesten Theorien und Experimente zum Lernen betrachtet haben, können wir uns nun anderen Fragen zuwenden. Was geht zum Beispiel im Nervensystem eines Lebewesens vor, wenn es mit eher einfachen Reizen wie der Farbe rot oder einer rechwinkligen Form konfrontiert wird? Was geschieht im Nervensystem, wenn die Reize rot und rechteckig immer wieder zusammen auftauchen und das Lebewesen beginnt, die beiden zu assoziieren? Wodurch ist es dem sensorischen System eines Lebewesens möglich, auch komplexere Gebilde wie Ziegelsteine, Autos oder Menschengesichter zu erkennen? Psychologen mit physiologischer Ausrichtung haben mit bisher unterschiedlichem Erfolg versucht, diese Fragen zu beantworten. Der folgende Abschnitt gibt einen kurzen Überblick über einige dieser Forschungsarbeiten und zielt darauf ab, Ihnen einen etwas anderen Blick auf Sinneseindrücke, Vorstellungen und Assoziationen zu ermöglichen. Außerdem stellt er eine nützliche Grundlage für Themen dar, die in späteren Kapiteln behandelt werden. Um dieses Material zu verstehen, sind grundlegende Kenntnisse darüber, wie Nervenzellen oder Neuronen funktionieren, notwendig. Daher folgt im nächsten Abschnitt eine kurze Zusammenfassung dazu. Mehr Informationen zum Thema Neuronen finden Sie fast in jedem Einführungstext zur Psychologie.

2.3.1 Die grundlegenden Eigenschaften von Neuronen

Trotz großer Unterschiede in ihrer Gesamterscheinung haben alle Lebewesen ganz besondere Zellen, die so genannten Neuronen, die das Nervensystem bilden und die Funktion der Informationsübermittlung haben. Das menschliche Gehirn enthält etwa 10 Milliarden Neuronen; unzählige weitere Neuronen finden sich im restlichen Körper. Während die Größe und Gestalt der Neuronen sehr unterschiedlich sein kann, sind ihre grundlegenden Bestandteile und deren Funktionen ziemlich ähnlich. Abbildung 2.3 zeigt die Struktur eines typischen Neurons.

Die drei wichtigsten Bestandteile eines Neurons sind der **Zellkörper**, die **Dendriten** und das **Axon**. Der Zellkörper enthält den Kern, der die grundlegenden Stoffwechselfunktionen der Zelle wie die Sauerstoffaufnahme und die Kohlendioxydabgabe regelt. Bei der Informationsweitergabe sind die Dendriten und der Zellkörper rezeptiv – sie sind für bestimmte chemische Substanzen, die so genannten **Transmitter**, empfänglich, die von anderen Neuronen freigesetzt werden. Wenn Dendriten und Zellkörper eines Neurons ausreichend stimuliert werden, spricht man davon, dass es „feuert“: Es verändert plötzlich und für wenige Millisekunden (Tausendstel einer Sekunde) seine elektrische Ladung. Je stärker die Reize sind, die das Neuron erhält, desto schneller beginnt es zu feuern. Bei geringer Stimulation feuert es vielleicht nur ein Dutzend Male pro Sekunde, während es bei starker Stimulation mehrere hundert Male pro Sekunde aktiv wird. Das Axon wird bei der Weiterleitung benötigt. Jedes Mal, wenn das Neuron feuert, setzen die verdickten Enden des Axons, die **Axonenden**, einen chemischen Botenstoff frei, der die Dendriten anderer Neuronen stimuliert. Innerhalb eines einzelnen Neurons beginnen die Aktionspotentiale also typischerweise in den Dendriten, fließen dann entlang des Axons und enden mit der Freisetzung von Botenstoffen im Axonende.

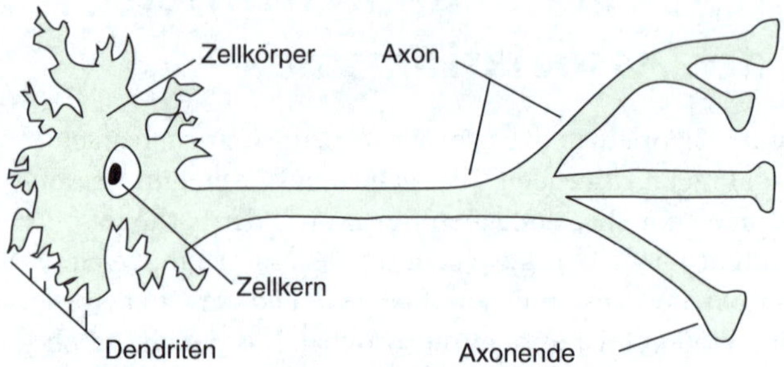

Abbildung 2.3: Schematische Darstellung eines Neurons.

WWW

Ein kurzes, interaktives Tutorium über Neuronen und Transmitter finden Sie unter **http://www.csuchico.edu/psy/BioPsych/neurotransmission.html**.

Der Begriff **Synapse** bezieht sich auf eine schmale Spalte zwischen dem Axonende des einen Neurons (dem **präsynaptischen Neuron**) und den Dendriten eines anderen Neurons (dem **postsynaptischen Neuron**). Wie die Abbildung 2.4 zeigt, entlässt das präsynaptische Neuron seine Botenstoffe in die Synapse. Diese Botenstoffe können das postsynaptische Neuron auf zwei verschiedene Arten beeinflussen. In einer **exzitatorischen Synapse** führt die Freisetzung des Botenstoffes dazu, dass die Bereitschaft des postsynaptischen Neurons, selbst zu feuern, steigt. In einer **inhibitorischen Synapse** führt die Freisetzung des Botenstoffes zu einer Abnahme der Aktivitätsbereitschaft des postsynaptischen Neurons. Ein einzelnes Neuron kann exzitatorische und inhibitorische Impulse von Tausenden anderer Neuronen empfangen. Die Aktivitätsrate eines Neurons spiegelt das Zusammenspiel aller exzitatorischen und inhibitorischen Impulse wieder, die es erhält.

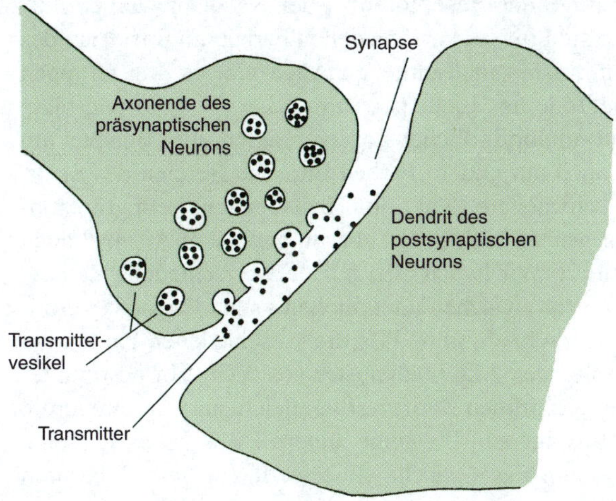

Abbildung 2.4: Eine schematische Darstellung einer Synapse zwischen zwei Neuronen. Die chemischen Botenstoffe, die vom Axonende des präsynaptischen Neurons freigesetzt werden, verursachen Veränderungen im Dendriten des postsynaptischen Neurons, die dazu führen, dass deren Aktivitätsbereitschaft zunimmt (im Falle einer exzitatorischen Synapse) oder nachlässt (im Falle einer inhibitorischen Synapse).

2.3.2 Physiologische Forschung über „einfache Sinneswahrnehmungen"

Ein Thema des Assoziationismus, das von nachfolgenden physiologischen Entdeckungen einhellig unterstützt wurde, ist die Hypothese, dass unser Sinnessystem die komplexen Reize unserer Umgebung analysiert, indem sie zu „einfachen Sinneswahrnehmungen" reduziert werden. Heutzutage ist über die traditionellen „fünf Sinne" (Sehen, Hören, Fühlen, Schmecken und Riechen) und die verschiedenen inneren Sinne (die das Gleichgewicht, die Muskelspannung, die Position der Körperteile und so weiter kontrollieren) zum Glück einiges bekannt. Immer wieder zeigen Forschungsergebnisse, dass die Sinnessysteme mit der Entschlüsselung der eher basalen Merkmale der eintreffenden Reize beginnen. Einige Beispiele können zeigen, wie dies vor sich geht.

Der einzige Kontakt des Nervensystems mit den Reizen der Außenwelt findet über eine Reihe von spezialisierten Neuronen, die **Rezeptoren** genannt werden, statt. An Stelle der Dendriten, die für die Botenstoffe anderer Neuronen empfänglich sind, haben Rezeptorzellen Strukturen, die für bestimmte Typen äußerer Reize empfänglich sind. Im optischen System beispielsweise ist die Reizmodalität natürlich das Licht; die lichtempfindlichen Rezeptoren befinden sich auf der Netzhaut. Wie die Abbildung 2.5 zeigt, werden die im Auge eintreffenden Lichtstrahlen durch die Hornhaut und die Linse gebündelt, passieren den Glaskörper und erreichen schließlich die Netzhaut. Stellt man sich analog zum Auge eine Kamera vor, so entspricht die Netzhaut dem Negativfilm. Die Netzhaut bildet die innere Oberfläche des Augapfels und auf ihr entsteht ein umgedrehtes Miniaturbild der sichtbaren Außenwelt. Einige der Rezeptoren in der Netzhaut werden aufgrund ihrer Form Zapfen genannt. Sie sind für die verschiedenen Farben im Spektrum des sichtbaren Lichts empfänglich. Im normalen menschlichen Auge gibt es drei Gruppen von Zapfen, die auf unterschiedliche Teile des Lichtspektrums, also rot, grün und blau, besonders empfindlich reagieren. Ein rotempfindlicher Zapfen reagiert zum Beispiel am stärksten auf rotes Licht, zeigt aber auch auf andere Farben im roten Bereich des Spektrums wie orange, lila und gelb eine schwächere Reaktion. Ebenso reagiert ein grünempfindlicher Zapfen besonders stark auf grünes Licht, wird aber in gewissem Ausmaß auch von blauem und gelbem Licht stimuliert. Wir haben also nur drei verschiedene Zapfen, verfügen aber über eine enorme Fähigkeit, zwischen unendlichen vielen Farbschattierungen zu unterscheiden. Das ist darauf zurückzuführen, dass die verschiedenen Farben bei den drei Gruppen von Zapfen ein je eigenes Aktivitätsmuster auslösen. Ein bestimmter Gelbton zum Beispiel reizt die roten und grünen Zapfen etwa gleich stark, während die blauen Zapfen fast gar nicht darauf ansprechen. Da keine andere Farbe genau dasselbe Reizmuster in den Zapfen bewirkt, kann das optische System diesen gelben Farbton genau entschlüsseln.

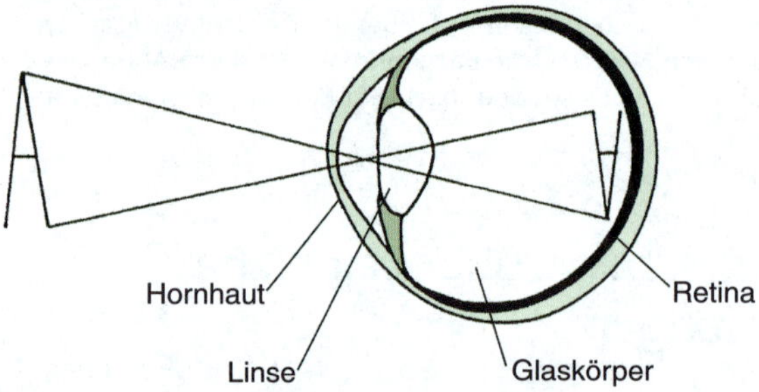

Abbildung 2.5: So dringen die Lichtstrahlen von einem Objekt in der Umwelt in das Auge ein und werden auf der Netzhaut in einem umgekehrten Abbild fokussiert.

Wir können uns die Zapfen als Neuronen vorstellen, die die komplexe optische Welt in das zerlegen, was die Assoziationisten „einfache Sinneswahrnehmungen" nannten. Ganz egal, wie kompliziert ein optischer Reiz sein mag, kann ein einzelner rotempfindlicher Zapfen nur zwei einfache Informationselemente an das restliche Nervensystem weitergeben: die Farbe und die Lokalisierung des Gegenstandes im optischen Feld (die festlegt, wo das Licht auf die Netzhaut trifft).

Auch alle anderen Sinnensysteme haben spezialisierte Rezeptoren, die von einfachen Impulsen der jeweiligen sinnlichen Modalität aktiviert werden. Die Haut enthält eine Reihe taktiler Rezeptoren, von denen manche für Druck, andere für Schmerz, Wärme oder Kälte empfänglich sind. Im akustischen System sind die Neuronen für je unterschiedliche Klangfrequenzen zuständig, so dass ein Neuron beispielsweise auf Töne mit einer Frequenz von 1000 Wellen pro Sekunde besonders empfindlich reagiert, aber auf gleich laute Töne einer höheren oder niedrigeren Frequenz weniger. Beim Geschmackssinn glauben die meisten Experten heute, dass allen Geschmacksempfindungen vier einfache Geschmacksrichtungen – sauer, salzig, bitter und süß – zugrunde liegen. Einige sehr genaue Experimente von Bekesy (1964, 1966) haben gezeigt, dass die einzelnen Geschmacksrezeptoren auf der Zunge immer nur auf einen einzigen dieser vier einfachen Geschmäcker reagieren. Kurz gesagt sind sich die Sinnesphysiologen in dieser Hinsicht relativ einig: Alle Sinnensysteme reduzieren ankommende Reize auf einfache Sinneseindrücke.

2.3.3 Physiologische Forschung über „komplexe Vorstellungen"

Das Wesentliche der von James Mill formulierten Theorie über komplexe Vorstellungen ist die Annahme einer Hierarchie: Am unteren Ende befinden sich die einfachen Ideen oder Vorstellungen, die sich zu komplexen Vorstellungen vereinigen können. Diese wiederum können sich zu Duplexideen ergänzen und so weiter. Obwohl Mill sich vor allem mit den Erinnerungen (Vorstellungen) vergangener Sinneseindrücke beschäftigte, hat seine Theorie über die zunehmende Komplexität auch einige Relevanz für die Verarbeitung von aktuellen Sinneseindrücken. Schließlich kann jeder von uns komplexe optische Strukturen wie das Gesicht eines Freundes oder ein geschriebenes Wort erkennen, obwohl die Tätigkeit unseres optischen Systems mit dem Erkennen grundlegender Elemente eines Reizes wie Farbe, Helligkeit, Position und so weiter beginnt. Irgendwie werden die einfachen sensorischen Eigenschaften, die von den Rezeptoren auf der Netzhaut wahrgenommen werden, zu „komplexen Vorstellungen" wie *mein Freund Paul* oder dem geschriebenen Wort *Musik* zusammengefügt.

Obwohl die Mechanismen der Erkennung optischer Strukturen noch weitgehend unbekannt sind, liefern die beeindruckenden Forschungsarbeiten von Hubel und Wiesel (1965, 1979) Hinweise darauf, wie Neuronen auf einer höheren Ebene im optischen System auf komplexere Reize und Reizelemente reagieren, als die in der Netzhaut liegenden Zapfen. Die Vorgehensweise der beiden Forscher lässt sich in aller Kürze folgendermaßen zusammenfassen: Sie isolierten ein einzelnes Neuron im optischen System eines betäubten Affen (oder einer betäubten Katze) und zeichneten die elektrische Aktivität dieses Neurons auf, während dem Versuchstier eine Reihe optischer Reize (mit verschiedenen Farben, Größen, Formen und Positionen im Blickfeld) dargeboten wurden. Die elektrische Aktivität des Neurons wurde ermittelt, indem eine **Mikroelektrode** (ein sehr dünner Draht) eingestochen wurde, die mit einer entsprechenden Anlage zur Verstärkung und Aufzeichnung verbunden war. Die Frage, die Hubel und Wiesel beantworten wollten, war einfach: Auf welche Art von Information reagiert dieses Neuron? Welcher optische Reiz lässt das Neuron am schnellsten aktiv werden und feuern?

Für diesen Zweck sind die Neuronen im **visuellen Kortex** von Interesse, also einer direkt unter der Schädeldecke gelegenen Hirnregion im Hinterkopf. Erinnern wir uns, dass ein Rezeptor auf der Netzhaut von einem einzigen Lichtpunkt stimuliert werden kann: Wenn dieser eintreffende Lichtpunkt hell genug ist, reagiert der Rezeptor auf ihn. Im optischen Kortex fanden Hubel und Wiesel jedoch einzelne Neuronen, die auf komplexere Formen reagierten. Einige Zellen – von Hubel und Wiesel **einfache Zellen** genannt – feuerten am schnellsten, wenn der optische Stimulus eine Linie mit einer bestimmten Ausrichtung war, die in einem bestimmten Teil des Blickfeldes auftauchte. Eine einfache Zelle könnte also aufgrund einer in einem 45-Grad Winkel zur Horizontalen verlaufenden Linie, die auf einen bestimmten Teil der Netzhaut projiziert wird, sofort anfangen zu feuern. Wäre die Ausrichtung der Linie um 30 bis 60 Grad verändert, würde die Zelle weniger schnell feuern und mit weiteren Abweichungen nähme die Aktivität immer mehr ab.

Welche Art von neuronaler Verbindung zwischen Netzhaut und visuellem Kortex könnte erklären, weshalb eine einfache Zelle auf eine Linie mit einer bestimmten Ausrichtung am heftigsten reagiert? Stellen wir uns vor, dass eine einfache Zelle im Kortex über eine Reihe von zwischengeschalteten Neuronen Erregungsimpulse von einzelnen Rezeptoren erhält, die – wie in Abbildung 2.6 schematisch dargestellt – auf der Oberfläche der Netzhaut in einer Reihe angeordnet sind. Nehmen wir weiter an, dass die Rezeptoren diesseits und jenseits dieser Reihe eine inhibitorische Verbindung mit der einfachen Zelle haben (durch das Minuszeichen in der Abbildung 2.6 dargestellt). Da die Rezeptoren auf der Netzhaut aktiv werden, wenn Licht auf sie fällt und da das Aktivitätsniveau der einfachen Zelle durch exzitatorische Impulse zunimmt, durch inhibitorische Impulse aber abnimmt, sollte deutlich werden, dass die einfache Zelle durch eine Linie von 45 Grad maximale Erregung erfährt. Linien mit anderer Ausrichtung verursachen folglich weniger Aktivität in der einfachen Zelle.

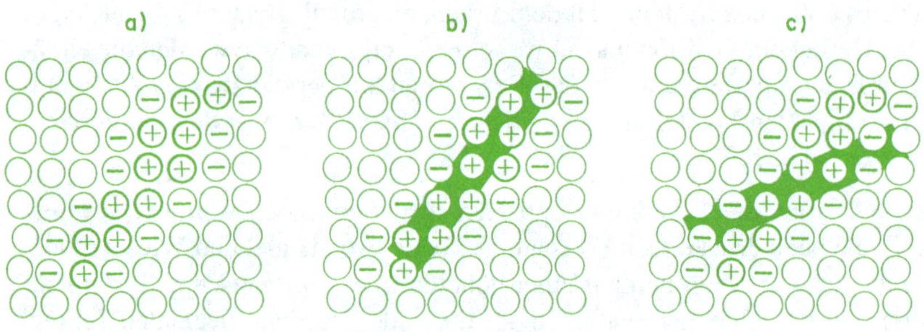

Abbildung 2.6: **(a)** Eine schematische Darstellung eines Ausschnittes der Netzhaut zeigt die mögliche Verbindung zwischen Rezeptoren auf der Netzhaut und einer einfachen Zelle im visuellen Kortex. Die Pluszeichen kennzeichnen Rezeptoren mit exzitatorischem Impuls auf die kortikale Zellen, die Minuszeichen kennzeichnen Rezeptoren mit inhibitorischem Impuls auf die kortikalen Zellen. **(b)** Wenn eine Linie von 45 Grad auf diesen Teil der Netzhaut projiziert wird, werden die kortikalen Zellen durch die vielen exzitatorischen Impulse stark aktiv. **(c)** Eine Linie mit weniger als 45-Grad-Neigung stimuliert einige Rezeptoren, die die kortikalen Zellen hemmen und weniger Rezeptoren, die diese reizen, so dass die kortikalen Zellen letztlich weniger schnell feuern.

Es soll an dieser Stelle nicht verschwiegen werden, dass diese Überlegungen über die neuronalen Verbindungen zwischen der Netzhaut und dem visuellen Kortex reine Spekulationen sind, denn bisher ist es noch niemandem gelungen, das „Vernetzungsschema" einfacher Zellen zurückzuverfolgen. Da alle Rezeptoren auf der Netzhaut auf einzelne Lichtpunkte reagieren, scheint es logisch unausweichlich, dass die Integration der Information irgendwo zwischen der Netzhaut und den auf Linien reagierenden Zellen im visuellen Kortex stattfindet. Vermutlich ist es keine allzu grobe Verzerrung der Ansichten von James Mill, wenn wir die optischen Rezeptoren auf der Netzhaut als physisches Gegenstück zu den einfachen Vorstellungen (Lichtpunkte) betrachten, während die einfachen Zellen im visuellen Kortex als physisches Gegenstück zu den komplexeren Vorstellungen gelten können (Linien mit einer bestimmten Ausrichtung). Die komplexen Vorstellungen entstehen dann durch eine Art Zusammenführung der Informationen über einfache Vorstellungen.

Eine Linie mit einer bestimmten Ausrichtung ist zugegebenermaßen immer noch recht einfach im Vergleich zu den komplexen Vorstellungen, über die Mill schrieb – Ziegelsteine, Mörtel, Wände, Fenster… Leider ist auch wenig darüber bekannt, wie das optische System auf derart komplexe Reize reagiert. Hubel und Wiesel fanden auch etwas differenziertere Zellen als die einfachen Zellen. Einige Zellen im visuellen Kortex wurden von Formen maximal gereizt, deren Ecken in einem bestimmten Winkel aufeinander trafen. Eine Zelle reagierte beispielsweise auf die 90-Grad-Ecke eines Rechtecks. Eine andere Zelle reagierte auf einen Teil eines Dreiecks, sagen wir den 45-Grad-Winkel. Zu den komplexesten optischen Detektoren, die je entdeckt wurden, gehören kortikale Neuronen bei Makakkenäffchen, die auf Hände und Gesichter reagieren (Desimone, Albright, Gross & Bruce, 1984). Die Gesichtsdetektoren reagieren auf Gesichter von Menschen oder Affen sehr stark, während andere Reize (Formen, Texturen, Bilder von anderen Gegenständen) keine oder nur eine schwache Reaktion auslösen.

WWW

Sie können Ihre Fähigkeit, die Eigenschaften von simulierten einfachen Zellen zu entdecken, testen, wenn Sie **http://coglab.psych.purdue.edu/coglab/labs/ReceptiveField.html** anklicken.

Diese Hinweise auf die Existenz von Detektoren für optische Muster haben einige Sinnespsychologen dazu veranlasst, der **Single Neuron Doctrine** of Perception anzuhängen (Barlow, 1972). Sie besagt, dass das optische System (und vermutlich andere Sinnessysteme auch) auf der Grundlage einer Hierarchie mit zunehmender Komplexität organisiert ist und dass sich auf der höchsten Ebene Neuronen befinden, die auf sehr spezifische Muster reagieren. Gibt es also einzelne Neuronen, die auf so komplexe Reize wie das Gesicht eines Freundes oder einen 1976er Volvo reagieren? Diejenigen, die der Single Neuron Doctrine anhängen, glauben, dass das Gehirn tatsächlich derart spezialisierte Neuronen enthält. Aber das ist nur eine Möglichkeit. Eine andere ist, dass eine ganze Gruppe von Neuronen durch einen komplexen optischen Reiz aktiviert wird und dass die Aktivität dieser ganzen Zellgruppe einer komplexen Vorstellung entspricht. Eine weitere Ansicht geht davon aus, dass ein großer Teil der Neuronen im visuellen Kortex durch komplexe optische Reize stimuliert wird, die Art des Reizes aber nicht durch bestimmte Neuronen, sondern durch das besondere Aktivitätsmuster kodiert wird (Lashley, 1929, 1950; Pribram, 1966). Derzeit weiß noch niemand, welche dieser Möglichkeiten eher zutrifft.

Als Empirist ging James Mill davon aus, dass Erfahrung die Grundlage aller einfachen und komplexen Vorstellungen ist. Als Hubel und Wiesel (1963) die Zellen im visuellen Kortex neugeborener Kätzchen ohne jede optische Erfahrung untersuchten, fanden sie allerdings Detektoren zur Mustererkennung, die denen im Gehirn von erwachsenen Katzen ähnlich waren (obwohl die Neuronen der Kätzchen auf optische Reize viel langsamer reagierten). Wenn wir die Musterdetektoren als physiologisches Gegenstück zu Mills Ideen (einfach oder komplex) betrachten, müssen wir zugeben, dass diese Ideen zumindest bei Katzen, angeboren sein müssen: Einzelne Zellen im visuellen Kortex der kleinen Katzen sind vorab so vernetzt, dass sie auf bestimmte optische Muster (Linien, Winkel) reagieren, bevor überhaupt irgendwelche optischen Eindrücke bei dem Kätzchen entstanden sind. Aber auch wenn Musterdetektoren bei der Geburt vorhanden sind, spielt die Erfahrung in zweierlei Hinsicht eine wichtige Rolle. Zunächst sorgt die optische Erfahrung dafür, dass die Musterdetektoren gut funktionieren. Hubel und Wiesel (1970) fanden heraus, dass diese verkümmern und ihre Funktionsfähigkeit verlieren, wenn man den Kätzchen in bestimmten **kritischen Phasen** ihres jungen Lebens die optische Stimulation vorenthält. Zweitens konnten die Reaktionsmerkmale der Musterdetektoren in Abhängigkeit vom Typus der optischen Stimulation, die den Kätzchen zuteil wurde, modifiziert werden. Blakemore und Cooper (1970) zogen Kätzchen in einer Umgebung groß, in der die Wände entweder breite vertikale Streifen hatten oder aber horizontale Streifen. Die Musterdetektoren der mit den vertikalen Streifen aufgewachsenen Kätzchen reagierten vorwiegend auf Linien mit vertikaler Ausrichtung. Nur wenige Zellen reagierten auf horizontale Linien. Bei den Kätzchen mit der horizontalen Stimulation war das Ergebnis gegenteilig. Diese Studien mit kleinen Katzen zeigen, dass sowohl Vererbung als auch Umwelteinflüsse zur Entstehung der optischen Musterdetektoren beitragen.

2.3.4 Physiologische Forschung über assoziatives Lernen

Viele Jahrzehnte lang haben Psychologen und Physiologen versucht, die physiologischen Veränderungen zu entdecken, die beim Lernen stattfinden. Eine Übersicht darüber könnte etliche Bände füllen und wir können hier nur eine sehr kurze Zusammenfassung einiger wichtiger Theorien und Forschungsergebnisse liefern. Es gibt verschiedene Theorien darüber, was auf zellulärer Ebene beim Lernen passiert. Eine Möglichkeit ist, dass die Neuronen in der Folge einer Lernerfahrung neue Axons und/oder neue Dendriten ausbilden, so dass völlig neue Synapsen entstehen. Eine zweite Möglichkeit ist, dass Lernen zu einer Veränderung der bereits existierenden Synapsen führt. Wir wollen beide etwas genauer untersuchen.

Wachstum neuer Synapsen

Einige gute Belege für die These, dass sich durch Erfahrung neue Synapsen entwickeln, stammen aus Studien, bei denen Tiere in einer besonders gestalteten Umwelt gehalten wurden. Rosenzweig und seine Kollegen (Rosenzweig, Mollgaard, Diamond & Bennet, 1972) zogen junge Ratten in zwei verschiedene Umwelten auf, um zu untersuchen, wie sich frühe Erfahrungen auf die Entwicklung des Gehirns auswirken. Einige Ratten wuchsen in einer Umwelt auf, die reich an Reizen und Lerngelegenheiten war. Sie lebten in Gruppen von 10 bis 12 Tieren und ihre Käfige enthielten zahlreiche Gegenstände zum Spielen und Erforschen wie Leitern, Räder, Plattformen, Labyrinthe und ähnliches. Andere Jungtiere wurden in einer reizarmen Umwelt großgezogen und hatten deutlich weniger sinnliche Erlebnisse und Lerngelegenheiten. Jedes Tier lebte in einem einzelnen, leeren Käfig und konnte keine anderen Tiere sehen oder berühren. Nach 80 Tagen Aufenthalt in der jeweiligen Umwelt fanden Rosenzweig und seine Mitarbeiter, dass die Gehirne der in der anspruchsvolleren Umgebung aufgewachsenen Tiere deutlich schwerer waren, als die der Vergleichsgruppe. Gewichtsunterschiede fanden sich besonders im zerebralen

Kortex, von dem man annimmt, dass er eine wichtige Rolle im Lernprozess spielt. Andere Studien zeigten, dass ein besonders anregendes Umfeld auch bei erwachsenen Tieren ähnliche Veränderungen verursachen kann und dass manchmal schon ein sehr kurzer Aufenthalt in einer sehr reizintensiven Umgebung eine bedeutende Wirkung haben kann. Ferchmin und Eterovic (1980) fanden heraus, dass das Gewicht des Gehirns von jungen Ratten schon nach einem 10-minütigen Aufenthalt in einer sehr anregenden Umgebung zugenommen hatte.

Was geht bei einer solchen Veränderung der Hirngröße auf der zellulären Ebene vor sich? Mikroskopische Untersuchungen haben eine ganze Reihe von Veränderungen im Hirngewebe von Ratten gezeigt, die einer anregenden Umwelt ausgesetzt waren, darunter die Verzweigung von Dendriten (ein Anzeichen für eine Zunahme der synaptischen Verbindungen zwischen Axons und Dendriten) und die Vergrößerung der Synapsenoberfläche (Rosenzweig, 1984), Andere Studien zeigten, dass stärker strukturierte Lernerfahrungen zu zellulären Veränderungen in genauer umschriebenen Hirnregionen führen. Spinelli, Jensen und DiPrisco (1980) übten mit jungen Kätzchen, ein Vorderbein zu beugen, um einen Stromstoß zu verhindern. Nach wenigen kurzen Sitzungen wurde der Kortex jeder Katze untersucht. Die Versuchsleiter fanden, dass (1) ein größerer Teil des Kortex auf die Stimulation des trainierten Vorderbeines reagierte (im Vergleich zu jenem Teil des Kortex, der für das andere, untrainierte Bein zuständig war) und dass (2) die Verzweigungen der Dendriten in diesem bestimmten Kortexbereich deutlich zugenommen hatten. Diese und andere Untersuchungen sind ziemlich deutliche Belege dafür, dass schon kurze Lernerfahrungen eine deutliche Zunahme der Anzahl, Größe und Komplexität der synaptischen Verbindungen bewirken können (Jones & Schallert, 1994).

Immer mehr Neurowissenschaftler glauben, dass das Wachstum neuer Dendriten und Synapsen der Entstehung des Langzeitgedächtnisses zugrunde liegt (Kolb & Whishaw, 1998). Untersuchungen haben gezeigt, dass beim Menschen in den Monaten vor der Geburt und im ersten Lebensjahr eine starke **Arborisation** stattfindet, was bedeutet, dass die Dendriten zahlreiche Verzweigungen entwickeln. Gleichzeitig verschwinden andere Verbindungen zwischen den Neuronen. Es ist nicht klar, wie stark diese Veränderungen vom Prozess der Reifung und wie stark sie von kindlichen Lernerfahrungen abhängig sind (Casaer, 1993). Offenbar entstehen im Laufe der kindlichen Reifung und Lernerfahrung zahlreiche neue synaptische Verbindungen, während andere, überflüssig gewordene Verbindungen aufgehoben werden. Diese neurologischen Veränderungen finden mindestens bis zur Adoleszenz statt (Hutttenlocher, 1990).

Wachstum neuer Neuronen

Bis vor kurzer Zeit war eine Theorie des neuralen Wachstums weithin akzeptiert, die besagte, dass im Gehirn von Tieren abgesehen von der Zeit vor der Geburt und der frühen Kindheit keine neuen Neuronen entstehen können. Glaubt man dieser Theorie, dann führt Lernen immer zu Veränderungen in den bestehenden Neuronen (zum Beispiel zur Arborisation). Aufgrund von Krankheit oder Verletzung zerstörte Neuronen können folglich auch nicht ersetzt werden. Nun gibt es aber zunehmend Hinweise darauf, dass diese traditionelle Ansicht über das neuronale Wachstum nicht zutreffend ist, sondern auch im Gehirn von erwachsenen Säugetieren immer wieder neue Neuronen erscheinen. Eine Studie mit ausgewachsenen Makakenäffchen zeigte, dass sich in verschiedenen Regionen des zerebralen Kortex neue Neuronenentwickeln können (Gould, Reeves, Graziano & Gross, 1999). Das Wachstum neuer Neuronen, Neurogenese genannt, wurde auch bei anderen Spezies beobachtet und scheint in manchen Fällen mit Lernerfahrungen zusammenzuhängen. In einem Experiment lernten Ratten beispielsweise Aufgaben zu lösen, die bekanntermaßen in der Hirnregion des Hippokampus bearbeitet werden, während andere Ratten Aufgaben bekamen, die den Hippokampus nicht ansprechen. Bei der ersten Gruppe wurden nach der Lernphase in einer benachbarten Hirnregion, die vom Hippokampus Impulse empfängt, neue Neuronen gefunden. Bei der zweiten Gruppe konnten in dieser Hirnregion dagegen keine neuen Neuronen nachgewiesen werden. Diese Ergebnisse legen die Vermutung nahe, dass im Laufe einer Lernerfahrung neue Neuronen wachsen können und dass die Region, in der sie entstehen, von der Art des Lernens abhängt (Gould, Beylin, Tanapat, Reeves & Shors, 1999).

Andere Untersuchungen mit Ratten konnten zeigen, dass nach einer Hirnverletzung neue Neuronen wachsen können und dass diese neuen Neuronen dem Lebewesen die Wiederherstellung der durch die Verletzung verlorenen Fähigkeiten ermöglicht (Kolb, Gibb, Gorny & Whishaw, 1998). Obwohl die Untersuchungen meist mit Versuchstieren gemacht wurden, ist das Neuronenwachstum bei erwachsenen Menschen ebenfalls ziemlich wahrscheinlich. Weitere Untersuchungen zu dieser Frage werden hoffentlich verlässlichere Informationen über die hirnphysiologischen Mechanismen des Lernens erbringen, so dass neue Behandlungsverfahren für Menschen mit Schlaganfall oder anderen Hirnverletzungen entwickelt werden können (Ogden, 2000).

Veränderungen bereits vorhandener Synapsen

Es gibt heute Hinweise darauf, dass manche Veränderungen in den neuronalen Verbindungen nicht vom Wachstum neuer Synapsen abhängen, sondern eher von chemischen Veränderungen der bereits bestehenden Synapsen. Werden beispielsweise die Neuronen in einer Rattenhirngewebeprobe mit einem kurzen elektrischen Reiz stimuliert, kann dies zu einer lange anhaltenden Intensivierung der bestehenden Verbindung zwischen den Neuronen führen. Die Zunahme der Intensität in den exzitatorischen Synapsen als Ergebnis einer elektrischen Stimulation wird **Langzeitpotenzierung** genannt, denn die Wirkung kann Wochen oder Monate anhalten (Bliss & Lomo, 1973). Langzeitpotenzierungen wurden auch in menschlichem Hirngewebe beobachtet, das bei chirurgischen Eingriffen entnommen wurde (Chen, Lee, Kato, Spencer, Shepherd & Williamson, 1996).

Dieses Phänomen wurde in Hirnregionen wie dem Hippokampus und dem zerebralen Kortex nachgewiesen, von denen man annimmt, dass sie für das Funktionieren des Langzeitgedächtnisses relevant sind. Daher glauben manche Forscher, dass die Langzeitpotenzierung ein grundlegender Prozess sein könnte, durch den sich das Gehirn in der Folge einer Lernerfahrung verändern kann (Maren & Baudry, 1995). Andere Forscher gehen jedoch davon aus, dass die mögliche Bedeutung der Langzeitpotenzierung für das Lernen und die Erinnerung überbewertet wird (Geinisman, 1999). Auf jeden Fall ist das Phänomen derzeit Gegenstand etlicher Untersuchungen. Immerhin wurde die Langzeitpotenzierung nicht nur in Hirngewebeproben beobachtet, sondern auch im Gehirn von lebenden und agierenden Lebewesen. Außerdem gibt es überzeugende Hinweise darauf, dass sie auch bei der Entstehung neuer Assoziationen eine Rolle spielt (Leung & Shen, 1995; Stefan, Kunesch, Cohen, Benecke & Classen, 2000).

Welche chemischen Veränderungen könnten eine solche Intensivierung der synaptischen Verbindung verursachen? Eine Möglichkeit ist, dass das Axonende des präsynaptischen Neurons in der Folge einer Lernerfahrung die Fähigkeit erlangt, mehr Transmitterstoffe freizusetzen. Eine andere Möglichkeit ist, dass die Zellmembran des postsynaptischen Neurons empfänglicher für die Botenstoffe wird, so dass die Menge dieser Stoffe in der Synapse zwar konstant bleibt, aber die Reaktionsbereitschaft des postsynaptischen Neurons zunimmt. Bei Experimenten zur Langzeitpotenzierung haben Wissenschaftler Hinweise darauf gefunden, dass Veränderungen des prä- und des postsynaptischen Neurons eine Rolle spielen könnten (Davies, Lester, Reimann & Collingridge, 1989). Neuere Studien legen die Vermutung nahe, dass das Säugetiergehirn eine Reihe chemischer Mechanismen zur Verfügung hat, um die Intensität der Verbindung zwischen den Neuronen zu verändern (Madison, Malenka & Nicoll, 1991). Beispiele dafür, wie einfache Lernerfahrungen chemische Veränderungen in einzelnen Synapsen verursachen, werden in späteren Kapiteln dargestellt.

Wo werden „komplexe Vorstellungen" im Gehirn gespeichert?

Bevor wir diesen kurzen Überblick über die physiologischen Hintergründe des Lernens beenden, sollten wir einen letzten Blick auf das von James Mill vorgestellte Konzept der komplexen Ideen und Vorstellungen werfen. Was passiert auf physiologischer Ebene, wenn ein Kind lernt, was das Konzept *Haus* bedeutet oder wenn ein Kätzchen lernt, eine Schlange zu erkennen und richtig auf sie zu reagieren? Obwohl die Antwort auf diese Frage noch nicht gefunden wurde, wurden etliche Möglichkeiten in Erwägung gezogen.

Eine Hypothese besagt, dass jede Lernerfahrung neuronale Veränderungen verursacht, die in vielen Teilen des Gehirns stattfinden. Das würde bedeuten, dass die physischen oder chemischen Veränderungen, die hier beschrieben wurden, nicht nur in bestimmten Neuronen in einzelnen Regionen des Gehirns stattfinden, sondern in vielen Neuronen in ganz verschiedenen Hirnregionen. Diese Hypothese wurde durch einige klassische Experimente von Karl Lashley (1950) gestützt. Nachdem er Ratten beigebracht hatte, durch ein Labyrinth zu laufen, entfernte er Teile des zerebralen Kortex (bei jeder Ratte einen anderen Teil), um festzustellen, ob die Erinnerung an das Labyrinth verschwindet. Dadurch hätte man einen Hinweis darauf, wo diese Erinnerung gespeichert war. Lashleys Versuche den Erinnerungsspeicher zu finden, blieben jedoch erfolglos. Wenn ein kleiner Teil des Kortex entfernt wurde, hatte dies keine Auswirkungen auf die Leistungen der Ratte im Labyrinth, ganz egal, welcher Teil fehlte. Wenn ein größerer Teil des Kortex entfernt wurde, verschlechterte sich die Leistung der Ratte im Labyrinth, ganz egal welcher Teil fehlte. Lashley schloss daraus, dass Erinnerungen an ganz verschiedenen Stellen im Gehirn gespeichert werden und dass die Entfernung kleiner Teile des Gehirns das Erinnerungsvermögen nicht beeinflusst. Auch andere Studien haben Belege für die Ansicht geliefert, dass große Teile des Gehirns durch einfache Lernerfahrungen verändert werden (John, 1967; John, Tang, Brill, Young & Ono, 1986).

Eine sehr andere Hypothese besagt, dass die Informationen über einzelne Konzepte oder Vorstellungen in kleinen, genau bestimmten Arealen des Gehirns lokalisiert oder gespeichert sind. Manche Autoren (wie J. Konorski, 1967; Wickelgren, 1979) gehen davon aus, dass der zerebrale Kortex zusätzlich zu angeborenen Musterdetektoren wie den von Hubel und Wiesel gefundenen viele unbenutzte oder ruhende Neuronen enthält, die vielleicht schwache Impulse von verschiedenen Musterdetektoren erhalten. Ein Ergebnis einer Lernerfahrung könnte sein, dass eines (oder einige) der ruhenden Neuronen anfängt, selektiv auf ein besonders komplexes Objekt zu reagieren. Dazu ein einfaches Beispiel: Konfrontiert man ein Lebewesen wiederholt mit dem komplexen Gegenstand Apfel, könnten einige kortikale Neuronen empfänglich werden für exzitatorische Impulse von Detektoren, die auf die rote Farbe des Apfels, seine kugelige Form, seinen Geruch und andere Merkmale reagieren. So würde ein Lebewesen, das bei seiner Geburt noch keine Vorstellung von einem Apfel hat, durch Erfahrung die Fähigkeit entwickeln, Äpfel zu erkennen.

Es spricht einiges für die Hypothese, dass Erinnerungen und Vorstellungen in kleinen Bereichen des Gehirns gespeichert werden. Ein Hinweis darauf stammt aus den Forschungen von Penfield (1959), der Teile des zerebralen Kortex von menschlichen Patienten während chirurgischer Eingriffe elektrisch stimulierte. Die betäubten, aber wachen Patienten berichteten von verschiedenen, sehr lebhaften Sinneswahrnehmungen. Manche hörten eine Melodie, andere sahen und hörten eine Zirkusvorstellung. Natürlich ist es verlockend, daraus zu schließen, dass durch die Stimulation eine Hirnregion gereizt wurde, in der bestimmte Erinnerungen aus der Vergangenheit gespeichert waren. Aber die Bedeutung der Forschungsergebnisse von Penfield ist leider nicht eindeutig, denn sie können verschieden interpretiert werden.

Berichte von Menschen, bei denen durch einen Unfall oder Schlaganfall kleine Teile des Gehirns beschädigt wurden, scheinen eindeutiger für die lokalisierte Erinnerung zu sprechen. Hirnverletzungen können sehr verschiedene psychologische oder physische Probleme verursachen, aber bei manchen Individuen lässt sich ein Verlust von ganz bestimmten Informationen beobachten. Ein Mann hatte beispielsweise Schwierigkeiten, sich an die Namen von Früchten oder Gemüsesorten zu erinnern, während er andere Gegenstände problemlos identifizieren konnte (Hart, Berndt & Caramazza, 1985). Eine andere Person konnte die normalerweise in einem Zimmer befindlichen Gegenstände wie Möbel oder Wände nicht benennen (Yamadori & Albert, 1973). Eine weitere Person konnte sich nicht mehr an die Namen von bekannten Stars erinnern, hatte aber kein Problem mit den Namen von berühmten historischen oder literarischen Figuren (Lucchelli, Muggia & Spinnler, 1997). Diese Fälle legen die Vermutung nahe, dass bestimmte Konzepte in bestimmten Hirnteilen gespeichert werden und dass Konzepte, die einer Kategorie angehören, nebeneinander liegen.

Die Diskussion darüber, ob die neurologischen Repräsentationen von komplexen Ideen lokal begrenzt oder verstreut sind, dauert schon etliche Jahre und ist bis heute nicht beendet. Möglicherweise sind beide Annahmen teilweise korrekt und manche Lernerfahrungen führen zu Veränderungen in ganz bestimmten Hirnteilen, während andere Veränderungen in vielen unterschiedlichen Hirnregionen verursachen (Thompson, 1991). Zeitgenössische Neurowissenschaftler forschen noch immer nach der Antwort auf die von James Mill vor über 150 Jahren gestellte Frage: Was sind komplexe Ideen und wie erwirbt und speichert sie das menschliche Gehirn? Wir haben bisher noch keine überzeugende Antwort darauf, wissen aber viel darüber mehr als James Mill. Und mit jedem Jahr kommen neue Erkenntnisse hinzu. Wenn und falls Neurowissenschaftler entdecken sollten, wie das Gehirn komplexe Konzepte und Ideen speichert, so wird das ein Meilenstein in der Lernforschung sein.

Zusammenfassung

Im Laufe der Jahrhunderte haben Philosophen, die Assoziationisten genannt werden, darüber spekuliert, wie Assoziationen zwischen verschiedenen Gedanken und Ideen im Gehirn entstehen. Aristoteles verwies auf die Prinzipien von Kontiguität, Ähnlichkeit und Kontrast. Thomas Brown ergänzte diese Liste um die Prinzipien der Häufigkeit, Dauer, Neuartigkeit und Lebendigkeit. James Mill entwickelte eine Theorie darüber, wie die wiederholte Präsentation von zwei oder mehr einfachen Ideen zur Bildung von komplexen Ideen führen kann. Ebbinghaus führte einige der ersten Untersuchungen über das Lernen und die Erinnerung durch, wobei er Listen mit sinnlosen Silben als Stimuli verwendete und sie lernte, bis er sie erinnern konnte. Er ließ einige Zeit verstreichen, versuchte die Listen dann wiederzugeben und maß seine „Ersparnisse“. Damit verdeutlichte er verschiedene Grundlagen des Lernens, darunter Kontiguität, Rezenz und Überlernen.

Spezialisierte Sinnesneuronen in den Augen, Ohren und anderen Sinnesorganen reagieren auf sehr einfache sinnliche Impulse, ganz so wie sich die Assoziationisten das vorgestellt hatten. Neuronen im Auge reagieren auf Farben, Neuronen in den Ohren reagieren auf bestimmte Tonhöhen. Im Gehirn werden die Impulse der Sinnesneuronen oft zusammengefasst, so dass einzelne Neuronen auf komplexere Stimuli wie Linien, Winkel und Ecken eines optischen Bildes reagieren. Bei Affen wurden einzelne Neuronen gefunden, die auf Gesichter und Hände ansprechen, aber wie Tiere und Menschen die unzähligen und unendlich komplexen Reize unserer Umwelt identifizieren können ist noch immer weitgehend unbekannt.

Physiologen nehmen an, dass immer, wenn ein Lebewesen etwas Neues lernt, eine physiologische Veränderung im Gehirn oder Nervensystem vor sich geht. Manche Axonenden fangen an, mehr Neurotransmitter auszuschütten; manche Dendriten werden empfänglicher für vorhandene Botenstoffe; oder zwischen den Neuronen wachsen ganz neue Synapsen. Hirnforscher haben starke Belege für alle der erwähnten Vorgänge gefunden. Lashleys Forschung mit Ratten zeigt, dass sich im Laufe eines einfachen Lernvorganges viele verschiedene Hirnareale verändern. Forschungen an Menschen mit Hirnverletzungen zeigen jedoch, dass manche Informationen in kleinen, begrenzten Gebieten des Gehirns gespeichert werden.

Wiederholungsfragen

1. Beschreiben Sie die drei von Aristoteles beschriebenen Prinzipien der Assoziation, einige weitere von Thomas Brown beschriebene Prinzipien und James Mills Theorie der komplexen Ideen. Führen Sie Beispiele an, um diese Prinzipien zu verdeutlichen.
2. Welche Vorgehensweise verwendete Ebbinghaus, um die Erinnerung zu erforschen? Inwiefern sind seine Entdeckungen Belege für die Prinzipien der Häufigkeit, Rezenz und Kontiguität?
3. Verwenden Sie das Beispiel des Farbensehens, um zu erklären, wie unser Sinnensystem komplexe Stimuli auf „einfache Sinneseindrücke" reduziert. Wie haben Hubel und Wiesel die Eigenschaften von einzelnen Neuronen im visuellen Kortex von Katzen und Affen untersucht und was haben sie herausgefunden?
4. Diskutieren Sie einige Forschungsergebnisse über die Veränderungen, die während eines Lernvorgangs im Gehirn stattfinden. Welche Argumente und Belege wurden in der Debatte von den Anhängern der These, dass einfache Lernerfahrungen viele verschiedene Teile des Gehirns verändern, und den Anhängern der These, dass die Veränderungen in kleinen, begrenzten Hirnarealen stattfinden, angeführt?

Kapitel

3 Angeborene Verhaltensmuster und Habituation

In diesem Kapitel

Jedes Lebewesen ist bei seiner Geburt mit einer Reihe von komplexen Fähigkeiten ausgestattet. Sein Überleben hängt von dem Vermögen zu atmen und Blut durch die Gefäße zu pumpen ab. Wenn es sich um ein Säugetier handelt, hat es die Fähigkeit, seine Körpertemperatur in geringem Maße zu regulieren. Wenn sein Überleben von der Fähigkeit abhängt, vor Raubtieren zu fliehen, fängt es wohl innerhalb von Minuten nach der Geburt an, zu laufen und wegzurennen. Neugeborene Tiere verfügen auch über eine Reihe sensorischer Fähigkeiten. Wie Hubel und Wiesel (1963) zeigen konnten, haben Kätzchen von Geburt an optische Zellen, die auf Farben, Linien und vermutlich andere Aspekte der optischen Welt reagieren. Derartige Strukturen der sensorischen Wahrnehmung sind weder auf Kätzchen noch auf das optische System beschränkt.

Ein wichtiges Ziel des folgenden Kapitels besteht darin, Beispiele für jene Verhaltensweisen anzuführen, über die Tiere bereits verfügen, wenn sie auf die Welt kommen. Dass angeborene Verhaltensmuster in einem Buch über Lernen untersucht werden, hat gute Gründe. Erstens sind viele erlernte Verhaltensweisen Ableitungen, Erweiterungen oder Variationen von angeborenem Verhalten. Zweitens finden sich viele Parallelen zwischen angeborenen Verhaltensmustern und Aspekten des erlernten Verhaltens (wie der Abhängigkeit von Umweltreizen oder Mechanismen der zeitlichen Abfolge). Ein weiteres Ziel dieses Kapitels ist die Untersuchung des Phänomens der Habituation, das häufig als der einfachste Lerntyp beschrieben wird.

Die meisten Beispiele angeborener Verhaltensmuster, die in diesem Kapitel beschrieben werden, basieren auf der Arbeit von **Ethologen**, also von Wissenschaftlern, die beobachten, wie sich Tiere in ihrer natürlichen Umgebung verhalten. Obwohl Ethologen und Psychologen, die in der Lernforschung tätig sind, tierisches Verhalten studieren, sind ihre Ziele und Strategien sehr verschieden. Die Versuchsanordnungen von Lernpsychologen sind tendenziell nüchtern und künstlich, denn ihr Ziel ist die Entdeckung von allgemeinen Prinzipien des Lernens, die nicht von bestimmten Reizarten abhängen. Ethologen führen ihre Versuche normalerweise im natürlichen Lebensraum der Tiere oder zumindest in einem halbwegs naturalistischen Setting durch, denn ihr Ziel ist, zu untersuchen, wie das Verhalten eines Tieres zu seinem Überleben in freier Wildbahn beiträgt. Ethologen interessieren sich für erlerntes und angeborenes Verhalten, und viele der von ihnen im Detail untersuchten Verhaltensmuster sind **Spezies-spezifisch** (spezifisch für bestimmte Arten). In den letzten Jahren haben Psychologen, die sich mit dem Lernen beschäftigen, zunehmend Interesse an angeborenem Verhalten und Spezies-spezifischem Verhalten gezeigt. Folglich hat die Arbeit von Ethologen heute mehr Einfluss auf die Forschung und Theoriebildung im Bereich des Lernens.

Ein gemeinsames Merkmal von erlernten und angeborenen Verhaltensweisen ist, dass beide sinnvoll und zielgerichtet scheinen. Wir werden sehen, dass dies auf die meisten unserer einfachsten Reflexe und komplexesten Fertigkeiten zutrifft. Aus diesem Grund ist es nützlich, dieses Kapitel mit einigen Konzepten der **Kontrollsystem-Theorie** zu beginnen, einem Wissenschaftszweig, der sich mit zielgerichtetem Verhalten bei Lebewesen und unbelebten Objekten beschäftigt.

3.1 Merkmale zielgerichteter Systeme

Die Kontrollsystem-Theorie liefert einen Rahmen für die Untersuchung einer ganzen Reihe von zielgerichteten Systemen. Die hier verwendete Terminologie geht auf die Arbeit von McFarland (1971) zurück. Ein recht einfaches Beispiel eines unbelebten, aber zielgerichteten Systems ist das Heizungssystem eines Hauses. Sein Ziel besteht darin, die Temperatur im Haus über einem Minimum von sagen wir 18°C zu halten. Sinkt die Temperatur darunter, dann springt die Heizung „automatisch“ an und beginnt zu heizen. Ist die gewünschte Temperatur erreicht, stellt die Heizung ihre Tätigkeit ein. Wir wissen natürlich, dass dabei keine Magie im Spiel ist. Die Aktivität der Heizung wird von einem Thermostat kontrolliert, der deshalb funktioniert, weil Metall sich ausdehnt, wenn es erwärmt wird, und zusammenzieht, wenn es kühler wird. Kühlt die Metallspirale im Thermostat ab, dann krümmt sie sich und schließt einen elektrischen Kreislauf, wodurch die Heizung angeschaltet wird. Erwärmt sich das Metall, öffnet sich der Kreislauf und der Heizvorgang kommt zum Ende.

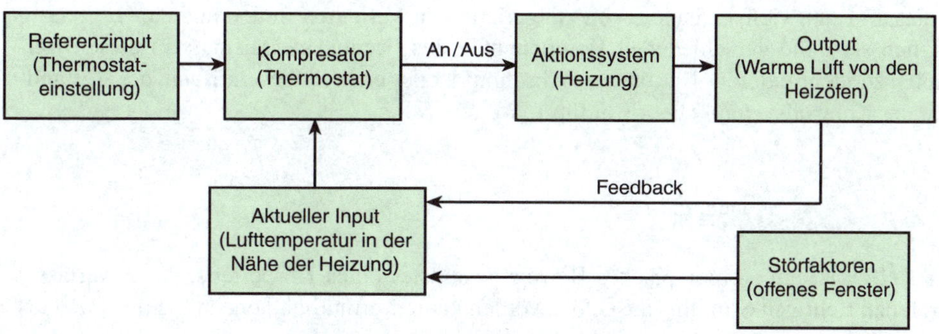

Abbildung 3.1: Die Konzepte der Kontrollsystemtheorie sind hier auf das Heizungssystem eines Hauses übertragen.

Ein Thermostat ist ein gutes Beispiel für einen **Komparator**, einen grundlegenden Baustein der Kontrollsystemtheorie. Wie in Abbildung 3.1 gezeigt, empfängt ein Komparator zwei Arten von Impulsen, einerseits den **Referenzinput**, andererseits den **aktuellen Input**. Der Referenzinput ist oft keine physische Entität, sondern eine vorab festgelegte (die Temperatur, die ausreicht, um den Kreislauf zu unterbrechen, so dass sich die Heizung abschaltet). Der aktuelle Input misst aktuelle physische Merkmale der gegenwärtigen Umgebung (im Beispiel die Lufttemperatur in der Umgebung des Thermostates).

Jeder Komparator funktioniert nach Regeln, die er befolgt, um auf der Grundlage des aktuellen Inputs und des Referenzinputs zu entscheiden, was der Output sein soll. Im Fall des Thermostats ist der Output der Befehl zum Einschalten oder Ausschalten der Heizung, die ein Beispiel für ein **Handlungssystem** ist. Die Regeln, denen der Thermostat folgt, könnten folgende sein: (1) Wenn die Heizung ausgeschaltet ist und die Lufttemperatur ein Grad tiefer sinkt, als der Referenzinput vorgibt, soll die Heizung anspringen. (2) Wenn die Heizung angeschaltet ist und die Lufttemperatur ein Grad über den Referenzinput steigt, soll die Heizung ausgehen. Bei einer Vorgabe von 18°C sorgen diese Regeln dafür, dass die Lufttemperatur zwischen 17 und 19° bleibt.

Das Produkt des Handlungssystems wird einfach **Output** genannt – hier die von den Heizkörpern ausgestrahlte Wärme. Wie Abbildung 3.1 zeigt, wirkt der Output des Handlungssystems zurück auf den Komparator und beeinflusst den aktuellen Input. Aus diesem Grund werden solche zielgerichteten Systeme häufig **Feedback-Systeme** oder geschlossene Kreislaufsysteme genannt. Der Output des Handlungssystems (Wärme) und der aktuelle Input des Komparators (Lufttemperatur) scheinen eine enge Verbindung zu haben, und vielleicht wundern Sie sich darüber, dass überhaupt zwei Begriffe notwendig sind. Der Grund ist, dass diese Verbindung zwischen dem Output des Handlungssystems und dem aktuellen Input nicht immer so eng ist, weil andere Faktoren letzteren beeinflussen können. Ein Beispiel ist die in Abbildung 3.1 angegebene **Störgröße**. Wenn an einem kalten Tag ein Fenster offen ist, verändert dies die Lufttemperatur in der Nähe des Thermostates vielleicht so, dass sie mit der von den Heizkörpern abgegebenen Wärme nicht mehr viel zu tun hat.

Dieses Beispiel verdeutlicht sechs wichtige Aspekte der Kontrollsystemtheorie: Komparator, Referenzinput, aktueller Input, Handlungssystem, Output, Störfaktor. Wir werden in diesem Buch viele Beispiele von zielgerichtetem Verhalten finden und es wird häufig nützlich sein, die verschiedenen Komponenten des Feedback-Kreislaufs in diesen Beispielen zu identifizieren. Der nächste Abschnitt ist der erste in diesem Buch, der Bestandteile der Kontrollsystem-Theorie anführt. Weitere folgen.

3.2 Reflexe

Ein **Reflex** ist ein stereotypisches Bewegungsmuster eines Körperteils, das zuverlässig durch den richtigen Stimulus ausgelöst werden kann. Vermutlich kennen Sie den Patellarreflex (Kniesehnenreflex): Wenn das Bein einer sitzenden Versuchsperson so liegt, dass der Fuß den Boden nicht berührt und der Unterschenkel frei schwingen kann, führt ein leichter Schlag mit einem Hämmerchen direkt unterhalb der Kniescheibe zu einer kleinen Vorwärtsbewegung des Unterschenkels. Wie alle Reflexe basiert der Patellarreflex auf einer angeborenen Verbindung zwischen einem Stimulus und der dazugehörenden Reaktion. Der Stimulus in diesem Beispiel ist der Schlag auf die Sehne unterhalb der Kniescheibe und die Reaktion ist natürlich die Vorwärtsbewegung.

Ein normales Neugeborenes hat eine Reihe von Reflexen. Schiebt man ihm einen Schnuller in den Mund, so löst das eine Saugbewegung aus. Wenn die Fußsohle mit einer Nadel gepiekst wird, so beugt sich das Knie, damit der Fuß sich vom Schmerzreiz entfernt. Wenn ein Erwachsener einen Finger in die Handfläche des Kindes legt, so schließen sich in einem Greifreflex seine Finger darum. Einige der Reflexe von Neugeborenen verschwinden mit zunehmendem Alter. Andere, darunter die Weitstellung der Pupillen, das Schließen der Augenlider als Reaktion auf ein helles Licht oder das Husten als Reaktion auf eine Reizung des Halses, bleiben ein Leben lang erhalten.

Wenn Sie jemals zufällig eine Hand auf eine heiße Herdplatte gelegt haben, konnten Sie vermutlich den Beugereflex beobachten – also das schnelle Zurückziehen der Hand aufgrund der Beugung des Armes im Ellbogen. Diese Reaktion erfolgt so enorm schnell, weil die Verbindung zwischen sensorischen und motorischen Neuronen direkt im

Rückenmark stattfindet. Abbildung 3.2 zeigt einen Querschnitt des Rückenmarks und einen Teil der neuronalen Organisation, die für diesen Reflex verantwortlich ist. Die Hand enthält sensorische Neuronen, die auf Schmerz reagieren. Ihre langen Axons erstrecken sich bis zum Rückenmark, wo sie mit anderen Neuronen Synapsen bilden. Beim Beugereflex trennen kleine Neuronen, so genannte **Interneuronen**, die sensorischen Neuronen von den motorischen Neuronen. Die motorischen Neuronen haben Zellkörper im Rückenmark; ihre Axons treten an der Vorderseite des Rückenmarks aus, erstrecken sich durch den Arm und bilden mit einzelnen Muskelfasern des Arms Synapsen. Wenn sie erregt werden, kontrahieren diese Muskelfasern und bringen damit die Reaktion hervor. Dieser Reflex wird in Anlehnung an die Form der neuronalen Reizweiterleitung, die in Abbildung 3.2 gezeigt wird, auch **spinaler Reflexbogen** genannt. Natürlich sind an der Reflexantwort viele sensorische Neuronen, Interneuronen und motorische Neuronen beteiligt.

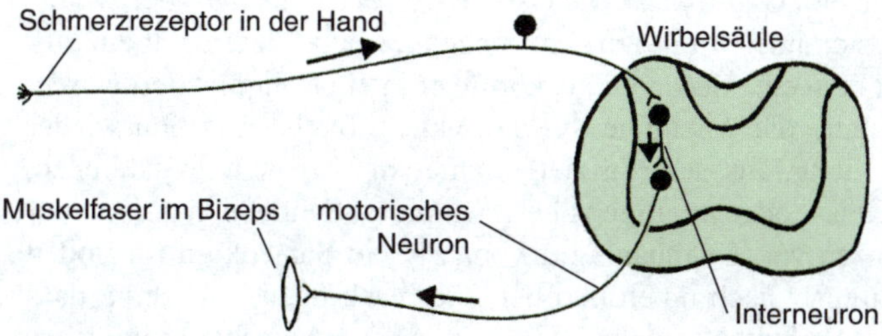

Abbildung 3.2: Ein Querschnitt des Rückenmarks, der die Bestandteile des spinalen Reflexbogens zeigt.

Diese Beschreibung der Verbindungskette im spinalen Reflexbogen deckt sich mit der Standarddefinition eines Reflexes: Ein Stimulus löst eine Reaktion aus. Lassen Sie uns nun etwas näher betrachten, inwiefern dieser Reflex ein Feedback-System ist. In den Muskeln des Armes befinden sich so genannte Dehnungsrezeptoren, die innerhalb des Feedback-Systems den Komparator darstellen. Diese Dehnungsrezeptoren vergleichen grob gesagt (1) das Ziel oder den Referenzinput – die von den motorischen Neuronen zu den Muskelfasern gesendeten Befehle zur Kontraktion – und (2) den tatsächlichen Kontraktionszustand der Muskeln. Die Tatsache, dass einige motorische Neuronen ihre Befehle an die Muskeln weitergegeben haben, ist jedoch noch keine Garantie dafür, dass der Arm wirklich von der Gefahrenquelle weggezogen wird. Schließlich kann es auch Störgrößen wie ein Hindernis, das die Bewegung des Armes verhindert, geben. Oder die Muskeln befinden sich in einem Erschöpfungszustand und reagieren dadurch nicht angemessen auf die Befehle der motorischen Neuronen. Wenn sich die Muskeln aus einem solchen Grund nicht genug kontrahieren, beginnen die Dehnungsrezeptoren erneut, die motorischen Neuronen zu stimulieren (die wiederum die Muskelfasern stärker reizen). Diese Stimulation geht weiter, bis die Kontraktion schließlich vollständig stattfindet. Die Komparatoren (die Dehnungsrezeptoren) stimulieren also das Handlungssystem (die motorischen Neuronen und Muskelfasern) so lange, bis das Ziel (eine erfolgreiche Muskelkontraktion) vollendet ist.

Diese Analyse des spinalen Reflexbogens zeigt, dass Feedback selbst bei den einfachsten Reflexen eine zentrale Rolle spielen kann. Dehnungsrezeptoren und Neuronen mit ähnlicher Funktion finden sich in vielen Teilen des menschlichen und tierischen Körpers. Immer ist die Funktion dieser Zellen die Feststellung, ob die Befehle der motorischen Neuronen ausgeführt wurden oder nicht. Wenn wir uns anderen Arten von angeborenem Verhalten zuwenden, werden wir weitere Beispiele für Feedback-Systeme kennen lernen.

3.3 Tropismen und Orientierung

Während ein Reflex eine stereotype Bewegung eines Körperteils darstellt, ist ein **Tropismus** die Bewegung oder Veränderung der Position des gesamten Organismus. Der Erste, der Tropismen untersucht hat, war Jacques Loeb (1900). Er nannte den Mechanismus „zwingende Bewegung", um darauf hinzuweisen, dass Intelligenz, Wille oder Entscheidung dabei keine Rolle spielen. *Geotropismus* beispielsweise ist die auf der Wahrnehmung der Schwerkraft basierende Orientierungsbewegung. Loeb führte dazu ein einfaches Experiment durch, bei dem eine Seeanemone kopfüber in ein Rohr platziert wurde. Innerhalb weniger Minuten hatte die Anemone ihre normale aufrechte Position wieder eingenommen. Loeb warnte davor, aus derartig zielgerichtetem Verhalten zu schließen, dass das Lebewesen einen „Geist" oder Intelligenz besitzen muss. Schließlich kommt der Geotropismus auch bei Pflanzen vor. Unabhängig davon, wie ein Samenkorn im Boden liegt, wachsen die Wurzeln immer nach unten und der Stiel nach oben, was zeigt, dass auch Pflanzen zielgerichtetes „Verhalten" an den Tag legen. Andere Forscher (wie Fraenkel & Gunn, 1940) haben später den Tropismus in zwei Hauptkategorien unterteilt: **Kinesis** und **Taxis**.

3.3.1 Kinesis

Ein oft zitiertes Beispiel für Kinesis ist das Verhalten der Kellerassel, die immer nach Feuchtigkeit sucht. Kellerasseln sind zwar kleine Krustentiere, ähneln aber Insekten. Sie verbringen die meiste Zeit unter Steinen oder Baumstämmen im Wald und sind auf Feuchtigkeit angewiesen, um zu überleben. Wenn die Luft zu trocken ist, trocknen sie innerhalb weniger Stunden aus und sterben. Zum Glück hat die Natur die Kellerassel mit einer einfachen, aber effektiven Technik ausgestattet, um feuchte Plätze zu finden und dort zu bleiben. Um die Strategien der Kellerassel zu untersuchen haben Fraenkel und Gunn (1940) verschiedene Kellerasseln in die Mitte eines Raumes gesetzt, in dem die Luft auf der einen Seite feucht, auf der anderen Seite trocken war. Sie stellten fest, dass die Asseln auf der trockenen Seite immer weiter umherwanderten, aber, wenn sie im feuchten Teil waren, häufig für längere Phasen zur Ruhe kamen. Dadurch fanden sie sich tendenziell an der feuchtesten Stelle des Raumes zusammen.

Der Unterschied zwischen Kinesis und Taxis ist, dass die Richtung der Bewegung bei der Kinesis zufällig ist, wobei eine Richtung (hier auf die Feuchtigkeit zu) als bessere erkannt wird. Die Kellerassel steuert also nicht direkt auf feuchte Stellen zu oder von trockenen Stellen weg, denn sie verfügt nicht über die Fähigkeit, Feuchtigkeit aus der Entfernung wahrzunehmen. Sie kann nur die Feuchtigkeit an ihrem aktuellen Aufenthaltsort empfinden. Ihre Neigung, sich in einer trockenen Umgebung immer zu bewegen und erst dann anzuhalten, wenn die Umgebungsfeuchtigkeit zunimmt, ist aber im Großen und Ganzen eine erfolgreiche Technik, die ihr Überleben sichert.

Das von der Kellerassel praktizierte Suchen nach Feuchtigkeit ist ebenfalls ein Beispiel für ein Feedback-System. Obwohl wir nicht genau wissen, wie sie Feuchtigkeit messen kann, verrät uns ihr Verhalten, dass sie einen Komparator haben muss, mit dessen Hilfe sie den aktuellen Input (derzeitige Feuchtigkeit) und den Referenzinput (möglichst hohe Luftfeuchtigkeit) vergleichen kann. Das Handlungssystem ist in diesem Fall der Bewegungsapparat des Tieres – die motorischen Neuronen, Muskeln und Beine, die ihm erlauben, umherzukrabbeln. Fortbewegung ist auch der Output dieses Handlungssystems, wobei es keine Garantie dafür gibt, dass sie zum Erreichen des Zieles möglichst hoher Luftfeuchtigkeit führt. Die Kellerassel bewegt sich möglicherweise ohne Pause, wenn sie sich in einer trockenen Umgebung befindet, aber wenn es gar keine feuchten Stellen in Reichweite gibt, kann sie ihr Ziel durch ihre Bewegung auch nicht erreichen.

3.3.2 Taxis

Im Gegensatz zur Kinesis hat bei der Taxis die Bewegungsrichtung einen Bezug zu der Stelle, von der der Reiz ausgeht. Ein Beispiel für Taxis ist die Bewegung einer Made, die sich von hellem Licht entfernt. Wenn ein helles Licht auf die rechte Seite der Made gerichtet wird, so wendet sie sich sofort nach links und bewegt sich in einer sehr geraden Linie weg vom Licht. Diese gerichtete Bewegung wird durch lichtsensible Rezeptoren am Kopfende der Made möglich. Wenn sie sich bewegt, schwingt sie ihren Kopf ständig nach links und rechts und vergleicht dabei die Helligkeit des Lichtes in den verschiedenen Richtungen. Schließlich bewegt sie sich dorthin, wo die Helligkeit am wenigsten intensiv ist.

Diese Form der Taxis ist recht einfach, denn das Lebewesen wird nur in eine Richtung gelenkt, nämlich weg vom Licht. Komplexere Formen der Taxis finden sich bei Ameisen, die die Sonne als Navigationshilfe verwenden, wenn sie sich außerhalb des Baus bewegen. Entfernt sich eine Ameise von ihrem Stamm, so bewegt sie sich auf einer geraden Linie, indem sie darauf achtet, dass der Winkel, mit dem die Sonnenstrahlen auf sie treffen, konstant bleibt. Um zum Bau zurückzukehren, ändert sie diesen Winkel um 180°. Dass Ameisen sich auf die Sonne verlassen, kann gezeigt werden, wenn ein Versuchsleiter eine künstliche Sonne einführt. Wird diese Lichtquelle langsam bewegt, verändert sich die Bewegungsrichtung der Ameise so, dass der Einfallswinkel der Lichtstrahlen immer gleich bleibt (Schneirla, 1933).

Es konnte gezeigt werden, dass die körperliche Ausrichtung von Lebewesen manchmal auch von mehr als einem Stimulus beeinflusst wird. Viele Fische beispielsweise halten sich in der angemessenen Wasserlage, indem sie sich sowohl an der Schwerkraft als auch am einfallenden Licht (das normalerweise oben am hellsten ist) orientieren. Abbildung 3.3 zeigt die Forschungsergebnisse von von Holst (1935), der die Richtung des in ein Aquarium einfallenden Lichts veränderte, um die Orientierungsmechanismen einer Fischart namens *Crenilabrus* (grauer Lippfisch) zu untersuchen. Links sieht man einen *Crenilabrus*, dessen Rezeptoren für die Wahrnehmung der Schwerkraft entfernt wurden. Das Tier orientiert sich ausschließlich an der Richtung des einfallenden Lichts. Wenn dieses von der Seite kommt, dreht es seinen Rücken direkt zum Licht. Wenn das Licht von unten heraufstrahlt, schwimmt es kopfüber auf dem Rücken. Auf der rechten Seite ist ein *Crenilabrus* zu sehen, dessen Schwerkraftwahrnehmung intakt ist. Kommt das Licht von der Seite, entsteht ein Konflikt zwischen dem Licht- und dem Schwerkraftreiz, der dazu führt, dass der Fisch einen Kompromiss zwischen den beiden findet. Wenn das Licht von unten kommt und damit eine maximale Diskrepanz zur Schwerkraft entsteht, scheint der Fisch das Licht zu ignorieren und sich ausschließlich auf die Wahrnehmung der Schwerkraft zu verlassen. Dieses Ergebnis leuchtet eher ein, wenn wir uns klar machen, dass die normale Orientierungsmethode bezüglich des Lichts darin besteht, die Intensität des in die beiden Augen gelangenden Lichts auszugleichen. Kommt das Licht von unten, kann der Fisch auf die Schwerkraft reagieren und gleichzeitig die (eher geringe) Lichtmenge, die in beide Augen gelangt, ausgleichen, indem er in seiner normalen Schwimmposition bleibt.

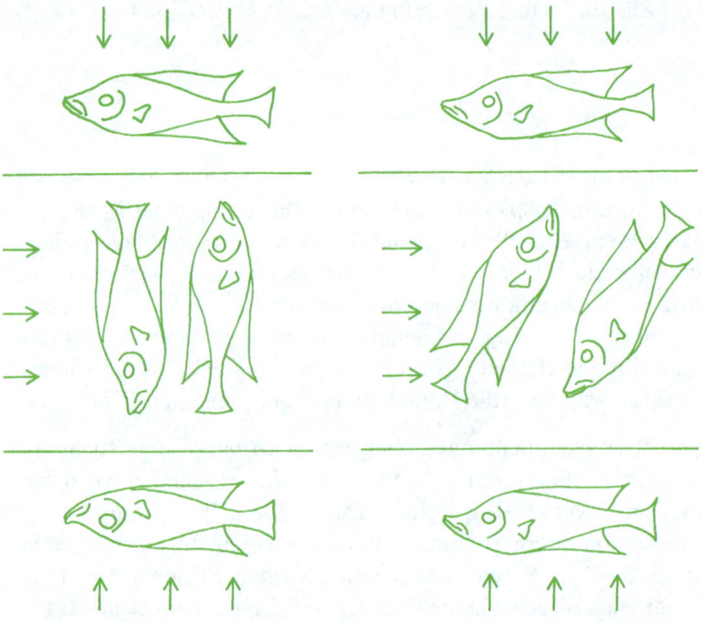

Abbildung 3.3: Auf der linken Seite sehen wir einen Fisch, der keine Wahrnehmung der Schwerkraft mehr hat. Unabhängig von der Richtung des eintreffenden Lichtes (durch Pfeile angegeben), richtet sich dieser Fisch so aus, dass das Licht immer auf seine Oberseite trifft. Auf der rechten Seite sehen wir einen normalen Fisch. Wenn das Licht von der Seite kommt, findet der Fisch einen Kompromiss zwischen der Orientierung am Licht und an der Schwerkraft. (von Holst, 1935)

3.4 Verhaltenssequenzen

Bisher haben wir angeborene Verhaltensweisen betrachtet, die entweder aus einer kurzen Bewegung oder mehreren Anpassungsbewegungen bestanden. Die angeborenen Verhaltensmuster, die wir nun besehen wollen, sind komplexer, denn sie bestehen aus verschiedenen Bewegungen, die in einer regelmäßigen Reihenfolge ausgeführt werden.

3.4.1 Fixe Verhaltensmuster

Der aus der Ethologie stammende Begriff **fixe Verhaltensmuster** wurde verwendet, um derartige Verhaltensabfolgen zu beschreiben. Obwohl manche Ethologen (Eibl-Eibesfeldt, 1975) auch einfache Reflexe zur etwas weiter gefassten Kategorie der fixen Verhaltensmuster zählen, gehören vor allem komplexere Verhaltensabfolgen in diese Kategorie. Ein fixes Verhaltensmuster weist folgende Merkmale auf: (1) Es ist Teil des Verhaltensrepertoires der gesamten Spezies und kommt vielleicht nur bei dieser vor. (2) Durch entsprechende Experimente konnte bestätigt werden, dass die Fähigkeit eines Tieres, dieses Verhalten auszuführen, nicht auf vorangegangene Lernerfahrungen zurückgeht. (3) Wenn das fixe Verhaltensmuster aus mehreren Verhaltensweisen besteht, dann treten diese immer in derselben starren Reihenfolge auf, auch wenn diese der besonderen Situation gar nicht angemessen ist. Das bedeutet, dass das fixe Verhaltensmuster bis zum Ende abgespult wird, wenn es erst einmal in Gang gesetzt wurde, auch wenn keine weiteren Stimuli aus der Umgebung mehr auftreten.

Eibl-Eibesfeldt (1975) führt als Beispiel für ein fixes Verhaltensmuster das Nüssevergraben einer bestimmten Eichhörnchenart an:

> *Das Eichhörnchen Sciurus vulgaris L. vergräbt jeden Herbst mit einer recht stereotypen Bewegungsabfolge Nüsse im Boden. Es pflückt eine Nuss, klettert den Baum herab auf den Boden und sucht nach einem Platz am Fuß eines Baumstammes oder Felsbrockens. Unterhalb einer so auffälligen Landmarke kratzt es mit den Vorderpfoten ein Loch und legt die Nuss hinein. Dann wird die Nuss mit raschen Stößen der Schnauze an die richtige Stelle gerollt und mit Erde bedeckt. Dies erfolgt mit scharrenden Bewegungen. Mit den Vorderpfoten wird die Erde festgetreten (S. 23).*

Wenn alle Angehörigen der Spezies dieses Verhaltensmuster an den Tag legen, zeigt dies noch nicht, dass es angeboren ist. Es wäre auch möglich, dass jedes einzelne Eichhörnchen als Jungtier durch Beobachtung der Eltern lernt, wie es die Nüsse vergraben muss. Um festzustellen, ob das Verhaltensmuster angeboren ist, führte Eibl-Eibesfeldt ein **Deprivationsexperiment** durch, bei dem alle Möglichkeiten, das Verhalten zu erlernen, verhindert wurden. Ein Eichhörnchen wurde nach der Geburt von seinen Eltern getrennt und isoliert aufgezogen, so dass es keine anderen Eichhörnchen beim Nüssevergraben (oder bei anderen, damit zusammenhängenden Verhaltensweisen) beobachten konnte. Zusätzlich erhielt es nur flüssige Nahrung und lebte auf einem festen Boden, so dass es weder Erfahrungen im Umgang mit Futter noch beim Graben von Löchern oder Verscharren von Gegenständen im Boden machen konnte. Das Tier wurde gut ernährt, so dass es keinen Anreiz gab, Futter für Zeiten der Futterknappheit zu sammeln. Als das Eichhörnchen ausgewachsen war, bot Eibl-Eibesfeldt ihm schließlich Nüsse an, aber immer nur eine. Es fraß, bis es offensichtlich satt war. Gab man ihm dann weitere Nüsse, so ließ es diese nicht liegen, sondern trug sie im Maul herum und suchte den Käfig ab. Offenbar wurde es von vertikalen Objekten wie den Ecken des Käfigs angezogen, wo es die Nuss ablegte. Es kratzte mit den Vorderpfoten auf dem Boden, schob die Nuss mit der Schnauze in die Ecke und machte dieselben scharrenden und trampelnden Bewegungen wie die wilden Tiere beim Nüssevergraben, obwohl es natürlich kein Loch in den Boden graben konnte. Dieses sorgfältige Experiment macht klar, dass das Verhaltensrepertoire des Nüssevergrabens angeboren ist. Das Scharren, Schieben und Trampeln des im Käfig gehaltenen Tieres auf dem blanken Boden zeigt, dass die Bestandteile eines fixen Verhaltensmusters an ihrem üblichen Platz in der Reihenfolge auftreten, auch wenn sie keinerlei Funktion erfüllen.

Wie bei den einfachen Reflexen ist normalerweise ein spezifischer Reiz nötig, um ein fixes Verhaltensmuster in Gang zu setzen. Die Ethologen nennen ihn **Signalreiz**. Beim Eichhörnchen ist der Signalreiz eindeutig die Nuss, aber ohne weitere Experimente können wir nicht sagen, welche ihrer Merkmale – Größe, Form, Farbe und so weiter – für das Auftreten der Reaktion unverzichtbar sind. Bei anderen fixen Verhaltensmustern hat die systematische Untersuchung gezeigt, welche Merkmale eines Stimulus wichtig und welche unwichtig sind. In Bezug auf das menschliche Verhaltensmuster ansteckendes Gähnen (die Neigung, zu gähnen, wenn jemand anders gähnt) hat Provine (1989) herausgefunden, dass es dann auftritt, wenn wir das gesamte Gesicht einer gähnenden Person sehen. Sind nur die Augen oder der Mund einer gähnenden Person sichtbar, reicht dies nicht aus, um eine Ansteckung auszulösen.

Ein anderes Beispiel für ein fixes Verhaltensmuster ist die bei Heringsmöwen angeborene Reaktion des Bettelns. Wenn ein Elternteil ins Nest kommt, fangen die jungen Möwen an, um Futter zu betteln, indem sie an seinen Schnabel picken. Dies ist ein Signalreiz, auf den die ausgewachsenen Vögel mit dem Auswürgen von Futter für die Jungen reagieren. Nun stellt sich die Frage, welche Aspekte der elterlichen Erscheinung das Betteln der Jungen auslösen. Tinbergen und Perdeck (1950) zeigten den Jungen einige, verschieden ähnliche Nachbildungen von ausgewachsenen Möwen. Sie stellten fest, dass ein roter Fleck auf dem ansonsten gelben Schnabel ein wichtiger Signalreiz ist. Ein gelber Schnabel mit blauem Fleck löste kaum Betteln aus und ein rein gelber Schnabel ließ die Jungen kalt. Während die Existenz und Farbe dieses kleinen roten Flecks also unverzichtbar waren, spielten andere Aspekte des Modells keine Rolle. Die jungen Möwen bettelten energisch einen in der Hand gehaltenen gelben Stab an, wenn er einen roten Punkt an der Spitze aufwies.

Dass fixe Verhaltensmuster tendenziell von scheinbar armseligen Imitationen des natürlichen Signalreizes ausgelöst werden können, gilt für ausgewachsene Tiere ebenso wie für neugeborene. Ein klassisches Beispiel dafür ist das Revierverteidigungs-Verhalten von Stichlingsmännchen (Tinbergen, 1951). In der Paarungszeit verteidigt dieser Fisch sein Revier hartnäckig gegen das Eindringen anderer männlicher Stichlinge. Weibchen dürfen sich dagegen nähern. Das stereotype Drohverhalten der Männchen wird durch den Anblick eines roten Flecks an der Unterseite des Eindringlings ausgelöst. Wenn dieser keinen roten Fleck aufweist (was aber nur vorkommt, wenn ein verschlagener Versuchsleiter ihn übermalt hat), wird er auch nicht angegriffen. Andererseits greift der Verteidiger auch zigarrenförmige Holzstückchen an, die in sein Revier gehalten werden, wenn sie einen roten Fleck an der Unterseite haben.

Ein überraschendes Ergebnis ist, dass ein unrealistisches Modell manchmal eine stärkere Reaktion auslösen kann als der echte Signalreiz selbst. Ein Beispiel dafür ist der Austernfänger, der weiße Eier mit braunen Flecken legt. Wenn eines seiner Eier aus dem Nest rollt, holt der Vogel sie mit stereotypen Kopf- und Halsbewegungen zurück. Wenn man ihn vor die Wahl stellt, zwischen seinem eigenen Ei und einer viermal so großen Imitation zu entscheiden, zieht er den **überdimensionalen** Reiz dem normalen vor und bemüht sich, dieses „Riesenei" in sein Nest zu holen (Abbildung 3.4). Rowland (1989) hat herausgefunden, dass weibliche Stichlinge stark von Nachbildungen männlicher Tiere angezogen werden, die viel größer als alle existierenden Stichlinge sind.

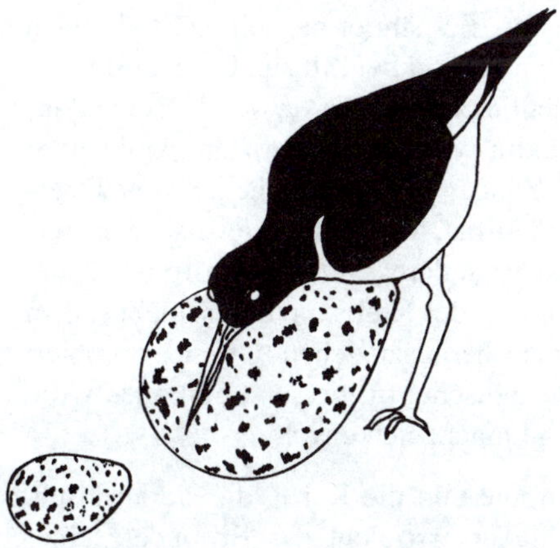

Abbildung 3.4: Ein Austernfänger versucht, ein überdimensionales Ei zurück in sein Nest zu rollen. (Tinbergen, 1951)

Eine Schlussfolgerung aus diesen Untersuchungen der Signalreize ist, dass es ziemlich leicht zu bestimmen ist, welcher Reiz ein fixes Verhaltensmuster auslöst, aber systematische Forschung notwendig ist, um festzustellen, welche Aspekte des Stimulus genau das Verhalten des fraglichen Tieres beeinflussen. Man hat vermutet, dass die Form des eindringenden Fisches eine zentrale Rolle bei der Ingangsetzung der Verteidigungsreaktion des Stichlingsmännchens spielt, aber wie sich herausstellte, ist die Form relativ unwichtig. Wie wir in späteren Kapiteln noch sehen werden, kann dieselbe Frage in Bezug auf jedes erlernte Verhalten gestellt werden, das als Reaktion auf einen spezifischen Reiz erfolgt: Welche Merkmale des Stimulus beeinflussen das Verhalten und welche sind irrelevant? Um diese Frage zu beantworten, verwenden Lernforscher im Grunde dieselben Techniken wie Ethologen.

3.4.2 Reaktionsketten

Ethologen unterscheiden zwischen fixen Verhaltensmustern und dem, was gelegentlich **Reaktionskette** genannt wird. Während fixe Verhaltensmuster nach dem Einsetzen bis zum Ende ablaufen, hängt die Fortsetzung einer Reaktionskette von einem Verhalten zum nächsten vom richtigen äußeren Stimulus ab. Wenn dieser notwendige Stimulus nicht vorhanden ist, wird die Reaktionskette nicht fortgesetzt, sondern abgebrochen. Tritt dagegen ein Stimulus für ein in der Mitte der Kette auftretendes Verhalten gleich am Anfang auf, werden die in der Kette davor auftretenden Verhaltensweisen übersprungen.

Ein interessantes Beispiel für eine solche Abfolge angeborener Verhaltensweisen zeigt der Einsiedlerkrebs. Er hat keinen eigenen Panzer, sondern bewohnt die leeren Häuschen von Gastropoden (Weichtieren). Wird ein Einsiedlerkrebs zu groß für seine aktuelle Behausung, was in seinem Leben häufig vorkommt, so muss er sich eine neue suchen. Reese (1963) hat mindestens acht fixe Verhaltensmuster identifiziert, die normalerweise in den Verhaltensabfolgen auftreten, mit denen diese Tiere einen neuen Unterschlupf suchen und auswählen. Ein Einsiedlerkrebs ohne Häuschen oder mit einem zu kleinen Häuschen legt enorme Bewegungsaktivität an den Tag. Erspäht er bei seinen Streifzügen eine anscheinend passende Muschel, so nähert er sich ihr und befühlt sie. Dann ergreift er sie mit seinen zwei Vorderbeinen und klettert schließlich darauf. Er verwendet seine Zangen, um die Oberfläche abzutasten – eine raue Struktur wird bevorzugt. Dann krabbelt er von der Muschel herunter und dreht sie mit seinen Zangen herum, um die gesamte Oberfläche zu erforschen. Wenn er die Öffnung gefunden hat, wird auch diese so weit wie möglich mit der Zange erforscht. Findet er Sand oder anderes Material im Eingangsbereich, so wird es entfernt. Ist der Eingang frei, dreht sich der Krebs um und schiebt seinen Leib weit in die Muschel hinein, um ihn dann wieder herauszuziehen. Offenbar probiert er aus, ob das Innere geräumig genug ist. Wenn die Muschel für passend befunden wird, dreht der Krebs sie wieder herum, kriecht hinein und macht sich davon.

Die verschiedenen Verhaltensweisen in dieser Abfolge und die Reize, die sie auslösen, sind in Abbildung 3.5 schematisch dargestellt. Sie unterstreicht das Besondere einer Reaktionskette, dass nämlich eine Verhaltensweise normalerweise den Stimulus für die nächste Verhaltensweise in der Kette darstellt. Das erste Verhalten in der Kette, die Fortbewegung, führt beispielsweise zum visuellen Kontakt mit einer Muschel, die der Stimulus für die zweite Verhaltensweise, die Annäherung, ist. Die Reaktion der Annäherung bringt den Krebs in nächste Nähe der Muschel, was der Stimulus für die dritte Reaktion, das Anheben, ist und so weiter. Im Gegensatz zu den Verhaltensweisen eines fixen Verhaltensmusters werden die einer Reaktionskette nicht immer vollständig in ihrer Reihenfolge abgespult. Die Kette kann an jedem Punkt stoppen, wenn der für den nächsten Schritt notwendige Stimulus nicht auftritt. Reese (1963) hat beispielsweise festgestellt, dass Plastikmuscheln echten Muscheln so ähnlich sind, dass sie die ersten sechs in Abbildung 3.5 dargestellten Verhaltensweisen auslösen. Da sie aber keine Öffnung haben, wird der siebte Schritt nicht ausgelöst und der Krebs entfernt sich schließlich. Andererseits werden die ersten Schritte der Abfolge unter Umständen übersprungen, wenn ein Stimulus für ein in der Mitte der Kette angesiedeltes Verhalten auftritt. Finden Einsiedlerkrebse eine passende Muschel, deren Öffnung direkt vor ihnen liegt, dann lassen sie die ersten fünf Verhaltensschritte oft weg und führen die letzten vier Schritte der Abfolge aus. Diese Abhängigkeit von äußeren Reizen führt dazu, dass die Verhaltensweisen einer Reaktionskette stärker variiert und besser angepasst werden können als die eines fixen Verhaltensmusters.

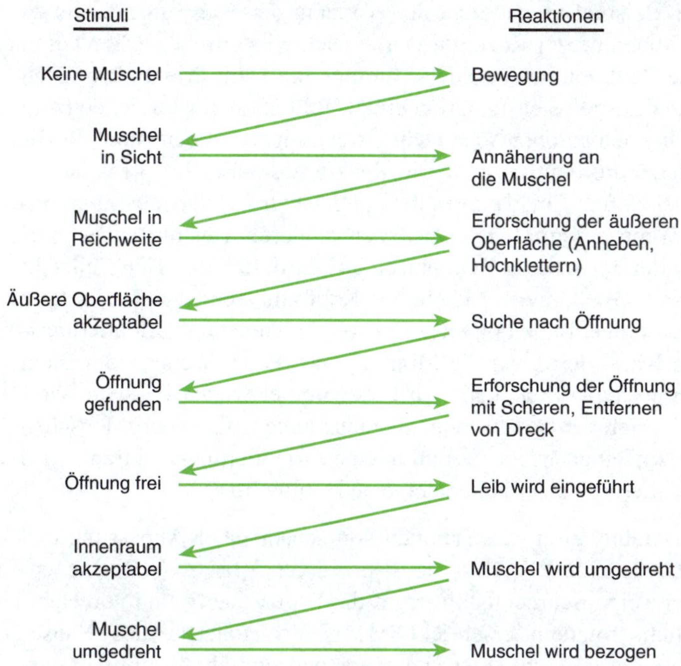

Abbildung 3.5: Die Reaktionskette eines Einsiedlerkrebses, der eine Muschel sucht und auswählt. Die Verhaltensschritte bilden eine Kette, denn jeder Schritt ist normalerweise der Stimulus für den nächsten Verhaltensschritt.

3.5 Habituation

> **WWW**
>
> Die Website der Animal Behavior Society enthält Informationen über Forschungsprojekte zum Verhalten von Tieren, einschließlich Beschäftigungsmöglichkeiten: **http://www.animalbehavior.org**.

Für seinen Urlaub hat Thomas eine Waldhütte an einem malerischen See gemietet. Der Besitzer hatte ihn darüber aufgeklärt, dass Mitglieder des Fischer- und Sportvereins am Abend manchmal Schießübungen am Seeufer machen, obwohl die Gegend normalerweise sehr ruhig ist. Trotz dieser Vorwarnung löste der erste laute Gewehrschuss eine **Schreckreaktion** bei Thomas aus – er sprang praktisch aus seinem Stuhl, bekam Herzklopfen und musste einige Sekunden lang schwer atmen. Nach etwa einer halben Minute, er hatte sich gerade wieder erholt und konnte zur Lektüre seines Romans zurückkehren, schreckte er wegen eines zweiten Gewehrschusses auf. Dieses Mal war seine Reaktion weniger heftig – er zuckte nicht mehr so zusammen und sein Herzschlag beschleunigte sich nicht so wie beim ersten Erschrecken. Mit jedem weiteren Schuss ließ sein Erschrecken dann nach, bis es völlig ausblieb – der Lärm störte seine Konzentration auf den Roman nicht mehr.

WWW

Einzelfallstudien, die zeigen, wie Behavioristen aus der Tierforschung zum Schutz von Tieren und Umwelt beigetragen haben, können Sie hier nachlesen: **http://spot.colorado.edu/~halloran/abscc/ccintro.html**.

Dieses Beispiel verdeutlicht den Vorgang der **Habituation**, die zu einer Abnahme der Reaktionsstärke nach wiederholter Präsentation des die Reaktion auslösenden Stimulus führt. Im Prinzip kann sich bei jeder ausgelösten Reaktion eine Habituation einstellen, de facto ist sie bei den automatischen Körperreaktionen auf neue und plötzliche Reize am deutlichsten. Die Reaktion des Erschreckens ist ein Beispiel dafür. Ein weiteres Beispiel ist die **Orientierungsreaktion**: Wenn einem Hund oder einem anderen Tier ein neuer optischer oder akustischer Reiz präsentiert wird, hält das Tier vielleicht inne, spitzt die Ohren und hebt den Kopf und wendet sich dem Reiz zu. Tritt der Reiz immer wieder, aber ohne Folgen auf, so verschwindet die Orientierungsreaktion. Genauso wird ein Kind, dem man die Stimme eines Erwachsenen vom Band vorspielt, den Kopf zur Geräuschquelle drehen. Wird aber immer wieder dasselbe Wort abgespielt, hört das Kind auf, sich der Geräuschquelle zuzuwenden. Tiere und Menschen zeigen also typischerweise auf einen neuen Stimulus eine Orientierungsreaktion. Wird dieser aber wiederholt präsentiert, entsteht bei beiden eine Habituation.

Ein wichtiges Merkmal der Habituation (das sie auch von sensorischer Anpassung und muskulärer Erschöpfung unterscheidet) ist, dass sie **Stimulus-spezifisch** ist. Das bedeutet, dass Thomas, auch wenn seine Schreckreaktion auf die Schüsse aufgrund von Habituation nachlässt, vermutlich trotzdem erschrickt, wenn die Hintertür des Hauses zuknallt. Ein Kind, das sich nicht mehr zu einem Lautsprecher umdreht, der immer dasselbe Wort von sich gibt, wird sich ihm wieder zuwenden, wenn es mit einem anderen Wort konfrontiert ist. So haben Psychologen herausgefunden, dass auch Säuglinge im Alter von wenigen Monaten schon subtile Unterschiede im Klang der menschlichen Sprache wahrnehmen können (Polka & Werker, 1994).

Der Sinn der Habituation für das Individuum ist einleuchtend. Jedes Lebewesen begegnet in seinem Alltag vielfältigen Reizen, von denen manche sich als nützlich und positiv, andere als gefährlich und manche als weder nützlich noch schädlich herausstellen. Die Fähigkeit, die vielen unbedeutenden Reize, denen es ständig ausgesetzt ist, zu ignorieren, ist ein enormer Vorteil. Wer ständig von Reizen verwirrt oder abgelenkt wird, vergeudet viel Zeit und Energie. Eine Untersuchung von Dielenberg und McGregor (1999) zeigt, wie Tiere sich an angstauslösende Reize gewöhnen, wenn diese immer ohne Folgen bleiben. Ratten wurden mit einem Katzenhalsband, das Katzenduft enthielt, konfrontiert. Die Reaktion der Ratten war die Flucht in ein Versteck, wo sie eine ganze Weile blieben. Abbildung 3.6 zeigt, dass die Zeit, die die Ratten in ihrem Versteck blieben, nach mehreren Begegnungen mit dem Katzenhalsband abnahm und sich der der Kontrollgruppe (Ratten, die mit einem Katzenhalsband ohne Katzenduft konfrontiert wurden) näherte.

Ein Lebewesen, das sich nie an unbedeutende Reize gewöhnen konnte, hat vermutlich Schwierigkeiten, bedeutenderen Reizen Aufmerksamkeit zuzuwenden. Es gibt Hinweise darauf, dass die Geschwindigkeit der Habituation in der Kindheit mit mentalen Fähigkeiten im Erwachsenenleben korreliert ist. Laucht, Esser & Schmidt (1994) fanden, dass Kinder, die sich im Alter von drei Monaten schneller an wiederholte Reize gewöhnt hatten, im Durchschnitt im Alter von 4,5 Jahren etwas bessere Werte bei Intelligenztests erzielten. Eine andere Studie zeigte, dass Jugendliche, die sich sehr langsam an wiederholte Reize gewöhnten, ein höheres Risiko hatten, später ernsthaft an Schizophrenie zu erkranken (Hollister, Mednick, Brennan & Cannon, 1994). Diese Ergebnisse gehen auf Korrelationen zurück, nicht auf Experimente, daher wäre es verfehlt zu versuchen, Schlüsse über Ursachen und Wirkungen zu ziehen. Dennoch legen sie die Vermutung nahe, dass das Vermögen, sich früh im Leben an wiederholte, unbedeutende Reize zu gewöhnen, Vorhersagen über die späteren mentalen Fähigkeiten und die geistige und psychische Gesundheit erlaubt.

Für die Nützlichkeit der Habituation spricht auch ihre universale Verbreitung im Tierreich. Schon vor der Geburt gewöhnt sich der menschliche Fötus an Reize wie Vibration oder Geräusche (Groome, Watson & Dykman, 1994). Sogar Süßwasserpolypen, die eines der primitivsten Nervensysteme aller Geschöpfe auf der Erde haben, welches nur aus diffusen Netzen von Neuronen besteht, zeigen Habituation (Rushford, Burnett & Maynard, 1963). Sogar über Habituation bei Einzellern wurde berichtet. In einer Studie fand Wood (1973), dass die Kontraktionen des Einzellers *Stentor coeruleus* nachließen, wenn ein bestimmter taktiler Reiz wiederholt auftrat. Gleichzeitig blieb seine Reaktionsbereitschaft gegenüber einem Lichtreiz unverändert.

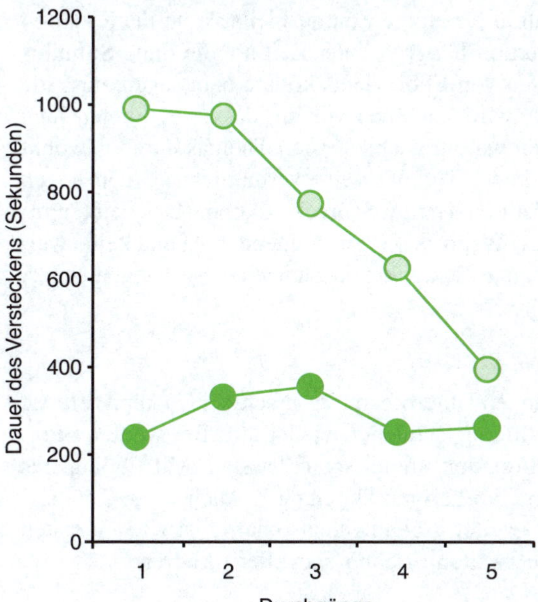

Abbildung 3.6: Die Zeit, die Ratten in ihrem Versteck blieben, nachdem sie mit einem nach Katze riechenden Katzenhalsband konfrontiert worden waren, nahm aufgrund von Habituation mit jedem Tag ab. Die dunklen Punkte zeigen das Verhalten der Ratten aus der Kontrollgruppe, denen man ein Halsband ohne Katzengeruch präsentiert hatte. (Dielenberg & McGregor, 1999)

3.5.1 Allgemeine Prinzipien der Habituation

Jeder, der die allgemeine Gültigkeit von Prinzipien des Lernens für eine Vielzahl von Arten in Frage stellt, sollte die ausgedehnte Literatur zu Habituation lesen. Wir haben bereits gesehen, dass sie bei so verschiedenen Arten wie *Stentor coeruleus* und *Homo sapiens* vorkommt. Darüber hinaus ist diesen sehr verschiedenen Arten nicht nur die Habituation an sich gemeinsam. In einem häufig zitierten Artikel führten Thompson und Spencer (1966) einige der herausragendsten Merkmale der Habituation an, die bei Menschen, Säugetieren und Wirbellosen beobachtet wurden. Einige davon werden hier beschrieben.

1. *Der Verlauf der Habituation*

   Habituation an eine Reaktion findet statt, wenn ein Stimulus wiederholt präsentiert wird. Die Reaktion lässt von Mal zu Mal nach, wobei die Fortschritte anfangs größer sind und dann kleiner werden.

2. *Das Verstreichen von Zeit*

   Wenn der Stimulus nach der Habituation für einige Zeit ausbleibt, kann die Reaktion wieder auftreten. Die Stärke der Reaktion hängt von der Zeit ab, die ohne Stimulus verstreicht. Parallel zu den Ergebnissen von Ebbinghaus könnte man sagen, dass die Habituation mit der Zeit „vergessen" wird. Nehmen wir an, dass 30 Minuten lang keine weiteren Schüsse mehr zu hören waren, nachdem sich Thomas daran gewöhnt hatte, danach aber wieder Schüsse fielen. Thomas zeigt vermutlich auf den ersten Schuss nach der Unterbrechung wieder eine leichte Schreckreaktion. (Das heißt, einiges wird behalten, manches vergessen.) Wenn es bis zum folgenden Abend keine weiteren Schüsse gegeben hätte, wäre Thomas Schreckreaktion nach dieser langen Unterbrechung vermutlich heftiger.

3. *Erneutes Lernen*

   Obwohl die Habituation nach einer langen Unterbrechung verschwinden kann, tritt sie bei einer zweiten Präsentation des Stimulus schneller wieder auf. Bei weiteren Präsentationen des Reizes findet die Habituation immer schneller statt. Mit Ebbinghaus gesagt, gibt es jeweils Ersparnisse vom vorherigen Durchgang. Auch wenn Thomas' Schrecken auf den ersten Schuss am zweiten Abend genauso heftig ist wie am ersten Abend, sollte die Reaktion bei diesem zweiten Erlebnis schneller aufhören.

4. *Die Wirkung der Reizintensität*

   Wir haben bereits gesehen, dass ein Reflex auf intensive Stimuli häufig stärker ist. Eine solche starke Reaktion unterliegt auch weniger der Habituation, die bei schwächeren Reizen schneller auftritt. Ist ein Reiz sehr intensiv, findet vielleicht gar keine Habituation statt.

5. *Die Wirkung des Überlernens*

   Wie wir bei Ebbinghaus gesehen haben, kann der Lernprozess auch dann weitergehen, wenn sich das beobachtbare Verhalten nicht mehr verändert. Thompson und Spencer nannten dies Unter-null-Habituation, denn sie findet statt, wenn es gar keine beobachtbare Reaktion auf den Stimulus mehr gibt. Nehmen wir an, Thomas hat nach 20 Schüssen keinerlei Schreckreaktion mehr gezeigt. Nach einer Unterbrechung von 24 Stunden war aber vielleicht von den Erfahrungen des Vortags nicht mehr viel übrig und er erschrak erneut. Hätte er am ersten Abend 100 Schüsse gehört, so würde er vermutlich am zweiten Abend weniger erschrecken. Die zusätzlichen 80 Schüsse hätten dann zwar keine Veränderung in Thomas' Verhalten am ersten Abend herbeigeführt, aber das langfristige Behalten seiner Habituation verbessert.

6. *Generalisierung*

Die Übertragung der Habituation von einem Stimulus auf einen neuen, aber ähnlichen Stimulus wird **Generalisierung** genannt. Wird Thomas beispielsweise am dritten Abend mit etwas anderen Schüssen konfrontiert (vielleicht weil andere Waffen benutzt werden), so dürfte er keine Probleme haben, diese Geräusche zu ignorieren. Das Ausmaß der Generalisierung hängt vom Grad der Ähnlichkeit zwischen den Stimuli ab und dieser wird letztlich immer vom betroffenen Individuum, nicht vom Versuchsleiter, beurteilt. Aus diesem Grund können Psychologen die Habituation als Werkzeug benutzen, um festzustellen, welche Reize ein Individuum als ähnlich empfindet. S. P. Johnson und Aslin (1995) präsentierten beispielsweise Säuglingen im Alter von zwei Monaten einen Bildschirm, auf dem sich hinter einem weißen Kasten ein dunkler Balken von einer Seite zu anderen bewegte (Abbildung 3.7). Die Säuglinge betrachteten den Bildschirm zunächst mehrere Sekunden lang. Nach wiederholter Präsentation kam es zur Habituation und die Orientierungsreaktion ließ nach. Dann testete man zwei neue Stimuli – einem durchgehenden schwarzen Balken, der sich ohne Kasten davor vor und zurück bewegte, und einem unterbrochenen Balken, der sich ebenfalls vor und zurück bewegte. Welchen der neuen Reize würden die Kinder als ähnlicher empfinden? Offenbar schien ihnen der durchgehende schwarze Balken ähnlicher zu sein, denn sie schauten ihn kürzere Zeit an als den unterbrochenen Balken. Die Habituation war offenbar auf den durchgehenden Balken stärker generalisiert als auf den unterbrochenen. Johnson und Aslin schlossen daraus, dass schon diese kleinen Kinder den ursprünglichen Reiz als durchgehenden Balken hinter einem Kasten interpretierten und nicht als unterbrochenen Balken, obwohl der mittlere Teil des Balkens nicht sichtbar war.

Um die Fähigkeiten von Kleinkindern zu untersuchen, wurden zahlreiche Experimente mit ähnlicher Versuchsanordnung durchgeführt. Es ging dabei um ihre Fähigkeit, Gesichter zu erkennen (Easterbrook, Kisilevsky, Muir & Laplante, 1999), Veränderungen in der Anordnung von Objekten wahrzunehmen (Clearfield & Mix, 1999) und Ursache und Wirkung in einer Reihe von Ereignissen zu analysieren (Cohen, Rundell, Spellman & Cashon, 1999). Die Methode, mit Hilfe der Habituation Überraschung oder eine Veränderung der Aufmerksamkeit zu messen, hat sich als wertvolle Technik zur Untersuchung der sensorischen und mentalen Fähigkeiten sogar von Kindern unter einem Monat erwiesen.

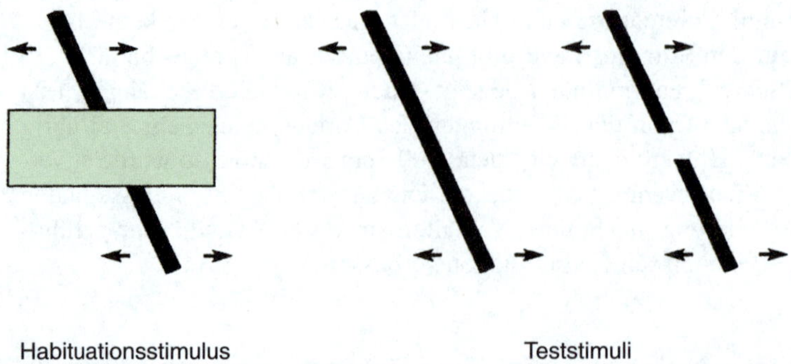

Abbildung 3.7: In der Studie von Johnson und Aslin (1995) wurde Säuglingen immer wieder der auf der linken Seite abgebildete Stimulus gezeigt, bis ihre Orientierungsreaktion durch die Habituation nachließ. Dann wurde mit den beiden Stimuli auf der rechten Seite der Grad der Generalisierung getestet.

3.5.2 Physiologische Mechanismen der Habituation

Forschung mit einem einfachen Organismus

Da die Prinzipien der Habituation bei einer ganzen Reihe von einfachen und komplexeren Lebewesen gleich sind, haben Psychologen darüber spekuliert, ob die zugrunde liegenden physiologischen Mechanismen bei den verschiedenen Arten ebenfalls ähnlich sind. Natürlich könnte dies eine falsche Annahme sein, denn zwei Arten, die aus behavioristischer Sicht ähnliche Muster der Habituation an den Tag legen, können sehr unterschiedliche physiologische Grundlagen dafür aufweisen. Aber einige Forscher ließen sich von dieser Möglichkeit nicht abschrecken und machten sich an die Untersuchung der physiologischen Veränderungen, die die Habituation bei eher primitiven Geschöpfen begleiten. Die Strategie, eher einfache Lebensformen mit kleineren und weniger komplexen Nervensystemen zu untersuchen, wird **Verfahren einfacher Systeme** genannt. Es wird an der Arbeit von Eric Kandel beispielhaft deutlich.

Kandel und seine Kollegen (Antonov, Kandel & Hawkins, 1999; Castellucci, Pinsker, Kupfermann & Kandel, 1970; Kandel & Schwartz, 1982) verbrachten Jahrzehnte mit der Erforschung des Verhaltens und des Nervensystems von *Aplysia*, einer großen Meeresschnecke (siehe Abbildung 3.8). Sie wählten dieses Versuchstier aus, weil sein Nervensystem relativ einfach ist. Es besteht aus einigen Tausend Neuronen, während das von Säugetieren mehrere Milliarden aufweist. Kandel und seine Mitarbeiter untersuchten den Prozess der Habituation bei einem Reflex von Aplysia, der dazu führt, dass die Schnecke ihre Kiemen einzieht. Wird ihre Atemröhre (als „fleischige Schnauze" beschrieben) leicht berührt, zieht sie ihre Kiemen einige Sekunden lang ein. Der neuronale Mechanismus, der für diesen Reflex zuständig ist, ist gut erforscht. Die Atemröhre enthält 24 sensorische Neuronen, die auf taktile Reize reagieren. Sechs motorische Neuronen bewirken die Reaktion des Einziehens der Kiemen. Alle 24 sensorischen Neuronen haben eine **monosynaptische** Verbindung (also eine direkte Verbindung mit nur einer Synapse) mit allen sechs motorischen Neuronen. Zusätzlich haben andere Axons der sensorischen Neuronen

polysynaptische Verbindungen (indirekte Verbindungen, denen ein oder mehrere Interneuronen zwischengeschaltet sind) mit den motorischen Neuronen. Abbildung 3.8b zeigt einen kleinen Ausschnitt dieses neuronalen Kreislaufs.

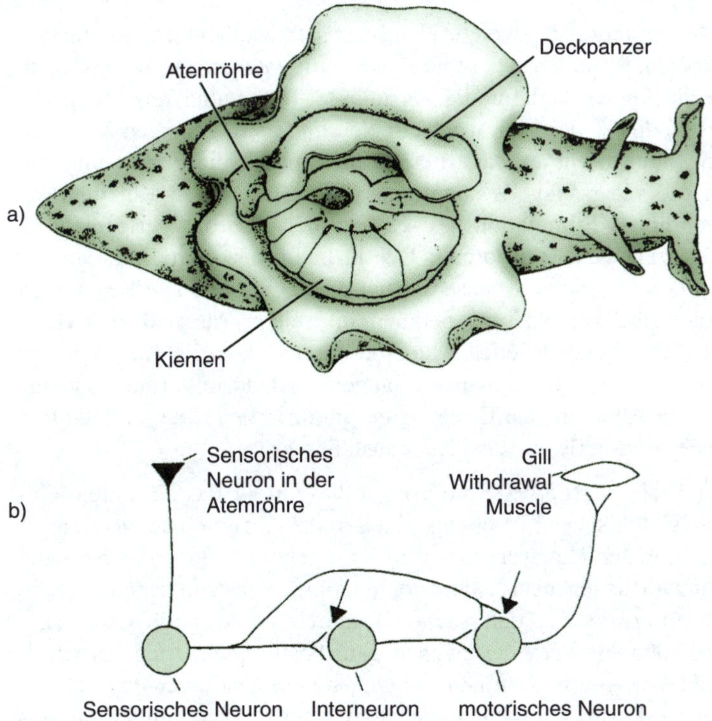

Abbildung 3.8: **(a)** Die Meeresschnecke Aplysia. **(b)** Ein Ausschnitt des neuronalen Schaltkreises, der am Kiemenreflex beteiligt ist. Die sensorischen Rezeptoren in der Atemröhre haben entweder direkt mit einem motorischen Neuron der Kiemen oder mit einem Interneuron eine Synapse. Kandel und seine Mitarbeiter fanden heraus, dass die Habituation auf jeden Fall in der ersten Synapse der Kette stattfindet, also dort, wo die Pfeile zu sehen sind. (Kandel, 1979)

Wird die Atemröhre 10- bis 15-mal hintereinander einmal pro Minute stimuliert, entsteht eine Habituation des Reflexes. Die vollständige Habituation hält etwa eine Stunde an, aber auch nach 24 Stunden ist sie noch teilweise vorhanden. Werden an drei oder vier Tagen hintereinander diese Stimulationen durchgeführt, lässt sich eine Langzeithabituation (die mehrere Wochen anhält) beobachten. Welche Veränderungen auf physiologischer Ebene sind für diese Habituation verantwortlich? Mit Hilfe einer Reihe von elaborierten Tests konnten Kandel und seine Mitarbeiter feststellen, dass während der Habituation an den Synapsen der Axons der sensorischen Neuronen immer eine Verringerung der exzitatorischen Reizleitung stattfindet (an den mit Pfeilen markierten Punkten in Abbildung 3.8b). Die Forscher fanden auch, dass es hinsichtlich der Empfänglichkeit der postsynaptischen Neuronen für die Transmitter keine Veränderung gab. Was sich verändert hatte, war die Menge der von den präsynaptischen (sensorischen) Neuronen freigesetzten Botenstoffe: Wurde der Stimulus wiederholt präsentiert, nahm die Menge der in die Synapse gelangenden Transmitter ab. Kandel (1979) beobachtete, dass dieser Habituationsmechanismus nicht nur bei Aplysia vorkommt. Auch bei zwei anderen Arten (Langusten und Katzen) hat die physiologische Untersuchung der Habituation eine Abnahme der von den sensorischen Neuronen ausgeschütteten Transmitter gezeigt.

Nachdem Kandel genau festgestellt hatte, welche Neuronen sich während der Habituation des Kiemenreflexes verändern, formulierte er seine Fragen auf einem niedrigeren Niveau: Welche chemischen Mechanismen sind für die verringerte Transmitterfreisetzung des sensorischen Neurons zuständig? Jedes Mal, wenn ein Neuron feuert, gelangen Kalziumionen an die Axonenden. Man nimmt an, dass dieser Kalziumfluss die Freisetzung von Transmittern in die Synapse verursacht. Es könnte also sein, dass dieser Kalziumfluss zum Axonende mit wiederholter Stimulation des sensorischen Neurons geringer wird. Entsprechende Studien stützen diese Vermutung: Der Kalziumfluss wird während der Habituation geringer und in der Erholungsphase danach wieder stärker. Die Reaktionen des postsynaptischen (motorischen) Neurons nehmen im selben Ausmaß zu (Klein, Shapiro & Kandel, 1980). Die Versuchsleiter schlossen daraus, dass die Abnahme der Kalziummenge eine Abnahme der in die Synapse gelangenden Transmittermenge verursacht, was wiederum zu einer Abnahme der Erregung des motorischen Neurons führt und letztlich die Reaktion des Kiemenreflexes schwächer ausfallen lässt.

Die Arbeit von Kandel und seinen Mitarbeitern illustriert die Vorteile des Verfahrens einfacher Systeme bei der physiologischen Forschung zum Lernen. Aufgrund der vergleichsweisen Einfachheit des neuronalen Netzwerkes von *Aplysia* gelang es den Forschern, die für die Habituation verantwortlichen neuronalen Veränderungen festzumachen und die dazugehörenden chemischen Prozesse zu untersuchen. Dadurch wurde deutlich, dass Lernen zumindest in einigen Fällen von Veränderungen an ganz bestimmten Orten des neuronalen Netzes abhängt und nicht von weitläufigen Vorgängen in vielen Teilen des Nervensystems. Auch dass derartige Lernvorgänge keine anatomischen Veränderungen wie das Wachstum von neuen Axons verursachen, sondern eher Veränderungen der Arbeitsweise der bereits bestehenden Verbindungen zwischen Neuronen, konnte gezeigt werden.

Forschung mit Säugetieren, einschließlich Menschen

Da das Nervensystem eines typischen Säugetieres so viel komplexer ist als das von *Aplysia*, ist es auch viel schwieriger, die einzelnen Neuronen zu identifizieren, die sich während der Habituation an einen Stimulus verändern. Dennoch wurden wesentliche Fortschritte bei der Lokalisierung der genauen Hirnregionen gemacht, die an der Habituation beteiligt sind, zumindest in ausgewählten Fällen. Michael Davis (1989) hat einen solchen Fall ausführlich untersucht – die Schreckreaktion einer Ratte auf ein plötzliches lautes Geräusch. Die Schreckreaktion wird bei einer Ratte gemessen, die in einer Versuchskammer sitzt, die auf Federn gelagert ist. Wenn die Ratte sich erschreckt und bewegt, versetzt das die Vorrichtung in leichte Schwingung, die von einem Sensor gemessen wird. Schreckreaktionen bei Ratten unterliegen wie bei Menschen dem Prozess der Habituation, wenn dasselbe laute Geräusch wiederholt auftritt. Davis wollte herausfinden, welche Teile des Nervensystems der Ratte für diese Habituation verantwortlich sind.

Zunächst musste Davis feststellen, welche Teile des Nervensystems überhaupt an der Schreckreaktion beteiligt sind. Durch viele sorgfältige Untersuchungen konnten Davis und seine Kollegen den gesamten Ablauf innerhalb des Nervensystems verfolgen (Davis, Gendelman, Tischler & Gendelman, 1982). Die Wahrnehmung beginnt im Hörnerv, verläuft durch das akustische System bis zum Gehirn, dann zum motorischen System, das die an der Schreckreaktion beteiligten Muskeln aktiviert. Weitere Untersuchungen zeigten, dass die Veränderungen während der Habituation in den vorderen Bereichen des Schaltkreises stattfinden (also im akustischen System). Obwohl die verantwortlichen Neuronen nicht genau ausgemacht werden konnten, decken sich Davis' Erkenntnisse mit denen über *Aplysia* in zweierlei Hinsicht: Erstens sind die Neuronen, die sich während der Habituation verändern, auf der sensorischen Seite des Schaltkreises verortet und zweitens finden die Veränderungen innerhalb des Reflexkreislaufs selbst statt und sind kein Ergebnis von neuen Impulsen von Neuronen aus anderen Bereichen des Nervensystems.

Andere Studien mit Säugetieren erweitern das physiologische Bild der Habituation, machen es aber auch komplexer. In einigen Fällen scheinen doch höhere Ebenen des Gehirns wie der auf beiden Seiten des Kopfes an den Schläfen liegende akustische Kortex beteiligt zu sein. Condon und Weinberger (1991) fanden bei Versuchen mit Meerschweinchen, dass einzelne Zellen im akustischen Kortex der Habituation unterlagen, wenn derselbe Ton immer wieder zu hören war. Die Empfindlichkeit der Zellen für diesen Ton ließ nach, aber nicht die für höhere oder tiefere Töne.

Mit Hilfe der modernen bildgebenden Verfahren wie der Positronenemissions-Tomografie (PET) und der Magnetresonanz-Tomografie (MRT) ist es heute möglich, Hirnareale genauer zu identifizieren, die beim Menschen an der Habituation beteiligt sind. Obwohl die Forschung noch am Anfang steht, legen die Ergebnisse die Vermutung nahe, dass viele verschiedene Bereiche des menschlichen Gehirns Habituationsvorgänge auf wiederholt präsentierte Stimuli zeigen. MRT-Bilder machten Habituation gegenüber visuellen Stimuli im visuellen Kortex sichtbar (Condon, McFadzean, Hadley, Bradnam & Shahani, 1997). PET-Bilder zeigten Veränderungen im Zerebellum, wenn sich eine Person an ein lautes Geräusch gewöhnte (Timmann und andere, 1998). Einmal mehr wurden also Belege für Veränderungen in bestimmten Bereichen des Nervensystems aufgrund einer wiederholten Präsentation bestimmter Reize gefunden.

Neurophysiologen verwenden den Begriff der Plastizität, um die Fähigkeit des Nervensystems zu beschreiben, sich aufgrund von Erfahrung oder Stimulation zu verändern. Die physiologischen Untersuchungen zur Habituation zeigen, dass Plastizität auf vielen verschiedenen Ebenen des Nervensystems vorkommt und dass sie manchmal in chemischen Veränderungen bereits existierender Synapsen begründet liegt und nicht im Wachstum neuer Synapsen.

3.5.3 Habituation in Bezug auf emotionale Reaktionen: die Opponent-Process-Theorie

Richard Solomon und John Corbit (1974) entwickelten eine Theorie der Emotion, die viel Aufmerksamkeit erregte. Sie zielte darauf ab, eine ganze Bandbreite emotionaler Reaktionen abzudecken. Der Lerntypus, mit dem sie sich beschäftigten, ähnelt den Beispielen der Habituation, die hier bereits behandelt wurden. In beiden Fällen verändert sich die Reaktion eines Individuums auf einen Reiz aufgrund wiederholter Präsentation dieses

Reizes. Die Meinungen zur Opponent-Process-Theorie sind sehr unterschiedlich. Am besten Sie bilden sich Ihre eigene Meinung über die wissenschaftlichen Verdienste der Theorie, indem Sie den folgenden Abschnitt lesen und die Kriterien wissenschaftlicher Theorien aus dem ersten Kapitel zur Anwendung bringen.

Die zeitlichen Muster einer emotionalen Reaktion

Stellen Sie sich vor, dass Sie als Medizinstudent ein Seminar in organischer Chemie besuchen. Sie haben in einer Zwischenprüfung ein „befriedigend" erhalten und Ihre Leistungen bei Laborübungen waren „mittel". Für das Endexamen haben Sie hart gearbeitet, konnten aber trotzdem einige Fragen nicht beantworten. Beim Verlassen des Prüfungsraumes hören Sie, wie einige Studenten über die schwere Prüfung sprechen. Einige Wochen später bekommen sie die Semesternoten mitgeteilt und erfahren zu Ihrer Überraschung, dass Sie in organischer Chemie eine Eins minus bekommen haben! Sie reagieren sofort euphorisch und erzählen allen Leuten, die Sie treffen, von Ihrem Erfolg. Sie sind so aufgeregt, dass Sie gar nicht ernsthaft lernen können. Beim Einkaufen lassen Sie sich von den üblichen Belästigungen eines typischen Alltags (lange Warteschlangen, unfreundliche Verkäufer) keineswegs aus der Ruhe bringen. Am Abend hat Ihre Aufregung dann etwas nachgelassen und Sie erleben einen Zustand von Zufriedenheit. Am nächsten Morgen bekommen Sie einen Anruf vom Prüfungsbüro. Man teilt Ihnen mit, dass es einen Irrtum gegeben hat und Sie in Wirklichkeit nur eine Zwei minus bekommen haben. Dies führt dazu, dass Sie sich sofort niedergeschlagen und enttäuscht fühlen. Sie revidieren Ihre Pläne darüber, an welcher Universität Sie sich für die Fortsetzung Ihres Studiums bewerben wollen, und fragen sich, ob Sie überhaupt weiterstudieren werden. Nach einigen Stunden normalisiert sich Ihr emotionaler Zustand wieder.

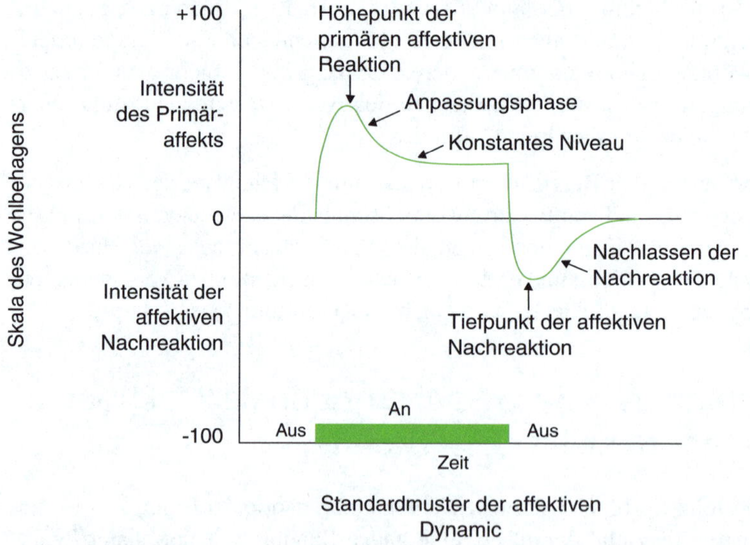

Abbildung 3.9: Das typische Muster einer emotionalen Reaktion laut der Opponent-Process-Theorie. Der durchgezogene Balken gibt die Zeit an, in der der emotionsauslösende Stimulus präsentiert wird. (Solomon & Corbit, 1974)

Dieses Beispiel zeigt alle wichtigen Stadien einer typischen emotionalen Situation, wie sie von der Opponent-Process-Theorie beschrieben werden. Abbildung 3.9 stellt die emotionalen Zustände in dieser vorgestellten Situation schematisch dar. Der durchgezogene Balken unten gibt die Zeit an, in der emotionsauslösende Stimuli aufteten. In unserem Beispiel bezieht er sich auf die Zeit, in der Sie glaubten, die beste Note bekommen zu haben. Die Y-Achse entspricht der Stärke der emotionalen Reaktionen des Individuums während der Stimulus auftritt und danach. (Solomon und Corbit tragen die Reaktion auf den Stimulus selbst immer in positiver Richtung an, egal ob das Gefühl „angenehm" oder „unangenehm" ist.) Laut Theorie verursacht das Erscheinen des Stimulus das plötzliche Auftreten einer emotionalen Reaktion, die schnell einen Intensitätshöhepunkt erreicht (die erste Euphorie in unserem Beispiel). Diese Reaktion lässt dann allmählich etwas nach und der emotionale Zustand pendelt sich auf einer bestimmten Ebene ein (die Zufriedenheit am Abend). Mit dem Ende des Reizes (dem Anruf) findet ein plötzliches Umschalten zu einer emotionalen Nachreaktion statt, die in gewisser Hinsicht das Gegenteil der ersten Emotion ist (Niedergeschlagenheit und Enttäuschung). Auch diese Nachreaktion lässt allmählich nach und der emotionale Zustand des Individuums wird wieder neutral.

Um ihre Argumente zu bekräftigen, zogen Solomon und Corbit einige Versuchsergebnisse in Betracht, die auf einer anfangs eindeutig negativen emotionalen Reaktion basierten. Bei diesem Versuch (Church, LoLordo, Overmier, Solomon & Turner, 1966) wurde die Herzfrequenz als objektives Maß der emotionalen Reaktion der Versuchstiere verwendet. Dazu wurden Hunde in Geschirren fixiert und bekamen einige leichte Elektroschocks von zehn Sekunden Länge. Bei den ersten Schocks reagierten die Hunde typischerweise mit einer starken Abwehrreaktion: Sie jaulten auf, zerrten an den Leinen, urinierten oder defäkierten und sträubten ihr Fell. Nach den letzten Schocks war das typische Verhalten „bedrückt, zögerlich und gereizt". Auch wenn diese Nachreaktion nicht das „Gegenteil" der ersten Abwehr ist, so unterscheidet sie sich doch sehr davon. Nach einer kurzen Zeit verschwand die Bedrücktheit, und der Zustand der Hunde normalisierte sich. Sie waren wieder „aktiv, wachsam und sozial reaktiv". Die Messung der Herzfrequenz unterstützte die in Abbildung 3.9 dargestellten Angaben: Während der Elektroschocks stieg die Herzfrequenz rasch von einem Ruhezustand von etwa 120 Schlägen pro Minute auf Maximalwerte von etwa 200 Schlägen pro Minute. Danach sanken die Werte wieder. Nach dem Ende der Schocks gab es einen Rebound-Effekt, durch den die Herzfrequenz auf etwa 90 Schläge pro Minute sank. Nach 30 bis 60 Sekunden normalisierte sie sich.

Der a-Prozess und der b-Prozess

Solomon und Corbit beschreiben noch weitere Beispiele emotionaler Situationen, aber wir wollen uns kurz den intervenierenden Variablen ihrer Theorie zuwenden. Dazu gehören die internen Prozesse, die ihrer Meinung nach den beobachtbaren emotionalen Reaktionen eines Individuums zugrunde liegen. Sie gehen davon aus, dass die in Abbildung 3.9 dargestellten Verläufe das Ergebnis von zwei internen Prozessen sind, die antagonistisch wirken. Sie werden **a-Prozess** und **b-Prozess** genannt. Der a-Prozess ist weitgehend für die erste emotionale Reaktion verantwortlich, der b-Prozess für die Nachreaktion. Die linke Hälfte der Abbildung 3.10 zeigt, wie diese beiden Prozesse zusammenwirken und das Muster in Abbildung 3.9 hervorbringen. Solomon und Corbit beschreiben den a-Prozess als schnelle

Reaktion auf einen Reiz, die rasch zu einem Maximum ansteigt und dort bleibt, solange der Stimulus präsent ist. Setzt der Stimulus aus, kommt der a-Prozess rasch zu einem Ende (siehe die mittlere linke Kurve in 3.10). In der Studie zur Herzfrequenz wäre der a-Prozess ein hypothetischer interner Mechanismus (vielleicht der Adrenalinwert im Blut), der unter anderem auch das Ansteigen der Herzfrequenz verursacht. Der antagonistische b-Prozess wird vermutlich nur in Reaktion auf den a-Prozess in Gang gesetzt und entsteht und vergeht langsamer. Die mittlere linke Kurve in Abbildung 3.10 zeigt die langsamere Zu- und Abnahme des b-Prozesses. Im Beispiel mit der Herzfrequenz wäre der b-Prozess ein interner Prozess, der zur Verlangsamung der Herzfrequenz führt.

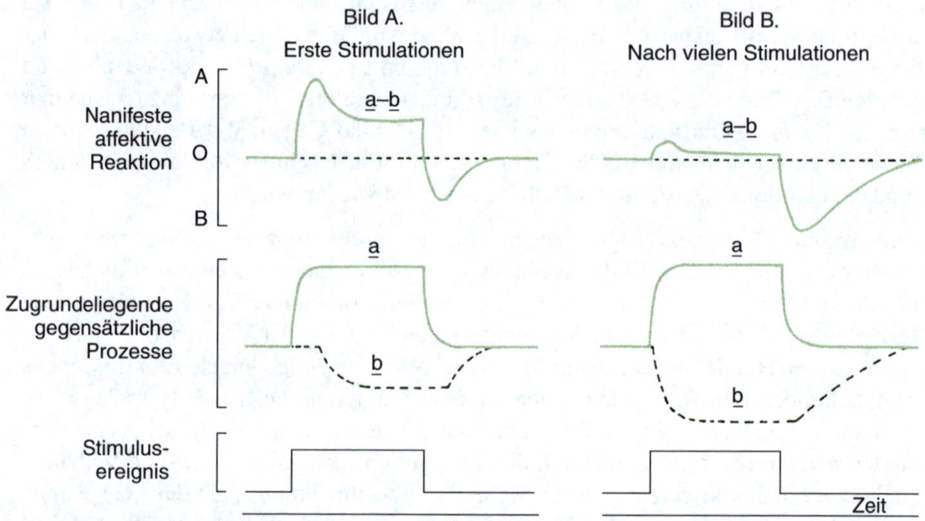

Abbildung 3.10: Laut der Opponent-Process-Theorie wird die emotionale Reaktion (oder die „manifeste affektive Reaktion") einer Person durch das Zusammenwirken der zugrunde liegenden a- und b-Prozesse bestimmt. Der Zeitverlauf dieser Prozesse, wenn ein emotionsauslösender Stimulus die ersten Male auftritt, ist links dargestellt. Auf der rechten Seite sind die erwarteten Verläufe nach etlichen Wiederholungen desselben Reizes zu sehen. (Solomon & Corbit, 1974)

In Abbildung 3.10 beginnt der b-Prozess, während der Stimulus (der Schock) noch vorhanden ist. Solomon und Corbit nahmen an, dass die emotionale Reaktion durch einfache Subtraktion vorhergesagt werden kann, wenn der a- und der b-Prozess gleichzeitig wirksam sind. Das bedeutet, dass die Aktivität des a-Prozesses in gewissem Ausmaß durch die Aktivität des b-Prozesses gegengesteuert wird, wodurch die emotionale Reaktion schwächer wird. Laut Theorie ist es der zunehmende b-Prozess, der das Nachlassen der anfänglichen emotionalen Reaktion vom Höhepunkt auf das Normalniveau bewirkt. Wenn der Reiz aufhört und der a-Prozess schnell zum Ende kommt, bleibt nur der b-Prozess übrig, der die emotionale Nachreaktion bewirkt. Bevor Sie hier weiterlesen, sollten Sie sich versichern, dass Sie verstanden haben, wie die beiden Prozesse in der mittleren linken Kurve von Abbildung 3.10 zusammenwirken und die obere linke Kurve ergeben.

Die Wirkung wiederholter Stimulation

Bisher war die Diskussion auf die erste Begegnung eines Individuums mit einem neuen Stimulus beschränkt. Ein wesentliches Element der Opponent-Process-Theorie ist die Möglichkeit vorherzusagen, wie sich eine emotionale Reaktion durch die Wiederholung der Präsentation desselben Stimulus verändert. Kurz gesagt geht die Theorie davon aus, dass durch die Wiederholung des Reizes die erste emotionale Reaktion einer Habituation unterliegt – sie wird nämlich immer schwächer –, während gleichzeitig ein deutlicher Anstieg an Intensität und Dauer der Nachreaktion stattfindet. Die Kurve rechts oben in Abbildung 3.10 zeigt die erwartete emotionale Reaktion nach vielen Stimulationen. Die Kurve rechts in der Mitte zeigt, dass die Veränderung laut dieser Theorie das Ergebnis einer Zunahme der Stärke des b-Prozesses ist. Solomon und Corbit gingen davon aus, dass sich der a-Prozess nicht verändert, aber der b-Prozess durch Wiederholung stärker, ohne Wiederholung aber schwächer wird. Durch wiederholte Stimulation setzt der b-Prozess schneller ein, erreicht ein höheres Maximus und lässt nach dem Ende des Stimulus langsamer nach.

Solomon und Corbit belegten diese Vorhersagen, indem sie die Reaktionen von Hunden beschrieben, die in der Studie von Church und seinen Kollegen (1966) eine Reihe von leichten Elektroschocks erhalten hatten. Nach einigen Wiederholungen kam es während der Schocks bei den Hunden nur noch zu einem leichten Anstieg der Herzfrequenz. Nachdem die Schocks aufgehört hatten, sank die Herzfrequenz der Hunde um 60 Schläge pro Minute und es dauerte zwei bis fünf Minuten (statt einer Minute oder weniger), bis sich die Herzfrequenz wieder normalisiert hatte. Auch das sichtbare Verhalten der Hunde veränderte sich mit zunehmender Gewöhnung:

- Während der Schocks verschwanden die Zeichen des Schreckens. Stattdessen schienen die Hunde Schmerz, Ärger, Angst zu empfinden. Sie winselten eher, als dass sie jaulten. Sie urinierten, defäkierten nicht mehr und zerrten nicht am Halsband. Wurden sie nach dem Ende des Versuchs losgelassen, sprangen sie herum und an den Leuten hoch, wedelten mit dem Schwanz und hatten einen „Anfall von Freude". Nach einigen Minuten waren sie wieder normal: freundlich, aber ruhig (Solomon & Corbit, 1974, S.122).
- Kurz gesagt entspricht das Verhalten der Hunde mit zunehmender Erfahrung ihrer Herzfrequenz: Die Reaktion auf die Elektroschocks war schwächer als zuvor, aber die Nachreaktion war intensiver und länger.

Andere Beispiele

Solomon und Corbit behaupten, dass die Opponent-Process-Theorie die zeitliche Dynamik von vielen verschiedenen emotionalen Erfahrungen beschreiben kann. Weitere ihrer Beispiele verraten einiges über die Generalisierbarkeit der Theorie. Sie führten beispielsweise die emotionalen Reaktionen von Fallschirmspringern bei ihrem ersten Sprung und bei späteren Sprüngen an, die S. M. Epstein (1967) beschrieben hat. Grob gesagt ähneln die emotionalen Erfahrungen der Fallschirmspringer jenen der Hunde in der Studie zur Herzfrequenz. Unerfahrene Fallschirmspringer wirken bei ihrem ersten Sprung völlig geschockt. Unmittelbar danach sind sie einige Minuten lang benommen. Dann kehrt wieder der Normalzustand ein. Erfahrene Fallschirmspringer scheinen bei einem Sprung nur wenig Angst zu haben, berichten aber von Glücksgefühlen und Euphorie danach, die mehrere Stunden anhalten kann. Sie erklären, dass diese Euphorie einer der Hauptgründe dafür ist, dass sie mit dem Springen weitermachen.

Ein bildliches Beispiel mit einer angenehmen ersten Reaktion, auf die eine unangenehme Nachreaktion folgt, hat mit dem Konsum von Opiaten zu tun. Nach einer ersten Injektion von Opiaten berichten die Betroffenen von intensiven Glücksgefühlen („Rausch"). Dieses emotionale Hochgefühl schwächt sich zu einem weniger intensiven Gefühl von Behaglichkeit ab. Wenn die Wirkung der Droge aufhört, setzt dafür die unangenehme Nachreaktion in Form von Übelkeit, Schlaflosigkeit, Reizbarkeit, Ängsten, Appetitmangel und anderen körperlichen Problemen ein. Auch das Verlangen nach der Droge tritt rasch auf. Die Entzugserscheinungen können Stunden oder Tage dauern.

Ein erfahrener Drogenkonsument erlebt jedoch andere Reaktionen. Die Injektion sorgt nicht für einen ersten Rausch, sondern nur für recht angenehme Gefühle, wenn überhaupt. Dieses Nachlassen der Wirkung einer Droge mit wiederholtem Gebrauch wird **Toleranz** genannt. Sie wird abgesehen von Opiaten auch bei anderen Drogen beobachtet. Manche Theoretiker haben darauf verwiesen, dass die Drogentoleranz ein gutes Beispiel für Habituation ist (zum Beispiel Baker & Tiffany, 1985). Laut der Opponent-Process-Theorie ist die Toleranz das Produkt eines verstärkten b-Prozesses. Dies erklärt auch, warum die Entzugserscheinungen mit wiederholtem Gebrauch der Opiate schlimmer werden und Wochen oder länger anhalten. In diesem Stadium nimmt der Betroffene die Opiate nicht mehr aus Vergnügen, sondern um die Entzugserscheinungen zeitweise zu lindern. In Begriffen der Opponent-Process-Theorie bedeutet jede Injektion ein Wiedereinsetzen des a-Prozesses, der den vom b-Prozess ausgelösten Entzugserscheinungen entgegenwirkt. Leider stärkt jede Injektion auch den b-Prozess, so dass der Betroffene in einen Teufelskreis kommt. Solomon und Corbit behaupten, dass ihre Theorie eine Erklärung nicht nur für den Drogenkonsum, sondern für jedes Suchtverhalten liefert (auch den Konsum von Nikotin, Alkohol, Barbituraten und Amphetaminen). Wir werden in Kapitel 5 sehen, dass andere Forscher, die sich mit dem Drogenkonsum beschäftigt haben, den Details der Opponent-Process-Theorie nicht zustimmen.

Weshalb beinhalten viele emotionale Reaktionen einen a-Prozess und einen antagonistischen b-Prozess? Solomon und Corbit nehmen an, dass der b-Prozess einen, wenn auch unvollkommenen, körperlichen Mechanismus darstellt, um längere intensive Gefühle zu vermeiden. Emotionale Extremsituationen, egal ob positive oder negative, erschöpfen die körperlichen Ressourcen des Körpers. Ein anhaltender a-Prozess wird also vom entsprechenden b-Prozess zumindest teilweise gegengesteuert. Wenn dies die Funktion des b-Prozesses ist, zeigen die Beispiele des Suchtverhaltens eindeutig, dass der Mechanismus unvollkommen ist.

Eine kurze Evaluation

Wie in Kapitel 1 besprochen, weisen gute wissenschaftliche Theorien mehrere Merkmale auf, darunter die, dass sie überprüfbare Vorhersagen erlauben und dass diese Vorhersagen schließlich mit Untersuchungsergebnissen übereinstimmen. Die Opponent-Process-Theorie macht bestimmte Vorhersagen über emotionale Reaktionen, die in einigen Experimenten überprüft wurden. In vielen Fällen konnten die Vorhersagen der Theorie belegt werden (zum Beispiel von Glover, 1992; R. L. Solomon, 1980), in einigen aber nicht (Eiserer, 1990; Fanselow, DeCola & Young, 1993). Ein weiteres Merkmal guter Theorien ist ihre Fruchtbarkeit, also das Vermögen, neue Ideen und Forschungsvorhaben anzuregen. Die Opponent-Process-Theorie kann definitiv als fruchtbare Theorie beurteilt werden. Durch sie entstand eine Reihe von ähnlichen Theorien, die die grundlegende Idee aufgriffen und leicht abgewandelt verwendeten (einige davon werden im fünften Kapitel besprochen). Sie wurde zur Erforschung verschiedener Bereiche menschlichen Verhaltens angewendet, unter anderem von Nahrungsmittelvorlieben (Zellner, 1991), der Wirkung von Sport (Lochbaum, 1999) und der Behandlung von Patienten mit Angststörungen (Ley, 1994).

Trotz ihres Erfolges wird die Opponent-Process-Theorie häufig mit dem Argument kritisiert, dass es wenig konkrete Belege für die physiologischen Mechanismen gibt, die dem hypothetischen a- und b-Prozess entsprechen könnten. Natürlich würde hier Abhilfe geschaffen, wenn die Forscher physiologische Prozesse fänden, die den Vorhersagen der Theorie entsprechen. Eine Studie mit Ratten hat beispielsweise gezeigt, dass dasselbe Hirnareal (bekannt als der *nucleus accumbens*) offenbar sowohl an der ersten positiven Reaktion auf den Konsum von Opiaten als auch an der negativen Nachreaktion beteiligt ist (Koob, Caine, Parsons, Markou & Weis, 1997). Weitere Studien über diese oder andere Hirnregionen könnten möglicherweise Hinweise darüber liefern, warum die positive Reaktion mit wiederholtem Konsum von Opiaten schwächer wird, die Nachreaktion aber stärker.

Kritiker verweisen auch darauf, dass die von Solomon und Corbit verwendeten Beispiele sehr unterschiedliche Zeitverläufe aufweisen. Bei der Studie zur Herzfrequenz bei Hunden dauert der b-Prozess nur Sekunden oder wenige Minuten. Bei einer Sucht kann er Monate andauern. Ist es wahrscheinlich, dass derselbe physiologische Mechanismus bei emotionalen Vorgängen eine Rolle spielt, deren Dauer so unterschiedlich ist (Abweichung um den Faktor 10.000 oder mehr)? Kritiker haben auch angeführt, dass es möglicherweise nur eine oberflächliche Ähnlichkeit zwischen den verschiedenen Beispielen gibt.

Zur Verteidigung der Opponent-Process-Theorie könnten wir anführen, dass es keine Rolle spielt, ob die emotionalen Reaktionen auf demselben physiologischen Mechanismus beruhen oder auf vielen verschiedenen, solange sie den Vorhersagen der Theorie entsprechen. Auf rein deskriptiver Ebene scheinen die wichtigsten Merkmale der von der Opponent-Process-Theorie beschriebenen emotionalen Vorgänge (Höhepunkt, Plateauwert, Nachwirkung, Veränderung durch wiederholte Stimulation) ziemlich gut durch Einzelfalluntersuchungen, systematische Beobachtungen und Experimente dokumentiert zu sein. Egal ob diese emotionalen Vorgänge einen gemeinsamen physiologischen Mechanismus haben oder nicht, die Daten legen die Vermutung nahe, dass die Theorie einige Charakteristika von emotionalen Reaktionen erfasst, die ziemlich allgemeingültig sind. Obwohl man den ehrgeizigen Versuch der Theorie, einen umfassenden Rahmen für verschiedene emotionale Situationen zu schaffen, auch als ihre Schwäche ausgelegt hat, könnte dies letztlich ihr größtes Verdienst sein. Der von der Opponent-Process-Theorie geschaffene Blickwinkel erlaubt uns, Gemeinsamkeiten in unseren Emotionen zu entdecken, die bei einer kurzsichtigeren Analyse von individuellem emotionalen Verhalten vermutlich unbemerkt bleiben würden.

Zusammenfassung

Eine der einfachsten angeborenen Verhaltensweisen ist der Reflex, der eine Reaktion auf einen spezifischen Stimulus darstellt. Ein Beispiel ist das Zwinkern der Augenlider, wenn ein helles Licht die Augen trifft. Kinese ist die zufällige Bewegung als Reaktion auf einen spezifischen Stimulus, während Taxis die gezielte Bewegung ist (zum Beispiel, wenn sich ein Fisch an dem von oben einfallenden Licht orientiert, um seine Wasserlage zu regulieren). Fixe Verhaltensmuster sind Abfolgen von Verhaltensweisen, die immer in einer starren Ordnung stattfinden, während Reaktionsketten flexiblere Abfolgen sind, die sich an die herrschenden Umstände anpassen können. Die Begriffe der Kontrollsystem-Theorie, die dem Vergleich zwischen einem aktuellen Zustand und dem gewünschten Zustand dient, sind nützlich, um angeborene Verhaltensmuster zu analysieren.

Habituation ist die Abnahme und das letztendliche Verschwinden einer Reflexreaktion, wenn derselbe Stimulus immer wieder präsentiert wird. Sie ermöglicht es Lebewesen, unwichtige, repetitive Ereignisse zu ignorieren. Bei einfachen und komplexen Geschöpfen zeigt die Habituation dieselben Eigenschaften wie Vergessen, Überlernen und Stimulusgeneralisierung. Forschungen mit einfachen Lebewesen wie der Meeresschnecke *Aplysia*, aber auch mit Säugetieren, haben die physiologischen und chemischen Veränderungen zurückverfolgt, die während der Habituation im Gehirn stattfinden, aber auch die in einigen Fällen beteiligten Hirnregionen.

Die Opponent-Process-Theorie von Solomon und Corbit besagt, dass viele emotionale Reaktionen aus einer ersten Reaktion (dem a-Prozess) und einer späteren, gegensätzlichen Reaktion (dem b-Prozess) bestehen. Die wiederholte Präsentation desselben Stimulus stärkt den b-Prozess, so dass die erste Reaktion schwächer und die Nachreaktion stärker und länger wird. Diese Theorie wurde auf eine Bandbreite von emotionalen Reaktionen angewendet, unter anderem die Drogensucht, die beim Fallschirmspringen auftretenden Gefühle und die Reaktionen auf schmerzliche oder unangenehme Reize.

Wiederholungsfragen

1. Beschreiben Sie je ein Beispiel der folgenden angeborenen Verhaltensmuster: Reflex, Kinese, Taxis, fixes Verhaltensmuster und Reaktionskette. Wählen Sie eines dieser Beispiele aus und zeigen Sie, wie es mit den Begriffen der Kontrollsystem-Theorie analysiert werden kann.
2. Führen Sie einige der allgemeinen Prinzipien der Habituation an und geben Sie ein konkretes Beispiel, um zu zeigen, wie sie funktionieren. Warum ist dieser einfache Lerntypus so nützlich? Wie kann die Habituation bei Säuglingen beobachtet werden?
3. Warum haben Wissenschaftler die Habituation so ausführlich an der Meeresschnecke *Aplysia* erforscht? Was wurde über die neuronalen und chemischen Mechanismen der Habituation beim Kiemenreflex dieses Lebewesens in Erfahrung gebracht?
4. Zeichnen Sie das Schema einer typischen emotionalen Reaktion auf einen neuen Stimulus in Anlehnung an die Opponent-Process-Theorie auf. Zeichnen Sie auch ein Diagramm für das veränderte Muster, das auftritt, wenn ein Stimulus häufig wiederholt wurde. Verwenden Sie ein konkretes Beispiel, um die verschiedenen Teile der emotionalen Reaktion in beiden Fällen zu erklären.

Kapitel

4 Grundlegende Prinzipien der klassischen Konditionierung

In diesem Kapitel

Ein Teil der Begeisterung für die wissenschaftliche Forschung stammt aus der allgegenwärtigen Möglichkeit, bei einem Routineexperiment, das mit einem recht banalen Ziel ausgeführt wird, ein völlig unerwartetes Ergebnis von großer Bedeutung zu entdecken. Die Geschichte der Wissenschaft kennt zahlreiche solcher glücklichen Zufälle. In einem davon spielte der russische Wissenschaftler Iwan Pawlow eine Hauptrolle.

4.1 Pawlows Entdeckung und ihre Bedeutung

Obwohl er letztlich eine der berühmtesten Figuren in der Geschichte der Psychologie wurde, war Pawlow ursprünglich ausgebildeter Physiologe. Er führte etliche Untersuchungen über die physiologischen Abläufe im Verdauungssystem durch und erhielt 1904 für seine Arbeit den Nobelpreis für Medizin und Physiologie. Er interessierte sich vor allem für die verschiedenen Substanzen, die bei Tieren zur Aufspaltung der Nahrung dienen. Er analysierte die chemische Zusammensetzung der Verdauungssäfte, maß, wie lange sie während einer Mahlzeit ausgeschüttet wurden und versuchte, die neuronalen Mechanismen zu entdecken, die diese physiologischen Reaktionen steuern. Eines der Verdauungssekrete, die Pawlow untersuchte, war Speichel, der ja zuerst mit der aufgenommenen Nahrung in Kontakt kommt. Pawlows Versuchsteilnehmer waren Hunde. Um die Speichelmenge genau messen zu können, entwickelte er ein chirurgisches Verfahren, um den Speichel direkt aus einem Speichelkanal durch ein Röhrchen aus dem Maul zu leiten. Abbildung 4.1 zeigt Pawlows Versuchsanordnung, zu der das Geschirr für den Hund und die Geräte, um den Speichel aufzufangen, gehörten.

Abbildung 4.1: Die Versuchsanordnung, mit der Pawlow die Konditionierung des Speichelflusses beim Versuchstier messen konnte. Über ein Röhrchen wurde der Speichel aus dem Maul des Hundes geleitet und seine Menge wurde automatisch gemessen (nach Yerkes & Morgulis, 1909).

Die Hunde wurden an aufeinander folgenden Tagen in mehreren Versuchen eingesetzt. In jeder Sitzung bekamen die Tiere Futter und ihr Speichelfluss wurde aufgezeichnet, während sie fraßen. Seine wichtigste Beobachtung machte Pawlow mit Hunden, die das Testverfahren mehrere Male durchlaufen hatten. Im Gegensatz zu neuen Versuchstieren begannen die erfahrenen Hunde bereits Speichel zu produzieren, bevor sie das Futter zu sehen bekamen. Pawlow rekonstruierte, dass vermutlich ein Stimulus, der der Futtergabe regelmäßig vorausgegangen war – zum Beispiel der Anblick des Versuchsleiters – das Potenzial entwickelt hatte, die Reaktion des Speichelflusses auszulösen. Pawlow erkannte die Bedeutung dieses unerwarteten Ergebnisses und verbrachte den Rest seines Lebens mit der Untersuchung dieses Phänomens, das heute als **klassische Konditionierung** bekannt ist. Er schloss, dass seine Versuchstiere einen einfachen Lernvorgang durchmachen: Der Speichelfluss, der vorher eine Reflexreaktion auf den Stimulus Futter im Maul des Hundes war, wurde nun von einem neuen (und ursprünglich unwirksamen) Reiz ausgelöst. Pawlow spekulierte, dass sich viele erlernte Verhaltensweisen von Tieren auf angeborene Reflexe zurückführen lassen, gerade so, wie sich das erlernte Verhalten der Speichelproduktion angesichts des Versuchsleiters aus einem ursprünglichen Speichelflussreflex bei der Nahrungsaufnahme entwickelt hatte. Wenn dem so wäre, könnten wir viel über die Lernmechanismen von Tieren erfahren, indem wir die Entwicklung von erlernten Reflexen, so genannten **konditionierten Reflexen**, im Labor erforschen.

4.1.1 Das Standard-Paradigma der klassischen Konditionierung

Um ein typisches Experiment zur klassischen Konditionierung durchzuführen, wählt der Versuchsleiter zuerst einige Stimuli aus, die zuverlässig eine bestimmte Reaktion auslösen. Dieser Stimulus heißt unkonditionierter Stimulus und die Reaktion darauf ist die unkonditionierte Reaktion. Der Begriff unkonditioniert wird verwendet, um darauf hinzuweisen, dass die Verbindung zwischen dem Stimulus und der Reaktion nicht erlernt (sondern angeboren) ist. In Pawlows Experimenten über den Speichelfluss war der unkonditionierte Stimulus (abgekürzt US) die Anwesenheit von Futter im Maul des Hundes. Die unkonditionierte Reaktion (UR) war der Speichelfluss. Das dritte Element des Paradigmas der klassischen Konditionierung ist der konditionierte Stimulus (CS). Das kann jeder Stimulus sein, der ursprünglich keine UR auslöst (zum Beispiel eine Glocke). Der Begriff konditionierter Stimulus verweist darauf, dass dieser Stimulus erst nach der Konditionierung eine Reaktion (wie den Speichelfluss) auslösen kann.

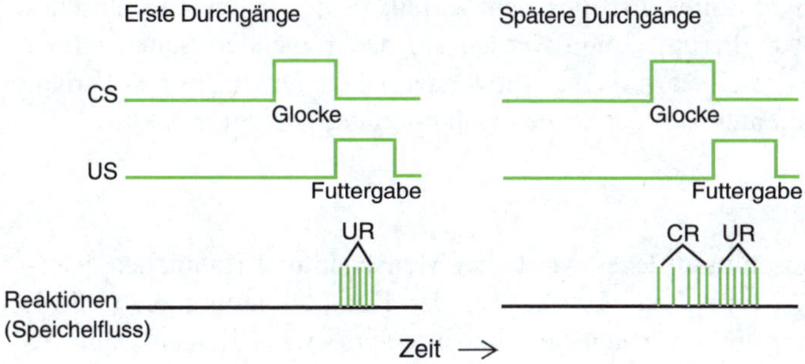

Abbildung 4.2: Die Ereignisse bei einem Durchgang klassischer Konditionierung bevor eine konditionierte Reaktion entstanden ist (links) und danach (rechts).

Abbildung 4.2 ist eine schematische Darstellung der Ereignisfolge bei einem einzelnen Durchgang klassischer Konditionierung. Dazu gehört die Präsentation eines CS (zum Beispiel einer Glocke) gefolgt vom US (zum Beispiel dem Futter). Anfangs wird nur der US die Reaktion des Speichelflusses auslösen. Wenn weitere Konditionierungsdurchgänge folgen, wird der Hund anfangen, Speichel zu produzieren, sobald der CS erscheint. Der Speichelfluss, der während des CS aber vor dem US stattfindet, wird als **konditionierte Reaktion** (CR) bezeichnet, denn nur aufgrund des Konditionierungsvorganges löst die Glocke nun Speichelproduktion aus.

Die Abkürzungen für die vier Grundelemente des Paradigmas der klassischen Konditionierung werden in diesem und späteren Kapiteln immer wieder auftauchen, deshalb sollten Sie sicher sein, die Begriffe nicht zu verwechseln. Die beiden Bestandteile des ursprünglichen Paares Stimulus und Reaktion sind US und UR. Durch den Vorgang der klassischen Konditionierung beginnt ein neuer Stimulus, der CS, selbst Reaktionen hervorzurufen. Diese Reaktionen auf den CS werden CR genannt (da sie erlernte oder konditionierte Reaktionen sind).

4.1.2 Die Vielfalt konditionierter Reaktionen

Wie in Kapitel 3 erläutert, gibt es sowohl bei Menschen als auch bei Tieren zahlreiche reflexartige körperliche Reaktionen. Einige davon basieren auf Muskelbewegungen, andere auf inneren Vorgängen in Drüsen und Organen. Bei vielen Reflexen, darunter der Patellarsehnenreflex, der Lidschlussreflex und andere (Hull, 1934; Schlosberg, 1928) konnte klassische Konditionierung beobachtet werden. Es ist auch möglich, Organe wie das Herz, den Magen, die Leber und die Nieren klassisch zu konditionieren. Tatsächlich ist es vermutlich nur leicht übertrieben, zu behaupten, dass jede Reflexreaktion (das heißt, jede Reaktion, die sicher von einem US ausgelöst wird) klassisch konditioniert werden kann, vorausgesetzt, US und CS werden ausreichend oft zusammen dargeboten.

Im Laufe der Jahre haben sich die Forscher, die sich mit der klassischen Konditionierung beschäftigen, auf einige wenige Varianten von Konditionierungen (Konditionierungssituationen, in denen besondere US, UR und eine besonders geeignete Spezies verwendet werden) geeinigt, die sich gut und leicht beobachten lassen. Wenn die Anzahl der Experimente mit diesen Varianten zunimmt, hat dies den Vorteil, dass wir mehr technisches Wissen darüber erlangen. Aus diesem Grund werden auf den folgenden Seiten immer wieder Studien erwähnt, die dieselben Varianten verwendet haben. Die folgenden Varianten wurden in vielen Experimenten zur klassischen Konditionierung eingesetzt.

Lidschlussreflex

Die Konditionierung des Lidschlussreflexes wurde bei Menschen und Kaninchen getestet. Abbildung 4.3 zeigt den typischen Vorgang bei der Konditionierung dieses Lidschlussreflexes bei Kaninchen. Das Versuchstier sitzt in einem engen Kasten, damit es sich wenig bewegt. Der US ist in diesem Fall etwas Luft, die direkt auf das Auge geblasen wird. Die UR ist natürlich der Lidschluss. Der Zeitpunkt und die Stärke des Lidschlusses werden mit einem Potentiometer aufgezeichnet, der die Bewegungen eines Fadens misst, der am Augenlid befestigt wurde. Bei anderen Studien zum Lidschlussreflex war der US ein ganz leichter Elektroschock, der der Haut in der Nähe des Auges gegeben wurde. Auch er löst zuverlässig einen Lidschluss als UR aus. Der CS war in diesen Studien meist ein Lichtstrahl, ein Ton oder ein taktiler Stimulus, wie die Vibration der Versuchskammer. Die Dauer des CS betrug typischerweise eine Sekunde. Wie die UR war die CR ein Lidschluss, wobei die genaue Ausführung unterschiedlich sein konnte. Während der unkonditionierte Lidschluss ein kräftiges und schnelles Schließen des Augenlids darstellte, bestand die konditionierte Reaktion oft aus einer kleineren und langsameren Bewegung des Lids. Meist wird die Stärke der Konditionierung gemessen, indem der Prozentsatz der Durchgänge, in denen eine CR auftritt, beobachtet wird. Die Konditionierung des Lidschlusses erfordert oft viele Wiederholungen der Kombination von CS und US. Bevor in 50 Prozent der Fälle eine CR beobachtet werden kann, sind möglicherweise über 100 solcher Kombinationen nötig.

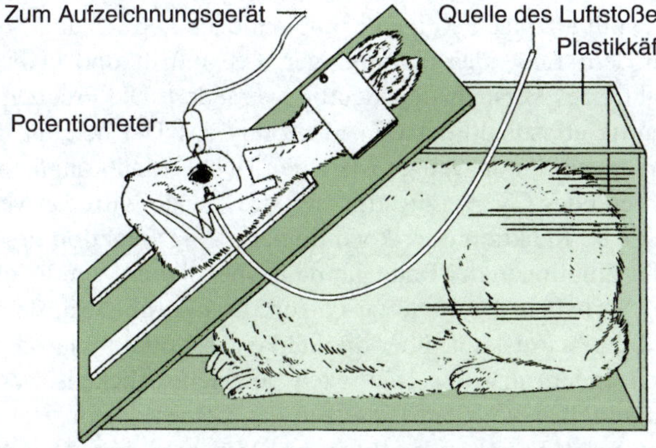

Abbildung 4.3: Eine Versuchsanordnung zur Konditionierung des Lidschlussreflexes. Der Potentiometer misst die Bewegungen des Augenlids des Kaninchens als Reaktion auf ein wenig Luft, die aufs Auge geblasen wird, oder auf einen konditionierten Stimulus (nach Domjan & Burkhard, 1982).

Lange Zeit wurden die meisten dieser Versuche mit Kaninchen ausgeführt, aber in den letzten Jahren kam wieder mehr Interesse am Lidschlussreflex und seiner Konditionierung beim Menschen auf. Die Untersuchungen an Menschen wurden verwendet, um die Hirnregionen zu kartografieren, die bei der Konditionierung mitwirken, um psychische Störungen zu diagnostizieren oder die Auswirkungen von Bewusstheit auf Lernen und andere Dinge festzustellen (Steinmetz, 1999; Woodruff-Pak, 1999).

Konditionierte Unterdrückung

Bei diesem Verfahren, das auch **konditionierte emotionale Reaktion** (CER) genannt wird, sind die Versuchsteilnehmer in der Regel Ratten und der US ist ein unangenehmes Ereignis, wie ein kurzer Elektroschock, der über das Metallgitter am Boden der Versuchskammer weitergegeben wird. Die unkonditionierte Reaktion auf den Schock kann verschiedene Verhaltensweisen umfassen – das Tier springt beispielsweise in die Luft, quietscht und unterbricht, was es vor dem Schock getan hat. Das Maß der Konditionierung in dieser Situation ist die Unterdrückung des normalen Verhaltens durch die Präsentation des CS (der signalisiert, dass ein Schock bevorsteht). Dieses „normale Verhalten" kann automatisch und zuverlässig gemessen werden; eine separate Aufgabe, die das Versuchstier regelmäßig ausführt, gehört ebenfalls zur Versuchsvorrichtung. Meist wird hungrigen Ratten angeboten, einen Hebel zu drücken, durch den sie ab und an eine Futtergabe erreichen. Es ist ziemlich einfach, die Ausgabe von Futter so zu regeln, dass das Tier eine Stunde lang den Hebel regelmäßig immer wieder herabdrückt und dadurch gelegentlich etwas Futter bekommt.

Wie beim Konditionieren des Lidschlags kann der CS optisch, akustisch oder taktil sein, aber seine Dauer ist normalerweise viel länger bei der konditionierten Unterdrückung – eine Minute oder länger ist üblich. Wenn der CS zunächst präsentiert wird, hat er meist kaum Auswirkungen auf das Betätigen des Hebels. Die Ratte unterbricht dieses vielleicht für wenige Sekunden, um diesen neuen Stimulus wahrzunehmen (eine Orientierungsreaktion), fängt aber bald wieder damit an. Nach einigen Kombinationen von CS und Schock (bei denen der Schock nach dem Ende des einminütigen CS auftritt und etwa eine Sekunde dauert) ist das Verhalten des Versuchstiers deutlich verändert: Die Frequenz des Hebeldrückens nimmt schlagartig ab, sobald der CS auftritt und das Tier betätigt in der Minute, in der der CS präsentiert wird, nur wenige Male den Hebel. Man könnte sagen, dass die Ratte in der Zeit während des CS „verängstigt" wirkt. Deshalb wird das Verfahren auch konditionierte emotionale Reaktion oder konditionierte Angstreaktion genannt. Wir müssen allerdings über die Emotionen der Ratte gar nicht spekulieren, um die objektiv messbare Veränderung im Verhalten der Ratte zu nutzen. Das Ausmaß, in dem das Drücken des Hebels unterbleibt, gibt Auskunft über die Stärke der Konditionierung. Die Unterdrückung wird gemessen, indem man die Häufigkeit des Hebeldrückens während des CS mit der Häufigkeit unmittelbar vor dem Einsetzen des CS vergleicht. Hätte die Ratte vor dem Einsetzen des CS den Hebel etwa 40-mal pro Minute gedrückt und während des CS nur noch 10-mal, dann wäre dies eine Unterdrückung von 75 Prozent.

Eine Konditionierung findet bei der konditionierten Unterdrückung schneller statt, als zum Beispiel bei den Versuchen zum Lidschlussreflex, vielleicht auch, weil der Schock viel intensiver ist, als die Luft, die auf das Auge geblasen wird oder auch die leichten Schocks bei jenem Verfahren. Unabhängig von diesen Gründen gilt: Eine starke konditionierte Unterdrückung tritt häufig schon nach weniger als 10 Wiederholungen ein und in manchen Fällen lässt sich schon nach einer einzigen Kombination von CS und US eine deutliche Unterdrückung beim CS feststellen.

Die elektrogalvanische Hautreaktion

Die Konditionierung der elektrogalvanischen Hautreaktion (englisch: Skin Conductance Response, abgekürzt SCR) wird meist an Menschen getestet. Die SCR ist eine Veränderung in der elektrischen Leitfähigkeit der Haut. Um sie zu messen, werden zwei münzähnliche Elektroden an die Handfläche angelegt, die mit einem Gerät verbunden sind, das kurzfristige Fluktuationen der Leitfähigkeit (aufgrund von Veränderungen der Hautfeuchtigkeit) misst. Die Leitfähigkeit der Haut wird durch Emotionen wie Angst oder Überraschung verändert, weshalb sie häufig auch bei Tests mit Lügendetektoren eine Messgröße darstellt. Ein Stimulus, der zuverlässig eine Zunahme der Leitfähigkeit auslöst, ist ein Elektroschock. Aber jeder andere CS, der mit dem Schock zusammen auftritt, kann aufgrund der Konditionierung zu einer ähnlichen Zunahme der Leitfähigkeit führen. Der CS kann beispielsweise ein Ton sein, der US ein Elektroschock am linken Handgelenk und die Reaktion eine Zunahme der Leitfähigkeit der rechten Handfläche. Ein Grund für das Interesse an der SCR ist, dass diese Reaktion bei Menschen rasch und zuverlässig konditioniert werden kann und dadurch viele komplexe Stimuli (wie geschriebene oder gesprochene Worte) als CS untersuchbar werden.

Geschmacksaversions-Lernen

Das Geschmacksaversions-Lernen wurde seit den späten 60er Jahren des 20. Jahrhunderts ausführlich erforscht. Häufig sind Ratten die Versuchstiere, aber auch andere Spezies (Tauben, Wachteln, Meerschweinchen) wurden untersucht. Der CS bei diesem Verfahren ist per definitionem der Geschmack eines Nahrungsmittels, das das Versuchstier isst oder trinkt. Oft wählt man etwas aus, das es noch nie zuvor geschmeckt hat. Nach dem Verzehr wird dem Versuchstier eine giftige Substanz (der CS) injiziert, die zu starker Übelkeit führt. Ist das Tier nach einigen Tagen wieder vollständig hergestellt, bietet man ihm erneut das Futter an, das als CS diente. Die normale Reaktion ist, dass nur wenig oder nichts davon verzehrt wird. Die Stärke der Konditionierung wird am Ausmaß der Vermeidung des Futters gemessen.

Es gibt viele Gründe dafür, dass das Geschmacksaversions-Lernen in den letzten Jahren so viel Aufmerksamkeit erregt hat. Einige Psychologen gehen davon aus, dass diese Lernform keine normale klassische Konditionierung darstellt, sondern einigen der allgemeinen und in den meisten Fällen der klassischen Konditionierung gültigen Prinzipien widerspricht. Dieses Argument wird in Kapitel 5 genauer behandelt. Zweitens entwickelt sich eine Geschmacksaversion oft schon nach einem Konditionierungsdurchgang. Diese schnelle Konditionierung ist für bestimmte theoretische Fragen äußerst vorteilhaft. Drittens erleben die meisten Menschen in ihrem Leben mindestens einmal eine Geschmacksaversion. Es mag Nahrungsmittel geben, die Sie nicht mehr essen möchten, weil Sie nach ihrem Verzehr einmal krank wurden. Möglicherweise wird Ihnen schon beim Gedanken an diese Nahrungsmittel übel, obwohl die meisten Menschen sie sehr gerne mögen. Wenn Sie eine solche Geschmacksaversion haben, ist das nicht ungewöhnlich – in einer Untersuchung hatte über die Hälfte der Versuchsteilnehmer (College-Studenten) mindestens eine Geschmacksaversion (Logue, Ophir & Strauss, 1981). Eine solche Aversion kann auch dann entstehen, wenn die betroffene Person sicher ist, dass das Nahrungsmittel nicht der Grund für die folgende Übelkeit war. Ich war einmal zu einer Party eingeladen, bei der es Hühnchen Tarragon als Hauptgericht gab. Neben dem Hühnchen machte offenbar auch ein Darmvirus die Runde, denn bald danach wurden etliche ernsthaft krank. Manche waren über eine Woche lang erkrankt. Das Ergebnis dieser zufälligen Kombination von Essen und Krankheit war, dass sich einige der Betroffenen noch Jahre nach dem Ereignis weigerten, Hühnchen Tarragon oder andere Gerichte mit Tarragongewürz zu sich zu nehmen. Geschmacksaversionen können heftig sein und sehr lange anhalten!

4.1.3 Pawlows Stimulussubstitutionstheorie

Die Theorie

Pawlow war der erste, der die Theorie der klassischen Konditionierung formulierte, die heute **Stimulussubstitutionstheorie** genannt wird. Auf der Verhaltensebene macht die Theorie lediglich Aussagen über Veränderungen, die bei den beobachtbaren Ereignissen der Konditionierung – den Stimuli und den Reaktionen – vermutlich stattfinden werden. Sie besagt, dass der CS durch wiederholte Kombination von CS und US ein Ersatz für den US wird, so dass die ursprünglich nur vom US ausgelöste Reaktion nunmehr auch vom CS ausgelöst wird. Auf den ersten Blick scheint die Theorie eine völlig befriedigende Beschreibung dessen zu liefern, was in vielen bekannten Beispielen der klassischen Konditionierung stattfindet. Beim Versuch zur Konditionierung des Speichelflusses löst anfangs nur das Futter den Speichelfluss aus, später aber auch der CS. Bei der Konditionierung des Lidschlusses führen UR und CR zum Schließen des Augenlids. Bei der SCR-Konditionierung wird der Anstieg der Leitfähigkeit der Haut anfangs durch einen Elektroschock ausgelöst. Nach der Konditionierung findet ein ähnlicher Anstieg als Reaktion auf einen ursprünglich neutralen Stimulus statt.

Probleme der Theorie

Trotz dieser scheinbaren Übereinstimmungen der Stimulussubstitutionstheorie glauben heute nur wenige Konditionierungsforscher, dass die Theorie korrekt ist. Denn sie weist verschiedene Probleme auf. Zunächst ist die CR fast nie eine exakte Kopie der UR. Es wurde bereits erwähnt, dass der Lidschluss als UR ein kräftiges, schnelles Schließen der Augenlider ist, während die CR ein schwächeres und langsameres Schließen ist. Sowohl das Ausmaß als auch die zeitlichen Dimensionen der CR weichen also von der UR ab. Allein diese Tatsache erlaubt uns, eine strenge Interpretation der Stimulussubstitutionstheorie zurückzuweisen, die besagt, dass die CR mit der UR in allen Details identisch sei. Hilgard (1936) hat zur Verteidigung der Stimulussubstitutionstheorie vorgebracht, dass die Unterschiede in der Intensität und zeitlichen Dimension der Reaktionen angesichts der Unterschiede in der Intensität und Modalität der Stimuli zu erwarten sind. Unkonditionierte Reaktionen unterschiedlicher Stärke können schließlich durch die alleinige Änderung der Intensität des US erreicht werden – ein kräftiger Elektroschock führt zu einem kräftigen Lidschluss als UR, ein schwacher Elektroschock führt zu einer schwächeren UR. Angesichts derartiger Unterschiede in den unkonditionierten Reaktionen scheint die Erwartung, dass die CR mit der UR völlig übereinstimmt, recht unrealistisch.

Ein gravierenderes Problem der Stimulussubstitutionstheorie ist, dass viele unkonditionierte Stimuli mehrere und ganz verschiedene Reaktionen auslösen können, aber nicht all diese Reaktionen später vom CS ebenfalls ausgelöst werden. Zener (1937) bemerkte beispielsweise, dass bei einem Hund, dem Futter als US präsentiert wird, einige Reaktionen auftreten. So wird nicht nur der Speichelfluss angeregt, sondern er fängt auch an zu kauen und zu schlucken. Es sind also nicht alle Bestandteile der UR in der CR vorhanden. Eine CR kann sogar Reaktionen umfassen, die *nicht* Teil der UR sind. Zener verwendete beispielsweise eine Glocke als CS und fand, dass viele Hunde auch den Kopf drehten und zur Glocke schauten. Manchmal bewegte der Hund seinen ganzen Körper näher zur klingelnden Glocke. Und diese Verhaltensweisen waren kein normaler Bestandteil der UR des Hundes angesichts des Futters. Aufgrund dieser Ergebnisse war es nötig, die Stimulussubstitutionstheorie leicht abzuwandeln. Nur so konnte sie ihre Gültigkeit als Theorie der klassischen Konditionierung behalten.

Hilgard (1936) schlug zwei Möglichkeiten zur Änderung der Theorie vor. Erstens sollte anerkannt werden, dass nur einige der Komponenten der UR auf die CR übergehen. Einige davon könnten auch von den konkreten Charakteristika des US abhängen, die nicht auf einen andersartigen CS übertragen werden. So kann ein Hund kauen und schlucken, wenn man ihm Futter gibt, aber nicht, wenn gar kein Futter gegeben wird (wenn nur die Glocke klingelt). Zweitens sollte anerkannt werden, dass ein CS wie die Glocke häufig selbst unkonditionierte Reaktionen auslösen kann, die Teil der CR werden können. Ein Hund, der zum ersten Mal die Glocke hört, zeigt vielleicht eine Orientierungsreaktion und spitzt die Ohren, schaut zur Glocke oder geht sogar zu ihr hin. Normalerweise unterliegen derartige Orientierungsreaktionen der Habituation, wenn die Glocke folgenlos bleibt. Wird die Glocke jedoch mit Futter kombiniert, bleibt die Reaktion vorhanden oder nimmt sogar zu. Eine neuere Theorie der klassischen Konditionierung, die so genannte **Sign-Tracking-Theorie** (Hearst & Jenkins, 1974; Tomie, Brooks & Zito, 1989), betont genau diesen Aspekt der Reaktion eines Tieres auf einen CS. Sie besagt, dass Tiere dazu neigen, sich allen Reizen, die angenehme Ereignisse wie die Gabe von Futter versprechen, zu nähern und sie zu erkunden. Es ist nicht überraschend, dass manche Bestandteile der Orientierungsreaktion auf den CS als Teil der CR beibehalten werden. Kurz gesagt spiegelt die Form der CR sowohl die unkonditionierte Reaktion auf den US als auch die unkonditionierte Reaktion auf den CS selbst.

Das möglicherweise stärkste Argument gegen die Stimulussubstitutionstheorie ergibt sich aus der Entdeckung, dass die Richtung des CR der UR manchmal geradezu entgegengesetzt ist. Eine Reaktion auf einen Elektroschock ist beispielsweise das Ansteigen der Herzfrequenz, aber in Untersuchungen mit Meerschweinchen hat Black (1965) ein Absinken der Herzfrequenz als konditionierte Reaktion auf einen mit dem Schock kombinierten CS beobachtet. Ein anderes Beispiel geht auf Untersuchungen zurück, bei denen Tieren (meist Ratten) als US eine Morphiumspritze gegeben wurde. Eine UR auf Morphium ist Hyperthermie, also ein Ansteigen der Körpertemperatur. In den Experimenten wurden die CS wiederholt mit Morphium kombiniert, woraufhin zwei Arten von konditionierter Reaktion beobachtet werden konnten. Manchmal ist die CR ein Anstieg der Körpertemperatur, wie von der Stimulussubstitutionstheorie vorhergesagt. Manchmal ist die CR aber auch ein Absinken der Körpertemperatur. Konditionierte Reaktionen, die das Gegenteil der UR sind, werden **konditionierte kompensatorische Reaktionen** genannt (Siegel, 1982).

Beispiele für konditionierte kompensatorische Reaktionen zeigen, dass die Stimulussubstitutionstheorie als allgemeine Regel der klassischen Konditionierung unangemessen ist. Manche Theoretiker (wie Eikelboom & Stewart, 1982) vertreten jedoch die Auffassung, dass diese Beispiele der Stimulussubstitutionstheorie gar nicht so viel Schaden zufügen, wie es auf den ersten Blick aussieht. Dennoch wollen wir betonen, dass eine weit verbreitete Annahme über die klassische Konditionierung – nämlich dass es sich dabei um den

Transfer einer Reaktion von einem Stimulus auf einen anderen handelt – nicht mit den folgenden Fakten übereinstimmt:

1. Die Intensität und zeitliche Dimension von CR und UR können differieren.
2. Nicht alle Bestandteile der UR werden Bestandteil der CR.
3. Die CR kann Reaktionen umfassen, die bei der UR nicht auftauchen.
4. Die CR ist manchmal das Gegenteil der UR (oder zumindest ihres auffälligsten Aspekts).

Aus diesen Gründen ist es oft schwierig vorherzusagen, wie die CR in jedem spezifischen Fall aussehen wird. Sie kann der UR sehr ähnlich sein oder sich deutlich von ihr unterscheiden.

Was wird bei der klassischen Konditionierung gelernt?

Nachdem wir die Argumente für und gegen die Stimulussubstitutionstheorie abgewogen haben, wollen wir uns nun Pawlows Spekulationen über die Veränderungen im Gehirn während des Vorgangs der klassischen Konditionierung zuwenden. Pawlow wusste nur wenig über die Physiologie des Gehirns und viele besondere Details seiner Theorie haben sich mittlerweile als falsch herausgestellt. Ganz allgemein gesehen sind seine Spekulationen jedoch immer noch eine physiologische Theorie der Konditionierung mit recht hohem Erklärungswert.

Pawlow ging davon aus, dass es einen besonderen Teil des Gehirns gibt, der immer dann aktiv wird, wenn ein US (wie Futter) auftritt. Er nannte diesen Teil des Gehirns **US-Zentrum**. Er nahm an, dass es für jeden CS (ein Ton- oder Lichtsignal) ein extra **CS-Zentrum** gibt, das immer dann aktiv wird, wenn dieser CS auftritt. Gehen wir von dem aus, was wir heute über die Physiologie des sensorischen Systems wissen (siehe Kapitel 2), scheinen diese Annahmen recht vernünftig, besonders, weil die genaue Gestalt der Zentren für Pawlows Theorie gar nicht wichtig war. Es spielt in Bezug auf diese Theorie keine Rolle, ob das CS-Zentrum oder das US-Zentrum ein einzelnes Neuron, eine Gruppe von Neuronen mit ähnlicher Funktion oder ein besonderes Aktivitätsmuster in einer Neuronengruppe ist. Pawlow nahm außerdem an, dass für jede UR (zum Beispiel den Speichelfluss) ein Teil des Gehirns zuständig ist, den man **Reaktionszentrum** nennen könnte. Die Aktivierung dieses Reaktionszentrums führt zu den neuronalen Befehlen, die letztlich die beobachtete Reaktion hervorbringen. Da der US die UR ohne jede vorangehende Übung hervorbringt, nahm Pawlow an, dass es eine angeborene Verbindung zwischen dem US-Zentrum und dem Reaktionszentrum (siehe Abbildung 4.4) gibt. Letztlich ging Pawlow davon aus, dass im Laufe der klassischen Konditionierung eine Assoziation entsteht, so dass dann auch der CS Aktivität im Reaktionszentrum auslöst (und eine CR zu beobachten ist).

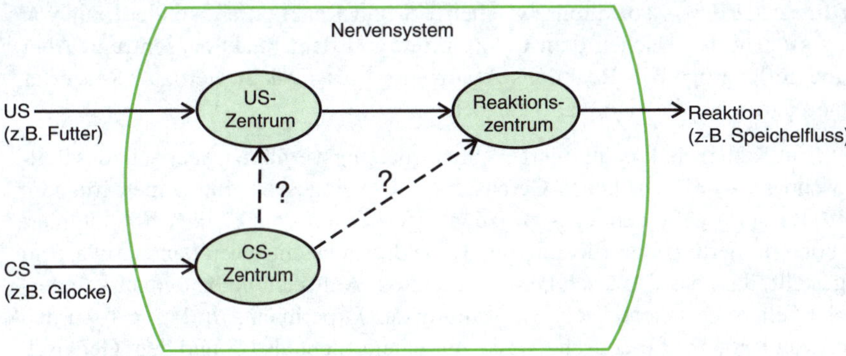

Abbildung 4.4. Zwei mögliche Varianten von Pawlows Stimulussubstitutionstheorie. Bei der klassischen Konditionierung könnte eine Assoziation zwischen dem CS-Zentrum und dem US-Zentrum entstehen, aber auch zwischen dem CS-Zentrum und dem Reaktionszentrum direkt.

Wie Abbildung 4.4 zeigt, gibt es mindestens zwei Arten von neuen Assoziationen, die dem CS die Fähigkeit verleihen, eine CR auszulösen. Einerseits könnte währende der Konditionierung eine direkte Assoziation zwischen dem CS-Zentrum und dem Reaktionszentrum entstehen. Da diese Assoziation zwischen einem Stimulus und einer Reaktion besteht, wird sie manchmal auch **S-R-Assoziation** genannt. Aber die Verbindung zwischen dem CS und den Reaktionszentren könnte auch weniger direkt sein. Vielleicht entsteht während der Konditionierung eine Assoziation zwischen dem CS-Zentrum und dem US-Zentrum. Wenn der CS auftritt, geht das auf die Aktivität des CS-Zentrums zurück, das wiederum das US-Zentrum aktiviert (durch die neu entstandene Verbindung), welches das Reaktionszentrum aktiviert (durch die angeborene Verbindung). Diese Hypothese geht davon aus, dass während der klassischen Konditionierung eine S-S-Verbindung entsteht. Pawlow neigte dazu, die S-S-Verbindung zu favorisieren, hatte aber wenig empirische Belege für seine Auffassung. In neuerer Zeit haben Experimentatoren jedoch eine Reihe von Verfahren entwickelt, um zwischen den beiden Alternativen zu unterscheiden. Der nächste Abschnitt beschreibt ein solches Verfahren.

4.1.4 S-S- oder S-R-Verbindung?

Wie können wir zwischen der S-S- und der S-R-Position unterscheiden, wenn wir keine physiologischen Informationen darüber haben, welche neurologischen Veränderungen während der Konditionierung stattfinden? Rescorla (1973) brachte folgende Argumentation vor: Wenn einerseits die S-S-Position korrekt ist, hängt das Auftreten einer CR nach der Konditionierung von der gleich bleibenden Stärke der beiden Assoziationen ab – der erlernten Assoziation zwischen dem CS-Zentrum und dem US-Zentrum und der angeborenen Assoziation zwischen dem US-Zentrum und dem Reaktionszentrum (siehe Abbildung 4.4). Wenn die US-Reaktions-Verbindung geschwächt ist, sollte dies eine Verringerung der Intensität der CR verursachen, da ihr Auftreten von dieser Verbindung abhängt. Wenn die S-R-Position korrekt ist, hängt andererseits die Stärke der CR nicht von der anhaltenden Integrität der Assoziation zwischen US und Reaktion ab, sondern nur von der direkten Assoziation zwischen dem CS-Zentrum und dem Reaktionszentrum. Aber wie kann eine reflexartige US-Reaktions-Assoziation geschwächt werden? Rescorlas Lösung bestand darin, auf die Habituation zu setzen.

Er verwendete mit Ratten ein konditioniertes Unterdrückungsverfahren, aber statt des üblichen Elektroschocks wurde ein lautes Geräusch als US eingesetzt. Bei seinen früheren Arbeiten hatte Rescorla gefunden, dass zu jedem CS, der mit dem Geräusch kombiniert wurde, eine konditionierte Unterdrückung des Hebeldrückens entstehen kann. Außerdem hatte er festgestellt, dass das Geräusch bei wiederholtem Auftreten der Habituation unterlag. Tabelle 4.1 zeigt eine schematische Darstellung des Experiments. In Phase 1 wurden zwei Gruppen von Ratten auf identische Weise mit einem Licht als CS und dem Geräusch als US konditioniert. In Phase 2 wurde der Habituationsgruppe das Geräusch wiederholt präsentiert, um die Furcht der Versuchstiere vor dem Lärm zu habituieren. Die Kontrollgruppe verbrachte in der Phase 2 dieselbe Zeit in der Versuchkammer, aber ohne dass Stimuli auftraten. Daher gab es in dieser Gruppe keine Gelegenheit zur Habituation. In der Testphase des Experiments wurde beiden Gruppen wiederholt das Licht präsentiert und das Ausmaß der Unterdrückung des Hebeldrückens gemessen. Rescorla beobachtete, dass die Ratten in der Kontrollgruppe auf den Lichtreiz ein hohes Maß an Unterdrückung zeigten, die Habituationsgruppe dagegen deutlich weniger. Er schloss daraus, dass die Stärke der CR von der anhaltenden Stärke der US-Reaktions-Assoziation abhängt, genauso wie es die S-S-Position, aber nicht die S-R-Position vorhergesagt hatte.

Die Technik, die Wirksamkeit eines US zu reduzieren, nachdem ein exzitatorischer CS geschaffen wurde, wird **US-Abwertung** genannt. In Rescorlas Untersuchung wurde diese Abwertung durch die Habituation der Furcht vor dem Geräusch erreicht, aber es gibt auch andere Techniken. Wenn der US Futter ist, kann es beispielsweise abgewertet werden, wenn das Versuchstier gesättigt ist (Holland & Rescorla, 1975). In einer Studie mit Wachteln war der US eine sexuelle Begegnung und die Sättigung bestand darin, dass die Vögel sich wiederholt paaren konnten (Hilliard & Domjan, 1995). Die Ergebnisse dieser Untersuchungen stützten ebenfalls die S-S-Theorie.

Gruppe	Phase 1	Phase 2	Test
Habituation	Licht-Geräusch	Geräusch (Habituation)	Licht
Kontrolle	Licht-Geräusch	kein Stimulus	Licht

Tabelle 4.1: Schematische Darstellung von Rescorlas Experiment (1973)

Ähnlich sind Untersuchungen über die **Aufwertung des US**, die mit menschlichen Versuchsteilnehmern durchgeführt wurden. Die Ergebnisse waren ähnlich. Bei Experimenten mit der SCR wurde ein CS (etwa ein Bild eines alltäglichen Gegenstandes) mit einem unangenehmen US kombiniert (Elektroschock oder lautes Geräusch). Dann wurde die Intensität des US verändert. Wenn diese abnimmt, nimmt auch die Leitfähigkeit der Haut als Reaktion auf den CS ab, ebenso wie in Rescorlas Experiment (Davey & McKenna, 1983). Aber die Intensität eines US kann auch erhöht werden. K. White und Davey (1989) präsentierten Versuchsteilnehmern ein Bild mit einem Dreieck und ließen dann einen Ton von 65 Dezibel erklingen. Da dieser Ton nicht sehr laut war, zeigten die Versuchsteilnehmer angesichts des Dreiecks oder des Tones kaum eine SCR. Dann wurde der Ton allein präsentiert, aber seine Lautstärke auf 115 Dezibel erhöht, was ihn sehr unangenehm machte. Schließlich wurde das Dreieck erneut gezeigt (ohne Ton). Die SCR angesichts des Dreiecks war nun plötzlich sehr stark. Diese Ergebnisse lassen vermuten, dass die Versuchsteilnehmer eine S-S-Assoziation (in diesem Fall zwischen Dreieck und Ton) ausgebildet hatten, da die Reaktion auf das Dreieck durch die Veränderung des Tones beeinflusst werden konnte, ohne dass das Dreieck erneut gezeigt wurde.

Weitere Untersuchungen über die bei der klassischen Konditionierung entstehenden Assoziationen werden in Kapitel 5 beschrieben. An dieser Stelle ist es ausreichend zu verstehen, wie Fragen über das Funktionieren des Nervensystems in einer sinnvollen Weise geklärt werden können, ohne bestimmte neuronale Verbindungen zurückverfolgen zu müssen.

4.1.5 Pawlows Einfluss auf die Psychologie

Pawlows Bedeutung für die Geschichte der Psychologie kann kaum überschätzt werden. Er beschäftigte sich in den ersten Jahrzehnten des 20. Jahrhunderts mit der klassischen Konditionierung und bildete in dieser Zeit etliche Studenten aus, die seine Forschungstechniken erlernten. Vor allem in Russland wurde die klassische Konditionierung intensiv erforscht. Aber auch auf amerikanische Lerntheoretiker wie John B. Watson, Clark Hull und Kennet Spence übten Pawlows Einsichten großen Einfluss aus. Noch heute werden die Prinzipien der klassischen Konditionierung an vielen Universitäten in den Vereinigten Staaten, in der früheren Sowjetunion, Europa und anderswo untersucht. Pawlows Bedeutung für die Lernforschung wird allein aus der Tatsache deutlich, dass fast alle Begriffe und Modelle, die in diesem Kapitel auftauchen (einschließlich der im nächsten Abschnitt beschriebenen Phänomene), zuerst von Pawlow verwendet und erkannt wurden.

4.2 Grundlegende Phänomene der Konditionierung

4.2.1 Akquisition

In den meisten Experimenten zur klassischen Konditionierung sind mehrere Paarungen von CS und US notwendig, bevor sich der CR vollständig herausgebildet hat. Bei den ersten Durchgängen kann die konditionierte Reaktion auf den CS schwach sein oder ganz ausbleiben. Durch weitere Paarungen nimmt die Stärke der konditionierten Reaktion allmählich zu. Der Abschnitt einer Konditionierung, in dem der Versuchsteilnehmer zum ersten Mal mit der Paarungen von CS und US konfrontiert ist, so dass allmählich die CR entsteht und zunimmt, wird Akquisitionsphase genannt. Abbildung 4.5 zeigt die Ergebnisse einer solchen Phase in einem Experiment zur Konditionierung des Lidschlusses bei Menschen (Trapold & Spence, 1960). Das Maß der Konditionierung ist der Prozentsatz der Durchgänge, nach denen eine konditionierte Lidschlussreaktion zu verzeichnen war. Gruppe A erhielt 130 Konditionierungsdurchgänge, in denen der als US gegebene Luftstoß sehr kräftig war. Diese Gruppe zeigte einen typischen Akquisitionsverlauf. Die Wahrscheinlichkeit einer CR nahm während der ersten 50 Wiederholungen zu, danach gab es durch die weitere Konditionierung nur noch einen kleinen oder gar keinen Anstieg hinsichtlich der prozentualen Häufigkeit der CR mehr. Dieses Ergebnis lässt vermuten, dass die Häufigkeit der CR auch bei weiteren Wiederholungen in der Gruppe A nicht über 55 Prozent ansteigen würde. Diese Kurve – ein stabiles Maximum an konditionierten Reaktionen, das im Laufe der Konditionierung allmählich erreicht wird – wird als **Asymptote** bezeichnet.

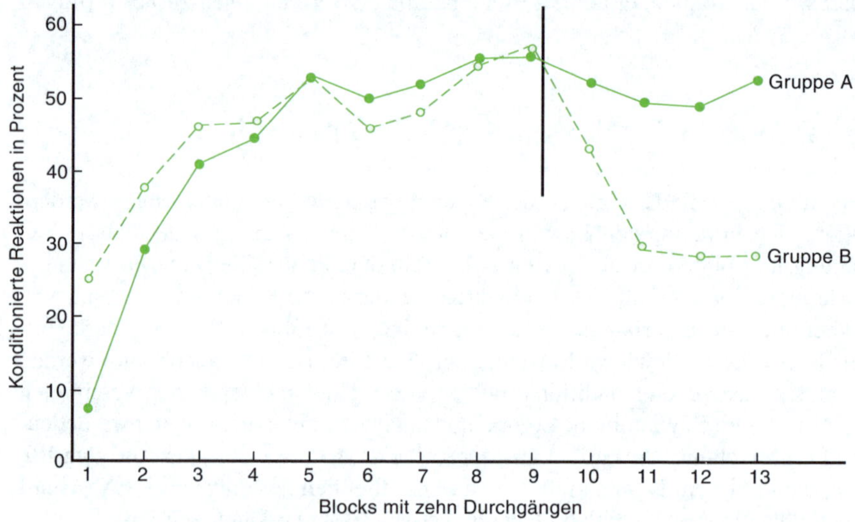

Abbildung 4.5: Die Entstehung der konditionierten Reaktion des Lidschlusses bei menschlichen Versuchsteilnehmern. Gruppe A erhielt 130 Konditionierungsdurchgänge mit einem kräftigen Luftstoß; Gruppe B 90 Durchgänge mit einem kräftigen Luftstoß und 40 Durchgänge mit einem leichten Luftstoß (nach Trapold & Spence, 1960).

Ein Faktor, der die Konditionierungsasymptote stark beeinflusst, ist die Stärke oder Intensität des US. Allgemein lässt sich sagen, dass ein stärkerer Stimulus als US (ein kräftiger Luftstoß, eine größere Futtermenge) eine höhere Asymptote bewirkt (prozentual mehr konditionierte Lidschlussreaktionen, mehr Speichelfluss). Das zeigen auch die in der Abbildung 4.5 dargestellten Ergebnisse der Gruppe B. Sie erhielten 90-mal einen kräftigen Luftstoß, also denselben US wie Gruppe A. Danach wurde in dieser Gruppe ein schwächerer Luftstoß als US verwendet. Sie können an der Kurve sehen, dass unmittelbar danach die konditionierten Reaktionen in Gruppe B abnahmen und ein stabiles Niveau von etwa 30 Prozent erreicht wurde. Dies war offenbar für den schwächeren Luftstoß die Asymptote oder das Maximum der CR.

Ein starker US bringt nicht nur eine höhere Asymptote hervor, sondern führt normalerweise auch schneller zur gewünschten Konditionierung. Mit einem starken US braucht man also vermutlich weniger Durchgänge, um eine konditionierte Reaktion zu erreichen, als mit einem schwachen US. Dasselbe gilt für die Intensität des CS. Führt man zwei identische Konditionierungsexperimente durch und verwendet einmal einen leisen Ton als CS und das andere Mal einen sehr lauten Ton als CS, dann ist das Ergebnis nicht überraschend: Die Konditionierung tritt mit dem lauten Ton viel schneller ein.

4.2.2 Extinktion

Das bloße Verstreichen von Zeit hat relativ wenig Folgen für die Stärke einer konditionierten Reaktion. Nehmen wir an, wir würden ein Experiment zur Konditionierung des Speichelflusses durchführen und dabei wiederholt eine Glocke und die Futtergabe kombinieren, bis das Versuchstier zuverlässig beim Erklingen der Glocke Speichel produziert. Nehmen wir das Tier dann aus der Versuchskammer und warten eine Woche, einen Monat oder sogar ein Jahr, bevor wir es wieder in die Versuchsanordnung setzen. Sehr wahrscheinlich können wir auch zu diesem späteren Zeitpunkt die CR des Speichelflusses nach dem Ertönen der Glocke beobachten (wenn auch nicht so stark wie am Ende der ersten Konditionierungsphase). Das bloße Vergehen von Zeit führt also nicht dazu, dass das Tier die nach dem CS erfolgende CR „vergisst".

Das bedeutet aber nicht, dass eine einmal erlernte konditionierte Reaktion dauerhaft ist. Eine einfache Technik, um einen CR zu schwächen und letztlich verschwinden zu lassen, ist die **Extinktion** (oder Löschung), die durch das wiederholte Präsentieren des CS *ohne* den US erfolgt. Nehmen wir an, wir würden der Akquisitionsphase in unserem Experiment zur Konditionierung des Speichelflusses eine Extinktionsphase folgen lassen, in der die Glocke wiederholt erklingt, aber keine Futtergabe erfolgt. Die ersten beiden Felder in der Abbildung 4.6 zeigen in idealisierter Weise die zu erwartenden Ergebnisse unseres hypothetischen Experiments. Wie die Akquisition erfolgt die Löschung allmählich. Zu Beginn der Extinktionsphase nimmt die Menge des Speichels von Mal zu Mal stark ab. Gegen Ende erfolgt die Abschwächung der konditionierten Reaktion langsamer, aber letztlich verschwindet die CR vollständig.

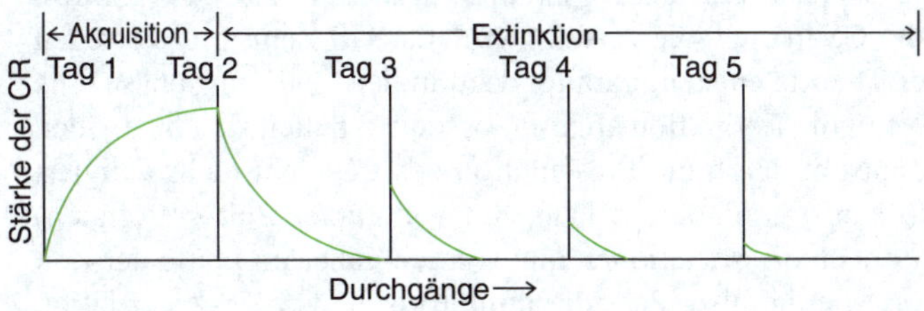

Abbildung 4.6: Idealisierte Darstellung der Veränderungen der Stärke einer CR während eines Akquisitionstages und vier Extinktionstagen.

Wenn die Extinktionsphase abgeschlossen ist, benimmt sich der Versuchshund wieder genauso, wie jeder andere Hund zu Beginn des Experiments – die Glocke ertönt und es findet kein Speichelfluss statt. Allein aufgrund dieser Beobachtung ließe sich der Schluss ziehen, dass die Extinktion eine Umkehrung der Wirkung der Akquisition darstellt. Wenn das Versuchstier in der Akquisitionsphase eine Assoziation zwischen CS und US ausgebildet hat, dann bedeutet dies, dass diese Assoziation in der Extinktionsphase allmählich zerstört wird. Die Einfachheit dieser Hypothese ist bestechend, aber sie ist mit hoher Wahrscheinlichkeit falsch. Mindestens drei verschiedene Phänomene weisen darauf hin, dass die in der Akquisitionsphase entstandenen Assoziationen in der Löschungsphase nicht völlig ausradiert werden: Die Spontanerholung, die Disinhibition und der schnelle Wiedererwerb.

4.2.3 Spontanerholung

Nehmen wir an, dass unser Versuchstier nach einer Akquisitionsphase am ersten Tag und einer Extinktionsphase am zweiten Tag am dritten Tag in die Versuchskammer zurückkommt und eine weitere Reihe von Extinktionsdurchgängen mit der Glocke durchläuft. Abbildung 4.6 zeigt, dass bei den ersten Durchgängen am dritten Tag vermutlich noch einige konditionierte Reaktionen auf die Glocke auftreten, obwohl am Ende des zweiten Tages keine CR mehr vorhanden war. Pawlow nannte dieses erneute Auftreten der konditionierten Reaktion **Spontanerholung** und wertete es als Beleg dafür, dass die CS-US-Assoziation bei der Extinktion nicht dauerhaft zerstört wird. Seine Beobachtung war offensichtlich korrekt: Würde die Extinktion den Lernerfolg aus der Erwerbsphase rückgängig machen oder löschen, wie könnte die CR dann ohne weitere Konditionierungen spontan wieder auftreten? Was auch immer bei der Extinktion passiert, es ist jedenfalls kein einfaches Auslöschen des Erlernten. Das Verstreichen der Zeit scheint dabei ebenfalls eine wichtige Variable zu sein. Vergeht mehr Zeit zwischen der ersten und der zweiten Extinktionsphase, ist die Spontanerholung ausgeprägter (Brooks & Bouton, 1993).

Über die Spontanerholung wurden verschiedene Theorien entwickelt. Eine populäre Theorie, die so genannte **Inhibitionstheorie**, besagt, dass nach dem Ende der Extinktion zwei gegenläufige Assoziationen im Organismus bestehen (Konorski, 1948): Die CS-US-Assoziation, die in der Erwerbsphase entstanden ist und **exzitatorische Assoziation** genannt wird, weil durch sie der CS in die Lage versetzt wird, das US-Zentrum zu erregen oder zu aktivieren. Laut dieser Theorie entsteht parallel dazu in der Löschungsphase eine **inhibitorische Assoziation**. Wenn die Extinktion abgeschlossen ist, halten sich die beiden die Waage, so dass das US-Zentrum durch die Präsentation des CS nicht mehr aktiviert wird. Inhibitorische Assoziationen (zumindest solche, die vor kurzer Zeit entstanden) sind jedoch fragiler als exzitatorische Assoziationen und werden daher im Laufe der Zeit stärker geschwächt. Die Theorie besagt also, dass die inhibitorische CS-US-Assoziation am Ende des zweiten Tages stark genug ist, um die exzitatorische Assoziation vollständig auszugleichen, so dass keine CR beobachtet werden kann. Abbildung 4.6 macht das deutlich. Zwischen dem zweiten und dem dritten Tag lässt die inhibitorische Assoziation nach, so dass sie die exzitatorischen Impulse am Morgen des dritten Tages nicht mehr ganz ausgleichen kann und einige konditionierte Reaktionen zu sehen sind. Weitere

Durchgänge zur Extinktion am dritten Tag stärken die inhibitorische Assoziation (genauso wie am zweiten Tag), so dass die CR wieder verschwindet.

Wenn wir nun weitere Extinktionssitzungen am vierten, fünften, sechsten und den folgenden Tagen durchführen würden, könnten wir eine Spontanerholung beobachten, die typischerweise immer mehr nachließe und dann ganz verschwände (siehe Abbildung 4.6). Laut Inhibitionstheorie geschieht dies, weil die inhibitorische Assoziation mit jeder Experimentalsitzung stärker wird, bis sie genauso gut wie die exzitatorische Assoziation dem Verstreichen der Zeit widersteht.

Die Existenz der Spontanerholung ist heute anerkannt, aber die Inhibitionstheorie ist nur eine von verschiedenen Theorien über die Extinktion und die Spontanerholung (Boakes & Halliday, 1975; Estes, 1955; Skinner, 1950). Einige Experimente von Robbins (1990) unterstützten eine Theorie, die besagt, dass die Versuchsteilnehmer während der Extinktion aufhören, den CS zu „beachten" oder zu „verarbeiten". Konditionierte Reaktionen verschwinden dann, weil das Tier, wenn es den CS nicht beachtet, auch nicht mehr auf ihn reagiert. Später, wenn das Versuchstier nach einiger Zeit (zum Beispiel zu Beginn des dritten Tages der Abbildung 4.6) wieder in die Konditionierungskammer kommt, wird seine Aufmerksamkeit eine Zeit lang wieder erregt, und dies führt zu einer Spontanerholung der CR.

Eine andere plausible Theorie der Spontanerholung besagt, dass der CS ein mehrdeutiger Stimulus wird, weil er zunächst mit dem US und dann mit der Abwesenheit des US assoziiert wird (Capaldi, 1966). In Bezug auf Abbildung 4.6 bedeutet dies, dass der Hund nach dem zweiten Tag eine Experimentalsitzung hatte, in der er nach dem Ertönen der Glocke Futter bekam und eine, in der er danach kein Futter bekam. Am Morgen des dritten Tages kann der Hund nicht wissen, ob die folgende Sitzung sein wird wie die erste oder wie die zweite. Sein Verhalten (eine schwache CR am Anfang der Sitzung) könnte seine Unsicherheit spiegeln. Bouton (2000) formulierte es folgendermaßen:

> *„Der CS ist mehrdeutig, und wie bei einem mehrdeutigen Wort wird seine aktuelle Bedeutung, oder das Verhalten, das er aktuell auslöst, vom Kontext bestimmt… Instabilität, Löschung und Rückfall sind nach moderner Sichtweise von Verhaltensänderungen zu erwarten" (S. 57-58).*

In Übereinstimmung mit dieser Theorie zeigten Ratten in einem Experiment weniger Spontanerholung bei einer Geschmacksaversion, wenn bei jeder Extinktionssitzung ein bestimmter Stimulus (ein Summer) zusätzlich präsentiert wurde. Die Ratten hatten offenbar gelernt, dass auf einen CS, der in einer ruhigen Umgebung präsentiert wurde, ein US folgte, dass dies aber nicht der Fall war, wenn der CS mit dem Summer erfolgte (Brooks, Palmatier, Garcia und Johnson, 1999). Die Anwesenheit des Summers könnte mit anderen Worten geholfen haben, die Mehrdeutigkeit des CS zu reduzieren.

Wenn die verschiedenen Theorien zur Spontanerholung verwirrend scheinen, ist es vielleicht beruhigend zu wissen, dass es auch zwischen den Experten Verwirrung und Uneinigkeit in Bezug auf diesen Punkt gibt. Überraschenderweise verstehen Psychologen die Hintergründe der Extinktion und Spontanerholung, die zu den grundlegenden Phänomene der klassischen Konditionierung gehören, noch immer nicht vollständig.

4.2.4 Disinhibition

Nehmen wir an, eine Extinktionsphase ist so weit fortgeschritten, dass der CS (eine Glocke) keinen Speichelfluss mehr auslöst. Wird nun wenige Sekunden vor der Glocke ein neuer Stimulus wie der Summer präsentiert, kann es sein, dass die Glocke wieder die CR des Speichelflusses auslöst. Pawlow nannte diesen Effekt Disinhibition, denn er glaubte, dass die Präsentation eines ablenkenden Stimulus (in diesem Beispiel der Summer) die fragile Inhibition unterbricht, die vermutlich während der Extinktion entsteht. Laut Inhibitionstheorie ist die stabilere exzitatorische Assoziation weniger vom ablenkenden Stimulus beeinträchtigt als die inhibitorische Assoziation. Das Netto-Resultat ist eine leichte Tendenz zur exzitatorischen Assoziation, die sich im Wiedererscheinen der konditionierten Speichelreaktion manifestiert.

Wie bei der Diskussion der Spontanerholung sollten wir auch hier die Daten von der Theorie trennen. Einerseits können wir sicher sein, dass die Disinhibition real ist, denn sie wurde viele Male in verschiedenen Experimenten beobachtet (Bottjer, 1982; Winnick & Hunt, 1951). Andererseits kann die Inhibitionstheorie die richtige Erklärung für die Disinhibition sein – oder auch nicht.

4.2.5 Schneller Wiedererwerb

Das Phänomen des schnellen Wiedererwerbs ähnelt den „Ersparnissen", die bei den Experimenten zum Lernen von Listen (Kapitel 2) oder zur Habituation (Kapitel 3) beobachtet wurden. Wenn ein Versuchsteilnehmer bei der klassischen Konditionierung eine Akquisitionsphase durchläuft, dann eine Extinktionsphase und dann eine weitere Akquisitionsphase mit demselben CS und demselben US, ist der Lernerfolg in der zweiten Akquisitionsphase – der **Wiedererwerbsphase** – wesentlich größer. Das Lerntempo wird tendenziell immer schneller, wenn ein Proband immer wieder Extinktionsphasen und dann Phasen des Wiedererwerbs durchläuft (Hoehler, Kirschenbaum & Leonard, 1973). Das Tempo des Wiedererwerbs ist vermutlich teilweise der Spontanerholung zuzuschreiben, die dem Versuchsteilnehmer zu Beginn der Wiedererwerbsphase einen Vorsprung verschafft. Aber auch wenn Schritte unternommen werden, um die Spontanerholung vor der Wiedererwerbsphase zu verhindern, kann der Wiedererwerb schneller erfolgen als die ursprüngliche Akquisition (Napier, Macrae & Kehoe, 1992).

Wie bei der Spontanerholung und der Disinhibition haben wir bisher noch keine vollständige Erklärung für das Phänomen des schnellen Wiedererwerbs. Nichtsdestoweniger machen diese drei Phänomene deutlich, dass es keine einfache Möglichkeit gibt, eine konditionierte Reaktion zu löschen. Kein Extinktionstraining kann die Wirkung einer klassischen Konditionierungserfahrung vollständig rückgängig machen. Extinktion kann eine konditionierte Reaktion verschwinden lassen und nach mehreren Extinktionssitzungen kann auch die Spontanerholung verschwinden. Dennoch wird das betroffene Lebewesen nicht mehr genau dasselbe sein, wie vor der Konditionierung.

4.2.6 Konditionierte Inhibition

Obwohl noch immer Uneinigkeit darüber herrscht, ob Inhibition eine wichige Rolle bei der Extinktion spielt oder nicht, besteht Einvernehmen darüber, dass ein CS als Ergebnis bestimmter Vorgehensweisen bei der Konditionierung inhibitorische Eigenschaften entwickeln kann (siehe Miller & Spear, 1985). Wenn gezeigt werden kann, dass ein CS das Auftreten einer CR verhindert oder ihre ansonsten übliche Intensität reduziert, dann wird dieser CS **inhibitorischer CS** oder **konditionierter Inhibitor** (manchmal als CS – bezeichnet) genannt. Pawlow entdeckte die wahrscheinlich einfachste und effektivste Methode, um einen neutralen Stimulus zu einem konditionierten Inhibitor zu machen. Dazu sind zwei verschiedene Stimuli wie ein Metronom und ein Lichtblitz nötig. Nehmen wir an, dass wir in der ersten Phase eines Experiments wiederholt das Geräusch des Metronoms mit der Futtergabe kombinieren, bis das Versuchstier zuverlässig auf das Geräusch mit Speichelproduktion reagiert. Das Metronom kann nunmehr **exzitatorischer CS** (oder CS+) genannt werden, weil er regelmäßig eine CR auslöst. In der zweiten Phase des Experiments wird der Hund zwei Arten von Durchgängen unterzogen. Manche entsprechen genau denen der ersten Phase (Metronom plus Futter). Manchmal werden das Metronom und der Lichtblitz gleichzeitig präsentiert (die Durchgänge werden mit dem Zufallsgenerator ausgewählt), aber das Futter bleibt aus. Der Begriff **zusammengesetzter CS** kann auch verwendet werden, um die gleichzeitige Präsentation von zwei oder mehr konditionierten Stimuli, wie beispielsweise dem Metronom und dem Lichtblitz, zu beschreiben. Zunächst fängt der Hund bei Durchgängen mit dem Metronom und bei Durchgängen mit dem zusammengesetzten CS an zu speicheln. Wenn Phase zwei weitergeht, lernt das Tier jedoch, dass nach dem zusammengesetzten CS nie eine Futtergabe erfolgt. Das Ergebnis ist, dass der Hund weiter Speichel produziert, wenn das Metronom allein als Stimulus auftritt, aber kaum oder keine Speichelproduktion auftritt, wenn beide Reize, das Metronom und der Blitz präsentiert werden.

Es gibt zwei Möglichkeiten, die Ergebnisse eines solchen Experiments zu interpretieren. Eine besteht darin, dass das Licht als konditionierter Inhibitor empfunden wird. Oberflächlich betrachtet scheint es der Definition eines solchen zu genügen – seine Präsentation verursacht eine Verringerung der Intensität der CR im Vergleich zu ihrem sonstigen Ausmaß. Aber bisher haben wir das Licht nur in einem einzigen Kontext (in Zusammenhang mit dem Metronom) getestet. Die andere Möglichkeit ist, dass das Tier nichts über das Licht gelernt hat, sondern nur über den zusammengesetzten Stimulus Metronom plus Licht. Vielleicht hat das Tier etwas über den zusammengesetzten Stimulus als Einheit (auf den keine Futtergabe folgt) gelernt, versteht aber den Blitz ohne das Metronom als völlig neuen (und daher neutralen) Stimulus. Um zu entscheiden, ob das Licht an sich allgemeine inhibitorische Eigenschaften entwickelt hat, müssen weitere Tests mit dem Licht in einem neuen Kontext durchgeführt werden.

Pawlow erkannte dieses Problem und entwickelte einen Test, der eine überzeugendere Demonstration der inhibitorischen Eigenschaften eines Stimulus wie dem Lichtblitz ermöglicht. Nehmen wir an, dem Tier wird an einem Bein ein dritter, taktiler Stimulus gegeben, der sich zu einem exzitatorischen CS entwickelt (was bedeutet, dass er zuverlässig den Speichelfluss auslöst). Nehmen wir weiter an, dass das Tier zum ersten Mal einen

Durchgang mit einem zusammengesetzten Stimulus, der aus dem taktilen Reiz und dem Lichtblitz besteht, erhält. Dieses Verfahren, um die kombinierten Wirkungen eines bekannten exzitatorischen CS und eines erwarteten inhibitorischen CS zu testen, wird **Summationstest** genannt. Ist der Lichtblitz wirklich ein konditionierter Inhibitor, sollte er die Fähigkeit besitzen, die von jedem CS hervorgerufene CR zu verringern, nicht nur die durch das ursprünglich präsentierte Metronom ausgelöste. Ausgehend von den Ergebnissen von Pawlow und anderen würden wir vermutlich herausfinden, dass der Lichtblitz die CR auf den taktilen Stimulus reduzierte oder löschte, auch wenn diese beiden Stimuli niemals zuvor zusammen präsentiert wurden. Dieses Ergebnis lässt vermuten, dass der Lichtblitz zum allgemein konditionierten Inhibitor wurde, denn er verfügt offenbar über die Fähigkeit, die konditionierte Speichelflussreaktion, die von jedem beliebigen exzitatorischen CS ausgelöst werden kann, zu blockieren oder zu verringern.

Eine zweite Methode, um festzustellen, ob ein Stimulus inhibitorisch wirkt, ist die Messung der Zeit, die nötig ist, um daraus einen exzitatorischen Stimulus zu machen. Nehmen wir an, eine Gruppe von Hunden, die Experimentalgruppe, hat das zuvor beschriebene Training mit dem Metronom und dem Lichtblitz durchlaufen, so dass wir davon ausgehen können, dass der Lichtblitz zum konditionierten Inhibitor wurde. Eine zweite Gruppe von Hunden, die Kontrollgruppe, wurde dem Lichtblitz zuvor nicht ausgesetzt, so dass er für diese Tiere vermutlich ein neutraler Stimulus ist. Nehmen wir weiter an, dass beide Gruppen eine Reihe von Sitzungen durchlaufen, in denen der Lichtblitz mit dem Futter kombiniert wird. Da der Lichtblitz in der Experimentalgruppe vermutlich ein konditionierter Inhibitor ist, sollte der Erwerb von konditionierten Reaktionen in dieser Gruppe langsamer erfolgen. Das liegt daran, dass jede exzitatorische Konditionierung, die stattfindet, zuerst die inhibitorischen Eigenschaften des CS wettmachen muss, bevor eine CR erreicht wird. Diese Technik, die inhibitorischen Eigenschaften eines CS zu testen, wird **Retardationstest** (oder Verzögerungstest) genannt (Rescorla, 1969), weil die Entstehung einer konditionierten Reaktion durch einen CS, der ursprünglich inhibitorisch ist, verzögert sein sollte. Der Retardationstest und der Summationstest sind die beiden Techniken, die am häufigsten verwendet werden, um zu zeigen, dass ein CS ein konditionierter Inhibitor ist.

Warum wurde der Lichtblitz in Pawlows Experiment zum konditionierten Inhibitor? Die folgende Faustregel könnte dieses Phänomen verständlicher machen: Ein Stimulus wird zum konditionierten Inhibitor, wenn er zuverlässig die Abwesenheit des US in einem Kontext nachweist, in dem man das Eintreten des US normalerweise erwarten würde. In unserem Beispiel stellte das Metronom den „Kontext" dar, in dem normalerweise die Futtergabe erfolgte. Da der Blitz die Abwesenheit eines erwarteten US anzeigt, wurde er zum inhibitorischen CS.

4.2.7 Generalisierung und Diskrimination

Nach einer klassischen Konditionierung mit einem CS lösen auch andere, ähnliche Stimuli konditionierte Reaktionen aus, obwohl diese anderen Stimuli nie mit dem US kombiniert wurden. Dieser Transfer der Konditionierungsfolgen auf ähnliche Stimuli wird

Generalisierung genannt. Sie wird in der Abbildung 4.7 dargestellt. In diesem Experiment zur Konditionierung des Lidschlusses durchliefen Kaninchen einige hundert Sitzungen mit einem 1200-Hertz-Ton als CS und einem Elektroschock in der Nähe des Auges als US.

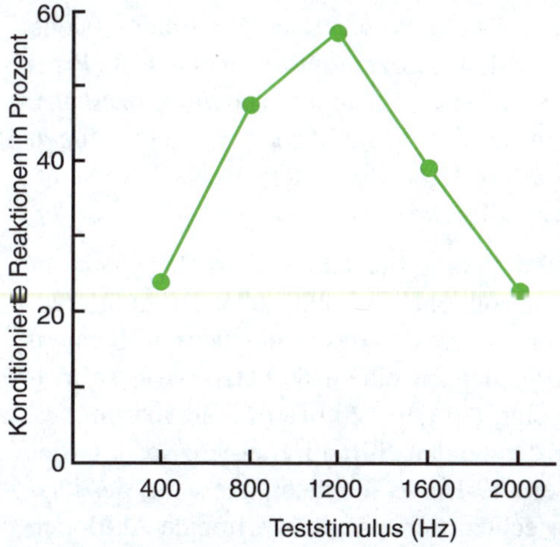

Abbildung 4.7: Ein typischer Generalsierungsgradient. Kaninchen in einem Experiment zur Konditionierung des Lidschlusses durchliefen mehrere hundert Durchgänge, bei denen ein 1200-Hertz-Ton und ein Elektroschock kombiniert wurden. Die Kurve zeigt die Ergebnisse eines folgenden Generalisierungstests, bei dem der 1200-Hertz-Ton und vier andere Töne präsentiert wurden, ohne dass der US folgte (nach J. W. Moore, 1972).

Die in der Abbildung 4.7 dargestellten Zahlen wurden an einem Testtag erhoben, an dem Töne mit fünf verschiedenen Frequenzen in zufälliger Reihenfolge wiederholt präsentiert wurden, aber bei keinem Durchgang ein US auftrat. Anders ausgedrückt wurden diese Tests unter Extinktionsbedingungen ausgeführt. Wie in der Abbildung zu sehen, löste der 1200-Hertz-Ton prozentual die meisten konditionierten Reaktionen aus. Die beiden ähnlichsten Töne lösten mäßig viele Reaktionen aus und führten zu einem mittleren Reaktionslevel. Die unähnlichsten Töne lösten die wenigsten Reaktionen aus. Die Kurve in der Abbildung 4.7 ist ein typischer **Generalisierungsgradient**, bei dem die x-Achse die Dimension darstellt, in der die im Test verwendeten Stimuli variiert werden, und die y-Achse die Stärke der konditionierten Reaktionen auf die verschiedenen Stimuli zeigt. Im Allgemeinen ist das Potenzial eines Stimulus, der eine CR auszulöst, umso größer, je ähnlicher er dem Trainingsstimulus ist.

In manchen Fällen ist es schwieriger vorauszusagen, welchen Stimulus die Versuchsteilnehmer als ähnlich zu dem in der Konditionierung verwendeten CS empfinden. Betrachten wir dazu ein Experiment mit menschlichen Probanden, in dem gedruckte Wörter als CS verwendet wurden (Razran, 1949). Nachdem einige Wörter konditioniert worden waren, suchte Razran nach Generalisierungen in Bezug auf andere Wörter. Ein Ergebnis dieser Suche war, dass die Generalisierung bei Wörtern nicht allein aufgrund der Ähnlichkeit der Buchstaben vorhergesagt werden kann. Nach der Konditionierung des Wortes *day* zeigten

20 Prozent der Versuchsteilnehmer beim Wort *may* (das ähnlich aussieht und klingt, aber etwas anderes bedeutet) eine Generalisierung. 40 Prozent zeigten bei *week* (das eine ähnliche Bedeutung hat, aber anders aussieht und klingt) eine Generalisierung. In diesem und anderen Fällen war die Ähnlichkeit der Bedeutung wichtiger als die oberflächliche Ähnlichkeit der Buchstaben. Die Regeln der Generalisierung bei linguistischen Stimuli sind ähnlich denen zur Vorhersage der Leistung bei einer Aufgabe zur freien Assoziation (siehe Kapitel 2), denn Razran fand Hinweise auf das von den Assoziationisten beobachtete Prinzip des Gegensatzes (deutliche Generalisierung von *Tag* zu *Nacht* und von *dunkel* zu *hell*). Derartige Muster der Generalisierung zwischen semantisch ähnlichen Wörtern hängen offensichtlich von den Erfahrungen einer Person ab. Jemand der kein Deutsch versteht, entwickelt gewiss keine Generalisierung von *Tag* zu *Woche* oder *Nacht*.

Das Gegenteil der Generalisierung ist die **Diskrimination**, bei der ein Versuchsteilnehmer lernt auf einen Stimulus zu reagieren, einen sehr ähnlichen Stimulus aber zu ignorieren. Wir haben gesehen, dass die konditionierte Lidschlussreaktion des Kaninchens nach einem 1200-Hertz-Ton aufgrund der Generalisierung auch nach einem 800-Hertz-Ton auftritt. Wenn auf diesen jedoch nie eine Futtergabe erfolgt, auf den 1200-Hertz-Ton aber immer, wird das Tier schließlich eine Diskrimination der beiden Stimuli erlernen, so dass der 1200-Hertz-Ton einen Lidschluss auslöst und der 800-Hertz-Ton nicht. Diese Art des Diskriminationslernens ist in vielen Situationen des echten Lebens wichtig. Impala-Antilopen und andere Beutetiere in der afrikanischen Steppe können beispielsweise lernen, zwischen wilden Hunden, die gerade gefressen haben (und daher nicht mehr angreifen), und wilden Hunden auf der Jagd (die sehr gefährlich sind) zu unterscheiden. Die jagenden Hunde lösen eine offensichtliche Angstreaktion bei den Beutetieren aus, die satten nicht.

Obwohl die Konzepte der Generalisierung und Diskrimination leicht zu beschreiben sind, haben einige theoretische Probleme zu Verwirrung unter den Psychologen nach Pawlow geführt. Weshalb führt die Konditionierung mit einem Stimulus zu einer „Ausbreitung der Erregung" auf ähnliche Reize? Können wir im Voraus sagen, welche Stimuli ein Versuchsteilnehmer als ähnlich empfinden wird? Wie beeinflusst Erfahrung das Aussehen des Generalisierungsgradienten? Welche Trainingsarten bringen bei einer schwierigen Aufgabe, in der eine genaue Diskrimination gefordert ist, die besten Ergebnisse? Diese und andere Fragen zur Generalisierung und Diskrimination werden in Kapitel 10 genauer untersucht.

WWW

Die *Encyclopedia of Psychology* enthält Links zu vielen Artikeln über die klassische Konditionierung und andere Lernarten unter `http://www.psychology.org/links/Environment_Behavior_Relationships/Learning`.

4.3 Das zeitliche Verhältnis zwischen CS und US

In jedem Experiment zur klassischen Konditionierung hat das genaue Timing von CS und US massive Auswirkungen auf die Ergebnisse. Alle bisher beschriebenen Experimente benutzten **Konditionierungen mit kurzer Verzögerung** (siehe Abbildung 4.8), bei denen der CS etwa eine Sekunde vor dem US einsetzt. Es ist heute weithin anerkannt, dass dieses zeitliche Verhältnis die stärkste und schnellste Konditionierung herbeiführt.

Die optimale Verzögerung hängt von der Konditionierungsvariante ab, also davon, welche Versuchsteilnehmer ausgewählt wurden und so weiter. Bei der Konditionierung des Lidschlusses bei Menschen gelingt der Lernprozess bei jungen Erwachsenen am schnellsten, wenn eine Verzögerung von etwa 0,4 Sekunden eingehalten wird. Bei älteren Erwachsenen ist der Konditionierungsvorgang erfolgreicher, wenn die Verzögerung etwa eine Sekunde dauert (Solomon, Blanchard, Levine, Velazquez & Groccia-Ellison, 1991).

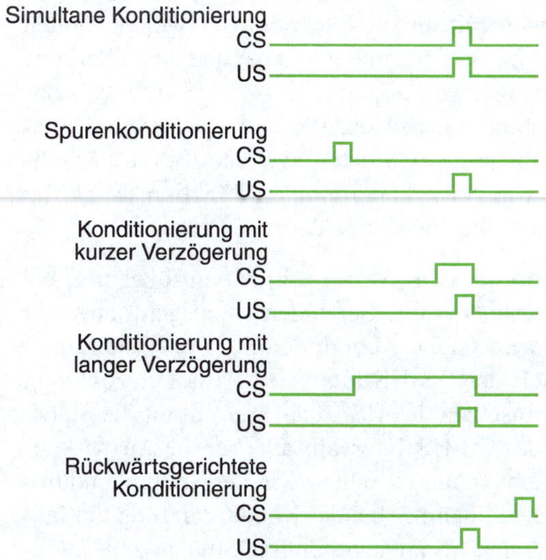

Abbildung 4.8: Das zeitliche Verhältnis zwischen CS und US bei fünf Arten der klassischen Konditionierung.

Studien haben gezeigt, dass ein frühes Einsetzen des CS wichtig ist: Bei der simultanen Konditionierung fangen CS und US gleichzeitig an (Abbildung 4.8) und die konditionierte Reaktion ist wesentlich schwächer als bei der Konditionierung mit kurzer Verzögerung (M. C. Smith & Gormezano, 1965). Dies könnte viele Gründe haben. Bei gleichzeitigem Einsetzen von US und CS könnte der Proband so beschäftigt damit sein, auf den US zu reagieren, dass der CS unbemerkt bleibt. Geht der CS dem US nicht voraus, kann er außerdem nicht als Signal oder Ankündigung des US dienen. Wir werden immer wieder sehen, dass die Vorhersagekraft eines CS eine wichtige Determinante der Konditionierung ist und sich darauf auswirkt, ob die Konditionierung exzitatorisch oder inhibitorisch ist. Die folgenden Faustregeln sind zwar nicht perfekt, aber meist sehr hilfreich zur Vorhersage des Ergebnisses einer Konditionierungsmaßnahme:

- In dem Ausmaß, in dem ein CS das Auftreten eines US zuverlässig ankündigt, neigt er dazu, exzitatorisch zu werden.
- In dem Ausmaß, in dem ein CS die Abwesenheit eines US zuverlässig ankündigt, neigt er dazu, inhibitorisch zu werden.

Es könnte hilfreich sein, diese Regeln im Kopf zu behalten, wenn wir die folgenden, in diesem Abschnitt beschriebenen Konditionierungsarten genauer beleuchten.

Wie in Abbildung 4.8 gezeigt, bezeichnet der Begriff **Spurenkonditionierung** einen Vorgang, bei dem der CS und der US durch ein zeitliches Intervall ohne Stimulus voneinander getrennt sind. Der Begriff Spurenkonditionierung entstand aus der Vorstellung, dass der Versuchsteilnehmer aufgrund der konkreten Abwesenheit des CS im Moment, in dem der US auftritt, eine „Erinnerungsspur" des CS aufweisen muss, wenn eine Konditionierung stattfinden soll. In vielen Studien wurde diese Zeit zwischen CS- und US-Präsentation, das CS-US-Intervall, systematisch variiert. Das bedeutet, dass eine Versuchsgruppe eine Reihe von Konditionierungsdurchgängen mit einem Intervall von zwei Sekunden durchlief, eine andere Gruppe ein Intervall von fünf Sekunden erlebte und so weiter. Die Ergebnisse solcher Studien zeigten, dass bei einer Verlängerung des CS-US-Intervalls das Ausmaß der Konditionierung systematisch abnimmt (Ellison, 1964; Lucas, Deich & Wasserman, 1981). In einigen Fällen ist diese Abnahme ziemlich gravierend. Bei der Konditionierung des Lidschlusses gibt es so gut wie keine konditionierte Reaktion, wenn der CS und der US nur zwei Sekunden auseinander liegen (Schneiderman, 1966).

Ein ähnliches Muster ergibt sich bei **Konditionierungen mit langer Verzögerung**, bei denen das Einsetzen des CS dem US mindestens einige Sekunden vorausgeht, aber der CS so lange anhält, bis der US präsentiert wird (siehe Abbildung 4.8). Bei Konditionierungen mit langer Verzögerung bezieht sich der CS-US-Intervall auf die Verzögerung zwischen dem Einsetzen des CS und dem Einsetzen des US. Auch hier nimmt die Stärke der konditionierten Reaktion mit Zunahme des CS-US-Intervalls ab, aber die Auswirkungen der Verzögerung sind normalerweise nicht so ausgeprägt wie in der Spurenkonditionierung (was verständlich ist, da der Versuchsteilnehmer bei der Konditionierung mit langer Verzögerung nicht auf die Erinnerung an den CS angewiesen ist). Studien zu CS-US-Intervallen bei beiden Konditionierungsarten haben Hinweise auf das von den Assoziationisten formulierte Prinzip der Kontiguität erbracht. Aber die Ergebnisse stimmen auch mit der Regel der Vorhersagbarkeit überein, denn wenn das CS-US-Intervall zunimmt, wird es für die Versuchsteilnehmer immer schwieriger, den genauen Moment des Einsetzens des US vorherzusagen.

Bei der Konditionierung mit langer Verzögerung beobachtete Pawlow, dass sich die zeitliche Verortung der konditionierten Reaktionen im Laufe der Durchgänge veränderte. Zu Beginn des Trainings setzte der Speichelfluss beim Versuchshund ein, sobald der CS präsentiert wurde, obwohl das CS-US-Intervall vielleicht zehn Sekunden betrug. Wurde das Konditionierungstraining fortgesetzt, verschwanden diese frühen Reaktionen und der Speichelfluss setzte kurz vor der Futtergabe ein (acht oder neun Sekunden nach dem Einsetzen des CS). Dieses Muster zeigt vor allem, dass der Hund gelernt hatte, die Dauer des CS relativ genau abzuschätzen. Das entspricht der Regel, dass der Stimulus am stärksten konditioniert wird, der der beste Prädiktor des US ist. Und welcher Stimulus wäre in diesem Beispiel eine bessere Ankündigung des US als das Einsetzen des CS? Offenbar ist dies der zusammengesetzte Stimulus: Einsetzen des CS plus zehn Sekunden Zeit. Folglich ist es dieser letztgenannte Stimulus, der die stärksten konditionierten Reaktionen hervorruft.

Abbildung 4.8 unten zeigt ein Beispiel für eine **rückwärtsgerichtete Konditionierung**, bei der der CS nach dem US präsentiert wird. Selbst, wenn der CS unmittelbar nach dem US präsentiert wird, nimmt das Ausmaß der Konditionierung im Vergleich zur simultanen oder Konditionierung mit kurzer Verzögerung deutlich ab. Aus der Perspektive des Kontiguitätsprinzips ist das aber unsinnig: Wenn der CS und der US in der Konditionierung mit kurzer Verzögerung und in der rückwärtsgerichteten Konditionierung dieselbe Kontiguität aufweisen, sollten sich laut Kontiguitätsprinzip genau gleich starke konditionierte Reaktionen entwickeln. Wie bei dem von Ebbinghaus konzipierten Experiment zum Rückwärtslernen der Liste (Kapitel 2), verweist die schwache rückwärtsgerichtete Konditionierung auf eine Schwäche des Kontiguitätsprinzips – zusätzlich zu ihrer zeitlichen Nähe ist die Reihenfolge der Stimuli wichtig. Obwohl die rückwärtsgerichtete Konditionierung zu einer schwachen exzitatorischen Assoziation führen kann (Ayres, Haddad & Albert, 1987; Champion & Jones, 1961) haben andere Studien gezeigt, dass ein rückwärtsgerichteter CS nach einer ausreichenden Anzahl von Wiederholungen inhibitorisch wird (Siegel & Domjan, 1971). Die Gründe für diese inhibitorische Konditionierung sind ziemlich komplex (siehe Tait & Saladin, 1986; Wagner & Larew, 1985), aber einmal mehr kann die Regel der Vorhersagekraft als nützliche Leitlinie dienen: Bei der rückwärtsgerichteten Konditionierung signalisiert das Einsetzen des CS einen Zeitraum, in der der US abwesend sein wird. Das bedeutet, dass der Versuchsteilnehmer sicher sein kann, dass kein US auftritt, solange der rückwärtsgerichtete CS anwesend ist.

4.3.1 CS-US-Korrelationen

Bei jeder der bisher besprochenen Arten der Konditionierung war das zeitliche Muster der Stimuluspräsentation in allen Durchgängen genau dasselbe. Bei der Konditionierung mit langer Verzögerung folgt dem Einsetzen des US immer nach derselben Zeitspanne das Einsetzen des CS und der US taucht nie zu einer anderen Zeit auf. Diese perfekte Korrelation zwischen CS und US führt zu zwei Wahrscheinlichkeiten: Die Wahrscheinlichkeit, dass der US in Gegenwart des CS auftritt ist 1 (das heißt, der US tritt sicher auf). Die Wahrscheinlichkeit, dass der US in der Abwesenheit des CS auftritt ist 0. In der Wirklichkeit ist das Verhältnis zwischen den Stimuli aber selten so regelmäßig. Ein Kaninchen im Wald muss Reize erkennen lernen, die darauf hinweisen, dass ein Raubtier in der Nähe ist. Das Rascheln von Blättern könnte darauf hinweisen, es könnte aber auch nur der Wind sein. Manchmal könnte das Geräusch eines brechenden Astes bedeuten, dass ein Jäger herumschleicht, manchmal bedeutet es gar nichts. Es gibt außerdem Gelegenheiten, in denen der Angriff eines Raubtieres überhaupt nicht von einem wahrnehmbaren Stimulus angekündigt wurde.

Diese unvollkommenen Korrelationen zwischen Signalen und Konsequenzen können auch in Wahrscheinlichkeitsbegriffen festgehalten werden. Nach einem bestimmten Stimulus ist die Wahrscheinlichkeit eines Angriffs durch ein Raubtier hoch (aber nicht 1). Ohne diesen Stimulus ist die Wahrscheinlichkeit eines Angriffs niedriger (aber nicht 0). Obwohl die Relationen zwischen verschiedenen Stimuli im echten Leben variabel und ungewiss sind, hat die Fähigkeit, diese unvollkommenen Korrelationen aufzuspüren, die zwischen Signalen und Konsequenzen bestehen, offensichtliche Vorteile. Zu erkennen, welche Stimuli am zuverlässigsten eine drohende Gefahr ankündigen, ist für ein Tier enorm wichtig. Im Labor können die Verfahren der klassischen Konditionierung verwendet werden, um die Fähigkeit eines Tieres zu beurteilen, unvollkommene Korrelationen zwischen Stimuli zu erkennen.

Einige Experimente von Rescorla (1966, 1968) zeigten, wie die Wahrscheinlichkeit des Auftretens des US in der Gegenwart des CS und in seiner Abwesenheit zusammen die Intensität des CR bestimmen. In einem Experiment zur konditionierten Unterdrückung mit Ratten war der CS ein zwei Minuten anhaltender Ton, der in zufälligen, etwa acht Minuten betragenden Abständen präsentiert wurde. Bei einer Gruppe der Ratten trat mit einer Wahrscheinlichkeit von 40 Prozent während dieser zweiminütigen CS-Präsentation ein Elektroschock auf. Die Wahrscheinlichkeit, dass ohne CS in einer Zeit von zwei Minuten ein Elektroschock auftrat, betrug 20 Prozent. Der US konnte in jedem Moment mit oder ohne CS auftreten. Weder die Anwesenheit des CS noch seine Abwesenheit waren also ein zuverlässiges Signal dafür, ob und wann ein US auftreten würde oder nicht (da der Elektroschock zu jeder Zeit auftreten konnte). Die einzige Information, die der CS lieferte, bezog sich darauf, ob die Wahrscheinlichkeit des Auftretens des Schocks hoch oder niedrig war.

Die Ergebnisse können wie folgt zusammengefasst werden: Wenn die Wahrscheinlichkeit eines Schocks in Anwesenheit des Tons höher war, als bei seiner Abwesenheit, wurde der Ton ein exzitatorischer CS (das heißt, es kam durch den Ton zu einer Reaktionsunterdrückung). Wenn die Wahrscheinlichkeit eines Schocks in Anwesenheit und Abwesenheit des Tons gleich hoch war (zum Beispiel in beiden Fällen 40 Prozent betrug), dann gab es keine Unterdrückung nach dem Ton. In einem anderen Experiment führte Rescorla eine Gruppe ein, in der die Wahrscheinlichkeit für einen Schock in Anwesenheit des CS de facto niedriger war, als in seiner Abwesenheit (der CS signalisierte somit eine gewisse Sicherheit vor dem Elektroschock). In diesem Fall wurde der CS inhibitorisch.

Ausgehend von diesen Ergebnissen schloss Rescorla, dass die traditionelle Ansicht der klassischen Konditionierung, wonach die Kontiguität von CS und US der Grund für die Entstehung der Assoziation ist, nicht zutrifft. In den Gruppen mit gleich hoher Wahrscheinlichkeit für das Auftreten des Schocks in An- und Abwesenheit des CS gab es zahlreiche Paarungen von CS und US, aber keine Konditionierung des CS. Rescorla schlug daher vor, dass die wichtige Variable bei der klassischen Konditionierung nicht die Kontiguität von CS und US ist, sondern vielmehr die *Korrelation* zwischen CS und US. Wenn die Korrelation positiv ist (wenn der CS eine höhere Wahrscheinlichkeit des US ankündigt), wird der CS exzitatorisch. Wenn es keine Korrelation zwischen CS und US gibt (wenn die Wahrscheinlichkeit des US gleich bleibt, unabhängig von An- oder Abwesenheit des CS), wird der CS neutral bleiben. Wenn die Korrelation zwischen CS und US negativ ist (wenn der CS eine geringere Wahrscheinlichkeit des US ankündigt), wird der CS inhibitorisch.

Die Korrelationsthese zur klassischen Konditionierung unterscheidet sich grundlegend von einer auf der Kontiguität basierenden Analyse, denn sie impliziert, dass ein Lebewesen etwas über die langfristige Beziehung zwischen CS und US lernen kann. (Eine kurzfristige Erfahrung aus einer Konditionierungssitzung könnte zu einer sehr ungenauen Schätzung hinsichtlich der Wahrscheinlichkeit des Auftretens eines Schocks in An- und Abwesenheit des US führen. Nur mit langfristigen Erfahrungen sind genauere Einschätzungen dieser Wahrscheinlichkeiten möglich.) Obwohl noch immer unklar ist, wie diese Meisterleistung möglich ist, konnten Rescorlas Studien zeigen, dass Tiere etwas über die Korrelation zwischen CS und US lernen können, selbst wenn rekurrierende und vorhersagbare zeitliche Muster fehlen. Noch wichtiger ist, dass diese Studien deutlich die Schwäche einer anderen Annahme über die klassische Konditionierung zeigen: Dass nämlich die Konditionierung von einer engen Paarung (Kontiguität) zwischen CS und US abhängt. Statt das Prinzip der Kontiguität zu wiederholen, sollten Studenten, die sich mit der klassischen Konditionierung beschäftigen, lieber die Regel der Vorhersagbarkeit erinnern: Wenn ein CS vorhersagt, dass der US wahrscheinlich auftritt, wird der CS exzitatorisch; wenn der CS vorhersagt, dass der US wahrscheinlich nicht auftritt, wird der CS inhibitorisch. Diese Regel ist nicht vollkommen, funktioniert aber in den meisten Fällen.

4.4 Andere Konditionierungsverfahren

Bisher haben wir nur Verfahren untersucht, in denen ein CS mit einem US gepaart (oder korreliert) wurde. Es gibt aber andere Verfahren der klassischen Konditionierung, in denen zwei konditionierte Stimuli (CS), statt einem CS und einem US kombiniert werden. Zwei davon wollen wir hier beschreiben.

4.4.1 Konditionierung höherer Ordnung

Bei der **Konditionierung zweiter Ordnung** wird eine CR von einem CS auf einen anderen übertragen. Pawlow beschrieb das folgende Experiment, um diesen Vorgang zu illustrieren: Zuerst wurde das Ticken eines Metronoms bei der Konditionierung des Speichelflusses fest als CS verankert, indem es mit einer Futtergabe kombiniert wurde. Da es mit dem US kombiniert wurde, nennt man das Metronom **CS erster Ordnung**. Dann wurde ein anderer Stimulus, ein schwarzes Rechteck, präsentiert, auf den in vielen Fällen sofort das Metronom folgte, aber keine Futtergabe. Nach wenigen Wiederholungen dieser Art löste das schwarze Rechteck ebenfalls Speichelfluss aus, obwohl dieser Stimulus *niemals direkt mit der Futtergabe kombiniert worden war* (sondern nur mit dem Metronom, also einem CS der häufig mit dem Futter zusammen auftrat). In diesem Fall wird das schwarze Rechteck **CS zweiter Ordnung** genannt, denn es erwarb die Fähigkeit, eine CR auszulösen nur durch die Kombination mit einem CS erster Ordnung, nämlich dem Metronom.

Pawlow berichtete auch von Konditionierungen dritter Ordnung (dem Transfer einer CR von einem CS zweiter Ordnung auf einen weiteren Stimulus), obwohl sie schwierig zu realisieren waren. Er glaubte, dass diese Beispiele für Konditionierungen höherer Ordnung deshalb wichtig sind, weil sie den Anwendungsbereich der klassischen Konditionierung erweitern. Ohne sie könnten Tiere in der Natur durch die klassische Konditionierung nur dann etwas lernen, wenn sie zufällig einem US (Futter, Wasser, Raubtiere) begegnen. Durch die Konditionierung höherer Ordnung können jedes Mal dann neue konditionierte Reaktionen entstehen, wenn das Tier in eine Situation kommt, in der ein bereits konditionierter CS mit einem neuen, neutralen Stimulus auftritt. Aufgrund der alltäglichen Erfahrungen des Tieres werden immer mehr Stimuli zu einem CS und die Möglichkeiten, durch diese Konditionierungen höherer Ordnung weitere Lernprozesse zu durchlaufen, nehmen exponential zu.

Das folgende Beispiel zeigt, dass Konditionierungen höherer Ordnung eine wichtige Rolle für Tiere spielen können, wenn es darum geht, gefährliche Situationen zu vermeiden. Obwohl Wölfe zu den gefährlichsten Jägern des Rotwilds gehören, löst der Anblick eines Wolfs bei einem jungen Reh keine unkonditionierte Angstreaktion aus. Vielmehr muss der Anblick des Wolfes durch die Erfahrungen des Jungtiers ein CS für Angst werden. Diese Konditionierung kann auf zwei Wegen erfolgen. Erstens kann auf den Anblick des Wolfes ein Angriff und eine daraus resultierende Verletzung folgen. Zweitens, und diese Möglichkeit ist wahrscheinlicher, führt der Anblick von Wölfen zu sichtbaren Angstzeichen bei den anderen Tieren des Rudels. (Aus Gründen der Einfachheit nehmen wir an, dass die Konfrontation mit der Angstreaktion der anderen Tiere bei dem jungen Reh eine angeborene Angst auslöst.) In jedem Fall wird der Anblick von Wölfen letztlich ein CS erster Ordnung für die Angstreaktion des jungen Rehs. Ist dies einmal geschehen, kann eine Konditionierung höherer Ordnung immer dann stattfinden, wenn ein ursprünglich neutraler Stimulus mit dem Anblick von Wölfen kombiniert wird. Vielleicht gehen dem Auftauchen der Wölfe häufig bestimmte Geräusche oder Gerüche voraus, die durch eine Konditionierung zweiter Ordnung ebenfalls allmählich eine Angstreaktion auslösen. Vielleicht finden die Begegnungen mit den Wölfen meist in bestimmten Teilen des Waldes statt, so dass das junge Reh vorsichtig und ängstlich wird, wenn es durch diese Gegenden streift. Obwohl dies nur spekulative Beispiele sind, zeigen sie, wie ein ursprünglich neutraler Stimulus (der Anblick von Wölfen) die Fähigkeit annimmt, eine Angstreaktion auszulösen, und diese dann sogar auf andere Stimuli übertragen werden kann.

Konditionierungen zweiter Ordnung konnten auch bei Menschen nachgewiesen werden. Beim so genannten **evaluativen Konditionieren** werden Probanden gebeten, verschiedene Stimuli zu evaluieren. Sie sollen anhand einer Skala, die von „sehr unangenehm“ bis „sehr angenehm“ reicht, angeben, ob sie die Stimuli mögen oder nicht. Die konditionierten Stimuli erster Ordnung sind typischerweise Wörter, die die meisten Menschen als positiv (wie *ehrlich* oder *freundlich*) oder negativ (wie *grausam* oder *arrogant*) bewerten. Sie sind keine unkonditionierten Stimuli, denn sie haben für jemanden, der sie nicht versteht, keine Bedeutung. Für kompetente Sprecher haben diese Wörter ihre Wertigkeit vermutlich daher erhalten, weil sie in der Vergangenheit mit guten oder schlechten Erfahrungen assoziiert wurden. In manchen Studien sind die konditionierten Stimuli sinnlose Silben, die wiederholt mit einem positiven oder negativen Wort kombiniert und dadurch von den Probanden später als positiv oder negativ bewertet werden (Cicero & Tryon, 1989).

In einer interessanten Studie waren Bilder von menschlichen Gesichtern die Stimuli zweiter Ordnung. Während die Probanden diese Bilder betrachteten, hörten sie entweder positive oder negative Adjektive. Später gaben sie an, jene Gesichter gemocht zu haben, die mit den positiven Adjektiven kombiniert worden waren und jene nicht gemocht zu haben, die mit negativen Adjektiven präsentiert wurden. Diese Bewertungen fanden sogar dann statt, wenn die Probanden sich nicht an die genannten Adjektive erinnern konnten. Das heißt, sie mochten manche Gesichter und andere nicht, konnten aber nicht genau sagen warum (Baeyens, Eelen, Van den Bergh & Crombez, 1992).

Dieses evaluative Konditionieren wird häufig in der Werbung eingesetzt. In einem Werbespot wird beispielsweise eine bestimmte Colasorte angepriesen und mit Stimuli kombiniert, die die meisten Zuschauer positiv bewerten. Das können beispielsweise junge, attraktive Menschen sein, die es sich gut gehen lassen. Die Werbefachleute hoffen, dass die Zuschauer sich zu diesen hingezogen fühlen und dass diese positive Reaktion auf das Produkt übertragen wird. Wenn diese Konditionierung erfolgreich ist, entsteht später beim Einkaufen vielleicht eine positive Reaktion auf das Produkt, auch wenn sich die Betroffenen gar nicht mehr an den Werbespot erinnern.

4.4.2 Sensorische Präkonditionierung

Das Verfahren der **sensorischen Präkonditionierung** ähnelt der Konditionierung zweiter Ordnung, jedoch werden die beiden konditionierten Stimuli wiederholt kombiniert, bevor der US eingeführt wird. Werfen wir nochmals einen Blick auf Pawlows Experiment zur Konditionierung zweiter Ordnung, in dem das schwarze Rechteck, das Metronom und das Futter verwendet wurden. Um ein paralleles Experiment zur sensorischen Präkonditionierung mit denselben Reizen zu machen, würden wir zuerst einen Hund einigen Durchgängen unterziehen, bei denen das schwarze Rechteck mit dem Metronom kombiniert würde. In der zweiten Phase des Experiments würde man das Metronom mit der Futtergabe kombinieren und natürlich würde es letztlich Speichelfluss auslösen. In der letzten Phase des Experiments (der Testphase) würden wir das schwarze Rechteck präsentieren, um festzustellen, ob es auch die CR des Speichelflusses auslöst. Wenn ja, wäre dies eine erfolgreiche Demonstration der sensorischen Präkonditionierung. Verschiedene Studien dieser Art haben gezeigt, dass sie vorkommt (Brogden, 1939; Pfautz, Donegan & Wagner, 1978). Die Ergebnisse sind außerdem Belege für die Existenz von S-S-Assoziationen und sprechen dafür, dass diese Assoziationen genauso zwischen zwei „neutralen" Stimuli entstehen können, wie zwischen einem CS und einem US.

4.5 Klassische Konditionierung außerhalb des Labors

Nur wenige Psychologen glauben heutzutage, dass der größte Teil unserer erlernten Verhaltensweisen direkt aus der klassischen Konditionierung entsteht. Während diese erklären kann, wie reflexhaftes Verhalten von einem US auf neue Stimuli übertragen wird, ist sie für Verhaltensweisen, die nicht auf einen auslösenden Stimulus angewiesen sind (wie Gehen, Spielen, Essenszubereitung) oder für völlig neue Verhaltensweisen (einen Satz aussprechen, den man noch nie gehört hat, ein Rechenproblem lösen) nicht verantwortlich. In den folgenden Kapiteln werden wir andere Prinzipien des Lernens untersuchen, die auf solche „spontanen" und „kreativen" Verhaltensweisen besser anwendbar sind. Aber auch wenn Pawlow vermutlich die Bedeutung der klassischen Konditionierung für das alltägliche Verhalten von Menschen überschätzt hat, sollten wir vorsichtig sein und nicht den gegenteiligen Fehler machen, ihre Bedeutung zu unterschätzen. Die klassische

Konditionierung begegnet uns außerhalb des Labors in zweierlei Hinsicht: Erstens kann sie helfen, Verhaltensweisen zu verstehen, die wir normalerweise „unwillkürlich" nennen. Das sind Verhaltensweisen, die von bestimmten Reizen automatisch ausgelöst werden, egal ob wir das wollen oder nicht. Wir werden sehen, dass viele emotionale Reaktionen in diese Kategorie fallen. Zweitens hat die Forschung zur klassischen Konditionierung verschiedene Behandlungsmethoden für Verhaltensstörungen hervorgebracht. Diese können verwendet werden, um erwünschte „unwillkürliche" Reaktionen zu stärken oder unerwünschte Reaktionen abzuschwächen. Der Rest dieses Kapitels beschäftigt sich mit der Rolle der klassischen Konditionierung in Situationen außerhalb des Labors.

4.5.1 Klassische Konditionierung emotionaler Reaktionen

Die meisten emotionalen Reaktionen – Gefühle wie Vergnügen, Glück, Furcht, Aufregung – können bei anderen Menschen kaum gemessen werden und sind daher wissenschaftlich kaum analysierbar. Wenn wir aber zeitweilig die wissenschaftliche Strenge beiseite lassen und unsere Introspektion bemühen, sollte klar werden, dass emotionale Reaktionen häufig von bestimmten Stimuli ausgelöst werden. Darüber hinaus ist es häufig offensichtlich, dass die reaktionsauslösenden Eigenschaften des Stimulus durch Erfahrung erworben wurden. Nehmen Sie einmal an, Sie öffnen Ihren Briefkasten und finden einen Brief mit dem Absender eines guten Freundes. Dieser Stimulus könnte sofort eine angenehme und komplexe emotionale Reaktion auslösen, die man vielleicht Zuneigung, Wärme oder Zärtlichkeit nennen könnte. Aber egal, wie man die Reaktion nennt, jener besondere Stimulus – die handgeschriebene Adresse auf einem Umschlag – würde zweifellos nicht diese Reaktion auslösen, wenn Sie gerade erst zur Welt gekommen wären oder den Absender gar nicht kennen würden. Der Umschlag ist ein CS, der eine angenehme emotionale Reaktion auslöst, weil die Adresse eine Assoziation an Ihren Freund auslöst. Andere Stimuli lösen weniger emotionale Reaktionen aus. Für viele Studenten ist die Prüfungszeit eine Phase großer Anspannung, die von konditionierten Reizen ausgelöst werden kann, die mit dem Prüfungsverfahren zu tun haben – Bücherstapel auf dem Tisch, ein Kalender mit dem markierten Prüfungsdatum oder das Gebäude, in dem das Examen stattfinden wird.

Die klassische Konditionierung kann auch unsere emotionalen Reaktionen auf andere Menschen beeinflussen. In einer Studie, in der das evaluative Konditionieren verwendet wurde, sollten die Teilnehmer Fotos von menschlichen Gesichtern betrachten. Jedes Foto wurde mit einem angenehmen, neutralen oder unangenehmen Geruch kombiniert. Als die Teilnehmer später ihre Gefühle gegenüber den abgebildeten Personen bewerten sollten (ohne Gerüche), gaben sie denen die höchsten Einschätzungen, die zuvor mit angenehmen Gerüchen kombiniert worden waren und denen die schlechtesten, die mit unangenehmen Gerüchen kombiniert worden waren (Todrank, Byrnes, Wrzesniewski & Rozin, 1995). Diese Ergebnisse sind für Firmen, die Mundwasser, Deo oder Parfum herstellen, sicherlich ermutigend.

Es ist äußerst erhellend, im eigenen Alltag nach Beispielen der klassischen Konditionierung zu suchen. Im folgenden Beispiel können viele Leser vermutlich die emotionale Reaktion meines Freundes Phil verstehen. Ebenso wie Video- oder Computerspiele sind die etwas altmodischen Flipperautomaten für manche Menschen sehr vergnüglich und aufregend. Einmal beobachtete ich Phil, wie er am Flipper eine Freirunde aufgrund hoher Punktezahl gewann. Diese Freirunde wurde während des Spiels durch ein lautes Geräusch angezeigt. Als Phil es hörte, lächelte er befriedigt und rief: „Das ist das schönste Geräusch der Welt!“ Natürlich war das Geräusch an sich objektiv gesehen überhaupt nicht schön. Phil meinte vermutlich, dass es bei ihm eine angenehme emotionale Reaktion auslöste. Da es immer wieder mit dem Gewinn eines Freispiels kombiniert aufgetreten war, hatte dieses einfache Geräusch die Fähigkeit erzielt, die emotionale Reaktion positiver Erregung hervorzurufen.

Ein letztes, persönliches Beispiel zeigt, dass konditionierte emotionale Reaktionen nicht willkürlich kontrollierbar sind und dass sie nicht unbedingt von Logik oder Wissen über die eigene Umwelt gesteuert werden. Bevor meine Frau Laurie und ich verheiratet waren, lebten wir aus beruflichen Gründen über 300 Kilometer weit auseinander. Wir sahen uns etwa zweimal im Monat am Wochenende. Laurie besaß einen sehr auffälligen Wintermantel – weiß mit breiten horizontalen roten, gelben und grünen Streifen. Wenn sie den Mantel trug, konnte ich sie in jeder Menschenmenge sofort ausmachen. Eines Tages als wir beide an unserem Arbeitsplatz waren, ging ich über den Campus und sah vor mir jemanden mit demselben Mantel wie Laurie. Meine spontane Reaktion war ein gutes Beispiel für eine konditionierte Reaktion: Mein Herz fing an schneller zu schlagen, als ob ich mich durch ein lautes Geräusch erschreckt hätte. Das dauerte etwa 10 bis 20 Sekunden. Bemerkenswert war, dass diese Reaktion überhaupt keinen Sinn hatte, denn ich wusste, dass Laurie bei ihrer Arbeit war, so dass sie unmöglich vor mir stehen konnte. Außerdem war der Mantel, den ich vor mir hatte, viel kürzer als ihrer, und die Person, die ihn trug, war ein Mann mit Bart. Aber keiner dieser Widersprüche reichte aus, um meine konditionierte Herzfrequenzreaktion zu verhindern. Zweifellos stieg auch die Leitfähigkeit meiner Haut als Reaktion kräftig an.

4.5.2 Klassische Konditionierung und das Immunsystem

Wie Sie vermutlich wissen, ist das Immunsystem des Körpers dazu da, Infektionen zu bekämpfen. Immer wenn Bakterien, Viren oder fremde Zellen in den Körper eindringen, produziert das Immunsystem Antikörper, die diese Eindringlinge angreifen und vernichten. Lange Zeit gingen Wissenschaftler davon aus, dass das Immunsystem ein recht unabhängiges System ist, das wenig mit den anderen Körperfunktionen interagiert. Dies hat sich sehr geändert und heute gibt es zahlreiche Belege dafür, dass zwischen dem Immunsystem und dem Nervensystem komplexe Interaktionen stattfinden. Anders ausgedrückt bedeutet das, dass viel für einen starken Einfluss von psychischen Faktoren auf das Funktionieren des Immunsystems spricht (Ader & Cohen, 1993). So ist heute beispielsweise bekannt, dass intensiver oder anhaltender psychischer Stress das Immunsystem schwächen kann und dass die betroffene Person dadurch anfälliger für Krankheiten wird, sei es eine normale Grippe oder Krebs.

Es gibt mittlerweile etliche Experimente, die zeigen, dass das Immunsystem durch klassische Konditionierung beeinflusst werden kann. Ader und Cohen (1975) führten eine bedeutende Untersuchung auf diesem Gebiet durch. Sie gaben Ratten einen einzigen Konditionierungsdurchgang mit saccharingesüßtem Wasser als CS und einer Injektion von **Cyclophosphamiden** als US, die die Aktivität des Immunsystems unterdrücken. Wenige Tage später bekamen die Ratten eine geringe Menge fremder Zellen (rote Blutkörperchen von Schafen) injiziert, die ihr Immunsystem normalerweise heftig angreifen würde. Eine Gruppe von Ratten bekam dann wieder saccharingesüßtes Wasser, während die Kontrollgruppe normales Wasser bekam. Ader und Cohen fanden heraus, dass die Immunreaktion der Ratten in der Saccharingruppe schwächer war, als in der Kontrollgruppe. Sie wiesen weniger Antikörper auf. Offenbar hatte das Saccharin, das normalerweise das Immunsystem nicht tangiert, eine konditionierte Reaktion ausgelöst, nämlich die Schwächung des Immunsystems. In späteren Versuchen konnte diese Wirkung wiederholt nachgewiesen werden. Man bemühte sich, andere Erklärungen dafür auszuschließen und konnte so belegen, dass eine klassische Konditionierung stattgefunden hatte (Ader, Felten & Cohen, 1990).

Außerdem gibt es heute zunehmend Hinweise darauf, dass die Aktivität des Immunsystems durch klassische Konditionierung auch verbessert werden kann (Alvarez-Borda, Ramiraez-Amaya, Perez-Montfort & Bermudez-Rattoni, 1995). Solvason, Ghanata und Hiramoto (1988) berichteten von einem besonders überzeugenden Beispiel eines konditionierten Anstiegs der Immunaktivität. Man setzte Mäuse dem Geruch von Kampfer als CS aus und gab ihnen dann eine **Interferoninjektion** als US. Interferon ist ein Wirkstoff, der normalerweise die Aktivität der natürlichen Killerzellen im Blut verbessert, die an der Bekämpfung von Viren und Tumoren beteiligt sind. Nach wenigen Kombinationen von Kampfergeruch und Interferongaben reichte der Kampfergeruch aus, um eine Zunahme der Aktivität dieser Killerzellen herbeizuführen. In einer ähnlichen Studie mit gesunden Erwachsenen konnte ebenfalls eine Vermehrung der Killerzellen durch klassische Konditionierung erreicht werden (Buske-Kirschbaum, Kirschbaum, Stierle, Jabaij & Hellhammer, 1994).

Obwohl vieles im Zusammenhang mit der klassisch konditionierten Immunreaktion noch ein Geheimnis ist, haben Forscher die potenzielle Bedeutung des Phänomens erkannt. Für Menschen, deren Immunsystem zeitweilig aufgrund von Krankheit oder Erschöpfung geschwächt ist, können psychologische Techniken zur Förderung der Aktivität des Immunsystems äußerst nützlich sein (Olness, 1999). Ein gegenteiliges Ziel verfolgt man bei medizinischen Behandlungen, die von der Abschwächung der Immunantwort profitieren. Wenn beispielsweise ein Organ transplantiert wird, ist es von zentraler Bedeutung, die Tätigkeit des Immunsystems zu unterdrücken, so dass der Körper das übertragene Organ nicht abstößt. In einer Studie mit Mäusen konnte gezeigt werden, dass der Einsatz von konditionierten Stimuli in solchen Situationen äußerst nützlich ist. Zuerst kombinierte man Saccharin mit Cyclophosphamiden, um es als CS für die Immunsuppression zu etablieren. Dann übertrug man den Mäusen kleine Stückchen fremder Haut. Anschließend wurde einigen der Mäuse wieder Saccharin gegeben. Es stellte sich heraus, dass sie die transplantierte Haut später abstießen, als die anderen Mäuse, denen man kein Saccharin mehr gegeben hatte (Gorczynski, 1990). Mit Menschen wurden derartige Versuche bisher noch nicht gemacht, aber vielleicht führt diese Art der Forschung dazu, dass man bald Methoden entwickelt, um die Aktivität des Immunsystems zum Wohle der Patienten zu beeinflussen.

4.5.3 Anwendung in der Verhaltenstherapie

Systematische Desensibilisierung bei Phobien

Eine der häufigsten Methoden in der Verhaltenstherapie ist die **systematische Desensibilisierung**. Diese Behandlung wird bei Phobien eingesetzt und wurde direkt aus den Laborexperimenten zur klassischen Konditionierung abgeleitet. Eine **Phobie** ist eine übertriebene und irrationale Angst vor bestimmten Gegenständen, Plätzen oder Situationen. Phobische Ängste nehmen die unterschiedlichsten Formen an: Angst vor geschlossenen oder offenen Räumen, Höhenangst, Angst vor dem Wasser, vor Menschenmengen, davor, vor einer Gruppe zu sprechen, Prüfungsangst, Angst vor Insekten, vor Schlangen, vor Hunden, vor Vögeln. Manche Phobien wirken amüsant für Außenstehende, bewirken aber für die Betroffenen, die dadurch manchmal sehr eingeschränkt sind, großes Leid. Die Angst vor Insekten oder Schlangen kann dazu führen, dass ein Picknick oder eine Wanderung durch den Wald unmöglich ist. Die Angst vor Menschenmengen kann verhindern, dass der oder die Betroffenen im Supermarkt einkauft, ins Kino geht oder im Bus oder Zug fährt. Die Angst vor Vögeln oder vor offenen Räumen kann Menschen zu Gefangenen machen.

Wie entstehen Phobien? Nach Pawlows Entdeckung wurde die klassische Konditionierung als eine mögliche Quelle für irrationale Ängste erkannt. Diese Hypothese wurde durch ein berühmtes (oder genauer berüchtigtes) Experiment von John B. Watson und Rosalie Rayner (1921) gestützt. Die beiden benutzten die klassische Konditionierung, um bei einem normalen, elf Monate alten Baby namens Albert eine Phobie entstehen zu lassen. Vor dem Experiment hatte Albert vor fast nichts Angst, aber das Geräusch eines auf ein Stahlrohr schlagenden Hammers erschreckte ihn. Wenn er diesen Lärm hörte, fing er an zu weinen. Da dieser Stimulus zuverlässig eine Reaktion auslöste, wurde er bei einer Reihe von Konditionierungssitzungen als US verwendet. Der CS war eine lebende weiße Ratte, die bei Albert ursprünglich keine Reaktion ausgelöst hatte. In der ersten Sitzung setzte das Geräusch genau dann ein, als Albert seinen Arm zur Ratte ausstreckte. Albert begann daraufhin zu weinen. Diese Art der Konditionierung wurde noch sieben Mal wiederholt. Danach zeigte Alberts Verhalten an, dass er klassisch konditioniert worden war: Er schrie, wenn er die weiße Ratte sah. Durch die Generalisierung dieser experimentell ausgelösten Angst hatte Albert auch vor weißen Kaninchen und anderen fellähnlichen Gegenständen, wie einem Wattebausch und einer Nikolausmaske, Angst. Nach einem Monat lösten all diese Gegenstände noch immer Angst bei Albert aus, aber seine Reaktion hatte etwas nachgelassen.

Dieses Experiment wirkt aus heutiger Sicht grausam und unethisch und sicherlich wäre es heute schwierig oder gar unmöglich für Psychologen, es durchzuführen. Jedenfalls schlossen Watson und Rayner daraus, dass eine langfristige Angst vor einem ursprünglich neutralen Stimulus aus der Kombination dieses Stimulus mit einem Furcht erregenden Ereignis entstehen kann. Heute wissen Psychologen aber auch, dass Phobien komplexe Phänomene sind, die auch auf andere Art, zum Beispiel durch beobachtendes Lernen und verbale Kommunikation, entstehen können (Mineka, 1985; Rachman, 1991). Nichtsdestoweniger scheint die klassische Konditionierung bei der Entstehung vieler Phobien ein wichtiger Bestandteil zu sein.

WWW

Der vollständige Text von Watson und Rayner, aber auch klassische Schriften von Pawlow und anderen finden Sie unter **http://psychclassics.yorku.ca/index.htm**.

Wenn diese Analyse zutrifft, sollten die Prinzipien der klassischen Konditionierung auch beschreiben, wie eine Phobie geheilt werden kann. Genau gesagt, sollte die Phobie verschwinden, wenn der CS (das phobische Objekt oder Ereignis) wiederholt ohne den US auftritt. Aber zahlreiche Fallgeschichten zeigen, dass Phobien extrem anhaltend sind. Weshalb verschwinden sie nicht von selbst nach und nach? Wenn wir uns einen Jugendlichen vorstellen, der Angst vor Menschenmengen hat, weil er in der Kindheit in einer solchen Menge einmal seine Mutter verloren hat, dann fragt man sich, weshalb die Phobie durch die Erfahrung wiederholten Aufenthalts inmitten von Menschen ohne unangenehme Folgen nicht verschwindet? Eine offensichtliche Erklärung ist, dass die Betroffenen darauf bedacht sind, das phobische Objekt oder Ereignis zu vermeiden. Ohne das Auftreten des CS kann aber die Reaktion nicht nachlassen. Eine andere mögliche Erklärung ist, dass manche Phobien sich selbst aufrechterhalten. Wenn eine Person ängstlich auf eine Menschenmenge reagiert, wird jeder Versuch, ins Kino oder zu einem Fußballspiel zu gehen, zu Angst und Unbehagen und möglicherweise zu Peinlichkeit führen, wenn der oder die Betroffene die Situation verlassen muss. Wenn dies geschieht, wurde der phobische Stimulus einmal mehr mit unangenehmen Konsequenzen kombiniert und die Phobie dadurch verstärkt.

Die systematische Desensibilisierung kann als Verfahren betrachtet werden, bei dem der Patient dem phobischen Gegenstand nach und nach ausgesetzt wird, so dass Angst und Unbehagen möglichst minimal bleiben, eine Extinktion aber stattfinden kann. Die Behandlung hat drei Teile – die Konstruktion einer Angsthierarchie, Entspannungstraining und die allmähliche Präsentation der in der Angsthierarchie aufgeführten Gegenstände. Die **Angsthierarchie** ist eine Liste von Angst erregenden Situationen oder Gegenständen, die hierarchisch vom schwächsten bis zum stärksten Reiz geordnet wird. Am unteren Ende der Liste steht etwas, das nur eine leichte Angstreaktion beim Patienten auslöst, am oberen Ende steht die am meisten gefürchtete Situation.

Anschließend wird der Patient in **progressiver Relaxation** oder **tiefer Muskelentspannung** geschult. Diese von Wolpe (1958) entwickelte Technik ist ein Weg, körperliche Ruhe und Entspannung herbeizuführen, indem die betroffene Person Muskeln zunächst anspannt und danach gezielt entspannt. Zuerst macht der Patient beispielsweise eine Faust und spannt für fünf bis zehn Sekunden die Muskeln der Hand und des Armes kräftig an. Danach wird die Spannung gelöst und der Patient konzentriert sich darauf, dieselben Muskeln 15 bis 20 Sekunden so gut wie möglich zu entspannen und zu lockern. So werden alle Muskeln in Armen, Nacken, Kopf, Rumpf und Beinen nacheinander entspannt. Die Idee dahinter ist, dass viele Menschen einen hohen Muskeltonus haben, ohne es zu wissen. Fordert man sie einfach auf, eine bestimmte Muskelgruppe „völlig zu entspannen“, dann können sie das gar nicht. Wird jedoch die hohe Muskelspannung mit der darauf folgenden Entspannung kontrastiert, dann kann der Patient lernen, die Muskeln nacheinander zu entspannen. Den ganzen Körper zu entspannen dauert etwa 20 Minuten. Die Patienten berichten, dass sie sich danach sehr entspannt fühlen. Dann kann die Extinktion der Phobie beginnen.

Der Therapeut beginnt mit dem harmlosesten Gegenstand in der Hierarchie, beschreibt dem Patienten eine Szene und bittet ihn, sich die Szene so lebhaft wie möglich vorzustellen. Bei der Behandlung eines Jugendlichen, der nach einem Autounfall Angst hat in ein Auto zu steigen, lautet die erste Instruktion: „Schau dir den Wagen vor dem Unfall an“ (Kushner, 1965). Da der Patient sehr entspannt ist und die in der Hierarchie ganz unten angesiedelte Situation nicht so viel Angst auslöst, kann er sie sich meist ohne starke Angst vorstellen. Der Patient wird aufgefordert, sich die Szene weitere 20 Sekunden lang vorzustellen. Nach einer kurzen Pause, in der er sich entspannen soll, wird die erste Situation erneut präsentiert. Wenn er berichtet, dass kein Angstgefühl mehr entsteht, geht der Therapeut zum nächsten Punkt auf der Liste und das Ganze wird wiederholt. So geht der Therapeut nach und nach die Liste durch, wobei er immer darauf achtet, dass die Angst vor der einen Sache ganz verschwunden ist, bevor er mit dem nächsten Punkt weitermacht. Eine typische Angsthierarchie enthält 10 bis 15 Punkte, aber es gab Fälle mit über 100 Punkten. Die Hierarchie für den Patienten mit der Angst vor dem Autofahren enthielt die folgenden neun Situationen:

1. *Stellen Sie sich vor, wie Ihr Auto vor dem Unfall ausgesehen hat.*
2. *Stellen Sie sich vor, wie Sie sich an Ihr Auto anlehnen.*
3. *Stellen Sie sich vor, dass Sie im Auto sitzen, während der Motor aus ist.*
4. *Stellen Sie sich vor, Sie sitzen in Ihrem Auto und lassen es an. Der Motor läuft, aber der Wagen steht.*
5. *Stellen Sie sich vor, dass Sie rückwärts aus der Garageneinfahrt fahren und dass Auto wenden, so dass Sie losfahren könnten.*
6. *Stellen Sie sich vor, dass Sie in Ihrem Auto um den Häuserblock fahren, in dem Sie leben.*
7. *Stellen Sie sich vor, dass Sie auf einer geraden Straße ohne Kreuzungen fahren.*
8. *Stellen Sie sich vor, dass Sie auf eine Kreuzung zufahren, auf der kein Verkehr ist.*
9. *Stellen Sie sich vor, dass Sie auf dieselbe Kreuzung zufahren und ein anderes Fahrzeug sich von rechts, wo ein Stoppschild steht, nähert. (Diese Situation hatte zu dem Unfall des Patienten geführt.) (Paraphrasiert nach Kushner, 1965, S. 194-195)*

In diesem Fall machte der Patient so rasche Fortschritte, dass er nach nur sechs Sitzungen wieder ohne Angst mit seinem Auto fahren konnte. Eine Nachuntersuchung nach drei Monaten ergab keine Rückkehr der phobischen Symptome. Diese Fallgeschichte ist hinsichtlich der Kürze der Therapie etwas ungewöhnlich (10 bis 20 Sitzungen sind eher der Normalfall), hinsichtlich des Ergebnisses aber nicht. Paul (1969) wertete etwa 74 veröffentlichte Berichte über den Einsatz der systematischen Desensibilisierung aus, in denen insgesamt Tausende von Fällen dargestellt werden. Etwa 80 bis 90 Prozent der Patienten wurden von ihren Phobien befreit, was für Therapieformen im Bereich der psychischen Erkrankungen eine enorm hohe Erfolgsrate ist. Offenbar gab es nur wenige Rückfälle und keine Hinweise für eine Symptomverschiebung (das Auftreten neuer psychischer Störungen nach dem Verschwinden des ursprünglichen Problems). Diese vielen Belege sprechen dafür, dass die systematische Desensibilisierung eine effektive und wirkungsvolle Behandlung bei Phobien darstellt.

Varianten der systematischen Desensibilisierung ersetzen die Vorstellungen des Patienten mit realistischeren Reizen. Sturges und Sturges (1998) behandelten ein elfjähriges Mädchen, das unter der Angst vor Aufzügen litt, indem sie sie systematisch mit einem echten Aufzug konfrontierten. (Anfangs musste sie sich nur daneben stellen, zum Schluss fuhr sie selbst mit.) Eine Abwandlung, die mit modernen Computertechniken arbeitet, ist die **virtuelle Therapie**, bei der der Patient über einen Cyber-Helm realistische Bilder wahrnehmen kann, die sich bei jeder Kopfbewegung verändern und eine dreidimensionale Umgebung simulieren.

Ein Mann mit Flugangst wurde so immer gefährlicheren Situationen während eines Fluges im Hubschrauber ausgesetzt, so dass seine Flugangst schließlich nachließ. Die virtuelle Therapie wurde erfolgreich bei der Angst vor Tieren, vor Höhe, vor dem öffentlichen Sprechen und so weiter eingesetzt (North, North & Coble, 1998). Die Technik hat gegenüber der traditionellen systematischen Desensibilisierung einige Vorteile. Die Stimuli sind sehr realistisch, können präzise kontrolliert und genau auf die Bedürfnisse jedes einzelnen Patienten zugeschnitten werden. Und das Verfahren ist nicht auf die Fähigkeit des Patienten angewiesen, sich die Gegenstände oder Situationen vorzustellen (Finfgeld, 1999). Aufgrund dieser Vorteile scheint es wahrscheinlich, dass computergenerierte Reize in der Zukunft sehr häufig zur Anwendung kommen werden.

Aversive Gegenkonditionierung

Obwohl es paradox klingt, können viele Menschen ihr eigenes Verhalten oft nur sehr schlecht kontrollieren. Dafür gibt es zahlreiche Beispiele von Verhaltensweisen, die in unserer Gesellschaft häufig vorkommen: Esssucht, Alkoholmissbrauch, Rauchen, Drogensucht. Viele Menschen, die ein derartiges Verhalten an den Tag legen, wissen, dass sie sich schaden und behaupten, dass sie gerne aufhören würden, aber nicht fähig dazu sind. Obwohl das Verhalten gesundheitsschädlich ist, gibt es eine starke Motivation, es fortzusetzen. Die Motive können unterschiedlicher Art sein: Das Verhalten verschafft Genuss oder der Verzicht darauf kann unangenehm sein oder beides zusammen. Kurz gesagt verschaffen diese Verhaltenweisen kurzfristig Vorteile, langfristig aber Nachteile. Wir werden solche konfligierenden Motive genauer im 14. Kapitel betrachten, wollen hier aber kurz eine verhaltenstherapeutische Technik beleuchten, die helfen kann, die unerwünschten Verhaltensweisen zu bekämpfen.

Das Ziel der aversiven Gegenkonditionierung ist die Entwicklung einer aversiven konditionierten Reaktion auf Reize, die mit dem unerwünschten Verhalten assoziiert sind. Wenn der Patient Alkoholiker ist, kann das Verfahren darin bestehen, die Reaktion von Übelkeit mit dem Anblick, dem Geruch und Geschmack von Alkohol zu konditionieren. Der Begriff Gegenkonditionierung wird verwendet, weil die Technik dazu dient, eine positive emotionale Reaktion auf einen bestimmten Reiz (wie den Alkohol) durch eine negative zu ersetzen. In den 1940er Jahren führten Voegtlin und seine Mitarbeiter zahlreiche Untersuchungen zur aversiven Gegenkonditionierung als Behandlungsmethode bei Alkoholismus durch (Voegtlin, 1940; Lemere, Voegtlin, Broz, O'Hallaren & Tupper, 1942). Im Laufe der Jahre unterzogen sich mehr als 4.000 Freiwillige dieser offensichtlich unangenehmen Therapie. Ein Patient machte dabei in zehn Tagen etwa sechs Behandlungssitzungen mit, bei denen die alkoholischen Getränke mit einem Emetikum – einer Substanz, die Übelkeit verursacht – kombiniert wurden. Die Konditionierungssitzungen fanden in einem ruhigen, abgedunkelten Raum statt, in dem etliche Alkoholflaschen beleuchtet standen, um sie einladend aussehen zu lassen. Zuerst erhielten die Patienten das Emetikum, woraufhin rasch die Übelkeit auftrat. Dann bekamen sie ein großes Glas Whiskey und sollten auf dessen Aussehen, Geruch und Geschmack achten. Sie sollten trinken, bis das Erbrechen auftritt (was normalerweise nur wenige Minuten dauerte.) Bei späteren Konditionierungssitzungen wurde der Whiskey durch etliche andere Alkoholika ersetzt, um sicherzustellen, dass sich die Aversion nicht nur auf eine Art Alkohol bezog. Man kann sich kaum eine unangenehmere Therapie vorstellen und die Bereitschaft der Patienten zur Teilnahme zeigte ihren Willen, vom Alkohol loszukommen, aber auch ihre Unfähigkeit, das alleine zu schaffen.

Es gibt etliche Behandlungsmethoden bei Alkoholismus, die zu kurzfristiger Abstinenz führen. Die Wirksamkeit einer Methode kann daher nur an ihrem langfristigen Erfolg gemessen werden. Abbildung 4.9 zeigt den Anteil der Patienten, die nach der Therapie unterschiedlich lange abstinent bleiben konnten. Deutlich zu sehen ist, dass der Anteil derer, die völlig abstinent blieben, im Laufe der Jahre kleiner wurde. Dies spiegelt den Prozess der Extinktion: Die Betroffenen erlebten im Laufe der Zeit wiederholt (bei Hochzeiten, Parties, im Fernsehen) den Anblick und Geschmack von Alkohol ohne den entsprechenden CS (das Emetikum), so dass die CR der Übelkeit allmählich nachließ. Für die Rolle der Extinktion sprechen mindestens zwei Aspekte. Erstens waren Patienten, die so genannte „Auffrischungssitzungen" (weitere Konditionierungssitzungen einige Monate nach der ursprünglichen Behandlung) machten, durchschnittlich länger abstinent. Das heißt, die Wiederholungssitzungen haben wahrscheinlich der Extinktion entgegengewirkt. Zweitens versagten jene Patienten, die sich weiter mit alten Trinkkumpanen trafen (und dabei Alkoholika ausgesetzt waren), zuerst.

Wenn die abnehmende Kurve in Abbildung 4.9 entmutigend wirkt, sollten Sie sich einige Punkte klarmachen. Erstens tritt die zunehmende Rückfallquote bei allen bekannten Alkoholismustherapien auf und die Erfolgsquote dieser von Voegtlin entwickelten Therapie ist im Vergleich zu anderen ziemlich hoch. Außerdem gehen diese Prozentangaben auf extrem konservativ erhobene Daten zurück, da Voegtlin ein sehr strenges Kriterium für den Erfolg anlegte – die totale Abstinenz. Patienten, die nach der Behandlung mäßig weitertranken, wurden als Misserfolge bewertet und ebenso jene, die einen Rückfall erlitten und Wiederholungssitzungen durchführten, auch wenn sie danach abstinent waren. Abbildung 4.9 zeigt daher die pessimistischste mögliche Sicht auf die Erfolgsquote dieser Behandlungsmethode. In den USA hat die Verwendung von aversiver Gegenkonditionierung bei Alkoholismus nach den 1970er Jahren stark zugenommen. Die Erfolgsquoten entsprechen etwa denen in Abbildung 4.9.

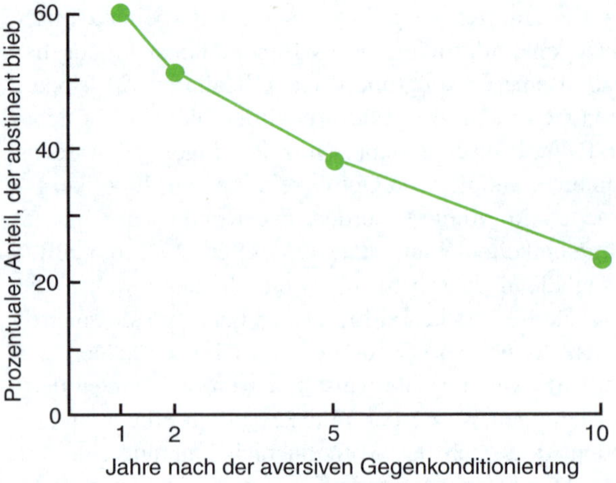

Abbildung 4.9: Der prozentuale Anteil der Klienten von Voegtlin, die nach einer aversiven Gegenkonditionierung wegen Alkoholismus unterschiedlich lange völlig abstinent bleiben konnten (nach Lemere & Voegtlin, 1950).

Aversive Gegenkonditionierung wurde mit gutem Erfolg auch für andere Erkrankungen wie Drogensucht, Zigarettensucht und sexueller Störungen verwendet. Oft ist sie ein Bestandteil eines multifaktoriellen Behandlungsprogramms, zu dem auch die Beratung der Familie, Training der Selbstkontrolle und andere Techniken gehören (Junginger, 1997; J. W. Smith & Frawley, 1990).

In einer Fallstudie sexueller Abweichung verwendeten Marks und Gelder (1967) Elektroschocks als US, um den Fetischismus eines männlichen Patienten für Frauenkleider zu behandeln. Vor der Therapie wurde der Patient durch den Anblick eines Aktfotos erregt (gemessen an der Peniserektion), was als normal galt, aber auch durch den Anblick von Frauenunterwäsche, Hemdchen und Pyjamas. Er durchlief 20 Sitzungen, in denen die Unterwäsche mit einem Schock kombiniert wurde. Danach erregte sie ihn nicht mehr. Die anderen Gegenstände erregten ihn aber immer noch. Dann wurden diese mit dem Schock kombiniert, so dass nur noch das Aktfoto (das nie mit dem Schock kombiniert wurde) ihn erregte. So konnte die abweichende sexuelle Anziehung des Patienten zu Frauenkleidern ausgeschaltet werden, seine normale sexuelle Reaktion auf Frauen aber erhalten werden.

Die aversive Gegenkonditionierung ist ein Verfahren, das versucht, unerwünschte Verhaltensweisen auszuschalten, indem aversive Reaktionen auf Stimuli konditioniert werden, die damit zu tun haben. Ihre Wirksamkeit ist unterschiedlich. Sie scheint zur Ausschaltung sexueller Abweichungen durchaus geeignet. Bei der Behandlung von Alkoholismus oder Zigarettenmissbrauch kommen zwar immer wieder Rückfälle bei Patienten vor, aber viele bleiben jahrelang abstinent. Die Erfolgsquoten sind deutlich höher als wenn Betroffene ohne professionelle Hilfe aufhören zu trinken oder zu rauchen. Die Wirksamkeit der aversiven Gegenkonditionierung kann durch regelmäßig wiederkehrende Auffrischungssitzungen und durch die Patientenschulung hinsichtlich der Vermeidung von Stimuli, die mit dem unerwünschten Verhalten zu tun haben (Bars, Trinkkumpane, verrauchte Räume und ähnliche) verbessert werden.

Behandlung von nächtlichem Bettnässen

Kinder lernen normalerweise zur Toilette zu gehen, statt in die Hose zu machen, wenn sie etwa drei bis vier Jahre alt sind. Die meisten Kinder können kurze Zeit danach auch nachts kontrollieren, wann sie zur Toilette müssen. Dennoch macht ein nicht unbedeutender Teil der Kinder bis zum Alter von fünf oder noch länger nachts ins Bett, was für die Kinder und die Eltern zunehmend zum Problem wird. Für die Eltern, weil sie viel mehr Arbeit haben, für die Kinder abgesehen von den Unannehmlichkeiten auch, weil sie den Ärger der Eltern spüren und vielleicht nicht mehr zum Übernachten bei Freunden oder Verwandten eingeladen werden. Zum Glück können die meisten Fälle von Enuresis nocturnis (nächtliches Einnässen) durch ein sehr direktes Verfahren, das von Mowrer und Mowrer (1938) entwickelt wurde (und auch als Methode der Klingelhose bezeichnet wird), geheilt werden. Die Unterlage, die unter dem Leintuch des Kindes platziert wird, ist so konstruiert, dass sie auf Feuchtigkeit reagiert. Schon eine kleine Menge Urin wird registriert und führt dazu, dass eine Glocke bimmelt, die das Kind aufweckt. Dem Kind wurde zuvor gezeigt, wie es den Alarm ausschalten, zur Toilette und dann zurück ins Bett gehen kann. Die Glocke und die Unterlage werden jede Nacht verwendet, bis das Problem beseitigt ist.

Bei der Entwicklung dieser Methode ließen sich die Mowrers von den Prinzipien der klassischen Konditionierung leiten. Die Glocke ist ein US, der zwei Reaktionen beim Kind auslöst: 1. das Aufwachen und 2. die Anspannung jener Muskeln, die nötig sind, um das Einnässen zu beenden (beide sind sinnvoll, weil das Kind im Wachzustand keine Schwierigkeiten hat, die Miktion zu kontrollieren). Das Ziel dabei ist, eine oder beide Reaktionen auf einen inneren CS zu übertragen, nämlich auf die körperlichen Wahrnehmungen, die die volle Blase anzeigen. Der Einfachheit halber bezeichnen wir die volle Blase als CS. Indem die volle Blase wiederholt mit der Glocke kombiniert wird, löst letztlich auch die volle Blase allein die Reaktion des Aufwachens und/oder Anspannens des Schließmuskels aus, so dass der Urin zurückgehalten wird, bevor die Glocke erklingt. Sowohl das Aufwachen und Aufsuchen der Toilette als auch das Zurückhalten des Urins sind angemessene Reaktionen in der fraglichen Situation.

Aber diese Methode lässt sich nicht nur mit der klassischen Konditionierung erklären. Andere Autoren vermuten, dass auch das in Kapitel 8 beschriebene Vermeidungslernen eine Rolle spielt. Aber egal, welche Erklärung angemessener ist – das Verfahren ist ziemlich erfolgreich. Bei verschiedenen Studien wurden Erfolgsquoten von etwa 80 Prozent gemessen und in einigen der „erfolglosen" Fälle haben sich die Symptome zumindest gebessert, auch wenn sie nicht verschwunden sind. Rückfälle sind allerdings ein häufiges Problem, das etwa 25 Prozent der Kinder erleben (S. B. Johnson, 1981). Diese Rückfälle können durch Wiederholungssitzungen behandelt werden, aber Young und Morgan (1972) versuchten, durch ein verändertes Verfahren die Rückfallquote zu minimieren. Dazu wurde mit eingeschaltetem Alarmsystem eine Art Überlernen durchgeführt. Die Kinder tranken vor dem Einschlafen etwa einen Liter Flüssigkeit, so dass die Aufgabe, trocken zu bleiben, noch schwieriger wurde. Von den mit diesem Verfahren trainierten Kindern erlitten nur 10 Prozent Rückfälle, von den Kindern ohne Überlernen aber 20 Prozent. Die Methode der Glocke und Unterlage ist erfolgreicher, als die normalerweise gegen Enuresis verschriebenen Medikamente (Rajigah, 1996) und wird betroffenen Eltern heute von vielen Ärzten empfohlen (Vogel, Young & Primack, 1996).

Zusammenfassung der Therapien, die mit der klassischen Konditionierung arbeiten

Verhaltenstherapien, die auf den Prinzipien der klassischen Konditionierung beruhen, werden verwendet, um Verhaltensweisen zu fördern, zu verhindern oder zu ersetzen. Die von den Mowrers entwickelte Behandlung bei nächtlichem Einnässen ist ein Beispiel für ein Verfahren, das darauf abzielt, ein Verhalten – nächtliche Kontrolle über die Miktion – zu stärken. Die systematische Desensibilisierung wird verwendet, um die emotionalen Reaktionen der Angst und Beklemmung zu verhindern. Das aversive Gegenkonditionieren zielt darauf ab, angenehme emotionale Reaktionen auf Stimuli wie Alkohol und Zigarettenrauch durch Aversion zu ersetzen. Bei all diesen Verfahren gibt es Misserfolge und Rückfälle, aber alle können langfristig eine hohe Erfolgsquote aufweisen.

Zusammenfassung

In ihrer einfachsten Form besteht die klassische Konditionierung aus der wiederholten Paarung eines konditionierten Stimulus (CS) mit einem unkonditionierten Stimulus (US), der natürlicherweise eine unkonditionierte Reaktion (UR) auslöst. Nach wiederholten Paarungen beginnt der CS, eine konditionierte Reaktion (CR) auszulösen. Pawlow verwendete die Reaktion des Speichelflusses bei Hunden, um die klassische Konditionierung zu untersuchen, aber in der modernen Forschung beschäftigen sich die Experimente mit der Konditionierung des Lidschlusses oder der konditionierten Unterdrückung, mit dem Messen der Hautleitfähigkeit oder mit dem Geschmacks-Aversions-Lernen.

Laut Pawlows Stimulussubstitutionstheorie sollte der CS dieselbe Reaktion auslösen, wie der US ursprünglich. In Wirklichkeit ist die Form der CR manchmal unterschiedlich und gelegentlich ist sie sogar das Gegenteil der UR. Die Stimulussubstitutionstheorie geht davon aus, dass auf physiologischer Ebene neuronale Zentren für den CS mit dem Zentrum für den US (S-S-Verbindung) oder aber direkt mit dem Zentrum für die Reaktion (S-R-Verbindung) verbunden werden. Einige Experimente zur US-Devaluation oder -Revaluation unterstützen die S-S-Auffassung.

Für unterschiedlichste Tierarten belegen Beispiele der klassischen Konditionierung dieselben grundlegenden Prinzipien, zu denen die Akquisition, die Extinktion, die Spontanerholung, die Disinhibition, die konditionierte Inhibition, die Generalisierung und die Diskrimination gehören. Der wirksamste zeitliche Rahmen für die Konditionierung ist die Konditionierung mit kurzer Verzögerung, bei simultaner Konditionierung oder solcher mit langer Verzögerung oder bei der Spurenkonditionierung entsteht meist eine schwächere Konditionierung. Bei der rückwärtigsgerichteten Konditionierung kann der CS ein konditionierter Inhibitor werden. In anderen Konditionierungssituationen wie der Konditionierung zweiter Ordnung und der sensorischen Präkonditionierung wird eine CR nicht vom US auf den CS, sondern von einem CS auf einen anderen CS übertragen.

Im Alltag begegnen uns klassisch konditionierte Reaktionen bei unseren emotionalen Reaktionen auf verschiedene Stimuli. In der Verhaltenstherapie wird die systematische Desensibilisierung verwendet, um Phobien zu heilen, indem immer stärker Angst auslösende Stimuli präsentiert werden, während der Patient völlig entspannt ist. Die aversive Gegenkonditionierung wird verwendet, um positive Reaktionen auf Reize wie Alkohol oder Zigaretten durch negative Reaktionen zu ersetzen. Alarmsysteme werden verwendet, um Kindern das Bettnässen abzugewöhnen.

Wiederholungsfragen

1. Was besagt die Stimulussubstitutionstheorie von Pawlow? Was sind ihre Stärken und Schwächen? Wie tragen Experimente zu Devaluation oder Revaluation des US dazu bei, zu entscheiden, ob bei einer klassischen Konditionierung eine S-S- oder eine S-R-Assoziation entstanden ist?
2. Welche drei Aspekte zeigen, dass die während der klassischen Konditionierung entstandene Assoziation durch die Extinktion nicht einfach gelöscht wird?
3. Beschreiben Sie ein zeitliches Intervall zwischen CS und US, das eine starke exzitatorische Konditionierung hervorbringt, eines, das eine schwache exzitatorische Konditionierung hervorbringt und eines, das eine inhibitorische Konditionierung hervorbringen kann. Geben Sie eine vernünftige Erklärung dafür, weshalb die verschiedenen Verfahren zu diesen Ergebnissen führen.
4. Welche beiden Arten von Verhaltenstherapie basieren auf der klassischen Konditionierung? Beschreiben Sie die Vorgehensweisen der beiden Ansätze und geben Sie je ein Beispiel. Wie erfolgreich sind die beiden Behandlungen?

Kapitel

5 Theorien und Forschung zur klassischen Konditionierung

In diesem Kapitel

In Kapitel 4 wurden einige der grundlegenden Begriffe und Konzepte der klassischen Konditionierung beschrieben und ihr Einfluss auf unser tägliches Leben dargestellt. Die meisten dieser Konzepte sind entweder von Pawlow selbst entwickelt worden oder lassen sich auf seine Ideen zurückführen. Für Pawlow war die klassische Konditionierung eine einfache, mechanische und regelhafte Art des Lernens, die für einen großen Teil unserer erlernten Verhaltensweisen verantwortlich ist. Im vorliegenden Kapitel soll untersucht werden, wie sich die Sicht der Psychologen auf die klassische Konditionierung im Laufe der Jahre verändert hat. Eines der interessantesten Ergebnisse der modernen Forschung zur klassischen Konditionierung ist, dass sie zwar eine der einfachsten Lernarten ist, aber viel komplexer als man früher annahm. Das heißt nicht, dass die modernen Experimente chaotische, nicht regelhafte Befunde hervorgebracht hätten, sondern lediglich, dass die modernen Regeln (Theorien) der Konditionierung komplexer und vielschichtiger geworden sind.

Dieses Kapitel soll einen Überblick über einige aktuelle Themen und Fragen im Bereich der klassischen Konditionierung geben. Es ist in fünf Teile gegliedert, in dem jeweils unterschiedliche Fragen gestellt werden. Der erste Teil beschäftigt sich mit dem Konditionierungsprozess und der Frage, wann Konditionierung stattfindet: Unter welchen Bedingungen wird ein Stimulus ein exzitatorischer CS, ein inhibitorischer CS und wann bleibt er neutral? Welche Faktoren bestimmen, ob ein Stimulus ein starker CS oder ein schwacher CS wird? Das sind gewiss sehr grundlegende Fragen und dieser Teil beschreibt einige der bekannten Theorien, die versuchen, Antworten darauf zu geben. Der zweite Teil behandelt die Ergebnisse der Konditionierung: *Welche Assoziationsarten* entstehen in den verschiedenen Konditionierungssituationen? In Kapitel 4 wurden Hinweise darauf untersucht, dass bei einer einfachen Konditionierung zwischen dem CS-Zentrum und dem US-Zentrum eine S-S-Assoziation entsteht. Wir werden aber sehen, dass eine CS-US-Assoziation nur eines von vielen möglichen Assoziationsergebnissen eines klassischen Konditionierungsprozesses ist. Der dritte Teil beschäftigt sich mit biologischen Randbedingungen und damit, *welche Stimulusarten* bei der klassischen Konditionierung leicht assoziiert werden und welche nicht. Die Antwort auf diese Frage ist nicht einfach und hängt von den besonderen CS/US-Kombinationen und der jeweiligen Spezies ab.

Der vierte Teil dieses Kapitels stellt moderne Theorien vor, die herausfinden und vorhersagen wollen, *welche Form* eine konditionierte Reaktion annehmen wird. Wird die CR der UR ähnlich, ihr Gegenteil oder etwas ganz anderes sein? Wir werden sehen, dass diese Frage, abgesehen von ihrer theoretischen Bedeutung, wichtige Folgen für die Praxis hat, zum Beispiel, wenn ein Reiz, der mit einer Droge assoziiert wurde, später eine Reaktion auslösen kann, die entweder der Reaktion auf die Droge ähnelt oder ihr Gegenteil darstellt. Der letzte Teil des Kapitels untersucht den Prozess und die Ergebnisse der klassischen Konditionierung aus neurophysiologischer Sicht. Hier werden Forschungsvorhaben und Studien beschrieben, die untersuchen, wie die klassische Konditionierung die Funktion einzelner Neuronen verändert und welche Hirnregionen daran beteiligt sind.

5.1 Theorien zum assoziativen Lernen

Eines der ältesten Prinzipien des assoziativen Lernens ist das Prinzip der Häufigkeit: Je öfter zwei Stimuli kombiniert werden, desto stärker wird das betreffende Individuum sie assoziieren. Thomas Brown (1820) formulierte dieses Prinzip zuerst, aber wie wir gesehen haben stützen die Ergebnisse von Ebbinghaus und der Experimente zur klassischen Konditionierung die Annahme. Dieses Prinzip war auch die Grundlage für verschiedene einflussreiche mathematische Lerntheorien (Bush & Mosteller, 1955; Estes, 1950; Hull, 1943). Da das Häufigkeitsprinzip weithin akzeptiert wird, ist es nicht überraschend, dass ein von Kamin (1968) durchgeführtes Experiment, das ihm widersprechende Ergebnisse erbrachte, viel Aufmerksamkeit erregte. Wir werden das Experiment von Kamin im nächsten Abschnitt genauer untersuchen. Außerdem werden wir verschiedene Theorien der klassischen Konditionierung beleuchten, die entwickelt wurden, um die Beschränkungen des Häufigkeitsprinzips zu umgehen und eine genauere Analyse des Prozesses des assoziativen Lernens zu geben.

5.1.1 Der Blockierungseffekt

Um die Beschreibung des Experiments von Kamin und der anderen in diesem Kapitel erwähnten Experimente besser verständlich zu machen, einigen wir uns auf einige begriffliche Konventionen. Da hier nicht einer, sondern mehrere konditionierte Stimuli auftauchen, kennzeichnen wir die verschiedenen CS mit Großbuchstaben (zum Beispiel T für Ton, L für Licht). Normalerweise taucht nur ein US auf, aber bei manchen Durchgängen könnte er anwesend, bei anderen abwesend sein, so dass die Kennzeichnung $^+$ und $^\circ$ für An- und Abwesenheit des US verwendet wird. T^+ bedeutet also, dass bei dem Durchgang ein Ton als CS präsentiert wurde und ein US folgte. TL° bedeutet, dass bei dem Durchgang zwei konditionierte Stimuli, Ton und Licht, gleichzeitig präsentiert wurden, aber kein US folgte. Fast alle beschriebenen Experimente verwendeten ausbalancierte Verfahren, so dass für die Hälfte der Versuchsteilnehmer in jeder Gruppe die Rollen von L und T vertauscht waren. Der Zweck dieser Ausbalancierung besteht in der Absicherung, dass die Versuchsergebnisse nicht von unbedeutenden Unterschieden zwischen verschiedenen konditionierten Stimuli abhängen. Um unnötige Verwirrung zu verhindern, werden wir diese Ausbalancierung bei der Beschreibung der Versuche nicht extra erwähnen.

Kamin verwendete ursprünglich Ratten und führte ein Experiment zur konditionierten Unterdrückung durch. Tabelle 5.1 zeigt den Versuchsplan des Experiments. Es gab zwei Gruppen von Ratten, eine **Blockierungsgruppe** und eine **Kontrollgruppe**. In der ersten Phase des Experiments durchliefen die Versuchstiere der Blockierungsgruppe einige L^+-Durchgänge. Am Ende dieser Phase löste L eine starke CR aus. In der zweiten Phase erhielt die Blockierungsgruppe eine Reihe von LT^+-Durchgängen. Diese Durchgänge entsprachen genau denen der ersten Phase, außer dass ein zweiter CS – eben T – zusammen mit L auftrat. In der Testphase wurde in einigen Extinktionsdurchgängen nur T präsentiert, um die Stärke der Konditionierung dieses CS zu messen.

Gruppe	Phase 1	Phase 2	Testphase	Ergebnis
Blockierung	L^+	LT^+	T	T löst keine CR aus
Kontrolle	-	LT^+	T	T löst eine CR aus

Tabelle 5.1: Die Versuchanordnung von Kamins Experiment zum Blockierungseffekt (1968)

Die Bedingungen für die Kontrollgruppe waren identisch, mit Ausnahme eines wichtigen Unterschieds: In der ersten Phase wurde überhaupt kein Stimulus präsentiert. Die Versuchstiere wurden also L, T und dem US zum ersten Mal in Phase zwei ausgesetzt. Es ist wichtig zu begreifen, dass beide Gruppen genau dieselbe Anzahl an Durchgängen der Paarung von T und Schock erhalten hatten. Laut Häufigkeitsprinzip müsste die Konditionierung von T in beiden Gruppen gleich stark ausfallen, da die Anzahl der Paarungen gleich war. Aber Kamins Ergebnis war völlig anders: Während er eine starke CR auf T in der Kontrollgruppe beobachtete, konnte er in der Blockierungsgruppe so gut wie keine konditionierte Reaktion auf T feststellen. Da der einzige Unterschied zwischen den beiden Gruppen darin bestand, dass die Blockierungsgruppe Durchgänge mit L in Phase 1 durchlaufen hatte, die Kontrollgruppe aber nicht, schloss Kamin, dass diese vorangegangene Konditionierung mit Stimulus L die später erfolgende Konditionierung des Stimulus T irgendwie „blockiert" haben muss. Seit dieser Pionierarbeit von Kamin wurde der Blockierungseffekt in zahlreichen Experimenten nachgewiesen, wobei eine Vielzahl von Konditionierungssituationen mit tierischen und menschlichen Versuchsteilnehmern konstruiert wurde (zum Beispiel von Goddard & Jenkins, 1988; Martin & Levey, 1991).

Eine intuitive Erklärung für diesen Blockierungseffekt lässt sich leicht finden: Einfach gesagt war Stimulus T in der Blockierungsgruppe redundant; er lieferte keine neuen Informationen. Am Ende der Phase 1 hatten die Versuchstiere der Blockierungsgruppe gelernt, dass Stimulus L zuverlässig das Auftreten des US ankündigt, dass der US also immer nach L auftritt und nie zu einer anderen Zeit. Die Ergänzung von T in Phase zwei veränderte an der Fähigkeit der Versuchstiere, den US vorherzusagen, nichts. Das Experiment zeigte somit, dass eine Konditionierung nicht stattfindet, wenn ein CS keine neue Information über den US liefert.

WWW

Sie können an einer interaktiven Simulation zur Konditionierung des Speichelflusses teilnehmen, die die Akquisition, die Extinktion und den Blockierungseffekt nachvollziehbar macht unter **http://www.uwm.edu/People/johnchay/cchtm**.

Konditionierung ist also kein automatisches Ergebnis, wenn ein CS und ein US kombiniert werden. Sie tritt nur dann auf, wenn der CS informativ ist, wenn er etwas Wichtiges wie einen bevorstehenden Elektroschock ankündigt. Diese Einsicht scheint zu implizieren, dass die Versuchsteilnehmer eine viel aktivere Rolle im Konditionierungsprozess spielen als ursprünglich angenommen – sie sind selektive Lerner und lernen nur aus informativen Stimuli, während nicht informative ignoriert werden. Für die beiden Psychologen Robert Rescorla und Allan Wagner (1972) unterstrichen der Blockierungseffekt und ähnliche Ergebnisse die Notwendigkeit, eine neue Theorie der klassischen Konditionierung zu entwickeln, die derartig unpräzisen Werten wie Informationsgehalt und Vorhersagekraft genau und objektiv gerecht werden könnte. Das Ergebnis ihrer Zusammenarbeit war das Rescorla-Wagner-Modell, das heute eine der bekanntesten Theorien der klassischen Konditionierung darstellt.

5.1.2 Das Rescorla-Wagner-Modell: Grundlegende Annahmen

Das Rescorla-Wagner-Modell ist ein mathematisches Modell der klassischen Konditionierung, das aufgrund seiner technischen Aufmachung recht schwierig zu verstehen ist. Im nächsten Abschnitt wollen wir versuchen, die quantitativen Details des Modells darzustellen. Die grundlegenden Ideen hinter der Theorie sind jedoch recht einfach und vernünftig, so dass wir am besten eine informative Darstellung diese Ideen an den Anfang stellen. So können Sie auch ohne Gleichungen ein Verständnis des Modells entwickeln.

Die klassische Konditionierung kann als Lernmethode betrachtet werden, bei der etwas über Signale (konditionierte Stimuli) für das Eintreffen wichtiger Ereignisse (unkonditionierte Stimuli) gelernt wird. Das Rescorla-Wagner-Modell soll die Ergebnisse der klassischen Konditionierungsverfahren vorhersagen und ist durchgangsbasiert. Das Modell geht davon aus, dass bei jedem Durchgang, bei dem ein oder mehrere konditionierte Stimuli präsentiert werden, eine exzitatorische, eine inhibitorische oder gar keine Konditionierung stattfinden kann. Laut Modell bestimmen zwei Faktoren welche der drei Möglichkeiten tatsächlich eintritt: 1. Die Stärke der Erwartung des Versuchsteilnehmers hinsichtlich des eintreffenden Ereignisses. 2. Die Intensität des US, der tatsächlich präsentiert wird. Das Modell ist eine mathematische Formulierung des Konzepts der Überraschung: Lernen findet nur dann statt, wenn die Betroffenen überrascht sind, das heißt, wenn sich das, was tatsächlich passiert, von dem unterscheidet, was erwartet wurde.

Sie sollten die Grundlagen des Modells erfassen können, wenn Sie die folgenden sechs Regeln lernen und verstehen:

1. *Wenn die Intensität des aktuellen US größer ist, als die Intensität der Erwartung des Individuums, werden alle konditionierten Stimuli, die mit dem US kombiniert werden, exzitatorisch konditioniert.*
2. *Wenn die Intensität des aktuellen US geringer ist als die Intensität der Erwartung des Individuums, werden alle konditionierten Stimuli, die mit dem US kombiniert werden, inhibitorisch konditioniert.*
3. *Wenn die Intensität des aktuellen US der Intensität der Erwartung des Individuums entspricht, findet gar keine Konditionierung statt.*
4. *Je größer die Diskrepanz zwischen der Intensität der Erwartung und der des US, desto stärker wird die folgende Konditionierung (entweder exzitatorisch oder inhibitorisch) sein.*
5. *Salientere (auffälligere) konditionierte Stimuli führen schneller zur Konditionierung, als weniger saliente (weniger auffällige).*
6. *Wenn zwei oder mehr konditionierte Stimuli zusammen präsentiert werden, wird die Erwartung der Versuchsperson gleich ihrer Gesamtintensität sein (exzitatorische und inhibitorische Stimuli haben dabei die Neigung, sich gegenseitig aufzuheben).*

Wir werden nun verschiedene Beispiele untersuchen, um zu zeigen, wie die sechs Regeln in den einzelnen Fällen wirken. Bei allen angeführten Beispielen stellen wir uns vor, dass eine Ratte ein Konditionierungsverfahren durchläuft, bei dem ein CS (Licht, Ton oder ähnliches) mit einer Futtergabe als US kombiniert wird. In dieser Konditionierungssituation ist die CR Aktivität, die an den automatisch von einem Bewegungsmelder aufgezeichneten Bewegungen der Ratte durch die Versuchkammer gemessen wird. Bei Experimenten, die tatsächlich dieses Verfahren verwenden, ist ein typisches Ergebnis, dass die Ratte mit fortschreitender Konditionierung immer aktiver wird, wenn der CS präsentiert wird. Daher kann ihre Bewegung als Maß der exzitatorischen Konditionierung verwendet werden.

Akquisition

Betrachten wir einen Fall, bei dem ein Lichtstrahl (L) mit einer Futtergabe kombiniert wird. Beim ersten Konditionierungsdurchgang hat die Ratte keine Erwartung bezüglich dessen, was auf L folgt, so dass die Intensität des US (der Futtergabe) größer ist als die der Erwartung der Ratte (die gleich Null ist). Dieser Durchgang führt also laut erster Regel zu einer exzitatorischen Konditionierung. Aber Konditionierung ist selten nach einem Durchgang abgeschlossen. Wird L das zweite Mal präsentiert, löst es bereits eine schwache Erwartung aus, die aber nicht so stark ist, wie der tatsächliche US, so dass wieder Regel 1 zutrifft und eine exzitatorische Konditionierung stattfindet. Aus demselben Grund passiert dasselbe beim dritten, vierten und den folgenden Durchgängen. Mit jeder Konditionierungsdurchgang wird jedoch die Erwartung der Ratte stärker, so dass der Unterschied zwischen der Intensität der Erwartung und der Intensität des US immer kleiner wird. Die exzitatorische Konditionierung findet also am schnellsten in den ersten KonditionierungsDurchgangen statt. Mit jedem weiteren Durchgang wird sie weniger (siehe Regel 4). Wenn L eine Erwartung produziert, die genauso intensiv ist wie das Erleben der Futtergabe selbst, ist die Asymptote des Lernens erreicht und es findet durch weitere Durchgänge der Kombination von L und Futtergabe keine weitere exzitatorische Konditionierung mehr statt.

Blockierung

Wir bleiben bei diesem Beispiel, nehmen aber an, dass nach dem Erreichen der Asymptote der Konditionierung ein zusammengesetzter CS aus L und T präsentiert wird, worauf die Gabe eines Futterpellets folgt. Laut Regel 6 ergibt sich die Erwartung des Versuchstiers bei der Präsentation von zwei konditionierten Stimuli aus der auf die beiden Einzelstimuli bezogenen Erwartung. T ist ein neuer Stimulus, so dass noch keine Erwartung mit ihm assoziiert ist, aber L führt zur Erwartung eines Futterpellets. Tatsächlich erhält das Versuchstier ein Pellet, so dass sich Erwartung und US entsprechen und keine weitere Konditionierung erfolgt (Regel 3). L behält also seine exzitatorische Stärke und T behält null Stärke.

So erklärt das Modell in aller Kürze den Blockierungseffekt: Es findet keine Konditionierung des zusätzlichen CS statt, weil es keine Überraschung gibt. Die Intensität der Erwartung des Versuchstiers entspricht der Stärke des US.

Extinktion und konditionierte Inhibition

Beschäftigen wir uns nun mit einem etwas anderen Beispiel. Nehmen wir an, dass die Konditionierung von L ihre Asymptote erreicht hat und die Ratte danach Konditionierungsdurchgänge macht, in denen L und T zusammen auftreten, aber danach keine Futtergabe erfolgt. Dann gilt Regel 2: Die Stärke der Erwartung der Ratte übersteigt die Stärke des aktuellen US. Die Ratte hat nämlich aufgrund des vorangegangenen Trainings mit L eine starke Erwartung der Futtergabe, aber die Stärke des realen US ist Null (da bei diesen Extinktionsdurchgängen gar kein US gegeben wird). Laut Regel 2 werden die beiden konditionierten Stimuli L und T bei diesen Extinktionsdurchgängen leicht inhibitorisch konditioniert.

Diese inhibitorische Konditionierung beeinflusst L und T folgendermaßen: Da L anfangs eine starke exzitatorische Wirkung hat, beginnen die Durchgänge ohne Futtergabe (und die dadurch erfolgende inhibitorische Konditionierung) dem entgegen zu wirken. Das entspricht fast einer Extinktion, denn wird ein exzitatorischer CS ohne US präsentiert, so schwächt dies die Stärke des CS. Dagegen hat T zu Beginn dieser Phase null Stärke, denn er wurde noch nie präsentiert. Deshalb sinkt die Stärke von T durch die Durchgänge ohne Futter (und die dadurch erfolgende inhibitorische Konditionierung) unter Null – T wird ein konditionierter Inhibitor.

Überschattung

Bei einem Konditionierungsexperiment mit einem zusammengesetzten konditionierten Stimulus, der aus einem intensiven und einem schwachen Stimulus besteht, entdeckte Pawlow ein Phänomen, das er **Überschattung** nannte. Nach einer Reihe von Durchgängen produzierte nämlich der starke CS eine starke CR, wenn er allein präsentiert wurde, während der schwache CS allein nur eine schwache oder gar keine konditionierte Reaktion auslöste. Das lag nicht etwa daran, dass der schwache CS einfach nur zu schwach war, um ein wirksamer CS zu werden, denn wenn er allein mit dem US kombiniert wurde, löste er sehr schnell eine CR aus. In Verbindung mit einem intensiveren CS schien er jedoch von diesem maskiert oder überschattet zu werden. Diese Überschattung wurde in Experimenten mit Tieren und mit Menschen beobachtet (Spetch, 1995).

Das Rescorla-Wagner-Modell erklärt diese Überschattung so: Laut Regel 5 führen auffälligere Stimuli schneller zur Konditionierung als weniger auffällige. Wenn beispielsweise ein schwaches Licht und ein lautes Geräusch zusammen präsentiert werden und darauf eine Futtergabe erfolgt, so wird das laute Geräusch schneller exzitatorische Stärke erlangen als das Licht. Wenn die auf Geräusch und Licht basierende Gesamterwartung der Stärke der Futtergabe entspricht, hört die exzitatorische Konditionierung auf. Da das Geräusch auffälliger ist, wird es viel mehr exzitatorische Wirkung erzielen als das Licht. Wird das Licht allein präsentiert, führt es nur zu einer schwachen CR.

Der Übererwartungseffekt

Ein Charakteristikum einer guten Theorie ist die Fähigkeit, weitere Forschungsbemühungen anzuregen, indem Vorhersagen gemacht werden, die vorher noch nicht überprüft wurden (in Kapitel 1 Fruchtbarkeit genannt). Das Rescorla-Wagner-Modell verdient in dieser Hinsicht gute Noten, denn es hat Hunderte von Experimenten angeregt, in denen seine Vorhersagen und Regeln überprüft wurden. Das Phänomen der Übererwartung ist ein gutes Beispiel dafür.

Gruppe	Phase 1	Phase 2	Testphase	Ergebnis
Übererwartung	L^+, T^+	LT^+	L, T	Gemäßigte CRs
Kontrolle	L^+, T^+	kein Stimulus	L, T	Starke CRs

Tabelle 5.2: Versuchsanordnung eines Experiments zum Übererwartungseffekt

Tabelle 5.2 zeigt den Versuchsplan zur Überprüfung des Übererwartungseffekts. Es gibt zwei konditionierte Stimuli, L und T. In Phase 1 wird die Schreibweise „L^+, T^+" verwendet, um anzuzeigen, dass bei manchen Durchgängen L allein präsentiert wird und ein Futterpellet folgt, während bei anderen Durchgängen T allein präsentiert wird und ein Futterpellet folgt. Die beiden Durchgangsarten L^+ und T^+ werden in Phase 1 nach dem Zufallsprinzip gemischt. Schauen wir uns einmal an, was jeweils passieren sollte. Bei den L^+- Durchgängen nimmt die Stärke der auf L basierenden Erwartung ständig zu und nähert sich schließlich der des einen Futterpellets. Bei den T^+-Durchgängen nimmt die Stärke der auf T basierenden Erwartung ebenfalls ständig zu und nähert sich der des einen Futterpellets. Da L und T niemals zusammen auftreten, kann die konditionierte Stärke der beiden Reize unabhängig voneinander zunehmen und sich der Stärke des Futterpellets annähern.

In Phase 2 erhalten die Ratten in der Kontrollgruppe keine Stimuli, so dass keine Erwartungen entstehen. In der Testphase sollten diese Ratten bei den ersten Durchgängen (die Extinktionsdurchgänge sind) daher eine starke CR auf L und T zeigen.

Die Ergebnisse der Ratten in der Übererwartungsgruppe sollten ziemlich anders aussehen. In Phase 2 erhalten diese Ratten einige Durchgänge mit dem zusammengesetzten Stimulus LT, auf den ein Futterpellet folgt. Im ersten Durchgang der Phase 2 ist die Gesamterwartung der Ratten, die sich aus der Summe der Stärke von L und T ergibt, etwa gleich wie die Stärke von zwei Futterpellets (denn jeder Stimulus hat die Stärke von einem Futterpellet). Man könnte also sagen, dass die Ratten in dem Durchgang mit dem zusammengesetzten Stimulus einen größeren US (zwei Futterpellets) erwarten, weil zwei starke konditionierte Stimuli auftreten, aber dann wird nur ein Futterpellet gegeben. Das bedeutet, dass die Tiere im Vergleich zu dem, was sie bekommen, eine Übererwartung hinsichtlich des Umfangs des US haben. Regel 2 besagt aber, dass beide konditionierten Stimuli unter diesen Umständen eine inhibitorische Konditionierung erfahren (und etwas von ihrer assoziativen Stärke verlieren).

Durch weitere Durchgänge der Phase 2 in der Übererwartungsgruppe sollte die Stärke von L und T weiter abnehmen, solange die Gesamterwartung der beiden konditionierten Stimuli größer ist als die Stärke des einen Futterpellets. In der nächsten Phase sollten die einzelnen Stimuli L und T in der Übererwartungsgruppe eine schwächere CR auslösen, da sie ja in Phase 2 geschwächt wurden. Experimente haben diese Vorhersage, dass die konditionierten Reaktionen in der Übererwartungsgruppe schwächer sind als in der Kontrollgruppe, bestätigt (Khallad & Moore, 1996; Kremer, 1978).

Die genaue Vorhersage des Übererwartungseffektes durch das Modell ist besonders beeindruckend, weil diese Vorhersage kontraintuitiv ist. Wenn Sie vom Rescorla-Wagner-Modell bei der Beschäftigung mit Tabelle 5.2 noch nichts gewusst hätten, welche Ergebnisse hätten Sie für dieses Experiment vorhergesagt? Die Versuchstiere in der Übererwartungsgruppe durchlaufen ja mehr Durchgänge, in denen L und T mit dem US kombiniert werden, also müssten sie laut des Häufigkeitsprinzips stärkere konditionierte Reaktionen hervorbringen. Ausgehend vom Häufigkeitsprinzip würden wir von dieser höheren Durchgangszahl der CS-US-Paarung natürlich keine Schwächung der CS-US-Assoziation erwarten. Dennoch wird dieses Ergebnis, das sich als richtig herausstellt, vom Rescorla-Wagner-Modell vorhergesagt. Der Übererwartungseffekt ist nur eine von vielen kontraintuitiven Vorhersagen des Rescorla-Wagner-Models, die durch spätere Forschungsvorhaben bestätigt werden konnten.

WWW

Kurze Tutorien über Blockierung, Überschattung und andere Themen der klassischen Konditionierung finden Sie unter `http://brembs.net/classical`.

5.1.3 Das Rescorla-Wagner-Modell: Gleichungen und mathematische Beispiele

Nachdem wir das Rescorla-Wagner-Modell auf nicht-mathematische Weise beleuchtet haben, können wir die schwierigere Aufgabe, die mathematischen Details zu verstehen, besser bewältigen.

Schreibweisen

Im Modell wird die Stärke eines US durch A angegeben, ein Subskript kann verwendet werden, um genau erkennbar zu machen, um welchen US es sich handelt. A_1 könnte beispielsweise die Stärke eines Futterpellets repräsentieren, A_2 die Stärke von zwei Pellets und A_0 die Stärke eines Durchgangs ohne Futtergabe. Der Buchstabe V wird verwendet, um die konditionierte Stärke eines CS anzugeben und auch hierbei zeigen die Subskripte an, um welchen CS es sich gerade handelt. V_L könnte die konditionierte Stärke von Licht sein und V_T die konditionierte Stärke eines Tones. V ist positiv, wenn der CS exzitatorisch ist und negativ, wenn der CS inhibitorisch ist. Da die Erwartung von Individuen auf der Gesamtstärke aller konditionierten Stimuli basiert, die bei einem Durchgang zum Einsatz kommen, dient das Kürzel V_{sum} zur Kennzeichnung dieser Gesamtmenge. Die Auffälligkeit jedes CS wird mit S angegeben. S_L könnte die Auffälligkeit eines Lichtreizes sein und S_T die Auffälligkeit eines Tones. Die Auffälligkeit eines CS muss eine Ziffer zwischen 0 und 1 sein. Das Kürzel ΔV (sprich „delta V") bezieht sich auf die Veränderung der Stärke eines CS, die bei einem einzigen Konditionierungsdurchgang geschieht. (ΔVL ist die Veränderung der Stärke eines Lichtreizes und ΔVT ist die Veränderung der Stärke eines Tones.)

Laut Rescorla-Wagner-Modell kann bei jedem Konditionierungsdurchgang die folgende Gleichung verwendet werden, um die Veränderung der Stärke eines CS bei einem einzigen Durchgang zu beschreiben:

$$\Delta V_i = S_i \times (A_j - V_{sum})$$

Das Subskript i bezieht sich auf jeden einzelnen CS, das Subskript j auf jeden einzelnen US. Die Menge in der Klammer ($A_j - V_{sum}$) bezeichnet den Unterschied zwischen der Stärke des US und der Gesamtstärke der Erwartung des Individuums (basierend auf der Summe aller konditionierten Stimuli, die bei einem einzigen Durchgang präsentiert werden). ΔV ist positiv, wenn diese Menge positiv ist und negativ, wenn diese Menge negativ ist und Null, wenn die Menge Null ist. Die Menge in der Klammer wird einfach mit dem Auffälligkeitsparameter für den CS mulitipliziert, um zu bestimmen, wie viel exzitatorische oder inhibitorische Konditionierung für einen einzigen Durchgang vorhergesagt wird.

Obwohl fast jeder diese Gleichung behalten kann, fällt es vielen Menschen schwer zu begreifen, wie sie auf einen Einzelfall angewendet wird. Der beste Weg, das zu verstehen, besteht darin, die Gleichung anzuwenden, um Vorhersagen für einige Konditionierungssituationen zu machen. Wir werden nun einige Beispiele bearbeiten und dabei numerische und grafische Hilfen einsetzen, um die Vorhersagen konkret zu machen.

Da sowohl A, die Stärke eines US, als auch V, die konditionierte Stärke eines CS, hypothetische Quantitäten sind, die nicht direkt beobachtbar sind, können wir jede beliebige Zahlenskala verwenden, um diese Quantitäten zu benennen. Um die Gleichungen so einfach wie möglich zu halten, geben wir einem Futterpellet willkürlich die Stärke 100.

Akquisition

Betrachten wir den ersten Konditionierungsdurchgang, bei dem L mit einem Futterpellet kombiniert wird. Wenn L der einzige anwesende CS ist, dann ist $V_{sum} = V_L$, und $V_L = 0$, weil es noch keine Konditionierung mit L gab. Für dieses Beispiel nehmen wir einen Auffälligkeitswert des Lichts, S_L, von .2 an. Um die Stärke der Konditionierung bei diesem Durchgang zu berechnen, müssen wir die folgende Gleichung lösen:

$$\Delta V_L = S_L \times (A_1 - V_{sum})$$

Setzen wir die ausgewählten Werte ein, bekommen wir

$$\Delta V_L = .2 \times (100 - 0) = 20$$

Deshalb müsste V_L bei diesem ersten Durchgang um 20 Einheiten ansteigen. Der Prozess der Zunahme wird grafisch in Abbildung 5.1 dargestellt.

Beim zweiten Durchgang beginnt V_L (und damit V_{sum}) bei 20, dadurch lautet die Gleichung:

$$\Delta V_L = .2 \times (100 - 20) = 16$$

Diese Gleichung besagt, dass V_L beim zweiten Durchgang um weitere 16 Einheiten zunimmt, so dass nach zwei Durchgängen $V_L = 20 + 16 = 36$ (siehe Abbildung 5.1) beträgt. Aufgrund der geringeren Diskrepanz zwischen A_L und V_{sum} im zweiten Durchgang ist die Menge des Gelernten geringer als beim ersten Durchgang (16 Einheiten statt 20). Abbildung 5.1 zeigt, dass die Zunahme bei V_L beim dritten Durchgang 12,8 betragen sollte, aber nur 2,7 beim zehnten Durchgang. Nach dem zehnten Durchgang ist V_L auf 89,3 gestiegen; mit weiteren Durchgängen würde sich dieser Wert der Asymptote von 100 annähern. Zusammenfassend lässt sich sagen, dass das Rescorla-Wagner-Modell prognostiziert, dass bei der einfachen Akquisition die anfängliche Zunahme VLs am größten ist und die Steigerung dann immer geringer wird, je mehr sich die Werte der Asymptote nähern.

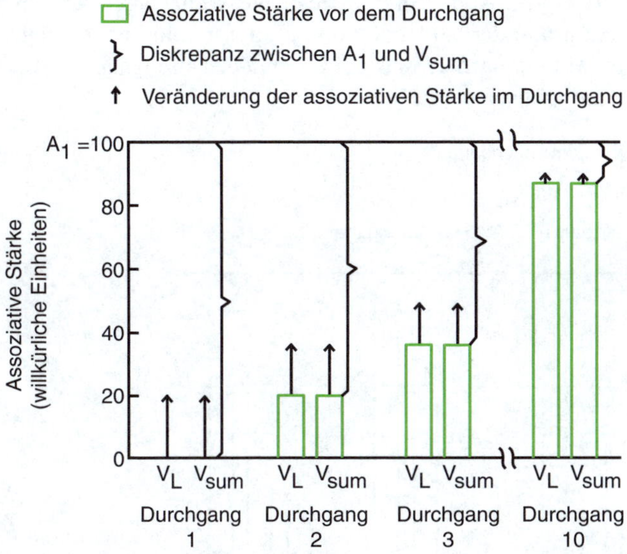

Abbildung 5.1: Vorhersagen des Rescorla-Wagner-Modells für die einfache Akquisition bei einem einzigen CS. Die verwendeten Parameter sind $A_1 = 100$, $S_L = .2$.

Überschattung

Es ist einfach zu zeigen, wie das Rescorla-Wagner-Modell das Phänomen der Überschattung berechnet. Nehmen wir an, wir beginnen ein neues Konditionierungsexperiment mit zwei konditionierten Stimuli, demselben Licht wie im letzten Beispiel ($S_L = .2$) und einem sehr lauten Geräusch (Auffälligkeit des Geräusches = $S_N = .5$). Die Abbildung 5.2 zeigt die Ergebnisse verschiedener Konditionierungsdurchgänge mit diesem zusammengesetzten CS. Im ersten Durchgang gilt $V_{sum} = V_L + V_N = 0$, so dass die Diskrepanz zwischen A_1 und V_{sum} 100 beträgt, wie im letzten Beispiel. Im Gegenzug dazu gibt es zwei konditionierte Stimuli, deren assoziative Stärke vergrößert werden muss. Deshalb müssen wir zwei Gleichungen lösen:

$$\Delta V_L = .2 \times (100 - 0) = 20$$

$$\Delta V_N = .5 \times (100 - 0) = 50$$

ΔV_L entspricht dem ersten Durchgang des ersten Beispiels. Beim auffälligeren Geräusch beträgt die Zunahme der konditionierten Stärke 50 Einheiten. Nach dem ersten Durchgang beträgt $V_{sum} = 20 + 50 = 70$. Zu Beginn des zweiten Durchgangs ist die Differenz zwischen A_1 und V_{sum} schon auf 30 gesunken. Die Gleichungen für den zweiten Durchgang sind:

$$\Delta V_L = .2 \times (100 - 70) = 6$$

$$\Delta V_N = .5 \times (100 - 70) = 15$$

Der Gesamtanstieg bei V_{sum} im zweiten Durchgang beträgt 21, so dass sich nach zwei Durchgängen $V_{sum} = 70 + 21 = 91$ ergibt. Abbildung 5.2 zeigt die Vorhersagen für den dritten und zehnten Durchgang. Aufgrund der beiden konditionierten Stimuli nähert sich V_{sum} viel schneller an A_1 als in Abbildung 5.1, und beim zehnten Durchgang ist die Zunahme der Stärke zu klein, um sie grafisch darzustellen.

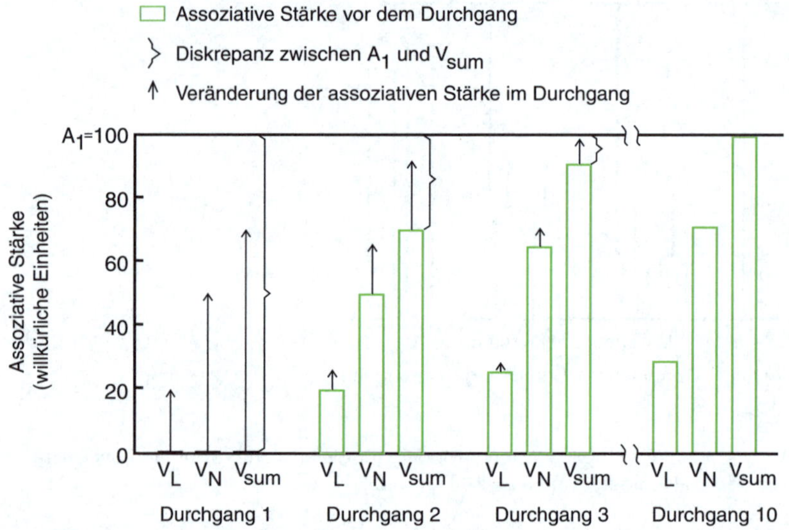

Abbildung 5.2: Vorhersagen des Rescorla-Wagner-Modells für einen Fall, in dem ein lautes Geräusch einen Lichtreiz überschattet. Die verwendeten Parameter sind $A_1 = 100$, $S_L = .2$, $S_N = .5$.

Die Vorhersagen des Modells hinsichtlich der Überschattung werden deutlich, wenn der Verlauf von V_L in den Abbildungen 5.1 und 5.2 verglichen wird. Der einzige Unterschied zwischen diesen beiden Konditionierungssituationen ist die Hinzufügung des Geräuschs im zweiten Beispiel. In Abbildung 5.1 hat V_L nach zehn Durchgängen eine Stärke von 89,3 erreicht. Mit weiteren Durchgängen nähert sie sich 100. In Abbildung 5.2 hat V_{sum} nach zehn Durchgängen fast 100 erreicht, aber da das auffälligere Geräusch über 70 Einheiten der Stärke usurpiert hat, wird V_L nie über 30 steigen. Da die Gesamtstärke der beiden konditionierten Stimuli im zusammengesetzten Stimulus in diesem Beispiel nie über 100 ansteigen kann, sagt das Modell voraus, dass das Licht überschattet werden wird. Es wird nie so stark konditioniert werden wie ohne das Geräusch.

Blockierung

Die Erklärung des Modells für den Blockierungseffekt ähnelt der der Überschattung. Nehmen wir an, in einer Blockierungsgruppe wird der Stimulus L in Phase 1 häufig mit einem Futterpellet kombiniert, so dass V_L am Ende dieser Phase etwa 100 beträgt (einmal mehr vorausgesetzt, dass die Stärke eines Futterpellets 100 ist). Zu Beginn der Phase 2 geht die Quantität $(A_1 - V_{sum})$ gegen Null, so dass bei keinem Stimulus weitere Veränderungen der konditionierten Stärke mehr auftreten: V_L bleibt fast 100 und V_T bleibt 0.

Konditionierte Inhibition

Kehren wir zurück zu dem einfachen Fall, in dem ein einzelner CS, L, mit einem Futterpellet ($A_1 = 100$) kombiniert wird. Nehmen wir an, es gab genügend Durchgänge zur Akquisition, um V_L auf einen Wert von 90 zu bringen. In der zweiten Phase dieses Experiments wird zusätzlich zu L ein zweiter CS, T, mit derselben Auffälligkeit wie L (S_T = .2) präsentiert, aber keine Futtergabe erfolgt. Abbildung 5.3 zeigt, dass T in Anlehnung an das Modell im Zuge dieser Extinktionsdurchgänge ein konditionierter Inhibitor werden sollte. Der Grund dafür ist, dass in diesen Extinktionsdurchgängen aufgrund der konditionierten Stärke von L die Stärke der Erwartung des US überhöht ist, unabhängig von der Anwesenheit von T. Das Modell besagt, dass die Stärke von allen konditionierten Stimuli, die beim Durchgang anwesend sind, abnimmt, wenn die Erwartung des US überhöht ist (das bedeutet, A_j ist kleiner als V_{sum}). Da V_T anfangs 0 ist, sorgen alle Verringerungen seiner Stärke dafür, das V_T in den negativen Bereich rutscht und ein konditionierter Inhibitor wird. Genauer gesagt gelten für den ersten Durchgang die folgenden Gleichungen:

$$\Delta V_L = .2 \times (0 - 90) = -18$$

$$\Delta V_T = .2 \times (0 - 90) = -18)$$

Das bedeutet, dass bei diesem ersten Extinktionsdurchgang V_L 18 Stärkeeinheiten verliert (und von 90 auf 72 sinkt) und V_T ebenfalls 18 Einheiten verliert (und von 0 auf -18 sinkt).

Der zweite in Abbildung 5.3 dargestellte Durchgang ist das erste Beispiel mit exzitatorischem und inhibitorischem CS, das wir kennen gelernt haben. Abbildung 5.3 zeigt mit V_L = 72 und V_T = -18, dass V_{sum} = 54 ist. Die folgenden Gleichungen sind also beim zweiten Extinktionsdurchgang gültig:

$$\Delta V_L = .2 \times (0 - 54) = -10{,}8$$

$$\Delta V_N = .5 \times (0 - 54) = -10{,}8$$

Beim zweiten Durchgang verliert V_L somit 10,8 Stärkeeinheiten (und sinkt von 72 auf 61,2) und V_T verliert 10,8 Einheiten (und sinkt von -18 auf -28,8). Bei weiteren Extinktionsdurchgängen wird V_L weniger positiv, V_T negativer und V_{sum} nähert sich einer Asymptote von Null. Beachten Sie, dass V_L bei dieser Asymptote (die beim zehnten Durchgang fast erreicht ist, wie Abbildung 5.3 zeigt) eine exzitatorische Stärke von etwa 50 behält. Die inhibitorische Stärke von V_T ist etwa -50 und da es fast keine Diskrepanz zwischen A_0 und V_{sum} gibt, gibt es bei weiteren Extinktionsdurchgängen auch fast keine weiteren Veränderungen in der assoziativen Stärke der Stimuli.

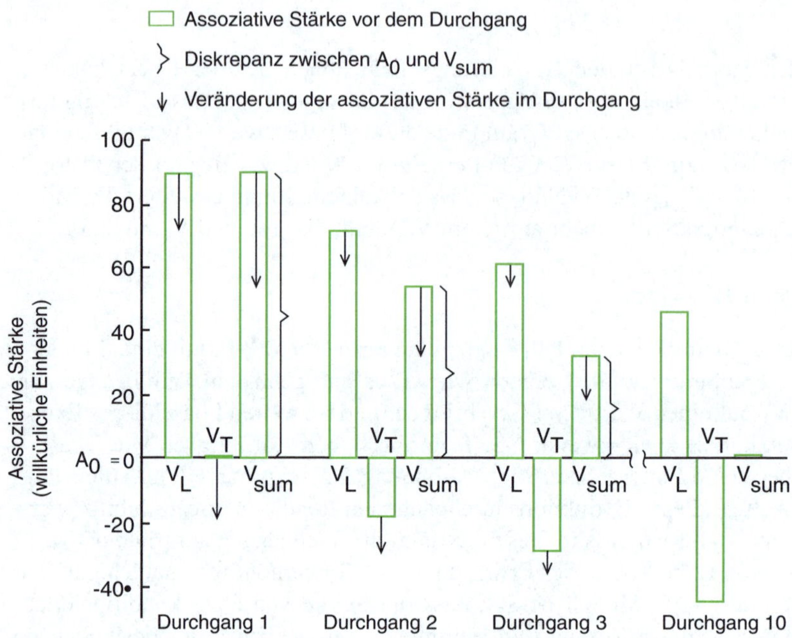

Abbildung 5.3: Vorhersagen des Rescorla-Wagner-Modells für den Fall, dass T ein konditionierter Inhibitor werden soll. Die verwendeten Parameter sind $A_0 = 0$, $S_L = 0\ .2$, $S_T = 0\ .2$, der Anfangswert für $V_L = 90$.

Zusammenfassung

Das Rescorla-Wagner-Modell könnte auch Theorie über die US-Effektivität genannt werden: Sie besagt, dass ein nicht vorhergesagter US effektiv einen Lernvorgang in Gang setzen kann, während ein erwarteter US wirkungslos ist. Als erste formale Theorie, die versuchte vorherzusagen, wann ein US assoziatives Lernen auslöst und wann nicht, ist ihr ein prominenter Platz in der Geschichte der Psychologie sicher. Das Modell wurde auf zahlreiche Konditionierungsphänomene erfolgreich angewendet, ist aber nicht vollkommen. Einige weithin anerkannte Phänomene kann das Modell nicht erklären. Aus diesem Grund haben andere Psychologen alternative Theorien der klassischen Konditionierung vorgeschlagen, die auf ziemlich anderen Annahmen über den Lernprozess basieren. Wir werden zwei Arten von Alternativtheorien in den folgenden Abschnitten untersuchen.

5.1.4 Theorien der CS-Effektivität

Die Grundannahme von Theorien der CS-Effektivität ist, dass sich die Konditionierbarkeit eines CS und nicht die Wirksamkeit des US von einer Situation zur nächsten verändert. Ein Phänomen, das **CS-Präexpositionseffekt** genannt wird, liefert einen überzeugenden Beleg für diese Annahme.

Der CS-Präexpositionseffekt

Nehmen wir ein einfaches Konditionierungsexperiment mit zwei Gruppen von Versuchsteilnehmern. In der Kontrollgruppe wird ein CS mit einem US kombiniert. Der einzige Unterschied in der CS-Präexpositionsgruppe ist, dass der CS vor den Konditionierungsdurchgängen einige Male allein präsentiert wird. Das Interesse richtet sich nun darauf, wie schnell in den beiden Gruppen konditionierte Reaktionen entstehen. Das Ergebnis, das sowohl bei Tieren als auch bei Menschen gefunden wurde, zeigte, dass die Konditionierung in der Kontrollgruppe schneller stattfindet, als in der CS-Präexpositionsgruppe (Lubow & Moore, 1959; Lipp, Siddle & Vaitl, 1992; Zalstein-Orda & Lubow, 1995). Eine nahe liegende Erklärung dafür ist, dass eine Art Habituation in der CS-Präexpositionsgruppe stattfindet. Weil der CS wiederholt auftritt, aber anfangs nichts bedeutet, achten die Versuchsteilnehmer immer weniger auf diesen Stimulus. Wir könnten sagen, dass die Betroffenen lernen, den CS zu ignorieren, weil er nicht informativ ist. Aus diesem Grund dauert die Assoziation des CS mit dem US länger, wenn die Konditionierungsdurchgänge anfangen und der CS plötzlich Informationsgehalt bekommt.

Obwohl das ein anerkanntes Phänomen ist, sagt das Rescorla-Wagner-Modell den CS-Präexpositionseffekt nicht vorher. Schauen wir uns an, was das Modell über den ersten Präexpositionsdurchgang zu sagen hat, bei denen der CS allein präsentiert wird. Da es noch keine Konditionierungsdurchgänge zuvor gab, löst der CS keinerlei Erwartung aus und da kein US auftaucht, ist die Stärke des US gleich Null. Da die Stärke der Erwartung der Versuchsteilnehmer der des US entspricht (beide sind Null), sollte bei den ersten Präexpositionsdurchgängen überhaupt kein Lernvorgang stattfinden und genau dieselbe Logik gilt für alle folgenden Präexpositionsdurchgänge. Das Modell sagt also voraus, dass kein Lernen stattfindet, wenn ein neuer CS allein auftritt. Aber offensichtlich lernen die Versuchsteilnehmer etwas bei den CS-Präexpositionsdurchgängen und das, was sie da lernen, behindert ihre Fähigkeit, in der darauf folgenden Konditionierungsphase eine CS-US-Assoziation zu entwickeln.

Eine Erklärung für den CS-Präexpositionseffekt ist, dass die Auffälligkeit eines CS sich in Folge der Erfahrungen mit ihm verändern kann. Angenommen, die allgemeinen Rahmenbedingungen des Rescorla-Wagner-Modells sind korrekt, legen die Daten nahe, dass die Auffälligkeit eines CS abnimmt, wenn er wiederholt folgenlos auftritt. Wir können natürlich die Auffälligkeitswerte in der mathematischen Gleichung verändern, aber was bedeutet eine solche Veränderung aus psychologischer Sicht? Manche Lerntheoretiker haben die Annahme formuliert, dass diese Veränderung auf eine Abnahme der Aufmerksamkeit des Organismus gegenüber dem CS basiert. Sie gehen davon aus, dass die Versuchsteilnehmer bei den CS-Präexpositionsdurchgängen lernen, dass es zwecklos ist, diesem Stimulus Aufmerksamkeit zu schenken. Wird er später mit dem US kombiniert, entwickelt sich die Assoziation langsamer.

Wenn der CS-Präexpositionseffekt und ähnliche Phänomene vom Rescorla-Wagner-Modell erklärt werden müssten, scheint die einzige Möglichkeit in der Annahme zu bestehen, dass der Auffälligkeitsparameter S_i keine feste Eigenschaft des CS ist. Dieser Parameter spiegelt eher sowohl die physischen Eigenschaften des CS als auch die vorangegangenen Erfahrungen von Individuen mit diesem CS. Wenn wir einräumen, dass S_i

sich verändern kann, wird auch das Rescorla-Wagner-Modell teilweise eine Theorie der CS-Effektivität (und der US-Effektivität). Wir wenden uns nunmehr zwei anderen Theorien zu, die besagen, dass nur die Effektivität des CS und nicht die des US durch Erfahrung verändert werden kann.

Mackintoshs Theorie der Aufmerksamkeit

In der kognitiven Psychologie war die Aufmerksamkeit viele Jahre lang ein sehr beliebter Begriff. Die Grundidee ist, dass alle Lebewesen ständig mit unzähligen und vielseitigen sensorischen Reizen bombardiert werden, ihre Fähigkeit, diese Informationen zu verarbeiten, aber recht beschränkt ist. Als Folge davon werden manche Informationen selektiert und verarbeitet, während der Rest ignoriert wird. Ein bekanntes Beispiel für die selektive Aufmerksamkeit ist das so genannte Cocktail-Party-Phänomen. Wenn Sie eine Party besuchen, wo viele Gespräche gleichzeitig stattfinden, haben Sie die Möglichkeit, dem einen oder einem anderen Gespräch zuzuhören. Ohne sich zu bewegen, könnten Sie der Person, die vor Ihnen steht, kurz zuhören, dann eine Zeit lang einem Gespräch lauschen, das hinter ihrem Rücken geführt wird und so weiter. Laborexperimente haben gezeigt, dass eine Versuchsperson, die einer Stimme zuhört, während zwei Stimmen gleichzeitig zu hören sind, sich letztlich an fast nichts erinnert, was diese zweite Stimme sagte. Zumindest im Bereich der Sprache scheint also das Aufmerksamkeitsvermögen des Menschen recht beschränkt zu sein, da er schon zwei Sprechern nicht oder kaum gleichzeitig zuhören kann.

Tiere müssen ähnliche Grenzen der Aufmerksamkeit haben, die ihre Fähigkeit, aus Erfahrungen zu lernen, beeinträchtigen könnte. Theorien über die Aufmerksamkeit von Tieren gehen davon aus, dass die Versuchstiere bei einem Konditionierungsdurchgang mit mehreren Stimuli, die gleichzeitig präsentiert werden, nur einem oder wenigen von diesen Stimuli Aufmerksamkeit schenken und dass Lernen (also eine Veränderung hinsichtlich der Assoziationen) nur in Bezug auf diese Stimuli möglich ist: ohne Aufmerksamkeit kein Lernen.

Ausgehend von diesen Annahmen entwickelte Mackintosh (1975) eine Theorie der Aufmerksamkeit und klassischen Konditionierung, die als echte Konkurrenz für das Rescorla-Wagner-Modell gilt. Die wichtigsten Annahmen dieser Theorie lassen sich grob anhand ihrer Erklärung für Kamins Blockierungseffekt illustrieren. Mackintosh lehnt das wichtigste Prinzip des Rescorla-Wagner-Modells ab – dass die Summe des Gelernten von der Diskrepanz zwischen der Stärke der Erwartung der Betroffenen und der Stärke des US abhängt. Mackintosh geht stattdessen davon aus, dass S_i sich mit der Erfahrung in folgender Weise verändert: Wenn wir zwei Stimuli, L und T, haben und L mehr Vorhersagekraft in Bezug auf den US hat als T, dann steigt S_L und S_T sinkt bis auf Null. Die Versuchsteilnehmer beachten also mit anderen Worten den informativeren Stimulus L und beachten Stimulus T kaum. Beobachten wir nun, was diese Theorie für die zweite Phase von Kamins Blockierungsexperiment vorhersagt, die in Tabelle 5.1 dargestellt ist. In der Blockierungsgruppe ist Stimulus L informativer als T aufgrund der Konditionierung, die in der ersten Phase stattgefunden hat. Deshalb nimmt S_L zu und S_T sinkt gegen Null. Ist die Abnahme bei S_T schnell, findet in Phase 2 kaum ein Lernvorgang bezüglich T statt.

Eine etwas andere Theorie über die CS-Effektivität haben Pearce und Hall (1980) entwickelt. Grob gesagt geht diese Theorie davon aus, dass konditionierte Stimuli wirkungslos werden, wenn der US bereits gut bekannt ist. Wenn die Situation sich so ändert, dass der US wieder überraschend ist (indem er beispielsweise intensiver wird), wird der CS laut dieser Theorie schnell wieder wirksam und weitere Konditionierung kann stattfinden. Wie Mackintoshs Theorie sagt die Pearce-Hall-Theorie vorher, dass beim ersten Durchgang in Phase 2 keine Blockierung stattfinden sollte, da ein CS seine Wirksamkeit erst dann verlieren kann, wenn er mindestens einmal mit nicht-überraschenden Folgen präsentiert wird.

Experimente zur Unterscheidung zwischen dem Rescorla-Wagner-Modell und den Theorien zur CS-Effektivität haben unterschiedliche Ergebnisse hervorgebracht, von denen einige die eine und andere die andere Theorie stützen (Balaz, Kasprow & Miller, 1982; G. Hall & Pearce, 1983; G. Hall, Kaye & Pearce, 1985). Möglicherweise besagen diese Ergebnisse, dass beide Arten von Theorie teilweise korrekt sind. Das bedeutet, dass sich die Effektivität von CS und US in der Folge der Erfahrungen eines Individuums verändern kann. Wenn ein US gut bekannt ist, kann er laut Rescorla-Wagner-Modell keine Konditionierung mehr herbeiführen. Wenn auf einen CS nichts Überraschendes folgt, kann dieser wirkungslos werden, solange bis sich die Situation verändert.

5.1.5 Komparatortheorien der Konditionierung

Trotz ihrer Unterschiede haben das Rescorla-Wagner-Modell und Theorien der CS-Effektivität zwei Gemeinsamkeiten: (1) Ihre Vorhersagen basieren auf Berechnungen bei einzelnen Durchgängen. (2) Sie gehen davon aus, dass die Anwesenheit eines CS den Lernprozess im Zusammenhang mit einem anderen CS stören kann, wie beim Blockierungsverfahren. Eine andere Gruppe von Theorien hat zu beiden Punkten eine andere Auffassung (Balsam & Gibbon, 1988; Gibbon & Balsam, 1981; R. R. Miller & Schachtman, 1985). Diese Theorien wurden **Komparatortheorien** genannt, weil sie davon ausgehen, dass das Lebewesen die Wahrscheinlichkeit des Eintreffens des US in der Anwesenheit des CS mit der Wahrscheinlichkeit des Eintreffens des US in Abwesenheit des CS vergleicht. Diese Idee klingt vielleicht vertraut, denn sie ähnelt der im vierten Kapitel behandelten Analyse der CS-US-Korrelationen von Rescorla (1968, 1969).

Wie unterscheiden sich die Komparatortheorien von den bereits untersuchten Theorien? Zunächst einmal machen sie keine Vorhersagen für einzelne Durchgänge, weil sie davon ausgehen, dass nicht die Ereignisse in diesen einzelnen Durchgängen wichtig sind, sondern eher die langfristige, übergeordnete Korrelation zwischen einem CS und dem US. Zweitens schlagen diese Theorien vor, dass der Vergleich zwischen CS und Kontext das Erlernen einer konditionierten Reaktion nicht beeinflusst, sondern ihre Performanz. Nehmen wir beispielsweise an, dass die Wahrscheinlichkeit eines US in der Anwesenheit eines CS .5 beträgt, aber auch in der Abwesenheit des CS . Die Komparatortheorie sagt nun voraus, dass dieser CS keine CR auslösen wird, was auch Rescorla (1968) fand. Das liegt aber laut Theorie nicht daran, dass der CS keine exzitatorische Stärke erworben hat, sondern daran, dass der CS und **Kontextreize** wie Aussehen, Geräusche und Gerüche der Versuchskammer dieselbe exzitatorische Stärke erworben haben, weil beide mit dem US kombiniert wurden und zwar in etwa 50 Prozent der Fälle. Die Theorien nehmen außerdem an, dass ein CS keine konditionierte Reaktion auslöst, solange er nicht mehr exzitatorische Stärke als die Kontextreize hat. Im Gegensatz zum Rescorla-Wagner-Modell gehen sie aber davon aus, dass das Individuum in dieser Situation etwas über den CS gelernt hat – nämlich, dass der US manchmal in seiner Anwesenheit auftritt – aber dass es nicht auf den CS reagiert, solange er keine besseren Vorhersagen über den US macht, als der Kontext.

Um Komparatortheorien zu testen, gibt es eine verbreitete Forschungsstrategie, die darin besteht, die Stärke eines Stimulus zu verändern und zu zeigen, dass die Versuchsteilnehmer tatsächlich etwas über einen anderen Stimulus gelernt haben, das in der vorangegangenen Leistung nicht sichtbar war. Nehmen wir an, dass ein Versuchstier nach der Konditionierung nur eine schwache Reaktion auf den CS zeigt, weil der CS und die Kontextreize eine gewisse exzitatorische Stärke haben. Laut Komparatortheorie ist eine Möglichkeit, die Reaktion auf den CS zu vergrößern, die Löschung der exzitatorischen Stärke des Kontexts, indem das Versuchstier im Kontext verbleibt und nie ein US präsentiert wird. Da die Reaktion auf den CS vom Vergleich des CS mit dem Kontext abhängt, sollte die Extinktion des Kontexts die Reaktion auf den CS vergrößern. Experimente dieser Art haben gezeigt, dass die Extinktion des Kontexts die Reaktion auf den CS tatsächlich vergrößert (Matzel, Brown & Miller, 1987). In einem ähnlichen Experiment von Cole, Barnet und Miller (1995) folgte auf einen CS immer ein US, während auf einen zweiten CS nur in 50 Prozent der Fälle ein US folgte. Zunächst löste der zweite CS kaum eine konditionierte Reaktion aus. Nachdem die Reaktion auf den ersten CS gelöscht worden war, nahm die konditionierte Reaktion auf den zweiten CS aber drastisch zu. Das Rescorla-Wagner-Modell sagt diese Wirkungen nicht voraus, denn es geht davon aus, dass die konditionierte Stärke eines CS sich nicht verändern kann, wenn dieser CS selbst nicht auftritt. Laut Komparatortheorie können Individuen aber eine Assoziation zwischen einem CS und einem US entwickeln, die an der Performanz anfangs nicht abzulesen ist. Dieser Lernvorgang kann sichtbar werden, wenn die Stärke eines konkurrierenden CS abnimmt.

Nicht alle Studien haben die Vorhersagen der Komparatortheorien bestätigt (zum Beispiel Ayres, Bombace, Shurtleff & Vigorito, 1985; Rauhut, McPhee, DiPietro & Ayres). Andererseits haben diese Komparatortheorien viel Unterstützung von Forschern erfahren, die zeigen konnten, dass die anfängliche Performanz eines Individuums nicht unbedingt alles zeigt, was es bisher gelernt hat (Yin, Barnet & Miller, 1994). Einige Studien haben Belege für die Komparatortheorien erbracht, indem sie eine Art von Spontanerholung entdeckten, bei der sich die konditionierte Reaktion auf einen CS mit der Zeit veränderte (Miller, Jagielo & Spear, 1993). Je mehr Unterstützung die Komparatortheorien und ihre Vorhersagen bekamen, desto ernsthafter wurden sie zu Konkurrenten für das Rescorla-Wagner-Modell und die Theorien zur CS-Effektivität. Weitere Forschungsvorhaben auf diesem Gebiet müssen jedoch noch zeigen, ob der Unterschied zwischen Lernen und Performanz tatsächlich eine so wichtige Variable bei der klassischen Konditionierung ist, wie die Komparatortheorien annehmen.

5.1.6 Zusammenfassung

In diesem Abschnitt haben wir das Rescorla-Wagner-Modell genau untersucht, eine einflussreiche Theorie der klassischen Konditionierung. Außerdem haben wir zwei alternative Arten von Theorien – Theorien der CS-Effektivität und Komparatortheorien – betrachtet. Die Vorhersagen dieser Theorien werden noch überprüft und es ist noch nicht möglich zu sagen, welche die beste ist. Hinsichtlich der Versuchsergebnisse hat jede dieser Theorien Stärken und Schwächen. Die Schwächen legen die Vermutung nahe, dass bisher noch keine perfekte Theorie der klassischen Konditionierung formuliert wurde.

Nichtsdestoweniger wurden erhebliche Fortschritte beim Versuch gemacht, den Prozess der klassischen Konditionierung zu verstehen. Obwohl die drei Arten von Theorien in vielen Punkten differieren, haben sie eine gemeinsame Grundannahme: Die Vorhersagekraft oder der Informationsgehalt eines CS ist eine wesentliche Determinante in Bezug auf die Frage, ob eine konditionierte Reaktion entsteht oder nicht. Und diese Vorhersagekraft eines CS kann nicht isoliert beurteilt werden, sondern muss mit der Vorhersagekraft anderer Stimuli verglichen werden, die in der Umgebung des Lebewesens ebenfalls vorhanden sind.

5.2 Arten von Assoziationen

5.2.1 Assoziationen bei der Konditionierung erster Ordnung

In Kapitel 4 wurde die Frage behandelt, ob bei einer einfachen Konditionierung erster Ordnung eine S-S- oder eine S-R-Assoziation entsteht. Eine S-S-Assoziation ist eine Verbindung zwischen dem CS-Zentrum und dem US-Zentrum. Diese Zentren sind die angenommenen Hirnregionen, die von den beiden Stimuli aktiviert werden. Laut S-S-Position findet eine konditionierte Reaktion statt, weil die Präsentation des CS das CS-Zentrum aktiviert, das wiederum das US-Zentrum aktiviert, das wiederum das Reaktionszentrum aktiviert (siehe Abbildung 4.4). Laut S-R-Position entsteht zwischen dem CS-Zentrum und dem Reaktionszentrum bei der Konditionierung eine direkte Verbindung. Später führt die Aktivierung des CS-Zentrums über diese S-R-Verbindung direkt zur Aktivierung des Reaktionszentrums, so dass das US-Zentrum nicht beteiligt ist. Kapitel 4 hat gezeigt, dass Experimente, bei denen eine US-Devaluation eingesetzt wird (wodurch die Fähigkeit des US, eine UR auszulösen, auf die eine oder andere Art verringert wurde, nachdem der CS konditioniert wurde), eher die S-S-Position stützen. Jede Veränderung, die die Fähigkeit des US verringert, eine Reaktion auszulösen, verringert auch die Fähigkeit des CS, diese Reaktion auszulösen. Diese Ergebnisse begünstigen die S-S-Position und in Abbildung 4.4 die eher indirekte Bahn vom CS-Zentrum zum Reaktionszentrum, denn die reaktionsauslösende Fähigkeit des CS scheint an die reaktionsauslösende Fähigkeit des US gebunden zu sein.

5.2.2 Assoziationen bei der Konditionierung zweiter Ordnung

Im Vergleich zu den Ergebnissen der Konditionierung erster Ordnung haben Studien zu den im Laufe der Konditionierung zweiter Ordnung gebildeten Assoziationen ein viel komplexeres und verwirrenderes Bild ergeben. Stellen wir uns ein Experiment mit Ratten vor, bei dem Licht mit Futter kombiniert wird und die konditionierte Reaktion auf das Licht eine Zunahme an Aktivität ist. Das Futter ist der US und das Licht ist CS1 (der konditionierte Stimulus erster Ordnung). Ein Ton (der konditionierte Stimulus zweiter Ordnung, CS2) wird wiederholt mit dem Licht kombiniert, so dass schließlich eine Konditionierung zweiter Ordnung sichtbar wird – der Ton löst ebenfalls eine Zunahme der Aktivität aus. Welche Art der Assoziation macht die konditionierte Reaktion auf den Ton möglich? Ausgehend von der Diskussion im vorigen Absatz erraten Sie vielleicht, dass die Aktivierung von Hirnzentren dem folgenden Pfad entspricht: Ton → Tonzentrum → Lichtzentrum → Futterzentrum → Reaktionszentrum → Reaktion. Das ist zwar eine vernünftige Einschätzung, aber leider ist sie falsch. Als Holland und Rescorla (1975) dieses Experiment durchführten, fanden sie Hinweise für eine direkte S-R-Assoziation zwischen dem Tonzentrum und dem Reaktionszentrum. Zu ihrer Methode gehörte die Devaluierung des US, indem die Ratten sich sattfressen konnten. Danach wurde ihre Reaktion auf den Ton erneut getestet. Die Aktivität in Anwesenheit des Tones nahm aber nicht ab, auch wenn die Tiere wenig Interesse am Futter zeigten.

Holland und Rescorla schlossen daraus, dass S-S-Assoziationen bei der Konditionierung erster Ordnung entstehen, bei der Konditionierung zweiter Ordnung aber S-R-Assoziationen. Andere Studien haben aber Belege für S-R-Assoziationen bei der Konditionierung zweiter Ordnung erbracht. In einem Verfahren wird CS1 gelöscht, nachdem eine konditionierte Reaktion auf CS2 entstanden ist. (Dies hätte im Experiment von Holland und Rescorla auch gemacht werden können, wenn man zuerst die konditionierte Reaktion auf das Licht gelöscht hätte und dann den Ton getestet hätte.) Manche Studien haben ergeben, dass konditionierte Reaktionen auf CS2 nach der Extinktion von CS1 erhalten bleiben, was einmal mehr die S-R-Position stützt (Amiro & Bitterman, 1980; Zamble, Hadad, Mitchell & Curmore, 1985).

Wieder andere Experimente erbrachten Belege für S-S-Assoziationen zweiter Ordnung (Rashotte, Griffin & Sisk, 1977; Rescorla, 1982). Weshalb in manchen Fällen der Konditionierung zweiter Ordnung S-S-Assoziationen gefunden werden und in anderen S-R-Assoziationen, ist noch nicht geklärt, aber bestimmte Unterschiede im Prozedere (ob beispielsweise CS2 und CS1 kombiniert werden, indem sie gleichzeitig oder nacheinander präsentiert werden) können eine große Wirkung haben (Holland, 1985; Rescorla, 1982). In jedem Fall können wir in Bezug auf die Assoziationen bei der Konditionierung zweiter Ordnung als allgemeine Schlussfolgerung mitnehmen, dass sie nicht einer einzigen Kategorie zugeordnet werden können, sondern dass sowohl S-S- als auch S-R-Assoziationen gebildet werden können.

5.2.3 Assoziationen, die Kontextreize beinhalten

Kein Experiment zur klassischen Konditionierung findet in einem Vakuum statt. Abgesehen von den Stimuli, die der Versuchsleiter als CS und US verwendet, ist es unvermeidlich, dass die Versuchskammer bestimmte Anblicke, Geräusch und Gerüche enthält, die zusammengefasst *Kontextreize* genannt werden. Diese Kontextreize sind in der Versuchskammer mehr oder weniger kontinuierlich präsent (das Experiment kann sie nicht an- oder ausschalten) und es scheint angemessen, sie zu ignorieren. Dennoch wird zunehmend klar, dass sie in vielen Konditionierungssituationen eine wichtige Rolle spielen (siehe Balsam & Tomie, 1985). Betrachten wir kurz einige wenige Beispiele ihrer Wirkung.

Wenn ein Stimulus in einer Versuchskammer wiederholt präsentiert wird, kann eine Assoziation zwischen den Kontextreizen und diesem Stimulus entstehen. Wird zum Beispiel gelegentlich ein Licht in der Kammer angeschaltet, kann das Versuchstier eine Kontext-Licht-Assoziation bilden, so dass es gelernt hat, das Licht zu erwarten, wenn es in die Versuchskammer kommt. Wenn das Licht ein erwartetes Ereignis ist, kann dies dazu beitragen, den CS-Präexpositionseffekt zu erklären – die Erkenntnis, dass ein CS, der wiederholt im experimentellen Kontext präsentiert wurde, schwieriger zu konditionieren ist, wenn er später mit einem US kombiniert wird. Die Möglichkeit einer Kontext-CS-Assoziation legt eine Erklärung des CS-Präexpositionseffektes nahe, die sich von Mackintoshs Erklärung (1975) deutlich unterscheidet. Mackintosh nahm an, dass der CS-Präexpositionseffekt deshalb stattfindet, weil Lebewesen aufhören, konditionierte Reize zu beachten, die keinen Informationsgehalt haben. Laut der vorliegenden Erklärung ist das Problem nicht, dass der CS keinen Informationsgehalt hat, sondern dass er erwartet wird. Und ebenso wie der Lernerfolg gering ist, wenn der US erwartet wird (diese Vorstellung ist zentral im Rescorla-Wagner-Modell), findet nur wenig Lernen statt, wenn der CS erwartet wird.

Eine Möglichkeit, diese Theorie zu testen, ist der Versuch, die Kontext-CS-Assoziation zu löschen, indem die Versuchstiere mehrere Durchgänge in der Versuchskammer durchlaufen, ohne dass ein CS präsentiert wird (ein zweifellos recht langweiliger Forschungsschritt für Versuchsleiter und Versuchstier, da in der Versuchskammer gar nichts passiert). Wenn die Kontext-US-Assoziation geschwächt ist, sollte dies die Wirkungen der CS-Präexposition umkehren, so dass der CS leichter zu konditionieren ist, wenn er mit einem US kombiniert wird. Wagner (1978) erhielt genau dieses Ergebnis bei einem Versuch zur Konditionierung des Lidschlusses, der mit Kaninchen durchgeführt wurde. Auch in anderen Versuchen wurden Belege für eine Kontext-CS-Assoziation gefunden, so dass wenige Zweifel darüber bestehen, dass solche Assoziationen entstehen können (Lubow & Gewirtz, 1995; Rescorla, 1984).

Andere Studien kamen parallel dazu zu der Einsicht, dass eine Kontext-US-Assoziation existiert. Wenn Ratten zum Beispiel häufig Futtergaben in einem Teil eines Labyrinths bekommen, entfalten sie verstärkte Aktivität in diesem Teil (Mustaca, Gabelli, Papini & Balsam, 1991). Diese verstärkte Aktivität ist eine konditionierte Reaktion, die aus einer Assoziation zwischen dem Kontext (dem Teil des Labyrinths) und dem Futter hervorgeht. Weitere Belege für die Kontext-US-Assoziation stammen vom US-Präexpositionseffekt, der analog zum oben besprochenen CS-Präexpositionseffekt ist. Der US-Präexpositionseffekt bedeutet, dass die Konditionierung eines CS langsamer ist, wenn der US allein in einem bestimmten Kontext wiederholt präsentiert wurde, bevor die CS-US-Paarungen beginnen (Domjan & Best, 1980).

Andere Forschungsergebnisse weisen darauf hin, dass Assoziationen, die Kontextreize umfassen, in vielerlei Hinsicht ähnlich sind zu Assoziationen, die konditionierte und unkonditionierte Stimuli umfassen. Rescorla, Durlach und Grau (1985) haben verschiedene Standardphänomene der Konditionierung bei Kontext-US-Assoziationen nachgewiesen – Akquisition, Extinktion, Diskrimination und umgekehrte Diskrimination (dabei sind die Rollen von CS+ und CS- umgekehrt). Kontextreize können sich auch mit einem normalen CS summieren, so dass der CS stärkere konditionierte Reaktionen auslöst, wenn er im selben Kontext auftritt, in dem die Konditionierung ursprünglich stattgefunden hat und nicht in einem anderen Kontext (Bouton & Bolles, 1985). Sie können als Vergleichsgröße zu einem normalen CS dienen, wie der Abschnitt über Komparatortheorien gezeigt hat. In vielen Punkten ähneln Kontextreize normalen konditionierten Stimuli.

5.2.4 CS-CS-Assoziationen

Wir haben bereits gesehen, dass in einer typischen Konditionierungssituation Assoziationen zwischen CS und US entstehen können, zwischen Kontext und CS und zwischen Kontext und US. Wenn ein zusammengesetzter konditionierter Stimulus (wie Licht und Ton, die gleichzeitig präsentiert werden) mit einem US kombiniert wird, kann auch zwischen den beiden konditionierten Stimuli eine Assoziation entstehen. Die Existenz der sensorischen Präkonditionierung (Kapitel 4) liefert eine Art Beleg für eine CS-CS-Assoziation. Ein Experiment von Rescorla und Cunningham (1978) zum Geschmacks-Aversions-Lernen liefert eine andere Art von Nachweis, denn es zeigte, dass die Extinktion eines Bestandteils eines zusammengesetzten Stimulus zu einer Verringerung der Reaktion auf den anderen, nicht gelöschten Bestandteil führt. Ratten tranken anfangs eine Lösung, die zwei verschiedene Geschmacksnoten – Salz und Chinin – enthielt. Danach wurde ihnen eine giftige Substanz injiziert, die sie krank machte. Dadurch sollten sie eine Aversion gegen den Geschmack von Salz und Chinin entwickeln. Danach wurde die Aversion gegen einen Geschmack (sagen wir Chinin) bei einer Rattengruppe gelöscht, indem sie eine Chininlösung zum Trinken bekamen, aber keine giftige Substanz danach. Eine Kontrollgruppe machte keine Extinktionsdurchgänge mit Chinin mit. Schließlich bekamen beide Gruppen die Gelegenheit, eine Salzlösung zu trinken. Die Gruppe mit der Chininextinktionserfahrung zeigte weniger Aversion gegenüber der Salzlösung, als die Kontrollgruppe.

Dieses Ergebnis zeigt, dass bei der ursprünglichen Kombination der Salz-Chinin-Lösung mit der Krankheit bei den Ratten nicht nur Assoziationen zwischen jedem einzelnen Geschmack und der Krankheit, sondern auch zwischen dem Salz und dem Chinin entstanden waren. Aufgrund dieser Salz-Chinin-Assoziation verursacht eine Abnahme der Aversion gegenüber Chinin auch eine Abnahme der Aversion gegenüber Salz. Diese Art von Assoziation zwischen den Elementen eines zusammengesetzten konditionierten Stimulus wird *within-compound-association* genannt. Auch in anderen Studien konnte diese Art der Assoziation belegt werden (Beauchamp, Gluck, Fouty & Lewis, 1991; Heth, 1985). Rescorla (1986b) fand, dass diese within-compound-associations stärker werden, wenn die beiden Elemente des zusammengesetzten Stimulus auf der Wahrnehmungsebene ähnlich sind (wie zwei durchgehende Farben im Vergleich zu einer durchgehenden Farbe und einem Streifenmuster).

5.2.5 Occasion Setting

Ein CS+ neigt dazu, eine konditionierte Reaktion auszulösen und ein CS- neigt dazu, das Auftreten einer konditionierten Reaktion zu verhindert. Jahrzehntelang wurde allgemein angenommen, dass dies die beiden einzigen Möglichkeiten sind, wie ein CS das Verhalten eines Lebewesens beeinflussen kann. Experimente von Holland (1983, 1985; R. T. Roll & Holland, 1981) legen jedoch eine dritte Möglichkeit nahe. Holland hat festgestellt, dass ein Stimulus unter bestimmten Umständen auf indirekte Weise eine konditionierte Reaktion beeinflussen kann: Er kann Auswirkungen darauf haben, ob die betroffenen Person auf einen anderen CS reagiert. In einem Experiment mit Ratten arrangierten Ross und Holland (1981) zwei Arten von Durchgängen. Bei einer Hälfte der Durchgänge wurde einige Sekunden lang ein Licht präsentiert, dem einige Sekunden lang ein Ton folgte und dann eine Futtergabe. Bei der anderen Hälfte der Durchgänge wurde der Ton allein präsentiert und es gab kein Futter. Die Präsentation des Lichts bedeutete also, dass auf den Ton die Futtergabe folgen würde. Die Versuchsleiter wussten aus früheren Versuchen, dass ein mit einer Futtergabe kombinierter Ton eine bestimmte ruckartige Kopfbewegung bei Ratten als CR auslöst – die Tiere fangen an, den Kopf von Seite zu Seite zu schwingen, als ob sie nach der Geräuschquelle suchten. Ross und Holland fanden in diesem Experiment, dass der Ton die Reaktion der Kopfbewegung auslöste, wenn ihm das Licht vorausging, aber nicht ohne das Licht. Das Licht schien also die konditionierte Reaktion auf den Ton zu beeinflussen. Ross und Holland nannten das Licht einen *occasion setter*, denn es zeigte jene Gelegenheiten an, in denen der Ton mit dem Futter kombiniert wurde (und dadurch eine CR auslöste).

Über die Wirkungsweise eines occasion setter wurden einige Theorien entwickelt. Holland favorisierte die Vorstellung, dass er eine bestimmte CS-US-Assoziation prägt. Diese Möglichkeit wird in Abbildung 5.4 dargestellt, in der die von Ross und Holland verwendeten Stimuli auftauchen. Wir können uns den occasion setter (das Licht) als eine Art Schalter vorstellen, der umgelegt sein muss, um die Verbindung zwischen Ton und Futter zu vervollständigen. Wenn diese Vorstellung zutrifft, sollte der occasion setter nur auf die Reaktion auf den Ton einen Einfluss haben, nicht die Reaktion auf andere konditionierte Stimuli (wie die Glocke, die auch mit dem Futter kombiniert worden war).

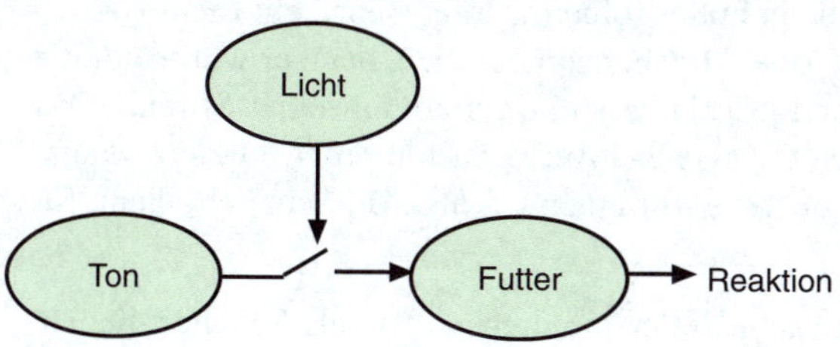

Abbildung 5.4: Eine Theorie darüber, wie ein Licht als occasion setter für einen Ton fungieren kann. Das Licht könnte wie ein Schalter wirken, der die Verbindung zwischen Ton und Futtergabe vervollständigt.

Rescorla (1985) schlug alternativ dazu vor, dass die Aufgabe eines occasion setter darin besteht, die Konditionierung zu **erleichtern**: Er beeinflusst das Ausmaß, in dem das US-Zentrum von jedem beliebigen CS aktiviert werden kann – nicht nur vom CS, der im Training mit dem occasion setter kombiniert worden war. Wenn diese Vorstellung zutrifft, sollte der occasion setter die Reaktionen auf jeden CS verstärken, nicht nur den, mit dem er im Training auftrat. T. L. Davidson und Rescorla (1986) fanden, dass ein occasion setter die Reaktionen auf mehr als einen Stimulus beeinflussen kann. Sie trainierten zunächst Ratten durch zwei Verfahren, in denen occasion setting stattfand: Einmal diente ein Ton als occasion setter für einen Lichtblitz, ein anderes Mal diente ein dauerhaftes Licht als occasion setter für ein Klicken. In der Testphase wurden die Rollen der beiden occasion setter vertauscht und es stellte sich heraus, dass der Ton nunmehr die Reaktionen auf das Klicken kontrollierte und das dauerhafte Licht die Reaktionen auf den Lichtblitz. Diese Ergebnisse scheinen der einfachen Vorstellung vom Umlegen des Schalters zu widersprechen, die in Abbildung 5.4 illustriert wird, da laut dieser Theorie ein occasion setter für einen Stimulus die Reaktionen auf einen anderen Stimulus in keiner Weise beeinflussen sollte (ebenso wie ein Schalter am Radio nicht den Fernseher einschalten kann und umgekehrt).

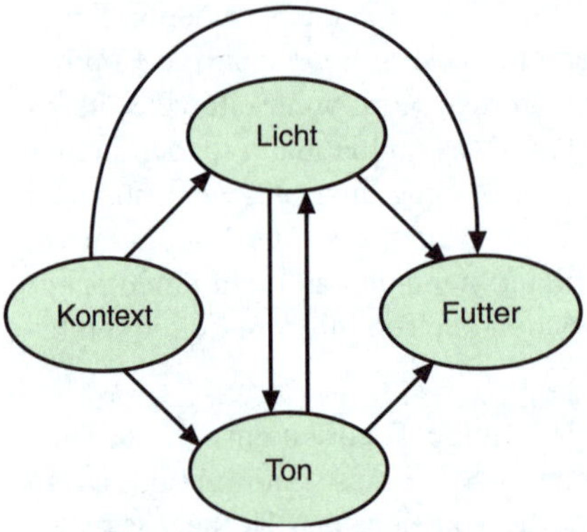

Abbildung 5.5: Die Assoziationen, die entstehen können, wenn ein zusammengesetzter Stimulus, der aus einem Licht und einem Ton besteht, mit einer Futtergabe kombiniert wird.

Das Licht im Experiment von R. T. Ross und Holland (1981) kann auch **positiver occasion setter** genannt werden, denn er verwies darauf, dass nach dem Ton eine Futtergabe erfolgen würde. Wenn auf den Ton nur dann Futter folgen würde, wenn kein Licht vorausginge, würde das Licht **negativer occasion setter** genannt werden, denn er würde auf die Abwesenheit des US verweisen. Holland (1991) zeigte, dass ein einzelner Stimulus für einen CS als positiver, für einen anderen CS als negativer occasion setter fungieren kann. Man könnte also sagen, dass ein occasion setter für einen CS als „On-Schalter" dient, für einen CS aber als „Off-Schalter".

Diese Untersuchungen zeigen, dass occasion setter möglicherweise als Schalter dienen, dass die Verdrahtung dieser Schalter aber wesentlich komplexer sein muss, als das einfache Schema in Abbildung 5.4 vermuten lässt. Tatsächlich haben neuere Studien zum occasion setting gezeigt, dass es ungewöhnliche und interessante Details gibt, die noch nicht erklärt werden können (Bonardi & Hall, 1994; Maes & Vossen, 1993). Obwohl das Wesen der occasion setter noch untersucht wird, können wir eine Schlussfolgerung zuversichtlich ziehen: Diese Stimuli unterscheiden sich von normalen exzitatorischen oder inhibitorischen konditionierten Stimuli sehr.

5.2.6 Zusammenfassung

Einige der Assoziationsarten, die wir untersucht haben, werden in Abbildung 5.5 zusammengefasst, die die möglichen Folgen einer wiederholten Kombination eines zusammengesetzten konditionierten Stimulus (Licht und Ton) mit einem US aus Futter beschreibt. Zusätzlich zu den Licht-Futter- und Ton-Futter-Assoziationen können within-compound-assoociations zwischen Licht und Ton entstehen und jeder dieser drei Stimuli kann eine Assoziation mit dem Kontext ausbilden. Bei der Konditionierung zweiter Ordnung und in Situationen des occasion settings können noch weitere Assoziationen entstehen. Jede Assoziationsart kann außerdem entweder exzitatorisch oder inhibitorisch sein. Obwohl die klassische Konditionierung grob als Verfahren beschrieben werden kann, bei dem die Betroffenen lernen, einen CS und einen US zu assoziieren, können in Wirklichkeit in jeder klassischen Konditionierungssituation zahlreiche Assoziationen entstehen.

5.3 Biologische Randbedingungen der klassischen Konditionierung

Wie in Kapitel 1 bereits erwähnt, ist die vielleicht grundlegendste Annahme bei der Erforschung des Lernens bei Lebewesen, dass es möglich sein müsste, allgemeine Prinzipien des Lernens zu entdecken, die nicht in bedeutender Weise von der biologischen Ausstattung der Lebewesen abhängig ist. In Anlehnung an diese Argumentation müsste man dieselben allgemeinen Prinzipien des Lernens entdecken, unabhängig davon, welcher Art die Lebewesen angehören, welche Reaktionen auftreten oder welche Stimuli man auswählt. Wäre diese Annahme falsch, würde die ausführliche Erforschung willkürlicher Reaktionen (zum Beispiel dem konditionierten Lidschluss) bei wenigen Arten (Kaninchen, Ratten) und in der künstlichen Versuchsumgebung wenig Sinn machen. Weshalb sollten Psychologen sich Gedanken darüber machen, wie die verschiedenen CS-US-Assoziationen sich auf die Reaktionen einer Ratte bei einem konditionierten Unterdrückungsverfahren auswirken, wenn bei anderen Säugetieren oder mit anderen Stimuli vermutlich völlig andere, unvorhersehbare Reaktionsmuster ausgelöst würden?

In den 60er Jahren des letzten Jahrhunderts begannen Forscher von Ergebnissen zu berichten, die in Frage stellten, dass es allgemeine Prinzipien des Lernens gibt. Zum großen Teil waren dies angebliche Ausnahmen des einen oder anderen anerkannten Prinzips. Da diese Ausnahmen immer häufiger wurden, fragten sich manche Psychologen, ob das Ziel, allgemeine Prinzipien des Lernens zu entdecken, überhaupt realistisch sei (Lockard, 1971; Rozin & Kalat, 1971; Seligman, 1970). Ihr Argument war, dass eine Regel mit zu vielen Ausnahmen keine gute Regel mehr ist.

Der folgende Teil widmet sich der Untersuchung dieser Argumente und versucht, ihre Bedeutung für die Lernpsychologie und die Suche nach allgemeinen Prinzipien der klassischen Konditionierung einzuschätzen. Auch biologische Randbedingungen bei anderen Lernarten werden später besprochen.

5.3.1 Das Kontiguitätsprinzip und das Geschmacks-Aversions-Lernen

Wie im zweiten Kapitel besprochen, ist das Prinzip der Kontiguität das älteste und persistenteste Prinzip der Assoziation, das schon von Aristoteles formuliert wurde. Wir haben gesehen, dass die CS-US-Kontiguität eine wichtige unabhängige Variable bei der klassischen Konditionierung ist: Bei der Spurenkonditionierung kann die Trennung von CS und US um wenige Sekunden eine enorme Abnahme hinsichtlich der Rate und der Asymptote der Konditionierung bewirken. Ein bekanntes Buch aus den frühen 60er Jahren des 20. Jahrhunderts fasst die damals gängigen Meinungen über die Bedeutung der Kontiguität zusammen: „Derzeit scheint es unwahrscheinlich, dass Lernen überhaupt stattfindet, wenn die Verzögerungen mehr als wenige Sekunden betragen." (Kimble, 1961, S. 165)

Nimmt man diese Meinung über die Bedeutung der Kontiguität ernst, fällt es leicht zu verstehen, warum die Arbeit von John Garcia und seinen Kollegen über Lernen mit langer Verzögerung so viel Aufmerksamkeit erregte. Garcia führte eine klassische Konditionierung mit Gift als US und einem neuen Geschmack als CS durch. In einem Versuch (Garcia, Ervin & Koelling, 1966) gab man Ratten die Gelegenheit, saccharingesüßtes Wasser zu trinken (das sie noch nie probiert hatten). Später spritzte man ihnen ein Emetikum, das innerhalb von Minuten Übelkeit auslöste. Der Zeitraum zwischen dem Wassertrinken und der Injektion wurde bei den einzelnen Versuchstieren zwischen 5 und 22 Minuten variiert. Obwohl diese Zeiträume etwa 100-mal länger waren, als gemeinhin bei der klassischen Konditionierung (man nahm an, sie würde sonst nicht funktionieren), zeigten alle Versuchstiere in der Folge eine Aversion gegenüber saccharingesüßtem Wasser. Außerdem gab es keine regelhafte Beziehung zwischen dem CS-US-Interval und dem Ausmaß der Aversion: Versuchstiere, die eine Verzögerung von 20 Minuten oder mehr erlebt hatten, tranken durchschnittlich genauso selten von dem süßen Wasser, wie jene, die 5 oder 10 Minuten Verzögerung erlebt hatten. (Die Tests wurden drei Tage später durchgeführt, um sicher zu sein, dass die Ratten nicht mehr unter der Übelkeit litten.)

Ein zweites Experiment derselben Forschergruppe zeigte, dass Aversionen gegen den Geschmack von Saccharin auch dann entstehen können, wenn der CS-US-Intervall über eine Stunde beträgt. Später zeigte man sogar, dass ein Geschmacks-Aversions-Lernen mit noch längeren Intervallen möglich ist. Etscorn und Stephens (1973) fanden auch dann noch eine Aversion gegen Saccharin, wenn der CS 24 Stunden vom giftigen US getrennt auftrat.

Um für Lernprozesse mit so langer Verzögerung überzeugend argumentieren zu können, war es nötig, alternative Erklärungen auszuschalten. Dazu gehörte die Erklärung, dass die tatsächlichen Verzögerungen nicht so lang waren, wie sie schienen, weil irgendwelche Stimuli (ein Nachgeschmack oder der volle Magen) die Verzögerung zwischen der Aufnahme des süßen Wassers und der Übelkeit überbrückten. Diese mögliche Erklärung konnte durch einige geschickte Experimente aber ausgeschlossen werden (Garcia, McGowan & Green, 1972). Eine weitere Möglichkeit war, dass die Vermeidung des CS ein Beispiel für eine Sensibilisierung darstellte. Das Tier würde in diesem Fall nach der Übelkeit auf jede Substanz zögerlich reagieren. Aber diese Möglichkeit konnte auf mindestens zwei Arten widerlegt werden. Einmal war die Aversion gegen den CS in der Experimentalgruppe (in der auf einen bestimmten Geschmack die krankmachende Substanz folgte) viel größer, als in der Kontrollgruppe (die nur die giftige Substanz bekam). Zweitens ist eine Geschmacksaversion an den bestimmten CS gekoppelt und äußert sich nicht als allgemeine Vermeidung von Lebensmitteln oder Getränken.

Es ist heute weithin anerkannt, dass Geschmacksaversionen bei vielen möglichen Tierarten auftreten können, auch wenn der CS-US-Intervall mehrere Stunden beträgt, und dass dieser Lernprozess nicht von einem Nachgeschmack oder einem anderen Stimulus abhängt, der diese zeitliche Lücke zwischen Aufnahme des Reizes und der Übelkeit schließt. Viele Autoren haben argumentiert, dass eine solche Lernfähigkeit auf Adaption beruht: Wenn ein Tier in der Wildnis verdorbenes Futter frisst, wird es vermutlich erst nach vielen Stunden krank. Geschöpfe, die die Fähigkeit haben, dieses Krankwerden mit der richtigen Quelle in Verbindung zu bringen, können dieses Futter in der Zukunft vermeiden und haben dadurch eine bessere Überlebenschance. Wie dem auch sei: Da die CS-US-Intervalle hier viel länger sind, als in traditionellen Experimenten zur klassischen Konditionierung, sind manche Psychologen der Meinung, dass das Geschmacks-Aversions-Lernen eine besondere Lernart ist, die nicht dem Prinzip der Kontiguität unterliegt. Es wurde von vielen als Ausnahme von einem der zentralen Prinzipien der Assoziation betrachtet. Im nächsten Abschnitt werden wir sehen, dass das Geschmacks-Aversions-Lernen auch bei der Suche nach allgemeinen Prinzipien ein Stolperstein ist.

5.3.2 Biologische Vorbereitung beim Geschmacks-Aversions-Lernen

Wie bereits erwähnt, ist eine wesentliche und den meisten Forschungsvorhaben zur klassischen Konditionierung zugrunde liegende Annahme die, dass die vom Versuchsleiter getroffene Auswahl von Stimuli, Reaktionen und bestimmten Versuchsteilnehmern relativ unwichtig ist. Nehmen wir beispielsweise an, ein Versuchsleiter möchte Hypothesen zum Lernen testen und verwendet die Versuchsanordnung zum Speichelflussexperiment. Die Versuchstiere sind Hunde und der US ist Trockenfutter. Aber welcher Stimulus soll als CS eingesetzt werden? In Anlehnung an die von Seligman und Hager (1972) formulierte **Äquipotenzannahme** spielt es keine Rolle, welche Stimuli verwendet werden; diese Entscheidung ist völlig arbiträr. Das folgende Zitat von Pawlow (1928) dokumentiert seinen Glauben an diese Äquipotenzannahme: *„Jedes natürliche und willentlich ausgewählte Phänomen kann zu einem konditionierten Stimulus werden… jeder optische Reiz, jedes beliebige Geräusch, jeder Geruch und die Stimulation beliebiger Hautregionen“ (S. 86).*

Eine sehr strenge Interpretation der Äquipotenzannahme sollten wir von Anfang an jedoch aufgeben. Denn sie bedeutet nicht, dass alle Stimuli und alle Reaktionen gleichschnell zu einem Lernerfolg führen. Pawlow selbst erkannte an, dass verschiedene konditionierte Stimuli unterschiedlich schnell konditioniert werden: Ein helles Licht führt schneller zu einer konditionierten Reaktion als ein schwaches Licht. Obwohl die Stimuli (oder Reaktionen) sich gewiss in ihrer Konditionierbarkeit unterscheiden, besagt die Äquipotenzannahme, dass ein Stimulus (oder eine Reaktion), der in einem bestimmten Kontext schwierig zu konditionieren ist, auch in anderen Kontexten schwierig zu konditionieren sein müsste. Wenn ein schwaches Licht bei einem Experiment zur Konditionierung des Speichelflusses ein schlechter CS ist, sollte es das in einem Experiment zur Konditionierung des Lidschlusses ebenfalls sein. Die Äquipotenzannahme besagt also, dass ein gegebener Stimulus in allen Kontexten ein gleich guter (oder gleich schlechter) CS sein wird.

Obwohl die Einfachheit der Äquipotenzannahme verlockend ist, haben viele Forschungsergebnisse gezeigt, dass sie nicht richtig sein kann. Garcia und Koelling (1966) führten ein wichtiges Experiment durch und zeigten, dass zwei gleiche Stimuli in verschiedenen Kontexten unterschiedlich effektiv sein können. Zwei Rattengruppen wurde ein zusammengesetzter Stimulus präsentiert, der aus einer Geschmackskomponente und einer audiovisuellen Komponente bestand. Jede Ratte bekam nämlich Wasser mit einem bestimmten Geschmack und immer, wenn sie davon trank, wurden Lichtblitze und ein Klickgeräusch präsentiert. Bei einer Gruppe lief das Ganze auf typisches Geschmacks-Aversions-Lernen hinaus: Nachdem diese Ratten vom Wasser getrunken hatten, wurde ihnen eine giftige Substanz injiziert, so dass sie bald krank wurden. In der zweiten Gruppe wurde kein Gift verabreicht. Stattdessen bekamen sie beim Trinken immer leichte Elektroschocks an den Füßen verpasst. Beide Gruppen erlebten somit die Kombination der beiden Stimuli mit einem unangenehmen Ereignis. Bei der einen Gruppe war dies die Übelkeit, bei der anderen der Elektroschock.

Garcia und Koelling wollten feststellen, wie stark die beiden Stimulusarten (Geschmacksreiz und audiovisueller Reiz) mit den beiden unterschiedlichen aversiven Folgeerscheinungen assoziiert wurden. Dazu führten sie Extinktionstests durch (ohne Gift oder Schock), bei denen die beiden Stimuli einzeln präsentiert wurden. Die Hälfte der Ratten in jeder Gruppe bekam zuerst das aromatisierte Wasser ohne den audiovisuellen Reiz und die konsumierte Wassermenge wurde gemessen. Später bekamen sie reines Wasser, aber immer wenn sie tranken, wurde der audiovisuelle Reiz präsentiert. Um mögliche Folgeeffekte zu kontrollieren, wurden der jeweils anderen Hälfte der Gruppe diese Stimuli in umgekehrter Reihenfolge präsentiert.

Abbildung 5.6 zeigt die Ergebnisse dieses Experiments. Die Balken geben Auskunft über die in den beiden Tests konsumierte Wassermenge. Sie ist der prozentuale Anteil der von diesen Gruppen in zuvor (vor der Begegnung mit dem Gift oder dem Schock) durchgeführten Tests aufgenommenen Wassermenge. Die Gruppe, die das Gift bekommen hatte, zeigte eine größere Aversion gegenüber dem Geschmacksstimulus, als die, die dem audiovisuellen Stimulus ausgesetzt gewesen war. Jedoch wurde in der Gruppe, die den Schock bekommen hatte, genau das gegenteilige Muster beobachtet. Diese Tiere tranken fast genauso viel von dem aromatisierten Wasser wie vor der Konditionierung. Wurde die Wasseraufnahme jedoch von dem audiovisuellen Stimulus begleitet, sank sie auf weniger als 20 Prozent der ursprünglichen Menge.

Welche Schlussfolgerung können wir über die in diesem Experiment verwendeten Stimuli ziehen? Welcher Stimulus war besser, der Geschmacksstimulus oder der audiovisuelle Stimulus? Welches aversive Ereignis war effektiver, der Schock oder die Übelkeit? Die in Abbildung 5.6 gezeigten Ergebnisse implizieren, dass es auf diese Fragen keine einfache Antwort gibt. Der Geschmack war der effektivere Stimulus, wenn das aversive Ereignis die Giftinjektion war, aber der audiovisuelle Stimulus war wirkungsvoller, wenn der Schock als aversives Moment auftrat. Garcia und seine Mitarbeiter schlossen daraus, dass wir erst dann etwas über die Stärke einer konditionierten Reaktion vorhersagen können, wenn wir etwas über die *Beziehung* zwischen CS und US wissen. Sie nahmen an, dass die Ratten aufgrund ihrer biologischen Ausstattung eine angeborene Neigung haben, Übelkeit mit dem Geschmack des Futters in Verbindung zu bringen, das sie zuvor gefressen hatten. Die Neigung eine Assoziation zwischen der Übelkeit und den beim Fressen gegenwärtigen optischen oder akustischen Reizen herzustellen, ist wesentlich geringer. Andererseits assoziieren die Ratten ein schmerzhaftes Erlebnis wie den Schock eher mit äußerlichen akustischen und optischen Reizen als mit einem Geschmacksstimulus.

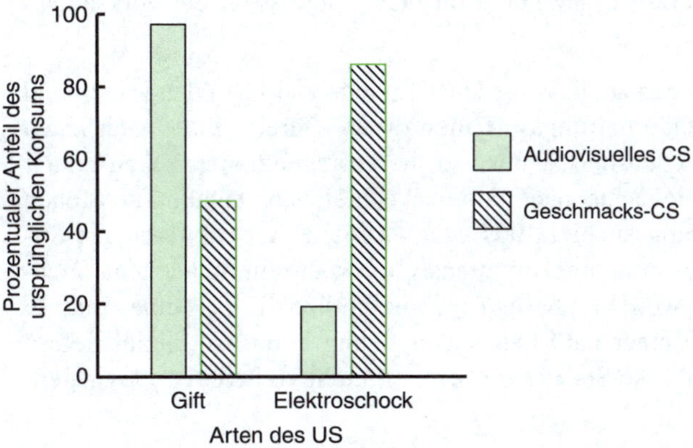

Abbildung 5.6: Ergebnisse des Experiments von Garcia und Koelling (1966). Die ersten beiden Säulen zeigen die in Anwesenheit der beiden verschiedenen konditionierten Stimuli konsumierte Wassermenge in der Gruppe, in der die Giftinjektion als US eingesetzt wurde. Die beiden Säulen rechts zeigen die Wasseraufnahme in der Gruppe, in der ein Elektroschock als US eingesetzt wurde.

Seligman (1970) ging davon aus, dass manche CS-US-Assoziationen auch **vorbereitete Assoziationen** genannt werden können, weil das betroffene Lebewesen eine angeborene Neigung hat, diese Assoziationen schnell und leicht zu bilden (zum Beispiel eine Assoziation zwischen Geschmack und Übelkeit). Andere mögliche Assoziationen könnten auch **gegenläufig vorbereitete Assoziationen** heißen, denn auch nach vielen Paarungen haben die Lebewesen möglicherweise immer noch Schwierigkeiten, zwei Stimuli (wie Geschmack und Schock) zusammenzubringen. Dazwischen liegen die **nicht vorbereiteten Assoziationen** – für die das Lebewesen keine besonderen Prädispositionen hat, die aber nach einer gewissen Anzahl von Paarungen dennoch entstehen können. Im Experiment von Garcia und Koelling könnte die Assoziation zwischen dem audiovisuellen Stimulus und dem Schock ein Beispiel für eine nicht vorbereitete Assoziation sein. Dass es bei Ratten eine angeborene Disposition für eine Assoziation zwischen dem Lichtblitz und dem klickenden Geräusch und dem Elektroschock an den Vorderpfoten gibt, ist kaum vorstellbar. Trotzdem entstand nach einer Reihe von Durchgang eine Assoziation zwischen den beiden Stimuli.

Natürlich widerspricht Seligmans Konzept der vorbereiteten Assoziation der Äquipotenzannahme. Dieses Konzept setzt voraus, dass es für die Vorhersage der Wirksamkeit eines besonderen CS nicht ausreicht, zu wissen, wie wirksam dieser CS in anderen Kontexten war. Wir müssen auch wissen, welcher US verwendet werden soll und ob diese CS-US-Paarung ein Beispiel für eine vorbereitete, eine nicht vorbereitete oder eine gegenläufig vorbereitete Assoziation ist. Um die ganze Sache noch weiter zu komplizieren, haben andere Experimente gezeigt, dass die Prädisposition zwei Stimuli zu assoziieren bei verschiedenen Tierarten unterschiedlich ist. Ratten assoziieren leicht Geschmacksstimuli mit Krankheit, aber andere Tiere tun das vielleicht nicht. Wilcoxon, Dragoin und Kral (1971) verglichen das Verhalten von Ratten und Weißschwanzwachteln, nachdem diese Tiere säuerlich schmeckendes, dunkelblau gefärbtes oder säuerliches und blaues Wasser getrunken hatten und krank wurden. Wie erwartet zeigten die Ratten eine Aversion gegen das säuerliche Wasser, aber nicht gegen das blaue. Die Wachteln dagegen entwickelten eine Aversion gegen beides, wobei die blaue Farbe für diese Tiere sogar der wirksamere Stimulus war.

Wilcoxon und seine Kollegen nahmen an, dass die Unterschiede zwischen den Ratten und den Wachteln mit dem Nahrungsbeschaffungsverhalten dieser Tiere in ihrer natürlichen Umwelt zu tun haben. Ratten riechen und schmecken hervorragend, aber sehen relativ schlecht. Normalerweise suchen sie nachts nach Futter. Wachteln sind tagaktiv und sehen sehr gut, was ihnen bei der Nahrungssuche hilft. Es ist natürlich sinnvoll, dass jene Stimuli, die ein Tier bei der Nahrungsaufnahme am intensivsten wahrnimmt, auch am leichtesten mit der Übelkeit assoziiert werden. Dieses Ergebnis impliziert, dass eine Analyse der Lebensweise eines Tieres in seiner natürlichen Umgebung Hinweise darauf liefern könnte, welche Assoziationen für diese Spezies vorbereitet, nicht vorbereitet oder gegenläufig vorbereitet sind.

Eine weitere Implikation ist, dass der Versuch, Erkenntnisse über vorbereitete Assoziationen oder leichte Lernvorgänge zu generalisieren und von einer Spezies auf eine andere zu übertragen, gefährlich ist. Die Wachteln entwickelten zwar auch Aversionen gegen den Geschmack des Wassers, aber die Aversion gegen die Farbe entstand schneller und leichter. Braveman (1977) beschrieb einige Studien, die zeigten, dass verschiedene Säugetiere, darunter Ratten und andere Nager, eine Aversion gegen den Anblick von Futter oder Flüssigkeiten entwickeln können, obwohl dazu mehrere Paarungen mit der Übelkeit nötig sind. Obwohl Tiere eine Prädisposition haben können, gegen Stimuli einer bestimmten Sinnesmodalität Aversionen zu entwickeln, können auch Aversionen gegen Reize anderer Modalitäten gelernt werden. Sie entstehen nur schwerfälliger.

5.3.3 Biologisch vorbereitetes Lernen bei Menschen

Einige der besten Belege für biologisch vorbereitetes Lernen bei Menschen umfassen wie bei den Tieren das Geschmacks-Aversions-Lernen. Menschen können eine starke Aversion gegen eine Speise entwickeln, auf deren Verzehr Übelkeit folgte, auch wenn diese erst Stunden später auftrat. Nehmen wir unser Wissen über vergangene und gegenwärtige Essgewohnheiten der menschlichen Gattung als Ausgangspunkt, dann können wir uns ausmalen, welche Stimulusmodalität vermutlich im Zentrum einer Aversion gegen bestimmte Speisen steht. Logue, Ophir und Strauss (1981) befragten mit Hilfe von Fragebögen einige hundert Studenten über möglicherweise vorhandene Nahrungsmittelaversionen in der Folge von verzehrten Speisen und danach aufgetretener Übelkeit. Von den 65 Prozent, die mindestens eine Aversion hatte, gaben 83 Prozent an, dass sie eine Aversion gegen den Geschmack dieser Speise entwickelt hatten. Viel weniger Teilnehmer gaben an, andere sensorische Eigenschaften der Speisen unangenehm zu finden: Den Geruch mochten 51 Prozent nicht mehr, die Beschaffenheit 32 Prozent und den Anblick der Nahrungsmittel konnten nur 26 Prozent nicht mehr ertragen. Diese Prozentangaben lassen vermuten, dass Menschen in Bezug auf Lebensmittelaversionen nach Krankheit mit Ratten mehr Ähnlichkeit haben, als mit Wachteln. In vielen Fällen entwickeln Menschen eine Aversion gegen bestimmte Speisen, obwohl sie wissen, dass ihre Übelkeit durch etwas völlig anderes verursacht wurde, zum Beispiel einen Infekt oder eine Chemotherapie (Bernstein, Webster & Bernstein, 1982; Logue, Logue & Strauss, 1983).

Ein weiterer wichtiger Bereich der Forschung über mögliche Vorbereitung der menschlichen Konditionierung ist die Entstehung von Ängsten oder Phobien. Ohman, Dimberg und Ost (1985) haben die Vermutung formuliert, dass Menschen eine Prädisposition haben, Furcht vor Dingen zu entwickeln, die im Laufe der Evolutionsgeschichte für unsere Spezies gefährlich waren. Dazu gehören Schlangen und Spinnen. Diese Hypothese wurde aber bisher nur in wenigen Experimenten getestet. Bei einem Verfahren war die konditionierte Reaktion der Versuchsteilnehmer die elektrogalvanische Hautreaktion (SCR, siehe Kapitel 4). Bilder von Schlangen und Spinnen dienten als konditionierte Stimuli und ein Elektroschock als US. Die Versuchsteilnehmer der einen Gruppe lernten eine konditionierte Diskrimination, da auf die Schlangenbilder ein Elektroschock folgte und auf die Spinnenbilder nicht. In einer zweiten Gruppe waren die Rollen umgekehrt. In den beiden Kontrollgruppen folgte der Elektroschock nach Blumenbildern, während Bilder von Pilzen ohne Folge blieben und umgekehrt. Ein typisches Ergebnis einer solchen Studie ist, dass die Versuchspersonen die Diskrimination lernen und eine starke SCR auf den mit dem Schock kombinierten Stimulus entwickeln, aber keine Reaktion auf den anderen Stimulus zeigen. Dieses Diskriminationslernen erfolgt bei den Blumen und Pilzen genauso schnell, wie bei den Schlangen und Spinnen, was der These der biologischen Vorbereitung widerspricht (McNally, 1987). In einigen Studien wurde jedoch in den Gruppen der Spinnen und Schlangen ein größerer Widerstand gegen die Extinktion festgestellt, als in den Blumen-/Pilzgruppen (Ohman und andere, 1985; Schell, Dawson & Marinkovic, 1991). Es gibt auch Hinweise darauf, dass Angstreaktionen auf Blumen und Pilze durch sprachliche Hinweise („Sie werden keine weiteren Elektroschocks bekommen.") rasch nachlassen, während die Angstreaktionen auf Schlangen und Spinnen nachhaltiger sind (Hugdahl & Ohman, 1977). Insgesamt sind aber die Hinweise auf eine menschliche Prädisponiertheit für Angst vor Schlangen und Spinnen eher schwach und inkonsistent. Außerdem lassen sich die Daten auch anders interpretieren, so dass die biologische Vorbereitung nicht vorausgesetzt werden muss (Davey, 1995).

Ohman und seine Mitarbeiter (1985) haben auch die Möglichkeit in Erwägung gezogen, dass Menschen eine Prädisposition haben, ärgerliche Gesichter mit unangenehmen Konsequenzen in Verbindung zu bringen. Sie argumentierten damit, dass eine Person, die eine andere mit ärgerlichem Gesichtsausdruck anstarrt, in der Evolutionsgeschichte oft eine Gefahr darstellte, weil darauf ein Angriff oder eine Bedrohung folgte. Menschen seien dadurch darauf vorbereitet, auf ein ärgerliches Gesicht ängstlich oder defensiv zu reagieren. Diese Hypothese wurde mit Diskriminationsverfahren getestet, die denen für Spinnen und Schlangen ähnelten, außer dass in einer Gruppe ärgerliche Gesichter und in der Kontrollgruppe glückliche oder neutrale Gesichter verwendet wurden. Einmal mehr waren die Ergebnisse sehr durchwachsen. Manche Studien stützten die Hypothese der Prädisponiertheit (Dimberg & Ohman, 1983), andere nicht (Packer, Clark, Bond & Siddle, 1991). Insgesamt und verglichen mit den anderen, hier dargestellten Belegen, bleibt der Nachweis bezüglich der Prädispositionen bei menschlichen Phobien eher schwach. Weitergehende Untersuchungen würden sicherlich helfen, diese Frage zu erhellen.

5.3.4 Biologisch vorbereitetes Lernen und die Suche nach allgemeinen Prinzipien

Zweifellos waren die Ergebnisse von Garcia und seinen Mitarbeitern eine Überraschung für traditionelle Lerntheoretiker. Nur wenige hätten vermutet, dass bei derart langen Verzögerungen zwischen den Stimuli überhaupt assoziatives Lernen stattfinden kann, zumindest bei Tieren. Rückblickend muss man sagen, dass sie der Suche nach allgemeinen Prinzipien des Lernens aber keinen Abbruch getan haben. Tatsächlich kann nicht nur das Geschmacks-Aversions-Lernen mit langen Zeiträumen zwischen CS und US stattfinden, sondern auch Lernen in anderen Paradigmen. In einer Reihe von Experimenten arbeitete Lett (1973, 1975, 1979) mit verschieden langen Verzögerungen zwischen der Auswahl-Reaktion einer Ratte in einem T-Labyrinth und den darauf folgenden Futtergaben (die das Tier bei richtiger Auswahl bekam). In der Zeit zwischen den beiden Stimuli wurde die Ratte in ihren Käfig zurückgebracht, so dass die Verzögerung nicht durch etwaige Hinweise im Labyrinth überbrückt werden konnte. Lett fand heraus, dass die Ratten mit jedem Durchgang erfolgreicher bei der Auswahl des richtigen Labyrintharmes wurden, auch wenn das Verzögerungsinterval 60 Minuten betrug. Bei anderen Studien wurden sogar dann Lernprozesse festgestellt, wenn der Abstand zwischen den Stimuli 24 Stunden betrug (Capaldi, 1966). Studien wie diese zeigen, dass Tiere – auch abgesehen vom Geschmacks-Aversions-Lernen – zumindest in bestimmten Situationen Ereignisse assoziieren können, die zeitlich weit auseinander liegen.

Lernen mit langer Verzögerung kann also nicht nur bei Geschmacksaversionen vorkommen. Aber abgesehen von dieser Feststellung können wir auch die Behauptung in Frage stellen, dass das Geschmacks-Aversions-Lernen das Prinzip der Kontiguität verletzt. Dieses Prinzip besagt ja im Wesentlichen, dass zwei Ereignisse umso leichter und schneller assoziiert werden, je weniger Zeit dazwischen liegt. Abbildung 5.7a zeigt die Ergebnisse eines Experiments, bei dem Ratten durch das Herabdrücken eines Hebels Futter bekamen und Elektroschocks verwendet wurden, um die Reaktionen der Ratten zu unterdrücken (Baron, Kaufman & Fazzini, 1969). Wurde die Verzögerung zwischen der Reaktion und dem Elektroschock länger, nahm diese Unterdrückung der Reaktion im Vergleich zu den ursprünglichen Reaktionsraten immer mehr ab.

Abbildung 5.7b zeigt die Ergebnisse einer Studie zum Geschmacks-Aversions-Lernen, bei der verschiedene Rattengruppen verschiedene Zeiträume zwischen der ersten Aufnahme einer Saccharinlösung und der Injektion einer giftigen Substanz erlebten (Andrews & Braveman, 1975). Die Kurve zeigt die bei späteren Tests aufgenommene Menge an Saccharinlösung. Beachten Sie die Ähnlichkeit der Kurvenverläufe in Abbildung 5.7a und 5.7b. Beide Ergebnisse entsprechen dem Prinzip der Kontiguität – je kürzer das Interval zwischen einer Reaktion und einem aversiven Ereignis, desto stärker die Reaktion. Der einzige größere Unterschied zwischen den beiden Experimenten ist die Skalierung auf der x-Achse (Sekunden in Abbildung 5.7a und Stunden in Abbildung 5.7b). Geschmacksaversionen wurden mit erheblich längeren Verzögerungen konditioniert, aber dies ist eher ein quantitativer Unterschied, kein qualitativer. Das bedeutet, dass für die Ergebnisse in Abbildung 5.7b kein neues Gesetz postuliert werden muss, um das Kontiguitätsprinzip zu ersetzen. Vielmehr ist die Verwendung unterschiedlicher Zahlen für die Beschreibung der Beziehung zwischen Kontiguität und Lernen nötig.

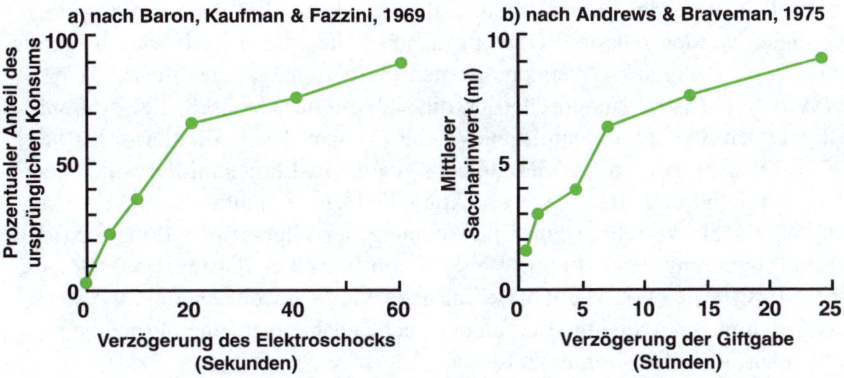

Abbildung 5.7: **(a)** Die Wirkung der Verzögerung zwischen dem Drücken des Hebels und einem Elektroschock in einem Experiment zur Bestrafung (Baron, Kaufman & Fazzini, 1969). Mit zunehmender Verzögerung verhinderte die Bestrafung das Hebeldrücken immer weniger. **(b)** Die Wirkung der Verzögerung zwischen der Aufnahme der Saccharinlösung und der Giftinjektion in einem Experiment zum Geschmacks-Aversions-Lernen (Andrews & Braveman, 1975). Mit zunehmender Verzögerung verringert das Gift die Aufnahme der Saccharinlösung weniger.

In den 60er und 70er Jahren des 20. Jahrhunderts wurden die Belege für eine biologische Prädisponiertheit im Bereich des Geschmacks-Aversions-Lernens (und anderer Lernsituationen) durchaus als Problem für die Annahme allgemeiner Prinzipien betrachtet. Denn sie zeigten eindeutig, dass manche Assoziationen leichter entstehen als andere und dass eine Assoziation (zum Beispiel zwischen der optischen Erscheinung einer Speise und Übelkeit), die eine Spezies nur mühsam lernt, bei einer anderen Spezies rasch gelernt wird.

Seligmans Kontinuum der Prädisponiertheit beschäftigt sich mit Unterschieden hinsichtlich der Lerngeschwindigkeit oder der Menge des Gelernten, nicht mit der Art des Lernvorgangs. Es ist nicht unmöglich, dass Ratten eine Assoziation zwischen einem visuellen Stimulus und Übelkeit ausbilden, sondern erfordert lediglich mehr Konditionierungsdurchgänge als eine Assoziation zwischen Geschmack und Übelkeit. Dasselbe gilt für eine Assoziation zwischen Geschmack und Elektroschock. Einmal mehr tragen diese Einwände gegen die allgemeinen Prinzipien des Lernens aber eher zum quantitativen als zum qualitativen Unterschied bei. Eine Beschreibung der vorbereiteten, nicht vorbereiteten und gegenläufig vorbereiteten Assoziationen braucht andere Zahlen, aber nicht unbedingt andere Gesetze.

Seligman und Hager (1972) gehen davon aus, dass das Geschmacks-Aversions-Lernen ein einzigartiger Lerntyp ist, der nicht den Regeln der traditionellen Lerntheorie folgt. Logue (1979) dagegen kommt nach einer Evaluation vorhandener Belege zu dem Schluss, dass das Geschmacks-Aversions-Lernen nicht einzigartig ist. Sie führt an, dass viele der bekanntesten Phänomene der klassischen Konditionierung wie die Generalisierung, die Extinktion, die konditionierte Inhibition, die Blockierung, der Stimuluspräexpositionseffekt und die Konditionierung zweiter Ordnung auch beim Geschmacks-Aversions-Lernen beobachtet wurden. Logue schloss, dass das Geschmacks-Aversions-Lernen die traditionellen Prinzipien des Lernens nicht verletze und auch keine neuen Lernprinzipien dafür gefunden werden müssten. Obwohl manche Theoretiker nach wie vor daran festhalten, dass das Geschmacks-Aversions-Lernen einige einzigartige Merkmale habe (Chambers, 1990), teilen viele Wissenschaftler, die sich mit der klassischen Konditionierung beschäftigen, den Standpunkt von Logue (siehe Domjan, 1983; Shettleworth, 1983, Revusky, 1977). Tatsächlich wird das Geschmacks-Aversions-Lernen mittlerweile neben den Versuchen zur konditionierten Unterdrückung und zur Konditionierung des Lidschlusses sehr häufig als Verfahren zur Untersuchung der allgemeinen Prinzipien der klassischen Konditionierung benutzt (zum Beispiel von Batsell & Batson, 1999; Bevins, Jensen, Hinze & Besheer, 1999). Allein diese Tatsache würde ausreichen, um die Vorstellung, dass das Geschmacks-Aversions-Lernen der Suche nach allgemeinen Prinzipien der Lerntheorie zuwiderläuft, ad absurdum zu führen.

5.4 Die Form der konditionierten Reaktion

Wie wir bereits gesehen haben, sind Vorhersagen über die Form von konditionierten Reaktionen eine schwierige Aufgabe. In manchen Fällen ähnelt die CR der UR, in anderen ist sie das Gegenteil. Wenn eine CR das Gegenteil der UR ist, wird sie auch kompensatorische CR genannt, weil sie dazu neigt, die UR zu kompensieren, beziehungsweise ihr entgegenzuwirken (so wie der b-Prozess in der Opponent-Process-Theorie dem a-Prozess entgegenwirkt). Im folgenden Abschnitt werden wir zuerst untersuchen, wie die klassische Konditionierung die Reaktion eines Individuums auf eine Droge beeinflusst. In diesem Forschungsgebiet wurden sowohl ähnliche als auch kompensatorische konditionierte Reaktionen beobachtet. Wir werden außerdem einige Theorien untersuchen, die erklären wollen, warum konditionierte Reaktionen so vielfältige Formen annehmen können.

5.4.1 Drogentoleranz als konditionierte Reaktion

Ein Heroinkonsument reagiert auf seine erste Spritze mit einem höchst angenehmen Gefühl der Euphorie. Die Intensität dieser positiven emotionalen Reaktion wird mit jeder weiteren Injektion derselben Dosis aber geringer. Die Abnahme der Wirksamkeit einer Droge (hier auch im Sinne von Medikament gemeint) mit wiederholtem Missbrauch wird **Toleranz** genannt. Sie kommt bei vielen Drogen vor. Über die Entstehungsursachen wurden etliche Theorien gebildet. Typisch pharmakologische Erklärungen schreiben die Toleranz physiologischen Veränderungen zum Beispiel im Stoffwechsel zu, durch die die Droge sich schneller im Organismus verteilt. Laut Solomon und Corbit (Kapitel 3) ist die Drogentoleranz das Ergebnis einer automatischen Verstärkung des b-Prozesses im Laufe der Durchgänge. Beide Erklärungen führen die Drogentoleranz damit auf eine Veränderung im Körper des Betroffenen zurück, die die körperliche Reaktionsweise auf die Droge verändert. Ausgehend von seinen Forschungen über Morphium und andere Drogen hat Shepard Siegel (1975, 1999) eine andere Erklärung auf der Grundlage der klassischen Konditionierung gefunden. Siegel behauptet, dass Drogentoleranz zumindest teilweise auf eine kompensatorische CR zurückgeht, die durch Kontextreize ausgelöst wird, welche der Drogenaufnahme in der Regel vorausgehen. Die Beschreibung einiger seiner Experimente macht deutlich, wie Siegel zu seinen Schlussfolgerungen kam.

Eine UR, die durch Morphium verursacht wird, ist die Analgesie, also eine verringerte Schmerzempfindlichkeit. In einem Experiment hat Siegel (1975) beobachtet, dass diese analgetische Wirkung des Morphium durch wiederholte Injektionen nachließ und diese Toleranz offenbar von Kontextreizen abhing. Siegel forschte mit Ratten, deren Schmerzempfindlichkeit er testete, indem er sie auf eine Metallplatte setzte, die auf eine unangenehme Temperatur von etwa 54°C erwärmt wurde. Wenn den Ratten die Pfoten zu heiß wurden, zeigten sie eine leicht messbare Reaktion – sie hoben eine Vorderpfote an und leckten sie ab. Dieses Ablecken der Pfoten wurde von Siegel gezählt, wodurch sich ein Maß für die Schmerzempfindlichkeit ergab.

Die Ratten in einer Kontrollgruppe durchliefen vier Testdurchgänge (im Abstand von 48 Stunden), für die sie in einen speziellen Experimentalraum gebracht wurden. Man injizierte ihnen eine Salzlösung (als Plazebo) und setzte sie auf die Metallfläche. Die Dauer bis zum Pfotenlecken war in dieser Kontrollgruppe in allen vier Durchgängen etwa gleich – es trat etwa nach 13 Sekunden auf. Die Vorgehensweise in einer Experimentalgruppe war genau identisch, außer dass diese Ratten vier Morphiuminjektionen bekamen und keine Salzlösung. Beim ersten Durchgang trat das Pfotenlecken in dieser Gruppe erst nach 24 Sekunden auf – also wesentlich später, als in der Kontrollgruppe. Dieses Ergebnis zeigt, dass das Morphium die erwartete analgetische Wirkung hatte. Aber die Latenz des Pfotenleckens nahm in dieser Gruppe im Laufe der nächsten drei Durchgänge ab und war beim vierten Durchgang wieder so, wie in der Kontrollgruppe. Das heißt, diese Ratten hatten in den vier Durchgängen eine Toleranz gegenüber dem Morphium entwickelt, so dass es keine analgetische Wirkung mehr hatte.

Laut Siegels Hypothese trat diese Toleranz deshalb auf, weil die Kontextreize, die jede Morphiuminjektion begleiteten (Anblick, Geräusche und Gerüche in der Versuchskammer), die Fähigkeit erlangt hatten, die kompensatorische CR der Hyperalgesie, oder erhöhten Schmerzempfindlichkeit, auszulösen. Beim vierten Durchgang wurde die UR der Analgesie von der kompensatorischen CR der Hyperalgesie vollständig ausgeschaltet, so dass der Nettoeffekt eine gleich bleibende Schmerzempfindlichkeit war. Die Richtigkeit dieser Hypothese vorausgesetzt, sollte es demnach möglich sein, die Toleranz einfach durch eine Veränderung der Kontextreize beim letzten Durchgang zu eliminieren. Siegel versuchte dies mit einer dritten Gruppe, indem diesen Ratten die drei ersten Morphiuminjektionen in ihren eigenen Käfigen gegeben wurden, die vierte Morphiuminjektion aber zum ersten Mal in der Versuchskammer. Da diese Umgebung völlig neu und unbekannt war, sollte sie keine kompensatorische CR auslösen. Und tatsächlich zeigten diese Tiere eine starke analgetische Reaktion, denn sie leckten ihre Vorderpfoten im Durchschnitt nach 28 Sekunden! Das heißt, obwohl es sich bei diesen Ratten um die vierte Morphiuminjektion handelte, entsprach ihre Schmerzempfindlichkeit der von Tieren, die noch nie eine Morphiuminjektion bekommen hatten. Dieser enorme Unterschied zwischen den beiden Gruppen wurde offenbar nur durch eine *Veränderung des Raumes*, in dem das Morphium gegeben wurde, erreicht.

Wenn die Morphiumtoleranz der Ratten eine konditionierte Reaktion ist, sollte es möglich sein, diese Reaktion durch die Präsentation des CS (des Kontexts) ohne den US (das Morphium) zu löschen. In einer anderen Studie haben Siegel, Sherman und Mitchell (1980) solch eine Löschung nachgewiesen. Ratten bekamen zunächst dreimal täglich eine Morphiuminjektion, so dass eine Toleranz entstand und der analgetische Effekt nachließ. Dann durchliefen sie neun Extinktionsdurchgänge, für die sie in die Versuchskammer gebracht wurden und wie üblich Injektionen bekamen. Diesmal wurde ihnen allerdings Salzlösung statt Morphium gespritzt. Es handelt sich hierbei um Extinktionsdurchgänge, weil der CS (die Versuchskammer und die Injektionsroutine) ohne Morphium präsentiert wurde. Auf diese Extinktion folgte ein letzter Test mit Morphium, bei dem die Versuchsleiter feststellten, dass das Morphium wieder eine leichte analgetische Reaktion auslöste – die Morphiumtoleranz der Ratten war teilweise durch die Durchgänge mit der Salzlösung gelöscht worden.

Überzeugende Belege für die Theorie der kompensatorischen CR stammen aus Untersuchungen, in denen der CS ohne den Drogen-US präsentiert wurde und direkt eine kompensatorische CR beobachtet werden konnte. Rozin, Reff, Mack und Schull (1984) zeigten beispielsweise, dass der Geruch und Geschmack von Kaffee für gewohnheitsmäßige Kaffeetrinker als CS dienen kann, der eine kompensatorische CR auslöst, die die Wirkung des Kaffees unterwandert. Zusätzlich zur anregenden und belebenden Wirkung führt Koffein normalerweise zu einer Zunahme der Speichelproduktion. Bei gewohnheitsmäßigen Kaffeetrinkern ist diese Zunahme des Speichels jedoch (aufgrund der Toleranz) minimal. Rozin und seine Mitarbeiter ließen ihre Versuchspersonen eine Tasse Kaffee trinken, der entweder Koffein enthielt oder nicht (worüber die Teilnehmer nicht informiert waren). Nach der Aufnahme des Kaffees mit Koffein stieg die Speichelproduktion nur geringfügig an, wie bei Gewohnheitskaffeetrinkern zu erwarten war. Nach dem Kaffee ohne Koffein zeigten diese Teilnehmer aber einen erheblichen Rückgang der Speichelproduktion. Die Versuchsleiter schlossen daraus, dass dies auf eine kompensatorische CR zurückzuführen sei, die von den Stimuli ausgelöst wurde, die normalerweise mit dem Koffein zusammen auftraten (Geruch und Geschmack von Kaffee). Wenn diese Versuchsteilnehmer eine Tasse heißen Apfelsaft tranken, dem Koffein beigesetzt war, dann trat hingegen ein starker Anstieg der Speichelproduktion auf, was zeigt, dass sie keine allgemeine Toleranz gegenüber dem Speichel fördernden Effekt des Koffeins entwickelt hatten. Ihre Toleranz trat nur dann auf, wenn das Koffein zusammen mit dem üblichen CS, dem Kaffee, angeboten wurde.

Rozin und seine Mitarbeiter konnten somit belegen, dass Kaffee eine kompensatorische CR in Form einer Abnahme der Speichelproduktion auslösen kann, nachdem er wiederholt mit dem Koffein kombiniert worden war. Ähnliche Ergebnisse und Hinweise für die Existenz der kompensatorischen CR wurden mit Morphium (Mucha, Volkovskis & Kalant, 1981; Paletta & Wagner, 1986) und vielen anderen pharmakologischen Wirkstoffen, zum Beispiel Adrenalin (Russek & Pina, 1962) und Alkohol (Crowell, Hinson & Siegel, 1981) erzielt.

Wenn es allgemein zutrifft, dass die klassische Konditionierung zum Phänomen der Drogentoleranz beiträgt, sollte es möglich sein, Hinweise für diese Wirkung auch in Situationen außerhalb des Labors zu finden. Siegel und seine Mitarbeiter (Siegel, Hinson, Krank & McCully, 1982) führten Fälle von gewohnheitsmäßigen Heroinkonsumenten an, die nach einer Heroininjektion fast oder tatsächlich gestorben waren. Natürlich kann eine Überdosis immer tödlich sein, aber in manchen Fällen war die tödliche Dosis nicht höher als die, die der Betroffene am Vortag vertragen hatte. Siegel ging davon aus, dass die Drogenabhängigen das Heroin in solchen Fällen möglicherweise in einer ungewohnten Umgebung mit neuen Reizen genommen hatten, so dass die zuvor erworbene kompensatorische CR gegenüber dem Heroin gering ausfiel. Viele Überlebende solcher Beinahe-Todesfälle bestätigten diese Annahme. Sie berichteten, dass die Umstände der letzten Injektion sich von den normalerweise üblichen unterschieden.

Siegel (1999) formulierte zusammenfassend die These, dass Drogentoleranz zumindest teilweise auf die Entstehung von kompensatorischen konditionierten Reaktionen zurückgeht, die der Wirkung der Droge tendenziell entgegenwirken und sie aufheben. Er konnte zeigen, dass die Morphiumtoleranz stimulusspezifisch ist und dass sie wie jede andere CR erworben und gelöscht werden kann. Geht man von einer Theorie der Drogentoleranz aus, die auf allgemeinen physiologischen Veränderungen basiert und eine Beteiligung der klassischen Konditionierung ausschließt, lassen sich die von Siegel und anderen beobachteten Phänomenen kaum erklären.

Obwohl Siegels Ergebnisse stark dafür sprechen, dass eine Morphiumtoleranz von Umgebungsreizen beeinflusst werden kann, wurde seine Theorie, dass diese Toleranz auf die Anwesenheit einer kompensatorischen CR zurückgeht, angezweifelt. Manche Theoretiker gehen davon aus, dass Siegels Ergebnisse eher durch eine Art kontextspezifischer Habituation zustande kommen: Da der Kontext dem Lebewesen erlaubt, die anstehende Morphiuminjektion vorwegzunehmen, ist die Wirkung dieser Injektion geringer (T. B. Baker & Tiffany, 1985). Andere nehmen an, dass sowohl die Theorie der kompensatorischen CR als auch die Theorie der kontextspezifischen Habituation zur Erklärung der Drogentoleranz taugen (Paletta & Wagner, 1986).

5.4.2 Conditioned Opponent Theories

Schull (1979) formulierte eine interessante Theorie über kompensatorische konditionierte Reaktionen, die er **Conditioned Opponent Theorie** nannte, weil er die meisten der Grundannahmen von Solomon und Corbit akzeptierte, aber eine wichtige Veränderung vornahm. Er stimmte zu, dass eine typische emotionale Erfahrung einen a-Prozess auslöst, dem ein gegenteiliger b-Prozess folgt. Er lehnte aber die Idee, dass der b-Prozess durch Wiederholung automatisch verstärkt und durch fehlende Wiederholung geschwächt wird, ab. Stattdessen nahm er an, dass der b-Prozess scheinbar gestärkt wird, weil jeder Stimulus, der mit der emotionalen Erfahrung kombiniert wird, ein CS wird, welcher später den b-Prozess auslösen kann (aber nicht den a-Prozess, der für Schull nicht auf einen CS übertragbar ist). Das bedeutet, dass Solomon und Corbit davon ausgingen, dass der b-Prozess durch einen nicht-assoziativen Verstärkungsmechanismus zunimmt, Schull dagegen annimmt, dass jede Zunahme in der Intensität des b-Prozesses eine CR ist, die durch einen oder mehrere konditionierte Stimuli ausgelöst wird.

Schulls Theorie ist vielleicht einfacher zu verstehen, wenn wir ein besonderes Beispiel betrachten. Wie in Kapitel 3 im Absatz über die Theorie von Solomon und Corbit erwähnt, ist die übliche Reaktion auf eine erste Heroininjektion ein sehr angenehmes Gefühl, auf das unangenehme Entzugserscheinungen folgen. Das anfängliche Wohlbehagen ist der a-Prozess, der unangenehme Nacheffekt ist der b-Prozess. Laut Schull ist nur der b-Prozess konditionierbar. Nehmen wir an, dass Stimuli – die Nadel, der Raum und so weiter –, die die Heroininjektion begleiten, als konditionierte Stimuli funktionieren, die nach einigen Paarungen mit dem Heroin selbst anfangen, Entzugserscheinungen auszulösen. Diese konditionierten Stimuli haben verschiedene Wirkungen. Erstens neigen sie dazu, dem a-Prozess entgegenzuwirken, so dass eine Heroininjektion keine angenehmen Gefühle mehr auslöst. Zweitens verbinden sie sich mit dem b-Prozess und sorgen dafür, dass ernste und länger anhaltende Entzugserscheinungen entstehen. Drittens kann die Anwesenheit dieser Stimuli Entzugserscheinungen und Verlangen nach der Droge verursachen, wenn kein Heroin vorhanden ist. Schull nahm daher an, dass klassisch konditionierte Stimuli zur Entstehung vieler unangenehmer Aspekte der Drogensucht beitragen.

Während Schulls Theorie ausschließlich die Konditionierung des b-Prozesses behandelt, haben Wagner und seine Mitarbeiter (Donegan & Wagner, 1987; Mazur & Wagner, 1982; Wagner, 1981) eine allgemeine Theorie der klassischen Konditionierung entwickelt, die auf alle konditionierten Reaktionen zutreffen soll, egal, ob wir sie „b-Prozesse" nennen wollen oder nicht. Wagner nennt seine Theorie **Sometimes Opponent Process Theorie** (SOP), weil sie vorhersagt, dass eine CR in manchen Fällen das Gegenteil der UR ist, während sie ihr in anderen Fällen sehr ähnelt. Wie können wir vorhersagen, welche Art von CR in einer besonderen Konditionierungssituation auftreten wird? Laut SOP wird die CR der UR ähneln, wenn diese **monophasisch** ist, aber das Gegenteil der UR sein, wenn diese **biphasisch** ist. Diese Begriffe bezeichnen im Wesentlichen, ob in der UR ein b-Prozess beobachtet werden kann oder nicht. So ist zum Beispiel die UR der Herzfrequenz auf einen Elektroschock biphasisch, weil sie aus einem Ansteigen der Herzfrequenz besteht, wenn der Elektroschock gerade stattfindet, während die Herzfrequenz nach dem Ende des Elektroschocks *unter die ursprüngliche Rate* absinkt. Da die UR einen solchen „Rebound-Effekt" zeigt, sagt die SOP voraus, dass die CR das Gegenteil der UR sein wird. Dies konnte von Black (1965) in seinen Untersuchungen belegt werden. Andererseits ist die UR des Lidschlusses nach einem Luftstoß monophasisch: Die Lider werden geschlossen und dann wieder geöffnet, ohne dass ein Rebound entsteht – das Auge öffnet sich nicht weiter, als ursprünglich. Aus diesem Grund sagt SOP voraus, dass beim Konditionieren des Lidschlusses die CR der UR ähnlich sein wird, und das trifft natürlich ebenfalls zu.

Wenn die Annahmen der SOP richtig sind, sollten wir Vorhersagen in zwei Richtungen machen können. Erstens sollten wir in der Lage sein, die Art der CR vorauszusagen, indem wir die gesamte UR beobachten. Zum Beispiel ist die typische Reaktion einer Ratte auf einen Elektroschock an den Füßen eine kurze Phase der Hyperaktivität, auf die eine längere Periode der verringerten Aktivität folgt („Einfrieren"). Die SOP sagt voraus, dass die CR dem späteren Teil der Reaktion (dem Einfrieren) ähnlich sein wird, was auch zutrifft (Fanselow, 1980). Außerdem sagt die SOP voraus, dass sorgfältige Beobachtung zeigen wird, dass die UR biphasisch ist, wenn die CR das Gegenteil der UR zu sein scheint. Ein Beispiel: Während Ratten nach einer Morphiuminjektion typischerweise verringerte Aktivität an den Tag legen, lösen Stimuli, die mit Morphium kombiniert werden, eine CR der Hyperaktivität aus. Paletta und Wagner (1986) beobachteten das Aktivitätsniveau von Ratten viele Stunden nach einer Morphiuminjektion und stellten fest, dass auf die anfängliche Phase der verringerten Aktivität tatsächlich eine Periode der Hyperaktivität folgt, wie von der SOP vorhergesagt. Andere Studien haben weitere Belege für Vohersagen der SOP erbracht (Albert, Ricker, Bevins & Ayres, 1993).

Wagner und Brandon (1989) legten eine Erweiterung der SOP vor, die einen zusätzlichen Grund dafür nennt, warum die Art eines CR so schwierig vorherzusagen ist. Sie nannten ihre revidierte Theorie **AESOP**, was soviel bedeutet wie **affective extension of SOP**. Um ein Gefühl für die grundlegenden Vorstellungen von AESOP zu bekommen, sollten Sie sich die in der Abbildung 4.4 dargestellte Skizze zum CS- und US-Zentrum noch einmal ansehen. Diese Skizze zeigt, dass durch eine klassische Konditionierung eine Assoziation zwischen einem CS-Zentrum und einem US-Zentrum entstehen kann. Laut AESOP kann ein einzelner US aber nicht nur ein Zentrum, sondern auch zwei Zentren haben: Eines, das sich auf die sensorischen Eigenschaften des US bezieht und eines, das sich auf seine emotionalen Eigenschaften bezieht. Diese beiden US-Zentren aktivieren zwei verschiedene Arten unkonditionierter Reaktion. Ist der US beispielsweise ein leichter Elektroschock an der Haut in der Nähe des Auges eines Kaninchens, kann das sensorische Zentrum eine sofortige Reaktion auslösen (einen Lidschluss), während das emotionale Zentrum eine langsamere, aber länger anhaltende Reaktion (etwa ein leichtes Angstgefühl) hervorbringt. Ein CS, der mit dem US kombiniert wird, kann eine Assoziation mit dem sensorischen und dem emotionalen US-Zentrum entwickeln, wobei die Art dieser beiden Assoziationen von vielen Faktoren wie dem Zeitpunkt und der Dauer des CS abhängt. Ein Ton, der eine Sekunde dauert, könnte zum Beispiel genau die richtige Länge haben, um eine starke CR in Form eines Lidschlusses auszulösen, aber zu kurz sein, um ein Angstgefühl zu verursachen (das durch eine Veränderung der Herzfrequenz festgestellt werden könnte). Ein Ton von zehn Sekunden Länge könnte dagegen zu lang sein, um eine Konditionierung des Lidschlusses auszulösen, aber dafür eine starke Angstreaktion auslösen. Zwei verschiedene, konditionierte Stimuli können somit konditionierte Reaktionen auslösen, die recht unterschiedlich sind, obwohl sie mit demselben US kombiniert wurden.

Seit der Einführung von AESOP durch Wagner und Brandon wurden in verschiedenen Studien Belege für die grundlegenden Prämissen – dass sowohl die sensorischen, als auch die emotionalen Aspekte eines US beachtet werden müssen – dieser Theorie gefunden (Brandon, Bombace, Falls & Wagner, 1991; McNish, Betts, Brandon & Wagner, 1997). Die Details von AESOP und den entsprechenden Experimenten sind ziemlich komplex und wir werden sie hier nicht genauer erläutern. Der wichtigste Punkt für unseren Zweck ist die Tatsache, dass die Intensität und Form einer CR schwierig vorauszusagen sind, weil die sensorischen und emotionalen Eigenschaften des US die Art der von einem bestimmten CS ausgelösten CR beeinflussen kann.

5.5 Physiologische Hintergründe der klassischen Konditionierung

Der letzte Teil dieses Kapitels vervollständigt jedes der vorherigen. Unabhängig von ihrer theoretischen Perspektive sind sich so gut wie alle Forscher, die sich mit der klassischen Konditionierung beschäftigen, einig, dass unser Verständnis dieser Lernart viel tiefer wäre, wenn wir wüssten, welche Veränderungen im Nervensystem während der Akquisitionsphase und der folgenden Ausführung neu erworbener Reaktionen stattfinden. Diese Frage stand in den letzten Jahren im Zentrum intensiver Forschungsbemühungen. Dabei wurde viel über die physiologischen Mechanismen der klassischen Konditionierung in Erfahrung gebracht, so dass die folgende Diskussion nur einen kurzen Überblick über einige der wichtigsten Entwicklungen in diesem Bereich liefern kann.

5.5.1 Forschung mit einfachen Lebewesen

Kandels Untersuchungen über die neuronalen Mechanismen der Habituation bei der Schnecke *Aplysia* wurden im dritten Kapitel ausführlich besprochen. Kandel und seine Mitarbeiter haben auf verschiedene Arten auch die klassische Konditionierung bei *Aplysia* untersucht. In manchen frühen Studien haben Kandel und Tauc (1964, 1965) einen der Konditionierung ähnlichen Effekt bei einer aus drei Neuronen von *Aplysia* bestehenden Anordnung hervorgebracht. Abbildung 5.8 veranschaulicht ihre Arbeitsweise. In die Zellkörper der Neuronen 1 und 2 wurden Elektroden eingeführt, die durch einen schwachen elektrischen Strom die entsprechenden Neuronen dazu brachten, zu feuern. Vor der Konditionierung zeigte sich, dass die Aktivität des Neurons 1 das dritte Neuron nicht aktivierte, während das aktive zweite Neuron das Neuron 3 aber durchaus feuern ließ. Die Aktivität des Neurons 1 verursachte jedoch eine leichte Depolarisierung in der Membran von Neuron 3, was darauf hinwies, dass es eine unwirksame synaptische Verbindung zwischen den Neuronen 1 und 3 gab.

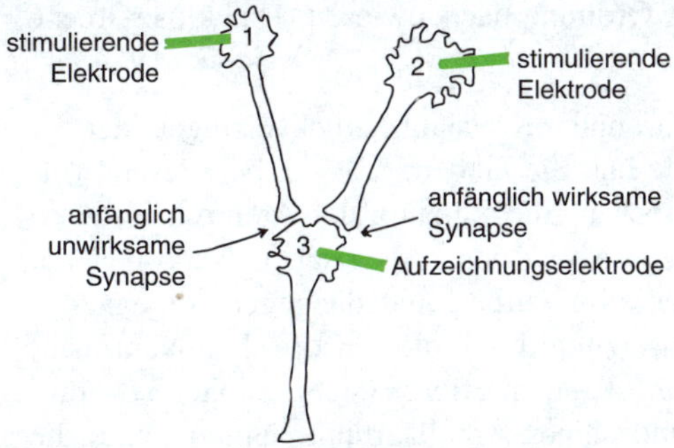

Abbildung 5.8: Eine schematische Darstellung der von Kandel und Tauc (1964) verwendeten Vorgehensweise, um eine der klassischen Konditionierung ähnliche Wirkung bei nur drei Neuronen von *Aplysia* zu erzielen. Vor der Konditionierung bewirkte die Stimulation des zweiten Neurons eine starke Reaktion im dritten Neuron, aber die Stimulation von Neuron 1 tat dies nicht. Nach verschiedenen „Konditionierungsdurchgängen", bei denen Neuron 1 und Neuron 2 in rascher Folge stimuliert wurden, entwickelte Neuron 1 die Fähigkeit, eine Reaktion im Neuron 3 auszulösen.

Vor diesem anfänglichen Zustand ausgehend behandelten Kandel und Tauc die Stimulation von Neuron 1 als CS und die Stimulation von Neuron 2 als US, der als UR die Aktivierung von Neuron 3 hervorbrachte. Nach verschiedenen CS-US-Kombinationen (der Stimulation von Neuron 1, dann von Neuron 2) fanden Kandel und Tauc, dass der CS nunmehr selbst eine Reaktion auslöste – die Stimulation von Neuron 1 veranlasste Neuron 3, zu feuern. Diese neue synaptische Assoziation war nicht von Dauer: Sie hielt etwa 20 Minuten an und verschwand dann. Die Forscher konnten diesen konditionierungsähnlichen Effekt jedoch bei verschiedenen Neuronengruppen nachweisen. Sie zeigten außerdem, dass die Wirkung von der zeitlichen Kontiguität von CS und US abhingen – nicht kombinierte Stimulationen von Neuron 1 und Neuron 2 hatten diese Wirkung nämlich nicht. Diese Ergebnisse zeigten, wie einfach die neuronalen Mechanismen der klassischen Konditionierung sein können, zumindest in manchen Fällen. Da es in jeder klassischen Konditionierungssituation drei verschiedene Elemente gibt – den CS, den US und die Reaktion – müssen immer mindestens drei Neuronen vorhanden sein. Obwohl Kandel und Tauc mit diesem absoluten Minimum von drei Neuronen arbeiteten, konnten sie Phänomene nachweisen, die der klassischen Konditionierung ähnelten.

In einer anderen Studie untersuchten Kandel und seine Mitarbeiter die klassische Konditionierung beim Kiemenreflex von *Aplysia*. Dabei war der US ein Elektroschock am Schwanzende, die UR war das Einziehen der Kiemen (siehe Abbildung 3.8). Der CS war eine leichte Stimulation der Atemröhre, die anfänglich als Reaktion ein leichtes Zurückziehen der Kiemen auslöste. Nach einigen Paarungen von CS und US löste der CS jedoch die vollständige Reaktion des Einziehens der Kiemen aus (Carew, Hawkins & Kandel, 1983). Wie bei der klassischen Konditionierung mit Säugetieren war auch hier die genau zeitliche Abstimmung von CS und US wesentlich. Ein optimaler Lernerfolg vollzog sich bei der Konditionierung mit kurzer Verzögerung (wenn der CS dem US um 0,5 Sekunden vorausging). Es gab keinen Hinweis auf eine erfolgte Konditionierung, wenn die Verzögerung zwei Sekunden betrug (Hawkins, Carew & Kandel, 1983). In anderen Studien über den Kiemenreflex wurden komplexere Konditionierungsphänomene wie das Diskriminationslernen und Konditionierung zweiter Ordnung nachgewiesen (Hawkins, Greene & Kandel, 1998).

Kandel und seine Mitarbeiter konnten den neuronalen Kreislauf zurückverfolgen, der der Konditionierung des Kiemenreflexes zugrunde lag. Sie fanden, dass die bei diesem Vorgang stattfindende CR (die verstärkte Reaktion auf die Reizung der Atemröhre) durch einen Anstieg der Transmitter begründet ist, die von den sensorischen Neuronen der Atemröhre ausgeschüttet werden. Interessanterweise wurde genau die gegenteilige neuronale Veränderung (verringerte Transmitterfreisetzung durch die sensorischen Neuronen) als Ursache für die Habituation der Reaktion des Kiemenreflexes (siehe Kapitel 3) gefunden. Ausführlichere Arbeiten von Kandel und seiner Arbeitsgruppe zeigten, dass die verstärkte Transmitterfreisetzung durch einen vermehrten Kalziumfluss in das Ende des sensorischen Axons verursacht wird, der wiederum auf einen erhöhten Kaliumaustritt aus den Zellen zurückgeht. Um die Sache noch komplexer zu machen, ist diese Veränderung der Transmitterfreisetzung nicht die einzige neuronale Veränderung, die bei einer klassischen Konditionierung im Nervensystem von *Aplysia* beobachtet wurde. Glanzman (1995) hat Belege dafür gefunden, dass die Dendriten der postsynaptischen Neuronen im Kreislauf eine erhöhte Sensibilität entwickeln, so dass sie stärker auf die chemische Stimulation reagieren. Sogar im einfachen Nervensystem von Aplysia sind bei einem Lernvorgang also verschiedene physiologische Mechanismen beteiligt (Bao, Kandel & Hawkins; 1998).

Die klassische Konditionieruung wurde auch bei anderen einfachen Lebewesen außer *Aplyisa* untersucht, unter anderem bei zwei weiteren Mollusken: *Hermissenda* und *Limax* (Farley, Richards & Grover, 1990; Hopfield & Gelperin, 1989). Sind die Vorgänge der klassischen Konditionierung bei diesen Arten ähnlich? Laut Thompson, Donegan und Lavond (1988) gibt es sowohl Ähnlichkeiten als auch Unterschiede. Bei Aplysia und Hermissenda tritt einerseits eine erhöhte Transmitterfreisetzung an den sensorischen Neuronen auf, die vom CS aktiviert werden. Bei beiden ist diese auf Veränderungen im Kalzium- und Kaliumionenfluss zurückzuführen. Andererseits sind der neuronale Kreislauf und die spezifischen chemischen Mechanismen grundlegend unterschiedlich. Es lässt sich also festhalten, dass die allgemeinen Mechanismen der klassischen Konditionierung bei diesen beiden Weichtierarten ähnlich sind, die Details aber unterschiedlich. Vermutlich sollten wir also bei höheren Tieren, deren Nervensysteme so viel größer und komplexer sind, mit einer noch größeren Vielfalt der neuronalen Schaltkreise rechnen. Usherwood (1993) hat nichtsdestoweniger festgehalten, dass Vergleiche der bei der klassischen Konditionierung auftretenden chemischen Mechanismen bei Weichtieren und Kaninchen eine Reihe von Ähnlichkeiten enthüllten. Diese Ähnlichkeiten legen die Vermutung nahe, dass die Forschung mit einfachen Lebewesen wertvolle Hinweise zu den chemischen Mechanismen des Lernens bei höheren Organismen liefern könnten.

5.5.2 Forschung mit Säugetieren und anderen Wirbeltieren

Aufgrund der verwirrenden Komplexität des Nervensystems von höheren Tieren wie Säugetieren, ist die Entdeckung der physiologischen Hintergründe der klassischen Konditionierung extrem schwierig. Nichtsdestoweniger wurden mittlerweile erhebliche Fortschritte gemacht und die Forschung entwickelt sich in mehrere verschiedene Richtungen (Thompson & Krupa, 1994). Unser kurzer Überblick über dieses Thema konzentriert sich daher auf fünf wichtige Aspekte.

1. *Die neuronalen Pfade, die bei der CR involviert sind, unterscheiden sich oft von denen, die bei der UR involviert sind.*

   Dies kann gezeigt werden, wenn nur eine der beiden Reaktionen ausgeschaltet wird. Bei Pavianen zum Beispiel scheint ein bestimmter Teil des Hypothalamus mit der konditionierten Veränderung der Herzfrequenz verknüpft zu sein, die von einem mit einem Elektroschock kombinierten CS ausgelöst wird. Wenn dieser Teil des Hypothalamus zerstört wird, verschwindet die CR der Herzfrequenzzunahme, während unkonditionierte Reaktionen der Herzfrequenz davon nicht betroffen sind (O. A. Smith, Astley, DeVito, Stein & Walsh, 1980).

   Eine weitere, sehr häufige Versuchsanordnung zur Untersuchung der klassischen Konditionierung, die Konditionierung des Lidschlusses bei Kaninchen, wurde hinsichtlich der neuronalen Schaltkreise und betroffenen Hirnregionen ausführlich untersucht und ist mittlerweile recht gut verstanden. Das **Zerebellum**, ein Teil des Gehirns, der für viele erlernte Bewegungen zuständig ist, spielt bei der Konditionierung des Lidschlussreflexes eine wesentliche Rolle (siehe Canli & Donegan, 1995; Perrett & Mauk, 1995). Wie bei der Konditionierung der Herzfrequenz sind bei der Entstehung der UR und der CR des Lidschlusses verschiedene neuronale Pfade beteiligt. Die UR des Lidschlusses nach einem auf das Auge gerichteten Luftstoß scheint von zwei verschiedenen Pfaden abhängig zu sein – einem recht direkten Pfad im Stammhirn und einem eher indirekten Pfad, der durch das Zerebellum verläuft. Viele Hinweise sprechen dafür, dass die CR des Lidschlusses von diesem zweiten, indirekten Pfad abhängt. Wenn Teile dieses Pfades im Zerebellum zerstört werden, verschwindet die CR des Lidschlusses und kann nicht wieder erlernt werden (Knowlton & Thompson, 1992; Lavond, Hembree & Thompson, 1985). Wenn Neuronen in diesem Teil des Zerebellums elektrisch stimuliert werden, entstehen Lidschlussreaktionen, die der CR sehr ähnlich sind (Thompson, McCormick & Lavond, 1986). Würde man diese Divergenz der Pfade von UR und CR auch in anderen Reaktionssystemen finden, dann könnte dies zur Erklärung der Tatsache beitragen, dass die Form der UR und der CR häufig unterschiedlich sind.

   Wagner und Donegan (1989) unterstrichen, dass es eine interessante Entsprechung zwischen diesen Forschungsbemühungen auf physiologischer Ebene und den Vorhersagen des SOP-Modells von Wagner gibt. Wie zuvor erläutert, geht SOP davon aus, dass eine CR den späteren Anteilen der UR entspricht, aber nicht die anfänglichen. Die oben beschriebenen Ergebnisse können möglicherweise erklären, warum dies so ist, zumindest im Falle der Konditionierung des Lidschlussreflexes: Die CR wird durch die am späteren Teil der UR beteiligten neuronalen Pfade aktiviert, die am anfänglichen Teil nicht mitwirken. Diese Beziehung zwischen SOP und neurophysiologischen Nachweisen ist ein gutes Beispiel dafür, dass sich Lerntheorien und neurophysiologische Forschung gegenseitig zuarbeiten können.

2. *An der Entstehung einer einfachen CR können viele verschieden Hirnregionen beteiligt sein.*

   Ein gutes Beispiel dafür ist die Tatsache, dass viele Hirnregionen an der Konditionierung des Lidschlussreflexes bei Kaninchen beteiligt sind, obwohl das Zerebellum eine zentrale Rolle dabei spielt. Bei anderen Spezies wurden viele Hirnregionen wie die Amygdala, der Hypothalamus und der cinguläre Cortex entdeckt, die beispielsweise bei der Konditionierung der Herzfrequenz eine Rolle spielen (Schneiderman, McCabe, Haselton, Ellenberger, Jarrell & Gentile, 1987).

3. *Bei vielen der verschiedenen Konditionierungsphänomene, die in diesem Kapitel und Kapitel 4 untersucht wurden, sind vermutlich verschiedene Hirnregionen involviert.*

   Diese Vermutung wurde aufgrund zahlreicher Studien mit verschiedenen Versuchsteilnehmern bestätigt. Wird beispielsweise bei einem Kaninchen der Hippocampus entfernt, kann bei diesem Tier der Blockierungseffekt nicht mehr auftreten (P. R. Solomon, 1977), eine konditionierte Inhibition aber durchaus. Bei Tauben führt eine derartig Läsion des Hippocampus beispielsweise nicht zur Ausschaltung des Blockierungseffekts, aber sie interferiert mit dem CS-Präexpositionseffekt (Good & Macphail, 1994). Studien mit Ratten (Phillips & LeDoux, 1992; Wilson, Brooks & Bouton, 1995) haben gezeigt, dass das Hippocampussystem für manche Arten der Assoziation im Bereich der Kontextreize wesentlich ist, während ein anderer Hirnbereich, die Amygdala, für Assoziationen wichtig ist, die sowohl Kontextreize als auch einen typischen CS (einen Ton beispielsweise) umfassen.

4. *Verschiedene konditionierte Reaktionen involvieren verschiedene Hirnregionen.*

   Das Zerebellum scheint bei der Konditionierung des Lidschlussreflexes wichtig zu sein, während andere Hirnregionen bei der Konditionierung der Herzfrequenz involviert zu sein scheinen.

5. *Es wurden Beispiele von einzelnen Neuronen gefunden, deren Aktivität offenbar mit der Akquisition von konditionierten Reaktionen zu tun hat.*

   McCormick und Thompson (1984) haben zum Beispiel herausgefunden, dass die Aktivitätsrate von bestimmten Zellen im Zerebellum mit Verhaltensaspekten der CR des Lidschlusses korreliert. Bei einem Kaninchen, das eine Reihe von Konditionierungsdurchgängen mit einem Ton als CS erlebt, nimmt die Aktivität dieser Zellen etwa im selben Ausmaß zu, wie der reaktive Lidschluss. Wenn die CR des Lidschlusses aufgrund einer Extinktion nachlässt, dann nimmt auch die Aktivität dieser Zellen ab. Die zelluläre Aktivität bei einer einzelnen Präsentation des CS entspricht dem Muster des Lidschlusses, wobei die neuronale Aktivität der Reaktion des Lidschlusses um etwa 30 Millisekunden vorausgeht. Zusammen mit anderen Belegen weisen diese Ergebnisse darauf hin, dass diese Zellen eine wichtige Rolle bei der Entwicklung der CR spielen. Solche Neuronen gibt es allerdings nicht nur im Zerebellum. Auch im Hippocampus – einer Hirnregion, die vermutlich eine Rolle beim Lernen und bei der Erinnerung spielt – wurden Neuronen mit ähnlichen Eigenschaften gefunden (Berger & Weisz, 1987). Die Entdeckung von Neuronen, deren Aktivität so eng mit beobachtbarem Verhalten zu tun hat, ist ein wichtiger Fortschritt. Wie die Neuronen in den verschiedenen Teilen des Gehirns tatsächlich am Konditionierungsprozess beteiligt sind, ist jedoch nach wie vor nicht bekannt.

5.5.3 Forschung mit menschlichen Versuchsteilnehmern

In den letzten Jahren gab es verstärkte Forschungsbemühungen, um die physiologischen Mechanismen der klassischen Konditionierung bei Menschen aufzudecken, wobei vor allem die Versuchsanordnung zur Konditionierung des Lidschlussreflexes verwendet wurde (Daum & Schugens, 1996). Dabei kamen mindestens zwei verschiedene Forschungsstrategien zum Einsatz. Manche Studien arbeiteten mit Versuchspersonen, die aufgrund von Unfällen oder Erkrankungen in bestimmten Hirnregionen Schäden aufwiesen und für Versuche zur Konditionierung des Lidschlusses eingesetzt wurden. Die andere Strategie bestand darin, Versuchsteilnehmer ohne Hirnschäden zu konditionieren und die Aktivität der verschiedenen Hirnregionen mit modernen bildgebenden Verfahren zu messen (zum Beispiel Buchel, Dolan, Armony & Friston, 1999).

In vielerlei Hinsicht ähneln die Ergebnisse der Versuche mit menschlichen Versuchsteilnehmern durchaus denen der Versuche mit anderen Säugetieren. Das Zerebellum scheint eine wesentliche Rolle bei der Konditionierung des Lidschlussreflexes zu spielen. In einer Untersuchung wurde beispielsweise eine Gruppe von Personen mit Schäden im Zerebellum mit einer Gruppe ohne Hirnschaden verglichen. Die Teilnehmer ohne Hirnschaden lernten die konditionierte Reaktion des Lidschlusses sehr schnell, während die anderen diese Reaktion nicht erlernten. Dennoch löste der Luftstoß bei diesen Versuchsteilnehmern einen Lidschluss als UR aus, was zeigt, dass sie nicht einfach die motorische Kontrolle über diese Reaktion verloren hatten (Daum, Schugens, Ackermann, Lutzenberger, Dichgans & Birbaumer, 1993). Das Defizit scheint dafür verantwortlich zu sein, dass die notwendigen Assoziationen zwischen konditioniertem Lidschluss als CR und einem neutralen Stimulus nicht entstehen.

Das bedeutet nicht, dass diese Versuchsteilnehmer generell keine Stimuli assoziieren können, denn Messungen ihrer Reaktionen im Bereich Herzfrequenz und Hautwiderstand zeigten, dass sie die Assoziation zwischen CS und Luftstoß durchaus bilden können. Wie bei den Tierversuchen zeigen diese Ergebnisse, dass bei der Konditionierung der verschiedenen Reaktionssysteme verschiedene Hirnregionen beteiligt sind.

Wenn bei normalen menschlichen Versuchsteilnehmern der Lidschlussreflex konditioniert wird, zeigen bildgebende Verfahren wie die Positronenemissionstomografie (PET), dass auf einer Seite des Zerebellums (die der Seite des konditionierten Auges entspricht) ein erhöhter Blutstom auftritt, aber nicht nur dort, sondern auch in vielen anderen Hirnregionen. Diese Ergebnisse scheinen darauf hinzuweisen, dass wie bei Tieren neben dem Zerebellum noch viele andere Hirnregionen am Prozess der Konditionierung des Lidschlusses beteiligt sind (Molchan, Sunderland, McIntosh, Herscovitch & Schreurs, 1994). Bei anderen Arten der klassischen Konditionierung bei Menschen werden wieder andere Teile des Gehirns aktiviert. Hugdahl (1998) verwendete die PET, um die Hirnaktivität von erwachsenen Männern während der Akquisition und Extinktion einer konditionierten Angstreaktion darzustellen, bei der auf einen Ton ein Elektroschock am Handgelenk folgte. Abbildung 5.9 ist ein PET-Bild, das einige Teile des zerebralen Kortex zeigt, wo sich die Aktivität während der Extinktionsphase (wenn der Ton ohne Schock präsentiert wurde) erhöhte. Diese Hirnregionen waren ganz andere, als die während der Akquisitionsphase aktiven, so dass Hugdahl vermutete, dass vermutlich verschiedene Hirnvorgänge bei der Akquisition und Extinktion von konditionierten Reaktionen involviert sind.

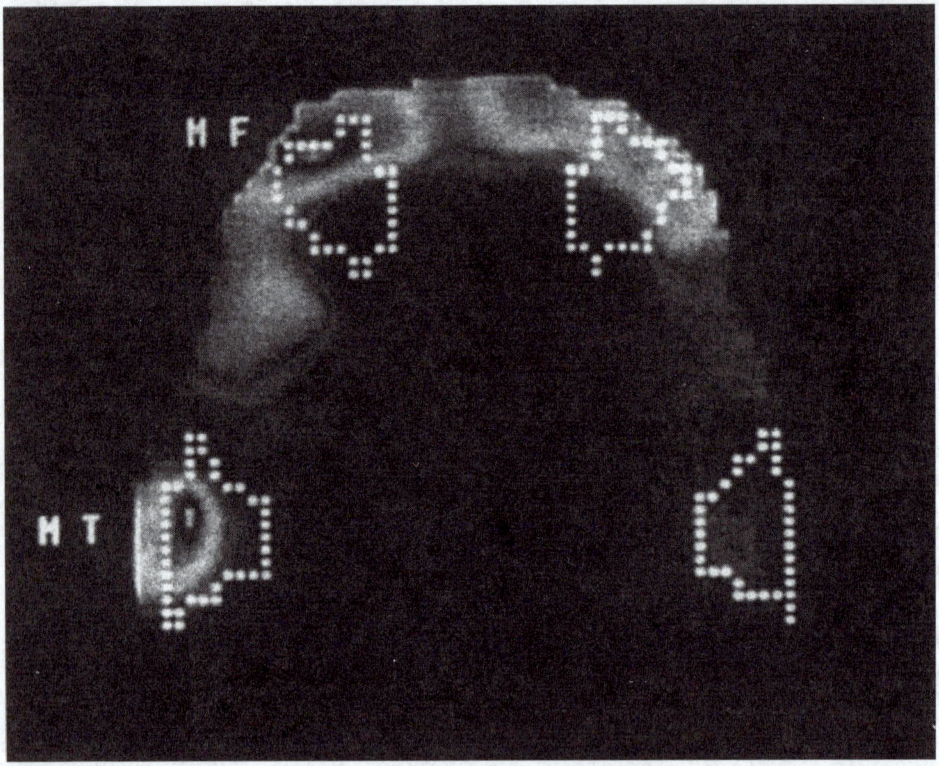

Abbildung 5.9: Eine Positronenemissionstomografie (PET), die Teile des menschlichen Gehirns darstellt, in denen bei der Extinktion einer konditionierten Angstreaktion erhöhte Aktivität stattfindet. Darunter der mediale Frontalkortex (MF) und der mediale Temporalkortex (MT) (nach Hugdahl, 1998).

Die physiologische Forschung zur klassischen Konditionierung findet, wie wir sehen, auf verschiedenen Ebenen statt und umfasst Studien zu ganzen Hirnstrukturen, einzelnen Neuronen und chemischen Vorgängen. Sowohl einfache, als auch höhere Lebewesen werden untersucht. Noch ist viel über die bei der klassischen Konditionierung stattfindenden

Hirnvorgänge unbekannt, aber eine Sache scheint sicher: Wer auf eine einfache physiologische Erklärung hofft, wird enttäuscht sein. Die klassische Konditionierung, eine der einfachsten Lernarten, scheint auf einem sehr komplexen System von neurologischen und chemischen Mechanismen zu beruhen.

Zusammenfassung

In Kamins Experiment zum Blockierungseffekt durchliefen Ratten zunächst Konditionierungsdurchgänge, bei denen ein Licht mit einem Elektroschock kombiniert wurde, und dann Durchgänge, bei denen ein Licht und ein Ton mit dem Elektroschock kombiniert wurden. In der Testphase verursachte der Ton allein keine Angstreaktion. Um diesem und ähnlichen Ergebnissen gerecht zu werden, geht das Rescorla-Wagner-Modell davon aus, dass Konditionierung nur dann stattfindet, wenn es eine Diskrepanz zwischen der Stärke des US und der Stärke der Erwartung des Versuchsteilnehmers gibt. Dieses Modell kann viele Konditionierungsphänomene wie die Überschattung, die konditionierte Inhibition und den Übererwartungseffekt erklären. Phänomene wie den CS-Präexpositionseffekt kann es jedoch nur schlecht einordnen. Theorien der CS-Effektivität wie sie Mackintoshs Theorie der Aufmerksamkeit darstellt, gehen davon aus, dass die Konditionierbarkeit eines CS abnimmt, wenn der CS nicht informativ ist. Komparatortheorien gehen davon aus, dass Versuchsteilnehmer zwar CS-US-Assoziationen *erlernen* können, aber erst dann eine konditionierte Reaktion ausführen, wenn der CS eine bessere Vorhersage über den US ermöglicht, als die Kontextreize.

Bei der klassischen Konditionierung können viele verschiedene Assoziationen gebildet werden, darunter S-S- und S-R-Assoziationen, Assoziationen mit Kontextreizen und Assoziationen zwischen zwei konditionierten Stimuli. Tiere scheinen biologisch darauf vorbereitet, bestimmte konditionierte Assoziationen leichter zu erlernen, als andere. Beim Geschmacks-Aversions-Lernen bilden Tiere und Menschen Assoziationen zwischen einem Geschmack und einer Krankheit aus, selbst wenn die Krankheit mehrere Stunden nach der Nahrungsaufnahme einsetzt. Ratten können sehr schnell eine Assoziation zwischen einem Geschmack und einer Krankheit oder zwischen audiovisuellen Stimuli und einem Elektroschock ausbilden, aber sie lernen nur sehr langsam die gegenteiligen Assoziationen. Obwohl biologische Dispositionen nicht vernachlässigt werden dürfen, scheinen dieselben allgemeinen Prinzipien auf das Geschmacks-Aversions-Lernen und andere Formen der klassischen Konditionierung zuzutreffen.

Wenn ein CS mit einer Droge (auch im Sinne eines Medikaments) als US kombiniert wurde, bringt der CS häufig kompensatorische konditionierte Reaktionen hervor – physiologische Reaktionen, die das Gegenteil der von der Droge ausgelösten sind – und diese kompensatorischen konditionierten Reaktionen können sich in Form von Drogentoleranz zeigen. Die Conditioned Opponent Theories haben versucht, diese kompensatorischen konditionierten Reaktionen zu beschreiben und vorauszusagen, wann eine CR der UR ähnlich sein wird und wann sie das Gegenteil der UR sein wird.

Untersuchungen an einfachen Lebewesen wie *Aplysia* haben bestimmte neurologische und chemische Veränderungen aufgedeckt, die während der Konditionierung stattfinden. Untersuchungen mit Wirbeltieren, einschließlich Menschen, haben gezeigt, dass vermutlich viele Hirnstrukturen bei der Entwicklung einer einfachen CR beteiligt sind und dass verschiedene Hirnstrukturen an den verschiedenen konditionierten Reaktionen und Konditionierungsphänomenen mitwirken.

Wiederholungsfragen

1. Stellen Sie entweder mit Hilfe nicht-mathematischer Regeln oder mit Hilfe der Gleichungen dar, wie das Rescorla-Wagner-Modell den Blockierungseffekt, die Überschattung und den Übererwartungseffekt erklärt.
2. Welche verschiedenen Assoziationen können in einem einfachen Fall der klassischen Konditionierung entstehen? Beschreiben Sie die Details einer Studie, die als Beleg für eine dieser Assoziationsarten verwendet wurde.
3. Weshalb werden Belege für das Geschmacks-Aversions-Lernen mit langer Verzögerung und andere Beispiele biologischer Vorbereitung der klassischen Konditionierung als Bedrohung für die Auffassung betrachtet, es gäbe beim Lernen allgemeine Prinzipien? Wie wurde dieser Konflikt beigelegt?
4. Nennen Sie einige der wichtigen Ergebnisse und Schlussfolgerungen, die der physiologischen Forschung zur klassischen Konditionierung bei einfachen Lebewesen, Säugetieren und Menschen entstammen.

Kapitel

6 Grundlegende Prinzipien der operanten Konditionierung

In diesem Kapitel

Im Gegensatz zu klassisch konditionierten Reaktionen werden viele alltäglich Verhaltensweisen nicht von einem bestimmten Stimulus ausgelöst. Verhaltensweisen wie Gehen, Sprechen, Essen, Trinken, Arbeiten oder Spielen treten nicht automatisch und mit maschinenähnlicher Regelmäßigkeit als Reaktion auf einen bestimmten Stimulus auf. In Anwesenheit eines Stimulus wie Nahrung kann ein Lebewesen sich zur Nahrungsaufnahme entscheiden oder nicht. Das hängt von einer Vielzahl von Faktoren wie der Tageszeit, dem Zeitpunkt der letzten Mahlzeit, der Gegenwart von Artgenossen, dem Angebot anderer Aktivitäten zu diesem Zeitpunkt und so weiter ab. Es scheint also, dass Lebewesen wählen können, ob sie ein Verhalten dieser Art zeigen oder nicht. Daher werden diese Verhaltensweisen auch „willkürliche" genannt und den „unwillkürlichen" gegenübergestellt, die Teil der unkonditionierten und konditionierten Reflexe sind. Manche Lerntheoretiker behaupten, dass die klassische Konditionierung auf unwillkürliche Verhaltensweisen beschränkt ist, die operante Konditionierung aber unser willkürliches Verhalten beeinflusst. Der Begriff willkürlich lässt sich nur schwer in einer präzisen, wissenschaftlichen Weise definieren, deshalb könnte es missverständlich sein, ihn auf alle nicht-reflexartigen Verhaltensweisen anzuwenden. Aber unabhängig davon, was wir als nicht-reflexartiges Verhalten bezeichnen, sollte im folgenden Kapitel eine Sache klar werden: Nur weil es keinen offensichtlichen Stimulus gibt, der einem Verhalten vorausgeht, bedeutet das nicht, dass das Verhalten nicht vorhersagbar ist. Die ausführliche Forschung zur operanten Konditionierung könnte vielmehr als eine Bemühung charakterisiert werden, allgemeine Prinzipien zu entdecken, die es ermöglichen vorherzusagen, welche nicht-reflexartigenVerhaltensweisen ein Lebewesen zeigen wird und unter welchen Bedingungen.

6.1 Das Gesetz des Effekts

6.1.1 Thorndikes Experimente

E. L. Thorndike (1898, 1911) war der erste Wissenschaftler, der sich systematisch mit der Frage beschäftigt hat, wie nicht-reflexartige Verhaltensweisen eines Lebewesens als Ergebnis seiner Erfahrungen modifiziert werden können. Bei Thorndikes Experimenten wurde ein hungriges Tier (eine Katze, ein Hund oder ein Huhn) in eine kleine Kammer gesetzt, die er **Problemkäfig** nannte. Wenn das Tier die angemessene Reaktion zeigte, öffnete sich die Tür des Problemkäfigs und das Tier konnte nach draußen, um das dort platzierte Futter zu fressen. Für manche Versuchstiere war dieses erforderte Verhalten einfach – an einer Schnur ziehen, einen Hebel drücken oder auf eine Plattform treten. Abbildung 6.1 zeigt einen der anspruchsvolleren Problemkäfige von Thorndike, in dem eine Katze drei verschiedene Reaktionen zeigen musste – an einer Schnur ziehen (die einen Riegel hob), auf eine Plattform treten (was den anderen Riegel hob) und durch die Stäbe greifen, um eines der beiden Schnappschlösser an der Vorderseite der Tür zu drehen. Wenn ein Versuchstier das erste Mal in einen Problemkäfig (egal ob einfach oder kompliziert) gesetzt wurde, dauerte es meist recht lang, bis es entkommen konnte. Ein typisches Versuchstier bewegt sich im Käfig, erkundet scheinbar planlos die verschiedenen Teile der Kammer und zeigt schließlich im Zuge dieser Aktivität die Reaktion, die die

Tür öffnet. Ausgehend von seiner genauen Beobachtung dieses Verhaltens, schloss Thorndike, dass die erste richtige Reaktion des Tieres rein zufällig entsteht.

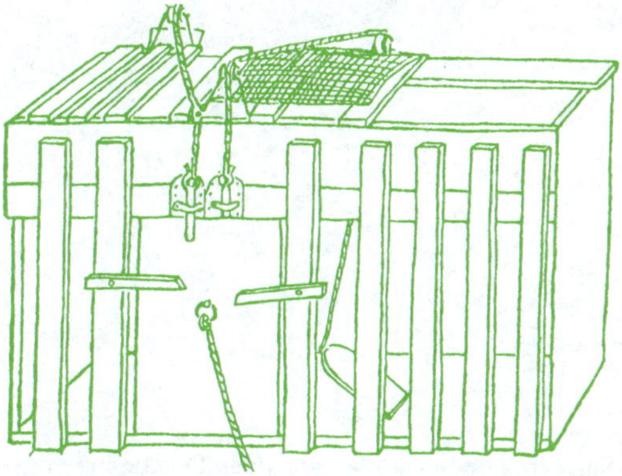

Abbildung 6.1: Einer von Thorndikes Problemkäfigen. Eine Katze konnte aus diesem Käfig entkommen, indem sie eine Schnur zog, auf eine Plattform trat und eines der beiden Schnappschlösser an der Vorderseite der Tür drehte (nach Thorndike, 1898).

Um festzustellen, wie das Verhalten der Versuchstiere sich in der Folge ihrer Erfahrungen verändert, setzte Thorndike sie mehrfach in denselben Problemkäfig. Er maß die Performanz anhand der **Latenz des Entkommens** – die Zeitspanne, die die Versuchstiere benötigten, um in einem Durchgang aus dem Käfig zu entkommen. Abbildung 6.2 zeigt ein typisches Ergebnis einer der Katzen, das zeigt, wie diese Zeitspanne im Laufe der Durchgänge immer kürzer wurde (von 160 Sekunden beim ersten Durchgang verkürzte er sich bis auf 7 Sekunden beim zwanzigsten Durchgang). Thorndike erklärte diese allmähliche Verbesserung mit der zunehmenden Stärkung der S-R-Verbindung: Der Stimulus war der Innenraum des Problemkäfigs und die Reaktion war das Verhalten, das die Tür öffnete. Um diese allmähliche Stärkung zu erklären formulierte Thorndike (1898) ein Lernprinzip, das er **Gesetz des Effekts** nannte:

> *„Von verschiedenen Reaktionen auf dieselbe Situation werden jene, die von einer Befriedigung des Willens des Tieres begleitet oder gefolgt werden, mit der Situation stärker verbunden, so dass sie bei einem erneuten Auftreten der Situation mit größerer Wahrscheinlichkeit wieder gezeigt werden. Jene, die von einer Frustration des Willens des Tieres begleitet oder gefolgt werden, führen zu einer Schwächung der Assoziation mit der Situation, so dass sie vermutlich mit geringerer Wahrscheinlichkeit wieder auftreten. Je größer die Befriedigung oder Frustration, desto intensiver die Stärkung oder Schwächung der Verbindung." (S. 244)*

Aber wie können wir wissen, was für ein Versuchstier befriedigend oder frustrierend ist? Thorndike achtete darauf, diese Begriffe auf eine Art zu definieren, die nicht auf der Intuition des Beobachters basiert:

> *„Ein befriedigender Zustand bedeutet, dass das Tier nichts tut, um ihn zu vermeiden, sondern vielmehr versucht, ihn herbeizuführen und zu erhalten. Ein frustrierender oder unangenehmer Zustand wird normalerweise vermieden und rasch aufgegeben." (S. 245)*

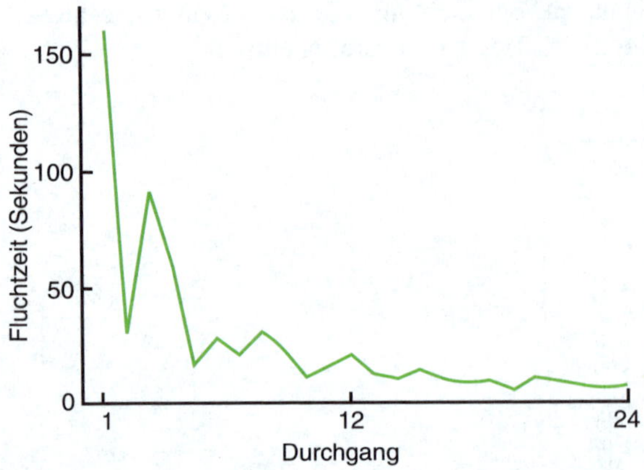

Abbildung 6.2: Die Zeit in Sekunden, die eine Katze in 24 aufeinander folgenden Durchgängen brauchte, um aus einem einfachen Problemkäfig zu entkommen (nach Thorndike, 1898).

Die Anwendung des Gesetzes des Effekts auf die Experimente mit den Problemkäfigen ist ganz direkt: Auf jene Verhaltensweisen, die die Tür öffneten, folgte ein befriedigender Zustand – Entkommen und Futter –, so dass das Tier, wenn es erneut in dieselbe Situation gebracht wurde, mit größerer Wahrscheinlichkeit dieses Verhalten zeigte, als am Anfang. In der modernen Psychologie wurde der Ausdruck „befriedigender Zustand" durch den Begriff **positiver Verstärker** ersetzt, aber das Gesetz des Effektes (oder das Prinzip der **Verstärkung**) bleibt als eines der wichtigsten Konzepte der Lerntheorie erhalten.

6.1.2 Guthrie und Horton: Belege für einen mechanischen Stärkungsprozess

E. R. Guthrie und G. P. Horton (1946), zwei Wissenschaftler, die Thorndike folgten, lieferten überzeugendere Argumente dafür, dass das im Problemkäfig stattfindende Lernen auf der Stärkung jeder Verhaltensweise beruhte, auf die das Entkommen und Finden des Futter folgte. Sie setzten Katzen in einen Problemkäfig, der nur eine Lösung hatte: Ein Stab in der Mitte des Käfigs konnte in jede beliebige Richtung bewegt werden, um die Tür zu öffnen. Eine Kamera außerhalb des Käfigs fotografierte die Katze in dem Moment, in dem die Tür aufging, so dass bei jedem Durchgang eine genaue Aufzeichnung der richtigen Reaktion der Katze entstand. Die Fotos zeigten, dass sich jede Katze nach einigen Durchgängen auf eine bestimmte Methode des Umgangs mit dem Stab verließ, die über die Durchgänge hinweg immer ähnlicher wurde. Die verschiedenen Versuchstiere entwickelten jedoch eine ganze Bandbreite an Methoden – eine Katze drückte den Stab immer mit der linken Vorderpfote, eine andere rieb ihre Nase an dem Stab und eine dritte legte sich neben den Stab und rollte sich auf ihn. Abbildung 6.3 zeigt die Ergebnisse einer Katze bei den ersten 24 Durchgängen. Zunächst war das Verhalten der Katze im Moment der Verstärkung bei jedem Durchgang ziemlich unterschiedlich. Beim neunten oder zehnten Versuch begann das Tier eine stereotype Methode des Umgangs mit dem Stab zu entwickeln – es stellte sich links neben den Stab und rieb sich mit dem Rücken daran. Diese Methode wurde ab dem 15. Versuch bis zum 24. Versuch regelmäßig wiederholt. Abbildung 6.4 zeigt das Verhalten einer anderen Katze ab dem 52. Durchgang. Diese Katze hatte eine Verhaltensweise entwickelt, bei der sie in den Stab biss und dabei eine bestimmte Position einnahm.

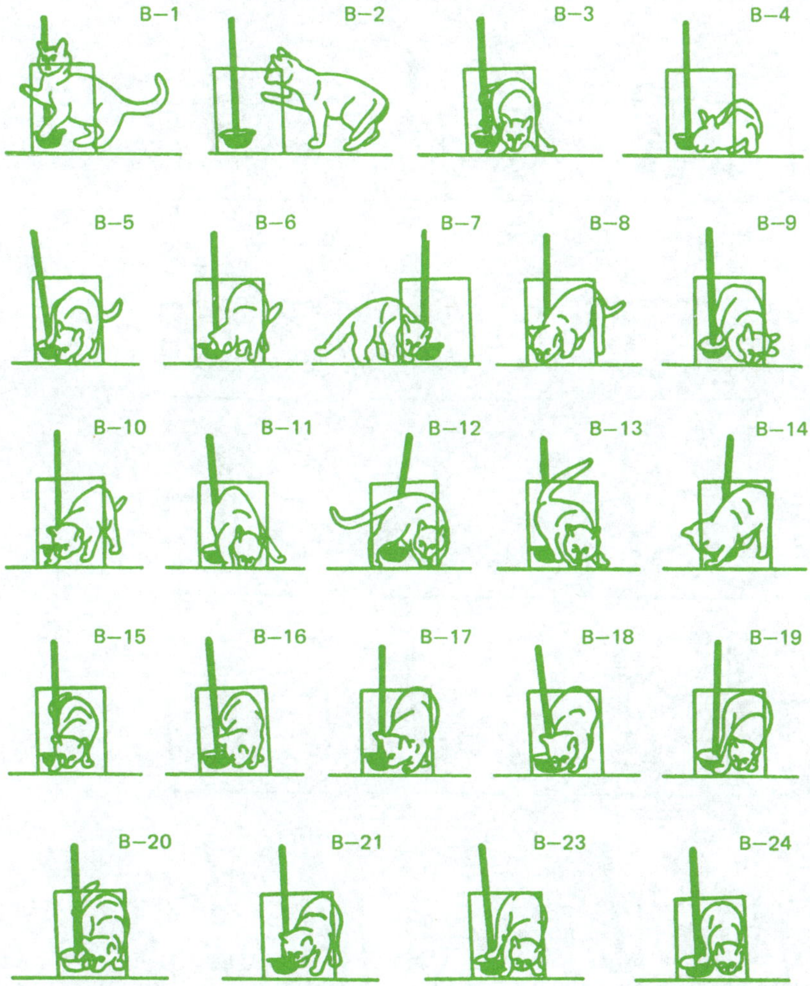

Abbildung 6.3: Das Verhalten einer Katze (Versuchstier B) im Problemkäfig von Guthrie und Horton. Die 24 Bilder zeigen die Position der Katze bei den ersten 24 Durchgängen im Moment der Verstärkung. Im Problemkäfig führte jede Bewegung des vertikalen Stabes zur Öffnung der Tür (nach Guthrie & Horton, 1946).

Die Ergebnisse von Guthrie und Horton lassen sich wie folgt zusammenfassen: Nachdem die Versuchstiere die Aufgabe bewältigt hatten, gab es bei einem bestimmten Tier von Durchgang zu Durchgang kaum noch Veränderungen. Dafür gab es sehr viele unterschiedliche Lösungen bei den verschiedenen Tieren. Diese Ergebnisse zeigen, dass eine bestimmte, von R. Brown und Herrnstein (1975) formulierte Version des Gesetzes des Effekts, das so genannte **Stop-Action-Prinzip**, plausibel ist. Demnach gibt es in den Experimenten von Guthrie und Horton eine Parallele zwischen der Aktion der Kamera und dem Verstärker. Wie die Kamera dient der Verstärker dazu, das gerade stattfindende Verhalten des Tieres zu unterbrechen und die Assoziation zwischen der Situation (dem Problemkäfig) und den im Moment der Verstärkung stattfindenden Verhaltensweisen zu stärken.

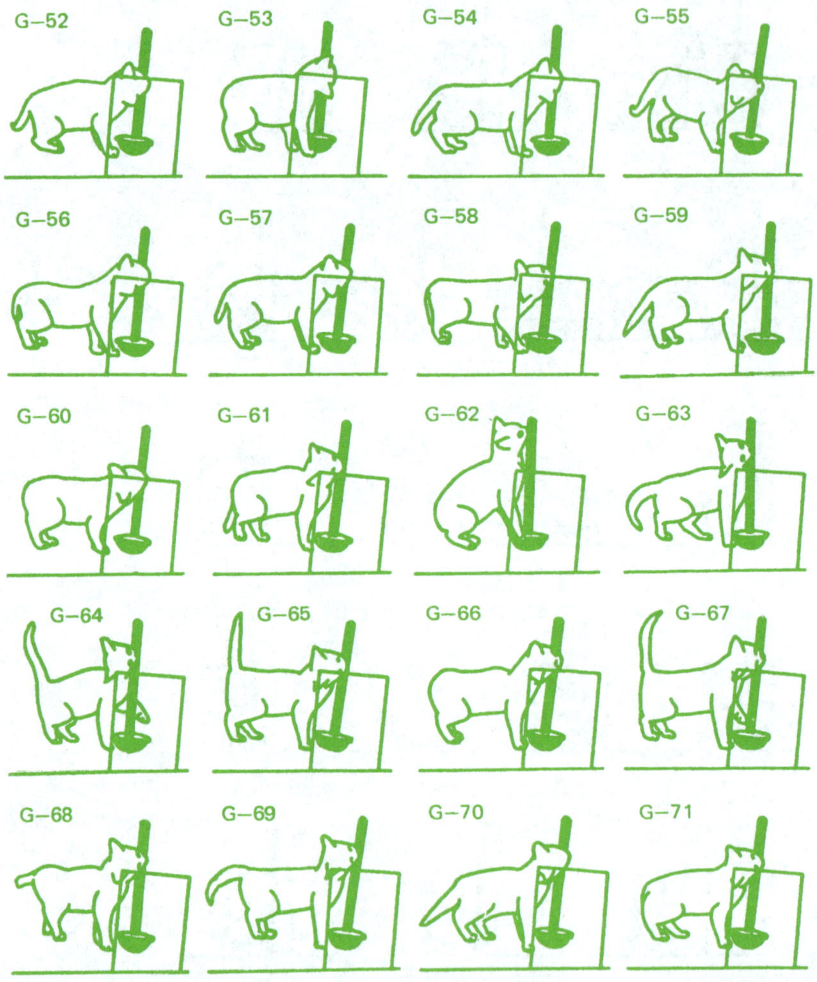

Abbildung 6.4: Das Verhalten einer anderen Katze (Versuchstier G) im Moment der Verstärkung bei den Durchgängen 52 bis 71 im Problemkäfig (nach Guthrie & Horton, 1946).

Dieses Stop-Action-Prinzip besagt, dass die besondere Körperhaltung und Muskelbewegung im Moment der Verstärkung aufgrund des Verstärkungsprozesses mit größerer Wahrscheinlichkeit beim nächsten Durchgang wieder auftritt. Natürlich ist ein einzelner Verstärker unter Umständen nicht ausreichend, um das sofortige Wiederauftreten einer Verhaltensweise beim nächsten Durchgang zu garantieren, so dass zufällig ein anderes

Bewegungsmuster zum Erfolg führt. Dies wird durch die Tatsache deutlich, dass das Verhalten der Katzen am Anfang bei den einzelnen Durchgängen viele Varianten aufwies. Aber eine dieser anfänglichen Verhaltensweisen wird schließlich ein zweites Mal verstärkt, so dass diese S-R-Assoziation stärker wird und ein erneutes Auftreten dieses Verhaltens (das dann noch mehr verstärkt wird) wahrscheinlicher. Diese Art von positivem Feedback führt schließlich zu einer S-R-Assoziation, die so viel stärker ist, als alle anderen, dass ihr Reaktionsmuster mit hoher Wahrscheinlichkeit wieder auftritt und bei den folgenden Durchgängen wiederholt wird. Diese Argumentation liefert eine einfache Erklärung dafür, dass die Katzen verschiedene stereotype Techniken zur Bewegung des Stabes entwickelten. Jedes zufällige Verhalten einer Katze, das einige Male verstärkt wurde, dominierte über die anderen Verhaltensweisen.

6.1.3 Abergläubisches Verhalten

Der mechanische Aspekt des Stop-Action-Prinzips lässt vermuten, dass Verhaltensweisen manchmal „zufällig" verstärkt werden. Wir haben diese Art der zufälligen Verstärkung bereits bei den Experimenten von Guthrie und Horton angetroffen. Verschiedene Katzen entwickelten verschiedene Arten, den Stab zu bewegen, was offenbar eine Folge der Verstärkung bestimmter Verhaltensweisen bei den ersten Durchgängen im Problemkäfig war. Die stereotype Art, mit der die einzelnen Katzen im Problemkäfig reagierten, ist ein Beispiel für **abergläubisches Verhalten**, denn obwohl eine Verhaltensweise zur Bewegung des Stabes für die Verstärkung notwendig war, mussten die Tiere nicht jedes Mal dieselbe Bewegung einsetzen.

Skinner (1948) führte ein berühmtes Experiment durch, das heute oft **Aberglauben-Experiment** genannt wird und die Macht der zufälligen Verstärkung belegte. Die Versuchstiere waren Tauben. Jede Taube kam in eine Versuchskammer, in der sie unabhängig von ihrem Verhalten alle 15 Sekunden etwas Getreide bekam. Nachdem die Tiere eine gewisse Zeit in den Versuchskammern verbracht hatten, beobachtete Skinner ihr Verhalten. Er stellte fest, dass sechs der acht Versuchstiere ganz bestimmte Verhaltensweisen entwickelt hatten, die sie zwischen den Futtergaben regelmäßig wiederholten. Ein Vogel machte einige Umdrehungen im Gegenuhrzeigersinn, ein anderer pickte auf den Boden und ein dritter stieß mit dem Kopf an eine der oberen Ecken der Versuchskammer. Ein vierter warf den Kopf nach hinten und zwei andere wiegten sich von Seite zu Seite. Diese Verhaltensweisen traten wiederholt auf, obwohl keine einzige für die Verstärkung notwendig war. Andere Forscher, die (mit einigen Veränderungen) Skinners Experiment in Grundzügen replizierten (Gleeson, Lattal & Williams, 1989; Justice & Loonex, 1990; Neuringer, 1970), kamen zu ähnlichen Ergebnissen.

Laut Skinner entstanden diese verschiedenen Verhaltensweisen aus demselben Grund, aus dem die Katzen von Guthrie und Horton verschiedene Umgangsweisen mit dem Stab entwickelten: Das Verhalten, das sich zufällig vor dem Auftreten des Verstärkers vollzog, wurde verstärkt. Wenn der erste Verstärker auftrat, nachdem eine Taube den Kopf nach oben geworfen hatte, trat dieses Verhalten danach mit größerer Wahrscheinlichkeit auf. Dadurch war die Möglichkeit, dass der nächste Verstärker ebenfalls nach einer solchen Kopfbewegung auftrat, größer. Der zufällige Verstärkungsprozess ist somit selbst-perpetuierend, denn tritt irgendein Verhalten häufiger auf, als alle anderen, dann hat es eine größere Chance, verstärkt zu werden, was wiederum die Häufigkeit des Auftretens vergrößert und so weiter.

Skinner (1948) ging davon aus, dass viele der abergläubischen Verhaltensweisen von Menschen durch denselben Mechanismus entstehen, der seine Tauben zu so eigenartigem Verhalten veranlasste:

> *„Rituale zur Beeinflussung des Glücks beim Kartenspiel sind gute Beispiele. Einige wenige zufällige Übereinstimmungen zwischen einem Ritual und einer günstigen Folgeerscheinung reichen aus, um das rituelle Verhalten zu etablieren und zu erhalten, auch wenn es etliche Situationen gibt, in denen es nicht verstärkt wird. Ein Bowlingspieler, der die Kugel losgelassen hat, sich aber aufführt, als könnte er ihren Lauf durch Arm- und Schulterbewegungen beeinflussen, ist ebenfalls ein gutes Beispiel. Natürlich haben derartige Verhaltensweisen keinerlei Wirkung auf das Glück der Spieler oder den Lauf einer Kugel, ebenso wie im vorliegenden Fall das Futter auch dann verfügbar war, wenn die Tauben gar nichts – oder, genauer gesagt, etwas anderes taten.“ (S. 171)*

Abergläubisches Verhalten entsteht oft, wenn Lebewesen keine Kontrolle über die stattfindenden Ereignisse haben, wie beispielsweise beim Kartenspiel oder bei Glücksspielen, wo Sieg oder Niederlage vom Zufall abhängen. Lee (1996) ließ Studenten ein Computerspiel spielen, bei dem die Vergabe der Punkte nicht ihrer Kontrolle unterlag (obwohl sie das nicht wussten). Sie fand heraus, dass die Studenten tendenziell dieselben Icons heraussuchten, nachdem sie dafür einmal Punkte bekommen hatten, diese Icons aber nicht mehr auswählten, wenn sie keine Punkte bekommen hatten, obwohl die Auswahl der Icons überhaupt keinen Einfluss auf die Punktevergabe hatte. Matute (1994, 1995) hat ebenfalls abergläubisches Verhalten in Situationen beobachtet, in denen die Betroffenen keine Kontrolle über die Ereignisse hatten. In einem Experiment wurden Studenten unangenehm lauten Tönen ausgesetzt. Man teilte ihnen mit, dass sie diese ausschalten könnten, wenn sie die richtige Tastenfolge auf einer Tastatur eintippen würden. In Wirklichkeit hatten die Versuchsteilnehmer keinerlei Einfluss auf die Töne, die unabhängig von den gedrückten Tasten an und aus gingen. Die meisten entwickelten trotzdem abergläubisches Verhalten – sie tippten tendenziell jedes Mal dieselbe Tastenfolge, wenn ein Ton auftrat. Am Ende des Experiments gaben viele an, den Eindruck gehabt zu haben, ihre Tippreaktionen hätten die Töne verhindert. Auch unter Sportlern ist abergläubisches Verhalten verbreitet. In einer Studie mit Football-, Leichtathletik- und Gymnastikmannschaften stellten Bleak und Frederick (1998) fest, dass ein durchschnittlicher Spieler etwa zehn abergläubische Verhaltensweisen an den Tag legte, darunter das Tragen eines Amuletts oder anderer Glücksbringer, der Verzehr desselben Gerichts vor jedem Spiel oder das Verbinden eines unverletzten Körperteils. Von manchen abergläubischen Verhaltensweisen hatten die Sportler kein Bewusstsein. Als Ciborwowski (1997) Baseball-Spieler einer Hochschule bat, ihr Verhalten zwischen den Würfen zu beschreiben (Teile des Körpers oder der Kleidung berühren, den Schläger auf eine bestimmte Art fassen, den Boden oder die Plattform mit dem Schläger berühren und so weiter), konnten die Spieler einige, aber nicht alle aufzählen. Wie oft sie diese Verhaltensweise wiederholt hätten, schätzten die Spieler viermal zu niedrig ein. Ciborowski stellte fest, dass der durchschnittliche Spieler etwa 82 solcher Bewegungen in einer Spielrunde machte.

Richart Herrnstein (1966) verfeinerte Skinners Analyse des menschlichen Aberglaubens. Er bemerkte, dass Skinners Analyse auf idiosynkratischen Aberglauben wie ihn Spieler oder Sportler haben, am besten zutrifft. Offenbar entstehen derart personalisierte abergläubische Vorstellungen aus persönlichen Erfahrungen mit Verstärkern. Andererseits ist Aberglauben, der in Gesellschaften verbreitet ist (wie der Glaube, dass es Unglück bringt, unter einer Leiter durchzugehen oder dass die Zahl 13 Unglück bringt), vermutlich nicht auf individuelle Erfahrung zurückzuführen, sondern auf Kommunikation mit anderen. Wie dieser eher allgemeine Aberglaube ursprünglich entsteht, ist unbekannt, aber Herrnstein geht davon aus, dass es Überreste von früheren Verstärkungen sind, die keine aktuelle Wirkung mehr haben. Als Beispiel führt er den Glauben an, dass es Unglück bringt, wenn drei Zigaretten mit einem Streichholz angezündet werden. Er entstand im Ersten Weltkrieg in den Schützengräben. Damals gab es eine gewisse Berechtigung für diese Annahme, denn jede Sekunde, die ein Streichholz brannte, erhöhte das Risiko, vom Feind entdeckt zu werden. Diese Gefahr ist heute natürlich nicht mehr vorhanden, aber der Aberglaube wird noch immer weitergegeben. Herrnstein spekulierte, dass er durch Geschichten von Einzelfällen perpetuiert wird, die gegen die Regel verstießen und dafür büßten. Er nimmt an, dass so mancher Aberglaube ursprünglich ein gültiger Glaubenssatz war, der durch Gerüchte und/oder gelegentliches zufälliges Zusammentreffen von zwei Ereignissen perpetuiert wird. Die Entstehung mancher Vorstellungen (wie die, man solle nicht unter einer Leiter hindurchgehen) ist leicht nachvollziehbar, während andere weniger plausibel sind.

Es gab bisher recht wenig experimentelle Forschung über die soziale Weitergabe von abergläubischem Verhalten. In einer Studie lernten Vorschulkinder entweder durch Erklärungen von Erwachsenen oder durch die Möglichkeit, andere Kinder zu beobachten, dass sie durch das Drücken der Nase eines mechanischen Clowns mehr Murmeln bekommen könnten (Higgins, Morris & Hohnson, 1989). Dieses Verhalten hatte aber tatsächlich nichts mit der Verteilung von Murmeln zu tun, die der Clown in unterschiedlichen Zeitabständen ausgab, unabhängig davon, was die Kinder taten. Dennoch behielten die Kinder ihr „abergläubisches“ Verhalten solange bei, wie hin und wieder Murmeln verteilt wurden.

Skinners Analyse des Aberglauben-Experiments ist nicht die einzige mögliche Interpretation und es wurden auch andere Theorien dazu entwickelt. Staddon und Simmelhag (1971) replizierten das Experiment sorgfältig, zeichneten das Verhalten der Tauben genauer auf als Skinner und kamen zu anderen Schlussfolgerungen. Sie fanden, dass bestimmte Verhaltensmuster bei allen Versuchstieren in den Intervallen zwischen den Futtergaben häufiger auftraten. Sie stellten fest, dass diese Verhaltensmuster in zwei Kategorien unterteilt werden können, die sie **Interimsverhalten** und **Endverhalten** nannten. Interimsverhalten tritt vor allem im ersten Teil des Intervalls auf, wenn der Verstärker noch recht weit entfernt ist. Dazu gehört Picken auf dem Boden, Umdrehen und Bewegen entlang der Vorderseite der Versuchskammer. Endverhalten tritt selten am Anfang des Intervalls auf, sondern nimmt zu, wenn der Zeitpunkt der Futtergabe näher rückt. Zwei der häufigsten Endverhalten sind die Hinwendung zum Futterspeicher und das Picken in der Nähe desselben. Interimsverhalten tritt also früh im Intervall zwischen den Verstärkern auf, Endverhalten tritt eher gegen Ende des Intervalls auf.

Staddon und Simmelhag nahmen an, dass manche Verhaltensweisen, wie das Im-Kreis-Drehen, die Skinner als „abergläubisch“ bezeichnete, Interimsverhaltensweisen waren. Auf Interimsverhalten folgt selten eine Futtergabe, daher tritt es selten am Ende des Intervalls auf. Interimsverhalten wird ihrer Meinung nach also nicht durch zufällige Verstärkung häufiger. Vielmehr sei Interimsverhalten einfach Verhalten, für das Lebewesen eine gewisse angeborene Disposition haben, wenn die Wahrscheinlichkeit einer Verstärkung gering ist. Interimsverhalten ist demnach eine Widerspiegelung der ererbten Veranlagung, nicht des Verstärkungsprozesses. Ein bestimmtes Endverhalten wie Picken tritt dagegen vermutlich häufiger auf, wenn eine Futtergabe bevorsteht. Dass es auftritt, kann völlig unabhängig von jeder zufälligen Verstärkung sein. Timberlake und Lucas (1985) schlugen eine ähnliche Theorie über die mögliche Rolle von ererbten Verhaltensmustern in Skinners Experiment vor.

Es scheint inzwischen klar, dass diese alternativen Erklärungen für das Aberglauben-Experiment zumindest teilweise korrekt sind. Viele Studien haben gezeigt, das wiederholte Futtergaben oder andere Verstärker eine Reihe stereotyper Verhaltensweisen hervorbringen können, die Staddon und Simmelhag Interimsverhalten und Endverhalten, andere Autoren **Adjunctive Behaviors** nannten. Nicht alle Verhaltensweisen, die entstehen, wenn wiederholt freie Verstärker auftreten, sind also das Ergebnis der zufälligen Kombination mit diesem Verstärker. Manche sind einfach angeborene Verhaltensweisen, die wahrscheinlich auftreten, wenn der nächste Verstärker eine gewisse Zeit entfernt ist und das Versuchstier etwas tun muss, um diese Zeit zu „überbrücken“.

Andererseits war Skinners Analyse des abergläubischen Verhaltens sicherlich teilweise korrekt – manchmal tritt ein Verhalten öfter auf, weil es zufällig mit einem Verstärker kombiniert wird. Bei Experimenten mit Erwachsenen und Kindern im Labor wurde festgestellt, dass manche Versuchsteilnehmer (aber nicht alle) abergläubisches Verhalten entwickelten, wenn regelmäßig freie Verstärker auftraten (Ono, 1987; G. A. Wagner und Morris, 1987). Dieses abergläubische Verhalten nahm tendenziell zu, kurz bevor ein Verstärker auftrat und es war bei den verschiedenen Versuchsteilnehmern sehr unterschiedlich (ein Kind küsste die Nase des mechanischen Clowns, der die Murmeln verteilte, ein anderes spitzte den Mund, ein drittes wackelte mit den Hüften). Außerhalb des Labors können viele idiosynkratische Verhaltensweisen bis zu einer zurückliegenden Verstärkung verfolgt werden. Der von vielen Sportlern an den Tag gelegte Aberglauben ist oft eine direkte Folge des auf das besagte Verhalten in der Vergangenheit folgenden Erfolgs. Das geben viele Sportler zu.

6.1.4 Probleme des Stop-Action-Prinzip

Obwohl vieles für das Stop-Action-Prinzip spricht, galt es lange Zeit als problematisch. Viele klassische Experimente zeigten, dass Tiere im Laufe einer operanten Konditionierung viel mehr als ein einzelnes Bewegungsmuster lernen. In einer von Muenzinger (1928) durchgeführten Studie mussten Meerschweinchen einen Weg entlang rennen und einen Hebel drücken, um ein Blatt Salat zu bekommen. Bei vielen hundert Durchgängen beobachtete Muenzinger die Bewegungen, mit denen die Versuchstiere den Hebel drückten, und unterteilte sie in drei Kategorien – Hebeldrücken mit der linken Pfote, mit der rechten Pfote und mit den Zähnen am Hebel knabbern.

Er ging davon aus, dass eine der drei Kategorien letztlich über die anderen dominiert. Um zu verstehen warum, nehmen wir an, dass in den ersten 50 Durchgängen 25-mal die linke Pfote eingesetzt wurde, 20-mal die rechte Pfote und 5-mal die Zähne. Dies könnte nicht mehr bedeuten, als eine leichte anfängliche Präferenz für die linke Pfote. Da jede Reaktion aber durch die Verstärkung unterstützt wird und die Reaktion mit der linken Pfote mehr Verstärkung erfährt, als die mit der rechten, wird die anfängliche Präferenz ausgeweitet. Bei weiteren 50 Durchgängen würden wir etwa 30 Reaktionen mit der linken Pfote, 18 mit der rechten und 2 mit den Zähnen erwarten. Bei weiteren Durchgängen sollte dieses Verhalten dann aufgrund der zusätzlichen Verstärkung der linken Pfote immer häufiger auftreten.

Aber die von Muenzinger erzielten Ergebnisse entsprachen nicht diesem Muster. Die meisten Versuchstiere zeigten Reaktionsstile, die im Laufe der Durchgänge unabsehbar variierten. Manchmal kam die linke Pfote häufiger zum Einsatz, manchmal die rechte, manchmal die Zähne. Das Stop-Action-Prinzip bietet keine Möglichkeit, diese Variabilität der Reaktionsstile zu erklären.

Eine Interpretation von Muenzingers Ergebnissen könnte folgendermaßen aussehen: Die Verstärkung verstärkt nicht ein bestimmtes Bewegungsmuster, sondern eine ganze Gruppe von austauschbaren Bewegungen. Die drei Reaktionstypen, die Muenzinger beobachtete, gehören alle derselben Klasse an, denn sie haben alle dieselbe Wirkung auf die Umwelt – der Hebel wird gedrückt. Wenn ein Verhalten aus der Klasse (zum Beispiel die Reaktion mit der rechten Pfote) verstärkt wird, werden die anderen Verhaltensweisen dieser Klasse auch verstärkt und treten in der Zukunft häufiger auf. Diese Analyse liefert keine Erklärung für die Schwankungen der Reaktionsarten bei Muenzinger, sondern behandelt sie als uninteressante, zufällige Varianten innerhalb einer Klasse von austauschbarem Verhalten.

Lashley (1924) führte eine Reihe von Studien durch, die Belege für die Auffassung erbrachten, dass die Verstärkung eines bestimmten Verhaltens eine ganze Klasse von Verhaltensweisen mit ähnlicher Funktion verstärkt. In einer Untersuchung mussten Ratten durch ein Labyrinth waten, in dem einige Zentimeter Wasser standen, um eine Futterbelohnung zu erreichen. Nachdem die Ratten gelernt hatten, den Weg ohne Fehler zurückzulegen, wurde der Wasserspiegel so angehoben, dass die Ratten schwimmen mussten. Hätten die Ratten nur eine bestimmte Abfolge von Muskelbewegungen erlernt, dann hätten sie den Weg durch das Labyrinth neu suchen müssen, weil Schwimmbewegungen ziemlich anders sind, als watende Bewegungen. Dies war aber nicht notwendig und die Versuchstiere durchschwammen das Labyrinth beim ersten Durchgang mit tieferem Wasser fehlerlos. Lashley schloss daraus, das die Ratten eine Abfolge von Kurven und Biegungen lernen, die sie immer näher ans Ziel bringen. Diese Abfolge ist nicht an ein einziges Muster von Muskelbewegung gebunden.

Studien wie die von Muenzinger und Lashley zeigten, dass sogar die einfachste operante Reaktion ein enormes Maß an Anpassung und Flexibilität aufweist. Wenn Sie von dieser Flexibilität nicht beeindruckt sind, sollten Sie einmal überlegen, wie schwierig es wäre, einen Roboter mit einer ähnlichen Anpassungsfähigkeit des Bewegungsapparates zu bauen. Wenn Sie sich zufällig mit Mechanik und Elektronik auskennen, könnten sie mit ausreichend Zeit und Geld vielleicht einen solchen Roboter bauen, der durch ein Labyrinth gehen und aus seinen Fehlern lernen würde. Stellen Sie sich aber vor, wie viel schwieriger es wäre, diesen Roboter mit den Bewegungsmöglichkeiten auszustatten, die ein durchschnittliches Säugetier aufweist. Dieser Roboter könnte durch das Labyrinth schwimmen, wenn es geflutet würde, auf einem Fuß hüpfen, wenn der andere verletzt wäre, mit den Armen rudern, wenn die Beine gelähmt wären und so weiter. Die Aufgabe, einen solchen Roboter zu bauen, wäre immens. Genauso schwierig ist die Aufgabe der Psychologen und Physiologen, zu entdecken, wieso Tiere eine derartige Flexibilität der Bewegung aufweisen. In Kapitel 13 werden einige Erkenntnisse darüber vorgestellt, wie Tiere und Menschen lernen, neue zielgerichtete Bewegungen auszuführen.

6.2 Das Verfahren des Shapings oder der sukzessiven Annäherung

Während die Experimente von Guthrie und Horton die Ansicht unterstützten, dass im Moment der Verstärkung eine bestimmte Kombination von Muskelbewegungen und Körperpositionen verstärkt wird, zeigen die Abbildungen 6.3 und 6.4, dass diese Auffassung im strengen Sinne nicht richtig ist. Obwohl die stereotype Art des Verhaltens der Katzen nicht abzustreiten ist, gibt es doch von Durchgang zu Durchgang eine gewisse Variabilität der Körperpositionen. Diese Variabilität könnte einen akribischen Theoretiker ärgern, der an der genauen Vorhersage von Verhaltensweisen interessiert ist. Für Psychologen, die in der Forschung arbeiten, Tiertrainer und Verhaltenstherapeuten ist sie dagegen von unverzichtbarer Bedeutung. Schließlich liefert sie die Möglichkeit, ein völlig neues, noch nie zuvor gezeigtes Verhalten nach und nach zu entwickeln. Dieses Verfahren, das die Variabilität des Verhaltens ausnutzt, ist als **Shaping** oder Methode der **sukzessiven Annäherung** bekannt.

6.2.1 Shaping des Hebeldrückens bei einer Ratte

Stellen Sie sich vor, Sie arbeiten im Rahmen eines Psychologieseminars im Labor und bekommen eine Ratte und eine Versuchskammer mit einem Hebel, den die Ratte drücken kann, und einen Apparat, der Futterpellets spendet. Sie haben eine Fernbedienung, mit der sie ein Futterpellet in den Futternapf in der Versuchskammer befördern können. Ihre Aufgabe besteht nun darin, die Ratte so zu trainieren, dass sie den Hebel in moderaten Abständen drückt. Da Sie sich mit Thorndikes Experimenten auseinandergesetzt haben, nehmen Sie an, dass diese Aufgabe recht einfach sein wird: Ihre Strategie besteht einfach darin, zu warten, bis die Ratte zufällig den Hebel drückt und ihr dann ein Futterpellet zu spendieren. Dieser Verstärker sollte die Reaktion des Hebeldrückens fördern. Ihr Plan ist, bei jedem Drücken des Hebels ein Futterpellet auszugeben, wodurch sich nach und nach die Wahrscheinlichkeit dieser Reaktion erhöhen sollte.

Obwohl dieser Plan vernünftig klingt, gibt es mindestens zwei Möglichkeiten zu scheitern. Nehmen wir an, die Ratte drückt nach einigen Minuten in der Versuchskammer den Hebel und Sie geben via Fernbedienung sofort ein Futterpellet aus. Der Futterspender macht aber ein lautes Geräusch, das die Ratte erschreckt und für 10 bis 15 Sekunden erstarren lässt. Etwa eine Minute später entdeckt das Tier endlich das Futter im Futternapf und frisst es. Die Kontiguität zwischen Reaktion und Verstärker ist, wie wir wissen, ein wichtiges Element des Gesetzes des Effekts – jedes Verhalten, das der Verstärkung unmittelbar vorausgeht, wird verstärkt. In diesem Fall ging der Entdeckung des Futters nicht das Hebeldrücken voraus (wie Sie es geplant hatten), sondern die Annäherung an den Futternapf. Wenn der Verstärker eine Wirkung hatte, dann hat er die Tendenz der Ratte verstärkt, sich dem Napf zu nähern oder ihn zu untersuchen.

Das Problem ist, dass Sie einen Verstärker brauchen, von dem Sie sicher wissen, dass er das Tier unmittelbar nach der richtigen Reaktion erreicht. Eine allgemein anerkannte Lösung für dieses Problem ist, aus dem Geräusch des Futterspenders einen **konditionierten Verstärker** zu machen. Das ist ein ursprünglich neutraler Stimulus, der die Fähigkeit erlangt hat, Reaktionen zu verstärken, weil er wiederholt mit Futter oder anderen primären Verstärkern kombiniert wurde. (Ein **primärer Verstärker** ist ein Stimulus, der naturgemäß jede Reaktion, auf die er folgt, verstärkt. Dazu gehören Futter, Wasser, angenehme sexuelle Empfindungen und Bequemlichkeit.) Wenn Sie Ihre Versuchstiere wiederholt dem Geräusch des Futterspenders aussetzen und sofort danach eine Futtergabe erfolgt, sollte das Geräusch des Spenders ein konditionierter Verstärker werden. Sie können sicher sein, dass dies so ist, wenn die Ratte aus den verschiedenen Winkeln der Versuchskammer zum Futternapf zurückkehrt, sobald Sie den Spender bedienen.

Nun könnte Ihr ursprünglicher Plan funktionieren. Wenn Sie das Geräusch des Spenders sofort präsentieren, nachdem die Ratte den Hebel gedrückt hat, sollte die Reaktion des Hebeldrückens verstärkt werden. Aber es könnte noch ein weiteres Problem auftreten. Nehmen wir an, der Hebel ist einige Zentimeter über dem Boden der Versuchskammer angebracht und Ihr Versuchstier muss kräftig drücken, um den Hebel vollständig nach unten zu drücken. In diesem Fall warten Sie vielleicht Stunden und die Ratte drückt den Hebel nie. Natürlich können Sie kein Verhalten verstärken, das gar nicht auftritt.

In einer solchen Situation kommt Ihnen die Variabilität des Verhaltens zugute. Sie könnten beispielsweise warten, bis sich die Ratte unter dem Hebel befindet und dann jede wahrnehmbare Bewegung des Kopfes nach oben verstärken. Wurde eine solche Bewegung 5- oder 10-mal verstärkt, wird die Ratte sie vermutlich bald nach dem Verzehr des letzten Pellets wiederholen. Ist dieses Verhalten einmal etabliert, besteht das Verfahren des Shapings darin, das Kriterium für die Verstärkung strenger zu machen. Der nächste Schritt könnte sein, auf eine Aufwärtsbewegung des Kopfes zu warten, die mindestens 1,5 Zentimeter beträgt. Ihr Versuchstier macht zunächst vielleicht einige kleinere Kopfbewegungen (die Sie nicht verstärken), aber aufgrund der Variabilität derartiger Verhaltensweisen wird sehr wahrscheinlich das gewünschte Verhalten früher oder später auftreten. Jede Verstärkung einer größeren Bewegung erhöht die Wahrscheinlichkeit einer weiteren ähnlichen Reaktion und bald wird die Ratte sie regelmäßig zeigen. Sie können dann immer größere Aufwärtsbewegungen fordern, bis das Tier seinen Kopf in die Nähe des Hebels bringt. Der nächste Schritt wäre eine tatsächliche Berührung des Hebels, dann eine

Berührung des Hebels mit einer Vorderpfote, dann eine Abwärtsbewegung des Hebels und so weiter, bis die Ratte gelernt hat, den Hebel vollständig nach unten zu drücken.

WWW

Sie können Ihre Fähigkeit, das Verhalten von zwei animierten Geschöpfen mit Hilfe des Shapings zu beeinflussen, testen, wenn Sie folgende Website anklicken. Welches Geschöpf lässt sich leichter trainieren?

- **http://www.uwm.edu/eople/johnchap/oc.htm**
- **http://epsych.msstate.edu/adaptive/Fuzz/fuzzApplet.html**

Abbildung 6.5 stellt grafisch dar, wie das Verfahren des Shapings die Variabilität im Verhalten des Versuchstieres ausnutzt. Nehmen wir an, Sie hätten das Verhalten der Ratte vor dem Shapingprozess etwa fünf Minuten lang beobachtet und alle fünf Sekunden eine Schätzung über die Höhe ihres Kopfes über dem Boden abgegeben. Abbildung 6.5 zeigt, was Sie vermutlich gesehen haben: Die y-Achse zeigt die Position des Rattenkopfes in Zentimeterschritten und die x-Achse zeigt, wie oft diese Position in den fünf Minuten vorgekommen ist. Die resultierende Häufigkeitsverteilung zeigt an, dass die Ratte ihren Kopf meist etwa 3,5 Zentimeter über dem Boden hält, aber manchmal auch tiefer oder viel höher. Von einer solchen Verteilung ausgehend, könnte es sinnvoll sein, den Shapingprozess mit der Forderung zu beginnen, dass die Ratte den Kopf mindestens auf eine Höhe von 4,5 Zentimeter hebt, bevor die Bewegung verstärkt wird. Abbildung 6.5 zeigt auch, wie die Häufigkeitsverteilung sich nach dem Einsetzen des Shapingprozesses vermutlich verändern wird.

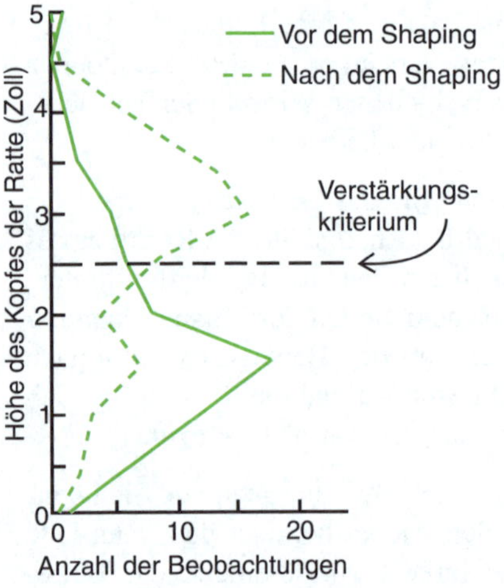

Abbildung 6.5: Hypothetische Verteilung, die zeigt, wie hoch eine Ratte vor dem Shaping (durchgehende Linie) ihren Kopf hält. Die gestrichelte Linie zeigt die Situation nach selektiver Verstärkung von Kopfpositionen über 4,5 Zentimeter. Die Beobachtung erfolgte mit regelmäßigen Abständen. Rachlins Analyse des Shapingprozesses (1970) sieht ähnlich aus.

6.2.2 Shaping von Verhalten im Klassenzimmer

Das Verfahren der sukzessiven Annäherung kann verwendet werden, um sowohl bei Menschen als auch bei Laborratten völlig neue Verhaltensweisen hervorzubringen. In vielen Universitäten gibt es Geschichten darüber, wie Studenten in Lehrveranstaltungen das Verhalten der Professoren durch Shaping beeinflusst haben. Eine Geschichte handelt davon, dass ein Professor, der normalerweise unbeweglich hinter dem Pult stand, für jede kleine Bewegung von den Studenten so verstärkt wurde, dass er am Ende der Stunde auf und ab ging und wild mit den Armen gestikulierte. Eine andere Geschichte handelt von einem Professor, der ein Einführungsseminar in Psychologie gab und auf einem etwas erhöhten Podest am Pult stand. Die Studenten hatten heimlich beschlossen, den Professor für jede Bewegung nach links zu verstärken. Die Verstärker waren aufmerksames Zuhören, verständnisvolles Kopfnicken und Mitschreiben. Immer, wenn der Professor sich nach rechts bewegte, hörten sie mit diesen verstärkenden Verhaltensweisen auf und fingen an zu gähnen, gelangweilt zu wirken und umherzuschauen. Diese systematische Verstärkung von Bewegungen nach links war offenbar ziemlich erfolgreich, denn es wird berichtet, dass der Professor nach der Hälfte der Vorlesung auf der linken Seite vom Podest fiel (das etwa 35 Zentimeter hoch war).

Geschichten dieser Art zeigen, dass Shaping auch dann funktioniert, wenn die Betroffenen sich nicht bewusst darüber sind. Wenn die Professoren realisiert hätten, was die Studenten tun, hätten sie sich dieser Verhaltenskontrolle vermutlich widersetzt (vielleicht, weil sie davon ausgehen, dass in einem Klassenzimmer das Verhalten der Schüler geprägt werden sollte, nicht ihr eigenes).

6.2.3 Shaping als Werkzeug in der Verhaltenstherapie

Nicht alle Beispiele des Shapings sind so humorig wie die eben beschriebenen. Shaping wird häufig in der Verhaltenstherapie bei Personen mit ernsten Verhaltensstörungen eingesetzt. Issacs, Thomas und Goldiamond (1960) verwendeten das Verfahren, um einen 40-jährigen psychiatrisierten Patienten wieder zum Sprechen zu bringen. Er galt als katatonisch schizophren und hatte nicht mehr gesprochen, seit er 19 Jahre zuvor in die Institution gekommen war. Schließlich begann ein Verhaltenstherapeut mit ihm zu arbeiten und traf ihn etwa dreimal pro Woche. Mehr oder weniger zufällig fand der Therapeut heraus, dass bei diesem Patient Kaugummi als Verstärker verwendet werden konnte.

In den ersten beiden Wochen hielt der Therapeut den Kaugummi hoch und wartete, bis der Patient seinen Blick darauf richtete. Sobald dies geschah, gab er ihm den Kaugummi. Am Ende der beiden Wochen richteten sich die Augen des Patienten auf den Kaugummi, sobald er sichtbar wurde. In der dritten und vierten Woche war das Kriterium des Therapeuten eine wahrnehmbare Lippenbewegung, so dass der Patient bald Lippenbewegungen zeigte, sobald der Kaugummi präsentiert wurde. Der Therapeut forderte dann eine hörbare Stimmäußerung, bevor er den Kaugummi herausgab und versuchte dann, den Patienten dazu zu bringen das Wort Kaugummi auszusprechen, indem er den Kaugummi hoch hielt und sagte: „Sag Kaugummi!“ Am Ende der sechsten Woche sagte der Patient plötzlich „Kaugummi, bitte.“ Er fing allmählich an, Frage über seinen Namen und Alter zu beantworten.

Dieser Fall war kein völliger Erfolg, weil der Patient nach weiteren Verstärkungssitzungen zwar anfing, mit dem Klinikpersonal zu sprechen, aber nicht mit anderen Patienten oder Besuchern. Der Unterschied zwischen diesen beiden Gruppen war, dass das Personal angewiesen war, nur auf verbale Äußerungen des Patienten zu reagieren, während andere Patienten und Besucher die stillen Gesten des Patienten verstärkten, indem sie versuchten sie zu verstehen und ihm zu geben, was er wollte. Natürlich zeigen diese beiden Reaktionsmuster, dass die Verstärkung die Veränderungen des verbalen Verhaltens des Patienten bewirkte: Er sprach, wenn ausschließlich Sprechen verstärkt wurde, aber kommunizierte mit Gesten, wenn diese mit Aufmerksamkeit und der Erfüllung seiner Wünsche belohnt wurden.

Man könnte sich fragen, warum dieser Patient so viele Jahre geschwiegen hat. Im Licht des schnellen Fortschritts nach den ersten Worten scheint es unwahrscheinlich, dass er unfähig war zu sprechen. Glaubte er nicht sprechen zu können? War er stumm, weil sein Schweigen verstärkt wurde oder weil er in irgendeiner Weise bestraft wurde, wenn er sprach. Leider werden wir die Antworten auf diese Fragen nie erfahren. Was wir wissen ist, dass 19 Jahre Klinikbehandlung (mit dem, was das Klinikpersonal sich wohl „mit gesundem Menschenverstand" als Strategie zurechtgelegt hatte, um ihn zum Sprechen zu bringen) bei diesem Patienten vollkommen erfolglos blieben. Nach nur 18 Sitzungen mit Verhaltenstherapie wurde dagegen bereits ein bescheidenes Sprachniveau erreicht. Obwohl die Technik der sukzessiven Annäherung einfach zu sein scheint, kommen keineswegs alle Mitarbeiter der Psychiatrie von selbst darauf, sie anwenden. In der Literatur über Verhaltenstherapie finden sich zahlreiche Fallbeispiele, in denen der Einsatz von Shaping oder anderen direkten verhaltenstherapeutischen Maßnahmen von den Verantwortlichen nie erwogen wurde, die Patienten aber rapide Fortschritte machten, wenn sie nach der Empfehlung eines Spezialisten für Verhaltenstherapie doch so behandelt wurden.

Die Technik des Shapings ist mittlerweile ein üblicher Bestandteil der Verhaltenstherapie. Sie wurde zum Beispiel erfolgreich zur Verringerung des Kokainkonsums bei schwangeren Kokainabhängigen eingesetzt (Elk, Schmitz, Spiga, Rhoades, Andres & Grabowski, 1995). Bei einem geistig zurückgebliebenen Jugendlichen konnte sie eingesetzt werden, um ihn zu regelmäßigerem Schulbesuch zu bewegen (Meyer, Hagopian & Paclawskyj, 1999). Auch die schriftlichen Anweisungen für einen computergestützten Test konnten schon dadurch ersetzt werden (Anger, Rohlman & Sizemore, 1994). Ein geistig behinderter Patient konnte mit ihre Hilfe lernen, sich selbst zu versorgen (Katzmann & Mix, 1994). Und das sind nur einige der vielen Fälle, in denen Shaping eingesetzt wurde, um das Leben von Menschen mit den verschiedensten Problemen zu erleichtern. Shapingverfahren werden heute auch verwendet, um computergestützten Robotern neue Fähigkeiten beizubringen (Savage, 1998).

6.2.4 Shaping präziser machen: Prozent-Verstärkungspläne

Wie bisher beschrieben ist Shaping eher eine Kunst, als eine präzise Wissenschaft. Egal ob der Lernende ein Tier oder ein Mensch ist, steht und fällt der Erfolg des Shapings mit der Fähigkeit und Erfahrung des Trainers. Viele Entscheidungen darüber, welches Verhalten verstärkt oder nicht verstärkt wird, wie schnell das Kriterium der Verstärkung erhöht werden sollte, wie groß die Schritte bei dieser Veränderung sein können oder was zu tun ist, wenn der Lernende nicht vorankommt, müssen in Sekundenbruchteilen gefällt werden. Natürlich sind manche Trainer besser als andere und nicht alle Trainer verwenden genau dieselben Techniken. Es wäre gewiss vorteilhaft, die Regeln des Shapings präziser und expliziter zu formulieren, so dass zwei Trainer genau dieselben Techniken anwenden und die effektivsten Techniken von unerfahrenen Trainern schnell erlernt werden könnten.

Galbicka (1994) hat vorgeschlagen, das Shaping genauer und wirksamer zu machen, indem **Prozent-Verstärkungspläne** eingesetzt werden. Diese Pläne regeln genau, wann ein Verstärker eingesetzt werden soll und wann nicht. Die Verstärkungspläne, die am häufigsten eingesetzt werden, finden Sie in Kapitel 7 genau dargestellt. An dieser Stelle beschäftigen wir uns mit ihnen aufgrund des Zusammenhangs mit dem Shapingprozess.

Wird ein Verstärkungsplan eingesetzt, so verstärkt man eine Reaktion, wenn sie besser ist, als ein bestimmter Prozentsatz der letzten Reaktionen, die der Lernende gezeigt hat (Platt, 1973). Diese abstrakte Definition ist vielleicht nicht so verständlich, also sehen wir uns ein spezielles, wenn auch hypothetisches Beispiel an. Stellen wir uns einen Jungen vor, dessen Leistungen in der Schule mäßig sind, weil er sich leicht von seiner Arbeit ablenken lässt und dadurch seine Aufgaben nie in der vorgegebenen Zeit schafft. Ein Verhaltenstherapeut könnte einen Prozent-Verstärkungsplan einsetzen, um durch Shaping eine immer schnellere Erledigung der Aufgaben zu erreichen. Nehmen wir an, der Schüler soll eine Reihe von Matheaufgaben lösen und der Therapeut dokumentiert, wie viele davon in einer Minute korrekt gelöst werden. In den ersten sechs Minuten schafft der Junge je 3, 4, 5, 2, 3 und 2 Aufgaben. Der Therapeut stellt dann einen Verstärkungsplan auf, nach dem der Junge für jede Minute belohnt wird, in der seine Leistung besser ist, als in vier der letzten sechs Minuten. Die Verstärker könnten Punkte sein, die später gegen Geld, Süßigkeiten oder andere konkrete Verstärker getauscht werden können. Die vier niedrigsten Ergebnisse in den letzten sechs Minuten waren 3, 2, 3 und 2 Aufgaben, so dass in der siebten Minute die Leistung des Jungen verstärkt werden wird, wenn er mehr als drei Aufgaben löst.

In jeder Minute kann sich das Kriterium für die Verstärkung ändern, denn es hängt ja von der Leistung der letzten sechs Minuten ab. Nehmen wir an, dass der Junge etwas später 4, 5, 6, 7, 5 und 4 richtige Lösungen in den letzten sechs Minuten geschafft hat. Dann wären die vier niedrigsten Ergebnisse 4, 5, 5 und 4, so dass er in der nächsten Minute mindestens 6 Aufgaben erledigen muss, um einen Verstärker zu bekommen.

Beachten Sie die Ähnlichkeit zwischen diesem Verfahren und der eher informellen Shapingmethode. In beiden Fällen wird das Kriterium für die Verstärkung zunächst recht niedrig angesetzt und so das aktuelle Verhalten des Lernenden respektiert. Das Kriterium wird so gesetzt, dass das geforderte Verhalten leicht zu schaffen ist. Dennoch werden nur bessere Leistungen verstärkt. Diese selektive Verstärkung der besseren Leistung sollte dazu führen, dass sich die Leistungen immer weiter steigern. Der Unterschied zu einem gewöhnlichen Shapingverfahren ist, dass die Regeln der Verstärkung sehr speziell sind und nichts dem Ermessen des Trainers überlassen bleibt. Natürlich müssen anfänglich Entscheidungen darüber getroffen werden, wie viele der Leistungen der Vergangenheit beachtet werden sollen (im genannten Beispiel wurden willkürlich sechs Minuten zugrunde gelegt) und welcher prozentuale Anteil der Reaktionen verstärkt werden soll (hier wurden nur Reaktionen im oberen Drittel des gezeigten Leistungsspektrums verstärkt). Sind diese Entscheidungen getroffen, könnte jeder normal intelligente Trainer diese Regeln anwenden und würde vermutlich dieselben Ergebnisse erzielen.

Galbicka (1994) hat darauf verwiesen, dass sogar ein Computer so programmiert werden kann, dass er in Anlehnung an einen Prozent-Verstärkungsplan Verstärker liefert, insofern er in der Lage ist, die Reaktionen des Lernenden aufzuzeichnen und auszuwerten. Das angeführte Beispiel der Verbesserung der Matheleistung könnte gut für einen Computer aufbereitet werden. Auch viele Lerntechniken und berufliche Fähigkeiten könnten in ähnlicher Form verbessert werden. Manche Computerprogramme, die im Unterricht eingesetzt werden, greifen auf derartige Grundstrukturen zurück, indem sie die Leistung jedes einzelnen Schülers aufzeichnen und den Schwierigkeitsgrad der Aufgaben genau den Verbesserungsraten anpassen. So erhalten langsame Lerner zusätzliche Übung mit einfacheren Aufgaben, bis sie diese bewältigen, während schnellere Schüler nicht gebremst werden, sondern schwierigeres Material bearbeiten können, so dass sie sich nicht langweilen.

6.2.5 Die Flexibilität des Shapingprozesses

Wir haben bereits gesehen, dass die Anwendbarkeit der klassischen Konditionierung als Theorie des erlernten Verhaltens relativ beschränkt ist: Klassische Konditionierung findet nur bei Verhaltensweisen statt, die zuverlässig von einem Stimulus (dem US) ausgelöst werden. Im Vergleich dazu ist das Gesetz des Effektes vielseitiger anwendbar, selbst wenn wir nur das von Guthrie und Horton favorisierte Stop-Action-Prinzip betrachten. Es kann nicht nur bei Verhaltensweisen angewendet werden, denen ein bestimmter Stimulus vorausgeht, sondern bei jedem Verhalten, das ein Lebewesen hervorbringt. Solange Verhaltensweisen wie das Drücken eines Hebels, das Betreten einer Plattform oder das Ziehen an einer Schnur gelegentlich auftreten, können wir geduldig auf das erwünschte Verhalten warten, es verstärken und dadurch die Häufigkeit dieses Verhaltens erhöhen. Einfach gesagt, kann das Stop-Action-Prinzip verwendet werden, um die Häufigkeit jedes beliebigen Verhaltens zu erhöhen, das Teil des Verhaltensrepertoires eines Lebewesens ist. Kommt das Shapingverfahren zum Gesetz des Effektes hinzu, wird die Anwendbarkeit noch breiter. Das Shapingverfahren nutzt die jedem Verhalten innewohnende Variabilität, um völlig neue Verhaltensweisen hervorzubringen, die das Lebewesen noch nie gezeigt hat und vermutlich ohne Shaping auch nie zeigen würde. So kann man einer Ratte beispielsweise beibringen, einen Hebel zu drücken, der hoch über ihrem Kopf angebracht ist oder so schwer zu betätigen ist, dass das Tier Anlauf nehmen muss und sich mit dem ganzen Körpergewicht gegen den Hebel werfen muss. Im Prinzip ist die Anwendbarkeit des Shapings nur durch die Fähigkeiten der jeweiligen Lebewesen begrenzt – sind diese in der Lage, das gewünschte Verhalten zu zeigen, sollte die sorgfältige Anwendung der Methode der sukzessiven Annäherung schließlich das gewünschte Verhalten hervorbringen.

6.3 Die Forschung von B. F. Skinner

Während Thorndike für die erste systematische Untersuchung des Prinzips der Verstärkung Anerkennung verdient, war es B. F. Skinner, der dafür sorgte, dass dieses Thema in der Mitte des 20. Jahrhunderts in das öffentliche Interesse rückte. Skinner selbst entdeckte viele der grundlegenden und wichtigsten Eigenschaften der Verstärkung. Außerdem lehrte er mehrere Generationen von Studenten und Doktoranden, deren Arbeiten noch heute zu unserem Wissen über die Art und Weise beitragen, wie Verstärkung das Verhalten von Menschen und Tieren beeinflusst.

Skinner verwendete die Begriffe *operante Konditionierung* und *instrumentelle Konditionierung*, um den Vorgang zu beschreiben, der durch Verstärkung zur Intensivierung und Stärkung eines Verhaltens führt. Beide Begriffe spiegeln die enorme Kontrolle, die Lebewesen über den wichtigsten Stimulus in der Umwelt – den Verstärker – haben können. Die Präsentation des Verstärkers ist mit dem Verhalten des konditionierten Lebewesens kontingent – und tritt erst dann ein, wenn das erwünschte Verhalten oder die erwünschte Reaktion auftritt. In Thorndikes Problemkäfig beispielsweise kann der Verstärker (Entkommen und Finden des Futters) nach 5 oder nach 500 Sekunden auftreten, je nachdem, wann das Versuchstier die richtige Reaktion zeigt. Der Begriff operante Konditionierung spiegelt die Tatsache, dass das Lebewesen eine Verstärkung erhält, wenn es in der richtigen Weise „operiert", also auf die Umwelt einwirkt. Der Begriff instrumentelle Konditionierung rührt daher, dass das Verhalten des Lebewesens instrumentell auf die Gewährung des Verstärkers zielt.

6.3.1 Das freie operante Verfahren

Bei seiner Forschung zum operanten Konditionieren wandelte Skinner Thorndikes Verfahren in einer einfachen aber wichtigen Weise ab. Die Untersuchungen mit dem Problemkäfig waren Verfahren mit diskreten Durchgängen: Ein Durchgang bestand darin, dass ein Versuchstier in den Problemkäfig gesetzt wurde und bei jedem Durchgang immer nur eine einzige Reaktion zeigen konnte. Die wichtigste abhängige Variable war die Reaktionslatenz. Nach jedem Durchgang musste der Versuchsleiter einschreiten und ein Versuchstier für den nächsten Durchgang in den Problemkäfig setzen. Dieses Verfahren war zeitraubend und mühsam und führte dazu, dass pro Tag nur wenige Durchgänge gemacht werden konnten (aufgrund der Ermüdung der Versuchstiere und des Versuchsleiters). Andere Versuchsanordnungen zum operanten Konditionieren, die im ersten Teil des 20. Jahrhunderts populär waren, und mit Laufbahnen oder Labyrinthen und einem Verstärker am Ziel arbeiteten, hatten dieselben Nachteile.

Skinners Innovation war, dass er Reaktionen ausnutzte, die die Versuchstiere wiederholt machen konnten, ohne dass der Versuchsleiter einschreiten musste. Bei Experimenten mit Ratten verwenden Anhänger der Skinner-Schule typischerweise das Betätigen eines Hebels als operante Reaktion. Sind die Versuchstiere Tauben, wird meist die Reaktion des Pickens auf eine Scheibe gemessen: Eine oder mehrere Plastikscheiben, die Reaktionstasten genannt werden, werden an einer Seite der Versuchskammer aufgereiht (siehe Abbildung 6.6). Das Picken der Vögel auf diese Tasten wird aufgezeichnet. Verfahren, die das Hebeldrücken, Picken oder ähnliche Reaktionen ausnutzen, werden **freie operante Verfahren** genannt und von den Verfahren mit einzelnen Durchgängen im Problemkäfig oder Labyrinth unterschieden. Die unterscheidenden Merkmale sind, dass (1) die operante Reaktion jederzeit auftreten kann und (2) die operante Reaktion wiederholt auftreten kann, solange das Versuchstier in der Versuchskammer verbleibt. Reaktionen wie das Hebeldrücken und Picken sind so mühelos, dass die Versuchstiere sie bei einer einzigen Sitzung tausend Mal wiederholen können.

Diese Veränderung des Verfahrens führte zu einer Veränderung bei den unabhängigen Variablen: Statt die Latenz als Maß der Reaktionsstärke zu verwenden, verwendete Skinner die **Reaktionsrate** (meist werden die Reaktionen pro Minute gemessen). Ein großer Vorteil des freien operanten Verfahrens mit seinen zahlreichen Reaktionen ist, dass der Versuchsleiter die Variationen der Reaktionsrate, die auftreten, wenn ein Versuchstier etwas über die Versuchssituation lernt oder wenn äußere Stimuli verändert werden, in jedem Moment beobachten und aufzeichnen kann.

Abbildung 6.6: Eine Taube pickt auf eine leuchtende Taste in einer typischen Versuchskammer zum operanten Konditionieren. Als Verstärker kommen Körner aus der viereckigen Öffnung unterhalb der Taste.

6.3.2 Die Dreifachkontingenz

In ihrer einfachsten Form bedeutet Kontingenz, dass ein Ereignis B dann und nur dann auftritt, wenn ein anderes Ereignis A stattfindet. Die einfache klassische Konditionierung ist ein Beispiel für diese Kontingenz: Der US tritt auf, wenn und nur wenn der CS zuerst auftritt. Manchmal hört man, dass es bei der operanten Konditionierung eine Kontingenz zwischen Reaktion und Verstärker gibt – der Verstärker tritt auf, wenn und nur wenn die Reaktion stattfindet. Skinner wies darauf hin, dass es drei Komponenten der Kontingenz bei der operanten Konditionierung gibt: (1) Den Kontext oder die Situation, in der eine Reaktion stattfindet (das sind jene Stimuli, die der Reaktion vorangehen); (2) die Reaktion selbst und (3) die Stimuli, die der Reaktion folgen (also die Verstärker). Skinner ging davon aus, dass die Kontingenz bei der operanten Konditionierung normalerweise folgende Form annimmt: In der Anwesenheit eines bestimmten Stimulus, der auch **diskri-**

minativer Hinweisreiz genannt wird, tritt der Verstärker auf, wenn und nur wenn die operante Reaktion stattfindet. Aufgrund dieser drei Komponenten – diskriminativer Hinweisreiz, Reaktion und Verstärker – nannte Skinner dieses Verhältnis **Dreifachkontingenz**.

Nehmen wir an, eine Taube lernt, auf eine Taste zu picken, um Futterpellets zu bekommen. In der Versuchskammer befindet sich über der Taste ein helles gelbes Licht. Wenn das Licht an ist, führt jede Reaktion zur Futtergabe, wenn das Licht aus ist, erscheinen keine Futterpellets nach der Reaktion. Wird das Licht im Laufe des Experiments regelmäßig an- und ausgeschaltet, lernt die Taube, zwischen diesen zwei Situationen zu unterscheiden und nur dann zu reagieren, wenn das Licht an ist. Diese Art von Diskriminationslernen ist in vielen Situationen des alltäglichen Lebens wichtig, denn eine Reaktion, die in einem Kontext verstärkt wird, muss in einem anderen Kontext überhaupt nicht verstärkt werden. Ein Kind muss beispielsweise lernen, dass das Erzählen von Witzen in einer Pause verstärkt wird, während einer Mathestunde aber bestraft. Der Begriff **Stimuluskontrolle** bezieht sich auf diese Frage, wie Stimuli, die einem Verhalten vorausgehen, das Auftreten dieses Verhaltens kontrollieren können. In Kapitel 10 wird dieses Thema detailliert erläutert.

6.3.3 Andere grundlegende Prinzipien: Akquisition, Extinktion, Spontanerholung, Generalisierung und konditionierte Verstärkung

Für alle Prinzipien, die im Zusammenhang mit der klassischen Konditionierung bereits ausführlich dargelegt wurden, reicht hier eine kurze Wiederholung aus. Thorndikes Ergebnisse (wie in Abbildung 6.2 dargestellt) zeigen, dass die Entstehung einer operanten Reaktion wie die einer CR normalerweise ein allmählicher Prozess ist. Bei der operanten Konditionierung bedeutet die Extinktion, dass auf die operante Reaktion kein Verstärker mehr folgt, so dass wie bei der klassischen Konditionierung die Reaktion schwächer wird und allmählich verschwindet. Wenn das Versuchstier zu einem späteren Zeitpunkt in die Versuchskammer zurückgebracht wird, tritt typischerweise eine Spontanerholung der operanten Reaktion auf. Das bedeutet, dass die idealisierten Reaktionsmuster, die in Abbildung 4.6 dargestellt wurden, Akquisition, Extinktion und Spontanerholung, nicht nur bei der klassisch konditionierten Reaktion repräsentieren, sondern auch bei der operanten Reaktion.

Im letzten Abschnitt haben wir gesehen, dass Diskriminationslernen auch beim operanten Konditionieren vorkommen kann. Das Gegenteil der Diskrimination, die Generalisierung, ist ebenfalls ein häufiges Phänomen beim operanten Konditionieren. Kehren wir nochmals zum Beispiel der Taube zurück, die gelernt hat, zwischen der An- und Abwesenheit eines hellen gelben Lichts zu unterscheiden. Nehmen wir an, die Farbe des Lichts wechselt von gelb zu grün oder orange und keine Verstärker werden präsentiert. Trotz dieser Farbveränderung wird das Tier vermutlich eine gewisse Zeit weiterhin auf die Taste picken, bis es gelernt hat, dass keine Verstärker mehr auftreten. Die Taube generalisiert also vom gelben Licht auf ein Licht in einer anderen Farbe, obwohl sie für das Picken in Anwesenheit dieses anderen Lichts nie verstärkt wurde. Wenn wir einige Farben testen würden, würden wir vermutlich einen typischen Generalisierungsgradienten erhalten. Er würde verraten, dass die Reaktion am schnellsten in Anwesenheit des gelben Lichts auftritt und umso langsamer, je unähnlicher die Farben werden.

Beim operanten Konditionieren zeigt das Phänomen der konditionierten Verstärkung (auch sekundäre Verstärkung genannt) in vielen Punkten Analogien zur klassischen Konditionierung zweiter Ordnung. Wie in Kapitel 4 dargestellt, kann bei einer klassischen Konditionierung mit einem zweiten CS (sagen wir einem Ton), ein CS (zum Beispiel ein Licht) die Stelle eines US einnehmen, wenn dieser CS wiederholt mit dem US kombiniert wird. Wenn der Ton nun wiederholt mit einem Licht kombiniert wird, fängt der Ton an, eine CR auszulösen, was ebenfalls passieren würde, wenn der Ton direkt mit dem US kombiniert worden wäre. Man könnte also sagen, dass der CS erster Ordnung, das Licht, bei der Konditionierung zweiter Ordnung als Surrogat für den US funktioniert.

Beim operanten Konditionieren ist das Gegenstück zum US der primäre Verstärker. Das Gegenstück zum CS erster Ordnung ist der ursprünglich neutrale Stimulus, der durch wiederholte Paarung mit dem primären Verstärker ein konditionierter Verstärker wird. Der konditionierte Verstärker kann dann als Surrogat für den primären Verstärker funktionieren und die Stärke jeder beliebigen Reaktion erhöhen, auf die er folgt. In einer frühen Untersuchung zur konditionierten Verstärkung präsentierte Skinner (1938) Ratten wiederholt die Kombination eines Klicklautes mit Futter. In dieser Phase des Experiments reagierten die Ratten gar nicht. In der zweiten Phase des Experiments wurde kein Futter mehr präsentiert. Die Ratten lernten aber trotzdem, den Hebel zu drücken, obwohl dies nur den Klicklaut auslöste. Da der Klicklaut nicht mehr mit dem Futter kombiniert war, ist es nicht überraschend, dass das Drücken des Hebels nicht lange praktiziert wurde. Auch hier gibt es also eine Ähnlichkeit zwischen dem CS erster Ordnung und dem konditionierten Verstärker: Wenn ein konditionierter Verstärker nicht mehr mit einem primären Verstärker kombiniert wird, verliert er schließlich die Fähigkeit, als Verstärker zu wirken, ebenso wie ein CS erster Ordnung seine Fähigkeit verliert, einen CS zweiter Ordnung zu konditionieren, wenn er wiederholt ohne den US auftritt.

Skinner verwendete den Begriff **generalisierter Verstärker**, um eine bestimmte Gruppe von konditionierten Verstärkern zu bezeichnen – jene, die mit einer ganzen Reine von verschiedenen primären Verstärkern assoziiert sind. Das vielleicht beste Beispiel für einen generalisierten Verstärker ist Geld. Die Macht dieses Verstärkers, wenn es darum geht, das Verhalten der arbeitenden Schicht einer Gesellschaft zu erhalten, ist offensichtlich – nur wenige Angestellte würden weiter zur Arbeit gehen, wenn sie erführen, dass ihre Arbeitgeber kein Gehalt mehr zahlen könnten. Geld ist ein generalisierter Verstärker (und ein sehr mächtiger dazu), genau weil er für so viele verschiedene Stimuli eingesetzt werden kann, die bei den meisten Menschen als Verstärker funktionieren – Nahrung, Kleidung, materieller Besitz, Unterhaltung, Urlaub. Obwohl Geld ein wirksamer Verstärker ist, sollte klar sein, dass seine Macht, wie die Macht aller konditionierten Verstärker, von seiner dauerhaften Assoziation mit primären Verstärkern abhängt. Wenn Geld nicht mehr gegen primäre Verstärker getauscht werden könnte, wäre es schwierig Menschen zu finden, die dafür arbeiten würden.

Manche menschlichen Verhaltensweisen des Alltags werden von konditionierten Verstärkern aufrechterhalten, die mehrere Schritte weit von primären Verstärkern entfernt sind. Stellen wir uns einen Studenten vor, der fleißig für eine anstehende Zwischenprüfung in elementarer Analysis lernt. Weshalb sollte diese Lernbemühung erbracht werden, wenn es nichts gäbe, was sie verstärken würde? Skinner würde dieses Verhalten auf vergangene Erfahrungen des Studenten mit dem konditionierten Verstärker einer guten Note zurückführen. Der Student hat vermutlich wiederholt erlebt, dass das Lernen für eine Prüfung zu einer guten Note führte. Eine gute Note ist kein primärer Verstärker, sondern bringt den Studenten einen Schritt näher zu einem anderen konditionierten Verstärker – einer guten Endnote in seinem Fach. Diese macht es wahrscheinlicher, dass er nach dem Ende des Studiums eine gute Arbeit findet (ein weiterer konditionierter Verstärker), was ein anständiges Gehalt (wieder ein konditionierter Verstärker) bedeutet, das er schließlich gegen zahlreiche primäre Verstärker eintauschen kann. In Anbetracht all dieser Schritte, die das Lernen vom primären Verstärker trennen, ist es nicht weiter verwunderlich, dass das Lernverhalten bei manchen Studenten mit geringer Häufigkeit auftritt, besonders wenn sie kein Interesse an der Materie haben.

6.3.4 Verhaltensketten

In Kapitel 3 haben wir uns mit Reaktionsketten beschäftigt. Das sind Abfolgen von angeborenen Verhaltensweisen, die in einer festen Reihenfolge auftreten. Ganz ähnlich funktionieren **Verhaltensketten**, jedoch geht es dabei um erlernte Verhaltensweisen. Eine Verhaltenskette ist als Abfolge von Verhaltensweisen definiert, die in einer bestimmten Reihenfolge auftreten müssen, wobei der primäre Verstärker erst nach dem letzten Verhalten der Reihe präsentiert wird. Gute Beispiele für Verhaltensketten finden sich bei dressierten Tieren, die im Zirkus oder bei anderen öffentlichen Darbietungen komplexe Verhaltensabfolgen zeigen. Stellen Sie sich eine Ratte vor, die eine Leiter hochklettert, auf eine Plattform steigt, an einer Schnur zieht, die eine Tür zu einem Tunnel öffnet, durch den Tunnel auf eine zweite, kleine Plattform rennt, eine Rutsche hinunterrutscht, zu einem Hebel rennt, diesen drückt und schließlich ein Futterpellet bekommt. Unabhängig davon, wie die Ratte dressiert wurde, können wir fragen, was das einmal erlernte Verhalten aufrechterhält.

Der erste Verhaltensschritt, das Erklimmen der Leiter, bringt die Ratte nur zur Plattform und dem Seil. Das sind sicher keine primären Verstärker, Skinner würde sagen, dass diese Stimuli als konditionierte Verstärker für das Erklimmen der Leiter funktionieren, weil sie das Tier näher an den primären Verstärker bringen. Daneben fungieren die Plattform und das Seil als diskriminative Stimuli für den nächsten Verhaltensschritt – das Ziehen am Seil. Der konditionierte Verstärker dafür ist der Anblick der sich öffnenden Tür, denn auch dieses Ereignis bringt die Ratte näher an den primären Verstärker. Wie die Plattform und das Seil hat die offene Tür eine zweite Funktion – sie ist ein diskriminativer Stimulus für den nächsten Verhaltensschritt – das Rennen durch den Tunnel.

Man könnte auch den Rest der Verhaltenskette auf diese Weise analysieren, aber auch so dürfte das allgemeine Muster klar sein. Jeder Stimulus in der Mitte einer Verhaltenskette erfüllt zwei Funktionen: Er ist ein konditionierter Verstärker für das vorausgehende Verhalten und ein diskriminativer Stimulus für das nächste Verhalten der Kette. Diese Analyse wird grafisch in Abbildung 6.7 dargestellt, wo S^D für „diskriminativer Stimulus" steht und S^R für „verstärkender Stimulus".

Wie würde ein Tiertrainer vorgehen, wenn er einer Ratte diese Verhaltensabfolge beibringen müsste? Eine sehr effektive Strategie, die manchmal auch **Rückwärtsverkettung** genannt wird, besteht darin, mit der letzten Verhaltensweise der Kette anzufangen und sich nach vorne durchzuarbeiten. Zuerst würde er der Ratte beibringen, wo sich das Futter befindet, dann würde er das Geräusch des Futterdispensers verstärken und als konditionierten Verstärker einführen. Danach könnte er durch Shaping die letzte Verhaltensweise der Kette, das Drücken des Hebels, trainieren. Wäre dies gut gelernt, würde er die Ratte vielleicht ans untere Ende der Rutsche setzen. Vermutlich würde die Ratte von hier aus zum Hebel rennen, da dieser als konditionierter Verstärker fungiert (er wurde zuvor mit einer Futtergabe kombiniert). Durch weiteres Shaping könnte das Tier trainiert werden, die Rutsche herunterzurutschen und dann durch den Tunnel zu kriechen, um den Hebel zu erreichen und so weiter. Bei manchen Schritten der Kette (zum Beispiel dem Ziehen am Seil) könnte es nötig sein, Futter als primären Verstärker einzusetzen. Wäre dieses Verhalten aber ebenfalls etabliert, könnte die primäre Verstärkung wegfallen und das Verhalten würde aufgrund der konditionierten Verstärkung durch den nächsten Stimulus der Kette beibehalten, der dem Tier signalisieren würde, dass es dem primären Verstärker wieder einen Schritt näher gekommen ist.

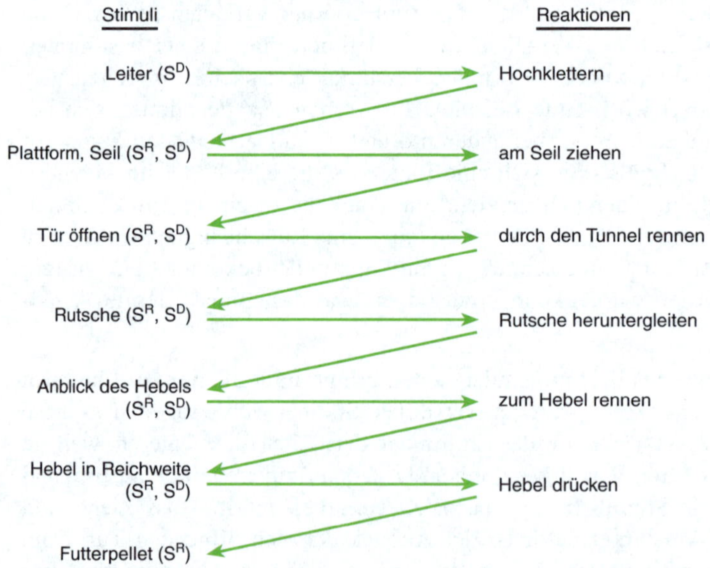

Abbildung 6.7: Die abwechselnde Folge von Stimulus und Verhalten in der hypothetischen Verhaltenskette, die im Text beschrieben wird. Jeder Stimulus in der Kette dient als konditionierter Verstärker für das vorangehende Verhalten und als diskriminierender Stimulus für den folgenden Verhaltensschritt.

Die Rückwärtsverkettung ist eine effektive Methode, eine Verhaltenskette zu trainieren, aber nicht die einzige. Bei der **Vorwärtsverkettung** beginnt der Trainer mit der Verstärkung des ersten Verhaltensschrittes in der Kette. Dann fügt er nach und nach die zweite, die dritte und die folgenden Verhaltensweisen hinzu. Ginge es zum Beispiel darum, geistig zurückgebliebenen Jugendlichen die Benutzung eines Waschsalons beizubringen, so würde man sie verstärken, wenn sie eine leere Maschine fänden und das Waschpulver einfüllen könnten. Die nächste Verstärkung bekämen sie, wenn sie eine leere Maschine fänden, Waschpulver und die Wäsche einfüllen könnten und so weiter (McDonnell & McFarland, 1988). Eine dritte Trainingsmethode ist die Ganzheitsmethode. Dabei werden dem Lernenden alle Schritte der Verhaltenskette gleichzeitig beigebracht, wobei verbale Instruktionen eingesetzt werden, um die richtige Verhaltensweise bei jedem Schritt zu beschreiben. All diese Methoden zum Training von Verhaltensketten wurden erfolgreich eingesetzt und welche am effektivsten ist, scheint vom Verhalten abzuhängen, das gelehrt werden soll (Ash & Holding, 1990; Hur & Osborne, 1993).

Verhaltensketten ähneln in mancherlei Hinsicht den angeborenen Reaktionsketten, die in Kapitel 3 beschrieben wurden. Beide bestehen aus Stimuli und Reaktionen, die sich abwechseln (vergleichen Sie Abbildung 3.5 mit Abbildung 6.7). Bei beiden beenden die Stimuli jeweils das vorherige Verhalten und „ebnen den Weg" für das nächste Verhalten in der Kette. Ein wichtiger Unterschied zwischen angeborenen und erlernten Verhaltensketten ist jedoch, dass nur bei den erlernten die fortgesetzte Zusammengehörigkeit ihrer Elemente von der Verstärkung abhängt. Wenn eine Reaktionskette vollständig angeboren ist, hängen die Verhaltensweisen, aus denen sie besteht, nicht von äußeren Verstärkern ab. Auch kann sie nicht durch Erfahrung verändert werden – jede Verhaltensweise wird mit großer Wahrscheinlichkeit eintreffen, wenn der entsprechende auslösende Stimulus auftritt.

Im Gegensatz dazu verschwinden die Verhaltensweisen einer erlernten Verhaltenskette möglicherweise, wenn die primären Verstärker nicht mehr auftreten. Es ist interessant zu beobachten, was passiert, wenn einer der konditionierten Verstärker in der Mitte der Kette aufgehoben wird. Die allgemeine Regel besagt, dass alle Verhaltensweisen, die in der Kette vor der „unterbrochenen Verbindung" stattfinden, gelöscht werden, während jene, die nach der unterbrochenen Verbindung angesiedelt sind, weiterhin auftreten. Nehmen wir also an, dass das Ziehen am Seil nicht mehr zum Öffnen der Tür in den Tunnel führt. Das Verhalten des Ziehens am Seil wird letztlich verschwinden, ebenso wie das Erklimmen der Leiter, die zur Plattform mit dem Seil führt. Andererseits sollte die Ratte, wenn sie jenseits der unterbrochenen Verbindung in den Übungsparcours gesetzt wird (in den Tunnel oder ans obere Ende der Rutsche), die restlichen Verhaltensweisen der Kette so lange fortsetzen, wie auf das letzte Verhalten der primäre Verstärker folgt. Die Verhaltensweisen am Anfang einer Verhaltenskette sind am weitesten vom primären Verstärker entfernt und sollten deshalb die schwächsten sein, also am leichtesten zu stören sein. Verhaltenstherapeuten verwenden dieses Prinzip häufig, wenn sie versuchen, eine Verhaltenskette zu unterbrechen, die unerwünschtes Verhalten beinhaltet (wie den Gang zum Kiosk, dem Kauf von Zigaretten, das Öffnen der Packung, das Anzünden der Zigarette, das Rauchen der Zigarette). Die Versuche, diese Kette zu unterbrechen, sollten am wirksamsten sein, wenn sie bei den anfänglichen Schritten ansetzen.

WWW

Können Sie zwischen Beispielen aus dem Alltag unterscheiden, die das Prinzip der positiven Verstärkung illustrieren oder nicht? Testen Sie sich unter **http://server.bmod.athabascau.ca/html/prtut/reinpair.htm**.

6.4 Biologische Einschränkungen der operanten Konditionierung

Biologische Aspekte wirken sich nicht nur darauf aus, was bei der klassischen Konditionierung gelernt wird, sondern spielen auch bei der operanten Konditionierung eine wichtige Rolle. **Instinctive Drift** und Autoshaping sind zwei Phänomene, die beide in den 60er Jahren des 20. Jahrhunderts entdeckt wurden und die Macht der Verstärkung zur Veränderung und Kontrolle von Verhaltensweisen eines Lebewesens ernsthaft in Frage stellen. Wie diese Phänomene entdeckt wurden und die theoretischen Diskussionen über sie geben wertvolle Hinweise auf die Stärken und Schwächen der allgemeinen Prinzipien des Lernens.

6.4.1 Instinctive Drift

Lerntheoretiker, besonders jene, die sich auf das operante Konditionieren spezialisiert haben, gehen im Allgemeinen davon aus, dass Verstärkung einen einfachen, aber mächtigen Einfluss auf das Verhalten hat: Verhaltensweisen, die verstärkt werden, treten häufiger auf, Verhaltensweisen, die nicht verstärkt werden, treten seltener auf und verschwinden schließlich. Nimmt man das Shaping, die Generalisierung, das Verknüpfen zu Ketten dazu, sollte es möglich sein, Tieren und Menschen komplexe und schwierige Verhaltensabfolgen beizubringen. Zwei Psychologen, die versuchten, die Prinzipien der operanten Konditionierung außerhalb des Labors anzuwenden, waren Keller Breland und Marian Breland. Nachdem sie bei B. F. Skinner studiert hatten, wurden sie Tiertrainer und arbeiteten mit vielen verschiedenen Tierarten. Sie brachten den Tieren, die in Zoos, auf Märkten, in Werbespots oder bei anderen öffentlichen Veranstaltungen auftraten, komplexe und oft lustige Verhaltensweisen bei.

Die Arbeit der beiden Brelands war sehr erfolgreich und im Laufe der Jahre haben sie viele tausend Tiere trainiert. Oberflächlich betrachtet sah es so aus, als hätten sie gezeigt, dass die im Labor wirksamen Prinzipien auch unter weniger kontrollierten Rahmenbedingungen und bei allen möglichen Tieren vom Wal bis zum Rentier funktionieren. Dennoch stellten sie bei ihrer Arbeit mit Verstärkungstechniken Probleme fest, die immer wiederkehrten. Sie nannten diese Probleme „Scheitern des konditionierten operanten Verhaltens". In einem Artikel mit dem Titel The Misbehavior of Organisms (Breland und Breland, 1961) beschrieben sie verschiedene Arten des „Scheiterns" der Verstärkung. Hier ein Beispiel:

> *„Ein Schwein wurde so konditioniert, dass es große Münzen aus Holz aufheben und in eine Art Bank legen konnte. Die Münzen lagen mehrere Meter von dieser Bank entfernt und das Schwein musste vier oder fünf davon dorthin tragen, um einen Verstärker als Belohnung zu bekommen. (Natürlich hatten wir mit einer Münze angefangen, die in der Nähe der Bank lag.)*
>
> *Schweine sind sehr schnell zu konditionieren und haben keine Schwierigkeiten, Zahlenverhältnisse zu erfassen. Sie haben (von Natur aus) einen enormen Appetit*

und sind in vieler Hinsicht sehr gelehrige und fügsame Tiere. Dennoch ist dieses problematische Verhalten im Laufe der Zeit bei einem Schwein nach dem anderen aufgetreten, meist nach einer Zeit von Wochen oder Monaten, und immer schlimmer geworden. Zunächst waren die Tiere ganz eifrig, nahmen eine Münze auf, trugen sie zur Bank, rannten zurück, nahmen eine zweite Münze auf und rannten wieder schnell und direkt zur Bank. Das taten sie, bis das Soll erfüllt war. Dann, nach einigen Wochen, wurden sie immer langsamer. Zwar rannten sie immer noch zielstrebig zu den Münzen, um sie aufzunehmen, aber statt sie dann einfach und korrekt in die Bank zu legen, ließen sie sie auf dem Rückweg fallen, verscharrten sie, nahmen sie wieder auf, aber nur, um sie erneut fallen zu lassen und wieder am Weg zu verscharren oder sie in die Luft zu werfen und einmal mehr zu verscharren.

Wir vermuteten, dass dieses Verhalten einfach nur das Herumtrödeln antriebsschwacher Tiere sein könnte, aber es hielt an und wurde immer stärker, während die Geschwindigkeit nachließ. Die Schweine sammelten die geforderten Münzen schließlich so langsam ein, dass sie im Laufe eines Tages nicht einmal genug zu essen zusammen bekamen. Schließlich brauchten sie etwa zehn Minuten, um vier Münzen etwa zehn Meter weit zu transportieren.“ (S. 683)

Dieses Beispiel weicht von den Beispielen der gegenläufig vorbereiteten Assoziationen, die in Kapitel 5 besprochen wurden, ab. Das Problem hier war ja nicht, dass die Schweine die geforderte Verhaltensweise nicht lernen konnten. Vielmehr hatten sie anfangs die Münzen ohne zu zögern zur Bank getragen. Erst später traten neue, unverstärkte Verhaltensweisen wie das Fallenlassen und Graben nach den Münzen auf und nahmen zu. Die Brelands bemerkten, dass diese störenden Verhaltensweisen solche waren, die Schweine normalerweise während ihrer Futtersuche ausführen. Weil diese Verhaltensweisen offenbar mit dem angeborenen Verhaltensrepertoire der Versuchstiere zu tun hatten, nannten sie sie Beispiele für instinctive drift: Mit zunehmender Erfahrung weicht die gezeigte Leistung des Versuchstieres vom verstärkten Verhalten ab und instinktive Verhaltensweisen, die normalerweise auftreten, wenn das Tier in seiner natürlichen Umwelt nach dem Verstärker sucht (in diesem Fall Futter), treten auf.

Interessant ist ein Vergleich zwischen dem Verhalten der Schweine und dem von Waschbären in einer ähnlichen Situation. Die Aufgabe bestand darin, Münzen aufzusammeln und in ein kleines Gefäß zu legen. Gab man einem Waschbären nur eine Münze, lernte er mit ein wenig Mühe, sie aufzuheben und in den Behälter zu legen. Danach bekam er Futter als Verstärker. Gab man ihm zwei Münzen gleichzeitig, ließ seine Leistung merklich nach. Statt die Münzen aufzuheben und schnell wegzulegen (was am schnellsten zur Belohnung geführt hätte), behielt der Waschbär die Münzen mehrere Minuten lang in den Pfoten, rieb sie aneinander und legte sie gelegentlich in den Behälter, holte sie aber wieder heraus. Obwohl diese Verhaltensweisen überhaupt nicht verstärkt wurden, traten sie mit der Zeit immer häufiger auf und die rasche Abfolge des Ablegens der Münzen, die die Brelands gefordert hatten, wurde nie erreicht.

Sie bemerken vermutlich die Ähnlichkeit zwischen den Verhaltensweisen des Waschbären und der Schweine. Die störenden Verhaltensweisen beim Waschbär ähneln ebenfalls Verhaltensweisen, die bei der Futtersuche auftreten. Er taucht zum Beispiel Futterstücke immer wieder ins Wasser, bevor er sie frisst. Die reibenden Bewegungen ähneln denen, die er macht, um ein Krustentier von seiner Schale zu befreien. Im aktuellen Kontext waren diese Verhaltensweisen aber in zweifacher Hinsicht unangebracht: (1) Die Münzen waren kein Futter, der Behälter kein Gewässer und es gab keine Schale, die hätte entfernt werden müssen. (2) Die störenden Verhaltensweisen wurden nicht mit Futter verstärkt, sondern verzögerten die Futtergabe sogar.

Die Brelands berichteten, dass sie zahlreiche andere Beispiele für instinctive drift gesehen hätten und gingen davon aus, dass sie *„ein klares und eindeutiges Versagen der Konditionierungstheorie"* darstellen (1961, S. 683). Das Problem war offensichtlich: Die Tiere zeigten Verhaltensweisen, die ihre Trainer nie verstärkt hatten, statt verstärktes Verhalten.

6.4.2 Autoshaping

1968 veröffentlichen P. L. Brown und Jenkins einen Artikel mit dem Titel „Auto-shaping of the Pigeon's Key-peck". Sie stellten ihre Ergebnisse als Methode dar, Tauben das Picken auf eine Taste beizubringen, die einfacher und schneller funktionierte als das Shaping durch den Trainer. Untrainierten Tauben wurde das Futter vorenthalten, so dass sie lernten, aus einem Futterspender zu fressen. Danach wurde ein Vogel der folgenden Kontingenz ausgesetzt: Im unregelmäßigen Abstand von durchschnittlich 60 Sekunden wurde die Reaktionstaste acht Sekunden lang mit weißem Licht beleuchtet, danach wurde sie wieder dunkel und das Futter wurde präsentiert. Trotz der Tatsache, dass für die Futtergabe keine Reaktion und kein Verhalten des Tieres nötig waren, fingen alle Tauben in diesem Versuch an, auf die beleuchtete Taste zu picken. Das Picken trat beim schnellsten Vogel zum ersten Mal im sechsten Durchgang, beim langsamsten Vogel im 119. Durchgang auf.

Obwohl das Autoshaping zunächst wie eine einfachere Methode aussah, Vögeln das Picken beizubringen, erkannten Psychologen schon bald die bedeutenden theoretischen Implikationen des Befundes von Brown und Jenkins. Picken war in zahlreichen Experimenten als „typisch" operante Reaktion verwendet worden, also als Verhalten, das durch seine Konsequenzen kontrolliert wurde. Aber hier ging es um ein Experiment, bei dem das Picken für die Verstärkung gar nicht notwendig war, aber trotzdem auftrat. Warum pickten die Tauben auf die Taste? Es wurden verschiedene Erklärungen dafür gefunden.

Autoshaping als abergläubisches Verhalten

Brown und Jenkins schlugen vor, dass es sich beim Autoshaping um ein Beispiel für abergläubisches Verhalten handelt, wie es weiter vorne in diesem Kapitel behandelt wurde. Schauen wir uns das Szenario genauer an: Wenn das Licht der Taste angeht, *schaut* die Taube einfach dorthin. Kurz danach folgt die Verstärkung. Die würde das Verhalten des Schauens verstärken. Beim nächsten Durchgang schaut der Vogel vielleicht wieder zur Taste, wenn sie beleuchtet wird. Wird dieses Verhalten nicht sofort verstärkt, *nähert* sie sich der Taste vielleicht und in diesem Moment tritt der Verstärker auf. Später kommt sie der Taste noch *näher*, *berührt* sie und *pickt* schließlich darauf. All diese Verhaltensweisen werden mehr oder weniger zufällig durch die Futtergabe verstärkt. Das Szenario beschreibt also einen Shapingprozess, bei dem das Verhalten des Vogels durch die Präsentation eines Verstärkers, der aber nicht kontingent mit den Verhaltensweisen auftritt, allmählich zu einem Picken wird.

Obwohl diese Hypothese klug war, wurde sie durch ein Experiment von Rachlin (1969) widerlegt. Er verwendete ein Verfahren, das dem von Brown und Jenkins ähnelte und fotografierte die Tauben bei jedem Durchgang in dem Moment, in dem der Verstärker auftrat. Die Fotos zeigten, dass die Vögel keine Neigung hatten, der Taste näher zu kommen und schließlich darauf zu picken. Beim Durchgang vor dem Durchgang mit dem ersten Picken war die Taube möglicherweise weit weg von der Taste und schaute im Moment der Verstärkung in eine andere Richtung. Es gab also keinen Hinweis auf einen allmählichen Shapingprozess.

Weitere Belege gegen die Aberglaubensinterpretation lieferte eine Studie, bei der der Verstärker bei den Durchgängen, in denen die Taube auf die beleuchtete Taste pickte, ausgesetzt wurde (Williams & Williams, 1969). Die Ergebnisse dieses Experiments waren bemerkenswert: Sogar wenn nie eine Futtergabe auf das Picken folgte, lernten die Tauben dieses Verhalten und pickten in etwa einem Drittel der Durchgänge auf die beleuchtete Taste. Das Experiment zeigte damit recht überzeugend, dass das Picken in einem Verfahren des Autoshapings kein Beispiel für abergläubisches Verhalten ist.

Autoshaping als klassische Konditionierung

Verschiedene Forscher gehen davon aus, dass Autoshaping nur ein Beispiel für klassische Konditionierung ist, die sich in das drängt, was die Versuchsleiter als operante Konditionierungssituation betrachten (B. R. Moore, 1973). Für diese Auffassung sprechen verschiedene Punkte. Wie wir alle wissen, fressen Tauben Körner, indem sie mit ruckartigen Kopfbewegungen mit dem Schnabel darauf picken. Wir könnten sagen, dass das Picken die unkonditionierte Reaktion auf den Stimulus Körner ist. Laut klassischer Konditionierung wird dieses Verhalten von den Körnern auf die Taste übertragen, weil die beleuchtete Taste wiederholt mit Futter kombiniert wurde.

Studien, in denen zu jeder Zeit in den Sitzungen Futter präsentiert wurde, stützen diese Interpretation. Die Wahrscheinlichkeit für eine Futtergabe war entweder höher, wenn das Tastenlicht leuchtete, niedriger oder gleich. Die Tauben pickten im ersten Fall auf die leuchtende Taste, aber nicht in den beiden anderen Situationen (Durlach, 1986). Diese Ergebnisse entsprechen Rescorlas Resultaten (1966, 1968) aus Experimenten zur klassischen Konditionierung, die zeigten, dass exzitatorische Konditionierung stattfindet, wenn es eine positive CS-US-Korrelation gibt, aber nicht, wenn es keine oder eine negative Korrelation zwischen CS und US gibt (Kapitel 4). Andere Forscher stellten fest, dass Autoshaping dann auftritt, wenn die leuchtende Taste Informationen über die bevorstehende Futtergabe gibt, aber nachlässt oder endet, wenn die Taste gleichwertig mit anderen Signalen für das Futter ist (Allaway, 1971; Wasserman, 1973). Die Daten zeigen also kurz gesagt, dass Autoshaping dann erfolgt, wenn die leuchtende Taste Futter ankündigt, aber sonst nicht. Dieselbe allgemeine Regel gilt für die Beziehung zwischen CS und US in herkömmlichen Versuchen zur klassischen Konditionierung.

Weitere faszinierende Belege für die Autoshaping-Interpretation der klassischen Konditionierung stammen aus Experimenten, bei denen die Forscher das Verhalten ihrer Versuchsteilnehmer entweder fotografierten oder genau beobachteten. Jenkins und Moore (1973) führten eine Reihe von wichtigen Experimenten durch, bei denen auf die Beleuchtung einer Reaktionstaste regelmäßig die Präsentation von Futter bei der einen Gruppe, die Präsentation von Wasser bei der anderen Gruppe folgte. In beiden Fällen begannen die Tauben auf die beleuchtete Taste zu picken. Durch das Filmen der Verhaltensweisen konnten die beiden Forscher zeigen, dass die Bewegungen der Tauben zur Taste unterschiedlich waren, je nachdem, welcher Verstärker eingesetzt wurde. Gab es Futter, so waren die Bewegungen der Tauben abrupte, kräftige Pickbewegungen mit geöffnetem Schnabel. Sie ähnelten den Bewegungen von Tauben beim Fressen. War der Verstärker Wasser, so näherten sich die Tauben mit geschlossenem oder fast geschlossenem Schnabel langsamer der Taste. Bei manchen Durchgängen kam es zu Schluckbewegungen und einem rhythmischen Öffnen und Schließen des Schnabels. All diese Bewegungen sind typisch für die Wasseraufnahme bei Tauben.

Jenkins und Moore gingen davon aus, dass diese Verhaltensweisen Beispiele für Pawlows Konzept der Stimulussubstitution seien. Die beleuchtete Taste diente als Substitut für Futter oder Wasser und die entsprechenden Reaktionen richteten sich auf die Taste. In einem Experiment beobachteten sie diese beiden Verhaltensweisen bei einer Taube in einer einzigen Sitzung. Dabei kündigte die Beleuchtung der linken Taste das Wasser, die Beleuchtung der rechten Taste das Futter an. Abbildung 6.8 zeigt einige repräsentative Reaktionen auf die linke Taste (obere Reihe) und auf die rechte Taste (untere Reihe). Beachten Sie die unterschiedliche Öffnung des Schnabels und der Augenlider.

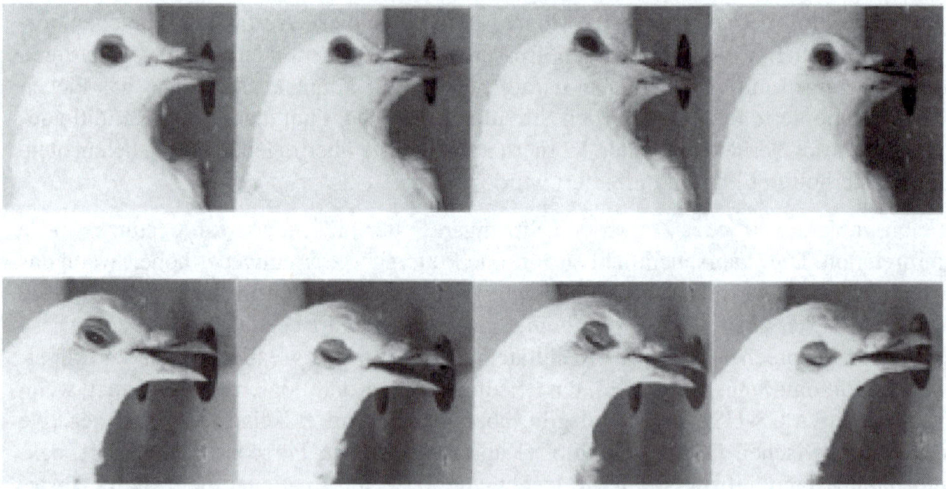

Abbildung 6.8: Fotos vom Picken einer Taube, wenn der Verstärker Wasser war (obere Reihe) und wenn der Verstärker aus Körnern bestand (untere Reihe). Beachten Sie die Unterschiede bei der Öffnung des Schnabels und der Augenlider (nach Jenkins & Moore, 1973).

Obwohl Brown und Jenkins (1968) den Begriff Autoshaping verwendeten, um ihr eigenes Experiment zu beschreiben, bei dem Tauben auf eine beleuchtete Taste pickten, worauf eine Futtergabe erfolgte, benutzten nachfolgende Autoren den Begriff für alle Situationen, in denen Lebewesen ein bestimmtes Verhalten zeigen und damit auf ein Signal, das einen folgenden Verstärker ankündigt, reagieren. Andere nannten dieses Phänomen **Sign-Tracking**, weil die Tiere ein Signal für einen bevorstehenden Verstärker beobachten, ihm folgen und mit ihm Kontakt aufnehmen. In diesem weiteren Sinne wurde Autoshaping (oder Sign-Tracking) bei vielen Tierarten beobachtet und viele der Beispiele stimmen mit der Stimulussubstitutionstheorie der klassischen Konditionierung überein. G. B. Peterson, Ackil, Frommer und Hearst (1972) zeichneten beispielsweise das Verhalten von Ratten gegenüber einem einklappbaren Hebel per Video auf. Der Hebel war in die Versuchskammer eingelassen und wurde 15 Sekunden vor der Präsentation des jeweiligen Verstärkers beleuchtet. Manche Ratten wurden mit Futter verstärkt, manche mit einer elektrischen Stimulation des Gehirns. Beide Gruppen nahmen häufig Kontakt mit dem Hebel auf, aber die Struktur ihres Verhaltens war sehr unterschiedlich. Die Ratten mit dem Futterverstärker knabberten und leckten am Hebel, während die mit dem Hirnstimulus als Verstärker den Hebel leicht mit den Pfoten oder Schnurrhaaren berührten oder daran schnüffelten und ihn erforschten. Das Knabbern und Lecken entsprach dem Verhalten der Ratten gegenüber dem Futter. Peterson und seine Mitarbeiter berichteten, dass die Verhaltensweisen und Haltungen der Ratten mit dem Hirnstimulus gegenüber dem Hebel dem Verhalten entsprachen, das sie bei einer Hirnstimulation zeigten. Die beiden Verstärker lösten also zwei verschiedene Verhaltensmuster aus, die sich gegenüber dem mit dem Verstärker kombinierten Hebel zeigten.

Autoshaping als instinktives Verhaltensmuster

Während die bereits beschriebenen Studien die Interpretation des Autoshapings im Rahmen der Stimulussubstitution unterstützen, tun andere Studien dies nicht. Wasserman (1973) beobachtete die Reaktionen von drei Tage alten Küken, wenn ein Tastenlicht mit Wärme kombiniert wurde. In einer ungemütlich kühlen Kammer wurde in unregelmäßigen Abständen für kurze Zeit eine Wärmelampe angeschaltet. Jeder Wärmephase ging das Aufleuchten eines grünen Tastenlichts voraus. Alle Küken begannen nach kurzer Zeit auf die Taste zu picken, wenn das Licht anging, aber die Art, wie sie pickten, war ungewöhnlich. Ein Küken ging typischerweise sehr nah an die Taste, drückte seinen Schnabel darauf und rieb ihn hin und her mit einer Bewegung, die Wasserman „kuschelnd" nannte. Ähnliche Reaktionen wurden auch bei Küken beobachtet, die einem negativen Verfahren ausgesetzt wurden, bei dem jeder Kontakt mit der Taste die Lampe für diesen Durchgang zum Erlöschen brachte. Die kuschelnden Bewegungen ähnelten denen, die Küken normalerweise machen, wenn sie von der Mutterhenne gewärmt werden wollen: Sie picken an die Federn des unteren Körpers der Henne, reiben ihre Schnäbel daran und stupsen den Kopf in die Federn.

Diese Untersuchung scheint zunächst einen weiteren Beleg für die Stimulussubstitution zu liefern – ein Verhaltensmuster der Wärmesuche wird bei einem Signal für Wärme gezeigt. Das Problem ist jedoch, dass die Küken auf die Wärmelampe selbst völlig anders reagierten. Wenn sie angeschaltet war, kam es nicht zum Picken oder Kuscheln, sondern die Küken breiteten ihre Flügel aus (wodurch sie mehr Wärme aufnehmen konnten) und blieben reglos stehen. Bei anderen Durchgängen streckten sie die Flügel aus, senkten den Körper ab und rieben ihre Brust am Boden. Obwohl Kuscheln und Flügelausbreiten also Verhaltensweisen sind, die im Zusammenhang mit Wärme bei Küken auftreten, gab es keine Überschneidungen der beiden Verhaltensweisen. Wasserman schloss daraus, dass die Stimulussubstitutionserklärung des Autoshapings unangemessen ist und die physikalischen Eigenschaften des Signals die Form der durch Autoshaping entstandenen Reaktion mitbestimmen.

Andere Experimente stützen Wassermans Schlussfolgerung. Timberlake und Grant (1975) beobachteten das Verhalten von Ratten, wenn das Signal, das die Futtergabe ankündigte, das Eintreten einer weiteren Ratte in die Versuchskammer war (die sich nur auf einer kleinen Plattform bewegen konnte). Da das Futter Knabbern und Kauen als Reaktion auslöst, hätten die Versuchstiere laut Stimulussubstitutionstheorie diese Verhaltensweisen gegenüber der eingesperrten neuen Ratte zeigen müssen, die ja das Signal für die bevorstehende Futtergabe war. Timberlake und Grant konnten aber kein einziges Beispiel von Knabbern oder Kauen gegenüber der neuen Ratte beobachten, was vielleicht nicht überraschend ist. Dafür beobachteten sie viele andere Verhaltensweisen gegenüber der Ratte, darunter Annäherung, Schnüffeln, soziale Kontaktaufnahme (Pföteln, Lecken, über die anderen Ratte klettern).

Bei einigen der Beispiele für Autoshaping, die wir hier betrachtet haben, löste das Signal Verhaltensweisen aus, die auch vom Verstärker verursacht werden, wie die Stimulussubstitutionstheorie vorhersagt. In anderen Fällen waren die vom Signal ausgelösten Verhaltensweisen von den vom Verstärker ausgelösten verschieden, gehörten aber zu dem Verhalten, das in freier Wildbahn zum Verstärker führen würde. Bei Ratten, die normalerweise in Gruppen fressen, führt die Anwesenheit einer eingesperrten Ratte, die Futter ankündigt, zur Annäherung, Erforschung und zu sozialem Verhalten. All diese Verhaltensweisen könnten im Laufe einer Futtersuche auftreten. Bei Küken löst das Signal, das die Wärmelampe ankündigt, typisches Verhalten der Wärmesuche aus. Timberlake und Grant (1975) interpretierten diese Ergebnisse folgendermaßen:

> *„Als Alternative zur Stimulussubstitution bieten wir die Hypothese an, dass durch Autoshaping entstandenes Verhalten die Konditionierung eines Systems von speziestypischen Verhaltensweisen reflektiert, die normalerweise mit der Belohnung zusammenhängen. Welches Verhalten in Anwesenheit des ankündigenden Stimulus auftritt, hängt davon ab, welche Verhaltensweisen im konditionierten System von diesem Ankündigungsstimulus ausgelöst und gefördert werden.“ (S. 692)*

Timberlake (1983, 1993) nannte diese Interpretation des Autoshapings eine **Analyse von Verhaltenssystemen**, um zu verdeutlichen, dass verschiedene Verstärker verschiedene Systeme oder Kombinationen von Verhaltensweisen auslösen. Ein Tier könnte beispielsweise ein System futterabhängiger Verhaltensweisen, wasserabhängiger, wärmeabhängiger, paarungsabhängiger etc. Verhaltensweisen besitzen. Welches Verhalten aus einem System von einem Signal ausgelöst wird, hängt teilweise von den physikalischen Eigenschaften des Signals ab. Die Eigenschaften der Reaktionstaste (zum Beispiel ein visueller Stimulus über Kopfhöhe) führten im Experiment von Wasserman bei den Küken eben eher zum Ankuscheln als zum Flügelausbreiten.

Beachten Sie, dass die Vorhersagen aus Timberlakes Analyse von Verhaltenssystemen mehrdeutiger sind als die der Stimulussubstitutionstheorie. Es wäre schwierig (zumindest für mich) im Voraus zu sagen, ob ein grünes Tastenlicht eher zum Flügelausbreiten,

Kuscheln oder zum Wärmesuchverhalten führt. Nichtsdestoweniger sind überprüfbare Vorhersagen möglich, denn die Analyse von Verhaltenssystemen besagt, dass das von einem Signal ausgelöste Verhalten von der Art des Verstärkers abhängt, der normalerweise auf das Signal folgt. Die Theorie besagt eindeutig, dass ein Signal für Wärme Verhaltensweisen auslösen sollte, die Teil des Verhaltenssystem des Wärmesuchens sind und nicht etwa Teil der Systeme der Nahrungs- oder Wasseraufnahme. Obwohl diese Vorhersagen ungenauer sind, als die der Stimulussubstitutionstheorie, entsprechen sie der Form der durch Autoshaping entstandenen Verhaltensweisen mehr.

Die Analyse von Verhaltenssystemen kann bei Vorhersagen darüber helfen, welche Arten von Verhalten vermutlich in verschiedenen Lernsituationen auftreten werden. Silva und Timberlake (1997) konnten beispielsweise vorhersagen, dass verschiedene Arten von konditionierten Reaktionen auftreten, je nach dem, ob ein CS lang oder kurz ist. Sie gingen davon aus, dass ein langer CS Verhaltenssysteme ansprechen würde, die mit Jagd und Beutefang zu tun haben, während ein kurzer CS Verhaltenssysteme anregt, die mit dem Umgang und dem Verzehr von Futter zu tun haben. Sie fanden tatsächlich heraus, dass ein 18 Sekunden dauernder CS Ratten dazu brachte, sich einem bewegte Objekt zu nähern und es zu berühren, während ein 2 Sekunden dauernder CS sie dazu brachte, ihre Schnauzen in den Futternapf zu strecken und auf das Futter zu warten. Timberlake und seine Mitarbeiter (Silva & Timberlake, 2000; Timberlake & Lucas, 1989) zeigten, dass die Analyse von Verhaltenssystemen auf eine Vielzahl von Lernphänomenen angewendet werden kann (einschließlich Autoshaping, instinctive drift, vorbereitete Assoziationen, rückwärtige Konditionierung und andere).

Zusammenfassung

Egal, ob wir die erblichen Aspekte des durch Autoshaping entstandenen Verhaltens betonen oder die Ähnlichkeit mit den durch klassische Konditionierung entstandenen konditionierten Reaktionen – Autoshaping und instinctive drift scheinen ernsthafte Probleme für das operante Konditionieren zu sein. Breland und Breland (1961) fassten das Problem folgendermaßen zusammen: *„Die Beispiele zeigen klar und deutlich das Scheitern der Theorie der Konditionierung... Das Tier tut nicht, was es nach der Konditionierung tun müsste" (S. 683).*

6.4.3 Die Verstärkertheorie mit den biologischen Einschränkungen in Einklang bringen

Wie reagieren Forscher, die an die allgemeinen Prinzipien des Lernens und besonders an das Prinzip der Verstärkung glauben, auf diese Fälle, in denen die allgemeinen Prinzipien nicht wirksam zu sein scheinen? Schauen wir uns zuerst das Autoshaping an.

Wie wir gesehen haben, legen die frühen Diskussionen die Vermutung nahe, dass es größere Probleme verursacht, weil es den Regeln der operanten Konditionierung widerspricht. Spätere Analysen ließen vermuten, dass Autoshaping nur ein Beispiel der klassischen Konditionierung sei. Obwohl es einige Unterschiede zwischen beiden gibt (Swan &

Pearce, 1987; Wasserman, 1973) ist es heute weithin anerkannt, dass Autoshaping ein gutes Beispiel für die klassische Konditionierung ist. Wie auch das Geschmacks-Aversions-Lernen (siehe Kapitel 5) wird Autoshaping heute als Verfahren verwendet, um die grundlegenden Prinzipien der klassischen Konditionierung zu untersuchen (zum Beispiel von Locurto, Terrace & Gibbon, 1981; Nakjima, 2000, Rescorla, 1999). Autoshaping scheint eine Art von Verhalten zu sein, das mit den allgemeinen Prinzipien des Lernens weitgehend übereinstimmt (eher mit denen der klassischen als der operanten Konditionierung).

Die Hinweise auf instinctive drift bei der operanten Konditionierung sind nicht so einfach einzuordnen. Hier geht es nicht nur darum, dass verstärktes Verhalten nur langsam gelernt wird. Was passiert ist vielmehr, dass völlig andere, unverstärkte Verhaltensweisen erscheinen und immer hartnäckiger werden. Diese Verhaltensweisen sind vermutlich Teil des angeborenen Verhaltensrepertoires der Lebewesen. Wie die Brelands berichteten, können sie oft nicht durch Standardtechniken der Verstärkung ausgeschaltet werden, so dass das Prinzip der Verstärkung schlicht unzutreffend zu sein scheint – es kann nicht erklären, warum dieses Verhalten entsteht und erhalten bleibt. In der Tat haben manche Forscher behauptet, dass das Prinzip der Verstärkung unangemessen sei und aufgegeben werden sollte (Timberlake, 1983, 1984).

Wie könnte ein Psychologe, der auf die Verstärkung baut, auf diese empirischen Belege und die dadurch entstehende theoretische Herausforderung reagieren? Die Reaktion von Skinner ist eine genaue Untersuchung wert. Zunächst muss man sich klarmachen, dass Skinner immer davon ausgegangen ist, dass das Verhalten von Lebewesen sowohl durch Lernerfahrungen als auch durch Vererbung bestimmt ist. Lange bevor die biologischen Einschränkungen des Lernens ein populäres Thema waren, hat Skinner mehrfach über den Einfluss der Vererbung auf das Verhalten geschrieben (Heron und Skinner, 1940; Skinner, 1956b, 1966). Später (1977) äußerte er, dass er von Phänomenen wie dem Autoshaping oder dem instinctive drift weder überrascht noch verstört war. Er ging davon aus, dass es sich einfach um Fälle handle, in denen phylogenetische (ererbte) und ontogenetische (erlernte) Einflüsse gleichzeitig auf das Verhalten wirken: *„Phylogenetik und Ontogenetik sind freundliche Rivalen und keiner von beiden gewinnt immer"* (S. 1009).

Wir sollten also nicht verwundert darüber sein, dass Vererbung mit den Kontingenzen der Verstärkung als Determinanten des Verhaltens konkurriert und sie manchmal überschattet. Wenn Verstärker in regelmäßigen, periodischen Intervallen auftreten, tritt dazwischen eine Vielzahl von nicht verstärkten Verhaltensweisen auf. Wie zuvor erwähnt, nannten Staddon und Simmelhag (1971) diese Interims- und Endverhalten, zusammen wurden sie Adjunctive Behaviors genannt. Sie können verschiedene Formen annehmen. Wird regelmäßig Futter gegeben und ist zwischen den Futterverstärkern Wasser vorhanden, konsumieren Tiere oft große Mengen Wasser (Falk, 1961). Auch Aggression (Cohen & Looney, 1973), Rennen im Laufrad (King, 1974) und Rückzug von der Futterstelle (Cohen & Campagnoni, 1989) können auftreten. Adjunctive Behaviors wurden auch bei Menschen beobachtet. In einer Studie spielten Studenten Backgammon und mussten dabei immer wieder warten, während der Gegner seinen Zug machte (die Zeiträume waren immer gleich lang und sie konnten nicht sehen, was der Gegenspieler tat). Waren diese Wartezeiten lang, traten vermehrt Verhaltensweisen auf, die mit dem Spiel nichts zu tun hatten – Körperbewegungen, Essen, Trinken und so weiter (Allen & Butler, 1990). Obwohl die Gründe für diese Verhaltensweisen noch immer nicht geklärt sind, ist klar, dass sie auch dann auftreten, wenn sie mit dem Verstärker und seinem Auftreten nichts zu tun haben.

Die Beispiele für Adjunctive Behaviors, Autoshaping und instinctive drift bedeuten nicht, dass das Prinzip der Verstärkung ungültig ist. Sie zeigen nur, dass Verstärkung nicht die einzige Determinante des Verhaltens eines Lebewesens ist. Kritiker, die diese Aspekte benutzen und fordern, dass das Prinzip der Verstärkung aufgegeben werden sollte, scheinen einen ernsten logischen Fehler zu machen: Sie schließen, dass ein theoretisches Konzept, das nicht alles erklären kann, defizitär ist und aufgegeben werden sollte. Diese Schlussfolgerung ist aber nicht zwingend. Sie ist genauso unrichtig, wie die Forderung von radikalen Umwelttheoretikern (wie Kuo, 1921), dass alles Verhalten gelernt und nicht angeboren ist. Dieses Kapitel (und alle folgenden) zeigt vielmehr in überwältigender Weise, dass eine auf ein Verhalten unmittelbar folgende Verstärkung ein wirksames Mittel der Verhaltenskontrolle ist. Kein Beleg für die Existenz von ererbten Einflüssen auf das Verhalten kann diese Ergebnisse erschüttern.

Es gibt im Bereich der Lernforschung zunehmend Einigkeit darüber, dass die Forschung zu biologischen Einschränkungen nicht das Ende der Annahme allgemeiner Prinzipien bedeutet, sondern vielmehr eine wichtige Lektion lieferte (siehe zum Beispiel Domjan, 1983; Domjan & Galef, 1983; Herrnstein, 1977, Logue, 1988). So wurde deutlich, dass die ererbte Ausstattung eines Lebewesens eine wichtige Rolle in vielen Lernsituationen spielt und der Einfluss der Vererbung nicht vernachlässigt werden darf. Je mehr wir über diese biologischen Faktoren und ihren Einfluss wissen, desto besser werden wir das Verhalten von Lebewesen verstehen und vorhersagen können.

Zusammenfassung

Wenn auf ein Verhalten ein Verstärker folgt, nimmt die Wahrscheinlichkeit dieses Verhaltens zu. Thorndike demonstrierte dieses Prinzip bei seinen Experimenten mit Katzen im Problemkäfig und nannte es Gesetz des Effekts. Guthrie und Horton nutzten Fotos und fanden heraus, dass die Bewegungen, die die Katzen im Moment der Verstärkung machten, bei späteren Durchgängen tendenziell wiederholt wurden. Verschiedene Katzen lernten verschiedene Varianten derselben Reaktion. Wenn ein Verhalten verstärkt wird, weil zufällig ein Verstärker folgt, wird es abergläubisches Verhalten genannt. B. F. Skinner berichtete von abergläubischem Verhalten bei seinem berühmten Experiment mit Tauben. Zufällige Verstärkung könnte für die ungewöhnlichen Rituale von Spielern oder Sportlern verantwortlich sein.

Shaping oder sukzessive Annäherung umfasst die Verstärkung von kleinen Bewegungen, die immer näher an das erwünschte Verhalten heranführen. Durch Verändern des Kriteriums der Verstärkung wird dieses schließlich erreicht. Shaping ist ein wichtiger Bestandteil der Verhaltenstherapie.

B. F. Skinner verwendete den Begriff *Dreifachkontingenz*, um die dreiteilige Beziehung zwischen einem diskriminativen Stimulus, einer operanten Reaktion und einem Verstärker zu beschreiben. Verhaltensweisen können durch primäre Verstärker oder konditionierte Verstärker verstärkt werden. Kontingenzen zwischen Stimuli und Reaktionen können, wie bei Verhaltensketten, die aus einer Reihe abwechselnder Stimuli und Reaktionen bestehen, mehr als drei Komponenten haben. Nur auf den letzten Verhaltensschritt folgt ein primärer Verstärker.

Breland und Breland fanden bei der operanten Konditionierung von Tieren den instinctive drift: Die Tiere fingen an, angeborene Verhaltensweisen zu zeigen, die mit den Verstärkern zu tun hatten, obwohl diese nicht verstärkt wurden. Als Brown und Jenkins wiederholt eine beleuchtete Taste mit Futter kombinierten, fingen die Tauben schließlich an, auf die Taste zu picken. Sie nannten dieses Phänomen Autoshaping. Derartige Beispiele für biologische Einschränkungen der operanten Konditionierung bedeuten nicht, dass das Prinzip der Verstärkung falsch ist, sondern zeigen, dass Verhalten oft von einer Mischung aus erlernten und ererbten Einflüssen bestimmt wird.

Wiederholungsfragen

1. Was ist das Stop-Action-Prinzip? Wie haben es Guthrie und Horton nachgewiesen? Beschreiben Sie ein Experiment, das zeigt, wie dieses Prinzip die Entwicklung von abergläubischem Verhalten erklären kann.
2. Geben Sie ein Beispiel, das zeigt, wie die sukzessive Annäherung verwendet werden kann, um einem Tier eine neue Verhaltensweise beizubringen. Geben Sie ein Beispiel dafür, wie dieses Verfahren in der Verhaltenstherapie mit einem menschlichen Probanden eingesetzt werden kann.
3. Erklären Sie, inwiefern Verhaltensketten die folgenden Aspekte einschließen: diskriminativer Stimulus, operante Reaktion, konditionierter und primärer Verstärker. Beschreiben Sie mindestens zwei verschiedene Techniken zum Training einer Verhaltenskette.
4. Was sind instinctive drift und Autoshaping? Wie reagieren Psychologen, die sich mit der Verstärkung beschäftigen, auf Kritiker, die sagen, dass diese Beispiele biologischer Einschränkungen das Prinzip der Verstärkung unterwandern?

Kapitel

7 Verstärkungspläne: experimentelle Analysen und Anwendungen

In diesem Kapitel

Unter B. F. Skinners zahlreichen Leistungen war seine Kategorisierung und experimentelle Untersuchung von **Verstärkungsplänen** die bemerkenswerteste. Ein Verstärkungsplan ist eine Regel, die angibt, unter welchen Bedingungen ein Verstärker verabreicht wird. Bisher haben wir vor allem Fälle betrachtet, in denen auf jedes Auftreten einer operanten Reaktion ein Verstärker folgt. Dieser Plan wird **kontinuierliche Verstärkung** genannt (engl.: continuous reinforcement, abgekürzt CRF). Er ist nur eine von vielen möglichen Regeln für die Verabreichung von Verstärkern. Das tägliche Leben bietet zahllose Beispiele von Situationen, in denen eine bestimmte Reaktion manchmal, aber nicht immer, von einem Verstärker gefolgt wird. Ein Vertreter klopft vielleicht mehrmals vergeblich an Türen, ehe er ein Zeitschriftenabonnement verkauft. Eine Stenotypistin wird auf der Schreibmaschine wohl Dutzende von Seiten schreiben, die Tausende von Anschlägen umfassen, bevor sie für eine fertig gestellte Arbeit bezahlt wird. Ein Raubtier macht möglicherweise mehrmals den erfolglosen Versuch, eine Beute zu fangen, ehe es schließlich seine Mahlzeit bekommt. Skinner erkannte, dass die meisten Verhaltensweisen außerhalb des Labors nur intermittierend verstärkt werden, und verwandte viel Mühe auf die Untersuchung der unterschiedlichen Auswirkungen verschiedenartiger Verstärkungspläne auf das Verhalten (Ferster & Skinner, 1957).

7.1 Erfassung des aktuellen Verhaltens: Gerät für kumulative Aufzeichnungen

Neben der Entwicklung des freien operanten Verfahrens, das in jeder Sitzung die Sammlung einer großen Anzahl an Daten über ein einzelnes Versuchstier ermöglicht, konstruierte Skinner ein einfaches mechanisches Gerät, das **Gerät für kumulative Aufzeichnungen** (engl.: cumulative recorder, im Folgenden „Recorder" genannt). Der Recorder zeichnet Reaktionen so auf, dass jeder Beobachter auf einen Blick die jeweiligen Verhaltensmuster eines Individuums erkennen kann. Abbildung 7.1 zeigt, wie der Recorder funktioniert. Eine langsam rotierende Walze zieht mit gleichmäßiger Geschwindigkeit ein Blatt unter einem Stift durch; die *x*-Achse der resultierenden Kurve, der **kumulativen Aufzeichnung**, repräsentiert die Zeit. Wenn das Individuum nicht reagiert, ist das Ergebnis eine horizontale Linie. Jede Reaktion führt jedoch dazu, dass sich der Stift ein kleines Stück das Blatt hoch bewegt (diagonal zur Bewegung des Blattes), so dass die *y*-Achse die kumulative Anzahl der Reaktionen zeigt, die das Individuum seit Beginn der Sitzung ausgeführt hat.

Wie Abbildung 7.1 zeigt, ist an einer kumulativen Aufzeichnung viel mehr abzulesen als die Gesamtzahl der Reaktionen. Segmente der Aufzeichnung, die eine relativ gerade Linie zeigen, entsprechen Zeitspannen, in denen ein Versuchstier gleichmäßig reagiert hat – je stärker der Anstieg, desto höher die Reaktionsrate. Abbildung 7.1 zeigt auch, wie sich eine Beschleunigung oder Verlangsamung der Reaktionsrate in der kumulativen Aufzeichnung niederschlagen würde. Schließlich zeigen kleine Abweichungen in einer kumulativen Aufzeichnung gewöhnlich die Zeitpunkte an, zu denen ein Verstärker verabreicht wurde. Mit diesen Regeln vor Augen können wir nun betrachten, wie der Verstärkungsplan das Reaktionsmuster eines Versuchstiers bestimmt.

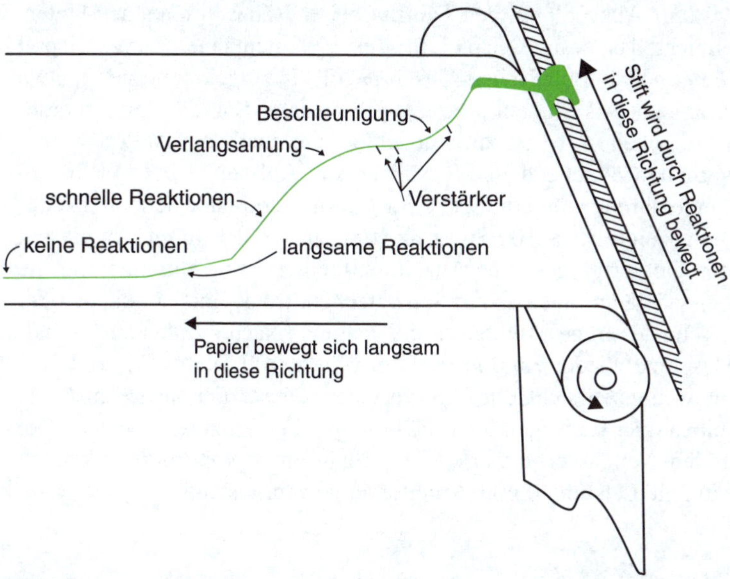

Abbildung 7.1: Eine vereinfachte Zeichnung eines Geräts für kumulative Aufzeichnungen und die von ihm produzierte Kurve.

7.2 Die vier einfachen Verstärkungspläne

7.2.1 Feste Quote

Die Verstärkungsregel in einem festen Quotenplan (engl. fixed ratio, abgekürzt FR) besagt, dass nach jeder *n-ten* Reaktion ein Verstärker verabreicht wird, wobei *n* die Höhe der Quote ist. Zum Beispiel folgt in einem FR-20-Plan jeweils nach 20 Reaktionen ein Verstärker. Wenn ein Tier mit einem FR-1-Plan beginnt (was gleichbedeutend mit kontinuierlicher Verstärkung ist) und die Quote dann allmählich erhöht wird, kann man es trainieren, pro Verstärker viele Reaktionen auszuführen. Zum Beispiel reagieren viele Tiere auf Nahrung als Verstärker im Rahmen von FR-Plänen, bei denen 100 oder mehr Reaktionen für jeden Verstärker gefordert sind. Das Verhalten im Rahmen von FR-Plänen wurde bei zahlreichen Arten (Tauben, Ratten, Affen und Menschen eingeschlossen) untersucht, und in den meisten Fällen sind die generellen Verhaltensmerkmale ähnlich. Nachdem ein Individuum eine Zeitlang auf einen Plan reagiert hat und mit seinen Anforderungen vertraut geworden ist, entwickelt sich ein spezifisches Reaktionsmuster. Wie Abbildung 7.2 zeigt, weisen Reaktionen innerhalb eines FR-Plans ein „Stop-and-go"-Muster auf: Nach jedem Verstärker gibt es eine Reaktionspause, auch **Nachverstärkungspause** genannt. Schließlich geht diese Pause abrupt in eine weitere Reaktion über. Einmal begonnen, reagiert das Individuum typischerweise mit gleich bleibender, hoher Geschwindigkeit (beachten Sie den steilen Anstieg der kumulativen Aufzeichnung), bis der nächste Verstärker verabreicht wird.

Außerhalb des Labors ist der Akkordlohn, den Fabrikarbeiter früher in manchen Unternehmen bekamen, vielleicht das beste Beispiel für feste Quotenpläne. Zum Beispiel erhielt ein Arbeiter an einer halbautomatischen Maschine, die Türangeln fabrizierte, etwa $ 10 für 100 fertige Türangeln. Als Student arbeitete ich mehrere Sommer lang in einer Fabrik und hatte die Möglichkeit, Arbeiter zu beobachten, die nach dem Akkordsystem bezahlt wurden. Ihr Verhalten ähnelte dem FR-Muster aus Abbildung 7.2. Wenn ein Arbeiter die Maschine angefahren hatte, arbeitete er fast immer stetig und schnell, bis der Zähler auf der Maschine anzeigte, dass 100 Stück angefertigt worden waren. An diesem Punkt trug der Arbeiter die fertig gestellte Anzahl auf einer Karte ein und machte anschließend eine Pause – vielleicht hielt er ein Schwätzchen, trank eine Limonade oder eine Tasse Kaffee oder schaute einige Minuten in die Zeitung. Nach dieser Pause schaltete der Arbeiter die Maschine wieder ein und fertigte weitere 100 Türangeln an. Diese Arbeiter brauchten sehr wenig Aufsicht durch ihren Chef. Dieser musste sie nicht zu schnellerer Arbeit antreiben oder sie wegen übermäßig langer Pausen zurechtweisen. Der Verstärkungsplan, nach dem Verstärker und erledigte Arbeit direkt proportional zueinander waren, reichte aus, um die Leistung dieser Arbeiter zu gewährleisten.

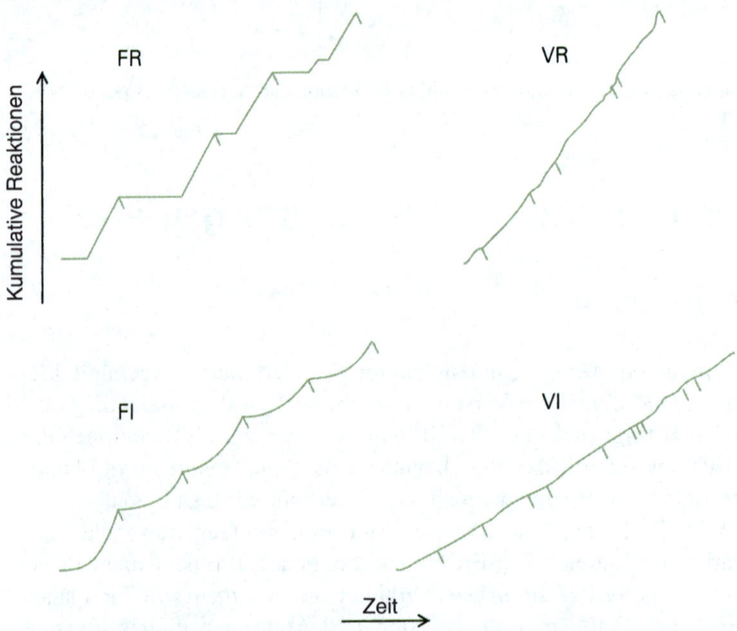

Abbildung 7.2: Idealisierte kumulative Aufzeichnungen, die die typischen Verhaltensmuster zeigen, die von den vier einfachen Verstärkungsplänen produziert werden.

Erwähnenswert sind noch einige andere Besonderheiten der Performanz innerhalb von FR-Plänen. Erstens, die durchschnittliche Länge der Nachverstärkungspause nimmt mit der Erhöhung der Quote zu. Zum Beispiel beträgt bei einer Taube, die auf eine Taste pickt, die durchschnittliche Pause im Rahmen eines FR-20-Planes etwa nur eine Sekunde, aber mehrere Minuten bei einem FR-200-Plan. Im Gegensatz dazu nimmt die Reaktionsrate des Individuums im Anschluss an die Nachverstärkungspause allmählich ab, wenn die Quote zunimmt (Crossman, Bonem & Phelps, 1987; Powell, 1969). Bei sehr hohen Quoten kann das Tier anfangen, auch zu anderen Zeitpunkten als direkt nach der Verstärkung lange Pausen einzulegen. Der Begriff **Ratio Strain** wird manchmal gebraucht, um die generelle Schwächung der Reaktionen zu beschreiben, die man bei Verwendung hoher Reaktionsverstärker-Quoten feststellt.

7.2.2 Variable Quote

Der einzige Unterschied zwischen einem FR-Plan und einem **variablen Quotenplan** (engl.: variable ratio, abgekürzt VR) besteht darin, dass bei letzterem die Zahl der von Verstärker zu Verstärker geforderten Reaktionen nicht gleich bleibend ist. Genau gesagt, bei einem VR-Plan lautet die Verstärkungsregel, dass *im Durchschnitt* ein Individuum für jeweils *n* Reaktionen einen Verstärker erhält, aber die genaue Zahl der in dem jeweiligen Durchgang geforderten Reaktionen kann stark schwanken. Wird ein Experiment von einem Computer gesteuert, so wird ein VR-Plan manchmal durchgeführt, indem man in den Computer eine Liste möglicher Quotengrößen eingibt, aus der nach jedem Verstärker willkürlich die Zahl der für den nächsten Verstärker geforderten Reaktionen ausgewählt wird. So könnte z.B. eine Liste für einen VR-10 die Quoten 1,2,3,4,5,6,10,19 und 40 enthalten. Durchschnittlich sind zehn Reaktionen pro Verstärker gefordert, aber bei einem bestimmten Durchgang kann die geforderte Zahl so gering wie 1 oder so groß wie 40 sein. Bei einer Sonderform des VR-Plans, **Zufallsquote** (engl.: random ratio, abgekürzt RR) genannt, hat jede Reaktion die gleiche Verstärkungswahrscheinlichkeit. In einem RR-20-Plan z.B. hat jede Reaktion eine Wahrscheinlichkeit von 1:20, verstärkt zu werden, unabhängig davon, wie viele Reaktionen seit dem letzten Verstärker aufgetreten sind.

Abbildung 7.2 zeigt eine typische kumulative Aufzeichnung nach einem VR-Plan. Man könnte das Reaktionsmuster als schnell und relativ gleichmäßig beschreiben. Der entscheidende Unterschied zwischen der FR-Performanz und der VR-Performanz ist das Fehlen langer Nachverstärkungspausen bei VR-Plänen. Obwohl manchmal behauptet wird, dass es bei VR-Plänen keine Nachverstärkungspausen gebe, ist das streng genommen nicht richtig. Bei nicht sehr langen VR-Plänen sind regelmäßige Nachverstärkungspausen zu beobachten (Kintsch, 1965), und sie werden länger, wenn die Quoten höher werden (Blakely & Schlinger, 1988). Der wichtige Unterschied ist jedoch, dass die Pausen bei VR-Plänen um einiges kleiner sind als die bei FR-Plänen mit gleichem Reaktionsverstärker-Verhältnis (Mazur, 1983). Auf den ersten Blick scheint der Grund für die kürzeren Nachverstärkungspausen bei VR-Plänen klar: Nach jedem Verstärker besteht wenigstens eine geringe Wahrscheinlichkeit, dass ein weiterer Verstärker auf nur wenige zusätzliche Reaktionen folgt.

Viele Arten des Glückspiels sind Beispiele für VR-Pläne. Spielautomaten, Rouletteräder und Lotteriespiele weisen alle die zwei wichtigsten Kennzeichen von VR-Plänen auf: (1) Die Gewinnchancen stehen in direktem Verhältnis dazu, wie oft man spielt, und (2) die Zahl der erforderlichen Reaktionen für den nächsten Verstärker ist ungewiss. Es ist die Kombination dieser beiden Merkmale, die Glücksspiele für manche Menschen zur

„Sucht" machen – Glückspielsverhalten ist hartnäckig, weil gerade das nächste Lotterielos oder eben die nächste Münze in einem Spielautomaten einen Verlierer zum großen Gewinner machen könnte. Paradoxerweise sind diese Besonderheiten eines VR-Planes subjektiv schwerwiegend genug, um die Tatsache aufzuwiegen, dass bei den meisten Glückspielen der Spieler im Nachteil ist, so dass er damit rechnen muss, um so mehr zu verlieren, je öfter er spielt.

Obwohl Glücksspiele zu typischen Beispielen von VR-Plänen außerhalb des Versuchslabors gehören, weisen im täglichen Leben viele andere Aktivitäten, vor allem im Sport, die Besonderheiten eines VR-Plans auf. Man nehme nur das Verhalten beim Golfspielen. Da ich diese Aktivität selbst sehr schätze, weiß ich, dass dieses Verhalten unterstützt wird durch etliche unterschiedliche Verstärker, wie z.B. Gemeinschaft, Bewegung, Sonnenschein, frische Luft und malerische Landschaft. Die meisten dieser Verstärker erscheinen wie in einem kontinuierlichen Verstärkungsplan – d.h. sie kommen bei jedem Golfspiel vor. Doch sind dies sicher nicht die einzigen wirksamen Verstärker, denn jeder dieser Verstärker wäre durch eine Waldwanderung mit Freunden genauso leicht zu haben (noch dazu ohne die Golfplatzgebühr). Und obwohl ich gern im Wald spazieren gehe, kann ich bezeugen (wie sicherlich Millionen anderer Golfer), dass das Golfspiel zusätzliche Verstärker bietet, die ein Waldspaziergang nicht verschafft. Dazu gehören die Erregung und die Befriedigung, die sich einstellen, wenn man gut spielt – entweder eine ganze Runde oder bei einem einzelnen Schlag. Nahezu jeder Golfspieler kann stolz von einigen meisterhaften Schlägen und von Tagen berichten, an denen jeder Schlag mit dem Eisen auf dem Grün aufkam und jeder Putt einzulochen schien. Ungeachtet dessen, welche Faktoren es sind, die zu solchen gelegentlichen außerordentlichen Leistungen führen, ist aus der Verhaltensperspektive wichtig, dass sie nicht vorhersagbar sind. Jedes Mal, wenn ein Golfer wieder zum ersten Abschlagplatz geht, besteht die Chance, dass dies seine beste Runde werden wird. Bei jedem Schlag, bei dem der Flaggenstock in Reichweite des Golfers ist, ist es möglich, dass der Ball im Loch oder sehr nahe daran landen wird. Diese ständige Möglichkeit einer hervorragenden Runde oder zumindest eines spektakulären Schlags ist wahrscheinlich ein wichtiger Grund, warum der durchschnittliche Golfspieler immer wieder auf den Platz zurückkehrt.

Verhalten, das VR-Plänen unterliegt, umfasst praktisch jeden Leistungssport; außerdem Angeln, Jagen, Karten- oder Videospiele, Zuschauen, wie die eigene Mannschaft spielt und so weiter. Es sollte somit deutlich geworden sein, dass die Verabreichung von Verstärkern bei all diesen Aktivitäten der Definition eines VR-Planes entspricht: Der Zeitpunkt des nächsten Verstärkers ist nicht vorhersagbar, aber langfristig erhält man um so schneller Verstärker, je öfter das Verhalten auftritt.

7.2.3 Festes Intervall

In allen Intervallplänen hängt die Präsentation eines Verstärkers sowohl vom Verhalten des Individuums als auch von der verstrichenen Zeit ab. Die Verstärkungsregel bei einem **festen Intervallplan** (FI) besagt, dass die erste Reaktion, die nach einer festgelegten Zeitspanne auftritt, verstärkt wird. So beginnt z.B. bei einem FI-60-Sekunden-Plan eine Uhr das nächste 60-Sekunden-Intervall zu stoppen, sobald ein Verstärker verabreicht worden ist. Es spielt keine Rolle, ob das Individuum keine oder 100 Reaktionen zeigt – nichts davon wird irgendetwas einbringen. Bei der 60-Sekunden-Marke liegt ein Verstärker bereit (d.h. der Apparat ist so eingestellt, dass jetzt ein Verstärker gegeben wird), und die nächste Reaktion wird zu Verstärkung führen.

Wenn ein Individuum nun entweder ein perfektes Zeitgefühl oder Zugang zu einer Uhr hätte, wäre das optimale Verhalten im Rahmen eines FI-Plans, genau 60 Sekunden zu warten und dann zu reagieren, um den Verstärker zu erhalten. Weil aber niemand ein absolutes Zeitgefühl hat und eine Uhr normalerweise nicht zur Verfügung steht, weisen Individuen bei FI-Plänen in der Regel mehr als die eine geforderte Reaktion pro Verstärker auf. Abbildung 7.2 zeigt das bei FI-Plänen typische Reaktionsmuster. Wie bei den FR-Plänen gibt es eine Nachverstärkungspause, aber nach dieser Pause beginnt das Versuchstier zunächst recht langsam zu reagieren (im Gegensatz zu dem abrupten Wechsel hin zu schnellerem Reagieren bei FR-Plänen). Mit wachsendem Intervall reagiert es immer schneller, und kurz vor der Verstärkung ist die Reaktionsgeschwindigkeit recht hoch. Aus einleuchtenden Gründen wird das kumulative Aufzeichnungsmuster dieser Pläne auch als **FI-Bogen** bezeichnet.

Der FI-Plan hat nicht viele enge Parallelen außerhalb des Labors, weil im wirklichen Leben nur wenige Verstärker so regelmäßig wiederkehren. Ein Alltagsverhalten jedoch, das dem typischen FR-Muster sich beschleunigender Reaktionen nahe kommt, ist das Warten auf einen Bus. Stellen Sie sich vor, dass Sie zu einer Bushaltestelle gehen und gerade, als Sie ankommen, sehen Sie einen Bus abfahren. Nehmen wir an, dass Sie keine Uhr tragen, aber wissen, dass an dieser Haltestelle alle 20 Minuten ein Bus kommt. In der Zwischenzeit setzen Sie sich also auf eine Bank und fangen an, ein Buch zu lesen. In dieser Situation besteht die operante Reaktion darin, nach dem nächsten Bus Ausschau zu halten. Der Verstärker für diese Reaktion ist der Anblick des nächsten Busses. (Das scheint vielleicht ein schwacher Verstärker zu sein, aber wenn man einmal den Bus kommen sieht, kann man an den Bordstein treten und sich vergewissern, dass der Fahrer einen sieht und anhält.) Zunächst vielleicht wird die Reaktion – nach dem Bus Ausschau halten – überhaupt nicht auftreten und Sie lesen fünf oder zehn Minuten ohne Unterbrechung, bevor Sie einen ersten Blick die Straße hinunter werfen. Ihr nächster Blick wird vermutlich ein oder zwei Minuten später sein, und nun halten Sie jede Minute nach dem Bus Ausschau. Nach 15 Minuten legen Sie das Buch weg und starren fast unentwegt die Straße hinunter, bis der Bus kommt.

Andere Situationen, in denen wichtige Ereignisse in regelmäßigen zeitlichen Intervallen stattfinden, können ähnliche Muster eines sich beschleunigenden Verhaltens bewirken. In einem raffinierten Experiment untersuchten Mawhinney, Bostow, Laws, Blumenfeld und Hopkins (1971) eine solche Situation. Diese Forscher untersuchten das Studienverhalten von College-Studenten in einem Psychologiekurs, und sie stellten fest, dass sich dieses Verhalten in Abhängigkeit von den Prüfungsplänen vorhersagbar änderte. Wie schon an anderer Stelle erwähnt, ist eine gute Prüfungsnote ein wichtiger Verstärker für das Lernen. Damit das Lernverhalten der Studenten gemessen werden konnte, war die gesamte Kurslektüre nur in einem besonderen Raum in der Bibliothek verfügbar und konnte von dort nicht mitgenommen werden. Die Zeit, die jeder Student in diesem Raum mit Lernen verbrachte, wurde von Beobachtern, die durch einen Einwegspiegel zuschauten, aufgezeichnet.

Während der ersten beiden Wochen des Kurses war für jeden Kurstermin ein kurzer Test (fünf Punkte wert) angesetzt. In den nächsten drei Wochen gab es keine Tests, aber am Ende der dritten Woche eine längere Arbeit (60 Punkte wert). Die zweite Hälfte des Semesters verlief ähnlich wie die erste Hälfte: zwei Wochen mit täglichen Tests, gefolgt von drei Wochen, an deren Ende eine große Prüfung stand. Die Wochen mit täglichen Tests entsprachen in etwa einem CRF-Verstärkungsplan, weil theoretisch jeder Tag des Lernens mit einer guten Note beim Test am nächsten Tag verstärkt werden konnte. Die Prüfungen nach drei Wochen kamen eher einem FI-Plan gleich, weil es zu Beginn der drei Wochen keinen unmittelbaren Verstärker für das Lernen gab. Dieses Schema entspricht nicht genau einem FI-Plan, weil bei einem FI-Plan keine Reaktion außer der letzten eine Wirkung erzielt, sich das Lernen zu Anfang der Drei-Wochen-Phase aber vermutlich positiv auf die Prüfungsnote auswirkte. Trotz dieses Unterschieds zeigt die Abbildung 7.3, dass die Muster des Lernverhaltens während der beiden dreiwöchigen Perioden der typischen FI-Performanz ähnelten – zu Beginn dieser Phase wurde wenig gelernt, aber um so mehr, je näher die Prüfung rückte. Im Gegensatz dazu war das Lernverhalten stabiler, wenn die Studenten tägliche Tests hatten. Dieses Experiment macht deutlich, dass die Wahl eines Test- oder Prüfungsplans durch den Dozenten große Auswirkungen auf das Lernverhalten der Studenten haben kann.

Obwohl ein sich beschleunigendes Reaktionsmuster ein übliches Ergebnis bei FI-Plänen ist, findet sich nicht immer dieser bogenartige Verlauf. Zum Beispiel wurden bei Experimenten sowohl mit Versuchstieren als auch mit Versuchspersonen Fälle festgestellt, in denen die FI-Performanz mehr dem Stop-and-go-Muster gleicht, das charakteristisch für FR-Pläne ist (Baron & Leineweber, 1994). In anderen Fällen zeigten Versuchspersonen lange Pausen und sehr langsame Reaktionsraten. Die Gründe für diese unterschiedlichen Reaktionsmuster bei FI-Plänen sind immer noch nicht ganz klar, aber ein wichtiger Faktor könnte sein, welche alternativen Verhaltensweisen während des Intervalls zwischen den Verstärkern zur Verfügung stehen. Barnes und Keenan (1993) beobachteten die klassischen Bogenmuster, wenn Probanden während der Intervalle lesen oder fernsehen konnten, aber wenn diese Aktivitäten nicht möglich waren, gab es gegen Ende des Intervalls nur einige wenige Reaktionen von Seiten der Probanden.

7.2.4 Variables Intervall

Variable Intervallpläne (VI) gleichen FI-Plänen, nur dass die Zeit, die vor Verabreichung des Verstärkers verstreichen muss, von Verstärker zu Verstärker unvorhersagbar variiert. In einem VI-60-Sekunden-Plan könnte z.B. die Zeit zwischen der Verabreichung eines und der Bereitstellung eines anderen Verstärkers sechs Sekunden betragen, dann 300 Sekunden für den nächsten, 40 Sekunden für den folgenden und so weiter. Wie bei FI-Plänen gibt es für die erste Reaktion, die nach Bereitstellung des Verstärkers auftritt, diesen Verstärker, und die Stoppuhr läuft erst wieder, wenn der Verstärker verabreicht wurde.

Wie Abbildung 7.2 zeigt, bewirken VI-Pläne üblicherweise eine stetige, mittlere Reaktionsrate. Rein gefühlsmäßig scheint diese Reaktionsweise angesichts der Besonderheiten des Plans vernünftig. Da jeden Moment ein Verstärker bereitgestellt werden könnte, wäre eine lange Pause nach der Verstärkung nicht vorteilhaft. Indem es eine gleich bleibende Reaktionsrate beibehält, verschafft sich das Individuum jeden Verstärker bald nach seiner Bereitstellung und hält so die VI-Uhr die meiste Zeit in Gang. Auf der anderen Seite würde eine sehr hohe Reaktionsrate, wie sie z.B. bei einem VR-Plan beobachtet wird, nur einen geringen Anstieg der Verstärkerrate bewirken.

Ein Beispiel für ein alltägliches Verhalten, das von einem VI-Verstärkungplan bestimmt wird, ist zu schauen, ob man Post bekommen hat. Der Verstärker in dieser Situation ist der Empfang von Post. Die meisten Leute bekommen an einigen Tagen Post, an anderen aber nicht, und die Tage, an denen man etwas Verstärkendes im Briefkasten finden wird (wie z.B. Briefe, im Gegensatz zu Reklamesendungen oder Rechnungen), sind in der Regel unmöglich vorherzusagen. Die Lieferung von Post gleicht einem VI-Plan, weil (1) sie nicht vorhersagbar ist; (2) wenn ein Verstärker bereitgestellt wurde (die Post ist gebracht worden), ist nur eine Reaktion erforderlich, um ihn zu bekommen; und (3) wenn der Verstärker noch nicht bereitgestellt worden ist, werden ihn auch noch so viele Reaktionen nicht hervorbringen. Das sich daraus ergebende Verhalten ist maßvoll und gleich bleibend: Die meisten Leute schauen jeden Tag in den Briefkasten, aber nur einmal am Tag (oder höchstens ein paar Mal, wenn unsicher ist, ob der Postbote schon da war).

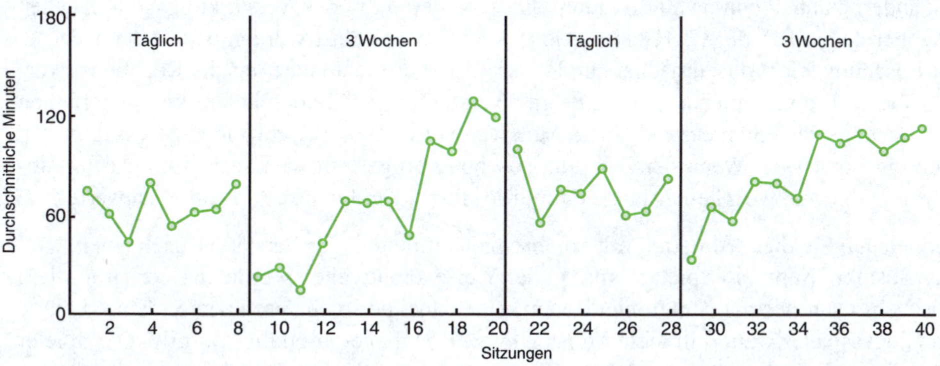

Abbildung 7.3: Ergebnisse, die Mawhinney und Kollegen (1971) in ihrem Experiment zu den Lerngewohnheiten von College-Studenten erhielten. Die y-Achse zeigt die durchschnittliche Zahl von Lernminuten pro Tag, zum einen als tägliche Tests und zum anderen als am Ende der Drei-Wochen-Phasen größere Prüfungen anstanden.

7.2.5 Löschung im Rahmen der vier einfachen Verstärkungspläne

Nehmen wir einmal an, dass ein Experimentator fünf Tauben nimmt und sie im Rahmen von fünf verschiedenen Plänen trainiert – eine in einem CRF- und eine jeweils in einem FR-, VR-, FI- und VI-Plan. Jede Taube erhält zehn Sitzungen und jede Sitzung dauert, unabhängig von dem Verstärkungsplan, so lange, bis 50 Verstärker verabreicht worden sind. Für jede Taube beginnt die elfte Sitzung mit dem gleichen Plan wie bisher, aber nachdem fünf Verstärker gegeben wurden, wird jedes Tier auf einen Löschungsplan umgestellt. Welche Taube wird, bevor sie ihr Verhalten beendet, während der Löschung die meisten Reaktionen aufweisen? (Wir lassen die Möglichkeit individueller Unterschiede zwischen ihnen jetzt außer Acht.) Wie viele Reaktionen wird es bei den verschiedenen Tauben geben?

Natürlich würden die Antworten auf diese Fragen zum Teil vom Zahlenwert eines jeden Plans abhängen (z.B. ob der FR-Plan eine feste Quote von 5 oder von 100 hat), aber man kann einige grundsätzliche Regeln über die **Löschungsresistenz** der verschiedenen einfachen Pläne festhalten. Eine generelle Feststellung ist, dass Löschung nach CRF schneller erfolgt als nach einem intermittierenden Verstärkungsplan. Dieser Befund wird **partieller Verstärkungseffekt** genannt. Früheren Forschern erschien dieser Effekt paradox, weil er Thomas Browns Häufigkeitsprinzip verletzt. Warum sollte eine Reaktion, der nur hin und wieder ein Verstärker folgt, stärker (löschungsresistenter) sein als eine Reaktion, die bei jedem Auftreten von einem Verstärker gefolgt wird? Dieses Dilemma wurde **Humphrey's Paradox** genannt, nach dem Psychologen, der als Erster den partiellen Verstärkungseffekt nachwies.

Eine Erklärung für den partiellen Verstärkungseffekt ist die **Diskriminationshypothese** (Mowrer & Jones, 1945), der zufolge sich das Verhalten eines Individuums bei Löschung erst ändern kann, wenn das Individuum die Veränderung in den Verstärkungskontingenzen erkennen kann. Bei der CRF, bei der jede Reaktion verstärkt worden ist, ist der Wechsel zur Löschung leicht auszumachen, und daher dauert es nicht lange, bis die Reaktionen verschwinden. Ein Getränkeautomat z.B. gibt Verstärker gewöhnlich einem kontinuierlichen Verstärkungsplan entsprechend: Jedes Mal, wenn das richtige Kleingeld eingeworfen wird, folgt ein Verstärker. Wenn der Plan auf Löschung umgestellt wird (der Automat funktioniert nicht mehr), wird keiner lange damit fortfahren, Geld in den Apparat einzuwerfen.

Vergleichen Sie diese Situation mit einem Spielautomaten, der Verstärker nach einem VR-Plan ausgibt. Wenn ein Spielautomat in der Weise kaputtgehen würde, dass er zwar allem Anschein nach normal funktioniert, aber keinen Jackpot mehr produzieren kann, könnte ein Glücksspieler weiterhin viele Münzen einwerfen, bevor er endlich aufgibt. Der Spieler würde lange brauchen, um den Wechsel von einem VR-Plan zur Löschung zu erkennen.

Obwohl die Diskriminationshypothese leicht nachzuvollziehen ist, legen experimentelle Ergebnisse nahe, dass eine davon etwas abweichende Hypothese, die **Generalisierungsabnahme-Hypothese** (Capaldi, 1966) zutreffender ist. Generalisierungsabnahme ist ein Begriff für die abnehmende Reaktionsgeschwindigkeit, die in einem Generalisierungstest beobachtet wird, wenn die Testreize dem Trainingsreiz immer weniger gleichen. Wenn z.B. eine Taube in einem Generalisierungsversuch einen Verstärker erhält, sobald sie auf eine gelbe Taste pickt, sollten wir eine Generalisierungsabnahme (weniger schnelles Reagieren) beobachten, wenn die Taste blau ist. Nach der Generalisierungsabnahme-Hypothese müsste das Reaktionsverhalten während der Löschung schwach sein, wenn andere Reize präsentiert werden als während der Verstärkung, jedoch müsste es stark sein, wenn die Reize ähnlich sind.

Capaldi zufolge ist die Generalisierungsabnahme groß, wenn der Plan von der CRF zur Löschung wechselt, weil das Individuum niemals eine Situation erlebt hat, in der seine Reaktionen nicht verstärkt wurden. Mit anderen Worten, das Individuum hört schnell auf zu reagieren, weil es nie gelernt hat, mit den Reaktionen auch dann fortzufahren, wenn seine ersten Reaktionen nicht verstärkt werden. Angenommen jedoch, ein Tier ist nach einem VR-50-Plan verstärkt und der Plan ist nun auf Löschung umgestellt worden: In diesem Fall wird die Generalisierungsabnahme wesentlich geringer sein, weil das Tier in der Vergangenheit schon oft viele unverstärkte Reaktionen in Folge ausgeführt hat, bis endlich ein Verstärker folgte. Für dieses Tier sind die während der Löschung vorhandenen Reize (lange Phasen unverstärkter Reaktionen) jenen ähnlich, die während des VR-Plans aufgetreten sind. Aus diesem Grund wird das Tier vermutlich länger weiterreagieren.

7.2.6 Andere Verstärkungspläne

Obwohl die vier einfachen Verstärkungspläne am besten erforscht sind, sind es doch nur vier von unendlich vielen. Viele andere Verstärkungspläne sind benannt und untersucht worden und wir wollen uns einige der gebräuchlicheren anschauen.

Bei der **differentiellen Verstärkung niedriger Reaktionsraten** (engl.: differential reinforcement of low rates, abgekürzt DRL) wird eine Reaktion nur dann verstärkt, wenn eine bestimmte Zeitspanne seit der letzten Reaktion verstrichen ist. Zum Beispiel wird bei einer DRL von 10 Sekunden jede Reaktion verstärkt, die nach einer Pause von mindestens 10 Sekunden auftritt. Tritt die Reaktion nach 9.5 Sekunden ein, folgt kein Verstärker und die Stoppuhr wird auf null zurückgestellt, so dass wieder 10 Sekunden vergehen müssen, ehe eine Reaktion verstärkt werden kann. Wie man sich vorstellen kann, führen DRL-Pläne zu sehr niedrigen Reaktionsraten – allerdings nicht so niedrig, wie es optimal wäre. Da man den Ablauf der Zeit nicht perfekt einschätzen kann, wäre die beste Strategie, für durchschnittlich 12 bis 15 Sekunden zu pausieren und anschließend zu reagieren. Selbst wenn man dazu neigt, die Pause zu verkürzen, könnte sie auf diese Weise immer noch länger als 10 Sekunden sein und zu einem Verstärker führen. In der Regel zeigt sich jedoch, dass die durchschnittliche Pause etwas kürzer als gefordert ist, und infolgedessen bleibt weitaus mehr als die Hälfte aller Reaktionen unverstärkt (Richards, Sabol & Seiden, 1993). Manche Versuchstiere scheinen eine regelmäßige Abfolge von Verhaltensweisen als Taktgeber für ihre operanten Reaktionen zu nutzen. Eine Taube in einem DRL-5-Sekunden-Plan pickt beispielsweise auf die Taste, dann pickt sie in den vier Ecken des Versuchsraums und dann wieder auf die Taste.

Das Gegenteil der DRL-Kontingenz ist die **differentielle Verstärkung hoher Reaktionsraten** (engl.: differential reinforcement of high rates, abgekürzt DRH), bei der in einer festgelegten Zeitspanne eine bestimmte Anzahl an Reaktionen auftreten muss. Zum Beispiel könnte jedes Mal, wenn jemand zehn Reaktionen in drei oder weniger Sekunden ausführt, ein Verstärker erfolgen. Da schnelle Reaktionen von diesem Plan selektiv verstärkt werden, können mit der DRH höhere Reaktionsraten erzielt werden als mit anderen Verstärkungsplänen.

Andere oft eingesetzte Verstärkungspläne sind solche, die auf irgendeine Art zwei oder mehr einfache Pläne miteinander kombinieren. Bei den **gleichzeitig ablaufenden Verstärkungsplänen** (engl.: concurrent schedule) gibt es zwei oder mehr Reaktionsalternativen (z.B. mehrere unterschiedliche Hebel), jede verbunden mit ihrem eigenen Verstärkungsplan. Sind mehrere Verstärkungspläne gleichzeitig verfügbar, können Psychologen ermitteln, welchen Plan das Individuum bevorzugt und wie viel Zeit es den diversen Alternativen widmet. In **verketteten Verstärkungsplänen** muss das Individuum zwei oder mehr einfache Pläne in einer festgelegten Abfolge ausführen, wobei jeder Plan durch einen anderen Hinweisreiz angekündigt wird. In einer Kette, die sich aus FI-1-Minute-FR-10 zusammensetzt, könnte man einer Taube eine gelbe Taste präsentieren, bis die FI-Bedingungen erfüllt sind, dann eine blaue Taste, bis 10 oder mehr Reaktionen ausgeführt wurden, und anschließend würde der Verstärker verabreicht. Das Verhalten des Versuchstiers während jedes Kettenglieds ist in der Regel charakteristisch für den gerade gültigen Plan (ein sich beschleunigendes Reaktionsmuster während des FI- und ein Stop-and-go-Muster während des FR-Teils). Wie in der schon besprochenen Verhaltenskette nehmen die Reaktionen ab, je weiter ein Plan von dem primären Verstärker entfernt ist. Daher wird ein FI-Plan weniger Reaktionen bewirken, wenn er nicht zur Verstärkung, sondern nur zu einem FR-Plan führt.

7.3 Faktoren, die sich auf die Performanz bei Verstärkungsplänen auswirken

Die vorhergehenden Abschnitte haben gezeigt, dass unterschiedliche Verstärkungspläne unterschiedliche Verhaltensraten und -muster produzieren. Nun ist es an der Zeit, sich zu vergegenwärtigen, dass viele andere Faktoren außer dem Plan selbst die Performanz während eines Verstärkungsplans beeinflussen können. Wir wollen mit einem kurzen Überblick über einige der wichtigsten Faktoren beginnen.

Die Wirksamkeit eines Verstärkungsplans hängt zunächst von der Art des verabreichten Verstärkers ab. Drei wichtige Merkmale jedes Verstärkers sind seine Qualität sowie die Häufigkeit und die Verzögerung, mit der er gegeben wird. Neef, Shade und Miller (1994) untersuchten die Auswirkungen dieser Merkmale auf die Performanz psychisch kranker Jugendlicher. Man hatte die Jugendlichen an die Forscher verwiesen, weil sie Training in mathematischen Fertigkeiten und allgemein in der prompten Erledigung von Schulaufgaben benötigten. Es wurden Computer programmiert, um jedem Jugendlichen Mathematikaufgaben zu stellen, und die Computer verstärkten abgeschlossene Aufgaben nach einem VI-Plan. Die **Qualität** der Verstärker wurde variiert, indem entweder Geld (was alle Versuchspersonen bevorzugten) oder Punkte benutzt wurden, die man gegen Vergünstigungen oder Artikel aus dem Schulladen eintauschen konnte (die weniger bevorzugte Variante). Die **Verstärkungsrate** wurde durch den Einsatz von VI-Plänen unterschiedlicher Länge variiert. Die **Verstärkungsverzögerung** wurde beeinflusst, indem Verstärker entweder unmittelbar nach der Mathematiksitzung oder erst am nächsten Tag gegeben wurden. (Die Jugendlichen konnten immer zwischen zwei Aufgaben wählen, die Verstärker unterschiedlicher Qualität, Rate oder Verzögerung boten, aber die Einzelheiten dieses Entscheidungsverfahrens können wir außer Acht lassen.)

Unterschiedliche Versuchspersonen hatten etwas voneinander abweichende Vorlieben, aber im Allgemeinen verbrachten sie mehr Zeit mit der Lösung der Mathematikaufgaben, (1) wenn die Verstärkungsqualität höher, (2) die Verstärkungsrate schneller und (3) die Verzögerung kürzer war. Neef und seine Kollegen untersuchten auch den Faktor **Anstrengung** (engl.: response effort), indem sie die Schwierigkeit der Aufgaben variierten, und sie fanden heraus, dass die Schüler lieber an Aufgaben arbeiteten, die weniger Mühe erforderten.

Ein anderer wichtiger Faktor ist die **Verstärkungsmenge**. Im Labor zeigen Tiere bei einer großen Futtermenge als Verstärker gewöhnlich mehr Reaktionen als bei einer kleinen. Im Geschäftsleben wird ein Verkäufer mehr Zeit und Mühe darauf verwenden, den Verkauf eines großen und teuren Objekts zum Abschluss zu bringen als für den Verkauf eines kleineren und billigeren. Schließlich ist die **Motivation** ein wichtiger Faktor, der bestimmt, wie viel operantes Verhalten gezeigt wird. Eine Ratte, die gerade viel gefressen hat, wird den Hebel nicht oft drücken; ein Student, dem nicht viel an seinen Noten liegt, wird nicht viel lernen, ganz gleich wie der Prüfungsplan aussieht.

Viele dieser Punkte scheinen vielleicht auf der Hand zu liegen. Andere Faktoren, die die Performanz bei Verstärkungsplänen beeinflussen, sind nicht so offensichtlich. Als Nächstes wollen wir einige Faktoren untersuchen, die leicht übersehen werden können.

7.3.1 Verhaltensimpuls

Wenn ein schweres Objekt anfängt, sich zu bewegen, gewinnt es an Schwung und kann nur schwer gestoppt werden. Nevin (1992, 1998) zufolge besteht eine Analogie zwischen der Eigendynamik eines sich bewegenden Objektes und dem Verhaltensimpuls eines laufenden operanten Verhaltens. Nevin fand heraus, dass der Widerstand eines Verhaltens gegen Veränderung (der das Maß für den Verhaltensimpuls ist) von der Assoziation zwischen Hinweisreiz und Verstärker abhängt (d.h. davon, wie oft das Verhalten in Anwesenheit eines bestimmten Hinweisreizes verstärkt worden ist).

Ein Experiment mit Tauben (Nevin, 1974) illustriert den Begriff „Verhaltensimpuls". Die Tauben erhielten Futter, wenn sie auf eine Reaktionstaste pickten, die manchmal grün und manchmal rot war. VI-Pläne verabreichten 60 Futtereinheiten pro Stunde bei grüner, aber nur 20 Futtereinheiten pro Stunde bei roter Taste. Wie erwartet, pickten die Tauben schneller, wenn die Taste grün war. Dann unterbrach Nevin die Phasen, in denen die Taste grün oder rot war, mit Phasen, in denen freies Futter gegeben wurde. In einer Situation, nämlich als die freie Futterverabreichung sehr schnell erfolgte, nahm das Picken auf die Tasten um etwa 60 Prozent ab, wenn die Taste grün, aber um mehr als 80 Prozent zu, wenn sie rot war. Nevin zufolge war der Verhaltensimpuls für das Picken auf die grüne Taste größer, weil es mit einer höheren Verstärkungsrate assoziiert war. Daher wurde dieses Verhalten von der freien Futtergabe weniger gestört als das Picken auf die rote Taste.

Nach Nevin und Grace (2000) hat das Konzept des Verhaltensimpulses eine Reihe von Implikationen für Versuche, Verhalten außerhalb des Labors zu ändern. Verhaltenstherapeuten wollen häufig sicherstellen, dass ein neu erlerntes Verhalten (wie z.B. konzentriertes Arbeiten während der Arbeitszeit) in Anwesenheit potentieller Störfaktoren (Ablenkung, Verstärker für konkurrierendes Verhalten und so weiter) beibehalten wird. Der Impuls für das neu trainierte Verhalten wird stärker sein und das Verhalten wird mit größerer Wahrscheinlichkeit auch trotz potentieller Störungen andauern, wenn der Arbeitende eine starke Verknüpfung zwischen dem Arbeitsumfeld und der Verstärkung für das angemessene Verhalten am Arbeitsplatz entwickelt hat.

Als weiteres Beispiel kann das Konzept des Verhaltensimpulses helfen zu erklären, warum bei manchem Verhalten, wie z.B. der Einnahme illegaler Drogen, immer wieder Rückfälle auftreten, wenn ein Patient eine therapeutische Einrichtung verlässt und nach Hause zurückkehrt. Das unerwünschte Verhalten, der Drogenkonsum, ist stark mit einem spezifischen Hinweisreiz verbunden (die Umgebung und die Freunde des Patienten). Obwohl der Patient in der Klinik vielleicht relativ leicht auf Drogen verzichten kann, ist die Assoziation zwischen der Umgebung des Patienten und den Drogen ungebrochen. Weil Drogenkonsum einen starken Verhaltensimpuls hat, wenn die Person in ihrer alten Umgebung ist, könnte es trotz der Therapie in der Klinik in diesem Umfeld weiter bestehen. Nach Nevin und Grace (2000) sollten Verhaltenstherapien effektiver werden, wenn sich unser Verständnis dafür verbessert, auf welche Weise Verhaltensimpulse entwickelt werden und wie Impulse für unerwünschtes Verhalten unterbrochen werden können.

7.3.2 Kontingenz-geleitetes Verhalten versus regelbestimmtes Verhalten

Jeder Verstärkungsplan besteht aus einer spezifischen Dreierverbindung zwischen Hinweisreiz, operanter Reaktion und Verstärker, die B. F. Skinner als Dreifachkontingenz bezeichnete. Zum Beispiel könnte die Kontingenz für eine Taube, die im Rahmen eines FI-Plans reagiert, wie folgt aussehen: Wenn eine Minute seit dem letzten Verstärker vergangen ist, folgt auf eine einzige Reaktion unmittelbar der Verstärker. In diesem Beispiel ist der Hinweisreiz die Zeit, die operante Reaktion das Picken auf die Reaktionstaste und der Verstärker das Futter. Wie wir gesehen haben, produziert jeder Verstärkungsplan sein eigenes Verhaltensmuster (Abbildung 7.2). Für diejenigen, die Verstärkungspläne als Erste untersuchten, schien die Schlussfolgerung logisch, dass diese unverkennbaren Verhaltensmuster die Folge der von jedem Plan spezifizierten unterschiedlichen Kontingenzen waren. Zum Beispiel bewirken die bei einem FI-Plan geltenden Kontingenzen ein sich beschleunigendes Reaktionsmuster, die Kontingenzen eines FR-Plans dagegen ein Stop-and-go-Reaktionsmuster. B. F. Skinner nannte diese Verhaltensmuster **Kontingenz-geleitet**, weil er in seinen Untersuchungen beobachtete, wie das Verhalten eines Tieres schrittweise seine endgültige Form annahm, während das Tier immer mehr Erfahrungen mit einem bestimmten Verstärkungsplan sammelte (Ferster & Skinner, 1957)

Das Problem bei dieser Analyse von Verstärkungsplänen ist, dass bei manchen Experimenten, besonders solchen mit menschlichen Versuchsteilnehmern, Verhaltensmuster festgestellt wurden, die sich von den in Abbildung 7.2 gezeigten typischen Mustern deutlich unterschieden. Aber wenn diese Verhaltensmuster von den Verstärkungskontingenzen geprägt werden, warum sollte derselbe Verstärkungsplan bei unterschiedlichen Individuen unterschiedliche Verhaltensmuster bewirken? Reagieren Menschen und Tiere verschieden auf denselben Verstärkungsplan? Sind außer den Verstärkungskontingenzen noch andere Faktoren beteiligt?

Wenn erwachsene Probanden im Labor auf einfache Verstärkungspläne reagieren, ist ihr Verhalten oft variabel und unvorhersagbar. Zum Beispiel zeigen manche Menschen bei FI-Plänen das sich beschleunigende Muster, das bei Tieren festgestellt wurde, andere hingegen reagieren während des ganzen Intervalls sehr schnell, und wieder andere zeigen nur einige wenige Reaktionen gegen Ende des Intervalls (Leander, Lippman & Meyer, 1968; Lowe, Herzem & Bagshaw, 1978). Ähnliche Unterschiede zwischen dem Verhalten von Menschen und Tieren wurden auch bei anderen Verstärkungsplänen gefunden (Lowe, 1979).

Einer Hypothese zufolge sind die Unterschiede zwischen der Performanz von Menschen und Tieren bei Verstärkungsplänen darauf zurückzuführen, dass menschliches Verhalten sowohl Kontingenz-geleitet als auch **regelbestimmt** sein kann. Die Unterscheidung zwischen Kontingenz-geleitet und regelbestimmt wurde zuerst von Skinner (1969) getroffen. Weil Menschen Sprache beherrschen, so Skinner, kann man ihnen verbale Anweisungen oder Regeln geben, die sie befolgen sollen. Diese Regeln haben nicht zwangsläufig etwas mit den herrschenden Kontingenzen zu tun. Zum Beispiel kann eine Mutter ihrem Kind sagen: „Stell dich nie in einen Durchzug, sonst wirst du dich erkälten", und das Kind wird sich vielleicht lange daran halten, ungeachtet dessen, ob diese Regel wirklich vor Erkältungen schützt. Im Hinblick auf Laborversuche mit Verstärkungsplänen erklärt diese Hypothese, dass menschliche Versuchsteilnehmer sich anders als Tiere verhalten können, weil sie Regeln befolgen, wie sie reagieren sollen (wie z.B. „Drücken Sie die Reaktionstaste so schnell wie möglich" oder „Warten Sie ungefähr eine Minute und dann reagieren Sie"). Probanden können diese Regeln selbst bilden oder sie den Anweisungen entnehmen, die der Experimentator vor Versuchsbeginn gibt. Hört ein Versuchsteilnehmer einmal solch eine Regel oder bildet sie selbst, haben die tatsächlichen Verstärkungskontingenzen wenig oder gar keine Auswirkung auf sein Verhalten. Wenn z.B. der Experimentator dem Probanden sagt: „Um das meiste Geld zu verdienen, müssen Sie die Taste schnell drücken", wird der Versuchsteilnehmer wahrscheinlich bei einem FI-Plan sehr schnell reagieren, obwohl schnelles Reagieren bei diesem Plan nicht nötig ist.

Unterschiedliche Ergebnisse und Befunde sprechen für die These, dass menschliche Performanz bei Verstärkungsplänen oft regelbestimmt ist – zumindest teilweise. Viele Untersuchungen haben gezeigt, dass die Anweisungen, die Probanden erhalten, einen großen Einfluss auf ihr Reaktionsmuster haben können (z.B. Bentall & Lowe, 1987; Catania, Matthews & Shimoff, 1982). Erhalten Versuchsteilnehmer keine spezielle Regel, die sie befolgen sollen, bilden sie möglicherweise ihre eigene. Versuchsteilnehmer wurden manchmal während des Experiments oder am Ende gebeten zu erklären, warum sie so und nicht anders reagiert hatten. Einige Studien dieser Art ergaben eine enge Übereinstimmung zwischen den verbalen Beschreibungen einer Versuchsperson und ihren tatsächlichen Reaktionsmustern (Wearden, 1988). Andere Forschungen haben gezeigt, dass bei einfachen Verstärkungsplänen das Verhalten von Säuglingen und kleinen Kindern – anders als das älterer Tiere oder Erwachsener – dem Verhalten von Tieren sehr ähnlich ist (Lowe, Beasty & Bentall, 1983). Das kann daran liegen, dass Babys noch über keine Sprache verfügen und die sprachlichen Fertigkeiten von Kleinkindern noch zu beschränkt sind, um eine verbale Regel, wie ihre Reaktion auszusehen habe, zu entwickeln oder zu befolgen (Pouthas, Droit, Jacquet & Wearden, 1990).

Nicht alle Ergebnisse stützen die Hypothese, dass die Unterschiede zwischen menschlicher und nicht menschlicher Performanz bei Verstärkungsplänen auf Regelanwendung zurückzuführen sind. Wenn Versuchspersonen gefragt werden, welche Regel sie befolgt haben, können sie manchmal keine Regel nennen, oder die Regel, die sie angeben, beschreibt nicht ihr tatsächliches Verhaltensmuster (Matthews, Catania & Shimoff, 1985). Es liegt daher nahe, dass auch andere Faktoren zu der unterschiedlichen Performanz von Menschen und Tieren bei Verstärkungsplänen beitragen. Zum Beispiel wird Tieren in der Regel Futter vorenthalten und dann Gelegenheit gegeben, einen primären Verstärker, das Futter, zu verdienen. Bei menschlichen Versuchsteilnehmern waren die Verstärker bei vielen Experimenten konditionierte Verstärker – Punkte, die später gegen kleine Geldsummen eingetauscht werden konnten. Außerdem kommen Tiere und Menschen als Versuchsteilnehmer für gewöhnlich mit einer sehr unterschiedlichen Verstärkungsgeschichte ins Labor, wie im Folgenden dargelegt wird.

7.3.3 Verstärkungsgeschichte

In vielen Laborexperimenten waren die Tiere nie zuvor einem Verstärkungsplan ausgesetzt. Im Gegensatz dazu haben erwachsene Menschen eine lange und komplexe Geschichte mit diversen Verstärkungsplänen außerhalb des Labors hinter sich. Ist es möglich, dass die Unterschiede zwischen menschlichen und nichtmenschlichen Verhaltensmustern, die manchmal bei demselben Verstärkungsplan festgestellt werden, das Produkt dieser unterschiedlichen Verstärkungsgeschichte sind? Wenn ja, müsste es möglich sein, die Reaktionsmuster entweder von menschlichen oder von nichtmenschlichen Versuchsteilnehmern zu ändern, indem man sie zuvor Erfahrungen mit verschiedenen Verstärkungsplänen machen lässt.

Dies wurde in verschiedenen Experimenten sowohl mit Menschen als auch mit Tieren untersucht. Weiner (1964) ließ Probanden in zehn einstündigen Sitzungen eine Reaktionstaste drücken, um Punkte zu sammeln. Manche Versuchspersonen arbeiteten im Rahmen eines FR-40-Planes (bei dem schnelleres Reagieren zu mehr Verstärkern führte). Andere Probanden hatten einen DRL-20-Sekunden-Plan (bei dem nur Pausen von mehr als 20 Sekunden verstärkt wurden). Dann wurden alle Versuchspersonen auf einen FI-20-Sekunden-Plan umgestellt. Die Versuchsteilnehmer mit FR-Erfahrung reagierten unter dem FI-Plan schnell, die mit DRL-Erfahrung dagegen sehr langsam. Diese großen Unterschiede hielten auch nach 20 Sitzungen mit dem FI-Plan noch an.

Ähnliche Auswirkungen früher erfahrener Verstärkung wurden bei Tieren festgestellt (Freeman & Lattal, 1992; LeFrancois & Metzger, 1993). In einer Studie von Wanchisen, Tatham und Mooney (1989) wurden mit einer Gruppe von Ratten viele Versuchseinheiten mit demselben Verstärkungsplan (FI-30-Sekunden) durchgeführt. Alle Ratten entwickelten das für FI-Pläne typische, sich beschleunigende Muster. Eine zweite Gruppe von Ratten erhielt 30 Einheiten mit einem VR-20-Sekunden-Plan und anschließend 30 Einheiten mit dem FI-30-Sekunden-Plan. Einige dieser Ratten reagierten bei dem FI-Plan sehr schnell und einige sehr langsam, aber keine zeigte ein sich beschleunigendes Reaktionsmuster. Wanchisen und ihre Kollegen folgerten, dass sowohl bei Tieren als auch bei Menschen frühere Erfahrungen mit einem Verstärkungsplan die Performanz bei einem anderen Plan verändern und diese Auswirkungen auch noch lange nach Umstellung auf einen anderen Plan andauern können.

7.3.4 Zusammenfassung

Auf das Verhalten, das sich bei Einsatz von Verstärkungsplänen zeigt, kann sich eine große Zahl von Variablen auswirken. Faktoren wie Größe und Qualität der Verstärker, die mit der operanten Reaktion verbundene Anstrengung, der Motivationsgrad des Individuums und die Verfügbarkeit alternativer Verhaltensweisen können die Geschwindigkeit und den zeitlichen Verlauf operanter Konditionierung beeinflussen. Bei menschlichen Versuchsteilnehmern kann es wichtig sein zu wissen, welche Anweisungen sie erhalten und welche Regeln sie möglicherweise selbst aufgestellt haben. Sowohl bei Versuchstieren als auch bei Versuchspersonen sollte nach Möglichkeit bekannt sein, mit welchen Verstärkungsplänen sie früher in Berührung gekommen sind und wie lange. Seit Skinners bahnbrechenden Forschungen sind Verstärkungspläne intensiv untersucht worden, und es besteht kein Zweifel darüber, dass sie Verhalten wirksam steuern können. Es ist jedoch wichtig zu verstehen, dass operantes Verhalten von einer Vielzahl von Variablen beeinflusst wird, und das macht die Aufgabe der Verhaltensanalyse schwieriger und fesselnder.

7.4 Die experimentelle Analyse von Verstärkungsplänen

In den vorhergehenden Erörterungen zu Verstärkungsplänen waren die Erklärungen, warum bestimmte Pläne zu spezifischen Reaktionsmustern führen, eher intuitiv. Zum Beispiel stellten wir fest, dass eine lange Nachverstärkungspause bei einem VR-Plan oder ein sehr schnelles Reagieren bei einem VI-Plan keinen „Sinn machen würde“. Diese Ebene der Darstellung kann helfen, die grundlegenden Tatsachen über Verstärkungspläne zu begreifen und im Gedächtnis zu behalten. Diese unpräzisen Aussagen sind jedoch kein Ersatz für eine wissenschaftliche Analyse dessen, welche unabhängigen Variablen (welche Merkmale des Verstärkungsplans) welche abhängigen Variablen (welche Aspekte des Verhaltens) entscheidend beeinflussen. Der folgende Abschnitt liefert Beispiele dafür, dass eine solche wissenschaftliche Analyse intuitiven Erklärungen von Verhalten überlegen ist oder wie durch wissenschaftliche Analyse verschiedene Erklärungen, die intuitiv sinnvoll erscheinen, im Vergleich zueinander evaluiert werden können.

7.4.1 Der Grund für die FR-Nachverstärkungspause

Warum machen Versuchstiere nach der Verstärkung bei FR-Plänen eine Pause? Intuitiv könnte man folgende Erklärungen für nahe liegend halten: Vielleicht ist die Nachverstärkungspause das Ergebnis von Ermüdung – das Individuum hat viele Reaktionen ausgeführt, einen Verstärker erhalten, ist nun müde und ruht sich aus. Eine zweite Möglichkeit ist Sättigung: Das Fressen des Futters (Verstärker) hat eine leichte Abnahme des Hungers des Tieres bewirkt, was zu einer kurzen Unterbrechung der Reaktionen führt. Eine dritte Erklärung der Nachverstärkungspause unterstreicht die Tatsache, dass das Individuum bei einem FR-Plan unmittelbar nach Erscheinen des letzten Verstärkers am weitesten von der Verabreichung des nächsten Verstärkers entfernt ist. Von diesem Standpunkt aus betrachtet gleicht das Verhalten bei einem FR-Plan einer Verhaltenskette. Wir haben bereits gesehen, dass die ersten Reaktionen in der Kette – diejenigen, die den größten Abstand zum primären Verstärker haben – die schwächsten sind. Der Einfachheit halber wollen wir diese drei Erklärungen für die Nachverstärkungspause die **Ermüdungshypothese**, die **Sättigungshypothese** und die **Verstärker-Distanz-Hypothese** nennen.

Jede dieser Hypothesen klingt plausibel, aber wie kann man ermitteln, welche richtig ist? Unterschiedliche Ergebnisse und Befunde helfen uns, sie zu bewerten. Erstens wurde festgestellt, dass die Nachverstärkungspausen größer werden, wenn die Quote steigt. Dieser Befund stimmt mit der Ermüdungs- und der Verstärker-Distanz-Hypothese überein, widerspricht aber der Sättigungshypothese. Weil das Versuchstier bei einem FR-Plan mit niedriger Quote schneller Verstärker erhält, sollte sein Hunger abnehmen; daher müssten nach der Sättigungshypothese längere Pausen bei Plänen mit niedriger Quote auftreten – und nicht umgekehrt.

Daten, anhand derer die Ermüdungs- und die Verstärker-Distanz-Hypothese kritisch miteinander verglichen werden können, stammen aus Untersuchungen, die zwei oder mehr unterschiedliche FR-Pläne zu einem so genannten **multiplen Verstärkungsplan** kombinieren. In einem multiplen Verstärkungsplan wird jeweils einer von zwei oder mehr unterschiedlichen Plänen präsentiert, und jeder Plan wird von einem anderen Hinweisreiz angekündigt. Abbildung 7.4 illustriert einen Teil einer Versuchssitzung mit einem multiplen FR-10-FR-100-Plan. Bei blauer Reaktionstaste ist der Plan FR-100, bei roter FR-10. Die Tastenfarbe bleibt unverändert, bis ein Verstärker erworben wird. Dann besteht eine 50-prozentige Wahrscheinlichkeit, dass die Tastenfarbe (und der Plan) wechselt.

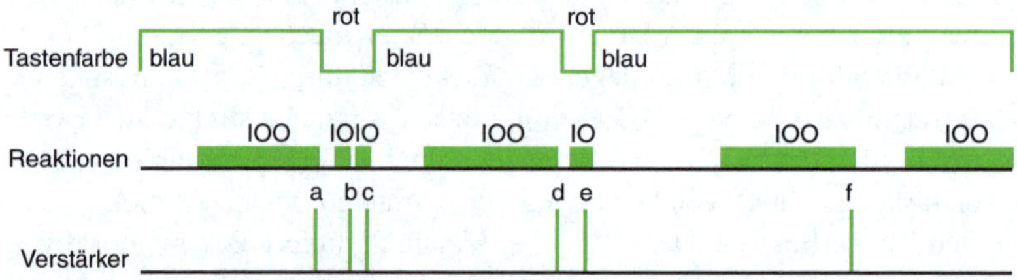

Abbildung 7.4: Ein hypothetisches, aber typisches Reaktionsmuster im Rahmen eines multiplen Verstärkungsplans, in dem die blaue Tastenfarbe den FR-100 und die rote Tastenfarbe den FR-10 signalisierte. Im Text wird erklärt, wie anhand solcher Ergebnisse die verschiedenen Theorien der Nachverstärkungspause unterschieden werden können.

Das in Abbildung 7.4 dargestellte Verhalten ist, obwohl hypothetisch, repräsentativ für die Ergebnisse aus mehreren Studien, in denen multiple Pläne eingesetzt wurden (Crossman 1968; Mintz, Mourer & Gofseyeff, 1967). Schauen Sie sich die Nachverstärkungspausen an, die an den Punkten a, b, c, d, e und f auftraten. Die eine Hälfte dieser Pausen folgte auf eine Quote von 100 (a, d, f), die andere auf eine Quote von 10 (b, c, e). Beachten Sie, dass es bei f eine lange Pause gibt, wie sie nach der Ermüdungshypothese erwartet werden könnte, aber im Widerspruch zu dieser Hypothese sind nach FR-100 nur kurze Pausen an den Punkten a und d. Die Pause nach FR-10 am Punkt b ist kurz, aber an den Punkten c und e lang. Daraus folgt, dass wir die Nachverstärkungspause nicht anhand der *vorhergehenden* Quote vorhersagen können. Diese Tatsache zwingt uns, die Ermüdungshypothese zu verwerfen.

Auf der anderen Seite ist es möglich, anhand der *bevorstehenden* Quote die Länge der Nachverstärkungspause vorherzusagen. Beachten Sie, dass die Pause immer dann kurz ist, wenn die Taste rot ist (Punkte a, b und d), der diskriminative Hinweisreiz für FR-10. Die Pause ist lang bei blauer Tastenfarbe (Punkte c, e und f), dem diskriminativen Hinweisreiz für FR-100. Dieses Muster entspricht genau dem, was die Verstärker-Distanz-Hypothese vorhersagen würde: Das Ausmaß der Nachverstärkungspause wird von der bevorstehenden FR-Anforderung bestimmt.

Diese Analyse hat klar gezeigt, dass die Größe der Nachverstärkungspause stark von der bevorstehenden Quote abhängt und dass die Faktoren Sättigung und Ermüdung höchstens eine untergeordnete Rolle spielen.

7.4.2 Vergleiche von VR- und VI-Reaktionsraten

Wir wollen nun diese Frage, zu der es eine ziemlich eindeutige Antwort gibt, verlassen und uns einem Problem zuwenden, über dessen Lösung immer noch diskutiert wird. Experimente sowohl mit Versuchstieren als auch mit Versuchspersonen haben Folgendes gezeigt: Wenn ein VR- und ein VI-Plan die gleiche Zahl von Verstärkern verabreichen, reagieren die Individuen in der Regel bei dem VR-Plan schneller (Matthews, Shimoff, Catania & Sagvolden, 1977). Zum Beispiel präsentierte W. M. Baum (1993) denselben Tauben sowohl VR- als auch VI-Pläne und variierte die Verstärkungsrate von etwa 20 bis zu mehreren tausend Verstärkern pro Stunde. Abbildung 7.5 zeigt die Ergebnisse bei einer durchschnittlichen Taube. Wie man sehen kann, reagierte die Taube durchgängig schneller bei den VR-Plänen, obwohl die Tendenz bestand, dass die Unterschiede zwischen VR und VI bei den sehr hohen Verstärkungsraten (bei denen Verstärker alle paar Sekunden auftraten) verschwanden. Die Frage, die wir zu beantworten versuchen, lautet: Warum ist die Reaktionsgeschwindigkeit bei VR-Plänen höher als bei VI-Plänen, wenn die Verstärkungsraten dieselben sind?

Eine Theorie zu diesem Unterschied in den Reaktionsraten kann als **molekulare** Theorie eingeordnet werden, d.h. sie konzentriert sich auf Ereignisse in kleinem Maßstab – das situative Verhältnis zwischen Reaktionen und Verstärkern. Die andere Theorie ist eine **molare** Theorie bzw. eine, die sich mit großen Verhaltens- und Verstärkermaßstäben befasst. Natürlich sind die Begriffe „klein" und „groß" relativ. Um genauer zu sein: Molekulare Theorien haben Vorgänge zum Gegenstand, deren Zeitspannen weniger als eine Minute betragen, wohingegen molare Theorien Verhältnisse betrachten, die wenigstens über einige Minuten, oft sogar über eine ganze Experimentalsitzung hinweg gemessen werden. Die Frage der Unterschiede zwischen den VI- und VR-Reaktionsraten ist einer von mehreren Bereichen, in denen es einander widersprechende molare und molekulare Erklärungen gibt, und wir werden in späteren Kapiteln auf weitere stoßen.

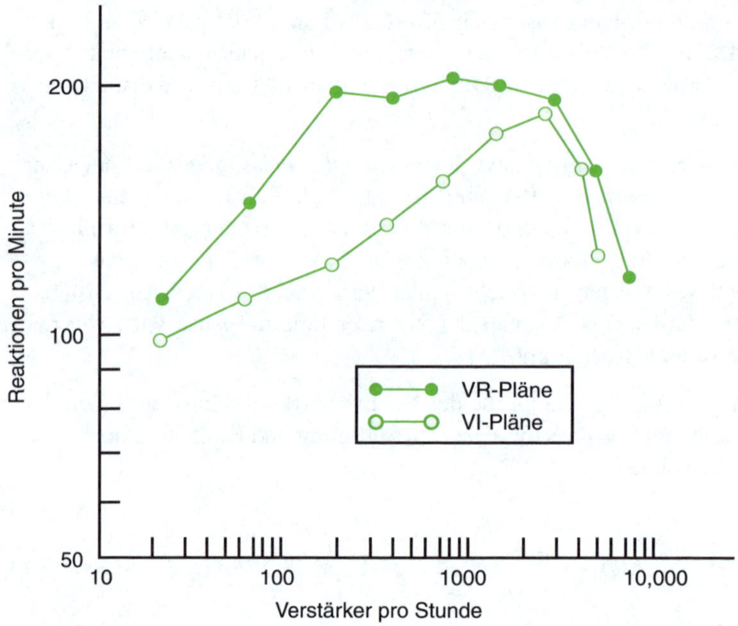

Abbildung 7.5: Reaktionsraten einer durchschnittlichen Taube in Baums (1993) Experiment, mit schnelleren Reaktionen bei den VR- als bei den VI-Plänen, die etwa dieselbe Zahl von Verstärkern pro Stunde verabreichten.

Für das gegenwärtige Problem ist die populärste molekulare Theorie die IRT Reinforcement Theory, wobei IRT für **Interresponse Time** steht – die Zeit zwischen zwei aufeinander folgenden Reaktionen. Im Wesentlichen besagt diese Theorie, dass die Reaktionsraten bei VI-Plänen langsamer als bei VR-Plänen sind, weil lange IRTs (lange Pausen zwischen den Reaktionen) bei VI-Plänen öfter verstärkt werden. Diese Theorie wurde zuerst von Skinner (1938) vorgebracht; zu ihren neueren Vertretern gehören Anger (1956), Shimp (1969) und Platt (1979).

Stellen Sie sich vor, dass ein Versuchstier gerade von CRF auf einen VI-Plan umgestellt worden ist. Manche der IRTs des Tieres werden kurz (z.B. weniger als eine Sekunde) und andere länger sein (z.B. 5 oder 10 Sekunden). Bei welcher der beiden folgenden Reaktionen ist die Wahrscheinlichkeit größer, dass sie unter einem VI-Plan verstärkt wird: eine Reaktion nach einer Pause von 0,5 Sekunden oder eine Reaktion nach einer Pause von 5 Sekunden? Letztere ist die korrekte Antwort, weil mit der Zeit, die zwischen zwei Reaktionen vergeht, die Wahrscheinlichkeit zunimmt, dass die VI-Uhr stoppt und einen Verstärker bereithält. Zum Beispiel ist bei einem VI-60-Sekunden-Plan die Wahrscheinlichkeit der Verstärkung für eine IRT von 5 Sekunden ungefähr zehnmal höher als für eine IRT von 0,5 Sekunden. Der direkte Zusammenhang zwischen der IRT-Länge und der Wahrscheinlichkeit von Verstärkung bei VI-Plänen ist keine Theorie, sondern Tatsache.

Der IRT Reinforcement Theory zufolge werden als Konsequenz dieses Zusammenhangs bei VI-Plänen längere IRTs selektiv verstärkt.

Als Nächstes wollen wir die Beziehung zwischen der IRT-Länge und der Wahrscheinlichkeit von Verstärkung bei einem VR-Plan analysieren. Einfach ausgedrückt: Es gibt keine solche Beziehung, weil Zeit bei einem VR-Plan irrelevant ist – die Verabreichung von Verstärkung hängt einzig und allein von der Zahl der Reaktionen ab, nicht davon, wie viel Zeit verstrichen ist. Daher gibt es, anders als bei den VI-Plänen, bei VR-Plänen keine selektive Verstärkung langer Pausen. Dies für sich genommen könnte die Erklärung für den VI-VR-Unterschied sein. Skinner ging jedoch noch weiter, indem er feststellte, dass bei der ersten Umstellung eines Individuums von CRF auf einen VR-Plan die Reaktionen zeitlich nicht gleich verteilt sind. Vielmehr haben Reaktionen die Tendenz, in Blöcken aufzutreten – vielleicht deshalb, weil das Individuum mehrere Reaktionen ausführt, während es in der Nähe der Taste oder des Hebels ist, dann einen anderen Teil des Versuchsraums erkundet, daraufhin wieder zurückkommt, mehrmals reagiert und so weiter.

Skinner zufolge könnte diese Neigung, gehäuft zu reagieren, bei einem VR-Plan zu einer selektiven Stärkung von kurzen IRTs führen. Der Einfachheit halber wollen wir annehmen, dass jeder Reaktionsblock aus genau fünf Reaktionen besteht, zwischen denen jeweils 0,5 Sekunden liegen, und jede Pause zwischen den Reaktionsblöcken mindestens fünf Sekunden dauert. Bei jedem Reaktionsblock gibt es nur eine Chance auf Verstärkung einer langen IRT (die erste Reaktion nach der Pause), aber es besteht fünfmal die Möglichkeit, dass eine 0,5 IRT verstärkt wird (die folgenden vier Reaktionen). Skinner folgerte daher, dass bei einem VR-Plan kurze IRTs deshalb selektiv gestärkt werden, weil sie häufiger verstärkt werden.

Zur empirischen Unterstützung ihres Standpunkts entwickelten Vertreter der IRT Reinforcement Theory Pläne, die unterschiedliche IRTs mit unterschiedlichen Wahrscheinlichkeiten verstärken. Shimp (1968) setzte z.B. einen Plan ein, bei dem nur IRTs zwischen 1,5 und 2,5 oder zwischen 3,5 und 4,5 Sekunden verstärkt wurden. Wie es die Theorie der selektiven IRT-Verstärkung vorhersagen würde, nahmen IRTs dieser beiden Größenordnungen an Häufigkeit zu. In einem anderen Experiment imitierte Shimp (1973) das Muster der IRT-Verstärkung, das in einem typischen VI-Plan vorkommt: Er benutzte keine VI-Uhr, sondern verstärkte einfach lange IRTs mit einer hohen und kurze IRTs mit einer geringen Wahrscheinlichkeit. Das Resultat dieses „künstlichen VI“-Plans war ein Reaktionsmuster, das von dem eines normalen VI-Plans nicht zu unterscheiden war – ein gemäßigtes, gleich bleibendes Reagieren mit einer Mischung von langen und kurzen IRTs.

Kritiker haben etliche Einwände gegen die IRT Reinforcement Theory vorgebracht, von denen manche zu umständlich und technisch sind, um sie hier wiederzugeben. Ein Einwand jedoch lautet, dass selbst in Situationen, in denen nur lange IRTs verstärkt werden (wie z.B. bei DRL-Plänen), typischerweise auch weiterhin zahlreiche kurze IRTs produziert werden. Das heißt, dass die Neigung, gehäuft zu reagieren, nicht völlig verschwindet, auch wenn diese Reaktionsweise nie verstärkt wird. Zumindest impliziert dieser Befund, dass neben der Verstärkungswahrscheinlichkeit andere Faktoren die Länge der IRTs beeinflussen.

Als molare Theorie des VI-VR-Unterschieds könnte die **Response-Reinforcer Correlation Theory** bezeichnet werden. Statt sich auf die letzte IRT vor der Verstärkung zu konzentrieren, betont diese Theorie eine wesentlich globalere Beziehung zwischen Reaktionen und Verstärkern (W. M. Baum, 1973; Green, Kagel & Battalio, 1987). Abbildung 7.6 stellt die Eigenschaften von VI- und VR-Plänen dar, die der Response-Reinforcer Correlation Theory zu Grunde liegen, und zeigt die Beziehung zwischen der durchschnittlichen Reaktionsrate und der Gesamtverstärkungsrate eines typischen VR- und eines typischen VI-Plans. Bei VR-60, wie bei allen Quotenplänen, besteht eine lineare Beziehung zwischen Reaktions- und Verstärkungsrate. Zum Beispiel produziert eine Reaktionsrate von 60 Reaktionen/Minute 60 Verstärker/Stunde und eine Reaktionsrate von 90 Reaktionen/Minute 90 Verstärker/Stunde. Bei dem VI-60-Sekunden-Plan (wie bei allen VI-Plänen) sieht die Beziehung ganz anders aus. Ganz gleich wie schnell man reagiert, kann man nicht mehr als die festgelegten 60 Verstärker pro Stunde bekommen. Die Verstärkungsrate sinkt bei sehr niedrigen Reaktionsraten, weil die VI-Uhr manchmal angehalten wird (wenn ein Verstärker bereitgestellt worden ist) und erst wieder einsetzt, nachdem man reagiert und einen Verstärker erhalten hat. Aber solange man mit mäßiger Geschwindigkeit reagiert, werden fast 60 Verstärker pro Stunde erworben.

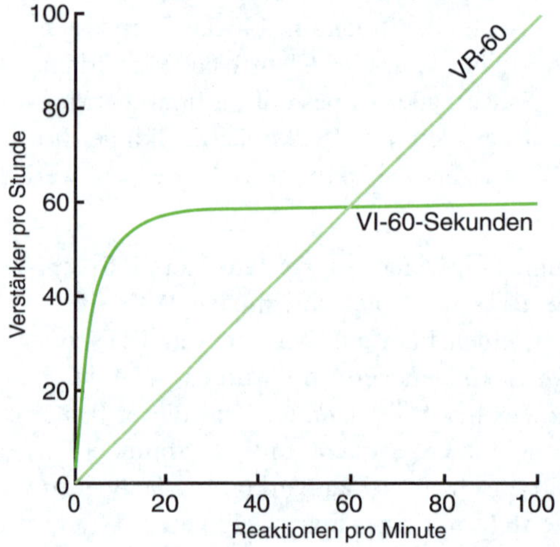

Abbildung 7.6: Das Verhältnis zwischen der Reaktionsrate eines Individuums und der Verstärkungsrate bei einem VR-60- und einem VI-60-Sekunden-Plan.

Es muss betont werden, dass die in Abbildung 7.6 dargestellten Verhältnisse nur langfristig gelten. Wegen der variablen Natur von VI- und VR-Plänen ist die tatsächliche Verstärkungsrate kurzfristig oft wesentlich höher oder sehr viel niedriger. Nach der Response-Reinforcer Correlation Theory ist der Organismus jedoch in der Lage, diese kurzzeitigen Fluktuationen zu ignorieren und die langfristigen Beziehungen zwischen Reaktions- und Verstärkungsrate zu lernen. Um zu verstehen, wie dies zu der Reaktionsratendifferenz zwischen VI und VR führen könnte, nehmen wir einmal an, dass sich die Reaktionsrate einer Taube nach ausgiebiger Erfahrung mit VR-60 bei ungefähr 60 Reaktionen in der Minute stabilisiert (an diesem Punkt kreuzen sich die Funktionen in Abbildung 7.6) und etwa 60 Verstärker/Stunde produziert. Nun nehmen wir an, dass der Plan auf einen VI-60-Sekunden umgestellt wird, unter dem dieselbe Reaktionsrate zu 60 Verstärkern/Stunde führt. Die Reaktionsrate der Taube ist jedoch nicht vollkommen konstant, sondern durch gelegentliches Reagieren über oder unter der Rate von 60 Reaktionen/Stunde lernt sie, dass bei dem VI-Plan Abweichungen in der Reaktionsrate wenig Auswirkungen auf die Verstärkungsrate haben. Das Verhalten der Taube mag allmählich auf beispielsweise 20 Reaktionen zurückgehen, ohne dass die Verstärkungsrate wesentlich abnimmt. Vereinfacht könnte man sagen: Bei einem VI-60-Sekunden-Plan hat die Taube gelernt, dass sich die zusätzlichen 40 Reaktionen pro Stunde „nicht lohnen", weil sie nur einen geringfügigen Anstieg der Verstärkungsrate bewirken.

Kritiker der Response-Reinforcer Correlation Theory haben eingewandt, dass sie übermäßig hohe verstandesmäßige Anforderungen an Versuchstiere stellt: Tiere sind wahrscheinlich nicht in der Lage, Reaktions- und Verstärkungsraten langfristig genau zu schätzen. Die Durchführung eines geeigneten Experiments ist jedoch eine bessere Strategie zur Klärung dieser Frage als Spekulationen darüber, was Tiere tun oder nicht tun können. Eine Möglichkeit, um zwischen der molaren und der molekularen Theorie zu entscheiden, ist der Einsatz eines Plans, bei dem die molaren Kontingenzen schnelles Reagieren und die molekularen Kontingenzen langsames Reagieren begünstigen (oder umgekehrt). Dies ist bei normalen VR- oder VI-Plänen nicht möglich, aber Vaughan (1987) und Cole (1999) setzten in Experimenten mit Tauben bzw. Ratten verschiedene komplexe Pläne ein, die diese Eigenschaften aufwiesen. Zum Beispiel hatte einer der von Vaughan benutzten Pläne die molaren Besonderheiten eines VR-Plans (mit mehr Verstärkern für schnellere Reaktionsraten), aber die molekularen Merkmale eines VI-Plans (mit einer höheren Verstärkungswahrscheinlichkeit nach einer langen IRT). Wie von der IRT Reinforcement Theory vorausgesagt, reagierten die Tauben bei diesem Plan langsam (und verloren dadurch langfristig Verstärker). Coles Versuch mit Ratten erzielte ähnliche Ergebnisse. Umgekehrt stellte Vaughan fest, dass Tauben schneller reagierten, wenn die molekularen Kontingenzen eines Plans schnelles Reagieren (kurze IRTs), die molaren Kontingenzen hingegen langsames Reagieren begünstigten (so gingen den Ratten langfristig wieder Verstärker verloren). Diese Resultate sprechen eindeutig für den molekularen Ansatz, denn sie weisen darauf hin, dass das Verhalten der Tiere nur von seinen kurzfristigen Folgen bestimmt war.

WWW

Ausgewählte Artikel aus dem *Journal of the Experimental Analysis of Behavior* sind zu finden unter **http://www.env-med.rochester.edu/wwwvgl/jeab_articles/jeab_articles.htm**.

WWW

Online-Artikel sind abrufbar im *Experimental Analysis of Human Behavior Bulletin* unter **http://www.eahb.org/NewSitePages/BulletinHomepage.htm**.

7.5 Anwendungen operanter Konditionierung

Im Bereich der Verhaltenstherapie sind Prinzipien operanter Konditionierung auf so viele unterschiedliche Verhaltensweisen angewandt worden, dass sie zu zahlreich sind, um auf wenigen Seiten aufgelistet, geschweige denn im Detail beschrieben werden zu können.

Prinzipien der operanten Konditionierung werden eingesetzt, um Menschen zu helfen, die sich zu ihrem Vorteil verändern wollen, indem sie abnehmen, weniger rauchen oder trinken oder sich mehr bewegen. Sie kommen zur Anwendung bei vielfältigen Problemen von Kindern, einschließlich Stören im Unterricht, schlechter schulischer Leistung, Aggressivität, extremer Passivität und Hyperaktivität. Sie werden bei dem Versuch eingesetzt, Erwachsenen und Kindern, die schwerwiegende Verhaltensprobleme haben und in einem Heim leben müssen, bei der Alltagsbewältigung zu helfen. Diese Prinzipien werden auch auf Probleme angewandt, die die Gesellschaft als Ganzes betreffen, wie z.B. Abfall und Umweltverschmutzung, Vergeudung von Energie und Ressourcen, Unfälle am Arbeitsplatz und Kriminalität. Angesichts der Vielzahl dieser Anwendungen sollte deutlich geworden sein, dass dieser Abschnitt nicht mehr leisten kann, als ein paar repräsentative Beispiele zu beschreiben. Für diejenigen, die mehr wissen möchten, gibt es eine Fülle von Büchern, die sich primär oder ausschließlich der systematischen Anwendung von Prinzipien operanter Konditionierung im Alltag widmen (Ammermann & Hersen, 1995; Hersen, Eisler & Miller, 1994; Martin & Pear, 1999; Miltenberger, 1997).

7.5.1 Sprechtraining mit autistischen Kindern

Autismus ist eine schwere Störung, die ca. zwei bis vier von 10.000 Kindern (Wing, 1972) betrifft und sich für gewöhnlich in den ersten Lebensjahren zeigt. Ein Hauptsymptom von Autismus ist extremer sozialer Rückzug. Das Kind zeigt wenig normales Interesse, andere Menschen zu beobachten oder mit ihnen zu kommunizieren. Autistische Kinder erwerben keine normale Sprache: Entweder sie bleiben stumm oder es zeigt sich **Echolalie**, die direkte Wiederholung jedes Wortes, das sie hören. Autistische Kinder verbringen oft Stunden mit einfachen, repetitiven Verhaltensweisen wie z.B. Hin-und-Her-Schaukeln oder Drehen von Gegenständen. Trotz umfangreicher Forschungen liegen die Ursachen des Autismus im Dunkeln. Sicher ist allerdings, dass die typische psychiatrische Pflege sowie die Pflege im Heim keine oder höchstens geringe Verbesserungen des Zustands dieser Kinder bewirken (Kanner, Rodriguez & Ashenden, 1972). Menschen mit der Diagnose Autismus verbringen häufig ihre ganze Kindheit und ihr Erwachsenenleben in einem Heim.

In den sechziger Jahren entwickelte Ivar Lovaas ein umfassendes Programm, das auf den Prinzipien der operanten Konditionierung basiert und durch das autistische Kinder lernen sollen zu sprechen, mit anderen Menschen zu kommunizieren und sich im allgemeinen „normaler" zu verhalten (Lovaas 1967, 1977). Lovaas' Programm verwendet viele der hier schon besprochenen sowie einige neue Prinzipien der operanten Konditionierung. Zuerst benutzt eine Therapeutin einen Löffel Eiscreme oder einen anderen Leckerbissen als einen primären Verstärker und gibt dem Kind nur dafür Verstärker, dass es ruhig dasitzt und sie anschaut. Im nächsten Schritt wendet die Therapeutin die Methode der sukzessiven Annäherung an: Sie belohnt das Kind zunächst für hörbare Geräusche und dann für solche, die dem von der Therapeutin gesprochenen Wort nahe kommen. Wenn z.B. der Name des Kindes Billy ist, könnte die Therapeutin das Wort „Billy" als diskriminativen Hinweisreiz verwenden, nach dem jede verbale Reaktion, die sich diesem Wort annähert, verstärkt wird. Um nicht allein auf Essen als primären Verstärker angewiesen zu sein (der wegen Sättigung schnell seine Wirksamkeit verlieren würde), macht die Therapeutin andere Reize zu konditionierten Verstärkern. Bevor sie das Essen präsentiert, sagt sie beispielsweise „Gut!“ oder umarmt das Kind – zwei Stimuli, die schließlich auch allein als Verstärker eingesetzt werden können.

Bei dieser Art des Trainings kann die Therapeutin anfänglich mit ihrer Hand das Kind in seinen Mund- und Lippenbewegungen unterstützen. Diese Form der körperlichen Anleitung ist ein Beispiel für einen **Prompt**. Ein Prompt ist jeder Stimulus, der die Wahrscheinlichkeit einer erwünschten Reaktion erhöht. In dem Beispiel macht der von der Therapeutin gegebene Prompt – die Lippen und Wangen des Kindes in die richtige Form bringen – die richtige Reaktion wahrscheinlicher. Ein Prompt wird in der Regel allmählich wieder entfernt, in einem Verfahren, das als **Fading** bezeichnet wird. So wird die Therapeutin die Lippen- und Mundbewegungen des Kindes immer weniger manuell unterstützen und schließlich gar nicht mehr. Diese Art des Trainings erfordert viel Zeit und Geduld auf Seiten der Therapeutin, vor allem am Anfang, wenn es noch sehr langsam vorangeht. Es kann mehrere Übungstage mit jeweils stundenlangen Trainingseinheiten dauern, bevor das Kind sein erstes Wort beherrscht. Es können noch weitere Tage vergehen, ehe das zweite Wort gelernt ist, und noch mehr, bis die Therapeutin eines der beiden Wörter sagen kann und wirklich die richtige Reaktion nachgeahmt wird (vorausgesetzt, dass das Kind keine Echolalie hat). Mit der Einführung von weiteren Wörtern macht das Kind jedoch schnellere Fortschritte und nach wenigen Wochen kann es jeden Tag mehrere neue Wörter lernen.

In dieser Trainingsphase imitiert das Kind nur Wörter, die es hört. Der nächste Schritt besteht darin, es die Bedeutung dieser Wörter zu lehren. Das Training beginnt mit konkreten Substantiven wie z.B. *Nase*, *Schuh* und *Bein*. Das Kind lernt zweierlei: den richtigen Gegenstand zu identifizieren, als Reaktion auf das Wort, das als Stimulus fungiert (z.B. indem die richtige Reaktion auf die Anweisung „Zeig auf deine Nase“ belohnt wird), und das korrekte Wort zu sagen, wenn ihm der Gegenstand präsentiert wird (Therapeutin: „Was ist das?“, Billy: “Schuh“). Wie schon in der Nachahmungsphase beschleunigt sich der Fortschritt des Kindes im weiteren Verlauf der Benennungsphase und bald lernt das Kind jeden Tag die Bedeutung mehrerer neuer Wörter. In späteren Trainingsphasen werden ähnlich zeitaufwändige Techniken angewandt, um dem Kind die Bedeutung von Verben und Adjektiven, von Präpositionen wie z.B. *in* und *auf* und von abstrakten Wörtern wie z.B. *zuerst*, *zuletzt*, *mehr*, *weniger*, *gleich* und *anders* beizubringen. Dieses Programm kann drastische Verbesserungen im Verhalten von Kindern bewirken, bei denen sich bei Einsatz anderer Therapieformen nur sehr geringfügige Verbesserungen zeigen. Das typische Ergebnis bei Lovaas ist, dass ein Kind, das anfänglich unnahbar und vollkommen stumm war, freundlich und anhänglich wird und lernt, Sprache zu gebrauchen, um Fragen zu beantworten, um etwas zu bitten oder um Geschichten zu erzählen. Man kann autistische Kinder auch andere Kommunikationsfertigkeiten lehren, wie z.B. Fragen zu stellen, wenn sie einen Gegenstand nicht kennen oder eine Situation neu für sie ist (Taylor & Harris, 1995).

Wie erfolgreich ist diese Verhaltenstherapie langfristig? Lovaas (1987) verglich Kinder, die eine intensive Verhaltenstherapie erhalten hatten (40 Wochenstunden über zwei oder mehr Jahre), mit Kindern, die eine Minimalbehandlung erfahren hatten (zehn Wochenstunden oder weniger). Die Kinder wurden der Behandlungs- und der Kontrollgruppe willkürlich zugeteilt. Im Alter von sechs oder sieben Jahren ließ man alle Kinder einen Standardintelligenztest machen und bewertete ihre schulischen Leistungen. Die Unterschiede zwischen den Gruppen waren gravierend: Fast die Hälfte der Kinder aus der Behandlungsgruppe wies einen normalen Intelligenzquotienten und normale schulische Leistungen auf, im Vergleich zu nur zwei Prozent der Kinder aus der Kontrollgruppe. Eine Nachuntersuchung sechs Jahre später, als die Kinder ungefähr 13 Jahre alt waren, zeigte, dass die Kinder aus der Behandlungsgruppe auch weiterhin im Vorteil gegenüber jenen aus der Kontrollgruppe waren. Einige der Kinder aus der Behandlungsgruppe schnitten bei Tests von Intelligenz und Anpassungsverhalten genauso gut wie Durchschnittskinder gleichen Alters ab (McEachin, Smith & Lovaas, 1993). Diese Ergebnisse sind sehr ermutigend, weil sie nahe legen, dass bei manchen (wenn auch nicht allen) kleinen Kindern intensive Verhaltenstherapie die Autismussymptome weitgehend beseitigen kann. Lovaas zufolge sind die Erfolgsaussichten am größten, wenn die Verhaltenstherapie im frühestmöglichen Alter beginnt.

7.5.2 Token Economy

Bei der **Token Economy** („Ersatzökonomie") wird das Prinzip der Verstärkung angewandt, um das Verhalten ganzer Personengruppen zu verbessern. Token Economies sind in Klassenzimmern, psychiatrischen Kliniken und Heimen für jugendliche Straftäter eingesetzt worden (für einen umfassenden Überblick siehe Kadzin, 1977). Bei Token Economies kann jeder durch die Ausführung verschiedener erwünschter Verhaltensweisen Tokens verdienen und diese später gegen unterschiedliche primäre Verstärker eintauschen. Die Tokens können Gegenstände wie z.B. Spielmünzen oder einfach Punkte sein, die gesammelt und aufgeschrieben werden.

Ein früher Bericht von Schaefer und Martin (1966) bietet ein gutes Beispiel für eine Token Economy. In einem großen staatlichen Krankenhaus untersuchten Schaefer und Martin das Verhalten von 40 Frauen, bei denen man chronische Schizophrenie diagnostiziert hatte. Sie beobachteten als eines der Hauptmerkmale von Schizophrenie-Kranken in der Klinik, dass sie „apathisch" wirkten und es ihnen an „Interesse und Motivation" zu mangeln schien: Zum Beispiel konnte es vorkommen, dass eine Patientin den ganzen Tag auf eine Wand starrte oder ununterbrochen auf der Station auf und ab ging. Schaefer und Martin wollten ermitteln, ob die bedingte Verabreichung von Tokens für weniger einförmige und normalere Verhaltensweisen das Verhalten dieser Patientinnen verbessern würde. Die Patientinnen wurden willkürlich in zwei Gruppen aufgeteilt. Die Patientinnen in der Kontrollgruppe erhielten unabhängig von ihrem Verhalten einen Vorrat an Tokens. Die Patientinnen in der Experimentalgruppe bekamen Tokens als Verstärker für bestimmte Verhaltensweisen aus drei Kategorien: Körperpflege, soziale Interaktion und angemessene Arbeitsleistung. Einige Beispiele für verstärkte Verhaltensweisen aus der ersten Kategorie waren gründliches Duschen, Zähneputzen, Haare kämmen, der Gebrauch von Kosmetika und sich ansprechend kleiden. Zu dem verstärkten sozialen Verhalten gehörten alltägliche Begrüßungen (wie z.B. „Guten Morgen"), das Reden in Gruppentherapiesitzungen und Kartenspielen mit anderen Patientinnen. Die Arbeitsaufgaben, die verstärkt wurden, waren von Fall zu Fall verschieden, aber dazu gehörte beispielsweise das Leeren von Papierkörben, Tischabwischen und Staubsaugen. Beachten Sie, dass alle verstärkten Verhaltensweisen nicht nur im Krankenhaus, sondern auch außerhalb als normal und erwünscht angesehen würden. Die Tokens wurden benutzt, um sich sowohl notwendige als auch Luxusartikel zu beschaffen, inklusive Nahrung, Zigaretten, die Möglichkeit fernzusehen, Freizeitaktivitäten und so weiter. Das Token-Programm erstreckte sich über drei Monate, und die Krankenschwestern auf der Station hielten regelmäßig ihre Beobachtungen der Patientinnen sowohl aus der Versuchs- als auch aus der Kontrollgruppe fest.

Der wichtigste Befund dieser Studie war, dass das „angepasste" Verhalten in der Experimentalgruppe während der drei Monate zunahm, wohingegen es keine sichtbare Veränderung in der Kontrollgruppe gab. Die Ergebnisse dieser und vieler anderer Untersuchungen zu Token Economies in psychiatrischen Kliniken lassen keinen Zweifel daran, dass solche Verfahren eindrucksvolle Verbesserungen im persönlichen, sozialen und arbeitsbezogenen Verhalten von Patienten bewirken können. Eine wichtige Frage ist jedoch, ob es Patienten, die an einem Token-Programm beteiligt waren, letztendlich besser geht, wenn sie aus der Klinik entlassen werden – d.h. ob ihr angepasstes Verhalten auch in die Außenwelt übertragen wird, wo es keine Tokens für gute Körperpflege oder die Erledigung von Hausarbeit gibt.

Obwohl die Belege dafür nicht so schlüssig sind, wie zu hoffen wäre, deutet eine Reihe von Befunden darauf hin, dass sorgfältig geplante Token Economies langfristig von Nutzen sind. Zum Beispiel verglichen Paul und Lentz (1977) die Wirksamkeit von Token Economies mit anderen Behandlungsformen, einschließlich der traditionellen Betreuung von Psychiatrie-Patienten. Sie stellten fest, dass Patienten, die an einem Token-Economy-Programm teilgenommen hatten, weniger Medikamente benötigten, weniger Zeit in der Klinik verbrachten und nicht so schnell wieder stationär aufgenommen werden mussten. Schaefer und Martin beobachteten, dass nur 14 Prozent der Patientinnen aus der Experimentalgruppe, die schließlich entlassen wurden, später in die Klinik zurückkehrten – verglichen mit dem für die Klinik üblichen Durchschnitt von 28 Prozent. Nicht alle Untersuchungen von Token Economies berichten von solchen Langzeiterfolgen. Es scheint jedoch, dass die Token Economies, die für den Patienten allmählich und nicht abrupt beendet werden, sowie jene, die Unabhängigkeit und Eigenständigkeit betonen, am ehesten dauerhafte Verbesserungen bewirken (Kadzin, 1983).

Seit ungefähr 1980 werden Token Economies in psychiatrischen Kliniken und anderen Einrichtungen nur noch selten eingesetzt. Trotz der Anhaltspunkte dafür, dass Token Economies zu Verhaltensverbesserungen führen, erhält heute nur ein kleiner Prozentsatz von Psychiatrie-Patienten diese Form der Behandlung (LePage, 1999). Nach Glynn (1990) sind mehrere Faktoren für den nachlassenden Einsatz von Token Economies verantwortlich. Erstens brauchen Token Economies lange, bis sie zu einer nachhaltigen Verhaltensänderung führen, wohingegen die durchschnittliche Dauer von Klinikaufenthalten im Verlauf der letzten Jahre stark zurückgegangen ist. Zweitens ist die Durchführung von Token Economies schwierig und ihr Erfolg hängt von Kooperation und harter Arbeit eines gut ausgebildeten Personals ab. Es wurde immer mehr Gewicht auf die pharmakologische Behandlung von Psychiatrie-Patienten gelegt und infolgedessen sind Verhaltenstherapeuten, die vorzugsweise mit Token Economies arbeiten, seltener als früher im psychiatrischen Bereich tätig. Zudem gibt es inzwischen Gerichtsurteile, die einschränken, was in einem Token-Economy-Programm von Rechts wegen erlaubt ist. Aus diesen und anderen Gründen ist der verstärkte Einsatz von Token Economies in psychiatrischen Kliniken in naher Zukunft unwahrscheinlich.

Während einerseits ihre Anwendung in der Psychiatrie zurückgegangen ist, werden Token Economies andererseits häufig in Schulen eingesetzt. Tokens werden z.B. für gute schulische Leistungen oder richtiges Verhalten ausgegeben (Swain & McLaughlin, 1998). In einem Beispiel wurde das Verhalten von Sonderschülern verbessert, indem sie Tokens für bestimmte Verhaltensweisen bekamen, z.B. wenn sie aufpassten, sich angemessen ausdrückten, mit anderen zusammenarbeiteten und Anweisungen befolgten (Cavalier, Ferretti & Hodges, 1997). Lehrer können ein System einführen, in dem Tokens gegen Knabbereien, kleine Preise oder die Erlaubnis zu besonderen Aktivitäten eingetauscht werden können.

Seit über zwei Jahrzehnten ist ein Token-Programm zur Verhaltenssteuerung in einem Studentenwohnheim an der Universität von Kansas in Kraft. In diesem Wohnheim ist die Miete niedriger und die Zufriedenheit der Studenten größer, weil ihnen die Verantwortung für viele Aufgaben übertragen wird. Zu den Aufgaben der Studenten gehören die Ausschreibung von freien Zimmern, das Kassieren der Mieten, der Einkauf von Lebensmitteln und die Zubereitung von Mahlzeiten, Putzen, kleinere Reparaturen und vieles andere. Um sicherzustellen, dass diese Arbeiten erledigt werden, wurde für jede Arbeitsaufgabe eine Tätigkeitsbeschreibung formuliert; darüber hinaus wird die Ausführung der Aufgaben kontrolliert und schriftlich dokumentiert und schließlich können die Studenten einen Mietnachlass verdienen, indem sie die ihnen zugeteilten Arbeiten erledigen. Gleichzeitig werden Geldstrafen verhängt, wenn ein Student einem Großteil seiner Pflichten nicht nachkommt.

Um zu ermitteln, ob dieses Verhaltenssteuerungsprogramm tatsächlich für den reibungslosen Betrieb des Wohnheims verantwortlich war, wurde das Token-Programm ausgesetzt und die Studenten erhielten den maximalen Mietnachlass, gleichgültig ob sie ihre Aufgaben erfüllt hatten oder nicht (Johnson, Welsh, Miller & Altus, 1991). Abbildung 7.7 zeigt die Ergebnisse dieses Experiments. Während der fünf Wochen, in denen das Verhaltenssteuerungs-Programm in Kraft war, führten die Studenten ungefähr 85 Prozent der ihnen zugeteilten Aufgaben aus. In den vier Wochen, in denen das Programm aufgehoben war, fiel die Zahl der erledigten Pflichten stetig bis auf unter 65 Prozent. (Der einzige, der seine Aufgaben unvermindert erfüllte, war der Student, der für den Lebensmitteleinkauf verantwortlich war – er stand offensichtlich unter starkem sozialen Druck, für ausreichenden Lebensmittelvorrat im Haus zu sorgen.) Die Ausführung der Aufgaben verbesserte sich schnell, als das Programm wieder in Kraft gesetzt wurde, und eine Folgeuntersuchung fünf Jahre später zeigte einen kontinuierlich hohen Grad an Aufgabenerfüllung. Ein besonders ermutigendes Merkmal dieses Projekts ist, dass sich die Studenten an der Entwicklung des Verhaltenssteuerungs-Programms aktiv beteiligten und das Programm mit nur minimaler Kontrolle durch einen Verhaltenstherapeuten weiter erfolgreich funktionierte.

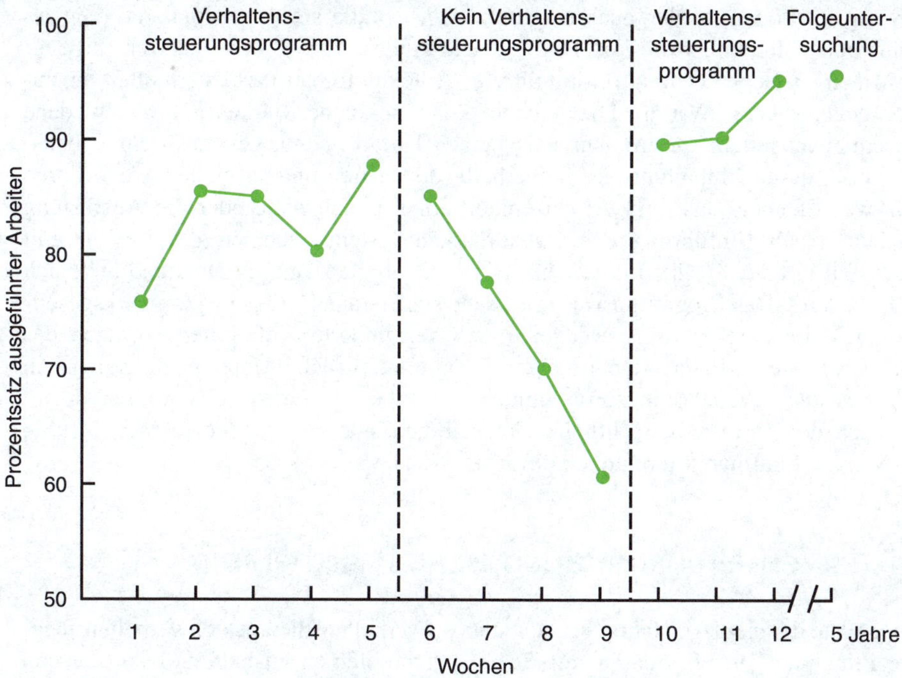

Abbildung 7.7: Der Prozentsatz der Arbeiten, die in einem Studentenwohnheim ausgeführt wurden, als ein Verhaltenssteuerungsprogramm in Kraft war, als das Programm aufgehoben und als es wieder eingesetzt wurde (Johnson, Welsh, Miller & Altus, 1991).

7.5.3 Verstärkung der Arbeitsleistung von Mitarbeitern

In den letzten Jahren haben sowohl kleine als auch große Betriebe begonnen, die Prinzipien der operanten Konditionierung anzuwenden, um die Produktivität zu steigern und das Fehlen am Arbeitsplatz sowie Arbeitsunfälle zu reduzieren. Eine Studie von Wallin und Johnson (1976) veranschaulicht den potentiellen Nutzen dieses Vorgehens. In einer kleinen Elektronikfirma, in der Unpünktlichkeit und Abwesenheit zum Problem geworden waren, durften Mitarbeiter an einer monatlichen Lotterie teilnehmen, wenn sie im letzten Monat immer zur Arbeit erschienen waren. Die Namen aller Angestellten mit lückenlosen Anwesenheitsnachweisen wurden in einen Korb gelegt und eine willkürliche Ziehung ermittelte den Gewinner eines 10-Dollar-Preises. Da die Lotterie ein Beispiel für einen RR-Plan war, hätten wir vorhersagen können, dass sie ein konstantes Verhalten bewirken sollte, vorausgesetzt, der Verstärker war ausreichend. Anscheinend war das so, denn in den ersten elf Monaten nach Einführung der Lotterie betrugen die Fehlzeiten 30 Prozent weniger als in den elf Monaten davor. Durch dieses einfache Programm, das nur $ 110 kostete, sparte sich die Firma in diesem Zeitraum mehr als $ 3.100 an Krankengeld ein. Finanzielle Verstärker sind jedoch nicht immer nötig. Werner (1992) fand heraus, dass Fehlzeiten schon dann wesentlich zurückgehen, wenn man die zuverlässige Anwesenheit von Mitarbeitern öffentlich würdigt.

Verstärkungsmethoden werden auch eingesetzt, um Unfälle am Arbeitsplatz zu reduzieren. Zum Beispiel schilderten Fox, Hopkins und Anger (1987), wie Bergwerksarbeiter zweier Minen als Gegenleistung für unfallfreies Arbeiten Rabattmarken erhielten (einzutauschen gegen diverse Waren). Die Arbeiter konnten solche Marken auf verschiedene Weise verdienen: indem sie ein Jahr lang keinen Unfall hatten, der zu ihrem Arbeitsausfall führte, durch Einhaltung der Sicherheitsvorschriften und so weiter. Sie verloren Marken, wenn jemand aus ihrer Arbeitseinheit einen Unfall hatte oder die Ausrüstung beschädigte. Nach Einführung des Rabattmarken-Systems nahmen die Unfälle mit Arbeitsausfall in beiden Minen um mehr als zwei Drittel ab, und dieser Stand hielt sich einige Jahre lang. Das Programm war auch sehr kostengünstig für die Bergwerksgesellschaften: Die finanziellen Einsparungen durch verminderte Unfallraten betrugen das 15fache der Kosten für das Rabattmarken-Programm. Etliche Untersuchungen haben gezeigt, dass solche Verstärkungsprogramme sowohl die Zahl der Arbeitsunfälle reduzieren als auch den Firmen beträchtliche Geldsummen sparen (McAfee & Winn, 1989; Sulzer-Azaroff, Loafman, Merante & Hlavacek, 1990).

7.5.4 Verhaltenstherapeutische Paartherapie

Seit etwa Mitte der siebziger Jahre wenden manche Verhaltenstherapeuten verhaltenstheoretische Prinzipien an, um Paaren mit Beziehungsproblemen zu helfen. Jacobson und Dallas (1981) erkannten, dass bei vielen unglücklichen Paaren jeder der Partner dazu neigt, auf Drohungen, Bestrafung und Vergeltung zurückzugreifen, während er versucht, etwas vom anderen zu bekommen. Aus diesem Grund sollen in der Anfangsphase der Therapie positivere Interaktionen zwischen den Partnern gefördert werden. Um den gegenseitigen Austausch von Verstärkern zwischen den Partnern zu unterstützen, wird oftmals ein Kontingenzvertrag geschlossen. Ein **Kontingenzvertrag** ist eine schriftliche Vereinbarung, die die Pflichten (geforderte Verhaltensweisen) jeder Seite sowie die Vorteile (Verstärker) auflistet, die sich aus der Erfüllung der Pflichten ergeben (Stuart, 1971). In den meisten Fällen sind beide Partner an der Abfassung des Vertrags aktiv beteiligt und bezeugen durch ihre Unterschrift ihre Zustimmung zu den Vertragsbedingungen.

Ein Kontingenzvertrag kann helfen, den Austausch von Verstärkern zu fördern und jeden Partner wissen zu lassen, welches Verhalten sich der andere wünscht. Zum Beispiel stimmt der Mann zu, abends den Abwasch zu machen, allerdings nur unter der Bedingung, dass die Frau an diesem Tag die Kinder morgens zur Schule gebracht hat. Umgekehrt stimmt die Frau zu, die Kinder am nächsten Tag zur Schule zu bringen, vorausgesetzt, dass der Mann am Abend zuvor gespült hat. Jacobson und Dallas zufolge hat der Einsatz eines schriftlichen Vertrags mehrere Vorteile: *„Er stellt eine öffentliche Änderungsverpflichtung dar; er reduziert die Wahrscheinlichkeit des Vergessens; und er hindert jeden Partner daran, nachträglich die Vereinbarungsbedingungen zu verdrehen“* (S. 390). Dieser Teil der Verhaltenstherapie für Paare wird **Verhaltensaustausch** genannt, weil jeder Partner sich um bestimmte Verhaltensweisen bemüht, die den anderen erfreuen.

Verhaltensaustausch ist nur ein Teil der verhaltenstherapeutischen Paartherapie. Eine weitere wichtige Komponente ist das Training von **Kommunikation und Problemlösung**. N.S. Jacobson (1977) zufolge haben unglückliche Paare oft Kommunikationsprobleme und finden es schwierig, auch nur kleinste auftretende Probleme zu lösen. Als Teil der Therapie liest ein Paar erst ein Buch über das Problemlösen in Beziehungen. Anschließend versuchen sie ein kleineres Problem zu lösen, während der Therapeut zuschaut. Zum Beispiel könnte sich die Frau darüber beklagen, dass sie es nicht mag, ihren Mann immer wieder daran erinnern zu müssen, dass er den Müll nach draußen bringt. Das Paar versucht dann, für dieses kleine Problem eine Lösung zu finden, die beide Partner zufrieden stellt, und wenn einer auf unangemessene Weise reagiert, unterbricht der Therapeut, macht auf den Fehler aufmerksam und schlägt eine alternative Reaktion vor. Nach einigem Ausprobieren findet das Paar normalerweise eine Lösung für das Problem. Mit der Zeit arbeiten sie sich allmählich an größere Probleme heran und als „Hausaufgaben" sollen sie allabendliche Problemlösungs-Sitzungen durchführen und ihre Ergebnisse dabei festhalten.

Verhaltenstherapie scheint ein viel versprechendes Verfahren zur Behandlung von Beziehungsschwierigkeiten zu sein: Ein Bericht über 17 verschiedene Studien kam zu dem Schluss, dass sich die Aussichten für die erfolgreiche Lösung von Beziehungsproblemen durch verhaltenstherapeutische Paartherapie mehr als verdoppeln (Halweg & Markman, 1988). Jacobson und Addis (1993) stellten fest, dass für den langfristigen Erfolg der Behandlung beide Komponenten verhaltenstherapeutischer Paartherapie – Verhaltensaustausch und Problemlösungs- und Kommunikationstraining – unbedingt erforderlich sind. Obwohl diese Techniken nicht für jeden das Richtige sind, können sie doch vielen unglücklichen Paaren helfen, die Qualität ihrer Beziehung zu verbessern.

Wie die meisten anderen Varianten der Verhaltenstherapie ist diese Paartherapie kein festes, unveränderliches System – sie entwickelt sich weiter, während Therapeuten mit neuen Techniken experimentieren und deren Wirksamkeit messen. Weil verhaltenstherapeutische Paartherapie in der Regel keinen Erfolg hat, wenn die Partner feindselig, unkooperativ und unflexibel sind, fügt eine Variante, als **integrative Paartherapie** bekannt, den hier beschriebenen Techniken eine als *Akzeptieren* bezeichnete erste Phase hinzu (Christensen & Jacobson, 2000). Während dieser Akzeptanzphase hilft der Therapeut den Partnern zu lernen, die Fehler und Unzulänglichkeiten des anderen (in gewissen Grenzen) zu tolerieren und Unterschiede in Einstellungen, Gefühlen und Vorlieben als gesunden Teil einer Beziehung zu betrachten – und nicht als etwas, das beseitigt werden muss. Mit anderen Worten: Die Partner werden aufgefordert, die Prämisse anzunehmen, dass kein Partner perfekt ist und Unterschiede akzeptiert werden müssen, damit eine Beziehung gelingen kann. Erste Ergebnisse lassen darauf schließen, dass die integrative Paartherapie eine höhere Erfolgsquote hat als eine verhaltenstherapeutische Paartherapie ohne die Akzeptanzphase (Jacobson, Christensen, Prince, Cordova & Elridge, 2000).

> **WWW**
>
> Ausgewählte Artikel aus dem *Journal of Applied Behavior Analysis* sind online erhältlich unter `http://www.env-med.rochester.edu/wwwvgl/jaba_articles/jaba_articles.htm`.

7.5.5 Zusammenfassung

Die erfolgreiche Anwendung der Verstärkungsprinzipien auf einen weiten Bereich von Verhaltensproblemen liefert den eindeutigen Nachweis, dass die Erforschung der operanten Konditionierung im Labor relevant für das Verhalten in der Realität ist. Eine oft vorgebrachte Kritik an der Verhaltenstherapie ist jedoch, dass diese Prinzipien nichts Neues sind – dass man schon immer Belohnung und Bestrafung eingesetzt hat, um das Verhalten anderer zu beeinflussen. Kadzin (1980) wendet ein, dass diese Kritik aus mehreren Gründen ungerechtfertigt sei. Zunächst einmal seien sich viele Menschen nicht bewusst, wie sich ihre Handlungen auf das Verhalten anderer auswirken, und verstärken deshalb unabsichtlich gerade die Verhaltensweisen, die sie gerne beseitigen würden. Die Eltern, die schließlich den Bitten eines Kindes nachgeben, wenn das Kind quengelt oder einen Trotzanfall hat, verstärken Quengeln und Wutanfälle nach einem VI-Plan. Der Krankenpfleger in der Psychiatrie, der mitfühlend zuhört, wenn ein Patient über eingebildete Krankheiten klagt oder unglaubwürdige Geschichten erzählt, verstärkt dieses sonderbare verbale Verhalten durch Aufmerksamkeit. Diese und zahllose andere Beispiele zeigen, dass viele Menschen nur wenig von den Grundprinzipien der Verstärkung verstehen.

Kadzin konstatiert auch, dass die Verstärkungsregeln in einem Verhaltenstherapie-Programm zwar systematisch und konsequent angewandt werden, dies sei aber nur selten der Fall, wenn der Durchschnittsmensch Verstärker gebraucht. Eine Mutter stellt vielleicht die Regel auf, dass ein Kind sich ein Extrataschengeld verdienen kann, wenn es jeden Abend abtrocknet. Manchmal jedoch, wenn das Kind über Müdigkeit klagt, wird die Mutter dem Kind die Arbeit erlassen und ihm trotzdem das Geld geben (und dadurch Klagen verstärken). An einem anderen Tag, an dem die Mutter schlecht gelaunt ist, führt dieselbe Klage vielleicht dazu, dass das Kind einen Klaps bekommt.

Ein letztes Argument gegen die Behauptung, dass die Prinzipien der operanten Konditionierung dem „gesunden Menschenverstand" entsprechen, lautet, dass eine bruchstückhafte Kenntnis der Verstärkungsregeln nicht das Gleiche wie umfassendes Wissen ist. Verhaltenstherapeuten wissen sicher nicht alles darüber, wie Verstärkung funktioniert, aber sie wissen wesentlich mehr als der Durchschnittsmensch. Überlegen Sie, wie viele der Prinzipien der operanten Konditionierung Ihnen bekannt waren (zumindest im Rahmen des gesunden Menschenverstands), bevor Sie dieses Kapitel zu lesen begonnen haben. Sie hatten vielleicht eine Vorstellung davon, wie primäre und konditionierte Verstärker Verhalten ändern können, aber wenn Sie keine Erfahrung mit dem Training von Tieren haben, sind Ihnen die Methoden Shaping, Rückwärtsverkettung, Prompting, Fading und Diskriminationslernen wahrscheinlich nicht vertraut gewesen. Sie würden es vermutlich schwierig finden, die unterschiedlichen Verhaltensmuster vorherzusagen, die die vier einfachen Verstärkungspläne während der Akquisitions- oder der Löschungsphase bewirken. (Wenn Sie das nicht glauben, versuchen Sie einmal, die vier einfachen Pläne einem psychologisch nicht geschulten Freund zu beschreiben, um zu sehen, ob er das von diesen Plänen verursachte Verhalten voraussagen kann.) Die Feinheiten und die Vielschichtigkeit operanten Verhaltens liegen nicht auf der Hand, und sorgfältige Experimente waren notwendig, um sie aufzuzeigen. Weitere psychologische Forschungsarbeiten auf diesem Gebiet sollten das Verständnis dessen, wie nicht gelenktes, „spontanes" Verhalten von seinen Konsequenzen beeinflusst wird, vertiefen und erweitern.

Zusammenfassung

Ein fester Quotenplan (FR) verabreicht nach einer festgelegten Anzahl an Reaktionen einen Verstärker und bewirkt normalerweise eine Nachverstärkungspause, gefolgt von schnellen Reaktionen. Ein variabler Quotenplan (VR) verabreicht einen Verstärker nach einer variablen Zahl von Reaktionen und führt in der Regel zu schnellem gleichmäßigen Reagieren. Bei einem festen Intervallplan (FI) ist die Verstärkungsvoraussetzung eine Reaktion nach einer festgelegten Zeitspanne. Individuen weisen oft eine Nachverstärkungspause und dann ein sich beschleunigendes Reaktionsmuster auf. Variable Intervallpläne (VI) sind ähnlich, mit der Einschränkung, dass die Zeitspanne vor der Verstärkung variabel ist, und bewirken gewöhnlich gemäßigte, regelmäßige Reaktionsraten.

Die Performanz bei einem Verstärkungsplan kann von verschiedenen Faktoren beeinflusst werden: Qualität und Menge der Verstärkung, Reaktionsaufwand sowie Motivationsgrad und frühere Erfahrungen des Individuums. Die Reaktionen von Versuchspersonen können auch von Regeln bestimmt werden, die sie gelernt oder selbst aufgestellt haben. Wenn die Verstärkung aufhört, erfolgt erfahrungsgemäß die Löschung nach kontinuierlicher Verstärkung schnell, nach FI oder FR langsamer und nach VI oder VR am langsamsten.

Wie experimentelle Analysen gezeigt haben, ist die Nachverstärkungspause bei FR-Plänen hauptsächlich darauf zurückzuführen, dass jeder Verstärker ein Signal dafür ist, dass vor dem nächsten Verstärker viele Reaktionen ausgeführt werden müssen. Mit Blick auf die Frage, warum VR-Pläne schnellere Reaktionen als VI-Pläne produzieren, erklärt die IRT Reinforcement Theory, dass bei VI-Plänen oftmals lange Pausen verstärkt werden, bei VR-Plänen jedoch mit höherer Wahrscheinlichkeit Blöcke schneller Reaktionen. Einer anderen Theorie zufolge lernen Individuen, dass schnelleres Reagieren bei VR-, nicht aber bei VI-Plänen mehr Verstärker einbringt.

Verstärkungspläne werden häufig in der Verhaltenstherapie eingesetzt. Autistischen Kindern wird mit Hilfe von positiver Verstärkung, von Shaping, Prompting und Fading das Sprechen beigebracht. Token Economies und andere Verstärkungstechniken werden in manchen psychiatrischen Kliniken, Schulen und Firmen eingesetzt. In der Verhaltenstherapie für Paare helfen Kontingenzverträge den Partnern, den Austausch positiver Verstärker zu fördern.

Wiederholungsfragen

1. Beschreiben Sie für jeden der vier Hauptverstärkungspläne die Verstärkungsregel, das typische Reaktionsmuster sowie die Löschungsrate und führen Sie ein Beispiel aus dem realen Leben an, das diesem Plan nahe kommt.
2. Welche anderen Faktoren außer dem Plan selbst können die Performanz bei einem Verstärkungsplan beeinflussen? Listen Sie mindestens vier Faktoren auf und nennen Sie für jeden Faktor ein konkretes Beispiel zur Veranschaulichung.
3. Was ist der Unterschied zwischen molekularen und molaren Verhaltenstheorien? Beschreiben Sie sowohl eine molekulare als auch eine molare Theorie, die erklärt, warum die Reaktionen bei VR-Plänen in der Regel schneller als bei VI-Plänen erfolgen.
4. Nennen Sie einige Beispiele dafür, wie die Prinzipien der operanten Konditionierung in der Verhaltenstherapie eingesetzt werden. Verwenden Sie bei der Schilderung der Methoden so viele unterschiedliche Begriffe und Prinzipien der operanten Konditionierung wie möglich.

Kapitel

8 Vermeidung und Bestrafung

In diesem Kapitel

Kapitel 6 und 7 waren ganz dem Thema positive Verstärkung gewidmet, einem Verfahren, in dem auf eine Reaktion ein bestimmter Reiz (Verstärker) folgt und als Konsequenz die Reaktion gestärkt wird. Skinner zufolge ist die positive Verstärkung jedoch nur eines von vier möglichen Verhältnissen zwischen einem Verhalten und seinen Folgen. Abbildung 8.1 zeigt diese vier Möglichkeiten in Form eines 4-Felder-Schemas. Erstens kann nach Auftreten eines Verhaltens ein Stimulus entweder präsentiert oder weggenommen (alternativ: weggelassen) werden. In beiden Fällen könnte das Resultat entweder eine Zu- oder eine Abnahme des Verhaltens sein – in Abhängigkeit von der Art des Stimulus, der präsentiert oder entzogen wird. Die Vorgehensweise in Feld 1 des Schemas (positive Verstärkung) haben wir bereits gründlich untersucht. Das folgende Kapitel wird sich auf die anderen drei Felder konzentrieren.

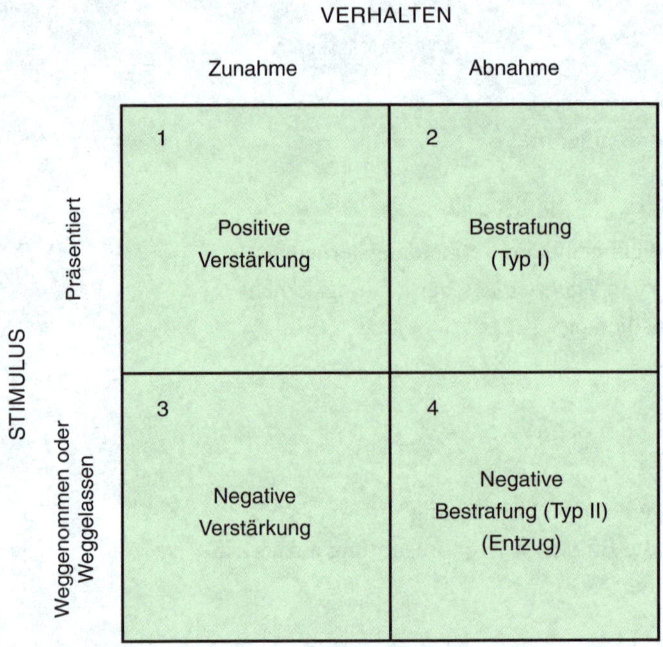

Abbildung 8.1: Ein 4-Felder-Schema, das jeweils zwei Arten von Verstärkung und Bestrafung darstellt.

Wir wollen mit einigen Definitionen beginnen. Bei der **negativen Verstärkung** (Feld 3) nimmt die Frequenz eines Verhaltens zu, wenn ein Stimulus nach Auftreten des Verhaltens weggenommen wird. Ein Beispiel für negative Verstärkung ist, wenn jemand eine Kopfschmerztablette nimmt und anschließend die Kopfschmerzen verschwinden. In diesem Fall erfolgt durch das ausgeführte Verhalten eine **Flucht** vor der Qual der Kopfschmerzen. Als Konsequenz sollte dieses Verhalten zukünftig gestärkt sein: Das nächste Mal, wenn die Person Kopfschmerzen hat, wird sie wahrscheinlich wieder ein Tablette nehmen. Der Begriff *negative Verstärkung* schließt auch Fälle der **Vermeidung** ein, bei denen eine Reaktion verhindert, dass ein unangenehmer Reiz überhaupt erst auftritt. Wer z.B. seine Einkommenssteuer zahlt, vermeidet die unangenehmen Folgen des Zahlungsversäumnisses. Es ist eindeutig nachgewiesen, dass sowohl positive als auch negative

Verstärkung die Wahrscheinlichkeit des betroffenen Verhaltens steigern. Die Bezeichnung *positiv* zeigt an, dass einem Verhalten ein Stimulus folgt; das Wort *negativ* bedeutet, dass ein Stimulus entfernt (weggenommen oder ganz vermieden) wird, wenn sich ein bestimmtes Verhalten zeigt.

Vom Verfahren her ähneln die Felder 2 und 4 den Feldern 1 und 3, nur wird jeweils der entgegengesetzte Reiztyp verwendet. Feld 2 stellt die Methode der **Bestrafung** (oder Bestrafung Typ I) dar, bei der ein Verhalten von einem unangenehmen Reiz gefolgt wird. Um die Tatsache zu unterstreichen, dass ein Stimulus präsentiert wird, können wir dieses Verfahren auch *positive Bestrafung* nennen, aber dieser Begriff wird selten benutzt. Feld 4 zeigt die **negative Bestrafung** (oder Bestrafung Typ II), bei der als Folge eines Verhaltens ein angenehmer Reiz beseitigt oder entzogen wird. Statt negativer Bestrafung wird häufig der Begriff **Entzug** verwendet. Ein Beispiel für negative Bestrafung ist, wenn sich Eltern weigern, ihrem Kind das übliche wöchentliche Taschengeld zu geben, nachdem es ein unerwünschtes Verhalten gezeigt hat (z.B. abends zu spät nach Hause gekommen ist).

Der erste Teil dieses Kapitels befasst sich mit einer Reihe von Experimenten zu negativer Verstärkung und erörtert einige der theoretischen Fragen der Vermeidung, über die Psychologen seit Jahren diskutieren. Zunächst wollen wir die zwei Arten von Bestrafungsmethoden betrachten. Obwohl Bestrafung – theoretisch – das Gegenteil von Verstärkung ist, sind einige Psychologen zu dem Schluss gekommen, dass in der Praxis Bestrafung keine wirksame Form der Verhaltenskontrolle ist. Wir wollen Ergebnisse und Befunde prüfen und versuchen, eigene Schlussfolgerungen zu ziehen. Zuletzt werden wir uns damit befassen, wie Bestrafung in der Verhaltenstherapie eingesetzt wird.

8.1 Vermeidung

8.1.1 Ein typisches Experiment

R. L. Solomon und Wynne (1953) führten ein Experiment durch, das viele der Eigenschaften negativer Verstärkung beleuchtet. Ihre Versuchstiere waren Hunde und ihre Vorrichtung ein **Zweikammerkäfig** – ein Käfig, der aus zwei rechteckigen Kammern bestand, die durch eine mehrere Zentimeter hohe Wand getrennt waren. Ein Versuchstier konnte einfach durch den Sprung über diese Trennwand von einer Kammer zur anderen wechseln. Jede Kammer hatte einen Metallboden, der unter Strom gesetzt werden konnte, um einen unangenehmen Reiz – einen Elektroschock – zu verabreichen. Die einzigen anderen beachtenswerten Merkmale des Käfigs waren zwei Deckenlampen, die unabhängig voneinander die Kammern erhellten. Bei jeder Experimentalsitzung erhielt ein Hund zehn Durchgänge, in denen er vor einem Schock fliehen oder ihn vermeiden konnte, indem er über die Trennwand in die andere Kammer sprang. Alle paar Minuten wurde das Licht über dem Hund abgedreht (aber das Licht in der anderen Kammer blieb an). Wenn der Hund in der dunklen Kammer blieb, wurde der Boden nach zehn Sekunden unter Strom gesetzt und das Tier bekam Elektroschocks, bis es über die Barriere in die andere Kammer sprang. Auf diese Weise konnte der Hund durch einen Sprung über die Trennwand vor dem Schock *fliehen*. Der Hund konnte den Elektroschock jedoch auch ganz *vermeiden*, indem er über die Barriere sprang, bevor die zehn Sekunden verstrichen waren. Beim nächsten Versuch waren die Kontingenzen dieselben, nur war jetzt eine andere Reaktion gefordert, um dem Elektroschock zu entfliehen oder ihn zu vermeiden: ein Sprung zurück in die erste Kammer.

Bei jedem Durchgang maßen Solomon und Wynne die Latenz der Sprungreaktion von dem Augenblick an, in dem das Licht über dem Hund ausging. Die Latenzen waren bei den ersten Durchgängen meistens größer als zehn Sekunden und konnten damit als **Fluchtreaktionen** eingestuft werden – die Sprungreaktion setzte erst nach dem elektrischen Schlag ein. Etwa beim fünften Durchgang sank jedoch die Reaktionslatenz eines Hundes auf weniger als zehn Sekunden. Er führte also jetzt eine **Vermeidungsreaktion** aus – indem das Tier die Barriere übersprang, kurz nachdem das Licht ausgegangen war, bekam es keinen Elektroschock.

Nach einigen dutzend Durchgängen gingen die Reaktionslatenzen auf durchschnittlich zwei oder drei Sekunden zurück und waren bei den letzten Sitzungen des Experiments in der Regel durchgängig kleiner als zehn Sekunden. Tatsächlich beobachteten Solomon und Wynne, dass viele Hunde nach ihrer ersten Vermeidungsreaktion nie wieder einen Elektroschock bekamen – alle folgenden Latenzen waren kleiner als zehn Sekunden. Ergebnisse wie diese hatten frühere Theoretiker (Mowrer, 1947; Schoenfeld, 1950) veranlasst, über eine Frage nachzudenken, die auch **Vermeidungsparadox** genannt wird: Wie kann das Nichteintreten eines Ereignisses (Elektroschock) als Verstärker für eine Vermeidungsreaktion dienen? Beachten Sie, dass Fluchtreaktionen kein Problem für eine Verstärkungsanalyse darstellen, weil hierbei die Reaktion zu einer Veränderung in einem hedonistisch bedeutsamen Stimulus führt – die Anwesenheit eines Elektroschocks wird zu Abwesenheit, wenn die Fluchtreaktion ausgeführt wird. Halten Sie sich andererseits einen Versuch vor Augen, bei dem einer von Solomon und Wynnes Hunden fünf Sekunden, nachdem das Licht ausgeschaltet worden war, reagierte. Ein solcher Vermeidungsversuch bedeutete keine Veränderung in den Elektroschock-Bedingungen – es gab keinen Elektroschock vor und keinen nach der Reaktion. Nach Meinung der frühen Vermeidungstheoretiker konnte ein nicht erlebter Stromschlag nicht als Verstärker dienen. Diese Frage den Ursachen für die Aufrechterhaltung von Vermeidungsreaktionen führte zur Entwicklung einer einflussreichen Vermeidungstheorie, die als **Zweifaktorentheorie** oder **Zweiprozesstheorie** bekannt ist.

8.1.2 Zweifaktorentheorie

Die zwei Faktoren oder Prozesse dieser Theorie sind die klassische und die operante Konditionierung, und ihr zufolge sind beide erforderlich, damit Vermeidungsreaktionen auftreten (Mowrer, 1947). Die Rolle, die jeder dieser Faktoren spielen soll, kann anhand des Experiments von Solomon und Wynne verdeutlicht werden. Eine unkonditionierte Reaktion auf Schock ist Angst, und diese Reaktion spielt eine entscheidende Rolle in der Theorie. Durch klassische Konditionierung wird diese Angst von einem US (Elektroschock) auf einen CS übertragen (ein Stimulus, der dem elektrischen Schock vorausgeht).

Bei dem Experiment von Solomon und Wynne war der CS eindeutig die zehn Sekunden dauernde Dunkelheit, die jedem Elektroschock voraus ging. Nach ein paar Durchgängen reagierte ein Hund voraussichtlich mit Angst auf die Dunkelheit. Diese Konditionierung einer Angstreaktion auf einen anfänglich neutralen Stimulus ist der erste Prozess der Theorie.

Mowrer überlegte, dass Angst nicht nur eine Reaktion ist, sondern auch verschiedene Eigenschaften eines Reizes aufweist – ein Individuum kann Veränderungen in der Herzfrequenz, in der Atmung sowie andere körperliche Reaktionen spüren. Jeder wird vermutlich zustimmen, dass die Empfindungen, die eine Angstreaktion begleiten, unangenehm sind. Nach Mowrer wird eine so genannte Vermeidungsreaktion von der Angstreduktion verstärkt, die mit der Entfernung des angstauslösenden CS einhergeht. In dem Experiment von Solomon und Wynne konnte ein Hund von einer dunklen in eine erleuchtete Kammer fliehen, indem er die Barriere übersprang. Daher besteht die Komponente der operanten Konditionierung in der Verstärkung der Vermeidungsreaktion. Dies geschieht dadurch, dass die Beendigung des CS (in diesem Beispiel die Dunkelheit) Angst reduziert.

Es muss betont werden, dass in der Zweifaktorentheorie die – üblicherweise so bezeichneten – „Vermeidungsreaktionen" in Fluchtreaktionen umdefiniert werden. Nach dieser Theorie ist der Verstärker für eine Vermeidungsreaktion nicht die Vermeidung von Schock, sondern die Flucht vor einem angstauslösenden CS. Mit diesem theoretischen Manöver löst die Zweifaktorentheorie das Vermeidungsparadox. Wenn die Theorie stimmt, müssen wir uns nicht länger fragen, wie das Nichtauftreten eines Ereignisses, wie z.B. eines Stromschlags, ein Verhalten verstärken kann. Die Beseitigung eines angstauslösenden CS ist eine erkennbare Veränderung in den Stimulusbedingungen, die sicherlich als negativer Verstärker agieren kann. Kurz gesagt, nach der Zweifaktorentheorie hat die Beseitigung des Schocksignals, die durch das Vermeidungsverhalten erreicht wird, den gleichen Stellenwert wie die Beendigung des Schocks, die das Fluchtverhalten bewirkt – beides sind tatsächliche Veränderungen der Stimulation, die als Verstärker dienen können.

8.1.3 Belege für die Zweifaktorentheorie

Weil die Rolle des angstauslösenden CS so entscheidend für die Zweifaktorentheorie ist, überrascht es nicht, dass viele Experimente untersucht haben, wie solche Stimuli Vermeidungsverhalten beeinflussen können. Diese Forschungen stützen die Zweifaktorentheorie auf verschiedene Weise. In einer Gruppe von Experimenten (Rescorla & LoLordo, 1965; Weisman & Litner, 1969) erzeugte man in einem Kontext einen angstauslösenden CS und beobachtete dann seine Wirkungen, wenn er in einer anderen Situation, in der ein Tier bereits Vermeidungsreaktionen ausführte, präsentiert wurde. Zum Beispiel trainierten Rescorla und LoLordo (1965) Hunde in einem Zweikammerkäfig, in dem durch einen Sprung in die andere Kammer ein Stromschlag aufgeschoben wurde. Anschließend durchliefen die Hunde Konditionierungsdurchgänge, bei denen ein Ton mit dem Elektroschock gepaart war. Schließlich wurden die Tiere zu der Vermeidungsaufgabe zurückgeführt und ab und zu wurde der Ton präsentiert (aber nicht mehr gefolgt von einem elektrischen Schlag). Immer wenn der Ton erklang, nahm das Springen über die Barriere drastisch zu. Dieses Ergebnis zeigt, dass ein Stimulus, der speziell als Angst-CS trainiert ist, vorhandenes Vermeidungsverhalten erweitern kann.

Andere Experimente, die die Zweifaktorentheorie stützen, haben gezeigt, dass das Signal für einen Elektroschock in einer typischen Vermeidungssituation tatsächlich aversive Eigenschaften annimmt und Tiere eine neue Reaktion erlernen können, die zur Beseitigung des Signals führt. In einem frühen Experiment versuchte N. E. Miller (1948), aus einer weißen Kammer einen aversiven Reiz zu machen, indem er Ratten einen Elektroschock versetzte, während sie in dieser Kammer waren. Von da an wurden keine Elektroschocks mehr gegeben, aber Miller stellte fest, dass eine Ratte eine neue Reaktion, das Drehen eines Rades, lernte, wenn durch diese Reaktion eine Tür geöffnet und der Ratte die Möglichkeit gegeben wurde, aus der weißen Kammer zu fliehen. In der nächsten Phase war das Drehen des Rades keine wirksame Reaktion mehr; stattdessen konnte eine Ratte aus der weißen Kammer entkommen, indem sie einen Hebel drückte. Millers Versuchstiere erlernten irgendwann auch die zweite neue Reaktion.

Nach Millers Berichten lernten die Ratten diese neuen Reaktionen durch „Versuch und Irrtum“: Jede Reaktion, die die Möglichkeit zur Flucht aus der weißen Kammer mit sich brachte, nahm an Häufigkeit zu. Die Parallele zwischen Millers Ergebnissen und Thorndikes Experimenten, in denen Futter als Verstärker verabreicht wurde, sollte auf der Hand liegen. Bei Millers Versuch war die Gelegenheit, aus der weißen Kammer zu fliehen, die einzige Konsequenz einer Reaktion, und da die angemessene Reaktion zunahm, war dies per definitionem ein Beispiel für negative Verstärkung. Miller kam zu dem Schluss, dass Angst ein „erlernbarer Trieb“ ist und Angstreduktion als Verstärker dienen kann.

Die gerade geschilderten Untersuchungen stützen die Zweifaktorentheorie, weil sie zeigen, dass ein CS, der einen Elektroschock ankündigt, vorhandenes Vermeidungsverhalten beschleunigen und die Beseitigung des CS völlig neue Reaktionen verstärken kann. Dennoch sprechen nicht alle Forschungsergebnisse für die Zweifaktorentheorie. Der nächste Abschnitt behandelt einige der Hauptprobleme dieser Theorie.

8.1.4 Probleme der Zweifaktorentheorie

Vermeidung ohne erkennbare Zeichen von Angst

Ein Problem der Zweifaktorentheorie betrifft die Beziehung zwischen Angst und Vermeidungsreaktionen. Schon lange wird anerkannt, dass diese Beziehung nicht so eindeutig ist, wie die Theorie vorhersagt. Wenn die Theorie stimmt, sollten wir bei Präsentation des Signals für den Elektroschock eine Zunahme und nach der Vermeidungsreaktion eine Abnahme der Angst beobachten können. Um eine solche Untersuchung durchführen zu können, muss ein Experimentator ein objektives, anerkanntes Maß für Angst nehmen. Gewöhnlich wird hierfür die Herzfrequenz eines Tieres gemessen. In einer Studie, die die Zweifaktorentheorie stützt, beobachtete Soltysik (1960) bei Hunden eine gesteigerte Herzfrequenz vor und eine verringerte nach der Vermeidungsreaktion. Leider sprechen die Ergebnisse anderer Studien nicht für die Zweifaktorentheorie. Black (1959) stellte fest, dass die Herzfrequenz der Hunde nach der Vermeidungsreaktion weiter anstieg. In einer Untersuchung mit menschlichen Versuchsteilnehmern fanden Bersh, Notterman und Schoenfeld (1956) keinen erhöhten Pulsschlag, wenn das Schocksignal geübten Probanden präsentiert wurde.

Beginnend mit einigen sehr frühen Studien zum Vermeidungslernen häuften sich die Hinweise darauf, dass erkennbare Anzeichen von Angst verschwinden, wenn Individuen mehr Routine haben. Zum Beispiel beobachteten R. I. Solomon und Wynne (1953), dass zu Anfang ihres Experiments ein Hund verschiedene Anzeichen von Angst zeigte (Winseln, Urinieren, Zittern), wenn das Licht ausgeschaltet wurde. Sobald das Tier aber die Vermeidungsreaktion beherrschte, verschwanden solche offenkundigen Anzeichen von ängstlicher Erregung. Nach der Zweifaktorentheorie sollte die Angst jedoch am größten sein, wenn die Vermeidungsreaktionen am stärksten sind, da angenommen wird, dass Angst die Vermeidungsreaktion anspornt. Andere Untersuchungen bestätigten die Beobachtungen von Solomon und Wynne (z.B. Starr & Mineka, 1977).

Löschung von Vermeidungsverhalten

Wie schon oben beschrieben, beherrschten in dem Experiment von Solomon und Wynne viele der Hunde die Vermeidungsaufgabe schnell, so dass sie nach wenigen Versuchen nie wieder einen Elektroschock bekamen. Aus Sicht der Zweifaktorentheorie ist jeder Versuchsdurchgang, bei dem der Elektroschock vermieden wird, ein Löschungsdurchgang im Rahmen klassischer Konditionierung: Der CS (Dunkelheit) wird präsentiert, aber der US (Elektroschock) nicht. Nach den Prinzipien der klassischen Konditionierung sollte die CR (Angst) bei solchen Löschungsdurchgängen allmählich schwächer werden, bis sie nicht mehr von dem CS ausgelöst wird. Aber wenn die Dunkelheit nicht länger Angst hervorruft, sollte auch die Vermeidungsreaktion nicht mehr vorkommen. So sagt die Zweifaktorentheorie voraus, dass Vermeidungsreaktionen nach einer Reihe von Versuchsdurchgängen ohne Stromstoß langsam abnehmen. Wenn jedoch die Vermeidungsreaktionen nicht mehr auftreten, werden wieder Dunkelheit- Elektroschock-Paarungen präsentiert und die CR Angst sollte erneut konditioniert werden. Sobald dann die Vermeidungsreaktionen von neuem einsetzen, sollte die Angst vor der Dunkelheit wieder zu erlöschen beginnen. Kurz, der Zweifaktorentheorie zufolge sollten Vermeidungsreaktionen in einem zyklischen Muster auftreten und wieder verschwinden.

Entgegen der Zweifaktorentheorie sind solche Zyklen im Vermeidungsverhalten fast nie beobachtet worden. Tatsächlich ist eines der bemerkenswertesten Merkmale von Vermeidungsverhalten seine extreme Löschungsresistenz. Die klassische Arbeit von Solomon und Wynne führte ein gutes Beispiel für diese Löschungsresistenz an. Sie berichten, dass viele ihrer Hunde nach einer ersten Vermeidungsreaktion diese Reaktion in mehreren hundert Versuchsdurchgängen, in denen sie keinen Elektroschock bekamen, beibehielten (Solomon, Kamin & Wynne, 1954). Darüber hinaus stellten sie fest, dass die Reaktionslatenzen während dieser Versuchsdurchgänge weiterhin abnahmen, obwohl kein Elektroschock erfolgte. Daraus lässt sich schließen, dass die Stärke der Vermeidungsreaktion während dieser schockfreien Durchgänge zu- und nicht abnahm.

Solche Ergebnisse stellten die Zweifaktorentheorie in Frage, und viele Psychologen betrachteten die Löschungsresistenz von Vermeidungsverhalten als Hauptproblem der Theorie. Daher überrascht es nicht, dass andere Theorien des Vermeidungsverhaltens entwickelt wurden. Zwei wichtige Alternativen zur Zweifaktorentheorie werden als Nächstes diskutiert.

8.1.5 Einfaktortheorie

Einfach ausgedrückt: Nach der **Einfaktortheorie** ist die Komponente der klassischen Konditionierung, die die Zweifaktorentheorie postuliert, nicht erforderlich. Man muss nicht davon ausgehen, dass die Angstreduktion der Verstärker für eine Vermeidungsreaktion ist, da entgegen den Annahmen der Zweifaktorentheorie die Vermeidung eines Elektroschocks an sich als Verstärker dienen kann. Die Experimente von Sidman (1953) und Herrnstein und Hineline (1966) gehören zu den bekanntesten der für die Einfaktortheorie relevanten Untersuchungen.

Die Sidman-Vermeidungsaufgabe

Murray Sidman (1953) entwickelte ein Vermeidungsverfahren, das heute entweder seinen Namen trägt oder als **freie operante Vermeidung** bezeichnet wird. Bei dieser Methode gibt es kein dem Elektroschock vorausgehendes Signal, aber wenn das Individuum nicht reagiert, tritt der Stromstoß in regelmäßigen Intervallen auf. Zum Beispiel bekam in einer Experimentalbedingung eine Ratte während der ganzen Sitzung alle fünf Sekunden einen elektrischen Schock, wenn sie keine Vermeidungsreaktion ausführte (siehe Abbildung 8.2a). Wenn die Ratte jedoch die Vermeidungsreaktion (einen Hebel drücken) zeigte, erfolgte der nächste Schock erst 30 Sekunden nach der Reaktion. Jede Reaktion verschob den nächsten Schock um 30 Sekunden (Abbildung 8.2b). Wenn sie regelmäßig reagierte (nehmen wir an, alle 20 bis 25 Sekunden), konnte eine Ratte alle Elektroschocks vermeiden. In der Praxis vermieden Sidmans Ratten nicht alle Schocks, aber sie reagierten häufig genug, um viele zu vermeiden.

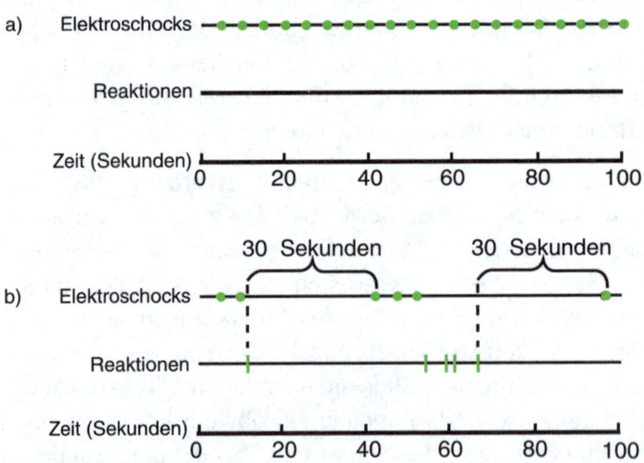

Abbildung 8.2: Vorgehensweise in einer Bedingung von Sidmans (1953) Vermeidungsaufgabe. **(a)** Wenn das Individuum nicht reagiert, wird alle 5 Sekunden ein Elektroschock verabreicht. **(b)** Jede Reaktion verschiebt den nächsten Schock um 30 Sekunden.

Weil es kein Signal vor dem Schock gibt, scheinen diese Ergebnisse, oberflächlich betrachtet, mit der Einfaktortheorie in Einklang zu stehen und problematisch für die Zweifaktorentheorie zu sein. Wenn es keinen angstauslösenden Reiz gibt, warum sollte dann ein Vermeidungsverhalten auftreten? Wie Sidman selbst erkannte, ist es einfach, eine Antwort zu finden, die mit der Zweifaktorentheorie übereinstimmt. Die Schlussfolgerung sieht wie folgt aus: Obwohl Sidman keinen äußeren Stimulus bot, konnte die verstrichene Zeit als Stimulus fungieren, weil die Elektroschocks in regelmäßigen Intervallen auftraten. Das heißt, wenn ein Versuchstier einmal mit der Vorgehensweise vertraut war, nahm die Angst zu, je mehr Zeit ohne Reaktion verstrich. Das Tier konnte die Angst mit dem Stimulus „eine lange Zeit seit der letzten Reaktion“ verknüpfen und diesen Stimulus (und die damit verbundene Angst) beseitigen, indem es eine Reaktion ausführte.

Um ein stärkeres Argument für die Einfaktortheorie zu finden, brauchen wir ein Experiment, bei dem weder ein äußerer noch ein nicht beobachtbarer Reiz – wie der Ablauf der Zeit – als CS für Angst dienen kann. Das nächste Experiment erfüllt diese Bedingungen.

Das Experiment von Herrnstein- und Hineline (1966)

Das Vorgehen bei diesem Experiment war komplex, aber im Wesentlichen konnte eine Ratte durch Hebeldruck von einem Plan, bei dem Stromstöße in schneller Folge verabreicht wurden, zu einem anderen wechseln, bei dem die Elektroschocks in größeren Abständen erfolgten. Zum Beispiel betrug bei einer Experimentalbedingung die Wahrscheinlichkeit eines Elektroschocks nach einem 2-Sekunden-Intervall 30 Prozent, wenn die Ratte nicht kurz zuvor den Hebel gedrückt hatte, aber nur 10 Prozent, wenn sie ihn gerade gedrückt hatte. Um die Zahl der Schocks gering zu halten, sollte die Ratte also so oft wie möglich unter dem 10-Prozent-Plan reagieren. Eine einzige Reaktion versetzte das Tier in den 10-Prozent-Plan, der so lange in Kraft blieb, bis zufällig schließlich ein Stromstoß erfolgte. Dann wechselte das Tier zurück in den 30-Prozent-Plan, wo es blieb, bis es wieder den Hebel drückte.

Ein hypothetisches 100-Sekunden-Segment wird in Abbildung 8.3 gezeigt. Das imaginäre Versuchstier begann die Sitzung mit dem 30-Prozent-Plan und erhielt in den ersten 20 Sekunden vier elektrische Schocks, bevor eine Reaktion das Tier in den 10-Prozent-Plan wechseln ließ. Die zweite Reaktion des Tieres hatte keine Auswirkungen, weil es noch im 10-Prozent-Plan war. Dieser war 22 Sekunden wirksam; anschließend erfolgte ein Elektroschock und der 30 %-Plan trat wieder in Kraft. Beachten Sie, dass das Tier während der 22 Sekunden unter dem 10-Prozent Plan vier Elektroschocks vermied, die bei dem 30 %-Plan erfolgt wären. Eine dritte Reaktion nach ungefähr 55 Sekunden ließ das Tier für weitere 14 Sekunden in den 10-Prozent-Plan überwechseln, in denen drei weitere Schocks vermieden wurden. Aber die Reaktionen werden nicht immer von einer Phase ohne Schock verstärkt. Auf die vierte Reaktion des Tieres folgte zufällig fast unmittelbar ein Elektroschock im Rahmen des 10-Prozent-Plans. Dieses Beispiel zeigt, dass bei diesem Verfahren Reaktionen nur im Durchschnitt zu einer niedrigeren Schockrate führten; sie boten keine Gewähr für eine festgelegte Zeitspanne ohne Elektroschocks.

Herrnstein und Hineline (1966) beobachteten, dass 17 ihrer 18 Ratten irgendwann das Vermeidungsverhalten erlernten. Sie schlussfolgerten, (1) dass Tiere eine Vermeidungsreaktion erlernen können, wenn weder ein äußerer CS noch die abgelaufene Zeit ein zuverlässiges Schocksignal sind, und (2) dass es Tieren, um diese Aufgabe zu meistern, möglich sein muss, die durchschnittliche Schockrate bei Reagieren oder Nichtreagieren einzuschätzen. Wenn Tiere diese beiden Schockraten einschätzen können, ist Herrnstein (1969) zufolge die Theorie, dass eine nicht beobachtbare Angst das Verhalten steuert, unnötig kompliziert: Warum nicht einfach davon ausgehen, dass eine Verminderung der Schockrate der Verstärker für die Vermeidungsreaktion ist? Die Lösung des Einfaktortheoretikers für das Vermeidungsparadox besteht somit darin, das Paradox zu leugnen.

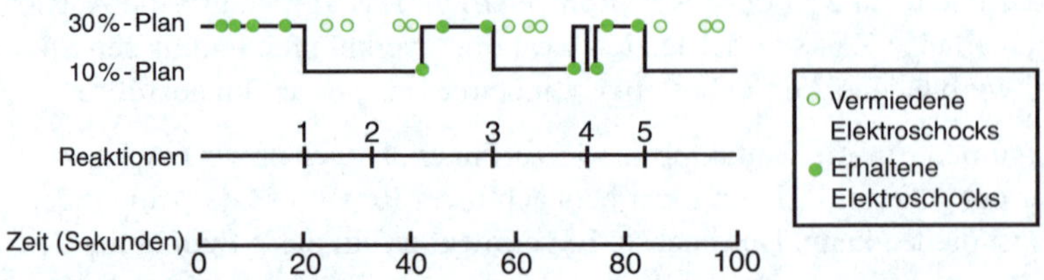

Abbildung 8.3: Hypothetisches 100-Sekunden-Segment einer Sitzung in dem Experiment von Herrnstein und Hineline (1966). Jede Reaktion brachte eine Ratte von einem Plan, in dem nach einem 2-Sekunden-Intervall mit 30% Wahrscheinlichkeit ein Elektroschock erfolgte, vorübergehend in einen Plan mit einer Wahrscheinlichkeit von 10% . Ein Versuchstier konnte durch Reagieren viele Elektroschocks vermeiden (offene Kreise), aber eine Reaktion bot keine Gewähr für eine festgelegte Zeitspanne ohne Elektroschocks.

Löschungsresistenz als Diskriminationsfehler

Die Einfaktortheorie, die ausschließlich auf den Prinzipien der operanten Konditionierung beruht, hat eine einfache Erklärung für die Löschungsresistenz von Vermeidungsreaktionen. Wir erinnern uns (von Kapitel 7 her): Der Befund, dass die Löschung nach variablen Verstärkungsplänen langsamer erfolgt als nach festen Plänen, wird gerne damit erklärt, dass es bei variablen Plänen schwieriger sei, einen Wechsel in den Kontingenzen zu erkennen. Diese Erklärung kann auf die Löschung von Vermeidungsverhalten ausgeweitet werden. Wir haben gesehen, dass das Individuum durch die richtige Reaktion jeden planmäßig vorgesehenen Elektroschock vermeiden kann, sobald eine Vermeidungsreaktion erlernt ist. Nun nehmen wir an, dass der Experimentator an irgendeinem Punkt den Stromgenerator abstellt. Aus der Sicht des Individuums unterscheiden sich die nachfolgenden Versuchsdurchgänge nicht von den vorhergehenden: Der Stimulus setzt ein, das Individuum reagiert, der Stimulus hört auf, der Elektroschock bleibt aus. Da das Individuum keine Veränderung in den Verstärkungsbedingungen erkennen kann, gibt es nach dieser Argumentation auch keine Veränderung im Verhalten.

8.1.6 Kognitive Theorie

Seligman und Johnston (1973) entwickelten eine **kognitive Theorie des Vermeidungslernens**, die sowohl der Zweifaktoren- als auch der Einfaktortheorie überlegen sein soll. Nach Seligman und Johnston wird sich das Verhalten bei einer Vermeidungsaufgabe immer dann ändern, wenn eine Diskrepanz zwischen Erwartung und Realität besteht (auf einer sehr allgemeinen Ebene hat diese Theorie daher Ähnlichkeit mit dem in Kapitel 5 beschriebenen Recorla-Wagner-Modell). Genauer gesagt: Seligman und Johnston zufolge gibt es zwei entscheidende Erwartungen in einer Vermeidungssituation: (1) eine Erwartung bezüglich der Folgen einer Reaktion und (2) eine Erwartung hinsichtlich der Folgen des Nichtreagierens. Beim ersten Versuchsdurchgang eines Experiments mit Vermeidungssignal kann das Individuum noch keine Erwartung bezüglich dessen ausgebildet haben, dass eine bestimmte Reaktion einen Elektroschock vermeidet oder ein Elektroschock erfolgt, wenn es nicht reagiert. Folglich zeigt es beim ersten Versuchsdurchgang keine Vermeidungsreaktion. Im Verlauf der Akquisitionsphase entwickelt das Individuum jedoch die Erwartung, dass (1) nach einer Reaktion kein elektrischer Schock kommt und (2) dass ein Schock auftritt, wenn es nicht reagiert hat. Wenn man voraussetzt, dass das Tier die erste Situation der zweiten vorzieht (eine sehr berechtigte Annahme), wird es eine Reaktion ausführen.

Sobald diese Erwartungen vorhanden sind, wird sich nach Seligman und Johnston das Verhalten des Tieres erst ändern, wenn mindestens eine dieser Erwartungen enttäuscht wird. Diese Annahme kann die Löschungsresistenz von Vermeidungsverhalten erklären. Solange das Tier bei jedem Löschungsdurchgang reagiert, bleibt nach jeder Reaktion der Stromstoß aus. Die Realität stimmt mit der Erwartung des Tieres überein; daher tritt auch keine Änderung in seinem Verhalten ein. Voraussichtlich wird die Löschung erst beginnen, wenn das Individuum schließlich bei einem Versuchsdurchgang zu reagieren versäumt (vielleicht aus Versehen oder weil es von irgendeinem Geräusch, einem Juckreiz usw. abgelenkt wird). Nur die Resultate solcher Versuchsdurchgänge (der Schock nach Nichtreagieren bleibt aus) sind mit den Erwartungen des Tieres nicht konform.

Die Methode der Reaktionsblockierung (Flooding)

Die Löschungsresistenz von Vermeidungsverhalten ist nicht unumgänglich: Ein Experimentator kann den Verlauf der Löschung beschleunigen, indem er ein Verfahren einsetzt, das **Reaktionsblockierung** oder **Flooding** genannt wird. Wie der Name nahe legt, wird bei der Reaktionsblockierung eine Vermeidungsreaktion verhindert, nachdem das dem Stromschlag vorausgehende Signal präsentiert wurde. Zum Beispiel führten Page und Hall (1953) ein Experiment durch, bei dem Ratten einen Schock zu vermeiden lernten, indem sie von einer Kammer in die andere rannten. Nachdem sie die Reaktion erlernt hatten, erhielt eine Gruppe von Ratten normale Löschungsdurchgänge. Bei einer zweiten Gruppe gingen den Löschungsdurchgängen fünf Durchgänge voraus, in denen ein Individuum 15 Sekunden in der ersten Kammer festgehalten wurde – die Tür zur zweiten Kammer war geschlossen. So wurden die Versuchstiere daran gehindert, die Vermeidungsreaktion auszuführen, aber, anders als in der Akquisitionsphase, bekamen sie in der ersten Kammer keinen Stromschlag. Nach der Beobachtung von Page und Hall erfolgte die Löschung in der Reaktionsblockierungs-Gruppe wesentlich schneller. Die andere Bezeichnung für diese Methode, Flooding, suggeriert die Tatsache, dass dem Reiz, der dem Elektroschock vorauszugehen pflegt, übermäßig ausgesetzte Individuen von ihm „überflutet“ werden. (In dem Experiment von Page und Hall war dieser Reiz das Innere der ersten Kammer.) Zahlreiche Befunde sprechen mittlerweile dafür, dass Reaktionsblockierung eine wirksame Methode ist, um die Löschung von Vermeidungsreaktionen zu beschleunigen (M. Baum, 1966, 1976).

Die kognitive Theorie bietet eine einfache Erklärung für den Erfolg der Reaktionsblockierung. Das Individuum ist gezwungen, eine Abfolge von Ereignissen zu erleben (auf Nichtreagieren folgt kein Schock), die von der Erwartung abweicht, dass auf ein Nichtreagieren ein Stromschlag folgt. Allmählich entwickelt sich eine neue Erwartung, nämlich dass der elektrische Schock bei Nichtreagieren ausbleibt, und die Folge ist, dass Vermeidungsreaktionen allmählich verschwinden.

Können die anderen Theorien des Vermeidungsverhaltens die Wirkungen der Reaktionsblockierung erklären? Eine nahe liegende Erklärung der Zweifaktorentheorie lautet, dass die erzwungene Konfrontation mit dem CS zur Löschung der konditionierten Angstreaktion führt. Eine Erklärung, die auf der Einfaktortheorie basiert, könnte wie folgt aussehen: Die normale Löschung von Vermeidungsverhalten ist langsam, weil es keinen Hinweisreiz gibt, der den Wechsel von den Akquisitions- zu den Löschungsbedingungen ankündigt. Das Vorgehen, das die Vermeidungsreaktion verhindern soll, impliziert einen drastischen Reizwechsel: Es gibt nun eine geschlossene Tür, die das Tier daran hindert, in die andere Kammer zu laufen. Dieser Reizwechsel signalisiert dem Individuum, dass die Bedingungen nun anders als in der vorhergehenden Akquisitionsphase sind. Es ist daher nicht überraschend, dass die folgende Löschung schneller vonstatten geht.

Wenn Vermeidungsreaktionen unwirksam werden

Nach der kognitiven Theorie könnte die Löschung von Vermeidungsreaktionen auch dadurch beschleunigt werden, dass unabhängig davon, ob das Tier reagiert hat, ein Stromstoß präsentiert wird. Diese Kontingenz würde die Erwartung eines Individuums verletzen, dass eine Reaktion zum Ausbleiben des Elektroschocks führt, und daher sollten die Reaktionen abnehmen. Verschiedene Untersuchungen haben gezeigt, dass Stromschläge, die nach Vermeidungsreaktionen verabreicht werden, zu einer schnellen Löschung dieser Reaktionen führen (Davenport & Olson, 1968; Seligman & Campbell, 1965). Natürlich überrascht dieses Ergebnis nicht, und es sollte deutlich sein, dass sowohl die Zweifaktoren- als auch die Einfaktortheorie diesen Befund leicht erklären können. Die Präsentation eines Elektroschocks im Anschluss an eine Vermeidungsreaktion ist eine dramatische Veränderung der Bedingungen, die schnell zu Veränderungen im Verhalten führen sollte.

8.1.7 Biologische Randbedingungen beim Vermeidungslernen

Als sei die theoretische Analyse von Vermeidung nicht schon verwirrend genug, wird das Bild noch weiter verkompliziert durch Anhaltspunkte dafür, dass auch biologische Randbedingungen eine wichtige Rolle beim Vermeidungslernen spielen – ebenso wie bei der klassischen Konditionierung und dem Einsatz von positiver Verstärkung. Robert Bolles (1970) zufolge gibt es beim Vermeidungslernen Preparedness („Vorbereitetsein"). Preparedness bezieht sich in diesem Fall nicht auf eine Stimulus-Stimulus-Verknüpfung, sondern auf die Neigung, in einer Situation, die gefährlich werden kann, ein bestimmtes Verhalten zu zeigen. Bolles stand den traditionellen Theorien des Vermeidungslernens sehr kritisch gegenüber, insbesondere der Zweifaktorentheorie, nach der, so Bolles, eine Beschreibung des Vermeidungslernens in freier Wildbahn wie folgt lauten könnte: Ein kleines Tier im Wald wird von einem Raubtier angegriffen und verletzt, kann aber entkommen. Später, wenn das Tier wieder in diesem Teil des Waldes ist, stößt es unvermutet auf einen CS – einen Anblick, ein Geräusch oder einen Geruch, der dem Angriff vorausging. Dieser CS löst die Angstreaktion aus. Das Tier läuft weg, um vor dem CS zu fliehen, und dieser wird durch ein Gefühl der Erleichterung verstärkt. Nach der Zweifaktorentheorie tritt also Vermeidungsverhalten auf, weil Tiere etwas über Gefahrensignale (CS) lernen und dann diese Signale vermeiden. Bolles behauptete jedoch, diese Darstellung sei

> *„ausgesprochener Unsinn … In der Realität präsentiert kein Raubtier Signale, kurz bevor es angreift. Keine Eule schreit oder pfeift fünf Sekunden, bevor sie auf eine Maus herabstößt. Und keine Eule hört gerade dann zu schreien oder zu pfeifen auf, wenn die Maus entkommt, um die Vermeidungsreaktion zu verstärken. Auch wird die Eule der Maus nicht genug Versuchsdurchgänge liefern, damit das notwendige Lernen stattfinden kann. Was unsere kleinen Freunde im Wald am Leben hält, hat nichts mit Vermeidungslernen zu tun, wie wir es uns normalerweise vorstellen oder im Labor untersuchen … Was Tiere in der freien Wildbahn am Leben hält, ist, dass sie sehr wirksame angeborene Verteidigungsreaktionen haben, die auftreten, wenn sie irgendeinem neuen oder plötzlichen Reiz begegnen (S. 32–33).“*

Bolles nannte diese angeborenen Verhaltensmuster **Spezies-spezifische Abwehrreaktionen** (engl.: species-specific defense reactions, abgekürzt SSDRs). Wie der Name impliziert, können die SSDRs für unterschiedliche Tiere unterschiedlich aussehen, aber Bolles zufolge gehören sie in der Regel einer von drei Kategorien an – erstarren, fliehen und kämpfen (eine aggressive Haltung und/oder ein aggressives Verhalten einnehmen). Bolles vertrat die Theorie, dass in Laboruntersuchungen des Vermeidungsverhaltens eine Vermeidungsreaktion schnell erlernt wird, wenn sie mit einer der SSDRs des Individuums identisch oder dieser zumindest ähnlich ist. Wenn die erforderliche Vermeidungsreaktion keiner SSDR gleicht, wird die Reaktion langsam oder gar nicht erlernt. Um diese Hypothese zu stützen, führte Bolles an, dass Ratten in einem oder nur wenigen Versuchsdurchgängen lernen können, einen Schock zu vermeiden, indem sie aus einer Kammer springen oder laufen. Der schnelle Erwerb spiegelt wahrscheinlich die Tatsache wider, dass Flucht für Ratten eine sehr wahrscheinliche Reaktion auf Gefahr ist. Im Vergleich dazu kann eine Ratte 100 Durchgänge brauchen, um in einem Zweikammerkäfig den Stromschlag vermeiden zu lernen. Es kann schwieriger sein, weil die Ratte in dieser Situation die Kammer wieder betreten muss, in der sie gerade einen Elektroschock bekommen hat, und es sehr unwahrscheinlich ist, dass eine Ratte an einen gefährlichen Ort zurückkehrt. Es ist sogar noch schwieriger, eine Ratte zu trainieren, den Elektroschock durch Hebeldrücken zu vermeiden, vermutlich, weil diese Reaktion ihren typischen Reaktionen auf Gefahr nicht im Geringsten ähnelt.

Es ist wichtig zu verstehen, dass die Schwierigkeit beim Lernen neuer Reaktionen von der Art des Verstärkers abhängt. Wenn der Verstärker Schockvermeidung ist, ist es für Ratten schwierig, die Reaktion Hebeldrücken zu erwerben, und manche Ratten erlernen sie nie. Doch wenn der Verstärker Futter oder Wasser ist, können Ratten das Hebeldrücken relativ leicht erlernen. Bei anderen Arten haben Forscher ähnlich unterschiedliche Schwierigkeitsgrade beim Reaktionserwerb gefunden, abhängig davon, welcher Verstärker eingesetzt wird. Wir haben gesehen, dass Tastenpicken eine operante Reaktion ist, die häufig bei Tauben verwandt wird, zum Teil weil das Tastenpicken ein Verhalten ist, das Tauben leicht erlernen können, wenn Futter der Verstärker ist. Verglichen damit ist es schwierig, eine Taube dazu abzurichten, auf eine Taste zu picken, um einen Schock zu vermeiden. Das Problem scheint zu sein, dass eine Taube üblicherweise auf einen starken aversiven Reiz reagiert, indem sie wegfliegt – eine Reaktion, die mit Stillstehen und Picken fast nichts gemein hat. Mit Blick auf solche Beispiele hat Fanselow (1997) die Ansicht vertreten, dass das Grundprinzip negativer Verstärkung (dem zufolge jede Reaktion gestärkt wird, die einen aversiven Reiz vermeiden hilft) im Grunde nicht brauchbar ist, wenn die SSDRs dominieren: Sogar eine einfache Reaktion wie Hebeldrücken oder Tastenpicken kann für das Tier schwer zu erlernen zu sein.

Einige wenige Studien haben gezeigt, dass man Tiere darauf trainieren kann, in einer Vermeidungssituation eine beliebige operante Reaktion auszuführen, indem die gewünschte Reaktion stärker auf die SSDRs dieser Spezies abgestimmt wird. Zum Beispiel wird eine Taube als Reaktion auf einen leichten Stromschlag wahrscheinlich SSDRs aus der „Kämpfen"-Kategorie aufweisen, einschließlich des Schlagens mit den Flügeln. Ausgehend von dieser Reaktion des Flügelschlagens trainierte Rachlin (1969) Tauben, eine „Taste" zu bedienen, die in die Kammer ragte, um einen Stromstoß zu vermeiden. Modaresi (1990) entdeckte, dass Ratten sehr viel einfacher zu der Vermeidungsreaktion Hebeldrücken zu erziehen waren, wenn sich der Hebel weiter oben an der Wand befand – vor allem dann, wenn das Hebeldrücken nicht nur den elektrischen Schock vermied, sondern auch einen „sicheren Bereich" (eine Platte) hervorbrachte, auf dem die Ratten stehen konnten. In einer Reihe sorgfältiger Experimente zeigte Modaresi, dass diese beiden Besonderheiten mit den natürlichen Neigungen der Ratten zusammentrafen, sich nach oben zu strecken und eine Sicherheitszone zu suchen, wenn sie mit einem potentiell schmerzhaften Reiz konfrontiert sind. Beide Studien stimmen mit Bolles Behauptung überein, dass es von der Ähnlichkeit zwischen der Reaktion und einer SSDR des Tieres abhängt, wie leicht die Vermeidungsreaktion erlernt wird.

8.1.8 Schlussfolgerungen zu den Theorien des Vermeidungslernens

Lassen Sie uns zunächst noch einmal den Unterschied zwischen der Einfaktortheorie und der kognitiven Theorie betrachten. Nach Seligman und Johnston liefert die Einfaktortheorie keine genauen Prognosen bezüglich solcher Punkte wie Löschung und Reaktionsblockierung. Wir haben allerdings gesehen, dass die Vorhersagen der kognitiven Theorie ebenso mehrdeutig wie die der Einfaktortheorie sind. In der abschließenden Analyse sind die Unterschiede zwischen diesen beiden Theorien weitgehend semantischer Natur: Wo die kognitive Theorie von einer Verletzung oder einer Veränderung der Erwartungen spricht, kann die Einfaktortheorie einen Wechsel der Hinweisreize betonen. Wer gerne Vermutungen über die Erwartungen eines Tieres anstellt, wird wahrscheinlich die kognitive Theorie bevorzugen; strenge Behavioristen, die solche Spekulationen über innere Vorgänge vermeiden, werden die Terminologie der Einfaktortheorie vorziehen.

Die Zweifaktorentheorie ist lange eine einflussreiche Theorie des Vermeidungsverhaltens gewesen, aber sie hat mehrere Schwachstellen. Vermeidungslernen kann ohne äußeres Schocksignal stattfinden (Herrnstein und Hineline, 1966). Obwohl in dieser Theorie Angst eine entscheidende Rolle spielt, lassen die meisten Befunde darauf schließen, dass die Angst verschwindet, die Vermeidungsreaktionen jedoch andauern, wenn Individuen Routine in der Vermeidungsaufgabe bekommen. Und schließlich: Die Zweifaktorentheorie hat Schwierigkeiten, die Löschungsresistenz von Vermeidungsaufgaben zu erklären.

Sowohl die Einfaktortheorie als auch die kognitive Theorie umgehen die Hauptprobleme der Zweifaktorentheorie durch die Annahme, dass Angst kein unverzichtbarer Teil des Vermeidungsverhaltens ist. Wir haben jedoch eine Reihe von Studien besprochen, die zeigen, dass Angst in der Tat eine Rolle in manchen Vermeidungssituationen spielt (N. E. Miller, 1948; Rescorla & LoLordo, 1965.) In jüngerer Zeit vertrat Levis (1989; J. E. Smith & Levis, 1991) die Ansicht, dass Angst bei allen Vermeidungssituationen ins Spiel komme und Tiere deswegen keine erkennbaren Zeichen von Angst aufweisen, weil Forscher einen sehr geringen Grad an Angst nicht messen können. Diese geringen Angstgrade könnten als Motivation für fortgesetzte Vermeidungsreaktionen noch ausreichen. Levis folgerte, dass die Verwerfung der Zweifaktorentheorie verfrüht war.

Auch andere Lerntheoretiker haben die Vorteile der Zweifaktorentheorie hervorgehoben. Stasiewicz und Maisto (1993) zufolge kann die Theorie auf viele Fälle von Drogenmissbrauch angewandt werden, wenn man annimmt, dass der Drogenkonsum negative Gefühlszustände vermeiden hilft. Zhuikov, Couillon und Bitterman (1994) entwickelten eine mathematische Version der Zweifaktorentheorie und kamen zu dem Schluss, dass die Theorie genaue Vorhersagen über viele Details des Vermeidungsverhaltens macht, die nicht möglich sind, wenn einer der Faktoren ausgeschlossen wird.

Zusammengefasst: Nach einigen Jahrzehnten der Forschung und Diskussion ist die Frage, welche Theorie der Vermeidung die beste ist, nicht zu jedermanns Zufriedenheit gelöst. Dies kann ein Zeichen dafür sein, dass jede Theorie teilweise stimmt. Möglicherweise hat Angst in manchen Vermeidungssituationen eine wichtige Funktion, die aber nicht unverzichtbar ist – Vermeidungsverhalten kann auch manchmal in Abwesenheit von Angst auftreten, wie es die Einfaktortheorie und die kognitive Theorie vertreten.

8.1.9 Flooding als Verhaltenstherapie

Ungeachtet dessen, welche Theorie die Wirkungen von Reaktionsblockierung und Flooding am besten erklären kann, ist diese Methode von manchen Verhaltenstherapeuten zur Behandlung von Phobien übernommen worden. Der Hauptunterschied zwischen Flooding und systematischer Desensibilisierung (Kapitel 4) besteht darin, dass die Hierarchie angstauslösender Ereignisse oder Stimuli beim Flooding aufgehoben ist. Statt mit einem Reiz zu beginnen, der nur wenig Angst auslöst, arbeitet der Therapeut schon zu Beginn mit einem stark angstauslösenden Reiz und zwingt den Patienten, in der Situation zu verharren, bis die äußeren Anzeichen seiner Angst nachlassen. Zum Beispiel könnte von einer Person mit einer Schlangenphobie verlangt werden, in einem kleinen Raum zu bleiben, in dem der Therapeut sich mit einer lebendigen Schlange beschäftigt. Natürlich muss der Therapeut dem Patienten die Einzelheiten des Flooding-Verfahrens vorab beschreiben, darauf hinweisen, dass die Angst, die der Patient erleben wird, möglicherweise sehr unangenehm sein wird, und die Zustimmung des Patienten einholen, bevor er mit der Methode beginnt. Trotz dieser Maßnahmen zum Schutz der Patientenrechte ist der Einsatz des Flooding in der Verhaltenstherapie sowohl aus praktischen als auch moralischen Gründen hinterfragt worden. Morganstern (1973) prüfte eine Reihe von Studien, die die Effektivität von Flooding und systematischer Desensibilisierung miteinander verglichen, und kam zu dem Schluss, dass beide Methoden gleich wirksam sind. Da systematische Desensibilisierung (die nie ein hohes Maß an Angst beim Patienten bewirkt) eindeutig eine angenehmere Therapieform ist, ist nach Morganstern der Einsatz von Flooding in der Verhaltenstherapie in der Regel nicht gerechtfertigt.

Wenn Morgansterns Standpunkt auch vernünftig scheint, so kann Flooding doch in manchen Fällen eine Phobie beseitigen, in denen die systematische Desensibilisierung keinen Erfolg hatte. Yule, Sacks und Hersov (1974) berichten vom Fall eines elfjährigen Jungen, der Angst vor lauten Geräuschen hatte – platzenden Luftballons, Spielzeugpistolen, Motorrädern, Presslufthämmern usw. Einige Wochen der systematischen Desensibilisierung hatten nur wenig Verbesserung bewirkt. Als letztes Mittel beschrieben die Therapeuten ein Flooding-Verfahren und der Junge willigte ein, es zu versuchen. Bei der ersten Sitzung betrat der Junge einen kleinen Raum, der mit ungefähr 50 Luftballons gefüllt war. Schon der Anblick der Ballons machte den Jungen sehr nervös und er fing an zu weinen, als der Therapeut begann, sie nacheinander zum Platzen zu bringen. Der Therapeut fuhr trotzdem damit fort und überredete schließlich den Jungen, die Ballons zu zerstören, erst mit den Füßen (während er sich die Ohren zuhielt) und später mit den Händen. Die erste Sitzung war zu Ende, als mehrere dutzend Luftballons zerplatzt waren. Zu Beginn der zweiten Sitzung wirkte der Junge noch ängstlich, aber der Therapeut berichtete, dass der Junge, nachdem er noch mehrere hundert Ballons zum Platzen gebracht hatte, es beinahe zu genießen schien. Nach der zweiten Sitzung schien der Junge keine mehr Angst mehr vor lauten Geräuschen zu haben, darum wurde die Therapie nicht fortgesetzt. Eine Folgeuntersuchung 25 Monate später ergab, dass die Phobie nicht wieder aufgetreten war.

> **WWW**
>
> Ihr Verständnis des Begriffs der negativen Verstärkung können Sie überprüfen unter **http://www.mcli.dist.maricopa.edu/proj/nru/nru_web.html**.

Obwohl Flooding in diesem Fall erfolgreich war, sollte die Methode Yule und Kollegen zufolge nur mit Vorsicht angewandt werden. Ihrer Meinung nach sind lange Sitzungen erforderlich – der Therapeut solle zuerst das Einsetzen der Angst beobachten und dann das Verfahren fortsetzen, bis eine deutliche Abnahme der Angst zu erkennen sei. Wenn die Sitzung zu früh beendet werde, könne die Phobie des Patienten sogar zunehmen. Tatsächlich wird von wenigen Fällen berichtet, bei denen sich die Ängste der Patienten nach kurzen Therapiesitzungen dieser Art verschlimmerten (Staub, 1968). Trotz dieser Nachteile kann Flooding, vorsichtig angewandt, eine wirksame Therapie für Phobien sein (J. E. James, 1986; Morris & Kratochwill, 1983).

8.2 Erlernte Hilflosigkeit

Aversive Reize können nicht nur zu Angst und Vermeidungsreaktionen führen. Umfassende Studien mit Menschen und Tieren haben gezeigt, dass wiederholte Konfrontation mit aversiven Ereignissen, die unvorhersagbar sind und außerhalb der Kontrolle des Individuums liegen, sich langfristig hemmend auswirken kann. Seligman und seinen Kollegen (Maier & Seligman, 1976; Overmier & Seligman, 1967) zufolge können unter solchen Umständen sowohl Tiere als auch Menschen die Erwartung entwickeln, dass ihr Verhalten nur geringe Auswirkungen auf ihre Umwelt hat, und diese Erwartung wird auf viele andere Situationen ausgeweitet. Seligman bezeichnet diese grundsätzliche Erwartung als **erlernte Hilflosigkeit**.

Betrachten Sie das folgende Experiment: Ein Hund wird zuerst angeleint, bevor ihm mehrere dutzend Elektroschocks versetzt werden, vor denen er nicht weglaufen kann. Am nächsten Tag wird der Hund in einen Zweikammerkäfig gesetzt, wo er Flucht- oder Vermeidungsdurchgänge bekommt, die den von R. L. Solomon und Wynne (1953) verabreichten sehr ähnlich sind: Nach zehn Sekunden Dunkelheit folgt ein Elektroschock, sofern die Hunde nicht in die andere Kammer springen. Aber während die Hunde in Solomon und Wynnes Studie die Aufgabe in wenigen Durchgängen erlernten, lernten bei Seligmans Vorgehensweise etwa zwei Drittel der Tiere weder zu fliehen noch den Stromschlag zu vermeiden. (Bei Seligmans Versuch hörte der Elektroschock, wenn der Hund nicht reagierte, nach 60 Sekunden auf.) Bei den ersten Durchgängen lief ein Hund manchmal ein bisschen herum, aber schließlich legte sich das Tier einfach hin und winselte, wenn der Elektroschock einsetzte, und machte keinen Versuch zu entkommen. Seligmans Schlussfolgerung war, dass der Hund in der Anfangsphase, die mit dem nicht vermeidbaren Elektroschock verbunden war, die Erwartung entwickelt hatte, dass sich sein Verhalten nicht auf die von ihm erlebten aversiven Ereignisse auswirkte, und diese Erwartung der Hilflosigkeit wurde auch auf den Zweikammerkäfig übertragen. Diese Art der erlernten Hilflosigkeit nach unabwendbarem Elektroschock wurde bei vielen verschiedenen Arten festgestellt, sogar bei so niedrig entwickelten Lebewesen wie Kakerlaken (Brown, Hughes & Jones, 1988).

Parallele Versuche wurden auch mit menschlichen Versuchsteilnehmern durchgeführt. Zum Beispiel wurden Studenten in einer Studie (Hiroto & Seligman, 1975) laute Geräusche präsentiert, die sie nicht vermeiden konnten. Anschließend wurden sie aufgefordert, eine Reihe von Anagrammen zu lösen. Diese Studenten hatten wesentliche größere Schwierigkeiten bei der Lösung der Aufgaben als Studenten, die nicht den unvermeidbaren Geräuschen ausgesetzt waren. Ein typischer Proband aus der Kontrollgruppe löste alle Anagramme und wurde im Lauf der Durchgänge immer schneller. Ein typischer Proband aus der Geräuschgruppe scheiterte bei den meisten Aufgaben und gab offenbar auf, bevor die vorgesehene Zeit abgelaufen war. Nach vielen Durchgängen erst fing ein solcher Proband möglicherweise an, langsame Fortschritte bei den Anagrammen zu machen.

Seligmans Erklärung ist für beide Beispiele dieselbe: Eine frühere Erfahrung mit nicht kontrollierbaren aversiven Ereignissen erzeugt ein Gefühl der Hilflosigkeit, das sich auf andere Situationen überträgt und zu Lern- und Leistungsschwächen führt. Präziser ausgedrückt gibt es drei Komponenten erlernter Hilflosigkeit nach Maier und Seligman (1976): motivationale, kognitive und emotionale. Mit motivationaler Beeinträchtigung ist gemeint, dass Individuen die Motivation verlieren, zu versuchen Ereignisse in ihrer Umgebung zu kontrollieren, oder dass sie, wenn sie es zunächst versuchen, schnell aufgeben. Das kognitive Defizit ist eine verminderte Fähigkeit, aus den eigenen Erfahrungen zu lernen. Einige Untersuchungen haben gezeigt, dass „hilflose" Individuen auch dann langsamer lernen, wenn man ihnen genauso viele Erfolge wie der Kontrollgruppe zuteilt. Zum

Beispiel wurde in einer Studie festgestellt, dass die Konfrontation mit unvermeidbaren Elektroschocks später die Fähigkeit von Ratten beeinträchtigte zu lernen, welche von beiden Abzweigungen in einem Labyrinth ihnen die Möglichkeit verschaffen würde, einem Elektroschock zu entkommen (Jackson, Alexander & Maier, 1980). Nach ein paar erfolgreichen Anagrammlösungen verbesserten sich Studenten aus der „hilflosen" Gruppe bei nachfolgenden Aufgaben nicht so schnell wie Teilnehmer aus der Kontrollgruppe.

Maier und Seligman (1976) fassten mehrere emotionale Probleme zusammen, die sich als Konsequenz der Erfahrung unvermeidbarer aversiver Ereignisse gezeigt hatten: Ratten entwickelten Geschwüre, Katzen fraßen weniger, bei Menschen zeigte sich vorübergehend ein höherer Blutdruck und Affen wurden krank. Seligman vertrat die Ansicht, dass dieses komplexe Muster von motivationalen, kognitiven und emotionalen Problemen darauf zurückzuführen ist, dass die Individuen unvermeidbaren aversiven Ereignissen ausgesetzt waren.

Seligman (1975) zufolge gleicht dieses künstlich erzeugte Phänomen den langen Phasen schwerer Depression, die manche Menschen durchmachen. Als Beispiel beschrieb er den Fall einer Frau mittleren Alters, deren Kinder das Haus verlassen hatten und deren Mann oft auf Geschäftsreisen war. Diese unangenehmen Ereignisse lagen außerhalb der Kontrolle der Frau – nichts, was sie tat, konnte ihre Familie zurückbringen. Offenbar als Folge dieser Erfahrungen entwickelte die Frau eine schwere Depression. Sie blieb oft den größten Teil des Tages im Bett, weil schon das Sich-Anziehen eine unüberwindbare Aufgabe zu sein schien. Wie bei Seligmans Hunden wurden die einfachsten Aufgaben für diese Frau schwierig. Seit Seligmans erster Arbeit wurden Hunderte von Studien zur erlernten Hilflosigkeit bei Menschen veröffentlicht und diese Forschungen haben sich in viele Richtungen entwickelt. Psychologen haben das Konzept der erlernten Hilflosigkeit vielfach angewandt: auf die Probleme von chronisch kranken Patienten (Chaney, Mullis, Uretsky, Pace, Werden & Hartman, 1999), auf die Fähigkeit von alten Menschen, mit ihren Schwierigkeiten fertig zu werden (K. Solomon, 1990), auf die Arbeitsleistung und Zufriedenheit von Fabrikarbeitern (Sahoo & Tripathy, 1990) und auf viele andere Situationen, in denen Menschen das Gefühl haben können, dass sie wenig Kontrolle über wichtige Ereignisse in ihrem Leben haben.

Die Theorie der erlernten Hilflosigkeit wurde sogar auf die Leistung professioneller Football-Teams angewandt. Was passiert, wenn ein Team ein Spiel mit einseitigem Punktestand verliert? Der gesunde Menschenverstand legt nahe, dass das Team im nächsten Spiel auf den Rückschlag reagiert und besser spielt, als zu erwarten war, vielleicht weil die Spieler sich besonders gut vorbereitet oder die Trainer Korrekturen vorgenommen haben. Die Theorie der erlernten Hilflosigkeit stellt jedoch die entgegengesetzte Prognose. Eine schlimme Niederlage in der einen Woche dürfte zu Gefühlen der Hilflosigkeit führen und im nächsten Spiel sollte die Leistung des Teams unterdurchschnittlich sein. Reisel und Kopelman (1995) prüften diese einander widersprechenden Vorhersagen. Sie verwendeten dazu die Daten von allen Teams in der amerikanischen National Football League, und zwar aus drei aufeinander folgenden Jahren, und die Ergebnisse stützten die Theorie der erlernten Hilflosigkeit. Sie stellten fest: (1) Wenn ein Team in einem Spiel vernichtend geschlagen worden war, gab es eine Tendenz, beim nächsten Spiel schlechter als erwartet zu spielen; (2) dies traf vor allem zu, wenn das Team im nächsten Spiel einem schwierigen Gegner gegenüberstand. (Nach der Theorie müsste erlernte Hilflosigkeit tatsächlich am stärksten ausgeprägt sein, wenn die bevorstehende Aufgabe unüberwindlich scheint.)

Seligman und seinen Kollegen zufolge sollten Unterschiede zwischen der Hilflosigkeit bei Menschen und der bei Tieren bestehen (Abramson, Seligman & Teasdale, 1978). Sie vertraten die These, dass Hilflosigkeit bei Menschen drei unterschiedliche Dimensionen haben kann: (1) Das Gefühl der Hilflosigkeit kann auf eine bestimmte Situation bezogen oder allgemein sein; (2) die Person kann ihre Hilflosigkeit auf internale oder externale Faktoren zurückführen; (3) die Person kann diese Hilflosigkeit als stabil (dauerhaft) oder instabil (vorübergehend) erleben. Die Schwere des Problems und das therapeutische Vorgehen hängen weitgehend davon ab, welches dieser Merkmale im jeweiligen Fall zutrifft. Wenn z.B. ein Student sein Scheitern in Mathematik mit bestimmten äußeren Faktoren begründet („Das war ein sehr schwerer Kurs“), wird dies sein Selbstwertgefühl weniger schwächen, als wenn er innere globale Faktoren anführt („Ich bin zu akademischer Arbeit einfach nicht fähig“). Seligman und seine Kollegen geben zu, dass sie nicht wissen, ob diese drei Dimensionen auch auf die Hilflosigkeit bei Tieren anwendbar sind.

Trotz dieser möglichen Unterschiede zwischen der Hilflosigkeit von Tieren und Menschen haben viele Forschungsprojekte Seligmans Verfahren eingesetzt, um erlernte Hilflosigkeit bei Tieren zu erzeugen und anschließend mögliche Verbindungen zwischen Hirnstoffwechsel und Depression zu untersuchen. Tiere, denen man bestimmte pharmakologische Wirkstoffe gibt, zeigen ein geringeres Maß an erlernter Hilflosigkeit als Kontrolltiere (Besson, Privat, Eschalier & Fialip, 1999; Siuciak, Lewis, Wiegand & Lindsay, 1997). Diese Forschungen können zu einem besseren Verständnis von Depressionen bei Menschen und zu ihrer besseren Behandlung führen.

Seligmans Arbeit hat auch Möglichkeiten der nichtmedikamentösen Behandlung von Hilflosigkeit aufgezeigt. Eine Therapie wurde bereits angedeutet: Wenn in Versuchsdurchgängen hilflose Hunde oft genug über die Barriere geleitet werden, fangen sie schließlich an, die Reaktion von selbst auszuführen. Grundsätzlicher ausgedrückt, nach Seligman besteht die beste Behandlung darin, das Individuum in eine Situation zu bringen, in der es nicht versagen kann, so dass sich allmählich die Erwartung entwickelt, durch bestimmte Verhaltensweisen eine gewisse Kontrolle über die Konsequenzen zu haben. Von größerem Interesse sind Studien, die zeigen, dass erlernte Hilflosigkeit durch „Immunisierung“, wie Seligman es nannte, von vornherein verhindert werden kann. Das heißt, das Versuchstier wird erst einer Situation ausgesetzt, in der eine Reaktion (z.B. das Drehen eines Rads) die Flucht vor dem Elektroschock ermöglicht. Dann werden in einer zweiten Situation unvermeidbare Elektroschocks präsentiert. Schließlich werden die Tiere in einer dritten Situation getestet, in der eine neue Reaktion (sagen wir einmal, der Wechsel von einer Kammer in die andere in einem Zweikammerkäfig) die Möglichkeit zur Flucht verschafft. Es wurde wiederholt gezeigt, dass diese anfängliche Erfahrung mit vermeidbaren Elektroschocks die Entstehung erlernter Hilflosigkeit verhindert (Maier & Seligman, 1976; J. L. Williams & Lierle, 1986).

Seligman (1975) zufolge ist eine mögliche Implikation dieses Befunds, dass Gefühle der Hilflosigkeit im schulischen Rahmen verhindern können, wenn man dafür sorgt, dass ein

Kind bei seinen frühesten Schulerfahrungen Erfolg hat (d.h. Aufgaben meistern kann). McKean (1994) hat ein ähnliches Vorgehen vorgeschlagen, wenn man Studenten helfen will, die im akademischen Milieu Anzeichen von Hilflosigkeit zeigen. Solche Studenten neigen dazu, Arbeiten im Rahmen von Lehrveranstaltungen als unkontrollierbar, aversiv und unvermeidbar zu betrachten. Sie gehen davon aus, dass sie schlecht sein werden, und geben schnell auf, wenn sie Probleme mit Seminararbeiten haben oder andere Rückschläge erleiden. Um solchen Studenten zu helfen, sollten Dozenten, so der Vorschlag McKeans, ihre Lehrveranstaltungen so vorhersehbar und kontrollierbar wie möglich gestalten (z.B. dadurch, dass sie alle Anforderungen eines Seminars im Vorlesungsverzeichnis auflisten; indem sie erläutern, welche Fertigkeiten die Studenten benötigen, um erfolgreich am Seminar teilzunehmen, und indem sie Vorschläge machen, wie diese Fertigkeiten entwickelt werden können). Die ersten Seminaraufgaben sollten so gestellt werden, dass die Studenten sie mit großer Wahrscheinlichkeit erfolgreich erledigen können, damit sie sich infolgedessen zutrauen, den Anforderungen des Seminars gerecht zu werden.

8.3 Bestrafung

Abbildung 8.1 lässt darauf schließen, dass Bestrafung die gegenteilige Wirkung von positiver Verstärkung auf das Verhalten hat: Verstärkung bewirkt eine Zunahme, Bestrafung eine Abnahme eines Verhaltens. Ob Bestrafung tatsächlich das Gegenteil von Verstärkung ist, ist jedoch eine empirische Frage, und solche berühmten Psychologen wie Thorndike und Skinner haben sie verneint. Ausgehend von ihren eigenen Forschungen kamen sie zu dem Schluss, dass die Wirkungen von Bestrafung denen von Verstärkung nicht genau entgegengesetzt sind. Ihre Experimente sind jedoch nicht sehr überzeugend.

Zum Beispiel setzte Skinner (1938) bei zwei Gruppen von Ratten VI-Pläne ein, bei denen über drei Sitzungen ein Hebel gedrückt werden musste. Anschließend hatte jedes Tier zwei Löschungssitzungen. Bei der einen Gruppe ereignete sich nichts Ungewöhnliches während der Löschung und diese Gruppe produzierte die obere kumulative Aufzeichnung in Abbildung 8.4: Die Reaktionen nahmen im Verlauf der beiden Sitzungen allmählich ab. In der zweiten Gruppe aber wurde jedes Hebeldrücken während der ersten zehn Minuten der Löschung bestraft – immer wenn eine Ratte den Hebel drückte, „schlug" der Hebel gegen die Pfoten der Ratte nach oben. Diese milde Bestrafung reichte aus, um die Anzahl der Reaktionen während der zehn Minuten so zu reduzieren, dass sie deutlich unter der der ersten Gruppe lag. Als die Bestrafung jedoch beseitigt wurde, nahmen die Reaktionsraten zu, und am Ende der zweiten Sitzung führten die bestraften Tiere ebenso viele Reaktionen wie die nicht bestraften Tiere aus. Aus diesen Ergebnissen schloss Skinner, dass Bestrafung keine dauerhafte Wirkung erzielt, sondern nur eine „vorübergehende Unterdrückung" des Verhaltens bewirkt.

Das Problem mit Skinners Schlussfolgerung ist, dass nicht nur die Wirkungen der Bestrafung von kurzer Dauer waren, sondern die Bestrafung selbst auch. Wir wissen, dass auch die Effekte von positiver Verstärkung in dem Sinn „vorübergehend" sind, dass operante Reaktionen nach Beseitigung des Verstärkers gelöscht werden. Seit Skinners frühem Versuch haben sich viele Untersuchungen mit der Frage beschäftigt, ob Bestrafung in seinen

Auswirkungen auf das Verhalten das Gegenteil von Verstärkung ist. Der folgende Abschnitt beschreibt einige dieser Studien.

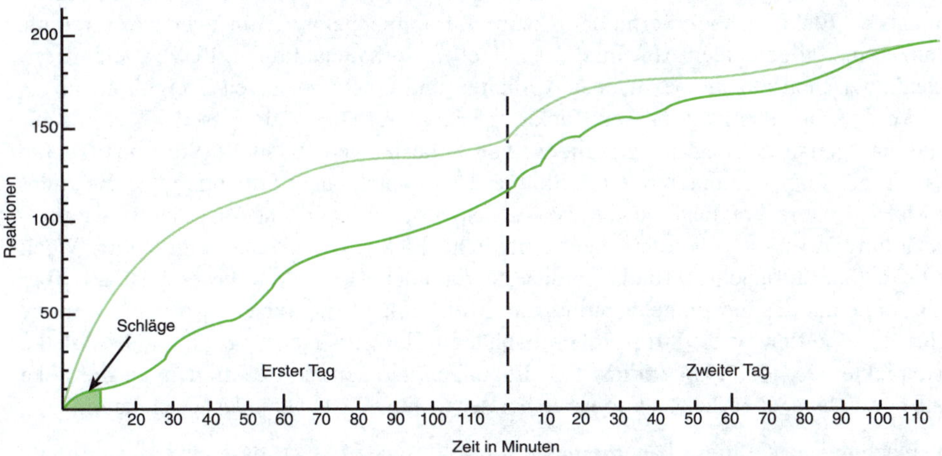

Abbildung 8.4: Kumulative Aufzeichnungen während zweier Löschungssitzungen der beiden Rattengruppen in Skinners (1938) Experiment zur Bestrafung. Die obere Aufzeichnung bezieht sich auf die Gruppe, die eine normale Löschungsprozedur erhielt, die untere auf diejenige, deren Reaktionen während der ersten 10 Minuten der Löschung bestraft wurden.

8.3.1 Ist Bestrafung das Gegenteil von Verstärkung?

Wir können versuchen, diese Frage zu beantworten, indem wir die beiden von Skinner verwendeten Begriffe untersuchen – „vorübergehend" und „Unterdrückung". Wenn, anders als in Skinners Experiment, die Bestrafungskontingenz dauerhaft ist, ist dann die Abnahme des Verhaltens immer noch vorübergehend? Manchmal ja, denn eine Reihe von Studien hat aufgezeigt, dass Individuen sich an vergleichsweise milde Bestrafung gewöhnen (Azrin, 1960; Rachlin, 1966). In Azrins (1960) Experiment wurde, sobald Tauben im Rahmen eines VI-Plans gleich bleibend reagierten, eine Bestrafung eingeführt – jede Reaktion führte zu einem milden Elektroschock. Die Reaktionsraten gingen sofort zurück, aber im Lauf einiger Sitzungen erreichten sie wieder denselben Stand wie vor den Elektroschocks. Trotz solcher Ergebnisse besteht kein Zweifel, dass entsprechend starke Bestrafung zu einer langfristigen Abschwächung oder zum Verschwinden des bestraften Verhaltens führt. Wenn Azrin stärkere Elektroschocks einsetzte, traten die Reaktionen im Verlauf des Experiments gar nicht mehr oder nur noch selten auf.

Obwohl Skinner den Begriff „Unterdrückung" nicht definierte, verstanden spätere Autoren (Estes, 1944) ihn als eine Abnahme von Verhalten, die nicht von einer Kontingenz zwischen dem Verhalten und dem aversiven Ereignis abhängt. Es ist keine Bestrafungskontingenz erforderlich, um den Abbau eines Verhaltens zu erreichen. Zum Beispiel wird in dem häufig eingesetzten Verfahren der konditionierten Unterdrückung einem Tier ein CS für einen elektrischen Schock präsentiert, während es Reaktionen ausführt, weil es

Futter als Verstärkung erwartet. Nach der wiederholten Paarung von CS und Elektroschock werden die Reaktionen für Futter während des CS seltener oder hören ganz auf, auch wenn diese Reaktionen nicht bestraft werden und kein Verhalten seitens des Individuums den Elektroschock verhindern kann. Zusammengefasst: Ein aversives Ereignis kann zu einer allgemeinen Abnahme des aktuellen Verhaltens führen. Bewirkt eine Kontingenz zwischen einem spezifischen Verhalten und einem aversiven Ereignis mehr als das? Verursacht sie einen größeren Rückgang dieses Verhaltens als dasselbe Ereignis auf nichtkontingenter Basis? Ein Experiment von Schuster und Rachlin (1968) untersuchte diese Frage. Tauben konnten in einer Skinner-Box manchmal auf die linke und ein anderes Mal auf die rechte Taste picken. Beide Tasten boten identische VI-Pläne von Futterverstärkung, aber dann wurden unterschiedliche Elektroschockpläne eingeführt. Wenn die linke Taste aufleuchtete (und signalisierte, dass der VI-Plan mit dieser Taste abrufbar war), folgte auf das Picken gelegentlich ein Stromschlag. Andererseits wurden, wenn die rechte Taste aufleuchtete, Stromstöße unabhängig davon versetzt, ob die Taube auf die Taste pickte oder nicht. Unter diesen Bedingungen nahmen die Reaktionen auf die linke Taste deutlich ab, aber die Reaktionsrate bei der rechten Taste veränderte sich kaum.

Untersuchungen wie diese haben eindeutig die Tatsache belegt, dass eine Bestrafungskontingenz mehr bewirkt als lediglich eine allgemeine Abnahme der Aktivität. Wenn ein bestimmtes Verhalten bestraft wird, wird die Häufigkeit dieses Verhaltens stark zurückgehen, während andere, nicht bestrafte Verhaltensweisen im Wesentlichen unverändert häufig auftreten. Um es zusammenfassen: Entgegen den Vorhersagen von Thorndike und Skinner legen die empirischen Ergebnisse nahe, dass die Wirkungen von Bestrafung direkt entgegengesetzt zu denen von Verstärkung sind. Verstärkung führt zu einer Zunahme jedes Verhaltens, das von dem hedonistisch positiven Reiz gefolgt wird, und Bestrafung bewirkt eine Abnahme des Verhaltens, auf den der aversive Reiz folgt. In beiden Fällen können wir erwarten, dass diese Verhaltensänderungen so lange anhalten, wie die Verstärkungs- oder Bestrafungskontingenz in Kraft bleibt.

8.3.2 Faktoren, die sich auf die Effektivität von Bestrafung auswirken

Wir wissen heutzutage sehr viel mehr über Bestrafung über die Tatsache hinaus, dass ihre Wirkung dauerhaft sein kann und die Reaktion-Bestrafungs-Kontingenz wichtig ist. Psychologen, die mit der operanten Konditionierung arbeiten, haben eine Reihe von Variablen untersucht, die determinieren, welche Auswirkungen eine Bestrafungskontingenz hat. Azrin und Holz (1966) analysierten einige dieser Variablen und zu ihrer Ehre muss gesagt werden, dass alle ihre Hauptpunkte heute noch genauso zuzutreffen scheinen wie zu der Zeit, als ihre Ergebnisse veröffentlicht wurden.

Art der Einführung

Wenn man einen wesentlichen, dauerhaften Abbau eines Verhaltens erreichen will, sollte die Bestrafung nach Vorschlag von Azrin und Holz sofort mit voller Intensität eingesetzt werden. Wir haben bereits gesehen, dass Individuen sich an eine milde Form der Bestrafung gewöhnen können, und mehrere Untersuchungen haben gezeigt, dass sich diese Habituation auf eine höhere Bestrafungsintensität zu generalisieren scheint. Das Endergebnis ist, dass eine bestimmte Bestrafungsintensität zur völligen Einstellung eines Verhaltens führen kann, sie sich aber aller Wahrscheinlichkeit nach bei einer Reihe sukzessiver Annäherungen nur wenig oder gar nicht auf das Verhalten auswirkt. Azrin, Holtz und Hake (1963) berichteten, dass ein Stromstoß von 80 Volt im Anschluss an jede Reaktion ausreichte, um bei Tauben eine völlige Unterdrückung der Reaktion des Tastenpickens zu erreichen, wenn die 80-Volt-Stärke von Anfang an eingesetzt wurde. Wenn jedoch die Bestrafung mit niedrigeren Stärken begann und sich dann langsam steigerte, reagierten die Tauben weiterhin, sogar als die Stromstärke auf 130 Volt erhöht wurde. Da eine Verhaltensmodifikation durch Bestrafung ein Verhalten beseitigen und nicht die Bildung von Toleranz gegenüber dem aversiven Reiz erreichen will, sollte die Bestrafung von Anfang an mit maximaler Intensität präsentiert werden.

Unmittelbarkeit von Bestrafung

Der wirksamste Verstärker ist derjenige, der unmittelbar nach der operanten Reaktion verabreicht wird. So ist auch die Bestrafung am effektivsten, die sofort auf die Reaktion folgt. Baron, Kaufman und Fazzini (1969) untersuchten das Verhalten von Ratten, die im Rahmen einer Sidman-Vermeidungsaufgabe reagierten. Manche der Vermeidungsreaktionen der Ratten wurden mit Stromschlägen bestraft, aber je nach Bedingung variierte die Verzögerung zwischen Reaktion und Bestrafung zwischen 0 und 60 Sekunden. Es bestand eine eindeutige Beziehung zwischen Bestrafungsverzögerung und Reaktionsrate: je unmittelbarer die Bestrafung, desto größer die Reduktion des Verhaltens. Die Bedeutung der sofortigen Verabreichung von Bestrafung kann erklären, warum viele allgemein übliche Bestrafungsformen unwirksam sind. Wenn z.B. eine Mutter versucht, die Ungezogenheit eines Kindes dadurch zu beeinflussen, dass sie warnt: „Warte nur, bis dein Vater nach Hause kommt“, spricht sie von einer langen Verzögerung zwischen einem Verhalten und seiner Bestrafung. Es würde nicht überraschen, wenn diese Kontingenz wenig Auswirkung auf das Verhalten des Kindes hätte. Dasselbe Prinzip gilt in der Schule, wo es am effektivsten ist, wenn der Lehrer schlechtes Betragen sofort rügt und nicht erst, nachdem einige Zeit verstrichen ist (Abramowitz & O'Leary, 1990).

Bestrafungsplan

Wie positive Verstärkung muss auch Bestrafung nicht jedes Mal auf ein Verhalten folgen. Aber Azrin und Holz zufolge ist die effektivste Methode, ein Verhalten zu eliminieren, jede Reaktion zu bestrafen – statt einen intermittierenden Bestrafungsplan zu verwenden. In einem Experiment drückten Ratten Hebel, um Futter zu bekommen, aber manchmal wurde das Hebeldrücken mit einem kurzen Elektroschock bestraft. Die Elektroschocks wurden nach FR-Plänen verabreicht, die von FR-1 (auf jede Reaktion folgte ein Elektroschock) bis Fr-1000 (auf jede 1000. Reaktion folgte ein elektrischer Schlag) reichten. Wie zu erwarten ist, führten die Bestrafungen mit niedrigen Raten zu größerer Abnahme der Reaktionen (Azrin, Holz & Hake, 1963). Dieselbe Grundregel gilt für menschliches Verhalten: Ein intermittierender Bestrafungsplan kann manchmal ausreichen, um ein unerwünschtes Verhalten zu beseitigen, aber die nachhaltigste Methode der Verhaltensreduktion ist, jedes Auftreten des Verhaltens zu bestrafen (Cipani, Brendlinger, McDowell & Usher, 1991).

Der Bestrafungsplan kann das Reaktionsmuster ebenso beeinflussen wie die Gesamtreaktionsrate. Als Azrin (1956) einen VI-3-Minuten-Plan der Futterverstärkung mit einem FI-60-Sekunden-Bestrafungsplan überlagerte, beobachtete er, dass die Reaktionsraten der Tauben am Ende jedes 60-Sekunden-Intervalls gegen null gingen. Mit anderen Worten, die Wirkung des FI-Bestrafungsplans (ein sich verlangsamendes Reaktionsmuster) war das Gegenteil des Effekts, den man typischerweise bei FI-Verstärkungsplanen feststellt (ein sich beschleunigendes Reaktionsmuster). In ähnlicher Weise bestraften Hendry und Van-Toller (1964) das Hebeldrücken von Ratten nach einem FR-20-Plan und entdeckten, dass die Reaktionsfrequenz kurz vor der 20. Reaktion nachließ. Nach Verabreichung der Stromschläge stiegen die Reaktionsraten plötzlich wieder an. Dieses Muster ist ebenfalls das Gegenteil des von FR-Verstärkungsplänen produzierten, bei denen es nach jedem Verstärker eine Pause gibt. In anderen Untersuchungen zeigten Galbicka und seine Kollegen, dass bestimmte Längen von Interresponse Times (IRTs) durch Bestrafung reduziert werden konnten: Wurden lange IRTs bestraft, produzierten Affen eine geringere Anzahl an langen und eine größere Anzahl an kurzen IRTs (Galbicka & Branch, 1981; Galbicka & Platt, 1984). Dieses Ergebnis entspricht den Studien, die nachweisen, dass selektive Verstärkung zum vermehrten Auftreten bestimmter IRT-Längen führt (Kapitel 7).

Diese und andere Untersuchungen zu Verstärkungsplänen stützen das Argument, dass Bestrafung in ihren Auswirkungen auf das Verhalten das Gegenteil von Verstärkung ist: Wo ein bestimmter Verstärkungsplan zu einem sich beschleunigenden Reaktionsmuster führt, bewirkt der entsprechende Bestrafungsplan ein sich verlangsamendes Muster; wo Verstärkung ein Pause-Reaktions-Muster produziert, ist die Folge von Bestrafung ein Reaktions-Pause-Muster; wo Verstärkung zu einer Zunahme von IRTs einer bestimmten Größe führt, erreicht Bestrafung eine Verminderung.

Verhaltensmotivation

Azrin und Holz zufolge ist die Effektivität von Bestrafung umgekehrt proportional zu der Verhaltensmotivation. Azrin, Holz und Hake (1963) demonstrierten diesen Punkt, indem sie die Wirkung von Bestrafung auf die durch Futter verstärkten Reaktionen von Tauben beobachteten, denen in unterschiedlichem Maß Futter vorenthalten worden war. Die Bestrafung hatte nur eine geringe Auswirkung auf die Reaktionsraten, wenn die Tauben sehr hungrig waren; war ihnen jedoch nur wenig Futter vorenthalten worden, führte die gleiche Bestrafungsstärke zu einer totalen Einstellung der Reaktionen. Dieser ist nicht überraschend, aber er zeigt an, mit welcher Strategie die Effektivität von Bestrafung gesteigert werden kann, ohne dass die Bestrafungsmenge erhöht werden muss: Man muss versuchen herauszufinden, welcher Verstärker das Verhalten aufrechterhält, und den Wert dieses Verstärkers vermindern. Folglich kann eine Mutter, wenn sie glaubt, dass sich ihr Kind destruktiv verhält, um ihre Aufmerksamkeit zu bekommen, (1) die unerwünschten Verhaltensweisen bestrafen und gleichzeitig (2) dem Kind mehr Aufmerksamkeit schenken, bevor das Kind dieses unerwünschte Verhalten zeigt. Wie wir als Nächstes besprechen werden, besteht eine ähnliche Strategie darin, denselben Verstärker für ein anderes, wünschenswerteres Verhalten zu geben.

Verfügbarkeit alternativer Verhaltensweisen

Azrin und Holz berichteten über einen Befund, der sich mit dem gesunden Menschenverstand leicht vorhersagen lässt. Eine Taube konnte bei einem FR-25-Plan auf eine bestimmte Reaktionstaste picken, um den Futterverstärker zu bekommen. Als jede Reaktion mit einem leichten Stromschlag bestraft wurde, nahm die Reaktionsrate des Tiers ab, aber nur um ungefähr 10 Prozent. Unter einer anderen Bedingung aber verschaffte auch eine zweite Taste Futter nach einem FR-25-Plan, aber nur das Picken auf die erste Taste wurde bestraft. Es sollte nicht überraschen, dass die Tauben aufhörten, auf die erste Taste zu reagieren, und ausschließlich auf die zweite reagierten. Der grundsätzlichere Aspekt ist jedoch, dass Bestrafung viel effektiver ist, wenn dem Individuum eine alternative Möglichkeit geboten wird, sich den Verstärker zu beschaffen, der eine unerwünschte Reaktion aufrechterhalten hat. Aus diesem Grund wird in der Verhaltensmodifikation, wenn durch Bestrafung ein unerwünschtes Verhalten beseitigt werden soll (z.B. Zankereien unter Kindern), die Bestrafung fast immer mit Verstärkung für ein alternatives Verhalten gepaart, das mit dem unerwünschten Verhalten unvereinbar ist (z.B. kooperatives Spiel).

Bestrafung als diskriminativer Hinweisreiz

Die folgende Beobachtung ist weniger einleuchtend als die der letzten Abschnitte. Bestrafung hat nicht nur aversive Eigenschaften, sondern kann manchmal auch als diskriminativer Hinweisreiz fungieren – dies ist ein Signal, das die Verfügbarkeit anderer – entweder angenehmer oder unangenehmer -– Reize ankündigt. Man stelle sich einen Versuch vor, bei dem die Reaktionen einer Taube während der Sitzung nur gelegentlich durch einen Elektroschock bestraft werden. Jedes Mal, wenn der Elektroschock einsetzt, nimmt die Reaktionsrate der Taube zu! Dieses Verhalten scheint widersinnig, bis wir erfahren, dass die Taube nur während der Phasen Futter erhalten kann, in denen ihre Reaktionen bestraft werden; ein Löschungsplan ist während der Zeit in Kraft, in der sich den Reaktionen kein Elektroschock anschließt (Holz & Azrin, 1961). Anders ausgedrückt, die Elektroschocks, die auf die Reaktionen folgten, dienten als diskriminative Hinweisreize für Verfügbarkeit von Futter, denn sie waren die einzigen Reize, die zwischen den Verstärkungs- und Löschungsphasen unterschieden. Azrin und Holz zufolge können ähnliche Begründungen manche Fälle von **Masochismus** erklären – selbstschädigende Verhaltensweisen, die auf den ersten Blick gleichermaßen widersinnig wirken. Weil selbstschädigendes Verhalten dem Individuum oft die Verstärker Mitgefühl und Aufmerksamkeit einbringt, können die aversiven Aspekte dieses Verhaltens als diskriminativer Hinweisreiz für bevorstehende Verstärkung dienen.

8.3.3 Nachteile von Bestrafung

Obwohl Azrin und Holz folgern, dass Bestrafung als Methode der Verhaltensmodifikation mindestens ebenso wirksam wie Verstärkung ist, warnen sie vor unerwünschten Nebenwirkungen. Zuerst halten sie fest, dass Bestrafung emotionale Auswirkungen haben kann, wie z.B. Angst und Wut, die das Lernen und die Performanz allgemein beeinträchtigen. Bei einer Gedächtnisaufgabe im Rahmen einer Studie arbeiteten Studenten langsamer und machten mehr Fehler, wenn jeder Fehler durch einen Stromschlag bestraft wurde. Wurde aber jeder Fehler nur durch einen Ton angezeigt, war die Leistung besser (Balaban, Rhodes & Neuringer, 1990). Wenn ein Lehrer weniger Fehler und mehr richtige Antworten erreichen will, kann daher die Strategie, Fehler zu bestrafen, den gegenteiligen Effekt haben. Zweitens kann Bestrafung manchmal zu einer allgemeinen Unterdrückung aller Verhaltensweisen führen, statt nur der soeben bestraften. Stellen Sie sich vor, dass sich ein Kind im Unterricht meldet, eine Frage stellt und der Lehrer antwortet: „Das ist eine ziemlich dumme Frage." Vielleicht will der Lehrer mit dieser Bemerkung nur die Zahl der dummen Fragen reduzieren, aber das wahrscheinliche Ergebnis ist ein Rückgang aller Fragen, guter oder schlechter, sowohl von diesem Kind als auch von allen anderen in der Klasse.

Ein dritter Nachteil ist, dass in Alltagssituationen der Einsatz von Bestrafung die ständige Überwachung des Verhaltens erfordert, während dies bei Verstärkung nicht unbedingt notwendig ist. Das liegt daran, dass es im Interesse des Individuums ist, auf Verhalten, das von einem Verstärker gefolgt wird, aufmerksam zu machen. Angenommen ein Kind bekommt einen Verstärker, wenn es sein Zimmer aufräumt. Dann wird es wahrscheinlich dafür sorgen, dass die Eltern das aufgeräumte Zimmer sehen. Wird das Kind andererseits für ein nicht aufgeräumtes Zimmer bestraft, wird es wohl kaum die Eltern rufen, damit sie das chaotische Zimmer sehen und die Bestrafungskontingenz geltend machen.

Ein ähnliches praktisches Problem beim Einsatz von Bestrafung ist, dass Individuen vielleicht versuchen, die Regeln zu umgehen oder sich der Situation ganz zu entziehen. Azrin und Holz schilderten das Verhalten einer klugen Ratte, die gelegentlich Stromschläge erhielt, wenn sie einen Hebel drückte, um an den Verstärker Futter zu kommen. Die Ratte lernte die Elektroschocks zu vermeiden, indem sie sich auf den Rücken legte, während sie den Hebel drückte, und dadurch ihr Fell als Isolierung gegen die durch den Metallboden der Kammer versetzten Stromschläge verwendete. Man kann erwarten, dass Menschen noch erfinderischer in ihren Tricks sind, um sich einer Bestrafungskontingenz zu entziehen. Wenn Bestrafung die primäre Methode eines Lehrers ist, Verhalten zu kontrollieren, wird ein Kind vermutlich versuchen schlechtes Betragen zu verheimlichen. Vielleicht wird es sich außerdem der Situation zu entziehen versuchen, indem es Krankheit vortäuscht oder die Schule schwänzt.

Ein weiteres Problem bei Bestrafung ist, dass sie zu Aggressionen führen kann – entweder gegen den, der bestraft, oder gegen andere. Die ständige Gefahr von Körperverletzungen, denen Gefängniswärter (und Gefangene) ausgesetzt sind, bezeugt diese Tatsache. Aggression als Reaktion auf einen aversiven Reiz findet sich nicht nur bei Menschen. Ulrich und Azrin (1962) berichteten von einer Untersuchung, bei der zwei Ratten in eine Versuchskammer gesetzt wurden. Die Tiere verhielten sich friedlich, bis damit begonnen wurde, ihnen Elektroschocks zu geben. Dann fingen sie an miteinander zu kämpfen. Ähnliche Resultate wurden mit Tauben, Mäusen, Hamstern, Katzen und Affen erzielt.

Ein letztes (von Azrin und Holz nicht erwähntes) Problem beim Einsatz von Bestrafung besteht darin, dass im Rahmen von Heimen und Einrichtungen diejenigen, die ein Verhaltensmodifikations-Programm umsetzen sollen, möglicherweise nur widerstrebend auf Bestrafung zurückgreifen. Verschiedene Studien haben die Haltung von Personal untersucht, das mit Heimpatienten, z.B. entwicklungsgestörten Menschen, arbeitet. Die Mitarbeiter in solchen Einrichtungen zogen der Bestrafung andere Techniken vor, z.B. Anleitung, Modellierung und Verstärkung (Davis & Russell 1990). Vielleicht haben diese Menschen durch ihre tägliche Arbeit etwas über manche der oben beschriebenen Nachteile von Bestrafung gelernt.

In Anbetracht der zahlreichen Nachteile von Bestrafung sollte sie Azrin und Holz zufolge nur zögernd und sehr vorsichtig angewandt werden. Ein letztes Argument gegen den Einsatz von Bestrafung ist ein ethisches. Wenn Verhalten entweder durch Verstärkung oder durch Bestrafung zum Positiven verändert werden kann, warum sollte dann die unangenehmere Methode der Bestrafung gewählt werden? Leider gibt es Fälle, in denen Verstärkung nichts bewirkt, und in diesen Fällen wird Bestrafung manchmal als letztes Mittel eingesetzt. Wie am Ende dieses Kapitels besprochen wird, glauben manche Menschen, dass Verhalten niemals mit Hilfe aversiver Techniken gelenkt werden sollte. Vielleicht haben sie Recht, aber Azrin und Holz weisen darauf hin, dass Bestrafung immer Teil unserer Umwelt sein wird. Man könnte vielleicht Bestrafung in Einrichtungen wie Gefängnissen, Schulen und psychiatrischen Kliniken gesetzlich verbieten. Es wäre jedoch wesentlich schwieriger, Bestrafung in den alltäglichen zwischenmenschlichen Interaktionen (zwischen Eltern und Kindern, zwischen Ehepartnern usw.) zu beseitigen. Auch unser natürliches Umfeld ist voller potentieller Bestrafungen, die unmöglich eliminiert werden können. Man denke nur an die möglichen bestrafenden Konsequenzen, die fast jedem falschen Verhalten folgen können, z.B. beim Autofahren, Wandern, Schwimmen, Skifahren oder Kochen. Da Bestrafung nicht aus unserem Leben und unserer Umwelt eliminiert werden kann, ist es wichtig, dass Verhaltenspsychologen dieses Phänomen weiterhin untersuchen, damit wir besser verstehen, wie unser Verhalten dadurch beeinflusst wird.

8.3.4 Negative Bestrafung

Feld 4 in Abbildung 8.1 zeigt die negative Bestrafung (Bestrafung Typ II) oder den Entzug, bei denen ein Stimulus weggenommen wird, wenn sich ein Verhalten zeigt, was zu einer Abnahme dieses Verhaltens führt. In einer Studie zum Entzug pickten Tauben im Rahmen eines VI-Plans auf eine Taste, um Futter zu bekommen, aber hin und wieder änderte die Reaktionstaste ihre Farbe und wurde blau, was signalisierte, dass weiteres Picken zu einer Auszeit führen würde (in der Zeit war der Verstärker nicht verfügbar). Die Taube konnte diese Auszeit jedoch vermeiden, indem sie nicht pickte, wenn die Taste blau war. Als die Tauben mit dieser Kontingenz vertraut wurden, sank die Reaktionsrate auf null, wenn die Taste blau war, obwohl der VI-Plan während dieses Reizes noch in Kraft war (Ferster, 1958).

Wie bei positiver Bestrafung sind Entzugsverfahren am effektivsten, wenn der Entzug unmittelbar nach dem unerwünschten Verhalten erfolgt, jedes Mal, wenn sich das Verhalten zeigt. In einem Fall arbeiteten Therapeuten mit Auszeiten, um einen geistig behinderten Erwachsenen davon abzuhalten, die Hände in den Mund zu stecken (was dazu führte, dass sie rot und geschwollen waren). Die Auszeiten reduzierten dieses Verhalten drastisch, wenn sie im Rahmen eines kontinuierlichen Bestrafungsplans auftraten, und sie erzielten eine wesentlich geringere Wirkung, wenn sie nach festen Intervallplänen eingesetzt wurden (Lerman, Iwata, Shore & DeLeon, 1997). Demnach sind sowohl bei positiver als auch bei negativer Bestrafung Unmittelbarkeit und Konsistenz entscheidend. Weil es ein Mittel der Verhaltensreduktion ist, das keinen aversiven Stimulus einsetzt, ist negative Bestrafung ein beliebtes Instrument der Verhaltensmodifikation geworden. Damit werden wir uns am Ende dieses Kapitels befassen.

8.4 Verhaltensreduktion in der Verhaltenstherapie

Der Begriff „Verhaltensreduktion" wird manchmal mit Bezug auf alle Techniken verwendet, die zu einer Verlangsamung, Verringerung oder Beseitigung unerwünschter Verhaltensweisen führen sollen. Bestrafung und Entzug sind die Methoden zur Reduzierung unerwünschten Verhaltens, die besonders klar auf der Hand liegen, aber sie sind keineswegs die einzigen Methoden. Verhaltenstherapeuten haben einen Katalog verschiedener anderer nützlicher Verhaltensreduktions-Techniken aufgestellt, und wir wollen einige der gebräuchlichsten näher anschauen. Die folgenden Beispiele unterstützen zudem auch die von Azrin und Holz aufgestellten Bestrafungsregeln.

8.4.1 Positive Bestrafung

Wenn möglich vermeiden Verhaltenstherapeuten den Einsatz von Bestrafung, weil Wohlbefinden und Glück ihrer Patienten ihnen am Herzen liegen. Wenn jedoch ein Verhalten gefährlich oder aus anderen Gründen unerwünscht ist und andere Techniken unmöglich oder fruchtlos sind, wird man vielleicht lieber Bestrafung einsetzen, als gar nichts zu tun. Dieser Abschnitt beschreibt einige typische Situationen, in denen ein Verhalten durch Bestrafung reduziert oder beseitigt worden ist. Wie man sehen wird, sind die eingesetzten aversiven Reize oft recht mild.

Bestrafung kontrollierbaren Verhaltens

Eine nicht körperliche Form der Bestrafung, die häufig von Eltern und Lehrern angewandt wird, besteht darin, ein Kind für schlechtes Verhalten zu tadeln und auszuschimpfen. Diese Taktik kann sicherlich das Verhalten eines Kindes beeinflussen, aber nicht immer so, wie es der Erwachsene wünscht. Das Problem ist, dass eine Ermahnung eine Form der Aufmerksamkeit ist – und wir haben bereits gesehen, dass Aufmerksamkeit ein wirkungsvoller Verstärker sein kann. Außerdem erhält ein Kind, das oft ausgeschimpft oder ermahnt wird, auch viel Aufmerksamkeit von Geschwistern oder Klassenkameraden, und diese Aufmerksamkeit von Seiten der Altersgenossen kann als weitere Verstärkung für das unerwünschte Verhalten dienen. O'Leary, Kaufman, Kass und Drabman (1970) stellten fest, dass die Wirksamkeit einer Ermahnung stark davon abhängt, wie sie vorgetragen wird. Die meisten Lehrer weisen die Schüler laut und vor allen anderen zurecht. Als jedoch Lehrer von zweiten Klassen angewiesen wurden, die Schüler, wenn möglich, „leise“ oder persönlich zu ermahnen (d.h. zum Kind hinzugehen und leise zu sprechen, so dass andere Kinder nicht mithören können), nahm störendes Verhalten um 50% ab.

Stärkere Formen von Bestrafung sind manchmal notwendig, wenn das Verhalten eines Kindes ein gravierendes Problem und nicht nur eine Störung des Unterrichts darstellt. So zeigt sich bei manchen retardierten, autistischen oder schizophrenen Kindern **selbstverletzendes Verhalten**. Zum Beispiel ohrfeigen sie sich wiederholt selbst, beißen sich oder schlagen den Kopf gegen einen festen Gegenstand. Die Gründe für diese Verhaltensweisen sind unklar, aber wegen der Gefahr schwerer Verletzungen werden diese Kinder manchmal rund um die Uhr fixiert, es sei denn, ein Therapeut ist in unmittelbarer Nähe. Ein Bericht von Prochaska, Smith, Marzilli, Colby & Donovan (1974) schildert die Behandlung eines neunjährigen, schwer retardierten Mädchens namens Sharon, das sich mit der Faust bis zu 200-mal pro Stunde auf Nase und Kinn schlug, wenn sie nicht fixiert wurde. Verhaltentherapeuten versuchten zuerst das Anschlagen des Kopfes durch negative Bestrafung und positive Verstärkung zu reduzieren, aber bei Sharon waren diese Verfahren wirkungslos. Dann versetzten sie Sharon als Bestrafung für das Anschlagen des Kopfes einen Elektroschock am Bein und das Verhalten ging drastisch zurück. Leider wurde in diesem Fall die Feststellung von Azrin und Holz unterstützt, dass ständige Kontrolle erforderlich ist, denn es fand fast keine Generalisierung dieses Lernens auf Sharons Zuhause oder ihr schulisches Umfeld statt. Sharon hatte offensichtlich gelernt, dass das Kopfanschlagen nur in der Klinik bestraft wurde, wenn die Elektroden an ihrem Bein befestigt waren und der Therapeut ihr zuschaute.

Um Sharons Kopfanschlagen in ihrer normalen Umgebung reduzieren, verabreichten ihr die Therapeuten über eine Fernbedienung Elektroschocks, und ihr Verhalten in der Schule und zu Hause wurde ständig überwacht. Unter diesen neuen Bedingungen ging Sharons Kopfanschlagen innerhalb einer Woche auf null zurück. Das Verschwinden des Kopfanschlagens generalisierte sich auf Zeiten, wenn der Elektroschock-Generator entfernt war, und schließlich wurden die Bestrafungsmaßnahmen eingestellt, ohne dass das Verhalten wiederkehrte. Mit der Beseitigung des Kopfanschlagens waren auch Verbesserungen bei anderen Verhaltensweisen verbunden – Sharons bis dahin häufigen Weinanfälle hörten auf, so dass ihre Eltern sie nun an öffentliche Orte wie Einkaufszentren und Restaurants mitnehmen konnten.

Der Einsatz von Elektroschocks als Bestrafung bei Kindern ist eine strittige Angelegenheit, aber um gerecht zu sein, müssen die aversiven Aspekte dieses Verfahrens gegen die negativen Konsequenzen abgewogen werden, die entstehen, wenn die Bestrafungsmethode nicht angewandt wird. In Sharons Fall scheint der Schmerz durch einige dutzend Elektroschocks von jeweils einer halben Sekunde gering verglichen mit der Alternative – ein Leben der Selbstverletzung, der physischen Ruhigstellung und der Unfähigkeit, mit Gleichaltrigen zu spielen oder wegzugehen.

Eine viel versprechende Entwicklung in der Behandlung von selbstverletzendem Verhalten ist der Befund, dass manchmal eine Bestrafung, die sanfter als ein Elektroschock ist, effektiv sein kann. Zum Beispiel stellten Fehr und Beckwith (1989) fest, dass Kopfschlagen bei einem zehnjährigen behinderten Jungen dadurch reduziert werden konnte, dass man ihm Wasser ins Gesicht sprühte. Diese Behandlung ist besonders wirksam, wenn sie in Kombination mit Verstärkung für eine andere, bessere Verhaltensweise eingesetzt wird. Wassersprühen wird auch erfolgreich eingesetzt, um Aggression und andere unerwünschte Verhaltensweisen abzubauen (Matson & Duncan, 1997).

Bestrafung automatischen Verhaltens

Vielleicht überrascht es Sie zu erfahren, dass so genanntes unabsichtliches oder reflexartiges Verhalten, das automatisch als Reaktion auf einen Reiz zu folgen scheint, durch Bestrafung verringert werden kann. Heller und Strang (1973) beschreiben die Anwendung milder Bestrafung, um bei einem 24-jährigen Mann Bruxismus zu reduzieren. **Bruxismus** ist das Zähneknirschen im Schlaf, ein Problem, das sich beispielsweise bei etwa fünf Prozent aller Studenten findet. Dieses Verhalten führt manchmal zu ernsten Zahnschäden. Um die Bruxismusfrequenz automatisch messen zu können, benutzten Heller und Strang ein sprachgesteuertes Relais, das durch das Geräusch der knirschenden Zähne aktiviert wurde. Der Klient trug während des Schlafs einen Kopfhörer, und direkt nach jedem vom sprachgesteuerten Relais registrierten Zähneknirschen folgte für drei Sekunden ein unangenehmes Geräusch. Sobald diese Bestrafungskontingenz eingeführt war, ging das Zähneknirschen von etwa 100-mal pro Stunde auf 30-mal zurück. Die Therapeuten berichteten, dass das restliche Zähneknirschen zu schwach war, um das Gerät zu aktivieren, und daher nicht bestraft wurde. Es ist interessant zu beobachten, dass, obwohl der Patient schlief, wenn der Bruxismus auftrat, sich das Verhalten so änderte (es wurde leiser), dass die Bestrafungskontingenz teilweise umgangen wurde. Wahrscheinlich wäre das Zähnknirschen noch weiter zurückgegangen, wenn ein empfindlicheres Gerät benutzt worden wäre.

Aversive Reize wurden auch eingesetzt, um andere Arten unabsichtlichen Verhaltens zu beseitigen, wie z.B. chronisches Husten oder Niesen, die auf keine erkennbaren medizinischen Probleme zurückzuführen sind (Creer, Chai & Hoffmann, 1977; Kushner, 1968). Bestrafungstechniken wurden eingesetzt zur Behandlung von unwillkürlichen Muskelkrämpfen (Sachs & Mayhall, 1971), häufigem Erbrechen (Cunningham & Linscheid, 1976), Würgen (Glasscock, Friman, O'Brien & Christopherson, 1986) und Halluzinationen (Bucher & Fabricatore, 1970). Natürlich sollten wir nicht erwarten, dass eine Bestrafungskontingenz ein Symptom beseitigt, das von einer körperlichen Störung verursacht wird (z.B. Husten aufgrund einer Atemwegserkrankung). Wenn jedoch ein medizinisches Problem als Ursache für ein anhaltendes Verhaltenssymptom ausgeschlossen ist, kann Bestrafung eine wirksame (wenn auch unangenehme) Behandlung sein.

8.4.2 Negative Bestrafung: Verhaltenskosten und Time-Out

Es ist einfach, eine negative Bestrafungskontingenz in ein Token-System einzubauen: Man kann durch erwünschte Verhaltensweisen Tokens verdienen, durch unerwünschte jedoch auch wieder Tokens verlieren. Der Verlust von Tokens, Geld oder anderen konditionierten Verstärkern, der dem Auftreten von unerwünschten Verhaltensweisen folgt, wird als **Verhaltenskosten** bezeichnet. Token Economies, die auch eine Verhaltenskosten-Regelung umfassen, sind in der Arbeit mit Kindern, Häftlingen und Patienten in psychiatrischen Kliniken eingesetzt worden. E. L. Phillips (1968) schildert, wie Verhaltenskosten Teil eines Token-Programms für „prädelinquente" Jungen waren. Diese Jungen, im frühen Teenageralter und jünger, hatten sich alle geringfügiger Gesetzesverletzungen schuldig gemacht und die Behörden glaubten, dass ihr Verhalten sich verschlimmern würde, sofern keine Maßnahmen ergriffen würden. Darum wurden sie in ein städtisches Heim geschickt, das von zwei „Hauseltern" geleitet wurde. Während ihres Aufenthalts dort galt für alle Jungen ein Token-System, nach dem sie durch bestimmte Verhaltensweisen Punkte verdienen konnten – z.B. wenn sie ihre Hausaufgaben machten, gute Noten bekamen, ihr Zimmer in Ordnung hielten und Hausarbeiten erledigten. Die Punkte konnte man eintauschen gegen Süßigkeiten, Taschengeld oder Vergünstigungen wie Fernsehen, langes Aufbleiben oder In-die-Stadt-Gehen. Zum Verlust von Punkten führte solches Verhalten wie Streiten oder Sich-Prügeln, Ungehorsam gegenüber den Hauseltern, schlechte Manieren oder Sich-Verspäten. Zum Beispiel büßte ein Junge eine bestimmte Zahl an Punkten für jede Minute ein, die er zu spät von der Schule zurückkehrte oder ins Bett ging. Indem er das Verhalten der Jungen vor und nach In-Kraft-Treten der Verhaltenskosten-Kontingenz erfasste, zeigte Phillips überzeugend, dass diese Kontingenz eine Verbesserung ihres Verhaltens bewirkte. Wie zu erwarten war, wirkte sich der Verlust von Punkten nur auf jenes Verhalten aus, das unter die Regel fiel. Wenn z.B. Strafen für zu spätes Nachhausekommen von der Schule festgesetzt wurden, kehrten die Jungen zwar unverzüglich von der Schule zurück, aber nicht von Besorgungen.

Wahrscheinlich ist die gebräuchlichste Form der negativen Bestrafung das **Time-Out** (Auszeit), bei dem ein oder mehr wünschenswerte Stimuli vorübergehend weggenommen werden, wenn das Individuum ein unerwünschtes Verhalten zeigt. In einem Fallbeispiel wurde die Auszeit mit Verstärkung für alternative Verhaltensweisen kombiniert, um einen Patienten in der Psychiatrie von dem Horten von Gegenständen abzuhalten (Lane, Wesolowski & Burke, 1989). Diese Fallgeschichte illustriert, was in der Forschung als **ABAB-Design** bezeichnet wird. Jede „A"-Phase ist eine Baseline-Phase, in der das Verhalten des Patienten beobachtet wird, aber keine Behandlung erfolgt. Jede „B"-Phase ist eine Behandlungsphase. Stan war hirnverletzt und hortete oft solche Dinge wie Zigarettenkippen, Papier, Nahrung und kleine Steine, indem er sie in seinen Taschen, Socken oder seiner Unterwäsche versteckte. In der anfänglichen fünftägigen Baseline-Phase beobachteten die Forscher durchschnittlich zehn Episoden des Hortens pro Tag (siehe Abbildung 8.5). Dann folgte eine Behandlungsphase (Tage 6 bis 15), in der Stan für zwei alternative Verhaltensweisen verstärkt wurde – das Sammeln von Baseballkarten und das Aufheben und ordentliche Wegwerfen von Müll. Während dieser Phase wurde jedes Horten mit einer Auszeit bestraft, in der Stan für zehn Sekunden in einen ruhigen Raum gebracht wurde. Wie Abbildung 8.5 zeigt, nahmen die Vorfälle während dieser Behandlungsphase ab. In der zweiten Baseline-Phase wurde die Behandlung unterbrochen, und während dieser vier Tage nahm das Horten wieder zu. Darauf wurden in der zweiten Behandlungsphase die Auszeiten und die Verstärkung für alternative Verhaltensweisen fortgesetzt, und Stans Horten ging allmählich zurück und hörte schließlich ganz auf. In einer Folgeuntersuchung ein Jahr später wurde kein Horten mehr festgestellt. Dieses ABAB-Design demonstrierte die Effektivität der Behandlungsmethoden, weil Stans Horten in den Baseline-Phasen häufig auftrat und in den Behandlungsphasen drastisch zurückging.

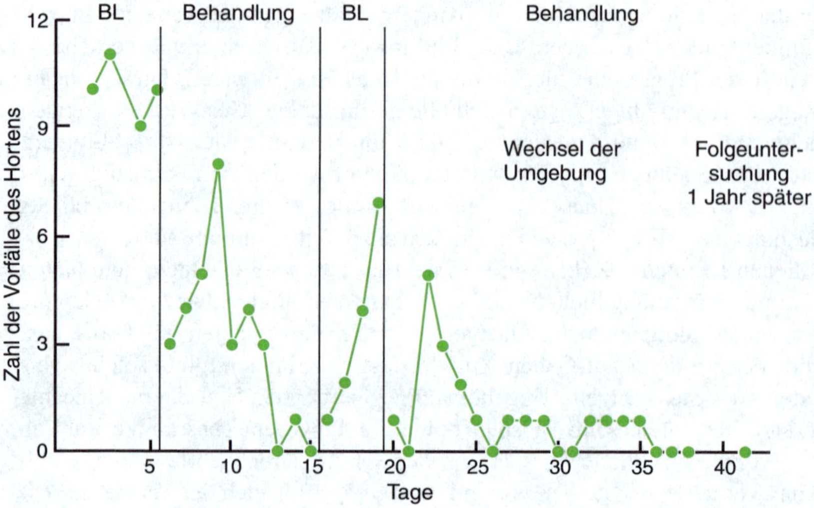

Abbildung 8.5: Die Zahl der Episoden des Hortens pro Tag bei einem hirnverletzten Mann während zweier Baseline- (BL-)Phasen und zweier Behandlungsphasen, in denen das Horten mit Auszeiten bestraft und alternative Verhaltensweisen verstärkt wurden. Die zweite Behandlungsphase fand in einer veränderten Umgebung statt. (Lane, Wesolowsli & Burke, 1989)

Time-Out wird oft bei Kindern angewandt, wenn eine Mutter oder ein Vater einem Kind sagt, es solle in sein Zimmer gehen, weil es sich schlecht benommen habe. Auszeiten, in denen ein Kind in ein abgelegenes Zimmer geschickt wird, können auch aggressives oder störendes Verhalten im Unterricht reduzieren. Auszeiten können ebenfalls wirkungsvoll sein, wenn sie ein Kind aus einer gerade stattfindenden Aktivität ausschließen. Zum Beispiel waren Viertklässler einer Grundschule während des Sportunterrichts regelmäßig unruhig und störten. Deshalb stellten ihre Lehrer eine Auszeitkontingenz auf. Jedes Kind, das störte, musste sich sofort an den Rand der Turnhalle setzen und dort bleiben, bis eine große Sanduhr abgelaufen war (was etwa drei Minuten dauerte). Kinder, die sich wiederholt schlecht benahmen, verloren Zeit für freies Spiel und andere attraktive Aktivitäten (eine Verhaltenskosten-Kontingenz). Diese Entzugsmethode war sehr effektiv und die Störungen während des Sportunterrichts gingen um 95 Prozent zurück (White & Bailey, 1990).

Es gibt einige Fälle, in denen der Einsatz von Auszeiten in der Schule vor Gericht angefochten wurde. Die Eltern klagten, dass die Schule nicht das Recht habe, ihre Kinder von schulischen Aktivitäten auszuschließen, selbst wenn die Kinder störten. Yell (1994) zufolge, der diese Fälle untersuchte, verfügte das Gericht in allen Fällen, dass Auszeiten im Unterricht eingesetzt werden dürfen, vorausgesetzt, dass dies in angemessener Weise geschieht. Dennoch empfiehlt Yell, dass Pädagogen die Gesetzeslage bezüglich des Einsatzes von Auszeiten kennen sollten, und er schlägt eine Reihe von Richtlinien für die Anwendung dieser Methode vor. Obwohl diese Verfahren von manchen kritisiert werden, sind sowohl Auszeiten als auch Verhaltenskosten bei Lehrern und Verhaltenstherapeuten zunehmend populärer geworden, weil sie effektive Möglichkeiten sind, unerwünschtes Verhalten ohne Präsentation eines aversiven Reizes zu reduzieren.

8.4.3 Andere Techniken der Verhaltensreduktion

Überkorrektur

Wenn eine Person ein unerwünschtes Verhalten zeigt, fordern in manchen Fällen Vater oder Mutter, Therapeut oder Lehrer mehrfache Wiederholungen eines alternativen, wünschenswerteren Verhaltens. Diese Technik wird **Überkorrektur** genannt und beinhaltet oft zwei Elemente: Entschädigung (die Missetat wiedergutmachen) und positive Übung (ein besseres Verhalten üben). Das korrigierende Verhalten soll in der Regel mehr Zeit und Mühe erfordern als das ursprüngliche schlechte Verhalten. Zum Beispiel zeigten Adams und Kelley (1992) Eltern, wie man mit Hilfe einer Überkorrektur Aggressionen gegen Geschwister reduzieren kann. Nach einem Fall von körperlicher oder verbaler Aggression gegen eine Schwester oder einen Bruder bestand die Entschädigung aus einer Entschuldigung; zur positiven Übung gehörte, Spielzeug zu teilen, Schwester oder Bruder sanft zu berühren und etwas Freundliches zu sagen. Diese positive Übung wurde mehrmals wiederholt. Wenn das Kind diese Verhaltensweisen nicht angemessen übte, fingen die Übungsdurchgänge wieder von vorne an. Diese Methode führte zu einem signifikanten Rückgang von Aggressionen unter Geschwistern, aber nicht zu ihrer vollständigen Eliminierung.

Überkorrektur wird häufig bei geistig behinderten Menschen eingesetzt, um Aggressionen und anderes unerwünschtes Verhalten zu reduzieren. Zum Beispiel war für Sisson, Hersen und Van Hasselt (1993) Überkorrektur eine der therapeutischen Maßnahmen, durch die schwer retardierte Jugendliche lernen sollten, Waren zu verpacken und nach Postleitzahlen zu sortieren. Maladaptive Verhaltensweisen waren stereotype Bewegungen wie z.B. Hin-und-her-Schaukeln, Mit-den-Händen-Fuchteln sowie Gegenstände-im-Kreis-Drehen. Immer wenn sich solch ein Verhalten zeigte, führte der Therapeut den Patienten durch drei Wiederholungen der korrekten Verhaltensfolge. Überkorrektur kann auch bei der Behandlung nicht willensgesteuerter Verhaltensweisen wie z.B. Bruxismus Erfolge erzielen (T. S. Watson, 1993).

Überkorrektur entspricht vom Vorgehen her der Definition einer Bestrafung, weil eine Abfolge von Ereignissen (das Korrekturverfahren) vom Auftreten eines unerwünschten Verhaltens abhängt und das Verhalten sich infolgedessen reduziert. Ein Unterschied zu anderen Bestrafungstechniken ist jedoch, dass sich durch die wiederholten korrigierenden Übungen ein wünschenswertes Verhalten herausbildet. Dies ist wahrscheinlich eine besonders förderliche Komponente der Überkorrekturmethode, weil, wie unten besprochen, es ein wichtiger Bestandteil vieler Verfahren zur Verhaltensreduktion ist, den Lernenden mit einer erstrebenswerteren, alternativen Verhaltensmöglichkeit auszustatten.

Löschung

Wenn ein unerwünschtes Verhalten auftritt, weil es von einem positiven Verstärker gefolgt wird, und wenn es möglich ist, diesen Verstärker wegzunehmen, dann sollte dieses Verhalten durch einfache Löschung schließlich verschwinden. Einer der üblichsten Verstärker für unerwünschte Verhaltensweisen ist Aufmerksamkeit. Zu Hause, in der Schule oder in der psychiatrischen Klinik kann störendes oder maladaptives Verhalten auftreten, weil es die Aufmerksamkeit von Eltern, Gleichaltrigen, Lehrern oder vom Pflegepersonal auf sich zieht. So berichten Ayllon und Haughton (1964) von zwei Psychiatriepatienten, die ständig über verschiedene körperliche Beschwerden klagten (obwohl ärztliche Untersuchungen nichts fanden). Als das Pflegepersonal angewiesen wurde, diese Klagen nicht länger mit Aufmerksamkeit und Mitgefühl zu verstärken, gingen sie stark zurück.

In einem anderen Fall hatte eine Frau einen Hautausschlag, der nicht verschwand, weil sie dauernd an den infizierten Stellen kratzte. Der Therapeut vermutete, dass dieses Kratzen durch die Aufmerksamkeit aufrechterhalten wurde, die die Frau wegen ihren Ausschlags von ihrer Familie und ihrem Verlobten (durch regelmäßiges Auftragen von Salbe) erhielt. Der Therapeut forderte ihre Familie und ihren Verlobten auf, jedes Gespräch über den Ausschlag zu vermeiden und ihr nicht zu helfen, ihn zu behandeln. Das Kratzen hörte bald auf und der Ausschlag verschwand (Walton, 1960).

Andere maladaptive Verhaltensweisen können durch negative Verstärkung unterstützt werden – das Verhalten erlaubt der Person, bestimmte Ereignisse oder Aktivitäten zu vermeiden oder sich ihnen zu entziehen. Zum Beispiel stellten Therapeuten in einem Heim fest, dass einige Kinder mit Entwicklungsbehinderungen immer wieder selbstverletzendes Verhalten zeigten (sie schlugen ihren Kopf an, bissen sich in die Hand usw.), wenn sie Schularbeiten machen sollten, und sich dadurch ihrem Unterricht entzogen. Die Therapeuten begannen darum mit einem Löschungsverfahren, bei dem der Betreuer des Kindes das selbstverletzende Verhalten ignorierte, das Kind aufforderte, mit der Lektion weiterzumachen, und, wenn nötig, das Kind Schritt für Schritt durch die Aufgabe leitete. Auf diese Weise wurde der Verstärker (Flucht vor der Aufgabe) beseitigt, und das selbstverletzende Verhalten nahm drastisch ab (Pace, Iwata, Cowdery, Andree & McIntyre, 1993).

Nach Ducharme und Van Houten (1994), die einen Überblick über Löschung als Mittel zur Verhaltensreduktion präsentierten, ist diese Technik nicht unproblematisch. Löschung ist manchmal langsam, vor allem wenn das unerwünschte Verhalten in der Vergangenheit intermittierend verstärkt wurde. Zudem nehmen die unerwünschten Verhaltensweisen zu Beginn des Löschungsprozesses manchmal eher zu als ab. (Eltern, die im Bemühen, Trotzanfälle zu löschen, beschließen, diese zu ignorieren, erleben möglicherweise zunächst einmal den schlimmsten aller bisherigen Trotzanfälle). Wie bei jedem gelöschten Verhalten kann es zu einer spontanen Erholung kommen. Dennoch folgerten Ducharme und Van Houten, dass richtig eingesetzte Löschung eine geeignete Methode ist, um unerwünschte Verhaltensweisen zu beseitigen. Besonders effektiv ist die Kombination von Löschung mit Verstärkung von anderem, wünschenswerterem Verhalten.

Reaktionsblockierung

Für Verhaltensweisen, die zu gefährlich oder destruktiv sind, um die Löschung abzuwarten, ist die Reaktionsblockierung eine Alternative. Durch sie wird das Individuum physisch an dem unangemessenen Verhalten gehindert. Die meisten Eltern kleiner Kinder wenden die Reaktionsblockierung recht oft an, um ihre Kleinen daran zu hindern, etwas zu tun, das ihnen selbst oder anderen schaden könnte. Verhaltenstherapeuten setzen Reaktionsblockierung ein, um bei Kindern oder geistig behinderten Erwachsenen ein Verhalten wie Selbstverletzung, Aggression oder Zerstörung von Eigentum zu reduzieren oder zu beseitigen (Fisher, Lindauer, Alterson & Thompson, 1998; Smith, Russo & Le, 1999).

Reaktionsblockierung kann sowohl kurz- wie auch langfristigen Nutzen haben. Erstens kann, indem das unerwünschte Verhalten verhindert wird, unmittelbarer Schaden oder Verletzung vermieden werden. Zweitens nehmen Versuche, Verhalten auszuführen, in der Regel ab, während das Individuum lernt, dass dieses Verhalten blockiert werden wird. Um z.B. ein geistig behindertes Mädchen daran zu hindern, sich die Finger in die Augen zu stoßen, ließen Lalli, Livezey und Kates (1996) das Mädchen eine Schutzbrille tragen. Anders als in den Fällen, in denen der Therapeut den Patienten mit der Hand von etwas abhält, hatte die Verwendung der Schutzbrille den Vorteil, das unerwünschte Verhalten auch dann zu blockieren, wenn das Mädchen allein war. Nachdem sie aufgehört hatte, sich in ihre Augen zu stoßen, wurde die Schutzbrille allmählich durch ihre normale Brille ersetzt und ihr Augenstoßen trat nicht wieder auf.

Verstärkung von Alternativverhalten

Eine klassische Studie von Ayllon und Haughton (1964) illustriert eindrücklich, wie die Löschung von unangemessenem Verhalten mit der Verstärkung von angemesseneren Verhaltensweisen kombiniert werden kann. Diese Forscher arbeiteten in einer psychiatrischen Klinik mit Patienten, die von psychotischen oder wahnhaften Ideen erzählten. Sie beobachteten, dass dieses unangemessene Sprechen oft durch das Pflegepersonal verstärkt wurde – durch Aufmerksamkeit, Mitgefühl und Gespräche. Ayllon und Haughton führten darum eine zweiteilige Untersuchung durch. Im ersten Teil wurden die Pfleger ausdrücklich angewiesen, psychotisches Sprechen mit Aufmerksamkeit und konkreten Dingen zu verstärken (Kaugummi, Bonbon usw.) Wie in Abbildung 8.6 gezeigt wird, nahm das psychotische Reden während dieses Teils der Studie stetig zu. In der zweiten Phase hatten die Pfleger den Auftrag, psychotisches Sprechen zu ignorieren, aber normales Sprechen zu verstärken (wie z.B. Gespräche über das Wetter, Aktivitäten auf der Station oder andere Alltagsthemen). Abbildung 8.6 zeigt, dass infolgedessen das normale Sprechen stark zunahm, während das psychotische Sprechen zurückging. Diese Studie demonstrierte, welche Macht Aufmerksamkeit als Verstärker hat, wie Aufmerksamkeit unangemessenem Verhalten entzogen und stattdessen erwünschtem Alternativverhalten erwiesen werden kann.

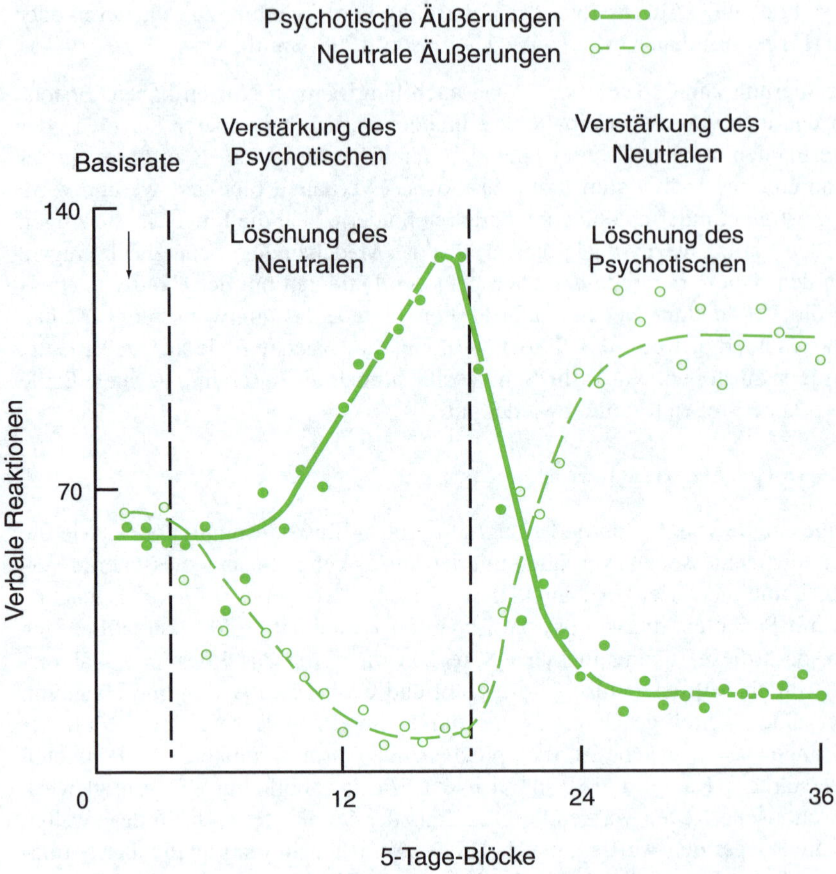

Abbildung 8.6: Die Auftretenshäufigkeit von psychotischem und normalem Sprechen bei Psychiatriepatienten, wenn die Pfleger angewiesen wurden, psychotisches Sprechen zu verstärken, oder wenn sie psychotisches Sprechen ignorierten und normales Sprechen verstärkten (Aus Ayllon & Haughton, 1964).

In jüngeren Untersuchungen wurde die Verstärkung von alternativen Verhaltensweisen mit **nichtkontingenter Verstärkung** wirksam kombiniert – der Verabreichung von freien Verstärkern zu willkürlichen Zeitpunkten. Marcus und Vollmer (1996) wandten diese Methode an, um bei drei kleinen Kindern mit schweren Verhaltensproblemen aggressives und störendes Verhalten zu reduzieren. Alle paar Minuten erhielt ein Kind ein Spielzeug oder einen anderen Verstärker, unabhängig davon, was das Kind gerade machte. Das Spielzeug konnte ein Kind auch sofort bekommen, wenn es höflich darum bat – dies war das Alternativverhalten, das die Therapeuten verstärken wollten. Diese Behandlung führte zu einer signifikanten Reduktion des aggressiven und störenden Verhaltens und einer Zunahme der höflichen Bitten um Spielzeuge.

Dieses Kapitel hat bereits mehrere andere Fälle angeführt, in denen die Verstärkung von Alternativverhalten mit anderen Techniken der Verhaltensreduktion erfolgreich kombiniert wurde. In der modernen Verhaltenstherapie ist die Verstärkung von alternativem Verhalten eine der üblichen Maßnahmen zur Verhaltensreduktion. Die Logik dahinter ist, dass die meisten Techniken der Verhaltensreduktion einem Patienten zeigen, *was er nicht tun soll*, aber nicht *was er tun soll*. Die Verstärkung von alternativem Verhalten beseitigt diesen Mangel und bietet akzeptablere Verhaltensweisen, um das „Verhaltensvakuum" zu füllen, das entsteht, wenn ein Verhalten abgebaut wird.

WWW

Informationen über Graduiertenprogramme in angewandter Verhaltensanalyse sind erhältlich unter **http:/www.wmich.edu/psych/BA/**

Sättigung

Wenn man den Verstärker, der ein unerwünschtes Verhalten aufrechterhält, nicht wegnehmen kann, ist es manchmal möglich, den Verstärker so massiert zu präsentieren, dass er seine Wirksamkeit infolge von Sättigung verliert. Ayllon (1963) schilderte den Fall einer Psychiatriepatientin, die Handtücher in ihrem Zimmer hortete. Obwohl die Schwestern versuchten, die Handtücher wegzunehmen, hatte sie meistens mehr als 20 in ihrem Zimmer. Man begann mit einem Sättigungsprogramm, bei dem die Schwestern ihr jeden Tag weitere Handtücher brachten. Zunächst schien die Frau es zu genießen, sie zu berühren, zu falten und zu stapeln, aber bald fing sie an sich zu beschweren, dass sie genug habe und die Handtücher ihr im Weg seien. Als die Zahl der Handtücher ungefähr 600 erreichte, begann sie diese von selbst wegzuschaffen. Die Schwestern hörten auf, ihr Handtücher zu bringen, und danach wurde kein weiteres Horten beobachtet.

Bei einem ungewöhnlichen Beispiel für Sättigung ging es überhaupt nicht um konkrete Gegenstände. Einem Psychiatriepatienten, der darüber klagte, dass er Stimmen hörte, wurde reichlich Zeit gegeben, diesen Stimmen zuzuhören. Für 85 halbstündige Sitzungen wurde der Patient angewiesen, an einem ruhigen Platz zu sitzen und festzuhalten, wann die Stimmen zu hören waren, was sie sagten und wie fordernd der Tonfall war. Am Ende dieser Sitzungen lag die Halluzinationsrate fast bei null (Glaister, 1985). Diese Variante von Sättigung wird auch zur Behandlung von Zwangsgedanken eingesetzt.

8.4.4 Die Kontroverse um aversive Reize

Die Frage, ob Bestrafung eine effektive Methode der Verhaltenskontrolle ist, wurde geklärt. Dieses Kapitel präsentiert zahlreiche Untersuchungen sowohl innerhalb als auch außerhalb des Versuchslabors, die Belege dafür liefern, dass Bestrafung Verhalten ändern kann, in vielen Fällen dauerhaft. Aufzuzeigen, dass Bestrafung erfolgreich angewandt werden kann, ist eine Sache – darzulegen, dass sie als eine Technik der Verhaltenskontrolle eingesetzt werden sollte, jedoch eine andere. In den letzten Jahren hat sich die Auseinandersetzung über die Frage verschärft, ob es Verhaltenstherapeuten erlaubt sein sollte, das Verhalten ihrer Patienten mittels aversiver Reize zu steuern. Die Kontroverse hat sich vor allem auf die Behandlung geistig behinderter oder entwicklungsgestörter Menschen konzentriert, bei denen manchmal in dem Bemühen, selbstzerstörerische oder andere gefährliche Verhaltensweisen zu beseitigen, aversive Stimuli eingesetzt werden. Auf der einen Seite der Diskussion stehen jene, die erklären, dass Bestrafung manchmal der einzige Weg sei, das Verhalten von Menschen mit schweren Verhaltensproblemen (wie z.B. dem oben beschriebenen retardierten Mädchen Sharon) zu steuern und zu verbessern. Auf der anderen Seite stehen jene, die aus rechtlichen und ethischen Gründen einwenden, dass die Verwendung von aversiven Reizen niemals zulässig sei und immer alternative Behandlungen angewandt werden sollten.

Ein Argumentationsstrang gegen den Einsatz von aversiven Stimuli stützt sich auf die Rechtsgrundlage. In den Vereinigten Staaten ist das „Recht auf Behandlungsverweigerung" ein wichtiger Grundsatz, dem zufolge eine Person das Recht hat, eine Behandlung abzulehnen, auch wenn die Wirksamkeit dieser Behandlung bekannt und diese eindeutig im Interesse der Person ist. Zum Beispiel könnte eine Person sich weigern, sich einen infizierten Zahn ziehen zu lassen, sogar wenn die unterlassene Extraktion zu einer lebensbedrohlichen Ausbreitung der Infektion führen könnte. Man kann sich leicht vorstellen, dass jemand eine Behandlung, die aversive Reize beinhaltet, ablehnt, auch wenn die Therapie langfristig von Vorteil wäre. Im Fall geistig behinderter Menschen ist das Problem komplizierter, weil diese Menschen in der Regel als zu eigenen Entscheidungen „unfähig" eingeordnet werden und Behandlungsentscheidungen von ihrem Vormund getroffen werden müssen. Zudem haben in Fällen, bei denen es um den Einsatz aversiver Therapien geht, aus komplexen rechtlichen Gründen oft nicht die Eltern oder Betreuer der Betroffenen die „Vormundschaft", sondern die Gerichte. Gerichtsentscheidungen bezüglich des Einsatzes von aversiven Stimuli sind nicht einheitlich. Einige Urteile erlauben die Fortführung der Therapien, andere verbieten sie. Oft hängt die Entscheidung davon ab, ob der Richter davon überzeugt ist, dass die Anwendung aversiver Reize „eine professionell akzeptierte Form der Behandlung" ist – und dies erweist sich als eine schwer zu entscheidende Frage (Sherman, 1991).

Diejenigen, die mit entwicklungsbehinderten Menschen arbeiten, sind bezüglich dieses Problems geteilter Meinung (siehe Jacob-Timm, 1996). Manche Fachleute sind aus ethischen Gründen unter allen Umständen gegen den Einsatz von aversiven Stimuli. So stellt Freagon (1990) fest: *„Die Anwendung von schwerer Bestrafung oder aversiven Reizen muss als Missbrauch definiert werden, ebenso wie es als Missbrauch definiert wird, wenn sie bei Menschen ohne Behinderungen angewandt wird (S. 154)."* Umgekehrt argumentieren andere, dass es unethisch wäre, den Einsatz der effektivsten verfügbaren Therapien einzuschränken, wenn diese aversive Behandlungen einschließen, und dass solche Einschränkungen verhängnisvolle Konsequenzen für die betroffenen Patienten haben könnten (Axelrod, 1990).

Auch die Meinungen über die Wirksamkeit aversiver Behandlungen und darüber, wie sie im Vergleich zu nichtaversiven Verfahren abschneiden, gehen auseinander. Einige Therapeuten vertreten den Standpunkt, dass verschiedene nichtaversive Techniken verfügbar seien, u.a. Verstärkung von Alternativverhalten, Stimuluskontrolle, Sättigung, Prompting, Fading und die Einübung kommunikativer Fähigkeiten. Diesen Fachleuten zufolge können die nichtaversiven Techniken ebenso effektiv wie aversive Methoden sein, und daher besteht kein Grund für die Anwendung aversiver Verfahren (Lavigna & Donnellan, 1986; Lohrmann-O'Rourke & Zirkel, 1998). Andere wenden ein, dass es aufgrund der aktuellen

Datenlage noch nicht erwiesen ist, dass nichtaversive Techniken bei schweren Verhaltensproblemen ebenso wirksam sein können (Yates, 1991).

Es sollte betont werden, dass niemand für den unbegrenzten und wahllosen Einsatz von aversiven Stimuli als Mittel zur Verhaltenskontrolle eintritt. Die Ansichten derer, die mit entwicklungsbehinderten Menschen arbeiten *„reichen von jenen, die sich für die ausschließliche Anwendung nichtaversiver Verfahren aussprechen, bis zu jenen, die aversive Methoden als letzten Ausweg befürworten"* (Alberto & Andrews, 1991, S. 220). Im Lauf der Zeit werden wahrscheinlich die ethischen Diskussionen, Gerichtsentscheidungen und mehr Daten über die Wirksamkeit alternativer Techniken helfen, diese Frage zu klären. Ob aversive Techniken auch weiterhin im therapeutischen Rahmen eingesetzt werden, lässt sich jetzt nicht vorhersagen.

Zusammenfassung

Bei der negativen Verstärkung wird ein aversiver Reiz entfernt, wenn sich ein bestimmtes Verhalten zeigt. Zwei Varianten der negativen Verstärkung sind Flucht und Vermeidung. Nach der Zweifaktorentheorie der Vermeidung beinhaltet Vermeidung, (1) einen zuvor neutralen Reiz fürchten zu lernen und (2) zu reagieren, um dem Reiz zu entkommen. Einige Studien unterstützen die Zweifaktorentheorie, aber manche Befunde werfen Probleme für sie auf: Geübte Individuen führen weiterhin Vermeidungsreaktionen aus, obwohl sie keine messbaren Zeichen von Angst zeigen, und Vermeidungsreaktionen sind sehr löschungsresistent.

Die Einfaktortheorie der Vermeidung besagt, dass für Vermeidungsverhalten die Entfernung des angstauslösenden CS nicht erforderlich sei. Vielmehr sei die Vermeidung des aversiven Ereignisses an sich der Verstärker. Untersuchungen, die die Einfaktortheorie stützen, haben gezeigt, dass Tiere Vermeidungsreaktionen erlernen können, wenn es keinen CS gibt, der einen bevorstehenden Elektroschock ankündigt. Der kognitiven Theorie der Vermeidung zufolge lernen Individuen zu erwarten, dass, (1) wenn sie reagieren, ein aversives Ereignis ausbleiben, und (2) wenn sie nicht reagieren, ein aversives Ereignis folgen wird. Mittels Reaktionsblockierung (oder Flooding) kann ein Individuum lernen, dass die zweite Erwartung nicht mehr zutrifft.

Seligman zeigte, dass Tiere, konfrontiert mit aversiven Stimuli, die sie nicht vermeiden können, erlernte Hilflosigkeit entwickeln. Er vertrat die These, dass nicht vermeidbare aversive Ereignisse bei Menschen zu Hilflosigkeit und Depression führen können, und diese Theorie wurde auf viele Aspekte menschlichen Verhaltens angewandt.

Bei der Bestrafung (Typ I) wird ein aversiver Reiz präsentiert, wenn ein bestimmtes Verhalten auftritt, und dadurch das Verhalten geschwächt. Viele Faktoren beeinflussen die Effektivität von Bestrafung, u.a. ihre Intensität, Unmittelbarkeit, Präsentation und die Verfügbarkeit alternativer Verhaltensweisen. Der Einsatz von Bestrafung hat etliche Nachteile: Er erfordert ständige Überwachung und kann zu unerwünschten Nebenwirkungen führen – z.B. zu Aggression, zu einer Abnahme anderer Verhaltensweisen und zu Versuchen, der Situation zu entkommen.

Verhaltenstherapeuten setzen in der Regel, sofern es eine geeignete Alternative gibt, keine Bestrafung ein, aber sie kann trotzdem eine effektive Methode sein, um verschiedene unerwünschte Verhaltensweisen zu reduzieren, wie z.B. Aggression, auffälliges Verhalten in der Schule sowie automatisches Verhalten wie Bruxismus oder chronischen Husten. Andere Methoden der Verhaltensreduktion sind Verhaltenskosten, Time-Out, Überkorrektur, Löschung, Reaktionsblockierung, Verstärkung von Alternativverhalten und Sättigung.

Wiederholungsfragen

1. Welches sind die Faktoren der Zweifaktorentheorie? Welche Art von Ergebnissen stützen die Zweifaktorentheorie? Welche Befunde stellen die Theorie vor Probleme?
2. Was ist die Einfaktortheorie und wie erklärt diese Theorie (a) das Erlernen von Vermeidungsreaktionen und (b) die Löschungsresistenz von Vermeidungsreaktionen? Wie begründet die kognitive Theorie der Vermeidung diese Effekte?
3. Nennen Sie einige Faktoren, die die Wirksamkeit von Bestrafung beeinflussen. Führen Sie für jeden Faktor ein konkretes Beispiel an. Nennen Sie einige der möglichen Nachteile des Einsatzes von Bestrafung.
4. Schildern Sie einige Beispiele für die erfolgreiche Anwendung von Bestrafung in der Verhaltenstherapie und erörtern Sie einzelne Punkte, die wahrscheinlich zum Erfolg der Verfahren beigetragen haben. Welche Techniken der Verhaltensreduktion, die von Verhaltenstherapeuten eingesetzt werden, beinhalten keine aversiven Reize?

Kapitel

9 Theorien und Forschung zur operanten Konditionierung

In diesem Kapitel

Die in diesem Kapitel untersuchten theoretischen Fragestellungen sind sehr weit gefasst und beschäftigen sich mit Punkten, die für das gesamte Gebiet des Lernens von Bedeutung sind. Die Themen betreffen wichtige Fragen wie die, ob es Elemente gibt, die für das Lernen von grundlegender Bedeutung sind, und unter welchen Bedingungen ein möglicher Verstärker das nachfolgende Verhalten verstärkt. Über die meisten der Fragestellungen, die wir untersuchen werden, haben Lerntheoretiker seit vielen Jahren nachgedacht. Einige davon sind inzwischen zufrieden stellend beantwortet, andere jedoch weiterhin Gegenstand der Forschung.

Die Fragestellungen dieses Kapitels lassen sich in drei allgemeine Kategorien einteilen. Als erstes werden wir untersuchen, ob sowohl Ausführung als auch Verstärkung einer Reaktion notwendig sind, damit ein Lernprozess stattfinden kann. Die Hypothesen bezüglich der Bedeutung des Verstärkers weichen bis heute stark voneinander ab. Einigen Autoren zufolge ist Verstärkung unbedingt notwendig, damit Lernen stattfinden kann, andere argumentieren, dass Verstärkung Teil der operanten, nicht jedoch der klassischen Konditionierung sei, wieder andere meinen, dass Verstärkung für keine der beiden Arten des Lernens unbedingt notwendig sei. Wir werden das Für und Wider jeder dieser Positionen erörtern. Zweitens wollen wir Versuche betrachten, eine Methode zu entwickeln, mit der sich vorhersagen lässt, welche Stimuli wirksame Verstärker für ein bestimmtes Individuum sind und welche nicht. Eine Methode, mit der sich die Wirksamkeit eines Verstärkers erfolgreich vorhersagen ließe, hätte einen offensichtlichen praktischen Nutzen und wäre zudem auch unter wissenschaftlichem Aspekt bedeutsam. Schließlich wollen wir Bemühungen der jüngeren Vergangenheit betrachten, die Wirksamkeit von Verstärkern unter Verwendung von Konzepten aus den Wirtschaftswissenschaften zu analysieren.

9.1 Die Rolle der Reaktion

Die operante Konditionierung kann als „Lernen durch Versuch und Irrtum" beschrieben werden. Ein Tier führt eine Reaktion aus und erfährt die Folgen, und die Wahrscheinlichkeit des künftigen Auftretens dieser Reaktion verändert sich. Für Thorndike war die Ausführung der Reaktion ein notwendiger Bestandteil des Lernprozesses. Denn wenn eine Reaktion nicht auftritt, wie kann sie dann durch Verstärkung gestärkt werden? Überzeugt davon, dass eine Kombination aus Reaktion und Verstärkung für das Lernen unbedingt notwendig ist, schlug Thorndike das folgende Experiment vor:

> *Setzen Sie eine Ratte in einem kleinen Drahtkorb in die Startkammer eines einfachen Labyrinths, führen Sie den Korb durch den korrekten Gang des Labyrinths bis zur Zielkammer mit dem Futter. Lassen Sie die Ratte dort frei und das ausgelegte Futter fressen. Je nach Schwierigkeit des Labyrinths wiederholen Sie dies 10- bis 100-mal unter normalen Bedingungen... Lassen Sie die Ratte dann in der Startkammer frei, damit sie sich ihrem Trieb folgend bewegen kann, und beobachten Sie, was sie tut. Vergleichen Sie das Verhalten solcher Ratten mit dem von Ratten, die in der üblichen Weise durch das Labyrinth geschickt werden (1946, S. 278).*

Thorndike sagte voraus, dass sich eine Ratte, die passiv durch ein Labyrinth geführt wird, in dem darauffolgenden Versuch wie ein ahnungsloses Versuchstier verhalten werde, da sie keine Gelegenheit gehabt hatte, eine Reaktion zu bilden. In Bezug auf diese und mehrere andere Aussagen wurde Thorndikes Position von Edward C. Tolman (1932, 1951, 1959) in Frage gestellt, der als früher Kognitionspsychologe bezeichnet werden kann (auch wenn er Jahrzehnte vor dem Aufkommen der kognitiven Psychologie tätig war). Laut Tolman beinhaltet die operante Konditionierung nicht die einfache Verstärkung einer Reaktion, sondern die Bildung einer Erwartung. In einem Labyrinth beispielsweise entwickelt eine Ratte die Erwartung, dass in der Zielkammer ein Verstärker vorhanden ist. Darüber hinaus behauptete Tolman, dass die Ratte eine **kognitive Landkarte** des Labyrinths entwickle – ein allgemeines Verständnis der räumlichen Anordnung des Labyrinths. Nach Ansicht von Tolman ließen sich diese beiden Arten des Lernens sowohl durch passive Beobachtung als auch durch aktive Reaktion aneignen, so dass in der von Throndike beschriebenen Art von Experimenten die Voraussetzung dafür gegeben sei, dass Tiere etwas lernen.

Von McNamara, Long und Wike (1956) wurde ein Experiment durchgeführt, das nach Thorndikes Vorgaben aufgebaut war. Darin arbeiteten sie mit zwei Gruppen von Ratten in einem erhöhten T-Labyrinth. Die Versuchstiere in der Kontrollgruppe liefen in der üblichen Art und Weise durch das Labyrinth, und ein korrekter Richtungswechsel an der Abzweigung führte das Tier zu dem ausgelegten Futter. Wenn das Versuchstier die falsche Abzweigung nahm, wurde es dort eine Minute lang eingesperrt. Die Tiere in der Kontrollgruppe wurden in 16 Durchgängen durch das Labyrinth geschickt und vollzogen am Ende des Trainings in 95 Prozent der Fälle den korrekten Richtungswechsel. Die Tiere in der Versuchsgruppe wurden während der 16 Durchgänge in einem Drahtkorb durch das Labyrinth geführt. Jedes Versuchstier wurde einem Tier aus der Kontrollgruppe zugeordnet; es wurde also zu der richtigen oder falschen Abzweigung im Labyrinth in exakt derselben Abfolge von Richtungswechseln transportiert, die sein Pendant in der Kontrollgruppe zufällig wählte (und erhielt daher dieselbe Anzahl an Verstärkern wie sein Pendant). Auf dieses Training folgte eine Reihe von Löschungsdurchgängen, in denen alle Versuchstiere durch das Labyrinth liefen, aber kein Futter erhielten. Während der Löschung wählten die Tiere in der Kontrollgruppe den vorher korrekten Pfad in 64 Prozent, die Tiere in der Versuchsgruppe in 66 Prozent der Fälle. Somit erbrachten die Tiere in der Versuchsgruppe die gleiche Leistung trotz der Tatsache, dass sie nie für das Laufen durch das Labyrinth verstärkt worden waren.

Ähnliche Lernresultate ohne Gelegenheit zur Ausführung einer operanten Reaktion wurden auch in anderen Studien (Dodwell & Bessant, 1960; Keith & McVety, 1988) festgestellt. Dodwell und Bessant beobachteten, dass Ratten erheblich davon profitieren, dass sie in einem Drahtkorb durch ein Labyrinth mit acht Abzweigungen transportiert werden. Dies zeigt, dass Tiere nicht nur eine einzelne Reaktion, sondern auch eine komplexe Kette von Reaktionen ohne Übung lernen können. Diese Studien machen klar, dass entgegen der Vorhersage von Thorndike ein aktives Reagieren keine notwendige Bedingung für den Erwerb einer operanten Reaktion ist.

9.2 Die Rolle des Verstärkers

9.2.1 Ist Verstärkung für die operante Konditionierung notwendig?

Die offensichtliche Antwort auf diese Fragen müsste eigentlich ja lauten, da die operante Konditionierung per definitionem aus der Präsentation eines Verstärkers nach Auftreten einer spezifischen Reaktion besteht. Wir haben jedoch gesehen, dass – einfach ausgedrückt – die operante Konditionierung als Prozedur für das Erlernen eines neuen kontrollierbaren oder nicht reflexartigen Verhaltens beschrieben werden kann. Eine bessere Formulierung dieser Frage wäre vielleicht: „Ist Verstärkung für das Erlernen sämtlicher neuen kontrollierbaren Verhaltensweisen notwendig?" Berühmte frühe Behavioristen wie z.B. Hull (1943), Mowrer (1047) und Thorndike glaubten, dass dies so sei. Auch zu diesem Punkt bezog Tolman jedoch die entgegengesetzte Position. Ein berühmtes Experiment von Tolman und Honzik (1930), das als **Experiment zum latenten Lernen** bezeichnet wird, erbrachte hierfür Belege.

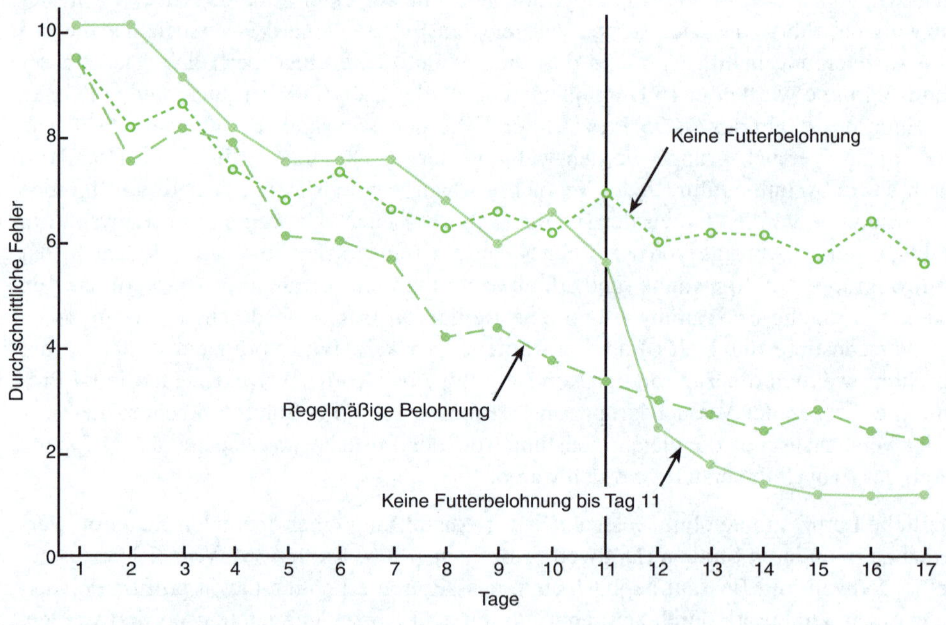

Abbildung 9.1: Durchschnittliche Fehlerzahl pro Durchgang der drei Gruppen in dem Experiment zum latenten Lernen von Tolman und Honzik (1930).

In diesem Experiment von Tolman und Honzik erhielten Ratten 17 Durchgänge – je einen pro Tag – in einem Labyrinth mit 14 Abzweigungen. Die Ratten wurden in drei Gruppen eingeteilt. Gruppe 1 wurde in dem Labyrinth nie gefüttert; wenn sie die Zielkammer erreicht hatten, wurden die Tiere einfach aus dem Labyrinth herausgenommen. Die Ratten in Gruppe 2 erhielten bei jedem Durchgang in der Zielkammer Futter als Verstärker. In Gruppe 3 wurde die Verstärkungskontingenz am 11. Tag vertauscht: In den ersten zehn Durchgängen gab es in der Zielkammer kein Futter, aber in den Durchgängen 11 bis 17.

Bei jedem Durchgang zeichneten Tolman und Honzik die Anzahl der Fehler (falsche Richtungswechsel) auf, die von einer Ratte gemacht wurden; in Abbildung 9.1 sind die Durchschnittswerte jeder Gruppe abgebildet. Bei den Ratten in Gruppe 2 (mit ununterbrochener Verstärkung) zeigte sich eine typische Lernkurve, bei der sich die Fehlerzahl gegen Ende des Experiments auf etwa drei pro Durchgang verringerte. Die Ratten in Gruppe 1 (ohne jede Verstärkung) zeigten eine wesentlich schlechtere Leistung. Ihre Fehlerrate sank erst geringfügig, pendelte sich dann aber bei sieben Fehlern pro Durchgang ein. Die Ergebnisse der Gruppe 3 sind am interessantesten. Bei den ersten elf Durchgängen waren die Ergebnisse ähnlich wie die der Gruppe 1. Dies lässt sich damit erklären, dass beide Gruppen in den Durchgängen 1 bis 10 kein Futter erhielten und dann beim 11. Durchgang die Versuchstiere der Gruppe 3 nicht wissen konnten, dass Futter vorhanden war, bevor sie die Zielkammer erreicht hatten. Im 12. Durchgang jedoch (d.h. nach nur einem Durchgang mit Verstärkung) verbesserte sich die Leistung der Gruppe 3 drastisch, und ihre durchschnittliche Fehlerzahl war sogar während des restlichen Experiments etwas geringer als die der Gruppe 2. Mit anderen Worten: Sobald die Ratten in der Gruppe 3 gelernt hatten, dass Futter in der Zielkammer vorhanden war, entsprach ihre Leistung der jener Ratten, die ab dem 1. Durchgang ununterbrochene Verstärkung erfahren hatten.

Da die zweite Gruppe zwölf Durchgänge benötigte, um eine Fehlerrate von drei pro Durchgang zu erreichen, wäre es nicht plausibel anzunehmen, dass die Gruppe 3 ein entsprechendes Lernresultat in nur einem Durchgang (11. Durchgang) erzielt hat. Infolgedessen stellten Tolman und Honzik die These auf, dass die Versuchstiere in Gruppe 3, obwohl sie kein Futter in den Durchgängen 1 bis 10 erhalten hatten, dennoch so viel über die Anordnung des Labyrinths gelernt hatten wie die Versuchstiere der Gruppe 2. Da die Tiere in Gruppe 3 anfänglich jedoch kein Futter in dem Labyrinth vorfanden, waren sie nicht motiviert zu zeigen, was sie gelernt hatten. Erst nachdem Futter vorhanden war, setzen sie das Erlernte in Leistung um. Tolman und Honzik schlossen daraus, dass eine Verstärkung nicht für das *Erlernen* einer neuen Reaktion erforderlich ist, jedoch die Voraussetzung für deren *Ausführung* bildet. Zwischen den zwanziger und fünfziger Jahren wurden mehrere dutzend Experimente zum latenten Lernen durchgeführt, von denen die meisten den Nachweis erbrachten, dass ein Lernprozess stattfinden kann, auch wenn den Versuchstieren keine Verstärker wie z.B. Futter angeboten werden (MacCorquodale & Meehl, 1954). Alle Lerntheoretiker sind sich inzwischen des Unterschieds zwischen Lernen und Performanz vollkommen bewusst. Dies ist weitgehend Folge der bahnbrechenden Arbeit Tolmans.

WWW

Um zu erfahren, wie Lernen in einem einfachen Labyrinth stattfindet, klicken Sie auf „Maze Experiment" unter **http://psychexps.olemiss.edu/Exps/Maze/startm.htm**.

9.2.2 Erwartungen bezüglich des Verstärkers

Obgleich latentes Lernen ohne Verstärker stattfinden kann, zeigt sich die Wirksamkeit eines Verstärkers am deutlichsten, wenn dieser im Anschluss an die gewünschte Reaktion verabreicht wird. Was ist in solchen Situationen die genaue Funktion des Verstärkers? Einige Theoretiker wie z.B. Thorndike (1946) und Hull (1943) meinten, dass der Verstärker lediglich eine Art Katalysator sei – er verstärke eine S-R-Assoziation zwischen dem diskriminativen Hinweisreiz und der operanten Reaktion, sei aber selbst nicht Teil dieser Assoziation. Dieser Sichtweise steht die Vorstellung gegenüber, dass ein Verstärker nicht nur assoziatives Lernen stimuliert, sondern auch Teil des assoziativen Netzwerks wird (Mackintosh & Dickinson, 1979; Tolman, 1932). Falls dies so ist, würde das assoziative Lernen bei der operanten Konditionierung drei charakteristische Elemente umfassen – den diskriminativen Hinweisreiz, die operante Reaktion und den Verstärker. Gemäß dieser Sichtweise könnten wir sagen, dass das Tier „eine Erwartung entwickelt", und zwar dahingehend, dass ein bestimmter Verstärker auf eine bestimmte Reaktion folgt.

Tinklepaugh (1928) unterzog in einem frühen Experiment diese konkurrierenden Vorstellungen einem Test. Ein Affe wurde zuerst darauf trainiert, eine Diskriminationsaufgabe zu lösen, bei der unter einen von zwei Behältern ein Stück Banane gelegt wurde. Nach einer Wartezeit von ein paar Sekunden konnte der Affe einen der Behälter auswählen und bekam bei der korrekten Wahl das Stück Banane als Belohnung. Der Affe konnte diese leichte Aufgabe fast immer lösen. Bei einem bestimmten Testdurchgang wurde dann die Banane heimlich durch ein Salatblatt (einen weniger wirksamen Verstärker für den Affen) ausgetauscht. Falls der Affe nichts weiter als eine S-R-Assoziation (zwischen dem richtigen Behälter und der Reaktion des Greifens) gelernt hätte, würde der Wechsel zu Salat unbemerkt bleiben. Wenn der Affe jedoch eine Erwartung bezüglich des gewöhnlichen Verstärkers entwickelt hätte, müsste der Salat für ihn eine Überraschung darstellen. Tinklepaugh stellte fest, dass der Austausch des Verstärkers tatsächlich das Verhalten des Tieres beeinflusste: Der Affe schien überrascht und frustriert und weigerte sich, den Salat zu nehmen. Der Affe hatte offensichtlich eine starke Erwartung bezüglich der Art des bevorstehenden Verstärkers entwickelt.

Colwill und Rescorla (1985) kamen mit Ratten unter stärker kontrollierten Bedingungen zu ähnlichen Ergebnissen. Zwei unterschiedliche Reaktionen lösten zwei unterschiedliche Verstärker aus: Nach dem Drücken eines Hebels erhielten sie Futterkügelchen und nach dem Ziehen an einer Kette einige Tropfen Zuckerwasser. Die Ratten lernten beide Reaktionen auszuführen. Später wurden jeder Ratte entweder Futterkügelchen oder Zuckerwasser ohne Gegenleistung angeboten (d.h. Hebel bzw. Kette waren nicht vorhanden) und anschließend wurde jedem Tier ein Toxin verabreicht, das Krankheitssymptome verursachte. Diese Prozedur diente dazu, einen der beiden Verstärker durch die Assoziation des jeweiligen Futters mit Krankheit abzuwerten. In der Testphase wurden die einzelnen Ratten wieder mit dem Hebel und der Kette konfrontiert, doch war dieses Mal kein Futter vorhanden. Die entscheidende Frage war die, ob ein Versuchstier in dem Löschungstest häufiger die eine oder die andere Reaktion ausführen würde. Colwill und Rescorla stellten fest, dass die nach dem Fressen der Futterkügelchen vergifteten Ratten den Hebel selten drückten, jedoch oft an der Kette zogen, und dass bei den Ratten, die nach dem Trinken des Zuckerwassers Gift erhalten hatten, das Gegenteil der Fall war. Sie schlossen daraus, dass die Ratten das Drücken des Hebels mit Futterkügelchen und das Ziehen an der Kette mit Zuckerwasser assoziierten und die Tiere die Reaktion vermieden, die mit dem krank machenden Futter assoziiert war.

Diese wissenschaftliche Untersuchung zeigt ganz deutlich, dass Verstärker nicht nur Katalysatoren sind, die S-R-Assoziationen verstärken. Während der operanten Konditionierung entwickeln Tiere Assoziationen zwischen spezifischen Reaktionen und spezifischen Verstärkern. Die Reaktion-Verstärker-Assoziation ist ein wichtiger Teil des Lernens, denn mit der Abwertung des Verstärkers geht die Schwächung der Reaktion einher. Mit anderen Worten: Tiere produzieren keine Reaktionen, die in der Vergangenheit verstärkt worden sind, wenn sie dem Verstärker, der zur Verstärker dieser Reaktionen eingesetzt wurde, keinen Wert mehr beimessen.

Andere von diesen Forschern durchgeführte Studien ergeben ein komplexeres Bild der verschiedenen Assoziationen, die während der operanten Konditionierung gebildet werden (Colwill, 1996; Rescorla, 1998). In einer Reihe von Experimenten beobachteten Colwill und Rescorla (1986, 1988), dass paarweise Assoziationen zwischen allen drei Komponenten der Dreifachkontingenz von Skinner (diskriminativer Hinweisreiz, operante Reaktion und Verstärker) gebildet werden. Beispielsweise stellten sie fest, dass Ratten zwei unterschiedliche diskriminative Hinweisreize mit zwei unterschiedlichen Verstärkern assoziieren lernten (ein Licht mit Futterkügelchen und Geräusche mit Zuckerwasser bzw. umgekehrt). In ähnlicher Weise können Tiere lernen, eine bestimmte Reaktion mit einem bestimmten diskriminativen Hinweisreiz zu assoziieren. Diese Erkenntnisse stehen in Einklang mit jenen, die das Vorhandensein von Assoziationen unter den drei Hauptkomponenten der klassischen Konditionierung nachweisen – CS, US und Reaktion (siehe Kapitel 5).

Zusätzlich fanden Colwill und Rescorla (1990) Hinweise darauf, dass ein diskriminativer Hinweisreiz nicht nur einzeln mit der operanten Reaktion oder dem Verstärker, sondern mit einem spezifischen Reaktions-Verstärker-Paar assoziiert werden kann. Auch wenn die Versuchspläne dieser Experimente komplex sind, können wir ein relativ einfaches Beispiel anführen. Einer Ratte könnte beigebracht werden, dass sie, wenn sie bei Licht (dem einen diskriminativen Hinweisreiz) an einer Kette zieht, Futterkügelchen, und wenn sie einen Hebel drückt, Zuckerwasser bekommt. Bei einem Geräusch (dem zweiten diskriminativen Hinweisreiz) sind die Ergebnisse umgekehrt: Das Ziehen an einer Kette produziert Zuckerwasser und das Drücken eines Hebels Futterkügelchen. Anschließend könnte das Zuckerwasser dadurch abgewertet werden, dass es mit einem Toxin kombiniert wird. Haben Sie noch den Überblick über die Assoziationen in diesem Experiment? Die Ratten hatten ihn offensichtlich, da eine Ratte, die diese Behandlung erhalten hatte, in einem nachfolgenden Löschungstest dazu neigte, an der Kette zu ziehen, wenn das Licht präsentiert, und den Hebel zu drücken, wenn das Geräusch präsentiert wurde. Mit anderen Worten: Bei jedem diskriminativen Hinweisreiz tendierte die Ratte dazu, die Reaktion auszuführen, die zuvor mit den Futterkügelchen assoziiert worden war, und die Reaktion zu vermeiden, die mit dem inzwischen abgewerteten Zuckerwasser-Verstärker assoziiert worden war.

Diese Experimente demonstrieren schlüssig, dass Tiere bei der operanten Konditionierung etwas Komplexeres lernen als lediglich „bei Vorhandensein von Stimulus A Reaktion B ausführen". Sie lernen offensichtlich die dreigliedrige Kontingenz: „Bei Vorhandensein von Stimulus A folgt auf Reaktion B der Verstärker C." Zudem können Tiere, wenn mehr als ein Stimulus und mehr als eine Reaktion und ein Verstärker verwendet werden, den Überblick über mehrere Dreifachkontingenzen behalten. Wenn sich der Wert eines Verstärkers ändert, können sie ihr Verhalten entsprechend anpassen. Somit scheinen Versuchstiere bei der operanten Konditionierung genauso wie bei der klassischen Konditionierung eine komplexere und facettenreichere Reihe von Assoziationen zu entwickeln als früher angenommen.

9.2.3 Findet in der klassischen Konditionierung Verstärkung statt?

Die Vielfalt an Assoziationen ist nur ein Merkmal, das die klassische und die operante Konditionierung gemeinsam haben. Eine Reihe von Phänomenen, einschließlich Löschung, Spontanerholung, Generalisierung, Diskrimination und andere, lassen sich in beiden Konditionierungsverfahren finden. Aufgrund dieser Ähnlichkeiten bestand eine von Lerntheoretikern immer wieder diskutierte Fragestellung darin, ob diese beiden Verfahren zwei unterschiedlichen Lernprozessen entsprechen oder ob bei beiden derselbe Lernprozess abläuft. In theoretischen Diskussionen, die einsetzten, bevor Theorien zum Vermeidungslernen entwickelt wurden (Kapitel 8), glaubten die Vertreter der Zweifaktorentheorie, dass die beiden Konditionierungsverfahren von zwei unterschiedlichen Lernprozessen abhingen. Demgegenüber meinten die Vertreter der Einfaktortheorie, dass ein einheitlicher Lernmechanismus sowohl bei der klassischen als auch bei der operanten Konditionierung wirksam sei.

Unter denjenigen, die die Zweifaktorentheorie unterstützten, waren S. Miller und Konorski (1928), Skinner (1935), Mowrer (1947) und Kimble (1961). Zum Beispiel stellten sie die These auf, dass zwar operante Reaktionen eindeutig durch ihre Folgen gesteuert seien, klassisch konditionierte Reaktionen jedoch nicht. Sie behaupteten, dass das Auftreten einer CR nur von der zeitlichen Kontingenz zwischen CS und US abhänge, das Auftreten einer operanten Reaktion dagegen von der Verstärkung dieser Reaktion.

Ein prominenter Vertreter der Einfaktortheorie war Clark Hull (1943), der behauptete, dass Verstärkung ein notwendiger Bestandteil sowohl der operanten als auch der klassischen Konditionierung sei. Hull stellte die folgende These auf: Obgleich der Experimentator bei der klassischen Konditionierung nicht explizit einen Verstärker bereitstellt, gibt es versteckte Verstärker, die die CR verstärken und aufrechterhalten und ohne die keine CR auftritt. Tatsächlich behauptete Hull, dass die klassische Konditionierung im Grunde eine maskierte Form der operanten Konditionierung und der beiden gemeinsame Faktor die Verstärkung sei. Ähnliche Positionen haben auch andere (Kendler & Underwood, 1948; N. E. Miller, 1951a; K. Smith, 1954) eingenommen.

Es ist nicht viel Vorstellungskraft erforderlich, um über die „eingebauten" Verstärker zu spekulieren, die in einigen der üblichen Paradigmen der klassischen Konditionierung wirksam sein könnten. In den Experimenten von Pawlow zur Konditionierung des Speichelflusses war der US ein Trockenfutter, so dass es plausibel erscheint, dass ein Hund durch die Absonderung von Speichel die Schmackhaftigkeit des Futters erhöht (Hebb, 1956). Diese erhöhte Schmackhaftigkeit wäre also ein von der Reaktion abhängiger Verstärker: Das Futter wäre schmackhafter bei Durchgängen mit und weniger schmackhaft bei Durchgängen ohne Speichelabsonderung. Könnte es sein, dass diese CR des Speichelflusses tatsächlich eine operante Reaktion ist? Bei der Konditionierung des Lidschlusses erscheint es als sehr wahrscheinlich, dass ein CR den aversiven Reiz des US verändert, insbesondere wenn der US ein Windstoß ist, dessen Wirkung durch das Schließen des Augenlids vermieden werden kann (Schlosberg, 1937). Ist die Konditionierung des Lidschlusses also ein Beispiel für Vermeidungslernen? Andere CRs könnten Nebenprodukte der operanten Reaktion sein. Wenn z.B. ein CS wiederholt in Kombination mit einem Elektroschock auftritt, zeigt sich bei Versuchspersonen eine Veränderung in der elektrischen Leitfähigkeit ihrer Haut, die als elektrogalvanische Hautreaktion bezeichnet wird. K. Smith (1954) meinte, dass die elektrogalvanische Hautreaktion tatsächlich ein Nebenprodukt der Muskelspannung sei, die in Antizipation des Elektroschocks auftrete. Der Verstärker für diese Muskelreaktionen könnte eine Verringerung der Schmerzhaftigkeit des Elektroschocks sein.

Falls CRs von ihren Folgen bestimmt werden, wie Vertreter der Einfaktortheorie behaupten, dann müsste es möglich sein, die Häufigkeit von CRs zu erhöhen oder zu verringern, indem einem Experiment zur klassischen Konditionierung ein expliziter Verstärker hinzugefügt wird. Gormezano und Coleman (1973) beschreiben mehrere Versuche dieses Typs. In einem konditionierten sie den Lidschlussreflex bei Kaninchen, wobei sie als US einen Elektroschock in Nähe der Augen verabreichten. Kaninchen in der Gruppe, die ich die klassische Gruppe nennen werde, erhielten bei jedem Durchgang als US einen 5-mA-Elektroschock, unabhängig davon, ob sie eine Reaktion ausführten oder nicht. (Mit anderen Worten: Diese Gruppe erhielt eine normale klassische Konditionierung, in welcher der US nicht von dem Verhalten des Versuchstiers abhing). In der Gruppe, die ich die Vermeidungsgruppe nennen werde, konnte ein Versuchstier den US vollständig umgehen, indem es auf den CS, einen Ton, eine konditionierte Lidschlussreaktion ausführte. So betrug in dieser Gruppe die Intensität des US 5 mA, wenn keine CR erfolgte, jedoch 0 mA, wenn eine erfolgte.

Eine Analyse dieses Experiments nach der Einfaktortheorie könnte wie folgt aussehen. In der klassischen Gruppe treten CRs in Form des Lidschlusses auf, weil diese Reaktion in gewisser Weise den aversiven Reiz des Elektroschocks verringert. In der Vermeidungsgruppe müsste die Akquisition schneller erfolgen und die Asymptote des Lernens höher sein, da für diese Versuchstiere der Verstärker für einen CR die vollständige Vermeidung eines Elektroschocks ist. Die Ergebnisse von Gormezano und Coleman unterstützten diese Vorhersage jedoch nicht. In der Vermeidungsgruppe erfolgte die Akquisition langsamer, und asymptotisch traten CRs in etwa 80 Prozent der Durchgänge auf, im Vergleich dazu in der klassischen Gruppe in fast 100 Prozent. Die schlechtere Leistung in der Vermeidungsgruppe ist aus der Sicht der klassischen Konditionierung nachvollziehbar (da einige

Durchgänge keinen US beinhalteten und somit „Löschungsdurchgänge“ waren), sie ist aber exakt das Gegenteil dessen, was eine Analyse der Verstärkung vorhersagen würde.

Solche Ergebnisse schwächen die Position der Einfaktortheorie, da sie zeigen, dass CRs sich nicht einfach durch vom Experimentator gesteuerte Verstärker oder Bestrafungen beeinflussen lassen. Sie lösen das Problem nicht vollständig, da, wie Kimble (1960) vermerkte, man immer behaupten kann, dass bei der klassischen Konditionierung irgendein Verstärker wirksam sei. Dennoch kann man aufgrund dieser Ergebnisse nicht mehr pauschal behaupten, dass das Prinzip der Verstärkung alle klassisch konditionierten Reaktionen steuere, und so gibt es heute nur noch wenige Vertreter dieser These.

9.2.4 Kann Verstärkung viszerale Reaktionen kontrollieren?

Die Frage, ob Verstärkung viszerale Reaktionen kontrollieren kann, entstand – ebenso wie die im vorhergehenden Abschnitt – bei Versuchen, einen eindeutigen Verhaltensunterschied zwischen klassischer Konditionierung und operanter Konditionierung zu finden. Vertreter der Zweifaktorentheorie wie Konorski und Miller (1937) sowie Mowrer (1947) stellten die These auf, dass Verstärkung das Verhalten der Skelettmuskulatur (die für Gliederbewegungen erforderlich ist), nicht jedoch das Verhalten innerer Drüsen und Organe (einschließlich der glatten Muskulatur des Magens und des Darms) kontrollieren könne. Im Gegensatz dazu behaupteten Vertreter der Einfaktortheorie, dass Verstärkung jegliches erlernte Verhalten, einschließlich Reaktionen von Organen oder inneren Drüsen, kontrolliere.

Viele Jahre lang war es unmöglich, ein aussagekräftiges Experiment zu dieser Fragestellung durchzuführen, da Wissenschaftler nicht in der Lage waren, Reaktionen der Skelettmuskulatur und der inneren Drüsen bzw. Organe voneinander zu trennen. Stellen wir uns vor, dass ein Vertreter der Einfaktortheorie Ihnen einen Verstärker in Form eines 20-Dollar-Scheins anbietet, wenn Sie Ihre Herzfrequenz um mindestens zehn Schläge pro Minute erhöhen. Sie könnten dies leicht schaffen, indem Sie eine Treppe hoch rennen oder einige Liegestütze machen. Diese Demonstration der Kontrolle der Herzfrequenz durch Verstärkung würde einen Vertreter der Zweifaktorentheorie nicht überzeugen. Er würde einfach darauf hinweisen, dass das, was der Verstärker steigert, die Aktivität der Skelettmuskulatur sei, aber die Erhöhung der Herzfrequenz eine automatische, nicht erlernte Reaktion auf die gesteigerte Aktivität des Körpers. Damit wäre die Erhöhung der Herzfrequenz kein direktes Resultat der Verstärkung, sondern ein Nebenprodukt der Aktivität der Skelettmuskulatur.

Während der sechziger Jahre entwickelten Neal Miller und seine Kollegen ein Verfahren, das diese Anforderung erfüllte. Ihre Versuchstiere waren Ratten, die vorübergehend durch eine Injektion mit dem Nervengift **Curare** gelähmt wurden. Curare blockiert die Bewegung der Skelettmuskulatur, einschließlich der Atemmuskulatur, so dass ein Beatmungsgerät notwendig war, um das Tier am Leben zu halten. Die normale Aktivität der Drüsen und Organe wird von Curare nicht beeinflusst, so dass es möglich ist zu beobachten, wie viszerale Reaktionen durch Verstärkung kontrolliert werden. Doch was könnte als wirksamer Verstärker bei einer gelähmten Ratte verwendet werden? Um dieses Problem zu lösen, machte sich Miller die Erkenntnis von Olds und Milner (1954) zunutze, dass ein milder pulsierender elektrischer Strom, der über eine Elektrode in bestimmte Bereiche des Gehirns geleitet wird, einen sehr wirksamen Verstärker darstellt. Obgleich nicht bekannt ist, warum die **elektrische Stimulation des Gehirns (ESG)** ein Verstärker ist, lässt sie sich zur Verstärkung von Reaktionen bei vielen Versuchstieren anwenden. Ratten drücken bis zur Erschöpfung in einer hohen Abfolge pro Stunde einen Hebel, wenn ESG die Folge dieser Reaktion ist.

Abbildung 9.2 zeigt, wie Miller und seine Kollegen bei vielen ihrer Experimente vorgingen. Eine mit Curare gelähmte Ratte wird künstlich beatmet, eine Elektrode ist in ihr Gehirn implantiert worden und sie ist an ein Aufzeichnungsgerät zur Überwachung der Herzfrequenz (oder anderer organischer Reaktionen) angeschlossen. In einer frühen Reihe von Experimenten versuchten N. E. Miller und DiCara (1967) die Herzfrequenz bei verschiedenen Ratten zu erhöhen oder zu senken, indem sie ESG als Verstärkung benutzten. Nach Messung des Ruhepulses einer Ratte (durchschnittlich ca. 400 Schläge pro Minute) begannen die Experimentatoren mit einem Modellierungsverfahren. Wenn das Ziel eine Erhöhung der Herzfrequenz war, wurde die Verstärkung bei einem kleinen Anstieg gegeben (z.B. um 2 Prozent). Das Kriterium für die Verstärkung wurde dann allmählich erhöht. Bei anderen Ratten nutzten Miller und DiCara eine ähnliche Vorgehensweise, um Verringerungen der Herzfrequenz zu erreichen. Sie erzielten substantielle Änderungen der Herzfrequenz in beiden Richtungen: Am Ende einer Sitzung betrug die durchschnittliche Herzfrequenz über 500 Schläge pro Minute bei Versuchstieren, bei denen die Verstärkung bei einer hohen Herzfrequenz angewendet wurde, und ca. 330 Schläge pro Minute bei Versuchstieren, bei denen eine niedrige Herzfrequenz verstärkt wurde.

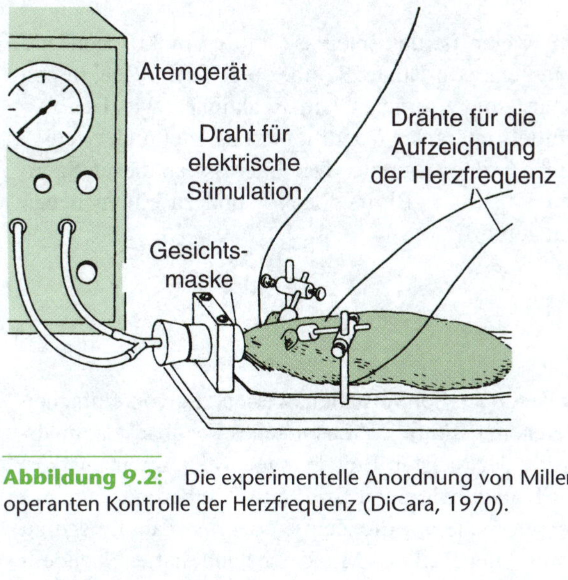

Abbildung 9.2: Die experimentelle Anordnung von Miller und DiCara bei ihren Experimenten zur operanten Kontrolle der Herzfrequenz (DiCara, 1970).

Die Forschungsgruppe um Miller fand außerdem, dass Verstärkung neben der Herzfrequenz viele weitere organische Reaktionen steuern kann (für einen Überblick siehe DiCara, 1970). Man stellte fest, dass mit Curare gelähmte Ratten die Blutgefäße der Haut entweder erweitern oder verengen sowie die Darmaktivität und die Harnproduktion der Nieren entweder steigern oder verringern konnten. Die spezifische Ausprägung dieser Reaktionen machte die Argumentation schwierig, dass sie durch eine allgemeine Eigenschaft des Nervengifts, durch die künstliche Beatmung und so weiter hervorgerufen worden seien. Es wäre sehr schwierig zu erklären, inwieweit eine Eigenschaft von Curare darin besteht, bei einem Versuchstier eine Steigerung der Herzfrequenz (ohne Änderung der Darmaktivität) hervorzurufen, bei einem anderen hingegen eine Steigerung der Darmaktivität (ohne Änderung der Herzfrequenz) und so weiter. Es ist viel naheliegender, die Position zu akzeptieren, dass diese organischen Reaktionen durch die ESG-Verstärkung beeinflusst werden. Darüber hinaus setzte die Forschungsgruppe um Miller bei einigen ihrer Studien Schockvermeidung als Verstärker ein, um nachzuweisen, dass die Ergebnisse nicht auf ESG als Verstärker begrenzt sind.

Leider war es in späteren – von Miller und anderen – durchgeführten Studien schwierig, die frühen Ergebnisse, bei der eine Kontrolle der Herzfrequenz durch ESG-Verstärkung gezeigt wurde, zu replizieren. Manchmal ließ sich diese Kontrolle demonstrieren, oft jedoch nicht, und es gab bei den Erfolgen und Fehlschlägen kein offensichtliches Muster (N. E. Miller & Dworkin, 1974). Daher erwies sich die operante Kontrolle der Herzfrequenz, die bei den frühen Studien so deutlich und leicht zu messen war, später als ein verblüffend flüchtiges Phänomen. Seit Mitte der siebziger Jahre ist zu diesem Thema nur wenig geforscht worden. Wenn wir auf der Grundlage der verfügbaren Daten Schlussfolgerungen zu ziehen versuchen, scheint es so zu sein, dass Verstärkung einige organische Reaktionen direkt steuern kann, wenn die Aktivität der Skelettmuskulatur ausgeschaltet ist. Diese Kontrolle ist allerdings nicht so einfach zu erreichen, wie es die früheren Studien vermuten ließen.

Trotz dieser ungeklärten theoretischen Fragen ist das Interesse an den praktischen und therapeutischen Anwendungen des Erlernens von Kontrolle über organische Reaktionen gestiegen. Falls Personen lernen können, solche organischen Reaktionen wie Herzfrequenz, Blutdruck und Darmaktivität (mittels operanter Konditionierung oder anderweitig) zu kontrollieren, wäre der gesundheitliche Nutzen immens. Das Interesse an diesen Sachverhalten hat zur Bildung eines neuen Begriffs – Biofeedback – und zu einem neuen Gebiet intensiver Forschungsaktivitäten geführt.

9.2.5 Biofeedback

In Kapitel 3 wurde die Bedeutung des Feedback bei Verhaltensweisen, die von einfachen Reflexen bis hin zu Reaktionsketten reichen, diskutiert. Sensorisches Feedback ist unabdingbar für die geschmeidige Ausführung der meisten Bewegungen. Stellen wir uns vor, wie schwierig es wäre, in vollständiger Dunkelheit einen Brief zu schreiben oder um ein Haus herumzulaufen – oder etwa zu essen, ohne auf die Zunge oder das Zahnfleisch zu beißen, wenn der Zahnarzt vorher einen großen Teil des Mundes betäubt hätte. Nachdem man die Bedeutung des Feedback für die Kontrolle von Bewegungen erkannt hatte, haben viele Psychologen spekuliert, dass ein Grund, warum wir so wenig Kontrolle über viele unserer Körperfunktionen haben, der ist, dass das Feedback durch unsere Organe und Drüsen schwach oder nicht vorhanden ist. Der Begriff **Biofeedback** umfasst jedes Verfahren, das darauf ausgerichtet ist, die Person mit einem intensivierten Feedback zu einem körperlichen Prozess zu versorgen. Die Überlegung dabei ist, dass dieses verbesserte Feedback eine bessere Kontrolle ermöglicht.

Der generelle Versuchsplan vieler Biofeedback-Experimente lässt sich beschreiben, indem wir uns eine Studie zur Kontrolle der Muskelspannung im Stirnbereich anschauen. Eine übermäßige Spannung der Stirnmuskeln ist die Ursache von Spannungskopfschmerzen, an denen manche Menschen häufig leiden. Budzynski, Stoyva, Adler & Mullaney (1973) versuchten, eine Gruppe von Personen, die an chronischen Spannungskopfschmerzen litten, darin zu schulen, diese Muskeln zu entspannen. Diese Menschen litten vor der Schulung beinahe jeden Tag an Kopfschmerzen. Während der Therapiesitzungen erhielt jeder Patient ein **EMG- (Elektromyogramm-)Biofeedback** – an der Stirn des Patienten angebrachte Elektroden überwachten die Muskelspannung, und der Grad der Spannung wurde in kontinuierliche Klickgeräusche übersetzt, die der Patient hören konnte. Der Patient wurde angewiesen, die Rate des Klickens zu verringern. Hierfür musste er die Spannung dieser Muskeln verringern. Die Patienten lernten fast umgehend, diese Aufgabe zu erfüllen und der durchschnittliche Grad ihrer Muskelspannung war in der ersten Biofeedback-Sitzung etwa 50 Prozent niedriger als in der Eingangssitzung, in der die Grundrate ermittelt wurde.

Obgleich schon dieses Ergebnis von Interesse ist, waren die wichtigen therapeutischen Fragen folgende:

1. *Konnten Patienten die Stirnmuskeln auch ohne die Biofeedback-Apparatur weiterhin entspannen?*
2. *Traten ihre Kopfschmerzen weniger häufig auf?*
3. *Brachte die Behandlung einen langfristigen Erfolg?*
4. *Wie schneidet das EMG-Biofeedback im Vergleich zu anderen Behandlungsverfahren bei Spannungskopfschmerzen ab?*

Bezüglich der ersten Frage zeigten Budzynski und Kollegen auf, dass Patienten nach dem Biofeedback-Training auch ohne die Biofeedback-Apparatur ein niedriges Niveau der Muskelspannung erreichten und diese Fähigkeit auch bei einer Folgesitzung drei Monate später noch besaßen. Die Patienten waren angewiesen, die Muskelrelaxation zu Hause zweimal täglich für etwa 20 Minuten zu üben. Die Antworten auf die Fragen 2 und 3 lauten, dass diese Kombination aus Biofeedback-Training und häuslicher Übung zu einer deutlichen Verringerung der Kopfschmerzen bei etwa 75 Prozent der Patienten führte, wie bei einer Folgeuntersuchung drei Monate später festgestellt wurde. Im Durchschnitt berichteten die Patienten über eine Verringerung der Häufigkeit und des Schweregrades ihrer Kopfschmerzen um etwa 80 Prozent, und viele konnten die Einnahme von Kopfschmerzmitteln reduzieren oder diese Mittel absetzen.

Die Antwort auf die vierte Frage ist nicht so eindeutig. Einige Studien haben ergeben, dass andere Verfahren, wie z.B. die Tiefe Muskelrelaxation, bei Spannungskopfschmerzen genauso wirksam wie das EMG-Biofeedback waren. Wenn dies so ist, wäre es fair zu fragen, warum das Biofeedback-Training (das eine kostspielige Ausrüstung sowie teure Therapeutenzeit erfordert) überhaupt notwendig ist. Allerdings werden Biofeedback-Verfahren immer noch weiterentwickelt, und in einer Studie wurde festgestellt, dass Feedback von den Hals- und Schultermuskeln eine besonders effektive Behandlung darstellte: Bei allen Versuchspersonen, die in dieses Verfahren eingewiesen wurden, zeigte sich eine Verringerung der Kopfschmerzen, wohingegen im Rahmen der Tiefen Muskelrelaxation bei weniger als der Hälfte der Versuchspersonen Verbesserungen festgestellt wurden (Arena, Bruno, Hannah und Meador, 1995). Dieses Ergebnis lässt die Vermutung zu, dass das EMG-Biofeedback bei der Behandlung von Spannungskopfschmerz wirksamer als einfache Entspannungstechniken ist.

Für eine andere Gruppe von Gesundheitsproblemen konnte die Überlegenheit des EMG-Biofeedback gegenüber anderen Behandlungsmethoden eindeutiger festgestellt werden. H. E. Johnson und Garton (1973) benutzten Biofeedback zur Behandlung von zehn Patienten mit Halbseitenlähmung, die nur mit Hilfe einer Beinstütze laufen konnten. Alle diese Patienten hatten das Problem seit mindestens einem Jahr und hatten mit herkömmlichem Muskelaufbautraining keine Verbesserung erreichen können. Über Elektroden, die mit den gelähmten Muskeln des Beins verbunden waren, erhielt der Patient ein akustisches Feedback zu dem Grad der Muskelspannung (der anfänglich natürlich sehr gering war). Jeder Anstieg der Muskelspannung produzierte einen lauteren Ton, und die Aufgabe der Patienten war es, die Lautstärke des Signals zu erhöhen. Alle Patienten erlernten dies rasch. Sie erhielten tägliche Biofeedback-Sitzungen, zuerst in der Klinik und später zu Hause, mittels eines tragbaren EMG-Biofeedback-Apparats. Alle Patienten wiesen eine Verbesserung der Muskelfunktionen auf, und bei fünf von ihnen war die Verbesserung so groß, dass sie ohne Beinstütze laufen konnten. Diese und andere Studien haben überzeugend demonstriert, dass EMG-Biofeedback bei bestimmten Funktionsstörungen der Muskeln eine nützliche Ergänzung zu der herkömmlichen Aufbautherapie sein kann und Verbesserungen mit sich bringt, die ohne das Biofeedback nicht erreicht worden wären.

Feedback von einem EMG-Gerät ist nur eine von vielen Arten des Biofeedback; zu einigen anderen Beispielen gehört Feedback bezüglich Herzfrequenz, Herzrhythmusstörungen, Blutdruck, Hauttemperatur, elektrischer Aktivität des Gehirns, Magenübersäuerung und Darmaktivität. Biofeedback ist als ein Behandlungsverfahren bei vielen verschiedenen Problemen mit unterschiedlichen Erfolgsquoten ausprobiert worden (Good, 1998; Schwartz, 1995). In einer Studie brachte eine Kombination aus Biofeedback zur Hauttemperatur und einem Training in anderen Techniken (einschließlich der Progressiven Muskelrelaxation) eine substantielle Verbesserung bei Patienten, die an einem Reizkolon litten – eine Störung mit Symptomen wie häufige Darmschmerzen, Blähungen und Durchfall (Schwartz, Taylor, Scharff & Blanchard, 1990). In einer anderen interessanten Studie wurde Biofeedback bei Kindern benutzt, bei denen entweder Hyperaktivität, das Aufmerksamkeitsdefizit-Syndrom oder eine Lernschwäche diagnostiziert worden war (Linden, Habib & Radojevic, 1996). Kinder mit diesen Diagnosen erhielten 40 Sitzungen mit einem **EEG- (Elektroenzephalogramm-)Biofeedback** (das die elektrische Aktivität des Gehirns misst). Der Zweck dieses Biofeedback-Trainings war die Intensivierung bestimmter Gehirnwellen, **Betawellen** genannt, von denen man annimmt, dass sie mit Aufmerksamkeit und Wachheit verbunden sind. Ein Kind erhielt jedes Mal ein Feedback, wenn Betawellen im EEG aufgezeichnet wurden. Nach Beendigung dieser Trainingssitzungen erzielten diese Kinder höhere Punktzahlen bei einem IQ-Test und zeigten eine höhere Aufmerksamkeit. Die potenzielle Bedeutung dieses Ergebnisses ist evident. Allerdings weisen die Experimentatoren darauf hin, dass dies nur eine vorläufige Studie gewesen und weitere Forschung zu diesem Verfahren nötig sei. EEG-Feedback wird derzeit auch als Behandlung bei verschiedenen anderen Gesundheitsproblemen getestet, so z.B. bei Epilepsie und chronischen Schmerzen (Carmagnani & Carmagnani, 1999).

Nicht alle Versuche der Behandlung von Gesundheitsproblemen mit Biofeedback verliefen erfolgreich. Beispielsweise haben einige Versuche zur Nutzung des Biofeedbacks als Behandlungsverfahren bei Bluthochdruck keine guten Resultate erzielt, während andere bei den meisten Patienten eine substantielle Senkung des Bluthochdrucks erreichten (Nakao, Nomura, Shimosawa, Fujita & Kuboki, 2000). Weaver und McGrady (1995) stellten die These auf, mittels verschiedener Messungen könnten die Patienten identifiziert werden, die bei Bluthochdruck auf Biofeedback reagieren. Falls dies so ist, könnte die Biofeedback-Behandlung gezielt bei den Menschen angewendet werden, bei denen ein Nutzen am wahrscheinlichsten ist.

Die Forschung zu Biofeedback ist über die Jahre stark intensiviert worden, und Biofeedback-Verfahren werden inzwischen bei einer zunehmenden Zahl von Gesundheitsproblemen angewendet. Natürlich wäre es töricht anzunehmen, dass Biofeedback bei jeder Art von Gesundheitsproblemen förderlich ist. Die Bewertung der Wirksamkeit des Biofeedback muss auf der Basis des jeweiligen Problems erfolgen. Bei einigen Gesundheitsproblemen ist Biofeedback möglicherweise völlig unwirksam. Bei anderen Problemen ist es möglicherweise nur so wirksam wie andere, weniger teure Behandlungen. Und für wieder andere Probleme bringt es möglicherweise Verbesserungen, die weitaus größer als die bei anderen bekannten Behandlungen sind.

> **WWW**
>
> Eine gute Informationsquelle zu Biofeedback ist die Website der Association for Applied Psychophysiology and Biofeedback: `http://www.aapb.org`.

9.3 Wie kann man vorhersagen, was als Verstärker dienen wird?

Aus den vorangegangenen Kapiteln sollte deutlich geworden sein, dass das Prinzip der Verstärkung eines der ganz zentralen Konzepte der behavioristischen Lerntheorie ist. Dieses Konzept ist darum auch bis heute Gegenstand einer intensiven Diskussion und Kontroverse zwischen behavioristischen Psychologen auf der einen und Kritikern der behavioristischen Methode auf der anderen Seite. Kritiker haben häufig argumentiert, dass die Definition der Verstärkung einen Zirkelschluss darstelle und das Konzept daher nicht wissenschaftlich valide sei (Chomsky, 1959, 1972b; Postman, 1947). Dies ist eine ernst zu nehmende Kritik. Daher wollen wir überprüfen, was mit dem Begriff *Zirkelschluss* gemeint ist.

Ein Verstärker lässt sich kurz definieren als „ein Stimulus, der die künftige Wahrscheinlichkeit des Verhaltens, auf das er folgt, erhöht". Nehmen wir an, dass ein behavioristischer Psychologe einer Ratte jedes Mal dann einen Stimulus in Form einer geringen Menge Bier anbietet, wenn sie einen Hebel drückt, und damit die Wahrscheinlichkeit steigt, dass der Hebel gedrückt wird. Gemäß der vorstehenden Definition würde der Psychologe schlussfolgern, dass das Bier für die Ratte einen Verstärker darstellt. Diese Schlussfolgerung liefert jedoch keine Erklärung; sie ist lediglich eine Wiedergabe der Fakten. Auf die Frage: „Warum hat die Ratte vermehrt den Hebel gedrückt?" würde unser Behaviorist antworten: „Weil die Lieferung des Biers als Verstärker gewirkt hat." Auf die Frage: „Woher wissen Sie, dass Bier ein Verstärker ist?" wäre die Antwort: „Weil es zu einem vermehrten Drücken des Hebels geführt hat." Der Zirkelschluss dieser Art von Argumentation ist klar: Ein Stimulus wird Verstärker genannt, weil er ein Verhalten verstärkt, und es wird angenommen, dass er das Verhalten verstärkt, weil er ein Verstärker ist. Wie schon gesagt, ist in dieser einfachen Definition eines Verstärkers kein Vorhersageelement inbegriffen. Falls es in dem Bierexperiment nicht zu einem vermehrten Drücken des Hebels gekommen wäre, würde dies für den behavioristischen Psychologen kein Problem darstellen, da er einfach zu dem Schluss kommen würde: „Bier ist für die Ratte kein Verstärker."

Wenn das Konzept eines Verstärkers keine weiteren Elemente beinhalten würde, hätten Kritiker Recht, wenn sie sagen, dass die Definition einen Zirkelschluss darstelle und keine Vorhersage beinhalte. Wegen der Ernsthaftigkeit der Kritik haben behavioristische Psychologen mehrfach Versuche unternommen, diesem Zirkelschluss zu entkommen, indem sie unabhängige Kriterien dafür aufgestellt haben, welche Stimuli Verstärker darstellen und welche nicht. Das Problem lässt sich zusammenfassen als die Suche nach einer Regel, die uns im Voraus sagt, ob ein Stimulus als Verstärker wirkt. Falls wir eine solche Regel finden, und zwar eine, die neue, überprüfbare Vorhersagen erlaubt, wäre der Zirkelschluss der Definition eines Verstärkers durchbrochen. Mehrere Versuche zur Entwicklung dieser Art von Regel werden im Folgenden beschrieben.

9.3.1 Bedürfnisreduktion

In seinen früheren Schriften stellte Clark Hull (1943) die These auf, dass alle primären Verstärker Stimuli sind, die ein biologisches Bedürfnis reduzieren, und dass alle ein biologisches Bedürfnis reduzierenden Stimuli als Verstärker wirken. Die Einfachheit dieser Regel ist faszinierend, und es ist sicherlich wahr, dass viele primäre Verstärker wichtigen biologischen Funktionen dienen. Wir wissen, dass Nahrung, Wasser, Wärme und Schmerzvermeidung primäre Verstärker sind, die jeweils eine wichtige Rolle beim Überleben eines Organismus spielen. Leider lassen sich leicht Ausnahmen zu dieser Regel finden. Beispielsweise ist die sexuelle Stimulation ein erheblicher Verstärker; dennoch wird trotz gelegentlicher Behauptungen des Gegenteils niemand sterben, wenn er für unbestimmte Zeit auf sexuelle Betätigung verzichten muss. (Selbstverständlich ist sexuelles Verhalten unabdingbar für das Überleben einer Spezies, so dass jede Spezies, für die Sexualität kein Verstärker ist, sehr schnell aussterben würde. Das Prinzip der Bedürfnisreduktion gilt jedoch für die überlebensnotwendigen Bedürfnisse einer einzelnen Kreatur und nicht einer ganzen Spezies.) Ein anderes Beispiel eines Verstärkers, der keiner biologischen Funktion dient, ist Saccharin (bzw. jeder andere künstliche Süßstoff). Saccharin hat keinen Nährwert; wegen seines süßen Geschmacks ist es jedoch ein Verstärker sowohl für Menschen als auch für Tiere. Leute kaufen Saccharin und geben es in ihren Kaffee oder Tee, und Ratten ziehen mit Saccharin gesüßtes Wasser reinem Wasser vor.

Neben Verstärkern, die keinen biologischen Bedürfnissen dienen, gibt es auch Beispiele für biologische Notwendigkeiten, für die es keine entsprechenden Verstärker gibt. Ein solches Beispiel ist Vitamin B1 (Thiamin). Obgleich die Einnahme von Thiamin für die Aufrechterhaltung der Gesundheit notwendig ist, können Tiere (z.B. Ratten) das Vorhandensein oder Fehlen von Thiamin in ihrer Nahrung anscheinend nicht erkennen. Infolgedessen werden Ratten, die an einem Thiaminmangel leiden, nicht unmittelbar Nahrung auswählen, die dieses Vitamin enthält. Wenn sie die Gelegenheit haben, über einen Zeitraum von Tagen verschiedene Nahrungen auszuprobieren, werden sie jedoch schließlich die Nahrung auswählen, die ihrer Gesundheit am zuträglichsten ist (Rodgers & Rozin, 1966). Dieses Ergebnis zeigt, dass es bessere Gesundheit und nicht das Vorhandensein von Thiamin in der Rattennahrung ist, die effektiv als Verstärker für die Auswahl einer bestimmten Nahrung dient.

Es erscheint sinnvoll, dass die meisten biologischen Notwendigkeiten als Verstärker wirken, weil ein Lebewesen nicht überleben könnte, wenn es nicht im starken Maße motiviert wäre, diese Verstärker zu erhalten. Zur Vorhersage der Verstärkungsfähigkeit ist die Hypothese der Bedürfnisreduktion jedoch inadäquat, da es zahlreiche Ausnahmen zu diesem Prinzip gibt – Verstärker, die keine biologischen Bedürfnisse erfüllen, und biologische Bedürfnisse, die nicht in Verstärker umgesetzt werden.

9.3.2 Triebreduktion

Nachdem Hull und sein Student Neal Miller (1948, 1951b) die Probleme der Bedürfnisreduktions-Hypothese erkannt hatten, wurden sie zwei der vehementesten Verfechter der **Triebreduktionstheorie**. Diese Theorie besagt, dass für jeden Organismus eine starke Stimulation, gleich welcher Art, einen aversiven Reiz darstellt und jede Reduktion dieser Stimulation als Verstärker für das unmittelbar vorausgegangene Verhalten dient. Der Begriff Triebreduktion wurde gewählt, da viele der starken Stimuli, die ein Tier erfährt, häufig als Triebe bezeichnet werden (Hungertrieb, Sexualtrieb und so weiter). Selbstverständlich behauptet die Theorie, dass andere starke Stimuli, die normalerweise nicht als Triebe bezeichnet werden (wie z.B. Lärm, intensive Hitze und Furcht) ebenfalls als Verstärkung wirken, wenn ihre Intensität reduziert wird. Die Reduktion einer Stimulation beliebiger Art sollte als Verstärker wirken.

Die Triebreduktionstheorie bringt mindestens zwei größere Probleme mit sich. Erstens ist es nicht immer einfach, die Intensität der Stimulation (oder eine Reduzierung der Stimulation) objektiv zu messen. Nehmen wir an, dass wir ein Tier in eine Kammer setzen, in der die Temperatur 38° C beträgt, und eine operante Reaktion würde die Temperatur für einige Minuten um ca. 14° C auf 24° C reduzieren. Das Tier würde wahrscheinlich die operante Reaktion beständig ausführen und dadurch die Temperatur die meiste Zeit bei

24° C halten. Dieses Verhalten steht in Einklang mit der Hypothese der Triebreduktion, weil der Verstärker aus einer Reduktion eines bestimmten Stimulus, in diesem Fall der Hitze, besteht. Nehmen wir nun an, dass die Temperatur in der Kammer 14° C beträgt und die operante Reaktion auch hier eine Reduzierung der Temperatur um ca. 14° C, also auf 0° C, bewirkt. Die meisten Tiere würden die operante Reaktion nicht ausführen, da sie eindeutig eine Umgebungstemperatur von 14° C vorziehen. In diesem Fall würde die Reduktion der Stimulation nicht als Verstärker wirken.

Ein Vertreter der Triebreduktionstheorie würde zweifellos einwenden, dass dieses Beispiel eine naive Interpretation dessen darstellt, was mit einer Reduktion der Stimulation gemeint ist, da lebende Organismen keine Thermometer sind. Wie in Kapitel 2 diskutiert, ist recht schlüssig nachgewiesen worden, dass Tiere sensorische Rezeptoren haben, die durch Hitze stimuliert werden, und andere Rezeptoren, die durch Kälte stimuliert werden. Ein Triebreduktionstheoretiker könnte behaupten, dass eine Reduktion bei beiden Arten der Stimulation (extreme Hitze und extreme Kälte) als Verstärker wirkt, und experimentelle Ergebnisse bestätigen diese Vorstellung. Wenn wir jedoch diese Logik akzeptieren, sind wir wieder in der Position, in der wir nicht vorhersagen können, ob eine bestimmte Reduktion als Verstärker wirkt – wir müssen etwas über die sensorischen Rezeptoren des Versuchstiers und darüber, wie diese wirken, wissen.

Das zweite Problem der Triebreduktionstheorie ist gravierender. Es gibt zahlreiche Beispiele von Verstärkern, die entweder keine Reduktion der Stimulation oder sogar eine Verstärkung der Stimulation bewirken. Sheffield, Wulff und Backer (1951) fanden heraus, dass männliche Ratten wiederholt einen Gang entlang liefen, wenn der Verstärker eine weibliche läufige Ratte war. Dieser Verstärker reduzierte den Sexualtrieb der männlichen Ratte nicht, da die Ratten jedes Mal vor Eintritt der Ejakulation getrennt wurden, doch behielt die männliche Ratte die hohe Laufgeschwindigkeit bei jedem neuen Durchgang bei. Eine vergleichbare Feststellung ist die, dass bei Menschen das sexuelle Vorspiel als Verstärker wirkt, auch wenn es nicht zum Geschlechtsakt kommt. Menschen praktizieren ihre Sexualität auf verschiedene Arten, die keinen Orgasmus und dennoch eine Reduktion des Sexualtriebs beinhalten. Die Beliebtheit von pornografischen Magazinen und Filmen ist hierfür ein Indiz.

Verstärker, die aus einer effektiven Verstärkung der Stimulation bestehen, finden sich bei zahlreichen Lebewesen in jedem Alter. Kinder, junge Katzen und andere junge Tiere verbringen viel Zeit mit Spielzeugen und anderen Objekten, die sich ständig ändernde visuelle, akustische und taktile Stimulationen bewirken. Butler (1953) fand heraus, dass Affen eine komplexe Reaktion erlernten, wenn der Verstärker einfach darin bestand, ein Fenster zu öffnen, das ihnen den Blick aus der Versuchskammer nach draußen ermöglichte. Myers und Miller (1954) beobachteten, dass Ratten einen Hebel drückten, wenn der Verstärker die Chance war, eine neue Umgebung zu erforschen. Erwachsene Menschen erleben Verstärkungen durch eine Vielzahl von Stimuli und Aktivitäten, die ihre sensorische Stimulation erhöhen – Musik, Sport und Gymnastik, Bergsteigen, Fallschirmspringen, Horrorfilme und dergleichen. Es gibt wohl keine Möglichkeit, diese Tatsachen mit der Hypothese der Triebreduktion in Einklang zu bringen.

9.3.3 Transsituationalität

Der Misserfolg der Theorien der Bedürfnisreduktion und Triebreduktion lässt vermuten, dass es keine einfache Methode zur Klassifizierung von Verstärkern und Nichtverstärkern auf der Basis ihrer biologischen oder reizspezifischen Eigenschaften gibt. Das Problem wird durch die Existenz von individuellen Unterschieden bei einer Spezies verstärkt – Horrorfilme zum Beispiel können für manche Menschen Verstärker sein, für andere dagegen nicht. Wegen dieser Schwierigkeiten wandte sich Paul Meehl einer gemäßigteren theoretischen Position zu, die dennoch weiterhin ermöglichte, neue Vorhersagen zu machen, und damit den Zirkelschluss der Definition des Verstärkers vermied. Meehl entwickelte das **Transsituationalitätsprinzip**, gemäß dem ein Stimulus, der in einer Situation als Verstärker fungiert, auch in anderen Situationen ein Verstärker ist. Nehmen wir an, dass wir anfangs nicht wissen, ob mit Saccharin gesüßtes Wasser für eine Maus einen Verstärker darstellt. Mittels eines einfachen Experiments könnten wir herausfinden, dass eine Maus lernt, in einem Laufrad zu laufen, wenn jedes Mal nach ein paar Umdrehungen des Rads ein Verstärker in Form einer Saccharinlösung präsentiert wird. Nachdem wir nun festgestellt haben, dass Saccharin ein Verstärker in diesem einen Experiment gewesen ist, impliziert das Transsituationalitätsprinzip, dass wir imstande sein sollten, neue Vorhersagen zu treffen. So müssten wir in der Lage sein, Saccharin als Verstärker für das Drücken eines Hebels, das Hochklettern auf einer Leiter, das Erlernen des korrekten Pfads in einem Labyrinth und so weiter zu benutzen.

In der Realität funktioniert das Transsituationalitätsprinzip in vielen Fällen recht gut. Verstärker wie z.B. Futter, Wasser und Schmerzvermeidung können zur Verstärkung einer Vielzahl unterschiedlicher Verhaltensweisen eingesetzt werden. Dennoch gibt es Fälle, in denen der Verstärker einer Situation in einer anderen nicht als Verstärker funktioniert. Der erste Forscher, der eindeutige Ausnahmen des Transsituationalitätsprinzips belegte, war David Premack, dessen einflussreiche Experimente und Schriften die Denkweise vieler Psychologen über das Prinzip der Verstärkung veränderte.

9.3.4 Das Premack'sche Prinzip

Es wird häufig angeführt, dass die Methode der Verstärkung eine Kontingenz zwischen einem Verhalten (der operanten Reaktion) und einem Stimulus (dem Verstärker) beinhaltet. Diese Beschreibung impliziert, dass die zwei Elemente einer Verstärkungskontingenz Elemente zweier verschiedener Ereigniskategorien sind – verstärkbare Verhaltensweisen auf der einen und verstärkende Stimuli auf der anderen Seite. Eine von Premacks entscheidenden Leistungen war der Nachweis, dass keine eindeutige Grenze zwischen diesen zwei Ereigniskategorien existiert und es tatsächlich kontraproduktiv wäre, überhaupt von zwei separaten Kategorien zu sprechen. Premack orientierte sich an frühen Autoren, wie z.B. Sheffield (1948; Sheffield Wulff und Backer, 1951), als er darauf hinwies, dass nahezu alle Verstärker sowohl einen Stimulus (z.B. Futter) als auch ein Verhalten (z.B. Fressen) beinhalten und es das Verhalten sein kann, das tatsächlich die operante Reaktion verstärkt. Ist es das Wasser oder das Verhalten des Trinkens, das für ein durstiges Tier als Verstärker wirkt? Ist das Spielzeug für ein Kind ein Verstärker oder ist es das Verhalten des Spielens mit dem Spielzeug? Ist ein Fenster mit Ausblick für einen Affen ein Verstärker oder ist es das Verhalten des Hinausschauens? Premack behauptete, dass es zutreffender sei, die Methode der Verstärkung als eine Kontingenz zwischen zwei Verhaltensweisen anstatt als eine zwischen einem Verhalten und einem Stimulus zu beschreiben. Als Beispiel führte er an, dass in vielen Experimenten zur operanten Konditionierung bei Ratten die Kontingenz zwischen dem Verhalten des Hebeldrückens und dem Verhalten des Fressens bestehe – das Fressen kann nur dann eintreten, wenn das Drücken des Hebels eintritt.

Akzeptieren wir zumindest im Moment Premacks Sichtweise und schauen wir, in welcher Beziehung sie zum Transsituationalitätsprinzip steht. Falls das Prinzip korrekt ist, müsste es eine Teilmenge aller Verhaltensweisen geben, die wir als *verstärkende Verhaltensweisen* bezeichnen könnten (z.B. Essen, Trinken, Spielen) und eine andere Teilmenge, die *verstärkbare Verhaltensweisen* (z.B. Drücken eines Hebels, Laufen in einem Laufrad, Aufheben eines Schlüssels) darstellen. Gemäß dem Transsituationalitätsprinzip müsste ein aus der ersten Teilmenge ausgewähltes Verhalten als Verstärker für jedes Verhalten aus der anderen Teilmenge dienen. Premacks Experimente haben jedoch eine Reihe von Situationen aufgezeigt, in denen das Transsituationalitätsprinzip verletzt wurde.

Premack schlug als Ersatz für das Transsituationalitätsprinzip eine alternative Theorie vor (1959, 1965) vor, die heute **Premack'sches Prinzip** genannt wird. Sie bietet eine einfache Methode, um festzustellen, ob ein Verhalten als Verstärker für ein anderes Verhalten dienen kann. Der Schlüssel ist die Messung der Zeitdauer der Verhaltensweisen in einer Baseline-Phase, in der alle Verhaltensweisen jederzeit uneingeschränkt auftreten können. Das Premack'sche Prinzip besagt, dass *Verhalten, das mit höherer Wahrscheinlichkeit auftritt, als Verstärker für Verhalten dient, das mit geringerer Wahrscheinlichkeit auftritt.* Der Ausdruck „Verhalten, das mit höherer Wahrscheinlichkeit auftritt" bezeichnet das Verhalten, das das Versuchstier während der Baseline-Phase längere Zeit ausgeführt hat. Premack schlug vor, nicht zwei Kategorien von Verhalten – verstärkbares und verstärkendes Verhalten – zu postulieren, sondern Verhalten auf einer Wahrscheinlichkeitsskala einzuteilen, die von Verhalten mit hoher Wahrscheinlichkeit bis zu Verhalten mit einer Wahrscheinlichkeit von null reicht. Ein Verhalten, das sich weiter oben auf der Wahrscheinlichkeitsskala befindet, verstärkt somit ein Verhalten weiter unten auf der Wahrscheinlichkeitsskala.

Eine von Premack (1963) mit Cebusaffen durchgeführte Studie beleuchtet die Vorteile seines Prinzips und die Schwachstellen des Transsituationalitätsprinzips. Diese Affen sind neugierige Tiere, die alle Objekte in ihrer Umgebung erforschen und sich damit beschäftigen. Premack benutzte daher verschiedene mechanisch zu betätigende Objekte für das Testen von Verhalten. Seine Befunde lassen sich anhand der Ergebnisse eines der Affen, Chicko, veranschaulichen. Abbildung 9.3 illustriert, dass in der Basisraten-Phase die Betätigung eines Hebels mit der höchsten Wahrscheinlichkeit, die Betätigung eines Kolbens mit der geringsten Wahrscheinlichkeit und das Öffnen einer kleinen Tür mit einer mittleren Wahrscheinlichkeit verbunden waren.

In darauf folgenden Kontingenzsitzungen wurden verschiedene Paare von Gegenständen präsentiert. Ein Gegenstand diente als „operante Reaktion", der andere als potenzieller

„Verstärker" – der Verstärker war verschlossen und konnte erst nach Auftreten einer operanten Reaktion betätigt werden. In sechs verschiedenen Phasen wurden alle möglichen Kombinationen aus operanter Reaktion und Verstärker getestet. Abbildung 9.3 zeigt die Ergebnisse. Der Hebel diente als Verstärker sowohl für das Öffnen der Tür als auch für das Ziehen an dem Kolben. Das Öffnen der Tür diente als Verstärker für das Ziehen an dem Kolben, jedoch nicht für das Drücken des Hebels. Es ist zu ersehen, dass alle sechs Ergebnisse das Prinzip bestätigen, dass wahrscheinlicheres Verhalten weniger wahrscheinliches Verhalten verstärkt.

H = Drücken eines Hebels
T = Öffnen einer Tür
K = Ziehen an einem Kolben

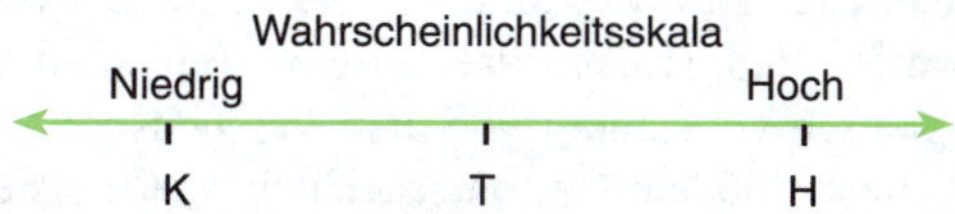

Kontingenzbedingungen	Ergebnis	Schlussfolgerung
1. T → H	T nimmt zu	H verstärkt T
2. K → H	K nimmt zu	H verstärkt K
3. H → T	H nimmt nicht zu	T verstärkt H nicht
4. K → T	K nimmt zu	T verstärkt K
5. H → K	H nimmt nicht zu	K verstärkt H nicht
6. T → K	T nimmt nicht zu	K verstärkt T nicht

Abbildung 9.3: Die in dem Experiment von Premack (1963) verwendete Vorgehensweise und die Ergebnisse eines Affen, Chicko. Die Notation T → H gibt an, dass Chicko die Tür öffnen musste, bevor er den Hebel betätigen durfte.

Beachten Sie zudem, dass das Öffnen der Tür – das Verhalten mit mittlerer Wahrscheinlichkeit – das Transsituationalitätsprinzip verletzt hat. Wenn das Ziehen an dem Kolben das Öffnen der Tür erst ermöglichte, diente Türöffnen als Verstärker. Wenn es zum Drücken des Hebels führte, hatte es die Funktion einer verstärkbaren Reaktion. Was also war das Öffnen der Tür – ein Verstärker oder eine verstärkbare Reaktion? Premacks Antwort lautet, dass es beides sein kann, und zwar abhängig von der relativen Position des Verhaltens auf der Wahrscheinlichkeitsskala. Ein Verhalten dient als Verstärker für Verhalten, das sich auf der Wahrscheinlichkeitsskala weiter unten befindet, und es hat die Funktion einer verstärkbaren Reaktion für Verhalten, das sich auf der Wahrscheinlichkeitsskala weiter oben befindet. Aus diesem Grund wird das Premack'sche Prinzip manchmal Prinzip der **Relativität der Verstärkung** genannt: Es gibt keine absoluten Kategorien von Verstärkern und verstärkbaren Reaktionen. Die Funktion eines Verhaltens hängt von dessen relativer Position auf der Wahrscheinlichkeitsskala ab.

Das Premack'sche Prinzip und Bestrafung

Premack (1971a) stellte ein Bestrafungsprinzip auf, dass komplementär zu seinem Verstärkungsprinzip ist: *Verhalten, das mit geringerer Wahrscheinlichkeit auftritt, dient als Bestrafung für Verhalten, das mit höherer Wahrscheinlichkeit auftritt.* Da ein Versuchstier ein weniger wahrscheinliches Verhalten möglicherweise nicht ausführt, wenn es die Wahl hat, ist es notwendig, die Ausführung eines weniger wahrscheinlichen Verhaltens zu verlangen, um die Richtigkeit dieses Prinzips nachzuweisen. Eine Methode, um dies zu erreichen, ist die Nutzung einer **reziproken Kontingenz**, mit der sichergestellt wird, dass zwei Verhaltenweisen in einer festen Quote zueinander auftreten. Ein von dem Autor (Mazur, 1975) durchgeführtes Experiment illustriert die Merkmale einer reziproken Kontingenz. In einem Durchgang musste eine Ratte 15 Sekunden lang in einem Laufrad laufen, um dafür 5 Sekunden lang trinken zu können. Aufgrund dieser reziproken Kontingenz ist das Verhältnis zwischen Laufen und Trinken drei zu eins. Beachten Sie dabei, dass die gesamte Dauer dieser Tätigkeiten vollständig von dem Versuchstier kontrolliert wurde – die Ratte konnte zwischen diesen beiden Optionen wählen: die meiste Zeit mit Laufen bzw. Trinken verbringen oder diese Tätigkeiten überhaupt nicht ausführen.

Die Ergebnisse einer durchschnittlichen Ratte zeigen, wie dieses Experiment gleichzeitig das Premack'sche Prinzip der Verstärkung und der Bestrafung bestätigte. In Baseline-Durchgängen verbrachte diese Ratte ca. 17 Prozent der Zeit mit Trinken und ca. 10 Prozent mit Laufen, wie aus Abbildung 9.4 hervorgeht. Bei Durchgängen mit der oben beschriebenen reziproken Kontingenz stieg der Prozentsatz der mit dem Laufen verbrachten Zeit auf 16 Prozent, während die mit Trinken verbrachte Zeit auf knapp über 5 Prozent zurückging. Mit anderen Worten: Das Verhalten mit höherer Wahrscheinlichkeit, nämlich das Trinken, verstärkte das Laufen, und gleichzeitig wurde das Trinken durch die Anforderung des Laufens bestraft. Natürlich variierten die genauen Prozentsätze von Tier zu Tier. Bei allen fünf Ratten war jedoch das Trinken das Verhalten mit höherer Wahrscheinlichkeit bei den Baseline-Durchgängen. Bei der reziproken Kontingenz verringerte sich die mit Trinken verbrachte Zeit und die mit Laufen verbrachte erhöhte sich, wie von Premacks Prinzipien der Verstärkung und der Bestrafung vorhergesagt. Andere Studien haben Premacks Regeln in ähnlicher Weise bestätigt (Terhune & Premack, 1970).

Die Anwendung des Premack'schen Prinzips in der Verhaltenstherapie

Bisher haben wir uns auf die theoretischen Implikationen des Premack'schen Prinzips konzentriert. Seine Theorie übt jedoch in mehrfacher Hinsicht auch einen großen Einfluss auf die Praxis der Verhaltenstherapie aus. Erstens, weil sie betont, dass Verhaltensweisen selbst als Verstärker dienen können. Dadurch werden Verhaltenstherapeuten ermutigt, solche Verstärker bei ihrer Arbeit einzusetzen. Heutzutage weisen Therapeuten ihre Patienten oft dazu an, „Premack'sche Verstärker", z.B. Lesen, Kartenspielen, Telefongespräche mit Freunden oder Fernsehen, als Verstärker für erwünschte Verhaltensweisen wie Ausgleichssport, Lernen oder Aufhören mit Rauchen zu nutzen. Premack'sche Verstärker werden inzwischen auch weithin in der klinischen Praxis eingesetzt. Stellen wir uns die Schwierigkeiten vor, die das Personal einer psychiatrischen Klinik mit der Einrichtung einer Token Economy hätte, wenn es ausschließlich auf Verstärker wie Essen, Getränke, Zigaretten, Geld und dergleichen angewiesen wäre. Die Verstärkung von Verhaltensweisen der Patienten mit solchen Objekten wäre unerschwinglich und Übersättigungsprobleme an der Tagesordnung. Dadurch jedoch, dass die Therapeuten bestimmte Aktivitäten von positivem Verhalten abhängig machen, haben sie Zugang zu einer breiten Palette an kostengünstigen Verstärkern.

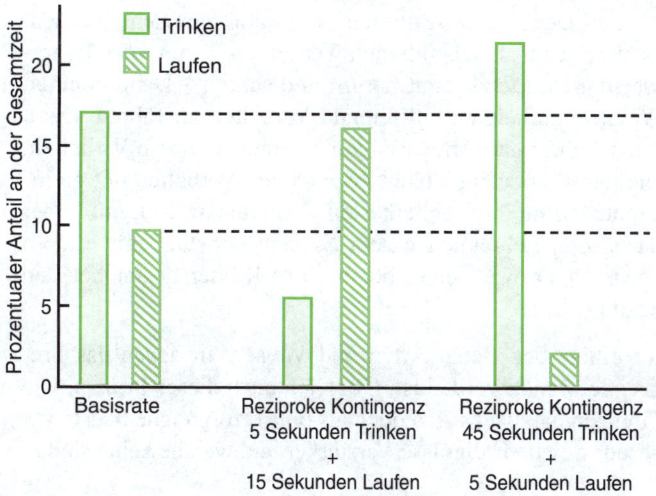

Abbildung 9.4: Das Verhalten einer Ratte im Experiment von Mazur (1975). Bei der ersten reziproken Kontingenz erhöhte sich die mit Laufen verbrachte Zeit, und die mit Trinken verbrachte Zeit verringerte sich gegenüber der Basisrate.

Ein weiterer Vorteil des Premack'schen Prinzips besteht darin, dass er Therapeuten Anhaltspunkte dafür liefert, welche Ereignisse Verstärker für solche Personen sein könnten, bei denen typische Verstärker nicht wirken. Beispielsweise nutzen Mitchell und Stoffelmayr (1973) das Premack'sche Prinzip, um das Verhalten einer Gruppe von extrem antriebsgestörten Schizophreniepatienten zu verbessern. Diese Patienten verbrachten die meiste Zeit damit, bewegungslos herumzusitzen. Gelegentlich pflegten sie auf dem Gang auf- und abzugehen, taten sonst aber sehr wenig. Die Therapeuten versuchten die Patienten dazu zu bringen, produktive Tätigkeiten (im Rahmen von arbeitstherapeutischen Angeboten) zu verrichten. Diese Patienten verweigerten die Annahme von Süßigkeiten, Zigaretten, Obst und Keksen, so dass diese nicht als Verstärker benutzt werden konnten. Da jedoch bei diesen Patienten Sitzen ein Verhalten mit hoher Wahrscheinlichkeit war, beschlossen die Therapeuten, das Sitzen von einer kleinen Arbeitsleistung abhängig zu machen. Die Patienten mussten für einige Minuten eine einfache Aufgabe verrichten und durften sich dann für eine Weile hinsetzen. Durch Nutzung dieses passiven Verhaltens als Verstärker gelang es Mitchell und Stoffelmayr zum ersten Mal, diese Patienten sinnvoll zu beschäftigen. Dieses Beispiel zeigt, wie ein Therapeut wirksame Verstärker einfach dadurch entdecken kann, dass er beobachtet, was ein Patient normalerweise tut.

In einem völlig anderen Rahmen nutzten Homme, deBaca, Devine, Steinhorst und Rickert (1963) das Premack'sche Prinzip, um das Verhalten einer Gruppe von Vorschulkindern zu kontrollieren. Zu den wahrscheinlichsten Verhaltensweisen dieser Kinder gehörte das Herumrennen im Raum, Schreien, das Umwerfen von Stühlen und so weiter. Die Anweisungen und Befehle des Vorschullehrers zeigten anfänglich kaum eine Wirkung auf das Verhalten der Kinder. Es wurde dann ein Programm installiert, bei dem diese mit hoher Wahrscheinlichkeit auftretenden Verhaltensweisen von weniger wahrscheinlichen, wie Still-Sitzen und Dem-Lehrer-Zuhören, abhängig gemacht wurden. Nach ein paar Minuten dieses weniger wahrscheinlichen Verhaltens läutete der Lehrer eine Glocke und gab die Anweisungen: „Jetzt rennt herum und schreit." Dann konnten die Kinder dieses mit hoher Wahrscheinlichkeit auftretende Verhalten ausführen. Dann ertönte wieder die Glocke und der Lehrer gab Anweisungen zu einem anderen Verhalten, das sowohl ein Verhalten mit hoher Wahrscheinlichkeit als auch ein Verhalten mit geringer Wahrscheinlichkeit sein konnte. (Eine ihrer beliebtesten Verhaltensweisen mit hoher Wahrscheinlichkeit bestand darin, den Lehrer auf einem Schreibtischstuhl mit Rädern umherzuschieben). Nach ein paar Tagen war der Gehorsam der Kinder gegenüber den Anweisungen des Lehrers nahezu perfekt.

Diese Beispiele illustrieren nur einige der vielen Arten und Weisen, in denen das Premack'sche Prinzip in der Praxis angewandt worden ist. Obgleich auch dieses Prinzip, wie wir bald sehen werden, seine Grenzen hat, hat es sich doch als eine erfolgreiche Faustregel für die Ermittlung dessen erwiesen, welche Ereignisse Verstärker und welche keine sind.

9.3.5 Die Theorie der Reaktionsdeprivation

Die Forschung hat gezeigt, dass das Premack'sche Prinzip zuverlässig die Auswirkungen von Verstärkung und Bestrafung vorhersagt, wenn (1) ein Verstärkungsplan in stärkerem Umfang das weniger wahrscheinliche Verhalten als das wahrscheinlichere Verhalten verlangt oder wenn (2) ein Plan den gleichen Umfang der zwei Verhaltensweisen verlangt. Wenn jedoch ein Plan in viel stärkerem Umfang das wahrscheinlichere Verhalten als das weniger wahrscheinliche Verhalten verlangt, kann das Premack'sche Prinzip verletzt werden. Mein Experiment mit Ratten mit reziproker Kontingenz zwischen Rennen und Trinken (Mazur, 1975) illustriert, wie es dazu kommen kann.

Erinnern wir uns, dass eine Ratte in der Basisraten-Phase ca. 17 Prozent der Zeit mit Trinken und ca. 10 Prozent mit Laufen verbrachte (Abbildung 9.4). Das Verhältnis zwischen der Trinkzeit und der Laufzeit war also etwa 1,7 zu 1. Bei einer der reziproken Kontingenzen wurde jeweils nach einer Laufzeit von 5 Sekunden eine Zeit von 45 Sekunden für das Trinken gefordert. Diese reziproke Kontingenz verlangte also ein Verhältnis von 9:1 zwischen Trinken und Laufen, das höher als das in der uneingeschränkten Basisraten-Phase ist. Abbildung 9.4 zeigt, dass bei dieser reziproken Kontingenz die Laufzeit auf ca. 2 Prozent der Sitzungszeit sank, während die Trinkzeit effektiv auf 21 Prozent anstieg. Somit verstärkte in diesem Fall, entgegen dem Premack'schen Prinzip, ein weniger wahrscheinliches Verhalten tatsächlich ein wahrscheinlicheres Verhalten. Eisenberger, Karpman und Trattner (1967) waren die Ersten, die diesen Mechanismus für den Fall demonstrierten, dass ein Verstärkungsplan das wahrscheinlichere Verhalten in viel stärkerem Umfang als das weniger wahrscheinliche Verhalten verlangt.

Um Ergebnisse dieser Art zu begründen, stellten Timberlake und Allison (1974; Allison 1993) die **Theorie der Reaktionsdeprivation** auf. Diese Theorie ist im Grunde eine Weiterentwicklung des Premack'schen Prinzips. Um zu sehen, wie diese Theorie funktioniert, betrachten wir noch einmal die Ergebnisse der Ratte aus Abbildung 9.4. Gemäß der Theorie der Reaktionsdeprivation ist das Grundverhältnis zwischen zwei Verhaltensweisen ein entscheidender Wert. Bei diesem Versuchstier war das Grundverhältnis zwischen Trinkzeit und Laufzeit 1,7:1. Timberlake und Allison nahmen an, dass die Ratte dieses Verhältnis zwischen Trink- und Laufzeit bevorzugte, da das Tier während der Messung der Basisrate das Verhältnis selbst wählen konnte. Die Theorie der Reaktionsdeprivation sagt deshalb vorher, dass jeder Plan, der dieses Verhältnis verringert, dem Tier die bevorzugte Trinkzeit reduziert. Es ist diese Einschränkung der Gelegenheit zum Trinken, die das Trinken zu einem Verstärker macht.

So war in der Bedingung, in der sich 5 Sekunden Trinkzeit mit 15 Sekunden Laufzeit abwechselten, das Verhältnis zwischen Trinken und Laufen 1:3 – eine starke Verringerung gegenüber der Basisrate. Beachten Sie, dass dann, wenn das Tier einfach seinen Basisratenanteil des Laufens (10 Prozent) beibehalten würde, seine Trinkzeit nur 3,3 Prozent gegenüber einem Basisratenanteil von 17 Prozent betragen würde. Timberlake und Allison stellten daher die These auf, dass das Tier einen Kompromiss zwischen Trinken und Laufen wählt – es steigert seine Laufzeit (auf 16 Prozent in diesem Fall), um damit seine Trinkzeit etwas näher an den Basisratenanteil anzupassen (auf etwas über 5 Prozent in diesem Fall). Aufgrund dieses Anstiegs der Laufzeit gegenüber dem Basisratenanteil können wir sagen, dass das Trinken als Verstärker für das Laufen dient.

Die Theorie der Reaktionsdeprivation begründet die Verstärkung des Trinkens durch das Laufen mit einer ähnlichen Logik: Immer wenn das verlangte Verhältnis zwischen Trinken und Laufen *größer* als die Basisrate ist, kann Laufen als Verstärker dienen. Bei der Bedingung, bei der ein Verhältnis von 9:1 zwischen Trinken und Laufen verlangt wurde, hatte das Versuchstier wenig Gelegenheit zum Laufen, so dass es sich durch die Steigerung seiner Trinkzeit über den Basisratenanteil hinaus ein wenig mehr Laufzeit verdiente.

Um es zusammenfassen: Nach der Theorie der Reaktionsdeprivation wird eine von zwei Verhaltensweisen aufgrund ihrer eingeschränkten Verfügbarkeit zu einem relativ kostbaren Gut, sofern ein Plan nicht exakt dasselbe Verhältnis zwischen den Verhaltensweisen voraussetzt, das ein Versuchstier während der Messung der Basisrate wählt. Unabhängig davon, ob es sich um das wahrscheinlichere oder weniger wahrscheinliche Verhalten handelt, wirkt das stärker eingeschränkte Verhalten als Verstärker für das weniger eingeschränkte Verhalten.

Auch wenn die Theorie der Reaktionsdeprivation etwas schwieriger nachzuvollziehen sein mag als das Premack'sche Prinzip, so ermöglicht sie doch hinsichtlich der Wirksamkeit von Verstärkern unter allen Theorien, die wir untersucht haben, die zuverlässigste Vorhersage. Die Theorie erlaubt uns vorherzusagen, ob eine Aktivität als Verstärker wirkt, indem wir die Wahrscheinlichkeit dieses Verhaltens (und die des zu verstärkenden Verhaltens) in einer Baseline-Phase beobachten. Diese Theorie ist sowohl in Laborexperimenten mit Tieren als auch in der praktischen Anwendung bei Menschen getestet worden und hat sich als eine exakte Methode zur Vorhersage dessen erwiesen, wann eine Kontingenz die Steigerung eines erwünschten Verhaltens bewirkt und wann nicht (Timberlake & Farmer-Dougan, 1991). Beispielsweise stellte Konarski (1987) verschiedene Kontingenzen zwischen zwei Verhaltensweisen in einer Gruppe von geistig behinderten Erwachsenen auf. So war es ihm möglich, einen direkten Vergleich der Vorhersagen des Premack'schen Prinzips und der Theorie der Reaktionsdeprivation vorzunehmen. Die Vorhersagen des Premack'schen Prinzips trafen in einigen Fällen ein und in anderen Fällen nicht. Die Vorhersagen der Theorie der Reaktionsdeprivation erwiesen sich jedoch in nahezu 100 Prozent der Fälle als korrekt. Da die Theorie der Reaktionsdeprivation uns ermöglicht, Vorhersagen zu machen, die in der Regel korrekt sind, wird der Zirkelschluss der Definition des *Verstärkers* vermieden.

9.3.6 Die Funktionsanalyse von Verhalten und Verstärkern

Die Theorie der Reaktionsdeprivation ist eine gute Methode um vorherzusagen, wann eine Aktivität als wirksamer Verstärker dienen kann. Ein anderes Problem jedoch, vor dem Verhaltenstherapeuten oftmals stehen, ist festzustellen, welcher Verstärker ein unerwünschtes Verhalten aufrechterhält. Bei der Arbeit mit Kindern oder Erwachsenen fallen oft bizarre oder unangebrachte Verhaltensweisen auf, die ohne ersichtlichen Grund auftreten. Beispiele hierfür sind die Zerstörung von Spielzeug oder anderen Gegenständen, Aggression gegen Mitglieder aus der eigenen Bezugsgruppe oder gegen Betreuungspersonen, Schreien, selbstverletzendes Verhalten, Herumkauen auf ungenießbaren Gegenständen und so weiter. Ein nützlicher erster Schritt in Richtung Eliminierung dieser Verhaltensweisen ist die Durchführung einer **Funktionsanalyse**. Diese Methode erlaubt es dem Therapeuten festzustellen, welcher Verstärker das unerwünschte Verhalten aufrechterhält.

Diese maladaptiven Verhaltensweisen können aus vielen Gründen auftreten. Eine aggressive Handlung kann es einem Kind ermöglichen, ein begehrtes Spielzeug (einen positiven Verstärker) zu bekommen. Das Zerstören von Gegenständen kann die Aufmerksamkeit der Betreuungsperson (ein weiterer positiver Verstärker) hervorrufen. Schreien oder unruhiges Verhalten kann eine Unterbrechung einer unerwünschten Unterrichtsstunde oder Aktivität (einen negativen Verstärker) bewirken. Darüber hinaus können einige Verhaltensweisen (wie das Herumkauen auf ungenießbaren Gegenständen, sich ständig wiederholende Bewegungen oder selbstverletzendes Verhalten) eine so genannte **automatische Verstärkung** produzieren; das heißt, dass die sensorische Stimulation durch das Verhalten als Verstärker wirken kann (Fisher, Adelinis, Thompson, Worsdell & Zarcone, 1998).

Wie kann die Ursache maladaptiven Verhaltens ermittelt werden? Mit Hilfe der Funktionsanalyse wird die Umgebung des Patienten systematisch in einer Form verändert, die den Therapeuten in die Lage versetzt, mögliche Erklärungen des unangebrachten Verhaltens entweder als begründet anzunehmen oder auszuschließen. Beispielsweise verwendeten Watson, Ray, Turner und Logan (1999) die Funktionsanalyse, um das selbstverletzende Verhalten (engl.: self-injurious behavior, abgekürzt SIB) eines geistig behinderten zehnjährigen Jungen zu analysieren. Im Klassenzimmer pflegte der Junge häufig mit seinem Kopf auf den Tisch zu schlagen, sich ins Gesicht zu schlagen und sein Gesicht mit den Fingernägeln zu zerkratzen. An unterschiedlichen Tagen reagierte der Lehrer des Jungen unterschiedlich auf die SIB-Episoden. An manchen Tagen sagte der Lehrer nach jedem Vorfall sofort: „Hör auf damit“, um zu sehen, ob das Verhalten durch seine Aufmerksamkeit verstärkt wurde. An anderen Tagen erhielt der Junge nach jedem Vorfall ein Spielzeug oder einen anderen Gegenstand, um festzustellen, ob materielle Verstärker dieses Verhalten verstärken würden. Um die Möglichkeit zu beurteilen, ob das SIB eine automatische Verstärkung bewirkte, musste sich der Junge gelegentlich alleine in einem Raum aufhalten, wo er weder Aufmerksamkeit noch materielle Verstärker erhielt, wenn er sich selbst verletzte. Schließlich wurde an manchen Tagen jede Aufgabe, mit der sich der Junge beschäftigte, nach einer SIB-Episode beendet, um festzustellen, ob das Verhalten durch Flucht vor unangenehmen Aufgaben verstärkt würde.

Abbildung 9.5 zeigt die Ergebnisse dieser Tests. Verglichen mit der normalen Situation im Klassenzimmer (als „Basisrate“ gekennzeichnet) war die SIB-Häufigkeit in den Situationen, in denen die Auswirkungen von Aufmerksamkeit, materiellen Verstärkern und automatischer Verstärkung getestet wurden, viel geringer; sie war jedoch höher, wenn es dem Jungen erlaubt war, die aktuelle Aufgabe zu beenden. Die Forscher schlossen daraus, dass die SIB tatsächlich ein Fluchtverhalten war. Zur Behandlung wiesen sie den Lehrer an, dem Jungen zu erlauben, eine ungeliebte Aufgabe zu beenden und zu einer für ihn angenehmeren Aufgabe überzugehen, wenn er diese ohne SIB zu Ende brachte. Nachdem dieser Plan umgesetzt wurde, verschwanden die SIB-Episoden praktisch vollständig.

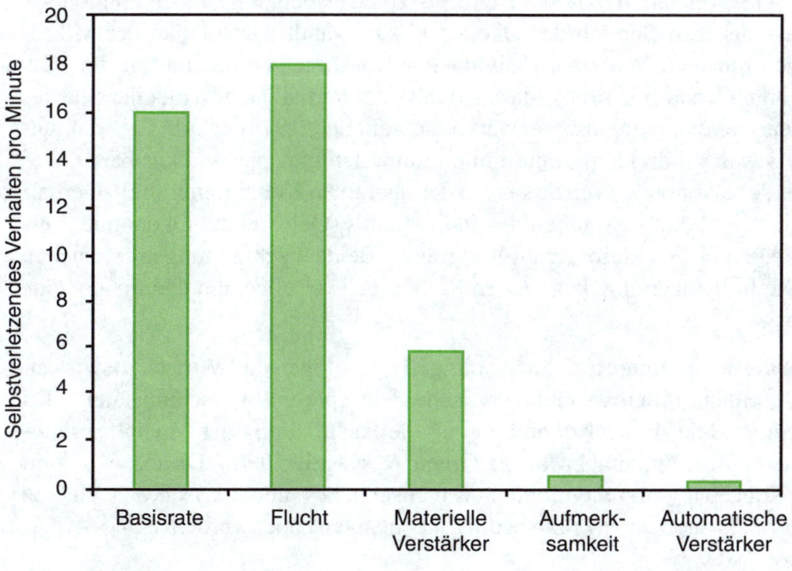

Abbildung 9.5: Die Häufigkeiten selbstverletzenden Verhaltens eines geistig behinderten Jungen in fünf verschiedenen Experimentalbedingungen (Nach Watson, Ray, Turner und Logan, 1999).

Die Funktionsanalyse muss für jedes Individuum neu vorgenommen werden, da dasselbe Verhalten bei verschiedenen Menschen aus verschiedenen Gründen auftreten kann. In einer Studie mit über 100 Personen mit selbstverletzendem Verhalten wurde mittels der Funktionsanalyse festgestellt, dass bei etwa einem Drittel von ihnen das Verhalten aufgrund von Aufmerksamkeit der Betreuungsperson aufrechterhalten wurde. Bei diesen Personen wurden die SIB-Episoden drastisch reduziert, wenn die Betreuungsperson diese ignorierte, ihnen jedoch Aufmerksamkeit schenkte, wenn sie andere Verhaltensweisen zeigten (Fischer, Iwata & Worsdell, 1997). Bei einem anderen Beispiel der Funktionsanalyse stellten Forscher fest, dass das Fingerlutschen bei zwei Kindern nicht aufgrund von Aufmerksamkeit oder Flucht vor unangenehmen Aufgaben, sondern aufgrund von automatischer Verstärkung aufrechterhalten wurde (die sensorische Stimulation der Finger). Wenn die Finger der Kinder mit Bandagen oder Gummihandschuhen bedeckt wurden, verringerte sich das Fingerlutschen (Ellingson et al., 2000).

Die Stärke der Funktionsanalyse liegt darin, dass der Therapeut nicht einfach hilflos zusehen und sich fragen muss, warum ein maladaptives Verhalten auftritt. Durch die geeignete Manipulation der Umgebung können mögliche Verstärkungsquellen evaluiert und auf der Basis dieser Information kann ein geeigneter Behandlungsplan auf die Bedürfnisse der jeweiligen Person zugeschnitten werden.

9.4 Verhaltensökonomie

In diesem Kapitel wurden unterschiedliche Theorien zur Verstärkung beschrieben. Mit dem Ziel, ein besseres Verständnis dieses Konzepts zu erreichen, haben sich einige Psychologen Theorien aus dem Bereich der Ökonomie zugewandt. Das Gebiet der Mikroökonomie, das sich mit dem Verhalten individueller Konsumenten beschäftigt, und das Studium der operanten Konditionierung, das sich mit dem Verhalten individueller Spezies beschäftigt, weisen mehrere gemeinsame Merkmale auf (Lea, 1978). Beide Fachrichtungen untersuchen, was das Individuum unternimmt, um relativ knappe und kostbare Güter (Konsumgüter bei der Ökonomie, Verstärker bei der operanten Konditionierung) zu erhalten. In beiden Fällen sind die Ressourcen des Individuums (Geld bei der Ökonomie, Verstärker bei der operanten Konditionierung) begrenzt. Beide Fachrichtungen versuchen vorherzusagen, wie Individuen ihre begrenzten Ressourcen verteilen, um dadurch knappe Güter zu erhalten.

Wegen dieser gemeinsamen Interessen haben einige Psychologen und Wirtschaftswissenschaftler damit begonnen, miteinander theoretische Konzepte und Forschungsmethoden zu diskutieren. Ein Produkt dieser Kooperation ist die Fachrichtung der **Verhaltensökonomie** (Bickel, Green & Vuchinich, 1995; Green & Kagel, 1996). Dieser Abschnitt beschreibt, wie Konzepte der Ökonomie auf menschliches und tierisches Verhalten sowohl unter Labor- als auch unter Praxisbedingungen angewendet worden sind.

9.4.1 Optimierung: Theorie und Forschung

Optimierung als Grundannahme in der Mikroökonomie

Eine grundlegende Frage für Mikroökonomen lautet, wie individuelle Konsumenten ihr verfügbares Einkommen auf die Möglichkeiten des Ausgebens, Sparens oder Anlegens verteilen. Nehmen wir einmal an, dass eine Frau ein Nettogehalt von € 500 pro Woche hat. Wie viel davon wird sie für Nahrung, Miete, Haushaltsartikel, Kleidung, Unterhaltung, karitative Spenden und so weiter ausgeben? Die Optimierungstheorie liefert hierfür eine prägnante und sinnvolle Antwort: Die Konsumentin gibt ihr Einkommen in einer Weise aus, die jeweils den für sie höchstmöglichen „subjektiven Wert" hat (oder frei ausgedrückt: in der Weise, die ihr die größte Befriedigung verschafft). Obgleich dieses Prinzip einfach zu formulieren ist, kann seine Anwendung in der Praxis extrem schwierig sein. Wie können wir wissen, ob der Kauf eines neuen Paars Schuhe oder eine karitative Spende in gleicher Höhe dieser Frau eine größere Befriedigung verschaffen wird? Woher könnte das die Frau selbst wissen? Trotz dieser Schwierigkeiten behauptet die Optimierungstheorie, dass Menschen solche Entscheidungen treffen können und dies auch tun und dann ihr verfügbares Einkommen entsprechend ausgeben.

Ein einfaches Beispiel kann uns bei der Illustrierung der Annahmen der Optimierungstheorie helfen. Nehmen wir an, dass Sie ein eifrigrer Leser sowohl von Autobiografien als auch von Science-Fiction-Romanen sind und Sie als Geburtstaggeschenk einen Geschenkgutschein über zehn beliebige Taschenbücher erhalten, den Sie in ihrem örtlichen Buchladen einlösen können. Wie viele Autobiografien und wie viele Science-Fiction-Bücher werden Sie also kaufen? Natürlich kann uns die Optimierungstheorie keine endgültige Antwort, aber doch einige Richtlinien geben. Eine übliche Annahme ist die, dass mit der Anzahl an Gegenständen einer bestimmten Art, die ein Konsument erwirbt, der Wert jedes zusätzlichen Gegenstandes dieser Art sinkt. Beispielsweise könnte der Wert eines ersten neuen Science-Fiction-Romans relativ hoch sein, der Wert eines zweiten Science-Fiction-Romans wäre schon ein wenig geringer und der des zehnten dann ziemlich gering. Diese Annahme basiert auf dem Konzept der Sättigung – es kann sein, dass Sie die Lust verlieren, im dreiundzwanzigsten Jahrhundert zu immer neuen unerforschten Planeten zu reisen.

Demnach müsste die erste neue Autobiografie den höchsten Wert für Sie haben, die zweite hätte schon einen etwas geringeren Wert und so weiter. Diese Annahmen sind grafisch in den zwei linken Diagrammen von Abbildung 9.6 dargestellt. Die y-Achse zeigt den (hypothetischen) kumulativen Wert von unterschiedlichen Mengen an Science-Fiction-Romanen (linkes Diagramm) und Autobiografien (mittleres Diagramm). Die Stufen bilden den zusätzlichen Wert ab, der durch ein weiteres Buch dieser Art geliefert wird. Die durchweg höhere Kurve bei Science-Fiction-Romanen bedeutet bei dieser Illustration, dass Sie Science-Fiction-Romane etwas lieber als Autobiografien lesen. Aus diesen zwei Grafiken lässt sich der Gesamtwert aller möglichen Kombinationen aus Science-Fiction-Romanen und Autobiografien errechnen. Die Ergebnisse sind in dem rechten Diagramm von Abbildung 9.6 dargestellt. Bevor Sie sich diese Grafik anschauen, sollten Sie sich klarmachen, dass das optimale Paket aus einer Mischung der beiden Arten von Büchern besteht, da die erste Autobiografie einen höheren Wert als der zehnte Science-

Fiction-Roman und der erste Science-Fiction-Roman einen höheren Wert als die zehnte Autobiografie darstellt. Im Hinblick auf die spezifischen Funktionen in den zwei linken Diagrammen ergibt sich, dass eine Kombination aus sechs Science-Fiction-Romanen und vier Autobiografien den höchsten Wert darstellt. Die Optimierungstheorie sagt deshalb vorher, dass eine Person, die diese spezielle Konfiguration von Präferenzen für die beiden Arten von Büchern hat, eine solche Kombination wählen würde.

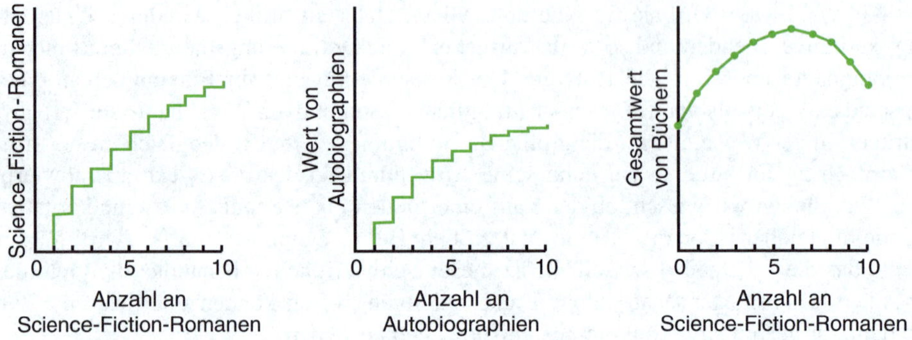

Abbildung 9.6: Eine Illustration der Vorhersagen der Optimierungstheorie für einen Fall, bei dem eine Person eine Kombination aus Science-Fiction-Romanen und Autobiografien mit insgesamt 10 Büchern wählen soll. Das linke Diagramm zeigt, dass der subjektive Wert einer Anzahl an Science-Fiction-Romanen mit jedem zusätzlichen Roman steigt, der jeweilige Anstieg des Werts jedoch zunehmend kleiner wird. Das mittlere Diagramm zeigt ein ähnliches Muster für Autobiografien. Das rechte Diagramm zeigt, dass eine Person mit exakt diesen Präferenzen für die zwei Arten von Büchern den subjektiven Wert durch die Auswahl von sechs Sciencefictionromanen und vier Autobiografien maximieren würde.

Die Entscheidungen bezüglich des Ausgebens von verfügbarem Einkommen sind aber offensichtlich viel komplexer als in diesem einfachen Beispiel. Der Optimierungstheorie zufolge ist der Entscheidungsprozess jedoch im Wesentlichen immer gleich – der Konsument sucht nach dem maximalen subjektiven Wert. Obwohl ökonomische Theorien weitgehend auf diesem Prinzip basieren, machen Unsicherheiten bezüglich der exakten Form der Wertefunktionen einer Person es schwierig, das Prinzip der Optimierung zu testen. Im nächsten Abschnitt wird gezeigt, dass das Prinzip auch auf tierisches Verhalten angewandt worden ist. In diesem Bereich ist es Forschern gelungen, konkrete Hinweise zu seiner Stützung zu finden.

Optimierung und Verhaltensökologie

Verhaltensökologen untersuchen das Verhalten von Tieren in ihren natürlichen Lebensräumen oder in halbnaturalistischem Rahmen und versuchen zu ermitteln, wie die Verhaltensmuster unterschiedlicher Spezies durch Umweltfaktoren und den Überlebenskampf geformt werden. Man versteht gut, warum das Konzept der Optimierung Verhaltensökologen, die sich für die Beziehung zwischen Evolution und Verhalten interessieren, zusagt: Tiere, deren Verhalten fast optimal ist, sollten größere Chancen haben, zu überleben und Nachwuchs aufziehen, der ähnliche Verhaltenstendenzen hat. Verhaltensökologen haben viele Fälle belegt, in denen die Verhaltensweisen eines Tieres nahezu optimal sind; dazu zählen solche verschiedenartigen Aktivitäten wie Futtersuche, Partnersuche und die Bestimmung der Gruppengröße (Krebs & Davies, 1978). Im Folgenden werden zwei ganz unterschiedliche Beispiele beschrieben.

Auf der Suche nach Beute muss jedes Raubtier Entscheidungen treffen. Wenn es auf eine große Beute stößt, sollte es diese natürlich fangen. Trifft es andererseits auf ein kleines Beutetier, ist die Entscheidung komplizierter. Wenn es lange dauert, das kleine Tier zu jagen, zu fangen und zu fressen, lohnt es sich eher nicht, es zu verfolgen, denn während dieser Zeit wird das Raubtier die Gelegenheit verpassen, eine größere Beute zu fangen. Theoretiker haben komplizierte Gleichungen aufgestellt, die die optimale Wahl für ein Raubtier in einer bestimmten Situation spezifizieren (Charnov, 1976; Schoener, 1971), aber vielleicht können Sie eine Vorstellung von ihren Vorhersagen bekommen, ohne auf Mathematik zurückzugreifen. Eine allgemeine Regel lautet: Bei niedriger Beutedichte (d.h. Beutetiere sind selten anzutreffen) sollte das Raubtier jede Beute, ob groß oder klein, jagen. Wenn die Beutedichte jedoch hoch ist, sollte das Raubtier alle kleinen Beutetiere ignorieren, weil es bei der Jagd dieser Tiere wertvolle Zeit verlieren würde, in der ein großes Beutetier auftauchen könnte.

Werner und Hall (1974) testeten diese Vorhersagen, indem sie Sonnenbarsche in ein großes Aquarium mit Beutetieren in drei unterschiedlichen Größen (kleinere Fische) setzten. Als die Beutedichte niedrig war (20 von jeder Sorte), fraßen die Sonnenbarsche alle drei Beutetypen, wann immer sie auf einen solchen Fisch stießen. Als die Beutedichte hoch war (350 von jeder Sorte), fraßen die Sonnenbarsche nur die größten Beutefische. Bei mittlerer Beutedichte (200 von jeder Sorte) fraßen die Sonnenbarsche nur die zwei größeren Sorten. Indem Werner und Hall maßen, wie viel Zeit die Sonnenbarsche brauchten, um jede Beutefischsorte zu fangen und zu fressen, konnten sie zeigen, dass das Verhalten der Sonnenbarsche für alle drei Situationen genau den Vorhersagen der Optimierungstheorie entsprach.

In einer erfinderischen (wenn auch nicht beneidenswerten) Feldforschungsstudie wandte Parker (1978) die Optimierungstheorie auf das Paarungsverhalten der Mistfliege an. Dieses Insekt wird so genannt, weil das Weibchen seine befruchteten Eier auf Kuhmist ablegt, wo sich dann die Larven entwickeln. Mistfliegen paaren sich üblicherweise in der Nähe eines frischen Kuhfladens, weil die Weibchen frische Brutstätten alten vorziehen. Die Männchen halten sich gerne nahe bei einem frischen Kuhfladen auf und warten darauf, dass ein Weibchen kommt. Parker errechnete die optimale Zeitspanne, die ein Männchen neben einem Fladen warten sollte, bevor es sich bei einem frischeren Fladen niederließ. Er stützte seine Berechnungen auf das bei Weibchen beobachtete Verhalten und den Grad der Konkurrenz unter den Männchen um die besten Plätze. Die Zeit, die Männchen tatsächlich auf einem Fladen saßen, bevor sie zum nächsten flogen, kam den optimalen Zeitspannen sehr nahe. Auch andere Verhaltensaspekte der Mistfliegen, wie z.B. das zeitliche Verhältnis zwischen Kopulation und Partnersuche, waren annähernd optimal.

Diese Beispiele machen deutlich, wie Wissenschaftler die Optimierungstheorie auf das Verhalten von Tieren in einem naturalistischen Rahmen angewandt haben. Auch manche Experimente zur operanten Konditionierung haben diese Theorie unterstützt (Silberberg, Bauman & Hursh, 1993). Im psychologischen Labor kann die Optimierungstheorie einer strengeren Überprüfung unterzogen und ihre Vorhersagen mit denen alternativer Theorien verglichen werden. Einige dieser Untersuchungen werden in Kapitel 14 beschrieben.

9.4.2 Elastizität und Unelastizität der Nachfrage

In der Forschung zur operanten Konditionierung sind viele Studien zu der Frage durchgeführt worden, wie sich das Verhalten ändert, wenn ein Verstärkungsplan strenger wird – z.B. wenn die Quote von FR-10 auf FR-100 erhöht wird. Diese Frage ist der ökonomischen Frage sehr ähnlich, wie sich die **Nachfrage** nach einem Gut mit steigendem Preis ändert. Wirtschaftswissenschaftler sagen, dass die Nachfrage **elastisch** ist, wenn die nachgefragte Menge mit steigendem Preis deutlich abnimmt. In der Regel ist die Nachfrage elastisch, wenn Ersatzartikel leicht erhältlich sind. Zum Beispiel würde die Nachfrage nach einer bestimmten Cola-Marke wahrscheinlich drastisch zurückgehen, wenn ihr Preis um 50 Prozent steigen würde, weil die Leute zu anderen Marken, die etwa gleich schmecken, wechseln würden. Umgekehrt wird die Nachfrage nach einem Produkt als **unelastisch** bezeichnet, wenn Preisänderungen relativ wenig Auswirkungen auf die nachgefragte Menge haben. Dies gilt im Allgemeinen für Artikel, bei denen es keine verwandten Ersatzprodukte gibt. In der modernen Gesellschaft ist die Nachfrage nach Benzin ziemlich unelastisch, weil viele Menschen nur mit ihrem Auto zur Arbeit, zur Schule oder zum Einkaufen etc. fahren wollen.

Lea und Roper (1977) führten ein Experiment mit Ratten durch, das eine ähnliche Relation zwischen der Verfügbarkeit von Ersatzartikeln und der Elastizität der Nachfrage aufzeigt. Durch einen Hebeldruck konnten Ratten Futterkügelchen in FR-Plänen verdienen, die in unterschiedlichen Bedingungen von FR-1 bis FR-16 reichten. Die Verfügbarkeit eines Ersatzfutters variierte ebenfalls in den verschiedenen Bedingungen. Als kein Ersatz erhältlich war, war die Nachfrage nach Futterkügelchen ziemlich unelastisch: Im FR-16 erarbeiteten die Ratten fast genau so viele Kügelchen wie im FR-1, obwohl der Preis sechzehnmal höher war. Als durch das Drücken eines zweiten Hebels ein ähnlicher Ersatz (Zuckerkügelchen) erhältlich war, war die Nachfrage nach den Futterkügelchen elastischer – mit einer stärkeren Abnahme der Zahl der erarbeiteten Futterkügelchen bei den höheren Reaktionsquoten. Schließlich war die Nachfrage sehr elastisch, als ein perfekter Ersatz (identische Futterkügelchen) durch das Drücken eines zweiten Hebels verdient werden konnte. Lea und Roper erzielten daher in diesem einfachen Experiment mit Ratten die gleiche Relation zwischen Ersatz und Elastizität, die Volkswirte beobachten, wenn Menschen Waren kaufen. Andere Laborexperimente mit Tieren ergaben einen ähnlichen Zusammenhang zwischen der Verfügbarkeit von Ersatz und der Elastizität (Green & Freed, 1993; Hursh & Baumann, 1987).

9.4.3 Verhaltensökonomie und Drogenmissbrauch

Tierexperimente liefern oft wertvolle Informationen zu Bereichen, die von großer Bedeutung für das menschliche Verhalten sind. Ein solcher Komplex betrifft die Auswirkungen von Drogen auf das Verhalten eines Individuums. Viele Laborexperimente haben untersucht, wie Tiere reagieren, wenn sie die Gelegenheit bekommen, sich durch Arbeit Drogen wie Alkohol und Heroin oder Kokain zu beschaffen. Ein allgemeines Ergebnis ist, dass diese Drogen als äußerst wirksame Verstärker für Tiere – von Ratten bis Affen – dienen können. Darüber hinaus ist es möglich, anhand ökonomischer Konzepte die Wirkungen einer Droge präziser zu analysieren. So haben einige Studien Versuchstiere eingesetzt, um die Elastizität verschiedener Drogen zu messen. Zum Beispiel kann man Tiere in FR-Plänen unterschiedlicher Quote für Drogen arbeiten lassen, um zu ermitteln, wie sich der „Preis" der Droge auf den Konsum auswirkt. Ein allgemeiner Befund ist, dass die Nachfrage für Suchtstoffe unelastisch ist: Wenn die Arbeitsmenge, die für jede Drogendosis gefordert wird, erhöht wird, führen die Tiere mehr Reaktionen aus, so dass ihr Gesamtverbrauch an Drogen nur unwesentlich abnimmt. Wenn der Preis jedoch hoch genug steigt (für eine kleine Dosis der Droge muss ein sehr großer FR erfüllt werden), nimmt der Konsum der Droge schließlich ab.

Weiterhin haben Experimente ergeben, dass außer dem Preis noch andere Faktoren die Nachfrage eines Tieres nach einer Droge bestimmen, z.B. die Verfügbarkeit von Ersatz und die Konkurrenz durch andere Verstärker. So mussten in einer Studie Paviane zwischen Futter und intravenösen Heroininjektionen wählen. Als es beides reichlich gab (sie konnten alle zwei Minuten wählen), wählten die Paviane die beiden Alternativen etwa gleich oft und konsumierten infolgedessen viel Heroin. Aber als beide Verstärker seltener verfügbar waren (nun hatten sie nur noch alle zwölf Minuten die Wahl), wählten die Paviane meistens Futter, und ihr Heroinverbrauch ging drastisch zurück (Elsmore, Fletcher, Conrad & Sodetz, 1982). Untersuchungen dieser Art zeigen, dass sich sogar süchtig machende Drogen nach den normalen wirtschaftlichen Prinzipien von Angebot und Nachfrage richten und dass der Drogenverbrauch abnimmt, wenn die Kosten hoch genug sind. Außerdem ist nicht immer eine so extreme Manipulation wie die Reduzierung der Verfügbarkeit von Futter erforderlich, um den Drogenkonsum zu senken. Carroll (1993) zeigte, dass bei Rhesusaffen die Nachfrage nach der Droge PCP durch Zugang zu Saccharin als alternativem Verstärker wesentlich gemindert werden konnte, und ähnliche Ergebnisse wurden mit anderen suchterzeugenden Drogen festgestellt.

Auch mit menschlichen Versuchsteilnehmern wurden Studien durchgeführt, die verhaltensökonomische Prinzipien und Methoden auf Drogensucht anwandten und sich auf solche Drogen wie Nikotin, Koffein, Alkohol und Heroin bezogen. Wie die Studien mit Tieren haben auch diese Forschungsarbeiten gezeigt, dass ökonomische Prinzipien ebenso auf Drogen wie auf andere Güter angewandt werden können. Wenn z.B. der Preis einer Droge steigt oder Ersatzverstärker verfügbarer sind, geht der Drogenkonsum zurück (Bickel, DeGrandpre & Higgins, 1995). Manchmal führen diese ökonomischen Analysen zu überraschenden Ergebnissen: Zum Beispiel überprüften DeGrandpre, Bickel, Hughes und Higgins (1992) 17 Studien, die den Nikotingehalt von Zigaretten manipulierten, und zeichneten Funktionen der wirtschaftlichen Nachfrage auf, um die Auswirkungen wechselnder Nikotinmengen zu verdeutlichen. Ihre Analyse zeigte, dass Raucher, die nikotinärmere statt ihrer üblichen Zigaretten bekommen, mehr Zigaretten am Tag rauchen und sich somit mehr Zigarettenrauch (und größeren Gesundheitsrisiken) aussetzten. Gab man umgekehrt Rauchern Zigaretten mit einem höheren Nikotingehalt, rauchten sie weniger Zigaretten am Tag. Die Forscher kamen zu dem Schluss, dass die Reduzierung des Nikotingehalts tatsächlich keinen Nutzen, sondern ein Risiko für die Gesundheit darstellt, sofern sie nicht irgendwann dazu beiträgt, dass der Raucher das Rauchen ganz aufgibt.

Auch die Wechselbeziehungen und die Ersetzbarkeit von Drogen können anhand von Laborstudien und ökonomischen Prinzipien analysiert werden. Denken Sie z.B. an die

Behandlungsstrategie, Heroinsüchtigen Methadon als Ersatzstoff zu geben. Unter ökonomischem Aspekt ist Methadon ein mangelhafter Ersatz für Heroin, weil es nur einige, aber nicht alle der verstärkenden Eigenschaften des Heroins aufweist. Genauer gesagt verhindert Methadon die mit dem Heroinentzug verbundenen Symptome, bewirkt aber keine Euphorie (es macht nicht „high“) wie Heroin. Außerdem ist der klinische Rahmen, in dem Methadon verabreicht wird, für einen Heroinsüchtigen wahrscheinlich nicht so verstärkend wie das soziale Umfeld, in dem Heroin für gewöhnlich genommen wird (Hursh, 1991). Aus diesem Grund wäre es ein Fehler zu erwarten, dass die Verfügbarkeit von Methadon den Heroinkonsum beseitigen würde, auch wenn diese Behandlung für alle Heroinkonsumenten kostenlos und jederzeit verfügbar wäre.

Vucchinich (1999) zufolge ist eine mehrgleisige Strategie das Beste, um den Drogenmissbrauch in unserer Gesellschaft zu reduzieren. Erstens sollte der Drogenkonsum durch strengere Gesetze, die die Versorgung einschränken, verteuert werden. Zweitens muss die Gesellschaft dafür sorgen, dass für andere, nicht mit Drogen verbundene Aktivitäten Verstärker erhältlich sind. Für junge Menschen, die möglicherweise versucht sind, mit Drogen zu experimentieren, könnten Sport- und Freizeitangebote, deren Teilnehmer auf Drogen verzichten müssen, effektiv sein. Für Drogenabhängige auf dem Weg der Genesung können die alternativen Verstärker von unterstützenden Familienangehörigen und Freunden kommen sowie durch einen Beruf, der sich mit Drogenkonsum nicht vereinbaren lässt. Drittens, so unterstrich Vucchinich, müssen die Verstärker für drogenfreie Aktivitäten sofort verabreicht werden, weil verzögerte Verstärker notorisch ineffektiv sind.

Neben Drogenmissbrauch wurden verhaltensökonomische Prinzipien auch auf andere Verhaltensprobleme angewandt, einschließlich Alkoholismus, Rauchen, übermäßiges Essen und Spielsucht (Bickel & Vucchinich, 2000). Ein wichtiger Leitsatz der verhaltensökonomischen Methode lautet, dass es zwar manchmal schwierig, aber nicht unmöglich ist, solches Verhalten zu ändern. Verhaltensökonomen vertreten den Standpunkt, dass problematische Verhaltensweisen nicht als unheilbare Krankheiten angesehen werden sollten, sondern eher als ökonomische Verhaltensweisen, die den gleichen Prinzipien folgen wie anderes Verhalten. Ob man nun die Terminologie der Ökonomie (Angebot, Nachfrage, Elastizitiät) oder der Lerntheorie (Verstärkung, Bestrafung, Stimuluskontrolle) verwendet – diese Verhaltensweisen können durch angemessene Veränderungen in der Umwelt des Individuums verändert werden.

Zusammenfassung

Thorndike sagte vorher, dass ein Individuum aktiv reagieren muss, damit Lernen stattfindet, aber Experimente, in denen Tiere passiv durch Labyrinthe transportiert wurden, erwiesen, dass sie ohne aktives Reagieren lernten. In Tolmans und Honziks Experiment zum latenten Lernen wiesen Ratten eine unmittelbar verbesserte Performanz auf, sobald am Ende eines Labyrinths Futter präsentiert wurde. Tolman und Honzik schlossen daraus, dass die Ratten den Weg durch das Labyrinth ohne Verstärkung erlernt hatten, aber Verstärkung erforderlich war, damit sie die korrekten Reaktionen ausführten.

Studien haben ergeben, dass Tiere Erwartungen bezüglich des Verstärkers entwickeln und möglicherweise Überraschung zeigen, wenn sich der Verstärker ändert. Andere Forschungsarbeiten haben gezeigt, dass Tiere spezifische Assoziationen zwischen allen drei Komponenten der Dreifachkontingenz bilden – dem diskriminativen Hinweisreiz, der operanten Reaktion und dem Verstärker.

Bei Untersuchungen mit Tieren wurde festgestellt, dass Verstärkung körperliche Reaktionen wie z.B. Herzfrequenz und Magenaktivität steuern kann. Allerdings war die Replikation mancher dieser Ergebnisse schwierig. Dennoch haben Forschungen mit menschlichen Patienten viele nützliche medizinische Anwendungsmöglichkeiten des Biofeedbacks entdeckt, bei dem eine Person ein ständiges Feedback über einen körperlichen Vorgang erhält und diesen zu kontrollieren versucht. Biofeedback ist erfolgreich bei Spannungskopfschmerzen, manchen Formen von Muskellähmung, Magen- und Darmstörungen sowie verschiedenen anderen Erkrankungen eingesetzt worden.

Wie können wir vorhersagen, was als Verstärker dienen wird? Hulls Theorien der Bedürfnis- und der Triebreduktion sind offensichtlich unzulänglich. Nach dem Transsituationalitätsprinzip ist ein Stimulus, der in einer Situation als Verstärker fungiert, auch in anderen Situationen ein Verstärker. Das Premack'sche Prinzip besagt, dass wahrscheinlichere Verhaltensweisen weniger wahrscheinliche verstärken. Die beste Grundregel, um einen Verstärker vorherzusagen, scheint jedoch die Theorie der Reaktionsdeprivation zu sein, der zufolge, unabhängig von der Kontingenz, das stärker eingeschränkte Verhalten das weniger eingeschränkte Verhalten verstärkt.

Das Gebiet der Verhaltensökonomie kombiniert Techniken der Forschung zur operanten Konditionierung und Prinzipien der Ökonomie. Die Optimierungstheorie, nach der Menschen ihr Geld, ihre Zeit und ihre Reaktionen dazu nutzen, den subjektiven Wert zu optimieren, ist in vielen Fällen auf das Verhalten von Tieren in ihrem natürlichem Umfeld angewandt worden. Andere Forschungsarbeiten haben die ökonomischen Prinzipien von Angebot und Nachfrage, Elastizität und Ersetzbarkeit von Verstärkern untersucht, indem sie mit Versuchstieren in kontrolliertem Umfeld arbeiteten.

Wiederholungsfragen

1. Welche Behandlung erfuhren die drei Gruppen von Ratten in Tolmans und Honziks klassischem Experiment zum latenten Lernen? Welche Leistung zeigte jede der drei Gruppen und was schlossen Tolman und Honzik daraus?
2. Beschreiben Sie zwei Experimente mit unterschiedlichen Vorgehensweisen, in denen deutlich wurde, dass Tiere bei der operanten Konditionierung Erwartungen bezüglich des Verstärkers entwickeln?
3. Schildern Sie ein Experiment, mit dem getestet werden sollte, ob Verstärkung bei Ratten körperliche Reaktionen kontrollieren kann. Beschreiben Sie ein Biofeedback-Verfahren, das bei der Behandlung eines medizinischen Problems eingesetzt wird. Welche Art von Feedback wird gegeben, wie reagieren die Patienten und wie effektiv ist die Behandlung langfristig?
4. Wie lauten die Bedürfnisreduktionstheorie, die Triebreduktionstheorie und das Transsituationalitätsprinzip? Was sind ihre Schwachstellen? Wie sagen das Premack'sche Prinzip und die Theorie der Reaktionsdeprivation vorher, was als Verstärker dienen wird?

Kapitel

10 Stimuluskontrolle und Konzeptbildung

In diesem Kapitel

Gegenstand dieses Kapitels ist das Verhältnis zwischen Stimuli und dem Verhalten, das ihnen folgt – ein Thema, das häufig auch als Stimuluskontrolle bezeichnet wird. Wie wir in diesem Buch immer wieder gesehen haben, ist es eine schwierige Aufgabe, die Reaktion auf einen bestimmten Stimulus vorherzusagen, selbst wenn er immer wieder unter kontrollierten Laborbedingungen präsentiert wird. Aber im alltäglichen Leben werden alle Lebewesen wiederholt mit Reizen und Ereignissen konfrontiert, denen sie nie zuvor begegnet sind, und ihr Überleben kann von einer adaptiven Reaktion abhängen. Das Thema Stimuluskontrolle umfasst auch Untersuchungen darüber, wie Lebewesen auf solche neuen Reize reagieren. In den vorhergehenden Kapiteln haben wir mit dem Begriff *Generalisierung* die Neigung eines Individuums beschrieben, auf neue Stimuli in fast derselben Weise zu reagieren wie auf ähnliche, bekannte Reize. Nun ist es an der Zeit, dass wir den Prozess der Generalisierung näher betrachten.

In seinem Gesamtaufbau geht dieses Kapitel von einfachen zu zunehmend komplexeren Relationen zwischen Stimuli über. Wir werden mit Analysen der Generalisierung von einem Stimulus zu einem anderen beginnen, der sich nur hinsichtlich seiner Position im gleichen physikalischen Kontinuum unterscheidet, wie z.B. Größe oder Wellenlänge (des Lichts). Als Nächstes werden wir eine abstraktere Form der Generalisierung untersuchen, bei der die in zwei Aufgaben präsentierten Reize vollkommen verschieden sind und sich nur die Strukturen der Aufgaben gleichen. Wenn z.B. ein Individuum zuerst eine Aufgabe meistert, bei der eine Farbe Verstärkung und eine andere Löschung signalisiert, wird dies in der Folge das Erlernen einer nachfolgenden Diskrimination erleichtern, bei der es nicht um Farben, sondern um unterschiedlich ausgerichtete Linien geht? Schließlich wollen wir uns mit dem Thema Konzeptbildung befassen. Dies beinhaltet auch die Klassifizierung unterschiedlicher Objekte in einer einzigen Kategorie (z.B. „Bäume"), auch wenn ihre äußeren Erscheinungsbilder möglicherweise wenig gemein haben.

10.1 Generalisierungsgradienten

10.1.1 Generalisierungsgradienten messen

Gehen wir einmal davon aus, dass wir eine Taube trainiert haben, auf eine gelbe Taste zu picken, indem wir das Picken in einem VI-1-Minuten-Plan mit Futter verstärkt haben. Inzwischen pickt der Vogel mit etwa gleich bleibender Geschwindigkeit auf die Taste. Nun wollen wir ermitteln, wie viel Generalisierung auf andere Tastenfarben stattfinden wird – z.B. auf Blau, Grün, Orange und Rot. Wie können wir dabei vorgehen? Die Antwort ist nicht so einfach, wie es scheinen mag. Angenommen, wir stellen das Tastenlicht auf Rot um und wollen die Reaktionsrate der Taube über eine Zeitspanne von fünf Minuten messen. Das Tier beginnt vielleicht zu reagieren, aber verabreichen wir Futter für das Picken auf die rote Taste oder nicht? Wenn wir es tun, dann werden wir nicht nur die Generalisierung, sondern auch die Wirkung der Verstärkung messen. Wenn wir keine Verstärker geben, dann wird das Picken auf die rote Taste sicher bald gelöscht werden.

Um diese Probleme so weit wie möglich auszuschalten, haben sich Forscher auf zwei wichtige Techniken zur Ermittlung von Generalisierungsgradienten verlassen. Bei beiden werden die Testreize immer unter Löschungsbedingungen präsentiert. Bei der ersten Technik werden gelegentlich **Testdurchgänge** mit unverstärkten Reizen zwischen verstärkten Durchgängen mit dem Trainingsreiz eingeschoben. Zum Beispiel wird dem Versuchstier in jedem Durchgang eine der Tastenfarben für zehn Sekunden präsentiert. Zwischen den aufeinander folgenden Durchgängen liegt jeweils ein Intervall von fünf Sekunden, während derer die Taste dunkel ist. Bei 90 Prozent der Durchgänge ist die Taste gelb und der VI-1-Minute-Plan ist in Kraft, bei den restlichen 10 Prozent dagegen variiert die Tastenfarbe und es gilt ein Löschungsplan. Der Vorteil der Einbettung von Testdurchgängen in verstärkte Durchgänge mit dem Trainingsreiz besteht darin, dass dieses Verfahren ohne die Gefahr der Löschung unbegrenzt fortgesetzt werden kann, bis genügend Daten gesammelt worden sind. Der Hauptnachteil dieses Vorgehens ist, dass das Individuum möglicherweise zwischen der gelben Taste und allen anderen Tastenfarben zu unterscheiden beginnt, so dass die Generalisierung im Verlauf des Trainings immer geringer wird.

Die andere wichtige Technik, mit der Generalisierungsgradienten untersucht werden, wird durch ein von Guttman und Kalish (1956) durchgeführtes Experiment illustriert. Der Trainingsstimulus war das Licht einer gelben Taste, das eine Wellenlänge von 580 Nanometer hatte. (Ein Nanometer, abgekürzt nm, entspricht einem milliardstel Meter.) Nachdem die Tauben gelernt hatten, stetig auf das Licht der gelben Taste zu reagieren, begann eine Reihe von Löschungsdurchgängen mit dem gelben Licht und zehn anderen Farben von sowohl kürzerer (blaues Ende des Spektrums) als auch längerer Wellenlänge (rotes Ende des Spektrums). Die Herausforderung bestand darin, genügend Durchgänge mit jeder Wellenlänge durchzuführen, bevor die Reaktion verlöschte. Guttman und Kalish gelang dies, indem sie jeden Durchgang auf 30 Sekunden begrenzten. Der erste Block von elf Durchgängen umfasste in willkürlicher Reihenfolge einen Durchgang mit jeder Farbe. Diese Vorgehensweise wurde für zwölf Blöcke beibehalten, so dass jede Farbe zwölfmal präsentiert wurde. Die Reaktionsraten nahmen in den zwölf Blöcken ab, aber weil jeder Reiz während der Löschungsphase präsentiert wurde, waren die Löschungseffekte in etwa gleich über die Farben verteilt. Wie Abbildung 10.1 zeigt, erhielten Guttman und Kalish einen ziemlich symmetrischen Generalisierungsgradienten – die meisten Reaktionen erfolgten auf den gelben Trainingsreiz und weniger Reaktionen auf Farbreize kürzerer oder längerer Wellenlängen.

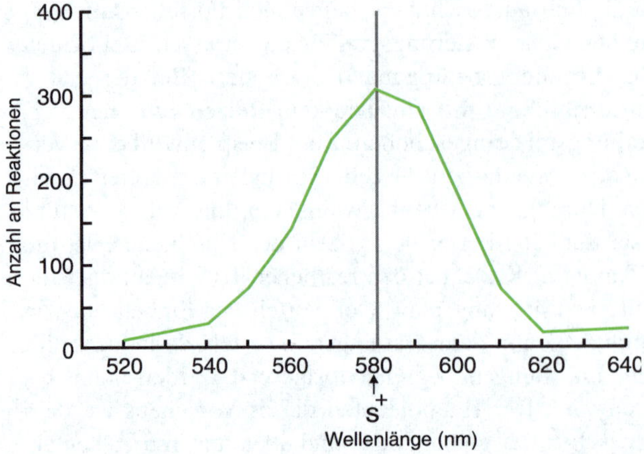

Abbildung 10.1: Ein Generalisierungsgradient für die Wellenlänge des Lichts aus dem Experiment von Guttman und Kalish (1956) mit Tauben. Nach einem Training, bei dem das Picken auf ein 580-nm-Tastenlicht verstärkt wurde, wurden diese und andere Wellenlängen unter Löschungsbedingungen getestet.

10.1.2 Wie entstehen Generalisierungsgradienten?

Nachdem wir zwei Techniken untersucht haben, mit denen man Generalisierungsgradienten ermitteln kann, können wir nun fragen, warum solche Generalisierungsgradienten überhaupt auftreten. Warum sollte die Verstärkung einer Reaktion auf einen Reiz dazu führen, dass diese Reaktion auf ähnliche, im Training nie eingesetzte Reize auftritt? Pawlows (1972) Antwort lautete, dass Generalisierung ein automatisches Nebenprodukt des Konditionierungsprozesses ist. Seine Erklärung basierte auf seiner physiologischen Theorie über die „Ausbreitung von Erregung" über Neuronen im zerebralen Kortex, einer Theorie, von der man heute weiß, dass sie nicht zutrifft. Trotzdem ist Pawlows grundsätzliche Sicht, dass Generalisierung eine angeborene Eigenschaft des Nervensystems ist, nicht so einfach von der Hand zu weisen. Manche modernen Theoretiker versuchen auch, die Form des Generalisierungsgradienten mit plausiblen Annahmen über die Vernetzung des Nervensystems zu erklären (Gluck, 1991). Kapitel 2 beschrieb die Arbeit von Hubel und Wiesel, zu der auch die Aufzeichnung der elektrischen Ansprechbarkeit einzelner Neuronen im visuellen Kortex einer Katze gehörte. Hubel und Wiesel stellten fest, dass unterschiedliche Zellen auf die verschiedenen visuellen Reize reagierten. Zum Beispiel könnte eine Nervenzelle sehr schnell feuern, wenn eine Linie im Winkel von 45° präsentiert würde. Dieses Neuron feuert langsamer bei einer Ausrichtung der Linie von 35° oder 55° und noch langsamer bei 25° oder 65°. Beachten Sie: Würden Hubel und Wiesel die Ansprechbarkeit der Nervenzelle als eine Funktion der Linienausrichtung aufzeichnen, erhielten sie eine Funktion, die dem typischen Generalisierungsgradienten sehr ähnlich ist.

Nehmen wir einmal an, die geeignete Konditionierung (z.B. wird eine Katze dafür verstärkt, dass sie in Anwesenheit einer 45°-Linie einen Hebel drückt) würde eine Kette von Assoziationen zwischen dieser Nervenzelle (und vielleicht vielen anderen ähnlichen) und den beim Hebeldrücken beteiligten motorischen Nervenzellen stärken (durch nur teilweise bekannte physiologische Mechanismen). Wegen der Eigenschaften des „45°-Winkel-Detektors“ im visuellen Kortex der Katze könnten wir eine Generalisierung des Hebeldrückens auf Linien ähnlicher Ausrichtung erwarten. Natürlich sollte man diese grob vereinfachende physiologische Hypothese nicht allzu ernst nehmen, denn es ist noch ein weiter Schritt von der Ansprechbarkeit einer einzelnen Kortexzelle zum erkennbaren Verhalten eines Tieres. Es gibt keinen Grund, warum der Generalisierungsgradient des Verhaltens Ähnlichkeit mit den Reaktionsmerkmalen einer einzelnen Nervenzelle aufweisen sollte.

Eine ganz andere Hypothese wurde von Lashley und Wade (1946) vorgelegt. Ihnen zufolge ist vorheriges Diskriminationslernen bezüglich der betreffenden Dimension (z.B. Wellenlänge des Lichts oder Tonfrequenz) erforderlich, um den typischen, spitzen Generalisierungsgradienten zu erhalten. Wenn z.B. Farbe die betreffende Dimension ist, müssten, nach Lashley und Wade, Individuen die Erfahrung machen, dass die Anwesenheit – nicht die Abwesenheit – von einer oder mehreren Farben mit Verstärkung verbunden ist. Ohne solches Diskriminationslernen wäre der Generalisierungsgradient flach – das Individuum würde auf alle neuen Testreize ebenso stark reagieren wie auf den Trainingsreiz. Während Pawlow die Theorie vertrat, dass Generalisierungsgradienten angeboren sind, gingen also Lashley und Wade davon aus, dass sie von Lernerfahrungen abhängen.

Wie Erfahrung die Form von Generalisierungsgradienten beeinflusst

Ein Experiment, dessen Ergebnisse die Position von Lashley und Wade unterstützen, wurde von Jenkins und Harrison (1960) durchgeführt. Zwei Gruppen von Tauben reagierten im Rahmen eines VI-Plans in Anwesenheit eines 1000-Hz-Tons. Drei Tauben erhielten **nichtdifferenzielles Training**, bei dem jeder Durchgang gleich war – die Taste war beleuchtet, der 1000-Hz-Ton zu hören und der VI-Plan in Kraft. Fünf andere Tauben durchliefen ein **Presence-Absence-Training**, das zwei Arten von Durchgängen umfasste: (1) Durchgänge mit dem 1000-Hz-Ton, die identisch mit denen der anderen Gruppe waren, und (2) Durchgänge ohne den Ton, in denen die Taste wie gewöhnlich beleuchtet war, aber keine Verstärker verabreicht wurden.

Nach dem Training erhielten beide Gruppen eine Reihe von Löschungsdurchgängen, die denen von Guttman und Kalish ähnlich waren – mit unterschiedlichen Tonfrequenzen bei den verschiedenen Durchgängen und mit Durchgängen ohne Ton. Die Ergebnisse sind in Abbildung 10.2 dargestellt. Wie Lashley und Wade vorhersagten, führte das nichtdifferenzielle Training zu Generalisierungsgradienten, die im Wesentlichen flach waren: Die Reaktionsraten waren bei allen Tonfrequenzen ungefähr gleich. Auf der anderen Seite bewirkte das Presence-Absence-Training typische Generalisierungsgradienten mit ausgeprägten Peaks bei 1000 Hz.

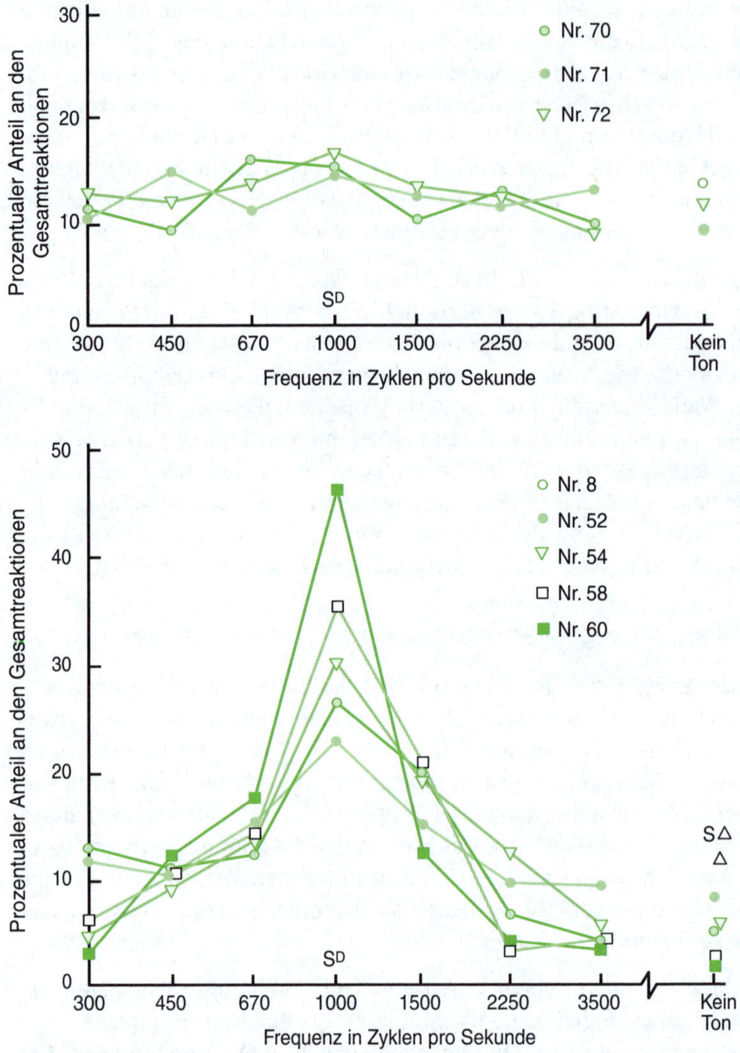

Abbildung 10.2: Generalisierungsgradienten für Tonfrequenz in dem Experiment von Jenkins und Harrison (1960) nach nichtdifferenziellem Training (obere Tafel) und nach Presence-Absence-Training (untere Tafel).

Zur Erklärung ihrer Ergebnisse schlugen Jenkins und Harrison vor, dass es sinnvoll sei zu prüfen, welche diskriminativen Hinweisreize die Reaktionen in jeder Bedingung voraussichtlich steuern würden. Wie in Kapitel 4 und 5 beschrieben, lautet eine Grundregel der klassischen Konditionierung, dass der Reiz, der der beste Prädiktor für den US ist, mit hoher Wahrscheinlichkeit der wirksamste CS wird. Wenn wir dies auf eine Situation der operanten Konditionierung extrapolieren, könnten wir erwarten, dass der diskriminative Hinweisreiz, der die Verstärkung am zuverlässigsten ankündigt, das Verhalten am stärksten beeinflussen wird. Für die Tauben mit dem nichtdifferenziellen Training waren viele

Stimuli gleich gute Prädiktoren für den Verstärker – der Ton, die beleuchtete Taste und die vielen anderen Gegenstände, Geräusche und Gerüche in der Versuchskammer. Wenn alle diese Reize einen Anteil an der Steuerung des Tastenpickens haben, sollte es keine große Auswirkung haben, wenn einer von ihnen verändert oder entfernt wird. Wenn außerdem einer dieser Stimuli besonders ausgeprägt ist (z.B. das Licht der Taste), sollte er die anderen Stimuli überschatten, so wie bei der klassischen Konditionierung ein CS einen anderen überschatten kann. Vielleicht war die beleuchtete Taste in der nichtdifferenziellen Gruppe von größerer Bedeutung als der Ton, denn der Ton hatte keinen Einfluss auf die Reaktionen – die Tauben pickten bei veränderter Tonfrequenz genauso schnell wie bei ausbleibendem Ton.

Im Gegensatz dazu war für die Tauben, die das Presence-Absence-Training erhalten hatten, der Ton der einzige Reiz, der zuverlässig mit der Verstärkung korrelierte. Weil er das beste Signal für die Verfügbarkeit von Verstärkung war, steuerte der Ton die Reaktionen des Individuums, wie am starken Rückgang der Reaktionsrate deutlich wird, der sich zeigte, wenn ein Merkmal des Tons (seine Frequenz) geändert wurde.

Ein anderes Experiment von Jenkins und Harrison erbrachte weitere Information darüber, wie Erfahrung sich auf den Generalisierungsgradienten auswirkt. Zwei Tauben erhielten eine Diskriminationsaufgabe, bei der der 1000-Hz-Ton ein S^+ (diskriminativer Hinweisreiz für Verstärkung) und der 950-Hz-Ton ein S^- (diskriminativer Hinweisreiz für die Abwesenheit von Verstärkung) war. Mit anderen Worten: Nicht verstärkte Durchgänge traten an Stelle der Durchgänge ohne Ton, die die Presence-Absence-Gruppe im früheren Experiment durchlaufen hatte. Der Begriff **intradimensionales Training** wird für ein Diskriminationslernen verwendet, bei dem der S^+ und der S^- dem gleichen Reizkontinuum (in diesem Fall die Tonfrequenz) angehören. In einem späteren Löschungstest produzierten diese beiden Tauben wesentlich schmalere Generalisierungsgradienten als jene aus dem Presence-Absence-Training. Es gab wenig Reaktionen auf den 950-Hz-Ton oder andere Töne mit niedrigerer Frequenz, einen steilen Anstieg der Reaktionen auf Töne um 1000 Hz herum und wenig Reaktionen auf Töne über 1100 Hz. Diese Gradienten waren höchstens ein fünftel so breit wie jene aus der differenziellen Gruppe in Abbildung 10.2 unten.

Diese Ergebnisse lieferten weitere Hinweise dafür, wie sich Erfahrung auf Generalisierungsgradienten auswirkt, und wieder interpretierten Jenkins und Harrison (1962) die Resultate unter Berücksichtigung der unterschiedlichen Stimuli, die die Reaktionen der Taube steuern. Nach dem Presence-Absence-Training war der 1000-Hz-Ton der einzige Reiz, der zuverlässig mit Verstärkung verbunden war, aber Jenkins und Harrison wiesen darauf hin, dass dieser Ton viele unterschiedliche Merkmale hatte – seine Frequenz, seine Lautstärke, die Richtung, aus der er kam, etc. Man sollte erwarten, dass die Reaktionen auch bei anderen Frequenzen in dem Maß andauern, in dem sie nicht von der Frequenz des Tones, sondern von anderen Merkmalen gesteuert werden – wie dies nach dem Presence-Absence-Training der Fall war. Aber war der S^- ein Ton mit leicht veränderter Frequenz, verloren die anderen Merkmale des Tons die Kontrolle über die Reaktionen, weil der einzig zuverlässige Prädiktor für Verstärkung die Frequenz des 1000-Hz-Tons war. Die steileren Gradienten der Tauben mit intradimensionalem Training stehen im Einklang mit dieser Analyse.

Zusammenfassend lässt sich sagen, dass die Ergebnisse von Jenkins und Harrison die Hypothese von Lashley und Wade stützen, der zufolge die Generalisierungsgradienten von Erfahrung abhängen. Ohne nichtdifferenzielles Training wirkte sich die Frequenz des Tons auf die Reaktionen nicht aus. Nach dem Presence-Absence-Training hatte die Tonfrequenz einen mäßigen Einfluss und es ergaben sich typische, spitz zulaufende Generalisierungsgradienten. Mit dem intradimensionalen Training wurden sehr steile spitze Gradienten erzielt. Entgegen der Theorie von Lashley und Wade zeigten jedoch andere Studien, dass spitz zulaufende Generalisierungsgradienten manchmal auch ohne nichtdifferenzielles Training zustande kommen können. Einer Untersuchung dieser Art sind wir bereits begegnet: In dem Experiment von Guttman und Kalish (1956) wurden spitz zulaufende Gradienten auf der Dimension Wellenlänge nach nichtdifferenziellem Training mit einem Tastenlicht von 580 nm gefunden. Diese Ergebnisse scheinen die Theorie Pawlows zu unterstützen, dass kein besonderes Lernen erforderlich ist, damit sich Generalisierungsgradienten zeigen.

Es ist nicht schwierig, Möglichkeiten zu finden, die Befunde von Guttman und Kalish (und anderen ähnlichen) mit der Theorie von Lashley und Wade in Einklang zu bringen. Wie Lashley und Wade selbst vorschlugen, haben Individuen, auch wenn sie nichtdifferenzielles Training innerhalb eines Experiments erhalten, möglicherweise aus ihren bisherigen alltäglichen Erfahrungen gelernt, dass unterschiedliche Reize der betreffenden Dimension unterschiedliche Konsequenzen ankündigen können. So mögen die Tauben in dem Experiment von Guttman und Kalish aus ihren alltäglichen Erfahrungen gelernt haben, dass Farbe häufig ein informatives Merkmal eines Stimulus ist, und waren infolgedessen prädisponiert, die Farbe der Taste in der Versuchskammer zu „beachten".

Wie sensorische Deprivation die Form von Generalisierungsgradienten beeinflusst

Sobald man die Möglichkeit in Erwägung zieht, dass präexperimentelles Diskriminationslernen stattfindet, wird es schwierig, die Theorie von Lashley und Wade zu testen: Man muss vom Augenblick seiner Geburt an verhindern, dass ein Versuchstier Diskriminationslernen bezüglich der betreffenden Dimension erfährt. Peterson (1962) führte solch ein ehrgeiziges Experiment durch, indem er vier Entenküken in einer Umgebung aufzog, die mit einem monochromatischen gelben Licht von 589 nm beleuchtet wurde. Weil diese spezielle Lampe nur eine einzige Wellenlänge abgab, sahen alle Objekte gelb aus, unabhängig von ihrer tatsächlichen Farbe in weißem Licht. (Stellen Sie sich vor, dass Sie einen Schwarzweißfilm sehen und dabei eine gelb getönte Brille tragen: Alles auf dem Bildschirm würde als eine Mischung von Gelb und Schwarz erscheinen.) Nachdem er die Entenküken trainiert hatte, für Wasser als Verstärkung auf eine gelbe Taste zu picken, führte Peterson einen Generalisierungstest mit farblich unterschiedlichen Tasten durch. Diese Küken produzierten flache Generalisierungsgradienten, was darauf hinwies, dass Farbe keine Kontrolle über ihr Verhalten ausübte. Zwei in weißem Licht aufgezogene Entenküken erzeugten normalere, spitze Generalisierungsgradienten. Verschiedene Versuche, Petersons Experiment zu replizieren, waren jedoch erfolglos (Malott, 1968; Tracy, 1970). Zum Beispiel zogen Rudolph, Honig und Gerry (1969) Hühner und Wachteln unter monochromatischem Licht auf und fanden steiler zulaufende Generalisierungsgradienten als in einer Kontrollgruppe, die unter normalem weißen Licht aufgezogen worden war. Diese Ergebnisse sind nicht mit der Theorie von Lashley und Wade vereinbar.

Zusammengefasst: Forschungsarbeiten zum Verhältnis von Erfahrung und Generalisierung haben viele unterschiedliche Befunde erbracht. Die Experimente, die sensorische Einschränkungen einsetzten, zeigten, dass zumindest bei Vögeln Stimuluskontrolle durch die Wellenlänge des Lichts stattfinden kann, wenn das Versuchstier zuvor nur einer einzigen Farbe ausgesetzt war. Diese Untersuchungen widersprechen der drastischsten Form der Theorie von Lashley und Wade, nach der ohne Diskriminationslernen bezüglich der relevanten Stimulusdimension keine Stimuluskontrolle erfolgen kann. Am entgegengesetzten Ende steht Pawlows Theorie, dass spitz auslaufende Generalisierungsgradienten ihren Ursprung in einer dem Nervensystem angeborenen Eigenschaft haben, aber diese Theorie ist falsch. Jenkins und Harrsion beobachteten ohne vorheriges Diskriminationslernen (Presence-Absence-Training, intradimenionales Training) keine Stimuluskontrolle innerhalb der Dimension Tonfrequenz. Die Ergebnisse legen eine Kompromissposition nahe: In manchen Fällen ist vorheriges Diskriminationslernen erforderlich, damit Stimuluskontrolle stattfinden kann, und in anderen Fällen nicht. Der Befund, dass bei Vögeln solche Erfahrungen für die Diskrimination von Tönen, aber nicht von Farben Voraussetzung sind, stimmt mit der These überein, dass das Sehen für diese Tiere eine dominante sensorische Modalität ist. Vielleicht könnte man sagen, dass Vögel biologisch darauf „vorbereitet" sind, die Farben eines Reizes mit seinen Folgen zu assoziieren, aber „unvorbereitet", die Höhe eines Tons mit nachfolgenden Ereignissen zu verbinden.

Ob nun Erfahrung erforderlich ist oder nicht, bevor ein bestimmtes Lebewesen für eine bestimmte Dimension Stimuluskontrolle zeigt: es kann doch als gesichert gelten, dass gezieltes Diskriminationslernen die Form eines Generalisierungsgradienten verändern kann. Wir haben bereits gesehen, wie intradimensionales Training die Stimuluskontrolle vergrößert. Der nächste Abschnitt untersucht einige Theorien und Belege dazu, was genau ein Individuum lernt, wenn es intradimensionales Training erhält.

10.2 Ist Stimuluskontrolle absolut oder relational?

Stellen Sie sich das folgende einfache Experiment zum Diskriminationslernen vor, bei dem einem Küken zwei diskriminative Hinweisreize präsentiert werden – eine hellgraue und eine dunkelgraue Karte. Das Küken erhält einen Verstärker, wenn es sich der hellgrauen Karte nähert, aber nicht, wenn es sich der dunkelgrauen Karte nähert. Dieses Verfahren wird **simultanes Diskrimiminationslernen** genannt, weil beide Reize zusammen präsentiert werden und das Versuchstier zwischen ihnen wählen muss. Durch ausreichendes Training wird das Küken lernen, die hellgraue Karte zu wählen. Aber was genau hat das Tier gelernt? Nach der **absoluten Theorie** der Stimuluskontrolle hat das Tier nur über jeden einzelnen der beiden Reize etwas gelernt: Es hat gelernt, dass die Wahl der hellgrauen Karte zu Futter führt, aber die Wahl der dunkelgrauen Karte nicht.

Im Gegensatz dazu hat das Tier nach der **relationalen Theorie** der Stimuluskontrolle etwas über die *Relation* zwischen den beiden Stimuli gelernt – es hat gelernt, dass das hellere Grau mit Futter assoziiert ist. Die absolute Theorie geht davon aus, dass das Tier auf jeden Stimulus getrennt, ohne Bezug auf den anderen, reagiert; die relationale Theorie nimmt an, dass das Tier auf die Relation zwischen den beiden reagiert. C. Lloyd Morgan (1894), ein früher Autor zum Thema Tierverhalten, vertrat die absolute Position, weil er glaubte, dass Tiere überhaupt nicht fähig sind, Relationen wie heller, dunkler, größer oder röter zu verstehen. Diese Relationen sind abstrakte Konzepte, die nicht Teil eines einzelnen Stimulus sind, und er glaubte, dass Tiere die Fähigkeit zu solchen Abstraktionen nicht besitzen. Ein Hauptbefürworter der relationalen Position war der deutsche Psychologe Wolfgang Kohler (1939). Wir wollen nun die Befunde auf beiden Seiten dieser Diskussion betrachten und versuchen, zu einer Integration zu kommen.

10.2.1 Transposition und Peak Shift

Zur Unterstützung der relationalen Position präsentierte Kohler Befunde für ein Phänomen, das er **Transposition** nannte. Nachdem er mit mehreren Küken die gerade beschriebene Diskriminationsaufgabe durchgeführt hatte, gab Kohler den Tieren etliche Durchgänge mit den folgenden zwei Stimuli: (1) die hellgraue Karte, die zuvor als der S^+ gedient hatte, und (2) eine Karte mit einem noch helleren Grau (die wir den „sehr hellgrauen Reiz“ nennen können). Welchen Stimulus würde ein Küken wählen? Wenn die absolute Theorie zutrifft, sollte das Huhn das Grau wählen, das der S^+ gewesen war, denn das Tier hatte einen Verstärker bekommen, wenn es sich für diesen Reiz entschieden hatte – es hatte jedoch nie einen Verstärker für die Wahl der sehr hellgrauen Karte bekommen (denn es hatte diesen Reiz nie zuvor gesehen). Wenn das Tier andererseits gelernt hatte, auf die Relation zwischen den beiden Trainingsreizen zu reagieren (indem es das hellere Grau wählte), sollte es den neuen, sehr hellgrauen Reiz bevorzugen. Im Verlauf mehrerer Löschungsdurchgänge zogen sämtliche Versuchstiere Kohlers den neuen Reiz dem alten, bisher verstärkten vor. Der Begriff „Transposition“ soll ausdrücken, dass das Individuum die relationale Regel („Wähle das hellere Grau“) auf ein neues Paar von Stimuli übertragen hat (von denen einer zufällig der frühere S^+ ist).

Kohler fand auch bei Schimpansen Anhaltspunkte für Transposition, und andere Untersuchungen ergaben solche Befunde bei Ratten (Lawrence und DeRivera, 1954) und bei Kindern (Alberts & Ehrenfreund, 1951). Das Phänomen der Transposition wurde nicht nur bei verschiedenen Grautönen festgestellt, sondern auch bei unterschiedlichen Stimuli der Dimension Größe (Gulliksen, 1932). Diese Ergebnisse gehören zu den wichtigsten Belegen für die relationale Theorie.

In der Forschung zu Generalisierungsgradienten wurde erstmals von Hanson (1959) ein von ihm als **Peak Shift** bezeichnetes Phänomen berichtet, das der Transposition in mancher Hinsicht ähnlich ist. Zu beachten ist: Transposition tritt bei simultanen Diskriminationsaufgaben auf, Generalisierungsgradienten erhält man jedoch für gewöhnlich, indem man die verschiedenen Reize jeweils für sich präsentiert, beim so genannten **sukzessiven Diskriminationslernen**. Bei Hansons Experiment erhielten Tauben der Kontrollgruppe mehrere Trainingssitzungen, in denen nach einem VI-Plan das Picken auf eine Taste mit einem 550-nm-Licht gelegentlich durch Futter verstärkt wurde. Diese Tauben hatten bis zu dem Generalisierungstest kein Training mit einer anderen Tastenfarbe. In einer Versuchsgruppe erhielten die Tauben intradimensionales Training mit dem 550-nm-Tastenlicht als S^+ und einem 555-nm-Tastenlicht als S^-. Nach diesem Training maß Hanson während der Löschung, wie die Vögel auf verschiedene Farben reagierten, um Generalisierungsgradienten zu erhalten.

Ergebnisse aus beiden Gruppen sind in Abbildung 10.3 dargestellt. Die Kontrollgruppe produzierte, wie erwartet, einen typischen Generalisierungsgradienten mit einem Peak bei 550 nm. Im Gegensatz dazu erzeugte die Gruppe, die intradimensionales Training erhalten hatte, nicht einen Peak bei der zuvor verstärkten Wellenlänge, sondern bei 530 bis 540 nm. Tatsächlich gab es bei dem Generalisierungstest sehr wenige Reaktionen auf das 550-nm-Tastenlicht. Der Begriff „Peak Shift" bezieht sich auf eine Verschiebung des Generalisierungsgradienten weg vom S^+.

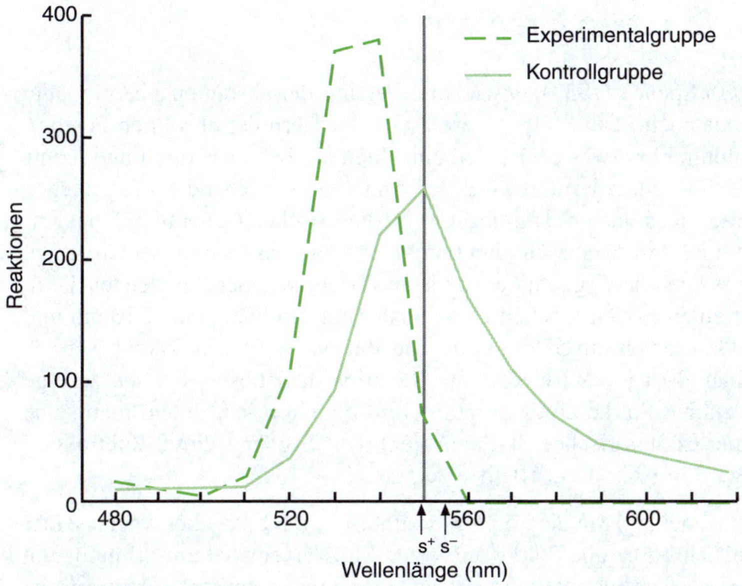

Abbildung 10.3: Generalisierungsgradienten für die Wellenlänge des Lichts in dem Experiment von Hanson (1959). Die Kontrollgruppe wurde nur mit einem 550-nm-Tastenlicht als S^+ trainiert, während die Experimentalgruppe mit einem 550-nm-Tastenlicht als S^+ und einem 555-nm-Tastenlicht als S^- trainiert wurde.

Peak Shift wurde neben Farben auch bei vielen anderen Reizen beobachtet, wie z.B. bei der Reizdauer (Spetch & Cheng, 1998) und der Zahl von aufgereihten Objekten (Honig & Stewart, 1993). Es wurde bei vielen Arten, auch bei Menschen, festgestellt (McLaren, Bennett, Guttman-Nahir, Kim & Mackintosh, 1995).

Wie stehen die in Abbildung 10.3 dargestellten Ergebnisse mit der absoluten und der relationalen Theorie der Stimuluskontrolle in Beziehung? Einerseits würde die absolute Position wohl für beide Gruppen einen Peak bei 550 nm vorhersagen, weil dieser Reiz vorher die Verfügbarkeit von Futter signalisiert hatte. Andererseits könnte der Peak Shift aus folgenden Gründen die relationale Position unterstützen: Das Licht ist sowohl bei 550 nm als auch bei 555 nm grünlich gelb, aber die kürzere Wellenlänge ist etwas grüner. So könnten nach der relationalen Theorie die Tauben, die intradimensionales Training erhalten hatten, gelernt haben, dass der grünere der beiden Reize ein Signal für Verstärkung ist. Das würde erklären, warum sie bei den 530- und 540-nm-Reizen, die noch grüner sind, stärker reagierten. Leider kann die relationale Position aber nicht erklären, warum das Reagieren auf Wellenlängen zwischen 500 und 520 nm, reinen Grüntönen, deutlich langsamer war. Zusammenfassend lässt sich sagen, dass an diesem Punkt unserer Diskussion Hansons Ergebnisse weder mit der absoluten noch mit der relationalen Theorie ganz vereinbar scheinen.

10.2.2 Spences Theorie der exzitatorischen und inhibitorischen Gradienten

Eine kluge, von Kenneth Spence (1937) entwickelte Version der absoluten Theorie kann sowohl Transposition als auch Peak Shift gut erklären. Der Kern der absoluten Position lautet, dass das Individuum nur etwas über jeden einzelnen der beiden Stimuli und nichts über die Relation zwischen ihnen lernt. Von dieser Annahme ausgehend schlug Spence vor, dass sich im intradimensionalen Training ein exzitatorischer Generalisierungsgradient um den S^+ und ein inhibitorischer Gradient um den S^- entwickelt. Wir wollen sehen, wie sich dieser Prozess auf die Ergebnisse von Hansons Experiment anwenden lässt. Abbildung 10.4a stellt einen exzitatorischen Generalisierungsgradienten um 550 nm und einen inhibitorischen Gradienten um 555 nm dar. Die Bezeichnung „assoziative Stärke" bezieht sich auf die Fähigkeit jedes Reizes, eine Reaktion auszulösen. Spence zufolge kann die relative assoziative Stärke eines Stimulus bestimmt werden, indem man seine inhibitorische von seiner exzitatorischen Stärke abzieht. Das Ergebnis dieser Subtraktion für jede Wellenlänge wird in Abbildung 10.4b gezeigt.

Beachten Sie, dass der S^+ bei 550 nm die höchste exzitatorische Stärke, aber wegen seiner Nähe zum S^- auch viel inhibitorische Stärke aufweist. Andererseits hat ein Stimulus um 530 bis 540 nm eine beträchtliche exzitatorische, aber relativ geringe inhibitorische Stärke (weil er weiter entfernt vom S^- ist). Das Resultat ist, dass Stimuli um 530 bis 540 nm tatsächlich eine höhere relative assoziative Stärke als der S^+ von 550 nm haben. Wenn wir (wie Spence) annehmen, dass die Stärke einer Reaktion in Anwesenheit eines Stimulus von seiner assoziativen Stärke abhängt, dann sagt Abbildung 10.4b die Art von Peak Shift voraus, die Hanson tatsächlich fand.

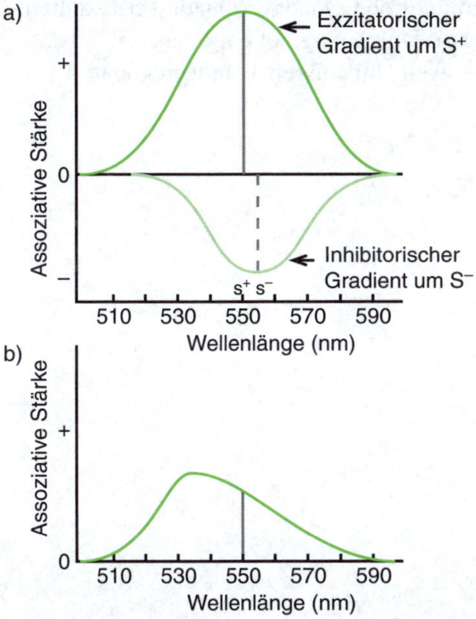

Abbildung 10.4: Eine Analyse des Peak Shift auf der Basis von Spences (1937) Theorie. (a) Es wird angenommen, dass intradimensionales Training einen exzitatorischen Gradienten um den S^+ (550 nm) und einen inhibitorischen Gradienten um den S^- (555 nm) bewirkt. (b)Die relative assoziative Stärke jeder Wellenlänge entspricht der Differenz zwischen seiner exzitatorischen und seiner inhibitorischen Stärke. Wegen des inhibitorischen Gradienten um den S^- verschiebt sich der Peak dieses Gradienten vom S^+ in Gegenrichtung zum S.

Erinnern wir uns daran, dass die relationale Theorie nicht erklären kann, warum die Reaktionsrate bei Stimuli von 500 bis 520 nm so niedrig war. Spences Theorie hat jedoch keine Probleme damit, diese Ergebnisse zu erklären. Wie Abbildung 10.4 zeigt, müssen wir nur davon ausgehen, dass diese Wellenlängen sowohl von S^+ als auch S^- so weit entfernt sind, dass sie wenig exzitatorische oder inhibitorische Stärke erwarben. Kurz gesagt: Spences Theorie kann sowohl den Peak Shift als auch die Abnahme der Reaktionen bei vom S^+ weiter entfernten Stimuli und die Ergebnisse der Experimente zum sukzessiven Diskriminationslernen sehr gut erklären.

10.2.3 Das Intermediate-Size-Problem

Obwohl Spences Theorie die Ergebnisse aus Experimenten zu Transposition und Peak Shift gut erklären kann, gelingt es ihr nicht, die Befunde zum so genannten **Intermediate-Size-Problem** vorherzusagen. Gonzalez, Gentry und Bitterman (1954) führten ein Experiment zum Intermediate-Size-Problem bei Schimpansen durch. Ihre Stimuli waren neun Quadrate unterschiedlicher Größe. Das kleinste Quadrat (das sie Quadrat 1 nannten) hatte eine Fläche von neun und das größte (Quadrat 9) eine Fläche von 27 Quadratzentimetern. Während des Trainings wurden den Schimpansen die Quadrate 1, 5 und 9 präsentiert, und sie wurden verstärkt, wenn sie das mittelgroße Quadrat (Quadrat 5) wählten. (Natürlich wurden die Quadrate von Durchgang zu Durchgang beliebig platziert, so dass ein Versuchstier die Position nicht als diskriminativen Hinweisreiz benutzen konnte.)

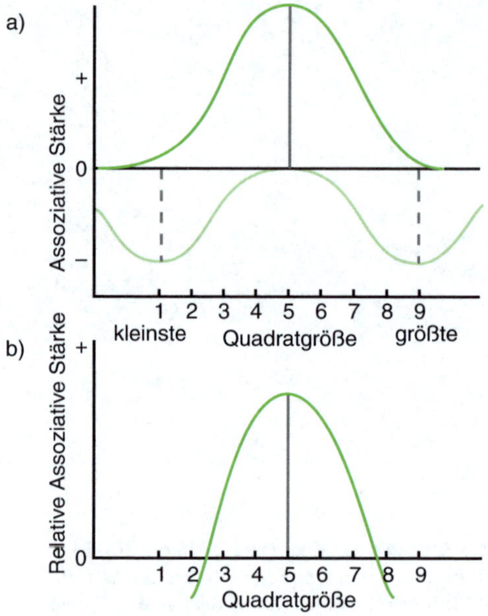

Abbildung 10.5: Eine Anwendung von Spences (1937) Theorie auf das Intermediate-Size-Problem. (a) In einem ersten Training entwickeln sich ein exzitatorischer Gradient um den S^+ (Quadrat 5) und inhibitorische Gradienten um die S^- (Quadrate 1 und 9). (b) Wegen der zwei symmetrischen inhibitorischen Gradienten weist der Gradient der relativen assoziativen Stärke keinen Peak Shift auf, sondern wird nur steiler.

Bei Testdurchgängen wurden den Schimpansen drei Quadrate in jeweils unterschiedlicher Anordnung präsentiert und sie erhielten einen Verstärker, unabhängig davon, welches Quadrat sie wählten. Nehmen wir z.B. an, dass die drei Quadrate bei einem Durchgang die Quadrate 4, 7 und 9 waren. Die Vorhersagen der relationalen Position sind eindeutig: Wenn die Schimpansen gelernt hätten, das mittelgroße Quadrat zu wählen, sollten sie Quadrat 7 wählen. Abbildung 10.5 hilft die Vorhersagen der Theorie von Spence zu erklären. Das erste Training sollte einen exzitatorischen Gradienten um Quadrat 5 und einen inhibitorischen Gradienten um die Quadrate 1 und 9 bewirkt haben. Weil Quadrat 5 auf beiden Seiten von einem inhibitorischen Gradienten flankiert wird, gibt es in diesem Fall keinen Peak Shift. Stattdessen führen die inhibitorischen Gradienten dazu, dass der Gradient der relativen assoziativen Stärke um Quadrat 5 steiler wird. Daher sollte ein Individuum immer den Reiz wählen, der näher an Quadrat 5 ist (Quadrat 4 in dem oben angeführten Beispiel).

Die tatsächlichen Befunde von Gonzalez, Gentry und Bitterman (1954) unterstützten nicht die Theorie von Spence, sondern die relationale Theorie. Um die Ergebnisse kurz zusammenzufassen: Die Schimpansen wählten bei Versuchsdurchgängen für gewöhnlich das Quadrat mittlerer Größe, unabhängig davon, welche drei Quadrate präsentiert wurden. Kurz gesagt: Sie verhielten sich, als ob sie auf die Relationen zwischen den Stimuli und nicht auf ihre absolute Größe reagierten.

10.2.4 Evaluierung der beiden Theorien

Sowohl die relationale wie auch Spences absolute Theorie der Stimuluskontrolle haben ihre Stärken und Schwächen. Untersuchungen zum Peak Shift sprechen für die Theorie von Spence, weil die relationale Theorie nicht erklären kann, warum die Reaktionen bei Stimuli zurückgehen, die in Gegenrichtung des S^- weit vom S^+ entfernt liegen. Weitere Unterstützung für die Theorie von Spence liefern Studien, die zeigen, dass sich tatsächlich ein inhibitorischer Generalisierungsgradient um den S^- entwickelt (siehe Rilling, 1977, für eine Besprechung der vielen Belege für inhibitorische Stimuluskontrolle). So berichteten Honig, Boneau, Burstein und Pennypacker (1963) von einem guten Beispiel für einen inhibitorischen Generalisierungsgradienten mit Tauben. Für eine Gruppe von Tauben bestand im Training der S^+ aus einer einfachen weißen Taste und der S^- aus einer weißen Taste mit einer senkrechten schwarzen Linie in der Mitte. Für eine zweite Gruppe sahen die Stimuli, die als S^+ und als S^- dienten, genau umgekehrt aus. Im folgenden Löschungsversuch wurden die Reaktionen beider Gruppen auf schwarze Linien mit verschiedenen Ausrichtungen (von senkrecht bis waagrecht) gemessen. Abbildung 10.6 zeigt die Ergebnisse für jede Gruppe. Die Gruppe, für die die senkrechte Linie der S^+ war, produzierte einen typischen spitz zulaufenden Gradienten, dessen Mittelpunkt dieser Stimulus war. Die Gruppe, für die die senkrechte Linie der S^- war, erzeugte einen Gradienten, der die umgekehrte Form hatte: Die wenigsten Reaktionen zeigten sich bei der senkrechten Linie, und sie wurden zahlreicher bei Linien, deren Ausrichtung immer weiter von senkrecht entfernt war (auch wenn die Tauben nie dafür verstärkt worden waren, dass sie auf weiße Tasten mit schwarzen Linien gepickt hatten). Honig und Kollegen kamen zu folgendem Schluss: Je ähnlicher ein Testreiz dem S- war, desto mehr konnte er Reaktionen blockieren.

Das Intermediate-Size-Problem stellt einen überzeugenden Beleg für die relationale Theorie dar, wirft aber Probleme für die Theorie von Spence auf. Andere Befunde, die die relationale Theorie unterstützen, stammen aus neueren Untersuchungen von Thomas und seinen Kollegen, die Peak Shifts beim sukzessiven Diskriminationslernen mit Studenten als Versuchsteilnehmern erhielten. Sie stellten fest, dass der Peak eines Generalisierungsgradienten die Tendenz hatte, sich zur Mitte des Teststimuli-Bereichs hin zu verschieben, und dass der Experimentator diesen Peak Shift durch die Wahl der Testreize steuern konnte. Wenn z.B. der S^- ein gedämpftes und der S^+ ein sehr helles Licht waren, wurde ein Peak Shift in Richtung hellerer Lichter beobachtet, wenn unter den Teststimuli auch einige sehr helle Lichter waren (Thomas, Mood, Morrison & Wiertelak, 1991). Thomas (1993) erklärte diese Befunde mit einer **Adaptations-Level-Theorie**, der zufolge Individuen dazu neigen, sich auf den Bereich der präsentierten Reize einzustellen, und der Peak des Generalisierungsgradienten diese Anpassung widerspiegelt.

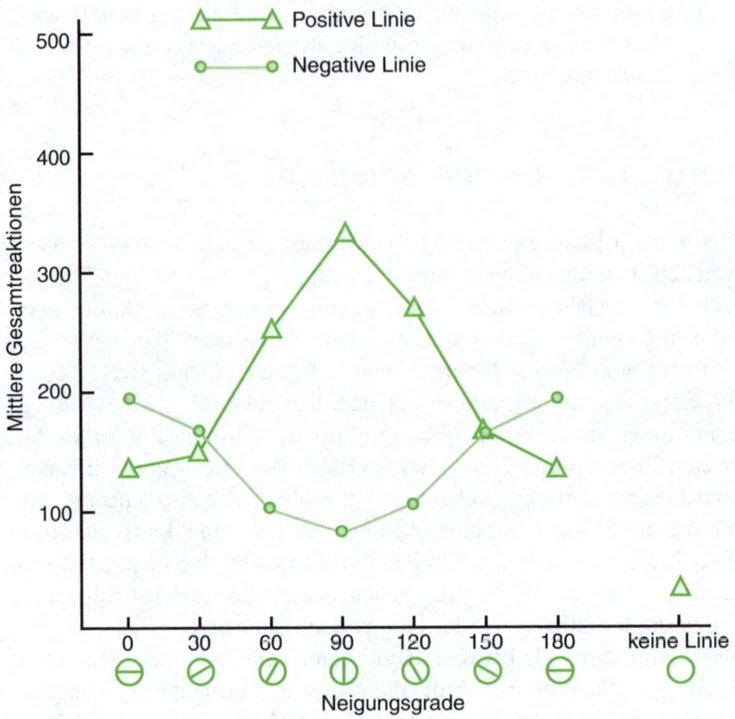

Abbildung 10.6: Generalisierungsgradienten auf der Dimension Linienausrichtung aus dem Experiment von Honig und Kollegen (1962). Die Dreiecke zeigen die Ergebnisse der Gruppe mit einer senkrechten Linie auf der Reaktionstaste als S^+ und einer rein weißen Taste als S^-. Die Kreise zeigen die Ergebnisse der Gruppe mit der weißen Taste als S^+ und einer senkrechten Linie als S^-.

Zusammenfassend lässt sich sagen, dass sowohl Spences Theorie wie auch die relationale Theorie, nicht jedoch andere Theorien, durch einige Versuchsergebnisse gestützt werden. Die relationale Theorie scheint bei simultanen Diskriminationen (wo zwei oder mehr Stimuli zusammen präsentiert werden und es daher einfach ist, sie zu unterscheiden) im Vorteil zu sein. Spences absolute Theorie lässt sich offenbar am besten bei sukzessiven Diskriminationen anwenden (bei denen die Stimuli jeweils für sich präsentiert werden und es daher schwieriger ist, sie zu vergleichen). In dieser Situation überrascht es nicht, dass Individuen sich möglicherweise auf die absoluten Stimulusmerkmale verlassen, weil die Relationen zwischen Stimuli unter diesen Umständen weniger hervortreten. Möglicherweise bedienen Tiere sich sowohl der absoluten als auch der relationalen Eigenschaften von Stimuli, wenn sie Unterscheidungen lernen, und welche sie am meisten nutzen, hängt stark davon ab, welche in der jeweiligen Situation am einfachsten anzuwenden sind.

10.3 Verhaltenskontrast

Der Peak Shift zeigt: Auch wenn man den Verstärkungsplan kennt, der mit dem Stimulus verbunden ist, ist es oft unmöglich vorherzusagen, wie ein Individuum auf einen Reiz reagieren wird. Häufig ist es erforderlich zu wissen, welche anderen Stimuli bisher präsentiert wurden und welche Verstärkungskontingenzen mit ihnen verknüpft waren. So führte in Abbildung 10.3 bei einer Gruppe ein 550-nm-Tastenlicht zu einer hohen Reaktionsrate, aber bei einer zweiten Gruppe nur zu einer minimalen (für die ein 555-nm-Tastenlicht als S- fungierte). Das Phänomen des **Verhaltenskontrasts** (Reynolds, 1961) ist ein weiteres Beispiel dafür, wie die Verstärkungskontingenzen, die für einen Reiz gelten, die Reaktionen auf einen anderen Reiz beeinflussen können.

Anhand eines Experiments von Gutman (1977) lässt sich der Verhaltenskontrast gut erklären. Wie viele Experimente zum Verhaltenskontrast setzte Gutmans Studie eine besondere Form des sukzessiven Diskriminationslernens ein, auch als **multipler Verstärkungsplan** bekannt. Wie in Kapitel 7 besprochen, werden in einem multiplen Verstärkungsplan abwechselnd jeweils einer von zwei oder mehr Verstärkungsplänen präsentiert und jeder Plan mit einem anderen diskriminativen Stimulus assoziiert. Die unterschiedlichen Verstärkungspläne, aus denen ein multipler Verstärkungsplan besteht, werden **Komponenten** des multiplen Verstärkungsplans genannt. In Phase 1 des Experiments von Gutman wurden Ratten einem 2-Komponenten-multiplen-Verstärkungsplan ausgesetzt, bei dem die Komponentenpläne identisch waren: Durch ein Geräusch wurde ein VI-30-Sekunden-Plan und durch ein Licht ein anderer VI-30-Sekunden-Plan angezeigt. Während einer ganzen Sitzung wurden das Licht und das Geräusch abwechselnd alle drei Minuten präsentiert. Es überrascht nicht, dass in der ersten Bedingung die Reaktionsraten auf das Licht und das Geräusch etwa gleich waren, wie in Abbildung 10.7 dargestellt. In Phase 2 bestand die einzige Veränderung darin, dass der Plan, der während des Geräuschs in Kraft war, von einem VI-30-Sekunden auf Löschung umgestellt wurde. Abbildung 10.7 zeigt, dass wie erwartet die Reaktionen während des Geräuschs immer mehr nachließen. Überraschender war jedoch, dass die Reaktionsraten bei dem Lichtreiz drastisch anstiegen, obwohl der Verstärkungsplan für das Licht derselbe wie in der ersten Bedingung war. Dieses Phänomen, bei dem sich die Reaktionen auf einen Reiz ändern, weil sich die Verstärkungsbedingungen für einen anderen Reiz geändert haben, wird Verhaltenskontrast genannt.

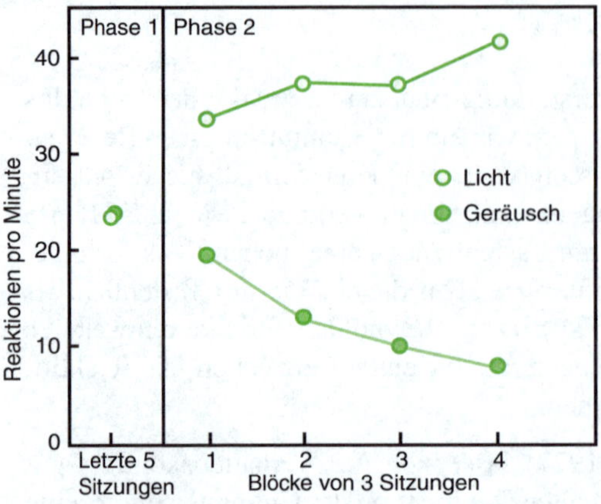

Abbildung 10.7: Ergebnisse aus Gutmans (1977) Experiment zum Verhaltenskontrast bei Ratten. Als sowohl das Licht wie auch das Geräusch VI-30-Sekunden-Pläne signalisierten, waren die Reaktionsraten für beide Stimuli etwa gleich. Als das Geräusch Löschung ankündigte (Phase 2), gingen die Reaktionsraten in Anwesenheit des Geräuschs gegen null und stiegen gleichzeitig in Anwesenheit des Lichtes gegenüber Phase 1 beträchtlich.

Um es genauer auszudrücken: Gutmans Studie bot ein gutes Beispiel für einen **positiven Kontrast**, weil sie mit einem Anstieg der Reaktionsrate während der unveränderten Lichtkomponente verbunden war. Auch der gegenteilige Effekt ist beobachtet worden. Einmal angenommen, der Geräuschplan würde umgestellt und dreimal so viele Verstärker in Anwesenheit des Geräusches verabreicht. Das wahrscheinliche Ergebnis wäre eine Zunahme der Reaktionsrate während des Geräuschs und eine Abnahme während des Lichts. Diese Abnahme der Reaktionen während der unveränderten Lichtkomponente würde als **negativer Kontrast** bezeichnet werden.

Es gibt viele Theorien dazu, warum der Verhaltenskontrast auftritt. Wir wollen uns mit drei deutlich unterschiedlichen Theorien befassen. Eine Möglichkeit ist, dass der positive Kontrast auf die reduzierte Reaktionsrate zurückzuführen ist, die sich bei der auf Löschung umgestellten Komponente zeigt. Vielleicht ermöglicht dieses langsamere Reagieren dem Tier, bei der unveränderten Komponente schneller zu reagieren. Das langsamere Reagieren bei der Löschungskomponente könnte dem Tier die Möglichkeit geben, sich von Müdigkeit zu erholen, so dass ein „gut ausgeruhtes“ Tier bei der unveränderten Komponente schneller reagieren kann. Außerdem kann das Tier während der Löschungskomponente mehr Zeit mit verschiedenen anderen Aktivitäten verbringen, für die in der unveränderten Komponente normalerweise wenig Zeit bleibt (wie z.B. Sich-Putzen oder die Erkundung der Kammer). Das heißt, das Tier kann in der Löschungskomponente mehr dieser irrelevanten Verhaltensweisen ausführen, so dass es in der unveränderten Komponente mehr Zeit für die operante Reaktion hat (Ettinger & Staddon, 1982). Obwohl mache Befunde diese Theorie unterstützen (Dougan, McSweeney & Farmer-Dougan, 1986), scheinen veränderte Reaktionsraten in benachbarten Komponenten nicht die Hauptursache für einen Verhaltenskontrast zu sein. Dies wurde dadurch demonstriert, dass die benachbarte Komponente von einem VI-Plan auf einen Plan umgestellt wurde, der mit derselben Häufigkeit freie Verstärker verabreicht. Natürlich gehen die Reaktionsraten in der Komponente mit den freien Verstärkern drastisch zurück, aber in der unveränderten Komponente wird kein Verhaltenskontrast beobachtet (Halliday & Boakes, 1971).

Eine zweite Theorie des Verhaltenskontrasts ist die **Additivitätstheorie** (Gamzu & Schwartz, 1973). Im Wesentlichen besagt diese Theorie, dass ein positiver Kontrast auftritt, wenn Reaktionen, die durch Autoshaping oder klassische Konditionierung entstanden sind, zu den normalen operanten Reaktionen des Individuums im Rahmen eines VI-Plans hinzukommen. In ihrem berühmten Experiment zum Autoshaping stellten Brown und Jenkins fest, dass Tauben auf eine beleuchtete Taste pickten, die einen bevorstehenden Verstärker ankündigte (Kapitel 6). Nach der Additivitätstheorie hatte das Licht in der zweiten Phase von Gutmans Experiment den gleichen Stellenwert wie die beleuchtete Taste in dem Experiment von Brown und Jenkins. Das heißt, das Licht signalisierte, dass Verstärker verfügbar waren, und das Fehlen von Licht (wenn stattdessen das Geräusch zu hören war) signalisierte, dass keine Verstärker zur Verfügung standen. Weil das Licht eindeutig mit der Verfügbarkeit von Futter korrelierte, können wir damit rechnen, dass es über „automatische Verhaltensformung" Hebeldrücken auslöst; kommt dies zu den operanten Reaktionen der Ratte hinzu, führt es zu einer höheren Reaktionsrate.

Eine dritte Theorie des Verhaltenskontrasts konzentriert sich auf die Abnahme der Verstärkung in der veränderten Komponente (Herrnstein, 1970). Nach dieser Erklärung hängt die Reaktionsrate eines Tieres in einer Komponente eines multiplen Verstärkungsplans nicht nur von der in dieser Komponente verfügbaren Verstärkung ab, sondern auch von der Verstärkungsrate in den benachbarten Komponenten. Anders ausgedrückt: Es scheint, als ob das Individuum den Nutzen einer Komponente beurteilen würde, indem es sie mit den Nachbarkomponenten vergleicht. In der ersten Phase von Gutmans Experiment war der Plan während der Licht-Komponente „nichts Besonderes", weil der gleiche Plan während der Geräusch-Komponente verfügbar war. Daher bewirkte das Licht nur eine mittlere Reaktionsrate. Im Gegensatz dazu war die Licht-Komponente in der zweiten Phase des Experiments ziemlich attraktiv verglichen mit dem Löschungsplan der Geräusch-Komponente – daher führte das Licht zu einer hohen Reaktionsrate.

In einer Analyse der umfangreichen Untersuchungen zum Verhaltenskontrast kam Williams (1983) zu dem Schluss, dass es mehr als eine Ursache für den Kontrast geben könnte. Es ist nicht möglich, hier alle Befunde aufzuführen, aber es gibt sowohl Belege für die Additivitätstheorie als auch für die These, dass die Verstärkungsrate in den benachbarten Komponenten maßgeblich ist. Mit der zunehmenden Zahl von Forschungsergebnissen ist immer deutlicher geworden, dass eine einzige Theorie nicht alle Befunde zum Verhaltenskontrast erklären kann (siehe z.B. McSweeney & Melville, 1991; Williams, 1991). Der Verhaltenskontrast ist ein komplexes Phänomen und wahrscheinlich das Produkt mehrerer Faktoren.

Obwohl seine Ursachen noch nicht völlig klar sind, zeigt der Verhaltenskontrast wieder einmal, dass es gefährlich sein kann, Verstärkungspläne als isolierte Größen zu untersuchen. Das Verhalten eines Individuums in einem Plan kann in hohem Maß von Ereignissen beeinflusst werden, die eintreten, bevor oder nachdem der Plan wirksam geworden ist.

10.4 „Fehlerfreies“ Diskriminationslernen

Betrachen Sie, unter Berücksichtigung dessen, was Sie bisher über operante Konditionierung und Diskriminationslernen gelernt haben, das folgende Problem. Nehmen Sie an, dass Sie in einem Seminar zum Lernen die Übungsaufgabe bekommen, einer Taube eine starke Diskrimination zwischen roten und grünen Tastenfarben beizubringen. Die rote Taste wird einen VI-1-Minuten-Plan ankündigen und Sie hätten gerne gemäßigte, gleich bleibende Reaktionen auf diese Tastenfarbe. Die grüne Taste wird Löschung signalisieren; daher würden Sie am liebsten keine Reaktionen sehen, wenn die grüne Taste leuchtet. Sie könnten damit beginnen, den Vogel zu trainieren, Futter aus dem Trichter zu fressen, wenn er präsentiert wird, und dann könnten Sie mit Hilfe eines Shaping-Verfahrens den Vogel darauf trainieren, auf die rote Taste zu picken. Zuerst würden Sie jede Reaktion verstärken und dann allmählich auf immer längere VI-Pläne umschalten (wie z.B. VI-15-Sekunden, dann VI-30-Sekunden und schließlich VI-1-Minute). Nach mehreren Sitzungen mit einem VI-1-Minuten-Plan auf der roten Taste würde die Taube wahrscheinlich während der ganzen Sitzung stetig reagieren, und Sie könnten dann die grüne Tastenfarbe und ihren Löschungsplan einführen. Von jetzt an könnten die Sitzungen zwischen dreiminütigen roten und dreiminütigen grünen Komponenten wechseln. Wir würden erwarten, dass die Taube zunächst reagiert, wenn die Taste grün ist – wegen der Generalisierung –, aber schließlich sollten die Reaktionen auf diese Farbe stark zurückgehen.

Dies mag wie ein vernünftiger Plan zur Entwicklung einer guten Rot/Grün-Diskrimination klingen, aber Terrace (1966) führte mehrere Gründe dafür an, warum er nicht ideal ist. Ein Hauptproblem ist, dass diese Methode des Diskriminationslernens viel Zeit erfordert und das Individuum währenddessen viele „Fehler“ macht (unverstärkte Reaktionen auf die grüne Taste). Weil das Training über mehrere Sitzungen fortgesetzt werden muss, bevor eine gute Diskrimination erreicht ist, wird es wahrscheinlich viele Rückschläge geben, die auf Spontanerholung der Reaktion auf die grüne Taste zu Anfang jeder Sitzung zurückzuführen sind. Vielleicht hat es wegen der zahlreichen Fehler den Anschein, dass diese Art des Diskriminationslernens für das Individuum aversiv ist. So kann, um nur eine Sache zu nennen, bei der Taube aggressives Verhalten, wie z.B. Flügelschlagen, beobachtet werden. Wenn eine andere Taube in einer benachbarten Kammer ist, zeigt die Taube möglicherweise ein aggressives Imponiergehabe und greift schließlich das andere Tier an. Solche Attacken treten typischerweise gleich nach dem Übergang vom S^+ zum S^- auf. Ein weiterer Hinweis auf die Aversivität dieser Vorgehensweise ist der Befund, dass die Taube nach Möglichkeit den S^- durch Picken ausschaltet. Ein letztes Problem bei dieser Methode besteht darin, dass die Performanz des Tieres in der Regel auch nach Monaten des Trainings nicht perfekt ist – es zeigen sich gelegentlich Reaktionen auf den S^-.

Die Kritik an dieser Methode des Diskriminationslernens würde wenig nützen, wenn sie die einzige Methode wäre, aber Terrace (1969) zeigte eine andere auf. Er nannte diese Alternative **fehlerfreies Diskriminationslernen**, weil das Individuum typischerweise wenige oder keine Reaktionen auf den S^- ausführt. Das fehlerfreie Diskriminationslernen unterscheidet sich vom herkömmlichen Vorgehen in zwei entscheidenden Punkten. Erstens: Statt starke, stetige Reaktionen auf den S^+ abzuwarten, führt der Experimentator den S^- schon zu Anfang der Prozedur ein. Terrace präsentierte zunächst den S^- innerhalb der ersten 30 Sekunden, in denen die Taube das erste Mal auf die rote Taste pickte. Zweitens: Mit Hilfe eines Fading-Verfahrens wird die Warhscheinlichkeit reduziert, dass das Individuum auf den S^- reagiert. Beachten Sie, dass bei dem oben beschriebenen Vorgehen die grüne Taste drei Minuten beleuchtet war, als sie das erste Mal präsentiert wurde. Dies gab dem Versuchstier reichlich Zeit, auf diese Tastenfarbe zu reagieren. Bei Terrace' Verfahren wurde der S^- zunächst jedoch für nur jeweils fünf Sekunden präsentiert, was der Taube wenig Gelegenheit gab, in seiner Anwesenheit zu reagieren. Außerdem nutzte Terrace die Tatsache, dass die Taube wahrscheinlich nicht auf eine dunkle Reaktionstaste picken würde: Zuerst war der S^- keine beleuchtete grüne, sondern eine dunkle Taste. Terrace setzte ein Fading-Verfahren ein, ging allmählich von einer dunklen zu einer schwach beleuchteten grünen Taste über und erhöhte im Lauf der Durchgänge die Intensität des grünen Lichts. Zusammengefasst: Bei Terrace' Vorgehen wurde der S^- in der Anfangsphase des Trainings eingeführt; er wurde zunächst sehr kurz präsentiert und war anfänglich ein Stimulus, der wahrscheinlich keine Reaktion auslöste.

Terrace' fehlerfreies Diskriminationslernen reduziert effektiv die Zahl der Reaktionen auf den S^- und verbessert langfristig die Diskrimination des Individuums. In einem Experiment zeigten Versuchstiere, die ein konventionelles Diskriminationslernen hinter sich hatten, in 28 Sitzungen im Durchschnitt mehr als 3000 Reaktionen auf den S^-. Tiere, die mit dem fehlerfreien Diskriminationslernen trainiert worden waren, kamen auf einen Durchschnitt von nur 25 Reaktionen während derselben Anzahl von Sitzungen. Terrace zufolge führt seine Methode des fehlerfreien Diskriminationslernens, verglichen mit herkömmlichen Verfahren, nicht nur zu gewaltigen Unterschieden in den Reaktionen auf den S^-, sondern auch zu anderen Unterschieden in der Performanz. Er behauptete, dass der S^- durch das fehlerfreie Lernen nicht aversiv werde und daher keine aggressiven Verhaltensweisen und Fluchtreaktionen auf den S^- auftreten würden. Er meinte auch, dass der S^- keine inhibitorischen Eigenschaften entwickeln würde, so dass es nach fehlerfreiem Diskriminationslernen keinen Peak Shift im Generalisierungsgradienten gebe. Außerdem trete der positive Verhaltenskontrast auf den S^+ nicht auf, wenn der S^- nie Reaktionen auslöst. Kurz gesagt: Nach Terrace zeigen sich beim fehlerfreien Diskriminationslernen keine der „Nebenprodukte" herkömmlicher Methoden.

Rilling (1977) bestritt Terraces Behauptungen über die „Nebenprodukte" des Diskriminationslernens. Rilling und seine Kollegen führten eine Reihe von Experimenten durch und zeigten, dass sich bei Versuchstiere nach fehlerfreiem Diskriminationslernen nicht nur aggressive Reaktionen während des S^- zeigen können, sondern auch Fluchtverhalten, ein Peak Shift in ihren Generalisierungsgradienten und ein positiver Verhaltenskontrast. Ausgehend von diesen Ergebnissen kam Rilling zu dem Schluss, dass Terraces Behauptung, die fehlerfreie Methode sei eine qualitativ andere Art des Diskriminationslernens, unbegründet sei. Dennoch räumte Rilling ein, dass Terraces Verfahren einige quantitative Performanzunterschiede bewirkt: Bei dieser Methode findet sich im Allgemeinen *weniger* aggressives Verhalten, *weniger* Verhaltenskontrast und möglicherweise *weniger* Inhibition auf den S^-. Rillings Befunde legen nahe, dass diese Unterschiede hauptsächlich auf die frühe Einführung des S^- zurückzuführen sind und das von Terrace eingesetzte Fading-Verfahren weniger entscheidend ist.

Obwohl Terraces Behauptungen über die Nebenprodukte des fehlerfreien Diskriminationslernens vielleicht übertrieben waren, ist es sicherlich richtig, dass seine Methode in kürzester Zeit zu einer ausgezeichneten Stimuluskontrolle führt. Aus diesem Grund wurden Terrace' Techniken abgewandelt im Unterricht eingesetzt. Nach B. F. Skinner sollten Unterrichtspläne so angelegt sein, dass der Schüler fast nie einen Fehler macht. Er argumentiert wie folgt: Wenn wir nicht wollen, dass Kinder Lernerfahrungen vermeiden, und wenn eine falsche Antwort (wegen der ausbleibenden Verstärkung) aversiv ist, sollten wir versuchen, diese aversiven Ereignisse so weit wie möglich zu eliminieren.

In einem Beispiel für eine pädagogische Anwendung des fehlerfreien Diskriminationslernens arbeiteten Duffy und Wishart (1987) mit einem Fading-Verfahren, um Kindern mit Down-Syndrom zu zeigen, wie man Grundformen wie z.B. Ovale und Rechtecke erkennt. Einige Kinder wurden mit Hilfe einer Versuch-und-Irrtum-Methode unterrichtet, bei der Karten mit drei Formen benutzt werden, wie z.B. die rechte Karte in Abbildung 10.8. Ein Kind wurde aufgefordert, auf „das Rechteck zu deuten", und gelobt, wenn es die richtige Antwort gab. Wenn das Kind einen Fehler machte (was bei der konventionellen Vorgehensweise häufig vorkam) sagte der Lehrer: „Nein, das ist nicht richtig. Versuch es nächstes Mal wieder." Das Vorgehen beim fehlerfreien Diskriminationslernen war dasselbe, mit der Ausnahme, dass die Karten zu Anfang nur die richtige Form und zwei leere Felder hatten, wie auf der linken Karte in Abbildung 10.8. Es überrascht nicht, dass es für die Kinder nicht schwierig war, auf die richtige Form zu deuten. Dann kamen sehr kleine falsche Formen hinzu, wie auf der mittleren Karte in Abbildung 10.8, und über die Durchgänge hinweg wurden die inkorrekten Formen allmählich größer, bis sie die gleiche Größe wie die richtige Form hatten. Duffy und Wishart stellten fest, dass die Kinder beim fehlerfreien Diskriminationslernen sehr wenige Fehler während des Trainings machten und ihre Performanz am Ende des Trainings etwas besser blieb. Sie berichteten auch, dass die Einstellung der Kinder zu der Lernsituation beim fehlerfreien Diskriminationslernen positiver zu sein schien, vielleicht weil sie nur wenige Misserfolge hatten.

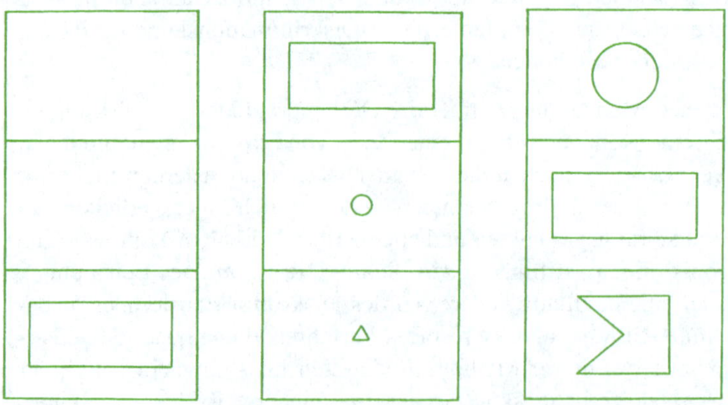

Abbildung 10.8: Beispiele für die Arten von Karten, die von Duffy und Wishart eingesetzt wurden, um Kindern mit Down-Syndrom die Bezeichnungen von Formen beizubringen. Bei der Methode des fehlerfreien Lernens wurde zunächst nur die korrekte Form (links) präsentiert. Dann kamen kleine inkorrekte Formen hinzu (Mitte), und allmählich wurden die inkorrekten Formen größer, bis sie die gleiche Größe wie die korrekte Form hatten (rechts).

Wegen dieser Vorteile wird fehlerfreies Diskriminationslernen zusammen mit anderen Techniken, die die Schwierigkeit der Diskrimination allmählich steigern, häufig in Unterrichtsmethoden für geistig behinderte Kinder integriert (Conners, 1992; Zygmont, Lazar, Dube & McIlvane, 1992). Es wird auch bei Erwachsenen eingesetzt, die Informationen wieder neu lernen müssen, die ihnen aufgrund der Alzheimerkrankheit oder anderer Hirnleistungsstörungen verloren gegangen sind (Jackson, 1999; Winter & Hunkin, 1999). Der Einsatz des fehlerfreien Diskriminationslernens bei diesen Kindern kann jedoch auch Nachteile haben. Zum Beispiel kann es für Kinder nach dem fehlerfreien Training schwierig sein, Diskriminationen zu erlernen, bei denen die Rollen von S^+ und S^- umgekehrt sind (McIlvane, Kledaras, Iennaco, McDonald & Stoddard, 1995). Sie können auch Schwierigkeiten haben, ihre Diskriminationsfertigkeiten auf neue Situationen zu generalisieren und beizubehalten (Jones & Eayrs, 1992). Pädagogen müssen darum sorgfältig die Vor- und Nachteile abwägen, wenn sie entscheiden, ob sie fehlerfreies Diskriminationstraining oder alternative Techniken einsetzen.

10.5 Lerntransfer nach Diskriminationstraining

In den in diesem Kapitel bisher diskutierten Beispielen für Generalisierung und Diskrimination variierten S^+, S^- sowie alle Testreize auf einer einfachen physikalischen Dimension wie Farbe, Ton, Frequenz oder Größe. Wir wollen uns nun Situationen zuwenden, in denen die physikalischen Merkmale der Trainings- und Testreize unter Umständen völlig verschieden sind und die Ähnlichkeit zwischen der Trainings- und der Testphase abstrakter ist. Wenn daher ein Individuum „Ersparnisse" von einer Aufgabe zur nächsten vorweist, ist dies ein Hinweis auf eine höher entwickelte Fähigkeit, aus früheren Lernerfahrungen zu generalisieren.

Harry Harlow (1949) war der Erste, der demonstrierte, dass Tiere bei einer Diskriminationsaufgabe wesentlich mehr lernen können als bei der Stimulusdimension, auf die sie reagieren sollen. Harlows Versuchstiere waren Primaten, die mit vielen unterschiedlichen Diskriminationsaufgaben getestet wurden. Zum Beispiel stellte Harlow in einem berühmten Experiment zwei Affen vor über 300 unterschiedliche Diskriminationsaufgaben. Zwei verschiedene Stimulusobjekte wurden in einem Durchgang präsentiert. Die Wahl des einen Stimulus führte zu Futter, die Wahl des anderen nicht. Dieselben Objekte wurden in sechs Durchgängen als S^+ und S^- eingesetzt – dies stellte die erste Diskriminationsaufgabe dar. Zwei andere Objekte dienten als S^+ und S^- für die zweite Diskriminationsaufgabe (weitere sechs Durchgänge) und so weiter. Bei den ersten paar Diskriminationsaufgaben verbesserte sich die Performanz der Affen im Lauf der Durchgänge und erreichte ein Niveau von ungefähr 75 Prozent richtigen Reaktionen im sechsten und letzten Durchgang. Daran wird deutlich, dass sechs Durchgänge nicht genug waren, um bei den frühen Diskriminationsaufgaben eine hohe Performanz zu erreichen. Bei späteren Aufgaben jedoch erlernten die Affen immer schneller jede neue Diskrimination. Nach ungefähr 250 Diskriminationsaufgaben waren sie in der Lange, jede neue Diskrimination beim zweiten Durchgang (d.h. nach nur einem Lerndurchgang) zu beherrschen.

Harlow benutzte für diese Verbesserung der Lernrate im Zuge mehrerer unterschiedlicher Diskriminationsaufgaben verschiedene Bezeichnungen, einschließlich **Learning Set**, **Lernen zu lernen** und **Transfer von Aufgabe zu Aufgabe**. Es ist wichtig zu verstehen, dass – obwohl der S^+ und der S^- von einer Aufgabe zur nächsten verschieden waren – die mehreren hundert Diskriminationsaufgaben einige gemeinsame Merkmale hatten: Bei jedem Durchgang war nur eine Wahl richtig; bei sechs Durchgängen jeder Aufgabe war dasselbe Objekt richtig; die Positionen der Objekte waren irrelevant und so weiter. Offensichtlich waren die Affen imstande zu lernen, dass jede Aufgabe diese Eigenschaften aufwies, denn ihre Performanz war am Ende des Experiments fast optimal: sie benötigten nur einen Durchgang, um zu bestimmen, welches Stimulusobjekt der S^+ war, und ab dem zweiten Durchgang wählten sie dieses Objekt in fast 100 Prozent der Fälle. Diese Performanz lässt darauf schließen, dass die Affen eine „Strategie" gelernt hatten, die sie auf jede neue Aufgabe anwenden konnten: Wenn deine Wahl beim ersten Durchgang verstärkt wird, wähle bei den nächsten fünf Durchgängen dasselbe Objekt; wenn nicht, wähle bei den übrigen Durchgängen das andere Objekt.

Manche Befunde weisen darauf hin, dass unterschiedliche Spezies sich in ihrer Fähigkeit, Learning Sets zu entwickeln, stark unterscheiden. Warren (1965) verglich die Resultate aus Learning-Set-Experimenten mit unterschiedlichen Spezies (durchgeführt von verschiedenen Forschern). Seine Ergebnisse sind in Abbildung 10.9 dargestellt. Nach ein paar hundert Diskriminationsaufgaben wählten Rhesusaffen im zweiten Durchgang in fast 90 Prozent der Zeit den richtigen Stimulus. Andere Tiere, wie z.B. Katzen, entwickeln Learning Sets langsamer, und Ratten und Eichhörnchen zeigten – sogar nach mehr als tausend Diskriminationsaufgaben – nur einen mäßigen Transfer von Aufgabe zu Aufgabe. Warren beobachtete, dass Tiere, die höher auf der phylogenetischen Skala stehen, eine deutliche Tendenz haben, stärkere Learning Sets zu entwickeln. Anscheinend ist eine bemerkenswerte Eigenschaft von höher entwickelten Spezies die Fähigkeit, sich aus einer Lernsituation abstraktere Informationen anzueignen. Das heißt, die höher entwickelte Spezies lernt nicht nur, welche spezifischen Stimuli in jeder Diskriminationsaufgabe S^+ und S^- sind, sondern kann auch besser die Ähnlichkeiten zwischen Aufgabenstellungen erkennen und eine Verhaltensstrategie entwickeln, die die Performanz bei nachfolgenden Aufgaben verbessert.

Solche Spezies-übergreifenden Vergleiche müssen jedoch mit Vorsicht betrachtet werden, weil der Erfolg oder Misserfolg einer Spezies davon abhängen kann, wie das Experiment durchgeführt wurde. Obwohl Abbildung 10.9 darauf schließen lässt, dass Ratten selbst nach ausgedehntem Training wenig Transfer zeigen, stellten jüngere Untersuchungen mit Ratten einen beachtlichen Transfer nach nur ein paar dutzend Aufgaben fest, wenn statt visueller Stimuli Geruchssignale oder räumliche Lokationen eingesetzt wurden (Fagan, Eichenbaum & Cohen, 1985; Zeldin & Olten, 1986). Diese Ergebnisse zeigen, dass Ratten mit Stimuli der richtigen Modalität doch beträchtliche Learning Sets entwickeln können.

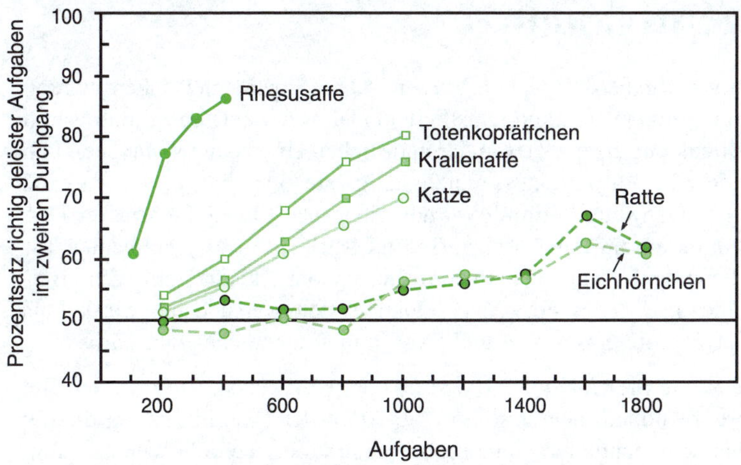

Abbildung 10.9: Warrens (1965) Vergleich der Performanz mehrerer unterschiedlicher Spezies in Experimenten zu Learning Sets. Wenn Versuchstiere lernen, dass die Struktur jeder neuen Diskriminationsaufgabe der früherer Aufgaben gleicht, sollten sie beginnen, im zweiten Durchgang einer neuen Aufgabe gezielt zu reagieren. Geschwindigkeit und Grad der Verbesserung variierten zwischen den einzelnen Spezies beträchtlich.

Harlows (1949) Vorgehensweise der wiederholten Diskriminationsaufgaben ist nur ein Beispiel für ein Learning Set. Eine andere Situation, in der sich ein Learning Set entwickeln kann, ist das **Umkehrlernen**. Bei diesem Vorgehen erwirbt das Individuum zunächst eine Diskrimination und dann werden die Rollen von S^+ und S^- regelmäßig getauscht. Zum Beispiel untersuchte Harlow das Verhalten von acht Affen in einem Experiment, bei dem S^+ und S^- alle 7, 9 oder 11 Durchgänge getauscht wurden. Zu Anfang des Experiments reagierten die Affen nach jeder Umkehrung einige Durchgänge lang falsch (was nicht überraschend ist, da sie zuvor für die Wahl des nun falschen Stimulus verstärkt worden waren). Nach vielen Umkehrungen benötigten sie jedoch nur einen Durchgang, um ihr Verhalten zu korrigieren – nach einer nicht verstärkten Wahl entschieden sie sich für den anderen Stimulus. Kurz gesagt, sie hatten gelernt, diese Aufgabe mit einer Mindestzahl an Fehlern auszuführen.

Forscher haben eine Reihe von anderen Diskriminationsaufgaben untersucht, bei denen Tiere abstraktere Dinge zu lernen scheinen als nur die Zuordnung der Stimuli. Zum Beispiel tauschen bei einer **Wechselaufgabe** die als S^+ und S^- fungierenden Stimuli bei jedem Durchgang die Rollen, so dass das Individuum lernen muss, den Stimulus zu wählen, der im vorigen Durchgang falsch war (Hunter, 1920). Bei einer **doppelten Wechselaufgabe** werden S+ und S- alle zwei Durchgänge getauscht. So beobachteten Schlosberg und Katz (1943) Ratten bei Diskriminationsaufgaben, in denen der linke Hebel für zwei Durchgänge der S^+ war; dann war für zwei Durchgänge der rechte Hebel der S^+ etc. Die Ratten lernten, die Aufgabe recht gut auszuführen, und zeigten eine rudimentäre Fähigkeit, Durchgänge zu zählen. Neuere Untersuchungen zu den Fähigkeiten von Tieren, solch abstrakte Relationen zu erlernen, werden in Kapitel 11 diskutiert.

10.6 Konzeptbildung

Viele der Diskriminationsaufgaben, die wir in diesem Kapitel betrachtet haben, wirken möglicherweise aus drei Gründen ziemlich künstlich: (1) Die verwendeten Stimuli waren einfache, idealisierte Bilder, auf die ein Tier in der natürlichen Umgebung wahrscheinlich nicht stoßen würde (wie z.B. ein perfektes, gleichmäßig rotes Quadrat auf einem ganz weißen Hintergrund); (2) nur wenige Stimuli wurden eingesetzt (die einfachste der Diskriminationsaufgaben umfasste nur zwei Reize, S^+ und S^-); (3) objektiv betrachtet war der Unterschied zwischen positiven und negativen Instanzen klar und eindeutig. Zum Beispiel war der S^+ ein rotes und der S^- ein grünes Quadrat; dem Versuchstier wurden als Objekte ausschließlich Quadrate präsentiert, und zwar immer nur solche einer Farbe.

In einer jüngeren Arbeit zum Thema **Konzeptbildung** oder **Kategorisierung** wurden alle drei Einschränkungen aufgehoben. Damit sollten die Arten der Diskrimination, die ein Tier in seiner natürlichen Umgebung lernen muss, besser simuliert werden. Wenn z.B. ein Tier zwischen Raubtieren und Nichtraubtieren oder zwischen essbaren und giftigen Pflanzen zu unterscheiden lernt – aus jeder Kategorie kann es zahllose Beispiele geben –, werden die Formen im Allgemeinen nicht einfach und idealisiert und die Unterscheidung zwischen positiven und negativen Instanzen einer Kategorie nicht immer einfach sein. Die Forschung zur Konzeptbildung soll untersuchen, wie Individuen lernen, solche komplexen Unterscheidungen zu treffen.

> **WWW**
>
> Sie können unter `http://coglab.wadsworth.com/experiments/Prototypes/` ein interessantes Experiment zur Konzeptbildung testen.

Der Unterschied zwischen Diskriminationslernen und Konzeptbildung ist nicht immer eindeutig, aber der entscheidende Unterschied besteht in der Zahl der im Training verwendeten Stimuli. Statt nur einen S^+ und einen S^- während des Diskriminationstrainings einzusetzen, macht die Konzeptbildung von vielen Stimuli Gebrauch, die in zwei Kategorien unterteilt werden – eine Gruppe **positiver Instanzen** (auf die Verstärkung folgt) und eine Gruppe **negativer Instanzen** (auf die keine Verstärkung folgt). Um in einer solchen Aufgabe richtig reagieren zu können, muss ein Individuum lernen, welche Merkmale die Vertreter der beiden Kategorien auszeichnen. Die folgenden Abschnitte prüfen Untersuchungen zur Konzeptbildung sowohl mit menschlichen als auch mit nichtmenschlichen Versuchsteilnehmern.

10.6.1 Die Struktur natürlicher Kategorien

Eleanor Rosch (1973, 1975, 1977) führte eine Reihe von Experimenten zu der Frage durch, wie Menschen auf unterschiedliche Vertreter „natürlicher Kategorien" reagieren – Kategorien von Objekten, die im Alltag vorkommen, wie z.B. Vögel, Pflanzen oder Fahrzeuge. Zwei ihrer wichtigsten Folgerungen sind, dass die Grenzen dieser Kategorien nicht eindeutig sind und dass Menschen dazu neigen, manche Vertreter einer Kategorie als „gute" oder „typische" Exemplare und andere als „schlechte" oder „untypische" Exemplare einzuordnen. Rosch verwendete die Begriffe **zentrale** und **periphere Instanzen**, um sich auf typische bzw. untypische Exemplare zu beziehen. In einem Experiment forderte

Rosch (1973) Versuchsteilnehmer auf, die Typikalität unterschiedlicher Exemplare aus verschiedenen Kategorien zu beurteilen. Dazu wurde eine 7-Punkte-Bewertungsskala benutzt, bei der 1 ein sehr typisches und 7 ein sehr untypisches Exemplar bedeutete.

Rosch zufolge fanden die Versuchsteilnehmer diese Aufgabe sehr leicht. Unterschiedliche Exemplare wurden unterschiedlich eingestuft. So erhielt in der Kategorie Vögel ein *Rotkehlchen* eine Durchschnittspunktzahl von 1,1, ein *Huhn* eine durchschnittliche Punktzahl von 3,8 und eine *Fledermaus* von 5,8. Also wurden Rotkehlchen als typische, Hühner als weniger typische und Fledermäuse als ausgesprochen untypische Exemplare von Vögeln betrachtet. Das Beispiel der Feldermäuse macht deutlich, wie verschwommen die Grenzen einer natürlichen Kategorie sein können. Während taxonomisch gesprochen Fledermäuse keine Vögel sind, wissen viele Menschen das wahrscheinlich nicht und halten Fledermäuse für (untypische) Vertreter der Vögelkategorie. Umgekehrt ist es so, dass sie eine Olive nicht als Frucht einordnen, obwohl sie dieser Kategorie angehört – in Roschs Studie wurde sie mit 6,2 Punkten bewertet.

Rosch beschrieb drei wichtige Merkmale natürlicher Kategorien. Erstens neigen Menschen dazu, darin übereinzustimmen, welche Exemplare typisch und welche untypisch sind. Ein zweites, dem ersten verwandtes Merkmal ist, dass Menschen, wenn sie gebeten werden, die Vertreter der verschiedenen Kategorien aufzulisten, häufiger typische Exemplare anführen. Als z.B. Battig und Montague (1969) Versuchsteilnehmer aufforderten, eine Liste von Vögeln aufzustellen, wurde *Rotkehlchen* von 377 Probanden aufgeführt, *Huhn* von 40 Versuchsteilnehmern und *Fledermaus* von nur drei. Ein drittes Merkmal ist, dass in Reaktionszeit-Experimenten Versuchspersonen mehr Zeit für die Entscheidung benötigen, ob untypische Exemplare zu der Kategorie gehören.

Es ist interessant, Vermutungen darüber anzustellen, wie Kinder lernen, Vertreter und Nichtvertreter unterschiedlicher natürlicher Kategorien zu erkennen. Sprache spielt vermutlich eine wichtige Rolle: Der Vater deutet vielleicht auf ein Rotkehlchen und sagt: „Das ist ein Vogel." Später erklärt er dem Kind dann, dass es ein Rotkehlchen und dass Rotkehlchen eine Vogelart sei. Obgleich Sprache sicherlich entscheidend für die menschliche Konzeptbildung ist, kann sie trotzdem die Struktur natürlicher Kategorien nicht erklären (mit typischen Exemplaren, untypischen Exemplaren und unklaren Grenzen). Denken Sie an die Tatsache, dass ein Kind wiederholt hört „Ein Rotkehlchen ist ein Vogel" und „Ein Huhn ist ein Vogel" und dennoch wird das Kind das Huhn für einen untypischen Vogel halten und nicht so schnell zustimmen, dass es sich dabei um einen solchen handelt. Wie können wir dieses Verhalten erklären? Nach manchen Theorien der menschlichen Konzeptbildung (Franks & Bransford, 1971) beurteilen Menschen, ob ein gegebenes Exemplar zu einer Kategorie gehört, indem sie seine Eigenschaften mit denen eines idealisierten Exemplars aus dieser Kategorie vergleichen. Zum Beispiel können wir anhand unserer vielfältigen Erfahrungen mit Vögeln feststellen, dass der „ideale" Vogel die folgenden Merkmale aufweist: Er hat Flügel, Federn, einen Schnabel und zwei Beine; er singt, er fliegt, er sitzt auf Bäumen. Ein Rotkehlchen hat alle diese Merkmale, daher wird es als typischer Vogel eingeordnet; ein Huhn hat nicht alle Merkmale und wird darum als weniger typisch betrachtet.

Unabhängig davon, wie es Menschen gelingt, natürliche Objekte einzuordnen, ist diese Aufgabe schwierig. Nehmen wir das natürliche Konzept *Baum*. Für viele Menschen entspricht der ideale Baum etwa einem ausgewachsenen Ahornbaum – mit einem kräftigen, braunen Stamm und einem Dach aus großen, grünen Blättern. Doch können Menschen Objekte auch dann zutreffend als Bäume identifizieren, wenn diese keine der charakteristischen Merkmale des idealen Baumes aufweisen (z.B. ein kleines Bäumchen ohne Blätter, halb im Schnee vergraben). Die menschliche Fähigkeit zur Kategorisierung natürlicher Objekte ist bemerkenswert, und Wissenschaftlern ist es noch nicht gelungen, eine Maschine zu bauen, die diese Fähigkeit auch nur annähernd erreicht. Im Wissen um diese beeindruckende Fähigkeit des Menschen, Konzepte zu bilden, haben manche Psychologen die Frage verfolgt, ob auch andere Lebewesen (die keine Sprache benutzen und darum Objekte nicht als „Vogel" oder „Pflanze" benennen können) die Fähigkeit besitzen, natürliche Konzepte zu erlernen.

10.6.2 Studien zur Konzeptbildung bei Tieren

Ziemlich viele Experimente haben das Erlernen natürlicher Konzepte bei Tieren untersucht. Herrnstein und seine Kollegen führten etliche solcher Experimente mit Tauben als Versuchstieren durch (Herrnstein & Loveland, 1964; Herrnstein, Loveland & Cable, 1976). Bei Herrnsteins Vorgehensweise reagierte eine Taube in einer Versuchskammer, die eine durchsichtige Leinwand enthielt, auf die von hinten Dias projiziert werden konnten. In einem Experiment (1979) wollte Herrnstein das Konzept *Baum* untersuchen: Positive Instanzen waren Dias, die einen Baum, mehrere Bäume oder den Teil eines Baums zeigten (wie z.B. einen Ast oder einen Teil des Stamms), und das Picken wurde in einem VI-Plan verstärkt. Dias, die keinen Baum oder Teil eines Baums enthielten, waren negative Instanzen, und es waren Löschungsbedingungen in Kraft. Um wahlloses Picken sowohl bei positiven als auch bei negativen Dias zu vermeiden, gab es die weitere Einschränkung, dass ein negatives Dia auf der Leinwand blieb, bis zwei Sekunden ohne ein Picken verstrichen waren.

In jeder Sitzung sah eine Taube 80 verschiedene Dias, zur Hälfte positive und zur Hälfte negative Instanzen. In den meisten Sitzungen wurden dieselben 80 Dias präsentiert, aber in einigen Generalisierungstests auch völlig neue. Als Erstes beobachtete Herrnstein, dass die Tauben schnell lernten, zwischen positiven und negativen Instanzen zu unterscheiden. Nach nur wenigen Sitzungen reagierten sie auf die positiven Dias signifikant schneller als auf die negativen.

Überlegen wir, wie die Tauben diese Aufgabe gemeistert haben könnten. Eine Möglichkeit ist, dass die Tauben nichts über die Kategorie Baum, sondern nur etwas über jeden der 80 Stimuli lernten. Allerdings zeigten die Ergebnisse der Generalisierungstests, dass die richtige Diskrimination der Tauben nicht auf die 80 im Training verwendeten Dias beschränkt war. Wenn sie mit Dias konfrontiert waren, die sie nie zuvor gesehen hatten, reagierten sie in etwa so schnell auf die positiven und so langsam auf die negativen Dias, wie sie es bei den alten positiven beziehungsweise negativen taten. Mit anderen Worten: Sie waren fähig, neue Dias ungefähr so gut wie die alten als Bäume oder Nichtbäume einzuordnen.

Weitere Konzeptbildungs-Experimente mit Tauben haben neben Bäumen eine Vielzahl von anderen Kategorien eingesetzt. Unter den Konzepten, die Tauben erfolgreich erlernten, sind *Menschen* (Herrnstein & Loveland, 1964), *Wasser*, eine *bestimmte Frau* (Herrnstein, Loveland & Cable, 1976), *Fische* (Herrnstein & de Villiers, 1980) und *künstliche Objekte* (Lubow, 1974). Sie wurden auch trainiert, zwischen den einzelnen Buchstaben des Alphabets (Blough, 1982) und zwischen verschiedenen Dreiecken und Quadraten (Towe, 1954) zu unterscheiden. Obwohl in vielen dieser Untersuchungen Tauben eingesetzt wurden, wurde die Fähigkeit, natürliche Konzepte zu bilden, auch bei anderen Tierarten beobachtet, einschließlich Papageien (Pepperberg, 1981), Mynah-Vögeln (Turney, 1982) und Affen (Schrier & Brady, 1987; Yoshikubo, 1985).

Es ist für Psychologen so schwierig, das Erlernen natürlicher Konzepte zu analysieren, weil es keine einfache Möglichkeit gibt, den Unterschied zwischen positiven und negativen Instanzen zu charakterisieren. Es wäre leicht, das Erlernen natürlicher Konzepte mit Experimenten zum herkömmlichen Diskriminationslernen in Verbindung zu bringen, wenn ein Merkmal oder eine Gruppe von Merkmalen in allen positiven Dias, aber in keinem negativen gegeben wäre. Wenn z.B. alle Dias von Bäumen die Farbe Grün oder einige Blätter oder einen braunen Baumstamm enthielten, könnten wir folgern, dass Tauben diese Aufgabe bewältigen, indem sie auf die relevanten Merkmale achten. In Herrnsteins Experiment gab es jedoch keine Merkmale, die alle positiven Dias gemeinsam hatten. Manche Dias von Bäumen enthielten grüne Blätter, aber einige Dias von Nichtbäumen zeigten auch große grüne Stellen (wie z.B. eine große Grasfläche). Auf manchen negativen Dias waren tatsächlich grüne, blättrige Objekte, wie z.B. Stangensellerie, zu sehen. Auf positiven Dias, die während des Herbstes aufgenommen worden waren, waren die Blätter rot und orange, und auf manchen Winterbildern gab es gar keine Blätter. In einigen positiven Dias füllte ein großer Baum die Mitte des Bildes aus und wieder andere zeigten nur ferne Baumwipfel, jenseits einer großen Wasserfläche. Aufgrund dieser großen Veränderlichkeit kam Herrnstein zu dem Schluss, dass es weder in den positiven noch in den negativen Dias „gemeinsame Elemente“ gab.

Wie gelang es dann den Tauben, zwischen Bildern mit und Bildern ohne Bäume zu unterscheiden (oder zwischen der An- und Abwesenheit von Wasser, Menschen oder künstlichen Objekten)? Wenn Menschen Bilder von Objekten in Kategorien einordnen, behandeln sie diese zweidimensionalen Stimuli als Darstellung dreidimensionaler Objekte und klassifizieren sie entsprechend. Herrnstein, Loveland und Cable (1976) zufolge machten ihre Tauben ungefähr das Gleiche: Sie reagierten auf diese komplexen bildlichen Muster, als ob diese Objekte in einer dreidimensionalen Welt repräsentierten. Dadurch konnten sie die optischen Muster in positive oder negative Kategorien einordnen, je nachdem ob ein bestimmtes Objekt aus der wirklichen Welt (wie z.B. ein Baum, eine Person) auf dem Bild dargestellt war.

Nicht jeder akzeptiert diese Schlussfolgerung. Manche Psychologen bezweifeln, dass die Tiere in diesen Studien die zweidimensionalen Dias tatsächlich als Repräsentationen dreidimensionaler Objekte behandelten (Cerella, 1982). Eine alternative Hypothese lautet, dass die Tiere lediglich auf eine komplexe Gruppe von sowohl positiven als auch negativen Merkmalen reagierten und sie auf neue Dias generalisieren konnten, weil diese einige dieser Merkmale (Farben, Formen, Muster) mit den Trainings-Dias teilten (siehe D'Amato & Van Sant, 1988). Eine andere Möglichkeit ist, dass die Tiere einzelne positive und negative Bilder im Gedächtnis speicherten und ihre Reaktionen auf die neuen Bilder dann von ihrer Ähnlichkeit mit den erinnerten Bildern abhing (Kendrick, Wright & Cook, 1990). Beide alternativen Hypothesen bieten eine plausible Erklärung dafür, wie Tiere bei einer Konzeptbildungsaufgabe gut abschneiden können, ohne die Relation zwischen den Bildern und dreidimensionalen Objekten tatsächlich zu kennen.

Die Frage, ob Tiere die Übereinstimmung zwischen zweidimensionalen Dias oder Bildern und dreidimensionalen Objekten erkennen, ist schwer zu beantworten, aber manche Untersuchungen lassen darauf schließen, dass sie es können (z.B. Herzog & Hopf, 1986). In einer raffinierten Studie von Delius (1992) wurden Tauben echte dreidimensionale Objekte präsentiert, die entweder kugelförmig (Murmeln, Erbsen, Kugeln etc.) oder nicht kugelförmig (Würfel, Knöpfe, Nüsse, Blumen etc.) waren. Jede Wahl eines kugelförmigen Objektes wurde mit Futter verstärkt und die Tauben lernten schnell, die kugelförmigen Objekte zu wählen. Dann wurden sie mit Fotos oder schwarzweißen Zeichnungen von kugel- und nicht kugelförmigen Objekten getestet, und sie wählten mit hoher Trefferrate die Bilder von kugelförmigen Objekten. In einer ähnlichen Studie beobachteten Honig und Stewart (1989), dass Tauben auf Fotos, die an zwei unterschiedlichen Lokationen aufgenommen worden waren, in einer Weise reagierten, die darauf schließen ließ, dass sie Konzepte von den tatsächlichen, realen Orten gebildet hatten. Diese Studien weisen darauf hin, dass, zumindest unter bestimmten Bedingungen, Tiere die Übereinstimmung zwischen Bildern und dreidimensionalen Objekten erlernen können.

Zwei andere Untersuchungen liefern weitere Einblicke in der Frage, wie Tauben zweidimensionale Stimuli kategorisieren. Kirkpatrick-Steger, Wasserman und Biederman (1996) brachten Tauben bei, zwischen Linienzeichnungen von vier Objekten zu unterscheiden – einer Gießkanne, einem Bügeleisen, einer Schreibtischlampe und einem Segelboot. Anschließend testeten sie die Vögel mit Linienzeichnungen, auf denen die Teile dieser Objekte auf unterschiedliche Weise durcheinander gebracht worden waren. So wollten sie prüfen, ob die Tauben die Objekte immer noch unterscheiden konnten. Die richtigen und falschen Reaktionen der Tauben wiesen interessante Muster auf. Zum Beispiel machte ein Vogel seine Sache mit den verfremdeten Zeichnungen von Gießkannen gut, solange der Griff der Kanne oberhalb des Kannenbodens, aber schlecht, wenn er unterhalb war. Bei Zeichnungen vom Segelboot führte dieser Vogel die Aufgabe gut aus, wenn die beiden Segel in einer Linie ausgerichtet waren, aber schlecht, wenn dies nicht der Fall war. Diese Ergebnisse lassen darauf schließen, dass die Tauben nicht gesondert auf einzelne Merkmale reagierten, sondern auch die Relationen zwischen den Merkmalen entscheidend für ihre Fähigkeit waren, die Objekte zu erkennen.

In einem ausgeklügelten Experiment von Watanabe, Sakamoto und Wakita (1995) lernten Tauben, zwischen den Bildern zweier Künstler zu unterscheiden, dem Impressionisten Monet und dem abstrakten Maler Picasso. Nachdem sie diese Diskrimination mit einem Satz Bilder für jeden Künstler erlernt hatten, waren sie fähig, neue Bilder von Monet und Picasso, die sie vorher nicht gesehen hatten, richtig zu kategorisieren. Darüber hinaus waren sie auch in der Lage, die Werke anderer Impressionisten (Renoir und Cezanne) und anderer abstrakter Maler (Matisse und Braque) zu unterscheiden. Die Experimentatoren testeten die Vögel auch mit vertrauten Bildern, die sie aber auf den Kopf stellten oder seitenverkehrt präsentierten. Bei den abstrakten Gemälden von Picasso hatte das wenig Auswirkung auf die Trefferrate der Vögel. Bei Monets Bildern jedoch, die für das menschliche Auge realistischere dreidimensionale Objekte darstellen, machten die Vögel mehr Fehler mit den auf den Kopf gestellten oder seitenverkehrten Bildern. Dieser Befund ist ein weiterer Hinweis darauf, dass Tauben auf zweidimensionale Bilder als Darstellungen dreidimensionaler Objekte reagieren können.

Wenn Tiere tatsächlich die Fähigkeit besitzen, auf zweidimensionale Bilder zu reagieren, als wären es dreidimensionale Objekte, dann besteht eine Parallele zwischen dieser Fähigkeit und der zur Adaptation von Bewegung, die wir in Kapitel 6 im Abschnitt „Probleme mit dem Stop-Action-Prinzip" behandelt haben. Dort haben wir gesehen: Wenn eine bestimmte Abfolge von Bewegungen verstärkt wird, erhöht sich die zukünftige Wahrscheinlichkeit von anderen Bewegungen, die den denselben Effekt auf die Umwelt haben. Um es anders auszudrücken: In Bezug auf Reaktionen neigen Tiere dazu, austauschbar alle Reaktionen einzusetzen, die in ihrer dreidimensionalen Umwelt dieselbe Wirkung haben. In Bezug auf Stimuli sind Tiere in der Lage, alle optischen Darstellungen, die denselben Objekttyp in ihrer dreidimensionalen Umwelt repräsentieren, zusammen zu gruppieren. In beiden Fällen ist noch unklar, wie diese beeindruckenden Leistungen zustande kommen. In beiden Fällen hat es sich als schwierig erwiesen, Maschinen mit den gleichen Fähigkeiten zu entwickeln.

10.6.3 Stimulusäquivalenz entwickeln

Wir haben gesehen, dass es sowohl für Menschen als auch für Tiere relativ einfach ist, natürliche Kategorien zu erlernen, z.B. Bäume, Wasser oder sogar Kunststile. Aber was würde passieren, wenn Versuchstiere eine „Kategorie" willkürlich ausgewählter Objekte erlernen sollten – Stimuli, deren einzige Gemeinsamkeit darin liegt, dass sich der Experimentator entschieden hat, sie in eine Gruppe zu stecken? Können Versuchstiere lernen, eine willkürliche Gruppe von Objekten als eine Kategorie zu behandeln, und was genau werden sie über die Relationen zwischen den einzelnen Stimuli lernen? Die Antwort scheint davon abzuhängen, wer die Versuchstiere sind und wie sie trainiert werden.

Bei menschlichen Versuchspersonen kann ein als **Stimulusäquivalenz** bekanntes Phänomen auftreten. Die Stimulusäquivalenz bezieht sich auf eine Situation, in der Individuen lernen, auf alle Stimuli einer Kategorie so zu reagieren, als seien sie austauschbar, obwohl sie nur wenige der möglichen Relationen zwischen diesen Stimuli erlernt haben. Dies ist eine ziemlich abstrakte Aussage; darum wollen wir ein konkretes Beispiel nehmen. Angenommen ein kleines Kind wird mit sechs verschiedenen geometrischen Formen als Stimuli trainiert. Die Formen stehen in keiner Beziehung zueinander, aber wir wollen sie A, B, C, D, E und F nennen. Bei jedem Durchgang wird eine Form als Stimulus präsentiert und das Kind muss zwischen zwei anderen Formen wählen, indem es die eine oder die andere anfasst. Bei manchen Durchgängen ist die Form A der Stimulus und die korrekte Reaktion ist B (mit entweder D, E oder F als der inkorrekten Alternative). Bei anderen Durchgängen ist B der Stimulus und die korrekte Reaktion ist C (wieder mit entweder D, E oder F als der inkorrekten Alternative). Dem Kind wird weiter beigebracht, E auszuwählen, wenn D der Stimulus, und F, wenn E der Stimulus ist. Dieses Training beinhaltet daher nur vier Relationen: Wenn A, wähle B; wenn B, wähle C; wenn D, wähle E; und wenn E, wähle F. Nach diesem Training wird das Kind mit neuen Wahlmöglichkeiten getestet, die es vorher noch nicht gesehen hat. Wenn C der Stimulus und die möglichen Alternativen B und D sind, wird das Kind B wählen. Wenn A der Stimulus und die möglichen Alternativen C und F sind, wird das Kind C wählen. Erkennen Sie das Muster, das sich abzeichnet?

Sidman und Tailby (1982) konzipierten eine derartige Trainingsphase und testeten dann neue Kombinationen von Stimuli und Reaktionen. Sie beobachteten, dass die Kinder in ihrem Experiment zwei Äquivalenz-Sets bildeten, mit A, B und C in einem Set und D, E und F in dem anderen, und dass sie alle Stimuli eines Sets als austauschbar behandelten. (Tatsächlich setzten Sidman und Tailby mehr als sechs Stimuli und mehr als zwei Äquivalenz-Sets ein, aber diese vereinfachte Darstellung veranschaulicht die Grundidee ihres Experiments). Der entscheidende Punkt besteht darin, dass sich diese Äquivalenz-Sets entwickelten, obwohl die Kinder mit nur wenigen der möglichen Stimulus-Reaktion-Kombinationen trainiert worden waren.

Diese Aufgabe mit beliebigen Formen mag wie ein seltsames intellektuelles Spiel für Kinder klingen, und Sie fragen sich vielleicht, warum Psychologen sich für die Entwicklung von Stimulusäquivalenz interessieren. Ein Grund ist die Überzeugung mancher Forscher, dass die Fähigkeit, Äquivalenz-Sets zu erlernen, der Fähigkeit, Sprache zu erlernen, gleicht. Schließlich sind geschriebene und gesprochene Wörter beliebige Reize, die sich auf Objekte oder Ereignisse im Leben beziehen. Zum Beispiel muss ein Kind in der Grundschule lernen, dass sich das gesprochene Wort „sechs“, das geschriebenen Wort „sechs“, die Zahl „6“ und die römische Ziffer „VI“ alle auf die gleiche Größe beziehen. Diese unterschiedlichen Symbole bilden ein Äquivalenz-Set: Sie können von einer Person, die gesprochenes und geschriebenes Deutsch versteht, austauschbar verwendet werden.

Mit Sprache ist das Lernen einer willkürlichen Verbindung zwischen einem Objekt oder einem Ereignis und einem Laut verbunden – dem gesprochenen Wort für das Objekt oder Ereignis. Daher vertreten manche Psychologen die These, dass die Fähigkeit, Äquivalenz-Sets zu erlernen, eng verwandt ist mit der Fähigkeit, Sprache zu erlernen, und dass Tiere, die keine Sprache gebrauchen, keine Stimulusäquivalenz zeigen sollten. Diese Frage ist intensiv diskutiert worden, und es gibt unterschiedliche Befunde. Manche Studien mit Tieren fanden keine Hinweise auf die Entwicklung von Stimulusäquivalenz, auch nicht nach ausgedehntem Training (Sidman, Rauzin, Lazar, Cunningham, Tailby & Carrigan, 1982). In einem Experiment wurden ansatzweise Anhaltspunkte für Stimulusäquivalenz bei einem Schimpansen festgestellt, der Training in einer Kunstsprache erhalten hatte (Yamamoto & Asano, 1995), aber eine andere Studie mit sprachtrainierten Schimpansen führte nicht zu diesem Ergebnis (Dugdale & Lowe, 2000). Im Gegensatz dazu fand eine Studie mit Ratten einige Anzeichen von Stimulusäquivalenz (Nakagawa, 1999).

Vaughan (1988) versuchte nachzuweisen, dass Tauben bei nachhaltigem Training Äquivalenz-Sets bilden können. Er präsentierte den Tauben 80 Dias von Bäumen und teilte 40 Dias willkürlich der positiven Kategorie (in der Picken zu Futter führte) und die anderen 40 der negativen Kategorie (in der Picken nicht zu Futter führte) zu. Innerhalb weniger

Sitzungen lernten die Tauben, auf die positiven und nicht auf die negativen Dias zu picken. Dies zeigte, dass die Tauben korrekte Reaktionen für 80 einzelne Dias erlernen konnten, aber es sagt uns nicht, ob sie gelernt hatten, die 40 Dias jeder Kategorie miteinander zu assoziieren. Vaughan kehrte dann mehrmals im Abstand von einigen Tagen die Rolle aller 80 Dias um (alle positiven Dias wurden negativ und umgekehrt). Nach einer Weile zeigten die Tauben, dass sie gelernt hatten, die 80 Dias in zwei Kategorien aufzuteilen, die man Äquivalenz-Sets nennen könnte. Wenn an einem bestimmten Tag die ersten Dias einer Kategorie positiv waren, pickten die Vögel auch bei der Präsentation anderer Bilder aus dieser Kategorie. Wenn umgekehrt die ersten Dias einer Kategorie negativ waren, reagierten die Vögel nicht auf andere Bilder aus dieser Kategorie. Vaughan schloss daraus, dass die Vögel zwei Äquivalenz-Sets von jeweils 40 Dias gelernt hatten.

Vaughans Ergebnisse bleiben umstritten – zum Teil, weil sich seine Vorgehensweise sehr von der früherer Studien zu Äquivalenz-Sets unterschied. Ein Einwand war, dass seine Vorgehensweise keinen adäquaten Test der Stimuluskontrolle darstellt (C.S. Hayes, 1989). Tatsächlich besteht unter den Fachleuten erhebliche Uneinigkeit darüber, wie Äquivalenz-Sets definiert und getestet werden sollten (O'Mara, 1991). Zentall (1998) kam in einem kritischen Überblick aller Studien zu Äquivalenz-Sets bei Tieren zu folgendem Schluss: Obwohl ihre Performanz vielleicht nicht den strengsten Definitionen von Stimulusäquivalenz entspricht, zeigen Tiere dennoch eine beeindruckende Fähigkeit, unverbundene Stimuli in Kategorien einzuteilen und als austauschbar zu behandeln.

10.7 Stimuluskontrolle in der Verhaltenstherapie

Fast immer geht es in der Verhaltenstherapie in irgendeiner Form um Stimuluskontrolle. Zum Beispiel sollen die Therapien von Phobien eine Reaktion (eine Angstreaktion) beseitigen, die von einer bestimmten Klasse von Reizen (den phobischen Objekten oder Situationen) kontrolliert werden. Das Besondere an den folgenden Beispielen ist jedoch, dass eines der Hauptmerkmale der Verhaltenstherapie die Entwicklung einer angemessenen Stimuluskontrolle ist.

10.7.1 Stimulusäquivalenz-Training

Methoden, die zuerst in Laborexperimenten angewandt wurden, um – wie im vorigen Abschnitt beschrieben – Stimulusäquivalenz zu trainieren, werden nun in verschiedenen Therapien eingesetzt. In manchen Fällen kann Stimulusäquivalenz-Training Kindern helfen, die Schwierigkeiten haben, lesen zu lernen. Zum Beispiel musste eine Gruppe von Kindern üben, geschriebene Wörter gesprochenen Wörtern zuzuordnen und Wörter zu schreiben, indem sie diese abschrieben. Nach dieser Übung waren sie in der Lage, die geschriebenen Wörter zu lesen (was sie vorher nicht konnten), obwohl die Übung das Vorlesen der geschriebenen Wörter nicht beinhaltet hatte. Offensichtlich half dieses Training den Kindern, Äquivalenzen zu lernen zwischen (1) dem Hören eines gesprochenen

Wortes, (2) dem Sehen des geschriebenen Wortes und (3) dem Vorlesen des Wortes. Die Kinder hatten nicht nur gelernt, die geübten Worte zu lesen, sondern waren auch im Stande, andere Wörter zu lesen, die die gleichen Silben in anderen Kombinationen enthielten (Melchiori, de Sousa & de Rose, 2000). Durch ein Stimulusäquivalenz-Training konnten auch behinderte Menschen lernen, Vokale und Konsonanten voneinander zu unterscheiden (Lane & Critchfield, 1998), und sogar, welche Verhaltensabfolge sie einhalten müssen, wenn sie Lebensmittel in einem Supermarkt einkaufen (Taylor & O'Reilly, 2000). Wenn das Stimulusäquivalenz-Training weiterhin solche ermutigenden Ergebnisse erzielt, wird es in Zukunft sicher verstärkt in der Verhaltenstherapie eingesetzt werden.

10.7.2 Lernverhalten

Es gibt viele verschiedene Gründe, warum jemand ein schwacher Schüler oder Student ist, aber ein häufiges Problem schlechter Schüler besteht darin, dass sie mit geringer Wahrscheinlichkeit lernen. Solch ein Student kann vorhaben, regelmäßig zu lernen, aber tatsächlich schafft er es nur selten, produktiv zu arbeiten. Das Problem ist, dass es keine Stimuli gibt, die zuverlässig Lernverhalten bewirken. Eine Studentin geht nach dem Essen beispielsweise auf ihr Zimmer, um zu lernen, aber stattdessen stellt sie den Fernseher oder die Stereoanlage an. Sie geht in die Bibliothek, um die angegebene Lektüre zu lesen, aber stattdessen unterhält sich mit Freunden oder hält ein Nickerchen.

L. Fox (1962), der erkannte, dass schlechte Lerngewohnheiten häufig Resultat ineffektiver Stimuluskontrolle sind, entwickelte für eine Gruppe von College-Studenten mit entsprechenden Problemen das folgende Programm: Jeder Student gab dem Therapeuten einen detaillierten Wochenplan, und der Therapeut suchte eine Stunde aus, in der der Student täglich Zeit hatte. Der Student erhielt die Anweisung, jeden Tag wenigstens einen Teil dieser Stunde damit zu verbringen, für seinen schwierigsten Kurs zu lernen. Außerdem sollte er das jeden Tag am selben Ort tun (in der Regel in einem kleinen Raum in der Bibliothek oder einem kleinen Seminarraum). Der Student sollte nur Arbeitsmaterial, das sich auf dieses Seminar bezog, mit in den Raum nehmen und diesen Raum ausschließlich zum Lernen nutzen. Er musste sich nicht unbedingt die ganze Stunde lang in dem Raum aufhalten: Wenn er anfing, vor sich hin zu träumen, oder sich langweilte oder unruhig wurde, sollte er noch eine weitere Seite lesen und dann sofort gehen. Der Student wurde ausdrücklich darauf hingewiesen, wie wichtig es war, dass er den Raum sofort verließ, wenn er nicht lernte. Das Ziel dieses Vorgehens bestand darin, eine feste Zeit und einen festen Ort als einen starken Stimulus für das Lernen eines bestimmten Fachs zu etablieren, indem diese Zeit und dieser Ort nur mit Lernverhalten gepaart wurden. Fox argumentierte dahingehend, dass andere Stimuli nicht zu Lernverhalten führten, weil sie mit Konkurrenzaktivitäten assoziiert waren (fernsehen, mit Freunden reden). Daher wäre es am besten, einen neuen Rahmen zu wählen, in dem Konkurrenzaktivitäten nicht so leicht möglich wären.

Es überrascht nicht, dass es den Studenten zunächst schwer fiel, in diesem neuen Rahmen längere Zeit zu lernen, und sie verließen den Raum lange vor Ablauf der Stunde. Allmählich jedoch wurden ihre Lernphasen länger und irgendwann konnten sie die ganze Stunde mit produktivem Lernen verbringen. An diesem Punkt wählte der Therapeut den zweitschwierigsten Kurs, und die Stimulus-Kontrollprozedur wurde wiederholt. Das heißt, der Student sollte für dieses Fach zu einer bestimmten Zeit an einem anderen, bestimmten Ort lernen. Bald lernte jeder Student für jeden seiner Kurse eine Stunde am Tag zu einer festen Zeit und an einem festen Ort. Wenn der Student länger für einen Kurs lernen musste, konnte er das jederzeit tun, aber nicht in diesem Raum.

Sämtliche Studenten in der Studie von Fox verbesserten sich in ihren Noten erheblich, selbst die geringste Steigerung lag eine ganze Note über der vom vorigen Semester. Es ist nicht möglich zu sagen, wie viel von dieser Verbesserung auf verbesserte Stimuluskontrolle zurückzuführen ist, weil die Studenten auch Training in anderen Lerntechniken erhielten, u.a. in der SQ3R-Methode (Überblick verschaffen, Fragen formulieren, Lesen, Exzerpieren, Wiederholen, engl.: survey, question, read, recite, review). Andere Befunde lassen darauf schließen, dass die Unterweisung in Stimulus-Kontrolltechniken allein nicht besonders effektiv ist, aber die Kombination mit anderen Methoden der Verhaltenstherapie, wie z.B. Selbstverstärkung, zu verbesserter Studienleistung führen kann (Richards, 1981).

10.7.3 Schlafstörungen

Die meisten Menschen können gelegentlich nicht schlafen, aber andauernde, schwere Schlafstörungen können ein ernstes Problem sein. Ein Mensch, der den größten Teil der Nacht wach liegt, wird am nächsten Tag wahrscheinlich nur mit Mühe die anstehenden Aufgaben bewältigen. Obwohl chronische Schlafstörungen in einigen Fällen medizinische Ursachen haben, sind sie doch sehr oft die Folge unangemessener Stimuluskontrolle. Das heißt, der Stimulus des eigenen Bettes bewirkt nicht zuverlässig das Verhalten des Schlafens. Die Rolle der Stimuluskontrolle wird deutlich, wenn wir das Verhalten von Menschen mit Schlafstörungen vergleichen mit dem Verhalten von Menschen, die problemlos schlafen können. Normalerweise zeigt ein Mensch eine Art der Stimuluskontrolle – er kann gut in seinem eigenen Bett schlafen, hat aber vielleicht Schwierigkeiten, woanders einzuschlafen, z.B. auf einer Couch oder in einem Hotelzimmer. Ein Schlafgestörter kann genau das entgegengesetzte Muster zeigen – er hat meist Schwierigkeiten, in seinem eigenen Bett einzuschlafen, aber er kann auf einer Couch, vor dem Fernseher oder in einem anderen Bett einschlafen. Dieses Muster macht deutlich, dass Schlafstörungen oft keine generelle Unfähigkeit sind einzuschlafen, sondern das Unvermögen, in Anwesenheit eines bestimmten Reizes – des eigenen Bettes – einzuschlafen.

Der Grund, warum das eigene Bett nicht als Reiz für das Schlafen dient, ist recht eindeutig: Das Bett kann mit vielen anderen Aktivitäten assoziiert werden, die mit Schlafen unvereinbar sind, z.B. lesen, fernsehen, essen und über die Ereignisse des Tages oder über Probleme nachdenken. Um das Bett zu einem wirksameren Stimulus fürs Schlafen zu machen, empfehlen manche Verhaltenstherapeuten, dass der Klient dort niemals etwas anderes machen soll als schlafen. Bootzin (1972) beschrieb den Fall eines Mannes, der jede Nacht mehrere Stunden wach lag und sich um Alltagsprobleme Sorgen machte, bevor er schließlich bei laufendem Fernseher einschlief. Der Mann erhielt die Anweisung, jeden Abend ins Bett zu gehen, wenn er müde war, aber weder fernzusehen noch etwas anderes im Bett zu tun. Wenn er nach ein paar Minuten noch nicht schlafen konnte, sollte er aufstehen und in ein anderes Zimmer gehen. Dort konnte er machen, was er wollte, und er sollte nicht zurück ins Bett gehen, bevor er nicht müde war. Jedes Mal, wenn er zu Bett ging, sollte er dieselben Anweisungen befolgen: Stehen Sie auf und verlassen Sie das Zimmer, wenn Sie nicht innerhalb weniger Minuten einschlafen. Zunächst musste der Klient jede Nacht mehrmals aufstehen, bevor er schlafen konnte, aber nach ein paar Wochen schlief er in der Regel innerhalb der ersten Minuten ein.

Diese Behandlung hat bei vielen Patienten mit Schlafstörungen gute Ergebnisse erzielt (Morin, Culbert & Schwartz, 1994). Die Vorgehensweise ist aus mindestens zwei Gründen effektiv. Erstens: Da die Patienten angewiesen werden, nicht im Bett zu bleiben, wenn sie nicht schlafen können, nimmt ihr Schlafbedürfnis am Anfang des Programms zu, wenn sie einen großen Teil der Nacht außerhalb des Bettes verbringen. Wenn sie dann ins Bett gehen, sind ihre Chancen einzuschlafen daher größer. Zweitens: Weil das Bett nur zum Schlafen benutzt wird, nehmen seine Assoziationen mit anderen Verhaltensweisen allmählich ab und gleichzeitig verstärkt sich seine Assoziation mit Schlaf. Natürlich ist Stimuluskontrolle nur eine von vielen Techniken der Verhaltenskontrolle und manche Therapien von Schlafstörungen umfassen auch andere Methoden wie z.B. die progressive Muskelrelaxation und Lernen, Besorgnis erregende Gedanken zu vermeiden (Davies, 1991; Hryshko-Mullen, Broeckl, Haddock & Peterson, 2000).

WWW

Ein Leitfaden zur Selbsthilfe, der erklärt, wie man mit Stimulus-Kontrolltechniken eigenes Verhalten modifizieren kann, ist zu finden unter **http://mentalhelp.net/psyhelp/chap11/chap11b.htm#b.**

Die Wirksamkeit dieser Methoden zum Training von Stimuluskontrolle kann von der Reduktion unvereinbarer Verhaltensweisen abhängen. Der Student in einem ruhigen Raum der Bibliothek wird wenig anderes tun können als zu lernen. Außerdem werden die wenigen potentiellen anderen Verhaltensweisen, die auftreten können (wie Vor-sich-hin-Träumen) verhindert, weil der Student die Anweisung hat, den Raum sofort zu verlassen, wenn er nicht mehr lernt. Ebenso ist es Teil der Therapie von Schlafstörungen, den Klienten von anderen Verhaltensweisen als Schlafen im eigenen Bett abzuhalten. In gewissem Sinne sind diese Stimulus-Kontrolltechniken das Gegenteil der Vorgehensweise, bei der unvereinbare Verhaltensweisen verstärkt werden, um ein unerwünschtes Verhalten zu beseitigen. Bei ersterem Vorgehen werden unvereinbare Verhaltensweisen verhindert, bei letzterem werden sie verstärkt.

Zusammenfassung

Pawlow zufolge ist Generalisierung ein automatisches Nebenprodukt des Konditionierungsprozesses, während Lashley und Wade den Standpunkt vertraten, dass die Voraussetzung für typische Gradienten Erfahrung sei. Beide Theorien scheinen in einigen Fällen zuzutreffen und in anderen nicht. Manche Experimente ergaben, dass Diskriminationstraining nötig war, bevor typische Generalisierungsgradienten zu beobachten waren. Experimente zur sensorischen Deprivation unterstützten jedoch Pawlows Position, indem sich bei Vögeln, die in einer einfarbigen Umwelt aufgezogen worden waren, Generalisierungsgradienten für Farbe zeigten.

Auch auf die Streitfrage absolute versus relationale Stimuluskontrolle gibt es keine eindeutige Antwort. Spences Theorie der absoluten Stimuluskontrolle kann den Peak Shift erklären, indem sie annimmt, dass sich ein exzitatorischer Gradient um den S^+ und ein inhibitorischer Gradient um den S^- entwickeln. Diese Theorie kann jedoch nicht die Ergebnisse des Intermediate-Size-Problems begründen, die dafür sprechen, dass Tiere auf die Relationen zwischen Stimuli reagieren können.

Terrace entwickelte eine Methode des „fehlerfreien" Diskriminationslernens, bei dem der S^- sehr früh im Training eingeführt wird, aber unter Bedingungen, in denen auf diesen Stimulus wahrscheinlich nicht reagiert wird. Fehlerfreies Diskriminationslernen wurde erfolgreich in Verhaltenstherapie-Programmen, u.a. bei geistig behinderten Kindern, eingesetzt.

Konzeptbildung findet statt, wenn Individuen lernen, eine Stimulusklasse als positiv und eine andere als negativ zu behandeln. Studien mit Tauben und anderen Tieren haben gezeigt, dass sie solche Kategorien wie Bäume, Gewässer und Menschen erlernen können. Menschliche Versuchsteilnehmer können auch Äquivalenz-Sets erlernen, in denen beliebige Stimuli willkürlich unterschiedlichen Kategorien zugeteilt werden. Einige Psychologen vertreten den Standpunkt, dass nur Menschen beliebige Kategorien erlernen können, aber andere sehen Hinweise dafür, dass dies auch Tieren möglich ist.

Techniken der Stimuluskontrolle werden in der Verhaltenstherapie eingesetzt, wenn ein erwünschtes Verhalten nur selten in Anwesenheit des entsprechenden Reizes auftritt. Für schwache Studenten kann ein besonderer Ort als starker Hinweisreiz für Lernverhalten trainiert werden. Wenn Schlafstörungen auf mangelhafte Stimuluskontrolle zurückzuführen sind, kann das Bett des Betroffenen als starker diskriminativer Hinweisreiz für Schlaf trainiert werden.

Wiederholungsfragen

1. Was ist nach Pawlows Theorie die Ursache für Generalisierungsgradienten? Wie lautet eine andere Theorie dazu? Was zeigen Experimente zum Diskriminationslernen und zur sensorischen Deprivation zu dieser Frage?
2. Beschreiben Sie den Unterschied zwischen der absoluten und der relationalen Theorie der Stimuluskontrolle. Was lernen wir von Studien über Transposition, Peak Shift und das Intermediate-Size-Problem über diese Theorien?
3. Beschreiben Sie einige Befunde zu natürlichen Kategorien bei Menschen und über das Erlernen natürlicher Kategorien bei Tauben. Was zeigen diese Studien bezüglich der Konzeptbildung bei Tieren?
4. Nennen Sie ein Beispiel dafür, wie Stimulus-Kontrolltechniken verhaltenstherapeutisch eingesetzt werden. Schildern Sie einige besondere Maßnahmen, die der Klient ergreifen muss, damit die Behandlung wirkt.

Kapitel

11 Komparative Kognition

In diesem Kapitel

Betrachtet man die gegenwärtige Popularität der kognitiven Psychologie, sollte der Titel dieses Kapitels etwas überraschend anmuten. In den letzten Jahren wuchs das Interesse an der Anwendung der kognitiven Psychologie (die sich in der Vergangenheit fast ausschließlich mit menschlichen Versuchspersonen beschäftigt hat) an Tieren. Aus diesem Interesse ist ein neues Feld hervorgegangen, die **Animal Cognition** (W. A. Roberts, 1998; Vauclair, 1996) oder **komparative Kognition** (Kessner & Olton, 1990; Roitblat, 1987) genannt wird. Das Wort *komparativ* ist besonders aufschlussreich, denn eine der Hauptzielsetzungen der Forschung auf diesem Gebiet ist der Vergleich der kognitiven Prozesse unterschiedlicher Spezies, einschließlich des Menschen. Durch Anstellen solcher Vergleiche hoffen Forscher Gemeinsamkeiten in der Art und Weise, wie unterschiedliche Spezies Informationen wahrnehmen, verarbeiten und nutzen, zu finden (Rilling & Neiworth, 1986). Obgleich sich die Kognitions- und Verhaltensansätze zum Lernen bei Tieren auf markante Weise von denen beim Menschen unterscheiden, haben sie doch ein sehr grundsätzliches Ziel gemeinsam: allgemeine Prinzipien zu entdecken, die auf viele verschiedene Spezies Anwendung finden. Wenn Psychologen so unterschiedliche Spezies wie Menschen, Schimpansen, Nagetiere und Vögel vergleichen, ist es selbstverständlich, dass auch Unterschiede in den Lernfähigkeiten zu Tage treten, und diese Unterschiede können genauso informativ sein wie die Ähnlichkeiten. Der komparative Ansatz kann uns einen besseren Einblick in die Fähigkeiten liefern, die wir mit anderen Spezies gemeinsam haben, und kann uns auch helfen zu verstehen, was die menschliche Spezies so einzigartig macht.

Obgleich wir dem kognitiven Ansatz schon an verschiedenen Stellen in diesem Buch begegnet sind, ist dieses Kapitel einzig und allein dem Thema der komparativen Kognition gewidmet. Wir werden hier einige der Hauptthemenfelder der traditionellen kognitiven Psychologie untersuchen, einschließlich der Themen Gedächtnis, Problemlösung, logisches Denken und Sprache. Wir werden versuchen zu bestimmen, wie sich die Fähigkeiten von Tieren in jedem dieser Themenfelder im Vergleich zu denen von Menschen darstellen.

11.1 Gedächtnis

Eine vorherrschende Sichtweise über das menschliche Gedächtnis ist, dass es wichtig ist, zwischen dem **Langzeitgedächtnis**, das Informationen monate- oder jahrelang speichern kann, und dem **Kurzzeitgedächtnis**, das Informationen nur für einige Sekunden behält, zu unterscheiden. Einige der Inhalte des Langzeitgedächtnisses sind Dinge wie Ihr Geburtstag, die Namen Ihrer Freunde, die Tatsache, dass 4 + 5 = 9 ist, die Bedeutung des Wortes *Rechteck* und Tausende anderer Informationen. Ein Beispiel für die Inhalte des Kurzzeitgedächtnisses andererseits wäre eine Telefonnummer, die Sie gerade zum ersten Mal nachgeschaut haben. Wenn nun jemand Ihre Aufmerksamkeit für einige Sekunden auf etwas anderes richtet, nachdem Sie die Nummer nachgeschaut haben, werden Sie die Nummer wahrscheinlich vergessen haben und müssen sie nochmal nachschauen. Wissenschaftler, die das Gedächtnis von Tieren erforschen, hielten es auch für wichtig, zwischen Langzeit- und Kurzzeitgedächtnis zu unterscheiden, so dass es für uns zweckmäßig sein wird, diese beiden Arten von Gedächtnis in den folgenden Abschnitten getrennt zu untersuchen.

11.1.1 Kurzzeitgedächtnis oder Arbeitsgedächtnis

Abgesehen von seiner Kurzlebigkeit hat das Kurzzeitgedächtnis im Vergleich zum Langzeitgedächtnis offensichtlich auch nur eine sehr begrenzte Speicherkapazität. Obgleich Ihr Kurzzeitgedächtnis groß genug ist, um sich eine siebenstellige Telefonnummer so lange zu merken, bis Sie sie gewählt haben, hätten Sie wahrscheinlich große Schwierigkeiten, sich zwei neue Telefonnummern auf einmal zu merken. (Wenn Sie dies nicht glauben, suchen Sie sich zwei zufällige Telefonnummern heraus und versuchen Sie, sich zehn Sekunden später noch an sie zu erinnern.) Nach Ansicht kognitiver Psychologen muss die Information auf Grund der begrenzten Speicherdauer und Kapazität des Kurzzeitgedächtnisses ins Langzeitgedächtnis übertragen werden, wenn sie langfristig verfügbar sein soll.

Sowohl in der Forschung mit Menschen als auch mit Tieren wird heutzutage oft der Begriff **Arbeitsgedächtnis** statt Kurzzeitgedächtnis verwendet (Bower, 1975). Diese Änderung der Bezeichnungsweise spiegelt die Ansicht wider, dass die Informationen im Arbeitsgedächtnis dazu benutzt werden, die Aufgaben zu lenken, die das Individuum gerade verrichtet. Nehmen wir zum Beispiel an, Sie arbeiten an einer Reihe von einfachen Additionsaufgaben ohne Hilfe eines Taschenrechners. Zu einem gegebenen Zeitpunkt würde Ihr Arbeitsgedächtnis also mehrere verschiedene Informationen enthalten: dass Sie die Hunderterspalte aufaddieren, dass die Summe bis dahin 26 ist, dass die nächste hinzuzuaddierende Zahl 8 ist und so weiter. Beachten Sie, dass die Informationen ständig auf den neuesten Stand gebracht werden müssen: Ihre Antworten wären falsch, wenn Sie sich an die vorherige Summe erinnern würden statt an die gegenwärtige oder wenn Sie die Hunderterspalte nicht aufaddieren würden, weil Sie sie mit der Hunderterspalte aus der vorherigen Rechnung verwechseln. In vielen solcher Aufgaben muss sich der Mensch an wichtige Einzelheiten aus einer vorangegangenen Aufgabe erinnern und ähnlich wirkende, aber belanglose Einzelheiten aus bereits gelösten Aufgaben unbeachtet lassen. Auf ähnliche Weise muss sich ein Schmetterling auf der Suche nach Nektar daran erinnern, welche Blumenfelder er an diesem Tag besucht hat, und darf seine heutigen Ausflüge nicht mit den gestrigen verwechseln.

Die moderne Forschung legt nahe, dass im Arbeitsgedächtnis von Menschen und anderen Primaten ähnliche Gehirnfunktionen beteiligt sein könnten. Studien mit Rhesusaffen ergaben, dass einzelne Neuronen in zwei Bereichen der Großhirnrinde (besonders im präfrontalen und im parietalen Kortex) aktiv waren, wenn die Affen sich an den Ort eines Gegenstandes erinnern sollten, wohingegen Neuronen in anderen Bereichen aktiv waren, wenn die Affen sich an die visuellen Charakteristika des Gegenstandes erinnern sollten (Funahashi, Bruce & Goldman-Rakic, 1989; Wilson, O'Scalaidhe & Goldman-Rakic, 1993). Studien an Menschen mit Hilfe von Brain-Imaging-Techniken (PET und MRI) haben ähnliche Unterschiede in Bezug darauf gezeigt, welche Teile der Großhirnrinde am aktivsten waren, wenn es um das erforderliche Gedächtnis für die Art des Gegenstands ging, im Gegensatz zu dem Ort, an dem er sich befand (Smith, 2000). Diese Studien zeigen nicht nur eine Übereinstimmung zwischen Arbeitsgedächtnis und Gehirntätigkeit; sie zeigen auch, dass verschiedene Bereiche des Kortex beteiligt sind, je nachdem welche Arten von Informationen erinnert werden müssen.

WWW

Sie können Ihre Gedächtnisspanne hinsichtlich Wörtern, Buchstaben und anderen Arten von Informationen hier testen: **http://faculty.washington.edu/chudler/stmo.html**

Weitere Forschungsarbeiten mit Tieren untersuchten verschiedene Eigenschaften des Arbeitsgedächtnisses, wie etwa seine Dauer, seine Kapazität und Faktoren, die die Performanz beeinflussen. Die folgenden Abschnitte beschreiben zwei Techniken, die beim Studium des Arbeitsgedächtnisses von Tieren oft benutzt werden.

Delayed Matching to Sample

Zur Einführung in dieses Verfahren betrachten wir nun Abbildung 11.1a. Sie zeigt den einfacheren **Matching-to-Sample-Test**, der in Versuchen mit Tauben benutzt wurde. Eine geeignete Experimentierkammer hat drei Reaktionstasten, die auf einer Seite der Kammer eingebaut sind. Vor jedem Versuch leuchtet die mittlere Taste in einer von zwei Farben auf (zum Beispiel rot oder grün). Diese Farbe nennt man den **Musterstimulus**. Normalerweise muss das Tier auf diese Taste picken, um auch die beiden äußeren Tasten zum Leuchten zu bringen. Tut es das, leuchtet die linke Taste grün auf und die rechte rot oder umgekehrt. Diese beiden Farben nennt man die **Vergleichsstimuli**. Die Aufgabe der Taube ist nun, auf die Taste zu picken, die dieselbe Farbe wie die mittlere Taste hat. Für eine richtige Reaktion wird die Taube mit Futter belohnt, bei einer falschen geht sie leer aus. Der Matching-to-Sample-Test ist für Tauben und andere Tiere eine leichte Aufgabe, und in nahezu 100 Prozent aller Versuche treffen sie die richtige Entscheidung (Blough, 1959).

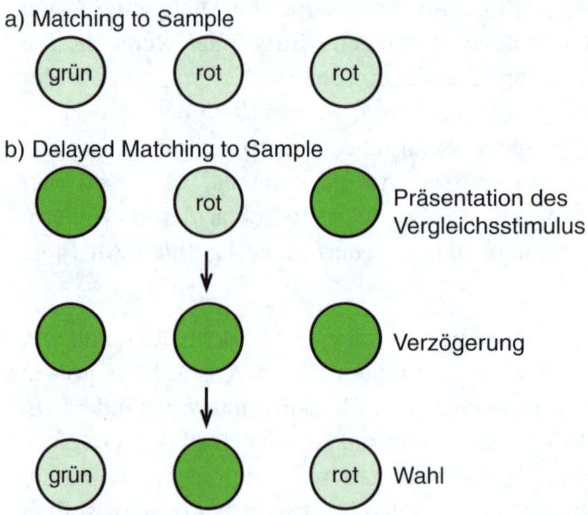

Abbildung 11.1: **(a)** Die Vorgehensweise bei einem einfachen Matching-to-Sample-Test. Die rechte Taste hat dieselbe Farbe wie die mittlere; auf die rechte Taste picken ist also die richtige Antwort. **(b)** Der Delayed-Matching-to-Sample-Test. Wiederum ist das Picken auf die rechte Taste die richtige Antwort; hier jedoch muss die Taube sich eine gewisse Zeitlang die Farbe des Musterstimulus merken.

Abbildung 11.1b zeigt das etwas schwierigere Verfahren des **Delayed Matching to Sample (DMTS).** In diesem Fall wird der Musterstimulus für eine gewisse Zeit präsentiert, doch dann folgt eine Zeitspanne, in der alle Tasten unbeleuchtet sind, bis dann schließlich beide äußeren Tasten aufleuchten. Wiederum ist die richtige Reaktion das Anpicken des Vergleichsstimulus, der mit dem Musterstimulus übereinstimmt. Da dieser nun jedoch nicht mehr sichtbar ist, muss sich die Taube über die Verzögerungsphase hinweg an seine Farbe erinnern, damit es mehr als ein Zufall ist, wenn es häufig richtig reagiert. Da eine der beiden Tasten immer richtig ist, liegt die Wahrscheinlichkeit zufälliger richtiger Reaktionen bei 50 Prozent. Liegt das Tier also in mehr als 50 Prozent aller Fälle richtig, bedeutet dies, dass es sich über die Verzögerungsphase hinaus an den Musterstimulus erinnern konnte.

Wenn wir beim DMTS-Verfahren mit unterschiedlich langen Verzögerungsphasen arbeiten, können wir messen, wie lange die Information des Musterstimulus im Arbeitsgedächtnis erhalten bleibt. Die Antwort fällt für unterschiedliche Spezies unterschiedlich aus. So zeigen zum Beispiel die ausgefüllten Kreise in Abbildung 11.2a (obere Kurve) die Genauigkeit, die Tauben in einem Versuch von Grant (1975) erzielen konnten, in dem die Verzögerungsphase von 0 bis 10 Sekunden ausgedehnt wurde. Der durchschnittliche Prozentsatz richtiger Antworten verringerte sich mit längeren Verzögerungsphasen stetig, und bei einer Verzögerung von zehn Sekunden gaben die Tauben noch 66 Prozent richtige Antworten. Die Ergebnisse einer ähnlichen Studie mit Kapuzineraffen (D'Amato, 1973) sind in Abbildung 11.2b wiedergegeben. Diese Affen waren auch nach viel längeren Verzögerungsphasen noch zu richtigen Antworten imstande: Ihre Erfolgsquote lag noch bei einer Verzögerung von bis zu einer Minute bei 66 Prozent.

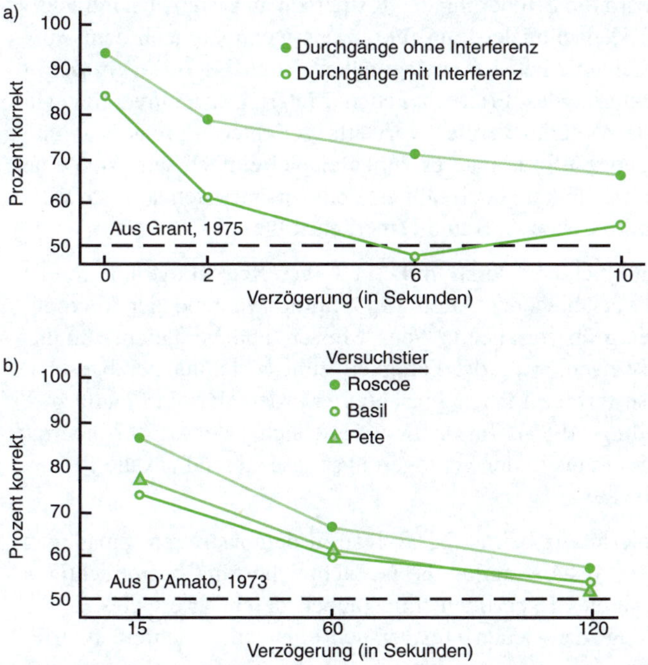

Abbildung 11.2: **(a)** Gedächtnisleistung von Tauben in einem Delayed-Matchin- to-Sample-Test, bei dem die Verzögerung zwischen Muster- und Vergleichsstimulus variiert wurde. **(b)** Gedächtnisleistung von drei Kapuzineraffen in einem Delayed-Matching-to-Sample-Test. Beachten Sie die unterschiedlichen Größenordnungen auf der x-Achse in beiden Darstellungen.

Wichtig ist zu beachten, dass Funktionen wie die in Abbildung 11.2 keine festen oder unveränderlichen Zeitwerte für das Arbeitsgedächtnis dieser Spezies wiedergeben, denn viele Faktoren haben Einfluss auf den Zeitpunkt, zu dem die Gedächtnisleistung als Folge der Zeitverzögerung nachlässt. So zeigen zum Beispiel Tauben im DMTS-Test bessere Ergebnisse, wenn ihnen der Musterstimulus für eine längere Zeitdauer präsentiert wird (W. A. Roberts & Grant, 1978). Diese Verbesserung tritt wahrscheinlich deshalb ein, weil das Tier mehr Zeit zum Lernen des Musterstimulus hat und dadurch seine Repräsentation im Arbeitsgedächtnis gestärkt wird.

Die Performanz in diesem Test kann auch durch die Anwesenheit anderer Stimuli gestört werden, die mit der Erinnerung an den Musterstimulus interferieren. Bei Gedächtnisaufgaben für Menschen unterscheidet man schon lange zwischen zwei Arten von störenden Einflüssen: die retroaktive (rückwärts gerichtete) Interferenz und die proaktive (vorwärts gerichtete) Interferenz.

Retroaktive Interferenz tritt auf, wenn die Präsentation neuen Materials das zuvor Gelernte beeinträchtigt. (Das störende Material wirkt zeitlich rückwärts gerichtet – retroaktiv – und beeinträchtigt die Erinnerung an zuvor gelerntes Material.) Nehmen wir zum Beispiel an, eine Testperson soll eine Liste A auswendig lernen (wie bei Ebbinghaus, siehe Kapitel 2), dann eine Liste B, worauf ihre Erinnerung an Liste A getestet wird. Das Auswendiglernen der Liste B wird die Erinnerung der Testperson an Liste A beeinträchtigen und zu einer schwächeren Gedächtnisleistung führen, als wenn sie nach dem Auswendiglernen von Liste A einfach eine Pause eingelegt hätte. **Proaktive Interferenz** tritt auf, wenn zuvor gelerntes Material das Erlernen neuen Materials beeinträchtigt. (In diesem Fall wirkt das störende Material zeitlich vorwärts gerichtet – proaktiv – und beeinträchtigt spätere Lernvorgänge.) So könnte es zum Beispiel einfach sein, sich eine Liste – Liste D – für sich allein zu merken, doch fällt es viel schwerer, sich an Liste D zu erinnern, wenn man sich zuvor die Listen A, B und C merken sollte.

Beide Arten der Interferenz fand man bei Tieren im DMTS-Test. Retroaktive Interferenz kann man durch Präsentation verschiedener Arten von Stimuli während der Verzögerungsphase demonstrieren. Wenig überraschend: Wenn Muster- und Vergleichsstimulus zwei verschiedene Farben aufweisen, wird die Fähigkeit zum Matching herabgesetzt, wenn in der Verzögerungsphase farbige Lichter präsentiert werden (Jarvik, Goldfarb & Carley, 1969; Kendrick & Rilling, 1984). Tatsächlich wirkt sich jede Art von überraschendem oder unerwartetem Stimulus in der Verzögerungsphase störend auf die Performanz bei der Matching-Aufgabe aus.

Um die Existenz proaktiver Interferenz beim DMTS-Test zu demonstrieren, muss man den Stimulus zeigen, *bevor* der Musterstimulus die Gedächtnisleistung beeinträchtigen kann. Grants (1975) oben erwähntes Experiment mit Tauben demonstriert dies. Diese Studie beinhaltete die Bedingung, dass jedem Testversuch einer oder mehrere Interferenzdurchgänge unmittelbar vorausgingen, bei denen die gegensätzliche Farbe richtig war. Die nicht ausgefüllten Kreise in Abbildung 11.2a (untere Kurve) zeigen die Ergebnisse dieser Bedingung. Wie man sehen kann, war die Gedächtnisleistung beträchtlich schwächer, wenn man dem Test diese Interferenzdurchgänge hinzufügte; ganz offensichtlich beeinträchtigte also die Erinnerung an vorherige Durchgänge die Gedächtnisleistung der Tauben in späteren Versuchen.

Bis hierher haben wir einige Faktoren untersucht, die die Gedächtnisleistung beim DMTS-Test beeinflussen, aber wir haben noch nicht angesprochen, welcher Strategie sich das Tier bedient, um diese Aufgabe zu lösen. Für einen menschlichen Beobachter liegt der Schluss nahe, dass das Tier einer einfachen Regel folgt: „Wähle den Vergleichsstimulus, der zum Musterstimulus passt." Beachten Sie, dass dies eine allgemeine Regel ist, die auf jeden Muster- und Vergleichsstimulus angewendet werden kann, dem das Tier ausgesetzt ist. Es ist jedoch auch möglich, dass das Tier zwei weitere spezifische Regeln gelernt hat: „Nach einem roten Musterstimulus wähle rot" und „Nach einem grünen Musterstimulus wähle grün." Wenn das Tier die allgemeine Regel gelernt hat, sollte es auch imstande sein, diese Lernerfahrung auf eine neue Serie von Stimuli zu übertragen (zum Beispiel blaue und gelbe Tasten statt rote und grüne). Wenn das Tier nur die beiden spezifischen Regeln gelernt hat, sollte der Transfer auf neue Stimuli nicht erfolgen. Wenn die Tiere auf Transfer auf neue Stimuli getestet werden, zeigen sie allgemein ein gewisses Maß an Ersparnis – sie lernen die neue Aufgabe schneller zu lösen –, jedoch haben sie nicht den sofortigen und vollständigen Erfolg mit neuen Stimuli, den wir erwarten würden, wenn sie eine allgemeine Regel für die Reaktion auf „Gleichheit" entwickelt hätten (Wilkie, 1983; Zentall & Hogan, 1978). Selbst Affen haben in Transferstests Schwierigkeiten, wenn die neuen Stimuli sich sehr von den ursprünglichen unterscheiden (D'Amato, Salmon & Colombo, 1985). So zeigten zum Beispiel einige Affen nach einem DMTS-Training mit verschiedenen Formen von Stimuli die Fähigkeit zum unmittelbaren Transfer, wenn die neuen Stimuli von der Form her anders waren, jedoch nicht, wenn die neuen Stimuli ein ständig leuchtendes und ein blinkendes grünes Licht waren (Iverson, Sidman & Carrigan, 1986). Wenn diese Affen also eine Regel zur Reaktion auf gleichartige Stimuli entwickelt hatten, dann war diese Regel zwar allgemein genug, um auf neue Formen angewendet werden zu können, jedoch nicht auf andere Arten von Stimuli.

Ein etwas abgewandeltes Verfahren, bei dem es nicht möglich ist, einer allgemeinen Gleichheitsregel zu folgen, nennt sich **bedingte Diskrimination** oder **symbolischer DMTS-Test**. Obgleich letzterer Name oft benutzt wird, ist er nicht wirklich angemessen, denn bei diesem Test sind Muster- und Vergleichsstimuli vollkommen unterschiedlich, so dass ein „Matching" eigentlich gar nicht stattfindet. So könnten zum Beispiel die Musterstimuli rot und grün sein und die Vergleichsstimuli eine waagerechte und eine senkrechte Linie, beide auf weißem Hintergrund. Die richtige Reaktion könnte sein: „Wenn rot, wähle waagerecht" und „Wenn grün, wähle senkrecht." Bei der Analyse der Gedächtnisleistung bei diesem Test haben Psychologen versucht zu bestimmen, ob die Tiere auf retrospektive oder prospektive Kodierung zurückgreifen, um die Information im Arbeitsgedächtnis zu behalten. **Retrospektive Kodierung** hat zu tun mit „zurückschauen" und sich an etwas erinnern, das bereits geschehen ist (zum Beispiel „Der Musterstimulus war rot"). **Prospektive Kodierung** hat zu tun mit „vorausschauen" und sich daran erinnern, wie man als Nächstes reagieren sollte (zum Beispiel „Picke auf die Taste mit der waagerechten Linie "). Ein von Roitblat (1980) durchgeführter Versuch zeigte, dass Tauben bei einem bedingten Diskriminationstest auf die prospektive Strategie zurückgreifen. Bei diesem Experiment standen drei mögliche Musterstimuli (Rot, Orange und Blau) und drei mögliche Vergleichsstimuli (waagerechte, senkrechte und nahezu senkrechte schwarze Linien) zur Verfügung. Die richtigen Antwortregeln waren: Wenn Rot, wähle waagerecht; wenn Orange, wähle nahezu senkrecht, und wenn Blau, wähle senkrecht. Man würde nun erwarten, dass eine Taube, die sich der retrospektiven Strategie bedient (zurückschauen und sich an die Farbe des Musterstimulus vor der Verzögerungsphase erinnern) mehr Fehler mit den roten und orangefarbenen Musterstimuli machen würde, da sich diese beiden Farben im Vergleich zu Blau ähnlicher sind. Eine Taube, die andererseits die prospektive Strategie bevorzugt (vorausschauen und sich daran erinnern, welche Linie auszuwählen ist), würde zu mehr Fehlern neigen, wenn der richtige Vergleichsstimulus entweder senkrecht oder nahezu senkrecht wäre, da sich diese beiden im Vergleich zur waagerechten Linie ähnlicher sind. Roitblat fand nun heraus, dass ähnliche Linien für mehr Verwirrung sorgten als ähnliche Farben, was nahe legte, dass seine Tauben auf die prospektive Strategie zurückgriffen. Einfach ausgedrückt: Die Tiere schienen sich eher daran zu erinnern, wie sie reagieren sollten, und nicht so sehr, welche Farbe sie gesehen hatten.

Eine Reihe weiterer Studien lieferte Belege für prospektive Kodierung (zum Beispiel Honig & Dodd, 1983; Urcuioli & Zentall, 1992). Es wäre jedoch ein Fehler, den Schluss zu ziehen, dass die Tauben bei bedingten Diskriminationstests immer auf prospektive Kodierung zurückgreifen würden. Einige Studien fanden Nachweise für eine retrospektive Kodierung, wenn dieselben Musterstimuli leicht zu unterscheiden waren und die Vergleichsstimuli nicht (Urcuioli & Zentall, 1986; Zentall, Urcuiloi, Jagielo & Jackson-Smith, 1989). Die Forscher zogen den Schluss, dass Tauben sowohl zu prospektiver als auch zu retrospektiver Kodierung fähig waren und dass sie abhängig von der Nützlichkeit in der jeweiligen Aufgabe auf die eine oder auf die andere Methode zurückgreifen.

Das sternförmige Labyrinth

Die DMTS-Aufgabe unterscheidet sich deutlich von allem, was einem Tier in seinem natürlichen Lebensumfeld begegnen kann. Eine etwas realistischere Aufgabe zum Test des Arbeitsgedächtnisses ist das sternförmige Labyrinth. Es simuliert eine Situation, in der das Tier ein Terrain auf der Suche nach Futter erkundet. Abbildung 11.3 zeigt den Grundriss des achtarmigen Labyrinths für Ratten, das Olton und seine Kollegen benutzten. Das Labyrinth als Ganzes ist eine Plattform, die etwa einen Meter über dem Boden positioniert ist. Es hat keine Wände, so dass die Ratte alle Gegenstände im Raum (Fenster, Türen, Tische usw.) sehen kann. Am Ende jedes Arms befindet sich ein kleiner Napf, in den Futter gegeben werden kann. Zu Versuchsbeginn wird die Ratte in der Mitte des Labyrinths platziert, so dass sie von dort aus das Labyrinth erkunden und das Futter fressen kann, das sie in den Armen findet. Hat die Ratte alles gefressen, was in einem Arm an Futter vorhanden ist, wird sie dort nichts mehr finden, wenn sie während desselben Versuchs noch einmal dorthin zurückkehrt. Die effektivste Strategie zum Einsammeln des Futters ist daher, jeden Arm nur einmal aufzusuchen.

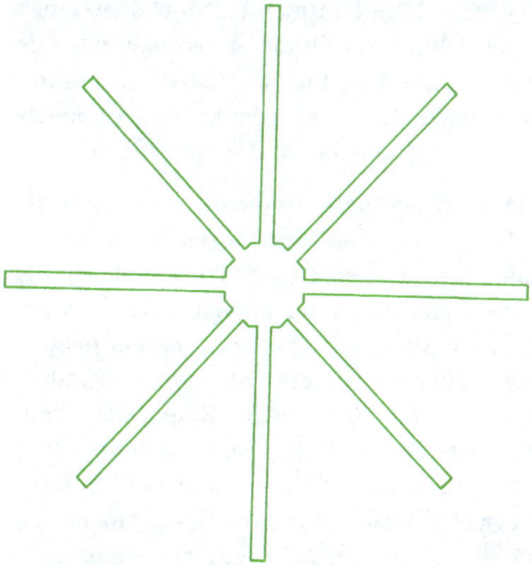

Abbildung 11.3: Der Grundriss eines sternförmigen Labyrinths für Ratten.

Die Rolle des Arbeitsgedächtnisses in dieser Situation sollte offensichtlich sein: Um das Futter auf effiziente Weise einzusammeln, muss sich die Ratte entweder daran erinnern, welche Arme sie im laufenden Versuch bereits aufgesucht (wenn sie retrospektive Kodierung benutzt) oder welche Arme sie noch nicht aufgesucht hat (wenn sie prospektive Kodierung benutzt). Diese Informationen müssen immer wieder auf den neuesten Stand gebracht werden. Die Ratte darf die Arme, die sie im gegenwärtigen Versuch aufgesucht hat, nicht mit solchen aus früheren Versuchen verwechseln. Das wohl beeindruckendste Merkmal der Leistung einer durchschnittlichen Ratte ist ihre Genauigkeit. Nennen wir den ersten Gang der Ratte in jeden Arm des Labyrinths eine richtige Reaktion und jeden darauf folgenden Gang in denselben Arm einen Fehler. Wird der Versuch beendet, nachdem die Ratte acht Arme aufgesucht hat (einschließlich mehrfacher Gänge in denselben Arm), gelingen ihr gewöhnlich sieben oder acht richtige Reaktionen (Olton, 1978). Das bedeutet: Die Ratte ist sehr geschickt darin, bereits aufgesuchte Arme im laufenden Versuch zu meiden. Führt man dasselbe Experiment mit einem 17-armigen Labyrinth aus und lässt die Ratte 17 Gänge in die Arme machen, erzielt sie immer noch etwa 15 Treffer (Olton, Collison & Werz, 1977). Ähnliche Ergebnisse erzielte man mit Wüstenrennmäusen (Wilkie & Slobin, 1983).

Die erste Frage, die wir uns angesichts dieser herausragenden Leistungen stellen müssen, ist: Greift die Ratte auf irgendwelche äußeren Orientierungshilfen oder besondere Strategien zurück, um sich die Aufgabe leichter zu machen? Wenn die Ratte zum Beispiel einfach mit einem Arm beginnen und dann reihum im Uhrzeigersinn einen Arm nach dem anderen aufsuchen würde, hätte sie die Aufgabe natürlich ohne Fehler gelöst. Diese Strategie stellt an das Arbeitsgedächtnis allerdings einige Ansprüche. Es gibt jedoch stichhaltige Belege dagegen, dass Ratten dieser Strategie folgen. Sie scheinen vielmehr planlos oder zufällig von einem Arm zum nächsten zu wandern (Olton, 1978). Andere Studien haben gezeigt, dass Ratten auch nicht auf den Geruch des Futters zurückgreifen, um sich lenken zu lassen. Ebenso wenig setzen sie irgendwelche Duftmarken, um mehrfaches Aufsuchen eines Arms zu vermeiden. Was sie tatsächlich zur Orientierung innerhalb des Labyrinths benutzen, sind sichtbare Gegenstände im Raum um das Labyrinth herum. Diese helfen der Ratte, die einzelnen Arme voneinander zu unterscheiden und zu behalten, welche sie bereits aufgesucht hat (Brown, 1992; Mazmanian & Roberts, 1983).

Versuche mit dem sternförmigen Labyrinth haben beachtliche Informationen zur Speicherkapazität und zeitlichen Ausdehnung des Arbeitsgedächtnisses von Tieren für räumliche Information geliefert. Allgemein sagt man, dass das menschliche Arbeitsgedächtnis nur etwa sieben nicht miteinander in Bezug stehende Dinge auf einmal behalten kann (zum Beispiel sieben Wörter oder zufällige Zahlen). Vergleicht man dies mit der nahezu fehlerlosen Leistung der Ratten im 17-armigen Labyrinth, ist dies besonders beeindruckend. Ebenso beeindruckend sind die zeitlichen Intervalle, über die die Ratten sich daran erinnern können, welche Arme sie bereits aufgesucht hatten. Beatty und Shavalia (1980) ließen Ratten vier der acht Arme des Labyrinths aufsuchen, bevor sie sie daraus entfernten. Setzte man die Ratten fast vier Stunden später wieder ins Labyrinth, gingen sie nahezu ohne Fehler genau auf die vier Arme zu, die sie noch nicht aufgesucht hatten. Dieser Versuch und andere ähnlicher Art zeigen, weshalb die Wahl des Begriffs „Arbeitsgedächtnis“ zutreffender ist als der Begriff „Kurzzeitgedächtnis“. In der Forschung mit Menschen bezog man sich beim Begriff „Kurzzeitgedächtnis“ im Allgemeinen auf Informationen, die innerhalb weniger Sekunden verloren gehen (Peterson & Peterson, 1959), doch offensichtlich hält die Erinnerung eines Tieres an seine Erkundungen im sternförmigen Labyrinth hundertmal länger an.

Benutzen die Ratten im Labyrinth nun retrospektive oder prospektive Kodierung? Eine Möglichkeit, dies zu beantworten, ist, einen Blick auf die gelegentlichen Fehler zu werfen, die das Versuchstier im Labyrinth macht. Wenn das Tier retrospektive Kodierung benutzt (es erinnert sich daran, welche Arme es bereits aufgesucht hatte), vergisst es eher einen Arm (und sucht ihn deshalb mehrfach auf), den es zu Beginn des Versuchs aufgesucht hat als erst kürzlich aufgesuchte Arme. Benutzt das Tier andererseits prospektive Kodierung (es erinnert sich an die Arme, die noch aufzusuchen sind), dann sollte die Reihenfolge früherer Wege im Labyrinth nichts mit den Fehlern zu tun haben, die es macht.

Mehrere Studien zeigten, dass zu Beginn aufgesuchte Arme eher vergessen werden, wie es bei der retrospektiven Kodierung zu erwarten war (Olton & Samuelson, 1976). Cook, Brown und Riley (1985) fanden bei der Verwendung eines 12-armigen Labyrinths jedoch Belege für beide Arten der Kodierung. Jeder 12-Stationen-Versuch wurde nach entweder 2, 4, 6, 8 oder 10 aufgesuchten Armen für 15 Minuten unterbrochen. Es stellte sich heraus, dass eine Unterbrechung nach sechs aufgesuchten Armen eine höhere Fehlerquote erzeugte als frühere oder spätere Unterbrechungen. Das Muster der Fehler wies außerdem darauf hin, dass die Raten etwa während der ersten sechs Durchgänge vorwiegend auf retrospektive Kodierung zurückgriffen, während sie dann auf prospektive Kodierung umschalteten. Beachten Sie hier, wie dieser Wechsel der Kodierungsstrategie dazu dienen kann, die Ansprüche an das Arbeitsgedächtnis zu reduzieren. So könnte die Ratte zum Beispiel nach zwei aufgesuchten Armen auf retrospektive Kodierung zurückgreifen, um sich an diese beiden Arme zu erinnern, oder sie könnte prospektive Kodierung benutzen, um die zehn noch aufzusuchenden Arme aufzulisten. Die retrospektive Kodierung ist ganz offensichtlich einfacher. Doch wenn die Ratte später im Versuch vor der Herausforderung steht, sich an neun aufgesuchte oder drei noch aufzusuchende Arme zu erinnern, ist die Strategie der prospektiven Kodierung (die drei noch aufzusuchenden Arme) einfacher. Zentall, Steirn und Jackson-Smith (1990) kamen mit Tauben, die eine Aufgabe analog zum sternförmigen Labyrinth zu lösen hatten, zu ähnlichen Resultaten: Auch sie schienen zu Beginn des Versuchs retrospektive Kodierung zu benutzen und gegen Ende prospektive.

Zusammenfassung

Forschungen mit DMTS und sternförmigen Labyrinthen haben unser Verstehen der Funktion des tierischen Arbeitsgedächtnisses wesentlich erhöht. Es stellte sich heraus, dass es viele vergleichbare Eigenschaften wie das menschliche Arbeitsgedächtnis aufweist. Abhängig von der Spezies und der Aufgabe verbleiben Informationen von wenigen Sekunden bis zu mehreren Stunden im Arbeitsgedächtnis. Da die Menge an Information, die im Arbeitsgedächtnis gespeichert werden kann, äußerst gering ist, sind diese Informationen sehr anfällig für Verlust durch proaktive oder retroaktive Interferenz. Viele Studien haben sich eingehend damit beschäftigt, welche Art von Information genau im Arbeitsgedächtnis gespeichert wird. Diese Studien lieferten Belege sowohl für retrospektive Kodierung (sich daran erinnern, was gerade geschehen war) als auch prospektive Kodierung (sich daran erinnern, was noch zu tun ist). Welche Art der Kodierung in einer bestimmten Situation vorherrscht, scheint oft davon abzuhängen, welche von den beiden in der jeweiligen Situation einfacher anzuwenden ist.

11.1.2 Memorieren

Das Konzept des Memorierens ist leicht zu verstehen, wenn man an Lernvorgänge beim Menschen denkt. Wir können zum Beispiel eine Rede memorieren, indem wir sie laut vorlesen oder leise für uns lesen. Es erscheint natürlich, sich eine Redeprobe als lautes oder leises Memorieren vorzustellen, bei der wir das, woran wir uns erinnern wollen, immer wieder rezitieren. Theorien zum menschlichen Gedächtnis besagen, dass das Memorieren zwei Hauptfunktionen hat: Es hält Informationen im Kurzzeitgedächtnis aktiv und es fördert die Übertragung der Informationen ins Langzeitgedächtnis.

Da wir zu der Annahme neigen, Begriffe wie „Memorieren" nur auf Wesen zu beziehen, die der Sprache mächtig sind, könnte es Sie überraschen, Folgendes zu erfahren: Psychologen haben Nachweise dafür gefunden, dass es auch im Tierreich so etwas wie Memorieren gibt. Wenn Tiere aber der Sprache nicht mächtig sind, was bedeutet es dann, wenn man sagt, sie könnten etwas memorieren? Im Tierreich ist der Begriff schwieriger zu definieren, doch bezieht er sich auf eine aktive Verarbeitung von Stimuli oder Ereignissen, nachdem sie aufgetreten sind. Der Vorgang des Memorierens ist nicht unmittelbar sichtbar; ihre Existenz kann man nur aus dem Verhalten eines Tieres bei Aufgaben ableiten, die Gebrauch vom Kurz- oder Langzeitgedächtnis machen. Um die Existenz des Memorierens bei Tieren zu demonstrieren, haben Forscher versucht zu zeigen, (1) dass Tiere wählen können, ob sie etwas memorieren wollen, genauso wie sie wählen können, ob sie irgendein operantes Verhalten zeigen, und (2) dass das Memorieren durch Ablenkung des Tieres gestört werden kann.

Das Memorieren scheint bei Tieren denselben beiden Funktionen zu dienen wie beim Menschen. Aus diesem Grund schlug Grant (1984) vor, dass wir zwischen **mechanischem Memorieren**, das zur Erhaltung von Informationen im Kurzzeitgedächtnis dient, und **assoziativem Memorieren**, das assoziatives Langzeitlernen fördert (zum Beispiel wenn ein Tier in der klassischen Konditionierung einen CS mit einem US assoziieren lernt), unterscheiden sollten. Die Belege für Memorieren bei Tieren können in diese beiden Kategorien unterteilt werden.

Belege für die Erhaltung von Informationen im Arbeitsgedächtnis

Wir haben bereits Hinweise darauf untersucht, dass Information eine kurze Weile im Arbeitsgedächtnis gehalten wird und dann verloren geht. Einige Forscher haben versucht zu zeigen, dass Tiere zumindest teilweise Kontrolle darüber haben, wie lange Information im Arbeitsgedächtnis gehalten wird. Ihre Zielsetzung ist zu zeigen, dass es beim Arbeitsgedächtnis um mehr geht als eine passive Gedächtnisspur, die nach einiger Zeit verwischt. Vielmehr kann ein Tier durch Memorieren Information im Arbeitsgedächtnis aktiviert halten (Grant, 1981; Maki, 1981). Man kann sich dieses Memorieren als eine Art verborgenes Verhalten vorstellen, das ein Tier je nach Situation lernen kann zu verwenden oder nicht zu verwenden.

Ein Beleg dafür, dass Tiere memorieren, um Information im Arbeitsgedächtnis zu halten, ist die Beobachtung, dass Tiere sich an „erwartete“ Stimuli (Stimuli, die ihnen zuvor wiederholt begegnet sind) besser erinnern können als an „überraschende“ Stimuli (Ereignisse, die sie vorher noch nicht erlebt haben). Die Grundlagen für diese Versuche sind, dass (1) Memorieren dem Tier hilft, sein Kurzzeitgedächtnis für Ereignisse jüngeren Datums aufzufrischen und (2) überraschende Ereignisse mehr memoriert werden als erwartete Ereignisse (Maki, 1981; Terry & Wagner, 1975).

Die besten Belege für mechanisches Memorieren stammen wohl von einer Technik, die sich **Directed Forgetting** (gelenktes Vergessen) nennt, die man mit dem Verfahren der **bedingten Diskrimination** demonstrieren kann. Der Zweck dieser Technik ist, dem Tier beizubringen, dass es bei manchen Versuchen wichtig ist, sich an den Musterstimulus zu erinnern, und man bei anderen Versuchen den Musterstimulus vergessen kann. Um dies zu erreichen, wird in der Verzögerungsphase, die dem Musterstimulus folgt, entweder ein „Erinnerungshinweis“ oder ein „Vergessenshinweis“ präsentiert. Der Erinnerungshinweis sagt dem Tier, dass es wichtig ist, sich an den Musterstimulus zu erinnern, da ein Test unmittelbar bevorsteht (das heißt, der Vergleichsstimulus wird gleich folgen). Der Vergessenshinweis sagt dem Tier, dass es den Musterstimulus ruhig vergessen kann, da bei diesem Versuch kein Test stattfinden wird. So wird das Tier „gelenkt“, sich an den Musterstimulus entweder zu erinnern oder ihn zu vergessen. Wenn ein Tier wählen kann, ob es memoriert oder nicht, sollte es schließlich lernen, den Anweisungen zu folgen und den Musterstimulus zu memorieren, wenn es den Erinnerungshinweis sieht, jedoch nicht, wenn es den Vergessenshinweis sieht. Für den Experimentator besteht der Trick darin zu zeigen, dass das Tier tatsächlich in dem einen Fall übt, aber nicht in dem anderen.

Ein von Maki und Hegvik (1980) mit Tauben durchgeführter Versuch zeigt, wie dies erreicht werden kann. Abbildung 11.4 stellt die Vorgehensweise dar. Die beiden Musterstimuli in diesem Versuch waren nicht die Farben leuchtender Tasten, sondern das Vorhanden- oder Nichtvorhandensein von Futter. Jeder Versuch begann mit der Präsentation des Musterstimulus, worauf es eine Verzögerungsphase von einigen Sekunden gab. Schließlich wurden dann die Vergleichsstimuli (rot und grün leuchtende Tasten) präsentiert. Die Antwortregeln für die Verstärkung waren: „Ist Futter vorhanden, picke auf die grüne Taste; ist kein Futter vorhanden, picke auf Rot.“ Nachdem die Tauben diese Aufgabe beherrschten, wurden als Nächstes in den Verzögerungsphasen die Erinnerungs- und Vergessenshinweise eingeführt. Für die eine Hälfte der Vögel war der Erinnerungshinweis „Licht an“ und der Vergessenshinweis „Licht aus“. Der anderen Hälfte der Vögel wurden die Hinweise anders herum präsentiert. Wie Abbildung 11.4 zeigt, wurden die roten und grünen Vergleichsstimuli nach dem Erinnerungshinweis präsentiert und die richtige Wahl wurde bekräftigt. Nach Präsentation des Vergessenshinweises wurden keine Vergleichsstimuli gezeigt; der Versuch endete einfach ohne eine Möglichkeit der Verstärkung. Nach mehreren Trainingssitzungen mit diesem Verfahren wurden gelegentliche „Prüfdurchgänge“ eingeschlossen, während derer der Vergleichsstimulus auf den Vergessenshinweis folgte und die richtige Wahl wiederum verstärkt wurde. Makis und Hegviks Überlegung war nun: Wenn die Tiere gelernt hätten, bei Durchgängen mit dem Vergessenshinweis nicht zu memorieren, würden sie bei gelegentlichen Überraschungsdurchgängen schlecht abschneiden. Und genau das war das Ergebnis: Bei Prüfdurchgängen, die auf die Vergessenshinweise folgten, trafen die Tauben in durchschnittlich 70 Prozent aller Durchgänge die richtige Wahl, verglichen mit 90 Prozent bei Durchgängen mit dem Erinnerungshinweis.

Belege für gelenktes Vergessen erhielt man aus einer ganzen Anzahl von Experimenten mit Tauben und anderen Spezies (Grant, 1982; Roberts, Mazmanian & Kraemer, 1984). Trotzdem könnte das schlechte Abschneiden nach einem Vergessenshinweis von anderen Faktoren verursacht werden, die nichts mit Memorieren zu tun haben (Zentall, Roper & Sherburne, 1995). So könnte zum Beispiel das schlechtere Abschneiden darauf zurückzuführen sein, dass der Vergessenshinweis eine ablenkende Wirkung hat oder dass die Tiere keine Verstärkung erwarten und deshalb nicht motiviert sind, genau zu reagieren.

Um einige dieser alternativen Erklärungsmöglichkeiten auszuschließen, haben Roper und ihre Kollegen Verfahren für Tauben entwickelt, die eher den Methoden ähneln, die zur Untersuchung des gelenkten Vergessens bei menschlichen Versuchspersonen verwendet werden (Roper, Kaiser & Zentall, 1995; Roper & Zentall, 1993). Dieses Kopieren der für menschliche Versuchspersonen benutzten Verfahren ist sicherlich sinnvoll, denn ein wichtiges Ziel dieser Forschungsarbeiten ist der Vergleich tierischer und menschlicher Gedächtnisprozesse unter Bedingungen, die sich so ähnlich wie möglich sind. Mit diesen Verfahren erhielten die Forscher überzeugende Belege für die Existenz gelenkten Vergessens bei Tauben, jedoch nur dann, wenn die Tauben eine andere Gedächtnisaufgabe bei Durchgängen mit dem Vergessenshinweis lösen mussten. Diese Ergebnisse ähneln denen, die man mit menschlichen Versuchspersonen gefunden hat, und sie deuten darauf hin, dass gelenktes Vergessen auftritt, weil Individuen bei Versuchen mit dem Vergessenshinweis andere Information memorieren.

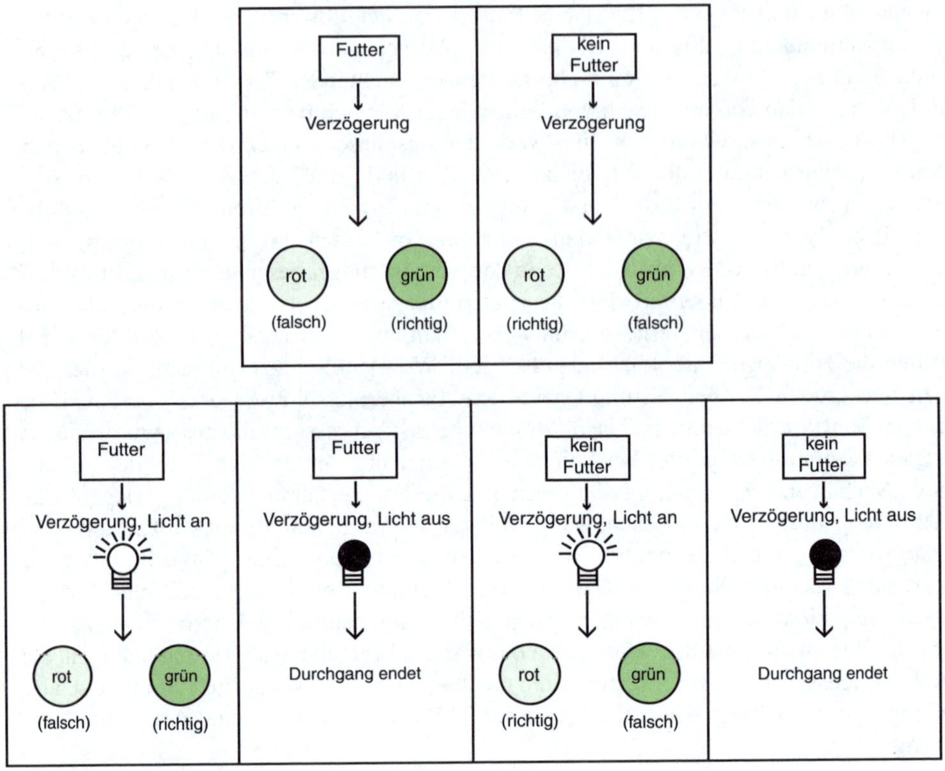

Abbildung 11.4: Die Vorgehensweise von Maki und Hegvik (1980) im Experiment zum gelenkten Vergessen. Die obere Reihe zeigt die beiden Arten von Durchgängen, die im anfänglichen Training benutzt wurden. Die untere Reihe zeigt die vier Arten von Durchgängen, die in der zweiten Phase benutzt wurden, die den Tauben beibrachten, bei Durchgängen mit abgeschaltetem Licht zu „vergessen".

Belege für assoziatives Memorieren

Forschungsarbeiten zum menschlichen Gedächtnis haben gezeigt, dass Memorieren die Langzeit-Gedächtnisleistung erhöht. Gibt man einer Versuchsperson zunächst eine Liste von Dingen, die sie sich merken soll, und gibt man ihr dann Zeit, die sie ohne Ablenkung verbringen kann (wahrscheinlich um das Material auf irgendeine Weise zu rezitieren oder anderweitig zu memorieren), dann ist die Person besser imstande, sich später an die Dinge auf der Liste zu erinnern. In einer klugen Versuchsreihe zeigten Wagner, Rudy und Whitlow (1973), dass Memorieren auch zur Verbesserung des langfristigen Lernens in der klassischen Konditionierung bei Kaninchen beiträgt. Sie zeigten, dass die Aneignung einer CR langsamer abläuft, wenn eine so genannte **Posttrial Episode** (PTE, ein Vorfall nach dem Durchgang) das Tier kurz nach jedem Konditionierungsdurchgang „ablenkt". Sie zeigten auch, dass überraschende PTEs stärker ablenkend wirken (und einen stärker dämpfenden Effekt auf das Lernen ausüben) als erwartete PTEs.

In einem Versuch entwickelten Wagner, Rudy und Whitlow zunächst zwei überraschende und zwei erwartete PTEs. Die erwarteten PTEs waren Abfolgen von Stimuli, die die

Kaninchen schon viele Male gesehen hatten, wohingegen die überraschenden PTEs neue Folgen waren, die die Tiere noch nicht gesehen hatten. In der Testphase wurden alle Kaninchen einer Serie klassischer Konditionierungsdurchgänge unterzogen, bei denen ein neuer CS mit einem US gepaart wurde (ein leichter Schock in der Nähe des Auges, der einen Lidschluss hervorrief). Bei allen Versuchstieren trat zehn Sekunden nach jedem Konditionierungsdurchgang ein PTE auf. Für eine Hälfte der Versuchsobjekte war der PTE jedoch eine erwartete Serie von Stimuli, während es für die andere Hälfte eine überraschende Serie von Stimuli war. Wagner und seine Kollegen fanden, dass die Konditionierung des Lidschlusses auf den CS sich bei den Versuchstieren, die überraschende PTEs erhalten hatten, viel langsamer entwickelte.

Wagner, Rudy und Whitlow zogen folgende Argumente heran, um ihre Befunde zu deuten: (1) Damit sich eine langfristige CS-US-Assoziation entwickelt, braucht ein Tier nach jedem Konditionierunsversuch eine ablenkungsfreie Zeitspanne, in der Memorieren stattfindet; (2) dieser Memorierprozess bedient sich des Arbeitsgedächtnisses des Tieres, das eine begrenzte Speicherkapazität hat; (3) die Wahrnehmung eines Ereignisses wie ein PTE verwendet ebenfalls das Arbeitsgedächtnis des Tieres, so dass die Verarbeitung des PTE „in Konkurrenz" mit dem Memorieren des vorangegangenen Konditionierungsdurchgangs steht, und 4) überraschende Ereignisse erregen eher Aufmerksamkeit als erwartete, so dass sie auf das Memorieren des vorherigen Konditionierungsdurchgangs stärker störend wirken. Die höhere Aufmerksamkeit des Tieres auf überraschende PTEs verringerte so das Memorieren des vorangegangenen Konditionierungsdurchgangs, so dass die Akquisition langsamer erfolgte.

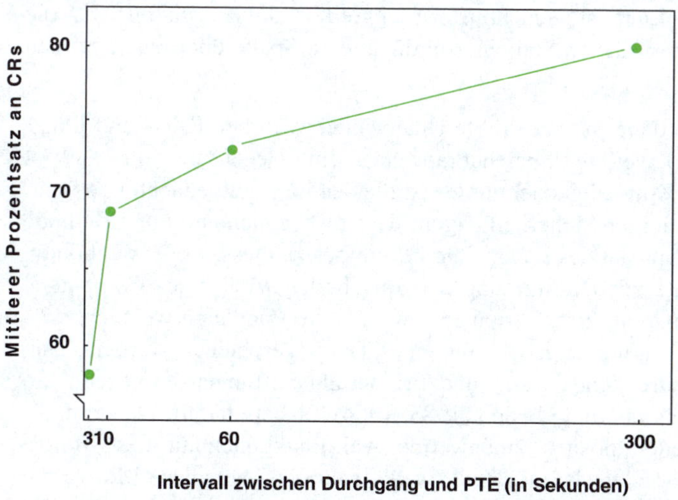

Abbildung 11.5: Die vier Punkte zeigen den Prozentsatz an konditionierten Lidschlussreaktionen in vier verschiedenen Gruppen von Kaninchen im Versuch von Wagner, Rudy und Whitlow (1973). Für jede Gruppe ist an der x-Achse die Zeit abgetragen, die zwischen jedem Konditionierungsdurchgang und einer überraschenden „Posttrial Episode" (PTE) verstrich.

Wenn Memorieren für die Konditionierung notwendig ist und wenn ein überraschendes PTE dieses Memorieren in einem gewissen Maße stört, dann sollte die Konditionierung umso mehr gestört werden, je eher das PTE nach dem Konditionierungsdurchgang eintritt. Um diese Vorhersage zu prüfen, variierten Wagner, Rudy und Whitlow für verschiedene Versuchstiere die Zeit zwischen dem Durchgang und dem überraschenden PTE zwischen drei und 300 Sekunden. Abbildung 11.5 zeigt die durchschnittlichen Prozentwerte von CRs auf den neuen CS für die ersten zehn Konditionierungsversuche. Wie zu sehen ist, verursachten die PTEs die stärksten Störeffekte, wenn sie innerhalb weniger Sekunden nach jedem der Konditionierungsdurchgänge erfolgten und dadurch das Memorieren auf ein Minimum reduzierten.

11.1.3 Langzeitgedächtnis oder Referenzgedächtnis

Nahezu alle in diesem Buch beschriebenen Experimente beziehen sich auf das Langzeitgedächtnis. Ob nun Verhalten durch Habituation, klassische oder operante Konditionierung oder Beobachtungslernen modifiziert wird — ein Kognitionspsychologe würde eine langfristige Änderung des Verhaltens auf eine Veränderung im Langzeitgedächtnis des Individuums zurückführen. Das Langzeitgedächtnis wurde auch als **Referenzgedächtnis** bezeichnet, da ein Individuum sich bei fast allen Aufgaben auf Informationen im Langzeitgedächtnis beziehen muss (Honig, 1984; Roitblat, 1987). Denken wir noch einmal an die Aufgabe, eine Reihe von Additionen durchzuführen. Während Sie das Arbeitsgedächtnis benutzen, um im Auge zu behalten, welche Schritte Sie bereits abgeschlossen haben, müssen Sie auf das Langzeitgedächtnis zurückgreifen, um zu wissen, was die Summe zweier Zahlen ist, wie Zahlen von einer in die andere Spalte übertragen werden usw.

Abgesehen von der Speicherdauer ist der größte Unterschied zwischen Kurz- und Langzeitgedächtnis wohl die jeweilige Speicherkapazität. Im Gegensatz zur äußerst beschränkten Kapazität des Kurzzeitgedächtnisses ist die des Langzeitgedächtnisses sehr groß. Man kann wohl mit einiger Sicherheit sagen, dass bisher niemand eine Methode gefunden hat, die Speicherkapaziät des Langzeitgedächtnisses zu messen oder quantitativ zu bestimmen (im Gegensatz zur Bestimmung der Speicherkapazität eines Computers, der zum Beispiel 40 Megabyte an Information speichern kann). Obgleich wir nicht wissen, wie viel Information im Langzeitgedächtnis eines Tieres gespeichert werden kann, haben einige Studien beeindruckende Lern- und Erinnerungsleistungen aufgezeigt. So trainierten zum Beispiel Vaughan und Greene (1983, 1984) Tauben darauf, Dias mit alltäglichen Motiven als entweder „positiv“ zu bewerten (weil Reaktionen auf diese Motive mit Futter verstärkt wurden) oder als „negativ“ (weil Reaktionen auf diese Motive nie verstärkt wurden). Die Forscher entschieden mit einem Münzwurf, ob ein bestimmtes Dia positiv oder negativ zu bewerten sei. Wenn eine Taube also zum ersten Mal ein Dia sah, hatte sie keine Möglichkeit zu wissen, ob es ein positives oder ein negatives war, und auf darauf folgende Präsentationen des Dias konnte der Vogel nur richtig reagieren, wenn er sich dieses zu Beginn gemerkt hatte.

In einer Studie begannen Vaughan und Greene mit 80 Dias, die zufällig in 40 positive und 40 negative eingeteilt wurden. Nach ungefähr zehn Sitzungen (wobei jedes Dia in einer Sitzung zweimal gezeigt wurde) unterschieden die Vögel zwischen „positiven" und „negativen" Motiven in mehr als 90 Prozent aller Fälle richtig. Dann wurde den Vögeln ein neuer Satz von 80 Dias gezeigt und sie lernten sogar noch schneller. Das Verfahren wurde mit zwei weiteren Sätzen von je 80 Dias erfolgreich wiederholt, die sie in nur wenigen Sitzungen erlernten. Schließlich wurden die Vögel mit allen 320 Dias getestet und ihre Trefferquote lag immer noch über 90 Prozent. Da die Tauben keine Möglichkeit hatten, diese Aufgabe ohne Erinnerung an die einzelnen Dias zu lösen, zeigte der Versuch, dass Tauben imstande sind, sich mindestens mehrere hundert visuelle Stimuli zu merken. Selbst zwei Jahre später reagierten die Tauben noch mit einer Trefferquote von über 70 Prozent, was signifikant über dem Wahrscheinlichkeitswert von 50 Prozent lag. Ebenso beeindruckende Gedächtnisleistungen in Bezug auf Bildmaterial fand man bei menschlichen Versuchspersonen (Shepherd, 1967).

Studien mit anderen Vogelspezies zeigten ähnliche Gedächtnisleistungen, oft auch in Bezug auf Erinnerung an Verstecke – Orte, wo die Vögel Futter hinterlegt hatten (Sherry, 1984; Shettleworth & Krebs, 1982, 1986). So sammelt zum Beispiel ein Vogel namens „Clark's Nutcracker" jeden Herbst über 20.000 Pinienkerne und lagert sie an mehreren tausend verschiedenen Stellen im Boden. Um den Winter zu überleben, muss der Vogel einen großen Teil dieser Kerne wiederfinden. Feldbeobachtungen und Laborversuche haben gezeigt, dass der Nutcracker beim Wiederfinden der Kerne nicht wahllos vorgeht oder sich des Geruchssinns bedient. Obgleich er für seine Verstecke wohl bestimmte Eigenschaften aussucht, um die Suche zu erleichtern (wie etwa das Aussehen des Erdbodens über dem Futterversteck), ist für den Vogel die Erinnerung an bestimmte visuelle Hinweise in der Landschaft viel wichtiger (Kamil & Balda, 1985; Vander Wall, 1982).

Andere Tierstudien untersuchten den zeitlichen Verlauf des Vergessens, ähnlich wie Hermann Ebbinghaus seine Reproduktion von sinnlosen Silben nach verschiedenen Zeitintervallen testete und eine Vergessenskurve anfertigte (siehe Kapitel 2, Abbildung 2.2). Der allgemeine Verlauf der Vergessenskurven für Tiere ist ähnlich der von Ebbinghaus: Vergessen wird zu Beginn schnell, mit einem erheblichen Datenverlust in den ersten 24 Stunden; danach jedoch liegt die Vergessensrate viel niedriger (Gleitman, 1971; Thomas & Lopez, 1962).

Was verursacht das Vergessen von Information im Langzeitgedächtnis? Auf den Menschen bezogen ist die vorherrschende Ansicht, dass Interferenzen, hervorgerufen durch ähnliche Stimuli oder Geschehnisse, eine Hauptursache für das Vergessen sind (Keppel, 1968), und diese Ansicht ist empirisch eindeutig untermauert. Es ist deshalb interessant anzumerken, dass sowohl proaktive als auch retroaktive Interferenz bei der Untersuchung des Langzeitgedächtnisses von Tieren beobachtet wurde (Honig, 1974; Thomas, 1981). Als Beispiel für proaktive Interferenz nehmen wir an, eine Taube erhält einige Tage lang Training in einer Diskriminationsaufgabe, bei der S^+ ein reines Grün und S^- ein etwas bläulicheres Grün ist. Dann werden die Rollen von S^+ und S^- für eine Sitzung vertauscht, und der Vogel lernt, auf den blaugrünen Stimulus zu reagieren. Wird der Vogel am darauf folgenden Tag getestet, hat das frühere Training mit dem S^+ die Eigenschaft, die Erinnerung des Vogels an das spätere Training zu überlagern, und er reagiert wohl eher auf Grün als auf Blaugrün. Dies ist ein Beispiel für proaktive Interferenz, denn die Erinnerung an ein früheres Training beeinträchtigt die Erinnerung an nachfolgendes Training.

Wenn ein Individuum etwas vergisst, das es vor langer Zeit gelernt hat, stellt sich die Frage: Passiert dies, weil die Erinnerung daran für immer verloren gegangen ist? Oder liegt das Problem beim Abruf der Daten (die Daten sind immer noch im Langzeitgedächtnis vorhanden, aber schwer zu finden)? Bei der Erforschung des menschlichen Gedächtnisses gibt es Belege dafür, dass Vergessen in vielen Fällen tatsächlich ein Abrufproblem ist. Obwohl Sie vielleicht nicht gleich beim ersten Mal imstande sind, eine Information abzurufen (zum Beispiel wer der Kanzlerkandidat der Opposition bei der Bundestagswahl 1982 war), könnten Sie die Information vielleicht doch abrufen, wenn man Ihnen mit einem kleinen Tip auf die Sprünge helfen würde (z.B. Birne).

Ähnliche Belege gibt es bei Tierstudien; auch hier ist Vergessen oft ein Abrufproblem. „Vergessene" Informationen können wieder abgerufen werden, wenn man dem Tier einen Hinweisreiz oder eine Erinnerungshilfe gibt (Gordon, 1983; Spear, 1971). So trainierten zum Beispiel Gordon, Smith und Katz (1979) Ratten bei einer Vermeidungsaufgabe, in der die Tiere von einem weißen in einen schwarzen Raum laufen mussten, um einen Schock zu vermeiden. Drei Tage nach dem Training wurde den Ratten in der einen Gruppe eine Erinnerungshilfe hinsichtlich dessen gegeben, was sie zuvor schon zu vermeiden gelernt hatten: Sie wurden einfach 15 Sekunden lang im weißen Raum festgehalten – jedoch ohne Schock. Die Ratten in einer Kontrollgruppe wurden nicht wieder in den Testraum zurückgebracht. 24 Stunden später wurden beide Gruppen in Löschungsdurchgängen getestet, um herauszufinden, wie schnell sie sich in die schwarze Kammer hinüberbewegen würden. Die Ratten, die zuvor die Erinnerungshilfe erhalten hatten, bewegten sich sehr viel schneller in den schwarzen Raum hinüber, vermutlich weil die Erinnerungshilfe sie unterstützte, sich an ihr früheres Vermeidungstraining zu erinnern. Ähnliche Effekte von Erinnerungshilfen erhielt man in klassischen Konditionierungssituationen (Gordon, McGinnis & Weaver, 1985). Der allgemeine Schluss aus diesen Forschungsarbeiten ist, dass jeder Stimulus, der während eines Lernprozesses vorhanden ist (wie zum Beispiel der Raum, in dem das Lernen stattfindet), später als Erinnerungshilfe dienen kann und eine Erinnerung an die Erfahrung umso wahrscheinlicher macht.

Wenn man Personen bittet, sich eine Liste von Items zu merken und sie in beliebiger Reihenfolge wiederzugeben (die so genannte **freie Reproduktion**), dann neigen sie dazu, sich eher an die Items zu Beginn und am Ende der Liste zu erinnern als an die in der Mitte der Liste. Den guten Abruf von Wörtern zu Beginn der Liste nennt man den **Primacy Effect**, den guten Abruf von Wörtern am Ende der Liste den **Recency Effect**. Ähnliche Primacy- und Recency-Effekte erhielt man bei Tauben und Affen, wenn man ihnen Listen mit Stimuli gab, an die sie sich erinnern sollten (Castro & Larsen, 1992; Wright, Santiago, Sands, Kendrick & Cook, 1985). Obwohl die Vorgehensweise etwas von der bei typischen Listen-Lernexperimenten mit Menschen abweicht, liefern diese Ergebnisse doch weitere Beispiele für Ähnlichkeiten zwischen menschlichem und nichtmenschlichem Gedächtnis (Wright, 1994).

Auch wenn unser Überblick über das tierische Gedächtnis an dieser Stelle abgeschlossen ist, sind sowohl Kurzzeit- als auch Langzeitgedächtnis für viele weitere kognitiven Aufgaben wichtig, die wir uns nun anschauen wollen. Ob ein Tier ein Problem löst, ein abstraktes Konzept erlernt oder Stimuli zählt – es muss auf ein Langzeitgedächtnis zurückgreifen, um zur gegenwärtigen Aufgabe Hintergrundinformationen zu erhalten, und es muss auf ein Kurzzeitgedächtnis zurückgreifen, um Informationen zu Dingen, die gerade geschehen sind und wahrscheinlich als Nächstes geschehen, abzurufen.

11.2 Zeit-, Zahlen- und Serienmuster

Können Tiere den Verlauf der Zeit wahrnehmen und die Dauer eines Geschehnisses einschätzen? Können sie Gegenstände zählen und wenn ja, wie viele und wie genau? Können sie die geordnete Folge von Ereignissen in ihrer Umgebung entdecken? Diese Fragen sind interessant, denn sie haben alle mit abstrakten Eigenschaften von Stimuli zu tun. Ein 30-sekündiger Fernseh-Werbespot hat vielleicht nichts mit einer 30-sekündigen Ampelphase zu tun, doch eine Person kann leicht das abstrakte Merkmal (die Dauer) erkennen, die beide Geschehnisse verbindet. Auf dieselbe Weise können sogar kleine Kinder erkennen, was vier Blöcke, vier Kekse und vier Wachsmalkreiden gemeinsam haben, auch wenn die physischen Eigenschaften dieser Gegenstände sehr unterschiedlich sind. Es ist keine leichte Aufgabe zu bestimmen, ob Tiere ebenfalls auf abstrakte Dimensionen wie Dauer und Anzahl reagieren, doch in den letzten Jahren wurden auf diesem Gebiet beachtliche Fortschritte erzielt.

11.2.1 Experimente zur „inneren Uhr"

Bei einem Verstärkungsplan mit festem Intervall werden die Reaktion meist immer häufiger, je näher der Zeitpunkt für die Verstärkung rückt (siehe Kapitel 7). Studien von Dews (1962) zeigten, dass Tauben der Zeitverlauf als diskriminativer Hinweisreiz dient, der dieses Reaktionsmuster kontrolliert. Neuere Studien lieferten zusätzliche Informationen über die Fähigkeit von Tieren zur Zeitschätzung. Versuchen Sie sich vorzustellen, was im folgenden Versuch passieren könnte. Eine Ratte wird zunächst auf einem FI-40-Sekunden-Plan trainiert. Ein Licht wird eingeschaltet, um den Beginn jedes 40-Sekunden-Intervalls zu signalisieren. Nach der Verstärkung wird das Licht im Intervall zwischen zwei Durchgängen abgeschaltet, und dann beginnt ein neuer Durchgang. Das Training mit diesem Zeitplan wird fortgesetzt, bis die Reaktionsgeschwindigkeit des Tieres innerhalb jedes Intervalls durchgängig das Beschleunigungsmuster zeigt, das für FI-Performanz typisch ist.

Nun wird das Verfahren so verändert, dass dem Tier bei manchen Durchgängen keine Verstärkung gegeben wird. Das Licht bleibt etwa 80 Sekunden eingeschaltet, dann endet der Durchgang in Dunkelheit. Mit etwas mehr Training wird das Tier lernen, dass bei manchen Durchgängen nach 40 Sekunden eine Verstärkung erhältlich ist, bei anderen Durchgängen wiederum nicht. In den ersten 40 Sekunden erscheinen jedoch beide Arten von Durchgängen genau gleich; es ist unmöglich vorauszusagen, ob eine Verstärkung erhältlich sein wird oder nicht. Was glauben Sie, wie das Tier auf Durchgänge ohne Verstärkung reagieren wird? Wird es während der 80-Sekunden-Periode immer schneller reagieren? Wird es nach 40 Sekunden ohne Verstärkung aufhören zu reagieren?

Abbildung 11.6 zeigt die Resultate eines Experiments wie das gerade beschriebene (S. Roberts, 1981). Die nicht ausgefüllten Kreise zeigen, dass bei Durchgängen ohne Belohnung die Reaktionsgeschwindigkeiten zu Beginn niedrig waren, nach etwa 40 Sekunden ein Maximum erreichten und sich dann verringerten. Die Position des Spitzenwerts der Kurve zeigt, dass die Ratten den Zeitverlauf ziemlich gut einschätzen konnten, denn sie reagierten genau zu dem Zeitpunkt am schnellsten, wo eine Reaktion normalerweise verstärkt worden wäre. Bei anderen Durchgängen wurde ein Ton statt des Lichts präsentiert, und der Ton bedeutete gewöhnlich, dass in einem FI-20-Sekunden-Plan eine Verstärkung erhältlich war. Die ausgefüllten Kreise in Abbildung 11.6 zeigen die Resultate von nicht verstärkten Durchgängen mit dem Ton, die ebenfalls 80 Sekunden dauerten. Wiederum stieg die Zahl der Reaktionen zunächst an und fiel dann wieder ab, doch bei diesen Durchgängen erreichte die Anzahl der Reaktionen bei etwa 20 Sekunden ihr Maximum. Diese Reaktionen zeigen: Die Ratten hatten gelernt, dass der Ton ein 20-Sekunden-Intervall und das Licht ein 40-Sekunden-Intervall signalisierte, und in beiden Fällen konnten sie die Länge dieser Intervalle ziemlich genau bestimmen. Dieses Verfahren zur Untersuchung der Zeitschätzung von Tieren nennt man die **Spitzenwertmethode**, denn der Spitzenwert dieser Reaktionsfunktion sagt uns, wie genau die Tiere diese Zeitintervalle bestimmen konnten.

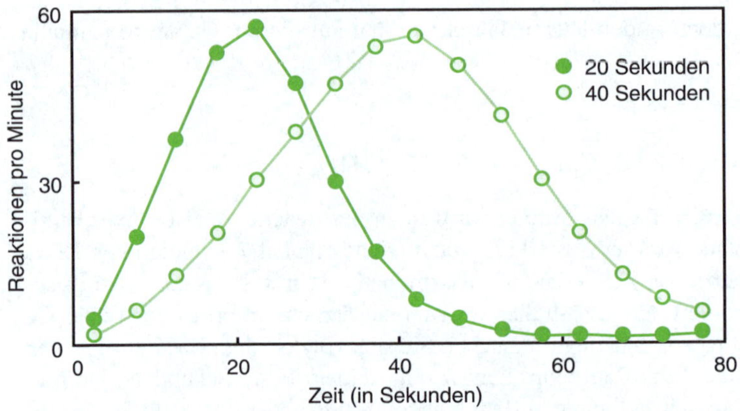

Abbildung 11.6: Die Reaktionskurven von Tauben in S. Roberts Versuch (1981) unter Anwendung der Spitzenwertmethode. Die ausgefüllten Kreise zeigen die Resultate von Durchgängen mit einem Ton, der gewöhnlich einen FI-20-Sekunden-Zeitplan signalisierte. Die nicht ausgefüllten Kreise zeigen die Resultate von Durchgängen mit einem Licht, das gewöhnlich einen FI-40-Sekunden-Plan signalisierte (S. Roberts, 1981).

Wie genau können Tiere zwischen zwei Ereignissen unterscheiden, die unterschiedlich lang dauern? Ein bedingtes Diskriminationsverfahren kann verwendet werden, um diese Frage zu beantworten. Nehmen wir an, eine Ratte erhält dafür eine Verstärkung, dass sie den linken Hebel nach einem fünf Sekunden anhaltenden Ton und den rechten Hebel nach einem acht Sekunden anhaltenden Ton drückt. Selbst eine gut trainierte Ratte wird bei dieser Aufgabe einige Fehler machen, doch wenn das Tier die meiste Zeit richtig reagiert (zum Beispiel in 75 Prozent aller Durchgänge), können wir daraus schließen, dass die Ratte zwischen den beiden verschieden langen Zeitphasen unterscheiden kann. Versuche mit dieser Art von Verfahren sowohl mit Ratten als auch mit Tauben zeigten, dass sie zwischen zwei Stimuli unterscheiden können, wenn ihre Zeitdauer um etwa 25 Prozent voneinander abweicht (Church, Getty & Lerner, 1976; Stubbs, 1968). Diese Ergebnisse geben ein Wahrnehmungsprinzip wieder, das als **Webers Gesetz** bezeichnet wird. Es besagt: Das Ausmaß, in dem ein Stimulus geändert werden muss, bevor die Veränderung wahrnehmbar ist, ist proportional zur Größe des Stimulus. Deshalb kann ein Tier zwar zwischen einem 4-Sekunden- und einem 5-Sekunden-Ton unterscheiden (Abweichung 25 Prozent), nicht jedoch zwischen einem 10-Sekunden- und einem 11-Sekunden-Ton (Abweichung nur 10 Prozent), obwohl es sich in beiden Fällen um eine Abweichung von einer Sekunde handelt. Bei Diskriminationaufgaben sind die Zeitschätzungsfähigkeiten von Tauben denen des Menschen bemerkenswert ähnlich: Für beide Spezies beschreibt Webers Gesetz die Resultate für Zeitphasen über einer Sekunde ziemlich gut. Zeitbezogene Diskrimination ist bei kurzen Stimuli sehr viel schlechter und sowohl Tauben als auch Menschen benötigen eine weit über 25 Prozent liegende Abweichung, um zu bestimmen, welche von zwei Zeitphasen die längere ist (Fetterman & Killeen, 1992).

Diese Studien zeigen, dass Tiere ziemlich gut darin sind, die Länge von Zeitphasen einzuschätzen, doch sie sagen uns nicht, auf welche Weise sie den Zeitverlauf messen. Einige Psychologen vertreten die Auffassung, dass jedes Tier eine „innere Uhr" hat, die es zur Einschätzung der Dauer von Zeitphasen in seinem Umfeld benutzt (Church, 1978; S. Roberts, 1983). Diese innere Uhr soll einen **Schrittmacher** beinhalten, der ähnlich wie ein Metronom mit konstanter Geschwindigkeit pulsiert und es dem Tier ermöglicht, die Dauer von Zeitphasen einzuschätzen. Church (1984) und S. Roberts (1983) sind der Ansicht, dass die innere Uhr eines Tieres in mancher Hinsicht einer Stoppuhr entspricht. Wie eine Stoppuhr kann eine innere Uhr dazu verwendet werden, unterschiedliche Arten von Stimuli zeitlich zu erfassen. S. Roberts (1982) trainierte Ratten darauf, einen Hebel nach einem einsekündigen Ton und einen anderen nach einem viersekündigen Ton zu drücken. Verwendete man anschließend als Stimuli ein- und viersekündige *Lichter*, waren die Ratten ohne zusätzliches Training imstande, die richtige Wahl zu treffen. Wie eine Stoppuhr kann die innere Uhr angehalten und wieder gestartet werden. S. Roberts (1981) demonstrierte diesen Punkt mit seinem Spitzenwertverfahren. Wie oben dargestellt, signalisierte bei den meisten Durchgängen ein Licht einen FI-40-Sekunden-Plan. Bei einigen Durchgängen blieb aber das Licht 80 Sekunden oder noch länger eingeschaltet und es erfolgte keine Verstärkung. In einem Experiment schloss Roberts gelegentlich Durchgänge ohne Verstärkung ein, bei denen das Licht für 10 oder 15 Sekunden eingeschaltet blieb, dann 5 oder 10 Sekunden ausgeschaltet wurde, um dann für die restliche Zeit des 80-Sekunden-Versuchs eingeschaltet zu bleiben. Das Reaktionsmuster der Ratten zeigte, dass sie während der Dunkelphase aufhörten, das 40-Sekunden-Intervall zu messen, und dann von dem Zeitpunkt an fortfuhren, an dem das Licht wieder eingeschaltet wurde.

Die Theorie von Church, Roberts und ihren Kollegen besagt, dass Tiere die Dauer von Zeitphasen bestimmen können, da sie das Pulsieren ihres inneren Schrittmachers wahrnehmen. Eine andere Theorie zur Zeitschätzung bei Tieren, die so genannte **Verhaltenstheorie der Zeitschätzung**, wurde von Killeen und Fetterman (1988; Killeen, 1991) vorgeschlagen. Die Einzelheiten dieser Theorie sind kompliziert, doch besagt diese Theorie im Prinzip, dass Tiere ihr eigenes Verhalten zur Messung der Dauer einer Zeitphase heranziehen. Wenn zum Beispiel ein Verstärkungsschema erfordert, dass das Tier fünf Sekunden wartet, bevor es reagiert (ein DRL-5-Sekunden-Plan, siehe Kapitel 7), dann läuft das Tier beispielsweise in alle vier Ecken der Experimentierkammer, bevor es dann die operante Reaktion zeigt. Auf diese Weise könne das Tier das fünfsekündige Zeitintervall mit angemessener Genauigkeit bestimmen. Die Verhaltenstheorie der Zeitschätzung schließt ebenfalls eine innere Uhr ein, die vermutlich das Tempo der beobachtbaren Verhaltensweisen bestimmt. Diese innere Uhr wird jedoch nicht durch einen internen Schrittmacher gesteuert, sondern durch die Anzahl der Verstärkungen, die das Tier gerade erhält. Kurz gefasst besagt diese Theorie, dass die Anzahl der Verstärkungen die Geschwindigkeit der inneren Uhr kontrolliert, die ihrerseits wiederum die Geschwindigkeit von Verhalten und Reaktion des Tieres kontrolliert, und das Tier verwendet dieses Verhalten, um den Zeitverlauf zu messen. Eine Reihe von Versuchen von Fetterman und Killeen (1991) zeigte, dass die Genauigkeit, mit der Tauben bei Zeitschätztests reagierten, durch die Anzahl der Verstärkungen bestimmt wurde – genau wie ihre Theorie vorhersagte.

Die Kontroverse zwischen denen, die die Theorie eines inneren Schrittmachers befürworten, und denen, die die Verhaltenstheorie der Zeitschätzung vertreten, ist bisher nicht beigelegt. Jedenfalls zeigen die Versuche, die wir hier betrachteten, dass die Zeitschätzungsfähigkeit bei Tieren ziemlich gut entwickelt ist. Sie können zwischen Stimuli mit leicht voneinander abweichender Zeitdauer unterscheiden, und sie können diese Fähigkeit von einem visuellen auf einen akustischen Stimulus übertragen. Sie können die Gesamtdauer eines Stimulus bestimmen, der zeitweilig unterbrochen wird. Sie können die Gesamtdauer eines kombinierten Stimulus bestimmen, der als Licht beginnt und dann zu einem Ton wird (S. Roberts, 1981). Die Fähigkeit eines Tieres, Ereignisse zeitlich zu messen, ist sicher sehr viel ungenauer als eine gewöhnliche Armbanduhr, doch Gleiches gilt für den Menschen.

11.2.2 Zählen

Viele der Techniken, die zur Untersuchung der Zählfertigkeiten eines Tieres verwendet werden, sind denen zur Untersuchung der Zeitschätzung ähnlich, und die Ergebnisse ähneln sich ebenso. Ein bedingtes Diskriminationsverfahren kann benutzt werden, um zu bestimmen, ob ein Tier zwischen zwei verschiedenen Quantitäten (zum Beispiel fünf Lichtblitze gegenüber acht Lichtblitzen) unterscheiden kann. Wie bei der Bestimmung der Zeitdauer von Geschehnissen können Tiere im Allgemeinen zwischen zwei Quantitäten unterscheiden, wenn sie um mindestens 25 Prozent oder mehr voneinander abweichen, doch Webers Gesetz wird nur ansatzweise unterstützt, denn dieser Prozentsatz verringert sich bei größeren Zahlen etwas. Das bedeutet: Es ist wohl für ein Tier leichter, zwischen 40 und 50 zu unterscheiden als zwischen 4 und 5 (Hobson & Newman, 1981).

Während das Spitzenwertverfahren zeigte, dass Tiere die absolute Dauer von Zeitphasen grob bestimmen können, haben Untersuchungen, in denen Tiere die Anzahl ihrer eigenen Reaktionen zählen müssen, gezeigt, dass sie dazu annähernd imstande sind. In einem Experiment benutzte Mechner (1958) eine Variante eines festen Quotenplans, bei dem eine Ratte von einem Hebel zu einem anderen wechseln musste, nachdem sie die erforderliche Quote erreicht hatte. Wenn also zum Beispiel 16 Reaktionen erforderlich waren, so wurde bei der Hälfte der Durchgänge die sechzehnte aufeinander folgende Reaktion auf Hebel A belohnt. In der anderen Hälfte der Durchgänge musste die Ratte Hebel A sechzehnmal hintereinander oder häufiger betätigen und dann einmal Hebel B, um die Verstärkung zu erhalten. Wechselte die Ratte zu früh (nach, sagen wir, 14 Reaktionen), gab es keine Verstärkung, und die Ratte musste wieder von vorn anfangen und wiederum sechzehnmal hintereinander Hebel A betätigen, bevor eine Verstärkung erhältlich war. Bei vier unterschiedlichen Versuchsbedingungen waren jeweils 4, 8, 12 oder 16 Reaktionen hintereinander erforderlich. Für diese vier Bedingungen zeigt Abbildung 11.7 die Wahrscheinlichkeit, dass die Ratte nach unterschiedlich langen Sequenzen (wobei eine Sequenz die Anzahl der aufeinander folgenden Reaktionen auf Hebel A ist) zu Hebel B wechselt. Wir können sehen, dass bei erhöhter Anzahl der erforderlichen Reaktionen auch die durchschnittliche Länge der jeweiligen Sequenz auf systematische Weise zunahm. Wenn vier Reaktionen erforderlich waren, war die häufigste Länge der Sequenz fünfmal; waren 16 Reaktionen erforderlich, betrug die häufigste Länge der Sequenz 18. Es war eine sinnvolle Strategie der Ratten, ihre jeweiligen Läufe etwas länger als mindestens erforderlich zu machen, denn die Strafe für zu frühes Wechseln war hart.

Aufgrund der vielen Ähnlichkeiten zwischen den Zeitschätz- und Zählfertigkeiten von Tieren meinten Church und Meck (1984), dass diese beiden Fertigkeiten vielleicht unterschiedliche Manifestationen ein und desselben kognitiven Mechanismus seien. Das heißt, sie deuteten an, dass die innere Uhr eines Tieres in einem „Dauermodus" laufen könnte, um die Zeitdauer eines einzelnen Stimulus zu bestimmen, oder sie könnte in einem „Einzelmodus" laufen, um die Anzahl an Stimuli zu bestimmen. Studien mit Tauben zeigten, dass sie entweder eine Serie von Lichtblitzen zählen oder ihre jeweilige Dauer bestimmen konnten, je nachdem, was die Aufgabe verlangte (W. A. Roberts, Coughlin & Roberts, 2000). Neben den bereits erwähnten Parallelen bemerkten Meck und Church (1983), dass die Fähigkeit zur Zeitschätzung und zum Zählen auf ähnliche Weise durch die Droge Methamphetamin beeinflusst wird. Bei der Beurteilung ihrer Reaktionen in einer Auswahlsituation schätzten die Ratten nach einer Methamphetamin-Injektion sowohl Dauer als auch Anzahl 10 Prozent länger bzw. mehr ein. Und ähnlich wie bei der Zeitschätzung zeigten die Ratten auch bei der Zählaufgabe, dass sie imstande waren, von einer Sinneswahrnehmung zu einer anderen zu wechseln. Nachdem die Ratten gelernt hatten, zwischen zwei und vier Tönen zu unterscheiden, brauchten sie kein zusätzliches Training, um richtig zu reagieren, wenn als Stimuli zwei oder vier Lichtimpulse gegeben wurden (Church & Meck, 1984).

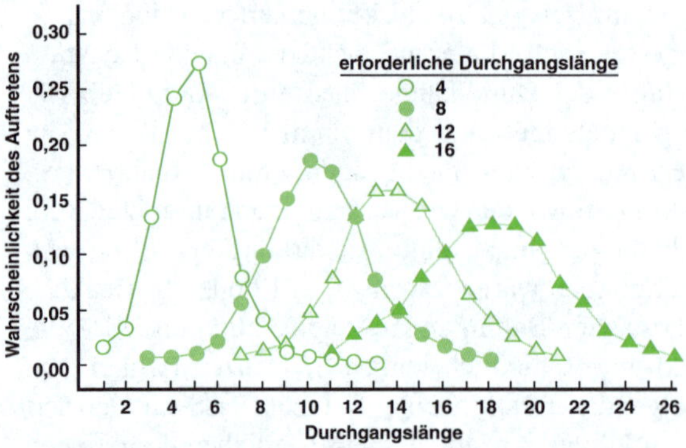

Abbildung 11.7: Die Wahrscheinlichkeit, dass eine Ratte vom Hebel A zum Hebel B überwechselt, nach unterschiedlich langen Sequenzen in Mechners (1958) Experiment. Die erforderliche Sequenzlänge ist die Anzahl der aufeinander folgenden Reaktionen, die bei Hebel A erforderlich sind, bevor ein Wechsel zu Hebel B verstärkt wurde (Mechner, 1958).

Dieser Transfer der Zählfertigkeit hat wichtige theoretische Implikationen. Er zeigt, dass die Ratten zumindest auf rudimentäre Weise ein abstraktes Konzept des Zählens entwickelt hatten – eins, das nicht an die physischen Eigenschaften des zu zählenden Stimulus gebunden war. Einfach ausgedrückt: Die Ratten waren imstande, auf das abstrakte Merkmal, das vier Töne und vier Lichter gemeinsam hatten – die „Vierheit“ –, zu reagieren. Trotzdem ist diese Fähigkeit, auf die Anzahl von Stimuli zu reagieren, in mancher Hinsicht ziemlich primitiv, verglichen mit den Zählfertigkeiten von Erwachsenen und selbst Kleinkindern. Zunächst sind die Zählfertigkeiten, die wir untersucht haben, nicht exakt: Die Ratten in Mechners Experiment wechselten nicht zu Hebel B, nachdem sie genau die richtige Anzahl an Reaktionen bei Hebel A gezeigt hatten. Bei manchen Durchgängen wechselten sie zu früh, bei anderen drückten sie Hebel A häufiger als erforderlich. Im Gegensatz dazu könnte eine Person lernen, jedesmal nach genau der richtigen Anzahl von Reaktionen zu Hebel B zu wechseln, indem sie einfach die Anzahl ihrer Reaktionen zählt.

Können Tiere lernen, die Anzahl von Gegenständen genau statt annähernd zu bestimmen? Einige Studien legen nahe, dass sie dazu imstande sind. Davis und Albert (1986) fanden, dass Ratten fähig waren, eine Diskrimination zu erlernen, bei der drei Wiederholungen eines Geräuschs als S^+ dienten und entweder zwei oder vier dieser Wiederholungen als S^-. Davis und Bradford (1991) brachten drei verschiedenen Gruppen von Ratten bei, pro Durchgang genau drei, vier oder fünf Futterkügelchen zu fressen, indem sie dieses Verhalten verstärkten und jeden Versuch, mehr als die richtige Zahl von Kügelchen zu fressen, bestraften. In einer weiteren Studie zum Thema Zählen fanden Capaldi und Miller (1988) Belege dafür, dass die Ratten abstrakte Zahlenkonzepte erlernten, die sich von einer Art Stimulus auf einen anderen übertragen lassen konnten. Einige Autoren waren der Ansicht, dass Zählen eine Fertigkeit ist, die Tiere nur mit Mühe erlernen können, doch Capaldi und Miller gelangten genau zum gegenteiligen Schluss und sagten, dass „Ratten leicht, schnell und unter den meisten, wenn nicht allen, Umständen Verstärkern abstrakte Zahlenmarken zuweisen“ (1998, S. 16).

Weitere Evidenz für die Fähigkeit des genauen Zählens wurde von Pepperberg (1987) vorgelegt, der einen Papagei namens Alex darauf trainierte, auf jede Anzahl von Gegenständen von zwei bis sechs zu reagieren, indem er die entsprechende Zahl aussprach. Im Training wurden verschiedene kleine Gegenstände (wie etwa Schlüssel, kleine Papier- oder Holzstücke, Korken) auf ein Tablett gelegt und Alex erhielt eine Verstärkung, wenn er die richtige Anzahl nannte. So legte der Versuchsleiter zum Beispiel drei Korken aufs Tablett und fragte: „Was ist das?" Die richtige Antwort wäre: „Drei Korken." Es wurden verschiedene Gegenstände bei verschiedenen Durchgängen verwendet, so dass Alex nicht einfach nur zu lernen brauchte, „drei" zu sagen, wann immer er Korken sah. Nach einigen Monaten Training gab Alex in etwa 80 Prozent aller Versuche die richtige Antwort. Um zu zeigen, dass Alex' Zählfertigkeiten nicht auf die Trainingsreize beschränkt waren, wurden bei Testdurchgängen neue Gegenstände verwendet. In manchen Fällen kannte Alex nicht einmal den Namen der Gegenstände (zum Beispiel Holzperlen oder kleine Fläschchen), doch auch bei den neuen Stimuli war Alex noch in 75 Prozent aller Fälle imstande, die richtige Anzahl an Gegenständen zu nennen. Mit nicht ganz so großer Genauigkeit war Alex imstande, Teilmengen von verschiedenartigen Gegenständen zu zählen (zum Beispiel wurde er bei drei Schlüsseln und zwei Korken entweder gefragt: „Wie viele Schlüssel?" bzw. „Wie viele Korken?"). Dadurch, dass die Gegenstände auf dem Tablett immer wieder anders zueinander ausgerichtet wurden, konnte Pepperberg zeigen, dass Alex nicht auf andere Hilfssignale achtete, wie zum Beispiel die Länge einer Reihe von Gegenständen oder die allgemeine Form der Gruppe (wie zum Beispiel eine Rautenform gebildet durch vier Gegenstände). Alles in allem konnte Pepperberg auf überzeugende Weise zeigen, dass Alex bis zu sechs Gegenstände mit hoher Genauigkeit zählen kann, ob er nun mit ihnen vertraut ist oder nicht.

Matsuzawa (1985) berichtete über ähnliche Zählfertigkeiten bei einem Schimpansen (obgleich der Schimpanse natürlich nicht sprach, sondern mit den Zahlen von 1 bis 6 versehene Antworttasten drückte). Brannon und Terrace (2000) brachten Berberaffen bei, auf die Anordnung abstrakter Formen mit aufsteigender Anzahl zu zeigen: Um eine Verstärkung zu erhalten, mussten die Affen zunächst auf die Anordnung mit einer Form zeigen, dann auf die mit zwei, drei und vier Formen. Nachdem sie diese Aufgabe gelernt hatten, waren sie imstande, diese Fähigkeiten auf Anordnungen mit fünf bis neun Formen zu übertragen, obwohl sie kein Training zum Umgang mit diesen großen Zahlen erhalten hatten. Zusammen mit Pepperbergs Forschungsarbeiten mit Alex liefern diese Studien die beste verfügbare Evidenz für eine Fähigkeit zu genauem Zählen bei Tieren.

11.2.3 Lernen serieller Muster

Nehmen wir an, Sie belegen einen Kurs in Integralrechnung bei einem exzentrischen Professor, der Sie am Ende jeder Unterrichtsstunde mit einer gewissen Anzahl an Hausaufgaben heimschickt. In der ersten Unterrichtsstunde gibt er Ihnen 14 Aufgaben, in der zweiten 7, in der dritten 3, in der vierten 1 und in der fünften 0. In den nächsten zehn Unterrichtsstunden gibt er Ihnen 14, 7, 3, 1, 0, 14, 7, 3, 1 und 0 Aufgaben. Nach zehn oder 15 Unterrichtsstunden bemerken Sie wohl das sich wiederholende Muster von fünf aufeinander folgenden Zahlen und können deshalb vorhersagen, wie viele Aufgaben Ihnen in jeder zukünftigen Unterrichtsstunde gegeben werden.

Hulse und Campbell (1975) wollten herausfinden, ob Ratten solche sich regelmäßig wiederholenden Zahlenfolgen entdecken können. Sie trainierten Ratten darauf, einen langen Korridor entlangzulaufen, an dessen Ende sich etwas Futter befand. (Das Futter konnte die Ratte nicht sehen, bis sie das Ende des Korridors erreicht hatte.) Für eine Gruppe von Ratten entsprach die Anzahl der Futterkügelchen bei jedem Durchgang der im vorigen Absatz beschriebenen Zahlenfolge (14 Kügelchen beim ersten Durchgang, 7 beim zweiten usw.). Mit ausreichendem Training zeigten die Ratten, dass sie hinsichtlich des zyklischen Musters etwas gelernt hatten: Bei Durchgängen mit 14, 7 oder 3 Kügelchen liefen sie den Korridor recht schnell entlang; bei Durchgängen mit einem Kügelchen liefen sie langsamer, und bei völliger Abwesenheit von Futter liefen sie noch langsamer. Das Gleiche traf auf eine zweite Gruppe zu, die auf das umgekehrte Muster trainiert wurde (0, 1, 3, 7, 14 Kügelchen). Bei einer dritten Gruppe von Ratten wurde die Anzahl der Futterkügelchen nach dem Zufallsprinzip gewählt (das bedeutet, es gab kein erlernbares Muster), und diese Ratten liefen bei den einzelnen Durchgängen nahezu mit der gleichen Geschwindigkeit.

Es ist klar, dass die Ratten aus den ersten beiden Gruppen etwas über das serielle Muster gelernt hatten, doch was genau hatten sie da gelernt? Eine Möglichkeit (Capaldi, Verry & Davison, 1980) ist, dass sie einfach Assoziationen zwischen benachbarten Zahlen erlernt hatten (das heißt, 14 Kügelchen folgten 7 Kügelchen; 7 Kügelchen folgten 3 usw.). Eine weitere Möglichkeit ist, dass sie eine abstraktere Regel gelernt hatten, wie zum Beispiel: „Die Anzahl der Kügelchen verringert sich stetig von Versuch zu Versuch, bis keine mehr da sind." Um diese Möglichkeit zu bestätigen, zeigten Hulse und Dorsky (1979), dass Ratten imstande waren, eine stetig steigende oder sinkende Sequenz in weniger Durchgängen zu erlernen als eine Sequenz, die sank, stieg, sank und wieder stieg – 14, 1, 3, 7 und 0 Kügelchen). Ihre Erklärung war, dass die Lerngeschwindigkeit bei diesem Muster niedriger war, weil zu seiner Beschreibung eine komplexere Regel erforderlich ist.

Eine dritte Möglichkeit ist, dass die Ratten neben der Regel eines Musters mit stetig steigender oder stetig fallender Anzahl etwas über die allgemeine Struktur der Sequenz gelernt hatten – dass sie fünf Durchgänge lang ist, dass drei Kügelchen immer exakt in der Mitte der Sequenz auftreten und so weiter. Roitblat, Pologue & Scopatz (1983) lieferten Belege für diese These, indem sie Ratten zunächst auf die stetig fallende Sequenz (14, 7, 3, 1, 0) trainierten und dann zwischendurch Testdurchgänge einschoben, bei denen einer der fünf Durchgänge irgendwo in der Mitte keine Futterkügelchen lieferte (zum Beispiel 14, 0, 3, 1, 0). Die Annahme der Forscher war: Wenn die Ratten nur Assoziationen zwischen benachbarten Zahlen oder eine einfache Regel über die abnehmende Zahl von Kügelchen erlernt hätten, dann sollte ein Durchgang ohne Futter in der Mitte der Sequenz sie beim Rest der Sequenz durcheinander bringen. Was sie jedoch fanden, war, dass die Durchgänge ohne Futter keine erkennbare Wirkung zeigten – die Laufgeschwindigkeiten bei den restlichen Durchgängen der jeweiligen Sequenz waren dieselben wie bei normalen Durchgängen. Ihre Schlussfolgerung war, dass zusätzlich zum Erlernen jedweder Assoziationen von Versuch zu Versuch oder von Regeln zu einer sinkenden Anzahl von Kügelchen die Ratten ein Verstehen der allgemeinen übergeordneten Struktur der Sequenz erlangt hatten, so dass ein gelegentlicher eingeschobener ungewohnter Durchgang ihre Performanz beim Rest der Sequenz nicht störte.

11.2.4 Chunking

Eine vielfach vertretene Position in der menschlichen kognitiven Psychologie ist, dass es leichter ist, etwas zu behalten, wenn die Informationen in so genannte „Chunks“ unterteilt werden – größere Informationseinheiten (Miller, 1956). So besteht zum Beispiel die Telefonnummer 4711 246 aus sieben Ziffern, was ungefähr die Grenze dessen ist, was das Kurzzeitgedächtnis auf einmal aufnehmen kann. Die Anforderungen an das Gedächtnis sind jedoch geringer, wenn „4711“ Sie an ein bekanntes Duftwasser erinnnert und Sie sich vergegenwärtigen, dass „246“ die ersten drei geraden Zahlen sind. Auf diese Weise reduziert sich das Problem, sich sieben Ziffern zu merken, auf zwei größere Informationseinheiten oder Chunks. Viele Studien zum menschlichen Gedächtnis haben gezeigt, dass die Unterteilung einer Liste in solche Chunks Menschen helfen kann, sich mehr Information mit größerer Genauigkeit zu merken.

Können Tiere ebenfalls solche Informations-Chunks erkennen, und können sie die Strategie des Chunking verwenden, um eine lange Liste zu lernen und zu erinnern? Mehrere Experimente haben gezeigt, dass sie es können. In einer Versuchsreihe studierte Terrace, wie Chunking Tauben helfen kann, Informationen zu lernen und zu erinnern (Terrace, 1991; Terrace & Chen, 1991). Die Aufgabe der Tauben war im Grunde eine Übung im Auswendiglernen einer Liste: Auf einem durchscheinenden Schirm wurden den Tieren fünf Stimuli an zufällig ausgewählten Positionen gezeigt, und die Taube musste die fünf Stimuli in der richtigen Reihenfolge anpicken, um ein Futterkügelchen zu erhalten (siehe Abbildung 11.8a). Einige der Stimuli waren verschiedene Farben, andere wiederum waren weiße Formen auf schwarzem Hintergrund (eine waagerechte Linie und eine Raute). In seinem ersten Experiment wollte Terrace (1991) prüfen, ob die Tauben die Liste der fünf Stimuli schneller erlernen würden, wenn sie in zwei Chunks unterteilt wäre, wobei die Farben im einen und die Formen im anderen Chunk zusammengefasst waren. Terrace benutzte fünf Gruppen von Tauben, und jede Gruppe lernte eine andere Liste von Farben und Formen. Wie Abbildung 11.8b zeigt, war die Liste für Gruppe II übersichtlich in zwei Chunks aufgeteilt: Die ersten drei Stimuli waren Farben, die restlichen beiden Formen. Die Liste für Gruppe IV war aufgeteilt in einen großen Chunk von vier Farben, gefolgt von der Rautenform. Die Listen für die drei anderen Gruppen waren nicht in Chunks unterteilt: Für Gruppe I enthielt die Liste ausschließlich Farben, und für die Gruppen III und V waren Farben und Formen durcheinander gemischt.

Wie Terrace erwartet hatte, brauchten die beiden Gruppen, die nach Chunks unterteilte Listen zu lernen hatten (Gruppen II und IV), wesentlich weniger Übung, um die richtige Pickreihenfolge zu ermitteln. Neben dem schnelleren Erlernen der Liste zeigten die Gruppen II und IV auch am Ende ihres Trainings, dass sie schneller waren: Sie konnten die korrekte Sequenz der fünf anzupickenden Stimuli schneller ausführen. Als weiteren Hinweis darauf, dass die Tauben in diesen beiden Gruppen ihre Listen in zwei Chunks unterteilt hatten, berichtete Terrace, dass das längste Zögern zwischen zwei Pickreaktionen beim Übergang von Formen zu Farben auftrat. In Gruppe II pickten die Tauben zum Beispiel auf die drei farbigen Stimuli schnell hintereinander, zögerten dann kurz und pickten dann schnell hintereinander auf die beiden Formen.

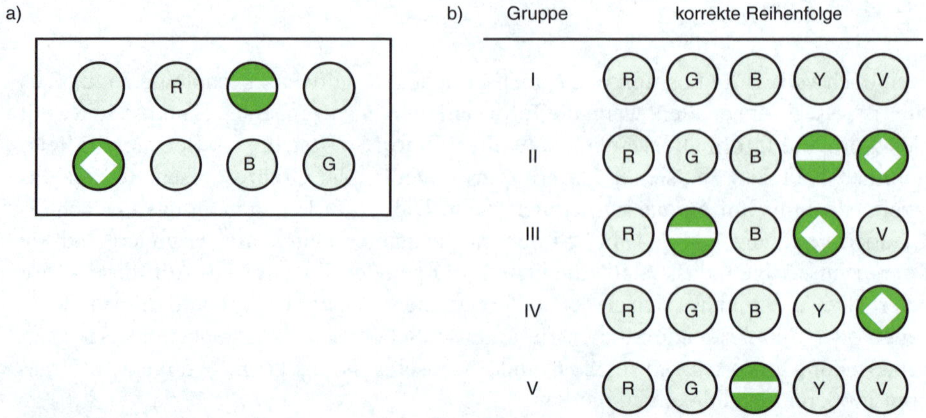

Abbildung 11.8: **(a)** In diesem Experiment von Terrace (1991) wurden fünf visuelle Stimuli nach dem Zufallsprinzip an acht beliebigen Stellen auf einem rechteckigen Schirm platziert, und eine Taube erhielt nur dann Futter, wenn sie die Stimuli in der richtigen Reihenfolge anpickte. **(b)** Die richtige Reihenfolge für die fünf Gruppen von Tauben ist hier wiedergegeben. (Die Buchstaben in den Kreisen zeigen die Farben der verschiedenen Stimuli: R = rot, G = grün, B = blau, Y = gelb, V = violett.)

In späteren Experimenten fanden Terrace und Chen (1991), dass Tauben, die einen Chunk in einer Liste gelernt hatten, diesen in einer anderen Liste verwenden konnten. So waren zum Beispiel Tauben in einer Experimentiergruppe, die zuerst eine Liste mit Chunks lernten (ROT–GRÜN–GELB–Linie–Raute), schnell im Erlernen einer zweiten Liste mit einem Chunk gleicher Farbe (ROT–GRÜN–GELB–Punkte–Diagonallinien). (Das bedeutet: Sie lernten die neue Liste schneller als eine Kontrollgruppe, die zuerst eine Liste ohne Chunks [ROT–GRÜN–GELB–BLAU–ORANGE] erlernen musste.) Noch interessanter war die Entdeckung, dass Tauben in der Experimentalgruppe nach Erlernen des Dreifarben-Chunks diesen verwenden konnten, ihnen beim Erlernen einer neuen Liste nur mit Farben zu helfen: ROT–GRÜN–GELB–BRAUN–VIOLETT. Wiederum lernten sie diese neue Liste viel schneller als Tauben in der Kontrollgruppe, obwohl die erste Liste für beide Gruppen mit ROT–GRÜN–GELB begann. Terrace und Chen zogen folgenden Schluss: Nachdem sie gelernt hatten, auf ROT–GRÜN–GELB als Chunk zu reagieren, konnten die Tauben in der Experimentalgruppe diesen Chunk in einer Liste verwenden, die objektiv betrachtet überhaupt keine Chunks enthielt.

Diese Experimente zeigen: Ist eine Liste bereits in Chunks unterteilt, können Tauben von dieser Unterteilung Gebrauch machen, um die Liste schneller zu erlernen. Zu ähnlichen Ergebnissen kam man mit Ratten (Capaldi, Miller, Alptekin & Barry, 1990; Stempowski, Carman & Fountain, 1999). Doch selbst wenn ein Satz Stimuli nicht in Chunks unterteilt ist, können Tiere ihre eigenen Chunks entwickeln, wenn sie frei bestimmen können, in welcher Reihenfolge sie die Objekte wählen (Macuda & Roberts, 1995). Beispielsweise fanden Dallal & Meck (1990) Hinweise auf Chunking bei Ratten in einem zwölfarmigen Labyrinth. In vier Armen (an verschiedenen Stellen im Labyrinth) befanden sich jeweils am Ende Sonnenblumenkerne; vier weitere Arme enthielten Futterkügelchen, und die restlichen vier enthielten Puffreis. Für eine Gruppe Ratten wurden bei jedem Durchgang die Stellen mit den verschiedenen Futterarten ausgetauscht, so dass es kein einheitliches

Muster gab, das die Ratten lernen konnten. Für eine zweite Gruppe blieben die Stellen, an denen sich die verschiedenen Futterarten befanden, bei jedem Durchgang dieselben. Dallal und Meck fanden heraus, dass die Ratten in dieser zweiten Gruppe mit etwas Übung dazu neigten, die Arme in Form von Chunks, basierend auf den verschiedenen Futterarten, aufzusuchen. So lief eine Ratte zum Beispiel zuerst in die vier Arme mit den Sonnenblumenkernen, dann in die vier mit den Futterkügelchen und schließlich in die vier mit dem Puffreis. Das typische Verhalten einer Ratte war gewöhnlich nicht so perfekt organisiert, doch zeigten die Ratten in der zweiten Gruppe eine starke Tendenz, die Arme des Labyrinths nach Art des Futters zu gruppieren. Dadurch war ihr Lernverhalten im Labyrinth besser als das der Gruppe mit immer wieder zufällig ausgewählten Futterstellen – erstere suchten die Arme, in denen sie das Futter schon aufgefressen hatten, weniger häufig auf. Ihr verbessertes Lernverhalten war besonders sichtbar, wenn alle Ratten im selben Labyrinth vier Durchgänge hintereinander an einem Tag absolvierten. Beim zweiten und dritten Durchgang begann die Gruppe mit zufällig gewählten Futterstellen viele Fehler zu machen (wiederholtes Aufsuchen von bereits besuchten Armen), wahrscheinlich aufgrund proaktiver Interferenz aus früheren Durchgängen. Die Gruppe mit den unveränderten Futterstellen machte wesentlich weniger Fehler. Dallal und Meck zogen folgenden Schluss: Dadurch, dass die Arme des Labyrinths auf der Grundlage der Futterart in Chunks eingeteilt werden konnten, waren die Ratten imstande, ihr Arbeitsgedächtnis zu entlasten und deshalb besser abzuschneiden als die Vergleichsgruppe.

All diese Studien zeigen Chunking unter Laborbedingungen, doch benutzen manche Tiere Chunking als Lernstrategie auch in ihrem natürlichen Lebensumfeld. H. Williams und Staples (1992) untersuchten, wie junge Zebrafinken Lieder mit bis zu 15 Silben von älteren Zebrafinken lernten. Sie fanden heraus, dass die älteren Finken dazu neigten, ihre Lieder in Chunks zu je etwa drei Silben zu unterteilen. Die jüngeren Finken kopierten zunächst nur diese Chunks und konnten sie schließlich wieder zum vollständigen Lied zusammensetzen.

Beim Erlernen von Listen sind Menschen viel besser als die Tiere in diesen Experimenten. Ein Kind kann sich zum Beispiel eine Liste mit fünf Dingen ohne große Probleme merken, doch die Tauben in Terrace' Experiment brauchten über 100 Versuche, bis sie dies schafften. Trotzdem fügen die Forschungsarbeiten zum Thema Chunking bei Tieren unserer Liste der Ähnlichkeiten zwischen menschlichem und tierischem Gedächtnis noch einiges hinzu: (1) Wenn eine Liste bereits in Chunks unterteilt ist, lernen sowohl Menschen als auch Tiere diese Liste schneller. (2) Wenn ein bereits erlernter Chunk auf einer neuen Liste wieder auftaucht, wird diese neue Liste sogar noch schneller gelernt. (3) Wenn eine Gruppe von Dingen noch nicht in Chunks unterteilt ist, gruppieren sowohl Tiere als auch Menschen ähnliche Dinge zu solchen Chunks, was das Gedächtnis fördert und Fehler vermeiden hilft.

11.3 Sprache und logisches Denken

Eine kreative Lösung für ein schwieriges Problem zu finden, mittels Sprache zu kommunizieren und logisch zu denken, gehört wohl mit zu den anspruchsvollsten erlernten Verhaltensweisen, zu denen der Mensch imstande ist. Kognitionspsychologen haben diese

Kategorien des Denkverhaltens eingehend studiert, und zwar fast immer mit menschlichen Versuchspersonen. Über die Jahre haben allerdings einige Psychologen versucht zu bestimmen, ob Tiere zu solch komplexen Verhaltensweisen imstande sind. Unabhängig davon, wie diese Frage letztendlich beantwortet wird, sollten uns die Forschungsarbeiten mit Tieren einen besseren Einblick in die fortgeschrittensten kognitiven Fähigkeiten des Menschen geben.

11.3.1 Tieren Sprache beibringen

Die meisten Menschen würden Tieren zumindest einige elementare Problemlösefähigkeiten zugestehen, da die Herausforderung, in der Wildnis zu überleben, oft Hindernisse beinhaltet, die kreative Lösungen erfordern. Andererseits haben viele behauptet, dass die Fähigkeit zum Gebrauch der Sprache eine Fertigkeit ist, über die nur menschliche Wesen verfügen (zum Beispiel Chomsky, 1972a). Aus diesem Grund erhielten Versuche, Schimpansen und anderen Tieren eine Sprache beizubringen, enorme Aufmerksamkeit. Dieser Abschnitt beschreibt einige der wichtigsten Studien und setzt sich mit den Kontroversen auseinander, die sich zu den linguistischen Fähigkeiten von Tieren ergeben haben.

Einige repräsentative Studien

Bei einigen der frühesten Versuche, Schimpansen Sprache beizubringen, versuchten die Forscher das Tier zum Sprechen zu bringen (Hayes, 1951; Kellogg & Kellogg, 1933). Diese Studien waren zum größten Teil ohne Erfolg, obwohl die Schimpansen schließlich doch lernten, einige Wörter auszusprechen. Das Hauptproblem war, dass der Stimmapparat eines Schimpansen viele menschliche Sprachklänge nicht zulässt. Um dieses Problem zu vermeiden, beschlossen Allen und Beatrice Gardner (1969, 1975), ihrem Schimpansenweibchen Washoe den Gebrauch der Amerikanischen Zeichensprache (engl.: American Sign Language, ASL) beizubringen. Washoe war etwa ein Jahr alt, als die Gardners sie bekamen. Sie lebte in einem geschlossenen Hof und in einem kleinen Anhänger. Sie wurde von verschiedenen Leuten trainiert, die alle relativ bewandert in ASL waren. Die Trainer versuchten Washoe Zeichen beizubringen, doch sie spielten auch mit ihr herum und brachten sie dazu aktiv zu sein. Solange Washoe wach war, war auch immer ein Trainer in ihrer Nähe. Indem die Trainer sich auf eine Mischung aus Modeling, manueller Führung und einer Menge Geduld verließen, waren sie imstande, Washoe beizubringen, Zeichen für einige sehr unterschiedliche Nomen (wie *Blume, Zahnbürste, Hut*), Verben (*gehen, hören, kitzeln*), Adjektive (*süß, komisch*), Pronomen (*du, ich*) und Präpositionen (*in, aus*) zu geben. Um sicherzustellen, dass die Trainer in Washoes Zeichen nicht mehr hineindeuteten, als sie wirklich von sich gab, führten die Gardners Tests durch, bei denen eine Person Washoe ein Bild von einem Gegenstand zeigte, während eine andere Person, die das Bild nicht sehen konnte, Washoes Reaktion beobachtete und interpretierte. Bei diesen Tests lag Washoe oft in mehr als 70 Prozent aller Versuche richtig. Nach vier Jahren mit den Gardners hatte Washoe etwa 130 Zeichen gelernt. Das war ein recht beeindruckendes Vokabular (obwohl immer noch klein, verglichen mit dem eines durchschnittlichen vierjährigen Kindes, das bereits mehrere tausend Wörter kennt).

Nachdem Washoe ein Zeichen im Rahmen verschiedener Zusammenhänge beigebracht wurde, benutzte sie es manchmal ohne weiteres Training in einem anderen Kontext. So wurde ihr zum Beispiel das Zeichen für das Wort *mehr* in Kombination mit einigen anderen Zeichen beigebracht (einschließlich *mehr kitzeln* und *mehr schaukeln*), und sie begann später, das Zeichen zu verwenden, um nach mehr Futter und um mehr von anderen Aktivitäten zu bitten. Die Gardners berichteten, dass Washoe gelegentlich eine kreative Kombination von Wörtern benutzte, so wie sie die Zeichen für *Wasser* und *Vogel* machte, nachdem sie einen Schwan gesehen hatte (für den ihr kein Zeichen beigebracht worden war). Man kann jedoch nicht davon ausgehen, dass Washoe diese neue Phrase benutzte, um den Schwan zu beschreiben, denn sie schaute auf eine Szenerie, in der sowohl das Wasser als auch der Vogel zu sehen waren.

Obgleich Washoes Zeichenvokabular beachtlich war und sie oft Zeichen in verschiedenen Kombinationen benutzte, war die Reihenfolge, in der sie Zeichen in einem „Satz" benutzte, ziemlich inkonsistent. So gab sie zum Beispiel manchmal die Zeichen *Futter fressen* und dann wiederum die Zeichen *fressen Futter* ohne ersichtlichen Grund für die Vertauschung der Reihenfolge. Im Gegensatz dazu neigen sowohl Erwachsene als auch Kinder dazu, gleich bleibende Wortreihenfolgen zu benutzen, unabhängig davon, ob sie gesprochene oder Zeichensprache verwenden. Kurz gesagt, Washoe hatte zwar ein gutes Vokabular, aber nur sehr dürftige (möglicherweise nichtexistente) Grammatikkenntnisse.

David Premack (1971b, 1983) verwendete eine ganz andere Trainingssituation und erhielt sehr viel versprechende Evidenz dafür, dass Schimpansen zumindest einige Regeln zur Grammatik und Wortreihenfolge lernen können. Statt Zeichensprache zu verwenden, entwickelte Premack eine Sprache, die aus unterschiedlichen Plastikformen bestand, die jeweils verschiedene Wörter repräsentieren sollten. Sätze wurden gebaut, indem die Plastikformen (die hinten mit einer Metallplatte versehen waren) in einer bestimmten Reihenfolge auf einer Magnettafel platziert wurden. Premacks Schüler, ein sechsjähriger Schimpanse namens Sarah, lernte, auf viele verschiedene Anordnungen dieser Symbole angemessen zu reagieren. Anders als Washoe, der die Zeichensprache locker und ungezwungen von Trainern erlernte, die ebenfalls Spielgefährten und Begleitpersonen waren, lebte Sarah in einem Käfig und erhielt ein viel härteres und systematisches Training. Sarahs Trainer begannen damit, ihr beizubringen, bestimmte Symbole mit verschiedenen Objekten zu assoziieren. Dann gingen sie zu kurzen Sätzen über und schließlich zu immer komplexeren.

Die Reihenfolge der Symbole war ein kritischer Teil der Sprache, die Sarah lernte, und sie zeigte eine beeindruckende Fähigkeit, auf die Reihenfolge der Symbole zu reagieren. Nachdem Sarah zum Beispiel die Symbole für mehrere verschiedene Farben erlernt hatte, führte ihr Trainer ein Symbol für das Wort *auf* ein. Symbole für *Grün auf Rot* wurden an die Magnettafel gesteckt, dann gab der Trainer Sarah eine grüne Karte und brachte sie dazu, diese auf die rote Karte zu stecken. Dann wurde Sarah beigebracht, auf entgegengesetzte Weise auf die Symbolreihenfolge *Rot auf Grün* zu reagieren. Schließlich lernte sie, auf beide Reihenfolgen richtig zu reagieren, wenn ihr die roten und grünen Karten zusammen gegeben wurden. Diese Performanz zeigt, dass ihre Reaktionen durch die Reihenfolge der Symbole kontrolliert wurden, nicht nur durch die Symbole als solche. Nachdem Sarah diese Aufgabe gelöst hatte, war sie imstande, ohne weiteres Training richtig auf neue Symbolfolgen wie zum Beispiel *Blau auf Gelb* zu reagieren. Sarah hatte nicht nur gelernt, dass die Reihenfolge der Symbole wichtig war, sondern dass dieselbe Reihenfolge auch auf andere Symbole angewendet werden konnte. Dieses Beispiel zeigt auf einfache Weise ein Verstehen einer grammatikalischen Regel – eine abstrakte Regel zum Satzbau, die auf ganze Wortarten Anwendung findet.

In einem anderen Fall, in dem die Reihenfolge von Wörtern wichtig war, lernte Sarah auf einen komplexen Satz von Symbolen zu reagieren, *Sarah hineintun Banane Eimer Apfel Schüssel*, indem sie eine Banane in einen Eimer und einen Apfel in eine Schale tat. Um richtig zu reagieren, musste Sarah auf die Wortreihenfolge achten, sonst hätte sie nicht wissen können, wo sie was hineinstecken sollte. Es ist aufschlussreich, einige der Trainingsschritte zu untersuchen, die zum Erreichen dieses Niveaus an Komplexität benutzt wurden. Nachdem Sarah einmal die passenden Symbole gelernt hatte, begannen ihre Trainer mit dem einfacheren Satz *Sarah hineintun Banane Eimer*, und die richtige Reaktion wurde verstärkt. Bei verschiedenen Versuchen wurden auch Symbole für *Apfel* und *Schale* verwendet (*Banane in Schale, Apfel in Eimer* usw.). Später wurden Sarah zwei Sätze Seite an Seite gezeigt – *Sarah hineintun Banane Eimer* und *Sarah hineintun Apfel Schale* – und sie lernte auf beide nacheinander zu reagieren. Dann wurden die beiden Sätze zu einem langen kombiniert: *Sarah hineintun Banane Eimer Sarah hineintun Apfel Schale*, und bei nachfolgenden Schritten wurden die Symbole, die wir für überflüssig halten würden (die zweimal auftauchenden Begriffe *Sarah* und *hineintun*), entfernt.

Dieses Beispiel zeigt das von Premack benutzte Verfahren, um Sarah zu trainieren, auf lange und schwierige Sätze richtig zu reagieren. Vielleicht ist Ihnen aufgefallen, dass diese Technik tatsächlich eine fortgeschrittene Version des vertrauten operanten Verfahrens der sukzessiven Annäherung darstellt – jede Veränderung ist nur ein kleiner Schritt, der etwas schwieriger ist als der, den das Versuchstier bereits beherrscht. Premack (1971b) erklärte, dass sein Verfahren eine „Eins-zu-eins-Substitution" beinhaltete – jede neue Art von Satz würde nur in einem Punkt von Satzformen abweichen, die Sarah bereits gelernt hatte. Unter Benutzung dieser Technik trainierten Premack und seine Kollegen Sarah, richtig auf eine große Zahl grammatikalischer Formen und Konzepte zu reagieren, einschließlich Pluralformen, Ja-/Nein-Fragen und Quantifikatoren (*alles*, *einiges*, *keine* und *mehrere*). Ein enttäuschendes Merkmal an Sarahs Performanz war allerdings, dass sie selten eine Konversation von sich aus begann. Ihr Gebrauch der Symbolsprache war fast ausschließlich beschränkt auf die Beantwortung von Fragen, die ihr von den Versuchsleitern gestellt wurden. Und wenn einer ihrer Trainer eine Frage stellte und dann den Raum verließ, gab Sarah gewöhnlich entweder eine falsche oder gar keine Antwort. Sie war nicht allzu überschwenglich begeistert von ihren neu erworbenen Kommunikationsfähigkeiten und auch nicht gerade bestrebt, diese, wo immer sie konnte, zu verwenden. Dieses Verhalten steht im völligen Gegensatz zu dem von Kleinkindern, die spontan mit den gelernten Wörtern üben und sie verwenden, egal ob jemand zuhört oder nicht.

Abgesehen von den Versuchen der Gardners und von Premack gab es noch viele weitere Versuche, Schimpansen und anderen Primaten, einschließlich eines Gorillas und eines Orang-Utan (z.B. Miles, 1983; Patterson, 1978; Rumbaugh, 1977; Savage-Rumbaugh, 1984), Sprache beizubringen. In manchen Fällen wurde Zeichensprache benutzt, in anderen Piktogramme. Manche Studien mit Schimpansen benutzten auch englische Wörter.

Natürlich konnten die Tiere nicht lernen zu sprechen, doch sie zeigten, dass sie die von Menschen ausgesprochenen Wörter verstanden (Brakke & Savage-Rumbaugh, 1995). In vielen dieser Studien waren die Tiere imstande, weit über einhundert verschiedene Zeichen zu erlernen. Patterson und Linden (1981) berichteten, dass ein Gorilla namens Koko über 400 Zeichen beherrschte. Es gab auch einige Studien mit Nichtprimaten. So trainierten Herman, Richards und Wolz (1984) zwei Delfine, auf etwa zwei Dutzend manuelle Gesten zu reagieren, indem sie die entsprechenden Aktivitäten ausführten. Der Trainer deutete zum Beispiel mit einigen Gesten *Frisbee greifen Korb* an, und der Delfin fand dann den Frisbee, nahm ihn und tat ihn in den Korb. Die Delfine konnten auch Fragen dazu beantworten, ob sich ein bestimmter Gegenstand im Becken befand oder nicht (Herman & Forestell, 1985). Ähnliche Forschungsarbeiten wurden mit Seelöwen durchgeführt (Schusterman & Krieger, 1984). Und der Papagei Alex, dessen Zählfertigkeiten bereits beschrieben wurden, lernte etwa 50 englische Wörter auszusprechen und sie richtig zu kombinieren, um Wünsche zu äußern (z.B. „Gib mir kitzeln“) und Fragen zu beantworten (Trainer: „Was ist dies?“ Alex: „Wäscheklammer“). Alex konnte ebenfalls Fragen zu den physischen Eigenschaften von Gegenständen beantworten und beschrieb entweder die Form oder die Farbe eines Gegenstands, abhängig von der Frage, die ihm der Trainer jeweils stellte (Pepperberg, 1983, 1999).

Kritik

Trotz dieser Leistungen der Tiere wurde das Argument vorgebracht, dass die Art und Weise, wie diese Tiere lernten Zeichen zu benutzen, nicht wirklich mit der menschlichen Sprache vergleichbar wäre. Ein Forscher, der diese Sicht ziemlich dezidiert vertrat, ist Herbert Terrace (1979, 1985). Über einen Zeitraum von vier Jahren brachten Terrace und seine Kollegen einem Schimpansen namens Nim Chimpsky (der Name ähnelt auf kuriose Weise dem von Noam Chomsky, dem Linguisten, der behauptet, nur Menschen könnten Sprache erlernen) Zeichensprache bei. Nims Trainingssitzungen wurden oft auf Video aufgenommen, so dass seine Zeichen und der Kontext, in dem diese auftraten, später sorgfältig analysiert werden konnten. In vielerlei Hinsicht war Nims Performanz beeindruckend. Er lernte etwa 125 Zeichen für Nomen, Verben, Adjektive, Pronomen und Präpositionen. Er benutzte oft zwei oder mehr dieser Zeichen in Kombination, und Terrace' Analyse enthüllte, dass Nim gelernt hatte, einige einfache grammatikalische Regeln zu verwenden. Den Beleg dafür lieferte die Beständigkeit der Zeichenreihenfolge in Nims „Sätzen“ aus zwei Zeichen. So tauchte zum Beispiel in Zwei-Zeichen-Sätzen, die das Zeichen für das Wort *mehr* enthielten, dieses Zeichen in 85 Prozent aller Fälle als Erstes auf (z.B. *mehr Wasser, mehr Kitzeln* usw.). Wenn Nim in ähnlicher Manier das Zeichen für das Wort *mich* in Kombination mit einem transitiven Verb (*umarmen*, *geben*) benutzte, war *mich* in 83 Prozent aller Versuche das zweite Wort. Diese Konsistenz in der Zeichenreihenfolge war auch auf einem etwas allgemeineren Niveau mit ganzen Wortarten in ähnlichen grammatikalischen Kategorien zu beobachten. Wenn Nim zum Beispiel einen Zwei-Zeichen-Satz mit einer Handlung und einem Handelnden formulierte, kam das Zeichen für die Handlung gewöhnlich als Erstes, wohingegen in Sätzen mit einer Handlung und einem Ort das Zeichen für die Handlung gewöhnlich als Zweites kam. Diese Beständigkeit in der Zeichenreihenfolge legte nahe,

> **WWW**
>
> Eine Website, die sich mit Pepperbergs Forschungsarbeiten mit Alex befasst, können Sie hier finden: **http://www.alexfoundation.org**

dass Nim sich bei seinen Zwei-Zeichen-Sätzen an bestimmte grammatikalische Regeln hielt (wenn auch nicht unbedingt die der englischen Sprache).

Leider waren in Nims Sätzen mit drei oder mehr Zeichen Inkonsistenzen die Regel. So tauchten zum Beispiel in Drei-Zeichen-Sätzen, in denen die Begriffe *essen*, *ich*, *Nim* und *mehr* vorkamen, diese Zeichen in nahezu jeder beliebigen Reihenfolge auf. Beispielsweise traten *ich mehr essen* und *mehr essen Nim* beide 19-mal auf; *essen ich Nim* trat 48-mal auf, *Nim ich essen* 27-mal, *essen Nim essen* 46-mal und *ich Nim essen* 21-mal. Wie Terrace sagte: Nims Zeichenfolgen waren in vielerlei Hinsicht anders als die kurzen Sätze, die ein zwei- oder dreijähriges Kind spricht. Erstens gab es keine beständige Wortreihenfolge. Zweitens gab es grundlose Wiederholungen von Zeichen und auch überflüssige Zeichen (z.B. *ich* und *Nim* im selben Satz). Drittens: Die durchschnittliche Länge von Nims Sätzen (entsprechend dem, was Psycholinguisten als **Mean Length of Utterance, MLU,** bezeichnen) lag bei etwa 1,5 Zeichen pro Sequenz und erhöhte sich nie wieder. Im Gegensatz dazu erhöht sich die durchschnittliche Länge der Sätze eines Kindes mit steigendem Alter stetig. Viertens: Wenn die Sätze eines Kindes länger werden, nimmt auch die Menge an Information, die in jedem Satz enthalten ist, zu. Das war bei Nim jedoch nicht der Fall. Wenn Nim längere Zeichenfolgen produzierte, waren das in den meisten Fällen nur Wiederholungen einiger weniger Zeichen und in keiner bestimmten Reihenfolge. Ein Extrembeispiel ist die längste Zeichenkette, die die Versuchsleiter aufzeichneten (16 Zeichen*): gib Orange ich geben essen Orange ich essen Orange gib ich essen Orange gib ich du.* Kein gewöhnliches Kind, egal ob es spricht oder Zeichensprache benutzt, würde eine solch redundante und chaotische Wortfolge verwenden.

Terrace (1979) berichtete weiterhin, dass Nims Performanz auch in anderer Hinsicht von der eines typischen Kindes abwich. Die Menge an Äußerungen eines Kindes, die vollständige oder teilweise Wiederholungen dessen sind, was ein Erwachsener gerade gesagt hat, verringert sich mit zunehmendem Alter. Nims Wiederholungen erhöhten sich jedoch von bereits recht hohen 38 Prozent im Alter von 26 Monaten auf 54 Prozent im Alter von 44 Monaten. Außerdem war nur ein kleiner Anteil von Nims Äußerungen spontan; den meisten gingen unmittelbar zuvor Zeichen, die ihm sein Trainer gab, voraus. Tatsächlich unterbrach Nim seinen Trainer oft und begann Gesten zu machen, während dieser noch mitten in einer Zeichensequenz war. Dies weist darauf hin, dass Nim das geordnete Sich-Abwechseln nicht verstand, das für menschliche Konversation typisch ist.

Aufgrund dieser Analysen sowohl von Nims Verhalten als auch des Verhaltens von Washoe, Sarah und anderen Schimpansen zog Terrace (1979) den Schluss, dass es diesen Tieren an vielen wesentlichen Merkmalen der menschlichen Sprache mangelt. Er erklärte, dass die Schimpansen nur die allerprimitivsten grammatikalischen Regeln gelernt und in den meisten Fällen Zeichen in beliebiger Folge zusammengestellt hätten. Sie waren sehr auf Imitation und Aufforderung durch ihre Trainer angewiesen und zeigten nur wenig spontanen Gebrauch der Sprache. Die Komplexität ihrer Äußerungen nahm auch bei weiterem Training nicht zu. Es überrascht nicht, dass einige Forscherkollegen mit dem allgemeinem Tenor von Terrace' Einschätzungen der Schimpansen-Sprachprojekte übereinstimmen (R. Brown, 1985), wohingegen andere ihnen deutlich widersprochen haben (Premack, 1986; Rumbaugh, Savage-Rumbaugh & Sevcik, 1994).

Einige vorläufige Schlussfolgerungen

Terrace hat sicherlich korrekt beobachtet, dass die sprachlichen Fähigkeiten, die Tiere gezeigt haben, im Vergleich zum Menschen sehr beschränkt sind. Andererseits kann man auch einige positive Punkte hervorheben. Zunächst einmal haben diese Forschungsarbeiten gezeigt, dass Tiere zumindest ein gewisses Maß an sprachlichen Fähigkeiten aufweisen. Tiere verschiedener Spezies haben die Fähigkeit demonstriert, Wörter, Zeichen oder Symbole zu benutzen, um Gegenstände, Handlungen und Beschreibungen zu repräsentieren. Ferner: Die beschränkten Fähigkeiten der Tiere in den ursprünglichen Studien könnten eher auf unzureichende Trainings- und Testverfahren zurückzuführen sein als auf ein Unvermögen der Tiere selbst. Selbst wenn die Behauptung richtig ist, dass bis jetzt noch kein Affe einen „wirklichen Satz" hervorgebracht hat (Terrace, Petitto, Sanders & Bever, 1979), wäre es töricht zu behaupten, dass man dies keinem Affen je beibringen könnte.

Es häufen sich Belege dafür, dass Terrace' Einschätzung der sprachlichen Fähigkeiten von Tieren vielleicht zu pessimistisch war. Auch wenn Nim und einige andere Schimpansen sehr auf Imitation angewiesen waren, berichtete Miles (1983), dass ein Orang-Utan namens Chantek, der einige Dutzend Zeichen erlernt hatte, nie direkt imitierte. Obwohl Nim und andere Schimpansen nur selten von sich aus eine Konversation begannen, wurde über ein Drittel aller Äußerungen von Chantek als „spontan" klassifiziert – es gingen ihnen keine Äußerungen des Trainers unmittelbar voraus. Außerdem erhöhte sich die durchschnittliche Länge von Chanteks Äußerungen über einen Zeitraum von 16 Monaten stetig. In einem weiteren Beispiel zum spontanen Gebrauch von Symbolen lernten zwei Pygmäen-Schimpansen (nicht dieselbe Spezies wie gewöhnliche Schimpansen), ohne explizites Training durch Menschen mehrere Dutzend bildliche Symbole auf einer Tastatur zu benutzen. Diese Tiere lernten durch Beobachtung anderer, die diese Symbole benutzten, und sie konnten die Symbole verwenden, um sich auf Gegenstände und Geschehnisse zu beziehen, die nicht gegenwärtig waren (Savage-Rumbaugh, McDonald, Sevcik, Hopkins & Rubert, 1986). Es häufen sich auch Hinweise darauf, dass eine Reihe verschiedener Spezies (Pygmäen-Schimpansen, Delfine und Papageien) zumindest grundsätzliche Prinzipien der Grammatik wie zum Beispiel den Gebrauch von Präpositionen und Demonstrativpronomen erlernen kann (Herman & Uyeyama, 1999; Kako, 1999).

Terrace (1979) behauptete, dass im Sprachtraining geschulte Tiere ihre Sprache nur dazu benutzten, Verstärker zu erhalten, nicht um Informationen zu kommunizieren. Eine Reihe neuerer Forschungsarbeiten deutet jedoch darauf hin, dass diese Tiere manchmal die von ihnen erlernten Zeichen dazu benutzen, mit anderen Tieren oder mit Menschen zu kommunizieren. Fouts, Fouts und Schoenfield (1984) berichteten, dass fünf Schimpansen, denen ASL-Zeichen beigebracht worden waren, diese Zeichen benutzten, um miteinander zu kommunizieren, selbst wenn kein Mensch anwesend war, der sie dazu aufforderte oder dafür verstärkte. Greenfield und Savage-Rumbaugh (1993) fanden heraus, dass zwei verschiedene Schimpansen-Spezies die Symbole, die ihnen von Menschen beigebracht worden waren, dazu benutzten, eine Reihe verschiedener Funktionen auszudrücken, wie etwa Übereinstimmung, Bitten und Versprechen. Diese Schimpansen zeigten beim Gebrauch der Symbole oft das für menschliche Konversation typische sich Abwechseln. Zwei weitere Studien zeigten, dass Schimpansen ihre Zeichen benutzen können, um ein Verhalten zu beschreiben, das sie gerade an den Tag gelegt hatten oder im Begriff waren zu zeigen

(Premack, 1986; Savage-Rumbaugh, 1984). Daher scheint es, dass einige Sprachmerkmale, die bei den früheren Schimpansen-Studien nicht gefunden wurden – Spontaneität, Gebrauch von Zeichen nur zu Kommunikationszwecken und Bezugnahme auf nicht gegenwärtig vorhandene Gegenstände oder Geschehnisse –, in Folgestudien tatsächlich entdeckt wurden. Berücksichtigt man diesen Trend, ist es wahrscheinlich, dass zukünftige Studien weitere Ähnlichkeiten zwischen Menschen und Tieren aufdecken werden, was das Erlernen und Verwenden von Sprache betrifft.

11.3.2 Logisches Denken bei Tieren

Das Thema Denken bei Tieren ergibt sich von selbst aus den vorangegangenen Erörterungen, denn viele der Tests zur logischen Denkfähigkeit bei Tieren wurden mit Tieren durchgeführt, denen zuvor Sprachtraining gegeben wurde. Premack (1983, 1988) fand heraus, dass sprachtrainierte Schimpansen einige Denkaufgaben lösen konnten, bei denen Schimpansen ohne Sprachtraining versagten. Bei anderen Aufgaben wiederum zeigten sprachtrainierte Tiere und solche ohne Sprachtraining die gleiche Performanz. Premack versuchte, diese Unterschiede dadurch zu erklären, dass Sprachtraining mit seinem Gebrauch abstrakter Symbole den Schimpansen ein Vokabular lieferte, mit dem sie Relationen zwischen Gegenständen beschreiben konnten, statt lediglich auf die physischen Eigenschaften von Gegenständen zu reagieren. Mit Premacks Worten: Schimpansen ohne Sprachtraining benutzen nur einen **bildhaften Code** (ein Code, der sich auf die visuellen Eigenschaften von Objekten bezieht), während sprachtrainierte Schimpansen lernen, einen **abstrakten Code** zu benutzen. Bei Aufgaben, die mit einem bildhaften Code gelöst werden können, zeigen Schimpansen sowohl mit als auch ohne Sprachtraining dieselbe Performanz. Erfordert die Aufgabe allerdings ein Verstehen abstrakter Relationen, können nur sprachtrainierte Tiere die Aufgabe lösen. Premacks Theorie ist umstritten, doch sicher wert, im Detail untersucht zu werden. Wir werden uns nun einige Denkaufgaben anschauen, bei denen Sprachtraining einen Einfluss auf das Ergebnis hat, und einige, bei denen es keine Rolle spielt.

Logisches Denken in Bezug auf die Lokation von Gegenständen

Premack (1983) beschreibt ein Experiment, in dem Schimpansen vor die folgende Situation gestellt wurden: Einem Schimpansen wurden zwei Behälter in gegenüberliegenden Ecken des Raums gezeigt, und der Schimpanse schaute zu, wie der Trainer einen Apfel in den einen und eine Banane in den anderen Behälter legte. Dann wurde der Schimpanse kurzzeitig aus dem Raum genommen, und als er zurückkehrte, sah er den Trainer, wie er in der Mitte des Raums stand und entweder einen Apfel oder eine Banane aß. Dann verließ der Trainer den Raum und dem Schimpansen wurde gestattet, in einen der beiden Behälter zu schauen. Würde der Schimpanse davon ausgehen, dass das Obst, das der Trainer aß, aus einem der beiden Behälter stammte? Und wenn ja, würde er deshalb zum anderen Behälter gehen?

Premacks Schimpansen (die alle über sechs Jahre alt waren) trafen bei dieser Art von Aufgabe die richtige Wahl, und zwar sowohl die, die Sprachtraining erhalten hatten, als auch die ohne. Premack argumentierte, alle Schimpansen seien imstande, diese Aufgabe zu lösen, weil sie selbst ohne Sprachtraining die Fähigkeit hätten, logische Schlussfolgerungen sowohl zur physischen Ähnlichkeit zwischen Gegenständen als auch zu deren Lokation anzustellen: Sie könnten davon ausgehen, dass das Obst, das der Trainer isst, dasselbe sei wie das in einem der Behälter. Obgleich diese Aufgabe vielleicht kein Verstehen abstrakter Beziehungen erfordert, ist sie doch nicht so einfach. Zum Vergleich fand Premack heraus, dass Kinder im Alter von fünf Jahren diese Aufgabe lösen konnten, vierjährige oder jüngere Kinder jedoch nicht – sie gehen mit derselben Wahrscheinlichkeit zu dem einen oder anderen Behälter.

Objektpermanenz

Zum gerade genannten Thema steht auch das Konzept der **Objektpermanenz** in Bezug, ein Verstehen, dass Objekte auch dann weiter existieren, wenn sie nicht sichtbar sind. Der Entwicklungspsychologe Jean Piaget ging davon aus, dass Kinder in ihren ersten beiden Lebensjahren sechs verschiedene Entwicklungsstufen durchleben, in denen sich ihr Verstehen der Objektpermanenz mehr und mehr vervollständigt. Auf der sechsten Stufe sucht das Kind nach einem verborgenen Spielzeug, denn es versteht nun, dass das Spielzeug nicht aufgehört hat zu existieren, nur weil es nicht sichtbar ist.

Piaget entwickelte eine Reihe von Tests, um zu bestimmen, welche der sechs Stufen ein Kind erreicht hat, und diese Tests können ganz einfach auf Tiere angewendet werden. Studien mit einer Reihe verschiedener Spezies einschließlich Katzen und Hunden zeigten, dass sie mehr oder weniger der gleichen Stufenfolge wie menschliche Kleinkinder folgen und schließlich ebenso Stufe Sechs erreichen (Dore & Dumas, 1987). Dieses Niveau an Können ist nicht auf Säugetiere beschränkt, denn Pepperberg und Funk (1990) entdeckten, dass Vögel vier verschiedener Spezies (ein Papagei, ein Ara, ein Nymphen- und ein Wellensittich) ebenfalls Aufgaben der Stufe Sechs lösen konnten. So beobachtete etwa ein Nymphensittich, wie ein Trainer ein kleines Spielzeug in die Hand nahm und sie dann nacheinander unter drei Bögen Zeitungspapier führte (so dass der Vogel nicht sehen konnte, wo der Trainer das Spielzeug versteckt hatte). Der Vogel suchte dann entweder unter dem letzten Bogen oder systematisch nacheinander unter allen. Pepperberg und Funk fanden, dass diese Vögel ungefähr das gleiche Können an den Tag legten wie Alex, der sprachtrainierte Papagei. Ihr Schluss war: Sprachtraining ist für Tiere nicht nötig, um Aufgaben hinsichtlich der Objektpermanenz lösen zu können.

Analogien

Eine Analogie ist eine Aussage der Form „A verhält sich zu B wie C zu D". Um das Verständnis für Analogien zu testen, können wir einer Testperson mehrere Wahlmöglichkeiten für D geben und sie fragen, welche ihrer Ansicht nach richtig ist. Nehmen wir zum Beispiel die folgende Analogie: „Schloss verhält sich zu Schlüssel wie Dose zu ____." Ist nun *Pinsel* oder *Dosenöffner* die passendere Antwort? Bei dieser Art Aufgabe ist die Fähigkeit, physische Ähnlichkeiten einzuschätzen, gewöhnlich nicht ausreichend. Physisch gesehen ist ein Dosenöffner nicht unbedingt einem Schlüssel, einem Schloss oder einer Dose ähnlich. Um diese Analogie zu lösen, muss man drei Dinge verstehen: (1) die Relation zwischen Schloss und Schlüssel; (2) die Relation zwischen Dose und Dosenöffner und (3) die Ähnlichkeit dieser beiden Relationen (der jeweils zweite Gegenstand jedes Paares wird dazu verwendet, den ersten zu öffnen). Mit anderen Worten: Um eine Analogie zu verstehen, muss man imstande sein, eine Relation zwischen zwei Relationen zu verstehen.

Gillan, Premack und Woodruff (1981) testeten Sarah, den sprachtrainierten Schimpansen, auf Analogien, die entweder perzeptuelle oder funktionale Relationen zwischen Objekten enthielten. Die Analogie im vorangegangenen Absatz hat mit funktionellen Relationen zu tun, denn sie erfordert ein Verstehen der Funktionen der verschiedenen Objekte, und dies war eine der Analogieaufgaben, die Sarah gestellt wurden (siehe Abbildung 11.9). Ein Beispiel für eine perzeptuelle Analogie ist das folgende: Großes gelbes Dreieck verhält sich zu kleinem gelben Dreieck wie großer roter Halbmond zu (kleinem roten oder kleinem gelben Halbmond)? Diese Analogie erfordert auch ein Verstehen der Relationen zwischen Objekten, doch in diesem Fall haben die Relationen nur mit den wahrgenommenen Eigenschaften der Objekte zu tun (ihren relativen Größen).

Abbildung 11.9: Darstellungen, die der Schimpansin Sarah gezeigt wurden, die die Analogie „Schloss verhält sich zu Schlüssel wie Dose zu was?“ wiedergeben. Zwei mögliche Antworten, Dosenöffner und Pinsel, wurden unterhalb der Linie gezeigt, und Sarah traf die richtige Wahl.

Sarah war recht erfolgreich darin, beide Arten von Analogieaufgaben zu lösen. Im Gegensatz dazu lagen Schimpansen ohne Sprachtraining nie wesentlich über dem Zufall (50 Prozent richtig), obwohl sie auf sehr einfache Wahrnehmungsanalogien getestet wurden. Diese Ergebnisse stimmen mit Premacks Hypothese überein, dass ein Tier ohne Sprache abstrakte Beziehungen zwischen Objekten nicht verstehen kann.

Transitive Inferenz

Wenn Alex kleiner ist als Lisa und Lisa kleiner ist als Karl, dann folgt daraus, dass Alex kleiner ist als Karl. Dieser Schluss ist gerechtfertigt, denn Ungleichheiten hinsichtlich der Größe sind **transitiv**. Das heißt, sie entsprechen der folgenden allgemeinen Regel: Wenn $A < B$ und $B < C$, dann $A < C$. Wenn wir hinsichtlich der Größen von Alex und Karl den richtigen Schluss ziehen, auch wenn wir sie nie nebeneinander stehend gesehen haben, dann drücken wir unsere Fähigkeit zur **transitiven Inferenz** aus.

Gillan (1981) testete, ob drei nicht sprachtrainierte Schimpansen zu transitiver Inferenz fähig wären, indem er sie zunächst mit Behältern mit verschiedenen Farben trainierte, die in manchen Situationen Futter enthielten und in anderen nicht. So wurde zum Beispiel einem Schimpansen beigebracht, dass Blau besser als Schwarz sei, Schwarz besser als Rot und so weiter. Im Test auf transitive Inferenz musste ein Schimpanse zwischen zwei Behältern wählen, die nie zuvor als Paar präsentiert worden waren. Wenn der Schimpanse zum Beispiel die Wahl zwischen Blau und Rot hätte, würde er Blau wählen? Gillan fand heraus, dass die Schimpansen zu solchen Inferenzen imstande sind. Premack war der Ansicht, dass dieses Ergebnis weder ein Beleg für noch gegen seine Theorie sei, denn diese Art Aufgabe kann sowohl durch abstraktes logisches Denken als auch durch visuelle Vorstellungsbildung gelöst werden (zum Beispiel dadurch, sich die verschiedenfarbigen Behälter in einer Reihe vorzustellen und denjenigen zu wählen, der dem „besseren" Ende in der Reihe am nächsten ist). Premacks Position ist: Während sprachtrainierte Schimpansen zu abstraktem logischen Denken fähig sind, können Tiere ohne Sprachtraining die Aufgabe mit der einfacheren visuellen Strategie lösen.

Tatsächlich scheint es, dass es weder eines Sprachtrainings noch eines Primatenhirns bedarf, um diese Art von Aufgabe zu lösen. Studien mit Tests ähnlich denen von Gillan haben dieselbe Art von transitiver Inferenz sowohl bei Ratten (Davis, 1992; W. A. Roberts & Phelps, 1994) als auch bei Tauben (von Fersen, Wynne, Delius & Staddon, 1991) gezeigt. Es gibt zwar verschiedene Theorien dazu, wie die Tiere diese Aufgabe lösen, doch herrscht allgemeine Übereinstimmung bezüglich der Tatsache, dass sie es können (Zentall & Sherburne, 1994; Wynne, 1995).

Schlussfolgerungen

Schimpansen mit Sprachtraining scheinen zumindest einige logische Denkaufgaben lösen zu können, die Schimpansen ohne Sprachtraining nicht lösen können. Es ist noch nicht genau klar, warum das so ist. Premack gab als Argument an, dass Sprachtraining dazu führe, dass die Schimpansen einen abstrakten statt eines bildhaften Codes (oder zusätzlich zu einem bildhaften Code) benutzen. Andere zogen jedoch den Schluss, dass Schimpansen nach dem Sprachtraining einfach besser beim Lösen von Tests sind, da dieses Training ausgiebige Erfahrung mit der Beantwortung von Fragen, dem Ausführen von Anweisungen und anderem beinhaltet (Thompson, Oden & Boysen, 1997). Eine Studie mit Rhesusaffen zeigte, was für einen großen Unterschied die Testerfahrung ausmachen kann. Sowohl mit jungen als auch mit älteren Tieren wurde eine Reihe von Diskriminations- und Konzeptformationstests durchgeführt. Einige der älteren Affen waren erfahrene Testtiere, andere wiederum nicht. Die Forscher fanden, dass die Performanz unerfahrener älterer Affen nicht an die jüngerer Tiere heranreichte, wohingegen die erfahrenen älteren Affen bei vielen Aufgaben besser abschnitten als die Jungtiere (Novak, Suomi, Bowman & Mohr, 1991).

Premack war auch der Ansicht, dass nur Primaten imstande seien, einen abstrakten Code zu verwenden, und dass deshalb auch nur Primaten zu abstraktem logischen Denken fähig seien. Diese Behauptung traf auf noch energischeren Widerspruch. Vieles beweist, dass auch Nichtprimaten eine Reihe von Aufgaben lernen können, die mit abstraktem logischen Denken zu tun haben. Dies schließt das Erlernen natürlicher Konzepte durch verschiedene Vogelspezies (Kapitel 10), genaues Zählen von Objekten durch einen Papagei und das Erlernen von Sprache durch Delfine und Seelöwen mit ein. Wahrscheinlich wird man in zukünftigen Studien weitere Beispiele für abstraktes logisches Denken bei anderen Spezies finden.

WWW

Eine Liste von Quellmaterialien zum Thema komparative Kognition wird von Dr. Robert Cook hier unterhalten: **http://www.pigeon.psy.tufts.edu/psych26/alinks.htm**.

Die Moral ist hier vielleicht, dass es riskant ist zu behaupten: „Hier ist eine Aufgabe zum abstrakten logischen Denken, die nur ein menschliches Wesen (oder nur ein Primat) lösen kann.“ Die Gefahr dabei ist, dass ein kluger Forscher einen Weg finden könnte, einem Vogel oder einem Nagetier beizubringen, genau diese Aufgabe zu lösen. Obwohl sicher niemand die enormen Unterschiede zwischen den geistigen Fähigkeiten von Menschen und Tieren ernsthaft in Frage stellt, könnten einige der offensichtlichen Beschränkungen der logischen Denkfähigkeit bei Tieren auf Unzulänglichkeiten in den gegenwärtigen Trainings- oder Testverfahren zurückzuführen sein und nicht so sehr auf die Tiere.

Zusammenfassung

Zwei Verfahren zum Studium des Kurzzeitgedächtnisses bei Tieren sind Delayed Matching to Sample (DMTS) und das sternförmige Labyrinth. Beim DMTS lässt die Genauigkeit der Performanz schnell nach, wenn die Verzögerungsphase zwischen Muster- und Vergleichsstimulus ausgedehnt wird. Studien mit sternförmigen Labyrinthen haben gezeigt, dass Ratten es im Allgemeinen vermeiden können, die Arme eines Labyrinths erneut aufzusuchen, aus denen sie bereits das Futter gefressen haben, selbst wenn das Labyrinth 17 Arme hat. Andere Studien haben Belege sowohl für mechanisches Memorieren als auch assoziatives Memorieren bei Tieren erbracht. Experimente zum Langzeitgedächtnis zeigten, dass Tauben sich mehrere hundert Dias mit einem hohen Grad an Genauigkeit merken konnten. Andere Studien haben gezeigt, dass sich das Langzeitgedächtnis verbessern lässt, wenn dem Tier ein entsprechender Hinweisreiz als Hilfe zur Erinnerung an eine frühere Lernerfahrung verabreicht wird.

Eine Reihe von Experimenten zur Zeitschätzung hat gezeigt, dass die Dauer eines Stimulus das Verhalten eines Tieres mit recht hoher Genauigkeit bestimmen kann, ebenso wie die Anzahl der Stimuli dies kann. Tiere sind auch imstande, sich wiederholende serielle Muster von Stimuli wahrzunehmen, und sie können Listen von Stimuli durch Chunking erlernen.

Die Ergebnisse von Versuchen, Tieren Sprache beizubringen, waren in mancher Hinsicht den Sprachfähigkeiten des Menschen ähnlich, in anderer Hinsicht jedoch nicht. Einige Schimpansen lernten den Gebrauch von über 100 Zeichen oder Symbolen für Wörter, doch nur selten benutzten sie eine beständige Wortfolge oder Grammatik. David Premack erreichte bei einem Schimpansen bessere grammatikalische Fähigkeiten, indem er nur die richtige Wortfolge verstärkte (unter Benutzung von verschiedenen Plastikformen, die Wörter repräsentieren). Andere Studien haben gezeigt, dass verschiedene Spezies (der Gorilla, der Delfin und der Papagei) die Bedeutungen von Gesten, Symbolen oder gesprochenen Wörtern erlernen können.

Premack ist der Ansicht, dass Schimpansen, die Sprachtraining erhalten haben, auf eine Art abstraktes logisches Denken zurückgreifen können, zu dem Schimpansen ohne Sprachtraining nicht imstande sind, und einige Studien haben diese Theorie untermauert. Andere Studien fanden jedoch Hinweise auf abstraktes logisches Denken bei Tieren ohne Sprachtraining. So können zum Beispiel Tauben Aufgaben zur transitiven Inferenz lösen, und Katzen, Hunde und Vögel sind in der Lage, Aufgaben zur Objektpermanenz zu lösen.

Wiederholungsfragen

1. Beschreiben Sie, wie Delayed Matching to Sample und das sternförmige Labyrinth zum Studium des Kurzzeitgedächtnisses von Tieren benutzt werden können, und erörtern Sie einige der Hauptergebnisse, die mit diesen Verfahren erzielt wurden.
2. Was ist mechanisches Memorieren und was ist assoziatives Memorieren? Beschreiben Sie ein Experiment, das beide Arten des Memorierens bei Tieren nachweisen soll.
3. Beschreiben Sie einige Tierexperimente zu Zeitschätzung, Zählen und Chunking und erörtern Sie deren Ergebnisse.
4. Beschreiben Sie Stärken und Beschränkungen der Sprachlernfähigkeiten von Schimpansen, denen der Gebrauch der Amerikanischen Zeichensprache beigebracht wurde. Wie wichen Premacks Verfahren von denen der Studien zur Zeichensprache ab, und was waren seine Befunde? Welche Schlussfolgerungen zog Premack hinsichtlich der Schimpansen, die Sprachtraining erhalten hatten?

Kapitel

12 Beobachtungslernen

In diesem Kapitel

Es gibt keinen Zweifel an der Tatsache, dass ein Großteil menschlichen Lernens nicht durch klassische Konditionierung oder als Ergebnis von Verstärkung oder Bestrafung geschieht, sondern durch Beobachtung. Zwei Psychologen, deren Werke und Experimente diese Tatsache immer wieder hervorhoben, sind Albert Bandura und Richard H. Walters. In ihrem Klassiker *Social Learning and Personality Development* (Soziales Lernen und Persönlichkeitsentwicklung, 1963) argumentierten Bandura und Walters, dass die herkömmliche Lerntheorie völlig unvollständig sei, da sie die Rolle des Beobachtungslernens vernachlässige. Wie wir sahen, betont die herkömmliche Lerntheorie die Bedeutung individueller Erfahrung: Ein Individuum legt ein bestimmtes Verhalten an den Tag und erfährt die Konsequenzen, die sich daraus ergeben. Der Punkt, den Bandura und Walters betonen, ist: Ein Großteil des Lernens erfolgt durch Beobachten der Erfahrungen anderer statt durch persönliche Erfahrung. Wir beobachten das Verhalten anderer, beobachten die Konsequenzen und imitieren vielleicht später ihr Verhalten. Kurz: Bandura und Walter behaupten, dass der herkömmliche Ansatz zum Lernen, der die Betonung auf persönliche Erfahrung und Übung legt, unzureichend sei – er trifft vielleicht auf manche Arten von Lernen zu, aber nicht auf alle.

Wie der Titel ihres Buchs nahe legt, waren Bandura und Walters daran interessiert zu erforschen, wie Menschen verschiedene Persönlichkeiten entwickeln (zum Beispiel, warum manche Menschen eher extrovertiert und andere eher introvertiert sind, manche friedfertig und andere aggressiv, einige fleißig und andere faul). Ihre Ansicht: Während manche Persönlichkeitsunterschiede auf Vererbung beruhen, existieren die meisten aufgrund der Lernerfahrungen eines Individuums. Sie lehnten den Freudschen oder psychodynamischen Ansatz zur Persönlichkeit ab, der die Interaktionen unbewusster psychischer Kräfte bei der Bestimmung der Persönlichkeit eines Erwachsenen hervorhebt. Wie Freud glaubten auch Bandura und Walters, dass Erfahrungen aus der frühen Kindheit einen tief greifenden Einfluss auf die Persönlichkeit des Erwachsenen haben können, doch sie gingen davon aus, dass diese Erfahrungen ihren Einfluss durch Prinzipien ausüben, die sie in der **Theorie des sozialen Lernens** erörtert haben. Mit der Theorie des sozialen Lernens meinten Bandura und Walters eine Kombination aus (1) den herkömmlichen Prinzipien klassischer und operanter Konditionierung und (2) den Prinzipien des **Beobachtungslernens** oder der **Imitation**. Sie lehnten damit nicht die Prinzipien der herkömmlichen Lerntheorie ab, sondern fügten der Liste nur ein weiteres wichtiges Prinzip hinzu.

Später in diesem Kapitel werden wir einige aus einer Reihe von Belegen untersuchen, die Bandura und Walters gesammelt haben und die zeigen, dass Beobachtungslernen tatsächlich einen wichtigen Beitrag zur Entwicklung von Persönlichkeitsunterschieden bei Individuen leistet. Zu Beginn werden wir jedoch einige Theorien betrachten, die sich damit beschäftigen, warum Imitation überhaupt auftritt.

12.1 Imitationstheorien

12.1.1 Imitation als Instinkt

Einige frühe Psychologen vermuteten, dass Menschen und Tiere eine angeborene Neigung besitzen, das Verhalten anderer zu imitieren (McDougall, 1908; Morgan, 1896). William James (1890) sagte: *„Diese Form von Nachahmungsfähigkeit findet man beim Menschen ebenso wie bei anderen Herdentieren und ist ein Instinkt im wahrsten Sinne des Wortes… (S. 408).“* Diese Ansicht, dass Imitation eine angeborene Neigung sei, stammt teilweise aus Belegen dafür, dass Kleinkinder die Bewegungen eines Erwachsenen nachahmen. McDougall (1908) berichtete, sein vier Monate alter Sohn würde seine Zunge herausstrecken, wenn ein Erwachsener vor ihm dasselbe täte. Natürlich ist es möglich, dass er diese Reaktion gelernt hatte, weil sie verstärkt worden war (durch Lächeln und Lachen der Erwachsenen). Neuere Studien liefern stichhaltigere Belege für eine angeborene Neigung zur Imitation.

In einigen sorgfältig kontrollierten Experimenten versuchten Meltzoff und Moore (1977, 1983) zu bestimmen, ob 12 bis 21 Tage alte Säuglinge eine oder mehrere von vier Gesten eines Erwachsenen imitieren würden: Lippen spitzen, Mund öffnen, Zunge herausstrecken und aufeinander folgende Fingerbewegungen. Die Prüfer machten jeweils eine Geste pro Zeiteinheit und warteten dann, ob das Kleinkind die Geste imitieren würde. Das Verhalten des Kindes wurde auf Video aufgenommen und danach von Leuten beurteilt, die nicht wussten, welche der vier Gesten das Kind beim jeweiligen Durchgang beobachtet hatte. Meltzoff und Moore fanden eine verlässliche Neigung bei den Säuglingen, genau das Verhalten zu imitieren, das sie gerade beobachtet hatten. Aufgrund des sehr geringen Alters dieser Säuglinge ist es äußerst unwahrscheinlich, dass dieses Imitationsverhalten durch ihre Eltern verstärkt worden war. Tatsächlich sagten alle Eltern, dass sie zuvor nie ein imitierendes Verhalten bei ihren Kindern beobachtet hätten, und die meisten waren der Ansicht, dass dies in einem solch geringen Alter nicht möglich sei.

Die von Meltzoff und Moore erzielten Ergebnisse wurden mehrmals repliziert, und es ist inzwischen ziemlich klar, dass Neugeborene dazu neigen, bestimmte Gesten von Erwachsenen, besonders das Herausstrecken der Zunge, nachzuahmen (Field, Woodson, Greenberg und Cohen, 1982). Es gibt jedoch verschiedene Ansichten dazu, wie dieses Verhalten gedeutet werden sollte, und einige Forscher vertreten die Position, es zeige nicht unbedingt, dass Kleinkinder allgemein dazu neigen, Gesten nachzuahmen (Anisfeld, 1991). Eine Hypothese besagt, dass die Nachahmung des Lippenspitzens (und vielleicht noch einige andere Gesichtsausdrücke) ein angeborenes fixes Verhaltensmuster sei (wie in Kapitel 3 beschrieben), das ausgelöst wird, wenn das Kleinkind jemanden bei derselben Geste beobachtet. Metzloff und Moore (1989) glauben jedoch, dass ihre Befunde einen Beleg für die allgemeine Fähigkeit liefern, Gesten und Bewegungen nachzuahmen. Wenn dem so wäre, wäre dies eine bemerkenswerte Fähigkeit, denn es würde darauf hindeuten, dass Menschen mit der Fähigkeit geboren werden, einen visuellen Input (den Anblick eines Erwachsenen, der eine bestimmte Geste macht) mit einer Reihe von Muskelbewegungen zu assoziieren, die gestatten, den visuellen Input nachzuahmen. Bedenken Sie, dass das Kind sein eigenes Gesicht nicht sehen kann, wenn es seinen Mund öffnet oder die Zunge herausstreckt. Tatsächlich haben wohl die meisten der von Metzloff und Moore studierten Kleinkinder noch nie zuvor ihr Gesicht im Spiegel gesehen. Weitere Studien sind erforderlich, um zu bestimmen, ob Neugeborene fähig sind, viele verschiedene Gesten nachzuahmen oder nur einige wenige, wie zum Beispiel das Spitzen der Lippen.

Wie das Zitat von William James zeigt, war er der Meinung, andere Tiere wären ebenfalls zum Lernen durch Imitation imstande. In den letzten 100 Jahren wurden Hunderte von Experimenten zur Imitation bei Tieren durchgeführt, und zwar mit so unterschiedlichen Spezies wie Primaten, Katzen, Hunden, Nagetieren, Vögeln und Fischen (vgl. M. Robert, 1990; Whiten & Ham, 1992). Die Lernaufgaben in diesen Studien reichten von „sehr leicht“ bis „sehr schwierig“ und sind hilfreich dabei, drei von Thorpe (1963) vorgeschlagene Kategorien des Beobachtungslernens zu betrachten.

Die einfachste Form des Beobachtungslernens ist nach Thorpes Kategorien die **soziale Erleichterung**, bei der das Verhalten eines Individuums bei einem anderen ein ähnliches Verhalten auslöst, dieses Verhalten aber *bereits zum Repertoire* des Nachahmenden gehörte. So setzte zum Beispiel Turner (1964) frisch geschlüpfte Küken zu einer mechanischen „Henne“, die bei einigen der Küken nach einem Getreidekorn pickte, das orangefarben war, bei anderen war es grün. Turner fand, dass die Küken ungefähr doppelt so häufig auf das Korn mit derselben Farbe pickten wie auf das mit der anderen. (Die Getreidekörner waren am Boden festgeklebt, so dass die Pickreaktionen der Küken nicht durch Futteraufnahme verstärkt wurden.) Dieses Beispiel der Nachahmung bezeichnet man als soziale Erleichterung, denn die Küken können bereits picken. In ähnlicher Weise trainierte Wyrwicka (1978) Mutterkatzen, ungewöhnliche Nahrung (Bananen und Kartoffelpüree) zu sich zu nehmen, und auch die Jungtiere begannen diese Nahrung zu fressen.

Thorpes zweite Kategorie des Beobachtungslernens ist die **lokale Erleichterung**, ein von ihm geprägter Begriff für Beobachtungslernen, bei dem ein Modell die Aufmerksamkeit des Lernenden direkt auf ein bestimmtes Objekt oder eine Stelle in der Umgebung lenkt, so dass der Lernende ein neues Verhalten schneller lernt als durch Versuch und Irrtum. So trainierten zum Beispiel Warden, Fjeld und Koch (1940) einige Affen, sich Futterverstärker zu verdienen, indem sie bestimmte Reaktionen zeigten wie z.B. an einer Kette zu ziehen. Ein untrainierter Affe wurde dann in eine identische Testkammer direkt neben der mit dem trainierten Affen gesteckt. In vielen Fällen beobachtete der untrainierte Affe, wie der trainierte die erforderliche Reaktion zeigte, und ahmte sie sofort nach. Die untrainierten Affen hätten wahrscheinlich nach einiger Zeit durch Versuch und Irrtum gelernt richtig zu reagieren, doch ihre Lerngeschwindigkeit wurde durch die Beobachtung eines erfahreneren Affen beschleunigt. Lokale Erleichterung wurde auch bei Vögeln beobachtet (S. B. Johnson, Hamm & Leahey, 1986). Es ist nicht nötig, dass „Lehrer“ und „Schüler“ derselben Spezies angehören. Bullock und Neuringer (1977) fanden heraus, dass Tauben lernen konnten, eine Reaktionskette mit zwei Verhaltensweisen hervorzubringen (Anpicken von zwei Tasten in einer bestimmten Reihenfolge), indem sie beobachteten, wie eine menschliche Hand die entsprechende Bewegungsfolge ausführte.

Thorpes dritte Kategorie der Nachahmung, die er **echte Imitation** nannte, ist nicht eindeutig von der lokalen Erleichterung zu unterscheiden, doch bezieht sich dieser Begriff auf die Nachahmung einer Verhaltensweise, die für die Spezies so ungewöhnlich oder unwahrscheinlich ist, dass sie nur selten durch Versuch und Irrtum gelernt wird. Kawai (1965) beschrieb mehrere Beispiele für echte Imitation, die man bei einer Gruppe von Affen beobachtete, die auf einer Insel vor der japanischen Küste lebten. Wenn man zum Beispiel Weizenkörner am Strand ausstreute, sammelten die Affen die Körner einzeln aus dem Sand und fraßen sie. Ein Affe hatte jedoch gelernt, auf effizientere Weise die Körner vom Sand zu trennen, indem er eine Handvoll Sand mit Körnern ergriff und sie ins Wasser warf. Der Sand sank zu Boden und der Weizen schwamm an der Oberfläche, so dass der Affe ihn nun leicht einsammeln konnte. Schon bald ahmten viele andere Affen der Gruppe dieses Verhalten nach. Kawai berichtete, durch Beobachtungslernen verbreiteten sich mehrere andere neue Verhaltensweisen schnell unter den Affen, einschließlich des Abwaschens von Sand, der an Süßkartoffeln klebte, indem man sie ins Meerwasser tauchte (was die Affen nie zuvor getan hatten, bis ein junger Affe damit begann). Beispiele echter Imitation fand man auch bei Gorillas und Orang-Utans. Orang-Utans in Gefangenschaft ahmten viele komplexe Verhaltensweisen von ihren menschlichen Wärtern nach, unter anderem „Fegen und Unkrautjäten auf Wegen, Mischen der Zutaten für Pfannkuchen, Hängematten aufhängen und darin schaukeln und Geschirr oder Wäsche waschen“ (Byrne & Russon, 1998, S. 678).

Einzelberichte von Fisher und Hinde (1949) liefern ein überzeugendes Beispiel für echte Imitation bei Vögeln. Im Jahre 1921 berichteten die Bewohner eines südenglischen Dorfs zum ersten Mal, dass einige Vögel angefangen hatten Milch zu trinken, indem sie bei Milchflaschen, die auf den Treppenstufen des Eingangs standen, ein Loch in den Aluminiumdeckel der Flasche hackten. Über die Jahre hinweg breitete sich dieses Verhalten über weite Teile von England, Wales und Schottland aus und war bei verschiedenen Vogelspezies zu beobachten. Da es wenig Sinn ergibt zu behaupten, all diese Vögel seien von selbst auf diese Verhaltensweise gekommen, muss das Verhalten durch Beobachtungslernen erworben und weitergegeben worden sein. Erst kürzlich haben Forscher von Beispielen echter Imitation auch bei Ratten und anderen Spezies berichtet (zum Beispiel Heyes, Jaldow & Dawson, 1994).

Zusammenfassend kann man sagen: Die Fähigkeit, etwas durch Beobachtung zu lernen, ist keinesfalls auf den Menschen beschränkt, und die Neigung, das Verhalten anderer nachzuahmen, kann in vielen Spezies schon in einem sehr jungen Alter beobachtet werden. Es scheint einiges zuzutreffen an der Aussage früher Psychologen, dass die Neigung zur Imitation instinktiv ist. Das Problem mit diesem Ansatz ist jedoch, dass er uns nichts darüber sagt, wann Imitation auftritt und wann nicht. Neuere Theorien zur Imitation haben versucht, diese Frage zu beantworten.

WWW

Kurzvideos, die einen Schimpansen beim Lernen durch Beobachtung zeigen, finden Sie hier: **http://epsych.msstate.edu/adaptive/LearningByObservation/index.html**.

12.1.2 Imitation als operante Reaktion

In einem bekannten Buch behaupteten N. E. Miller und Dollard (1941), dass Lernen durch Beobachtung keine weitere Art des Lernens sei (neben der klassischen und operanten Konditionierung), sondern vielmehr ein Spezialfall operanter Konditionierung. Wir sahen bereits, dass diskriminative Hinweisreize in der operanten Konditionierung eine entscheidende Rolle spielen, und zwar sowohl im Labor als auch außerhalb. So kann zum Beispiel ein Tier im Labor lernen, auf bestimmte Weise auf ein rotes Licht zu reagieren, auf andere Weise bei einem grünen Licht und wiederum anders bei Aufleuchten eines gelben Lichts. (Eine Person, die ein Auto fährt, hat ebenfalls verschiedene Reaktionen auf diese drei Hinweisreize gelernt.) Nach Miller und Dollard beinhaltet Lernen durch Beobachtung Situationen, in denen der diskriminative Hinweisreiz das Verhalten einer anderen Person darstellt. Die angemessene Reaktion ist dann meistens ein ähnliches Verhalten des Beobachters.

Eines der vielen von Miller und Dollard durchgeführten Experimente kann ihren Ansatz verdeutlichen. An diesem Experiment nahmen Erstklässler teil, die in Paare eingeteilt waren, wobei das eine Kind der „Leiter“ und das andere der „Schüler“ war. Bei jedem der Durchgänge betraten die beiden Kinder einen Raum, in dem sich zwei Stühle befanden. Auf jedem Stuhl war eine große Kiste. Der Leiter war vorab unterwiesen worden, zu einer der beiden Kisten zu gehen, in der sich vielleicht etwas Süßes befand. Der Schüler konnte beobachten, wohin der Leiter ging, jedoch nicht, ob der Leiter dort etwas Süßes fand oder nicht. Nun war der Schüler dran, zu einer der beiden Kisten zu gehen, in der sich etwas Süßes befinden könnte. Der Schüler konnte sehen, wohin der Leiter ging, aber nicht, ob er etwas Süßes fand. Als Nächstes war der Schüler an der Reihe, zu einer der beiden Kisten zu gehen, wo er etwas Süßes fand oder auch nicht. Die eine Hälfte der Schüler war in einer *Imitationsgruppe* – trafen sie dieselbe Wahl wie ihr Leiter, gab es Verstärkung. Die anderen Schüler gehörten zu einer Nichtimitationsgruppe – sie erhielten Verstärkung, wenn sie eine andere Wahl trafen als ihr Leiter.

Das Resultat dieses einfachen Experiments war nicht überraschend: Nach einigen Durchgängen kopierten die Kinder in der Imitationsgruppe immer die Reaktion des Leiters, und die Kinder in der Nichtimitationsgruppe reagierten immer entgegengesetzt. Miller und Dollard schlossen daraus, dass Imitation wie jede andere operante Reaktion auftritt, wenn ein Individuum für die Imitation einen Verstärker erhält. Umgekehrt tritt Nichtimitation auf, wenn diese verstärkt wird. In beiden Fällen ist das Verhalten einer anderen Person der diskriminative Hinweisreiz, der darauf hinweist, welche Reaktion die richtige ist. Ähnliches „Folge-dem-Anführer“-Verhalten beobachtete man auch bei Ratten und anderen Tieren (siehe Hake, Donaldson & Hyten, 1983). Nach Miller und Dollard fügt sich also Beobachtungslernen gut in die Skinnersche Dreifachkontingenz von diskriminativem Hinweisreiz, Reaktion und Verstärkung ein. Es ist nicht nötig zu behaupten, Lernen durch Beobachtung sei ein separates Lernprinzip, das sich von operanter Konditionierung unterscheidet.

12.1.3 Imitation als generalisierte operante Reaktion

Wie Bandura (1969) feststellte, findet Millers und Dollards Analyse der Imitation nur auf solche Fälle Anwendung, in denen ein Lernender (1) das Verhalten eines Modells beobachtet, (2) sofort die Reaktion kopiert und (3) Verstärkung erhält. Viele alltägliche Beispiele von Imitation folgen nicht diesem Muster. Nehmen wir zum Beispiel an, ein kleines Mädchen beobachtet ihre Mutter dabei, wie sie sich eine Schale Müsli zubereitet: Die Mutter nimmt die Schale aus dem Geschirrschrank, schüttet das Müsli hinein und gibt dann Milch hinzu. Am nächsten Tag – ohne ihre Mutter in der Küche – könnte das Mädchen beschließen, sich selbst eine Schale Müsli zuzubereiten, und es könnte ihr gelingen. Hier haben wir ein Beispiel für Imitation, für Lernen durch Beobachtung, bei dem zu beachten ist: Hat das Mädchen diese Abfolge von Verhaltensweisen nie zuvor ausgeführt, so hat sie offensichtlich dafür auch keine Verstärkung erhalten können. Dieses Beispiel stellt deshalb einen Fall von Lernen ohne vorherige Übung der Reaktion und ohne vorherige Verstärkung dar.

Genau wie das Prinzip der Verstärkung nicht erklären kann, weshalb eine Ratte zum ersten Mal einen Hebel drückt (bevor sie für dieses Verhalten einen Verstärker erhält), kann es *aus sich selbst heraus* auch nicht das erste Auftreten einer Reaktion erklären, die man durch Beobachtung erlernt hat. Das Prinzip der Verstärkung kann jedoch für einige Fälle neuartiger Verhaltensweisen verantwortlich sein, wenn wir das Konzept der **Generalisierung** mit einbeziehen. Das heißt, einige neuartige Verhaltensweisen sind vielleicht nichts weiter als Variationen ähnlicher Reaktionen, die in der Vergangenheit verstärkt wurden. Kapitel 6 zeigte, dass die Verstärkung einer Reaktion dazu dienen kann, eine ganze Reihe ähnlicher Reaktionen zu stärken. In Lashleys (1924) Experiment waren die Ratten – nachdem sie für das richtige Durchwaten eines Wasserlabyrinths eine Verstärkung erhielten – imstande, ohne weiteres Training dasselbe Labyrinth mit tieferem Wasser zu durchschwimmen. Man könnte sagen: Die richtige Schwimmreaktion war das Ergebnis einer Generalisierung des zuvor gelernten Durchwatens des Labyrinths. In ähnlicher Weise könnte man sagen, dass das kleine Mädchen für die Nachahmung des Verhaltens ihrer Eltern zuvor bereits Verstärkungen erhalten habe, und deshalb sei ihre Imitation des Verhaltens im Zusammenhang mit der Zubereitung einer Schale Müsli nichts weiter als ein Beispiel für Generalisierung. Diese Erklärung erscheint plausibel angesichts der Tatsache, dass die meisten Eltern ihre Kindern für die Nachahmung ihres Verhaltens oft verstärken. Die Nachahmung elterlichen Verhaltens, sei es das Aussprechen eines Wortes oder einer Redewendung, das Lösen eines Rätsels, das richtige Halten eines Löffels usw. kann mittels Lächeln, Lob und Umarmungen verstärkt werden. Es wäre nicht überraschend, wenn diese Verstärkungsgeschichte zur Imitation anderer Verhaltensweisen führte.

Generalisierte Imitation wurde in einer Reihe von Experimenten nachgewiesen. So verstärkten zum Beispiel Baer, Peterson und Sherman (1967) mehrere geistig sehr zurückgebliebene Kinder bei der Imitation von Verhaltensweisen ihres Lehrers (aufstehen, bestätigend nicken, eine Tür öffnen). Nach Etablierung imitativer Reaktionen (was mehrere Sitzungen beanspruchte) zeigten die Lehrer gelegentlich neue Verhaltensweisen, und die Kinder ahmten auch diese nach, obwohl sie dafür nie verstärkt worden waren. Eine Studie mit normalen Kindern im Alter von etwa einem Jahr stellte fest, dass die Kinder lernen konnten, Geräusche nachzuahmen, die ihre Eltern machten, und dass diese Imitation zunahm, wenn die Eltern dies mit Lob verstärkten (Poulson, Kymissis, Reeve, Andreatos & Reeve, 1991). Diese Art von generalisierter Stimmimitation könnte für das Kind beim Sprechenlernen eine wichtige Rolle spielen. Andere Studien haben ebenfalls generalisierte imitative Verhaltensweisen nachgewiesen (Kymissis & Poulson, 1994; Weisberg, Stout & Hendler, 1986).

12.1.4 Banduras Imitationstheorie

Bandura hielt daran fest, dass die Theorie der generalisierten Imitation ähnlich wie andere Theorien zur Imitation unzulänglich ist. Seine Gründe lassen sich leicht anhand eines berühmten Experiments aufzeigen, bei dem es um die Imitation aggressiven Verhaltens durch vierjährige Kinder geht (Bandura, 1965). Die Kinder nahmen an diesem Experiment einzeln teil. Zunächst sah jedes Kind einen Kurzfilm (auf einen Fernsehbildschirm projiziert), in dem ein Erwachsener vier neuartige aggressive Verhaltensweisen gegenüber einem aufblasbaren Stehaufmännchen (genannt Bobo) ausführte. Bei jeder der vier Verhaltensweisen sprach der Erwachsene ganz bestimmte Worte. So saß er an einer Stelle auf der Puppe und boxte sie ins Gesicht, wobei er sagte: „Peng, voll auf die Nase, peng, peng." Einige Kinder sahen dann, wie das erwachsene Modell von einem anderen Erwachsenen einen Verstärker erhielt: Er bekam Limonade, Süßigkeiten und andere Snacks und wurde als „starker Champion" bezeichnet. Eine andere Gruppe Kinder sah jedoch, wie der Erwachsene für sein aggressives Verhalten bestraft wurde: Er wurde für sein „Herumhacken auf dem Clown" ausgeschimpft, bekam einen Klaps und wurde gewarnt, sich nicht noch einmal so zu verhalten. Kinder in einer dritten Gruppe sahen keine Konsequenzen des aggressiven Verhaltens des Erwachsenen.

Unmittelbar nachdem ein Kind den Film gesehen hatte, wurde es in einen Raum gebracht, in dem sich solch eine aufblasbare Puppe und viele andere Spielzeuge befanden. Das Kind wurde im Raum allein gelassen und durch eine Einwegscheibe beobachtet. Viele Fälle aggressiven Verhaltens gegen die Puppe wurden aufgezeichnet, wobei die meisten dem Verhalten des Erwachsenen im Film ähnelten (siehe Abbildung 12.1). In vielen Fällen benutzten die Kinder auch ähnliche Worte wie das Modell im Film. Jungen legten erheblich mehr Aggressivität an den Tag als Mädchen.

Diese Resultate standen nicht im Widerspruch zur Theorie der generalisierten Imitation, doch Bandura behauptete, dass zwei zusätzliche Befunde nicht mit dieser Theorie erklärt werden könnten. Erstens: Die Konsequenzen für den Erwachsenen waren maßgeblich. Kinder, die sahen, wie das Modell für sein Verhalten bestraft wurde, zeigten weniger Imitation als Kinder in den beiden anderen Gruppen. Nach Bandura besagt die Theorie der generalisierten Imitation, dass Kinder (oder Erwachsene) andere imitieren, *weil Imitation in der Vergangenheit verstärkt wurde*, doch sie sagt nichts darüber aus, welchen Einfluss die Verstärkung oder Bestrafung *des Modells* auf den Lernenden haben sollte. Zweitens: In der letzten Phase von Banduras Experiment bot der Versuchsleiter dem Kind eine Belohnung an, wenn es das Verhalten des Modells im Film nachahmen würde. Mit diesem Anreiz zeigten die Kinder aller drei Gruppen gleichermaßen viele aggressive Verhaltensweisen. Bandura schloss, dass Verstärkung für das *Erlernen* neuer Verhaltensweisen mittels Beobachtung nicht notwendig sei, dass jedoch die Erwartung von Verstärkung wesentlich für die *Performanz* neuen Verhaltens sei. Bandura behauptete, dass die Theorie der generalisierten Imitation die Unterscheidung zwischen Lernen und Performanz von imitierten Verhaltensweisen nicht berücksichtige.

Abbildung 12.1: Die oberste Bildreihe zeigt Einzelaufnahmen aus einem Film, in dem ein Erwachsener verschiedene aggressive Verhaltensweisen gegen eine aufblasbare Puppe an den Tag legt. Die Bilder in den beiden Reihen darunter zeigen Kinder, die nach Betrachten des Films das Verhalten des Modells imitieren (Bandura, Ross & Ross, 1963).

Bevor wir versuchen zu entscheiden, ob Banduras Kritik an der Theorie der generalisierten Imitation gerechtfertigt ist, lassen Sie uns die Theorie betrachten, die er als Alternative vorschlägt. Banduras (1969, 1986) Theorie kann man eindeutig als kognitive Theorie bezeichnen, denn sie beinhaltet verschiedene nicht direkt beobachtbare Prozesse. Sie besagt, dass es vier Faktoren gibt, die bestimmen, ob Imitation auftreten wird:

1. *Aufmerksamkeitsprozesse*. Der Lernende muss seine Aufmerksamkeit auf die entsprechenden Merkmale des Verhaltens, das das Modell ausführt, richten, wenn Imitation stattfinden soll. Ein kleines Mädchen mag ihre Mutter dabei beobachten, wie sie sich eine Schale Müsli zubereitet, doch würde sie nicht aufmerksam verfolgen, woher die Milch kommt und wie viel sie davon in die Schale geben muss, wäre ihr Imitationsversuch höchstwahrscheinlich nicht erfolgreich.

2. *Gedächtnisprozesse*. Es ist offensichtlich, dass ein Individuum einen Teil der durch Beobachtung gewonnenen Information im Gedächtnis behalten muss, wenn zu einem späteren Zeitpunkt Imitation stattfinden soll. Bandura sagt, dass Übung hier wichtig sein könne. So könnte das kleine Mädchen zu sich selbst sagen: „Erst das Müsli, dann die Milch." Beachten Sie, dass diese Information in ziemlich abstrakter Form genannt

wird; Bandura nimmt an, dass eine derartige Abstraktion tatsächlich alles ist, was erinnert wird. So mag das Kind sich nicht mehr daran erinnern, wo genau im Kühlschrank sich die Milch befindet oder wo genau auf dem Tisch die Mutter die Schale abgestellt hat, doch ist solch spezifische Information für erfolgreiche Imitation gewöhnlich nicht notwendig.

3. *Motorische Reproduktionsprozesse*. Es ist offensichtlich, dass der Lernende die erforderlichen motorischen Fertigkeiten haben muss, um das Modell zu imitieren. Mit anderen Worten: Der Lernende muss imstande sein, allgemeines Wissen („Stell die Schale auf den Tisch“, „Schütte etwas Müsli in sie hinein“) in ein koordiniertes Muster von Muskelbewegungen umzusetzen. In den Beispielen mit den Kindern, die entweder Müsli zubereiten oder auf eine Puppe einschlagen, stellt die Umsetzung des Wissens in Handlungen kein Problem dar, da die Kinder bereits über die erforderlichen motorischen Fertigkeiten verfügen (Handhaben von Gegenständen, gießen, treten, boxen usw.). In anderen Fällen jedoch, in denen durch Beobachtung gelernt wird, können die motorisch-reproduktiven Prozesse nicht als selbstverständlich angenommen werden. So kann ein Modell zum Beispiel langsam und Schritt für Schritt die Reihenfolge der Bewegungen vorführen, die zum Jonglieren von drei Bällen erforderlich sind, und der Lernende kann diese Informationen in abstrakter Form im Gedächtnis behalten (das heißt, er mag imstande sein, die erforderliche Reihenfolge wiederzugeben), doch er mag immer noch außerstande sein, die entsprechenden Bewegungen ohne ausgiebige Übung zu vollführen. In ähnlicher Weise kann die Nachahmung von Verhaltensweisen wie Radschlagen, das Landen eines Flugzeugs oder das saubere Verputzen einer Wand unmöglich sein, weil der Beobachter nicht über die erforderlichen motorischen Fertigkeiten verfügt. Kapitel 13 wird näher darauf eingehen, wie diese Fertigkeiten erlernt werden.

4. *Anreiz- und Motivationsprozesse*. Nach Bandura sind die ersten drei Prozesse alles, was für ein Individuum notwendig ist, um imstande zu sein, ein neues Verhalten auszuführen, doch dies wird sich ohne entsprechenden Anreiz nicht im Verhalten des Lernenden widerspiegeln. Bandura sagt, das Individuum müsse die Erwartung hegen, dass die Performanz dieses neuen Verhaltens in irgendeiner Weise zu Verstärkung führt. Banduras (1965) Experimente zu aggressivem Verhalten lieferten ein eindeutiges Beispiel für die Rolle des Anreizes. Kinder, die sahen, wie der Erwachsene für sein aggressives Verhalten gegenüber der Puppe bestraft wurde, entwickelten vermutlich die Erwartung, dass solch ein Verhalten unangenehme Konsequenzen hat, weshalb sie weniger Imitation zeigten als die Kinder in den beiden anderen Gruppen. Als der Experimentator die Erwartungshaltung der Kinder durch das Angebot positiver Verstärker veränderte, wenn die Kinder sich wie das Modell verhielten, zeigten die Kinder genau so viel Imitation wie die Kinder in den beiden anderen Gruppen. Diese Resultate ähneln denen von Tolman und Honzik (1930) bei ihrem Experiment zum latenten Lernen (Kapitel 9), in dem Ratten ihre Fähigkeit, fehlerlos durch ein Labyrinth zu laufen, erst zeigten, als in der Zielbox Futter vorhanden war.

12.1.5 Welche Imitationstheorie ist die beste?

Wie wir sehen konnten, sagt die Theorie, dass Imitation eine instinktive Neigung ist, nichts darüber aus, wann Imitation auftreten wird und wann nicht. Die Imitationstheorie als einfache operante Konditionierung kann nicht erklären, warum ein Lernender ein Verhalten imitiert, für das er nie Verstärkung erhielt. Die beiden anderen Theorien – Imitation als generalisierte operante Reaktion und Banduras Theorie – sind dagegen viel schwerer zu widerlegen.

Bandura behauptete, mit der Theorie der generalisierten Imitation gäbe es zwei Probleme: (1) Sie erkläre nicht, warum Beobachter eher bereit sind, ein Modell zu imitieren, das für sein Verhalten verstärkt wird, als eins, das für sein Verhalten bestraft wird, und (2) sie unterscheide nicht zwischen dem Erlernen und der Performanz imitierenden Verhaltens. Meiner Meinung nach sind beide Kritikpunkte schwach. Es stimmt, dass die Theorie der generalisierten Imitation in ihrer einfachsten Form nur besagt, dass neue Nachahmungsreaktionen auftreten, weil ähnliche Nachahmungsreaktionen in der Vergangenheit verstärkt wurden. Sie bedarf sicherlich noch einiger Details, bevor sie spezifische Vorhersagen treffen kann. Beruhend auf dem, was wir über Generalisierung wissen, scheint es angemessen, die folgende, spezifischere Vorhersage zu treffen: Imitation tritt am wahrscheinlichsten dann auf, wenn die gegenwärtige Situation früheren Situationen ähnlich ist, in denen der Beobachter für Imitation verstärkt wurde. Umgekehrt ist die Wahrscheinlichkeit, dass Imitation auftritt, dann am geringsten, wenn die gegenwärtige Situation früheren ähnelt, in denen der Beobachter für sein Verhalten bestraft wurde.

Lassen Sie uns versuchen, diese beiden Prinzipien auf die Resultate von Banduras (1965) Experiment anzuwenden. Warum imitierten die Kinder so selten das Verhalten des erwachsenen Modells, das bestraft wurde? Nach der Theorie der generalisierten Imitation wäre eine plausible Antwort, dass die Kinder für eine Nachahmung in ähnlichen Situationen in der Vergangenheit bestraft wurden. Zum Beispiel beobachtet ein Junge, wie seine ältere Schwester sich ohne Erlaubnis Eiskrem aus dem Kühlschrank nimmt und dafür bestraft wird. Später versucht der Junge vielleicht dasselbe – mit demselben Ergebnis. Nach einer Reihe solcher Lernerfahrungen könnte der Junge es vermeiden, jemanden zu imitieren, der für sein Verhalten bestraft wurde. Und in ähnlicher Weise könnte der Junge lernen, dass er oft Verstärkung für Imitationen erhält, für die das Modell auch verstärkt wurde. Seine Schwester räumt zum Beispiel ihr Zimmer auf und erhält dafür von ihren Eltern eine Belohnung; der Junge räumt sein Zimmer auf und wird genauso belohnt.

Kurz, die Theorie der generalisierten Imitation kann leicht erklären, warum Kinder Modelle nachahmen, die Verstärkung erhalten, Modelle, die bestraft werden, jedoch nicht. In einer Bewertung der verschiedenen Imitationstheorien zogen Kymissis und Poulson (1990) den Schluss: *„Im Gegensatz zu früheren Theorien kann die Theorie der generalisierten Imitation alle Arten nachahmenden Verhaltens allein auf der Basis der eingeführten Prinzipien operanter Konditionierung erklären.“* Bandura würde dem natürlich nicht zustimmen und argumentieren, dass seine Theorie die Imitation am zufriedenstellendsten erkläre. Was an Banduras Theorie anders ist (und was ihr ihren kognitiven Ton verleiht), ist ihre Spekulation über die abstrakten Regeln, die sich ein Individuum als Resultat einer Lernerfahrung aneignet. So könnte Bandura darauf hinweisen, dass die

Kinder in seinem Experiment von 1965 zuvor zwei allgemeine Regeln gelernt hätten, nämlich (1) „Wenn du jemanden nachahmst, der für sein Verhalten belohnt wird, wirst du wahrscheinlich ebenso belohnt" und 2) „Wenn du jemanden nachahmst, der für sein Verhalten bestraft wird, wirst du wahrscheinlich ebenso bestraft". Nachdem die Kinder also bereits diese Erwartungen entwickelt hatten, verhielten sie sich in den verschiedenen Gruppen auch entsprechend. Ein Behaviorist andererseits könnte sagen, die Kinder hätten ein komplexes Set von Kontingenzen in Bezug auf Imitation gelernt und würden diese einfach auf die neue Situation generalisieren. Der Behaviorist könnte so weit gehen zu sagen, die Kinder hätten so gehandelt, als ob sie den gerade zitierten allgemeinen Regeln folgen würden, doch da wir nicht sehen können, wie sie Information in ihrem Gedächtnis behalten, sei es haltlos darüber zu spekulieren.

Die Tatsache, dass Kinder in allen Gruppen ein hohes Maß an Imitation zeigten, wenn ihnen Belohnungen angeboten wurden, stellt für die Verhaltensanalyse auch kein wirkliches Problem dar. Spätestens seit dem Experiment von Tolman und Honzik (1930) haben Behavioristen den Unterschied zwischen Lernen und Performanz (an)erkannt, und manche zogen den Schluss, das Verstärkung für den Lernprozess nicht von wesentlicher Bedeutung ist, sehr wohl aber für die Performanz erlernten Verhaltens. Obwohl die Kinder keine wirkliche Verstärkung erhielten, bis sie ihre Imitationsreaktionen zeigten, ist dies ein weiterer Fall, in dem Generalisierung früherer Erfahrungen am Werk gewesen sein mag. Die Kinder haben möglicherweise gelernt, dass ein verantwortungsvoller Erwachsener, der ihnen eine Belohnung für ein bestimmtes Verhalten verspricht, sein Versprechen oft einhält. Bandura würde sagen, die Kinder hätten eine „Erwartung der Verstärkung"; Behavioristen würden sagen, die Kinder generalisierten frühere ähnliche Erfahrungen.

Zusammengefasst lässt sich sagen, dass Banduras Behauptung, die Theorie der generalisierten Imitation könne seine Resultate nicht erklären, nicht korrekt ist. Beide Theorien können die Resultate erklären, nur tun sie das in etwas unterschiedlicher Weise. Ebenso wie bei anderen Auseinandersetzungen zwischen kognitiven und behavioristischen Ansätzen geht es auch bei der Diskussion um Erklärungen für nachahmendes Verhalten teils um die Terminologie und teils darum, wie weit wir Spekulationen über Dinge anstellen sollten, die wir nicht direkt beobachten können.

12.2 Faktoren, die die Wahrscheinlichkeit von Imitation beeinflussen

Jüngere Kinder haben gewöhnlich mehr Kontakt zu ihren Eltern als zu anderen Personen, doch stehen sie auch unter dem Einfluss vieler anderer potenzieller Modelle: Geschwister, Klassenkameraden, Lehrer, Großeltern, Personen im Fernsehen, Comicfiguren und Sportstars. Es ist offensichtlich, dass Kinder nicht jede Person im selben Ausmaß imitieren. Welche Eigenschaften dieser Modelle sind entscheidend?

Mischel (1971) hat einige der am meisten untersuchten Faktoren zusammengefasst. Eine Theorie besagt, dass beim Imitieren von Verhaltensweisen der „Belohnungsfaktor" des

Modells eine wichtige Rolle spielt. Möglicherweise neigen Kinder dazu, ihre Eltern zu imitieren, weil sie von ihnen so viele Verstärker bekommen. Bandura und Huston (1961) testeten dies in einem Experiment. Vorschulkinder trafen einzeln auf eine Frau, die sich entweder um sie kümmerte (für eine Gruppe von Kindern) oder nicht (für eine andere Gruppe von Kindern). Der ersten Gruppe gegenüber verhielt sich die Frau liebevoll und aufmerksam, der anderen Gruppe schenkte sie keine Aufmerksamkeit und verhielt sich distanziert. Einige Tage später wurde jedes Kind aufgefordert, an einem Spiel mit derselben Frau teilzunehmen, und während dieses Spiels benutzte die Frau eine Reihe neuartiger Gesten und Ausdrücke. Bandura und Huston fanden, dass die Kinder, denen die Frau Zuwendung und Aufmerksamkeit geschenkt hatte, das Verhalten der Frau wesentlich häufiger imitierten als die Kinder der anderen Gruppe.

Es wurde auch vermutet, dass Kinder dazu neigen, ihre Eltern zu imitieren, da diese viel Macht über das Kind besitzen. Mischel und Grusec (1966) stellten diese Idee auf den Prüfstand. Einige Vorschulkinder trafen sich mit einer Frau, die ihnen als ihre „neue Lehrerin“ vorgestellt wurde, und diese Frau hob die Tatsache hervor, dass die Kinder sie in Zukunft häufig zu sehen bekommen würden. In einer Vergleichsbedingung wurde dieselbe Frau anderen Kindern als „Lehrerin von außerhalb zu Besuch“, die sie später nicht mehr wiedersehen würden, vorgestellt. In beiden Fällen spielte die Frau ein Spiel mit den Kindern, und später beobachtete man die Kinder beim Spielen, als die Frau abwesend war. Die Kinder, denen erzählt worden war, die Frau sei ihre neue Lehrerin (und würde deshalb beträchtliche Kontrolle über sie haben), imitierten Verhaltensweisen und Angewohnheiten der Frau wesentlich häufiger als die Kinder in der anderen Gruppe.

Das Konzept von Kontrolle oder Macht ist eng mit dem Konzept der Dominanz in einer gesellschaftlichen Gruppe verknüpft. Abramovitch und Grusec (1978) fanden einen engen Zusammenhang zwischen der Einschätzung der Dominanz des Kindes seitens des Lehrers und der Anzahl von Malen, die das Kind von anderen Kindern in einer freien Spielsituation imitiert wurde. Die Neigung, dominante Kinder zu imitieren, fand man schon bei Kindern, die gerade mal ein Jahr alt waren (Russon & Waite, 1991).

In einer interessanten Vergleichsstudie fanden Russon und Galdikas (1995), dass dieselben Faktoren auch Muster des Beobachtungslernens bei wilden Orang-Utans beeinflusste. Orang-Utans imitierten gewöhnlich Eltern und Geschwister, mit denen sie eng verbunden waren, am häufigsten. Freunde wurden nicht so oft imitiert, Fremde noch weniger. Auch sie imitierten oft dominante Tiere in ihrer Gruppe.

Neben dem Belohnungsfaktor und der Dominanz ist eine weitere wichtige Variable die Ähnlichkeit des Modells zum Lernenden. So konnte man zum Beispiel zeigen, dass ein Kind eher ein Modell imitiert, das gleichen Geschlechts oder gleichen Alters ist oder ähnliche Interessen hat (Burnstein, Stotland & Zander, 1961; E. S. Davidson & Smith, 1982). Eine weitere Variable ist die Ernsthaftigkeit des Modells; in einer Studie imitierten die Kinder ein Modell, das ernsthaft erschien, häufiger als eines, das wenig ernsthaft schien (Klass, 1979).

Dieser kurze Überblick über die Eigenschaften eines Modells, die die Imitation beeinflussen, ist keinesfalls vollständig, doch es ist leicht zu sehen, wie diese Variablen sowohl mit Banduras Theorie als auch mit der generalisierten Imitation erklärt werden können. Wenn das Kind zum Beispiel mit einem dominanten Erwachsenen oder Gleichaltrigen zu tun hatte, hat das Kind vielleicht gelernt, dass dieses dominante Individuum Imitation verstärkt (oder Nichtimitation bestraft). Es ist auch plausibel anzunehmen, dass das Kind in der Vergangenheit dafür Verstärkung erhielt, dass es andere Kinder gleichen Geschlechts oder Alters imitierte, jedoch dafür bestraft wurde, wenn es das Verhalten von Individuen des anderen Geschlechts oder einer ganz anderen Altersstufe imitierte. Schließlich könnte das Kind auch gelernt haben, dass es unklug ist, eine Person zu imitieren, die nicht ernsthaft erscheint. Nach der Theorie der generalisierten Imitation spiegelt jede dieser Variablen die Wirkungen der Erfahrungen des Kindes aus der Vergangenheit wider. Nach Banduras Theorie reflektieren sie die Erwartungshaltung des Kindes hinsichtlich zukünftiger Verstärkung.

12.3 Interaktionen zwischen Beobachtungslernen und operanter Konditionierung

In weiten Teilen ihres Buchs untersuchten Bandura und Walters (1963) Forschungsergebnisse, die zeigten, wie das Verhalten der Eltern die Persönlichkeitsentwicklung des Kindes beeinflusst. Sie präsentierten Ergebnisse in Bezug auf Abhängigkeit, Aggressivität, sexuelle Vorlieben und Verhaltensweisen, Delinquenz und Fleiß. Sie vertraten die Ansicht, es gebe hauptsächlich zwei Methoden, wie Eltern die Persönlichkeit eines Kindes formen: durch Kontrolle über Belohnungen und Bestrafungen und indem sie als Modell dienen, das das Kind nachahmen kann. Bandura und Walters behaupteten: Um vorherzusagen, wie die Erziehung die Persönlichkeit des Kindes beeinflussen wird, sei es notwendig, diese beiden Faktoren zu berücksichtigen. Sie gingen davon aus, dass in manchen Fällen direkte Verstärkung und beobachtendes Lernen in dieselbe Richtung wirken, wohingegen sie in anderen Fällen in gegensätzliche Richtungen wirken. Wir wollen uns beide Fälle kurz anschauen.

12.3.1 Leistungsmotivation

Bandura und Walters behaupteten, dass direkte Verstärkung und beobachtendes Lernen zusammenwirken und das hervorbringen, was man Selbstdisziplin und Leistungsmotivation nennen könnte. Diese Begriffe umfassen Eigenschaften wie die Bereitschaft eines Individuums, an etwas zu arbeiten und Opfer zu bringen, um langfristige Ziele zu erreichen, hohe Ansprüche an sich selbst zu stellen und zu versuchen, diesen gerecht zu werden, und unabhängig und selbständig zu sein. Bandura und Kupers (1964) führten ein Experiment durch, das zeigt, wie ein erwachsenes Modell die Selbstdisziplin eines Kindes in einer Situation beeinflussen kann, in der das Kind sich selbst für gutes (oder vielleicht nicht so gutes) Verhalten verstärken kann. Zuerst beobachtete das Kind einen Erwachsenen beim Bowlingspiel, in dem die Punktzahl von 5 bis 30 reichte. Die Kinder in der einen Gruppe beobachteten den Erwachsenen, wie er sich für 20 oder mehr Punkte mit etwas Süßem aus einer Schale belohnte. Die Kinder in der anderen Gruppe sahen einen Erwachsenen, der sehr viel geringere Ansprüche an sich selbst stellte und sich schon ab 10 Punkten regelmäßig belohnte. Wie bei den meisten Studien dieser Art verließ der Erwachsene den Raum, bevor das Kind anfing, das Spiel zu spielen, wobei es unbemerkt beobachtet wurde. Die Kinder neigten dazu, dieselben Belohnungskriterien für sich selbst zu verwenden, die sie auch beim Erwachsenen beobachtet hatten. Kinder in einer dritten Gruppe, die kein Modell beobachteten, neigten dazu, sich selbst zu belohnen, unabhängig von der Punktzahl, die sie erzielten.

Diese Studie zeigte, dass Kinder lernen können, durch Beobachtung eines Modells entweder einen strengen oder einen niedrigen Maßstab hinsichtlich Selbstdisziplin an sich selbst anzulegen. Bandura und Walters spekulierten, dass viele Lernerfahrungen ähnlicher Art auftreten müssen, während Kinder das Verhalten ihrer Eltern über einen Zeitraum von vielen Jahren beobachten. Natürlich können Eltern neben der Funktion als Modell auch direkt entweder strenge oder niedrige Maßstäbe hinsichtlich Leistungsbereitschaft und Selbstdisziplin an ihre Kinder anlegen. Eine Studie von Rosen und D'Andrade (1959) ist hier sehr aufschlussreich. Die Forscher maßen die Leistungsorientierung von neun bis elf Jahre alten Jungen, indem sie ihnen einen entsprechenden Fragebogen gaben und die Jungen dann in Anwesenheit ihrer Eltern einige Aufgaben ausführen ließen.

Bei einer Aufgabe wurden zum Beispiel einem Jungen die Augen verbunden und er wurde aufgefordert, aus Bauklötzen einen möglichst hohen Turm zu bauen. Rosen und D'Andrade werteten die Tatsache , dass Jungen mit einem ausgeprägten Leistungsmotiv höhere Türme bauten als andere, als Anhaltspunkt für die Validität ihres Fragebogens. Es gab mehrere signifikante Zusammenhänge zwischen der Ausprägung des Leistungsmotivs eines Jungen und dem Verhalten seiner Eltern. Ein Fall hatte mit der Erwartungshaltung der Eltern gegenüber ihrem Sohn zu tun. Den Eltern wurde gesagt, ein durchschnittlicher Junge im selben Alter wie ihr Sohn könne einen Turm aus acht Bauklötzen bauen. Dann wurden sie gebeten zu erraten, wie viele Bauklötze ihr Sohn wohl übereinander setzen könne. Die Eltern von Jungen mit einem ausgeprägteren Leistungsmotiv nannten höhere Zahlen. In einem anderen Fall gab es Unterschiede darin, wie sich die Eltern der Kinder mit hohem Motiv während der Aufgaben verhielten. Sie schienen sich stärker um die Performanz ihres Sohns zu sorgen und gaben ihm häufiger Ermutigungen, während er an der Aufgabe arbeitete. Hatte der Junge es gut gemacht, reagierten sie mit mehr Zuspruch und Zuwendung; sie zeigten umgekehrt aber auch mehr Missfallen und Verärgerung, wenn der Junge schlecht abschnitt. Kurz, die Eltern von Jungen mit hohem Leistungsmotiv verwendeten Verstärkungen und Bestrafungen häufiger, um ihre Söhne zu guter Performanz anzuspornen. Jüngere Forschungsarbeiten decken sich mit den Ergebnissen von Rosen und D'Andrade. So zeigte zum Beispiel eine Studie mit neun bis 13 Jahre alten Kindern, dass diejenigen, die in einem Elternhaus aufwuchsen, in dem starke Betonung auf Lernen und intellektuelle Fähigkeiten gelegt wurde, ein ausgeprägteres Motiv hatten, akademischen Erfolg zu erzielen (Gottfried, Fleming & Gottfried, 1998).

Die kombinierten Einflüsse von Verstärkung und Beobachtungslernen auf Leistungsmotivation wirken nicht nur innerhalb von Familien, sondern auch quer durch gesamte Kulturen. McClelland (1961) bemerkte, dass in manchen Kulturen die Märchen und Geschichten in Kinderbüchern starke Betonung auf das Erreichen von Spitzenleistungen legten, während das in anderen Kulturen nicht der Fall war. In einer umfangreichen und ausgeklügelten Studie ließ McClelland seine Probanden Geschichten aus verschiedenen Ländern (die den Probanden nicht bekannt waren, so dass das Land nicht ermittelt werden konnte) dahingehend beurteilen, wie sehr Leistung thematisiert wird. Die Geschichten waren alle in den zwanziger Jahren des letzten Jahrhunderts veröffentlicht worden. Er entwickelte auch Methoden zur Messung des Wirtschaftswachstums in den jeweiligen Ländern, die auf dem Zuwachs des Pro-Kopf-Einkommens und des Pro-Kopf-Stromverbrauchs in den Jahren von 1925 bis 1950 beruhten. McClelland fand einen signifikanten Zusammenhang zwischen dem durchschnittlichen Leistungsmotiv in den Kindergeschichten des jeweiligen Landes und der Rate des Wirtschaftswachstums in den folgenden 25 Jahren.

Natürlich folgt aus McClellands Studien nicht, dass Leistungsmotivation oder Wirtschaftswachstum erstrebenswert sind. Das rasante Wirtschaftswachstum der Industrienationen im letzten Jahrhundert hat viele Probleme mit sich gebracht: unter anderem Giftmüll, sauren Regen und Kernwaffen. Was die Ergebnisse jedoch zeigen, ist, dass die Werte, die eine Gesellschaft durch ihre Geschichten, Legenden und Helden hervorhebt, einen wesentlichen Einfluss auf das Leistungsmotiv (und wohl auch andere Eigenschaften) der nächsten Generation ausübt.

12.3.2 Aggression

Bandura und Walters (1963) lieferten Belege dafür, dass das Verhalten der Eltern die Aggressivität ihrer Kinder auf anscheinend paradoxe Weise beeinflusst. Paradox erscheint: Die Eltern, die aggressives Verhalten ihrer Kinder am härtesten bestrafen, haben tendenziell die aggressivsten Kinder. Zu diesem Ergebnis kamen viele verschiedene Studien (Sears, Macoby & Levin, 1957; Vienero & Lagerspetz, 1984). Glueck und Glueck (1950) fanden, dass der Gebrauch harter Bestrafung mit der Jugendkriminalität von Jungen korreliert. Oberflächlich gesehen legt dies zunächst nahe, dass Bestrafung als Abschreckung für aggressives Verhalten unwirksam ist – eine Schlussfolgerung, die im Widerspruch zu den zahlreich vorhandenen Belegen steht, die zeigen, dass Bestrafung sehr wohl eine effektive Methode zur Unterbindung unerwünschten Verhaltens ist (siehe Kapitel 8).

Bandura und Walters (1959) wiesen darauf hin, dass dieses scheinbare Paradox sich auflösen lässt, wenn wir erkennen, dass Eltern, die ihre Kinder körperlich bestrafen, diesen Modelle für aggressives Verhalten liefern. Sie zeigten, dass Kinder, deren Eltern aggressives Verhalten bestrafen, solch ein Verhalten selbst gewöhnlich vermieden, wenn ihre Eltern anwesend waren; bei ihren Interaktionen außerhalb des Elternhauses verhielten sie sich allerdings aggressiv. Wenn Eltern auf Drohungen und körperliche Gewalt zurückgreifen, um ihre Kinder zu disziplinieren, verwenden die Kinder dieselben Techniken, wenn sie mit Gleichaltrigen zu tun haben (Hoffmann, 1960). Außerdem greifen Kinder von Eltern, deren Anwendung von Gewalt so extrem ist, dass sie als **Kindesmisshandlung** bezeichnet werden müsste, später als Erwachsene selbst eher auf körperliche Bestrafung zurück (Eron, 1987; Lefkowitz, Huesman & Eron, 1978). All diese Resultate stehen im Einklang mit der Sichtweise, dass Eltern, die ihre Kinder disziplinieren, sowohl als Modelle als auch als Kontrollfaktoren fungieren.

Diese Studienergebnisse bedeuten jedoch nicht, dass Eltern dem aggressiven Verhalten ihrer Kinder hilflos gegenüberstehen. Kapitel 8 beschrieb mehrere Vorgehensweisen zur Beseitigung unerwünschten Verhaltens, die nicht auf körperliche Bestrafung oder andere aversive Reize zurückgreifen, einschließlich differenzieller Verstärkung unvereinbarer Verhaltensweisen, Verhaltenskosten und Time-Out. Studien haben gezeigt, dass solche Techniken aggressives Verhalten erfolgreich eindämmen können und dass Eltern von ungewöhnlich aggressiven Kindern im Gebrauch dieser Techniken trainiert werden können (Patterson, Chamberlain & Reid, 1982; Patterson & Reid, 1973). Der Vorteil dieser Techniken ist, dass sie nicht nur unerwünschtes Verhalten reduzieren, sondern das Kind auch mit einem Modell versehen, dessen Reaktionen bestimmt, aber angemessen und gewaltfrei sind, wenn dem Modell das Verhalten von jemand anderem missfällt.

12.4 Der Einfluss des Fernsehens

Wie wir sahen, war ein Großteil der Arbeit von Bandura und seinen Kollegen der Untersuchung gewidmet, wie durch den Einfluss eines Modells aggressives Verhalten bestärkt werden kann. Diese Studien schafften die Voraussetzungen für die anhaltende Debatte darüber, ob Menschen durch die Beobachtung von Gewalt im Fernsehen selbst aggressiver werden. Es hat sich herausgestellt, dass diese Frage schwierig zu beantworten ist, doch liegen stichhaltige Belege dafür vor, dass Fernsehen sowohl die Einstellung als auch das Verhalten von Kindern und Erwachsenen gleichermaßen beeinflussen kann. So fanden zum Beispiel Gerbner und seine Kollegen (Gerbner, Gross, Eleey, Jackson-Beck, Jeffries-Fox & Signorelli, 1977), dass Menschen, die pro Tag mehr als sechs Stunden fernsehen, die Welt anders wahrnehmen als Menschen mit geringerem Fernsehkonsum. Auf der Basis von Umfragen sieht es so aus, als ob Menschen, die sehr viel Zeit vorm Fernseher verbringen, die Welt als gefährlichen und niederträchtigen Ort einschätzen, bewohnt von sehr gewalttätigen und selbstsüchtigen Menschen. Bei ihnen ist auch die Wahrscheinlichkeit größer, dass sie eine Waffe besitzen und sagen, es sei in Ordnung Leute zu schlagen, wenn man wütend auf sie ist.

Diese Studien, wie auch viele der Studien zum Zusammenhang zwischen Fernsehgewohnheiten und aggressivem Verhalten, beruhen auf korrelativen Belegen. So zeigten zum Beispiel Studien mit Kindern und Jugendlichen eine positive Korrelation zwischen dem Ausmaß an Fernsehkonsum und ihrem Aggressionsniveau im täglichen Leben. Das Problem mit korrelativer Evidenz ist jedoch, dass Korrelation nicht unbedingt Kausalität impliziert. Das heißt, eine Korrelation zwischen zwei Variablen bedeutet nicht zwangsläufig, dass die erste Variable die Ursache der zweiten ist. Eine Korrelation zwischen Gewalt im Fernsehen und aggressivem Verhalten von Kindern könnte bedeuten, dass das Betrachten von Gewalt im Fernsehen aggressives Verhalten verursacht. Dies muss aber nicht so sein. Eine andere Möglichkeit wäre, dass aggressive Neigungen die Ursache sind und das Betrachten von Gewalt im Fernsehen die Wirkung darstellt: Vielleicht neigen

Kinder, die schon von Haus aus aggressivere Persönlichkeiten sind (aus Gründen, die wir jetzt noch betrachten müssen), dazu, sich im Fernsehen mehr Gewalt anzuschauen als weniger aggressive Kinder, weil erstere dies unterhaltsamer finden. Eine weitere Möglichkeit wäre, dass beide Variablen, der Konsum von Gewalt im Fernsehen und aggressives Verhalten, durch eine dritte Variable beeinflusst werden, wie zum Beispiel eine stressbehaftete Lebenssituation.

Um die Schwächen korrelativer Evidenz zu vermeiden, griffen die Forscher, die die Auswirkungen von Gewalt im Fernsehen studieren, auf eine Reihe von Strategien zurück. Eine davon ist, eine **Längsschnittuntersuchung** durchzuführen, bei der die betreffenden Variablen zu unterschiedlichen Zeitpunkten gemessen werden. So untersuchten zum Beispiel in einer bekannten Studie Eron, Huesman, Lefkowitz und Walder (1972) die Fernsehgewohnheiten und aggressiven Neigungen von mehr als 200 Jungen in der dritten Klasse, die sie zehn Jahre später noch einmal untersuchten. Sie fanden einen moderaten Zusammenhang zwischen der Vorliebe für Gewalt im Fernsehen in der dritten Klasse und der zehn Jahre später gemessenen Aggressivität. Umgekehrt fanden sie keine Wechselbeziehung zwischen Aggressivität in der dritten Klasse und einer Vorliebe für Gewalt im Fernsehen zehn Jahre später. Dieses Ergebnismuster deutet darauf hin, dass das Betrachten von Gewalt im Fernsehen zu späterem aggressivem Verhalten führen kann, jedoch nicht umgekehrt. Einige ähnliche Studien haben diese Ergebnisse untermauert (Huesman, Lagerspetz & Eron, 1984), andere wiederum nicht (Milavsky, Stipp, Kessler & Rubens, 1982).

Eine weitere Strategie in diesem Forschungsbereich ist die Durchführung **kontrollierter Experimente**, in denen Probanden nach dem Zufallsprinzip Experimental- und Kontrollgruppen zugewiesen werden. Das Experiment von Bandura, Ross und Ross (1963), das wir bereits besprachen, ist ein Beispiel für diese Art von Forschungsarbeiten. Studien dieser Art fanden im Allgemeinen eine Zunahme der Aggressivität, nachdem Kinder Gewalt im Fernsehen betrachteten (Wood, Wong & Chachere, 1991). Das Problem mit solchen Laborexperimenten ist jedoch, dass sowohl das Betrachten der Fernsehbilder als auch das Messen der Aggressivität über sehr kurze Zeitspannen und in einem eingeschränkten Umfeld stattfinden, weshalb unklar ist, wie weit diese Ergebnisse aufs tatsächliche Leben übertragen werden können. Um dieses Problem zu lösen, haben einige Forscher so genannte **Feldexperimente** durchgeführt, bei denen das Betrachten der Fernsehbilder und die Messung aggressiven Verhaltens unter realistischeren Umständen erfolgen. So wurden Kindern über mehrere Wochen hinweg entweder Gewalt beinhaltende Fernsehsendungen oder gewaltfreie Sendungen gezeigt, und ihre Aggressivität bei normalen Aktivitäten, wie etwa beim Spiel in den Schulpausen, wurde beobachtet. Allgemein zeigen die Resultate der Feldexperimente eine eher mäßige Wirkung von Fernsehgewalt auf aggressives Verhalten (Cofer & Huston, 1986).

Nach Analyse der Ergebnisse vieler früherer Studien schloss Hogben (1998), dass einige Arten von Gewalt im Fernsehen stärker mit Zuschaueraggressivität im Zusammenhang stehen als andere. Stärkere Zusammenhänge mit Zuschaueraggressivität findet man bei Fernsehprogrammen, in denen die Gewalttätigkeit gerechtfertigt erscheint (wenn der Held zum Beispiel für eine gerechte Sache kämpft), und schwächere Zusammenhänge findet man, wenn das Programm die unangenehmen Folgen von Aggressivität hervorhebt (das Leiden eines Opfers oder die Bestrafung des Aggressoren). Es scheint, als ob nicht nur die Gegenwart von Gewalt in einer Fernsehsendung wichtig ist, sondern wie die Gewalt porträtiert wird. Wenn dies zutrifft, sollte es Mittel und Wege geben, die negativen Auswirkungen von Gewalt im Fernsehen zu mindern. Einer der Wege, die man verfolgt, ist, den Inhalt von Fernsehsendungen dahingehend zu ändern, dass Gewalttätige eher stigmatisiert als glorifiziert werden, und somit Kindern beizubringen, mit einer kritischeren Einstellung fernzusehen (Hoberman, 1990).

Ein ähnliches Thema, das viele Eltern beschäftigt, ist, wie ihre Kinder durch Videospiele, in denen Gewalthandlungen gezeigt werden, beeinflusst werden. Viele populäre Videospiele zeigen Gewalthandlungen in allen grafischen Details, wie zum Beispiel Nahkampfszenen oder das Schießen auf und Töten von realistisch dargestellten Personen. Natürlich wissen Kinder, dass das, was in einem Videospiel geschieht, nichts mit der Realität zu tun hat. Und doch kann Aggressivität in solch einem Spiel zu einer Neigung führen, im wirklichen Leben aggressiver zu sein. Im Vergleich zu den umfangreichen Studien zum Thema Gewalt im Fernsehen gibt es bisher noch nicht viele Studien zu den Auswirkungen von Videospielen. Die verfügbaren Daten zeigen jedoch, dass es bei Kindern tatsächlich einen Zusammenhang zwischen dem Spielen von Gewaltvideospielen und aggressivem Verhalten gibt (Dill & Dill, 1998). Es könnte sich tatsächlich herausstellen, dass die Beschäftigung mit Gewaltvideospielen bei Kindern einen größeren Einfluss auf aggressives Verhalten und Gewaltbereitschaft ausübt als das bloße Betrachten von Gewalt im Fernsehen, denn Videospiele erfordern eine aktive Teilnahme der Spieler.

Fernsehen und Videospiele können Kinder natürlich noch auf viele andere Arten beeinflussen. Wenn Kinder täglich viele Stunden vor dem Fernseher verbringen, geschieht das auf Kosten produktiverer Aktivitäten. Eine umfassende Korrelationsstudie fand einen umkehrten Zusammenhang zwischen der Zeit, die ein Kind vor dem Fernseher verbringt, und seinen Ergebnissen bei standardisierten Lese- und Verständnistests, wobei Kinder, die täglich mehr als vier Stunden vor dem Fernseher verbrachten, deutlich schlechter abschnitten (Neumann, 1988). Manchmal können die Auswirkungen des Fernsehens jedoch auch positiv sein. Lernprogramme wie die *Sesamstraße* können Kindern wertvolle Informationen zu Buchstaben, Wörtern, Zahlen und sozialen Fertigkeiten vermitteln. Eine Längsschnittuntersuchung (so angelegt, dass Ursache und Wirkung getrennt werden können, wie oben angesprochen) ergab, dass Kinder im Alter von drei bis fünf Jahren, die die Sesamstraße regelmäßig sahen, zwei Jahre später einen größeren Wortschatz hatten als Kinder, die diese Sendung nicht so oft sahen (Rice, Huston, Truglio & Wright, 1990).

WWW

Die Studie zur Gewalt im US-amerikanischen Fernsehen (engl.: National Television Violence Study) können Sie hier lesen: **http://www.ccsp.ucsb.edu/ntvs.htm**.
Ein guter Überblick über die Auswirkungen von Gewalt im Fernsehen wurde von Dr. John P. Murray zusammengestellt und ist hier zu finden: **http://www.johnmurray.org/tele.htm**.

Es sollte nicht überraschen, dass das Fernsehen viele verschiedene Auswirkungen auf den Zuschauer haben kann. Wie auch anderswo in der modernen Technologie bestimmt nicht das Gerät selbst, sondern wie es eingesetzt wird, ob die Auswirkungen wünschenswert sind oder nicht.

12.5 Was kann durch Beobachtung gelernt werden?

Lerntheoretiker wie Bandura und Walters behaupten, dass sich die charakteristische Art und Weise, in der ein Mensch auf verschiedene Situationen reagiert und die häufig als seine „Persönlichkeit" bezeichnet wird, zum großen Teil in der Kindheit durch die interagierenden Einflüsse von operanter Konditionierung und Beobachtungslernen entwickelt. Seit Banduras und Walters' einflussreiches Buch veröffentlicht wurde, haben Hunderte von Studien versucht, die Auswirkungen von beobachtendem Lernen beispielsweise auf Persönlichkeitszüge, Problemlösefähigkeiten und ästhetische Vorlieben aufzuzeigen. Im Folgenden betrachten wir einige Bereiche, in denen die Auswirkungen von Beobachtung und Nachahmung untersucht wurden.

12.5.1 Phobien

Rachman (1977) hatte mehrere Belege dafür zusammengetragen, dass man sich Phobien anscheinend indirekt durch Nachempfindung aneignen kann. Viele dieser Studien zeigen, dass Mitglieder derselben Familie auch oft ähnliche Ängste haben. In einigen Studien fand man starke Zusammenhänge zwischen den Ängsten einer Mutter und denen ihrer Kinder (May, 1950). Gespräche mit Kindern, die Zahnarztphobien haben, zeigten, dass sie diese Ängste oft von ihren Eltern gelernt haben (Milgrom, Mancl, King & Weinstein, 1995). Im Zweiten Weltkrieg berichteten Grinker und Spiegel (1945) über eine Reihe von Fallstudien mit Kampfpiloten, die Phobien entwickelt hatten, nachdem sie die Angstreaktionen von Kameraden während oder nach eines Einsatzes beobachteten. Wenn man Personen, die unter Phobien leiden, nach den Ursprüngen ihrer Ängste fragt, sagt eine große Zahl von ihnen, dass sie die Phobie durch Beobachtung einer anderen Person entwickelt haben, die in Bezug auf dasselbe Objekt oder dieselbe Situation ähnliche Ängste hatten (Merckelbach, Arntz & de Jong, 1991). Wie man sehen kann, beruhen diese Belege für die Entwicklung von Phobien durch Nachempfindung auf Korrelationen, Fallstudien und retrospektiven Berichten, und dies sind wenig stichhaltige Arten von Belegen. Einige Experimente mit Tieren haben jedoch überzeugendere Belege geliefert. So berichteten zum Beispiel Mineka, Davidson, Cook und Kerr (1984), dass Affen schnell eine lang anhaltende Angst vor Schlangen entwickelten, wenn sie die Angstreaktion eines anderen Affen vor einer Schlange beobachteten. In diesem Fall könnte also der Beleg für Beobachtungslernen bei Tieren überzeugender sein als bei Menschen.

12.5.2 Drogenmissbrauch und Süchte

Viele Arten von Belegen deuten darauf hin, dass Banduras Theorie des sozialen Lernens die Akquisition verschiedenen Suchtverhaltens erklären kann wie etwa Rauchen, Alkoholismus und Drogenmissbrauch. Einerseits können einfache Prinzipien von Verstärkung und Bestrafung erklären, weshalb eine Sucht beibehalten wird, nachdem sie bereits besteht. Wie in Kapitel 3 bei der Erörterung der Theorie von Solomon und Corbit beschrieben, verursacht bei bestehender Sucht das Aufgeben des Rauchens oder des Drogenmissbrauchs oft aversive Entzugserscheinungen, denen man (allzu bequem) durch weiteren Konsum der suchterzeugenden Substanz entkommen kann. Andererseits können Beobachtungslernen und soziale Verstärkung helfen zu erklären, warum Menschen solche Süchte überhaupt entwickeln.

Es ist zum Beispiel eine Tatsache, dass die erste Zigarette, die jemand raucht, gewöhnlich eine aversive Erfahrung ist, die mit einer rauen und brennenden Empfindung einhergeht. Warum raucht dann überhaupt jemand noch einmal? Eine Antwort beruht auf Beobachtungslernen: Selbst wenn sie noch sehr klein sind, sind viele Kinder Eltern, älteren Geschwistern, Personen im Fernsehen und anderen ausgesetzt, die rauchen. Die Konsequenzen dieses Verhaltens können positiv erscheinen: Manche Menschen sagen, sie hätten angefangen zu rauchen, weil Raucher reifer, erfahrener und attraktiver wirkten. Vielleicht wiegen diese Vorteile schwerer als das brennende Gefühl im Hals, das jemand empfindet, wenn er anfängt zu rauchen. Auch unter Teenagern liefern Gleichaltrige oft starke soziale Verstärker fürs Rauchen: Sie ermutigen Nichtraucher, ebenfalls mit dem Rauchen anzufangen, und machen sich lustig über die, die nicht rauchen. Diese Kombination aus Beobachtungslernen und sozialer Verstärkung wird oft als Hauptbeitrag dazu zitiert, dass jemand mit dem Rauchen anfängt. Es wurde immer wieder gefunden, dass die Neigung zum Rauchen im Zusammenhang mit den Rauchgewohnheiten der Eltern, des Ehepartners und Gleichaltriger steht (Ennet, Baumann & Koch, 1994; Hunter, Vizelberg & Berenson, 1991).

Die Prinzipien der Theorie sozialen Lernens scheinen auch bei der Entwicklung von Alkoholismus und Drogenmissbrauch wichtig zu sein. So hat man zum Beispiel herausgefunden, dass etwa 20 Prozent aller Heroinabhängigen ein oder mehrere Familienmitglieder haben, die ebenfalls abhängig sind (Hekimian & Gershon, 1968). In ähnlicher Weise haben sich die Einstellungen zum Trinken von Alkohol in der Familie einer Person und unter Gleichaltrigen als Prädiktoren des Alkoholkonsums bei jungen Erwachsenen herausgestellt (Holman, Jensen & Capell, 1993). Natürlich können auch Lernen und genetische Faktoren ähnliche Muster von Drogen- und Alkoholmissbrauch innerhalb einer Familie hervorbringen. Belege zeigen jedoch, dass Ähnlichkeiten im Drogenmissbrauch unter Familienmitgliedern nicht gänzlich auf Vererbung beruhen. Andrews, Hops und Duncan (1997) fanden heraus, dass Heranwachsende, die zu ihren Eltern ein gutes Verhältnis haben, eher deren Gebrauch von Zigaretten, Marihuana und Alkohol nachahmen als Jugendliche, deren Verhältnis zu ihren Eltern schlechter ist. Außerdem kann ähnlicher Alkohol- und Drogenmissbrauch unter Gleichaltrigen nicht auf Vererbungsfaktoren zurückzuführen sein, wenn diese nicht miteinander verwandt sind. Tatsächlich fanden Forscher, dass Drogen- und Alkoholmissbrauch unter Jugendlichen stärker mit den Gewohnheiten Gleichaltriger als mit denen ihrer Eltern korreliert (Windle, 2000), was darauf hindeutet, dass Beobachtungslernen und soziale Verstärkung eine wichtige Rolle spielen.

12.5.3 Kognitive Entwicklung

Viele Entwicklungspsychologen wie Jean Piaget (1926, 1929) gingen davon aus, dass Kinder während ihres Heranwachsens eine Reihe von Stufen kognitiver Fähigkeiten durchlaufen, und dass der Übergang von einer Stufe zur nächsten stark von Alter, Reifung und persönlichen Erfahrungen abhängt. Im Gegensatz dazu behaupten Anhänger der Theorie sozialen Lernens wie Rosenthal und Zimmerman (1972, 1978), dass Beobachtungslernen bei der Entwicklung und Verfeinerung kognitiver Fähigkeiten eine große Rolle spiele. Lassen Sie uns als einen repräsentativen Test die wohl bekannte **Mengenkonstanzaufgabe** betrachten. In einer Version dieser Aufgabe werden einem Kind drei durchsichtige zylindrische Gläser gezeigt, wie in Abbildung 12.2 dargestellt. Gläser A und B sind von Größe und Form her identisch und beinhalten dieselbe Menge Wasser. Der Test beginnt damit, dass man das Kind fragt, welcher der beiden Zylinder mehr Wasser enthält; gewöhnlich antwortet das Kind, dass A und B dieselbe Menge Wasser enthalten. Dann beobachtet das Kind, wie der Inhalt von Becherglas B in das höhere und schmalere Glas C geschüttet wird. Daraufhin fragt man das Kind, ob sich in A oder in C mehr Wasser befindet. Man sagt, Kinder beherrschen das Konzept der Mengenkonstanz, wenn sie antworten, dass A und C dieselbe Menge Wasser beinhalten. Kinder unter etwa sieben Jahren sagen jedoch gewöhnlich, dass sich mehr Wasser in Glas C befindet. Sie werden anscheinend durch den höheren Wasserstand im Glas C irregeführt. Diese Kinder beherrschen das Konzept der Mengenkonstanz noch nicht, denn sie haben noch nicht gelernt, dass Flüssigkeiten ein konstantes Volumen beibehalten, unabhängig von der Form des Gefäßes, in dem sie sich befinden.

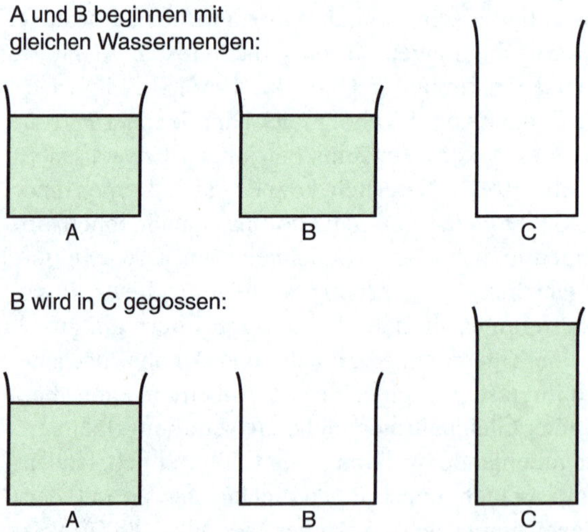

Abbildung 12.2: Die Schritte einer Mengenkonstanzaufgabe. Nachdem das Kind sieht, wie der Inhalt von B in C geschüttet wird, wird es gefragt, in welchem Behälter – A oder C – sich mehr Wasser befindet.

Rosenthal und Zimmerman haben versucht zu zeigen, dass die Beherrschung der Mengenkonstanzaufgabe bei einem Kind von mehr Faktoren abhängig ist als lediglich von Reifung und persönlicher Erfahrung. Sie vertreten die Ansicht, dass Beobachtungslernen eine Hauptdeterminante bei der Fähigkeit des Kindes ist, die Mengenkonstanzaufgabe und andere ähnliche Aufgaben zu beherrschen. Um das Potenzial des Beobachtungslernens zu demonstrieren, ließen sie Kinder, die die Mengenkonstanzaufgabe noch nicht beherrschten, ein Modell (eine erwachsene Frau) dabei beobachten, wie sie die Mengenkonstanzaufgabe korrekt ausführte. Für die eine Gruppe von Kindern gab das Modell eine Erklärung für ihre Antwort ab, warum A und C dieselbe Menge Wasser enthielten (z.B. „weil es von Anfang an gleich viel war"). Einer zweiten Gruppe von Kindern gab sie keine Erklärung. In einem Folgetest zeigten die Kinder beider Gruppen bessere Performanz bei Mengenkonstanzaufgaben, und die Kinder in der Gruppe, der das Modell eine Erklärung für ihre Antwort gegeben hatte, schnitten am besten ab. In einer der Studien von Rosenthal und Zimmerman waren die Kinder nur vier bis fünf Jahre alt, also weit unter dem Alter, in dem Kinder die Aufgabe typischerweise beherrschen.

Rosenthal und Zimmerman fanden, dass sich die verbesserte Performanz auch allgemein auf andere Arten von Konstanzaufgaben übertragen ließ (zum Beispiel eine Aufgabe zur Konstanz der Anzahl von Objekten, was ein Verstehen beinhaltet, dass die Anzahl der in einer Reihe liegenden Objekte sich nicht verändert, wenn man die Reihe verlängert, indem man den Abstand zwischen den einzelnen Objekten vergrößert). Es gibt auch beachtliche Belege dafür, dass neben der Konstanz viele andere kognitive Fähigkeiten durch Beobachtungslernen verbessert werden können. Zahlreiche Studien haben gezeigt, dass Kinder Grammatikregeln, abstrakte Konzepte und Problemlösefähigkeiten durch Beobachtung eines Modells lernen können (Rivera & Smith, 1987; Zimmerman & Blom, 1983).

12.5.4 Moralische Standards und Verhalten

Bandura war der Ansicht, das Urteilsvermögen eines Kindes hinsichtlich dessen, welches Verhalten als richtig und welches als falsch einzustufen ist, wird zu einem großen Teil durch Beobachtung erlernt. So könnte ein Kind, dessen Eltern in Geldangelegenheiten rückhaltlos ehrlich sind, lernen, sich auf dieselbe Weise zu verhalten. Ein Kind, das sieht und hört, wie die Eltern bei ihrer Steuererklärung mogeln, Dinge von ihren Arbeitgebern stehlen und Rechnungen wo immer möglich unbeachtet lassen, könnte entscheiden, dass dies akzeptables oder gar wünschenswertes Verhalten darstellt. Eine Reihe von Experimenten hat gezeigt, dass das Verhalten eines Modells das Verhalten von Beobachtern in Situationen beeinflussen kann, die von moralischem oder verwerflichem Verhalten geprägt sind. So hat man zum Beispiel herausgefunden, dass Kinder sich nach Beobachtung eines altruistischen Modells selbst altruistischer verhalten (Israely & Guttman, 1983) und dass sowohl Kinder als auch Erwachsene eher gegen Regeln oder Gesetze verstoßen, nachdem sie ein Modell beobachteten, dass sich ebenso verhielt (Lefkowitz, Blake & Mouton, 1955; Waiters, Leat & Mezei, 1963).

Studien von D. P. Phillips (1982) liefern ein eindrucksvolles Beispiel dafür, wie die Beobachtung eines Modells die Wahrscheinlichkeit erhöhen kann, dass eine Person eine Handlung, die viele als ernsthaft unmoralisch und irrational betrachten würden, trotzdem ausführt. Phillips zog Statistiken aus dem Jahre 1977 heran und fand, dass einige Tage nach dem Selbstmord eines beliebten, landesweit bekannten Stars in einer Soap Opera eine beträchtliche Erhöhung der Anzahl von Selbstmorden, motorisierten Verkehrsunfällen mit Todesfolgen und schweren Verletzungen zu verzeichnen war. Phillips zog die der Sendung vorangegangene Woche als Vergleichszeitraum heran und achtete auch auf jahreszeitlich bedingte Fluktuationen, etwa Daten aus Ferienzeiten auszuschließen usw. Phillips Erklärung seiner Resultate ist: Soap Operas werden von vielen Menschen gesehen, und viele identifizieren sich mit den Charakteren, so dass der Selbstmord einer solchen Person einige (zugegeben wenige) Zuschauer dazu verleitet, dieses Verhalten nachzuahmen. Er deutet den Anstieg der Autounfälle als getarnte Selbstmorde oder Selbstmordversuche. Der größte Anstieg bei Selbstmorden und Autounfällen trat unter Frauen in Ballungszentren auf, die auch den höchsten Konsum von Soap Operas im Fernsehen zu verzeichnen hatten. Einen ähnlichen Anstieg bei Selbstmorden und Selbstmordversuchen fand man auch an den Tagen unmittelbar nach der Ausstrahlung von Fernsehfilmen oder Reportagen über Selbstmorde. Andere Studien fanden ähnliche Auswirkungen von Selbstmorden, über die in den Medien berichtet wurde (Martin, 1988), doch manche Psychologen zweifeln diese Befunde an (Joiner, 1999), und das Thema wird immer noch kontrovers diskutiert. Und doch werfen diese Studien einige ernsthafte Fragen zu den Richtlinien auf, die für Produzenten von Fernsehdramen und Nachrichtensendungen gelten sollten.

12.6 Modellierung in der Verhaltenstherapie

Die Modellierung hat – größtenteils durch Banduras einflussreiches Werk – ihren Platz als eines der wichtigsten Hilfsmittel eines Verhaltenstherapeuten eingenommen. Bandura und Walters vertraten die Ansicht, es gebe für ein Modell drei Hauptarten, das Verhalten eines Beobachters zu beeinflussen, und jede davon wird von Verhaltenstherapeuten angewendet. Erstens: Das Verhalten eines Modells kann Reaktionen fördern, von denen der Beobachter bereits weiß, wie sie auszuführen sind. Diese Kategorie ist Thorpes (1963) Konzept der sozialen Erleichterung ähnlich, das schon zuvor erwähnt wurde. Zweitens: Ein Beobachter kann lernen, sich völlig neue Verhaltensweisen anzueignen (wie bei Thorpes lokaler Erleichterung und echter Imitation). Und schließlich können unerwünschte Reaktionen wie zum Beispiel Angstreaktionen auf harmlose Objekte oder Situationen (Phobien) durch Beobachtungslernen gemindert oder ganz eliminiert werden. Die folgenden Abschnitte geben einige Beispiele für die umfangreiche und zunehmende Literatur zu den verschiedenen therapeutischen Anwendungen der Modellierung.

12.6.1 Förderung von wenig wahrscheinlichem Verhalten

O'Connor (1969) benutzte Modelle in einem Film für den Versuch, die Kontaktfreudigkeit von Vorschulkindern zu steigern, die als zurückgezogen galten. Diese Kinder blieben im Klassenraum gewöhnlich für sich und interagierten kaum mit anderen Kindern oder

Erwachsenen. Kinder in dieser Experimentalgruppe sahen einen 23 Minuten langen Film, der ein Kind in ihrem Alter bei einer Reihe sozialer Interaktionen zeigte. Der Film begann mit relativ ruhigen Aktivitäten, wie etwa zwei Kindern, die an einem Tisch saßen und gemeinsam in ein Buch schauten oder mit einem Spielzeug hantierten. Im weiteren Verlauf des Films sah man bei den sozialen Interaktionen immer mehr Beteiligung und Energie, bis er schließlich mit einer Szene endete, in der sechs Kinder – ausgelassen und mit viel Vergnügen – Spielzeug durch den Raum warfen. Diese Methode, von einfachem zu immer anspruchsvollerem Verhalten fortzuschreiten, nennt man **graduelle Modellierung**. Sie ist eine Komponente vieler Modellierungsprogramme. Natürlich zeigte jede Szene eine Situation, in der ein Modell aus der sozialen Interaktion positive Konsequenzen erfuhr. Kinder in einer Kontrollgruppe sahen einen Film von gleicher Länge über Delfine in einem Meerespark, in dem keine menschlichen Darsteller zu sehen waren. Unmittelbar nach Vorführung der beiden Filme gingen die Kinder in ihre jeweiligen Klassenräume zurück, wo ihr Verhalten beobachtet wurde. In der Experimentalgruppe gab es eine fünffache Erhöhung der Anzahl sozialer Interaktionen, in der Kontrollgruppe keine.

Modellierung wird auch im **Selbstbehauptungstraining** benutzt. Dies ist eine Form der Therapie für Menschen, die in bestimmten Situationen übertrieben unterwürfig sind und die Fähigkeit entwickeln wollen, sich für ihre Rechte einzusetzen. So machen zum Beispiel einige Ehefrauen (oder Ehemänner) widerspruchslos das, was ihr Partner entscheidet, unabhängig davon, was sie selbst in einer bestimmten Situation denken. Junge Erwachsene werden mitunter von ihren Eltern in Berufe oder Lebensstile hineindirigiert, die ihnen nicht wirklich gefallen. Manche Menschen haben Schwierigkeiten, unangemessene Forderungen von Freunden, Arbeitgebern, Kollegen, Verwandten oder Fremden zurückzuweisen. Das Ziel des Selbstbehauptungstrainings ist, diesen Menschen zu helfen, mit solchen Situationen fertig zu werden. Oft besteht das Training aus Modellierung, Rollenspiel und dem Einüben bestimmter Verhaltensweisen, wobei der Therapeut eine hypothetische Situation beschreibt, eine angemessene Reaktion modelliert und den Klienten bittet, diese Reaktion nachzuahmen, und schließlich die Performanz des Klienten bewertet. Einige Sitzungen unter Verwendung solch eines Selbstbehauptungstrainings können langfristig von Nutzen sein (Goldsmith & McFall 1975; Wolpe & Lazarus, 1966). Kirkland und Caughlin-Carver (1982) fanden heraus, dass geistig zurückgebliebene Erwachsene nach 14 solcher Sitzungen beträchtliche Steigerungen ihrer Fähigkeit zeigten, unangemessene Forderungen höflich zurückzuweisen, und diese Steigerungen waren auch bei Beobachtungen zwölf Wochen nach Ende des Trainings noch vorhanden. Selbstbehauptungstraining scheint auch eine effektive Methode für das Training von Jugendlichen und Erwachsenen in Strafvollzugseinrichtungen zu sein, die lernen müssen, sich ohne Aggression zu behaupten (Beidleman, 1981).

12.6.2 Aneignung neuer Verhaltensweisen

Das wohl beste therapeutische Beispiel für die Aneignung völlig neuer Verhaltensweisen durch Modellierung stammt aus den Werken von Lovaas (1967) und anderen, die autistischen Kindern das Sprechen beibrachten, wie in Kapitel 7 beschrieben. Diese Therapieform bedient sich einer großen Zahl von Verhaltenstechniken wie Shaping, Prompting, Fading und Diskriminationstraining, doch die Modellierung der Sprache durch den Lehrer ist in einem frühen Stadium der Therapie unverzichtbar. Der Lehrer modelliert wiederholt die erwünschten Worte und das Kind wird für jede erfolgreiche Nachahmung verstärkt. Um ein Verständnis für die Wichtigkeit des Modellierens bei diesem Training zu bekommen, stellen Sie sich vor, wie viel schwieriger es ist, einem autistischen Kind beizubringen zu sagen: „Mein Name ist Jürgen", wenn der Lehrer vollkommen schweigsam bleiben müsste und sich nur auf Verstärker und das Verfahren der sukzessiven Annäherung (Shaping) verlassen könnte. Selbst beim Trainieren einer so einfachen Reaktion wie dem Drücken eines Hebels kann Shaping ein zeitaufwändiges Verfahren sein; das Shaping von Sprachfertigkeiten wäre praktisch unmöglich ohne die Gelegenheit, die entsprechenden Sprachmuster zu modellieren. Natürlich können neben dem Erlernen des Sprechens viele andere neue Verhaltensweisen durch Modellierung gelehrt werden, und Lovaas, Freitag, Nelson und Whalen (1967) beschrieben, wie sie Modellierung (zusammen mit manuellem Prompting) benutzten, um autistischen Kindern nonverbales Verhalten wie Spiele spielen, sich waschen, Haare kämmen, Bettenmachen und Mahlzeiten zubereiten beizubringen.

12.6.3 Die Beseitigung von Ängsten und unerwünschtem Verhalten

Bei der Behandlung von Phobien bietet die Modellierung manchmal einige Vorteile gegenüber der systematischen Desensibilisierung (siehe Kapitel 4): Sie kann bei sehr jungen Patienten angewendet werden, die vielleicht nicht imstande sind, den Anweisungen des Therapeuten während des Trainings zur progressiven Muskelrelaxation zu folgen. Modellierung kann ein schnelleres Verfahren sein und weniger Zeit des Therapeuten erfordern, besonders wenn Filme und Videos eingesetzt werden. Aufgrund der realistischen Natur einiger Modellierungsverfahren (wie weiter unten beschrieben) generalisieren sie mehr auf Alltagsituationen.

Bandura und seine Kollegen führten einige der frühesten Experimente zur Abschätzung des therapeutischen Potenzials der Modellierung durch. Bandura, Grusec und Menlove (1967) versuchten bei Kindern, die übermäßige Angst vor Hunden abzubauen. Dazu teilten sie die Kinder in vier Gruppen ein. Die erste Gruppe erhielt acht dreiminütige Sitzungen gradueller Modellierung, bei denen die Kinder beobachteten, wie ein anderes Kind in ihrem Alter sich auf Interaktionen mit einem zahmen Hund einließ, die immer herausfordernder wurden. Zunächst ging das Kind auf den Hund zu, dann streichelte es ihn, gab ihm Hundekuchen zu fressen, führte ihn an einer Leine spazieren und kletterte schließlich mit ihm in seinen Zwinger, um dort mit ihm zu spielen. In dieser Gruppe war die Modellierungssequenz eingekleidet in eine Partyumgebung (mit Hüten, Ballons, Keksen, Preisen usw.), um Angstgefühle und Beklemmungen abzubauen. Die zweite Gruppe Kinder beobachtete dieselbe Modellierungssequenz, jedoch ohne Partystimmung. Die dritte Gruppe erlebte den Partykontext, wobei der Hund zugegen war, das Modell jedoch nicht (zwecks Kontrolle der Reaktionen auf die Anwesenheit des Hundes allein). Die vierte Gruppe erlebte einfach nur die Partyatmosphäre ohne Hund oder Modell. Nach dem

Experiment erhielten alle Kinder zwei Verhaltenstests, bei denen sie aufgefordert wurden, das Modell zu imitieren. Der erste Test erfolgte im unmittelbaren Anschluss, der zweite einen Monat später. Abbildung 12.3 zeigt die Resultate. Die Gruppen, in denen das Modell anwesend war, schnitten besser ab als die beiden Gruppen ohne Modell. Was den Partykontext betrifft, gab es keine wesentlichen Unterschiede zwischen ihm und dem neutralen Kontext. Bei den beiden Gruppen, die das Modell beobachtet hatten, blieb das verbesserte Verhalten auch nach einem Monat weiterhin stabil. Ähnliche Resultate erhielt man, wenn Kinder einen Film über andere Kinder anschauten, die mit Hunden umgingen (Bandura & Menlove, 1968).

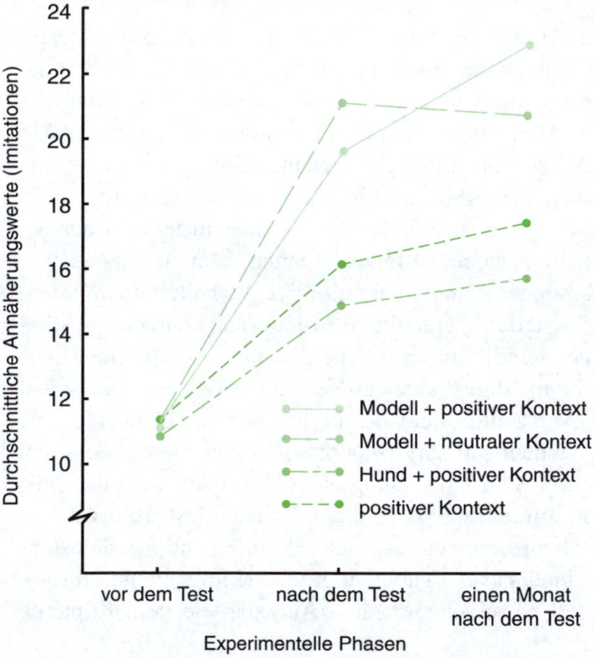

Abbildung 12.3: Die Resultate der vier Gruppen in der Studie von Bandura, Grusec und Menlove (1967) zur Nutzung von Modellierung in der Behandlung von Angst vor Hunden bei Kindern.

Modellierung wurde auch dazu benutzt, Phobien bei Erwachsenen zu beseitigen. In einer Variante – genannt „**teilnehmende Modellierung**“ – imitiert der Patient das Verhalten des Modells bei jedem Schritt der Behandlung, und die Beteiligung des Patienten wird mit jedem Durchgang stärker. So wandten zum Beispiel Bandura, Blanchard und Ritter (1969) dieses Verfahren bei Menschen an, die an einer Schlangenphobie litten. Während der Behandlung handhabte der Therapeut furchtlos eine große Schlange. Der Patient wurde zuerst gebeten, den Arm des Therapeuten zu berühren, während er die Schlange hielt, dann seine Hand, dann die Schlange selbst usw., bis der Patient die Schlange übernahm und sie in seinem Schoß hielt. Bandura und Kollegen folgerten, teilnehmende Modellierung sollte besonders effektiv sein, weil sie dem Patienten eine realistische Erfahrung vermittelt. Tatsächlich fanden sie heraus, dass teilnehmende Modellierung etwa doppelt so viele Besserungen der Phobien bewirkte wie ein im Film gezeigtes Modell und die systematische Desensibilisierung. Die teilnehmende Modellierung war auch bei der Behandlung anderer Arten von Phobien wie Ängste vor Spinnen, Vögeln, Nadeln oder Zahnärzten erfolgreich, und in manchen Fällen bedarf es nur einer einzigen Sitzung, um lang anhaltende Verbesserungen zu erzeugen (Ollendick & King, 1998; Ost, 1989). Wie man erwarten könnte, hängt die Effektivität des teilnehmenden Modellierens davon ab, wie sehr die Umstände der Behandlung der normalen Umgebung der Person ähneln. In einer Studie wurde festgestellt, dass die Ängste von Patienten vor Spinnen größer blieben, wenn sie Spinnen in einer Situation ausgesetzt waren, die sehr von der in der Behandlungssituation abwich (Mineka, Mystkowski, Hladek & Rodriguez, 1999).

Modellierung kann auch dazu verwendet werden, andere Reaktionen als Ängste zu beseitigen. Middleton und Cartledge (1995) benutzten Modellierung in Kombination mit anderen Verhaltens-Modifikationstechniken wie Verstärkung inkompatiblen Verhaltens, um aggressive Neigungen bei Jungen im Alter von sechs bis neun Jahren zu verringern. Ein weiteres Beispiel stammt aus der Arbeit von Meichenbaum und Goodman (1971), die schulische Performanz von Erstklässlern zu verbessern, die als „impulsiv" oder „hyperaktiv" galten. Diese Kinder sind oft schlecht in der Schule, weil sie sich unstet oder achtlos verhalten, wenn sie an einer herausfordernden Aufgabe arbeiten. Meichenbaums und Goodmans Ziel war es, dieses unbesonnene und fehleranfällige Verhalten zu mindern oder ganz zu eliminieren. Sie bemerkten, dass hyperaktive Kinder sich weniger Selbstanweisungen geben als durchschnittliche Kinder in ihrem Alter. Von einem typischen Erstklässler könne man zum Beispiel beim Malen eines Bildes hören, wie er sich selbst bestimmte Anweisungen gibt wie „Verschütte nicht die Farbe" oder „Ich möchte eine schöne gerade Linie zeichnen". Meichenbaum und Goodman beobachteten, dass bei hyperaktiven Kindern diese Neigung zur Selbstanweisung nicht vorhanden war oder, falls doch, trotzdem das falsche Verhalten folgte. Ihre Behandlung bestand deshalb darin, das Kind ein erwachsenes Modell beobachten zu lassen, das sich sehr offen und frei Selbstanweisungen bei der Ausführung verschiedener Aufgaben erteilte. Die folgenden Selbstanweisungen wurden von einem Modell bei einer einfachen Aufgabe wie dem Kopieren einer Zeichnung benutzt:

> *O.k., was soll ich tun? Du möchtest, dass ich das Bild mit den verschiedenen Linien abzeichne. Da muss ich sorgfältig und langsam vorgehen. O.k., dann zeichne ich jetzt die Linie nach unten, unten – gut. Jetzt nach rechts, genau, bis hierher. Und jetzt noch ein Stück nach links – gut. Klappt prima soweit. So, jetzt wieder nach oben – ach nein, ich sollte ja nach unten gehen. Ja, so stimmt's. Nun muss ich nur noch die falsche Linie wegradieren (…). Gut. Selbst wenn ich einen Fehler mache, kann ich langsam und sorgfältig weitermachen. Nun noch nach unten – und fertig. Geschafft! (Meichenbaum & Goodman, 1971, S. 117)*

Später gab der Erwachsene dem Kind ähnliche Anweisungen, während es an der Aufgabe arbeitete, und schließlich wurde das Kind darauf trainiert, sich bei seiner Arbeit selbst die Anweisungen zu geben. Die Modellierung der Selbstanweisung wurde auch bei komplexeren Aufgaben angewendet. Nach diesem Training zeigten die Kinder beträchtliche Verbesserungen bei einer Reihe von standardisierten Tests, und diese Verbesserung war auch einen Monat nach dem Training noch vorhanden. Wie in den meisten Fällen, in denen ein

Verhaltenstherapeut ein bestimmtes Verhaltensmuster eliminieren wollte (in diesem Falle nachlässiges Verhalten), beinhalteten die von Meichenbaum und Goodman verwendeten Modellierungstechniken das Lehren eines alternativen Verhaltensmusters (seinen eigenen Selbstanweisungen sorgfältig zu folgen), das mit dem unerwünschten Verhalten inkompatibel war. Andere Studien lieferten weitere Belege dafür, dass Modellierung und Selbstanweisung effektive Behandlungsmethoden bei hyperaktiven und aggressiven Kindern sind (Miranda & Presentacion, 2000).

12.6.4 Video-Selbstmodellierung

In den letzten Jahren wurde eine Variante der Modellierung, die als **Video-Selbstmodellierung** bezeichnet wird, unter Verhaltenstherapeuten immer populärer. Das Ziel dieser Technik ist, die Performanz erwünschten Verhaltens zu steigern, indem man die Klienten sich selbst bei der korrekten Performanz auf Video beobachten lässt. So haben zum Beispiel Dowrick und Raeburn (1995) diese Technik mit Kindern verwendet, die schwer körperbehindert waren, wie etwa mit zerebraler Kinderlähmung oder Muskeldystrophie. Zuerst wurde jedes Kind aufgefordert, eine einfache praktische Tätigkeit auszuführen, die der Verbesserung bedurfte, wie etwa eine gute Körperhaltung beizubehalten, gehen, balancieren, schreiben oder sich ankleiden. Dieses Verhalten wurde auf Video aufgenommen und der Therapeut gab dem Kind Anweisungen, wie es sich verhalten sollte, ermutigte es und gab ihm falls nötig Unterstützung bei der Aufgabe. Als Nächstes wurden aus jedem Videoband die Fehler und unangebrachten Verhaltensweisen sowie alle Stellen, an denen der Therapeut dem Kind Anweisungen gegeben hatte, herausgeschnitten. Was deshalb übrig blieb, war ein Band, auf dem man das Kind sah, wie es das Verhalten korrekt und ohne Unterstützung von außen ausführte. Dies ist ein wichtiges Merkmal der Video-Selbstmodellierung, denn das Ziel ist, korrektes Verhalten ohne fremde Hilfe zu lehren. Nachdem das Band so bearbeitet worden war, betrachteten die Kinder sich selbst auf Video, wobei ihnen ihr Band innerhalb eines Zeitraums von zwei Wochen sechsmal vorgespielt wurde. Die Forscher fanden beachtliche Verbesserungen bei den meisten Kindern, was ihre Selbstmodellierungsaufgaben betraf. Sie fanden auch, dass das Betrachten des Videos, nicht nur das Ausführen der Aufgaben vor der Kamera, ein wichtiger Teil der Behandlung war. (Jedes Kind wurde tatsächlich aufgenommen, wie es zwei verschiedene Fertigkeiten vorführte, doch nur eines der beiden Bänder wurde dem Kind gezeigt. Bei der selbstmodellierten Fertigkeit waren die Verbesserungen viel deutlicher als bei der, die dem Kind nicht gezeigt wurde.)

Video-Selbstmodellierung wurde für eine Reihe von Aufgaben mit Kindern wie auch Erwachsenen erfolgreich verwendet (Dowrick, 1999). Die Verfahrensweise wurde eingesetzt, um Stottern zu mindern (Bray & Kehle, 1998), Herumzappeln zu reduzieren, Ablenkbarkeit und unangebrachtes Reden von Jungen zu verringern, die am Aufmerksamkeitsdefizit-Syndrom und Hyperaktivität litten (Wolterdorff, 1992), und um die Gehfähigkeiten und die Beweglichkeit älterer Patienten zu verbessern (Neef, Bill-Harvery, Shade, Iezzi & De-Lorenzo, 1995).

Warum ist Selbstmodellierung eine effektive Technik? Nach Auffassung Banduras (1994) hat Selbstmodellierung zwei wünschenswerte Eigenschaften. Erstens: Dadurch, dass wiederholt nur korrekte Beispiele des Verhaltens gezeigt werden, gibt sie dem Lernenden Informationen darüber, wie er die gewünschten Fähigkeiten ausführen kann. Zweitens: Indem der Lernende sein eigenes Verhalten auf Video sieht, entwickelt er eine **Selbstwirksamkeitserwartung**, Banduras Begriff für das Vertrauen in die eigene Fähigkeit, die anstehende Aufgabe auszuführen. Dies steht in Bezug zum vierten Faktor in Banduras Imitationstheorie, Anreiz- und Motivationsprozesse. Menschen ahmen am ehesten ein Modell nach, wenn sie zuversichtlich sind, das sie Verhalten erfolgreich und effektiv ausführen können.

12.7 Schlussfolgerungen: die hohe Kunst des Lernens durch Beobachtung

Die steigende Popularität der Modellierung als Technik der Verhaltensmodifikation spiegelt das Potenzial dieser Methode wider, Verhaltensänderungen zu bewirken. Lernen durch Beobachtung ist die anspruchsvollste Art des Lernens, mit der wir uns in diesem Buch beschäftigt haben. Seine relativen Vorteile erschließen sich uns, wenn wir noch einmal auf die Hauptkategorien des Lernens, die wir betrachtet haben, zurückblicken. Wir begannen mit Habituation, einer Form des Lernens, die so primitiv ist, dass wir sie bei Einzellern finden. Sie besteht aus nichts anderem als der Abnahme der Wahrscheinlichkeit einer reflexartigen Reaktion nach wiederholten Präsentationen des auslösenden Stimulus. Klassische Konditionierung ist im Vergleich dazu sehr viel komplexer, denn typischerweise besteht sie aus der Übertragung einer alten Reaktion auf einen neuen (konditionierten) Stimulus. Doch mit der klassischen Konditionierung können noch keine neuen Reaktionen gelehrt werden, weil die Form der Reaktion vom Lernenden und nicht vom Lehrer bestimmt wird. Mit der operanten Konditionierung haben wir schließlich eine Lernmethode, bei welcher der Lehrer die Reaktion aussuchen kann: Eine willkürliche Reaktion des Lernenden kann verstärkt werden, und die Wahrscheinlichkeit ihres Auftretens sollte sich erhöhen. Und wenn der Lehrer dem Prinzip der Verstärkung die Techniken der sukzessiven Annäherung und der Reaktionsverkettung hinzufügt, kann er schrittweise immer komplexere Verhaltensmuster aufbauen, die der Lernende wohl nie von sich aus ausgeführt hätte. In Kapitel 6 wurde gesagt, dass prinzipiell jedes Verhalten, das ein Lernender ausführen kann, durch Verwendung der Technik der sukzessiven Annäherung gelehrt werden kann.

Was im Prinzip möglich ist, ist in der Praxis jedoch nicht immer durchführbar. Einem Kind das Schreiben beizubringen, einem Universitätsstudenten zu vermitteln, wie man ein Computerprogramm schreibt, oder einem Eiskunstläufer eine dreifache Pirouette beizubringen – dies alles wäre nahezu unmöglich, wenn der Einfluss des Lehrers nur auf die Verabreichung von Verstärkern für sukzessive Annäherungen ans Ziel beschränkt wäre. Wenn der Lernende jedoch imstande ist, durch Beobachtung zu lernen, wie es bei Menschen und vielen Tieren der Fall ist, dann wird die Aufgabe, solch komplizierte Verhaltensweisen zu lehren, viel einfacher. Das Schöne am Lernen durch Beobachtung ist, dass die Lernenden ein Verstehen des erwünschten Verhaltens erwerben, lange bevor sie dieses Verhalten tatsächlich selbst hervorbringen können. Um ein Klischee etwas abzuändern: Es ist sicher keine Übertreibung zu sagen, dass ein Modell tausend sukzessive Annäherungen wert ist.

Obwohl sie in engem Zusammenhang mit beobachtendem Lernen steht, ist die menschliche Fähigkeit, neue Verhaltensweisen über das gesprochene oder geschriebene Wort zu erlernen, noch fortgeschrittener. Da die meisten Formen der Erziehung und Ausbildung überwiegend auf diese Lernmethoden zurückgreifen, wurden enorme Forschungsressourcen auf das Ziel gerichtet, diese Lernmethoden noch effektiver zu machen. Die Behandlung dieses Themas liegt allerdings außerhalb der Reichweite dieses Buchs, doch die Beziehung zwischen diesen Arten des Lernens und dem beobachtenden Lernen sollte klar sein. Wir haben gesehen, dass sogar das Verhalten von Kleinkindern verändert werden kann, wenn sie (1) ein lebendiges Modell beobachten, (2) ein gefilmtes Modell beobachten oder (3) einem mündlichen Bericht über das Verhalten des Modells zuhören. Wenn sie ein wenig älter sind, können Kinder durch Lesen etwas über das Verhalten eines Modells und die Konsequenzen, die es hatte, lernen. In jedem Fall lernen die Kinder vermutlich etwas über die Verstärkungskontingenzen – die Beziehung zwischen Reiz–Reaktion–Verstärker –, die sie in ihrer Welt vorfinden. Der Vorteil der Erziehung durch Beobachtung oder durch das gesprochene oder geschriebene Wort ist, dass man etwas über diese Beziehungen lernen kann, ohne sie zuvor direkt erfahren zu müssen.

Zusammenfassung

Eine Theorie der Imitation besagt, dass sie eine instinktive Neigung ist, und es existieren Belege dafür, dass Tiere und selbst Neugeborene durch Nachahmung lernen können. Eine zweite Theorie besagt, dass Menschen dann Dinge nachahmen, wenn sie für die Nachahmung Verstärkung erhalten. Eine dritte Theorie besagt, dass Imitation eine generalisierte operante Reaktion ist: Menschen neigen zur Imitation in Situationen, die früheren ähnlich sind, bei denen sie Verstärkung erhielten. Banduras Theorie besagt, dass vier Faktoren darüber entscheiden, ob ein nachahmendes Verhalten auftreten wird: Aufmerksamkeitsprozesse, Gedächtnisprozesse, motorische Fertigkeiten sowie Anreiz- und Motivationsprozesse.

Die Eigenschaften des Modells, des Lernenden und der Situation haben alle Einfluss darauf, wann Imitation auftritt und wann nicht. Kinder imitieren eher ein Modell, das für sein Verhalten verstärkt wird, als eins, das bestraft wird. Kinder imitieren ebenso eher Modelle, die liebevoll, stark oder ihnen sonstwie ähnlich sind.

Beobachtendes Lernen und operante Konditionierung können entweder in dieselbe oder in entgegengesetzte Richtungen wirken. Sie wirken in entgegengesetzte Richtung, wenn Eltern ihr Kind für aggressives Verhalten physisch bestrafen: Ihre Kinder könnten noch aggressiver werden, da die Eltern selbst als Modelle für Aggression dienen, wenn sie auf harte körperliche Bestrafungen zurückgreifen. Beobachtungslernen kann auch die Entwicklung von Phobien, Alkohol- und Drogenmissbrauch, Denkfähigkeiten und moralischen Standards beeinflussen.

Viele Varianten von Modellierungstechniken wurden in der Verhaltenstherapie erfolgreich eingesetzt, einschließlich gradueller Modellierung, teilnehmender Modellierung und Video-Selbstmodellierung. Durch Modellierung können schüchterne Kinder eine höhere Kontaktfreudigkeit und soziale Fertigkeiten erlernen; Erwachsene können lernen, sich besser zu behaupten; autistischen Kindern kann das Sprechen beigebracht und Phobien können eliminiert werden.

Wiederholungsfragen

1. Erklären Sie die Theorie, dass Imitation eine einfache operante Reaktion ist, und die Theorie, dass sie eine generalisierte operante Reaktion ist. Welche dieser beiden Theorien ist besser und weshalb?
2. Welches sind nach Bandura die vier für Imitation erforderlichen Faktoren? Worin besteht Banduras Hauptkritik an der generalisierten operanten Theorie der Imitation? Ist diese Kritik berechtigt? Warum oder warum nicht?
3. Welche Eigenschaften eines Modells, des Lernenden und der Situation bestimmen, ob Imitation auftreten wird oder nicht?
4. Nennen Sie ein spezifisches Beispiel, um zu zeigen, wie Modellierung in der Verhaltenstherapie verwendet wurde, um Folgendes zu erreichen: a) Förderung von wenig wahrscheinlichem Verhalten, b) Aneignung neuer Verhaltensweisen und c) Beseitigung unerwünschter Verhaltensweisen.

Kapitel

13 Erlernen motorischer Fertigkeiten

In diesem Kapitel

Motorische Fertigkeiten sind ein wesentlicher Bestandteil aller Arten erlernten Verhaltens. Die klassische Lidschluss-Konditionierung wird versagen, wenn ein neurologisches Defizit verhindert, dass ein Kaninchen die Lidschluss-Reaktion ausführen kann. Verstärkungen für korrekte Richtungswechsel in einem Wasserlabyrinth werden ineffektiv sein, wenn das Versuchstier nicht schwimmen kann. Imitation ist unmöglich, wenn der Lernende nicht imstande ist, die Handlungen des Modells nachzuahmen. Diese Punkte sind offensichtlich, doch halten Menschen ihre Fähigkeit, komplexe Bewegungsabläufe zu vollziehen, oft für selbstverständlich. Eine Radfahrerin staunt selten über ihre Fähigkeit, sich auf zwei schmalen Rädern aufrecht zu halten. Jemand an einer Schreibmaschine wundert sich selten darüber, wie er zehn Finger koordinieren kann, so dass er fünf oder mehr Anschläge pro Sekunde vollbringt – gewöhnlich in der richtigen Reihenfolge. Ebenso haben wir in den vorherigen Kapiteln die Fähigkeit eines Versuchstiers, Reaktionen auszuführen, allgemein für selbstverständlich gehalten. Dieses Kapitel wird einige dieser Fähigkeiten im Detail untersuchen.

Wissenschaftler haben eine Reihe von Strategien entwickelt, um das Erlernen motorischer Fertigkeiten zu studieren, und wir können diese Strategien in drei Kategorien einteilen, welche die drei Hauptansätze zum Studium von Lernvorgängen im Allgemeinen wiedergeben: den behavioristischen, den physiologischen und den kognitiven Ansatz. Ein großer Teil der frühen Forschungsarbeiten (angefangen mit den Werken von E. L. Thorndike und während der gesamten ersten Hälfte des 20. Jahrhunderts) hatte behavioristischen Charakter. Die Forscher waren an der Entdeckung der Beziehungen zwischen verschiedenen unabhängigen Variablen (wie etwa das Ausmaß an und die Verteilung von Übung) und abhängigen Variablen (Lerngeschwindigkeit, Qualität der abschließenden Performanz) interessiert. Sie hatten relativ wenig Interesse an Spekulationen darüber, welche internen unbeobachteten Prozesse beim Erlernen und Ausführen einer neuen Fertigkeit beteiligt waren. Es gab jedoch auch Physiologen, die an den neuronalen Mechanismen von Bewegungsabläufen interessiert waren. Sie versuchten festzustellen, welche Gehirn-, Rückenmarks- und Körperstrukturen an den Bewegungsabläufen beteiligt sind. Mit dem Paradigmenwechsel hin zur kognitiven Psychologie in der zweiten Hälfte des letzten Jahrhunderts übernahmen viele Theoretiker schließlich bei der Analyse der motorischen Fertigkeiten den Informationsverarbeitungs-Ansatz. Es gibt nun Debatten über Prozesse, die nicht direkt beobachtbar sind, wie etwa Aufmerksamkeit, Kurzzeitgedächtnis, Verarbeitung von Sinneseindrücken und Mechanismen der Reaktionsfolge. Alle drei Ansätze zum Erlernen motorischer Fertigkeiten haben viele interessante Entdeckungen hervorgebracht, und dieses Kapitel wird aus jeder Kategorie einige Beispiele geben.

13.1 Die verschiedenen Arten motorischer Fertigkeiten

Die erlernten Bewegungen, die Menschen zu lernen imstande sind, sind äußerst vielfältig. Betrachten wir die folgenden Beispiele für motorische Fertigkeiten: Balancieren – mit einem Fahrrad, auf einem Baumstamm oder einem vereisten Gehweg; das Ausführen eines Freiwurfs im Basketball; das Putten eines Golfballs; das Drücken einer Stoppuhr, wenn ein Läufer die Ziellinie überquert; in einer Gefahrensituation auf die Bremse eines Autos steigen; Schreibmaschine schreiben; Klavier oder ein anderes Musikinstrument spielen. Bevor Sie weiterlesen, halten Sie einen Moment inne und denken Sie über diese verschiedenen Fertigkeiten nach. Welche Merkmale haben einige dieser Bewegungen gemeinsam? Entlang welcher Dimensionen weichen sie voneinander ab?

Eine offensichtliche Eigenschaft einer Bewegung ist ihre Dauer. Einige motorische Fertigkeiten nennt man „diskret", da sie, kurz nachdem sie begonnen wurden, abgeschlossen sind (Drücken einer Stoppuhr, Betätigen einer Bremse). Andere bezeichnet man als kontinuierlich, da sie sich über eine unbegrenzt lange Zeitspanne erstrecken (Balancieren). Die Begriffe „diskret" und „kontinuierlich" repräsentieren die beiden Enden eines Spektrums, und viele Verhaltensweisen fallen zwischen diese beiden Extreme. Eine andere Dimension, die eng in Bezug zur Dauer einer Bewegung steht, hat damit zu tun, ob die Person während der Ausführung der Bewegung aus der Umwelt Feedback erhält oder nicht. Kapitel 3 beschrieb die Grundkonzepte der Feedback-Theorie, und es könnte hilfreich sein, dieses Kapitel hier noch einmal zu rekapitulieren. Erinnern Sie sich daran, dass Verhalten wie das der Kellerassel auf der Suche nach Feuchtigkeit als „Closed-Loop-Feedback-Systeme" bezeichnet werden, da der Organismus laufend aus der Umwelt Feedback erhält, ob seine Bewegungen ihn seinem Ziel näher bringen oder ihn weiter davon wegführen.

In ähnlicher Weise können die meisten (aber nicht alle) Bewegungen außer den diskreten als **Closed-Loop-Bewegungen** bezeichnet werden, denn das Individuum erhält andauernd Feedback, ob die Bewegung korrekt verläuft, und kann darauf reagieren. Das Balancieren auf einem Baumstamm ist hierfür ein gutes Beispiel: Wenn Sie das Gefühl haben, nach rechts zu kippen, können Sie dies sofort durch eine Verlagerung Ihres Körpergewichts nach links ausgleichen. Im Gegensatz dazu treten viele diskrete Bewegungen (wie die Betätigung einer Bremse) so schnell auf, dass eine Person keine Zeit hat, auf einen möglichen Fehler zu reagieren. In der Fachsprache der Feedback-Theorie nennt man diese **Open-Loop-Bewegungen**, und ihr Merkmal ist, dass es zu spät ist, irgendwelche Korrekturen vorzunehmen, wenn die Bewegung einmal begonnen hat.

Ein weiterer Unterschied zwischen motorischen Fertigkeiten ist, dass einige von ihnen jedes Mal genau dieselbe Bewegung erfordern, während andere verlangen, dass die Bewegung der jeweiligen Situation angepasst werden muss. Vergleichen wir die Fertigkeit, einen Basketball-Freiwurf auszuführen und einen Golfball ins Loch zu putten. Beim Freiwurf einerseits sind die erforderlichen Wurfbewegungen immer dieselben, denn der Spieler steht jedes Mal sechs Meter vom Korb entfernt, der sich immer in vier Metern Höhe befindet. Wenn bei einem Freiwurf die Bewegung erfolgreich ist, wird eine genaue Kopie dieser Bewegung bei jedem zukünftigen Freiwurf ebenso erfolgreich sein. Andererseits können die erforderlichen Bewegungen, um den Golfball einzulochen, von Putt zu Putt sehr unterschiedlich sein. Entfernung und Winkel des Balls zum Loch können unterschiedlich sein, wie auch das Gefälle des Grüns. Der Golfspieler muss all dies in seine Berechnungen mit einbeziehen und dann einen Schlag mit der exakten Kraft in die richtige Richtung ansetzen. Forscher, die motorische Fertigkeiten untersuchen, haben beide Arten von Aufgaben untersucht – solche, die Genauigkeit bei einer einzelnen, sich immer wiederholenden Bewegung erfordern, wie auch solche, die die Flexibilität verlangen, die Bewegung an die Situation anzupassen.

Die oben erwähnten motorischen Fertigkeiten haben alle einen praktischen Nutzen bei der einen oder anderen Alltagsaktivität, doch die Bewegungen, die im Labor untersucht werden, sind gewöhnlich nicht die alltäglichen. Stattdessen ziehen Forscher es oft vor, künstlichere Aufgaben zu studieren, wie etwa einen Knopf innerhalb von 150 Millisekunden um 90 Grad zu drehen oder einen Punkt auf einem rotierenden Plattenteller mit einem Pointer (Zeiger) zu verfolgen. Die Gründe, weshalb die Wissenschaftler, die motorische Fertigkeiten erforschen, diese ungewöhnlichen Aufgaben untersuchen, sind den Gründen ähnlich, aus denen ihre Kollegen im Bereich operanter Konditionierung einfache Reaktionen in einer reizarmen Skinner-Box untersuchen. Erstens: Diese Aufgaben werden ausgewählt, weil sie repräsentativ für eine große Zahl alltäglicher Bewegungen sind – die Knopfdrehaufgabe erfordert eine diskrete Open-Loop-Bewegung, und die Verfolgung eines Punktes auf einem Plattenteller eine kontinuierliche Closed-Loop-Bewegung. Zweitens: Diese Aufgaben werden ausgewählt, weil sie so einfach wie möglich sein sollen, so dass unnötige Komplexitäten die Interpretation der Resultate nicht erschweren. Drittens: Da es unwahrscheinlich ist, dass den Versuchspersonen diese Aufgaben außerhalb des Labors schon begegnet sind, kann man die Akquisition einer neuen motorischen Fertigkeit beobachten. Würde ein Forscher es vorziehen, eine vertrautere Aufgabe wie etwa das Lenken eines Autos zu untersuchen, wäre es schwierig, zwischen angeborener Fähigkeit, früheren Fahrerfahrungen und Übung während des Experiments selbst zu unterscheiden.

13.2 Faktoren, die Erlernen und Performanz bei motorischen Fertigkeiten beeinflussen

Wir beginnen unsere Untersuchung der Erforschung von motorischen Fertigkeiten mit etwas, das wir als behavioristischen Ansatz bezeichnen könnten. Wir werden einige Faktoren untersuchen, die bestimmen, wie schnell eine motorische Fertigkeit erlernt und wie geschickt sie ausgeführt wird.

13.2.1 Verstärkung und Ergebniswissen

Das Gesetz des Effekts und das Erlernen motorischer Fertigkeiten

E. L. Thorndike, unter dessen Forschungsarbeiten die Experimente mit dem Problemkäfig die bekanntesten sind (Kapitel 6), führte auch einige der frühesten Studien zum menschlichen Erlernen motorischer Fertigkeiten durch (Thorndike, 1927). In einem Experiment waren den Versuchspersonen die Augen verbunden und ihre Aufgabe war, eine genau 3 Zoll lange Linie zu zeichnen. Thorndike wollte herausfinden, wie sehr die Linienlänge von zwei Gruppen von Versuchspersonen von Durchgang zu Durchgang variiert. Eine Gruppe erhielt Verstärkung für jede gezeichnete Linie, die weniger als 1/8 Zoll nach oben oder unten von der Vorgabe abwich. Unmittelbar nachdem eine Versuchsperson solch eine Linie gezeichnet hatte, sagte der Versuchsleiter: „Richtig." Erfüllte die Linie das Kriterium nicht, sagte der Versuchsleiter: „Falsch." Die Versuchspersonen in der Kontrollgruppe erfuhren keine Konsequenzen für Linien richtiger oder falscher Länge. Sie durchliefen genauso viele Durchgänge wie die erste Gruppe, doch hatten sie keine Möglichkeit herauszufinden, welche Linien den 3 Zoll nahe kamen und welche nicht.

Thorndike betrachtete dieses Experiment als einen Test zweier Prinzipien: das Gesetz des Effekts (mit dem wir schon vertraut sind) und das „Gesetz der Übung". Obwohl oft gesagt wird: „Übung macht den Meister", fand Thorndike heraus, dass Übung ohne verbale Verstärkung vollkommen ineffektiv war: Versuchspersonen in der zweiten Gruppe zeigten bei den verschiedenen Durchgängen keine Verbesserung. Im Gegensatz dazu zeigten die Versuchspersonen in der Gruppe, die Verstärkung erhielt, eine beträchtliche Steigerung der Genauigkeit über die Durchgänge hinweg. Thorndikes Schluss war, dass das Gesetz des Effekts beim menschlichen Erlernen motorischer Fertigkeiten genauso wichtig ist wie für Tiere im Problemkäfig. In beiden Fällen „prägt" oder festigt Verstärkung die korrekte Reaktion, so dass diese Reaktion in Zukunft mit höherer Wahrscheinlichkeit wiederholt wird.

Was kann besser als Verstärkung sein?

Trowbridge und Cason (1932) stellten Thorndikes Schluss in Frage, dass Verstärkung der entscheidende Faktor bei der Aneignung motorischer Fertigkeiten sei. Ihr Argument war: Obwohl die Bestätigung mit dem Wort „richtig" in manchen Fällen auch als Verstärker dienen könnte, war sie in Thorndikes Experiment aus dem Grunde wichtig, als sie der Versuchsperson Information oder **Feedback** über die Richtigkeit jeder Reaktion gab. In der Literatur zum Erlernen motorischer Fertigkeiten nennt man diese Art von Feedback gewöhnlich „**Ergebniswissen**" (engl. knowledge of results, KR). Kurz, Trowbridge und Cason stellten die These auf, dass die durch die beiden Wörter „richtig" und „falsch" gelieferte Information ausschlaggebend für die gesteigerte Genauigkeit der Versuchspersonen war und nicht die verstärkenden und bestrafenden Aspekte dieser Wörter.

In Thorndikes Experiment konnten die Informations- und Verstärkungsmerkmale der Wörter nicht voneinander getrennt werden, doch Trowbridge und Cason entwarfen eine ausgeklügelte Methode, zwischen diesen beiden Faktoren unterscheiden zu können. In ihrem Experiment war die Aufgabe dieselbe wie bei Thorndike – mit verbundenen Augen eine genau 3 Zoll lange Linie zu zeichnen. Zwei ihrer Versuchsgruppen waren dieselben wie bei Thorndike: Die Gruppe, die ausschließlich Übung ohne Feedback erhielt, wurde die *Kein-KR-Gruppe* genannt, und die Gruppe, die Feedback in Form von „richtig" oder „falsch" erhielt, wurde als *Qualitative KR-Gruppe* bezeichnet (da die Versuchspersonen kein quantitatives Feedback hinsichtlich der Größe ihrer Fehler erhielt). Zusätzlich zu diesen beiden Gruppen schlossen Trowbridge und Cason eine *Quantitative KR-Gruppe* mit ein, in der den Versuchspersonen Richtung und Größe jedes Fehlers mit einer Genauigkeit von einem Achtel Zoll mitgeteilt wurden. Wenn eine Linie also um 7/8 Zoll länger als die vorgegebene 3-Zoll-Linie war, sagte der Versuchsleiter: „Plus sieben." War sie 5/8 Zoll kürzer als 3 Zoll, sagte der Versuchsleiter: „Minus fünf." Trowbridge und Cason argumentierten, dass die Quantitative KR-Gruppe mehr Informationen als die Qualitative KR-Gruppe erhielt, jedoch nicht mehr Verstärkung. Eine vierte Gruppe schließlich, genannt die *Irrelevantes-KR-Gruppe*, erhielt nutzloses „Feedback" nach jedem Durchgang – sinnlose Silben.

Jede Gruppe erhielt 100 Durchgänge, und die Resultate sind in Abbildung 13.1 wiedergegeben. Weder die Kein-KR-Gruppe noch die Irrelevantes-KR-Gruppe zeigte bei den Durchgängen irgendwelche Verbesserungen. In der Qualitativen KR-Gruppe gab es eindeutige Verbesserungen: Die durchschnittliche Fehlergröße sank von etwa einem Zoll zu Beginn auf etwa einen halben Zoll am Ende. Abbildung 13.1 zeigt jedoch, dass die Performanz der Quantitativen KR-Gruppe weit über der der Qualitativen KR-Gruppe lag. Aus diesem Ergebnismuster können wir schließen, dass Information, nicht Verstärkung, der ausschlaggebende Faktor war und dass das genauere quantitative KR viel bessere Performanz hervorbrachte als das weniger genaue qualitative KR.

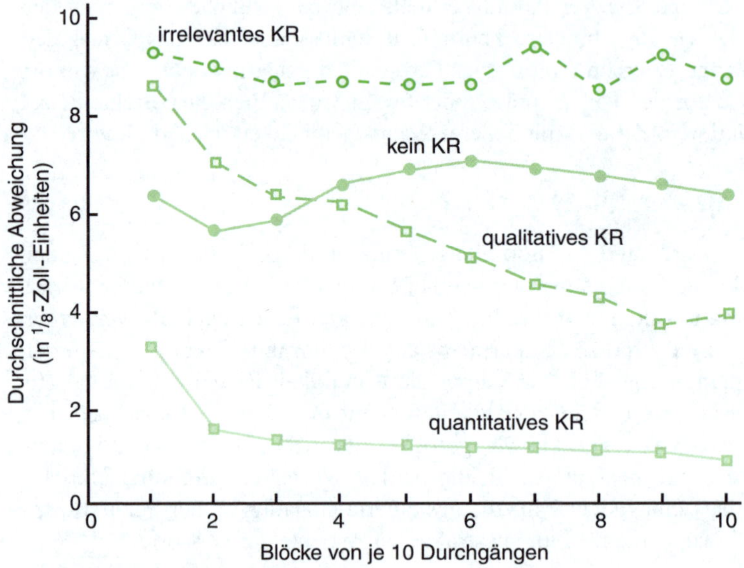

Abbildung 13.1: Die Ergebnisse der vier Gruppen im Experiment von Trowbridge und Cason (1932).

Verschiedene Methoden zur Bereitstellung von Ergebniswissen

Aus dem vorangegangenen Experiment könnten Sie schließen, dass die Lieferung präziser KRs bei jedem Durchgang die beste Methode ist, motorische Fertigkeiten zu lehren. Wenn nach jedem Durchgang quantitatives KR gegeben wird, kann der Lernende jedoch zu abhängig von diesem konstanten Feedback werden und später weniger gut sein, wenn er ohne Feedback arbeiten soll. Winstein und Schmidt (1990) gaben manchen Versuchspersonen nach jedem Durchgang eines Experiments zum Erlernen motorischer Fertigkeiten quantitatives KR, während andere Versuchspersonen nur in 67 Prozent aller Durchgänge quantitatives KR erhielten. Während der Lernphase war die Performanz der Gruppe, die konstantes Feedback erhielt, etwas besser. In einem Test zwei Tage später jedoch, *bei dem es bei keinem der Durchgänge Feedback gab*, schnitt die Gruppe, die zuvor 67 Prozent Feedback erhalten hatte, besser ab. Ähnliche Resultate wurden in anderen Studien erzielt (Lee, White & Carnahan, 1990; Wulf & Schmidt, 1989).

Um diese Ergebnisse zu erklären, entwickelten Salmoni, Schmidt und Walter (1984) die **Leitungshypothese** des KR. Nach der Leitungshypothese liefert das KR Informationen, die der Versuchsperson helfen, die neue motorische Fertigkeit zu erlernen. KR, das bei jedem Durchgang geliefert wird, liefert mehr Leitung und Orientierung als KR, das nur bei einem Teil der Durchgänge geliefert wird, so dass die Performanz während der Akquisitionsphase mit 100 Prozent KR genauer ist. Die Versuchsperson wird jedoch von diesem konstanten KR sehr abhängig und schneidet bei späteren Tests ohne KR schlechter ab.

Im Gegensatz dazu müssen sich Versuchspersonen, die nicht bei jedem Durchgang KR erhalten, mehr auf ihre eigene Fähigkeit verlassen, Fehler bei ihren Bewegungen zu entdecken (da sie bei manchen Durchgängen kein weiteres Feedback erhalten), so dass sie bei einem Test ohne jegliches KR besser abschneiden. Wenn diese Hypothese korrekt ist, hat dies Implikationen für diejenigen, die Sportlern, Musikern, Tänzern und anderen motorische Fertigkeiten beibringen. Der Trainer sollte wahrscheinlich dem Sportler, Musiker oder Tänzer bei einigen Übungsdurchgängen Feedback geben, jedoch nicht bei jedem Durchgang, so dass der Ausführende lernen kann, Fehler in seiner Performanz ohne Hilfe des Trainers zu entdecken und zu korrigieren. Auf diese Weise kann der Ausführende weiterhin eine gute Performanz zeigen, wenn der Trainer nicht da ist, um Feedback zu geben. Wir werden später in diesem Kapitel noch einmal zur Bedeutung dessen, die eigene Performanz zu beurteilen, zurückkehren, wenn wir Theorien zum Erlernen motorischer Fertigkeiten untersuchen.

Verzögerung des Ergebniswissens

Da der Erhalt von KR ein so wichtiger Teil des Erlernens motorischer Fertigkeiten zu sein scheint, könnten wir erwarten, dass die Akquisition der Fertigkeiten beeinträchtigt wird, wenn es zwischen der Performanz einer Reaktion und der Lieferung des KR eine Verzögerung gibt. Für einige Arten motorischer Fertigkeiten ist dies in der Tat der Fall. Im Falle von Aufgaben, bei denen das Individuum gewöhnlich andauerndes Feedback erhält, können selbst kleine Verzögerungen dieses Feedbacks eine merkliche Verschlechterung der Performanz hervorrufen. Einige Studien haben untersucht, wie die Sprache einer Versuchsperson beeinflusst wird, wenn das akustische Feedback der Stimme der Versuchsperson um einen Sekundenbruchteil verzögert wird. (Die Versuchsperson hört ihre eigene Stimme über Kopfhörer, die die Übertragung der Sprache verzögern.) Das typische Resultat ist, dass die Versuchspersonen zu stottern beginnen und langsamer und zögernd sprechen (Lee, 1950). Außerdem zeigen die Versuchspersonen wenig Verbesserung beim Üben (Goldiamond, Atkinson & Bilger, 1962). K. U. Smith (1962) untersuchte die Performanz von Versuchspersonen bei verschiedenen Nachzeichenaufgaben mit verzögertem Feedback. So musste zum Beispiel die Versuchsperson die Rundungen einer geschwungenen Figur mit einem Bleistift nachverfolgen, während Sie sich selbst auf einem Fernsehschirm sah, der ihre Performanz zeitverzögert wiedergab. Es überrascht nicht, dass sich die Performanz verschlechterte, je mehr das Feedback zeitlich verzögert wurde.

Im Gegensatz zu den obigen Resultaten gibt es wenig oder gar keine Beeinträchtigung des Lernens, wenn eine Verzögerung zwischen der Reaktion und dem Feedback auftritt, das normalerweise nach der Reaktion kommt (was wir als KR bezeichnet haben). Viele Studien zum verzögerten KR haben **Slow Positioning Tasks** eingesetzt, bei denen die

Versuchsperson einen gleitenden Knopf oder einen Zeiger ohne Zeitlimit über eine gewisse Distanz bewegen muss. Der Knopf oder der Zeiger ist für die Versuchsperson gewöhnlich nicht sichtbar, so dass die Versuchsperson auf taktile oder kinästhetische Signale zurückgreifen muss, statt visuelle Orientierung zu haben. Wenn KR allgemein nach jedem Durchgang verzögert wird (einige Sekunden, Minuten oder sogar noch länger), scheint dies auf die Leistung der Versuchsperson kaum Einfluss zu haben (Bilodeau, 1966; Mulder & Hulstijn, 1985a).

Wir sahen bereits, dass Verzögerungen von nur wenigen Sekunden das Lernen sowohl bei der klassischen als auch bei der operanten Konditionierung stark beeinträchtigen kann. Dass ähnlich nachteilige Effekte verzögerter KR nicht gefunden wurden, war deshalb ziemlich rätselhaft. Dieses Rätsel blieb einige Jahrzehnte bestehen, doch nun scheint es eine Antwort zu geben. In einem Experiment waren die Versuchspersonen mit einer Timing-Aufgabe beschäftigt, bei der sie versuchten, einen Schieber in genau einer Sekunde von einer Position in eine andere zu bewegen (Swinnen, Schmidt, Nicholson & Shapiro, 1990). Nach jedem Durchgang erhielten die Versuchspersonen quantitatives KR – die tatsächliche Zeitdauer der Bewegung wurde ihnen bis auf eine tausendstel Sekunde genau auf einem Display gezeigt. Der einen Gruppe wurde die Zeitdauer unmittelbar nach der Bewegung gezeigt, der anderen erst acht Sekunden später. Beide Gruppen zeigten nach 90 Durchgängen ähnlich gute Leistungen. Zwei Tage später wurden beide Gruppen wieder getestet, doch diesmal erhielten sie kein KR hinsichtlich der Zeitdauer der Bewegung. Bei diesem verzögerten Test ihrer Performanz war die Gruppe, die zuvor das verzögerte KR erhielt, sogar besser als die Gruppe mit unmittelbarem KR.

Um zu erklären, warum die Performanz nach verzögertem KR besser sein kann als nach sofortigem KR, griffen Swinnen und seine Kollegen auf die im letzten Abschnitt bereits erörterte Leitungshypothese des KR zurück. Unmittelbares KR kann helfen, Versuchspersonen während der Aneignung der Fertigkeiten zu leiten, doch können sie von diesem unmittelbaren Feedback zu abhängig werden und nie lernen, sich auf die eigenen Sinne zu verlassen, um die Genauigkeit ihrer Bewegungen einzuschätzen. Doch die Versuchspersonen mit verzögertem KR hatten nach jedem Durchgang einen Zeitraum von acht Sekunden, in dem sie die Genauigkeit ihrer Bewegungen einschätzen und deshalb ihre Fähigkeit verbessern konnten, die eigenen Fehler zu entdecken. Um zu untermauern, dass das Entdecken eigener Fehler der kritische Faktor ist, zeigte Swinnen (1990), dass die Versuchspersonen in einem späteren Test ohne KR sogar noch besser abschnitten, wenn von ihnen verlangt wurde, innerhalb der achtsekündigen Phase während der Aneignung mündlich eine Einschätzung ihrer Fehler abzugeben. Wenn sie im Gegensatz dazu in der Acht-Sekunden-Phase abgelenkt wurden (sodass sie keine Zeit hatten, die Genauigkeit ihrer Bewegungen einzuschätzen), war ihre Performanz bei späteren Tests beeinträchtigt.

Vielleicht fanden so viele ältere Studien kaum Auswirkungen der KR-Verzögerung, weil die Nachteile, nicht sofort Feedback zu erhalten, durch die Gelegenheit aufgewogen wurden, dass die Versuchspersonen während der Verzögerung üben konnten, ihre Fehler einzuschätzen. Einige Studien haben tatsächlich gefunden, dass eine KR-Verzögerung die Aneignung einer motorischen Fertigkeit verlangsamen kann, doch wie in der gerade beschriebenen Studie verbessert sich spätere Performanz ohne KR unter den Umständen der KR-Verzögerung erheblich (Schmidt, Young, Swinnen & Shapiro, 1989). Das Problem mit unmittelbarem KR scheint dasselbe wie das Problem mit dem Erhalt von KR nach jedem Durchgang zu sein: Ein blindes Vertrauen auf unmittelbares KR (oder KR nach jedem Durchgang) kann während der Phase der Akquisition einer neuen motorischen Fertigkeit zu einer verbesserten Performanz führen, doch scheint es die Performanz bei späteren Tests zu beeinträchtigen, wenn die Versuchsperson ohne äußeres Feedback klarkommen muss.

13.2.2 Performanzwissen

Neben der Information, wie nah eine Bewegung einem Ziel kam, sind oft viele andere Arten von Feedback möglich. Betrachten Sie zum Beispiel die vielen nützlichen Informationen, die ein Trainer einem Stabhochspringer nach jedem Übungssprung geben könnte. Der Trainer könnte verschiedene Details in Bezug auf den Anlauf des Sportlers, seinen Absprung, seine Annäherung an die Stange, seinen Überflug, seine Körperhaltung und noch vieles mehr erörtern. Jede dieser Informationen könnte dem Sportler helfen, seine zukünftige Performanz zu steigern. Die Lieferung solcher Informationen hinsichtlich der Sequenz der Bestandteile eines komplexen Bewegungsablaufs nennt man **Performanzwissen** (engl. knowledge of performance, KP). Hatze (1976) lieferte eine Darstellung der Nützlichkeit dieser Art detaillierten Feedbacks in einem Laborexperiment. Die Aufgabe der Versuchsperson war, vor einem Zielobjekt zu stehen, ihren rechten Fuß zu heben und so schnell wie möglich gegen das Zielobjekt zu treten. Bei den ersten 120 Durchgängen erhielt die Person quantitatives KR – nach jedem Durchgang wurde ihr die erreichte Zeit mitgeteilt. Wie Abbildung 13.2 zeigt, nahm die Bewegungszeit bei diesen Durchgängen stetig ab und pendelte sich bei etwa 800 Millisekunden ein. Nach dem letzten der 120 Durchgänge wurde der Person ein Video mit ihrer Performanz gezeigt, und ihre Bewegungen wurden mit der eines (computergenerierten) Strichmännchens verglichen, das die Reaktion auf die bestmögliche Weise ausführte. Nach diesem Feedback begann eine neue Phase der Verbesserung, und wie Abbildung 13.2 zeigt, sanken die Bewegungszeiten auf etwa 500 Millisekunden. Diese Resultate deuten darauf hin, dass ein Vergleich zwischen den Bewegungen eines Individuums und jemandem, der die Bewegung optimal ausführt, eine besonders effektive Form von Feedback ist.

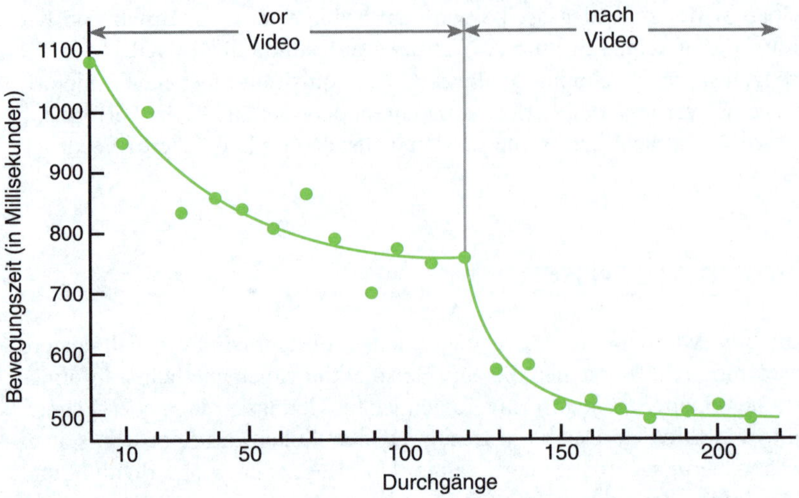

Abbildung 13.2: Resultate des Experiments von Hatze (1976), bevor und nachdem die Versuchsperson ein Video betrachtete, auf dem sie ihre Beinbewegungen mit den bestmöglichen Bewegungen vergleichen konnte.

KP wird inzwischen allgemein im Training von Olympiasportlern verwendet. Ein Diskuswerfer könnte zum Beispiel bei seinen Wurfübungen auf Video aufgenommen und seine Performanz später untersucht und mit den optimalen Bewegungen einer computergenerierten Figur verglichen werden, die die Bewegungen vorführt, welche den Diskus auf maximale Entfernung bringen würden. Außerdem gibt es immer mehr Interesse daran, Sportler mit verschiedenen Arten von Feedback zu versorgen, um zu bestimmen, welche am effektivsten sind (den Brinker, Stabler, Whiting & van Wieringen, 1986; Zubiar, Ona & Delgado, 1999). In manchen Fällen können Techniken ähnlich der des Biofeedback (bei der der Lernende verstärktes oder quantitatives Feedback über seine Bewegungen erhält; siehe Kapitel 9) bei der Akquisition einer neuen motorischen Fertigkeit helfen (Mulder & Hulstijn, 1985b).

Um zu untersuchen, welche Arten von Feedback für jemanden, der eine neue motorische Fertigkeit erlernen will, am nützlichsten sind, brachten Kernodle und Carlton (1992) vier Gruppen von Versuchspersonen bei, einen Ball mit ihrem schwächeren Arm zu werfen (bei Rechtshändern gewöhnlich der linke und umgekehrt). Das Ziel war, den Ball gerade und so weit wie möglich zu werfen. Eine Gruppe erhielt normales KR: Ihnen wurde die genaue Weite jedes Wurfs mitgeteilt. Eine zweite Gruppe erhielt KP: Nach jedem Wurf sahen sie auf Video eine Aufzeichnung des Bewegungsablaufs beim jeweiligen Wurf. Eine dritte Gruppe erhielt dieselbe Form von KP, doch zusätzlich wurden sie aufgefordert, ihre Aufmerksamkeit gezielt auf einen bestimmten Teil der Wurfbewegung zu richten, während sie die Wiedergabe anschauten. Während des Trainings wurde ihnen gesagt, sich auf zehn verschiedene Bestandteile eines guten Wurfs zu konzentrieren wie etwa „Konzentriere dich auf die Hüften in dieser Wurfphase“. Eine vierte Gruppe erhielt ebenfalls KP, doch beim Betrachten des Videos wurde ihnen gesagt, was sie tun sollten, um ihre Wurfbewegungen beim nächsten Durchgang zu verbessern, wie etwa „Mache mit dem rechten Fuß einen Schritt nach vorn Richtung Zielbereich". Alle vier Gruppen erhielten zwölf Trainingseinheiten über einen Zeitraum von vier Wochen. Die Forscher fanden, dass die vierte Gruppe, die KP plus Anweisungen zur Optimierung der Bewegungen erhielt, die meisten Verbesserungen aufzuweisen hatte – sowohl was die Weite ihrer Würfe betraf als auch bei der Beurteilung ihrer Körperhaltung durch Experten.

Manchmal kann sich eine einzige wichtige Information beim Erlernen motorischer Fertigkeiten als sehr wertvoll erweisen. So ließen zum Beispiel Schmidt und Young (1991) ihre Versuchspersonen eine Vorrichtung bedienen, die die Bewegung eines schwingenden Baseballschlägers nachahmte, der einen Ball in Bewegung traf. Eine Gruppe erhielt KR – Informationen zur Entfernung, die der Ball flog, nachdem sie ihn getroffen hatten. Die andere Gruppe erhielt sowohl KR als auch KP, wobei das KP aus Informationen darüber bestand, wie weit sie den Schläger nach hinten geschwungen hatten. Zu Beginn wurde den Versuchspersonen gesagt, dass der optimale Rückschwung einen Winkel von 165 Grad habe, und nach jedem Durchgang wurde ihnen der Winkel ihres Rückschwungs mitgeteilt. Abbildung 13.3 zeigt, dass Versuchspersonen, die diese Zusatzinformation erhielten, wesentlich besser abschnitten – sowohl an den ersten beiden Tagen als auch am dritten, an der keine Gruppe irgendwelches KR oder KP erhielt.

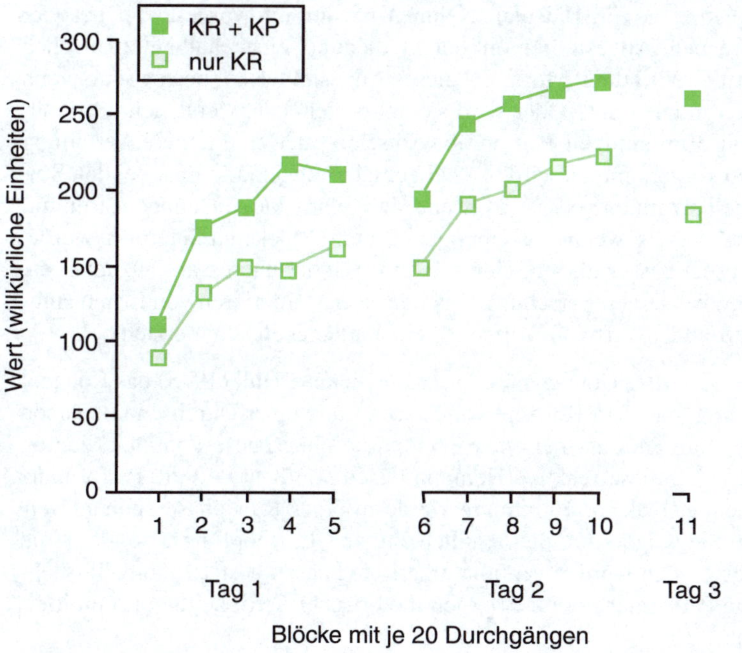

Abbildung 13.3: Leistung bei einer simulierten Baseballschlag-Aufgabe. Eine Gruppe erhielt nur KR (Feedback zur Weite des Schlags), eine andere KR plus KP (Feedback zum Winkel ihres Rückschwungs im Vergleich zum optimalen Rückschwungwinkel). (Schmidt & Young, 1991)

> **WWW**
>
> Informationen zu akademischer Ausbildung und beruflichen Entwicklungsmöglichkeiten in der Übungs- und Sportpsychologie können Sie hier finden: **http://www.apa.org/about/division/div47.html**.

Weitere Forschungsarbeiten dieser Art sollten helfen zu bestimmen, welche Arten von Feedback für den Lernenden am nützlichsten sind. Die Antworten werden mit ziemlicher Sicherheit davon abhängig sein, welche Art von Fertigkeit genau erlernt wird. Bei manchen Fertigkeiten könnte einfaches KR hilfreicher sein als detaillierteres KP (Tzetzis, Kioumourtzoglou & Mavromatis, 1997). Wir können jedoch aus diesen Arbeiten den allgemeinen Schluss ziehen, dass – auch wenn quantitatives KR sehr hilfreich beim Erlernen einer motorischen Fertigkeit sein kann – besser ausgearbeitete Feedback-Methoden noch größere Steigerungen der Performanz herbeiführen können.

13.2.3 Verteilte Übung

Einer der am intensivsten erforschten Bereiche motorischen Lernens vom Beginn des letzten Jahrhunderts bis in die fünfziger Jahre war, wie die Verteilung von Übung über die Zeit hinweg den Lernfortschritt beeinflusst. Ein Grund für das Interesse an diesem Thema war völlig pragmatisch: Forscher wollten die effektivste Methode zum Erlernen einer neuen Fertigkeit herausfinden. Ein Beispiel: Nehmen wir an, ein Vorgesetzter hat vier Stunden Zeit, einen neuen Angestellten in der Bedienung einer halbautomatischen Maschine zu unterweisen. Wird die Performanz dieses Angestellten am besten sein, wenn er vier Stunden ununterbrochen übt? Oder wird sie am besten sein, wenn sich 30-minütige Übungsphasen mit 30-minütigen Pausen abwechselen oder eine andere Verteilung von Übung und Pausen vorgenommen wird? Als allgemeine Regel fand man bei den Studien im Labor, dass die Performanz besser ist, wenn sich relativ kurze Übungsphasen mit Ruhepausen abwechselten, als wenn die Übung in einem Block durchgeführt wurde. Kurz: **Verteilte Übung** ist besser als **massierte Übung**. Es ist interessant anzumerken, dass Ebbinghaus (1885) bei seinen Forschungsarbeiten zum Memorieren von Listen sinnloser Silben – eine ganz andere Art von Aufgabe – ein ähnliches Resultat erzielte.

Um die Auswirkungen verteilter Übung zu erklären, entwickelte Hull (1943) das Konzept der **reaktiven Hemmung**, das dem Konzept von Erschöpfung einer Durchschnittsperson sehr ähnlich ist. Hull nahm an, dass bei einer Person, die ohne Pause kontinuierlich an einer Aufgabe arbeitet, sich diese reaktive Hemmung stetig aufbaut und die Performanz künstlich sinkt. Er meinte, reaktive Hemmung werde in einer Ruhephase spontan verschwinden (beachten Sie wiederum die Ähnlichkeit zur Erschöpfung), so dass die Gesamtperformanz besser sein würde, wenn häufige Ruhephasen gestattet sind. Tatsächlich verbessert sich die Performanz beim Erlernen motorischer Fertigkeiten oft unmittelbar nach einer Ruhephase.

Experimente zur verteilten Übung würden wichtige Auswirkungen für Menschen haben, die neue motorische Fertigkeiten erlernen, gäbe es da nicht eine wichtige Einschränkung: Die Nachteile massierter Übung scheinen zum großen Teil nur vorübergehend zu sein. Versuchspersonen, die massierte Übung erhielten, verschlechtern sich während dieser Übung wesentlich, doch nach einer ausreichenden Ruhephase ist ihre Performanz gewöhnlich genauso gut wie die von Versuchspersonen, die von Anfang an verteilte

Übung erhielten (Adams & Reynolds, 1954; Rider & Abdulahad, 1991). Zusammengefasst: Die Verteilung von Übung und Ruhephasen hat einen großen temporären Effekt, doch scheint sie keine oder nur geringe Auswirkungen auf die langfristige Performanz zu haben.

13.2.4 Beobachtungslernen motorischer Fertigkeiten

Wie viele andere Arten erlernter Verhaltensweisen können einige motorische Fertigkeiten durch Beobachtung erlernt werden. Es ist nicht überraschend: Jemandem nur bei der Ausübung einer motorischen Fertigkeit zuzuschauen ist nicht so effektiv wie die eigene Übung. Trotzdem kann Beobachtungslernen von Nutzen sein, besonders wenn es mit eigener Übung kombiniert wird. In einem Experiment konnten Versuchspersonen den Cursor auf einem Computerbildschirm durch Drücken von zwei Tasten nach rechts oder links bewegen, und ihr Ziel war, den Cursor auf einem Punkt zu halten, der sich auf dem Bildschirm bewegte. Eine Gruppe von Versuchspersonen, die dies selbst aktiv übten, schnitten am Testtag besser ab als Vergleichspersonen, die einer anderen Person lediglich bei der Übung zuschauten. Und doch schnitten diese Personen ihrerseits bei der Übung immer noch besser ab als Vergleichspersonen, die bis zum Testtag die Aufgabe weder übten noch anderen dabei zusahen. Außerdem schnitten Personen, die zuerst die Aufgabe beobachteten und sie dann selbst ausführten, besser ab als alle anderen Gruppen in einem Transfertest, bei dem die Bewegung des Punktes auf dem Bildschirm während der Testphase anders war (Shea, Wright, Wulf & Whitacre, 2000). Kurz: Sowohl individuelle Übung als auch Beobachtung trugen bei den Versuchspersonen zur Akquisition der neuen Fertigkeit bei.

Ein weiteres Experiment untersuchte, welche Auswirkungen das Erlernen neuer Fertigkeiten beim Üben in Paaren hat. Die Aufgabe war, auf einer instabilen Plattform zu balancieren und sie bei einem 30-sekündigen Durchgang so gut wie möglich waagerecht zu halten. Die Paare wechselten sich bei dieser Aufgabe ab, beobachteten ihren Partner und besprachen ihre Performanz. Diese Personen schnitten am Testtag besser ab als Personen, die allein übten. Offensichtlich war es wichtig, dass sich die Personen, die als Paar übten, abwechselten, denn diese Paare schnitten besser ab als solche, bei denen einer zunächst alle Durchgänge selbst übte und dann erst sein Partner (Shea, Wulf & Whitacre, 1999). Die Vorteile, mit anderen zu üben, sind unter Sportlern, die oft zusammen trainieren und Hinweise und Strategien teilen, offensichtlich wohl bekannt.

13.2.5 Transfer von früherem Training

Bei der Erforschung motorischer Fertigkeiten ist das Thema **Transfer von Training** dem Thema Generalisierung bei der Erforschung des Lernens bei Tieren ähnlich. In beiden Fällen ist die Frage, wie die Erfahrung mit einer Gruppe von Stimuli die Performanz mit einer neuen Gruppe von Stimuli beeinflusst. Frühe Theoretiker (Osgood, 1949) glaubten, dass es möglich sein sollte, in manchen Situationen **positiven Transfer** (bei dem die

Übung einer Aufgabe die Lösung einer ähnlichen Aufgabe unterstützt) zu beobachten, und in anderen Fällen **negativen Transfer** (bei dem die Übung einer Aufgabe mit der Lösung einer ähnlichen Aufgabe interferiert). Von einem intuitiven Standpunkt betrachtet sind beide Möglichkeiten vernünftig. So sollte zum Beispiel die Wahrscheinlichkeit bestehen, dass das Erlernen des Autofahrens mit einem Fahrzeug, das über drei Gänge verfügt, das Erlernen des Autofahrens mit einem Viergang-getriebenen Fahrzeug erleichtern sollte. Das Thema negativer Transfer erinnert mich an Diskussionen, die ich als junger Mensch mit Freunden führte. Dabei ging es darum, dass Baseballspielen am selben Tag sich nachteilig auf ein späteres Golfspiel auswirken würde. Unsere Theorie war, dass der flache waagerechte Schwung des Baseballschlägers mit der Fertigkeit, den relativ senkrecht verlaufenden Schwung des Golfschlägers kurz danach zu vollziehen, interferieren würde.

Eine ganze Reihe von Studien lieferten Belege für positiven Transfer (siehe Schmidt, 1988, S. 407–411). Wie man erwarten würde, hängt das Ausmaß an Transfer von einer Aufgabe auf eine andere von der Ähnlichkeit der beiden Aufgaben ab. Ein Experiment, das diesen Punkt demonstriert, wurde von Baker, Wylie und Gagne (1950) durchgeführt. Die Aufgabe der Versuchsperson war, eine Kurbel mit der Geschwindigkeit zu drehen, die einen Zeiger auf einem Zielobjekt hielt. Bei jeder Versuchsperson wich die Anzahl von Kurbelumdrehungen, die notwendig war, um den Zeiger über eine gewisse Distanz zu bewegen, in der Trainingsphase von der in der Testphase ab. Es überrascht nicht, dass es mehr positiven Transfer gab, wenn die Veränderung der Geschwindigkeit in der Testphase relativ gering war, als wenn die Geschwindigkeitsänderung groß war. Neuere Studien haben gezeigt, dass es einen positiven Transfer zwischen verschiedenen Muskelgruppen und verschiedenen Bewegungsmustern geben kann. Latash (1999) ließ College-Studenten Spiegelschrift-Schreiben üben, wobei sie einen Satz schreiben mussten, während sie in den Spiegel sahen. Nachdem sie dies einige Tage lang mit der Hand geübt hatten, mit der sie sonst auch schrieben, zeigten die Studenten große Transfereffekte, wenn sie zur anderen Hand überwechselten. Palmer und Meyer (2000) fanden positiven Transfer bei erfahrenen Pianisten, die ein neues Musikstück erlernten, dann jedoch gebeten wurden, eine Variation der Melodie zu spielen, die ihnen andere Hand- und Fingerbewegungen abverlangte. Diese Forscher zogen den Schluss, dass motorisches Lernen nicht nur eine Sache des Erlernens bestimmter Muskelbewegungen ist, denn erfahrene Lernende können ihre Fertigkeiten auf neue Situationen übertragen, die von ihnen zwar dieselben allgemeinen Bewegungsmuster verlangen, aber unterschiedliche Muskelgruppen ansprechen.

Es hat sich überraschenderweise als ziemlich schwierig herausgestellt, experimentelle Nachweise für negativen Transfer bei Motorikübungen zu finden. Findet man ihn, ist der negative Transfer oft sehr kurzfristig, wobei er manchmal nur einen oder zwei Durchgänge anhält (Blais, Kerr & Hughes, 1993). Eine Demonstration dieses Phänomens wurde von Lewis, McAllister und Adams (1951) geliefert. Die Aufgabe der Versuchsperson in diesem Experiment war, mit einem Joystick mehrere grüne Lichter auf einem Display zu verschiedenen Zielobjekten hin zu bewegen. In der Anfangsphase des Experiments führte die Bewegung des Joysticks dazu, dass sich ein grünes Licht in dieselbe Richtung bewegte (zum Beispiel verursachte die Bewegung des Joysticks nach links oben, dass das Licht auf dem Display sich ebenfalls nach links oben bewegte). Mit zunehmender Übung wurden die Versuchspersonen immer schneller darin, die Lichter zu ihren Zielobjekten hin zu bewegen. In der zweiten (Interferenz-)Phase erhielten die Personen in mehreren Versuchsgruppen eine Reihe von Durchgängen, bei denen die Joystick-Bewegungen vertauscht waren (die Bewegung des Joysticks nach links oben bewegte das Licht nach rechts unten). Auch hier verbesserte sich die Performanz der Versuchspersonen mit zunehmender Übung. Versuchspersonen in einer Kontrollgruppe erhielten keine Durchgänge mit vertauschten Bewegungsrichtungen. Der Test auf negativen Transfer kam in der dritten Phase des Experiments, in der die ursprüngliche Bewegungsrichtung des Joysticks wieder eingesetzt wurde. Die Versuchspersonen in den Experimentalgruppen schnitten schlechter ab als am Ende der ersten Phase, und sie brauchten mehrere Durchgänge, um wieder an ihr früheres Performanzniveau heranzukommen. Bei den Personen in der Kontrollgruppe gab es keine Verringerung der Performanz, was zeigt, dass die Abnahme der Performanz nicht einfach aufgrund der abgelaufenen Zeit ohne Übung zustande kam.

Obwohl es schwierig ist, eindeutige Aussagen darüber abzugeben, wann positive und negative Transfereffekte beobachtet werden können, können die folgenden Prinzipien nützliche Leitlinien sein: Positiven Transfer findet man am ehesten, wenn zwei Aufgaben ähnliche oder identische Bewegungen als Reaktion auf eine Situation mit ähnlichem Stimulus beinhalten. Im Experiment von Baker und seinen Kollegen zum Beispiel war der Stimulus in beiden Aufgaben identisch (ein Zielobjekt in Bewegung) und die erforderlichen Bewegungen waren ähnlich (dieselbe Kurbel in dieselbe Richtung zu drehen, nur mit unterschiedlichen Geschwindigkeiten). Negativer Transfer andererseits kann am ehesten dann beobachtet werden, wenn zwei Aufgaben gegensätzliche oder unvereinbare Reaktionen auf eine Situation mit ähnlichem Stimulus erfordern. Der von Lewis und seinen Kollegen beobachtete starke negative Transfer trat wahrscheinlich auf, weil ein bestimmter Stimulus (wie zum Beispiel ein grünes Licht unter seinem Zielobjekt) bei der ursprünglichen Aufgabe eine bestimmte Reaktion erforderte und bei der Interferenzaufgabe eine gegensätzliche Reaktion.

Die Schwierigkeit bei der Anwendung dieser Regeln ist jedoch, dass es oft nicht offensichtlich ist, ob zwei Bewegungen (wie etwa einen Baseballschläger und einen Golfschläger zu schwingen) als ähnlich oder gegensätzlich betrachtet werden sollten. In vielen Fällen können zwei Fertigkeiten eine Mischung aus ähnlichen und gegensätzlichen Reaktionen einschließen. In einer Studie zum Beispiel übten die Versuchspersonen in einer Experimentalgruppe einige Stunden lang sowohl Short-Tennis (eine Form von Tennis auf einem kleineren Spielfeld) als auch Rasentennis. Eine Kontrollgruppe übte nur Rasentennis. Dann wurden beide Gruppen auf ihre Rasentennis-Fertigkeiten getestet. Die Forscher fanden, dass die Versuchspersonen in der Experimentalgruppe in Bezug auf bestimmte Rasentennis-Fertigkeiten besser waren, aber die Kontrollgruppe bei anderen Fertigkeiten besser war, was Belege sowohl für positiven als auch negativen Transfer in ein und demselben Experiment liefert (Coldwells & Hare, 1994).

13.2.6 Paradoxe Bewegungsfehler

Manchmal neigen Menschen dazu, genau die Bewegung auszuführen, die sie vermeiden wollen. Wenn Ihnen jemand eine volle Tasse Kaffee reicht und Ihnen sagt: „Sei bitte vorsichtig, nichts auf meinen neuen Teppich zu verschütten", könnte es Ihnen schwerer fallen, das Verschütten zu vermeiden, als wenn Sie die Tasse draußen über einen Rasen tragen. Nach Wegner (1997) ist dies nicht nur deshalb so, weil sie nervöser sind, wenn Sie die Tasse über einen neuen Teppich tragen. Wegner unterbreitete eine Theorie der **paradoxen Fehler**, die besagt, dass Menschen dazu neigen, eine falsche Bewegung auszuführen, die sie strikt vermeiden wollen, besonders wenn ihre Aufmerksamkeit von einer damit konkurrierenden Aufgabe abgelenkt wird. Wegner, Ansfield und Pilloff (1998) testeten diese Theorie in einem Experiment, bei dem Versuchspersonen einen Golfball zu einem Ziel putten sollten. Der einen Gruppe wurde gesagt, sie sollten den Ball lediglich so nah wie möglich ans Ziel bringen. Einer zweiten Gruppe wurde gesagt, sie solle besonders darauf achten, den Ball nicht über das Ziel hinaus zu schlagen. In der Bedingung einer „mentalen Belastung" (die Versuchspersonen sollten sich eine sechsstellige Zahl merken, während sie den Ball Richtung Ziel schlugen) schlug die Gruppe, die speziell unterwiesen wurde, den Ball nicht zu weit zu schlagen, häufiger den Ball zu weit als die Vergleichsgruppe. In einem anderen Experiment baten die Forscher Versuchspersonen, ein an einem Band befindliches Gewicht 30 Sekunden über ein Zielobjekt zu halten. Eine Gruppe, die speziell unterwiesen wurde, Bewegungen nach links oder rechts zu vermeiden (im Gegensatz zu Bewegungen nach vorn oder hinten), neigte zu mehr Links- und Rechtsbewegungen als die Gruppe, die lediglich unterwiesen wurde, das Gewicht so ruhig wie möglich zu halten. Dies traf besonders zu, wenn die Personen die Aufgabe unter mentaler Belastung ausführten.

Paradoxe Fehler können frustrierend und peinlich sein, und sie lassen uns linkisch und unbeholfen aussehen. Sie können auch die Performanz von Sportlern beeinflussen, die Höchstleistungen vollbringen wollen. Um paradoxe Fehler zu vermeiden, empfiehlt Janelle (1999) Trainern, eine Reihe von Strategien einzusetzen, wie etwa sicherzustellen, dass die Sportler mit allen möglichen Situationen, die während eines Spiels auftreten können, vertraut sind, so dass die Notwendigkeit, neue Entscheidungen zu treffen (die eine mentale Belastung darstellen würde) auf ein Minimum reduziert wird.

13.3 Theorien des Erlernens motorischer Fertigkeiten

Bis jetzt haben wir einige Faktoren betrachtet, die bestimmen, wie schnell und gut eine neue Fertigkeit erlernt wird, doch wir haben bisher nur wenige Hypothesen dazu in Betracht gezogen, was in einem Individuum während solcher Lernepisoden vor sich geht. Wir werden uns nun mit einigen Theorien befassen, die sich damit beschäftigen.

13.3.1 Adams Zwei-Phasen-Theorie

Jack Adams (1971) unterbreitete eine einflussreiche Theorie des motorischen Lernens, die zahlreiche Experimente und grundsätzliche theoretische Debatten auf den Plan rief. Um die Diskussion um Adams' Theorie verständlicher zu machen, ist es hilfreich, einige der von Adams benutzten Begriffe in Bezug zu der in Kapitel 3 benutzten Terminologie der Kontrollsystemtheorie zu setzen. Ein wichtiges Konzept von Adams' Theorie ist die so genannte **perzeptuelle Spur** oder **Wahrnehmungsspur**, die der Referenzgröße der Kontrollsystemtheorie entspricht. Nach Adams ist die Referenzgröße schwach oder nichtexistent, wenn eine Person anfängt, eine neue motorische Fertigkeit zu erlernen. Betrachten Sie irgendeine einfache Aufgabe, bei der das KR nach Vollendung jeder Bewegung geliefert wird, wie bei Thorndikes Aufgabe, eine genau 3 Zoll lange Linie zu zeichnen. Die Versuchsperson, der die Augen verbunden sind, weiß, dass die Aufgabe ist, eine genau 3 Zoll lange Linie zu ziehen, doch noch weiß sie nicht, wie es „sich anfühlt", eine Linie dieser Länge zu zeichnen. Adams sagte, ein wichtiger Teil des Erlernens einer solchen Fertigkeit sei die Entwicklung einer entsprechenden Wahrnehmungsspur. Bei der Linienzeichnungsaufgabe ist die Wahrnehmungsspur vermutlich eine Gedächtnisaufzeichnung der Empfindungen, die von den sensorischen Neuronen der Hand und des Arms erzeugt werden, wenn eine Linie entsprechender Länge gezeichnet wird.

Ein zweites wichtiges Konzept in Adams' Theorie ist die **motorische Spur** (die Adams selbst **Gedächtnisspur** nannte). Die motorische Spur bezieht sich auf die Funktionen des Handlungssystems der Kontrollsystemtheorie. Die Grundidee ist: Zusätzlich zum Erlernen, wie es sich anfühlt, wenn man die richtige Bewegung erzeugt, muss eine Person auch die Koordinierung ihrer Muskeln lernen, so dass die Bewegungen tatsächlich hervorgebracht werden können. In der Linienzeichnungsaufgabe zum Beispiel muss die Person lernen, den Bleistift so zu bewegen, dass die Diskrepanz zwischen tatsächlichem Input und der Referenzgröße reduziert wird, ohne über die Referenzgröße hinauszuschießen. Es wird der Person nichts weiterhelfen zu sagen: „Ich weiß, wie es sich anfühlt, eine 3 Zoll lange Linie zu zeichnen, aber ich habe den Bleistift aus Versehen einen Zoll zu weit bewegt." Wäre diese Aussage jedoch wahr, würde dies nahe legen, dass die Person eine gute Wahrnehmungsspur entwickelt hat, aber die Bewegungen ihres Handlungssystems – Hand und Arm – noch verbessern muss.

Andere motorische Fertigkeiten zeigen viel deutlicher, dass eine Person eine genaue Wahrnehmungsspur, jedoch ein schlecht funktionierendes Handlungssystem haben kann. Eine Person, die mit dem Klavierspielen beginnt, hört sich vielleicht ein schwieriges Stück immer wieder an, bis sie eine genaue Vorstellung davon hat, wie ein ausgezeichneter musikalischer Vortrag dieses Stücks klingen sollte. (Das heißt, sie entwickelt die Fähigkeit, zwischen einem sehr guten und einem ausgezeichneten Vortrag zu unterscheiden, so wie es Juroren bei einem Musikwettbewerb zu tun versuchen.) Wenn sie diesen Punkt erreicht hat, kann es jedoch noch viele Stunden mühsamen Übens bedürfen, bevor sie selbst das Stück auch nur annähernd so gut vortragen kann. Ein weiteres Beispiel: Ich habe über die Jahre Tausende von Golfbällen übers Grün geschlagen und glaube deshalb, dass ich zwischen den Empfindungen bei einem guten Schlag und denen bei einem schlechten unterscheiden kann. Ein guter Schlag hat mit einem bestimmten Rhythmus der

Handgelenke, Arme, Hüften und Knie zu tun, der dazu führt, dass der Schlägerkopf den Ball mit einem lauten „Klack" übers Grün treibt, und ich weiß, dass es ein guter Schlag war, noch bevor ich aufschaue, um zu sehen, wohin der Ball geflogen ist. Mein Problem dabei ist jedoch: Obwohl ich einen guten Schlag erkenne, wenn ich ihn fühle, bringt mein Handlungssystem nicht jedes Mal einen guten Schlag hervor. Manchmal durchlaufe ich eine ganze Runde, ohne je die Empfindungen eines guten Schlags zu erfahren.

Nach Adams' Theorie gibt es beim Erlernen einer typischen motorischen Fertigkeit zwei Phasen. Die erste Phase nennt man die **verbal-motorische Phase**, denn in dieser Phase hängt die Verbesserung von der Lieferung des Feedback ab, gewöhnlich in verbaler Form. Das heißt, der Lehrer muss den Lernenden mit KR versorgen, weil der Lernende keine genaue Wahrnehmungsspur hat und deshalb einen guten Durchgang nicht von einem schlechten unterscheiden kann. Die verbal-motorische Phase ist die Zeit, in der Verbesserung vom konstanten Feedback des Klavierlehrers, des Baseballtrainers oder des Sportlehrers abhängig ist. Ohne dieses Feedback weiß der Lernende nicht, ob die Bewegung gut war oder ob etwas an ihr verkehrt war.

J. A. Adams (1976) beschrieb das Ende der verbal-motorischen Phase so:

> *Die verbal-motorische Phase hat in gewisser Weise einen unbestimmten Endpunkt und sie variiert von Person zu Person, doch sie kommt zu einem Ende, wenn Ergebniswissen einige Zeit lang nur unbedeutende Fehler aufgezeigt hat und die Reaktion erfolgreich war. An diesem Punkt kann die Person vollständig auf die Wahrnehmungsspur als Bezugspunkt für die Reaktion umschalten, denn sie definiert nun die korrekte Reaktion. Die Person ist nun nicht mehr auf Ergebniswissen angewiesen... (S. 205).*

Adams nennt diese zweite Phase die **motorische Phase**. An diesem Punkt kann das Individuum sich auf eine innere Wahrnehmungsspur verlassen, um die Güte einer Bewegung in Abwesenheit von KR einzuschätzen. Adams fügt noch hinzu, dass der Lernende – zusätzlich zur Aufrechterhaltung seines gegenwärtigen Performanzniveaus in Abwesenheit von KR – seine Performanz tatsächlich durch Verfeinerung der Präzision der motorischen Spur verbessern kann (das heißt, indem er geübter im Erzeugen der erwünschten Bewegung wird).

Adams' Theorie sagt vorher: Wenn Personen in der ersten Phase des motorischen Lernens nur zeitweilig KR erhalten, wird die Wahrnehmungsspur in Durchgängen, in denen KR geliefert wird, gestärkt; in Durchgängen ohne KR neigt die Spur jedoch dazu sich zu verwischen. Sparrow und Summers (1992) fanden genau solch ein Muster mit einer **Slow Positioning Task**, bei der einige Personen nach jedem fünften Durchgang KR erhielten und andere nach jedem zehnten. Die Genauigkeit der Versuchspersonen war unmittelbar nach einem Durchgang mit KR am höchsten, dann nahm sie während der Durchgänge ohne KR schrittweise ab, verbesserte sich nach dem nächsten Durchgang mit KR wieder usw.

Dieses Experiment zeigt, dass KR von wesentlicher Bedeutung ist, wenn eine neue motorische Fertigkeit zum ersten Mal erlernt wird. Es gibt jedoch auch eindeutige Belege dafür, dass KR später im Training unnötig wird. Die besten Belege dafür stammen aus Studien, bei denen an irgendeinem Punkt in der Mitte des Experiments KR entzogen wird. Newell (1974) ließ zum Beispiel Versuchspersonen eine diskrete Bewegung üben – einen Schlitten in 150 Millisekunden 9,5 Zoll zu bewegen – und vollführte 77 Durchgänge. Eine Gruppe von Versuchspersonen erhielt bei allen Durchgängen quantitatives KR, während fünf anderen Gruppen nach entweder 2, 7, 17, 32 oder 52 Durchgängen das quantitative KR entzogen wurde. Abbildung 13.4 zeigt, dass in der Gruppe mit ununterbrochenem KR Fehler stetig auf ein niedriges Niveau absanken. Am anderen Ende waren zwei Durchgänge mit KR eindeutig nicht genug, um eine Wahrnehmungsspur zu erzeugen. Diese Gruppe zeigte zunächst einige Verbesserungen, doch nach vielen Durchgängen ohne KR sank die Performanz ab. Dieses Muster legt nahe, dass die Versuchspersonen begannen, eine Wahrnehmungsspur zu erzeugen, die sie aber später „vergaßen". Die Resultate der Gruppen mit 7, 17 oder 32 Durchgängen mit KR deuten darauf hin, dass diese Gruppen aus der anfänglichen KR einen permanenten Nutzen zogen. Die Performanz sank etwas ab, wenn das KR entzogen wurde, doch diese Gruppen zeigten weiterhin eine bessere Performanz als die Gruppe mit zwei Durchgängen. Die Resultate der Gruppe mit 52 Durchgängen mit KR sind wahrscheinlich die interessantesten. Diese Gruppe zeigte kein Nachlassen der Genauigkeit, wenn das KR entzogen wurde, und ihre Performanz glich der Gruppe mit ununterbrochenem KR während des Experiments. Adams' Interpretation ist, dass Versuchspersonen in dieser Gruppe bis zur motorischen Phase fortgeschritten sind, in der eine innere Wahrnehmungsspur äußeres KR als Mittel zur Beurteilung ihrer Performanz bei jedem Durchgang ersetzt.

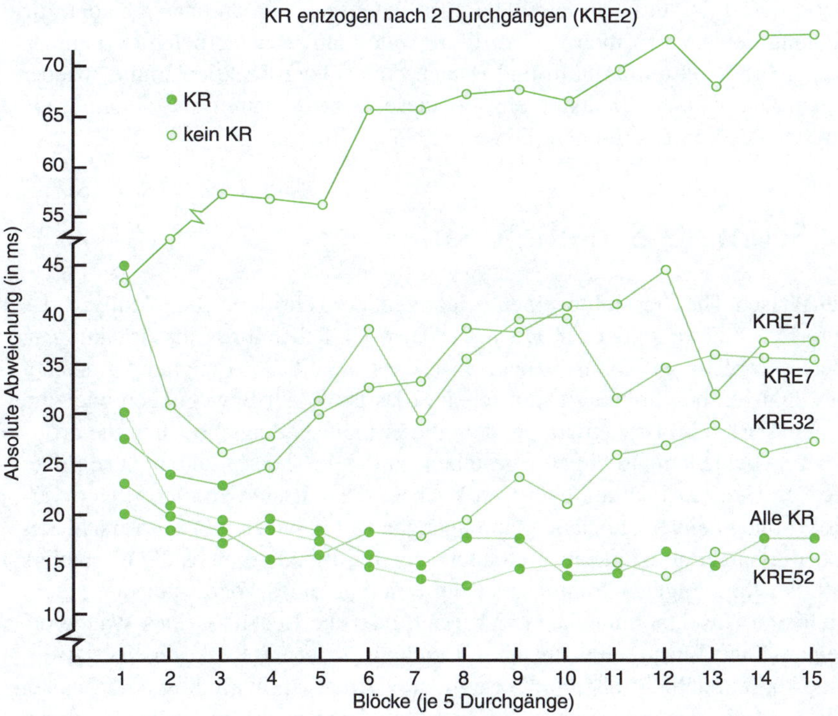

Abbildung 13.4: Resultate der sechs Gruppen im Experiment von Newell (1974). Jede Gruppe erhielt eine unterschiedliche Zahl von Durchgängen mit KR.

Adams' Theorie wird auch durch neuere Studien untermauert (wie in früheren Abschnitten schon erörtert), die zeigen, dass die Lieferung von KR bei lediglich einem Bruchteil der Durchgänge oder eine Verzögerung des KR um einige Sekunden zu einer besseren Performanz führen kann, wenn die Versuchspersonen ohne KR auskommen müssen. Diese Resultate können unter Verwendung von Adams' Theorie wie folgt interpretiert werden: Versuchspersonen, die KR weniger häufig oder mit Verzögerung erhielten, hatten vermutlich mehr Gelegenheit, genaue Wahrnehmungsspuren zu entwickeln (das heißt, sensorische Hinweise zu benutzen, um ihre Performanz zu beurteilen), da äußeres KR oft nicht verfügbar war. Versuchspersonen, die andererseits bei jedem Durchgang KR erhielten, hatten es vielleicht zu einfach: Es ist ihnen wahrscheinlich nicht gelungen, eine ausgeprägte Fähigkeit zur Einschätzung ihrer eigenen Performanz zu entwickeln, da der Versuchsleiter sie immer und sofort mit äußerem KR versorgte. Diese Resultate scheinen Adams' Theorie zu unterstützen, dass die Entwicklung einer genauen Wahrnehmungsspur ein wichtiger Teil beim Erlernen motorischer Fertigkeiten ist.

Wenn die Person einmal die motorische Phase erreicht hat, ist das Feedback vom Klavierlehrer, vom Baseballtrainer oder vom Sportlehrer nicht mehr so wichtig. Natürlich kann der Lehrer weiterhin hilfreiches Feedback liefern, um kleinere Fehler der Technik der Person zu korrigieren oder an ihrem Stil Verfeinerungen vorzunehmen. Gleichzeitig kann sich die Person jedoch ganz von selbst durch Übung verbessern, indem sie sich auf inneres Feedback verlässt statt auf Feedback vom Trainer. Der wohl wichtigste Beitrag, den Adams' Theorie liefert, ist, dass sie zwischen zwei Arten von Lernen unterscheidet, die bei der Aneignung der meisten motorischen Fertigkeiten auftreten: lernen zu erkennen, wie sich eine genaue Reaktion anfühlt, und lernen, eine solche Reaktion immer wieder hervorzubringen. Die stärkste Unterstützung für diese Theorie stammt aus Studien, die diese beiden Arten des Lernens trennen (Newell, 1974, 1976).

13.3.2 Schmidts Schematheorie

Adams' Zwei-Phasen-Theorie stellte einen wichtigen Fortschritt bei der Analyse des Erlernens motorischer Fertigkeiten dar. Doch alle Theorien haben ihre Einschränkungen, und ein größeres Problem bei Adams' Theorie ist, dass sie auf die Aneignung einzelner repetitiver Bewegungen beschränkt zu sein scheint (das heißt, auf Bewegungen wie zum Beispiel dem Freiwurf beim Basketball, bei dem die Stimulusbedingungen und die erforderliche Bewegung bei jedem Durchgang dieselben sind). Die Theorie sagt nichts darüber aus, wie Personen sich Fertigkeiten aneignen können, die mit dem Hervorbringen verschiedener Reaktionen bei verschiedenen Durchgängen zu tun haben, um mit verschiedenen Stimulusbedingungen umzugehen. Betrachten Sie die Reaktion eines Tennisspielers auf einen Ball, der ihm entgegenkommt, oder die Reaktion eines Vogels auf die Ablenkungsstrategien eines Insekts, hinter dem er herjagt, oder die Reaktion eines Wanderers auf das ungleichmäßige Terrain eines felsigen Berghangs, oder die Reaktion eines Autofahrers auf eine kurvenreiche Straße, mit der er nicht vertraut ist. In all diesen und vielen anderen Fällen wird die Person mit neuen und verschiedenartigen Stimulusbedingungen konfrontiert und muss eine Reaktion hervorbringen, die diesen Umständen angepasst ist. Es scheint klar zu sein, dass die Aneignung solcher Fertigkeiten mehr umfasst als die Entwicklung einer einzelnen Wahrnehmungsspur oder einer einzelnen motorischen Spur. In einem Versuch, über Adams' Theorie hinauszugehen und sich mit den flexibleren motorischen Fertigkeiten zu befassen, entwickelte Schmidt (1975) seine Schematheorie des Erlernens motorischer Fertigkeiten.

Schmidts Theorie behält den innovativsten Teil von Adams' Theorie bei – die Vorstellung, dass während der Aneignung der meisten motorischen Fertigkeiten zwei Arten von Lernen stattfinden (lernen, die korrekte Reaktion zu erkennen, und lernen, sie hervorzubringen). Um jedoch die flexibleren motorischen Fertigkeiten wie die oben erörterten einzuschließen, wies Schmidt darauf hin, dass Menschen sich beim Üben allgemeine Regeln zu eigen machen können (die er **Schemata** nannte). Schmidt entlieh sich den Begriff „Schema" von Bartlett (1932), einem frühen Theoretiker zum Thema Gedächtnis. Bartlett ging davon aus, dass unser Gedächtnis zum großen Teil aus Abstraktionen und Verallgemeinerungen besteht statt aus spezifischen Einzelheiten und Details. In ähnlicher Weise ging Schmidt davon aus, dass Menschen Informationen über bestimmte frühere Bewegungen und ihre Konsequenzen nicht im Gedächtnis behalten, sondern stattdessen etwas entwickeln, das ich **Wahrnehmungsschema** oder **motorisches Schema** nennen werde. (Dies sind nicht die von Schmidt benutzten Begriffe, aber ich werde sie verwenden, um die Terminologie, die zur Beschreibung von Adams' Theorie verwendet wurde, beizubehalten.)

Um diese Konzepte mehr zu konkretisieren, betrachten wir, wie ein Golfspieler lernt, einen Ball über die angemessene Distanz zu putten (wobei wir das Problem, den Ball in die richtige Richtung zu bewegen, hier nicht beachten). Der Golfspieler muss lernen, den Ball mit unterschiedlicher Kraft zu treffen, abhängig davon, wie weit der Ball vom Loch entfernt ist. In der Praxis bringt der Golfspieler bei verschiedenen Versuchen unterschiedlich viel Kraft auf und beobachtet das Resultat (wie weit der Ball rollt). In Abbildung 13.5a wird diese Situation dargestellt. Jeder Punkt repräsentiert einen einzelnen Übungsdurchgang: Die x-Achse gibt den eingeschätzten Kraftaufwand des Golfspielers wieder, die y-Achse zeigt die Einschätzung des Golfspielers, wie weit der Ball gerollt ist. Nach Schmidt sind diese individuellen Datenpunkte schon bald vergessen, doch was der Golfspieler entwickelt und beibehält, ist eine allgemeine Regel oder ein motorisches Schema zur Beziehung zwischen Kraftaufwand und Entfernung, die der Ball zurücklegt (wie durch die durchgezogene Diagonallinie in Abbildung 15a dargestellt). Außerdem sagt Schmidt, dass motorische Schemata aus mehr als einer Funktion bestehen können, denn andere Situationsvariablen können das Ergebnis einer bestimmten Bewegung beeinflussen. Im Beispiel mit dem Golfspieler ist eine von diesen Variablen das Gefälle des Grüns. Abbildung 13.5b zeigt eine vereinfachte Darstellung des komplexeren motorischen Schemas, das ein Golfspieler entwickeln könnte, indem er Putts auf ebenem Grün sowie bergauf und bergab übt. Das motorische Schema eines geübten Golfspielers wäre viel komplexer als hier wiedergegeben, denn der Grad des Gefälles kann sich ständig ändern, und andere Faktoren wie die Länge der Grashalme und jegliche Feuchtigkeit auf dem Grün müssen ebenfalls berücksichtigt werden. Der Vorteil eines solchen Schemas ist, dass es der Person gestattet, auf neue Situationen mit relativ großen Erfolgschancen zu reagieren. Selbst wenn der Golfspieler also nie einen Acht-Meter-Putt auf einem recht langsamen Grün mit einem Abwärtsgefälle von vier Grad geübt hat, erlaubt ihm das motorische

Schema, aus früheren ähnlichen Erfahrungen eine Generalisierung abzuleiten, um eine relativ passende Reaktion hervorzubringen.

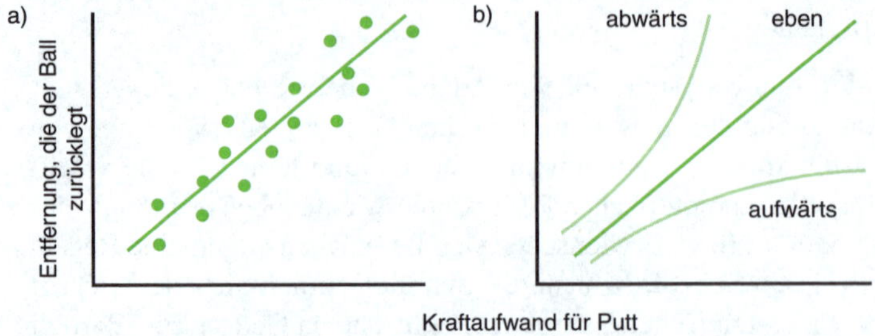

Abbildung 13.5: **(a)** Eine hypothetische Darstellung, wie eine Person nach Schmidts Schematheorie eine allgemeine Regel oder ein Schema zur Beziehung zwischen Kraftaufwand für einen Golfputt und der Entfernung, die der Ball rollt, erlernen könnte. Jeder Punkt repräsentiert die Einschätzung des Kraftaufwands und die Distanz, die der Ball bei jedem Übungsdurchgang gerollt ist, und die Linie entspricht der allgemeinen Regel, die der Lernende vermutlich aus diesen Durchgängen im Gedächtnis behält. **(b)** Diese Abbildung zeigt, dass ein erfolgreiches Putting-Schema eines Golfspielers verschiedene Regeln für Putts auf ansteigendem, abfallendem oder ebenem Gelände beinhalten müsste. In der Realität wäre das Schema des Golfspielers sehr viel komplexer, um kontinuierliche Änderungen des Gefälles zu berücksichtigen.

Schmidts Theorie besagt, dass Lernende neben der Entwicklung eines solchen motorischen Schemas auch Wahrnehmungsschemata entwickeln, die ihnen die Benutzung sensorischen Feedbacks gestatten, um vorherzusagen, ob eine angemessene Bewegung hervorgebracht wurde. Das Wahrnehmungsschema ist einfach eine verallgemeinerte Version der Wahrnehmungsspur in Adams' Theorie, die auf mehr als eine Situation Anwendung findet. Solch ein Wahrnehmungsschema gestattet dem Golfspieler vermutlich vorherzusagen, ob der Schlag zu stark, zu schwach oder in etwa richtig war, bevor er das Resultat sieht und unabhängig davon, ob die Entfernung zum Loch zwei, fünf oder zehn Meter beträgt. Bei professionellen Golfturnieren sieht man tatsächlich oft Spieler, die einen Putt spielen und unmittelbar danach enttäuscht Richtung Loch gehen, weil sie – noch bevor der Ball weit geflogen ist – wissen, dass der Putt nicht gut war.

Die Entwicklung eines Wahrnehmungsschemas scheint beim Golfspiel nicht besonders wichtig zu sein, denn der Golfspieler kann sich immer das Resultat anschauen, da sich der Golfball sowieso dem Loch immer weiter nähert. In anderen Situationen kann jedoch die Fähigkeit, das unmittelbare sensorische Feedback auf eine Bewegung mit einem Wahrnehmungsschema zu vergleichen, wertvoll sein. Basketballspieler zum Beispiel sagen oft, dass der Werfer als erster weiß, ob der Ball im Korb landen wird. Alle Spieler können die Flugbahn des Balls beobachten und versuchen einzuschätzen, ob es ein Treffer sein oder der Wurf danebengehen wird, doch nur der Werfer verfügt über das zusätzliche sensorische Feedback. Der Schütze kann diese Situation zu seinem Vorteil nutzen und sich in die Position begeben, in der er den Rebound abfangen kann, wenn er glaubt, dass der Ball vom Korbring abprallen wird.

Die Möglichkeit, das Erlernen unbegrenzt vieler verschiedener Bewegungen zu erklären, wie etwa das Putten eines Golfballs oder das Werfen eines Basketballs aus verschiedenen

Positionen auf dem Spielfeld, machen Schmidts Theorie vielseitiger als Adams'. Doch welche wissenschaftlichen Belege gibt es dafür, dass Menschen tatsächlich solche motorischen Schemata erlernen? Um die Theorie zu testen, wurde auf verschiedene Forschungsstrategien zurückgegriffen. Einige Studien testeten, ob Menschen die spezifischen Beispiele, die sie üben, schon bald wieder vergessen, jedoch trotzdem ein allgemeines Schema zurückbehalten (wie in Abbildung 13.5 dargestellt). So führten zum Beispiel Chamberlin und Magill (1992) mit Versuchspersonen eine Timing-Aufgabe durch, bei der sie eine Reihe von drei Knöpfen drücken mussten, die insgesamt entweder 15, 45 oder 135 cm voneinander entfernt waren. Für alle drei Entfernungen war das Ziel der Versuchspersonen, die Aufgabe in genau 1,2 Sekunden zu lösen, und sie konnten mit allen drei Entfernungen ausgiebig üben. Die Versuchspersonen wurden dann einen Tag später und noch einmal eine Woche später getestet, sowohl auf die gut eingeübten Entfernungen als auch neue, die sie noch nie zuvor ausprobiert hatten (wie etwa 30 cm und 90 cm). Chamberlin und Magill fanden, dass ihre Versuchspersonen bei den neuen Entfernungen genau so präzise waren wie bei den eingeübten. Diese Entdeckung steht im Einklang mit der Vorhersage der Schematheorie, dass Menschen eine allgemeine Regel für eine Bewegung erlernen können und nicht nur individuelle Bewegungsmuster.

Schmidts Theorie trifft auch einige Vorhersagen, die sich von Adams' Theorie unterscheiden. Ein Unterschied betrifft die Möglichkeit, „aus seinen Fehlern zu lernen". Die Frage ist, ob eine Person Nutzen aus Übungsdurchgängen ziehen kann, bei denen sie eine Reaktion zeigt, die weit vom Ziel entfernt ist, und dann KR erhält, das die Größe des Fehlers aufzeigt. Als konkretes Beispiel denken Sie an eine Slow Positioning-Aufgabe, bei der die Versuchsperson einen Schlitten 40 cm weit bewegt statt der als Ziel vorgegebenen 25 cm. Nach der Schematheorie kann dieser Durchgang trotz der Größe des Fehlers eine nützliche Lernerfahrung sein, denn sie trägt immer noch zu einer Entwicklung der Wahrnehmungs- und motorischen Schemata der Person bei. Adams' Theorie andererseits geht davon aus, dass derart fehlerhafte Bewegungen dem Lernen abträglich seien, weil sich das sensorische Feedback aus diesen Durchgängen interferierend auf die Wahrnehmungsspur der Person auswirke, die nichts weiter sei als die Erinnerung an die Empfindungen einer korrekten Bewegung. Locker formuliert könnten wir sagen, dass nach Adams fehlerhafte Bewegungen dem Lernen abträglich seien, weil sie die Versuchsperson vergessen lassen, wie es sich anfühlt, wenn sie die korrekte Bewegung vollzieht. Shapiro und Schmidt (1982) untersuchten die vorliegenden Befunde zu Variabilität bei Übungsdurchgängen und kamen zum Schluss, dass Versuchspersonen in etwa genauso viel Nutzen aus dem Üben einer Reihe unterschiedlicher Reaktionen ziehen wie aus dem Üben einer einzelnen korrekten Bewegung in einer Positioning-Aufgabe. Diese Resultate stehen im Einklang mit der Schematheorie, jedoch nicht mit Adams' Theorie.

Einige Experimente lieferten Unterstützung für die Vorhersage der Schematheorie, dass variables Üben von Nutzen sein kann. So ließen zum Beispiel Kerr und Booth (1978) Kinder Bohnensäckchen ohne visuelles Feedback auf ein Ziel werfen, wobei ihnen vom Versuchsleiter quantitatives KR gegeben wurde. Eine Gruppe von Kindern erhielt **spezifisches Training**, bei dem sie immer auf ein Zielobjekt zielten, das einen Meter entfernt war. Eine zweite Gruppe erhielt **variables Training**, bei dem das Ziel mal 60 cm und mal 1,40 m entfernt war. Beide Gruppen erhielten später Testdurchgänge unter Verwendung des Abstands von einem Meter. Die Gruppe, die variables Training erhalten hatte, warf genauer, obwohl sie nie Würfe über diese Distanz geübt hatte. Kerr und Booth interpretierten dies dahingehend, dass variables Training den Kindern helfe, stärkere Schemata zu entwickeln als den Kindern, die spezifisches Training erhielten.

Lee, Magill und Weeks (1985) fanden, dass die Art und Weise, in der variables Training zeitlich gestaffelt ist, großen Einfluss auf seine Effektivität haben kann. Wenn die verschiedenen Variationen eines Verhaltens in separaten Blocks geübt wurden (zum Beispiel ein Block von Würfen aus 60 cm Entfernung, dann ein Block von Würfen aus 1,40 m Entfernung), war der Nutzen dieses variablen Trainings minimal. Wurden andererseits die verschiedenen Variationen nach dem Zufallsprinzip gemischt (Würfe aus 60 cm Entfernung vermischt mit Würfen aus 1,40 m Entfernung), stellte sich diese Art von variablem Training als dem spezifischen Training überlegen heraus. Das Muster legt nahe, dass man – will man aus einer variablen Übung (wie etwa verschiedene Würfe auf einem Basketballspielfeld zu üben) den größten Nutzen ziehen – die verschiedenen Verhaltensweisen, die man üben möchte (Veränderung der Position auf dem Spielfeld nach jedem Wurf), zufällig vermischen sollte.

Zusammenfassend können wir sagen: Eine der großen Stärken von Schmidts Schematheorie ist, dass sie verständlich macht, wie Menschen flexible motorische Fertigkeiten entwickeln, die es ihnen gestatten, erfolgreich auf Situationen zu reagieren, mit denen sie nie zuvor konfrontiert wurden. Die Theorie besagt, dass sich diese Fertigkeit entwickelt, während eine Person sich allgemeine Regeln oder Schemata aneignet, die die Relationen zwischen den verschiedenen Stimulusbedingungen, den möglichen Bewegungen und deren erwarteten Konsequenzen beschreiben.

13.4 Erlernen von Bewegungsabläufen

In diesem Abschnitt betrachten wir motorische Fertigkeiten, die Bewegungsabläufe beinhalten, die in einer ganz bestimmten Reihenfolge vollzogen werden müssen. Zu solchen Fertigkeiten gehören zum Beispiel Gehen, Schwimmen, Schreibmaschine schreiben oder ein Musikinstrument spielen. Bei den beiden erstgenannten Beispielen handelt es sich bei den Bewegungsabläufen um zyklische oder repetitive Bewegungen, während die beiden letztgenannten dies gewöhnlich nicht sind. Bei allen Beispielen hängt eine erfolgreiche Performanz jedoch davon ab, dass die Bewegungen in der korrekten Reihenfolge und mit dem richtigen Timing vollzogen werden. Beim Brustschwimmen muss der Schwimmer zum Beispiel die Bewegungen der Arme und Beine koordinieren, um sich möglichst effizient durchs Wasser zu bewegen. Ein Pianist wird kein allzu großes Ansehen erlangen, wenn er zwar alle Noten eines Stücks spielt, diese aber nicht in der korrekten Reihenfolge und mit dem richtigen Tempo wiedergibt.

Eine der offensichtlichsten Eigenschaften solcher geübten Bewegungen ist, dass Menschen mit zunehmender Übungszeit immer fähiger und geschickter in ihrer Ausführung werden. Der Verlauf der Lernkurve bei solchen Aufgaben ist ähnlich derer bei der klassischen und operanten Konditionierung. Wenn jemand zum Beispiel beginnt, Maschinenschreiben zu erlernen, erhöht sich die Zahl der Wörter pro Minute zunächst schnell und dann eher langsamer, bis sie sich asymptotisch dem Maximalwert der Performanz nähert

(Thurstone, 1919). Die Herausforderung für Forscher auf dem Gebiet des motorischen Lernens ist zu erklären, warum Menschen mittels Übung immer geschickter in der Performanz solcher Bewegungsabläufe werden.

13.4.1 Der Ansatz der Verhaltenskette

Ein größerer Ansatz zum Thema Bewegungsabläufe beruht auf dem Konzept der **Verhaltenskette**, das in Kapitel 6 erörtert wurde. Die Beziehung sollte klar sein, da eine Verhaltenskette als eine Sequenz von Verhaltensweisen definiert war, die in einer ganz bestimmten Reihenfolge vollzogen werden muss, wobei die Verabreichung des primären Verstärkers erst nach der letzten Reaktion der Kette erfolgt. Nach der Standardanalyse ist das, was die Verhaltensweisen in der Kette in ihrer richtigen Reihenfolge hält, die Tatsache, dass jede Reaktion einen bestimmten Stimulus erzeugt, der als diskriminativer Hinweisreiz (SD) für die nächste Reaktion der Kette fungiert. So könnte zum Beispiel der Eingang zu einem Labyrinth als diskriminativer Hinweisreiz zum Laufen dienen, und das Laufen wiederum könnte ein Tier zu einem Entscheidungspunkt führen, der ein diskriminativer Hinweisreiz dafür ist, nach links zu laufen. Erhält das Tier dann einen Verstärker in Form von etwas Futter, wird die gesamte Verhaltenskette gestärkt.

Es ist leicht zu sehen, wie diese Analyse auf manche Sequenzen geübter Bewegungen angewendet werden kann, wie zum Beispiel das Gehen. Der Anblick oder das Gefühl, das rechte Bein vor dem linken zu haben, könnte als diskriminativer Hinweisreiz dafür dienen, das Gewicht auf dieses Bein zu verlagern und dann das linke Bein vorzuziehen. Das Gegenteil könnte zutreffen, wenn das linke Bein vorausgestellt wird. Natürlich könnte man die Gehbewegungen noch weiter in eine komplexe Sequenz von Muskelkontraktionen unterteilen. Trotzdem blieben die Prinzipien der Analyse einer Verhaltenskette dieselben: Das visuelle, taktile oder kinästhetische Feedback aus einer Muskelkontraktion könnte als diskriminativer Hinweisreiz für die nächste Muskelkontraktion in der Sequenz dienen. Warum verbessert sich nach dieser Analyse die Fertigkeit einer Person, eine Bewegungssequenz zu vollführen, durch Übung? Die Antwort ist, dass die entsprechenden Reiz-Reaktions-Assoziationen durch Verstärkung gefestigt werden. Um zum Beispiel beim Brustschwimmen maximale Geschwindigkeit zu erreichen, muss der Schwimmer beginnen, seine oder ihre Hände zu einem bestimmten Zeitpunkt bei jedem Schwimmzug vorwärtszubewegen. Wenn wir annehmen, das die Schwimmgeschwindigkeit der Verstärker ist, dann sollte der Schwimmer durch den Prozess der sukzessiven Annäherung schließlich genau lernen, welche Hinweisreize ihm signalisieren, dass die Vorwärtsbewegung der Arme beginnen sollte.

Die Verhaltensketten-Analyse der Bewegungssequenzen ist mit Theorien wie denen von Adams und Schmidt, die die Rolle des Feedbacks bei der Kontrolle von Bewegungen betonen, kompatibel. Kapitel 3 zeigte, wie eine Verhaltenskette als eine Serie von Feedback-Schleifen angesehen werden kann, wobei der Abschluss einer Schleife zum Beginn der nächsten führt. Obwohl der Ansatz über die Verhaltenskette eine zufriedenstellende Analyse für viele Reaktionssequenzen liefert (wie in Abbildung 6.7), weisen doch einige Belege darauf hin, dass dieser Ansatz nicht alle Beispiele von Verhaltenssequenzen erklären kann.

13.4.2 Motorische Programme

Der stärkste Widerspruch gegen den Ansatz der Verhaltenskette zur Sequenzierung von Bewegungen beruht auf Belegen für die Existenz von **motorischen Programmen**. Diejenigen, die das Konzept motorischer Programme vertreten, weisen darauf hin, dass der Ansatz der Verhaltenskette inkorrekt sei, weil die korrekte Ausführung mancher Bewegungssequenzen nicht von kontinuierlichem sensorischem Feedback abhängig ist. Nachdem Keele (1973) Belege für die Existenz von Bewegungssequenzen lieferte, die nicht von sensorischem Feedback abhängig sind, führte er das Konzept eines motorischen Programms wie folgt ein:

> *Wenn weder visuelles noch kinästhetisches Feedback für die Ausführung von Bewegungsmustern nötig sind, dann müssen die Bewegungsmuster zentral im Gehirn repräsentiert sein, oder in manchen Fällen auch im Rückenmark. Solch eine Repräsentation nennt man „motorisches Programm". Wenn ein motorisches Programm ausgeführt wird, werden neuronale Impulse in der richtigen Reihenfolge, mit dem richtigen Timing und Kraftaufwand an die entsprechenden Muskeln gesendet, wie vom Programm vorherbestimmt, und die neuronalen Impulse sind vom resultierenden Feedback nahezu unbeeinflusst. (S. 124)*

Um die Unterscheidung zwischen einer Verhaltenskette und einem motorischen Programm zu verdeutlichen, lassen Sie uns ein konkretes Beispiel betrachten: das Schreiben des Wortes *die* auf einer Schreibmaschine. Eine Analyse der Verhaltenskette könnte folgendermaßen vor sich gehen: In dem Moment, wo der Schreiber das Wort *die* im zu schreibenden Text sieht, reagiert er, indem er die d-Taste mit dem linken Mittelfinger anschlägt. Diese Bewegung produziert sensorisches Feedback (kinästhetisches Feedback aus dem Finger und vielleicht auch akustisches Feedback von der Tastatur), das als diskriminativer Hinweisreiz dient, die nächste Bewegung auszuführen: die i-Taste mit dem rechten Mittelfinger anzuschlagen. Sensorisches Feedback aus dieser Bewegung dient als Stimulus für die letzte Bewegung: die e-Taste mit dem linken Mittelfinger anzuschlagen.

Befürworter des Ansatzes motorischer Programme stimmen wohl zu, dass diese Analyse für einen Anfänger an der Schreibmaschine korrekt ist. Doch nachdem ein geschulter Maschinenschreiber das Wort *die* viele, viele Male geschrieben hat, wird er ein motorisches Programm für diese Bewegungssequenz entwickeln. Die Vorstellung dabei ist, dass – wenn der geübte Schreiber das Wort *die* sieht – dieses motorische Programm aktiviert wird und eine Reihe von Anweisungen an die Muskel des linken, des rechten und wiederum des linken Mittelfingers sendet. Diese Anweisungen sind zeitlich so abgestimmt, dass die drei Bewegungen in der richtigen Reihenfolge ausgeführt werden, doch hängt dieses Timing nicht von sensorischem Feedback jeder aufeinanderfolgenden Bewegung innerhalb der Sequenz ab. Ein offensichtlicher Vorteil des motorischen Programms ist eine Erhöhung der Geschwindigkeit: Der Schreiber kann beginnen, die zweite Taste anzuschlagen, bevor er vom ersten Tastenanschlag sensorisches Feedback erhalten hat.

Evidenz für motorische Programme

Einer der ersten Befürworter des Konzepts des motorischen Programms war Karl Lashley (1951), der mehrere Arten von Belegen dafür lieferte, dass eine Analyse der Verhaltenskette nicht alle Bewegungssequenzen erklären kann. Lashley argumentierte zum einen, dass menschliche Reaktionszeiten zu lang sind, um die Vorstellung zu unterstützen, dass sensorisches Feedback aus einer Bewegung in einer schnell ablaufenden Sequenz als Stimulus für die nächste Bewegung dienen könnte. Die Mindestreaktionszeit bei einer Reaktion auf einen kinästhetischen Reiz liegt bei über 100 Millisekunden (Glencross, 1977), und Reaktionszeiten sind in anderen sensorischen Modalitäten nicht kürzer. Lashley wies darauf hin, dass Musiker trotzdem bis zu 16 Fingerbewegungen pro Sekunde ausführen können. Sein Argument: Dies könnte der Musiker nie leisten, wenn er nach einer Bewegung auf sensorisches Feedback warten würde, bevor er die nächste Bewegung ausführt. Ähnliche Argumente wurden auch für die Fertigkeit zum Maschinenschreiben angeführt (Shaffer, 1978). Neuere Studien haben jedoch gezeigt, dass menschliche Reaktionszeiten vielleicht doch noch kürzer sein könnten als es bisher für möglich gehalten wurde, sodass dieses Argument für motorische Programme nicht ganz so überzeugend ist, wie es einst schien (Bruce, 1994; Gao & Zelaznik, 1991).

Ein zweites von Lashley angeführtes Argument war, dass geschulte Bewegungen und Bewegungssequenzen für Personen, die die Fähigkeit, sensorisches Feedback wahrzunehmen, verloren haben, immer noch möglich sind. Er berichtete von dem Fall eines Mannes, der durch eine Schusswunde jegliches Gefühl im Bereich des Knies verloren hatte. Trotz des Empfindungsverlusts konnte der Mann sein Bein genauso präzise bewegen und positionieren wie eine unverletzte Person (Lashley, 1971). Weitere Belege dafür, dass komplexe Bewegungen auch bei Abwesenheit von sensorischem Feedback weiterhin erfolgen können, stammen aus Tierstudien, bei denen sensorische Nervenbahnen vorm Eintritt ins Rückenmark durchtrennt wurden. So entfernten zum Beispiel Taub und Berman (1968) chirurgisch jegliches sensorische Feedback, das Affen aus ihren beiden Vorderläufen erhielten. Nach dieser Operation waren die Affen immer noch imstande, diese Läufe zum Gehen und Klettern zu benutzen (selbst bei verbundenen Augen, was den möglichen Einfluss visuellen Feedbacks unterband). Die Affen konnten die Bewegungen ihrer gefühllosen Vorderläufe mit denen ihrer normalen Hinterläufe koordinieren. Diese Forschungsarbeiten liefern klare Belege dafür, dass sensorisches Feedback für geschulte Bewegungen nicht immer notwendig ist. Es sollte jedoch angemerkt werden, dass die Bewegungen weniger flüssig und etwas linkischer als normal sind (Bossom, 1974), was nahelegt, dass kinästhetisches Feedback zu runden Bewegungsabläufen beiträgt.

Weitere Belege für die Sequenzierung von Bewegungen ohne sensorisches Feedback wurde bei Experimenten mit Tieren niedrigerer Entwicklungsstufen gefunden. Wilson (1961) fand, dass Heuschrecken weiterhin koordinierte rhythmische Flügelschlagbewegungen ausführen konnten, wenn sämtliche sensorische Nerven in ihren Flügeln durchtrennt wurden. Er zog den Schluss, dass das Timing der Flügelschlagbewegungen von einem motorischen Programm gesteuert wird. Beim Studium verschiedener Singvögel stellte Nottebohm (1970) fest, dass Jungvögel nicht das normale Gesangsverhalten ihrer Spezies entwickeln, es sei denn, 1) sie haben die Gelegenheit, anderen Vertretern ihrer Spezies beim Gesang zuzuhören, und 2) sie können sich selbst hören, während sie ihr erstes Lied lernen. Beraubt man die Vögel allerdings ihres Gehörs, nachdem sie das Lied gelernt haben, können sie das Lied trotzdem weiterhin singen, wobei ihre Performanz nur geringfügig beeinträchtigt ist. Eine Interpretation ist, dass akustisches Feedback notwendig ist, während das motorische Programm für das Lied entwickelt wird; doch ist es einmal entwickelt, ist akustisches Feedback nicht länger nötig.

Lashleys drittes Argument für motorische Programme betrifft die Arten von Fehlern, die bei schnellen Bewegungssequenzen oft auftreten. Er bemerkte, dass häufige Fehler beim Maschinenschreiben entweder antizipatorisch oder transpositionell sind. Man schreibt zum Beispiel manchmal *Expeirment*, wenn man beabsichtigt, *Experiment* zu schreiben. Es ist schwierig, solche transpositionellen Fehler mit einer Verhaltenskettenanalyse zu erklären. Wenn der Stimulus zum Anschlag der i-Taste das sensorische Feedback von der Bewegung zum Anschlag der r-Taste wäre, dann sollte die zweite Bewegung niemals der ersten vorausgehen. Lashley argumentierte stattdessen, dass die separaten Bewegungen zwar durch ein motorisches Programm sequenziert würden, doch dass irgendwo zwischen Anweisung und Ausführung ein Mangel der Synchronisation der Bewegungenbesteht. Kurz, Lashley sagte, dass Fehler, die zeigen, dass eine Person vorausgeplant hat, die Vorstellung eines motorischen Programms unterstützen, jedoch mit dem Ansatz der Verhaltenskette nicht übereinstimmen.

Um es zusammenzufassen: Lashley präsentierte drei Arten von Belegen für motorische Programme: 1) Manche Bewegungssequenzen scheinen zu schnell zu sein, als dass von sensorischem Feedback Gebrauch gemacht werden könnte, um die Bewegungen zu steuern; 2) Bewegungen und Sequenzen von Bewegungen können auftreten, auch wenn kein sensorisches Feedback erfolgt, und 3) Antizipations- oder Transpositionsfehler bei Bewegungssequenzen deuten darauf hin, dass die Person vorausplant und nicht auf Feedback von einer Bewegung als Stimulus für die nächste wartet.

Eine vierte Art von Belegen, die Lashley nicht bekannt war, ist, dass die Zeit, die benötigt wird, um eine Bewegungssequenz zu beginnen, von der Anzahl separater Bewegungen abhängig ist, aus denen sie besteht. Eine Person, die eine Sequenz beginnt, die vier diskrete Bewegungen einschließt, braucht länger, diese Sequenz zu beginnen als eine Person, die nur zwei Bewegungen ausführen muss (Ulrich, Giray & Schaffer, 1990). Die für diesen Effekt gewöhnlich gelieferte Erklärung ist, dass die Person zu Beginn für all diese Bewegungen ein motorisches Programm konstruiert, und es braucht mehr Zeit, vier Bewegungen vorzuprogrammieren als zwei. Würde die Person vor Beginn nur die erste Bewegung vorausplanen, warum würde es dann in einem Falle länger dauern, diese Einzelbewegung zu planen als im anderen? Die Startzeiten für längere Bewegungssequenzen sind länger, selbst wenn solche Sequenzen ausgiebig geübt wurden (Fischman & Lim, 1991).

Ein Handschrift-Experiment lieferte entsprechende Belege (Portier, van Galen & Meulenbroek, 1990). Versuchspersonen wurde beigebracht, sechs verschiedene Muster zu „schreiben“, von denen jedes aus drei buchstabenartigen Zeichen zusammengesetzt war (siehe Abbildung 13.6). Die Versuchspersonen schrieben mit einem Stift, der an ein ausgeklügeltes Aufnahmegerät angeschlossen war, das zu jedem Zeitpunkt die genaue Position des Stifts ausmachen konnte. Es überrascht nicht, dass die Versuchspersonen mit etwas Übung immer schneller beim Schreiben der Muster wurden. Die Schreibgeschwindigkeit erhöhte sich jedoch nur für das zweite und dritte Zeichen jedes Musters signifikant, nicht für das erste. Warum brauchten die Versuchspersonen so lange, das erste Zeichen zu schreiben, das doch eine relativ einfache Form hatte? Die Versuchsleiter zogen den Schluss, dass dies so war, weil die Versuchspersonen nicht einfach nur lernten, drei einzelne Zeichen zu schreiben; sie entwickelten motorische Programme für jedes Muster als Ganzes. Das erste Zeichen brauchte vermutlich länger, weil die Versuchspersonen gleichzeitig den Rest des Musters planten. Die Versuchsleiter fanden auch, dass die Geschwindigkeit, mit der das erste Zeichen geschrieben wurde, langsamer war, wenn das dritte Zeichen eine spiegelbildliche Darstellung des ersten war (wie in E und F von Abbildung 13.6), als wenn das dritte Zeichen entweder identisch mit dem ersten war (wie in C und D) oder eine völlig andere Form hatte (wie in A und B). Die Auswirkung des dritten Zeichens auf die Schreibgeschwindigkeit des ersten ist ein überzeugender Beleg dafür, dass die Versuchspersonen vorausplanten, und Vorausplanen bei gut geübten Bewegungen entspricht genau der Vorhersage der Theorie motorischer Programme.

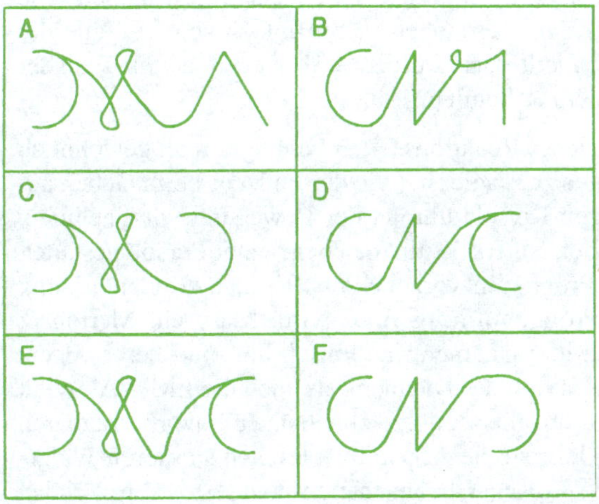

Abbildung 13.6: Sechs aus drei buchstabenartigen Zeichen zusammengesetzte Muster, die Versuchspersonen in einem Handschrift-Experiment ausgiebig übten. (Portier, van Galen & Meulenbroek, 1990)

Eine moderne Sichtweise motorischer Programme

Obwohl die meisten Theoretiker heutzutage die Existenz motorischer Programme anerkennen, sind neuere Konzepte motorischer Programme anders als Lashleys. Frühe Theoretiker beschrieben motorische Programme als Bewegungssequenzen, die ohne Bezugnahme auf sensorisches Feedback produziert wurden, doch in jüngerer Zeit wird zunehmend anerkannt, dass Feedback in motorischen Programmen auf verschiedene Weisen eine Rolle spielt (Schmidt, 1988; Summers, 1981).

Erstens: Sensorisches Feedback ist notwendig für Informationen zu den Anfangsbedingungen — zum Beispiel, wo sich die Finger beim Maschinenschreiben befinden, bevor jemand beginnt, das nächste Wort zu schreiben. Zweitens: Wir haben gesehen, dass Feedback nach einer Bewegung für Lernen wichtig ist, und das gilt genauso für Bewegungssequenzen. Der Schreiber kann entweder auf visuelles Feedback zurückgreifen (beim Blick auf die beschriebene Seite) oder auf taktiles (von den Fingern), um zu bestimmen, ob die richtigen Buchstaben in der richtigen Reihenfolge getippt wurden. Wenn Sie wissen, wie man blind schreibt, verstehen Sie zweifellos, dass man allein mittels taktiler Stimuli einen Fehler erkennen kann. Drittens: Sensorisches Feedback während der Ausführung eines motorischen Programms liefert Informationen darüber, dass die gegenwärtige Bewegung ihr Ziel nicht erreicht und eine Korrektur notwendig ist. Summers (1981) geht zum Beispiel davon aus, dass Gehen gewöhnlich von einem motorischen Programm gesteuert wird, doch stößt man mit dem Fuß unerwartet gegen einen Gegenstand, zeigt das sensorische Feedback, dass man im Begriff ist zu fallen. *„Um Fallen zu vermeiden muss die Person ihren Bewegungen bewusste Aufmerksamkeit zuwenden und schnelle Korrekturen an ihrem motorischen Programm vornehmen“* (Summers, 1981, S. 49).

Neuere Befunde legen ebenfalls nahe, dass zusätzliche Planung ein motorisches Programm während seiner Ausführung modifizieren kann. Das heißt, wenn eine Sequenz separate Bewegungen einschließt, kann man einen Teil der Sequenz vorausplanen (wie das Konzept eines „motorischen Programms“ verlangen würde), doch spätere Teile der Sequenz könnten weiterhin geplant oder modifiziert werden, während die ersten Teile der Sequenz ausgeführt werden (Garcia-Colera & Semlen, 1988).

Aufgrund der Geschwindigkeit menschlicher Reaktionszeiten benötigte man gewöhnlich 200 Millisekunden, um auf einen Stimulus zu reagieren (wie der Fuß, der beim Gehen auf ein Hindernis stößt) und die notwendigen Korrekturen an der Bewegung vorzunehmen. Es gibt jedoch Belege dafür, dass Feedback auf Rückenmarksebene einer Person gestattet, schnelle Korrekturen am motorischen Programm vorzunehmen (in der Größenordnung von 50 Millisekunden), während das Programm ausgeführt wird. Marsden, Merton & Morton (1972) ließen Versuchspersonen ihre Daumen rhythmisch hin- und herbewegen, während die Versuchsleiter sowohl die Position des Daumens als auch die EMG-Aktivität des einen Muskels, der die Bewegung kontrollierte, aufzeichneten. Zu unvorhersagbaren Zeitpunkten während dieser Bewegung leistete die Apparatur plötzlich stärkeren Widerstand gegen die Daumenbewegung. Die Forscher beobachteten etwa 50 Millisekunden nach Erhöhung des Widerstands eine Erhöhung der EMG-Aktivität. Mit anderen Worten, der Muskel begann sehr schnell die Widerstandsänderung auszugleichen. Diese Kompensationshandlung wurde vermutlich auf Rückenmarksebene durch Feedbackschleifen ähnlich der beim spinalen Reflexbogen (Kapitel 3) gesteuert. Diese Muskeltätigkeit wurde als reflexive Anpassung charakterisiert, die nicht von Aufmerksamkeit oder bewusst kontrollierten Bewegungen abhängig ist.

Es existieren auch Belege dafür, dass Versuchspersonen Chunking-Strategien erlernen können (siehe Kapitel 11), die sie bei der Ausführung langer Bewegungssequenzen benutzen. Verwey und Dronkert (1996) ließen Versuchspersonen eine Sequenz von neun Tastendrucken unter Verwendung neun verschiedener Finger erlernen. In der Trainingsphase sollte eine Gruppe die Sequenz in zwei Chunks üben (vier Tastendrucke, Pause, fünf Tastendrucke), während eine zweite Gruppe drei Chunks benutzen sollte (drei Tastendrucke, Pause, drei Tastendrucke, Pause, drei weitere Tastendrucke). Als nächstes wurde den Personen in der Testphase gesagt, so schnell und genau wie möglich zu reagieren. Obwohl es von ihnen nicht mehr verlangt wurde, machten die Personen weiterhin Pausen an denselben Stellen der Sequenz wie in der Trainingsphase. Diese Resultate deuten darauf hin, dass die beiden Gruppen gelernt hatten, die Sequenz auf zwei verschiedene Arten in Chunks zu unterteilen.

Wie in vielen anderen Bereichen des Lernens beginnen physiologische Forschungsarbeiten Einblick in die neuronalen Grundlagen motorischer Programme zu gewähren. Forschungen mit der Wasserschnecke *Aplysia* hat Gruppen von Neuronen identifiziert, die motorische Programme zur Koordination von Freßbewegungen kontrollieren. Verschiedene Gruppen von Neuronen steuern motorische Programme für verschiedene Körperteile, doch existiert auch eine Koordination der verschiedenen Gruppen von Neuronen (Perrins & Weiss, 1996). Bei Menschen benutzte Jennings (1995) eine Reaktionszeit-Aufgabe, um die Performanz gesunder Erwachsener mit der von Erwachsenen zu vergleichen, die unter der Parkinsonschen Krankheit leiden. Diese Krankheit verursacht eine Beeinträchtigung der motorischen Koordination. Die Aufgabe beinhaltete, so schnell wie möglich drei Tasten in der richtigen Reihenfolge zu drücken, nachdem die Personen ein Signal erhalten hatten, welche Sequenz sie drücken sollten. Personen, die an Parkinson litten, lieferten die erste Reaktion auf die Sequenz schneller als gesunde Personen, doch waren sie bei der zweiten und dritten Reaktion langsamer. Diese Beobachtung plus einiger anderer hinsichtlich ihrer Performanz führte Jennings zur Schlussfolgerung, dass Patienten mit dieser Krankheit dazu neigen, mit der ersten Bewegung der Sequenz zu beginnen, bevor das gesamte motorische Programm geplant war, und als Resultat haben sie Schwierigkeiten, eine abgerundete koordinierte Sequenz von Bewegungen hervorzubringen. Indem Jennings das anwandte, was über die Neurophysiologie der Parkinsonschen Krankheit bekannt ist, war er imstande, einige vorläufige Hypothesen dazu aufzustellen, wie verschiedene Teile des Gehirns zur Ausführung motorischer Programme beitragen. Eine weitere Änderung des modernen Konzepts der motorischen Programme bezieht sich auf Schmidts Schematheorie. Selbst bei anscheinend repetitiven Bewegungssequenzen wie zum Beispiel, das Wort *die* auf der Schreibmaschine zu schreiben, sind zu unterschiedlichen Anlässen unterschiedliche Bewegungen erforderlich. Der Raum zwischen den Tasten und der erforderliche Kraftaufwand zum Drücken der Tasten kann von einer Tastatur zur anderen sehr unterschiedlich sein. Trotzdem wird ein erfahrener Schreiber kaum Schwierigkeiten bei der Übertragung seiner oder ihrer Fertigkeiten von einer Tastatur auf eine andere haben. Die Person kann sich auch leicht auf eine Tastatur einstellen, die sich 15 cm unterhalb oder 12 cm oberhalb ihrer Hüfte befindet, obwohl sich das Verhältnis zwischen Unterarmen, Handgelenken und Fingern in beiden Positionen stark voneinander unterscheidet. Damit sich ein motorisches Programm unter solch verschiedenartigen Umständen als nützlich erweist, kann es nicht einfach ein fixes Muster von Muskelbewegungen festlegen. Stattdessen gehen Theoretiker davon aus, dass motorische Programme einen allgemeinen Rahmen (oder ein Schema) zum korrekten Timing und der Sequenzierung von Bewegungen liefern, dass aber die Details einer Bewegungssequenz der gegenwärtigen Situation angepasst werden können (und müssen). Ein motorisches Programm, das verschiedenen Situationen angepasst werden kann, bezeichnet man als **generalisiertes motorisches Programm**, und neuere Studien haben die besten Methoden, solche adaptiven Fertigkeiten zu erlernen, untersucht (Lai & Shea, 1998; Whitacre & Shea, 2000). Zum Beispiel ist es beim Lehren einfacherer motorischer Fertigkeiten besser, nur bei einem Teil der Durchgänge KR zu liefern als andauernd (Schmidt & Wulf, 1997).

Das Konzept eines generalisierten motorischen Programms ist ähnlich der Entdeckung in der operanten Konditionierung, dass es Tieren leicht fällt, bestimmte Reaktionen durch andere zu ersetzen, die dieselbe Wirkung auf die Umgebung haben, jedoch ganz andere

Muskelbewegungen erfordern. Im Bereich motorischer Fertigkeiten ist ein gutes Beispiel für diese Anpassungsfähigkeit die Beobachtung, dass unsere Handschrift ihren individuellen Stil beibehält, egal ob wir ½ cm große Buchstaben auf ein Blatt Papier oder 12 cm große Buchstaben an eine Tafel schreiben. Die Schematheorie macht den ersten Schritt, um zu verstehen, wie eine solche Flesibilität möglich ist. Sie besagt, dass Personen aus ihren vergangenen Erfahrungen mit unterschiedlichen Stimulusbedingungen, verschiedenen Bewegungen und deren Resultaten generalisieren können, um eine neue Bewegung auszuwählen, die die Erfordernisse der neuen Situation erfüllt. So hat die Person beim Schreiben wahrscheinlich schon gelernt, welche Muskelbewegungen notwendig sind, um ein Oval von einem ½ cm Durchmesser, von 12 cm Durchmesser oder von jeder anderen beliebigen Größe (innerhalb gewisser Grenzen) zu zeichnen. Nach Schmidt erfordert das Zeichnen von Buchstaben beliebiger Größe nur die Auswahl des entsprechenden Parameters innerhalb eines existierenden motorischen Programms, wenn diese Verhältnisse einmal erlernt sind.

Die verschiedenen Belege gegen den Ansatz der Verhaltenskette, die wir betrachtet haben, unterstellen keinesfalls, dass der Verhaltenskettenansatz völlig falsch ist. Sie legen einfach nur nahe, dass Personen in manchen Fällen mehr lernen, als die strikte Verhaltenskettenanalyse annimmt. Die Belege für motorische Programme legen nahe, dass manche gut eingeübte Verhaltenssequenzen nicht weiter von sensorischem Feedback abhängig sind.

WWW

Eine gute Informationsquelle zum Feld der Wissenschaft menschlicher Bewegungen ist die Website der International Society of Biomechanics: `http://www.isbweb.org`.

Zusammenfassung

Thorndike glaubte, dass Verstärkung ein wichtiger Faktor beim Erlernen motorischer Fertigkeiten sei, doch spätere Forschungsarbeiten zeigten, dass statt dessen Ergebniswissen (KR) der kritische Faktor ist. Gibt man Versuchspersonen detailliertere Informationen zu bestimmten Teilen ihrer Performanz (Performanzwissen, KP), bringt dies beim Lernen sogar noch bessere Ergebnisse hervor als einfaches KR. Menschen können motorische Fertigkeiten mit verteilter Übung schneller erlernen als mit massierter Übung, doch dieser Vorteil verschwindet bei späteren Tests ihrer Performanz. Studien, bei denen Versuchspersonen auf eine motorische Aufgabe trainiert und dann auf eine etwas andere getestet werden, lieferten Belege sowohl für positiven als auch negativen Transfer.

Adams' Zwei-Phasen-Theorie besagt, dass motorisches Lernen zunächst eine verbal-motorische und später eine motorische Phase durchläuft, in der der Lernende seine Performanz ohne äußeres Feedback steigern kann. Studien, bei denen KR entweder nur bei einem Teil der Reaktionen gegeben oder an bestimmten Punkten während des Trainings entzogen wird, unterstützten Adams' Theorie. Schmidts Schematheorie besagt, dass durch Übung verschiedener Varianten derselben Reaktion allgemeine Regeln (Schemata) entwickelt werden, die gestatten, Bewegungen auszuführen, die nie zuvor geübt wurden. Die Schematheorie wurde durch mehrere Belege untermauert, wie etwa die Entdeckung, dass variables Training oft zu einer besseren Performanz führt als dieselbe Bewegung immer wieder zu üben.

Nach der Verhaltenskettentheorie dient bei einer Bewegungssequenz sensorisches Feedback einer Bewegung als Stimulus für die nächste Bewegung innerhalb der Kette. Lashley präsentierte einige Belege gegen diese Theorie wie Antizipationsfehler, die darauf hindeuten, dass eine Person vorausplant. Die Theorie motorischer Programme behauptet, dass gut eingeübte Bewegungssequenzen sich zu einer Einheit entwickeln können, die ohne sensorisches Feedback nach jeder Einzelbewegung ausgeführt werden kann.

Wiederholungsfragen

1. Beschreiben Sie eine Studie, die zeigt, dass Ergebniswissen (KR) beim Erlernen motorischer Fertigkeiten ein wichtiger Faktor ist. Was geschieht, wenn KR verzögert wird und wenn es nur bei einem gewissen Prozentsatz der Durchgänge gegeben wird?
2. Was ist Performanzwissen (KP)? Beschreiben Sie einige Arten von KP, die sich als nützlich erwiesen haben, um Personen neue motorische Fertigkeiten beizubringen.
3. Was sind die beiden Phasen von Adams' Theorie des Erlernens motorischer Fertigkeiten? Was ist Schmidts Schematheorie und wie unterscheidet sie sich von Adams'? Beschreiben Sie einige Forschungsarbeiten, die jede Theorie unterstützen.
4. Was ist die Verhaltenskettentheorie von Bewegungssequenzen? Was ist ein motorisches Programm? Beschreiben Sie mehrere verschiedene Arten von Belegen, die Lashley benutzte, um gegen die Verhaltenskettentheorie und für die Existenz motorischer Programme zu argumentieren.

Kapitel 14 Wahl

In diesem Kapitel

Es ist keine Übertreibung, dass jegliches Verhalten eine Wahl einschließt. Selbst in den reizärmsten Experimentierkammern kann ein Tier wählen, ob es die operante Reaktion zeigt, die Kammer erkundet, sitzt, steht, sich putzt, schläft usw. Für Tiere außerhalb des Labors sind die Wahlmöglichkeiten noch viel zahlreicher. Zu jedem Zeitpunkt kann ein Organismus wählen, mit seinem bisherigen Verhalten fortzufahren oder zu einem anderen zu wechseln. Die Konsequenzen einiger Wahlen (wie etwa ein Stück Futter mit der linken oder rechten Tatze aufzunehmen) sind vielleicht flüchtig und unbedeutend, wohingegen andere Wahlen (zum Beispiel vor einem Gegner zu fliehen oder gegen ihn zu kämpfen) wichtige und nicht umkehrbare Konsequenzen haben können. In jedem Fall sollte jedoch klar sein, dass ein Verstehen, wie Wahlen getroffen werden, für ein Verstehen des Verhaltens selbst wesentlich ist.

Seit den sechziger Jahren des letzten Jahrhunderts beschäftigten sich viele Experimente auf dem Gebiet der operanten Konditionierung mit dem Wahlverhalten, wie eine rasche Durchsicht von Zeitschriften wie *Journal of the Experimental Analysis of Behavior* oder *Animal Learning and Behavior* zeigt. Auch wenn es unmöglich ist, diesem großen und weiter wachsenden Wissensgebiet gerecht zu werden, versucht dieses Kapitel, repräsentative Beispiele für einige wichtige Experimente, Theorien und kontroverse Punkte in diesem Bereich zu liefern.

Eine der beeindruckendsten Eigenschaften des Verhaltens von Tieren in Wahlsituationen ist seine Regelmäßigkeit und Vorhersagbarkeit. Ein großer Teil meiner eigenen Forschungsarbeiten beschäftigt sich mit Wahlverhalten, und wenn ich meine Studenten und Besucher durch meine Labors führe, fragen sie oft: „Können denn diese Tauben und Ratten wirklich die komplexen Wahlmöglichkeiten, die Sie ihnen präsentieren, verstehen und anders als nur planlos darauf reagieren?“ Die Antwort ist, dass sie es ganz bestimmt können (und die Forschung auf dem Gebiet Wahlverhalten wäre nicht so gediehen, wenn Tiere sich nicht so regelgemäß verhielten). Vielleicht ist der Grund, warum Menschen diese Frage so oft stellen, der, dass das Verhalten von Tieren in freier Wildbahn einem zufälligen Beobachter planlos und unvorhersagbar erscheint. Wenn Sie das Verhalten einer Taube auf einem Gehweg in der Stadt beobachten, ist es vielleicht schwierig, Ordnung in ihrem Verhalten zu erkennen. Sie läuft beispielsweise vorwärts, dann nach links, nach rechts, hält an, dreht sich um usw., ohne klar erkennbares Muster. Vielleicht pickt sie auf einige Objekte am Boden oder bewegt sich auf eine andere Taube zu oder von ihr weg; vielleicht fliegt sie ohne erkennbaren Anlass davon. Obgleich die Verhaltensauswahl der Taube dem Zufallsprinzip zu unterliegen scheint, ist dies doch zum größten Teil auf die Komplexität und Zufälligkeit ihrer natürlichen Umgebung zurückzuführen, denn würde man dieselbe Taube ins Versuchslabor bringen, würde ihr Verhalten bei einer vereinfachten Wahlsituation mit Sicherheit einige erstaunliche Regelmäßigkeiten aufweisen.

Ein relativ einfacher mathematischer Ausdruck, der einige der Regelmäßigkeiten eines Verhaltens in vielen Wahlsituationen umfasst, ist das so genannte **Gesetz des Matching**, entwickelt von Richard Herrnstein. Die nächsten Abschnitte beschreiben das Gesetz des Matching, zeigen, wie es auf verschiedene Arten von Versuchsergebnissen Anwendung fand und erörtert einige Theorien dazu, warum das Matching-Verhalten bei Auswahlexperimenten ein solch vorherrschendes Resultat ist.

14.1 Das Gesetz des Matching

14.1.1 Herrnsteins (1961) Experiment

Herrnstein benutzte eine Versuchskammer mit zwei Reaktionstasten, die einige Zentimeter voneinander in einer Seitenwand angebracht waren: eine rote Taste links und eine weiße Taste rechts. Unten in der Mitte zwischen den beiden Tasten war eine Öffnung, durch die Futterkörner als Verstärker gegeben werden konnten. Das Experiment bestand aus einer Reihe von Situationen, in denen jede Taste von ihrem eigenen VI-Verstärkerplan gesteuert wurde. Einmal wurde zum Beispiel Picken auf die linke Taste mit einem VI-135-Sekunden-Plan verstärkt und Picks auf die rechte Taste mit einem VI-270-Sekunden-Plan. (Technisch wird dieser Plan als gleichzeitig ablaufender VI-135-Sekunden-/VI-270-Sekunden-Plan bezeichnet. Im Allgemeinen bezeichnet man jede Situation, in der zwei oder mehr Verstärkerpläne gleichzeitig präsentiert werden, als **gleichzeitig ablaufende Verstärkerpläne** [engl.: concurrent schedules].) Die Pläne der beiden Tasten waren unabhängig voneinander – das heißt, jede Taste hatte ihren eigenen VI-Timer. Wie in jedem typischen VI-Plan wurde der VI-Timer für die jeweilige Taste nach Hinterlegen des Verstärkers gestoppt, bis der Verstärker aufgenommen worden war. In dieser Situation erhielten die Vögel etwa 27 Verstärker pro Stunde über die linke Taste und 13 pro Stunde (halb so viele) über die rechte.

Herrnsteins Hauptfrage war: Nachdem die Vögel so viel wie möglich über diese Wahlsituation gelernt haben – wie werden sie ihre Reaktionen verteilen? Er gab ihnen deshalb tagelanges Training mit denselben beiden VI-Plänen und zählte dann ihre Reaktionen. Wie bei den meisten VI-Plänen zeigten die Tiere für jeden erhaltenen Verstärker viele Reaktionen. Was jedoch interessant ist: Als etwa zwei Drittel der Verstärker über die linke Taste kamen, pickten die Vögel auch in etwa zwei Drittel aller Fälle auf die linke Taste. Das heißt: Der Anteil an Reaktionen auf die linke Taste entsprach dem Anteil der über diese Taste verabreichten Verstärker.

In einer weiteren Situation bei diesem Experiment erhielten zwei Vögel nur etwa 15 Prozent ihrer Verstärker über die linke Taste, und ebenso pickten die Vögel in etwa 15 Prozent aller Fälle auf die linke Taste. Wiederum entsprach der Anteil der Reaktionen auf die linke Taste dem Anteil an Verstärkern, der über diese Taste erhältlich war. Auf der Grundlage von Resultaten wie diesen schlug Herrnstein das folgende allgemeine Prinzip vor, das nun als das **Gesetz des Matching** bekannt ist:

$$\frac{B_1}{B_1 + B_2} = \frac{R_1}{R_1 + R_2} \qquad \textbf{(14-1)}$$

B_1 ist die Anzahl der Reaktionen vom Typ 1 (zum Beispiel Picken auf die linke Taste) und B_2 die Anzahl der Reaktionen vom Typ 2 (zum Beispiel Picken auf die rechte Taste). In ähnlicher Weise ist R_1 die Anzahl von Verstärkern, die durch Reaktion 1 erhältlich sind, und R_2 die Anzahl von Verstärkern, die durch Reaktion 2 erhältlich sind. Die Gleichung 14-1 sagt: In einer Wahlsituation mit zwei Möglichkeiten sollte der Anteil an

Reaktionen auf eine der beiden Alternativen dem proportionalen Anteil der Verstärker entsprechen, die bei dieser Alternative verabreicht werden.

Abbildung 14.1 gibt die Resultate aus allen Bedingungen in Herrnsteins Experiment wieder. Die x-Achse stellt den Prozentsatz an Verstärkern, die über die linke Taste verabreicht wurden, dar und die y-Achse den Prozentsatz an Reaktionen auf die linke Taste. Nach dem Gesetz des Matching sollten die Datenpunkte auf der Diagonalen liegen, da dort die beiden Prozentsätze gleich sind. Wie man sehen kann, fallen die Punkte nicht genau auf die Diagonale, doch sind alle Punkte in ihrer Nähe. Außerdem scheinen die Abweichungen von den Vorhersagen des Matching-Gesetzes eher zufällig als systematisch zu sein. Wir können deshalb den Schluss ziehen, dass das Gesetz des Matching eine gute Beschreibung für das Verhalten des Versuchstiers gibt, mit Ausnahme der Art von Zufallsabweichungen, die in jedem psychologischen Experiment auftreten.

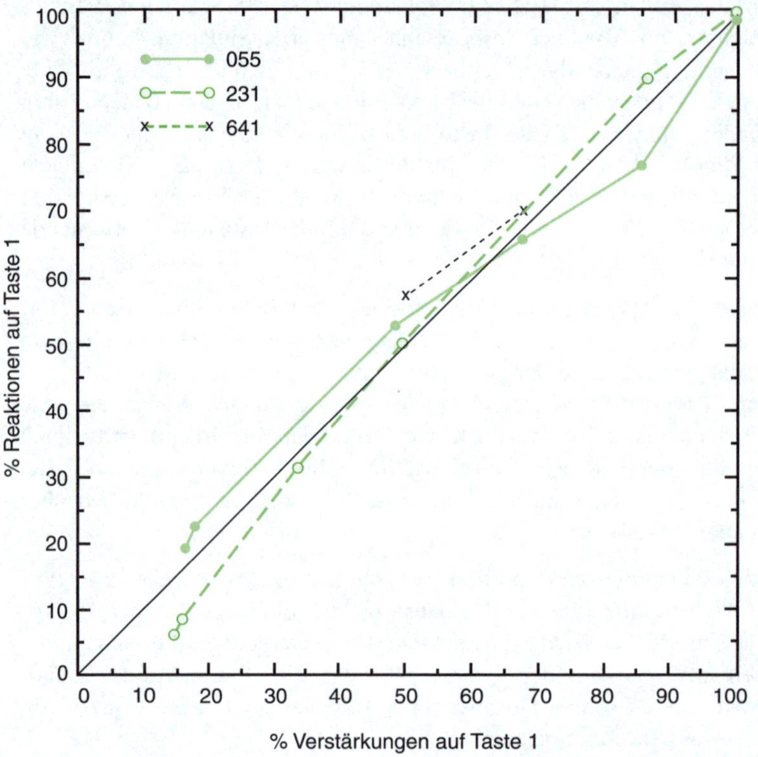

Abbildung 14.1: Die Resultate von drei Tauben in Herrnsteins (1961) Experiment mit gleichzeitig ablaufenden VI-/VI-Plänen. Jeder Punkt zeigt die Resultate einer anderen Bedingung. Die Diagonale zeigt die Vorhersage des Gesetzes des Matching (Gleichung 14-1), das besagt, dass der Prozentsatz an Reaktionen dem Prozentsatz an Verstärkungen entspricht.

14.1.2 Andere Experimente zum Matching

Ein Grund, weshalb viele Forscher zu der Ansicht gelangt sind, dass das Gesetz des Matching ein wichtiges Prinzip des Wahlverhaltens ist, ist, dass es mit einigem Erfolg bei vielen verschiedenen Experimenten sowohl mit Menschen als auch mit Tieren angewendet wurde (siehe Davison & McCarthy, 1988). Ein Experiment untersuchte die soziale Interaktion zwischen College-Studenten (Conger & Killeen, 1974). Gruppen von jeweils vier Studenten saßen um einen Tisch und führten ein 30-minütiges Gespräch zum Thema Drogenmissbrauch. Die Studenten wussten, dass ihr Gespräch auf Video aufgenommen wurde und später von den Versuchsleitern analysiert würde. Drei Mitglieder der Gruppe waren jedoch keine echten Versuchspersonen, sondern Vertraute des Versuchsleiters. Die Aufgabe des Mitarbeiters, der der Versuchsperson gegenüber saß, war, das Gespräch in Gang zu halten. Die Aufgaben der Mitarbeiter zur Linken und Rechten der Versuchsperson waren, verbale Verstärker nach zwei unterschiedlichen VI-Plänen zu verabreichen. Wann immer der Mitarbeiter zur Linken zum Beispiel ein Signal erhielt (ein Licht, das nur er sehen konnte), verstärkte er die nächste Aussage der Versuchsperson, indem er Dinge sagte wie „Das ist ein wichtiger Gesichtspunkt". Dasselbe galt für den Mitarbeiter zur Rechten. Conger und Killeen ließen später mehrere Beobachter die Videoaufzeichnungen sehen und maßen, wie lange die Versuchsperson sich an den Mitarbeiter zu ihrer Linken und an den zu ihrer Rechten wendete. Diese Vorgehensweise wurde noch mit fünf anderen Versuchspersonen wiederholt.

In den ersten 15 Minuten des Gesprächs lieferte der Mitarbeiter zur Linken etwa 82 Prozent der Verstärker. Nach Ablauf von 15 Minuten verbrachte die Versuchsperson etwa 78 Prozent der Zeit im Gespräch mit dem Mitarbeiter zu ihrer Linken (was ungefähr dem Prozentsatz an Verstärkungen entspricht). In den zweiten 15 Minuten lieferte der Mitarbeiter zur Linken weniger Verstärker (etwa 38 Prozent aller Verstärker) als der Mitarbeiter zur Rechten der Versuchsperson. Am Ende dieser Hälfte des Experiments verbrachten die Versuchspersonen etwa 29 Prozent der Zeit im Gespräch mit dem Mitarbeiter zu ihrer Linken. Dieses ungefähre Matching ist beeindruckend, wenn man die kurze Dauer des Experiments und die vielen willkürlichen Variablen berücksichtigt (ein Mitarbeiter hätte der Versuchsperson vielleicht grundsätzlich freundlicher oder netter als der andere erscheinen können, ganz unabhängig von den verabreichten Verstärkern).

Die Idee, dass Menschen dazu neigen, mehr mit denjenigen zu sprechen, die ihnen zustimmen, ist nicht neu (Homans, 1961). Trotzdem ist Congers und Killeens Studie eine gute Demonstration, wie man das Gesetz des Matching in einer kontrollierten, aber realistischen Versuchssituation rigoros testen kann. Das Gesetz des Matching wurde auch unter realistischen Lebensumständen auf eine Reihe von Situationen angewendet. Es wurde zum Beispiel benutzt, um Konflikte zwischen Berufsleben und Familie zu analysieren (Redmon & Lockwood, 1986) und um den Erfolg von Gewinnbeteiligungs-Programmen zu erklären, bei denen Arbeiter für erhöhte Produktivität eine Belohnung in Form eines Anteils des Gewinns des Unternehmens erhielten (Mawhinney & Gowen, 1990).

14.1.3 Abweichungen vom Matching

Nicht alle Experimente haben Resultate hervorgebracht, die mit Gleichung 14.1 übereinstimmen. W. M. Baum (1974, 1979) listete drei Arten auf, wie empirische Ergebnisse vom strikten Matching abgewichen sind. Jede dieser drei Abweichungen ist in Abbildung 14.2 wiedergegeben. Die häufigste Form dieser Abweichungen ist das **Undermatching**, bei dem die Anzahl der Reaktionen unterproportional (näher zu 0,5) zur Anzahl der Verstärker ist. Im idealisierten Beispiel für Undermatching in Abbildung 14.2, wenn der Anteil der linken Verstärker 0,8 beträgt, ist der Anteil der linken Reaktionen lediglich 0,6. Wenn die Proportion der linken Verstärker 0,3 beträgt, ist die Proportion der linken Reaktionen 0,45. Mit anderen Worten: Undermatching beschreibt den Fall, in dem die Präferenzen einer Versuchsperson mehr Richtung Indifferenz neigen, als es nach dem Gesetz des Matching der Fall sein sollte.

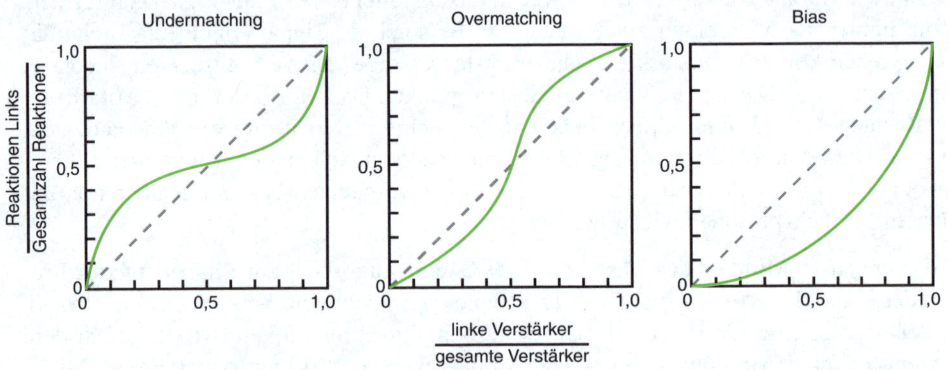

Abbildung 14.2: In jeder Darstellung zeigt die gestrichelte Diagonale, wo die Punkte sich befänden, wenn das Verhalten eines Individuums genau dem Gesetz des Matching entspräche (Gleichung 14-1). Die durchgezogenen Linien zeigen drei Arten der Abweichung vom perfekten Matching.

Um die geläufige Erklärung für das Undermatching zu verstehen, ist es notwendig, ein weiteres Merkmal in Herrnsteins (1961) Experiment zu berücksichtigen, das bisher noch nicht erwähnt wurde. Herrnstein schloss eine 1,5-sekündige **Wechselpause** ein, die im Grunde eine Strafe für einen Wechsel von einer Taste zur anderen war. Nehmen wir an, ein Verstärker wurde auf der rechten Taste platziert, während eine Taube auf die linke Taste pickt. Würde der Vogel nun zur rechten Taste wechseln, würde er bei seinem ersten Picken den Verstärker nicht erhalten. Wegen der Wechselpause war für 1,5 Sekunden nach einem Wechsel kein Verstärker verfügbar, doch der erste Pick nach Ablauf von 1,5 Sekunden lieferte ihm den Verstärker.

Herrnstein führte die Wechselpause ein, da er herausgefunden hatte, dass die Vögel ohne Wechselpause die Gewohnheit entwickelten, abwechselnd auf die linke und rechte Taste zu picken, unabhängig von der Größe der beiden VI-Pläne. Herrnstein war der Ansicht, dass dieses Wechselmuster ein Beispiel für abergläubisches Verhalten sei. Wenn der Vogel zum Beispiel auf die linke Taste picken würde, dann auf die rechte und darauf einen Verstärker erhielte, könnte die Links-rechts-Sequenz zufällig verstärkt werden, selbst wenn nur das Picken auf die rechte Taste für den Verstärker nötig gewesen wäre. Nachdem jedoch die Wechselpause eingefügt wurde, musste das Tier mindestens zweimal hintereinander dieselbe Taste betätigen, bevor der Verstärker verfügbar war, was die zufällige Verstärkung des Wechsels weniger wahrscheinlich machte.

Eine weitere Hypothese zum Undermatching ist, dass Tiere einen Verstärker gelegentlich einer falschen Reaktion zuschreiben (Davison & Jenkins, 1985). So kann die Taube zum Beispiel in der kurzen Zeit zwischen Reaktion und Erhalt des Verstärkers vergessen, auf welche Taste sie gepickt hat. Andere Erklärungen für Undermatching wurden ebenfalls gegeben (Baum, 1979; Myers & Myers, 1977), und es gibt keinen allgemeinen Konsens, weshalb es auftritt.

Das Gegenteil von Undermatching ist **Overmatching**, bei dem die Reaktionen einer Versuchsperson überproportional zur Zahl der Verstärker sind. In der Darstellung des Overmatching in Abbildung 14.2 zum Beispiel bringt eine Verstärkerproportion von 0,8 eine Reaktionsproportion von 0,9 hervor, und eine Verstärkerproportion von 0,3 erzeugt eine Reaktionsproportion von 0,15. Overmatching tritt nicht so häufig auf wie Matching oder Undermatching, doch es wurde vor allem in Situationen beobachtet, in denen das Wechseln zwischen Plänen hart bestraft wurde. So entdeckte zum Beispiel W. M. Baum (1982) Overmatching, wenn Tauben um ein Hindernis herumlaufen und eine Hürde überwinden mussten, um von einer Taste zur anderen zu wechseln. Da es mehr Anstrengung bedurfte, zwischen den Tasten zu wechseln, taten die Tauben dies immer seltener und verbrachten den größten Teil ihrer Zeit auf dem besseren VI-Plan, was in Overmatching resultierte.

Bei einer dritten Art der Abweichung vom Matching, dem **Bias** oder der Voreingenommenheit, handelt es sich um eine Abweichung, bei der ein Versuchstier durchweg mehr Zeit mit einer Alternative verbringt als von der Matching-Gleichung vorausberechnet. Abbildung 14.2 zeigt die Art von Resultaten, die man erhält, wenn das Versuchstier einen Bias für die rechte Taste hat. Wenn 80 Prozent der Verstärker von der linken Taste kommen, drückt das Versuchsobjekt nur in 50 Prozent aller Fälle auf die linke Taste. Wenn 30 Prozent der Verstärker von der linken Taste kommen, drückt das Versuchsobjekt nur in 10 Prozent aller Fälle auf die linke Taste. Unabhängig vom Prozentsatz der Verstärker reagiert das Versuchsobjekt häufiger auf die rechte Taste als durch das Gesetz des Matching vorhergesagt wird. Viele Faktoren können zu einem Bias führen, wie etwa die Vorliebe für eine bestimmte Seite der Kammer, die Vorliebe für eine bestimmte Taste (die vielleicht leichter zu bedienen ist als die andere) oder eine bestimmte Farbe (wenn die beiden Reaktionstasten unterschiedliche Farben haben).

14.1.4 Veränderungen der Qualität und Menge der Verstärkung

Alle bisher in diesem Kapitel beschriebenen Experimente hatten mit zwei Alternativen zu tun, die beide genau denselben Verstärker liefern (wie etwa Futter oder verbale Zustimmung), doch in unterschiedlichen Mengen. Bei solchen Experimenten werden Voreingenommenheiten oft als Ärgernis betrachtet, die mit einem entsprechendem Gegengewicht ausgeglichen werden müssen. Wenn Bias jedoch als Hinweis auf eine Präferenz für eine

Alternative angesehen wird, kann das Gesetz des Matching dazu verwendet werden, die Präferenzen des Versuchsobjekts hinsichtlich verschiedener Arten von Verstärkern zu messen. Eine interessante Studie von Harold Miller (1976) zeigte, wie dies durchgeführt werden kann. Wie Herrnstein (1961) benutzte Miller verschiedene Paare von VI-Plänen, doch die beiden Pläne boten den Tauben zwei unterschiedliche Arten von Futter als Verstärker an. In einigen Fällen gab es die Wahl zwischen Hanf und Buchweizen, in einem anderen zwischen Weizen und Buchweizen und in einem weiteren Fall zwischen Hanf und Weizen.

Bei der Wahl zwischen Weizen und Buchweizen zum Beispiel fand Miller eine starke Vorliebe für den Weizen, doch sagte er, dass die Matching-Gleichung dem Rechnung tragen könnte, wenn sie auf folgende Weise modifiziert würde:

$$\frac{B_1}{B_1 + B_2} = \frac{Q_1 R_1}{Q_1 R_1 + Q_2 R_2} \qquad \textbf{(14-2)}$$

Q_1 und Q_2 stehen für die Qualität der Verstärker, die über die beiden Tasten verfügbar sind. Diese Gleichung besagt, dass die Verteilung des Verhaltens eines Versuchsobjekts sowohl durch das Ausmaß an Verstärkung als auch durch ihre Qualität bestimmt wird. Miller wies der Qualität des Buchweizens (Q_b) willkürlich den Wert 10 zu und fand, dass Gleichung 14-2 eine gute Beschreibung der Resultate wiedergab, wenn die Qualität des Weizens (Q_w) der Wert 14 zugewiesen wurde. Er interpretierte diese Zahl so, dass jeder Weizenverstärker etwa 1,4-mal so viel wert war wie jeder Buchweizenverstärker. Miller stellte ähnliche Berechnungen für Fälle an, in denen die Alternativen Hanf und Buchweizen waren, und er schätzte die Qualität des Hanfs (Q_h) bei etwa 9,1, also etwas geringwertiger als Buchweizen, ein. Miller sagte, dass seine Schätzungen von Q_b, Q_w und Q_h Messwerte für die Stärke dieser verschiedenen Futtersorten als Verstärker sei, doch wie können wir wissen, dass dies nicht einfach bedeutungslose Zahlen sind? Millers Antwort auf diese Frage war dieselbe wie die in Kapitel 9 erörterte, als eine Methode der Vermeidung einer tautologischen Definition des Begriffs „Verstärkung": Die Zahlen würden bedeutungsvoll und nützlich, wenn sie zu neuen Vorhersagen führen würden, die ohne sie nicht möglich wären. Die neuen Vorhersagen, die Miller traf, betrafen das erste Wahlpaar, also Hanf und Weizen. So wurden in einem Fall beide Futtersorten mit einer Menge von 30 Verstärkern pro Stunde verabreicht. Mit $Q_w = 14$ und $Q_h = 9$ sagt Gleichung 14-2 vorher, dass die Versuchsobjekte in 61 Prozent aller Fälle auf die Taste picken würden, die Weizen lieferte. Für diesen Fall und vier weitere mit unterschiedlichen VI-Plänen lagen die Vorhersagen von Gleichung 14-2 sehr nah am tatsächlichen Verhalten der Versuchsobjekte. Das Gesetz des Matching wurde in anderen Studien benutzt, um Präferenzen für Verstärker unterschiedlicher Qualität zu messen, und zwar mit so unterschiedlichen Spezies wie Menschen (Neef, Mace, Shea & Shade, 1992) und Kühen (Foster, Temple, Robertson, Nair & Poling, 1996).

Neben Menge und Qualität der Verstärkung ist eine weitere Variable, die die Präferenz beeinflussen kann, die Größe oder Menge jedes Verstärkers. Wenn eine Taste bei ihrer Betätigung zwei Futterkügelchen als Verstärker liefert und die andere nur eine, sollte das die Wahl des Versuchsobjekts sicherlich beeinflussen. Mehrere Forscher (Baum und Rachlin, 1969; Killeen, 1972) waren der Ansicht, wenn die Menge des Verstärkers die unabhängige Variable sei, dann könne sie anstelle der Verstärkungsrate in der Matching-Gleichung verwendet werden:

$$\frac{B_1}{B_1 + B_2} = \frac{A_1}{A_1 + A_2} \quad \textbf{(14-3)}$$

A_1 und A_2 stehen für die Menge der Verstärkung, die durch die beiden Alternativen verabreicht wird. Catania (1963) fand Ergebnisse, die ziemlich genau mit Gleichung 14-3 übereinstimmten. Bei dieser Studie wurde der Zugang, den Tauben zu Futter hatten, zwischen drei und sechs Sekunden pro Verstärker variiert. Andere Studien fanden jedoch große Abweichungen von den Vorhersagen in Gleichung 14-3: Sowohl Under- als auch Overmatching wurden in erheblichem Ausmaß beobachtet (Davison & Hogsden, 1984; Schneider, 1973). Wie bei anderen Abweichungen vom Matching wurde eine Reihe von Erklärungen angeboten, doch besteht kein Konsens darüber, weshalb sie auftreten (de Villiers, 1977; R. M. Dunn, 1982; Logue & Chavarro, 1987).

14.1.5 Anwendung auf einzelne Verstärkerpläne

Es mag scheinen, als ob das Gesetz des Matching, das Vorhersagen bezüglich Wahlsituationen trifft, keine Aussage zu Situationen macht, in denen nur ein Verstärkerplan existiert. Herrnstein (1970, 1974) entwickelte jedoch eine Methode, um mit dem Gesetz des Matching Vorhersagen zum Verhalten bei einzelnen VI-Plänen abgeben zu können. Um zu sehen, wie Herrnsteins Analyse funktioniert, lassen Sie uns mit einigen willkürlichen Annahmen beginnen. Gehen wir davon aus, dass eine bestimmte Taube eine Taste mit einer Rate von zweimal Picken pro Sekunden betätigt, wann immer sie auf einen VI-Plan reagiert. Das heißt: Wenn der Vogel pausenlos auf die Taste picken würde, wären das 120 Picks pro Minute. Zweitens: Lassen Sie uns annehmen, dass – obwohl die einzige Möglichkeit, wie die Taube zu Futterverstärkern kommt, das Picken auf eine Taste ist – es „eingebaute" Verstärker gibt (wir könnten sie „Premack'sche Verstärker" nennen), andere Verhaltensweisen wie etwa sich putzen, etwas erkunden, pausieren usw. auszuführen. Herrnstein war folgender Ansicht: Der Versuchsleiter kann die Zahl der Futterverstärker kontrollieren, doch die eingebauten Verstärker für nichtpickendes Verhalten sind außerhalb der Kontrolle des Versuchsleiters und treten mit ziemlicher Regelmäßigkeit auf.

Obwohl diese Hintergrundverstärker kein Futter sind, müssen wir sie in denselben Einheiten messen wie die Futterverstärker, um die notwendigen Berechnungen anstellen zu können. Für dieses Beispiel nehmen wir an, dass alle Verhaltensweisen außer dem Picken die Taube mit eingebauten Verstärkern versorgen, die vom Wert her 30 Futterverstärkern pro Stunde entsprechen. Auch wenn andere Verhaltensweisen der Taube wie das Putzen und Umherwandern sich vom Picken auf Tasten sehr unterscheiden, müssen wir sie doch auf einer einheitlichen Skala messen können. Eine nützliche Strategie ist, alle Verhaltensweisen in Zeiteinheiten zu messen, womit sich für Gleichung 14-1 Folgendes ergäbe:

$$\frac{T_1}{T_1 + T_2} = \frac{R_1}{R_1 + R_2} \quad \textbf{(14-4)}$$

T_1 ist die Zeit, die zum Picken der Taste benötigt wird; T_2 ist die Gesamtzeit aller anderen Verhaltensweisen, so dass T_1 und T_2 der Gesamtzeit des Experiments entsprechen. R_1 ist die Rate, mit der Futterverstärker nach dem VI-Plan verabreicht werden, und R_2 ist das Äquivalent des Verstärkungswerts aller eingebauten Verstärker (in unserem Beispiel 30).

Nun sind wir in der Lage, Vorhersagen für verschiedene VI-Pläne zu treffen. Wenn die Taube einem VI-Plan folgt, der ihr 30 Verstärker pro Stunde verabreicht, sagt Gleichung 14-4 vorher, dass der Vogel die eine Hälfte seiner Zeit mit Picken beschäftigt ist und die andere Hälfte mit anderen Verhaltensweisen (da R_1 und R_2 beide gleich 30 sind). Da wir annahmen, dass die Taube zweimal pro Sekunde pickt, sollte der Vogel im Experiment durchschnittlich 60 Reaktionen pro Minute zeigen. Wird dem Vogel nun ein VI-Plan präsentiert, der 90 Verstärker pro Stunde liefert, sagt Gleichung 14-4, dass er 75 Prozent seiner Zeit mit Picken verbringen sollte, was in einer durchschnittlichen Reaktionsrate von 90 Picks pro Minute resultieren würde. Ähnliche Vorhersagen können für jede Größe des VI-Plans getroffen werden, die der Versuchsleiter ansetzt. Die durchgezogene Kurve in Abbildung 14.3 zeigt die Vorhersagen für unser hypothetisches Beispiel für alle Verstärkungsraten zwischen 0 und 500 Futterverstärkern pro Stunde. Es zeigt, dass Gleichung 14-4 bei Erhöhung der Verstärkungsrate vorhersagt, dass sich die Reaktionsrate des Tieres auf die maximale Rate von 120 Picks pro Minute erhöht. Natürlich beruhen diese Vorhersagen auf ganz bestimmten Annahmen hinsichtlich der Pickfrequenz des Vogels und des Werts aller anderen Verhaltensweisen außer Picken. Gehen wir davon aus, wir würden dieselbe Taube nehmen und sie in eine interessantere Experimentierkammer setzen, in der R_2 60 entspräche (vielleicht weil die zweite Kammer ein Fenster hat, durch das die Taube eine andere Taube beobachten kann). Mit dem erhöhten Wert der nichtpickenden Verhaltensweisen sagt Gleichung 14-4 nun vorher, dass der Vogel bei allen VI-Plänen weniger Zeit mit Picken verbringen wird, als die gestrichelte Linie in Abbildung 14.3 zeigt.

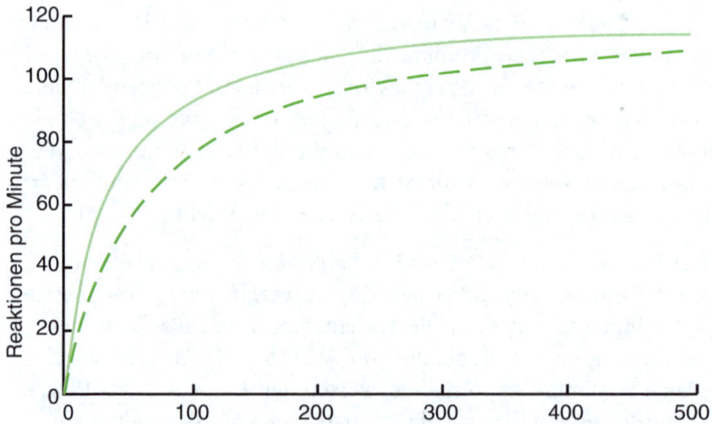

Abbildung 14.3: Die beiden Kurven stellen einige repräsentative Vorhersagen aus Herrnsteins (1970) Gleichung für einzelne Verstärkerpläne dar (Gleichung 14-4). Diese Gleichung sagt vorher, wie sich die Reaktionsraten verändern sollten, wenn die Verstärkungsraten variiert werden. Die durchgezogene Linie stellt einen Fall dar, in dem es relativ wenige Verstärker für anderes Verhalten außer Picken gibt (R_2 = 30 in Gleichung 14-4). Die gestrichelte Linie stellt einen Fall dar, in dem es mehr Verstärker für anderes Verhalten außer Picken gibt (R_2 = 60), so dass die Pickfrequenz des Versuchsobjekts niedriger sein sollte.

Herrnstein (1970) wandte diese Analyse auf die Resultate eines Experiments von Catania und Reynolds (1968) an, in dem sechs Tauben mehrere unterschiedliche VI-Pläne erhielten (wobei einer nach dem anderen jeweils für mehrere Experimentalphasen präsentiert wurde). Abbildung 14.4 zeigt die Resultate der Studie von Catania und Reynolds (Datenpunkte), und die Kurven sind die Vorhersagen von Gleichung 14-4. Die nahezu vollständige Übereinstimmung der Vorhersagen mit den tatsächlich erzielten Ergebnissen ist beeindruckend. De Villiers und Herrnstein (1976) fertigten ähnliche Analysen der Resultate von mehreren Dutzend Experimenten an, die einzelne Verstärkerpläne beinhalteten. Diese Experimente wurden von vielen verschiedenen Forschern durchgeführt, wobei mit einer Reihe verschiedener Spezies, operanten Reaktionen und Verstärkern gearbeitet wurde. In fast allen Fällen war die Übereinstimmung zwischen den Vorhersagen des Gesetzes des Matching und den tatsächlichen Resultaten so gut wie beim Experiment von Catania und Reynolds (1968). Herrnsteins Analyse des Verhaltens bei Einzelplänen wurde auch auf menschliches Verhalten in einem natürlichen Lebensumfeld angewendet (Beardsley & McDowell, 1992; McDowell, 1988). So zeigten Martens und Houk (1989) zum Beispiel, dass Gleichung 14-4 relativ gut das Verhältnis zwischen dem Verhalten eines geistig behinderten Mädchens und der Anzahl an Verstärkern wiedergibt, die ihr Lehrer ihr verabreichte.

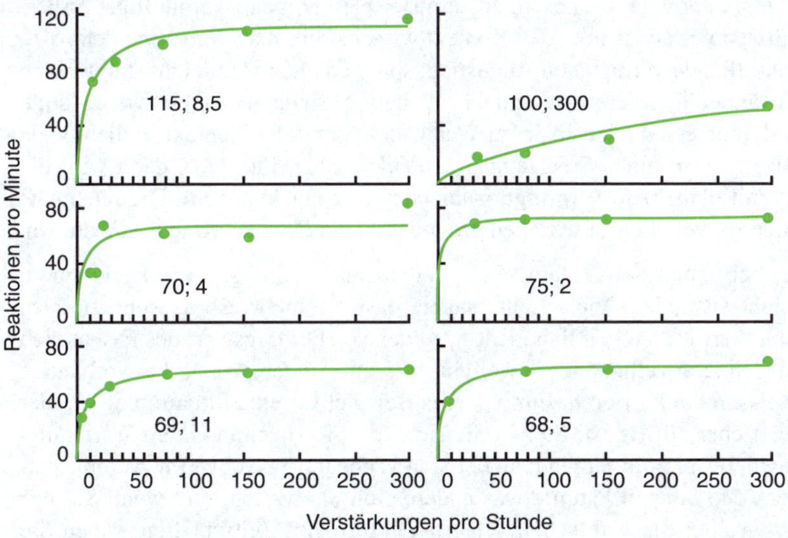

Abbildung 14.4: Jede Darstellung zeigt die Resultate von einer der sechs Tauben im Experiment von Catania und Reynolds (1968). Jeder Punkt zeigt die Verstärkungs- und die Reaktionsrate auf einen VI-Plan. Für jedes Versuchsobjekt zeigt die Kurve die Vorhersagen der Gleichung 14-4 unter Verwendung der am besten passenden Schätzer der maximalen Pickrate des Vogels und von R2. Die Zahlen in jeder Darstellung sind die am besten passenden Schätzer dieser beiden Quantitäten. Das Muster der Resultate für jedes Versuchsobjekt wird durch Gleichung 14-4 gut beschrieben (Herrnstein, 1970).

Herrnsteins Theorie kann sehr einfach ausgedrückt werden: Eine operante Reaktion muss mit allen anderen in der fraglichen Zeit möglichen Verhaltensweisen eines Individuums konkurrieren. Erhöht sich die Verstärkung für die operante Reaktion, widmet das Individuum diesem Verhalten immer mehr Zeit. Deshalb sagt Herrnstein, dass die Reaktion auf einen einzelnen VI-Plan erklärt werden kann, indem man genau dieselben Prinzipien verwendet, die auf die Wahl in einer konkurrierenden VI-VI-Situation Anwendung finden.

Nicht jeder akzeptiert Herrnsteins Interpretation (Catania, 1973; Killeen, 1982). Einige Studien haben zum Beispiel gefunden, dass die Asymptoten der Reaktionsrate – wie in Abbildung 14.4 wiedergegeben – sich bedeutend erhöhen können, wenn Menge oder Qualität des Verstärkers erhöht wird, was mit Herrnsteins Annahme in Widerspruch steht, nämlich dass die Asymptoten die höchsten Reaktionsraten darstellen, die ein Tier erreichen kann (Dallery, McDowell & Lancaster, 2000). Obwohl diese theoretische Debatte noch nicht beendet ist, hat das Gesetz des Matching doch klare Auswirkungen auf das Verhalten im realen Lebensumfeld. Eine wichtige Auswirkung ist, dass es nicht möglich ist vorherzusagen, wie ein Verstärker ein Verhalten beeinflussen wird, ohne den Kontext zu berücksichtigen – die anderen Verstärker, die gleichzeitig für andere Verhaltensweisen zur Verfügung stehen. Dies Prinzip wird in Abbildung 14.3 dargestellt, die zwei unterschiedliche Vorhersagen für jeden VI-Plan treffen, abhängig vom Ausmaß an Verstärkung, das für nichtpickendes Verhalten verfügbar ist. Versuchen Sie, als Parallele aus dem realen Leben vorherzusagen, wie das Verhalten eines Kindes verändert würde, wenn man ihm einen neuen Verstärker gäbe – einen Jo-Jo zum Beispiel. Um eine vernünftige Vorhersage zu treffen, müssen wir etwas über den Kontext wissen. Gibt man dem Kind den Jo-Jo an einem durchschnittlichen verregneten Augusttag, spielt das Kind vielleicht stundenlang mit ihm, weil die anderen Spielzeuge und häuslichen Aktivitäten zu langweilig sind. Bekommt das Kind andererseits den Jo-Jo zu Weihnachten und der Kontext schließt viele andere neue Spielzeuge mit ein – Spielzeugautos, Videospiele, Puzzle –, dann wird die Zeit, die das Kind mit dem Jo-Jo verbringt, wahrscheinlich nur kurz sein. Die reichliche Versorgung mit anderen Verstärkern wird den größten Teil der Zeit des Kindes einnehmen.

Andere Beispiele, bei denen der Gesamtverstärkungskontext eine größere Rolle spielt, kann man sich leicht ausmalen. Viele Leute sagen, dass sie mehr essen, wenn sie sich langweilen. Dies passiert wahrscheinlich nicht, weil der Verstärkungswert des Essens sich erhöht, wenn man sich langweilt, sondern weil nur so wenig andere Verstärker vorhanden sind, die mit dem Essen konkurrieren. Ein weiteres Beispiel für eine Situation, in der der Verstärkungskontext eher dürftig ist: Stellen Sie sich vor, Sie sitzen in einem Warteraum und warten auf einen Termin mit jemandem, der sich verspätet (wie etwa Ihr Automechaniker oder Optiker). Sie können kaum etwas anderes tun als warten, und wenn Sie mir ähnlich sind, dann greifen Sie wahrscheinlich zur Lektüre von Zeitschriften, denen Sie gewöhnlich keine Zeit widmen würden, wie etwa zwei Jahre alte Ausgaben des *Stern*, *Schöner Wohnen* oder *Der Augenoptiker*. Der geringe Verstärkungswert solcher veralteten Zeitschriften wächst bei Abwesenheit alternativer Verstärkungsquellen.

14.2 Theorien zum Wahlverhalten

In vielen Bereichen der Wissenschaft ist es wichtig, zwischen der Beschreibung eines Phänomens und der Erklärung der Mechanismen, die diesem Phänomen zu Grunde liegen, zu unterscheiden. So ist zum Beispiel die Aussage, dass Wasser an Volumen zunimmt, wenn es gefriert, zunächst nur eine Beschreibung; sie erklärt nicht, wie diese Ausdehnung zustande kommt. Solche beschreibenden Aussagen können für sich genommen extrem nützlich sein, denn sie können uns helfen, zukünftige Ereignisse vorherzusagen und zu kontrollieren (zum Beispiel, indem wir im Winter Wasserrohrbrüche vermeiden wollen und aus Außenleitungen das Wasser ablassen, bevor es gefrieren kann). Eine Aussage, die andererseits diese Ausdehnung auf die kristalline Struktur der Wasserstoff- und Sauerstoffmoleküle zurückführt, die sie im festen Zustand einnehmen, kann man eine Erklärung nennen: Es ist eine Theorie zu den molekularen Abläufen, die diesem Phänomen zu Grunde liegen.

Im Prinzip kann die Matching-Gleichung entweder als einfache Beschreibung eines Wahlverhaltens gesehen werden oder als eine Theorie der Mechanismen des Wahlverhaltens. Wir haben gesehen, dass die Matching-Gleichung als Beschreibung in gewissen Wahlsituationen recht genau ist. Nun werden wir die Möglichkeit in Betracht ziehen, dass das Gesetz des Matching eine erklärende Theorie sein könnte, und wir werden sie mit einigen anderen Theorien vergleichen, die als mögliche erklärende Theorien des Wahlverhaltens präsentiert wurden.

14.2.1 Matching als erklärende Theorie

In seinen früheren Abhandlungen ging Herrnstein (1970, 1974) davon aus, dass die Matching-Gleichung auch eine allgemeine Theorie ist, die das Wahlverhalten erklärt. Der Grundgedanke ist ziemlich einfach: Es ist möglich, dass Tiere Matching-Verhalten zeigen, weil sie so „gebaut" sind. Das heißt, in einer Wahlsituation könnte ein Tier den Wert der Verstärkung einschätzen, die es von jeder Alternative erhält (wobei „Wert" solche Dinge umfasst wie Rate, Größe und Qualität der Verstärker), und das Tier könnte dann sein Verhalten proportional auf die Werte der verschiedenen Alternativen verteilen. Nach solch einer Theorie ist Matching nicht nur eine Beschreibung des Verhaltens in miteinander konkurrierenden VI-/VI-Plänen. Es ist ein allgemeines Prinzip, das erklärt, wie Tiere in allen Situationen Wahlen treffen, sowohl im Labor als auch in freier Wildbahn.

Nachdem wir diese Theorie des Wahlverhaltens eingeführt haben, lassen Sie uns nun einen Grund untersuchen, der Herrnstein später zu dem Schluss führte, dass sie inkorrekt sei. Das Problem betrifft Fälle, in denen sich ein Tier zwischen zwei Quotenplänen (wie etwa VR 20 und VR 100) entscheiden muss. Die Matching-Gleichung sagt vorher, dass ein Tier all seine Reaktionen bei einer der beiden Alternativen zeigt, aber sie spezifiziert nicht bei welcher. Ob das Tier nun 100 Prozent seiner Reaktionen auf den VR-20-Plan oder 100 Prozent seiner Reaktionen auf den VR-100-Plan zeigt – es wird 100 Prozent seiner Verstärker nach diesem Plan erhalten und so der Matching-Gleichung folgen. Herrnstein und Loveland (1974) fanden jedoch heraus, dass Tauben in solchen Situationen immer den kleineren VR-Plan wählten, nie den größeren. Shah, Bradshaw und Szabadi (1989) erhielten ähnliche Resultate mit menschlichen Versuchspersonen, die gegen Geld mit Paaren von VR-Plänen arbeiteten. Dies ist nicht überraschend, denn ein VR-100-Plan verlangt im Durchschnitt fünfmal so viele Reaktionen pro Verstärker wie ein VR-20-Plan. Diese Entdeckungen zeigen jedoch, dass wir eine Theorie benötigen, die vorhersagt, dass

Personen bei zwei VR-Plänen immer eine ausschließliche Vorliebe für den kleineren VR-Plan haben, nie für den größeren. Um sich hiermit auseinander zu setzen, entwickelten Herrnstein und Vaughan (1980; Vaughan 1981, 1985) eine Verfeinerung des Matching-Gesetzes, das sie Melioration nannten.

14.2.2 Die Meliorationstheorie

„Meliorieren" bedeutet „verbessern", und im Grunde besagt das Prinzip der Melioration, dass Tiere immer mehr Zeit und/oder Anstrengung in die Alternative investieren, die ihnen besser erscheint. Das Prinzip klingt einfach genug, doch lassen Sie uns sehen, wie es in die Praxis umgesetzt werden kann.

Es ist leicht zu zeigen, dass Gleichung 14-1 der folgenden Gleichung entspricht:

$$\frac{R_1}{B_1} = \frac{R_2}{B_2} \qquad \textbf{(14-5)}$$

Die Gleichung betont die Tatsache, dass am Punkt des Matching das Verhältnis der erhaltenen Verstärker zu gezeigten Reaktionen für beide Alternativen gleich ist. Wir könnten sagen, dass die „Kosten" für jeden Verstärker bei beiden Alternativen dieselben sind. Das Prinzip der Melioration sagt: Wenn diese Verhältnisse nicht gleich sind, wird das Tier sein Verhalten zu derjenigen Alternative verlagern, die das höhere Verstärker-zu-Reaktion-Verhältnis aufweist. Nehmen wir an, ein Versuchsobjekt beginnt, indem es ungefähr dieselbe Anzahl von Reaktionen auf beiden Tasten in einem gleichzeitigen VI-30-Sekunden und VI-120-Sekunden-Plan zeigt. Gehen wir davon aus, dass der VI-30-Sekunden-Plan 118 Verstärker für 1000 Reaktionen im ersten einstündigen Durchgang liefert und der VI-120-Sekunden-Plan 30 Verstärker für 1000 Reaktionen. Da das Verhältnis von Verstärker zu Reaktion beim VI-30-Sekunden-Plan höher ist, sagt das Prinzip der Melioration voraus, dass das Versuchsobjekt beginnen wird, mehr Reaktionen auf der VI-30-Sekunden-Taste zu zeigen. Sie sollten imstande sein, selbst abzuleiten, dass das Verhalten des Tieres sich immer weiter auf die VI-30-Sekunden-Taste verlagert, bis etwa 80 Prozent der Reaktionen auf diese Taste erfolgen. An diesem Punkt erfüllt sich Gleichung 14-5, so dass es keine weiteren Verlagerungen des Verhaltens geben sollte (mit Ausnahme unvermeidbarer Zufallsvariationen). Kurz, das Prinzip der Melioration sagt vorher, dass Matching-Verhalten bei gleichzeitigen VI VI-Plänen auftritt.

Lassen Sie uns nun gleichzeitige VR-/VR-Pläne betrachten, die für das Gesetz des Matching Probleme darstellten. Wenn die beiden Pläne zum Beispiel ein VR 30 und ein VR 120 sind, dann ist das jeweilige Verhältnis von Verstärker zu Reaktion 1:30 bzw. 1:120. Diese Verhältnisse werden sich nicht ändern, egal wie das Versuchsobjekt sein Verhalten verteilt, so dass das Prinzip der Melioration voraussagt, dass sich das Verhalten des Versuchsobjekts immer weiter zur VR-30-Taste verlagert, bis es kein Verhalten mehr zu verlagern gibt (das heißt, bis es ausschließlich auf diese Taste reagiert). Die Vorhersagen sind für jedes Paar von VR-Plänen dieselben: Das Versuchsobjekt sollte schließlich nur noch auf den Plan mit dem günstigeren Verhältnis von Verstärker zu Reaktion reagieren. Zusammengefasst: Das Prinzip der Melioration sagt Matching-Verhalten in einer Wahlsituation zwischen zwei VI-Plänen korrekt voraus, und es sagt auch eine ausschließliche Präferenz für den besseren der beiden VR-Pläne voraus.

Herrnstein (1990) stellte die These auf, dass (1) Menschen dem Prinzip der Melioration bei vielen alltäglichen Entscheidungen folgen, und (2) als Resultat ihre Wahlen oft nicht optimal sind. Er führt das Beispiel eines Tennisspielers an, der zwei Möglichkeiten hat, wann immer sein Gegner sich während des Spiels zum Netz vorbewegt: den Ball über den Gegner hinwegzulupfen oder einen Passierschlag anzusetzen. Beide Schläge sind effektiver, wenn sie überraschend kommen: Verwendet der Spieler oft den Passierschlag, wird der Gegner dies erwarten und sich entsprechend darauf vorbereiten. Dasselbe gilt für den Lupfer. Wenn Sie nun diese Optionen haben – wie würden Sie zwischen Passierschlag und Lupfer wählen? Wenn Herrnstein diese Frage stellte, sagten die meisten Menschen, sie würden Gebrauch von beiden Möglichkeiten machen, je nachdem, welche effektiver scheint. Wenn Lupfer effektiver wären, würden sie mehr lupfen; wären Passierschläge effektiver, würden sie deren Anzahl erhöhen. Diese Strategie, den jeweils besser funktionierenden Schlag zu verwenden, ist ein Beispiel für Melioration. Ein Tennisspieler, der dieses Prinzip anwendet, könnte zum Beispiel 70 Prozent Lupfer und 30 Prozent Passierschläge spielen. Herrnstein zeigte jedoch, dass die Verwendung des Meliorationsprinzips nicht unbedingt zur besten Performanz führen muss. Es könnte sein, dass die kombinierte Effektivität von Lupfern und Passierschlägen dann am größten ist, wenn sie in einem anderen Mengenverhältnis verwendet werden, wie etwa 40 Prozent Lupfer und 60 Prozent Passierschläge. Einfach ausgedrückt: Ein Tennisspieler, der seine Performanz optimieren will, sollte sich nicht fragen „Welcher Schlag ist gegenwärtig effektiver?“, sondern „Welche Mischung aus diesen beiden Schlägen ist die effektivste?“ Nach Herrnstein stellen sich Menschen selten die zweite Frage.

Für die meisten von uns sind die Wahlen, die wir in einem Tennismatch oder in anderen Sportarten treffen, nicht unbedingt die bedeutendsten in unserem Leben. Herrnstein und Prelec (1991) argumentierten jedoch, dass Menschen das Prinzip der Melioration auch bei wichtigeren Wahlen verwenden, wie etwa in persönlichen Beziehungen, beim Einkaufen, beim Glücksspiel und in Geschäftsangelegenheiten. Und genau wie im Tennisbeispiel kann die Verwendung des Meliorationsprinzips in Wahlen resultieren, die alles andere als optimal sind. Es sollte daher klar sein, warum die Meliorationstheorie (und das eng mit ihm verwandte Prinzip des Matching) als Konkurrenten für die Optimierungstheorie betrachtet werden können, die besagt, dass Menschen zu Wahlen neigen, die ihre Befriedigung maximieren.

14.2.3 Die Optimierungstheorie als Erklärung für Matching

Wie in Kapitel 9 erörtert, haben einige Psychologen die These aufgestellt, dass die Optimierungstheorie eine allgemeine Erklärung für Wahlen sowohl bei Menschen als auch bei anderen Lebewesen ist. Es ist leicht zu sehen, dass die Optimierungstheorie eine ausschließliche Präferenz für den besseren von zwei VR-Plänen vorhersagt; dieses Verhalten maximiert Verstärkung und minimiert Anstrengung. Einige Psychologen haben vorgeschlagen, dass die Optimierungstheorie auch erklären kann, warum Matching bei zwei gleichzeitigen VI-/VI-Plänen auftritt (Rachlin, Green, Kagel & Battalio, 1976; Silberberg, Thomas & Berendzen, 1991). Bevor wir ihre Argumentation untersuchen, ist es wichtig, die Auswirkungen ihrer Ansichten zu verstehen. Die Befürworter der Optimierungstheorie sagen: Während das Gesetz des Matching eine zufrieden stellende Beschreibung des Verhaltens in solchen Situationen liefert, bietet die Optimierungstheorie eine Erklärung des Matching-Verhaltens. Sie behaupten, dass Optimierung der grundlegende Mechanismus des Wahlverhaltens sei, und der einzige Grund, weshalb in manchen Situationen Matching auftritt, sei, dass es das optimale Vorgehen darstellt. Für die Befürworter der Optimierungstheorie ist das Matching-Verhalten nur ein Beispiel unter vielen dafür, dass der Optimierungsprozess am Werk ist.

Um diese Logik zu untersuchen, stellen Sie sich eine Taube bei gleichzeitig ablaufendem VI-30-Sekunden- (linke Taste) und VI-120-Sekunden- (rechte Taste) Plan vor. Rachlin und seine Mitarbeiter (1976) führten eine Reihe von Computersimulationen durch, um zu bestimmen, wie verschiedene Methoden der Verteilung von Reaktionen zwischen den beiden Tasten die Gesamtrate der Verstärkung beeinflussen würden. Die Resultate dieser Simulation sind in Abbildung 14.5 dargestellt. Damit Sie sich überzeugen können, dass diese Simulationen zumindest annähernd korrekt sind, betrachten wir als Erstes, was passieren würde, wenn die Taube all ihre Reaktionen auf die linke Taste verlegen würde. Die linke Taste würde etwa 120 Verstärker pro Stunde liefern; über die rechte Taste würden keine Verstärker kommen, so dass die Gesamtsumme von beiden Tasten etwa 120 Verstärker pro Stunde betragen würde (der äußerste rechte Punkt in Abbildung 14.5). Würde der Vogel nur die rechte Taste betätigen, würde er nur auf dem VI-120-Sekunden-Plan Verstärker bekommen, so dass die Gesamtverstärkungsrate etwa 30 pro Stunde betragen würde (der äußerste linke Punkt in Abbildung 14.5). Würde der Vogel jedoch beide Tasten betätigen, würde er viele der Verstärker beider Pläne erhalten. Die Computersimulationen von Rachlin und seinen Kollegen sagten vorher, dass die maximale Gesamtverstärkungsrate erreicht werden könnte, wenn 80 Prozent aller Reaktionen auf die linke Taste erfolgten, was der Stelle des Matching-Verhaltens entspricht. Der Grund für niedrigere Verstärkungsraten bei anderen Reaktionsverhältnissen ist: Bei der Reaktion auf eine Taste wird die VI-Uhr für die andere Taste gestoppt (mit einem verfügbaren Verstärker), und jedes Anhalten einer der beiden Uhren wird die Gesamtverstärkungsrate verringern. Wenn der Vogel zum Beispiel 90 Prozent seiner Zeit an der VI-120-Sekunden-Taste verbringt, würde die Uhr für die VI-30-Sekunden-Taste oft gestoppt, so dass von letzterer wesentlich weniger als 120 Verstärker verfügbar wären.

Allgemeiner gesprochen, Rachlin und seine Kollegen stellten die These auf, dass bei typischen gleichzeitig ablaufenden VI-/VI-Plänen das Matching-Verhalten die Verstärkungsrate maximiert. Natürlich würde die Taube einige Zeit brauchen (vielleicht viele Durchgänge pro Tag), um zu bestimmen, welche Art von Reaktion optimal ist. Nach der Optimierungstheorie wird ein Tier in dieser Art Situation verschiedene Methoden ausprobieren, sein Verhalten zu verteilen (zum Beispiel 50 Prozent links, 80 Prozent links, 90 Prozent links usw.) und sich schließlich bei der Verteilung einpendeln, die die Gesamtverstärkungsrate maximiert. Mit gleichzeitig ablaufenden VI-/VI-Plänen ist es so, dass die maximale Verstärkungsrate durch Matching erzielt wird.

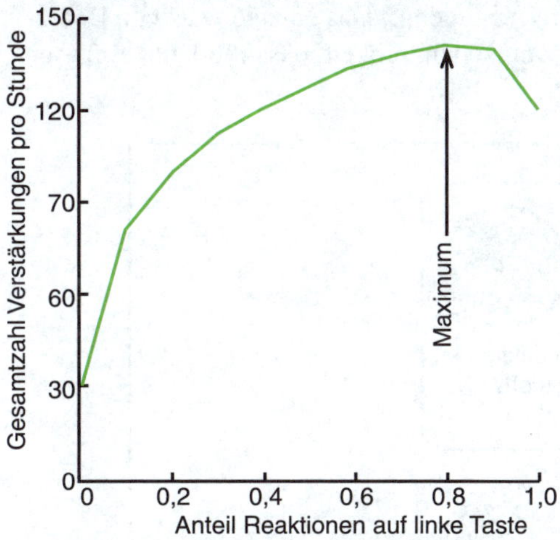

Abbildung 14.5: Vorhersagen von Computersimulationen von Rachlin, Green, Kagel und Battalio (1976) für den gleichzeitig ablaufenden VI-30-Sekunden- (linke Taste) und VI-120-Sekunden- (rechte Taste) Verstärkungsplan. Wenn diese Vorhersagen korrekt sind, würde ein Versuchsobjekt bei diesem Plan die Verstärkungsrate maximieren, wenn es bei 80% seiner Reaktionen die linke Taste betätigte.

Ein Test: Optimierung vs. Matching

Die Standardsituation gleichzeitig ablaufender VI-/VI-Pläne ist kein gutes Beispiel, um die Vorhersagen des Matching-Gesetzes und der Optimierungstheorie einander gegenüberzustellen, denn beide treffen sehr ähnliche Vorhersagen: Beide sagen Matching-Verhalten voraus oder etwas, das dem nahe kommt. Um zu bestimmen, welches dieser beiden Prinzipien die grundsätzlichere Wahlregel ist, wäre es am besten, eine Wahlsituation zu entwerfen, in der das Gesetz des Matching bestimmte Vorhersagen trifft und die Optimierungstheorie ganz andere Dinge vorhersagt. Wir könnten dann das Verhalten der Versuchsobjekte beobachten und bestimmen, welche Vorhersagen sich als zutreffender erweisen. Eine Reihe von Experimenten dieser Art wurden durchgeführt (Herrnstein & Vaughan, 1980; Heyman & Herrnstein, 1986), doch eines meiner eigenen Experimente (Mazur, 1981) ist wohl am leichtesten zu beschreiben,

Vom Versuchsplan her war dieses Experiment nicht sehr viel anders als Herrnsteins (1961) Experiment. Tauben hatten die Wahl zwischen zwei Tasten, und gelegentlich erzeugte eine Reaktion eine *Dunkelphase (ein Zeitraum ohne beleuchtete Tasten)*, in dem die roten und grünen Tastenlichter abgeschaltet wurden, und Futter stand zur Verfügung – oder auch nicht. Die Hauptunterschiede zu Herrnsteins Experiment waren: (1) Bei manchen Dunkelphasen war kein Futter verfügbar, und (2) die Dunkelphasen bei beiden Tasten wurden von einem einzigen VI-Timer gesteuert, nicht von zwei separaten VI-Timern wie bei Herrnsteins Experiment. Abbildung 14.6 zeigt die Vorgehensweise meines Experiments. Jedesmal wenn der VI-45-Sekunden-Timer das Ende eines Zeitintervalls erreichte, stoppte er und wies einer der beiden Tasten nach dem Zufallsprinzip eine Dunkelphase zu. Der VI-Timer lief nicht weiter, bis das Tier auf die entsprechende Taste pickte und den in der Dunkelphase verfügbaren Verstärker gesammelt hatte. (Das Verfahren beinhaltete auch eine Wechselpause von drei Sekunden.) Das einzige, was von Bedingung zu Bedingung geändert wurde, war die Wahrscheinlichkeit, dass die Dunkelphasen einen Futterverstärker einschließen würden.

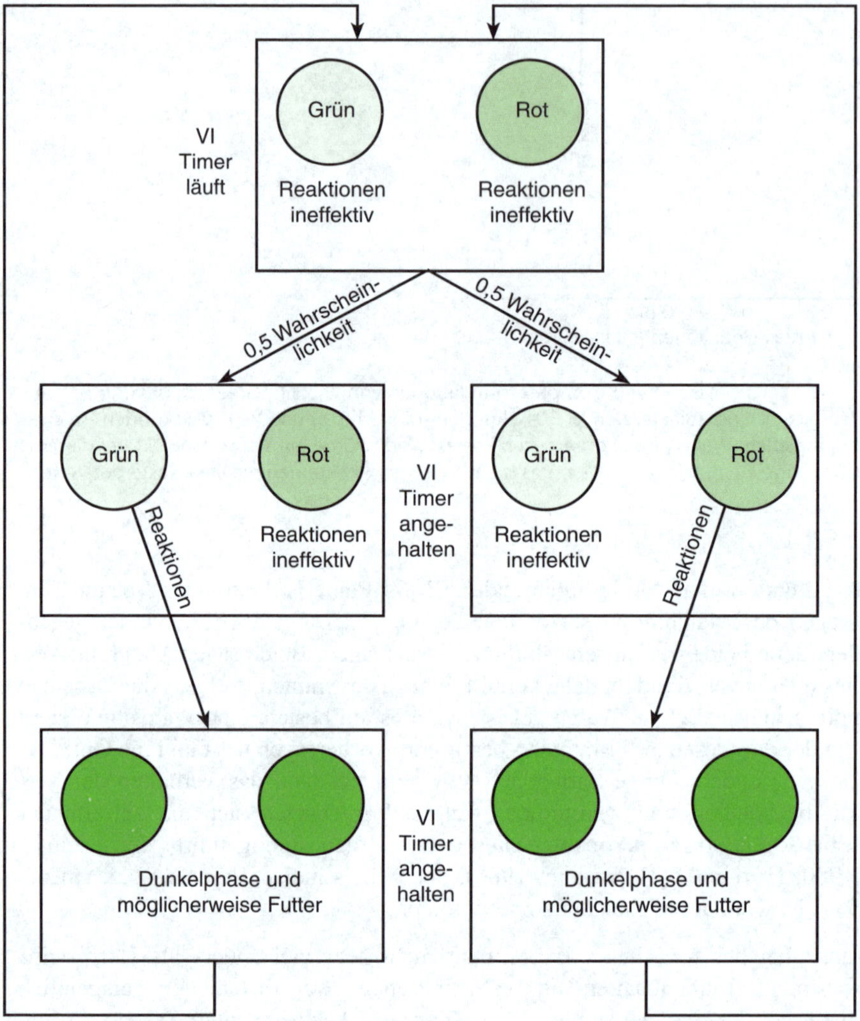

Abbildung 14.6: Eine schematische Darstellung der Vorgehensweise in Mazurs (1981) Experiment.

Bei der ersten Bedingung gab es in allen Dunkelphasen Futter. Die Tiere erhielten etwa 32 Verstärker pro Stunde bei jeder Taste, und sie reagierten auf jede der beiden Tasten zu etwa 50 Prozent. Dieses Ergebnis ist nicht überraschend und es steht im Einklang sowohl mit der Optimierungstheorie als auch mit dem Gesetz des Matching. Die zweite Bedingung war aufschlussreicher. Diesmal gab es nach einem roten Licht nur in 10 Prozent der Dunkelphasen Futter; in den anderen 90 Prozent gab es keinen Verstärker. Alle Dunkelphasen nach einem grünen Licht boten jedoch weiterhin Futter. Das Gesetz des Matching sagt voraus, dass ein Vogel nun beginnen sollte, viel häufiger auf die grüne Taste zu picken, da diese Taste etwa zehnmal so viele Verstärker liefert. Zeigt der Vogel jedoch tatsächlich eine Präferenz für die grüne Taste, wird dies die Gesamtverstärkungsrate verringern. Der Grund dafür ist: Wenn der Vogel lange Zeit damit verbringt, auf die grüne Taste zu picken, wird der VI-Timer oft gestoppt, da die rote Taste in einer Dunkelphase ist. Die optimale Strategie in diesem Fall (und in allen anderen Fällen in diesem Experiment) wäre also, häufig zwischen den beiden Tasten hin- und herzuwechseln und beide zu je 50 Prozent zu betätigen. Dies würde sicherstellen, dass der VI-Timer die meiste Zeit laufen würde.

Wenn die Versuchsobjekte ihr Verhalten zwischen Bedingung 1 und Bedingung 2 nicht änderten, hätten sie pro Stunde etwa 32 Verstärker über die grüne Taste und 3,2 über die rote erhalten (denn nun bestand nur noch in 10 Prozent aller Fälle die Chance, in Dunkelphasen nach der roten Taste Futter zu erhalten). Doch das Verhalten der Vögel verlagerte sich, und am Ende der Bedingung reagierten sie in durchschnittlich 86 Prozent aller Fälle auf die grüne Taste (die 92 Prozent aller Verstärker lieferte). Aufgrund dieser Verlagerung erhielten die Tiere 23 Verstärker pro Stunde über die grüne Taste und nur zwei über die rote. Dadurch, dass die Vögel also eine so große Präferenz für die grüne Taste zeigten (wie vom Gesetz des Matching vorausgesagt), verloren sie etwa 29 Prozent ihrer Verstärker. In einigen anderen Bedingungen verloren die Vögel 75 Prozent und mehr ihrer potenziellen Verstärker.

Die Verfahrensweise bei diesem Experiment war sehr komplex, aber die Resultate können auf einen einfachen Nenner gebracht werden: Obwohl die Optimierungstheorie voraussagt, dass die Vögel etwa 50 Prozent ihrer Reaktionen jeder Taste widmen würden, zeigten die Vögel durchweg eine Präferenz für die Taste, die mehr Verstärker lieferte, wie das Gesetz des Matching voraussagt. Die Wahl der Vögel führte zu einer starken Verringerung der Gesamtverstärkungsrate – genau das Gegenteil dessen, was nach der Vorhersage der Optimierungstheorie passieren sollte.

Weitere Tests der Optimierungstheorie

Psychologen haben eine Reihe anderer experimenteller Vorgehensweisen benutzt, um die Vorhersagen des Gesetzes des Matching und der Optimierungstheorie zu vergleichen. In Wahlsituationen, die zum Beispiel sowohl einen VI- als auch einen VR-Plan beinhalten, sagt die Optimierungstheorie voraus, dass Tiere die meisten ihrer Reaktionen auf einen VR-Plan zeigen werden, denn die meisten Reaktionen auf einem VI-Plan sind vergebens, während jede Reaktion auf einem VR-Plan das Tier der Verstärkung näher bringt. Eine Reihe von Experimenten mit Tieren konnte diese Vorhersage nicht bestätigen, doch standen die Ergebnisse im Einklang mit den Vorhersagen des Gesetzes des Matching (DeCarlo, 1985; Vyse & Belke, 1992). Ähnliche Resultate erhielt man mit College-Studenten, die für Geld arbeiteten: Die Studenten verbrachten mehr Zeit mit dem VI-Plan als von der Optimierungstheorie vorhergesagt, und ihre Wahlen lagen den Vorhersagen des Matching-Gesetzes näher (Savastano & Fantino, 1994).

Mehrere andere Experimente sowohl mit Tieren als auch mit Menschen lieferten keine Unterstützung für die Vorhersagen der Optimierungstheorie (zum Beispiel Ettinger, Reid & Staddon, 1987; Jacobs & Hackenberg, 2000). Einige Experimente erlangten jedoch

Resultate, die für die Optimierungstheorie sprachen (Jacobs & Hackenberg, 1996; Sakagami, Hursh, Christensen & Silberberg, 1989), und Verhaltensökologen haben viele Belege dafür erbracht, dass sich die von Tieren getroffenen Entscheidungen in vielen Situationen in der realen Welt den Vorhersagen der Optimierungstheorie annähern. Es ist noch nicht klar, wie diese einander widersprechenden Resultate miteinander vereinbart werden können, und da die Belege mehrdeutig sind, bevorzugen einige Psychologen weiterhin die Optimierungstheorie, andere hingegen die Matching- (oder Meliorations-) Theorie.

Da die Matchingtheorie, die Meliorationstheorie und die Optimierungstheorie sich mit der Gesamtverteilung der Reaktionen von Versuchsobjekten über lange Zeiträume beschäftigen, können sie als molare Theorien klassifiziert werden (siehe Kapitel 7). Einige Forscher nehmen nun an, dass vollständigere Erklärungen des Wahlverhaltens in molekularen Theorien gefunden werden, die versuchen, ein Verhalten von Moment zu Moment vorherzusagen, und die davon ausgehen, dass kurzfristige Konsequenzen einen großen Einfluss auf die Wahl ausüben. Nachdem Ettinger und andere (1987) zum Beispiel keine empirische Unterstützung der Optimierungstheorie finden konnten, zogen sie den Schluss, dass *„Tiere für die molaren Raten von Reaktion und Verstärkung vielleicht nicht sensitiv sind (...). Unsere Tiere waren auf einer molekularen Ebene sensitiv für die Verstärkungspläne, und dieser molekularen Ebene sollten wir unsere Aufmerksamkeit schenken“* (S. 366). Im nächsten Abschnitt wird eine molekulare Auswahltheorie vorgestellt.

14.2.4 Die Momentary-Maximization-Theorie

In ihrer allgemeinsten Form besagt die **Momentary-Maximization-Theorie**, dass ein Lebewesen zu jeder Zeit die Alternative wählen wird, welche *im jeweiligen Augenblick* den höchsten Wert hat. Der Wert einer Alternative wird gewöhnlich von vielen Faktoren abhängen: Größe und Qualität des Verstärkers, Mangelerscheinungen beim Versuchsobjekt usw. Obgleich sowohl die Momentary-Maximization-Theorie als auch die Optimierungstheorie davon ausgehen, dass Tiere versuchen, den Wert ihrer Wahlen zu maximieren, treffen beide Theorien oft unterschiedliche Vorhersagen, denn die beste kurzfristige Wahl ist nicht immer die beste langfristige Wahl. Ein einfaches Beispiel: Stellen Sie sich vor, eine Person auf einer Diät muss zwischen einem leichten Joghurt und einem kalorienhaltigen Becher Sahne-Erdbeereis zum Nachtisch wählen. Für den Moment mag das Erdbeereis attraktiver als der Joghurt erscheinen, doch für jemanden auf einer Diät wäre der Wackelpudding langfristig nutzbringender. Wahlen, die einen Konflikt zwischen kurz- und langfristigem Nutzen einschließen, werden wir später in diesem Kapitel eingehend untersuchen; das Thema wird hier nur erwähnt, um zu zeigen, dass die Strategien der momentanen Maximierung und der langfristigen Optimierung zu sehr verschiedenen Wahlen führen können.

Um zu verstehen, welche Arten von Vorhersagen die Momentary-Maximization-Hypothese für eine gleichzeitig ablaufende VI-/VI-Situation liefert, wird es für Sie hilfreich sein, an dem folgenden hypothetischen Glücksspiel teilzunehmen. Stellen Sie sich vor, es sei Ihnen gestattet, dieses Spiel neun Durchgänge lang zu spielen. Sie sitzen vor einer

Armatur mit zwei kleinen Türen, und bei jedem Durchgang dürfen Sie eine der beiden Türen öffnen. Wenn sich hinter der Tür ein Euro befinden, gewinnen Sie den. Die folgenden Regeln bestimmen, ob sich hinter einer Tür ein Euro befindet oder nicht: Für jede Tür gibt es eine modifizierte Roulette-Drehscheibe, die vor jedem Durchgang gedreht wird. Die Gewinnwahrscheinlichkeit liegt bei 0,1 für das Roulette-Rad für Tür 1 und 0,2 für das Rad für Tür 2. Beim ersten Durchgang des Spiels könnte sich deshalb hinter beiden Türen, hinter einer oder hinter keiner ein Euro befinden. Für welche Tür würden Sie sich beim ersten Durchgang entscheiden?

Zwei zusätzliche Regeln finden für die nächsten acht Durchgänge Anwendung:

1. *Nachdem ein Euro hinter einer Tür deponiert wird, verbleibt er dort, bis Sie ihn einsammeln. Wenn also bei Durchgang 4 ein Euro hinter Tür 1 deponiert wird, wird er dort bleiben, bis Sie Tür 1 im, sagen wir, siebten Durchgang wählen.*
2. *Zu jedem gegebenen Zeitpunkt befindet sich hinter einer Tür nie mehr als ein Euro. Wenn also zum Beispiel bei Durchgang 4 ein Euro hinter Tür 1 deponiert wird und sie sammeln ihn bis zum siebten Durchgang nicht ein, dann ist das Drehen des Roulette-Rades bei Durchgang 5, 6 und 7 irrelevant, da hinter Tür 1 keine weiteren Euros deponiert werden. Das Drehen des Roulette-Rades für Tür 2 ist aber bei diesen Durchgängen weiterhin wichtig, denn es könnte sich bei jedem Versuch lohnen. Mit anderen Worten: Was bei Tür 1 passiert, hat keinen Einfluss auf Tür 2 und umgekehrt.*

Bevor Sie weiterlesen, schreiben Sie auf, für welche Tür Sie sich bei den neun Durchgängen jeweils entscheiden.

Für eine solche Situation sagt die Momentary-Maximization-Theorie voraus, dass eine Versuchsperson sich immer für die Alternative entscheiden wird, die beim jeweiligen Durchgang die höhere Wahrscheinlichkeit eines Verstärkers hat. Bei Durchgang 1 ist die Wahrscheinlichkeit für einen Verstärker hinter Tür 1 (bezeichnet als p_1) 0,1 und die Wahrscheinlichkeit für einen Verstärker hinter Tür 2 (bezeichnet als p_2) 0,2, so dass die Momentary-Maximization-Theorie eine Wahl für Tür 2 voraussagt. Beim zweiten Durchgang ist die Situation etwas anders. Nehmen wir an, beim ersten Durchgang fiel die Wahl auf Tür 2, dann ist p_2 immer noch 0,2, egal ob beim ersten Durchgang ein Euro gefunden wurde oder nicht. Doch p_1 wird beim zweiten Durchgang höher sein, denn es gibt zwei Möglichkeiten, wie ein Euro deponiert worden sein könnte: Das Roulette-Rad für Tür 1 hat beim ersten Durchgang einen Euro verfügbar gemacht (der darauf wartet gefunden zu werden) oder dann beim zweiten Durchgang. Es kann gezeigt werden (mit einigen grundlegenden Regeln der Wahrscheinlichkeitsrechnung, die hier aber nicht näher erklärt werden sollen), dass p_1 beim zweiten Durchgang 0,19 ist. Dies ist immer noch etwas weniger als p_2, so dass die Momentary-Maximization-Theorie vorhersagt, dass wiederum Tür 2 gewählt wird.

Es kann gezeigt werden, dass nach zwei Wahlen für Tür 2 p_1 0,271 betragen wird (denn nun sind es drei Durchgänge, bei denen hinter Tür 1 ein Euro deponiert sein könnte) und p_2 immer noch gleich 0,2 ist. Beim dritten Durchgang würde sich ein momentaner Maximierer deshalb für Tür 1 entscheiden. Beim vierten Durchgang jedoch gibt es zwei Möglichkeiten, bei Tür 2 zu gewinnen (durch eine Auszahlung entweder bei Durchgang 3 oder 4), so dass p_2 wiederum größer als p_1 ist und Tür 2 gewählt werden sollte. Es stellt sich heraus, dass das Muster, dem ein momentaner Maximierer bei den neun Durchgängen folgt, 2, 2, 1, 2, 2, 1, 2, 2, 1 ist und dass sich dieses zyklische Muster bei allen weiteren Durchgängen wiederholen würde. Sie können Ihre Wahl prüfen, um zu sehen, ob Sie der Strategie der Momentary-Maximization-Theorie gefolgt sind.

Dieses hypothetische Glücksspiel ist gleichzeitig ablaufenden VI-/VI-Plänen ziemlich ähnlich. Die beiden Roulette-Räder sind zwei unabhängig voneinander laufenden VI-Timern ähnlich, und genau wie diese beherbergen die Roulette-Räder immer nur einen Verstärker auf einmal. Sie können deshalb wahrscheinlich schon vorwegnehmen, was die Momentary-Maximization-Theorie über das Verhalten eines Versuchsobjekts bei solchen Plänen vorhersagt: Es besagt, dass die Wahlen eines Tieres von Durchgang zu Durchgang ein regelmäßiges zyklisches Muster aufweisen sollten. Natürlich erkennen die Befürworter der Momentary-Maximization-Theorie (Shimp, 1966, 1969; Silberberg, Hamilton, Ziriax & Casey, 1978) an, dass Tiere begrenzte Kapazitäten beim Erinnern und Treffen von Entscheidungen haben, und sie erwarten nicht, dass perfektes Verhalten gemäß der Momentary-Maximization-Theorie auftritt. (Schließlich haben selbst Menschen Schwierigkeiten, die Wahrscheinlichkeiten in Situationen wie dem oben beschriebenen Glücksspiel zu bestimmen.) Was sie jedoch vorhersagen, ist, dass Tiere zumindest eine gewisse Neigung haben, die Alternative zu wählen, bei der die Wahrscheinlichkeit der Verstärkung höher ist. Nachdem ein Tier zum Beispiel mehrere Reaktionen hintereinander auf den besseren von zwei VI-Plänen reagiert hat, sollte es dazu neigen, zum anderen VI-Plan umzuschalten (da in der Zwischenzeit bei diesem VI-Plan ein Verstärker hätte deponiert worden sein können). Nach der Momentary-Maximization-Theorie ist Matching-Verhalten ein zufälliges Nebenprodukt der regelmäßigen Wahlen eines Tieres von Durchgang zu Durchgang. Im Gegensatz dazu sagen molare Auswahltheorien nicht voraus, dass das Verhalten eines Tieres von Durchgang zu Durchgang irgendwelche regelmäßigen Muster zeigen wird, da diese Theorien davon ausgehen, dass das Verhalten eines Tieres von Variablen gesteuert wird (zum Beispiel die Gesamtverstärkungsrate), die sich nicht von Durchgang zu Durchgang verändern.

Wenn Tiere Matching-Verhalten an den Tag legen, gibt es nun in ihrem Verhalten regelmäßige Muster von Durchgang zu Durchgang oder nicht? Es mag scheinen, dass die Beantwortung dieser Frage leicht sei, doch die Resultate von mehreren Experimenten sind alles andere als eindeutig. Einige Studien fanden solche Muster (Shimp, 1966; Silberberg und andere, 1978), andere wiederum nicht (Heyman, 1979; Nevin, 1969, 1979). Nevin (1979) zum Beispiel analysierte seine Daten auf der Suche nach regelmäßigen Reaktionssequenzen auf mehrere Arten, fand aber keine. Auf der molaren Ebene jedoch waren die Daten ziemlich regelmäßig: Die Wahl der Tauben wurde insgesamt durch das Gesetz des Matching gut beschrieben. Nevin zog den Schluss, dass die Momentary-Maximization-Theorie keine korrekte Erklärung liefert, warum Tiere Matching-Verhalten zeigen, denn dieses Verhalten zeigt sich selbst dann, wenn die Wahlen der Tiere von Durchgang zu Durchgang zufällig erscheinen.

In einem Folgeartikel benutzten Hinson und Staddon (1983) eine andere Analysemethode und kamen zu anderen Schlussfolgerungen. Statt sich Sequenzen von Reaktionen anzuschauen, wie es bei allen vorherigen Studien getan worden war, zeichneten Hinson und Staddon fortlaufend die Zeit auf, ab der eine Taube auf jede der beiden VI-Tasten gepickt hatte. Sie argumentierten, die Zeit sei die kritische unabhängige Variable, da es bei VI-Plänen der Zeitverlauf und nicht die Anzahl der Reaktionen sei, die tatsächlich die Verfügbarkeit eines Verstärkers bestimmt. Sie zeigten, dass ihre Tauben einer momentanen Maximierungsstrategie folgen konnten, wenn sie eine recht einfache Regel benutzten: Wenn Plan 1 zum Beispiel *dreimal so viele* Verstärker wie Plan 2 liefert, dann sollten Sie Plan 2 überprüfen, wenn die Zeit, seit der Sie ihn das letzte Mal geprüft haben, *mehr als dreimal so lang* ist wie die Zeit, seit der Sie das letzte Mal Plan 1 geprüft haben. Hinson und Staddon zeigten, dass das Verhalten ihrer Tauben vom Standpunkt der Momentary Maximization-Theorie keinesfalls perfekt war, doch eine Mehrzahl ihrer Reaktionen folgten tatsächlich dieser Regel.

Die Momentary-Maximization-Theorie wurde neben dem Matching auch auf andere Verhaltensweisen angewendet. So stellten zum Beispiel Silberberg, Warren-Boulton und Asano (1998) die These auf, dass die Theorie erklären kann, weshalb Interresponse Times (IRT, Zeiten zwischen Reaktionen) und Reaktionsraten bei VI-Plänen gemäßigt statt sehr lang oder sehr kurz sind. Eine IRT kann man als eine Verzögerung betrachten, während der ein Tier warten muss, bevor es reagieren und vielleicht einen Verstärker erhalten kann. Bei langen IRTs ist die Verzögerung lang, doch die Wahrscheinlichkeit, einen Verstärker zu erhalten, ist hoch. Bei kurzen IRTs ist die Verzögerung kurz, doch die Wahrscheinlichkeit, einen Verstärker zu erhalten, ist gering. Silberberg und seine Mitarbeiter sagten, dass Tiere den „momentanen Wert“ jeder Reaktion bei Erzeugung von IRTs mittlerer Zeitdauer, die eine nur mäßige Verzögerung, doch eine angemessene Wahrscheinlichkeit einer Verstärkung beinhalten, maximieren.

14.2.5 Andere Auswahltheorien

Als Resultat des großen Interesses am Wahlverhalten unter denen, die die operante Konditionierung untersuchen, wurden neben den Theorien, die wir bereits untersucht haben, eine ganze Reihe anderer Theorien aufgestellt. Einige dieser Studien beinhalten ziemlich komplexe mathematische Berechnungen, und wir wollen an dieser Stelle nicht in die Einzelheiten solcher Studien gehen. Wir können jedoch einen kurzen Blick auf einige der größeren Trends in diesem Forschungsfeld werfen.

Nicht alle molekularen Auswahltheorien gehen davon aus, dass Tiere den Prinzipien der Momentary-Maximization-Theoriey folgen. Obwohl die Wahlen von Tieren dadurch beeinflusst werden können, wie schnell der Verstärker verabreicht wird, wählen sie nicht unbedingt immer die Alternative mit der kürzeren Verzögerung oder der höheren momentanen Wahrscheinlichkeit. Als Beispiel für eine alternative molekulare Theorie wies Vaughan (1985; Vaughan und Miller, 1984) darauf hin, dass verschiedene Wahlreaktionen durch ihre kurzfristigen Konsequenzen in unterschiedlich großem Ausmaß gestärkt würden. Eine Wahlreaktion, der ein verzögerter Verstärker folgt, werde weniger gestärkt als eine, der unmittelbar ein Verstärker folgt, und als Resultat werde die zweite Reaktion in Zukunft häufiger ausgeführt. Doch anders als die Momentary-Maximization-Theorie sagt Vaughans Theorie keine ausschließliche Präferenz für die Reaktion mit der größeren Stärke voraus – solange jede eine gewisse Stärke aufweist, wird sie manchmal gewählt.

Andere Auswahltheorien könnte man als *Hybrid*-Theorien bezeichnen, denn sie gehen davon aus, dass sowohl molare als auch molekulare Variablen die Wahl beeinflussen. Eine populäre Theorie, bekannt unter der Bezeichnung **Verzögerungsreduktions-Theorie** (engl.: **delay reduction theory**, Fantino, 1969; Fantino, Preston & Dunn, 1993), beinhaltet zum Beispiel die grundlegende Idee des Matching-Gesetzes, doch zusätzlich geht sie davon aus, dass die Wahlen von Tieren darauf ausgerichtet sind, welche Alternative eine stärkere Reduktion der Verzögerungszeit bis zum nächsten Verstärker hervorbringt. Mit anderen Worten, diese Theorie beinhaltet sowohl eine molare Komponente (Matching von Reaktionsproportionen zu Verstärkungsproportionen) als auch eine molekulare (Kontrolle durch die kürzere Verzögerungszeit bis zur Verstärkung). Andere Theorien dieser Art sind Killeens (1982) Anreiztheorie (engl.: incentive theory) und Grace' (1994) Kontextwahlmodell (engl.: contextual choice model). Ein weiterer neuerer Trend in der Erforschung des Wahlverhaltens ist ein wachsendes Interesse an der Dynamik der Wahl – wie sich Wahlverhalten an eine Veränderung der Verstärkungsalternativen anpasst (Couvillon & Bitterman, 1991; Devenport & Devenport, 1994; Dragoi & Staddon, 1999). Beträchtliche Forschungsarbeit ist dem Versuch gewidmet, die Stärken und Schwächen unterschiedlicher mathematischer Theorien zum Wahlverhalten auszuwerten (Mazur, 2000).

Unabhängig davon, welche Theorie sich als die beste erweist, kann niemand die allgemeinere Behauptung der molekularen Theorien in Frage stellen, dass kurzfristige Faktoren eine große Auswirkung auf Wahlverhalten haben. Dies sollte nicht überraschen, denn die vorherigen Kapitel haben gezeigt, dass der Zusammenhang zwischen Reaktion und Verstärker in der operanten Konditionierung sehr wichtig ist. Der nächste Abschnitt zeigt: Wenn ein kleiner, aber unmittelbar erfolgender Verstärker gegen einen großen, aber mit Verzögerung verabreichten Verstärker antritt, wird oft der kleine unmittelbare Verstärker vorgezogen.

14.3 Wahlverhalten und Selbstkontrolle

Jeden Tag treffen Menschen viele Wahlen, die einen Konflikt zwischen ihren kurz- und langfristigen Interessen darstellen. Betrachten Sie die Situation einer Studentin, die einen Kurs belegt hat, in dem die Anwesenheit früh an jedem Montagmorgen wichtig ist. Am Sonntagabend stellt die Studentin ihren Wecker, so dass sie früh genug aufwacht, um es rechtzeitig zum Kurs zu schaffen. Die Studentin hat beschlossen, zum Unterricht zu gehen (und die erhöhten Chancen auf eine gute Note zu nutzen), statt eine Sunde länger zu schlafen. Dies klingt vielleicht nach einer besonnenen Wahl, doch leider hat die Studentin noch viel Zeit, ihre Meinung zu ändern. Wenn der Wecker am Montagmorgen klingelt, scheinen die Wärme und Behaglichkeit des Bettes doch attraktiver zu sein: Die Studentin stellt den Wecker ab und schläft wieder ein. Später am Tag bereut sie vielleicht ihr Verhalten und gelobt sich selbst, nicht noch einmal dem Kurs fernzubleiben.

Dieses Beispiel ist eine typische Wahlsituation, die Selbstkontrolle beinhaltet, bzw. eine, in der die Wahl besteht zwischen einem kleinen, unmittelbar erhältlichen und einem größeren, aber weiter entfernten Verstärker. Der kleine Verstärker ist die Extrastunde Schlaf und der größere verzögerte Verstärker ist die bessere Note, die vielleicht aus der Anwesenheit resultiert. Eine bemerkenswerte Eigenschaft von Selbstkontrollsituationen ist, dass die Präferenzen einer Person über die Zeit hinweg systematische Veränderungen zeigen. Am Sonntagabend zog es die junge Frau in unserem Beispiel vor, am nächsten Tag den Kurs zu besuchen (und die langfristigen Vorteile daraus zu ziehen), statt eine Stunde länger zu schlafen. Am nächsten Morgen hatten sich ihre Präferenzen verändert und sie zog es vor, eine Stunde länger zu schlafen. Später am Tag bereut sie ihre Wahl und beschließt, sich in Zukunft anders zu entscheiden.

Falls Sie nicht davon überzeugt sein sollten, dass Selbstkontrollsituationen alltäglich sind, betrachten Sie sich die folgenden Alltagsentscheidungen. Sie sollten imstande sein, sowohl die kleineren unmittelbareren Verstärker als auch die größeren, verzögerten Verstärker in jedem Fall zu erkennen:

1. *Eine Zigarette zu rauchen oder nicht zu rauchen.*
2. *Den Thermostat in den Wintermonaten auf 19° C einzustellen oder ihn höher zu stellen und am Ende des Monats mit einer höheren Heizkostenrechnung konfrontiert zu werden.*
3. *Wenn Sie eine Diät machen, zwischen Joghurt mit niedrigem Fettanteil oder einem kalorienreichen Sahneeis als Dessert zu wählen.*
4. *Ihren Mitbewohner wütend anzuschreien oder ihr Gemüt im Zaum zu halten und vermeiden etwas zu sagen, was Sie nicht so meinen.*
5. *Geld für ein größeres Anschaffungsobjekt (wie etwa ein Auto) zu sparen oder es jedes Wochenende für Parties auszugeben.*

Bei jedem Beispiel sollten Sie auch sehen können, wie sich die eigene Präferenz über die Zeit hinweg verändert. Es ist leicht für Sie zu sagen, dass Sie eine Diät beginnen – ab morgen. Am Montag oder Dienstag ist es leicht zu beschließen, ein ruhiges Wochenende zu verbringen und anzufangen, für das Auto zu sparen. Es ist allerdings viel schwerer, die getroffenen Vorsätze einzuhalten, wenn die Zeit gekommen ist, Ihre endgültige Wahl zu treffen. Herrnstein und Mazur (1987) argumentierten, dass diese Neigung, nach Ablauf einer gewissen Zeit die Präferenzen bei Selbstkontrollentscheidungen zu verlagern, einer der stärksten Belege gegen die Optimierungstheorie sei. Würden Menschen der Strategie folgen, die ihre Zufriedenheit langfristig optimieren würde, würden sie unverändert die eine oder andere Alternative wählen.

Menschen unterscheiden sich anscheinend in ihrer Bereitschaft, auf größere, aber erst mit einiger Verzögerung eintretende Belohnungen zu warten. In einer Studie stellten Green, Fry und Myerson (1994) Menschen unterschiedlichen Alters eine Reihe von Fragen zu hypothetischen Geldsummen wie etwa: „Würden Sie lieber heute 500 Dollar erhalten oder lieber 1000 Dollar in einem Jahr?“ Sie fanden heraus, dass Erwachsene im Alter von 60 und darüber eher die größere, aber erst später erhältliche Belohnung vorzogen als 20-jährige College-Studenten, und 12-jährige Kinder wollten noch weniger auf die verzögerte Belohnung warten. Andere Studien fanden heraus, dass Raucher eher als Nicht- oder Exraucher den kleineren, aber sofort erhältlichen Geldbetrag vorzogen, wenn ihnen Fragen wie die obigen gestellt wurden (Bickel, Odum & Madden, 1999; Mitchell 1999).

Obwohl dies Korrelationsstudien sind, zeigen sie die Möglichkeit, dass die Tendenz zu einer **impulsiven Wahl** (die kleinere, aber sofort erhältliche Belohnung zu wählen) zwischen verschiedenen Arten von Wahlsituationen hin und her wechseln kann.

Warum verändern sich die Präferenzen von Menschen in solchen Selbstkontrollsituationen? Können Menschen irgendetwas tun, um ihre Selbstkontrolle zu verbessern, sodass eine impulsive Wahl (des kleineren, unmittelbar erhältlichen Verstärkers) weniger wahrscheinlich ist? Um Fragen wie diese zu beantworten, entwickelten Howard Rachlin (1970, 1974) und George Ainslie (1975) unabhängig voneinander ähnliche Ideen zur Selbstkontrolle. Die **Ainslie-Rachlin-Theorie**, wie sie auch genannt wird, besagt, dass Veränderungen der Präferenz in Selbstkontrollsituationen verständlich sind, wenn man betrachtet, wie eine Verzögerung die Effektivität eines Verstärkers verändert.

14.3.1 Die Ainslie-Rachlin-Theorie

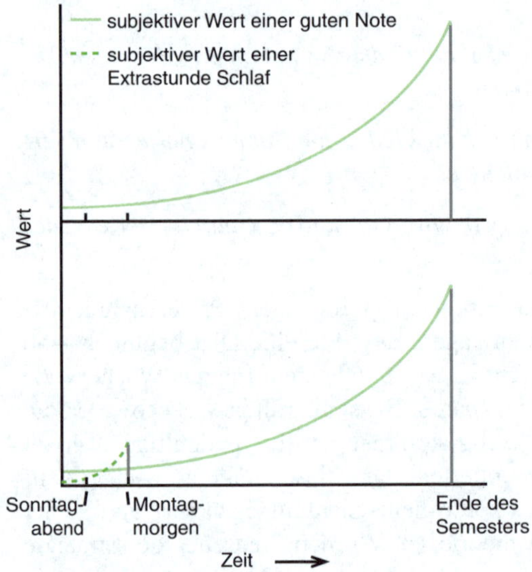

Abbildung 14.7: Eine Anwendung der Ainslie-Rachlin-Theorie auf ein im Text beschriebenes hypothetisches Beispiel. Die obere Darstellung zeigt, wie sich der subjektive Wert einer guten Note über die Zeit hinweg erhöht, je näher der Zeitpunkt ihrer Vergabe rückt. Die untere Darstellung zeigt, dass auch der Wert einer Extrastunde Schlaf sich erhöht, je näher sie rückt. Aufgrund der Wertveränderungen bevorzugt eine Person wohl manchmal die gute Note (wie etwa Sonntagabend) und die Extrastunde Schlaf zu anderen Zeiten (wie etwa Montagmorgen).

Das Beispiel der Studentin, die eine Wahl zwischen Schlaf und einem wichtigen Kurs treffen muss, kann benutzt werden, um die Merkmale dieser Theorie darzustellen. Ihre erste Annahme ist, dass sich der Wert eines Verstärkers verringert, je länger die Verzögerungszeit zwischen der Wahl und dem Erhalt des Verstärkers ist. Die obere Hälfte von Abbildung 14.7 zeigt, dass der Verstärkerwert einer guten Note am Ende des Zeitraums hoch ist, doch am fraglichen Sonntag und Montag ist der Wert viel niedriger, weil er so weit in der Zukunft liegt. In der unteren Hälfte der Abbildung wird zusätzlich der Wert einer Extrastunde Schlaf zu verschiedenen Zeitpunkten gezeigt, und dieselbe Regel gilt auch für diesen Verstärker: Mit längeren Verzögerungszeiten zwischen der Wahl und der Verabreichung des Verstärkers sinkt sein Wert. Die zweite (und sehr vernünftige) Annahme der Theorie ist, dass ein Individuum den Verstärker wählt, der zum Zeitpunkt der Wahl den höheren Wert hat. Beachten Sie, dass der Kurvenverlauf in Abbildung 14.5 zeigt, dass der Wert einer guten Note am Sonntagabend höher ist, was erklärt, warum die Studentin mit der Absicht, am Unterricht teilzunehmen, ihren Wecker stellt. Am Montagmorgen hat sich jedoch der Wert der Extrastunde Schlaf wegen ihrer unmittelbaren Verfügbarkeit enorm erhöht. Da ihr Wert nun höher als der einer guten Note ist, entscheidet sich die Studentin für den unmittelbar erhältlichen Verstärker.

Sollten Sie Schwierigkeiten haben, die Kurvenverläufe in Abbildung 14.7 zu verstehen, ist es vielleicht hilfreich, eine Analogie zwischen Zeit und Entfernung zu ziehen. Abbildung 14.8 zeigt die Darstellung einer langen Straße mit zwei Gebäuden auf der linken Straßenseite. Die Gebäude entsprechen den beiden Verstärkern in der Selbstkontrollsituation. Gebäude 2 ist eindeutig größer, doch für eine Person am Punkt A würde Gebäude 1 einen größeren Sehwinkel haben. Wir könnten sagen: Aus der Perspektive von Punkt A erscheint Gebäude 1 größer (obwohl Menschen offensichtlich die Fähigkeit haben, die Entfernungen zu berücksichtigen, und deshalb nicht dieser Illusion erliegen würden). Wenn die Person andererseits zu Punkt B liefe, würden beide Gebäude kleiner erscheinen, doch nun wäre der Sehwinkel von Gebäude 2 größer. Wenn eine Person also von beiden Gebäuden etwas zurücktritt, hat sie eine bessere Perspektive und kann deren relative Größen besser erkennen. In ähnlicher Weise kann eine Person zwei Verstärker (wie etwa eine Extrastunde Schlaf und eine bessere Note) aus einiger Entfernung (wie etwa die Nacht vor dem Unterricht) betrachten und eine bessere Perspektive erlangen, was die Werte der beiden Verstärker betrifft, und wählt wahrscheinlich den größeren der beiden.

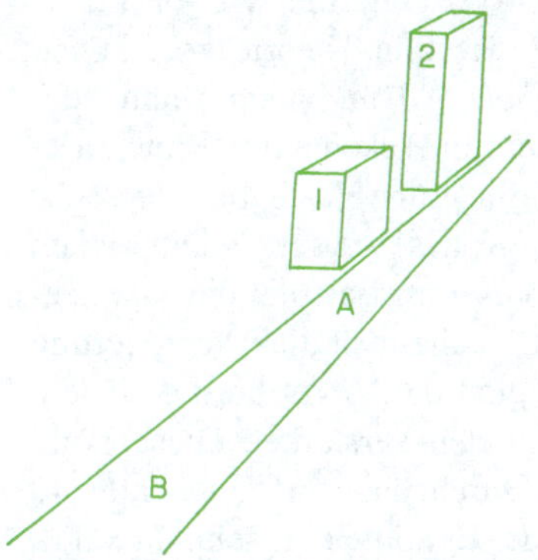

Abbildung 14.8: Für eine Person an Punkt A hat Gebäude 1 einen größeren Sehwinkel als Gebäude 2. Das Gegenteil gilt für eine Person an Punkt B. Diese Situation entspricht ungefähr einer Selbstkontrollsituation, wenn wir die räumliche Entfernung als zeitliche betrachten und das große, weit entfernte Gebäude als großen, verzögerten Verstärker ansehen und das kleinere nähere Gebäude als kleineren, unmittelbar verfügbaren Verstärker.

Wie Sie wohl sehen können, ist das Problem der Studentin, dass es ihr freisteht, am Montagmorgen ihre Meinung zu ändern, wenn die unmittelbare Verfügbarkeit der Extrastunde Schlaf ihr eine verzerrte Sicht der relativen Werte gibt. Wenn es für sie einen Weg gäbe, ihre Wahl am Sonntagabend unverrückbar festzulegen, hätte sie bessere Chancen, den größeren verzögerten Verstärker zu erhalten. Eine Technik, die sich dieser Möglichkeit bedient, bezeichnet man als **Precommitment** (Vorausverpflichtung): Die Person trifft im Voraus eine Entscheidung, die zu einem späteren Zeitpunkt schwierig oder gar nicht zu ändern ist. So könnte die Studentin zum Beispiel am Sonntagabend eine Freundin aus demselben Kurs bitten, am Montagmorgen vorbeizuschauen und sie mitzunehmen – und kein „Nein" als Antwort zu akzeptieren. Dies würde es zwar nicht unmöglich für die Studentin machen, ihre Meinung zu ändern, aber es wäre schwieriger und auch peinlicher, wenn sie im Bett bliebe. Kurz, die Studentin würde ein Precommitment eingehen, zum Kurs zu gehen, indem sie sich von einer Freundin abholen lässt. Die Precommitment-Technik ist eine nützliche Methode, impulsives Wahlverhalten zu vermeiden, und der nächste Abschnitt zeigt, dass sie sowohl für Tiere als auch für Menschen wirksam sein kann.

14.3.2 Tierstudien zur Selbstkontrolle

Ein großer Teil der Forschungsarbeiten, die die Ainslie-Rachlin-Theorie unterstützen, fand im Rahmen von Tierstudien statt, und diese Arbeiten zeigen, wie es oft möglich ist, einfache Laboranalogien komplexer Situationen in der realen Lebenswelt zu entwerfen. Der Hauptunterschied zwischen den oben beschriebenen Selbstkontrollsituationen und den folgenden Tierversuchen ist der einbezogene Zeitrahmen. Mit Tauben, Ratten und anderen Tieren kann eine Verzögerung von einigen Sekunden oft den Unterschied zwischen Selbstkontrolle und Impulsivität ausmachen.

Eine Studie von Green, Fischer, Perlow und Sherman (1981) zeigte die Art von Präferenzwechsel, die wir erwarten würden, wenn die Ainslie-Rachlin-Theorie korrekt ist. Tauben erhielten jeden Tag viele Durchgänge, und bei jedem Durchgang wählte der Vogel, indem er nur einmal auf eine von zwei Tasten pickte. Ein Picken auf die rote Taste lieferte zwei Sekunden lang Futter, und ein Picken auf die grüne Taste lieferte sechs Sekunden lang Futter. Es gab jedoch eine kurze Verzögerungsphase zwischen dem Picken und der Verabreichung des Verstärkers. In einem Fall gab es zum Beispiel eine zweisekündige Verzögerung des 2-Sekunden-Verstärkers und eine sechssekündige Verzögerung des 6-Sekunden-Verstärkers. Unter diesen Umständen zeigten die Vögel bei fast jedem Durchgang impulsives Verhalten und wählten den 2-Sekunden-Verstärker. Diese Wahl beschleunigte die zukünftigen Durchgänge nicht, denn Durchgänge erfolgten alle 40 Sekunden, unabhängig davon, welche Wahl getroffen wurde. Es sollte klar sein, dass dieses Verhalten nicht im Einklang mit der Optimierungstheorie steht, da die optimale Lösung bei jedem Durchgang die Wahl des 6-Sekunden-Verstärkers gewesen wäre. Dadurch, dass die Tiere durchweg den kleineren, aber schneller erhältlichen Verstärker wählten, entging ihnen etwa zwei Drittel des potenziell erhältlichen Futters.

In einem anderen Fall stellten die Versuchsleiter *jedem* Verstärker eine 18-sekündige Verzögerungsphase voran, so dass die Verzögerungszeiten nun 20 bzw. 24 Sekunden betrugen. Wenn die Vögel so weit im Voraus eine Wahl treffen mussten, war ihr Verhalten nahezu optimal; bei über 80 Prozent aller Durchgänge wählten sie den 6-Sekunden-Verstärker. Diese Verlagerung der Präferenz, wenn beide Verstärker zeitlich weiter entfernt sind, ist genau das, was die Ainslie-Rachlin-Theorie vorhersagt.

Ainslie (1974) führte ein ausgeklügeltes Experiment durch, dass zeigt, dass zumindest einige Tauben den Gebrauch der Strategie des Precommitment erlernen können, um impulsive Wahl zu vermeiden. Ainslies Vorgehensweise ist in Abbildung 14.9 dargestellt. Jede Taube erhielt 50 Durchgänge pro Tag, und jeder Durchgang dauerte genau 19 Sekunden, egal was die Taube tat. Die oberste Darstellung in Abbildung 14.9 zeigt die Abfolge der Ereignisse, die auftraten, wenn die Taube überhaupt nicht auf die Reaktionstaste pickte. Die Taste leuchtete zuerst für einige Sekunden grün auf, dann folgte eine Dunkelphase von einigen Sekunden, dann leuchtete sie drei Sekunden lang rot auf, worauf der Vogel für vier Sekunden Zugang zum Futter hatte. Indem der Vogel also nichts tat, konnte er sicher sein, vier Sekunden lang Futter zu erhalten. Die mittlere Darstellung in Abbildung 14.9 zeigt jedoch, dass – wenn der Vogel zu irgendeinem Zeitpunkt auf die Taste pickte, während sie rot aufleuchtete – er sofort zwei Sekunden lang Futter erhielt. Ainslie fand, dass jede Taube fast immer auf die Taste pickte, während sie rot aufleuchtete; offensichtlich zog sie einen sofortigen Erhalt von zwei Sekunden Futter dem Erhalt von vier Sekunden Futter nach einer Verzögerung von nur drei Sekunden vor. Wenn die Taste rot aufleuchtete, pickten die Vögel in mehr als 95 Prozent aller Fälle auf die Taste.

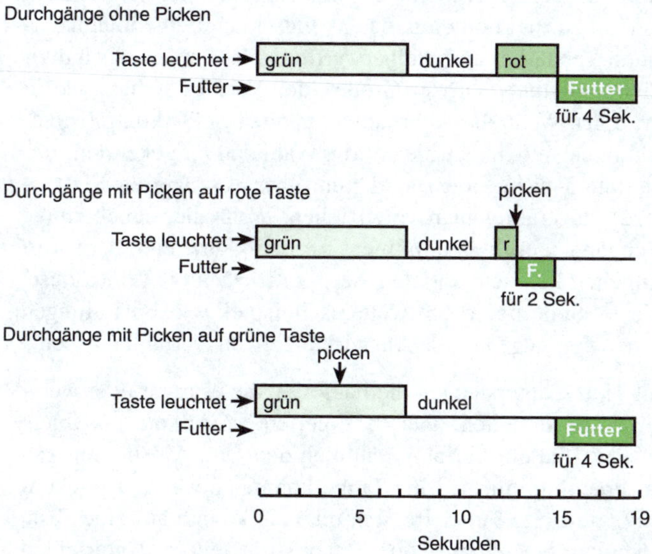

Abbildung 14.9: Eine Darstellung von Ainslies (1974) Verfahrensweise. Die drei Darstellungen zeigen von oben nach unten die Ereignisse bei Durchgängen ohne Picken, mit einem Picken auf die rote Taste und mit einem Pikken auf die grüne.

Wie die unterste Darstellung in Abbildung 14.9 zeigt, war der Zweck der Initialphase, als die Taste grün aufleuchtete, dem Vogel eine Chance zu geben, ein Precommitment für den größeren Verstärker einzugehen. Beachten Sie: Als die Taste grün aufleuchtete, waren beide Verstärker noch einige Sekunden entfernt, so dass der unmittelbare 2-Sekunden-Verstärker nicht so verlockend sein sollte. Wenn das Tier einmal auf die grüne Taste gepickt hatte, traf es eine unumkehrbare Wahl für den 4-Sekunden-Verstärker. Die Taste leuchtete nie rot auf, so dass es keine Gelegenheit mehr gab, auf die rote Taste zu picken und sofort zwei Sekunden lang Futter zu erhalten. Drei von Ainslies zehn Tauben lernten den Gebrauch der Precommitment-Option und pickten in mehr als der Hälfte aller Durchgänge auf die grüne Taste. Die anderen Tiere pickten sehr selten auf die grüne Taste.

Der Grund, weshalb das von Ainslie ersonnene Precommitment-Verfahren für einige Tiere schwer zu beherrschen war, war, dass ein Precommitment eine aktive Reaktion erforderte (ein Picken auf die grüne Taste), wohingegen kein Precommitment nichts weiter erforderte, als die Zeit bis zur Verabreichung des Verstärkers abzuwarten. Wir könnten annehmen: Wenn die Tauben eine aktive Wahl für oder gegen das Precommitment hätten treffen müssen, bevor der Durchgang fortgesetzt würde, dann hätten sie vielleicht häufiger auf die Precommitment-Strategie zurückgegriffen. Ein Experiment von Rachlin und Green (1972) zeigte, dass dies der Fall ist. Bei jedem Durchgang musste der Vogel entweder auf eine Taste picken und ein Precommitment für einen größeren Verstärker eingehen oder auf eine zweite Taste picken und später die Wahl zwischen einem großen Verstärker oder einem kleineren, aber unmittelbar erhältlichen Verstärker treffen. Bei dieser Vorgehensweise wählten vier von fünf Tauben in der Mehrzahl aller Fälle die Precommitment-Taste, und ein fünftes Tier wählte auch gelegentlich diese Taste. Zusammengefasst kann man sagen: Precommitment scheint zu funktionieren, da das Individuum eine unumkehrbare Wahl treffen kann, wenn kein Verstärker unmittelbar verfügbar ist – wenn das Individuum eine „bessere Perspektive" auf die relativen Größen der Verstärker hat (wie in Abbildung 14.7 und 14.8 dargestellt). Wenn die Alternativen in einer Selbstkontrollsituation Bestrafungen statt Verstärkungen sind, haben sie auf die Wahl den umgekehrten Einfluss. In einer Studie neigten Ratten dazu, einen stärkeren, aber verzögerten Elektroschock einem kleineren, aber sofort verabreichten vorzuziehen. Wenn sie jedoch einige Sekunden vor Beginn des Durchgangs ein Precommitment für den kleineren, aber sofort auftretenden Elektroschock eingehen konnten, so taten sie das oft (Deluty, Whitehouse, Mellitz & Hineline, 1983). Diese Studie liefert ein weiteres Beispiel, wie Bestrafungen und Verstärkungen symmetrische, aber gegenteilige Auswirkungen auf Verhalten haben.

Andere Forschungsarbeiten mit Tieren untersuchten die Faktoren, die es mehr oder weniger wahrscheinlich machen, einen bevorzugten, aber verzögerten Verstärker zu wählen. Grosch und Neuringer (1981) benutzten ein Verfahren ähnlich dem von Ainslie, nur gab es keine Möglichkeit zu einem Precommitment: Eine Taube konnte entweder 15 Sekunden warten und dann ein bevorzugte Sorte Futter fressen, oder sie konnte auf eine Taste picken und erhielt sofort eine weniger bevorzugte Sorte Futter. (Ein weiterer Unterschied war also, dass die beiden Verstärker sich in ihrer Qualität statt in ihrer Menge unterschieden.) Die Tauben mussten eine starke Präferenz für den verzögerten Verstärker haben, denn Grosch und Neuringer fanden, dass die Tiere in 80 Prozent aller Durchgänge auf diesen Verstärker warteten. Die Versuchsleiter nahmen dann eine kleine Änderung an der

Verfahrensweise vor: Die beiden Futtersorten waren nun für die Tauben während der Wartezeit sichtbar (hinter einem durchsichtigen Hindernis). Waren die Verstärker sichtbar, verhielten sich die Tauben viel impulsiver und warteten nur in 10 bis 15 Prozent aller Fälle auf den bevorzugten Verstärker. Der Anblick des Futters stellte offensichtlich eine zu große Versuchung dar, der die Tiere nicht widerstehen konnten. In einer anderen Studie fanden Grosch und Neuringer, dass die mit den Futterverstärkern assoziierten Stimuli eine ähnliche Wirkung hatten. In diesem Fall war während der Wartezeit kein Futter sichtbar, doch die Futterklappen leuchteten in denselben Farben auf, die normalerweise die Verabreichung des Futters begleiteten. Wie das Futter selbst ließen die aufleuchtenden Farblichter die Tauben eher das sofort verfügbare, aber weniger bevorzugte Futter wählen.

Grosch und Neuringer fanden ebenfalls, dass ihre Tauben eher auf den verzögerten Verstärker warteten, wenn sie die Gelegenheit hatten, sich während der Verzögerungsphase mit einer bestimmten Aktivität zu beschäftigen. Wir sahen, dass die Tauben nur in 15 Prozent aller Durchgänge auf das bevorzugte Futter warteten, wenn das Futter für sie sichtbar war. Grosch und Neuringer brachten den Vögeln dann bei, auf eine Taste im hinteren Teil der Kammer zu picken, die zunächst Futter auf einem FR-20-Plan lieferte. Es war nicht überraschend, dass die Vögel es für einfacher hielten, auf das bevorzugte Futter zu warten, wenn sie die Verzögerungsphase mit der Arbeit an einem FR-20-Plan verbringen konnten. Überraschender war die Tatsache, dass die Vögel für die restliche Zeit des Experiments ohne Zeichen von Extinktion weiter auf diese Taste pickten, auch wenn sie keine Verstärker mehr lieferte.

Diese Studien zeigen einige der Faktoren, die die Wahl von Versuchstieren in Selbstkontrollsituationen beeinflussen. Der nächste Abschnitt zeigt, dass dieselben Faktoren das Wahlverhalten kleiner Kinder beeinflussen.

14.3.3 Faktoren, die die Selbstkontrolle bei Kindern beeinflussen

Die Experimente von Grosch und Neuringer waren einer Reihe von Experimenten mit Kindern von Walter Mischel und seinen Kollegen nachempfunden (Mischel, 1966, 1974). In einem Experiment (Mischel & Ebbesen, 1970) wurden Vorschulkinder (die einzeln getestet wurden) vor die Wahl gestellt, entweder 15 Minuten auf einen bevorzugten Verstärker (wie etwa Brezel) zu warten oder einen weniger bevorzugten Verstärker (wie etwa Kekse) sofort zu erhalten. Innerhalb der 15-minütigen Wartezeit konnte das Kind den Durchgang jederzeit abbrechen und den weniger bevorzugten Snack erhalten. Wie bei den Tauben von Grosch und Neuringer war es für die Kinder wesentlich schwieriger zu warten, wenn die Verstärker sichtbar waren (in einer offenen Keksdose vor dem Kind).

In einer weiteren Studie mit einem anderen Verstärker sagten Mischel, Ebbesen und Zeiss (1972) einigen Kindern, sie könnten „an den Marshmallow und die Brezel so lange denken, wie sie möchten“. Anderen Kindern wurden solche Anweisungen nicht gegeben. Die Kinder, die dazu ermutigt wurden, über die Verstärker nachzudenken, zogen es häufiger vor, den Durchgang abzubrechen und den weniger bevorzugten Verstärker zu bekommen.

Mischel und seine Mitarbeiter fanden auch heraus, dass die Kinder eher auf den bevorzugten Verstärker warteten, wenn sie sich während der Wartezeit mit irgendeiner Aktivität beschäftigen konnten (einem Teil der Kinder wurde eine Spiralfeder zum Spielen gegeben).

Studien von Mischel und anderen haben gezeigt, dass es große individuelle Unterschiede zwischen Kindern bezüglich ihrer Selbstkontrollfähigkeiten gibt: Einige Kinder können lange auf einen verzögerten Verstärker warten, andere nicht. Diese individuellen Unterschiede können schon bei Kindern im Alter von zwei Jahren beobachtet werden (Silverman & Ragusa, 1990). Es scheint, als ob zwei- oder dreijährige Kinder bereits die Strategie erlernt haben, ihre Aufmerksamkeit von erwünschten Objekten wegzulenken, um eine impulsive Wahl zu vermeiden (Cournoyer & Trudel, 1991). Mischels Forschungen enthüllten eine Reihe weiterer Faktoren in Bezug auf die Wahl eines Kindes in Selbstkontrollsituationen. Er fand, dass die Neigung, auf einen großen verzögerten Verstärker zu warten, in Beziehung zum Alter, zum IQ, der Anwesenheit des Vaters im Elternhaus des Kindes und einer Reihe weiterer Faktoren steht (Mischel, 1961, 1981, 1983). Eine andere Studie fand, dass die Qualität der Interaktionen eines Kleinkindes mit seiner Mutter in Bezug zur Selbstkontrollfähigkeit vier Jahre später steht. Kinder, die im Alter von zwei Jahren „einfühlsame, kognitiv stimulierende Eltern-Kleinkind-Interaktionen“ hatten, neigten im Alter von sechs Jahren zu weniger impulsivem Verhalten (Olson, Bates & Bayles, 1990).

Mischel (1966) zeigte auch, dass das Verhalten eines Kindes in einer Selbstkontrollsituation durch Beobachtungslernen beeinflusst werden kann. Viert- und Fünftklässler wurden gebeten, an einer „Verbraucher-Verhaltensstudie“ teilzunehmen. Jedes Kind beobachtete zunächst, wie ein Erwachsener zwischen verschiedenen Gegenständen wie etwa einem Satz Schachfiguren aus Plastik und einem Satz aus Holz wählte, wobei letztere für zwei Wochen nicht erhältlich waren. Das Kind traf dann eine ähnliche Wahl, doch mit kindgerechten Gegenständen. Dem Kind wurde gesagt, es solle seine Wahl ernst nehmen, denn es würde tatsächlich eines der ausgewählten Dinge erhalten. Einige Kinder beobachteten einen Erwachsenen, der einheitlich immer den unmittelbar verfügbaren Verstärker wählte und Bemerkungen fallen ließ wie: „Schachfiguren sind Schachfiguren. Die Plastikfiguren kann ich gleich verwenden.“ Andere Kinder beobachteten einen Erwachsenen, der die verzögerten Verstärker wählte, ihre bessere Qualität anmerkte und sagte: „Ich finde, das Leben ist erfreulicher, wenn man bereit ist, auf gute Dinge zu warten.“ Mischel fand, dass die Wahl der Kinder sehr stark vom Modellverhalten des Erwachsenen beeinflusst wurde. Außerdem hielt der Einfluss des Modells lange an, denn die meisten Kinder folgten dem Beispiel des Modells immer noch, als sie vier Wochen später ein weiteres Mal getestet wurden. Wie viele andere Verhaltensweisen wird auch Wahlverhalten in Selbstkontrollsituationen stark durch Beobachtungslernen beeinflusst.

Die Modellierung ist natürlich nur eine Methode, Kindern das Abwarten beizubringen. Schweitzer und Sulzer-Azaroff (1988) brachten einer Gruppe impulsiver Vorschulkinder bei, auf einen größeren, verzögerten Verstärker zu warten, indem sie mit sehr kurzen Verzögerungszeiten begannen und dann im Verlauf des Trainings die Zeiten stetig verlängerten. Ähnliche Vorgehensweisen wurden bei behinderten Erwachsenen verwendet (Dixon, Hayes, Binder, Manthey, Sigman und Zdanowski, 1998). Andere Techniken zum Training der Selbstkontrolle wurden ebenfalls verwendet (Eisenberger & Adornetto, 1986). Doch unabhängig davon, wie es erlernt wird, kann der frühe Erwerb der Fähigkeit, auf verzögerte Verstärker zu warten, lang anhaltende Auswirkungen haben. Mischel, Shoda und Rodriguez (1989) fanden heraus, dass die Fähigkeit zur Selbstkontrolle im Alter von vier Jahren im Zusammenhang mit einer Reihe von Persönlichkeitsmerkmalen in der Jugend stand, einschließlich der Fähigkeiten, sich auf eine Aufgabe zu konzentrieren, Ziele zu verfolgen, Versuchungen zu widerstehen und mit Enttäuschungen umzugehen. Wir sollten diese Befunde mit Vorsicht betrachten, denn sie beruhen auf Korrelationsstudien, doch man kann sich leicht vorstellen, wie das Erlernen von Toleranz hinsichtlich Verzögerungen einem Kind helfen könnte, diese anderen wünschenswerten Wesenszüge zu entwickeln.

14.3.4 Techniken zur Verbesserung der Selbstkontrolle

Verhaltenstherapeuten können ihren Klienten eine ganze Reihe von Vorschlägen unterbreiten, wenn diese impulsives Verhalten in so unterschiedlichen Situationen zeigen wie beim Einhalten einer Diät, beim Aufrechterhalten eines sportlichen Übungsprogramms, beim regelmäßigen Lernen, beim Geldsparen und beim Vermeiden exzessiven Trinkens oder Rauchens. Schauen wir einige dieser Strategien an und untersuchen wir, wie sie zum Ainslie-Rachlin-Modell und zur oben beschriebenen Forschung in Bezug stehen.

Wir sahen bereits, wie eine Studentin ein Precommitment eingehen kann, um früh am Morgen pünktlich zum Unterricht zu erscheinen, indem sie sich von einer Kommilitonin abholen lässt, die darauf besteht, dass ihre Freundin mitkommt. Menschen, die abnehmen wollen, wird geraten, Lebensmittel einkaufen zu gehen, wenn sie nicht hungrig sind, und nur Lebensmittel zu kaufen, die kalorienarm sind sowie längere Zubereitungszeit brauchen, bevor sie verzehrt werden können (Stuart, 1967). Die Rolle des Precommitment in diesem Beispiel sollte offensichtlich sein. Jemand auf einer Diät kann nicht einfach impulsiv einen kalorienreichen Snack zu sich nehmen, wenn sich kein solcher im Haus befindet. Wenn bestimmte Lebensmittel beispielsweise eine Stunde Kochen zur Zubereitung brauchen, kann diese Verzögerung zwischen Auswahl und Verzehr den Wert des Essens ausreichend stark herabsetzen, so dass das Einhalten der Diät vorgezogen wird. Menschen, die die Angewohnheit haben, Geld impulsiv auszugeben, wird geraten, vorm Einkauf eine Liste zu erstellen, nur so viel Geld mitzunehmen, wie zum Kauf benötigt wird, ihre Kreditkarten zu vernichten und kein Einkaufszentrum ohne einen triftigen Grund zu betreten (Paulsen, Rimm, Woodburn & Rimm, 1977). All diese Strategien erschweren es der Person, etwas Hals über Kopf zu kaufen, nur weil es zu jenem Zeitpunkt gerade spontan attraktiv erscheint.

Wie Abbildung 14.7 nahe legt, tritt impulsives Verhalten auf, wenn der Wert eines verzögerten Verstärkers zu klein ist, um mit dem gegenwärtig hohen Wert des verfügbaren Verstärkers konkurrieren zu können. Daraus folgt, dass jede Strategie, die entweder den Wert der verzögerten Alternative erhöht oder den Wert des unmittelbar verfügbaren Verstärkers verringert, die Wahl des verzögerten Verstärkers eher wahrscheinlich machen sollte. Eine nützliche Strategie ist deshalb, einen zusätzlichen unmittelbareren Verstärker von der

Wahl eines größeren verzögerten Verstärkers abhängig zu machen. Jemand auf einer Diät könnte mit sich selbst zum Beispiel eine Abmachung treffen, dass er sein Lieblings-Vorabendprogramm im Fernsehen nur an solchen Tagen ansehen darf, an denen er auf den kalorienreichen Nachtisch verzichtet. Eine Studentin, die den Wunsch hat, ihre Lerngewohnheiten zu verbessern, könnte sich erst gestatten, mit Freunden Essen zu gehen, nachdem sie volle zwei Stunden in der Bibliothek gelernt hat. Psychologen haben diese Art von Strategie **Selbstverstärkung** genannt, denn es ist die Person selbst, die sich für entsprechendes Verhalten Verstärker verabreicht. Obwohl Selbstverstärkung funktionieren kann, ist doch ein häufiges Problem dabei, dass es leicht ist zu „mogeln" – das heißt, sich den Verstärker zu verabreichen, selbst wenn man nicht das entsprechende Verhalten gezeigt hat. Aus diesem Grund ist es ratsam, die Hilfe eines Freundes, einer Freundin oder eines Familienmitglieds in Anspruch zu nehmen. Die Frau des Mannes, der auf einer Diät ist, könnte sicherstellen, dass er nur seine Lieblingssendung im Fernsehen sieht, wenn er vorher auf den Nachtisch verzichtet hat. Die Studentin könnte mit einer gewissenhaften Mitbewohnerin in die Bibliothek gehen, die sicherstellt, dass sie wirklich zwei Stunden lernt (statt Zeitschriften zu lesen oder mit Freundinnen zu reden), bevor sie Essen gehen.

Die ergänzende Strategie ist, den Wert der impulsiven Option dadurch zu verringern, dass man ihr eine Form von Bestrafung hinzufügt. Ross (1974) schildert einen Fall, bei dem diese Technik verwendet wurde, um einer Frau bei ihrem Problem mit zwanghaftem Nägelkauen zu helfen. Die Frau war unglücklich über den Anblick ihrer Nägel, nachdem sie an ihnen herumgekaut hatte, doch wie viele andere Nägelkauer auch empfand sie ihr Verhalten (aus unerfindlichen Gründen) kurzfristig als Verstärker. Als Teil ihrer Behandlung hinterlegte die Frau beim Therapeuten 50 US-Dollar, und ihr wurde gesagt, das Geld würde einer Organisation gespendet, die sie verabscheut (die US-amerikanische Kommunistische Partei), sollten ihre Nägel nicht jede Woche um eine bestimmte Länge wachsen.

Eine weitere Strategie zur Verbesserung der Selbstkontrolle bezieht sich auf die Entdeckungen von Mischel und seinen Kollegen, dass das Beobachten von oder sogar nur Nachdenken über Verstärker ihre Attraktivität erhöhen kann. Obwohl Mischel herausfand, dass das Nachdenken über beide Verstärker Impulsivität erhöhte, wurde doch oft vermutet, dass ein selektives Nachdenken über den großen, verzögerten Verstärker eine impulsive Aktion verhindern könne (Ainslie, 1975; Watson & Tharp, 1985). So kann einer Person auf Diät geraten werden, ihren Körper als attraktiv und gesund zu visualisieren, bevor sie sich zum Essen an den Tisch setzt. Eine ähnliche Taktik ist, auf die Kühlschranktür das Bild einer attraktiven Person in einem Badeanzug zu kleben, um Sie jedes Mal an ihr langfristiges Ziel zu erinnern, bevor Sie dem Drang nach einem Snack nachgeben. Eine Person, die für eine größere Anschaffung (wie etwa eine Kamera) versucht Geld zu sparen, könnte ein Foto des begehrten Objekts in ihrer Geldbörse aufbewahren, so dass sie immer das Foto sieht, wenn sie zur Geldbörse greift. Die Idee bei all diesen Strategien ist, dass ein Bild oder eine visuelle Vorstellung oft die Kluft zwischen dem gegenwärtigen und dem langfristigen Ziel überbrückt, wodurch sich der subjektive Wert dieses Ziels erhöht.

Wir haben einige der Hauptstrategien untersucht, die Verhaltenstherapeuten zur Verbesserung der Selbstkontrolle empfehlen. Leser, die an weiteren Details und zusätzlichen Strategien interessiert sind, können diese in Büchern zum Verhaltens-Selbstmanagement wie dem von Watson und Tharp (1985) finden. All diese Strategien zeigen, dass es mehr zum Thema Selbstkontrolle gibt als nur Vorsatz und Willenskraft. Menschen, die ihr impulsives Verhalten auf einen Mangel an Willenskraft zurückführen, mangelt es vielleicht nur an Wissen, wie man die entsprechenden Strategien anwendet.

> **WWW**
>
> Anleitungen zur Durchführung eines auf behavioristischen Prinzipien beruhenden Projekts zur Verbesserung der Selbstkontrolle sind hier verfügbar: `http://mentalhelp.net/psyhelp/chap11`

14.4 Andere Wahlsituationen

Ohne das Ainslie-Rachlin-Modell könnte das Verhalten von Personen in Selbstkontrollsituationen paradox erscheinen: Warum sollte die Präferenz einer Person zwischen einem kleinen unmittelbaren Verstärker und einem größeren, weiter entfernten Verstärker hin- und herschwanken? Was ist die wirkliche Präferenz der Person? Mit Hilfe des Ainslie-Rachlin-Modells jedoch erscheint Wahlverhalten in Selbstkontrollsituationen nicht mehr so unerklärlich. Die Schwankungen in der Präferenz einer Person können als direkte Konsequenzen der sich ändernden Verzögerungen beider Alternativen gesehen werden. Um dieses Kapitel über Wahlverhalten abzuschließen, werden wir noch einige Situationen untersuchen, in denen die Entscheidungen von Menschen oder Tieren paradox erscheinen. In manchen Fällen scheinen ihre Entscheidungen widersprüchlich zu sein, in anderen stellen sie sich mit ihren Entscheidungen selbst ein Bein. Wir werden nun untersuchen, wie Psychologen versucht haben, diese Situationen zu analysieren.

14.4.1 Präferenz für Abwechslung

Es wird oft gesagt, „Abwechslung ist die Würze des Lebens“, und diese Maxime gilt sowohl für Tiere als auch für Menschen. Einige Studien mit Tauben haben gezeigt, dass sie Situationen bevorzugen, in denen sie mehr Auswahl haben (mehr Reaktionsalternativen) – selbst wenn die Gesamtsumme aller Verstärker nicht größer ist – , als wenn es weniger Wahlmöglichkeiten gibt (Catania, 1975). In manchen Fällen jedoch scheinen Tiere ihre Vorliebe für Abwechslung auf die Spitze zu treiben und wählen eine variable Alternative, selbst wenn diese nachteilig ist. Betrachten wir als Beispiel eine Situation, in der eine Taube entweder auf eine rote oder eine grüne Taste picken muss. Die Konsequenzen beim Picken auf die rote Taste sind immer dieselben: Es gibt eine 10-sekündige Verzögerung, dann wird das Futter geliefert. Die Konsequenzen beim Picken auf die grüne Taste sind variabel: Bei einer Hälfte der Durchgänge gibt es eine einsekündige Verzögerung, bevor das Futter geliefert wird, bei der anderen Hälfte dauert es 19 Sekunden, bis das Futter erhältlich ist. Beachten Sie, dass das arithmetische Mittel aus 1 Sekunde und 19 Sekunden 10 Sekunden ist; langfristig liefern also beide Tasten durchschnittlich alle 10 Sekunden einen Futterverstärker. Trotzdem fand ich in Situationen ähnlich dieser, dass die Tauben eine starke Präferenz für die variable Verzögerung von 1 oder 19 Sekunden gegenüber der fixen Verzögerung von 10 Sekunden hatten (Mazur, 1984). Die Einzelheiten meiner Vorgehensweise sind nicht wichtig, doch durch eine Reihe von Tests war ich imstande abzuschätzen, dass die feste Verzögerung auf etwa drei bis vier Sekunden verkürzt werden musste, bevor die Tauben eine gleich verteilte Präferenz für beide Optionen zeigten. Mit anderen Worten: Eine variable Verzögerung, die im Durchschnitt 10 Sekunden betrug, wurde von den Tieren genauso oft gewählt wie eine feste Verzögerung von drei bis vier Sekunden.

Ähnliche Resultate erhielt man mit Quoten- und Intervallplänen: Tiere ziehen VI-Pläne gleich langen FI-Plänen vor, und sie ziehen VR-Pläne gleich langen FR-Plänen vor (Fantino, 1967; Herrnstein, 1964). In einer Studie fand ich zum Beispiel, dass Tauben einen VR-60-Plan einem FR-30-Plan vorzogen (Mazur, 1986). Die Tiere bevorzugten also einen variablen Plan, selbst wenn er von ihnen doppelt so viel Arbeit verlangte, um den Verstärker zu erhalten.

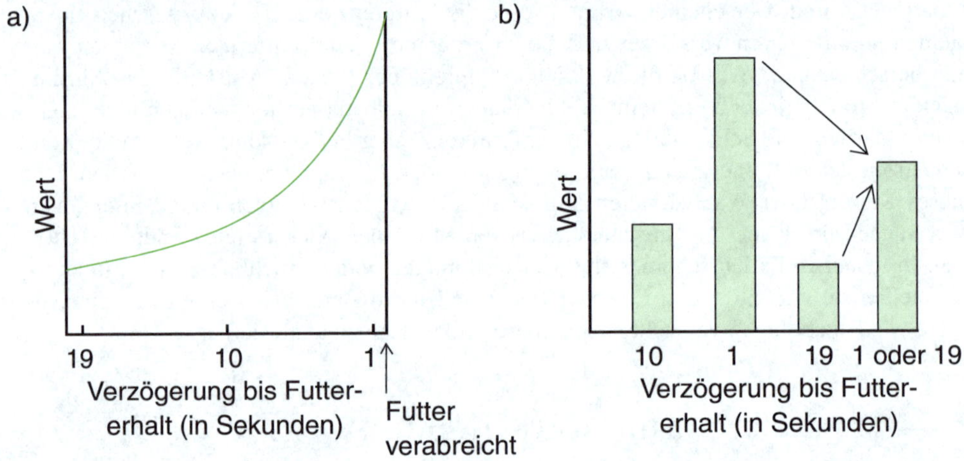

Abbildung 14.10: **(a)** Eine theoretische Kurve, die zeigt, wie sich der Wert eines Verstärkers verringert, wenn die Verzögerungszeit sich verlängert (vergleichbar mit Abbildung 14.7). **(b)** Die hypothetischen Werte von Futter, das nach einer, 10 und 19 Sekunden verabreicht wird. Der letzte Balken zeigt den Wert von Futter, das manchmal nach einer und manchmal nach 19 Sekunden verabreicht wird.

Wie können wir diese starke Präferenz erklären, die Tiere für variable Alternativen auf Kosten von Zeit und Aufwand zeigen? Die Prinzipien der verzögerten Verstärkung, wie sie im letzten Abschnitt über Wahlverhalten in Selbstkontrollsituationen beschrieben wurden, können hier ebenso angewendet werden. Abbildung 14.10a zeigt das bekannte Verhältnis zwischen Verzögerung und Wert: Wenn sich die Verzögerungszeit zwischen Reaktion und Verabreichung des Futters verlängert, verringert sich der Wert des Futters. Wenn sich die Verabreichung des Futters um 19 Sekunden verzögert, ist sein Wert zum Zeitpunkt der Wahl klein. Der Wert des Futters erhöht sich etwas, wenn es nach 10 Sekunden erhältlich ist; sein Wert erhöht sich noch viel mehr, wenn das Futter schon nach einer Sekunde verfügbar ist. Die Balkendarstellung in Abbildung 14.10b wurde direkt aus dieser Verzögerungskurve abgeleitet, und die Höhe der Balken zeigt den Wert der Futterverstärker mit unterschiedlichen Verzögerungszeiten. Doch wie hoch ist der Wert von Futter, das mit einer Verzögerung von entweder einer oder 19 Sekunden verabreicht wird? In meiner Analyse nahm ich an, dass es der arithmetische Mittelwert der beiden möglichen Verzögerungszeiten sei (d.h. der Durchschnitt aus den Höhen des 1-Sekunden-Balkens und des 19-Sekunden-Balkens, wie im Balken ganz rechts in Abbildung 14.10b dargestellt). Wie man erkennen kann, ist dieser Durchschnittswert wesentlich größer als der Wert der festen 10-Sekunden-Verzögerung, was erklären könnte, weshalb die variable Verzögerung der festen 10-Sekunden-Verzögerung vorgezogen wird. Nach dieser Theorie ist der Grund, warum Tiere variable Verzögerungen den festen vorziehen, der, dass nur variable Verzögerungen die Möglichkeit zum Erhalt eines relativ unmittelbaren Verstärkers bieten, und relativ unmittelbare Verstärker haben einen sehr hohen Wert, wie Abbildung 14.10a zeigt. Dieselbe Logik kann man auf Präferenzen für andere variable Pläne wie etwa VR-Pläne anwenden.

Bei Menschen kann man die Präferenz für Abwechslung an den starken Auswirkungen sehen, die VR-Pläne auf ihr Verhalten haben. In Kapitel 7 wurde gesagt, dass ein Grund, weshalb so viele Sportarten und Spiele so kräftige Verstärker sind, der ist, dass diese Aktivitäten Verstärker in VR-Plänen verabreichen. Das Kapitel beschrieb auch, wie manche Arbeitgeber VR-Pläne benutzen, um bei ihren Angestellten wünschenswertes Verhalten zu bestärken, wie etwa regelmäßige Anwesenheit und Einhaltung von Sicherheitsbestimmungen. Doch der wohl beste Beleg für die Bedeutung variabler Verstärker stammt aus Glücksspielsituationen, wie der nächste Abschnitt beschreibt.

14.4.2 Risiken eingehen

Bei vielen alltäglichen Entscheidungen sind Folgen oder Ergebnisse nicht absehbar. Wenn Sie in ein Unternehmen investieren, können Sie nicht sicher sein, ob seine Aktien im Wert steigen oder fallen werden. Wenn Sie das Haus ohne Regenschirm verlassen, können Sie nicht sicher sein, ob es regnen wird oder nicht. Wenn Sie zu einer Party gehen, können Sie nicht sicher sein, ob Sie dort Spaß haben werden. Eine interessante Tatsache hinsichtlich Entscheidungen mit ungewissem Ausgang ist, dass Menschen manchmal eine riskante Alternative bevorzugen und manchmal wiederum eine sichere Alternative. Dasselbe fand man bei Tieren. Forscher haben versucht zu verstehen, warum Personen manchmal Risiken zugeneigt sind (eine riskante Alternative vorziehen) und manchmal Risiken abgeneigt (eine sichere Alternative vorziehen).

In einem Experiment zu diesem Thema präsentierten Caraco, Martindale und Whittam (1980) kleinen Vögeln die folgenden Wahlmöglichkeiten. Bei jedem Durchgang konnte ein Vogel zu einer von zwei Futterstellen gelangen. An der einen Stelle erhielt er immer ein Hirsekorn pro Minute. Bei der anderen hatte der Vogel eine 50-prozentige Chance, zwei Hirsekörner zu finden, und eine 50-prozentige Chance, nichts vorzufinden. Caraco und Kollegen entdeckten: Wenn die Durchgänge schnell hintereinander folgten (so dass es viele Möglichkeiten gab, Futter zu erhalten), bevorzugten die Vögel die Futterstelle mit dem einzelnen, jedes Mal garantierten Hirsekorn. Wurden die Durchgänge jedoch durch längere Verzögerungen zeitlich voneinander getrennt, bevorzugten die Vögel die

Futterstelle mit einer 50-prozentigen Wahrscheinlichkeit von zwei Hirsekörnern. Caraco zog den Schluss, dass diese Strategien die Überlebenschancen des Vogels in freier Wildbahn maximierten. Wenn genug Futter vorhanden ist, besteht kein Anlass dazu, ein Risiko einzugehen, denn die Entscheidung für weniger, dafür aber garantiertes Futter stellt sicher, dass der Vogel immer genug zu fressen hat. Wenn Futter allerdings Mangelware ist und die Futterquellen nicht genug Nahrung liefern, wird der Vogel riskantere Optionen mit eventuell größeren Erträgen wagen, denn er hat „nichts zu verlieren" – bei der riskanten Option Glück zu haben ist die einzige Überlebenschance, die der Vogel hat.

Forschungsarbeiten mit anderen Spezies erbrachten Resultate, die Caracos Theorie stützen (Ito, Takatsuru & Saeki, 2000), andere jedoch nicht (Case, Nichols & Fantino, 1995). Das Eingehen eines Risikos kann eine Wahlsituation sein, bei der unterschiedliche Spezies auch unterschiedliche Strategien anwenden. Was den Menschen betrifft, wiesen March und Shapira (1992) darauf hin, dass sowohl Individuen (zum Beispiel Politiker) als auch Gruppen (zum Beispiel Unternehmen) eher größere Risiken eingehen, wenn ihr Überleben (in einer politischen Kampagne, auf dem Markt) gefährdet ist. March und Shapira wiesen jedoch ebenfalls darauf hin, dass Individuen und Gruppen – abgesehen von der reinen Sorge ums Überleben- auch ein bestimmtes Aspirationsniveau haben (Ziele, die sie erreichen wollen), und das Ausmaß, in dem sie Risiken eingehen, könnte davon abhängen, wie nah sie ihrem Ziel sind. Ein Unternehmen könnte zum Beispiel große Risiken eingehen, wenn sein Jahresgewinn weit unter dem anvisierten Ziel liegt; liegen die Gewinne allerdings nah am Ziel, könnte es sich konservativer verhalten. Wenn die Gewinne des Unternehmens dann weit über dem Ziel liegen, könnte es beginnen, wieder größere Risiken einzugehen. March und Shapira deuteten auch an, dass andere Faktoren das Niveau der Risikofreudigkeit einer Person oder einer Gruppe beeinflussen, wie etwa frühere Angewohnheiten, frühere Erfolge oder Fehlschläge, Selbstvertrauen.

Zieht man all diese Faktoren in Betracht, ist es kein Wunder, dass es schwierig sein kann vorherzusagen, wie sich eine Person in einer riskanten Situation verhalten wird. Wenn es jedoch um Glücksspiele geht, sind die Entscheidungen vieler Menschen nur allzu vorhersagbar. Viele Menschen haben Spaß an Glücksspielen – in Spielkasinos, Büro-Spielkassen und staatlichen Lotterien. Ein paar Dollar pro Woche zu verwetten mag unbedenklich sein, doch manche Menschen neigen bei Glücksspielen zu Extremen und treiben durch ihre Verluste sich selbst und ihre Angehörigen in den Ruin. Exzessives Wetten in der Lotterie oder in Spielkasinos hat finanziell wenig Sinn, denn der durchschnittliche Spieler muss Geld verlieren (da staatliche Lotterien und Kasinos immer ihren Gewinn machen). Warum stürzen sich also manche Menschen in riskante Glücksspiele, trotz der Tatsache, dass die Gewinnchancen langfristig dagegen sprechen? Rachlin (1990) sagte, dass eine Präferenz für Glücksspiele ähnlich der Präferenz für Abwechslung und Vielfalt ist, wie im vorangegangenen Abschnitt beschrieben. In vielen US-Bundesstaaten gibt es „Sofortgewinn-Lotterien", bei denen man jedes Mal, wenn man ein Los kauft, die Chance hat, sofort Geld zu gewinnen (gewöhnlich einen recht kleinen Betrag). Wenn Sie jeden Tag ein Los kaufen, können mitunter Wochen vergehen, bevor sie etwas gewinnen. Doch es besteht eine kleine Chance, dass Sie schon beim ersten Mal etwas gewinnen. Rachlin sagte deshalb, dass der Kauf eines Lotterieloses für manche Menschen aus demselben Grund eine attraktive Option sei wie für ein Tier Futter, das nach einer variablen Verzögerungszeit verabreicht wird: In beiden Fällen besteht die Chance, dass ein Verstärker nahezu unmittelbar geliefert wird. Experimente sowohl mit Tieren als auch mit Menschen haben die Idee unterstützt, dass riskante Alternativen (solche, die in manchen Durchgängen einen Verstärker liefern und in anderen nicht) den Verstärkern sehr ähnlich sind, die nach variablen Verzögerungszeiten verabreicht werden (Mazur, 1991; Rachlin, Raineri & Cross, 1991).

Um es zusammenzufassen: Wir haben nun mehrere Auswahlsituationen untersucht, in denen die unmittelbare Verfügbarkeit eines Verstärkers der ausschlaggebende Faktor ist. Bei Wahlverhalten in Selbstkontrollsituationen ziehen Menschen und Tiere oft einen kleinen unmittelbaren Verstärker einem verzögerten vor, der langfristig besser für sie wäre. Bei den Experimenten zur Präferenz für Abwechslung führte die Möglichkeit, einen schnellen Verstärker zu erhalten, Tiere dazu, variable Pläne festen vorzuziehen, die langfristig weniger Zeit oder Aufwand benötigten. Schließlich stellten wir fest, dass die Möglichkeit, einen Preis unmittelbar nach Abgabe einer Wette zu gewinnen, das Glücksspiel attraktiv macht, selbst wenn Sie langfristig eher Geld verlieren. Der nächste Abschnitt beschreibt weitere Situationen, in denen Menschen sich für kurzfristige Gewinne auf Kosten größerer langfristiger Verluste entscheiden.

14.4.3 Die Tragik der öffentlichen Weideflächen (Commons)

Wenn eine Person in einer Selbstkontrollsituation eine impulsive Wahl trifft, handelt die Person gegen ihre eigenen langfristigen Interessen. Die folgenden Situationen sind ähnlich, nur dass die hier erwähnten Menschen aufgrund ihrer kurzfristigen Interessen Entscheidungen treffen, die für die gesamte Gesellschaft schädlich sind.

In einem Artikel mit dem Titel „The Tragedy of the Commons" (Die Tragik der öffentlichen Weideflächen) beschrieb Garrett Hardin (1968) eine Situation, die viele Parallelen mit der modernen Gesellschaft hat. In der Gründerzeit der USA waren die „Commons" in vielen Dörfern Weideflächen, die gemeinsamer Besitz der Dorfbewohner waren, wo sie ihre Kühe umsonst grasen lassen konnten. So waren die Commons eine öffentliche Einrichtung, die allen einen Nutzen erbrachte, solange die Anzahl der grasenden Tiere nicht zu groß wurde. Dieser Umstand trat vielleicht Jahrzehnte oder gar Jahrhunderte nicht ein, doch nach Hardin war es unvermeidbar, dass es schließlich mehr Tiere auf den Commons gab, als diese verkraften konnten. Durch das exzessive Abgrasen ist irgendwann immer weniger Grün vorhanden, Bodenerosion setzt ein und das Weideland wird vernichtet, zum Schaden aller.

Warum glaubte Hardin, dass dieses unglückliche Szenario unvermeidbar war? Seine Begründung war: Für jeden Bauern war es nutzbringend, so viele Kühe wie möglich zu haben, denn das maximierte seinen Wohlstand. Nehmen wir nun an, eine Person muss entscheiden, ob sie der Herde weitere Kühe hinzufügen will. Welche Nutzen und Kosten sind zu berücksichtigen? Der Nutzen ist der Gewinn, den der Bauer mit jeder Kuh erwirtschaftet, der vollständig in seine eigenen Taschen fließt. Die Kosten sind die zusätzlichen Belastungen für das Weideland, doch eine zusätzliche Kuh macht nicht allzu viel aus, und außerdem werden die Kosten ja von allen getragen, die dieses Weideland nutzen. Hardin zog also den Schluss, dass der Bauer einen Nettogewinn macht, wenn er seiner Herde eine weitere Kuh hinzufügt, dann noch eine zweite usw. Hardin:

> *Doch zu diesem Schluss kommt jeder rational denkende Bauer, der mit anderen Weideland teilt. Darin liegt die Tragik. Jeder Mann ist in ein System eingeschlossen, das ihn zur grenzenlosen Vergrößerung seiner Herde zwingt – in einer begrenzten Welt. Verderben ist die Bestimmung, auf die alle Männer zueilen, denn jeder verfolgt seine eigenen besten Interessen in einer Gesellschaft, die an die Freiheit der öffentlichen Weideflächen glaubt. Die Freiheit der öffentlichen Weideflächen bringt Verderben für alle. (Hardin, 1968, S. 1244)*

Die „Tragik der Commons" ist ein Schauspiel, das in unserer Zivilisation viele Male gezeigt wurde. Die Büffel der amerikanischen Prärien wurden bis kurz vor ihr Aussterben gejagt. Exzessive Fischerei hat viele der einstmals reichsten Meeresfanggründe vernichtet. Walfänger erlegen Wale mit einer Geschwindigkeit, die zum Aussterben dieser Meeressäuger führen könnte, was – abgesehen davon, dass es eine grausame Unsitte ist – natürlich auch die Walfänger um ihr Geschäft bringt. Mit jedem Hektar Waldland, das einer Autobahn oder einem Einkaufszentrum weichen muss, gibt es weniger unberührte Natur zu unserer Erholung.

Die meisten Probleme der Umweltverschmutzung haben eine ähnliche Struktur. Ein Unternehmen, das die Luft verschmutzen muss, um seine Produkte kostengünstig herzustellen, wird seine Geschäftsgewinne behalten – die Luftverschmutzung bekommen wir alle zu spüren. Bevor wir allerdings hier die großen Unternehmen verurteilen, sollten wir erkennen, dass einzelne Menschen oft ebenso eigennützige Entscheidungen treffen. Jede Person, die in einer Großstadt mit dem eigenen Auto zur Arbeit fährt (statt zu Fuß zu gehen, mit dem Rad zu fahren oder öffentliche Verkehrsmittel zu nehmen), trägt zur Luftverschmutzung dieser Stadt bei. Der Grund, weshalb sich viele Menschen in dieser Situation so eigennützig verhalten, ist offensichtlich: Nur der Fahrer selbst zieht den Nutzen der Bequemlichkeit und des Komforts aus der Tatsache, dass er sein eigenes Auto fährt. Würde der Autofahrer stattdessen zu Fuß gehen, wären die Auswirkungen auf die Luftverschmutzung so geringfügig, dass sie nicht feststellbar wären.

Ein weiteres Beispiel für die „Tragik der Commons" kann man im jährlichen Handelsdefizit der USA sehen – eine Folge der großen Mengen ausländischer Produkte, die die US-Amerikaner kaufen. Die meisten Menschen wissen, dass ein Handelsdefizit der Wirtschaft schadet und dass dieser Schaden behoben werden könnte, wenn die Menschen in den USA weniger Produkte aus dem Ausland kaufen würden. Wenn ein individueller Käufer jedoch entscheidet, welches Produkt er kaufen will, ist die Verringerung des Handelsdefizits für ihn weit weniger wichtig als das Ziel, einen günstigen Kauf zu tätigen – unabhängig davon, ob es sich bei dem Produkt um ein einheimisches oder eins aus dem Ausland handelt.

Statt nun mit dieser pessimistischen Bemerkung zu enden, lassen Sie uns untersuchen, wie es möglich wäre, das Ende der „Tragödie der Commons" umzuschreiben. Hardin (1968) und Platt (1973) schlugen mehrere Methoden vor, wie die Tragödie abgewendet werden kann. Diese Vorschläge klingen wahrscheinlich vertraut, denn in den letzten Jahren hat sich die Aufmerksamkeit der Gesellschaft stark auf die Probleme der Umweltverschmutzung, des Aussterbens wilder Tiere und ähnlicher Dinge konzentriert, ebensowie auf potenzielle Lösungen. Interessant ist hier die starke Ähnlichkeit dieser Abhilfen zu den Strategien, die Personen verwenden können, um in einer Selbstkontrollsituation Impulsivität zu vermeiden.

Wir sahen, dass eine machtvolle Technik zur Verbesserung der Selbstkontrolle die Precommitment-Strategie ist, bei der eine Person im Voraus Vorkehrungen trifft, die eine impulsive Wahl später schwierig oder unmöglich machen. In ähnlicher Weise kann eine Gesellschaft beschließen, es für einzelne Personen schwierig oder unmöglich zu machen, eigennützig zu handeln. Die Gesellschaft kann Gesetze erlassen, die das Abladen gefährlicher Chemieabfälle, die die Grundwasserqualität bedrohen würden, unter Strafe stellt. Ebenso kann die Gesellschaft Gesetze gegen die Luftverschmutzung oder das Töten gefährdeter Spezies erlassen. Natürlich wird es jene geben, die sich darüber beschweren, dass solche Gesetze einen Eingriff in ihre persönliche Freiheit darstellen, doch wie Hardin schon bemerkte, ist die Entscheidung, was Menschen freisteht zu tun oder nicht, eine der Hauptaufgaben der Gesellschaft. Sollte eine Person eher das Recht haben, andere mit gefährlichen Chemikalien zu töten als mit einer Handfeuerwaffe?

Strategien für Selbstkontrollsituationen mit weniger Zwangscharakter sind solche, die die kleine sofort erhältliche Alternative entweder mit einer Bestrafung verknüpfen oder der größeren, verzögerten Alternative einen zusätzlichen (oft unmittelbaren) Verstärker hinzufügen. Diese Strategien machen zwar eine impulsive Wahl nicht unmöglich, aber weniger wahrscheinlich. In ähnlicher Weise kann eine Stadt mit Verkehrs- und Umweltverschmutzungs-Problemen das Verhalten der Bewohner, ihr eigenes Auto zu fahren, bestrafen, indem sie das Parken auf Straßen in der Innenstadt verbietet und es kostspielig macht, in Garagen zu parken. Nach dem, was wir allerdings über Bestrafung wissen, wäre es ratsam, solch eine Bestrafung mit einem Verstärker für ein erwünschtes Alternativverhalten zu koppeln. So sollte die Stadt zum Beispiel alles in ihrer Macht Stehende tun, um öffentliche Verkehrsmittel bequem, verlässlich, sicher und preisgünstig zu machen.

Schließlich sollten wir nicht die Fähigkeit menschlicher Wesen unterschätzen, sich der langfristigen Konsequenzen ihres Verhaltens auf die Gesellschaft bewusst zu sein und davon beeinflusst zu werden. So wie ein Bild an der Kühlschranktür eine Person auf Diät an ihr langfristiges Ziel erinnern kann, so können Erziehungsprogramme und Anzeigenkampagnen Personen dazu auffordern, ihr Verhalten zum langfristigen Wohl der Gemeinschaft zu ändern. Ein gutes Beispiel sind die persönlichen Opfer, zu denen US-amerikanische Zivilisten für die Kriegsanstrengungen während des Zweiten Weltkriegs bereit waren – ganz zu schweigen von den Soldaten, die im Namen der Freiheit ihr Leben gaben. In manchen Gemeinden, die vom Fischfang leben, vermeidet man exzessives Abfischen der Fanggründe durch ein formloses Abkommen zwischen Individuen, ihre Fangerträge zum Wohle aller zu begrenzen (Leal, 1998). Aus einem logischen Blickpunkt mag dies rätselhaft erscheinen: Warum sollten sich Menschen auf eine Weise verhalten, die zwar hilfreich für andere, aber für sie selbst nachteilig ist? Eine Antwort ist einfach, dass

> **WWW**
>
> Wenn Sie ein Hochschulstudium oder eine berufliche Laufbahn in der Psychologie in Betracht ziehen, liefern Ihnen viele Websites dazu nützliche Informationen, u.a. diese: `http://www.apa.org/students/brochure/`; `http://www.psychological-science.org`; `http://www.rider.edu/users/suler/gradschl.html`.

zumindest in manchen Situationen Verhaltensweisen, die anderen nutzen, inhärent als Verstärker für viele andere Personen wirken können (ebenso wie etwa essen, einen Roman lesen oder Sport als inhärente Verstärker wirken können). Zugegeben, dies ist keine sehr umfassende Erklärung, doch wenn wir uns die vielen Beispiele eigennützigen Verhaltens betrachten, mit denen wir uns auseinander setzen mussten, dann ist es wohltuend sich daran zu erinnern, dass Menschen oft Opfer bringen, wenn der einzige persönliche Nutzen aus ihrem Verhalten das Wissen um ihre Förderung des Allgemeinwohls ist.

Zusammenfassung

Das Gesetz des Matching besagt, dass das Verhältnis von Reaktionen auf einen Verstärkungsplan dazu neigt, dem Verhältnis der Verstärker, die dieser Plan liefert, zu entsprechen. Die Gültigkeit dieses Gesetzes wurde mit vielen verschiedenen Spezies, einschließlich des Menschen, demonstriert. Es gibt jedoch drei verschiedene Arten von Abweichungen vom Matching-Verhalten, die oft anzutreffen sind: Undermatching, Overmatching und Bias. Das Gesetz des Matching wurde auch auf andere Variablen wie Verstärkerqualität und Menge angewendet. Es wurde auch auf einzelne Verstärkerpläne bezogen, wobei man davon ausging, dass das Versuchsobjekt eine Wahl zwischen den vom Plan gelieferten Verstärkern und anderen, äußeren Verstärkern treffen muss.

Herrnstein ging davon aus, dass Matching eine grundlegende Eigenschaft unseres Verhaltens ist, und später entwickelte er eine entsprechende Theorie, genannt Melioration. Eine ganz andere Theorie, die Optimierungstheorie, sagt, dass Personen ihre Reaktionen so verteilen, dass die Verstärkung, die sie erhalten, maximiert wird. Einige Studien, die die Vorhersagen des Gesetzes des Matching mit denen der Optimierungstheorie verglichen, fanden mehr Belege für das Gesetz des Matching – Individuen zeigten entsprechendes Matching-Verhalten, selbst wenn dieses Verhalten die Gesamtmenge an Verstärkungen verringerte. Die Momentary-Maximization-Theorie besagt, dass eine Person zu jedem gegebenen Zeitpunkt das auswählt, was den höchsten Wert darstellt. Einige Experimente haben solche Verhaltensregelmäßigkeiten von Durchgang zu Durchgang gefunden, andere jedoch nicht.

Bei einer Wahl in einer Selbstkontrollsituation muss eine Person zwischen einem kleinen, nahezu unmittelbar zur Verfügung stehenden Verstärker und einem größeren, verzögerten Verstärker wählen. Personen wählen oft den kleineren, unmittelbaren Verstärker, obwohl der größere Verstärker langfristig besser für sie wäre. Studien mit Tieren und Kindern haben mehrere Faktoren aufgezeigt, die in solchen Situationen das Auswahlverhalten beeinflussen können. Eine effektive Selbstkontroll-Strategie ist das Eingehen eines Precommitment, den größeren, verzögerten Verstärker zu wählen, ebenso wie das Hinzufügen von zusätzlichen Verstärkern für die langfristige Alternative, von Bestrafungen für die kurzfristige Alternative oder die Verwendung kognitiver Strategien, um die Aufmerksamkeit auf die langfristigen Konsequenzen der eigenen Wahl zu konzentrieren.

Die Auswirkungen von Verzögerungen kann man auch in anderen Auswahlsituationen beobachten, wie etwa bei der Präferenz für variable gegenüber festen Verstärkungsplänen sowie in Verhaltensweisen, die Risiken zugeneigt sind (wie Glücksspiele, wenn die Gewinnchancen gering sind). Die Tragik der öffentlichen Weideflächen (Commons) tritt auf, wenn Personen Entscheidungen treffen, die für sie selbst kurzfristig von Vorteil sind, langfristig aber der Gesellschaft als Ganzes Schaden zufügen. Strategien ähnlich derer, die zur Verbesserung der Selbstkontrolle verwendet werden, können auch in solchen Fällen hilfreich sein.

Wiederholungsfragen

1. Was ist das Gesetz des Matching? Beschreiben Sie Herrnsteins Experiment zum Matching und erörtern Sie drei Möglichkeiten, wie das Verhalten vom perfekten Matching abweichen kann.
2. Fassen Sie die Hauptunterschiede zwischen dem Gesetz des Matching, der Optimierungstheorie und der Momentary-Maximization-Theorie zusammen. Was hat die Forschung hinsichtlich der Stärken und Schwächen dieser miteinander konkurrierenden Theorien erbracht?
3. Wie erklärt die Ainslie-Rachlin-Theorie den Wechsel von Präferenzen, die bei Wahlverhalten in Selbstkontrollsituationen auftreten? Welche Faktoren können das Verhalten von Tieren und Kindern in diesen Auswahlsituationen beeinflussen?
4. Was ist die Tragik der öffentlichen Weideflächen (Commons)? Geben Sie einige Beispiele für dieses Problem in der heutigen Gesellschaft und beschreiben Sie einige Strategien zur Lösung des Problems.

Glossar

A

ABAB-Design Verhaltenstherapeutisches Behandlungsmuster, in dem jede „A"-Phase eine Basisraten-Phase ist, in der das Verhalten des Patienten beobachtet wird, aber keine Behandlung erfolgt, und jede „B"-Phase eine Behandlungsphase.

Aberglauben-Experiment Skinners klassisches Experiment, bei dem Tauben, unabhängig von ihren jeweiligen Aktivitäten, alle 15 Sekunden Futter gegeben wurde und die meisten Tauben spezifische Verhaltensweisen entwickelten, die sie zwischen den Futtergaben wiederholt ausführten.

Abergläubisches Verhalten Verhalten, das auftritt, weil ihm zu einem früheren Zeitpunkt zufällig oder versehentlich von einem Verstärker gefolgt wurde.

Abhängige Variable In der psychologischen Forschung das Verhalten eines Individuums, das gemessen wird, um zu erkennen, wie es von Veränderungen in der unabhängigen Variablen beeinflusst wird.

Absolute Theorie der Stimuluskontrolle Eine Theorie, wie Tiere durch verstärkte und nicht verstärkte Stimuli lernen. Die Theorie legt dar, dass Tiere über die zwei Stimuli lernen, aber nichts über die Beziehung zwischen den beiden.

Abstrakter Code Nach David Premack eine geistige Fähigkeit, die von Schimpansen erworben wird, die Sprachtraining erhalten. Sie ermöglicht ihnen, etwas über die Beziehungen zwischen Objekten und nicht nur über deren physische Eigenschaften zu lernen.

Adams' Zwei-Phasen-Theorie Eine Theorie des motorischen Lernens. Eine verbalmotorische Phase, in der die Verbesserung vom verbalen Feedback des Lehrers abhängt, wird abgelöst durch eine motorische Phase, in der sich der Lernende ohne die Rückmeldung des Lehrers verbessern kann.

Additivitätstheorie von Verhaltenskontrasten Eine Theorie, der zufolge ein Verhaltensgegensatz auftritt, wenn selbst geformte oder klassisch konditionierte Reaktionen zu den normalen operanten Reaktionen der Testperson hinzugefügt werden.

Adjunctive Behaviors Stereotypes Verhalten, das auftritt, wenn Nahrung oder ein anderer Verstärker in regelmäßigen Abständen gegeben wird.

AESOP (Affective Extension of SOP) Eine Erweiterung der Sometimes Opponent-Process Theory, die besagt, dass ein einzelner unkonditionierter Stimulus zwei Hirnzentren haben kann: Das eine ist auf seine sensorischen und das andere auf seine emotionalen Eigenschaften bezogen. Diese zwei Zentren aktivieren zwei unterschiedliche Arten von unkonditionierten Reaktionen.

Ainslie-Rachlin-Theorie Eine Theorie der selbstkontrollierten Entscheidungen, die erklärt, warum ein Individuum, wenn die Zeit für den Verstärker gekommen ist, einem kleineren, unmittelbareren Verstärker den Vorzug vor einem größeren, zeitverzögerteren geben kann.

Ähnlichkeit Eines von Aristoteles' Assoziationsprinzipien, dem zufolge der Gedanke an eine Vorstellung oft zum Gedanken an ähnliche Vorstellungen führt.

Akquisitionsphase Der Zeitraum im Lernprozess, in dem ein Individuum ein neues Verhalten erlernt.

Analogie Eine Aussage wie „A verhält sich zu B wie C zu D." Um die Fähigkeit zum Verständnis von Analogien zu testen, werden der Testperson zwei oder mehr Auswahlmöglichkeiten für D vorgegeben, aus der sie die richtige wählen soll.

Analyse von Verhaltenssystemen Die Ansicht, dass unterschiedliche Verstärker unterschiedliche Systeme oder Ketten von arttypischen Verhaltensweisen hervorrufen, die eine Erklärung sein können für die Verhaltensweisen, die beim Autoshaping, bei der klassischen Konditionierung und bei einigen Situationen der operanten Konditionierung zu sehen sind.

A-Prozess In der Opponent-Process-Theorie eine erste unmittelbare emotionale Reaktion auf einen Stimulus, auf die später der B-Prozess folgt, der zur gegenteiligen Emotion führt.

Äquipotenzannahme Hypothese, dass ein Stimulus oder eine Reaktion, die in einem Kontext schwer zu konditionieren sind, auch in allen anderen Zusammenhängen schwer zu konditionieren ist.

Arborisation Die Verzweigung der Dendriten von Neuronen, ein Prozess, der besonders schnell vor der Geburt und während des ersten Lebensjahres eines Kindes stattfindet.

Assoziationisten Philosophen, die frühe Theorien darüber entwickelten, wie Menschen lernen, als Ergebnis ihrer Erfahrungen verschiedene Gedanken und Ideen miteinander zu verbinden.

Assoziatives Memorieren Eine Art der Übung, die das Langzeitgedächtnis fördert.

Autismus Eine schwere Störung, die ca. zwei bis vier von 10.000 Kindern betrifft und sich für gewöhnlich zeigt, wenn ein Kind einige Jahre alt ist. Hauptsymptome sind extremer sozialer Rückzug und das Unvermögen, sprechen zu lernen.

Automatische Verstärkung Verstärkung eines Verhaltens, die sich aus der sensorischen Stimulation herleitet, die aus dem Verhalten resultiert.

Aversive Gegenkonditionierung Eine Behandlung für Alkoholismus und andere Süchte, in der die suchterzeugende Substanz mit einem aversiven Reiz verbunden wird, wie z.B. einem krankmachenden Mittel, das eine aversive Reaktion auf die suchterzeugende Substanz konditionieren soll.

Axon Ein langer, astförmiger Teil eines Neurons, der bei Stimulierung des Neurons elektrische Impulse oder Aktionspotentiale weiterleitet. Erweiterte Strukturen an den

Enden der Axone, die Axonenden, setzen chemische Botenstoffe frei, die die Dendriten anderer Neuronen stimulieren.

B

Banduras Imitationstheorie Theorie, der zufolge vier Faktoren als Voraussetzung für Imitation erforderlich sind: Aufmerksamkeitsprozesse, Gedächtnisprozesse, motorische Reproduktion sowie Anreiz- und Motivationsprozesse.

Bedingte Diskrimination Eine Aufgabe, bei der das Individuum einen von zwei Stimuli wählen muss und die richtige Reaktion davon abhängt, welcher von zwei anderen Stimuli vorher präsentiert wurde.

Bedürfnisreduktionstheorie Von Hull vorgelegte Theorie, dass alle primären Verstärker Stimuli sind, die ein biologisches Bedürfnis reduzieren, und alle Stimuli, die ein biologisches Bedürfnis reduzieren, als Verstärker agieren.

Behaviorismus Eine Richtung in der Psychologie und auf dem Gebiet des Lernens, die die Untersuchung externer Vorgänge (beobachtbare Stimuli und Reaktionen) hervorhebt und Spekulationen über innere Prozesse vermeidet.

Bias Im Entscheidungsverhalten eine Abweichung vom Matching, bei dem ein Individuum immer wieder stärker oder länger auf eine Alternative reagiert, als von der Matching-Gleichung vorausberechnet.

Bildhafter Code Nach Premack ein auf die bildlichen Eigenschaften von Objekten bezogener geistiger Code, den Schimpansen ohne Sprachtraining in Tests of Reasoning benutzen, im Gegensatz zu dem abstrakten Code, der von den sprachtrainierten Schimpansen angewandt wurde.

Bestrafung (Bestrafung Typ I) Verhaltensreduktions-Methode, bei der einem bestimmten Verhalten ein aversiver Reiz folgt.

Biofeedback Ein Verfahren, das einer Person eine besonders deutliche Rückmeldung über eine Körperfunktion gibt. Es soll in der Regel bei gesundheitlichen Problemen die Kontrolle des Individuums über diese Körperfunktion verbessern.

Blockierung In der klassischen Konditionierung die Feststellung, dass es geringe oder keine Konditionierung auf einen Reiz gibt, wenn dieser in Konditionierungsversuchen zusammen mit einem früher konditionierten Stimulus präsentiert wird.

B-Prozess In der Opponent-Process-Theorie eine emotionale Reaktion, die das Gegenteil des A-Prozesses ist. Es wird angenommen, dass der B-Prozess nur als Reaktion auf die Aktivität des A-Prozesses ausgelöst wird und schwerfälliger entsteht und vergeht.

Britische Assoziationisten Britische Philosophen, die frühe Theorien darüber entwickelten, wie die Erfahrungen einer Person durch das Gedächtnis zu Ideen und Konzepten werden.

C

Chaostheorie Eine Theorie, die mit Hilfe mathematischer Techniken komplexe physikalische Systeme analysiert. Einer der Leitgedanken der Chaostheorie lautet, dass komplexe physikalische Systeme von Natur aus unberechenbar sind, weil sehr kleine Veränderungen der gegenwärtigen Bedingungen sich im Lauf der Zeit lawinenartig zu wesentlich größeren Veränderungen auswachsen können.

Chunk Eine Gruppe von Gegenständen, die der Lernende zu einer einzigen Einheit zusammenfasst (wie z.B. eine Gruppe von Buchstaben, die ein Wort bilden), was das Lernen leichter macht, als wenn alle Gegenstände einzeln gelernt werden müssten.

Closed-loop Movement In der Feedbacktheorie eine Bewegung, während der der Ausführende ständig Rückmeldung darüber erhält, ob die Bewegung richtig abläuft, und sein Verhalten als Reaktion auf das Feedback entsprechend ändern kann.

Conditioned Opponent Theory Theorie der klassischen Konditionierung, die besagt, dass die späteren Teile einer unkonditionierten Reaktion (die in ihrer Form oft den frühen Teilen widersprechen) mit dem konditionierten Stimulus verbunden werden. Die Theorie ist eine Erklärung für konditionierte Reaktionen, die das Gegenteil der unkonditionierten Reaktion zu sein scheinen.

CS erster Ordnung In der klassischen Konditionierung ein Stimulus, der konditioniert wurde, indem er direkt mit dem unkonditionierten Stimulus gepaart wurde.

CS-Präexpositionseffekt Der Befund, dass die klassische Konditionierung langsamer vonstatten geht, wenn der konditionierte Stimulus wiederholt für sich allein präsentiert wird, bevor er mit dem unkonditionierten Stimulus gepaart wird.

CS-US-Intervall In der klassischen Konditionierung die Zeit zwischen dem Beginn des konditionierten und dem des unkonditionierten Stimulus.

D

Delayed Matching to Sample (DMTS) Ein Verfahren, mit dem das Kurzzeit- oder das Arbeitsgedächtnis gemessen wird. Zunächst wird dem Individuum ein Musterstimulus präsentiert, gefolgt von einer Verzögerung ohne Stimuli. Anschließend werden zwei Vergleichsstimuli präsentiert und es wird eine Wahl des Vergleichs, die dem Muster entspricht, verstärkt.

Dendrit Zweigförmige Struktur auf der rezeptiven Seite eines Neurons, die empfindlich auf die Transmitter reagiert, die von den Axonenden anderer Neuronen freigesetzt werden.

Determinismus Philosophische Richtung, der zufolge das ganze Weltgeschehen einschließlich des ganzen menschlichen Verhaltens physikalische Ursachen hat, die – zumindest im Prinzip – mit wissenschaftlichen Techniken entdeckt und analysiert werden könnten.

Differentielle Verstärkung hoher Reaktionsraten (DRH) Verstärkungsplan, bei dem ein Verstärker verabreicht wird, wenn in einer festgelegten Zeitspanne eine bestimmte Zahl von Reaktionen aufgetreten ist.

Differentielle Verstärkung niedriger Reaktionsraten (DRL) Verstärkungsplan, bei dem ein Verstärker verabreicht wird, wenn eine bestimmte Zeitspanne zwischen zwei Reaktionen verstrichen ist.

Directed Forgetting (Gelenktes Vergessen) Verfahren zur Untersuchung von Erinnerung und Vergessen, in dem man dem Lernenden (Mensch oder Tier) beibringt, dass es bei manchen Tests wichtig ist, sich an einen Stimulus zu erinnern, und man bei anderen Tests den Stimulus vergessen kann.

Disinhibition In der klassischen Konditionierung das Wiederauftreten einer konditionierten Reaktion auf einen Stimulus nach dessen Extinktion, wenn ein neuer Stimulus kurz vor dem gelöschten präsentiert wird.

Diskrimination Sowohl bei der klassischen als auch bei der operanten Konditionierung das Lernen, auf einen Stimulus, nicht aber auf einen anderen, ähnlichen, zu reagieren.

Diskriminationshypothese Erklärung des partiellen Verstärkungseffekts, nach der die Abnahme der Reaktionsrate davon abhängt, wie schnell das Individuum den Wechsel von der Verstärkung zur Extinktion diskriminieren kann.

Diskriminativer Stimulus Im operanten Konditionieren ein Stimulus, der anzeigt, ob eine Reaktion zur Verstärkung führt.

Doppelblindverfahren Verfahren in der psychologischen Forschung, bei dem weder das Individuum noch der Forscher, der mit ihm interagiert, weiß, ob dieses Individuum der Kontrollgruppe oder der Versuchsgruppe angehört.

Dreifachkontingenz Kontingenz, die einen Hinweisreiz, eine Reaktion und einen Verstärker oder eine Bestrafung beinhaltet. Die Kontingenz legt fest, dass bei Anwesenheit eines spezifischen Hinweisreizes eine spezifische Reaktion zu spezifischen Konsequenzen führt.

Duplexidee Begriff, der von James Mill, einem britischen Assoziationisten, eingeführt wurde, um zu beschreiben, was geschieht, wenn komplexe Ideen miteinander verbunden werden.

E

Echte Imitation Thorpes Begriff für die Nachahmung einer Verhaltensweise, die für die Spezies so ungewöhnlich oder unwahrscheinlich ist, dass sie nur selten durch Versuch und Irrtum erlernt wird.

Einfaktortheorie Vermeidungstheorie, der zufolge die Vermeidung eines aversiven Stimulus, wie z.B. eines Schocks, als Verstärker an sich dienen kann, und die klassische Konditionierung nach der Zweifaktorentheorie nicht notwendig ist.

Einzelfallanalyse Eine Forschungstechnik, die sich auf die ausführliche Analyse eines Individuums oder einer kleinen Zahl von Individuen stützt.

Elaboratives Memorieren Eine Art des Memorierens, die Assoziationen im Langzeitgedächtnis fördert.

Elastische Nachfrage In der Volkswirtschaft die Nachfrage nach einem Produkt, die entsprechend den steigenden oder sinkenden Preisen große Veränderungen aufweist.

Elektrische Stimulation des Gehirns (ESG) Schwacher elektrischer Strom, der als sehr wirksamer Verstärker agiert, wenn er bestimmte Teile des Gehirns stimuliert.

Elektrogalvanische Hautreaktion Veränderung in der elektrischen Leitfähigkeit der Haut, die oft durch Emotionen, wie z.B. Angst oder Überraschung, verursacht wird und gemessen werden kann, indem ein Sensor auf der Handfläche der Person angebracht wird.

Endverhalten Verhalten, das gegen Ende eines jeden Zeitintervalls auftritt, wenn in regelmäßigen Abständen Nahrung oder andere primäre Verstärker gegeben werden.

Entzug Verfahren zur Verhaltensreduktion, bei dem ein positiver Stimulus beseitigt oder entzogen wird, wenn das unerwünschte Verhalten auftritt.

Ergebniswissen Im motorischen Lernen die Rückmeldung an den Lernenden, wie nahe seine Bewegung dem Ziel gekommen ist.

Erlernte Hilflosigkeit Seligmans Begriff für eine Minderung der Fähigkeit, eine Vermeidungsreaktion zu erlernen, die auftritt, nachdem ein Individuum unvermeidbaren aversiven Reizen ausgesetzt wurde.

Ersparnismethode Ebbinghaus' Verfahren, um die Gedächtnisleistung zu messen. Gemessen wurde, wie viel weniger Zeit nötig war, um eine zuvor gelernte Liste sinnloser Silben wiederzuerlernen.

Evaluatives Konditionieren Form der klassischen Konditionierung zweiter Ordnung mit menschlichen Probanden, in der neutrale mit positiven oder negativen Stimuli gepaart und die Probanden anschließend gebeten werden, einzuschätzen, wie ihnen die Stimuli gefallen.

Extinktion (Löschung) In der klassischen Konditionierung die Präsentation des konditionierten ohne den unkonditionierten Stimulus. In der operanten Konditionierung das Ausbleiben der Verstärkung, wenn die operante Reaktion erfolgt ist. In beiden Fällen nimmt die Reaktion ab und verschwindet schließlich.

Exzitatorischer CS (CS^+) In der klassischen Konditionierung ein konditionierter Stimulus, der regelmäßig eine konditionierte Reaktion auslöst.

F

Fading Verfahren zur Verhaltensmodifikation, in dem ein Prompt für ein erwünschtes Verhalten langsam abgezogen wird und das dem Lernenden dadurch beibringt, das Verhalten ohne den Prompt zu produzieren.

Falsifizierbarkeit Überprüfbarkeit einer wissenschaftlichen Theorie oder das Maß, in dem sie eindeutige, prüfbare Vorhersagen macht.

Fehlerfreies Diskriminationslernen Von Herbert Terrace entwickeltes Verfahren zum Lernen von Diskriminationen. Fehlerfreies Diskriminationslernen beginnt mit Stimuli, die für das Individuum leicht zu diskriminieren sind, und geht zu schwierigeren über, so dass das Individuum nur sehr wenige Fehler während des Lernens macht.

Feldversuch Studie, die in einem realistischen Rahmen und nicht unter Laborbedingungen durchgeführt wird.

Fester Intervallplan (FI) Verstärkungsplan, in dem die erste Reaktion nach einem festen Zeitintervall verstärkt wird.

Fester Quotenplan (FR) Verstärkungsplan, bei dem nach einer festgelegten Zahl von Reaktionen die Verstärkung erfolgt.

Fixe Verhaltensmuster Angeborene Verhaltensweisen, die durch einen spezifischen Stimulus ausgelöst werden und, einmal begonnen, vollständig ablaufen, unabhängig davon, ob diese Verhaltensweisen der aktuellen Situation angemessen sind oder nicht.

Flucht Eine Art der negativen Verstärkung, in der eine Reaktion zur Beendigung eines aversiven Reizes führt.

Funktionsanalyse Methode, bei der Stimuli und/oder Verstärker systematisch gewechselt werden, so dass ein Therapeut bestimmen kann, welche das Verhalten des Patienten aufrechterhalten.

Freie Reproduktion Verfahren, bei dem Personen aufgefordert werden, sich eine Liste von Dingen einzuprägen und sie dann in beliebiger Reihenfolge zu erinnern.

Freier Wille Philosophischer Standpunkt, wonach nicht physikalische Größen wie der Wille oder die Seele menschliches Verhalten bestimmen können und nicht jedes Verhalten durch wissenschaftliche Analyse vorausgesagt oder erklärt werden kann.

Freies operantes Verfahren Von Skinner entwickeltes Vorgehen, bei dem – anders als beim diskreten Versuchsverfahren – die operante Reaktion jederzeit und wiederholt auftreten kann, solange das Individuum im Versuchsraum bleibt.

Fruchtbarkeit Der Grad, in dem eine wissenschaftliche Theorie weitere Forschung und Überlegung zu einem bestimmten Thema anregt.

G

Generalisierbarkeit (Allgemeine Anwendbarkeit) Allgemeingültigkeit einer wissenschaftlichen Theorie oder das Maß, in dem sie auf viele unterschiedliche Situationen und Populationen angewandt werden kann.

Generalisierung Übertragung einer gelernten Reaktion von einem Stimulus auf einen anderen, ähnlichen.

Generalisierter Verstärker Konditionierter Verstärker, der mit einer großen Zahl von unterschiedlichen primären Verstärkern verbunden wurde.

Generalisierungsabnahme-Hypothese Erklärung des partiellen Verstärkungseffekts, nach der eine schnelle Reaktion während der Extinktion erfolgt, wenn sich die Stimuli von jenen unterscheiden, die während der Verstärkung aufgetreten sind. Stimuli, die jenen ähnlich sind, die während der Verstärkung präsentiert wurden, haben eine langsame Reaktion zur Folge.

Generalisierungsgradient Grafische Darstellung der Generalisierung, bei welcher die verschiedenen Stimuli auf der x-Achse und die Stärke der konditionierten Reaktionen auf die jeweiligen Stimuli auf der y-Achse verzeichnet sind.

Gerät für kumulative Aufzeichnungen (Cumulative Recorder) Einfaches mechanisches Gerät, das Reaktionen in der Weise aufzeichnet, dass es die Zeit auf der horizontalen und kumulative Reaktionen auf der vertikalen Achse verzeichnet. Es ermöglicht dem Beobachter, auf einen Blick die jeweiligen Verhaltensmuster eines Individuums zu erkennen.

Gesetz des Effekts Thorndikes Version des Verstärkungsprinzips, nach dem Reaktionen, denen angenehme oder befriedigende Reize folgen, verstärkt werden und zukünftig öfter stattfinden.

Gesetz des Matching Herrnsteins allgemeines Prinzip des Entscheidungsverhaltens, dem zufolge in einer Situation mit zwei Entscheidungsalternativen die Anzahl der Reaktionen zugunsten einer Alternative proportional zu der Anzahl der Verstärker ist, die diese Alternative bietet.

Gleichzeitig ablaufende Verstärkungspläne (Concurrent Schedule) Eine Situation, in der zwei oder mehr Verstärkungspläne zur gleichen Zeit vorhanden sind und jeder seine eigenen Reaktionen fordert und seine eigenen Verstärker hat.

Graduelle Modellierung Eine Art des Modelllernens, bei dem die Verhaltensweisen des Modells zunächst einfach sind und dann ständig schwieriger werden.

H

Habituation Abnahme der Stärke einer reflexartigen Reaktion nach wiederholter Präsentation des auslösenden Stimulus.

Humphrey's Paradox Andere Bezeichnung für den partiellen Verstärkungseffekt oder die scheinbar paradoxe Erkenntnis, dass eine nur in Abständen verstärkte Reaktion eine größere Löschungsresistenz hat als eine Reaktion, die bei jedem Auftreten verstärkt wird.

I

Impulsive Entscheidung In einer Situation der selbstkontrollierten Entscheidung die Wahl eines kleineren, unmittelbareren Verstärkers statt eines größeren, späteren Verstärkers.

Inferenzstatistik Form der Statistik, die von Forschern genutzt wird, um Folgerungen und Rückschlüsse aus ihren Daten zu ziehen.

Instinctive Drift Im operanten Konditionieren angeborene Verhaltensweisen, die sich auf die Art des eingesetzten Verstärkers beziehen, der dazu führt, dass die Performanz eines Tieres vom verstärkten Verhalten in instinktive Verhaltensweisen abgleitet.

Interimsverhalten Verhalten, das in der frühen Phase jedes Intervalls auftritt, wenn Nahrung oder ein anderer primärer Verstärker in regelmäßigen Intervallen verabreicht wird.

Intermediate-size Problem Diskriminationsaufgabe, bei dem die Versuchsperson lernt, den mittleren Stimulus aus einer bestimmten Größenordnung (z.B. einen mittelgroßen Kreis) zu wählen, und anschließend getestet wird, wenn dieser Stimulus nicht länger der mittelgroße ist (z.B. ist er nun der kleinste von drei Kreisen).

Interneuron Jedes Neuron, das in einer Synapsenkette auftritt, die mit einem sensorischen Neuron beginnt und mit einem motorischen Neuron endet.

Interozeptives Konditionieren Im klassischen Konditionieren ein Verfahren, in dem entweder der konditionierte oder der unkonditionierte Reiz die Stimulation einer inneren Drüse oder eines Organs darstellt.

Interresponse Time (IRT) Reinforcement Theory Theorie, dass variable Quotenpläne zu schnelleren Reaktionen führen als variable Intervallpläne, weil lange Pausen zwischen den Reaktionen häufiger im Rahmen der variablen Intervallpläne verstärkt werden.

Intervenierende Variable Theoretischer Begriff. Eine nicht direkt beobachtbare Variable, die in der Forschung verwendet wird, um die Beziehung zwischen unabhängigen und abhängigen Variablen vorherzusagen.

Intradimensionales Training Eine Art des Diskriminationslernens, bei dem Reaktionen unter Anwesenheit eines Reizes verstärkt, aber Reaktionen unter Anwesenheit eines anderen Reizes aus dem gleichen physikalischen Kontinuum nicht verstärkt werden.

K

Kernspinresonanz-Tomografie Bildgebendes Verfahren, das zeigen kann, welche Teile des Gehirns eines Menschen gerade am aktivsten sind.

Klassische Konditionierung Das Verfahren, in dem wiederholt ein anfänglich neutraler Stimulus (der konditionierte Stimulus) und ein unkonditionierter Stimulus gepaart werden, wodurch der konditionierte Stimulus die Fähigkeit entwickelt, eine konditionierte Reaktion auszulösen.

Kinese Ein Tropismus, bei dem die Bewegungsrichtung in Bezug auf den Stimulus zufällig ist.

Kognitive Landkarte Nach Tolman eine geistige Landkarte, die ein Tier von seiner Umgebung entwickelt, indem es seine Umgebung erkundet oder beobachtet (z.B. wenn eine Ratte ein Labyrinth kennen lernt).

Kognitive Psychologie Eine Richtung der Psychologie, die – anders als der Behaviourismus – mit Theorien über Prozesse arbeitet, die im Kopf stattfinden (Erinnerung, Aufmerksamkeit, Memorieren und so weiter) und nicht direkt beobachtet werden können.

Kognitive Theorie des Vermeidungslernens Theorie, dass Vermeidungsreaktionen vorkommen, wenn das Individuum die Erwartungen hat, dass (1) ein aversives Ereignis eintreten wird, wenn keine Reaktion erfolgt, und (2) das aversive Ereignis sich durch eine Reaktion vermeiden lässt. Das Vermeidungsverhalten wird so lange andauern, bis eine oder beide dieser Erwartungen enttäuscht werden.

Komparative Kognition Ein Arbeitszweig der Psychologie, der kognitive Prozesse und Fähigkeiten unterschiedlicher Spezies, einschließlich der menschlichen, miteinander vergleicht.

Komparator In der Kontrollsystemtheorie ein Hilfsmittel, das seinen Zielzustand (die Führungsgröße) und die aktuelle Situation (den tatsächlichen Input) miteinander vergleicht und anzeigt, dass Maßnahmen ergriffen werden müssen, wenn sich die beiden nicht entsprechen.

Komparatortheorie Theorie der klassischen Konditionierung, nach der die Stärke einer konditionierten Reaktion davon abhängt, wie wahrscheinlich das Auftreten eines unkonditionierten Stimulus zusammen mit einem konditionierten Stimulus ist.

Komplexe Idee Ein Begriff, der von James Mill, einem britischen Assoziationisten, verwandt wurde, um zu beschreiben, was geschieht, wenn zwei oder mehr einfache Ideen miteinander verbunden werden.

Konditionierung höherer Ordnung Form der klassischen Konditionierung, bei der eine konditionierte Reaktion von einem konditionierten Stimulus auf einen anderen konditionierten statt auf einen unkonditionierten Stimulus übertragen wird.

Konditionierung zweiter Ordnung Methode der klassischen Konditionierung, bei der eine konditionierte Reaktion von einem Stimulus auf einen anderen übertragen wird, indem ein neutraler und ein zuvor konditionierter Stimulus gepaart werden.

Konditionierte emotionale Reaktion (Conditioned Emotional Reaction, CER) Ein Verfahren der klassischen Konditionierung, bei dem der konditionierte Stimulus anzeigt, dass ein aversives Ereignis bevorsteht. Das Maß der Konditionierung ist die Unterdrückung des aktuellen Verhaltens (z.B. das Drücken eines Hebels, um Futter zu bekommen), wenn der konditionierte Stimulus präsentiert wird. Daher wird dieses Verfahren auch konditionierte Unterdrückung genannt.

Konditionierter Inhibitor (CS^-) In der klassischen Konditionierung ein konditionierter Stimulus, der das Auftreten einer konditionierten Reaktion verhindert oder das Ausmaß der sonst stattfindenden konditionierten Reaktion reduziert. Aus diesem Grunde wird er auch inhibitorischer CS genannt.

Konditionierte kompensatorische Reaktionen Bei der klassischen Konditionierung eine konditionierte Reaktion, die das Gegenteil von der unkonditionierten Reaktion ist.

Konditionierte Reaktion (CR) Die Reaktion, die von einem konditionierten Stimulus ausgelöst wird, nachdem klassische Konditionierung stattgefunden hat.

Konditionierter Reflex Eine andere Bezeichnung für eine konditionierte Reaktion.

Konditionierter Stimulus (CS) Ein anfänglich neutraler Stimulus, der die Fähigkeit entwickelt hat, eine konditionierte Reaktion auszulösen, nachdem er mit einem unkonditionierten Stimulus gepaart wurde.

Konditionierter Verstärker Ein zuvor neutraler Verstärker, der die Fähigkeit erworben hat, Reaktionen zu stärken, weil er wiederholt mit einem primären Verstärker gepaart wurde.

Kontextreize Das Aussehen, die Geräusche und die Gerüche der Umwelt eines Lebewesens.

Kontiguität Eines der Assoziationsprinzipien von Aristoteles, nach dem zwei Ideen miteinander verbunden werden, wenn sie dazu neigen, örtlich oder zeitlich gemeinsam aufzutreten. In der modernen Psychologie ist Kontiguität zwischen Stimuli ein entscheidender Faktor bei der klassischen Konditionierung. Kontiguität zwischen einer Reaktion und ihren Folgen ist beim operanten Konditionieren wichtig.

Kontingenz-geleitetes Verhalten Verhalten, das von einem Verstärkungs- oder Bestrafungsplan beeinflusst wird (im Gegensatz zu einem regelbestimmten Verhalten, das von einer verbalen oder mentalen Regel, wie man sich zu verhalten hat, gelenkt wird).

Kontingenzvertrag Eine in der Verhaltenstherapie eingesetzte schriftliche Vereinbarung, die die Pflichten (Verhalten) jeder Seite sowie die Vorteile (Verstärker) auflistet, die die erfüllten Pflichten zur Folge haben.

Kontinuierliche Verstärkung Ein Verstärkungsplan, der nach jedem Auftreten einer bestimmten Reaktion einen Verstärker liefert.

Kontrast Eines der Assoziationsprinzipien des Aristoteles, dem zufolge der Gedanke an einen Begriff oft auch zu dem Gedanken an den Gegenbegriff führt.

Kontrollgruppe Bei Experimenten eine Gruppe von Individuen, die kein besonderes Training oder keine spezielle Behandlung erhalten und deren Performanz mit der der Versuchsgruppe verglichen wird.

Kontrollsystemtheorie Wissenschaftszweig, der zielgerichtetes Verhalten sowohl bei Lebewesen als auch bei unbelebten Objekten analysiert.

Kurzzeitgedächtnis Gedächtnissystem, das Informationen nur über Sekunden aufrechterhalten kann und eine sehr begrenzte Kapazität hat.

L

Langzeitgedächtnis Teil des Gedächtnisses mit sehr großer Aufnahmefähigkeit, das Informationen über Monate, Jahre oder länger speichern kann.

Langzeitpotenzierung Durch elektrische Stimulation verursachte Zunahme der Stärke der Verbindungen zwischen Neuronen, die Wochen oder Monate andauern kann.

Langzeitversuch Eine Methode in der psychologischen Forschung, bei der dieselben Individuen wiederholt zu unterschiedlichen Zeitpunkten beobachtet werden, um mögliche Änderungen in ihrem Verhalten zu erkennen.

Latentes Lernen Tolmans Begriff für das verborgene Lernen, das bei Tests stattfindet, wenn kein Verstärker verabreicht wird, das aber im Verhalten des Subjeks dann erkennbar wird, wenn die Verstärkung beginnt.

Learning Set Verbesserung der Lernrate in einer Reihe von Diskriminationsaufgaben, die stattfindet, auch wenn die positiven und negativen Stimuli bei den Aufgaben verschieden sind.

Lerntransfer Im motorischen Lernen die Art und Weise, auf die sich die Erfahrung mit einer Aufgabe auf die Performanz bei einer andern Aufgabe auswirkt.

Leitungshypothese Theorie im motorischen Lernen, der zufolge der Lernende übermäßig abhängig von dem Ergebniswissen wird, wenn dieses bei jeder Aufgabe während des Lernens rückgemeldet wird, so dass er bei einem späteren Test ohne Ergebniswissen nicht gut abschneiden wird.

Lokale Erleichterung Thorpes Begriff für Beobachtungslernen, bei dem ein Modell die Aufmerksamkeit des Lernenden direkt auf ein bestimmtes Objekt oder eine Stelle in der Umgebung lenkt, so dass der Lernende ein neues Verhalten schneller erlernt als durch Versuch und Irrtum.

Löschungsresistenz Der Grad, in dem eine Reaktion anhält, wenn sie nicht länger verstärkt wird.

M

Massierte Übung Ein Übungsverfahren im motorischen Lernen, bei dem die Übung ohne Ruhepausen in einem Stück stattfindet.

Matching to Sample Verfahren, in dem eine Verstärkung stattfindet, wenn das Individuum den Vergleichsstimulus wählt, der einem Teststimulus entspricht.

Mechanisches Memorieren Form des Wiederholens, die Informationen im Kurzzeitgedächtnis bewahrt, aber nicht ins Langzeitgedächtnis überträgt.

Melioration Von Herrnstein und Vaughan entwickelter Grundsatz, dem zufolge Matching-Verhalten in Entscheidungssituationen das Ergebnis eines Prozesses ist, in dem das Individuum immer mehr Zeit und Mühe in die Alternative investiert, die eine höhere Verstärkungsrate pro Reaktion aufweist.

Molare Theorie Verhaltenstheorie, die sich auf das langfristige Verhältnis zwischen Verhaltensweisen und ihren Konsequenzen konzentriert.

Molekulare Theorie Verhaltenstheorie, die sich mit dem kurzfristigen Verhältnis zwischen Verhaltensweisen und ihren Folgen befasst.

Momentary Maximization Theory Theorie des Entscheidungsverhaltens, nach der ein Lebewesen zu jeder Zeit die Alternative wählen wird, welche im jeweiligen Augenblick den höchsten Wert hat, auch wenn diese langfristig nicht die beste Wahl sein sollte.

Motorisches Programm Ein zuerst von Lashley beobachteter Mechanismus im Gehirn oder Rückenmark, der eine Bewegungsabfolge steuert und nicht auf sensorisches Feedback einer Bewegung angewiesen ist, um die nächste Bewegung einzuleiten.

Multipler Verstärkungsplan Verfahren, in dem abwechselnd jeweils einer von zwei oder mehr Verstärkungsplänen präsentiert und jeder Plan von einem anderen Hinweisreiz angekündigt wird.

N

Nachverstärkungspause Eine Reaktionspause, die bei festen Quotenplänen in der Regel nach jedem Verstärker eintritt.

Nativismus Die Hypothese, dass einige Vorstellungen angeboren sind und nicht von den Erfahrungen eines Individuums abhängen.

Negative Bestrafung (Bestrafung Typ II) Verfahren zur Verhaltensreduktion, im Allgemeinen als Entzug bezeichnet, bei dem ein erwünschter Reiz beseitigt oder entzogen wird, wenn das Verhalten auftritt.

Negativer Kontrast Verhaltensgegensatz, bei dem die Reaktion auf einen Stimulus abnimmt, weil die Verstärkungsbedingungen für einen anderen Stimulus zugenommen haben.

Negativer Transfer Im motorischen Lernen, wenn das Üben einer Aufgabe das Lernen oder die Performanz bei einer anderen Aufgabe behindert.

Negative Verstärkung Methode der Verhaltensstärkung, bei der ein aversiver Reiz beseitigt oder entzogen wird, wenn das Verhalten auftritt.

Neurogenese Das Wachstum neuer Neuronen.

Nichtkontingente Verstärkung Die Verabreichung von Verstärkern zu zufälligen Zeitpunkten unabhängig vom Verhalten des Individuums.

Nichtdifferenzielles Training Einfache Form des Diskriminationslernens, bei der bei jeder Aufgabe der positive Stimulus präsentiert wird und keine Aufgaben mit negativen Stimuli vorkommen.

O

Objektpermanenz Die Erkenntnis, dass Objekte weiter existieren, auch wenn sie nicht zu sehen sind.

Open-Loop Movement In der Feedback-Theorie eine Bewegung, die so schnell stattfindet, dass keine Zeit bleibt, Korrekturen vorzunehmen, wenn sie einmal eingesetzt hat.

Opponent-Process-Theorie Solomon und Corbits Theorie, nach der viele emotionale Reaktionen aus einer frühen emotionalen Reaktion, gefolgt von der gegenteiligen Emotion, bestehen.

Optimierungstheorie Theorie des Entscheidungsverhaltens, der zufolge Menschen dazu neigen, Entscheidungen zu treffen, die sie am meisten zufrieden stellen.

Orientierungsreaktion Angeborene Reaktion auf einen plötzlichen oder unerwarteten Reiz, bei der ein Tier in seiner augenblicklichen Aktivität innehält, um den neuen Reiz wahrzunehmen.

Overmatching Abweichung vom Matching, bei der in einer Entscheidungssituation die Reaktionen überproportional zur Anzahl der Verstärker sind.

P

Paradoxer Fehler Im motorischen Lernen eine falsche Bewegung, die eine Person unbedingt vermeiden möchte, zu deren Ausführung sie aber neigt, besonders wenn die Aufmerksamkeit durch eine andere Aufgabe abgelenkt wird.

Partieller Verstärkungseffekt Der Befund, dass Reaktionen nach kontinuierlicher Verstärkung schneller gelöscht werden als nach intermittierender Verstärkung.

Peak Shift Nach dem Diskriminationstraining mit einem verstärkten und einem nicht verstärkten Reiz eine Verschiebung des Spitzenwerts des Generalisierungsgradienten von dem verstärkten Reiz weg in Richtung des nicht verstärkten Reizes.

Performanzwissen Im motorischen Lernen eine detaillierte Rückmeldung an den Lernenden, z.B. Informationen darüber, welche Teile der Bewegung gut ausgeführt wurden und wie andere verbessert werden könnten.

Periphere Instanz In der Begriffsbildungsforschung ein Exemplar aus einer natürlichen Kategorie, das man gerne als „schlechtes“ oder „untypisches“ Exemplar einordnet.

Placeboeffekt Die Beobachtung, dass sich das Verhalten von Personen, die wissen, dass sie an einem Experiment teilnehmen, ändern oder verbessern kann, auch wenn sie einer Kontrollgruppe angehören und keine besondere Behandlung erfahren.

Plastizität Die Fähigkeit des Nervensystems, sich aufgrund von Erfahrungen oder Stimulation zu verändern.

Positiver Kontrast Form des Verhaltensgegensatzes, bei dem sich die Reaktion auf einen Stimulus verstärkt, weil die Verstärkungsbedingungen für einen anderen Stimulus abgenommen haben.

Positiver Transfer Begriff beim motorischen Lernen, wenn das Üben einer Aufgabe das Lernen oder die Performanz bei einer ähnlichen Aufgabe verbessert.

Positronen-Emissions-Tomografie (PET) Bildgebendes Verfahren, das zeigen kann, welche Teile des Gehirns eines Menschen gerade am aktivsten sind.

Precommitment Technik zur Verbesserung der Selbstkontrolle, bei der das Individuum eine Vorentscheidung trifft, die zu einem späteren Zeitpunkt nur schwer oder gar nicht korrigiert werden kann.

Premack'sches Prinzip Theorie, der zufolge ein Verhalten, das mit hoher Wahrscheinlichkeit auftritt, als Verstärker für ein Verhalten dienen kann, das mit geringerer Wahrscheinlichkeit auftritt, und ein weniger wahrscheinliches Verhalten als Bestrafung für ein wahrscheinlicheres Verhalten fungiert.

Presence-Absence Training Form des Diskriminationslernens, bei der die Anwesenheit oder Abwesenheit eines spezifischen Stimulus anzeigt, ob eine Reaktion verstärkt werden wird.

Primärer Verstärker Ein Verstärker, der naturgemäß jede Reaktion verstärkt, auf die er folgt (wie z.B. Nahrung, Wasser, sexuelle Befriedigung und Wohlbefinden).

Proaktive Interferenz Wenn zuvor erlernter Stoff das Erlernen neuer Inhalte beeinträchtigt.

Problemkäfig Ein von Thorndike verwendeter Versuchsraum, in dem ein Tier nur mittels einer bestimmten Reaktion eine Tür öffnen und an Futter außerhalb gelangen kann.

Progressive Entspannung (oder Tiefe Muskelentspannung) Technik zur Induktion körperlicher Ruhe und Entspannung, bei der die Person bestimmte Muskelgruppen abwechselnd an- und entspannt.

Prompt In der Verhaltensmodifikation ein Stimulus, der die Wahrscheinlichkeit einer erwünschten Reaktion erhöht und im weiteren Verlauf des Trainings immer seltener eingesetzt wird.

Prospektive Kodierung Gedächtnisstrategie, bei der Individuen an die nächste Antwort denken, statt an das, was zuvor geschehen ist.

Prozent-Verstärkerplan Verstärkungsplan, bei dem eine Antwort verstärkt wird, wenn sie besser ist als ein bestimmter Prozentsatz der letzten Antworten, die der Lernende gegeben hat.

R

Ratio Strain Generelle Schwächung der Reaktionen, die auftritt, wenn ein fester Quotenplan eine große Anzahl an Reaktionen fordert.

Reaktionskette Angeborene Abfolge von Verhaltenweisen, bei der der Übergang von einem Verhalten zum nächsten von der Anwesenheit des richtigen äußeren Reizes abhängt. Teile dieser Abfolge können in Abhängigkeit von den präsentierten Reizen übersprungen oder ausgelassen werden.

Reaktionsblockierung Verfahren zur Verhaltensreduktion, bei der das Individuum physisch an einer unerwünschten Reaktion gehindert wird. Bei der Löschung von Vermeidungsreaktionen kann das Individuum durch Reaktionsblockierung lernen, dass die Vermeidungsreaktion nicht länger nötig ist.

Reaktive Hemmung Im motorischen Lernen ein der Erschöpfung ähnliches Phänomen, das sich nach Hull während einer massierten Übung kontinuierlich aufbaut und die Performanz künstlich schwächt.

Reflex Angeborene Bewegung, die mit Sicherheit durch Präsentation des geeigneten Stimulus ausgelöst werden kann.

Regelbestimmtes Verhalten Verhalten, das von einer verbalen oder mentalen Verhaltensregel bestimmt wird (im Gegensatz zum kontingenzbestimmten Verhalten, das von einem Verstärkungs- oder Bestrafungsplan gesteuert wird).

Reizüberflutung (Flooding) Behandlung für Phobien, bei der der Patient so lange mit einem stark angstbesetzen Objekt oder einer gefürchteten Situation konfrontiert wird, bis seine Angst abnimmt.

Relationale Theorie der Stimuluskontrolle Theorie, der zufolge Tiere lernen können, auf Relationen zwischen Stimuli zu reagieren (wie z.B. größer, röter oder heller). Der Gegensatz ist die absolute Theorie der Stimuluskontrolle, die davon ausgeht, dass Tiere solche Relationen nicht erlernen können.

Rescorla-Wagner-Modell Mathematische Theorie der klassischen Konditionierung, nach der bei jedem Versuch das Ausmaß der exzitatorischen oder inhibitorischen Konditionierung von der Stärke aller anwesenden konditionierten Stimuli und von der Intensität des unkonditionierten Stimulus abhängt.

Response-Reinforcer Correlation Theory Theorie, nach der Reaktionen im Rahmen von variablen Quotenplänen schneller erfolgen als bei variablen Intervallplänen, weil nur bei variablen Quotenplänen schnelleres Reagieren mehr Verstärker zur Folge hat.

Retroaktive Interferenz Wenn die Präsentation von neuem Material die Erinnerung an früher Gelerntes beeinträchtigt.

Retrospektive Kodierung Gedächtnisstrategie, bei der die Entscheidung für eine Reaktion von der Erinnerung an zuvor aufgetretene Stimuli bestimmt wird.

Rezeptor Besonders entwickeltes Neuron, das auf sensorische Reize aufgrund von Sinneswahrnehmungen oder Körperempfindungen, wie z.B. Muskelspannung und Gleichgewicht, reagiert.

Reziproke Kontingenz Verfahren, das dafür sorgt, dass zwei Verhaltensweisen in einem bestimmten Verhältnis auftreten. Dazu wird eine festgelegte Anzahl dieser beiden Verhaltensweisen abwechselnd von dem Individuum verlangt.

Rückwärtsverkettung Strategie zur Einübung in Reaktionsketten, bei der der Lehrer mit der letzten Reaktion in der Kette beginnt und sich von hinten nach vorn vorarbeitet.

S

Sättigung Methode zur Verhaltensreduktion, bei welcher der Verstärker in solchen Mengen gegeben wird, dass er seine Wirksamkeit verliert.

Schmidts Schematheorie Theorie des motorischen Lernens, die sich auf Bewegungen mit unbestimmtem Ende bezieht, bei der eine Person möglicherweise eine noch nie geübte Reaktion ausführen muss. Der Theorie zufolge führt das Üben einer Aufgabe zum Erwerb von allgemeinen Regeln (Schemata), wie man die richtige Reaktion erkennen und produzieren kann.

Selbstbehauptungstraining Eine Form der Therapie für Menschen, die in bestimmten Situationen übertrieben unterwürfig sind und die Fähigkeit entwickeln wollen, sich für ihre Rechte einzusetzen. Sie besteht oft aus einer Kombination von Nachahmung, Rollenspiel und dem Einüben von Verhaltensweisen.

Selbstbestimmte Wahl Die Wahl zwischen einem kleineren, unmittelbareren und einem größeren, späteren Verstärker.

Selbstverstärkung Verhaltensmodifikations-Technik, bei der das Individuum seine eigenen Verstärker für angemessenes Verhalten liefert.

Sensorische Präkonditionierung Verfahren der klassischen Konditionierung, bei der wiederholt zwei neutrale Stimuli miteinander gepaart werden, bevor einer von ihnen mit einem unkonditionierten Stimulus verbunden wird.

Shaping (oder Methode sukzessiver Annäherung) Methode zum Erlernen einer neuen Verhaltensweise, bei der die zunehmenden Annäherungen an das erwünschte Verhalten verstärkt werden.

Sidman-Vermeidungsaufgabe Vermeidungslernen, bei dem in regelmäßigen Abständen Schocks gegeben werden, wenn das Individuum nicht reagiert. Eine Reaktion verschiebt den nächsten Schock jedoch um ein festgelegtes Zeitintervall.

Signalreiz Ein Stimulus, der ein fixes Verhaltensmuster auslöst.

Sign-Tracking Theory Theorie der klassischen Konditionierung, nach der Tiere dazu neigen, sich allen Reizen, die wichtige Ereignisse versprechen, wie z.B. die Verabreichung von Futter, zu nähern und sie zu erkunden.

Simultane Konditionierung Form der klassischen Konditionierung, bei welcher der konditionierte und der unkonditionierte Stimulus zur gleichen Zeit einsetzen.

Simultanes Diskriminationsverfahren Diskriminationsverfahren, bei dem positive und negative Stimuli zusammen präsentiert werden und das Individuum zwischen ihnen wählen muss.

Single Neuron Doctrine of Perception Theorie, der zufolge es einzelne Neuronen im Gehirn gibt, die auf spezifische, komplexe Umweltreize reagieren.

Sinnlose Silbe Bedeutungslose Silbe, die aus zwei durch einen Vokal getrennten Konsonanten besteht, zuerst in Gedächtnisversuchen eingesetzt von Hermann Ebbinghaus.

Slow Positioning Task Aufgabe im motorischen Lernen, bei der die Person ohne zeitliche Vorgabe ein Objekt auf ein Ziel hin bewegen muss, das normalerweise nicht in Sichtweite liegt.

Sometimes Opponent-Process Theory (SOP) Allgemeine von Allan Wagner entwickelte Theorie klassischer Konditionierung, die Vermutungen darüber anstellt, warum manche konditionierten Reaktionen eine ähnliche Form wie die unkonditionierte Reaktion haben und andere gegenteilig sind.

Soziale Erleichterung Thorpes Begriff für eine Nachahmung, bei der das Verhalten eines Individuums bei einem anderen ein ähnliches Verhalten auslöst, dieses Verhalten aber bereits zum Repertoire des Nachahmenden gehörte.

Spezies-spezifische Abwehrreaktion (SSAR) Angeborene Verhaltensreaktion, die auftritt, wenn ein Tier in freier Wildbahn einem neuen oder unerwarteten Reiz begegnet. SSARs fallen gewöhnlich unter die Kategorien erstarren, fliehen oder kämpfen.

Spinaler Reflexbogen Nervenbahnen, die das reflexartige Zurückziehen der Hand von einem schmerzhaften Reiz bewirken. Sie bestehen aus schmerzempfindlichen Neuronen in der Hand mit Axonen, die bis ins Rückenmark reichen, Interneuronen sowie motorischen Neuronen, die die Muskeln der Arme aktivieren.

Spitzenwert-Methode Verfahren, mit dem bei Tieren die Fähigkeit zur Zeitschätzung untersucht wird. Die Zeit, in der die Reaktionsrate am höchsten ist, zeigt, wie genau das Tier die Intervalle zeitlich bestimmen kann.

Spontanerholung Bei der klassischen oder operanten Konditionierung das Wiederauftreten einer zuvor gelöschten Reaktion, nachdem längere Zeit ohne weitere Konditionierungsdurchgänge verstrichen ist.

Spurenkonditionierung Vorgehen in der klassischen Konditionierung, bei dem der konditionierte und der unkonditionierte Stimulus durch ein zeitliches Intervall ohne Stimulus voneinander getrennt sind.

S-R-Assoziation Angenommene Verbindung zwischen Hirngebieten, die den konditionierten Stimulus und eine Reaktion repräsentieren; kann unter klassischer Konditionierung entstehen und dadurch dem konditionierten Stimulus die Fähigkeit verleihen, eine konditionierte Reaktion auszulösen.

S-S-Assoziation Angenommene Verbindung zwischen Hirngebieten, die zwei verschiedene Stimuli repräsentieren; kann bei Paarung der beiden Stimuli entstehen.

Statistisch signifikant Ein Forschungsergebnis, das als bedeutsam akzeptiert wird, weil die statistische Untersuchung zeigt, dass die Ergebnisse mit großer Wahrscheinlichkeit nicht zufällig zustande gekommen sind. Ein Ergebnis wird in der Regel als statistisch signifikant bezeichnet, wenn die Wahrscheinlichkeit eines zufälligen Zustandekommens zumindest geringer als 5 % ist.

Stichprobenfehler In der wissenschaftlichen Forschung ein Messfehler, verursacht von zufälligen oder unkontrollierten Abweichungen bei der gemessenen Größe.

Stimulusäquivalenz Eine Situation, in der ein Individuum lernt, auf alle Stimuli einer Kategorie so zu reagieren, als seien sie austauschbar, obwohl das Individuum nur wenige und nicht alle der möglichen Relationen zwischen diesen Stimuli erlernt hat.

Stimuluskontrolle Die grundsätzliche Frage, wie das Verhalten von den ihm vorausgehenden Reizen kontrolliert werden kann.

Stop-Action-Prinzip Verstärkungsprinzip, nach dem genau die Bewegungen, die im Moment der Verstärkung ausgeführt werden, verstärkt werden und in Zukunft mit größerer Wahrscheinlichkeit auftreten.

Störvariable Eine Variable, die für den Forscher nicht von Interesse ist, aber sich dennoch so auf die Ergebnisse eines Experiments auswirken kann, dass diese schwierig oder unmöglich zu interpretieren sind.

Sukzessives Diskriminationslernen Verfahren, bei dem die positiven und die negativen Reize zu unterschiedlichen Zeiten präsentiert werden.

Synapse Schmaler Spalt zwischen dem Axonende eines Neurons und dem Dendriten eines anderen, in den Transmitter ausgeschüttet werden.

Syntax Die Regeln und Definitionen einer wissenschaftlichen Theorie, die festlegen, wie die unabhängigen und die abhängigen Variablen gemessen werden müssen, und die

die Beziehungen zwischen unabhängigen, intervenierenden und abhängigen Variablen spezifizieren.

Systematische Desensibilisierung Eine verhaltenstherapeutische Behandlungsmethode für Phobien, bei der dem Patienten in sehr entspanntem Zustand schrittweise immer stärker angstauslösende Reize präsentiert werden.

T

Taktgeber In Theorien zur Zeitberechnung der Tiere ein hypothetischer innerer Prozess, der in gleich bleibender Geschwindigkeit pulsiert und dem Tier ermöglicht, Zeitspannen zu messen.

Taxis Ein Tropismus, bei dem der auslösende Reiz die Bewegungsrichtung eines Lebewesens bestimmt.

Teilnehmende Modellierung Art des Modelllernens, bei dem der Lernende das Verhalten des Modells bei jedem Behandlungsschritt nachahmt.

Time-Out (Auszeit) Methode zur Verhaltensreduktion, bei der ein oder mehrere erwünschte Reize vorübergehend entfernt werden, wenn das Individuum ein unerwünschtes Verhalten zeigt.

Theorie der Reaktionsdeprivation Verstärkungstheorie, der zufolge jede Kontingenz, die einem Tier die bevorzugte Verhaltenshäufigkeit unmöglich macht, dazu führt, dass diese Verhaltensweise weniger eingeschränktes Verhalten verstärkt.

Theorie des sozialen Lernens Eine von Bandura und Walters entwickelte Lerntheorie, nach der Menschen sowohl nach den üblichen Prinzipien klassischer und operanter Konditionierung lernen als auch durch Beobachtung.

Token Economy Verhaltensmodifikations-Programm, das oft bei der Arbeit mit Gruppen eingesetzt wird und bei dem jeder durch bestimmte Verhaltensweisen Tokens verdienen und diese später in verschiedene primäre Verstärker umtauschen kann.

Toleranz Nachlassende Wirkung eines Arzneimittels oder einer Droge, die nach wiederholtem Gebrauch des Medikaments/der Droge beobachtet wird.

Tragedy of the Commons Situation, in der Menschen in ihrem eigenen kurzfristigen Interesse handelnd eine Wahl treffen, die der Gesellschaft als Ganzes schadet.

Transitive Inferenz Das Lernen einer Regel über die Beziehung zwischen drei Stimuli, wie z.B.: „Wenn A < B und B < C, dann A < C."

Transmitter Von den Axonenden in die Synapsen ausgeschütteter chemischer Stoff, auf den Zellkörper und Dendriten anderer Neuronen empfindlich reagieren.

Transposition Fall, in dem bei einer Diskriminationsaufgabe ein Individuum einen Verstärker für die Wahl eines von zwei Stimuli erhält (z.B. für die Wahl eines 2-cm-Kreises statt eines 1-cm-Kreises), aber später statt des zuvor verstärkten einen größeren Stimulus wählt (wie z.B. einen 3-cm-Kreis statt des 2-cm-Kreises).

Transsituationalitätsprinzip Diesem Prinzip zufolge ein Stimulus, der in einer Situation als Verstärker fungiert, auch in anderen Situationen als Verstärker dienen wird.

Triebreduktionsstheorie Von Hull entwickelte Theorie, nach der jede Abnahme eines biologischen Triebs (Hungertrieb, Sexualtrieb und so weiter) als Verstärker dient.

Tropismus Angeborene Bewegung eines ganzen Organismus als Reaktion auf einen spezifischen Stimulus. Die zwei Hauptkategorien von Tropismen sind Kinesen und Taxen.

U

Übererwartungseffekt Abnahme in der Stärke einer Reaktion auf zwei getrennt erlernte konditionierte Stimuli, wenn sie als zusammengesetzter konditionierter Stimulus präsentiert und von dem üblichen unkonditionierten Stimulus gefolgt werden.

Überkorrektur Methode zur Verhaltensreduktion, bei der das Individuum nach einem unerwünschten Verhalten mehrfach eine alternative, stärker erwünschte Verhaltenweise wiederholen muss.

Überlernen Fortgesetzte Übung einer Reaktion, nachdem die Performanz scheinbar perfekt ist. Dies führt in einem späteren Test oft zu einer stärkeren oder besseren Performanz.

Überschattung In der klassischen Konditionierung der Effekt, dass der Konditionierungserfolg eines schwachen konditionierten Stimulus geringer ist, wenn dieser zusammen mit einem stärker konditionierten Stimulus präsentiert wird.

Übung (Rehearsal) Aktives Verarbeiten von Reizen oder Geschehnissen nach ihrem Auftreten, das Informationen im Kurzzeitgedächtnis aktiv halten und ihre Übertragung ins Langzeitgedächtnis fördern kann.

Unabhängige Variable In der wissenschaftlichen Forschung eine Variable, die manipuliert wird, um zu untersuchen, wie sich diese auf die abhängige Variable auswirkt.

Undermatching Abweichung vom Matching, bei dem in einer Wahlsituation die Anzahl der Reaktionen unterproportional zur Anzahl der Verstärker ist.

Unelastische Nachfrage In der Volkswirtschaft die Nachfrage nach einem Produkt, die sich relativ wenig ändert, wenn der Preis steigt oder fällt.

Unkonditionierte Reaktion (UR) In der klassischen Konditionierung eine angeborene Reaktion, die von einem unkonditionierten Stimulus ausgelöst wird.

Unkonditionierter Stimulus (US) In der klassischen Konditionierung ein Stimulus, der spontan eine bestimmte Reaktion (eine unkonditionierte Reaktion) auslöst.

US Preexposure Effect Befund, dass die klassische Konditionierung langsamer erfolgt, wenn der unkonditionierte Stimulus vor der Paarung mit einem konditionierten Stimulus wiederholt präsentiert wurde.

V

Variabler Intervallplan (VI) Verstärkungsplan, bei dem Verstärker nach variablen und nicht voraussagbaren Intervallen verfügbar werden. Sobald eine Verstärkung zur Verfügung steht, ist eine einzige Reaktion nötig, um sie zu bekommen.

Variabler Quotenplan (VR) Verstärkungsplan, bei dem ein Verstärker nach einer variablen und nicht voraussagbaren Zahl von Reaktionen verabreicht wird.

Verfahren einfacher Systeme In der physiologischen Forschung Verfahren zur Untersuchung primitiver Lebewesen mit kleineren und weniger komplexen Nervensystemen.

Verhaltensimpuls Der Widerstand eines operanten Verhaltens gegen Veränderung, wenn sich die Verstärkungsbedingungen ändern (wenn z.B. freie Verstärker verabreicht werden oder der Plan sich ändert und Extinktion vorsieht).

Vergessenskurve Kurve, die zeigt, wie die Gedächtnisleistung proportional zu der Zeit, die seit dem Lernen verstrichen ist, nachlässt.

Verhaltenskette Abfolge erlernter Verhaltensweisen, die in einer bestimmten Reihenfolge auftreten müssen und bei der die Verabreichung des primären Verstärkers erst nach der letzten Reaktion erfolgt. Es wird angenommen, dass jeder Reiz in der Mitte einer Verhaltenskette als konditionierter Verstärker für die vorherige und als Hinweisreiz für die nächste Reaktion in der Kette fungiert.

Verhaltenskontrast Phänomen, bei dem sich die Reaktion auf einen Reiz ändert, weil sich Verstärkungsbedingungen für einen anderen Reiz geändert haben.

Verhaltenskosten Methode der Verhaltensreduktion, bei der das Individuum bei unerwünschtem Verhalten durch den Verlust von Verstärkern bestraft wird.

Verhaltensökonomie Eine Fachrichtung, die anhand von Prinzipien aus Verhaltenspsychologie und Ökonomie Entscheidungen und Verhalten von Menschen vorhersagt.

Verhaltensreduktion Jedes Verfahren, das zu einer Verlangsamung, Verringerung oder Beseitigung eines unerwünschten Verhaltens führt.

Verhaltenstheorie der Zeitberechnung Eine von Killeen und Fetterman vorgelegte Theorie der Zeitberechnung der Tiere, die besagt, dass Tiere ihr eigenes Verhalten nutzen, um Zeit zu messen. Die Theorie erklärt, dass die Verstärkungsrate das Tempo der inneren Uhr steuert, die wiederum die Verhaltensrate des Tieres bestimmt. Das Tier nutzt dieses Verhalten, um zu messen, wie viel Zeit verstrichen ist.

Verketteter Verstärkungsplan Zwei oder mehr Verstärkungspläne, die in einer bestimmten Reihenfolge ausgeführt werden müssen, bevor der Verstärker gegeben wird. Jeder Plan wird durch einen anderen Reiz angezeigt.

Vermeidung Eine Art der negativen Verstärkung, bei der durch eine bestimmte Reaktion ein aversiver Reiz vermieden wird.

Vermeidungsparadox Das Rätsel, wie der Nichteintritt eines aversiven Ereignisses als Verstärker für eine Vermeidungsreaktion dienen kann.

Versuchsgruppe In der experimentellen Forschung eine Gruppe von Individuen, die eine besondere Schulung oder Behandlung erfährt und deren Performanz in der Regel mit der einer Kontrollgruppe verglichen wird.

Verstärker Stimulus, der ein Verhalten stärkt, wenn er nach Auftreten des Verhaltens folgt.

Verstärkerrelativität Von Premack vertretene Vorstellung, dass es keine absoluten Kategorien von Verstärkern und verstärkbaren Reaktionen gibt, häufigeres Verhalten jedoch weniger häufiges verstärken kann.

Verstärkungsplan Festlegung, unter welchen Bedingungen ein Verstärker verabreicht wird.

Verteilte Übung Im motorischen Lernen ein Übungsverfahren, in dem sich sehr kurze Übungsphasen mit Ruhezeiten abwechseln.

Verzerrte Stichprobe In der psychologischen Forschung eine Stichprobe von Versuchspersonen, die nicht genau die Merkmale der ganzen Bevölkerung widerspiegeln.

Video-Selbstmodellierung Verhaltensmodifikations-Technik, bei der Klienten Videos von sich selbst sehen, auf denen sie die erwünschten Verhaltensweisen richtig ausführen.

Virtuelle Therapie Form der systematischen Desensibilisierung, bei welcher der Patient über einen Cyber-Helm realistische Bilder wahrnimmt, die sich bei jeder Kopfbewegung verändern und so eine dreidimensionale Umgebung simulieren.

Visueller Kortex Ein im Hinterkopf direkt unter der Schädeldecke lokalisiertes Gebiet des zerebralen Kortex, das visuelle Informationen verarbeitet.

Vorbereitete Assoziation Assoziation zwischen Stimuli oder zwischen Stimuli und Reaktionen, die eine bestimmte Spezies von Natur aus schnell und leicht lernt.

Vorwärtsverkettung Strategie, mit der eine Reaktionskette gelehrt wird. Der Lehrer beginnt mit der Verstärkung der ersten Reaktion der Kette und fügt dann allmählich die zweite Reaktion, die dritte Reaktion und so weiter hinzu.

W

Webers Gesetz Wahrnehmungsprinzip, nach dem der gerade noch wahrnehmbare Unterschied (der kleinste feststellbare Unterschied zwischen zwei Stimuli) proportional zur Größe der Stimuli ist.

Wechselpause Im Entscheidungsverhalten eine Bedingung, dass eine gewisse Zeit verstreichen muss, bevor ein Verstärker gegeben werden kann, wenn ein Individuum von einer Reaktion zur einer anderen wechselt.

Z

Zellkörper Der Teil eines Neurons, der den Zellkern enthält, welcher den Grundstoffwechsel der Zelle steuert.

Zentrale Instanz In der Konzeptbildungsforschung ein Exemplar aus einer natürlichen Kategorie, das man gerne als „gutes“ oder „typisches“ Exemplar einordnet.

Zerebellum Ein Teil des Gehirns, der seinen Sitz im Hinterkopf unter dem zerebralen Kortex hat und für präzise Bewegungen entscheidend ist.

Zusammengesetzter Konditionierter Stimulus In der klassischen Konditionierung die gleichzeitige Präsentation von zwei oder mehr konditionierten Stimuli.

Zweifaktorentheorie Theorie, dass sowohl die klassische Konditionierung (lernen, einen Reiz zu fürchten) als auch die operante Konditionierung (Flucht vor dem Furcht auslösenden Reiz) Voraussetzung für Vermeidungsreaktionen sind.

Zweikammerkäfig Versuchskäfig mit zwei rechteckigen Kammern. Tiere werden vor die Aufgabe gestellt, von einer Kammer in die andere zu laufen, um zu fliehen, oder einen aversiven Reiz zu vermeiden.

Literaturverzeichnis

Abbott, B. B., & Badia, P. (1986). Predictable versus unpredictable shock conditions and physiological measures of stress: A reply to Arthur. *Psychological Bulletin, 100,* 384–387.

Abramowitz, A. J., & O'Leary, S. G. (1990). Effectiveness of delayed punishment in an applied setting. *Behavior Therapy, 21*, 231–239.

Abramson, L. Y., Seligman, M. E. P., & Teasdale, J. D. (1978). Learned helplessness in humans: Critique and reformulation. *Journal of Abnormal Psychology, 87*, 49–74.

Adams, C. D., & Kelley, M. L. (1992). Managing sibling aggression: Overcorrection as an alternative to time-out. *Behavior Therapy, 23*, 707–717.

Adams, J. A. (1971). A closed-loop theory of motor learning. *Journal of Motor Behavior, 3*, 111–150.

Adams, J. A. (1976). *Learning and memory: An introduction*. Homewood, IL: Dorsey Press.

Adams, J. A., & Reynolds, B. (1954). Effect of shift in distribution of practice conditions following interpolated rest. *Journal of Experimental Psychology, 47*, 32–36.

Ader, R., & Cohen, N. (1975). Behaviorally conditioned immunosuppression. *Psychosomatic Medicine, 37*, 333–340.

Ader, R., & Cohen, N. (1993). Psychoneuroimmunology: Conditioning and stress. *Annual Review of Psychology, 44*, 53–85.

Ader, R., Felten, D., & Cohen, N. (1990). Interactions between the brain and the immune system. *Annual Review of Pharmacology and Toxicology, 30*, 561–602.

Ainslie, G. (1974). Impulse control in pigeons. *Journal of the Experimental Analysis of Behavior, 21*, 485–489.

Ainslie, G. (1975). Specious reward: A behavioral theory of impulsiveness and impulse control. *Psychological Bulletin, 82*, 463–496.

Albert, M., Ricker, S., Bevins, R. A., & Ayres, J. J. B. (1993). Extending continuous versus discontinuous conditioned stimuli before versus after unconditioned stimuli. *Journal of Experimental Psychology: Animal Behavior Processes, 19*, 255–264.

Alberto, P., & Andrews, D. (1991). Are moral considerations sufficient for selecting nonaversive interventions? A review of Repp and Singh's *Perspectives on the use of nonaversive and aversive interventions for persons with developmental disabilities. The Behavior Analyst, 14*, 219–224.

Alberts, E., & Ehrenfreund, D. (1951). Transposition in children as a function of age. *Journal of Experimental Psychology, 41*, 30–38.

Allaway, T. A. (1971). *Attention, information, and autoshaping*. Ph.D. dissertation, University of Pennsylvania.

Allen, J. D., & Butler, J. A. (1990). The effect of interplay interval on adjunctive behavior in humans in a game-playing situation. *Physiology and Behavior, 47*, 719–725.

Allison, J. (1993). Response deprivation, reinforcement, and economics. *Journal of the Experimental Analysis of Behavior, 60*, 129–140.

Alvarez-Borda, B., Ramirez-Amaya, V., Perez-Montfort, R., & Bermudez-Rattoni, F. (1995). Enhancement of antibody production by a learning paradigm. *Neurobiology of Learning and Memory, 64*, 103–105.

Amiro, T. W., & Bitterman, M. E. (1980). Second-order appetitive conditioning in goldfish. *Journal of Experimental Psychology: Animal Behavior Processes, 6*, 41–48.

Ammerman, R. T., & Hersen, M. (Eds.) (1995). *Handbook of child behavior therapy in the psychiatric setting*. New York: Wiley.

Andrews, E. A., & Braveman, N. S. (1975). The combined effects of dosage level and interstimulus interval on the formation of one-trial poison-based aversions in rats. *Animal Learning and Behavior, 3*, 287–289.

Andrews, J. A., Hops, H., & Duncan, S. C. (1997). Adolescent modeling of parent substance use: The moderating effect of the relationship with the parent. *Journal of Family Psychology, 11*, 259–270.

Anger, D. (1956). The dependence of interresponse times upon the relative reinforcement of different interresponse times. *Journal of Experimental Psychology, 52*, 145–161.

Anger, W. K., Rohlman, D. S., & Sizemore, O. J. (1994). A comparison of instruction formats for administering a computerized behavior test. *Behavior Research Methods, Instruments, and Computers, 26*, 209–212.

Anisfeld, M. (1991). Neonatal imitation. *Developmental Review, 11*, 60–97.

Antonov, I., Kandel, E. R., & Hawkins, R. D. (1999). The contribution of facilitation of monosynaptic PSPs to dishabituation and sensitization of the Aplysia siphon withdrawal reflex. *Journal of Neuroscience, 19,* 10438–10450.

Arena, J. G., Bruno, G. M., Hannah, S. L., & Meador, K. J. (1995). A comparison of frontal electromyographic biofeedback training, trapezius electromyographic biofeedback training, and progressive muscle relaxation therapy in the treatment of tension headache. *Headache, 35*, 411–419.

Aristotle. (ca. 350 B.C.). *De memoria et reminiscentia*. In J. A. Smith (trans.) and W. D. Ross (Ed.), *The Works of Aristotle* (Vol. 3). Oxford: Clarendon Press. (English translation published 1931.)

Arthur, A. Z. (1986). Stress of predictable and unpredictable shock. *Psychological Bulletin, 100*, 379–383.

Ash, D. W., & Holding, D. H. (1990). Backward versus forward chaining in the acquisition of a keyboard skill. *Human Factors, 32*, 139–146.

Averill, J. R. (1973). Personal control over aversive stimuli and its relationship to stress. *Psychological Bulletin, 80*, 286–303.

Axelrod, S. (1990). Myths that (mis)guide our profession. In A. C. Repp & N. N. Singh (Eds.), *Perspectives on the use of nonaversive and aversive interventions for persons with developmental disabilities*. Sycamore, IL: Sycamore Publishing.

Ayllon, T. (1963). Intensive treatment of psychotic behavior by stimulus satiation and food reinforcement. *Behaviour Research and Ther-apy, 1*, 53–62.

Ayllon, T., & Haughton, E. (1964). Modification of symptomatic verbal behavior of mental patients. *Behaviour Research and Therapy, 2,* 87–97.

Ayres, J. J. B., Bombace, J. C., Shurtleff, D., & Vigorito, M. (1985). Conditioned suppression tests of context-blocking hypothesis: Testing in the absence of the preconditioned context. *Journal of Experimental Psychology: Animal Behavior Processes, 11*, 1–14.

Ayres, J. J. B., Haddad, C., & Albert, M. (1987). One-trial excitatory backward conditioning as assessed by conditioned suppression of licking in rats: Concurrent observations of lick suppression and defensive behaviors. *Animal Learning and Behavior, 15,* 212–217.

Azrin, N. H. (1956). Effects of two intermittent schedules of immediate and nonimmediate punishment. *Journal of Psychology, 42*, 3–21.

Azrin, N. H. (1960). Effects of punishment intensity during variable–interval reinforcement. *Journal of the Experimental Analysis of Behavior, 3*, 123–142.

Azrin, N. H., & Holz, W. C. (1966). Punishment. In W. K. Honig (Ed.), *Operant behavior: Areas of research and application*. Englewood Cliffs, NJ: Prentice-Hall.

Azrin, N. H., Holz, W. C., & Hake, D. F. (1963). Fixed–ratio punishment. *Journal of the Experimental Analysis of Behavior, 6*, 141–148.

Badia, P., Culbertson, S., & Harsch, J. (1973). Choice of longer or stronger signaled shock over shorter or weaker unsignaled shock. *Journal of the Experimental Analysis of Behavior, 19*, 25–32.

Baer, D. M., Peterson, R. F., & Sherman, J. A. (1967). The development of imitation by reinforcing behavioral similarity to a model. *Journal of the Experimental Analysis of Behavior, 10*, 405–416.

Baeyens, F., Eelen, P., Van den Bergh, O., & Crombez, G. (1992). The content of learning in human evaluative conditioning: Acquired valence is sensitive to US revaluation. *Learning and Motivation, 23*, 200–224.

Baker, K. E., Wylie, R. C., & Gagne, R. M. (1950). Transfer of training to a motor skill as a function of variation in rate of response. *Journal of Experimental Psychology, 40*, 721–732.

Baker, T. B., & Tiffany, S. T. (1985). Morphine tolerance as habituation. *Psychological Review, 92*, 78–108.

Balaban, M. T., Rhodes, D. L, & Neuringer, A. (1990). Orienting and defense responses to punishment: Effects on learning. *Biological Psychology, 30*, 203–217.

Balaz, M. A., Kasprow, W. J., & Miller, R. R. (1982). Blocking with a single compound trial. *Animal Learning and Behavior, 10*, 271–276.

Baldwin, E. (1993). The case for animal research in psychology. *Journal of Social Issues, 49*, 121–131.

Balsam, P. D., & Gibbon, J. (1988). Formation of tone-US associations does not interfere with the formation of context-US associations in pigeons. *Journal of Experimental Psychology: Animal Behavior Processes, 14*, 401–412.

Balsam, P. D., & Tomie, A. (Eds.) (1985). *Context and learning*. Hillsdale, NJ: Erlbaum.

Bandura, A. (1965). Influence of models' reinforcement contingencies on the acquisition of imitative responses. *Journal of Personality and Social Psychology, 1*, 589–595.

Bandura, A. (1969). *Principles of behavior modification*. New York: Holt, Rinehart & Winston.

Bandura, A. (1986). *Social foundations of thought and action*. Englewood Cliffs, NJ: Prentice-Hall.

Bandura, A. (1994). *Self-efficacy: The exercise of control*. New York: Freeman.

Bandura, A., Blanchard, E. B., & Ritter, B. (1969). Relative efficacy of desensitization and modeling approaches for inducing behavioral, affective, and attitudinal changes. *Journal of Personality and Social Psychology, 13*, 173–199.

Bandura, A., Grusec, J. E., & Menlove, F. L. (1967). Vicarious extinction of avoidance behavior. *Journal of Personality and Social Psychology, 5*, 16–23.

Bandura, A., & Huston, A. C. (1961). Identification as a process of incidental learning. *Journal of Abnormal and Social Psychology, 63*, 311–318.

Bandura, A., & Kupers, C. J. (1964). The transmission of patterns of self-reinforcement through modeling. *Journal of Abnormal and Social Psychology, 69*, 1–9.

Bandura, A., & Menlove, F. L. (1968). Factors determining vicarious extinction of avoidance behavior through symbolic modeling. *Journal of Personality and Social Psychology, 8*, 99–108.

Bandura, A., Ross, D., & Ross, S. A. (1963). Imitation of film-mediated aggressive models. *Journal of Abnormal and Social Psychology, 66*, 3–11.

Bandura, A., & Walters, R. H. (1959). *Adolescent aggression*. New York: Ronald Press.

Bandura, A., & Walters, R. H. (1963). *Social learning and personality development*. New York: Holt, Rinehart & Winston.

Bao, J. X., Kandel, E. R., & Hawkins, R. D. (1998). Involvement of presynaptic and postsynaptic mechanisms in a cellular analog of classical conditioning at *Aplysia* sensory-motor neuron synapses in isolated cell culture. *Journal of Neuroscience, 18*, 458–466.

Barlow, H. B. (1972). Single units and sensation: A neural doctrine for perceptual psychology? *Perception, 1*, 371–394.

Barnes, D., & Keenan, M. (1993). Concurrent activities and instructed human fixed-interval performance. *Journal of the Experimental Analysis of Behavior, 59*, 501–520.

Baron, A., Kaufman, A., & Fazzini, D. (1969). Density and delay of punishment of free-operant avoidance. *Journal of the Experimental Analysis of Behavior, 12*, 1029–1037.

Baron, A., & Leinenweber, A. (1994). Molecular and molar analyses of fixed-interval performance. *Journal of the Experimental Analysis of Behavior, 61,* 11–18.

Bartlett, F. C. (1932). *Remembering: A study in experimental and social psychology.* Cambridge: Cambridge University Press.

Batsell, W. R., & Batson, J. D. (1999). Augmentation of taste conditioning by a preconditioned odor. *Journal of Experimental Psychology: Animal Behavior Processes, 25*, 374–388.

Battig, W. F., & Montague, W. E. (1969). Category norms for verbal items in 56 categories: A replication and extension of the Connecticut category norms. *Journal of Experimental Psychology Monograph* (No. 3 Part 2).

Baum, M. (1966). Rapid extinction of an avoidance response following a period of response prevention in the avoidance apparatus. *Psychological Reports, 18*, 59–64.

Baum, M. (1976). Instrumental learning: Comparative studies. In M. P. Feldman & A. Broadhurst (Eds.), *Theoretical and experimental bases of the behavior therapies*. New York: John Wiley.

Baum, W. M. (1973). The correlation-based law of effect. *Journal of the Experimental Analysis of Behavior, 20*, 137–153.

Baum, W. M. (1974). On two types of deviation from the matching law: Bias and undermatching. *Journal of the Experimental Analysis of Behavior, 22*, 231–242.

Baum, W. M. (1979). Matching, undermatching, and overmatching in studies of choice. *Journal of the Experimental Analysis of Behavior, 32*, 269–281.

Baum, W. M. (1982). Choice, changeover, and travel. *Journal of the Experimental Analysis of Behavior, 38*, 35–49.

Baum, W. M. (1993). Performances on ratio and interval schedules of reinforcement: Data and theory. *Journal of the Experimental Analysis of Behavior, 59*, 245–264.

Baum, W. M., & Rachlin, H. C. (1969). Choice as time allocation. *Journal of the Experimental Analysis of Behavior, 12*, 861–874.

Beardsley, S. D., & McDowell, J. J. (1992). Application of Herrnstein's hyperbola to time allocation of naturalistic human behavior maintained by naturalistic social reinforcement. *Journal of the Experimental Analysis of Behavior, 57*, 177–185.

Beatty, W. W., & Shavalia, D. A. (1980). Rat spatial memory: Resistance to retroactive interference at long retention intervals. *Animal Learning and Behavior, 8*, 550–552.

Beauchamp, A. J., Gluck, J. P., Fouty, H. E., & Lewis, M. H. (1991). Associative processes in differentially reared rhesus monkeys (*Macaca mulata*): Blocking. *Developmental Psychobiology, 24*, 175–189.

Beidleman, W. B. (1981). Group assertive training in correctional settings: A review and methodological critique. *Journal of Offender Counseling, Services & Rehabilitation, 6*, 69–87.

Bekesy, G. von. (1964). Sweetness produced electrically on the tongue and its relation to taste theories. *Journal of Applied Physiology, 19*, 1105–1113.

Bekesy, G. von. (1966). Taste theories and the chemical stimulation of single papillae. *Journal of Applied Physiology, 21*, 1–9.

Bentall, R. P., & Lowe, C. F. (1987). The role of verbal behavior in human learning: III. Instructional effects in children. *Journal of the Experimental Analysis of Behavior, 47*, 177–190.

Berger, T. W., & Weisz, D. J. (1987). Rabbit nictitating membrane responses. In I. Gormezano, W. F. Prokasy, & R. F. Thompson (Eds.), *Classical conditioning* (3rd ed.). Hillsdale, NJ: Erlbaum.

Bernstein, I. L., Webster, M. M., & Bernstein, I. D. (1982). Food aversions in children receiving chemotherapy for cancer. *Cancer, 50*, 2961–2963.

Bersh, P. J., Notterman, J. M., & Schoenfeld, W. N. (1956). Extinction of human cardiac-response during avoidance-conditioning. *Amer-ican Journal of Psychology, 69*, 244–251.

Besson, A., Privat, A. M., Eschalier, A., & Fialip, J. (1999). Dopaminergic and opioidergic mediations of tricyclic antidepressants in the learned helplessness paradigm. *Pharmacology, Biochemistry, and Behavior, 64*, 541–548.

Bevins, R. A., Jensen, H. C., Hinze, T. S., & Besheer, J. (1999). Taste quality and extinction of a conditioned taste aversion in rats. *Animal Learning and Behavior, 27*, 358–366.

Bickel, W. K., DeGrandpre, R. J., & Higgins,S. T. (1995). The behavioral economics of concurrent drug reinforcers: A review and reanalysis of drug self-administration research. *Psychopharmacology, 118*, 250–259.

Bickel, W. K., Green, L., & Vuchinich, R. E. (1995). Behavioral economics. *Journal of the Experimental Analysis of Behavior, 64*, 257–262.

Bickel, W. K., Odum, A. L., & Madden, G. J. (1999). Impulsivity and cigarette smoking: delay discounting in current, never, and ex-smokers. *Psychopharmacology, 146*, 447–454.

Bickel, W. K., & Vuchinich, R. (Eds.) (2000). *Reframing health behavior change with behavioral economics.* Mahwah, NJ: Erlbaum.

Biermann, K. (1990). Why animal experimentation should continue. *The Humanist, 50*, 8–9.

Bilodeau, E. A. (1954). Rate recovery in a repetitive motor task as a function of successive rest periods. *Journal of Experimental Psychology, 48*, 197–203.

Bilodeau, I. M. (1966). Information feedback. In E. A. Bilodeau (Ed.), *Acquisition of skill*. New York: Academic Press.

Black, A. H. (1959). Heart rate changes during avoidance learning in dogs. *Canadian Journal of Psychology, 13*, 229–242.

Black, A. H. (1965). Cardiac conditioning in curarized dogs: The relationship between heart rate and skeletal behavior. In W. F. Prokasy (Ed.), *Classical conditioning: A symposium*. New York: Appleton-Century-Crofts.

Blais, C., Kerr, R., & Hughes, K. (1993). Negative transfer or cognitive confusion. *Human Performance, 6*, 197–206.

Blaisdell, A. P., Gunther, L. M., & Miller, R. R. (1999). Recovery from blocking achieved by extinguishing the blocking CS. *Animal Learning and Behavior, 27*, 63–76.

Blaisdell, A. P., Bristol, A. S., Gunther, L. M., & Miller, R. R. (1998). Overshadowing and latent inhibition counteract each other: Support for the comparator hypothesis. *Journal of Experimental Psychology: Animal Behavior Processes, 24*, 335–351.

Blakely, E., & Schlinger, H. (1988). Determinants of pausing under variable-ratio schedules: Reinforcer magnitude, ratio size, and schedule configuration. *Journal of the Experimental Analysis of Behavior, 50*, 65–73.

Blakemore, C., & Cooper, G. F. (1970). Development of the brain depends on the visual environment. *Nature, 228*, 477–478.

Bleak, J. L., & Frederick, C. M. (1998). Superstitious behavior in sport: Levels of effectiveness and determinants of use in three collegiate sports. *Journal of Sport Behavior, 21*, 1–15.

Bliss, T. V. P., & Lomo, T. (1973). Long-lasting potentiation of synaptic transmission in the dentate area of the anaesthetized rabbit following stimulation of the perforant path. *Journal of Physiology, 232*, 331–356.

Blough, D. S. (1959). Delayed matching in the pigeon. *Journal of the Experimental Analysis of Behavior, 2*, 151–160.

Blough, D. S. (1982). Pigeon perception of letters of the alphabet. *Science, 218*, 397–398.

Boakes, R. A., & Halliday, M. S. (1975). Disinhibition and spontaneous recovery of response decrements produced by free reinforcement in rats. *Journal of Comparative and Physiological Psychology, 88*, 436–446.

Bolles, R. C. (1970). Species-specific defense reactions and avoidance learning. *Psychological Review, 77*, 32–48.

Bonardi, C., & Hall, G. (1994). A search for blocking of occasion setting using a nonexplicit training procedure. *Learning and Motivation, 25*, 105–125.

Bootzin, R. R. (1972). Stimulus control treatment for insomnia. *Proceedings of the 80th Annual Convention of the American Psychological Association, 7*, 395–396.

Bordens, K. S., & Abbott, B. B. (1998). *Research design and methods: A process approach* (4th edition). Mountain View, CA: Mayfield Publishing.

Bossom, J. (1974). Movement without proprioception. *Brain Research, 71*, 285–296.

Bottjer, S. W. (1982). Conditioned approach and withdrawal behavior in the pigeon: Effects of a novel extraneous stimulus during acquisition and extinction. *Learning and Motivation, 13*, 44–67.

Bouton, M. E. (2000). A learning theory perspective on lapse, relapse, and the maintenance of behavior change. *Health Psychology, 19*, 57–63.

Bouton, M. E., & Bolles, R. C. (1985). Contexts, event-memories, and extinction. In P. D. Balsam & A. Tomie (Eds.), *Context and learning*. Hillsdale, NJ: Erlbaum.

Bowd, A. D., & Shapiro, K. J. (1993). The case against laboratory animal research in psychology. *Journal of Social Issues, 49*, 133–142.

Bower, G. H. (1975). Cognitive psychology: An introduction. In W. K. Estes (Ed.), *Handbook of learning and cognitive processes* (Vol. 1). Hillsdale, NJ: Erlbaum.

Brakke, K. E., & Savage-Rumbaugh, E. S. (1995). The development of language skills in bonobo and chimpanzee: I. Comprehension. *Language and Communication, 15*, 121–148.

Brandon, S. E., Bombace, J. C., Falls, W. A., & Wagner, A. R. (1991). Modulation of unconditioned defensive reflexes by a putative emotive Pavlovian conditioned stimulus. *Journal of Experimental Psychology: Animal Behavior Processes*, *17*, 312–322.

Brannon, E. M., & Terrace, H. S. (2000). Representation of the numerosities 1-9 by Rhesus Macaques (Macaca mulata). *Journal of Experimental Psychology: Animal Behavior Processes, 26*, 31–49.

Braveman, N. S. (1977). Visually guided avoidance of poisonous foods in mammals. In L. M. Barker, M. R. Best, & M. Domjan (Eds.), *Learning mechanisms in food selection*. Waco, TX: Baylor University Press.

Bray, M. A., & Kehle, T. J. (1998). Self-modeling as an intervention for stuttering. *School Psychology Review, 27*, 587–598.

Breland, K., & Breland, M. (1961). The misbehavior of organisms. *American Psychologist, 16*, 681–684.

Brogden, W. J. (1939). Sensory pre-conditioning. *Journal of Experimental Psychology, 25*, 323–332.

Brooks, D. C., & Bouton, M. E. (1993). A retrieval cue for extinction attenuates spontaneous recovery. *Journal of Experimental Psychology: Animal Behavior Processes, 19*, 77–89.

Brooks, D. C., Palmatier, M. I., Garcia, E. O., & Johnson, J. L. (1999). An extinction cue reduces spontaneous recovery of a conditioned taste aversion. *Animal Learning and Behavior, 27*, 77-88.

Brown, G. E., Hughes, G. D., & Jones, A. A. (1988). Effects of shock controllability on subsequent aggressive and defensive behaviors in the cockroach (*Periplaneta americana*). *Psychological Reports, 63*, 563–569.

Brown, M. F. (1992). Does a cognitive map guide choices in the radial-arm maze? *Journal of Experimental Psychology: Animal Behavior Processes, 18*, 56–66.

Brown, P. L., & Jenkins, H. M. (1968). Auto-shaping of the pigeon's key-peck. *Journal of the Experimental Analysis of Behavior, 11*, 1–8.

Brown, R. (1985). *Social psychology* (2nd ed.). New York: Free Press.

Brown, R., & Herrnstein, R. J. (1975). *Psychology.* Boston: Little, Brown.

Brown, T. (1820). *Lectures on the philosophy of the human mind* (Vols. 1 and 2). Edinburgh: James Ballantyne.

Bruce, D. (1994). Lashley and the problem of serial order. *American Psychologist, 49*, 93–103.

Buchel, C., Dolan, R. J., Armony, J. L., & Friston, K. J. (1999). Amygdala-hippocampal involvement in human aversive trace conditioning revealed through event-related functional magnetic resonance imaging. *Journal of Neuroscience, 19*, 10869–10876.

Bucher, B., & Fabricatore, J. (1970). Use of patient-administered shock to suppress hallucinations. *Behavior Therapy, 1*, 382–385.

Budzynski, T. H., Stoyva, J. M., Adler, C. S., & Mullaney, M. A. (1973). EMG biofeedback and tension headache: A controlled outcome study. In L. Birk (Ed.), *Biofeedback: Behavioral medicine*. New York: Grune & Stratton.

Bullock, D., & Neuringer, A. (1977). Social learning by following: An analysis. *Journal of the Experimental Analysis of Behavior, 25*, 127–135.

Burnstein, E., Stotland, E., & Zander, A. (1961). Similarity to a model and self-evaluation. *Journal of Abnormal and Social Psychology, 62*, 257–264.

Bush, R. R., & Mosteller, F. (1955). *Stochastic models for learning*. New York: John Wiley.

Buske-Kirschbaum, A., Kirschbaum, C., Stierle, H., Jabaij, L., & Hellhammer, D. (1994). Conditioned manipulation of natural killer (NK) cells in humans using a discriminative learning protocol. *Biological Psychology, 38*, 143–155.

Butler, R. A. (1953). Discrimination learning by rhesus monkeys to visual-exploration motivation. *Journal of Comparative and Physiological Psychology, 46*, 95–98.

Byrne, R. W., & Russon, A. E. (1998). Learning by imitation: A hierarchical approach. *Behavioral and Brain Sciences, 21*, 667–721.

Canli, T., & Donegan, N. H. (1995). Conditioned diminution of the unconditioned response in rabbit eyeblink conditioning: Identifying neural substrates in the cerebellum and brainstem. *Behavioral Neuroscience, 109*, 874–892.

Capaldi, E. J. (1966). Partial reinforcement: A hypothesis of sequential effects. *Psychological Review, 73*, 459–477.

Capaldi, E. J., & Miller, D. J. (1988). Counting in rats: Its functional significance and the independent cognitive processes which comprise it. *Journal of Experimental Psychology: Animal Behavior Processes, 14*, 3–17.

Capaldi, E. J., Miller, D. J., Alptekin, S., & Barry, K. (1990). Organized responding in instrumental learning: Chunks and superchunks. *Learning and Motivation, 21*, 415–433.

Capaldi, E. J., Verry, D. R., & Davison, T. L. (1980). Memory, serial anticipation pattern learning and transfer in rats. *Animal Learning and Behavior, 8*, 575–585.

Caraco, T., Martindale, S., & Whittam, T. S. (1980). An empirical demonstration of risk-sensitive foraging preferences. *Animal Behavior, 28*, 820–830.

Carew, T. J., Hawkins, R. D., & Kandel, E. R. (1983). Differential classical conditioning of a defensive withdrawal reflex in *Aplysia californica*. *Science, 219*, 397–400.

Carmagnani, A., & Carmagnani, E. F. (1999). Biofeedback: Present state and future possibilities. *International Journal of Mental Health, 28,* 83–86.

Carroll, M. E. (1993). The economic context of drug and non-drug reinforcers affects acquisition and maintenance of drug-reinforced behavior and withdrawal effects. *Drug and Alcohol Dependence, 33*, 201–210.

Casaer, P. (1993). Old and new facts about perinatal brain development. *Journal of Child Psychology and Psychiatry and Allied Disciplines, 34*, 101–109.

Case, D. A., Nichols, P., & Fantino, E. (1995). Pigeons' preference for variable-interval water reinforcement under widely varied water budgets. *Journal of the Experimental Analysis of Behavior, 64*, 299–311.

Castellucci, V., Pinsker, H., Kupfermann, I., & Kandel, E. R. (1970). Neuronal mechanisms of habituation and dishabituation of the gill-withdrawal reflex in *Aplysia*. *Science, 167*, 1745–1748.

Castro, C. A., & Larsen, T. (1992). Primacy and recency effects in nonhuman primates. *Journal of Experimental Psychology: Animal Behavior Processes, 18*, 335–340.

Catania, A. C. (1963). Concurrent performances: A baseline for the study of reinforcement magnitude. *Journal of the Experimental Analysis of Behavior, 6*, 299–300.

Catania, A. C. (1973). Self-inhibiting effects of reinforcement. *Journal of the Experimental Analysis of Behavior, 19*, 517–526.

Catania, A. C. (1975). Freedom and knowledge: An experimental analysis of preference in pigeons. *Journal of the Experimental Analysis of Behavior, 24*, 89–106.

Catania, A. C., Matthews, B. A., & Shimoff, E. (1982). Instructed versus shaped human verbal behavior: Interactions with nonverbal responding. *Journal of the Experimental Analysis of Behavior, 38*, 233–248.

Catania, A. C., & Reynolds, G. S. (1968). A quantitative analysis of the responding maintained by interval schedules of reinforcement. *Journal of the Experimental Analysis of Behavior, 11*, 327–383.

Cavalier, A. R., Feretti, R. P., & Hodges, A. E. (1997). Self-management within a classroom token economy for students with learning disabilities. *Research in Developmental Disabilities, 18,* 167–178.

Cerella, J. (1982). Mechanisms of concept formation in the pigeon. In D. J. Ingle, M. A. Goodale, & R. J. W. Mansfield (Eds.), *Analysis of visual behavior.* Cambridge, MA: MIT Press.

Chamberlin, C. J., & Magill, R. A. (1992). The memory representation of motor skills: A test of schema theory. *Journal of Motor Behavior, 24*, 309–319.

Chambers, K. C. (1990). A neural model for conditioned taste aversions. *Annual Review of Neuroscience, 13*, 373–385.

Champion, R. A., & Jones, J. E. (1961). Forward, backward, and pseudoconditioning of the GSR. *Journal of Experimental Psychology, 62*, 58–61.

Chaney, J. M., Mulins, L. L., Uretsky, D. L., Pace, T. M., Werden, D., & Hartman, V. L. (1999). An experimental examination of learned helplessness in older adolescents and young adults with long-standing asthma. *Journal of Pediatric Psychology, 24,* 259–270.

Charnov, E. L. (1976). Optimal foraging: Attack strategy of a mantid. *American Naturalist, 110*, 141–151.

Chen, W. R., Lee, S. H., Kato, K., Spencer, D. D., Shepherd, G. M., & Williamson, A (1996). Long-term modifications of synaptic efficacy in the human inferior and middle temporal cortex. *Proceedings of the National Academy of Sciences, 93*, 8011–8015.
Chomsky, N. (1959). Review of Skinner's verbal behavior. *Language*, *35*, 26–58.
Chomsky, N. (1972a). *Language and the mind.* New York: Harcourt Brace Jovanovich, Inc.
Chomsky, N. (1972b). Psychology and ideology. *Cognition*, *1*, 11–46.
Christensen, A., & Jacobson, N. S. (2000). *-Reconcilable differences.* New York: Guilford Press.
Church, R. M. (1978). The internal clock. In S. H. Hulse, H. Fowler, & W. K. Honig (Eds.), *Cognitive processes in animal behavior.* Hillsdale, NJ: Erlbaum.
Church, R. M. (1984). Properties of the internal clock. In J. Gibbon & L. Allen (Eds.), *Timing and time perception.* New York: Annals of the New York Academy of Sciences, Vol. 438.
Church, R. M., Getty, D. J., & Lerner, N. D. (1976). Duration discrimination by rats. *Journal of Experimental Psychology: Animal Behavior Processes*, *4*, 303–312.
Church, R. M., LoLordo, V. M., Overmier, J. B., Solomon, R. L., & Turner, L. H. (1966). Cardiac responses to shock in curarized dogs. *Journal of Comparative and Physiological Psychology*, *62*, 1–7.
Church, R. M., & Meck, W. H. (1984). The numerical attribute of stimuli. In H. L. Roitblat, T. G. Bever, & H.S. Terrace (Eds.), *Animal cognition.* Hillsdale, NJ: Erlbaum.
Ciborowski, T. (1997). "Superstition" in the collegiate baseball player. *Sport Psychologist, 11,* 305–317.
Cicero, S. D., & Tryon, W. W. (1989). Classical conditioning of meaning: II. A replication and triplet associative extension. *Journal of Behavior Therapy and Experimental Psychiatry*, *20*, 197–202.
Cipani, E., Brendlinger, J., McDowell, L., & Usher, S. (1991). Continuous vs. intermittent punishment: A case study. *Journal of Developmental and Physical Disabilities*, *3*, 147–156.
Clearfield, M. W., & Mix, K. S. (1999). Number versus countour length in infants' discrimination of small visual sets. *Psychological Science, 10,* 408–411.
Cohen, L. B., Rundell, L. J., Spellman, B. A., & Cashon, C. H. (1999). Infants' perception of causal chains. *Psychological Science, 10,* 412–418.
Cohen, P. S., & Campagnoni, F. R. (1989). The nature and determinants of spatial retreat in the pigeon between periodic grain presentations. *Animal Learning and Behavior*, *17*, 39–48.
Cohen, P. S., & Looney, T. A. (1973). Schedule-induced mirror responding in the pigeon. *Journal of the Experimental Analysis of Behavior*, *19*, 395–408.
Coldwells, A., & Hare, M. E. (1994). The transfer of skill from short tennis to lawn tennis. *Ergonomics*, *37*, 17–21.
Cole, M. R. (1999). Molar and molecular control in variable-interval and variable-ratio schedules. *Journal of the Experimental Analysis of Behavior, 71,* 319–328.
Cole, R. P., Barnet, R. C., & Miller, R. R. (1995). Effect of relative stimulus validity: Learning or performance deficit? *Journal of Experimental Psychology: Animal Behavior Processes*, *21*, 293–303.
Colwill, R. M. (1996). Detecting associations in Pavlovian conditioning and instrumental learning in vertebrates and in invertebrates. In. C. F. Moss & S. J. Shettleworth (Eds.), Neuroethological studies of cognitive and perceptual processes. Boulder, CO: Westview Press.
Colwill, R. M., & Rescorla, R. A. (1985). Postconditioning devaluation of a reinforcer affects instrumental responding. *Journal of Experimental Psychology: Animal Behavior Processes*, *11*, 120–132.
Colwill, R. M., & Rescorla, R. A. (1986). Associative structures in instrumental learning. In G. H. Bower (Ed.), *The psychology of learning and motivation* (Vol. 20). New York: Academic Press.
Colwill, R. M., & Rescorla, R. A. (1988). Associations between the discriminative stimulus and the reinforcer in instrumental learning. *Journal of Experimental Psychology: Animal Behavior Processes*, *14*, 155–164.
Colwill, R. M., & Rescorla, R. A. (1990). Evidence for the hierarchical structure of instrumental learning. *Animal Learning and Behavior*, *18*, 71–82.
Compton, D. M., Dietrich, K. L, & Johnson, S. D. (1995). Animal rights activism and animal welfare concerns in the academic setting: Levels of activism and the perceived importance of research with animals. *Psychological Reports*, *76*, 23–31.

Condon, B., McFadzean, R., Hadley, D. M., Bradnam, M. S., & Shahani, U. (1997). Habituation-like effects cause a significant decrease in response in MRI neuroactivation during visual stimulation. *Vision Research, 37,* 1243–1247.
Condon, C. D., & Weinberger, N. M. (1991). Habituation produces frequency-specific plasticity of receptive fields in the auditory cortex. *Behavioral Neuroscience, 105*, 416–430.
Conger, R., & Killeen, P. (1974). Use of concurrent operants in small group research. *Pacific Sociological Review, 17*, 399–416.
Conners, F. A. (1992). Reading instruction for students with moderate mental retardation: Review and analysis of research. *American Journal of Mental Retardation, 96*, 577–597.
Cook, R. G., Brown, M. F., & Riley, D. A. (1985). Flexible memory processing by rats: Use of prospective and retrospective information in the radial maze. *Journal of Experimental Psychology: Animal Behavior Processes, 11*, 453–469.
Cournoyer, M., & Trudel, M. (1991). Behavioral correlates of self-control at 33 months. *Infant Behavior and Development, 14*, 497–503.
Couvillon, P. A., & Bitterman, M. E. (1991). How honeybees make choices. In L. J. Goodman & R. C. Fisher (Eds.), *The behaviour and physiology of bees*. Wallingford: CAB International.
Cozby, P. C. (1997). *Methods in behavioral research* (6th edition). Mountain View, CA: Mayfield Publishing.
Creer, T. L., Chai, H., & Hoffman, A. (1977). A single application of an aversive stimulus to eliminate chronic cough. *Journal of Behavior Therapy and Experimental Psychiatry, 8*, 107–109.
Crossman, E. K. (1968). Pause relationships in multiple and chained fixed-ratio schedules. *Journal of the Experimental Analysis of Behavior, 11*, 117–126.
Crossman, E. K., Bonem, E. J., & Phelps, B. J. (1987). A comparison of response patterns on fixed-, variable-, and random-ratio schedules. *Journal of the Experimental Analysis of Behavior, 48*, 395–406.
Crowell, C. R., Hinson, R. E., & Siegel, S. (1981). The role of conditional drug responses in tolerance to the hypothermic effect of ethanol. *Psychopharmacology, 72*, 147–153.
Cunningham, C. E., & Linscheid, T. R. (1976). Elimination of chronic infant ruminating by electric shock. *Behavior Therapy, 1*, 231–234.
Dallal, N. L., & Meck, W. H. (1990). Hierarchical structures: Chunking by food type facilitates spatial memory. *Journal of Experimental Psychology: Animal Behavior Processes, 16*, 69–84.
Dallery, J., McDowell, J. J, & Lancaster, J. S. (2000). Falsification of matching theory's account of single-alternative responding: Herrnstein's *K* varies with sucrose concentration. *Journal of the Experimental Analysis of Behavior, 73*, 23–43.
D'Amato, M. R. (1973). Delayed matching and short-term memory in monkeys. In G. H. Bower (Ed.), *The psychology of learning and motivation* (Vol. 7). New York: Academic Press.
D'Amato, M. R., Salmon, D. P., & Colombo, M. (1985). Extent and limits of the matching concept in monkeys (*Cebus apella*). *Journal of Experimental Psychology: Animal Behavior Processes, 11*, 35–51.
D'Amato, M. R., & Van Sant, P. (1988). The person concept in monkeys (*Cebus apella*). *Journal of Experimental Psychology: Animal Behavior Processes, 14*, 43–55.
Daum, I., & Schugens, M. M. (1996). On the cerebellum and classical conditioning. *Current Directions in Psychological Science, 5*, 58–61.
Daum, I., Schugens, M. M., Ackermann, H., Lutzenberger, W., Dichgans, J., & Birbaumer, N. (1993). Classical conditioning after cerebellar lesions in humans. *Behavioral Neuroscience, 107*, 748–756.
Davenport, D. G., & Olson, R. D. (1968). A reinterpretation of extinction in discriminated avoidance. *Psychonomic Science, 13*, 5–6.
Davey, G. C. L. (1995). Preparedness and phobias: Specific evolved associations or a generalized expectancy bias? *Behavioral and Brain Sciences, 18*, 289–325.
Davey, G. C. L., & McKenna, I. (1983). The effect of postconditioning revaluation of CS1 and CS2 following Pavlovian second-order electrodermal conditioning in humans. *Quarterly Journal of Experimental Psychology, 35B*, 125–133.
Davidson, E. S., & Smith, W. P. (1982). Imitation, social comparison, and self-reward. *Child Development, 53*, 928–932.

Davidson, T. L., & Rescorla, R. A. (1986). Transfer of facilitation in the rat. *Animal Learning and Behavior, 14*, 380–386.

Davies, D. R. (1991). A comparison of hypnotic and non-hypnotic uses in the group therapy of insomnia. *Behavioral Psychotherapy, 19*, 193–204.

Davies, S. N., Lester, R. A. J., Reymann, K. G., & Collingridge, G. L. (1989). Temporally distinct pre- and post-synaptic mechanisms maintain long-term potentiation. *Nature, 338*, 500–503.

Davis, H. (1992). Transitive inference in rats (*Rattus norvegicus*). *Journal of Comparative Psychology, 106*, 342–349.

Davis, H., & Albert, M. (1986). Numerical discrimination by rats using sequential auditory stimuli. *Animal Learning and Behavior, 14*, 57–59.

Davis, H., & Bradford, S. A. (1991). Numerically restricted food intake in the rat in a free-feeding situation. *Animal Learning and Behavior, 19*, 215–222.

Davis, J. R., & Russell, R. H. (1990). Behavioral staff management: An analogue study of acceptability and its behavioral correlates. *Behavioral Residential Treatment, 5*, 259–270.

Davis, M. (1989). Neural systems involved in fear-potentiated startle. *Annals of the New York Academy of Sciences, 563*, 165–183.

Davis, M., Gendelman, D. S., Tischler, M. D., & Gendelman, P. M. (1982). A primary acoustic startle circuit: Lesion and stimulation studies. *Journal of Neuroscience, 2*, 791–805.

Davison, M., & Hogsden, I. (1984). Concurrent variable-interval schedule performance: Fixed versus mixed reinforcer durations. *Journal of the Experimental Analysis of Behavior, 41*, 169–182.

Davison, M., & Jenkins, P. E. (1985). Stimulus discriminability, contingency discriminability, and schedule performance. *Animal Learning and Behavior, 13*, 77–84.

Davison, M., & McCarthy, D. (1988). *The matching law.* Hillsdale, NJ: Erlbaum.

DeCarlo, L. T. (1985). Matching and maximizing with variable-time schedules. *Journal of the Experimental Analysis of Behavior, 43*, 75–81.

DeGrandpre, R. J., Bickel, W. K., Hughes, J. R., & Higgins, S. T. (1992). Behavioral economics of drug self-administration. *Psychopharmacology, 108*, 1–10.

Delius, J. D. (1992). Categorical discrimination of objects and pictures by pigeons. *Animal Learning and Behavior, 20*, 301–311.

Deluty, M. Z., Whitehouse, W. G., Mellitz, M., & Hineline, P. N. (1983). Self-control and commitment involving aversive events. *Behaviour Analysis Letters, 3*, 213–219.

den Brinker, B. P., Stabler, J. R., Whiting, H. T., & Van Wieringen, P. C. (1986). The effect of manipulating knowledge of results on the learning of slalom-type ski movements. *Ergonomics, 29*, 31–40.

Desimone, R., Albright, T. D., Gross, C. G., & Bruce, C. (1984). Stimulus-selective properties of inferior temporal neurons in the macaque. *Journal of Neuroscience, 4*, 2051–2062.

Devenport, L. D., & Devenport, J. A. (1994). Time-dependent averaging of foraging information in least chipmunks and golden-mantled ground squirrels. *Animal Behaviour, 47*, 787–802.

de Villiers, P. A. (1977). Choice in concurrent schedules and a quantitative formulation of the law of effect. In W. K. Honig & J. E. R. Staddon (Eds.), *Handbook of operant behavior.* Englewood Cliffs, NJ: Prentice-Hall.

de Villiers, P. A., & Herrnstein, R. J. (1976). Toward a law of response strength. *Psychological Bulletin, 83*, 1131–1153.

Dews, P. B. (1962). The effect of multiple SΔ periods on responding on a fixed-interval schedule. *Journal of the Experimental Analysis of Behavior, 5*, 369–374.

DiCara, L. V. (1970). Learning in the autonomic nervous system. *Scientific American, 222*, 30–39.

Dielenberg, R. A., & McGregor, I. S. (1999). Habituation of the hiding response to cat odor in rats (*Rattus norvegicus*). *Journal of Comparative Psychology, 113,* 376–387.

Dill, K. E., & Dill, J. C. (1998). Video game violence: A review of the empirical literature. *Aggression and Violent Behavior, 3,* 407–428.

Dimberg, U., & Ohman, A. (1983). The effects of directional facial cues on electrodermal conditioning to facial stimuli. *Psychophysiology, 20,* 160–167.

Dixon, M. R., Hayes, L. J., Binder, L. M., Manthey, S., Sigman, C., & Zdanowski, D. M. (1998). Using a self-control training procedure to increase appropriate behavior. *Journal of Applied Behavior Analysis, 31,* 203–210.

Dodwell, P. C., & Bessant, D. E. (1960). Learning without swimming in a water maze. *Journal of Comparative and Physiological Psychology, 53*, 422–425.

Domjan, M. (1983). Biological constraints on instrumental and classical conditioning: Implications for general process theory. In G. H. Bower (Ed.), *The psychology of learning and motivation* (Vol. 17). New York: Academic Press.

Domjan, M., & Best, M. R. (1980). Interference with ingestional aversion learning produced by preexposure to the unconditioned stimulus: Associative and nonassociative aspects. *Learning and Motivation, 11*, 522–537.

Domjan, M., & Burkhard, B. (1982). *The principles of learning and behavior.* Monterey, CA: Brooks/Cole.

Domjan, M., & Galef, B. G. (1983). Biological constraints on instrumental and classical conditioning: Retrospect and prospect. *Animal Learning and Behavior, 11*, 151–161.

Donegan, N. H., & Wagner, A. R. (1987). Conditioned diminution and facilitation of the UR: A sometimes opponent-process interpretation. In I. Gormezano, W. F. Prokasy, & R. F. Thompson (Eds.), *Classical conditioning*. Hillsdale, NJ: Erlbaum.

Dore, F. Y., & Dumas, C. (1987). Psychology of animal cognition: Piagetian studies. *Psychological Bulletin, 102*, 219–233.

Dougan, J. D., McSweeney, F. K., & Farmer-Dougan, V. A. (1986). Behavioral contrast in competitive and noncompetitive environments. *Journal of the Experimental Analysis of Behavior, 46*, 185–197.

Dowrick, P. W. (1999). A review of self modeling and related interventions. *Applied and Preventive Psychology, 8*, 23–39.

Dowrick, P. W., & Raeburn, J. M. (1995). Self-modeling: Rapid skill training for children with physical disabilities. *Journal of Developmental and Physical Disabilities, 7*, 25–37.

Dragoi, V., & Staddon, J. E. R. (1999). The dynamics of operant conditioning. *Psychological Review, 106,* 20–61.

Ducharme, J. M., & Van Houten, R. (1994). Operant extinction in the treatment of severe maladaptive behavior. *Behavior Modification, 18*, 139–170.

Duffy, L., & Wishart, J. G. (1987). A comparison of two procedures for teaching discrimination skills to Down's syndrome and non-handicapped children. *British Journal of Educational Psychology, 57*, 265–278.

Dugdale, N., & Lowe, F. C. (2000). Testing for symmetry in the conditional discriminations of language-trained chimpanzees. *Journal of the Experimental Analysis of Behavior, 73,* 5–22.

Duke, M. P. (1994). Chaos theory and psychology: Seven propositions. *Genetic, Social, and General Psychology Monographs, 120*, 267–286.

Dunn, R. M. (1982). Choice, relative reinforcer duration, and the changeover ratio. *Journal of the Experimental Analysis of Behavior, 38*, 313–319.

Durlach, P. J. (1986). Explicitly unpaired procedure as a response elimination technique in autoshaping. *Journal of Experimental Psychology: Animal Behavior Processes, 12*, 172–185.

Easterbrook, M. A., Kisilevsky, B. S., Muir, D. W., & Laplante, D. P. (1999). Newborns discriminate schematic faces from scrambled faces. *Canadian Journal of Experimental Psychology, 53,* 231–241.

Ebbinghaus, H. (1885). *Memory.* Leipzig: Duncker.

Eibl-Eibesfeldt, I. (1975). *Ethology* (2nd ed.). New York: Holt, Rinehart & Winston.

Eikelboom, R., & Stewart, J. (1982). Conditioning of drug-induced physiological responses. *Psychological Review, 89*, 507–528.

Eisenberger, R., & Adornetto, M. (1986). Generalized self-control of delay and effort. *Journal of Personality and Social Psychology, 51*, 1020–1031.

Eisenberger, R., Karpman, M., & Trattner, J. (1967). What is the necessary and sufficient condition for reinforcement in the contingency condition? *Journal of Experimental Psychology, 74*, 342–350.

Eiserer, L. A. (1990). Effects of environmental novelty on distress vocalizations of ducklings following withdrawal of an imprinting object. *Bulletin of the Psychonomic Society, 28*, 225–227.

Elk, R., Schmitz, J., Spiga, R., Rhoades, H., Andres, R., & Grabowski, J. (1995). Behavioral treatment of cocaine-dependent pregnant women and TB-exposed patients. *Addictive Behaviors, 20*, 533–542.

Ellingson, S. A., Miltenberger, R. G., Stricker, J. M., Garlinghouse, M. A., Roberts, J., Galensky, T. L., & Rapp, J. T. (2000). Analysis and treatment of finger sucking. *Journal of Applied Behavior Analysis, 33*, 41–52.

Ellison, G. D. (1964). Differential salivary conditioning to traces. *Journal of Comparative and Physiological Psychology, 57*, 373–380.

Elmes, D. G., Kantowitz, B. H., & Roediger, H. L. (1999). *Research methods in psychology* (6th ed.). St. Paul, MN: West Publishing.

Elsmore, T. F., Fletcher, G. V., Conrad, D. G., & Sodetz, F. J. (1980). Reduction of heroin intake in baboons by an economic constraint. *Pharmacology, Biochemistry and Behavior, 13*, 729–731.

Ennet, S. T., Bauman, K. E., & Koch, G. G. (1994). Variability in cigarette smoking within and between adolescent friendship cliques. *Addictive Behaviors, 19*, 295–305.

Epstein, S. M. (1967). Toward a unified theory of anxiety. In B. A. Maher (Ed.), *Progress in experimental personality research* (Vol. 4). New York: Academic Press.

Eron, L. D. (1987). The development of aggressive behavior from the perspective of developing behaviorism. *American Psychologist, 42*, 435–442.

Eron, L. D., Huesmann, L. R., Lefkowitz, M. M., & Walder, L. O. (1972). Does television violence cause aggression? *American Psychologist, 27*, 253–263.

Estes, W. K. (1944). An experimental study of punishment. *Psychological Monographs, 57* (3, Whole No. 263).

Estes, W. K. (1950). Toward a statistical theory of learning. *Psychological Review, 57*, 94–107.

Estes, W. K. (1955). Statistical theory of spontaneous recovery and regression. *Psychological Review, 62*, 145–154.

Etscorn, F., & Stephens, R. (1973). Establishment of conditioned taste aversions with a 24-hour CS-US interval. *Physiological Psychology, 1*, 251–253.

Ettinger, R. H., Reid, A. K., & Staddon, J. E. R. (1987). Sensitivity to molar feedback functions: A test of molar optimality theory. *Journal of Experimental Psychology: Animal Behavior Processes, 13*, 366–375.

Ettinger, R. H., & Staddon, J. E. R. (1982). Behavioral competition, component duration and multiple-schedule contrast. *Behavioural Analysis Letters, 2*, 31–38.

Fagan, A., Eichenbaum, H., & Cohen, N. (1985). Normal learning set and facilitation of reversal learning in rats with combined fornix-amygdala lesions: Implications for preserved learning abilities in amnesia. *Annals of the New York Academy of Sciences, 444*, 510–512.

Falk, J. L. (1961). Production of polydipsia in normal rats by an intermittent food schedule. *Science, 133*, 195–196.

Fanselow, M. S. (1980). Conditional and unconditional components of post-shock freezing. *Pavlovian Journal of Biological Science, 15*, 177–182.

Fanselow, M. S. (1997). Species-specific defense reactions: Retrospect and prospect. In M. E. Bouton & M. S. Fanselow (Eds.), *Learning, motivation, and cognition: The functional -behaviorism of Robert C. Bolles*. Washington, DC: American Psychological Association.

Fanselow, M. S., DeCola, J. P., & Young, S. L. (1993). Mechanisms responsible for reduced contextual conditioning with massed un-signaled unconditional stimuli. *Journal of Experimental Psychology: Animal Behavior Processes, 19*, 121–137.

Fantino, E. (1967). Preference for mixed- versus fixed-ratios. *Journal of the Experimental Analysis of Behavior, 10*, 35–43.

Fantino, E. (1969). Choice and rate of reinforcement. *Journal of the Experimental Analysis of Behavior, 12*, 723–730.

Fantino, E., Preston, R. A., & Dunn, R. (1993). Delay reduction: Current status. *Journal of the Experimental Analysis of Behavior, 60*, 159–169.

Farley, J., Richards, W. G., & Grover, L. M. (1990). Associative learning changes intrinsic to *Hermissenda* Type A photoreceptors. *Behavioral Neuroscience*, *104*, 135–152.

Fehr, A., & Beckwith, B. E. (1989). Water misting: Treating self-injurious behavior in a multiply handicapped, visually impaired child. *Journal of Visual Impairment and Blindness*, *83*, 245–248.

Ferchmin, P. A., & Eterovic, V. A. (1980). Four hours of enriched experience are sufficient to increase cortical weight of rats. *Society for Neuroscience Abstracts*, *6*, 857.

Ferster, C. B. (1958). Control of behavior in chimpanzees and pigeons by time-out from positive reinforcement. *Psychological Monographs*, *72*, 461.

Ferster, C. B., & Skinner, B. F. (1957). *Schedules of reinforcement*. New York: Appleton-Century-Crofts.

Fetterman, J. G., & Killeen, P. R. (1991). Adjusting the pacemaker. *Learning and Motivation*, *22*, 226–252.

Fetterman, J. G., & Killeen, P. R. (1992). Time discrimination in *Columba livia* and Homo sapiens. *Journal of Experimental Psychology: Animal Behavior Processes, 18,* 80–94.

Field, T. M., Woodson, R., Greenberg, R., & Cohen, D. (1982). Discrimination and imitation of facial expressions by neonates. *Science*, *218*, 179–181.

Finfgeld, D. L. (1999). Computer-assisted therapy: Harbinger of the 21st century? *Archives of Psychiatric Nursing, 13,* 303–310.

Fischer, S. M., Iwata, B. A., & Worsdell, A. S. (1997). Attention as an establishing operation and as reinforcement during functional analyses. *Journal of Applied Behavior Analysis, 30,* 335–338.

Fischman, M. G., & Lim, C. H. (1991). Influence of extended practice on programming time, movement time, and transfer in simple target-striking responses. *Journal of Motor Behavior*, *23*, 39–50.

Fisher, J., & Hinde, C. A. (1949). The opening of milk bottles by birds. *British Birds*, *42*, 347–357.

Fisher, W. W., Adelinis, J. D., Thompson, R. H., Worsdell, A. S., & Zarcone, J. R. (1998). Functional analysis and treatment of destructive behavior maintained by termination of "don't" (and symmetrical "do") requests. *Journal of Applied Behavior Analysis, 31,* 339–356.

Fisher, W. W., Lindauer, S. E., Alterson, C. J., & Thompson, R. H. (1998). Assessment and treatment of destructive behavior maintained by stereotypic object manipulation. *Journal of Applied Behavior Analysis, 31,* 513–527.

Foster, T. M., Temple, W., Robertson, B., Nair, V., & Poling, A. (1996). Concurrent-schedule performance in dairy cows: Persistent undermatching. *Journal of the Experimental Analysis of Behavior*, *65*, 57–80.

Fouts, R., Fouts, D., & Schoenfield, D. (1984). Sign language conversation interaction between chimpanzees. *Sign Language Studies*, *42*, 1–12.

Fox, D. K., Hopkins, B. L., & Anger, W. K. (1987). The long-term effects of a token economy on safety performance in open-pit mining. *Journal of Applied Behavior Analysis*, *20*, 215–224.

Fox, L. (1962). Effecting the use of efficient study habits. *Journal of Mathetics*, *1*, 75–86.

Fraenkel, G. S., & Gunn, D. L. (1940). *The orientation of animals: Kineses, taxes, and compass reactions*. Oxford: Oxford University Press.

Franks, J. J., & Bransford, J. D. (1971). Abstraction of visual patterns. *Journal of Experimental Psychology*, *90*, 65–74.

Freagon, S. (1990). One educator's perspective on the use of punishment or aversives: Advocating for supportive and protective systems. In A. C. Repp & N. N. Singh (Eds.), *Perspectives on the use of nonaversive and aversive interventions for persons with developmental disabilities*. Sycamore, IL: Sycamore Publishing.

Freeman, T. J., & Lattal, K. A. (1992). Stimulus control of behavioral history. *Journal of the Experimental Analysis of Behavior*, *57*, 5–15.

Friedrich-Cofer, L., & Huston, A. C. (1986). Television violence and aggression: The debate continues. *Psychological Bulletin*, *100*, 364–371.

Funahashi, S., Bruce, C. J., & Goldman-Rakic, P. S. (1989). Mnemonic coding of visual space in the monkey's dorsolateral prefrontal cortex. *Journal of Neurophysiology, 61*, 331–349.

Galbicka, G. (1994). Shaping in the 21st century: Moving percentile schedules into applied settings. *Journal of Applied Behavior Analysis*, 27, 739–760.

Galbicka, G., & Branch, M. N. (1981). Selective punishment of interresponse times. *Journal of the Experimental Analysis of Behavior, 35*, 311–322.

Galbicka, G., & Platt, J. R. (1984). Interresponse-time punishment: A basis for shock-maintained behavior. *Journal of the Experimental Analysis of Behavior, 41*, 291–308.

Gao, L. G., & Zelaznik, H. N. (1991). The modification of an already-programmed response: A new interpretation of Henry and Harrison (1961). *Journal of Motor Behavior, 23*, 221–223.

Garcia, J., Ervin, F. R., & Koelling R. A. (1966). Learning with prolonged delay of reinforcement. *Psychonomic Science, 5*, 121–122.

Garcia, J., & Koelling, R. (1966). Relation of cue to consequence in avoidance learning. *Psychonomic Science, 4*, 123–124.

Garcia, J., McGowan, B. K., & Green, K. F. (1972). Biological constraints on conditioning. In A. H. Black and W. F. Prokasy (Eds.), *Classical conditioning II: Current theory and research*. New York: Appleton-Century-Crofts.

Garcia-Colera, A., & Semjen, A. (1988). Distributed planning of movement sequences. *Journal of Motor Behavior, 20*, 341–367.

Gardner, R. A., & Gardner, B. T. (1969). Teaching sign language to a chimpanzee. *Science, 165*, 664–672.

Gardner, R. A., & Gardner, B. T. (1975). Early signs of language in child and chimpanzee. *Science, 187*, 752–753.

Geinisman, Y. (1999). Restructuring of synapses on hippocampal dendritic spines associated with hippocampal LTP. *Developmental Neuropsychology, 16*, 325–328.

Gerbner, G., Gross, L., Eleey, M. F., Jackson-Beeck, M., Jeffries-Fox, S., & Signorielli, N. (1977). TV violence profile No. 8: The highlights. *Journal of Communication, 27*, 171–180.

Gibbon, J., & Balsam, P. (1981). Spreading association in time. In C. M. Locurto, H. S. Terrace, & J. Gibbons (Eds.), *Autoshaping and conditioning theory*. New York: Academic Press.

Gillan, D. J. (1981). Reasoning in the chimpanzee: II. Transitive inference. *Journal of Experimental Psychology: Animal Behavior Processes, 7*, 150–164.

Gillan, D. J., Premack, D., & Woodruff, G. (1981). Reasoning in the chimpanzee: I. Analogical Reasoning. *Journal of Experimental Psychology: Animal Behavior Processes, 7*, 1–17.

Gittelson, B. (1977). *Biorhythm: A personal science*. New York: Warner Books.

Gittelson, B. (1996). *Biorhythm: A personal science, 1997–1999*. New York: Warner Books.

Glaister, B. (1985). A case of auditory hallucination treated by satiation. *Behaviour Research and Therapy, 23*, 213–215.

Glanzman, D. L. (1995). The cellular basis of classical conditioning in *Aplysia californica*—it's less simple than you think. *Trends in Neuroscience, 18*, 30–36.

Glasscock, S. G., Friman, P. C., O'Brien, S., & Christopherson, E. R. (1986). Varied citrus treatment of ruminant gagging in a teenager with Batten's disease. *Journal of Behavior Therapy and Experimental Psychiatry, 17*, 129–133.

Gleeson, S., Lattal, K. A., & Williams, K. S. (1989). Superstitious conditioning: A replication and extension of Neuringer (1970). *Psychological Record, 39*, 563–571.

Gleitman, H. (1971). Forgetting of long-term memories in animals. In W. K. Honig & P. H. R. James (Eds.), *Animal memory*. New York: Academic Press.

Glencross, D. J. (1977). Control of skilled movements. *Psychological Bulletin, 84*, 14–29.

Glover, H. (1992). Emotional numbing: A possible endorphin-mediated phenomenon associated with post-traumatic stress disorders and other allied psychopathologic states. *Journal of Traumatic Stress, 5*, 643–675.

Gluck, M. A. (1991). Stimulus generalization and representation in adaptive network models of category learning. *Psychological Science, 2*, 50–55.

Glueck, S., & Glueck, E. (1950). *Unravelling juvenile delinquency*. Cambridge, MA: Harvard University Press.

Glynn, S. M. (1990). Token economy approaches for psychiatric patients: Progress and pitfalls over 25 years. *Behavior Modification, 14*, 383–407.

Goddard, M. J., & Jenkins, H. M. (1988). Blocking of a CS-US association by a US-US association. *Journal of Experimental Psychology: Animal Behavior Processes*, *14*, 177–186.

Goh, H. L., Iwata, B. A., Shore, B. A., DeLeon, I. G., Lerman, D. C., Ulrich, S. M., & Smith, R. G. (1995). An analysis of the reinforcing properties of hand mouthing. *Journal of Applied Behavior Analysis*, *28*, 269–283.

Goldiamond, I., Atkinson, C. J., & Bilger, R. C. (1962). Stabilization of behavior and prolonged exposure to delayed auditory feedback. *Science*, *135*, 437–438.

Goldsmith, J. B., & McFall, R. M. (1975). Development and evaluation of an interpersonal skill-training program for psychiatric inpatients. *Journal of Abnormal Psychology*, *84*, 51–58.

Gonzalez, R. C., Gentry, G. V., & Bitterman, M. E. (1954). Relational discrimination of intermediate size in the chimpanzee. *Journal of Comparative and Physiological Psychology*, *47*, 385–388.

Good, M. (1998). Biofeedback. In M. Snider & R. Lindquist (Eds.), *Complementary/alternative therapies in nursing* (3rd edition). New York: Springer Publishing.

Good, M., & Macphail, E. M. (1994). Hippocampal lesions in pigeons (*Columba livia*) disrupt reinforced preexposure but not overshadowing or blocking. *Quarterly Journal of Experimental Psychology*, *47B*, 263–291.

Gorczynski, R. M. (1990). Conditioned enhancement of skin allografts in mice. *Brain, Behavior, and Immunity*, *4*, 85–92.

Gordon, W. C. (1983). The malleability of memory in animals. In R. L. Mellgren (Ed.), *Animal cognition and behavior*. Amsterdam: North-Holland Publishing.

Gordon, W. C., McGinnis, C. M., & Weaver, M. S. (1985). The effect of cuing after backward conditioning trials. *Learning and Motivation*, *16*, 444–463.

Gordon, W. C., Smith, G. J., & Katz, D. S. (1979). Dual effects of response blocking following avoidance learning. *Behavior Research and Therapy*, *17*, 479–487.

Gormezano, I., & Coleman, S. R. (1973). The law of effect and CR contingent modification of the UCS. *Conditional Reflex*, *8*, 41–56.

Gottfried, A. E., Fleming, J. S., & Gottfried, A. W. (1998). Role of cognitively stimulating home environment in children's academic intrinsic motivation: A longitudinal study. *Child Development*, *69*, 1448–1460.

Gould, E., Beylin, A., Tanapat, P., Reeves, A., & Shors, T. J. (1999). Learning enhances adult neurogenesis in the hippocampal formation. *Nature Neuroscience*, *2*, 260–265.

Gould, E., Reeves, A. J., Graziano, M. S., & Gross, C. G. (1999). Neurogenesis in the neocortex of adult primates. *Science*, *286*, 548–552.

Grace, R. C. (1994). A contextual choice model of concurrent-chains choice. *Journal of the Experimental Analysis of Behavior*, *61*, 113–129.

Grant, D. S. (1975). Proactive interference in pigeon short-term memory. *Journal of Experimental Psychology: Animal Behavior Processes*, *1*, 207–220.

Grant, D. S. (1981). Short-term memory in the pigeon. In N. E. Spear & R. R. Miller (Eds.), *Information processing in animals: Memory mechanisms*. Hillsdale, NJ: Erlbaum.

Grant, D. S. (1982). Stimulus control of information processing in rat short-term memory. *Journal of Experimental Psychology: Animal Behavior Processes*, *8*, 154–164.

Grant, D. S. (1984). Rehearsal in pigeon short-term memory. In H. L. Roitblat, T. L. Bever, & H. S. Terrace (Eds.), *Animal behavior*. Hillsdale, NJ: Erlbaum.

Green, L., Fischer, E. B., Perlow, S., & Sherman, L. (1981). Preference reversal and self control: Choice as a function of reward amount and delay. *Behavior Analysis Letters*, *1*, 43–51.

Green, L., Fry, A. F., & Myerson, J. (1994). Discounting of delayed rewards: A life-span comparison. *Psychological Science*, *5*, 33–36.

Green, L., & Freed, D. E. (1993). The substitutability of reinforcers. *Journal of the Experimental Analysis of Behavior*, *60*, 141–158.

Green, L., & Kagel, J. H. (Eds.). (1996). *Advances in behavioral economics. Vol 3: Substance use and abuse*. Norwood, NJ: Ablex.

Green, L., Kagel, J. H., & Battalio, R. C. (1987). Consumption-leisure tradeoffs in pigeons: Effects of changing marginal rates by varying amount of reinforcement. *Journal of the Experimental Analysis of Behavior, 47*, 17–28.

Greenfield, P. M., & Savage-Rumbaugh, E. S. (1993). Comparing communicative competence in child and chimp: The pragmatics of repetition. *Journal of Child Language*, *20*, 1–26.

Grinker, R., & Spiegel, J. (1945). *Men under stress*. London: Churchill.

Groome, L. J., Watson, J. E., & Dykman, R. A. (1994). Heart rate changes following habituation testing of the motor response in normal human fetuses. *Early Human Development*, *36*, 69–77.

Grosch, J., & Neuringer, A. (1981). Self-control in pigeons under the Mischel paradigm. *Journal of the Experimental Analysis of Behavior, 35*, 3–21.

Guess, D., & Sailor, W. (1993). Chaos theory and the study of human behavior: Implications for special education and developmental disabilities. *Journal of Special Education*, *27*, 16–34.

Gulliksen, H. (1932). Studies of transfer of response: I. Relative versus absolute factors in the discrimination of size by the white rat. *Journal of Genetic Psychology, 40*, 37–51.

Guthrie, E. R., & Horton, G. P. (1946). *Cats in a puzzle box*. New York: Holt, Rinehart and Winston.

Gutman, A. (1977). Positive contrast, negative induction, and inhibitory stimulus control in the rat. *Journal of the Experimental Analysis of Behavior, 27*, 219–233.

Guttman, N., & Kalish, H. I. (1956). Discriminability and stimulus generalization. *Journal of Experimental Psychology, 51*, 79–88.

Hake, D. F., Donaldson, T., & Hyten, C. (1983). Analysis of discriminative control by social behavioral stimuli. *Journal of the Experimental Analysis of Behavior, 39,* 7–23.

Hall, G., Kaye, H., & Pearce, J. M. (1985). Attention and conditioned inhibition. In R. R. Miller & N. E. Spear (Eds.), *Information processing in animals: Conditioned inhibition.* Hillsdale, NJ: Erlbaum.

Hall, G., & Pearce, J. M. (1983). Changes in stimulus associability during acquisition: Implications for theories of acquisition. In M. L. Commons, R. J. Herrnstein, & A. R. Wagner (Eds.), *Quantitative analyses of behavior* (Vol. 3): *Acquisition.* Cambridge, MA: Ballinger.

Halliday, M. S., & Boakes, R. A. (1971). Behavioral contrast and response independent reinforcement. *Journal of the Experimental Analysis of Behavior, 16*, 429–434.

Halweg, K., & Markman, H. J. (1988). The effectiveness of behavioral marriage therapy: Empirical status of behavioral techniques in preventing and alleviating marital distress. *Journal of Consulting and Clinical Psychology, 56*, 440–447.

Hanson, H. M. (1959). Effects of discrimination training on stimulus generalization. *Journal of Experimental Psychology, 58*, 321–334.

Hardin, G. (1968). The tragedy of the commons. *Science*, *162*, 1243–1248.

Harlow, H. F. (1949). The formation of learning sets. *Psychological Review, 56*, 51–65.

Hart, J., Berndt, R. S., & Caramazza, A. (1985). Category-specific naming deficit following cerebral infarction. *Nature*, *316*, 439–440.

Hatze, H. (1976). Biomechanical aspects of a successful motion optimization. In P. V. Komi (Ed.), *Biomechanics V-B*. Baltimore: University Park Press.

Hawkins, R. D., Carew, T. J., & Kandel, E. R. (1983). Effects of interstimulus interval and contingency on classical conditioning in *Aplysia*. *Society for Neuroscience Abstracts*, *9*, 168.

Hawkins, R. D., Greene, W., & Kandel, E. R. (1998). Classical conditioning, differential conditioning, and second-order conditioning of the *Aplysia* gill-withdrawal reflex in a simplified mantle organ preparation. *Behavioral Neuroscience, 112*, 636–645.

Hayes, C. (1951). *The ape in our house*. New York: Harper.

Hayes, S. C. (1989). Nonhumans have not yet shown stimulus equivalence. *Journal of the Experimental Analysis of Behavior, 51*, 385–392.

Hearst, E., & Jenkins, H. M. (1974). Sign tracking: The stimulus-reinforcer relation and directed action. *Monograph of the Psychonomic Society.* Austin, TX.

Hebb, D. O. (1956). The distinction between "classical" and "instrumental." *Canadian Journal of Psychology, 10*, 165–166.

Hekimian, L. J., & Gershon, S. (1968). Characteristics of drug abusers admitted to a psychiatric hospital. *Journal of the American Medical Association*, *205*, 125–130.
Heller, R. F., & Strang, H.R. (1973). Controlling bruxism through automated aversive conditioning. *Behavior Research and Therapy*, *11*, 327–329.
Hendry, D. P., & Van-Toller, C. (1964). Fixed-ratio punishment with continuous reinforcement. *Journal of the Experimental Analysis of Behavior*, *7*, 293–300.
Herman, L. M., & Forestell, P. H. (1985). Reporting presence or absence of named objects by a language-trained dolphin. *Neuroscience & Biobehavioral Reviews*, *9*, 667–681.
Herman, L. M., Richards, D. G., & Wolz, J. P. (1984). Comprehension of sentences by bottlenosed dolphins. *Cognition*, *16*, 1–90.
Herman, L. M., & Uyeyama, R. K. (1999). The dolphin's grammatical competency: Comments on Kako (1999). *Animal Learning and Behavior*, *27*, 18–23.
Heron, W. T., & Skinner, B. F. (1940). The rate of extinction in maze-bright and maze-dull rats. *Psychological Record*, *4*, 11–18.
Herrnstein, R. J. (1961). Relative and absolute strength of response as a function of frequency of reinforcement. *Journal of the Experimental Analysis of Behavior*, *4*, 267–272.
Herrnstein, R. J. (1964). Aperiodicity as a factor in choice. *Journal of the Experimental Analysis of Behavior*, *7*, 179–182.
Herrnstein, R. J. (1966). Superstition: A corollary of the principles of operant conditioning. In W. K. Honig (Ed.), *Operant behavior: Areas of research and application*. New York: Appleton-Century-Crofts.
Herrnstein, R. J. (1970). On the law of effect. *Journal of the Experimental Analysis of Behavior*, *13*, 243–266.
Herrnstein, R. J. (1974). Formal properties of the matching law. *Journal of the Experimental Analysis of Behavior*, *21*, 159–164.
Herrnstein, R. J. (1977). The evolution of behaviorism. *American Psychologist*, *32*, 593–603.
Herrnstein, R. J. (1979). Acquisition, generalization, and reversal of a natural concept. *Journal of Experimental Psychology: Animal Behavior Processes*, *5*, 116–129.
Herrnstein, R. J. (1990). Rational choice theory: Necessary but not sufficient. *American Psychologist*, *45*, 356–367.
Herrnstein, R. J., & de Villiers, P. A. (1980). Fish as a natural category for people and pigeons. In G. H. Bower (Ed.), *The psychology of learning and motivation* (Vol. 14). New York: Academic Press.
Herrnstein, R. J., & Hineline, P. N. (1966). Negative reinforcement as shock-frequency reduction. *Journal of the Experimental Analysis of Behavior*, *9*, 421–430.
Herrnstein, R. J., & Loveland, D. H. (1964). Complex visual concept in the pigeon. *Science*, *146*, 549–551.
Herrnstein, R. J., & Loveland, D. H. (1974). Hunger and contrast in a multiple schedule. *Journal of the Experimental Analysis of Behavior*, *21*, 511–517.
Herrnstein, R. J., Loveland, D. H., & Cable, C. (1976). Natural concepts in pigeons. *Journal of Experimental Psychology: Animal Behavior Processes*, *2*, 285–302.
Herrnstein, R. J., & Mazur, J. E. (1987). Making up our minds: A new model of economic behavior. *The Sciences*, *27*, 40–47.
Herrnstein, R. J., & Prelec, D. (1991). Melioration: A theory of distributed choice. *Journal of Economic Perspectives*, *5*, 137–156.
Herrnstein, R. J., & Vaughan, W. (1980). Melioration and behavioral allocation. In J. E. R. Staddon (Ed.), *Limits to action: The allocation of individual behavior*. New York: Academic Press.
Hersen, M., Eisler, R. M. & Miller, P. M. (Eds.). (1994). *Progress in behavior modification* (Vol. 29). Pacific Grove, CA: Brooks/Cole.
Herzog, M., & Hopf, S. (1986). Recognition of visual pattern components in squirrel monkeys. *European Archives of Psychiatry and Neurological Science*, *236*, 10–16.
Heth, C. D. (1985). Within-compound associations of taste and temperature. *Learning and Motivation*, *16*, 413–422.

Heyes, C. M., Jaldown, E., & Dawson, G. R. (1994). Imitation in rats: Conditions of occurrence in a bidirectional control procedure. *Learning and Motivation, 25*, 276–287.

Heyman, G. M. (1979). A Markov model description of changeover probabilities on concurrent variable-interval schedules. *Journal of the Experimental Analysis of Behavior, 31*, 41–51.

Heyman, G. M., & Herrnstein, R. J. (1986). More on concurrent interval-ratio schedules: A replication and review. *Journal of the Experimental Analysis of Behavior, 46*, 331–351.

Higgins, S. T., Morris, E. K., & Johnson, L. M. (1989). Social transmission of superstitious behavior in preschool children. *Psychological Record, 39*, 307–323.

Hilgard, E. R. (1936). The nature of the conditioned response: I. The case for and against stimulus-substitution. *Psychological Review, 43*, 366–385.

Hilliard, S., & Domjan, M. (1995). Effects on sexual conditioning of devaluing the US through satiation. *Quarterly Journal of Experimental Psychology, 48B*, 84–92.

Hines, T. M. (1998). Comprehensive review of biorhythm theory. *Psychological Reports, 83,* 19–64.

Hinson, J. M., & Staddon, J. E. R. (1983). Hill-climbing by pigeons. *Journal of the Experimental Analysis of Behavior, 39*, 25–47.

Hiroto, D. S., & Seligman, M. E. P. (1975). Generality of learned helplessness in man. *Journal of Personality and Social Psychology, 31*, 311–327.

Hobbes, T. (1651). *Leviathan, or the matter, forme and power of a commonwealth ecclesiasticall and civill*. London: Andrew Crooke.

Hoberman, H. M. (1990). Study group report on the impact of television violence on adolescents. *Journal of Adolescent Health Care, 11*, 45–49.

Hobson, S. L., & Newman, F. (1981). Fixed-ratio-counting schedules: Response and time measures considered. In M. L. Commons & J. A. Nevin (Eds.), *Quantitative analyses of behavior* (Vol. 1): *Discriminative properties of reinforcement schedules*. Cambridge, MA: Ballinger.

Hoehler, F. K., Kirschenbaum, D. S., & Leonard, D. W. (1973). The effects of overtraining and successive extinctions upon nictitating membrane conditioning in the rabbit. *Learning and Motivation, 4*, 91–101.

Hoffman, M. L. (1960). Power assertion by the parent and its impact on the child. *Child Development, 31*, 129–143.

Hogben, M. (1998). Factors moderating the effect of televised aggression on viewer behavior. *Communication Research, 25,* 220-247.

Holland, P. C. (1985). Element pretraining influences the content of appetitive serial compound conditioning in rats. *Journal of Experimental Psychology: Animal Behavior Processes, 11*, 367–387.

Holland, P. C. (1986). Temporal determinants of occasion setting in feature-positive discriminations. *Animal Learning and Behavior, 14*, 111–120.

Holland, P. C. (1991). Transfer of control in ambiguous discriminations. *Journal of Experimental Psychology: Animal Behavior Processes, 17*, 231–248.

Holland, P. C., & Rescorla, R. A. (1975). The effect of two ways of devaluing the unconditioned stimulus after first- and second-order appetitive conditioning. *Journal of Experimental Psychology: Animal Behavior Processes, 1*, 355–363.

Hollister, J. M. Mednick, S. A., Brennan, P. A., & Cannon, T. D. (1994). Impaired autonomic nervous system habituation in those at genetic risk for schizophrenia. *Archives of General Psychiatry, 51*, 552–558.

Holman, T. B., Jensen, L., & Capell, M. (1993). Predicting alcohol use among young adults. *Addictive Behaviors, 18*, 41–49.

Holz, W. C., & Azrin, N. H. (1961). Discriminative properties of punishment. *Journal of the Experimental Analysis of Behavior, 4*, 225–232.

Homans, G. C. (1961). *Social behavior: Its elementary forms*. New York: Harcourt, Brace & World.

Homme, L. E., deBaca, P. C., Devine, J. V., Steinhorst, R., & Rickert, E. J. (1963). Use of the Premack principle in controlling the behavior of nursery school children. *Journal of the Experimental Analysis of Behavior, 6*, 544.

Honig, W. K. (1974). Effects of extradimensional discrimination training upon previously acquired stimulus control. *Learning and Motivation, 5*, 1–15.

Honig, W. K. (1984). Contributions of animal memory to the interpretation of animal learning. In H. L. Roitblat, T. G. Bever, & H. S. Terrace (Eds.), *Animal cognition*. Hillsdale, NJ: Erlbaum.

Honig, W. K., Boneau, C. A., Burstein, K. R., & Pennypacker, H. S. (1963). Positive and negative generalization gradients obtained after equivalent training conditions. *Journal of Comparative and Physiological Psychology, 56*, 111–116.

Honig, W. K., & Dodd, P. W. D. (1983). Delayed discriminations in the pigeon: The role of within-trial location of conditional cues. *Animal Learning and Behavior, 11*, 1–9.

Honig, W. K., & Stewart, K. E. (1988). Pigeons can discriminate locations presented in pictures. *Journal of the Experimental Analysis of Behavior, 50*, 541–551.

Honig, W. K., & Stewart, K. E. (1993). Relative numerosity as a dimension of stimulus control: The peak shift. *Animal Learning and Behavior, 21*, 346–354.

Hopfield, J. F., & Gelperin, A. (1989). Differential conditioning to a compound stimulus and its components in the terrestrial mollusc *Limax maximus*. *Behavioral Neuroscience, 103*, 329–333.

Horne, P. J., & Lowe, C. F. (1993). Determinants of human performance on concurrent schedules. *Journal of the Experimental Analysis of Behavior, 59*, 29–60.

Howell, D. C. (1999). *Fundamental statistics for the behavioral sciences* (4th edition). Pacific Grove, CA: Brooks/Cole.

Hryshko-Mullen, A. S., Broeckl, L. S., Haddock, C. K., & Peterson, A. L. (2000). Behavioral treatment of insomnia: The Wilford Hall Insomnia Program. *Military Medicine, 165,* 200–207.

Hubel, D. H., & Wiesel, T. N. (1963). Receptive fields of cells in striate cortex of very young, visually inexperienced kittens. *Journal of Neurophysiology, 26*, 994–1002.

Hubel, D. H., & Wiesel, T. N. (1965). Binocular interaction in striate cortex of kittens reared with artificial squint. *Journal of Neuro-physiology, 28*, 1041–1059.

Hubel, D. H., & Wiesel, T. N. (1970). The period of susceptibility to the physiological effects of unilateral eye closure in kittens. *Journal of Physiology, 206*, 419–436.

Hubel, D. H., & Wiesel, T. N. (1979). Brain mechanisms in vision. *Scientific American, 241*, 150–162.

Huesmann, L. R., Lagerspetz, K., & Eron, L. D. (1984). Intervening variables in the TV violence-aggression relation: Evidence from two countries. *Developmental Psychology, 20*, 746–775.

Hugdahl, K. (1998). Cortical control of human classical conditioning: Autonomic and posi-tron emission tomography data. *Psychophysiology, 35*, 170–178.

Hugdahl, K., & Ohman, A. (1977). Effects of instruction on acquisition and extinction of electrodermal responses to fear-relevant stimuli. *Journal of Experimental Psychology: Human Learning and Memory, 3*, 608–618.

Hull, C. L. (1934). Learning II: The factor of the conditioned reflex. In C. Murchison (Ed.), *A handbook of general experimental psychology*. Worcester, MA: Clark University Press.

Hull, C. L. (1943). *Principles of behavior*. New York: Appleton-Century-Crofts.

Hulse, S. H., & Campbell, C. E. (1975). "Thinking ahead" in rat discrimination learning. *Animal Learning and Behavior, 3*, 305–311.

Hulse, S. H., & Dorsky, N. P. (1979). Serial pattern learning by rats: Transfer of a formally defined stimulus relationship and the significance of nonreinforcement. *Animal Learning and Behavior, 7*, 211–220.

Hunter, S. M., Vizelberg, I. A., & Berenson, G. S. (1991). Identifying mechanisms of adoption of tobacco and alcohol use among youth: The Bogalusa heart study. *Social Networks, 13*, 91–104.

Hunter, W. S. (1920). The temporal maze and kinaesthetic sensory processes in the white rat. *Psychobiology, 2*, 1–18.

Hur, J., & Osborne, S. (1993). A comparison of forward and backward chaining methods used in teaching corsage making skills to mentally retarded adults. *British Journal of Developmental Disabilities, 39*, 108–117.

Hursh, S. R. (1991). Behavioral economics of drug self-administration and drug abuse policy. *Journal of the Experimental Analysis of Behavior, 56*, 377–393.

Hursh, S. R., & Bauman, R. A. (1987). The behavioral analysis of demand. In L. Green & J. H. Kagel (Eds.), *Behavioral economics*. Norwood, NJ: Ablex.

Huttenlocher, P. R. (1990). Morphometric study of human cerebral cortex development. *Neuropsychologia, 28*, 517–527.

Isaacs, W., Thomas, J., & Goldiamond, I. (1960). Application of operant conditioning to reinstate verbal behavior in psychotics. *Journal of Speech and Hearing Disorders, 25*, 8–12.

Israely, Y., & Guttman, J. (1983). Children's sharing behavior as a function of exposure to puppet-show and story models. *Journal of Genetic Psychology, 142*, 311–312.

Ito, M., Takatsuru, S., & Saeki, D. (2000). Choice between constant and variable alternatives by rats: Effects of different reinforcer amounts and energy budgets. *Journal of the Experimental Analysis of Behavior, 73*, 79–92.

Iverson, I. H., Sidman, M., & Carrigan, P. (1986). Stimulus definition in conditional discriminations. *Journal of the Experimental Analysis of Behavior, 45*, 297–304.

Jackson, R. L., Alexander, J. H., & Maier, S. F. (1980). Learned helplessness, inactivity, and associative deficits: Effects of inescapable shock on response choice escape learning. *Journal of Experimental Psychology: Animal Behavior Processes, 6*, 1–20.

Jackson, T. (1999). Dyspraxia: Guidelines for intervention. *British Journal of Occupational Therapy, 62,* 321-326.

Jacob-Timm, S. (1996). Ethical and legal issues associated with the use of aversives in the public schools: The SIBIS controversy. *School Psychology Review, 25,* 184–199.

Jacobs, E. A., & Hackenberg, T. D. (1996). Humans' choices in situations of time-based diminishing returns: Effects of fixed-interval duration and progressive-interval step size. *Journal of the Experimental Analysis of Behavior, 65*, 5–19.

Jacobs, E. A., & Hackenberg, T. D. (2000). Human performance on negative slope schedules of points exchangeable for money: A failure of molar maximization. *Journal of the Experimental Analysis of Behavior, 73*, 241–260.

Jacobson, N. S. (1977). Problem solving and contingency contracting in the treatment of marital discord. *Journal of Consulting and Clinical Psychology, 45*, 92–100.

Jacobson, N. S., & Addis, M. E. (1993). Research on couples and couple therapy: What do we know? Where are we going? *Journal of Consulting and Clinical Psychology, 61*, 85–93.

Jacobson, N. S., Christensen, A., Prince, S. E., Cordova, J., & Eldridge, K. (2000). Integrative behavioral couple therapy: An acceptance-based, promising new treatment for couple discord. *Journal of Consulting and Clinical Psychology, 68,* 351–355.

Jacobson, N. S., & Dallas, M. (1981). Helping married couples improve their relationships. In W. E. Craighead, A. E. Kazdin, & M. J. Mahoney (Eds.), *Behavior modification: Principles, issues and applications*. Boston: Houghton Mifflin.

James, J. E. (1986). Review of the relative efficacy of imaginal and in vivo flooding in the treatment of clinical fear. *Behavioral Psychotherapy, 14*, 183–191.

James, W. (1890). *The principles of psychology.* New York: Holt, Rinehart & Winston.

Janelle, C. M. (1999). Ironic mental processes in sport: Implications for sport psychologists. *Sport Psychologist, 13,* 201–220.

Jarvik, M. E., Goldfarb, T. L., & Carley, J. L. (1969). Influence of interference on delayed matching in monkeys. *Journal of Experimental Psychology, 81*, 1–6.

Jenkins, H. M., & Harrison, R. H. (1960). Effects of discrimination training on auditory generalization. *Journal of Experimental Psychology, 59*, 246–253.

Jenkins, H. M., & Harrison, R. H. (1962). Generalization gradients of inhibition following auditory discrimination learning. *Journal of the Experimental Analysis of Behavior, 5*, 435–441.

Jenkins, H. M., & Moore, B. R. (1973). The form of the autoshaped response with food or water reinforcers. *Journal of the Experimental Analysis of Behavior, 20*, 163–181.

Jennings, P. J. (1995). Evidence of incomplete motor programming in Parkinson's disease. *Journal of Motor Behavior, 27*, 310–324.

John, E. R. (1967). *Mechanisms of memory.* New York: Academic Press.

John, E. R., Tang, Y., Brill, A. B., Young, R., & Ono, K. (1986). Double-labeled metabolic maps of memory. *Science*, *233*, 1167–1175.

Johnson, H. E., & Garton, W. H. (1973). Muscle re-education in hemiplegia by use of electromyographic device. *Archives of Physiological and Medical Rehabilitation*, *54*, 320–325.

Johnson, S. B. (1981). Enuresis. In D. Reid (Ed.), *Clinical behavior therapy and behavior modification* (Vol. 1). New York: Garland Publications.

Johnson, S. B., Hamm, R. J., & Leahey, T. H. (1986). Observational learning in *Gallus gallus domesticus* with and without a conspecific model. *Bulletin of the Psychonomic Society*, *24*, 237–239.

Johnson, S. P., & Aslin, R. N. (1995). Perception of object unity in 2-month-old infants. *Developmental Psychology*, *31*, 739–745.

Johnson, S. P., Welsh, T. M., Miller, L. K., & Altus, D. E. (1991). Participatory management: Maintaining staff performance in a university housing cooperative. *Journal of Applied Behavior Analysis*, *24*, 119–127.

Joiner, T. E. (1999). The clustering and contagion of suicide. *Current Directions in Psychological Science, 8,* 89–92.

Jones, R. S. (1992). The use of errorless learning procedures in teaching people with a learning disability: A critical review. *Mental Handicap Research*, *5*, 204–214.

Jones, T. A., & Schallert, T. (1994). Use-dependent growth of pyramidal neurons after neocortical damage. *Journal of Neuroscience*, *14*, 2140–2152.

Junginger, J. (1997). Fetishism: Assessment and treatment. In D. R. Laws & W. T. O'Donohue (Eds.), *Sexual deviance: Theory, assessment, and treatment.* New York: Guilford Press.

Justice, T. C., & Looney, T. A. (1990). Another look at "superstitions" in pigeons. *Bulletin of the Psychonomic Society*, *28*, 64–66.

Kako, E. (1999). Elements of syntax in the systems of three language-trained animals. *Animal Learning and Behavior*, *27*, 1–14.

Kamil, A. C., & Balda, R. P. (1985). Cache recovery and spatial memory in Clark's nutcrackers. *Journal of Experimental Psychology: Animal Behavior Processes*, *11*, 95–111.

Kamin, L. J. (1968). Attention-like processes in classical conditioning. In M. R. Jones (Ed.), *Miami symposium on the prediction of behavior: Aversive stimulation*. Miami, FL: University of Miami Press.

Kandel, E. R. (1979). Small systems of neurons. *Scientific American*, *241*, 66–76.

Kandel, E. R., & Schwartz, J. H. (1982). Molecular biology of learning: Modulation of transmitter release. *Science*, *218*, 433–443.

Kandel, E. R., & Tauc, L. (1964). Mechanism of prolonged heterosynaptic facilitation. *Nature*, *202*, 145–147.

Kandel, E. R., & Tauc, L. (1965). Heterosynaptic facilitation in neurons of the abdominal ganglion of *Aplysia depilans*. *Journal of Physiology*, *181*, 1–27.

Kanner, L., Rodriguez, A., & Ashenden, B. (1972). How far can autistic children go in matters of social adaptation? *Journal of Autism and Childhood Schizophrenia*, *2*, 9–33.

Kant, I. (1781). *Kritik der reinen Vernunft*. Riga. Max Muller (trans.) (1881). [*Critique of pure reason*]. London: Henry G. Bohn.

Katzmann, S., & Mix, C. (1994). Improving functional independence in a patient with encephalitis through behavior modification shaping techniques. *American Journal of Occupational Therapy*, *48*, 259–262.

Kawai, M. (1965). Newly acquired pre-cultural behavior of the natural troop of Japanese monkeys on Koshima Islet. *Primates*, *6*, 1–30.

Kazdin, A. E. (1977). *The token economy: A review and evaluation*. New York: Plenum.

Kazdin, A. E. (1980). *Behavior modification in applied settings* (Rev. ed.). Homewood, IL: Dorsey Press.

Kazdin, A. E. (1983). The token economy: A decade later. *Journal of Applied Behavior Analysis*, *15*, 431–445.

Keele, S. W. (1973). *Attention and human performance*. Pacific Palisades, CA: Goodyear Publishing Co.

Keith, J. R., & McVety, K. M. (1988). Latent place learning in a novel environment and the influences of prior training in rats. *Psychobiology, 16*, 146–151.

Kellogg, W. N., & Kellogg, L. A. (1933). *The ape and the child: A study of environmental influence upon early behavior.* New York: McGraw-Hill.

Kendler, H. H., & Underwood, B. J. (1948). The role of reward in conditioning theory. *Psychological Review, 55*, 209–215.

Kendrick, D. F., & Rilling, M. (1984). The role of interpolated stimuli in the retroactive interference of pigeon short-term memory. *Animal Learning and Behavior, 12*, 391–401.

Kendrick, D. F., Wright, A. A., & Cook, R. G. (1990). On the role of memory in concept learning by pigeons. *Psychological Record, 40*, 359–371.

Keppel, G. (1968). Retroactive and proactive inhibition. In T. R. Dixon & O. L. Horton (Eds.), *Verbal behavior and general behavior theory.* Englewood Cliffs, NJ: Prentice Hall.

Kernodle, M. W., & Carlton, L. G. (1992). Information feedback and the learning of multiple-degree-of-freedom activities. *Journal of Motor Behavior, 24*, 187–196.

Kerr, R., & Booth, B. (1978). Specific and varied practice of motor skill. *Perceptual and Motor Skills, 46*, 395–401.

Kesner, R. P., & Olton, D. S. (1990). *Neurobiology of comparative cognition.* Hillsdale, NJ: Erlbaum.

Khallad, Y., & Moore, J. (1996). Blocking, unblocking, and overexpectation in autoshaping with pigeons. *Journal of the Experimental Analysis of Behavior, 65*, 575–591.

Killeen, P. (1972). The matching law. *Journal of the Experimental Analysis of Behavior, 17*, 489–495.

Killeen, P. R. (1982). Incentive theory: II. Models for choice. *Journal of the Experimental Analysis of Behavior, 38*, 217–232.

Killeen, P. R. (1991). Behavior's time. *The Psychology of Learning and Motivation, 27*, 295–334.

Killeen, P. R., & Fetterman, J. G. (1988). A behavioral theory of timing. *Psychological Review, 95*, 274–295.

Kimble, G. A. (1961). *Hilgard and Marquis' conditioning and learning* (2nd ed.). New York: Appleton-Century-Crofts.

King, G. D. (1974). Wheel running in the rat induced by a fixed-time presentation of water. *Animal Learning and Behavior, 2*, 325–328.

Kintsch, W. (1965). Frequency distribution of interresponse times during VI and VR reinforcement. *Journal of the Experimental Analysis of Behavior, 8*, 347–352.

Kirkland, K., & Caughlin-Carvar, J. (1982). Maintenance and generalization of assertive skills. *Education & Training of the Mentally Retarded, 17*, 313–318.

Kirkpatrick-Steger, K., Wasserman, E. A., & Biederman, I. (1996). Effects of spatial rearrangement of object components on picture recognition in pigeons. *Journal of the Experimental Analysis of Behavior, 65*, 465–475.

Klass, E. T. (1979). Relative influence of sincere, insincere, and neutral symbolic models. *Journal of Experimental Child Psychology, 27*, 48–59.

Klein, M., Shapiro, E., & Kandel, E. R. (1980). Synaptic plasticity and the modulation of the calcium current. *Journal of Experimental Biology, 89*, 117–157.

Knowlton, B. J., & Thompson, R. F. (1992). Conditioning using a cerebral cortical conditioned stimulus is dependent on the cerebellum and brain stem circuitry. *Behavioral Neuroscience, 106*, 509–517.

Kohler, W. (1939). Simple structural function in the chimpanzee and the chicken. In W. D. Ellis (Ed.), *A source book of gestalt psychology.* New York: Harcourt Brace.

Kolb, B., Gibb, R., Gorny, G., & Whishaw, I. Q. (1998). Possible regeneration of rat medial frontal cortex following neonatal frontal lesions. *Behavioural Brain Research, 91,* 127–141.

Kolb, B., &Whishaw, I. Q. (1998). Brain plasticity and behavior. *Annual Review of Psychology, 49,* 43–64.

Konarski, E. A. (1987). Effects of response deprivation on the instrumental performance of mentally retarded persons. *American Journal of Mental Deficiency, 91*, 537–542.

Konorski, J. (1948). *Conditioned reflexes and neuron organization*. New York: Cambridge University Press.

Konorski, J. (1967). *Integrative activity of the brain: An interdisciplinary approach*. Chicago: University of Chicago Press.

Konorski, J., & Miller, S. (1937). On two types of conditioned reflex. *Journal of Genetic Psychology, 16*, 264–272.

Koob, G. F., Caine, S. B., Parsons, L., Markou, A, & Weiss, F. (1997). Opponent pro-cess model and psychostimulant addiction. *-Pharmacology, Biochemistry & Behavior, 57,* 513–521.

Krebs, J. R., & Davies, N. B. (Eds.). (1978). *Behavioral ecology: An evolutionary approach*. Sunderland, MA: Sinauer.

Kremer, E. F. (1978). The Rescorla-Wagner model: Losses in associative strength in compound conditioned stimuli. *Journal of Experimental Psychology: Animal Behavior Processes*, *4*, 22–36.

Kuo, Z. Y. (1921). Giving up instincts in psychology. *Journal of Philosophy*, *18*, 645–664.

Kushner, M. (1965). Desensitization of a post-traumatic phobia. In L. P. Ullman & L. Krasner (Eds.), *Case studies in behavior modification*. New York: Holt, Rinehart & Winston.

Kushner, M. (1968). The operant control of intractable sneezing. In C. D. Spielberger, R. Fox, & D. Masterson (Eds.), *Contributions to general psychology*. New York: Ronald Press.

Kymissis, E., & Poulson, C. L. (1990). The history of imitation in learning theory: The language acquisition process. *Journal of the Experimental Analysis of Behavior*, *54*, 113–127.

Kymissis, E., & Poulson, C. L. (1994). Generalized imitation in preschool boys. *Journal of Experimental Child Psychology, 58*, 389–404.

Lai, Q., & Shea, C. H. (1998). Generalized motor program (GMP) learning: Effects of reduced frequency of knowledge of results and practice variability. *Journal of Motor Behavior, 30,* 51–59.

Lalli, J. S., Livezey, K., & Kates, K. (1996). Functional analysis and treatment of eye poking with response blocking. *Journal of Applied Behavior Analysis, 29,* 129–132.

Lane, I. M., Wesolowski, M.D., & Burke, W. H. (1989). Teaching socially appropriate behavior to eliminate hoarding in a brain-injured adult. *Journal of Behavior Therapy and Experimental Psychiatry, 20*, 79–82.

Lane, S. D., & Critchfield, T. S. (1998). Classification of vowels and consonants by individuals with moderate mental retardation: Development of arbitrary relations via match-to-sample training with compound stimuli. *Journal of Applied Behavior Analysis, 31,* 21–41.

Lashley, K. S. (1917). The accuracy of movement in the absence of excitation from the moving organ. *American Journal of Physiology*, *43*, 169–194.

Lashley, K. S. (1924). Studies of the cerebral function in learning: V. The retention of motor habits after destruction of the so-called motor areas in primates. *Archives of Neurology and Psychiatry, 12*, 249–276.

Lashley, K. S. (1929). *Brain mechanisms and intelligence: A quantitative study of injuries to the brain*. Chicago: University of Chicago Press.

Lashley, K. S. (1950). In search of the engram: Physiological mechanisms in animal behavior. In J. F. Danielli and R. Brown (Eds.), *Symposium of the Society for Experimental Biology.* Cambridge: Cambridge University Press.

Lashley, K. S. (1951). The problem of serial order in behavior. In L. A. Jeffress (Ed.), *Cerebral mechanisms in behavior.* New York: John Wiley.

Lashley, K. S., & Wade, M. (1946). The Pavlovian theory of generalization. *Psychological Review, 53*, 72–87.

Latash, M. L. (1999). Mirror writing: Learning, transfer, and implications for internal inverse models. *Journal of Motor Behavior, 31,* 107–111.

Laucht, M., Esser, G., & Schmidt, M. H. (1994). Contrasting infant predictors of later cognitive functioning. *Journal of Child Psychology and Psychiatry and Allied Disciplines*, *35*, 649–662.

La Vigna, G. W., & Donnellan, A. M. (1986). *Alternatives to punishment: Solving behavior problems with nonaversive strategies*. New York: Irvington.

Lavond, D. G., Hembree, T. L., & Thompson, R. F. (1985). Effects of kainic acid lesions of the cerebellar interpositus nucleus on eyelid conditioning in the rabbit. *Brain Research, 326*, 179–182.

Lawrence, D. H., & DeRivera, J. (1954). Evidence for relational transposition. *Journal of Comparative and Physiological Psychology, 47*, 465–471.

Lea, S. E. G. (1978). The psychology and economics of demand. *Psychological Bulletin, 85*, 441–466.

Lea, S. E. G., & Roper, T. J. (1977). Demand for food on fixed-ratio schedules as a function of the quality of concurrently available reinforcement. *Journal of the Experimental Analysis of Behavior, 27*, 371–380.

Leal, D. R. (1998). Community-run fisheries: Avoiding the "tragedy of the commons." *-Population and Environment: A Journal of Interdisciplinary Studies, 19,* 225–245.

Leander, J. D., Lippman, L. G., & Meyer, M. E. (1968). Fixed interval performance as related to subject's verbalization of the reinforcement contingency. *Psychological Record, 18*, 469–474.

Lee, B. S. (1950). Effects of delayed speech feedback. *Journal of the Acoustical Society of America, 22*, 824–826.

Lee, T. D., Magill, R. A., & Weeks, D. J. (1985). Influence of practice schedule on testing schema theory predictions in adults. *Journal of Motor Behavior, 17*, 238–299.

Lee, T. D., White, M. A., & Carnahan, H. (1990). On the role of knowledge of results in motor learning: Exploring the guidance hypothesis. *Journal of Motor Behavior, 22*, 191–208.

Lee, V. L. (1996). Superstitious location changes by human beings. *Psychological Record, 46,* 71–86.

Lefkowitz, M., Blake, R. R., & Mouton, J. S. (1955). Status factors in pedestrian violation of traffic signals. *Journal of Abnormal and Social Psychology, 51*, 704–706.

Lefkowitz, M. M., Huesmann, L. R., & Eron, L. D. (1978). Parental punishment: A longitudinal analysis of effect. *Archives of General Psychiatry, 35*, 186–191.

LeFrancois, J. R., & Metzger, B. (1993). Low-response-rate conditioning history and fixed-interval responding in rats. *Journal of the Experimental Analysis of Behavior, 59*, 543–549.

Lemere, F., & Voegtlin, W. L. (1950). An evaluation of the aversion treatment of alcoholism. *Quarterly Journal of Studies on Alcohol, 11*, 199–204.

Lemere, F., Voegtlin, W. L., Broz, W. R., O'Hallaren, P., & Tupper, W. E. (1942). The conditioned reflex treatment of chronic alcoholism. VIII. A review of six years' experience with this treatment of 1526 patients. *Journal of the American Medical Association, 120*, 269–270.

LePage, J. P. (1999). The impact of a token economy on injuries and negative events on an acute psychiatric unit. *Psychiatric Services, 50,* 941–944.

Lerman, D. C., Iwata, B. A., Shore, B. A., & DeLeon, I. G. (1997). Effects of intermittent punishment on self-injurious behavior: An evaluation of schedule thinning. *Journal of Applied Behavior Analysis, 30,* 198–201.

Lett, B. T. (1973). Delayed reward learning: Disproof of the traditional theory. *Learning and Motivation, 4*, 237–246.

Lett, B. T. (1975). Long delay learning in the T-maze. *Learning and Motivation, 6*, 80–90.

Lett, B. T. (1979). Long-delay learning: Implications for learning and memory theory. In N. S. Sutherland (Ed.), *Tutorial essays in psychology* (Vol. 2). Hillsdale, NJ: Erlbaum.

Leung, L. S., & Shen, B. (1995). Long-term potentiation at the apical and basal and dendritic synapses of CA1 after local stimulation in behaving rats. *Journal of Neurophysiology, 73*, 1938–1946.

Levis, D. J. (1989). The case for a return to a two-factor theory of avoidance: The failure of non-fear interpretations. In S. B. Klein & R. R. Mowrer (Eds.), *Contemporary learning theories: Pavlovian conditioning and the status of traditional learning theory.* Hillsdale, NJ: -Erlbaum.

Lewis, D., McAllister, D. E., & Adams, J. A. (1951). Facilitation and interference in performance on the modified Mashburn apparatus: I. The effects of varying the amount of original learning. *Journal of Experimental Psychology, 41*, 247–260.

Ley, R. (1994). An opponent-process interpretation of the anxiolytic effects of single inhalations of large concentrations of carbon dioxide. *Journal of Behavior Therapy and Experimental Psychiatry, 25*, 301–309.

Linden, M., Habib, T., & Radojevic, V. (1996). A controlled study of the effects of EEG biofeedback on cognition and behavior of children with attention deficit disorder and learning disabilities. *Biofeedback and Self-Regulation, 21*, 35–49.

Lipp, O. V., Siddle, D. A. T., & Vaitl, D. (1992). Latent inhibition in humans: Single-cue conditioning revisited. *Journal of Experimental Psychology: Animal Behavior Processes, 18*, 115–125.

Lochbaum, M. R. (1999). Affective and cognitive performance due to exercise training: An examination of individual difference variables. *Dissertation Abstracts International: Section B: The Sciences and Engineering, 59(10-B),* 5611.

Lockard, R. B. (1971). Reflections on the fall of comparative psychology: Is there a message for us all? *American Psychologist, 26*, 168–179.

Locke, J. (1690). *An essay concerning humane understanding: In four books.* London: Thomas Bassett.

Locurto, C. M., Terrace, H. S., & Gibbon, J. (Eds.). (1981). *Autoshaping and conditioning theory.* New York: Academic Press.

Loeb, J. (1900). *Comparative physiology of the brain and comparative psychology.* New York: Putnam's.

Logue, A. W. (1979). Taste aversion and the generality of the laws of learning. *Psychological Bulletin, 86*, 276–296.

Logue, A. W. (1988). A comparison of taste-aversion learning in humans and other vertebrates: Evolutionary pressures in common. In R. C. Bolles & M.D. Beecher (Eds.), *Evolution and learning*. Hillsdale, NJ: Erlbaum.

Logue, A. W., & Chavarro, A. (1987). Effect on choice of absolute and relative values of reinforcer delay, amount, and frequency. *Journal of Experimental Psychology: Animal Behavior Processes, 13*, 280–291.

Logue, A. W., Logue, K. R., & Strauss, K. E. (1983). The acquisition of taste aversions in humans with eating and drinking disorders. *Behavior Research and Therapy, 21*, 275–289.

Logue, A. W., Ophir, I., & Strauss, K. E. (1981). The acquisition of taste aversions in humans. *Behavior Research and Therapy, 19*, 319–333.

Lohrman-O'Rourke, S., & Zirkel, P. A. (1998). The case law on aversive interventions for students with disabilities. *Exceptional Children, 65,* 101–123.

Lovaas, O. I. (1967). A behavior therapy approach to the treatment of childhood schizophrenia. In J. P. Hill (Ed.), *Minnesota symposium on child psychology.* Minneapolis: University of Minnesota Press.

Lovaas, O. I. (1977). *The autistic child.* New York: John Wiley.

Lovaas, O. I. (1987). Behavioral treatment and normal educational and intellectual functioning in young autistic children. *Journal of Consulting and Clinical Psychology, 55*, 3–9.

Lovaas, O. I., Freitag, L., Nelson, K., & Whalen, C. (1967). The establishment of imitation and its use for the development of complex behavior in schizophrenic children. *Behavior Research and Therapy, 5*, 171–181.

Lowe, C. F. (1979). Determinants of human operant behaviour. In M.D. Zeiler & P. Harzem (Eds.), *Advances in the analysis of behaviour*: Vol. 1. *Reinforcement and the organization of behaviour.* Chichester, England: John Wiley.

Lowe, C. F., Beasty, A., & Bentall, R. P. (1983). The role of verbal behavior in human learning: Infant performance on fixed-interval schedules. *Journal of the Experimental Analysis of Behavior, 39*, 157–164.

Lowe, C. F., Harzem, P., & Bagshaw, M. (1978). Species differences in the temporal control of behavior: Human performance. *Journal of the Experimental Analysis of Behavior, 29*, 351–361.

Lubow, R. E. (1974). High-order concept formation in the pigeon. *Journal of the Experimental Analysis of Behavior, 21*, 475–483.

Lubow, R. E., & Gewirtz, J. C. (1995). Latent inhibition in humans: Data, theory, and implications for schizophrenia. *Psychological Bulletin, 117*, 87–103.

Lubow, R. E., & Moore, A. U. (1959). Latent inhibition: The effect of nonreinforced preexposure to the conditional stimulus. *Journal of Comparative and Physiological Psychology, 52*, 415–419.

Lucas, G. A., Deich, J. D., & Wasserman, E. A. (1981). Trace autoshaping: Acquisition, maintenance, and path dependence at long trace intervals. *Journal of the Experimental Analysis of Behavior, 36*, 61–74.

Lucchelli, F., Muggia, S., & Spinnler, H. (1997). Selective proper name anomia: A case involving only contemporary celebrities. *Cognitive Neuropsychology, 14,* 881–900.

MacCorquodale, K., & Meehl, P. E. (1954). Edward C. Tolman. In W. K. Estes, S. Koch, K. MacCorquodale, P. Meehl, C. G. Mueller, Jr., W. N. Schoenfeld, & W. S. Verplanck (Eds.), *Modern learning theory.* New York: Appleton-Century-Crofts.

Mackintosh, N. J. (1975). A theory of attention: Variations in the associability of stimuli with reinforcement. *Psychological Review, 82*, 276–298.

Mackintosh, N. J., & Dickinson, A. (1979). Instrumental (Type II) conditioning. In A. Dickinson & R. A. Boakes (Eds.), *Mechanisms of learning and motivation*. Hillsdale, NJ: -Erlbaum.

Macuda, T., & Roberts, W. A. (1995). Further evidence for hierarchical chunking in rat spatial memory. *Journal of Experimental Psychology: Animal Behavior Processes, 21*, 20–32.

Madison, D. V., Malenka, R. C., & Nicoll, R. A. (1991). Mechanisms underlying long-term potentiation of synaptic transmission. *Annual Review of Neuroscience, 14*, 379–397.

Maes, J. R., & Vossen, J. M. (1993). Competition between contextual and punctate stimuli for inhibitory control in a Pavlovian discrimination procedure. *Learning and Motivation, 24*, 194–218.

Maier, S. F., & Seligman, M. E. P. (1976). Learned helplessness: Theory and evidence. *Journal of Experimental Psychology: General, 105*, 3–46.

Maier, S. F., & Warren, D. A. (1988). Controllability and safety signals exert dissimilar proactive effects on nociception and escape performance. *Journal of Experimental Psychology: Animal Behavior Processes, 14*, 18–25.

Maki, W. S. (1981). Directed forgetting in animals. In N. E. Spear & R. R. Miller (Eds.), *Information processing in animals: Memory mechanisms*. Hillsdale, NJ: Erlbaum.

Maki, W. S., & Hegvik, D. K. (1980). Directed forgetting in pigeons. *Animal Learning and Behavior, 8*, 567–574.

Malott, M. K. (1968). Stimulus control in stimulus-deprived chickens. *Journal of Comparative and Physiological Psychology, 66*, 276–282.

March, J. G., & Shapira, Z. (1992). Variable risk preferences and the focus of attention. *Psychological Review, 99*, 172–183.

Marcus, B. A., & Vollmer, T. R. (1996). Combining noncontingent reinforcement and differential reinforcement schedules as treatment for aberrant behavior. *Journal of Applied Behavior Analysis, 29*, 43–51.

Maren, S., & Baudry, M. (1995). Properties and mechanisms of long-term synaptic plasticity in the mammalian brain: Relationships to learning and memory. *Neurobiology of Learning and Memory, 63*, 1–18.

Marks, I. M., & Gelder, M. (1967). Transvestism and fetishism: Clinical and psychological changes during faradic aversion. *British Journal of Psychiatry, 113*, 711–739.

Marsden, C. D., Merton, P. A., & Morton, H. B. (1972). Servo action in human voluntary movement. *Nature, 238*, 140–143.

Martens, B. K., & Houk, J. L. (1989). The application of Herrnstein's law of effect to disruptive and on-task behavior of a retarded adolescent girl. *Journal of the Experimental Analysis of Behavior, 51*, 17–27.

Martin, G. (1998). Media influence to suicide: The search for solutions. *Archives of Suicide Research, 4,* 51–66.

Martin, G., & Pear, J. (1999). *Behavior modification: What it is and how to do it.* Upper Saddle River, NJ: Prentice Hall.

Martin, I., & Levey, A. B. (1991). Blocking observed in human eyelid conditioning. *Integrative Physiological and Behavioral Science, 26*, 127–131.

Matson, J. L., & Duncan, D. (1997). Aggression. In N. N. Singh (Ed.), *Prevention and treatment of severe behavior problems: Models and methods in developmental disabilities.* Pacific Grove, CA: Brooks/Cole.

Matsuzawa, T. (1985). Use of numbers by a chimpanzee. *Nature, 315*, 57–59.

Matthews, B. A., Catania, A. C., & Shimoff, E. (1985). Effects of uninstructed verbal responding on nonverbal responding: Contingency descriptions versus performance descriptions. *Journal of the Experimental Analysis of Behavior, 43*, 155–164.

Matthews, B. A., Shimoff, E., Catania, A. C., & Sagvolden, T. (1977). Uninstructed human responding: Sensitivity to ratio and interval contingencies. *Journal of the Experimental Analysis of Behavior, 27*, 453–467.

Matute, H. (1994). Learned helplessness and superstitious behavior as opposite effects of uncontrollable reinforcement in humans. *Learning and Motivation, 25*, 216–232.

Matute, H. (1995). Human reactions to uncontrollable outcomes: Further evidence for superstitions rather than helplessness. *Quarterly Journal of Experimental Psychology. B, Comparative and Physiological Psychology, 48B,* 142–157.

Matzel, L. D., Brown, A. M., & Miller, R. R. (1987). Associative effects of US preexposure: Modulation of conditioned responding by an excitatory training context. *Journal of Experimental Psychology: Animal Behavior Processes, 13*, 65–72.

Mawhinney, T. C., & Gowen, C. R. (1990). Gainsharing and the law of effect as the matching law: A theoretical framework. *Journal of Organizational Behavior Management, 11*, 61–75.

Mawhinney, V. T., Bostow, D. E., Laws, D. R., Blumenfeld, G. J., & Hopkins, B. L. (1971). A comparison of students studying-behavior produced by daily, weekly, and three-week testing schedules. *Journal of Applied Behavior Analysis, 4*, 257–264.

May, R. (1950). *The meaning of anxiety.* New York: Ronald Press.

Mazmanian, D. S., & Roberts, W. A. (1983). Spatial memory in rats under restricted viewing conditions. *Learning and Motivation, 14*, 123–139.

Mazur, J. E. (1975). The matching law and quantifications related to Premack's principle. *Journal of Experimental Psychology: Animal Behavior Processes, 1*, 374–386.

Mazur, J. E. (1981). Optimization theory fails to predict performance of pigeons in a two-response situation. *Science, 214*, 823–825.

Mazur, J. E. (1983). Steady-state performance on fixed-, mixed-, and random-ratio schedules. *Journal of the Experimental Analysis of Behavior, 39*, 293–307.

Mazur, J. E. (1984). Tests of an equivalence rule for fixed and variable reinforcer delays. *Journal of Experimental Psychology: Animal Behavior Processes*, 10, 426–436.

Mazur, J. E. (1986). Fixed and variable ratios and delays: Further tests of an equivalence rule. *Journal of Experimental Psychology: Animal Behavior Processes, 12*, 116–124.

Mazur, J. E. (1991). Choice with probabilistic reinforcement: Effects of delay and conditioned reinforcers. *Journal of the Experimental Analysis of Behavior, 55*, 63–77.

Mazur, J. E. (2000). Two- versus three-alternative concurrent-chain schedules: A test of three models. *Journal of Experimental Psychology: Animal Behavior Processes, 26*, 286–293.

Mazur, J. E., & Wagner, A. R. (1982). An episodic model of associative learning. In M. L. Commons, R. J. Herrnstein, & A. R. Wagner (Eds.), *Quantitative analyses of behavior*: Vol. 3. *Acquisition*. Cambridge, MA: Ballinger.

McAfee, R. B., & Winn, A. R. (1989). The use of incentives/feedback to enhance workplace safety: A critique of the literature. *Journal of Safety Research, 20*, 7–19.

McBurney, D. H. (2000). *Research methods* (5th edition). Belmont, MA: Wadsworth Publishing.

McClelland, D.C. (1961). *The achieving society.* Princeton, NJ: Van Nostrand.

McCormick, D. A., & Thompson, R. F. (1984). Neuronal responses of the rabbit cerebellum during acquisition and performance of a classically conditioned nictitating membrane-eyelid response. *Journal of Neuroscience, 4*, 2811–2822.

McDonnell, J., & McFarland, S. (1988). A comparison of forward and concurrent chaining strategies in teaching laundromat skills to students with severe handicaps. *Research in Developmental Disabilities*, *9*, 177–194.

McDougall, W. (1908). *An introduction to social psychology.* London: Methuen.

McDowell, J. J. (1988). Matching theory in natural human environments. *The Behavior Analyst*, *11*, 95–109.

McEachin, J. J., Smith, T., & Lovaas, O. I. (1993). Long-term outcome for children with autism who received early intensive behavioral treatment. *American Journal of Mental Retardation*, *97*, 359–372.

McFarland, D. S. (1971). *Feedback mechanisms in animal behavior.* New York: Academic Press.

McIlvane, W. J., Kledaras, J. B., Iennaco, F. M., McDonald, S. J., & Stoddard, L. T. (1995). Some possible limits on errorless discrimination reversals in individuals with severe mental retardation. *American Journal of Mental Retardation*, *99*, 430–436.

McKean, K. J. (1994). Academic helplessness: Applying learned helplessness theory to undergraduates who give up when faced with academic setbacks. *College Student Journal*, *28*, 456–462.

McLaren, I. P. L., Bennet, C. H., Guttman-Nahir, T., Kim, K., & Mackintosh, N. J. (1995). Prototype effects and peak shift in categorization. *Journal of Experimental Psychology: Learning, Memory, and Cognition, 21*, 662–673.

McNally, R. J. (1987). Preparedness and phobias: A review. *Psychological Bulletin*, *101*, 283–303.

McNamara, H. J., Long, J. B., & Wike, E. L. (1956). Learning without response under two conditions of external cues. *Journal of Comparative and Physiological Psychology*, *49*, 477–480.

McNish, K. A., Betts, S. L., Brandon, S. E., & Wagner, A. R. (1997). Divergence of conditioned eyeblink and conditioned fear in backward Pavlovian training. *Animal Learning and Behavior, 25*, 43–52.

McSweeney, F. K., & Melville, C. L. (1991). Positive behavioral contrast as a function of time-out duration when pigeons peck keys on a within-session procedure. *Animal Learning and Behavior, 19*, 249–256.

Mechner, F. (1958). Probability relations within response sequences under ratio reinforcement. *Journal of the Experimental Analysis of Behavior*, *1*, 109–121.

Meck, W. H., & Church, R. M. (1983). A mode control model of counting and timing processes. *Journal of Experimental Psychology: Animal Behavior Processes*, *9*, 320–334.

Meehl, P. E. (1950). On the circularity of the law of effect. *Psychological Bulletin*, *47*, 52–75.

Meichenbaum, D. H., & Goodman, J. (1971). Training impulsive children to talk to themselves: A means of developing self-control. *Journal of Abnormal Psychology*, *77*, 115–126.

Melchiori, L. E., de Souza, D. G., & de Rose, J. C. (2000). Reading, equivalence, and recombination of units: A replication with students with different learning histories. *Journal of Applied Behavior Analysis, 33,* 97–100.

Meltzoff, A. N., & Moore, M. K. (1977). Imitation of facial and manual gestures by human neonates. *Science*, *198*, 75–78.

Meltzoff, A. N., & Moore, M. K. (1983). Newborn infants imitate adult facial gestures. *Child Development*, *54*, 702–709.

Meltzoff, A. N., & Moore, M. K. (1989). Imitation in newborn infants: Exploring the range of gestures imitated and the underlying mechanisms. *Developmental Psychology*, *25*, 954–962.

Merckelbach, H., Arntz, A., & de Jong, P. (1991). Conditioning experiences in spider phobics. *Behavioral Research and Therapy*, *29*, 333–335.

Meyer, E. A., Hagopian, L. P., & Paclawskyj, T. R. (1999). A function-based treatment for school refusal behavior using shaping and fading. *Research in Developmental Disabilities, 20,* 401–410.

Middleton, M. B. & Cartledge, G. (1995). The effects of social skills instruction and parental involvement on the aggressive behaviors of African American males. *Behavior Modification, 19*, 192–210.

Milavsky, J. R., Stipp, H. H., Kessler, R. C., & Rubens, W. S. (1982). *Television and aggression: A panel study.* New York: Academic Press.

Miles, H. L. (1983). Apes and language: The search for communicative competence. In J. de Luce & H. T. Wilder (Eds.), *Language in primates: Perspectives and implications*. New York: Springer-Verlag.

Milgrom, P., Mancl, L., King, B., & Weinstein, P. (1995). Origins of childhood dental fear. *Behavior Research and Therapy, 33*, 313–319.

Mill, J. (1829). *Analysis of the phenomena of the human mind*. London: Baldwin & Cradock.

Mill, J. S. (1843). *A system of logic, ratiocinative and inductive, being a connected view of the principles of evidence, and the methods of scientific investigation*. London: J. W. Parker.

Miller, G. A. (1956). The magical number seven, plus or minus two. *Psychological Review, 63*, 81–97.

Miller, H. L. (1976). Matching-based hedonic scaling in the pigeon. *Journal of the Experimental Analysis of Behavior, 26*, 335–347.

Miller, J. S., Jagielo, J. A., & Spear, N. E. (1993). The influence of retention interval on the US preexposure effect: Changes in contextual blocking over time. *Learning and Motivation, 24*, 376–394.

Miller, N. E. (1948). Studies of fear as an acquirable drive: I. Fear as motivation and fear-reduction as reinforcement in the learning of new responses. *Journal of Experimental Psychology, 38*, 89–101.

Miller, N. E. (1951a). Comments on multiple-process conceptions of learning. *Psychological Review, 58*, 375–381.

Miller, N. E. (1951b). Learnable drives and rewards. In S. S. Stevens (Ed.), *Handbook of experimental psychology*. New York: John Wiley.

Miller, N. E. (1959). Liberalization of basic S-R concepts: Extensions to conflict behavior, motivation, and social learning. In S. Koch (Ed.), *Psychology: A study of a science* (Vol. 2). New York: McGraw-Hill.

Miller, N. E. (1985). The value of behavioral research with animals. *American Psychologist, 40*, 423–440.

Miller, N. E., & DiCara, L. (1967). Instrumental learning of heart rate changes in curarized rats: Shaping, and specificity to discriminative stimulus. *Journal of Comparative and Physiological Psychology, 63*, 12–19.

Miller, N. E., & Dollard, J. (1941). *Social learning and imitation*. New Haven: Yale University Press.

Miller, N. E., & Dworkin, B. R. (1974). Visceral learning: Recent difficulties with curarized rats and significant problems for human research. In P. A. Obrist, A. H. Black, J. Brener, & L. V. DiCara (Eds.), *Cardiovascular psychophysiology*. Chicago: Aldine.

Miller, R. R., & Schachtman, T. R. (1985). The several roles of context at the time of retrieval. In P. D. Balsam & A. Tomie (Eds.), *Context and learning*. Hillsdale, NJ: Erlbaum.

Miller, R. R., & Spear, N. E. (Eds.) (1985). *Information processing in animals: Conditioned inhibition*. Hillsdale, NJ: Erlbaum.

Miller, S., & Konorski, J. (1928). Sur une forme particuliere des reflexes conditionnels. *Compte Rendu Hebdomadaire des Seances et Memoires de la Societe de Biologie, 99*, 1151–1157.

Miltenberger, R. G. (1997). *Behavior modification: Principles and procedures*. Pacific Grove, CA: Brooks/Cole.

Mineka, S. (1985). The frightful complexity of the origins of fears. In F. R. Brush & J. B. Overmier (Eds.), *Affect, conditioning, and cognition*. Hillsdale, NJ: Erlbaum.

Mineka, S., Davidson, M., Cook, M., & Kerr, R. (1984). Observational conditioning of snake fear in rhesus monkeys. *Journal of Abnormal Psychology, 93*, 355–372.

Mineka, S., Mystkowski, J. L., Hladek, D., & Rodriguez, B. I. (1999). The effects of changing contexts on return of fear following exposure therapy for spider fear. *Journal of Consulting and Clinical Psychology, 67*, 599–604.

Mintz, D. E., Mourer, D. J., & Gofseyeff, M. (1967). Sequential effects in fixed-ratio postreinforcement pause duration. *Psychonomic Science, 9*, 387–388.

Miranda, A., & Presentacion, M. J. (2000). Efficacy of cognitive-behavioral therapy in the treatment of children with ADHD, with and without aggressiveness. *Psychology in the Schools, 37*, 169–182.

Mischel, W. (1961). Father-absence and delay of gratification: Cross-cultural comparisons. *Journal of Abnormal and Social Psychology, 63*, 116–124.

Mischel, W. (1966). Theory and research on the antecedents of self-imposed delay of reward. *Progress in Experimental Personality Research, 3*, 85–132.

Mischel, W. (1971). *Introduction to personality.* New York: Holt, Rinehart & Winston.

Mischel, W. (1974). Processes in delay of gratification. In L. Berkowitz (Ed.), *Advances in experimental social psychology* (Vol. 7). New York: Academic Press.

Mischel, W. (1981). Objective and subjective rules for delay of gratification. In G. -d'Ydewalle & W. Lens (Eds.), *Cognition in human motivation and learning*. Hillsdale, NJ: -Erlbaum.

Mischel, W. (1983). Delay of gratification as process and as person variable in development. In D. Magnusson & V. L. Allen (Eds.), *Human development*. New York: Academic Press.

Mischel, W., & Ebbesen, E. B. (1970). Attention in delay of gratification. *Journal of Personality and Social Psychology, 16*, 329–337.

Mischel, W., Ebbesen, E. B., & Zeiss, A. R. (1972). Cognitive and attentional mechanisms in delay of gratification. *Journal of Personality and Social Psychology, 21*, 204–218.

Mischel, W., & Grusec, J. (1966). Determinants of the rehearsal and transmission of neutral and aversive behaviors. *Journal of Personality and Social Psychology, 3*, 197–205.

Mischel, W., Shoda, Y., & Rodriguez, M. L. (1989). Delay of gratification in children. *Science, 244*, 933–938.

Mitchell, S. H. (1999). Measures of impulsivity in cigarette smokers and non-smokers. *Psychopharmacology, 146,* 455–464.

Mitchell, W. S., & Stoffelmayr, B. E. (1973). Application of the Premack principle to the behavioral control of extremely inactive schizophrenics. *Journal of Applied Behavior Analysis, 6*, 419–423.

Modaresi, H. A. (1990). The avoidance barpress problem: Effects of enhanced reinforcement and an SSDR-congruent lever. *Learning and Motivation, 21*, 199–220.

Molchan, S. E., Sunderland, T., McIntosh, A. R., Herscovitch, P., & Schreurs, B. G. (1994). A functional anatomical study of associative learning in humans. *Proceedings of the National Academy of Sciences USA, 91*, 8122–8126.

Moore, B. R. (1973). The role of directed Pavlovian reactions in simple instrumental learning in the pigeon. In R. A. Hinde & J. Stevenson-Hinde (Eds.), *Constraints on learning*. New York: Academic Press.

Moore, J. W. (1972). Stimulus control: Studies of auditory generalization in rabbits. In A. H. Black & W. F. Prokasy (Eds.), *Classical conditioning II: Current research and theory.* New York: Appleton-Century-Crofts.

Morgan, C. L. (1894). *An introduction to comparative psychology.* London: W. Scott.

Morgan, C. L. (1896). *Habit and instinct.* London: E. Arnold.

Morganstern, K. P. (1973). Implosive therapy and flooding procedures: A critical review. *Psychological Bulletin, 79*, 318–334.

Morin, C. M., Culbert, J. P., & Schwartz, S. M. (1994). Nonpharmacological interventions for insomnia: A meta-analysis of treatment efficacy. *American Journal of Psychiatry, 151*, 1172–1180.

Morris, R. J., & Kratochwill, T. R. (1983). *Treating children's fears and phobias: A behavioral approach*. New York: Pergamon Press.

Mowrer, O. H. (1947). On the dual nature of learning—a reinterpretation of "conditioning" and "problem solving." *Harvard Educational Review, 17*, 102–148.

Mowrer, O. H., & Jones, H. (1945). Habit strength as a function of the pattern of reinforcement. *Journal of Experimental Psychology, 35*, 293–311.

Mowrer, O. H., & Mowrer, W. M. (1938). Enuresis: A method for its study and treatment. *American Journal of Orthopsychiatry, 8*, 436–459.

Mucha, R. F., Volkovskis, C., & Kalant, H. (1981). Conditioned increase in locomotor activity produced with morphine as an unconditioned stimulus, and the relation of conditioning to acute morphine effect and tolerance. *Journal of Comparative and Physiological Psychology, 96*, 351–362.

Muenzinger, K. F. (1928). Plasticity and mechanization of the problem box habit in guinea pigs. *Journal of Comparative Psychology, 8*, 45–69.
Mueser, K. T., & Liberman, R. P. (1995). *Behavior therapy in practice.* New York: Oxford University Press.
Mulder, T., & Hulstijn, W. (1985a). Delayed sensory feedback in the learning of a novel motor task. *Psychological Research, 47*, 203–209.
Mulder, T., & Hulstijn, W. (1985b). Sensory feedback in the learning of a novel motor task. *Journal of Motor Behavior, 17*, 110–128.
Mustaca, A. E., Gabelli, F., Papini, M. R., & Balsam, P. (1991). The effects of varying the interreinforcement interval on appetitive contextual conditioning. *Animal Learning and Behavior, 19*, 125–138.
Myers, A. K., & Miller, N. E. (1954). Failure to find a learned drive based on hunger; evidence for learning motivated by "exploration." *Journal of Comparative and Physiological Psychology, 47*, 428–436.
Myers, D. L., & Myers, L. E. (1977). Undermatching: A reappraisal of performance on concurrent variable-interval schedules of reinforcement. *Journal of the Experimental Analysis of Behavior, 27*, 203–214.
Nakagawa, E. (1999). Acquired equivalence of discriminative stimuli following two concurrent discrimination learning tasks as a function of overtraining in rats. *Psychological Record, 49,* 327–348.
Nakajima, S. (2000). Putative inhibitory training of a stimulus makes it a facilitator: A within-subject comparison of visual and auditory stimuli in autoshaping. *Behavioural Processes, 48,* 129–136.
Nakao, M., Nomura, S., Shimosawa, T., Fujita, T, & Kuboki, T. (2000). Blood pressure biofeedback treatment of white-coat hypertension. *Journal of Psychosomatic Research, 48,* 161–169.
Napier, R. M., Macrae, M., & Kehoe, E. J. (1992). Rapid reacquisition in conditioning of the rabbit's nictitating membrane response. *Journal of Experimental Psychology: Animal Behavior Processes, 18*, 182–192.
Neef, N. A., Bill-Harvey, D., Shade, D, Iezzi, M., & DeLorenzo, T. (1995). Exercise participation with videotaped modeling: Effects on balance and gait in elderly residents of care facilities. *Behavior Therapy, 26*, 135–151.
Neef, N. A., Mace, F. C., Shea, M. C., & Shade, D. (1992). Effects of reinforcer rate and reinforcer quality on time allocation: Extensions of matching theory to educational settings. *Journal of Applied Behavior Analysis, 25*, 691–699.
Neef, N. A., Shade, D., & Miller, M. S. (1994). Assessing influential dimensions of reinforcers on choice in students with serious emotional disturbances. *Journal of Applied Behavior Analysis, 27*, 575–583.
Neuman, S. B. (1988). The displacement effect: Assessing the relation between television viewing and reading performance. *Reading Research Quarterly, 23*, 414–440.
Neuringer, A. J. (1970). Superstitious key pecking after three peck-produced reinforcements. *Journal of the Experimental Analysis of Behavior, 13*, 127–134.
Nevin, J. A. (1969). Interval reinforcement of choice behavior in discrete trials. *Journal of the Experimental Analysis of Behavior, 12*, 875–885.
Nevin, J. A. (1974). Response strength in multiple schedules. *Journal of the Experimental Analysis of Behavior, 21,* 389–408.
Nevin, J. A. (1979). Overall matching versus momentary maximizing: Nevin (1969) revisited. *Journal of Experimental Psychology: Animal Behavior Processes, 5*, 300–306.
Nevin, J. A. (1992). An integrative model for the study of behavioral momentum. *Journal of the Experimental Analysis of Behavior, 57,* 301–316.
Nevin, J. A. (1998). Choice and momentum. In W. O'Donohue (Ed.), *Learning and behavior therapy.* New York: Allyn & Bacon.
Nevin, J. A., & Grace, R. C. (2000). Behavioral momentum and the law of effect. *Behavioral and Brain Sciences, 23,* 73–130.
Newell, K. M. (1974). Knowledge of results and motor learning. *Journal of Motor Behavior, 6*, 235–244.

Newell, K. M. (1976). Motor learning without knowledge of results through the development of a response–recognition mechanism. *Journal of Motor Behavior, 8*, 209–217.

Nicholas, J. M. (1984). Lessons from the history of science? *Behavioral and Brain Sciences, 7*, 530–531.

North, M. M., North, S. M., & Coble, J. R. (1998). Virtual reality therapy: An effective treatment for phobias. In G. Riva, B. K. Wiederhold, & E. Molinari (Eds.), *Virtual environments in clinical psychology and neuroscience: Methods and techniques in advanced patient-therapist interaction.* Amsterdam, Netherlands Antilles: IOS Press.

Nottebohm, F. (1970). The ontogeny of birdsong. *Science, 167*, 950–956.

Novak, M. A., Suomi, S. J., Bowman, R. E., & Mohr, D. (1991). Problem solving in elderly sophisticated and naive monkeys. *Journals of Gerontology, 46*, 102–108.

O'Connor, R. D. (1969). Modification of social withdrawal through symbolic modeling. *Journal of Applied Behavior Analysis, 2*, 15–22.

Ogden, J. A. (2000). Neurorehabilitation in the new millennium: New roles for our environment, behaviors, and mind in brain damage and recovery? *Brain and Cognition, 42,* 110–112.

Ohman, A., Dimberg, U., & Ost, L. G. (1985). Animal and social phobias: Biological constraints on learned fear responses. In S. Reiss & R. R. Bootzin (Eds.), *Theoretical issues in behavior therapy.* New York: Academic Press.

Olds, J., & Milner, P. (1954). Positive reinforcement produced by electrical stimulation of septal area and other regions of rat brain. *Journal of Comparative and Physiological Psychology, 47*, 419–427.

O'Leary, K. D., Kaufman, K. F., Kass, R. E., & Drabman, R. S. (1970). The effects of loud and soft reprimands on the behavior of disruptive students. *Exceptional Children, 37*, 145–155.

Ollendick, T. H., & King, N. J. (1998). Empirically supported treatments for children with phobic and anxiety disorders: Current status. *Journal of Clinical Child Psychology, 27*, 156–167.

Olness, K. (1999). Contemporary context: Psychoneuroimmunology. In R. Temes, (Ed.), *Medical hypnosis: An introduction and clinical guide.* New York: Churchill Livingstone, Inc.

Olson, S. L., Bates, J. E., & Bayles, K. (1990). Early antecedents of childhood impulsivity: The role of parent-child interaction, cognitive competence, and temperament. *Journal of Abnormal Child Psychology, 18*, 317–334.

Olton, D. S. (1978). Characteristics of spatial memory. In S. H. Hulse, H. Fowler, & W. K. Honig (Eds.), *Cognitive processes in animal behavior.* Hillsdale, NJ: Erlbaum.

Olton, D. S., Collison, C., & Werz, W. A. (1977). Spatial memory and radial arm maze performance by rats. *Learning and Motivation, 8*, 289–314.

Olton, D. S., & Samuelson, R. J. (1976). Remembrance of places past: Spatial memory in rats. *Journal of Experimental Psychology: Animal Behavior Processes, 2*, 97–116.

O'Mara, H. (1991). Quantitative and methodological aspects of stimulus equivalence. *Journal of the Experimental Analysis of Behavior, 55*, 125–132.

Ono, K. (1987). Superstitious behavior in humans. *Journal of the Experimental Analysis of Behavior, 47*, 261–271.

Osgood, C. E. (1949). The similarity paradox in human learning: A resolution. *Psychological Review, 56*, 132–143.

Ost, L. G. (1989). One-session treatment for specific phobias. *Behavior Research and Therapy, 27*, 1–7.

Overmier, J. B., & Seligman, M. E. P. (1967). Effects of inescapable shock upon subsequent escape and avoidance responding. *Journal of Comparative and Physiological Psychology, 63*, 28–33.

Overmier, J. B., & Wielkiewicz, R. M. (1983). On unpredictability as a causal factor in "learned helplessness." *Learning and Motivation, 14*, 324–337.

Pace, G. M., Iwata, B. A., Cowdery, G. E., Andree, P. J., & McIntyre, T. (1993). Stimulus (instructional) fading during extinction of self-injurious escape behavior. *Journal of Applied Behavior Analysis, 26*, 205–212.

Packer, J. S., Clark, B. M., Bond, N. W., & Siddle, D. A. (1991). Conditioning with facial expression of emotion: A comparison of aversive and non-aversive unconditioned stimuli. *Journal of Psychophysiology, 5*, 79–88.

Page, H. A., & Hall, J. F. (1953). Experimental extinction as a function of the prevention of a response. *Journal of Comparative and Physiological Psychology, 46*, 33–34.

Paletta, M. S., & Wagner, A. R. (1986). Development of context-specific tolerance to morphine: Support for a dual-process interpretation. *Behavioral Neuroscience, 100*, 611–623.

Palmer, C., & Meyer, R. K. (2000). Conceptual and motor learning in music performance. *Psychological Science, 11,* 63–68.

Pardes, H., West, A., & Pincus, H. A. (1991). Physicians and the animal-rights movement. *New England Journal of Medicine, 324*, 1640–1643.

Parker, G. A. (1978). Searching for mates. In J. R. Krebs & N. B. Davies (Eds.), *Behavioral ecology: An evolutionary approach*. Sunderland, MA: Sinauer.

Patterson, F. G. (1978). The gestures of a gorilla: Language acquisition in another pongid. *Brain and Language, 5*, 72–97.

Patterson, F. G., & Linden, E. (1981). *The education of Koko*. New York: Holt, Rinehart & Winston.

Patterson, G. R., Chamberlain, P., & Reid, J. B. (1982). A comparative evaluation of a parent-training program. *Behavior Therapy, 13*, 638–650.

Patterson, G. R., & Reid, J. B. (1973). Intervention for families of aggressive boys: A replication study. *Behavior Research and Therapy, 11*, 383–394.

Paul, G. L. (1969). Outcome of systematic desensitization: II. Controlled investigations of individual treatment, technique variations, and current status. In C. M. Franks (Ed.), *Behavior therapy: Appraisal and status*. New York: -McGraw-Hill.

Paul, G. L., & Lentz, R. J. (1977). *Psychosocial treatment of chronic mental patients: Milieu versus social-learning programs*. Cambridge, MA: Harvard University Press.

Paulsen, K., Rimm, D. C., Woodburn, L. T., & Rimm, S. (1977). A self-control approach to inefficient spending. *Journal of Consulting and Clinical Psychology, 45*, 433–435.

Pavlov, I. P. (1927). *Conditioned reflexes*. Oxford: Oxford University Press.

Pavlov, I. P. (1928). *Lectures on conditioned reflexes*. New York: International Publishers.

Pearce, J. M., & Hall, G. (1980). A model for Pavlovian learning: Variations in the effectiveness of conditioned but not unconditioned stimuli. *Psychological Review, 87*, 532–552.

Penfield, W. (1959). The interpretive cortex. *Science, 129*, 1719–1725.

Pepperberg, I. M. (1981). Functional vocalizations of an African Grey parrot (*Psitticus erithacus*). *Zeitschrift für Tierpsychologie, 55*, 139–151.

Pepperberg, I. M. (1983). Cognition in the African Grey parrot: Preliminary evidence for auditory/vocal comprehension of a class concept. *Animal Learning and Behavior, 11*, 179–185.

Pepperberg, I. M. (1987). Evidence for conceptual quantitative abilities in the African parrot: Labeling of cardinal sets. *Ethology, 75*, 37–61.

Pepperberg, I. M. (1999). *The Alex studies: Cognitive and communicative abilities of Grey parrots*. Cambridge, MA: Harvard University Press.

Pepperberg, I. M., & Funk, M. S. (1990). Object permanence in four species of psittacine birds: An African Grey parrot (*Psittacus erithacus*), an Illiger mini macaw (*Ara maracana*), a parakeet (*Melopsittacus undulatus*), and a cockatiel (*Nymphicus hollandicus*). *Animal Learning and Behavior, 18*, 97–108.

Perrett, S. P., & Mauk, M. D. (1995). Extinction of conditioned eyelid responses requires the anterior lobe of cerebellar cortex. *Journal of Neuroscience, 15*, 2074–2080.

Perrins, R., & Weiss, K. R. (1996). A cerebral central pattern generation in Aplysia and its connections with buccal feeding circuitry. *Journal of Neuroscience, 16,* 7030–7045.

Peterson, G. B., Ackil, J. E., Frommer, G. P., & Hearst, E. S. (1972). Conditioned approach and contact behavior towards signals for food or brain-stimulation reinforcement. *Science, 177*, 1009–1011.

Peterson, L. R., & Peterson, M. J. (1959). Short-term retention of individual verbal items. *Journal of Experimental Psychology, 58*, 193–198.

Peterson, N. (1962). Effect of monochromatic rearing on the control of responding by wavelength. *Science, 136*, 774–775.

Petrinovich, L. F. (1999). *Darwinian dominion: Animal welfare and human interests.* Cambridge, MA: The MIT Press.
Pfautz, P. L., Donegan, N. H., & Wagner, A. R. (1978). Sensory preconditioning versus protection from habituation. *Journal of Experimental Psychology: Animal Behavior Processes, 4*, 286–295.
Phillips, D. P. (1982). The impact of fictional television stories on U.S. adult fatalities: New evidence on the effect of the mass media on violence. *American Journal of Sociology, 87*, 1340–1359.
Phillips, E. L. (1968). Achievement place: Token reinforcement procedures in a home-style rehabilitation setting for "pre-delinquent" boys. *Journal of Applied Behavior Analysis, 1*, 213–223.
Phillips, R. G., & LeDoux, J. E. (1992). Differential contribution of amygdala and hippocampus to cued and contextual fear conditioning. *Behavioral Neuroscience, 106*, 274–285.
Piaget, J. (1926). *The language and thought of the child* (M. Gabain, Trans.). London: Routledge & Kegan Paul.
Piaget, J. (1929). *The child's conception of the world.* New York: Harcourt, Brace.
Pitariu, H., Bostenaru, N., Lucaciu, L., & Oachis, A. (1984). The theory and practice of biorhythms are not confirmed. *Revista de Psichologie, 30*, 166–171.
Platt, J. (1973). Social traps. *American Psychologist, 28*, 641–651.
Platt, J. R. (1973). Percentile reinforcement: Paradigms for experimental analysis of response shaping. In G. H. Bower (Ed.), *The psychology of learning and motivation*: Vol 7. *Advances in theory and research.* New York: Academic Press.
Platt, J. R. (1979). Interresponse-time shaping by variable-interval-like interresponse-time reinforcement contingencies. *Journal of the Experimental Analysis of Behavior, 31*, 3–14.
Polka, L., & Werker, J. F. (1994). Developmental changes in perception of nonnative vowel contrasts. *Journal of Experimental Psychology: Human Perception and Performance, 20*, 421–435.
Popper, K. (1959). *The logic of scientific discovery.* New York: Harper.
Portier, S. J., Van Galen, G. P., & Meulenbroek, R. G. (1990). Practice and the dynamics of handwriting performance: Evidence for a shift of motor programming load. *Journal of Motor Behavior, 22*, 474–492.
Postman, L. (1947). The history and present status of the law of effect. *Psychological Review, 44*, 489–563.
Poulson, C. L., Kymissis, E., Reeve, K. F., Andreatos, M., & Reeve, L. (1991). Generalized vocal imitation in infants. *Journal of Experimental Child Psychology, 51*, 267–279.
Pouthas, V., Droit, S., Jacquet, A. Y., & Wearden, J. H. (1990). Temporal differentiation of response duration in children of different ages: Developmental changes in relations between verbal and nonverbal behavior. *Journal of the Experimental Analysis of Behavior, 53*, 21–31.
Powell, R. W. (1969). The effect of reinforcement magnitude upon responding under fixed-ratio schedules. *Journal of the Experimental Analysis of Behavior, 12*, 605–608.
Premack, D. (1959). Toward empirical behavioral laws: I. Positive reinforcement. *Psychological Review, 66*, 219–233.
Premack, D. (1963). Rate differential reinforcement in monkey manipulation. *Journal of the Experimental Analysis of Behavior, 6*, 81–89.
Premack, D. (1965). Reinforcement theory. In D. Levine (Ed.), *Nebraska symposium on motivation.* Lincoln: University of Nebraska Press.
Premack, D. (1971a). Catching up with common sense or two sides of a generalization: Reinforcement and punishment. In R. Glaser (Ed.), *The nature of reinforcement.* New York: Academic Press.
Premack, D. (1971b). Language in chimpanzee? *Science, 172*, 808–822.
Premack, D. (1983). The codes of man and beasts. *Behavioral and Brain Sciences, 6*, 125–167.
Premack, D. (1986). *Gavagai!* Cambridge, MA: MIT Press.
Premack, D. (1988). Minds with and without language. In L. Weiskrantz (Ed.), *Thought without language.* Oxford: Clarendon Press.
Pribram, K. H. (1966). Some dimensions of remembering: Steps toward a neuropsychological model of memory. In J. Gaito (Ed.), *Macromolecules and behavior.* New York: Appleton-Century-Crofts.

Prochaska, J., Smith, N., Marzilli, R., Colby, J., & Donovan, W. (1974). Remote-control aversive stimulation in the treatment of head-banging in a retarded child. *Journal of Behavior Therapy and Experimental Psychiatry, 5*, 285–289.
Provine, R. R. (1989). Faces as releasers of contagious yawning: An approach to face detection using normal human subjects. *Bulletin of the Psychonomic Society, 27*, 211–214.
Rachlin, H. (1966). Recovery of responses during mild punishment. *Journal of the Experimental Analysis of Behavior, 9*, 251–263.
Rachlin, H. (1969). Autoshaping of key pecking in pigeons with negative reinforcement. *Journal of the Experimental Analysis of Behavior, 12*, 521–531.
Rachlin, H. (1970). *Introduction to modern behaviorism*. San Francisco: W. H. Freeman & Company Publishers.
Rachlin, H. (1974). Self–control. *Behaviorism, 2*, 94–107.
Rachlin, H. (1978). A molar theory of reinforcement schedules. *Journal of the Experimental Analysis of Behavior, 30*, 345–360.
Rachlin, H. (1990). Why do people gamble and keep gambling despite heavy losses? *Psychological Science, 1*, 294–297.
Rachlin, H., & Green, L. (1972). Commitment, choice, and self-control. *Journal of the Experimental Analysis of Behavior, 17*, 15–22.
Rachlin, H., Green, L., Kagel, J. H., & Battalio, R. C. (1976). Economic demand theory and psychological studies of choice. In G. H. Bower (Ed.), *The psychology of learning and motivation, 10*, 129–154.
Rachlin, H., Raineri, A., & Cross, D. (1991). Subjective probability and delay. *Journal of the Experimental Analysis of Behavior, 55*, 233–244.
Rachman, S. (1977). The conditioning theory of fear-acquisition: A critical examination. *Brain Research and Therapy, 15*, 375–387.
Rachman, S. (1991). Neo-conditioning and the classical theory of fear acquisition. *Clinical Psychology Review, 11*, 155–173.
Rajigah, L. S. (1996). Treatment of choice for nocturnal enuresis: Review and recommendations. *Journal of Psychological Practice, 2*, 33–42.
Rashotte, M. E., Griffin, R. W., & Sisk, C. L. (1977). Second-order conditioning of the pigeon's keypeck. *Animal Learning and Behavior, 5*, 25–38.
Rauhut, A. S., McPhee, J., DiPietro, N. T., & Ayres, J. J. B. (2000). Conditioned inhibition training of the competing cue after compound conditioning does not reduce cue competition. *Animal Learning and Behavior, 28*, 92–108.
Razran, G. (1949). Semantic and phonetographic generalizations of salivary conditioning to verbal stimuli. *Journal of Experimental Psychology, 39*, 642–652.
Redmon, W. K., & Lockwood, K. (1986). The matching law and organizational behavior. *Journal of Organizational Behavior Manage-ment, 8*, 57–72.
Reese, E. S. (1963). The behavioral mechanisms underlying shell selection by hermit crabs. *Behaviour, 21*, 78–126.
Regan, T. (1983). *The case for animal rights*. Berkeley: University of California Press.
Reisel, W. D., & Kopelman, R. E. (1995). The effects of failure on subsequent group performance in a professional sports setting. *Journal of Psychology, 129*, 103–113.
Rescorla, R. A. (1966). Predictability and number of pairings in Pavlovian fear conditioning. *Psychonomic Science, 4*, 383–384.
Rescorla, R. A. (1968). Probability of shock in the presence and absence of CS in fear conditioning. *Journal of Comparative and Physiological Psychology, 66*, 1–5.
Rescorla, R. A. (1969). Pavlovian conditioned inhibition. *Psychological Bulletin, 72*, 77–94.
Rescorla, R. A. (1973). Second order conditioning: Implications for theories of learning. In F. J. McGuigan and D. B. Lumsden (Eds.), *Contemporary approaches to conditioning and learning*. New York: John Wiley.

Rescorla, R. A. (1982). Simultaneous second-order conditioning produces S-S learning in conditioned suppression. *Journal of Experimental Psychology: Animal Behavior Processes*, *8*, 23–32.

Rescorla, R. A. (1984). Associations between Pavlovian CSs and context. *Journal of Experimental Psychology: Animal Behavior Processes*, *10*, 195–204.

Rescorla, R. A. (1985). Inhibition and facilitation. In R. R. Miller & N. E. Spear (Eds.), *Information processing in animals: Conditioned inhibition*. Hillsdale, NJ: Erlbaum.

Rescorla, R. A. (1986). Two perceptual variables in within–event learning. *Animal Learning and Behavior*, *14*, 387–392.

Rescorla, R. A. (1998). Instrumental learning: Nature and persistence. In M. Sabourin, F. Craik, & R. Michele (Eds.), *Advances in psychological science,* Vol. 2: *Biological and cognitive aspects.* Hove, England: Psychology Press/
Erlbaum.

Rescorla, R. A. (1999). Partial reinforcement reduces the associative change produced by nonreinforcement. *Journal of Experimental Psychology: Animal Behavior Processes, 25,* 403–414.

Rescorla, R. A., & Cunningham, C. L. (1978). Within-compound flavor associations. *Journal of Experimental Psychology: Animal Behavior Processes*, *4*, 267–275.

Rescorla, R. A., Durlach, P. J., & Grau, J. W. (1985). Contextual learning in Pavlovian conditioning. In P. D. Balsam & A. Tomie (Eds.), *Context and learning*. Hillsdale, NJ: Erlbaum.

Rescorla, R. A., & LoLordo, V. M. (1965). Inhibition of avoidance behavior. *Journal of Comparative and Physiological Psychology, 59*, 406–412.

Rescorla, R. A., & Wagner, A. R. (1972). A theory of Pavlovian conditioning: Variations in the effectiveness of reinforcement and nonreinforcement. In A. H. Black and W. F. Prokasy (Eds.), *Classical conditioning II: Current research and theory.* New York: Appleton--Century-Crofts.

Revusky, S. H. (1977). Learning as a general process with an emphasis on data from feeding experiments. In N. W. Milgram, L. Krames, & T. M. Alloway, (Eds.), *Food aversion learning*. New York: Plenum.

Reynolds, G. S. (1961). An analysis of interactions in a multiple schedule. *Journal of the Experimental Analysis of Behavior*, *4*, 107–117.

Rice, M. L., Huston, A. C., Truglio, R., & Wright, J. (1990). Words from "Sesame Street": Learning vocabulary while viewing. *Developmental Psychology*, 26, 421–428.

Richards, C. S. (1981). Improving college students' study behaviors through self-control techniques: A brief review. *Behavioral Counseling Quarterly*, *1*, 159–175.

Richards, J. B. Sabol, K. E., & Seiden, L. S. (1993). DRL interresponse-time distributions: Quantification by peak deviation analysis. *Journal of the Experimental Analysis of Behavior*, *60*, 361–385.

Rider, R. A., & Abdulahad, D. T. (1991). Effects of massed versus distributed practice on gross and fine motor proficiency of educable mentally handicapped adolescents. *Perceptual and Motor Skills*, *73*, 219–224.

Rilling, M. (1977). Stimulus control and inhibitory processes. In W. K. Honig & J. E. R. Staddon (Eds.), *Handbook of operant behavior.* Englewood Cliffs, NJ: Prentice-Hall.

Rilling, M. E., & Neiworth, J. J. (1986). Comparative cognition: A general process approach. In D. F. Kendrick, M. E. Rilling, & M. R. Denny (Eds.), *Theories of animal memory.* Hillsdale, NJ: Erlbaum.

Rivera, D. M., & Smith, D. D. (1987). Influence of modeling on acquisition and generalization of computational skills: A summary of research findings from three sites. *Learning Disability Quarterly*, *10*, 69–80.

Robbins, S. J. (1990). Mechanisms underlying spontaneous recovery in autoshaping. *Journal of Experimental Psychology: Animal Behavior Processes*, *16*, 235–249.

Robert, M. (1990). Observational learning in fish, birds, and mammals: A classified bibliography spanning over 100 years of research. *Psychological Record*, *40*, 289–311.

Roberts, S. (1981). Isolation of an internal clock. *Journal of Experimental Psychology: Animal Behavior Processes*, 7, 242–268.

Roberts, S. (1982). Cross modal use of an internal clock. *Journal of Experimental Psychology: Animal Behavior Processes*, *8*, 2–22.

Roberts, S. (1983). Properties and function of an internal clock. In R. L. Mellgren (Ed.), *Animal cognition and behavior.* Amsterdam: North-Holland Publishing.

Roberts, W. A. (1998). *Principles of animal cognition.* Boston, MA: McGraw-Hill.

Roberts, W. A., Coughlin, R., & Roberts, S. (2000). Pigeons flexibly time or count on cue. *Psychological Science, 11,* 218–222.

Roberts, W. A., & Grant, D. S. (1978). An analysis of light-induced retroactive inhibition in pigeon short-term memory. *Journal of Experimental Psychology: Animal Behavior Processes, 4,* 219–236.

Roberts, W. A., Mazmanian, D. S., & Kraemer, P. J. (1984). Directed forgetting in monkeys. *Animal Learning and Behavior, 12,* 29–40.

Roberts, W. A., & Phelps, M. T. (1994). Transitive inference in rats: A test of the spatial coding hypothesis. *Psychological Science, 5,* 368–374.

Rodgers, W., & Rozin, P. (1966). Novel food preferences in thiamine-deficient rats. *Journal of Comparative and Physiological Psychology, 61,* 1–4.

Roitblat, H. L. (1980). Codes and coding processes in pigeon short–term memory. *Animal Learning and Behavior, 8,* 341–351.

Roitblat, H. L. (1987). *Introduction to comparative cognition.* New York: W. H. Freeman & Company Publishers.

Roitblat, H. L., Pologe, B., & Scopatz, R. A. (1983). The representation of items in serial position. *Animal Learning and Behavior, 11,* 489–498.

Roitblat, H. L., Scopatz, R. A., & Bever, T. G. (1987). The hierarchical representation of three-item sequences. *Animal Learning and Behavior, 15,* 179–192.

Roper, K. L., Kaiser, D. H., & Zentall, T. R. (1995). True directed forgetting in pigeons may occur only when alternative working memory is required on forget-cue trials. *Animal Learning and Behavior, 23,* 280–285.

Roper, K. L., & Zentall, T. R. (1993). Directed forgetting in animals. *Psychological Bulletin, 113,* 513–532.

Rosch, E. (1973). On the internal structure of perceptual and semantic categories. In T. E. Moore (Ed.), *Cognitive development and the acquisition of language.* New York: Academic Press.

Rosch, E. (1975). Cognitive representations of semantic categories. *Journal of Experimental Psychology: General, 104,* 192–233.

Rosch, E. (1977). Human categorization. In N. Warren (Ed.), *Advances in cross-cultural psychology* (Vol. 1). London: Academic Press.

Rosellini, R. A., Warren, D. A., & DeCola, J. P. (1987). Predictability and controllability: Differential effects upon contextual fear. *Learning and Motivation, 18,* 392–420.

Rosen, B., & D'Andrade, R. (1959). The psychosocial origins of achievement motivation. *Sociometry, 22,* 185–218.

Rosenthal, R. (1966). *Experimenter effects in -behavioral research.* New York: Appleton-Century-Crofts.

Rosenthal, T. L., & Zimmerman, B. J. (1972). Modeling by exemplification and instruction in training conservation. *Developmental Psychology, 6,* 392–401.

Rosenthal, T. L., & Zimmerman, B. J. (1978). *Social learning and cognition.* New York: Academic Press.

Rosenzweig, M. R. (1966). Environmental complexity, cerebral change, and behavior. *American Psychologist, 21,* 321–332.

Rosenzweig, M. R. (1984). Experience and the brain. *American Psychologist, 39,* 365–376.

Rosenzweig, M. R., Mollgaard, K., Diamond, M. C., & Bennet, T. E. L. (1972). Negative as well as positive synaptic changes may store memory. *Psychological Review, 79,* 93–96.

Ross, J. A. (1974). The use of contingency contracting in controlling adult nailbiting. *Journal of Behavior Therapy and Experimental Psychiatry, 5,* 105–106.

Ross, R. T., & Holland, P. C. (1981). Conditioning of simultaneous and serial feature-positive discriminations. *Animal Learning and Behavior, 9,* 293–303.

Rowland, W. J. (1989). Mate choice and the supernormality effect in female sticklebacks (*Gasterosteus aculeatus*). *Behavioral Ecology and Sociobiology, 24*, 433–438.

Rozin, P., & Kalat, J. W. (1971). Specific hungers and poison avoidance as adaptive specializations of learning. *Psychological Review, 78*, 459–486.

Rozin, P., Reff, D., Mack, M., & Schull, J. (1984). Conditioned opponent responses in human tolerance to caffeine. *Bulletin of the Psychonomic Society, 22*, 117–120.

Rudolph, R. L., Honig, W. K., & Gerry, J. E. (1969). Effects of monochromatic rearing on the acquisition of stimulus control. *Journal of Comparative and Physiological Psychology, 67*, 50–57.

Rumbaugh, D. M. (Ed.). (1977). *Language learning by a chimpanzee: The Lana project*. New York: Academic Press.

Rumbaugh, D. M., Savage-Rumbaugh, E. S., & Sevcik, R. A. (1994). Biobehavioral roots of language: A comparative perspective of chimpanzee, child, and culture. In R. W. Wrangham, W. C. McGrew, F. B. M. de Waal, & P. G. Heltne (Eds.), *Chimpanzee cultures*. Cambridge, MA: Harvard University Press.

Runyon, R. P., Coleman, K. A., & Pittenger, D. J. (2000). *Fundamentals of behavioral statistics* (9th edition). New York: McGraw-Hill.

Rushford, N. B., Burnett, A., & Maynard, R. (1963). Behavior in Hydra: Contraction responses of *Hydra pirardi* to mechanical and light stimuli. *Science, 139*, 760–761.

Rusiniak, K. W., Hankins, W. G., Garcia, J., & Brett, C. P. (1979). Flavor-illness aversions: Potentiation of odor by taste in rats. *Behavioral and Neural Biology, 25*, 1–17.

Russek, M., & Pina, S. (1962). Conditioning of adrenalin anorexia. *Nature, 193*, 1296–1297.

Russon, A. E., & Galdikas, B. M. F. (1995). Constraints on great apes' imitation: Model and action selectivity in rehabilitant orangutan (*Pongo pygmaeus*) imitation. *Journal of Comparative Psychology, 109*, 5–17.

Russon, A. E., & Waite, B. E. (1991). Patterns of dominance and imitation in an infant peer group. *Ethology and Sociobiology, 12*, 55–73.

Sachs, D. A., & Mayhall, B. (1971). Behavioral control of spasms using aversive conditioning with a cerebral palsied adult. *Journal of Nervous and Mental Disorders, 152*, 362–363.

Sahoo, F. M., & Tripathy, S. (1990). Learned helplessness in industrial employees: A study on noncontingency, satisfaction and motivational deficits. *Psychological Studies, 35*, 79–87.

Sakagami, T., Hursh, S. R., Christensen, J., & Silberberg, A. (1989). Income maximizing in concurrent interval-ratio schedules. *Journal of the Experimental Analysis of Behavior, 52*, 41–46.

Salmoni, A. W., Schmidt, R. A., & Walter, C. B. (1984). Knowledge of results and motor learning: A review and critical reappraisal. *Psychological Bulletin, 95*, 355–386.

Savage, T. (1998). Shaping: The link between rats and robots. *Connection Science: Journal of Neural Computing, Artificial Intelligence and Cognitive Research, 10*, 321–340.

Savage-Rumbaugh, E. S. (1984). Acquisition of functional symbol usage in apes and children. In H. L. Roitblat, T. G. Bever, & H. S. Terrace (Eds.), *Animal cognition*. Hillsdale, NJ: Erlbaum.

Savage-Rumbaugh, S., McDonald, K., Sevcik, R. A., Hopkins, W. D., & Rubert, E. (1986). Spontaneous symbol acquisition and communicative use by pygmy chimpanzees (*Pan paniscus*). *Journal of Experimental Psychology: General, 115*, 211–235.

Savastano, H. I., & Fantino, E. (1994). Human choice in concurrent ratio-interval schedules of reinforcement. *Journal of the Experimental Analysis of Behavior, 61*, 453–463.

Schaefer, H. H., & Martin, P. L. (1966). Behavioral therapy for "apathy" of schizophrenics. *Psychological Reports, 19*, 1147–1158.

Schell, A. M., Dawson, M. E., & Marinkovic, K. (1991). Effects of potentially phobic conditioned stimuli on retention, reconditioning, and extinction of the conditioned skin conductance response. *Psychophysiology, 28*, 140–153.

Schlosberg, H. (1928). A study of the conditioned patellar reflex. *Journal of Experimental Psychology, 11*, 468–494.

Schlosberg, H. (1937). The relationship between success and the laws of conditioning. *Psychological Review, 44*, 379–394.

Schlosberg, H., & Katz, A. (1943). Double alternation lever–pressing in the white rat. *American Journal of Psychology, 56*, 274–282.

Schmidt, R. A. (1975). A schema theory of discrete motor skill learning. *Psychological Review, 82*, 225–260.

Schmidt, R. A. (1988). *Motor control and learning: A behavioral emphasis* (2nd ed.). Champagne, IL: Human Kinetics Publishers.

Schmidt, R. A., & Wulf, G. (1997). Continuous concurrent feedback degrades skill learning: Implications for training and simulation. *Human Factors, 39*, 509–525.

Schmidt, R. A., & Young, D. E. (1991). Methodology for motor learning: A paradigm for kinematic feedback. *Journal of Motor Behavior, 23*, 13–24.

Schmidt, R. A., Young, D. E., Swinnen, S., & Shapiro, D. C. (1989). Summary knowledge of results for skill acquisition: Support for the guidance hypothesis. *Journal of Experimental Psychology: Learning, Memory, and Cognition, 15*, 352–359.

Schneider, J. W. (1973). Reinforcer effectiveness as a function of reinforcer rate and magnitude: A comparison of concurrent performances. *Journal of the Experimental Analysis of Behavior, 20*, 461–471.

Schneiderman, N. (1966). Interstimulus interval function of the nictitating membrane response of the rabbit under delay versus trace conditioning. *Journal of Comparative and Physiological Psychology, 62*, 397–402.

Schneiderman, N., McCabe, P. M., Haselton, J. R., Ellenberger, H. H., Jarrell, T. W., & Gentile, C. G. (1987). Neurobiological bases of conditioned bradycardia in rabbits. In I. Gormezano, W. F. Prokasy, & R. F. Thompson (Eds.), *Classical conditioning* (3rd ed.). Hillsdale, NJ: Erlbaum.

Schneirla, T. C. (1933). Some important features of ant learning. *Zeitschrift für Vergleichenden Physiologie, 19*, 439–452.

Schoener, T. W. (1971). Theory of feeding strategies. *Annual Review of Ecology and Systematics, 2*, 27–39.

Schoenfeld, W. N. (1950). An experimental approach to anxiety, escape, and avoidance behavior. In P. H. Hoch & J. Zubin (Eds.), *Anxiety*. New York: Grune and Stratton.

Schrier, A. M., & Brady, P. M. (1987). Categorization of natural stimuli by monkeys (*Macaca mulatta*): Effects of stimulus set size and modification of exemplars. *Journal of Experimental Psychology: Animal Behavior Processes, 13*, 136–143.

Schull, J. (1979). A conditioned opponent theory of Pavlovian conditioning and habituation. In G. H. Bower (Ed.), *The psychology of learning and motivation* (Vol. 13). New York: Academic Press.

Schuster, R., & Rachlin, H. (1968). Indifference between punishment and free shock: Evidence for the negative law of effect. *Journal of the Experimental Analysis of Behavior, 11*, 777–786.

Schusterman, R. J., & Krieger, K. (1984). California sea lions are capable of semantic comprehension. *Psychological Record, 34*, 3–23.

Schwartz, M. S. (1995). *Biofeedback: A practitioner's guide* (2nd edition). New York: Guilford Press.

Schwartz, S. P., Taylor, A. E., Scharff, L., & Blanchard, E. B. (1990). Behaviorally treated irritable bowel syndrome patients: A four-year follow-up. *Behavioral Research and Therapy, 28*, 331–335.

Schweitzer, J. B., & Sulzer-Azaroff, B. (1988). Self-control: Teaching tolerance for delay in impulsive children. *Journal of the Experimental Analysis of Behavior, 50*, 173–186.

Sears, R. R., Maccoby, E. E., & Levin, H. (1957). *Patterns of child rearing*. New York: Harper.

Seligman, M. E. P. (1970). On the generality of the laws of learning. *Psychological Review, 77*, 406–418.

Seligman, M. E. P. (1975). *Helplessness: On depression, development, and death.* San Francisco: W. H. Freeman & Company Publishers.

Seligman, M. E. P., & Campbell, B. A. (1965). Effects of intensity and duration of punishment on extinction of an avoidance response. *Journal of Comparative and Physiological Psychology, 59*, 295–297.

Seligman, M. E. P., & Hager, J. L. (1972). *Biological boundaries of learning*. New York: Appleton-Century-Crofts.

Seligman, M. E. P., & Johnston, J. C. (1973). A cognitive theory of avoidance learning. In F. J. McGuigan and D. B. Lumsden (Eds.), *Contemporary approaches to conditioning and learning*. Washington, DC: Winston-Wiley.

Shaffer, L. H. (1978). Timing in the motor programming of typing. *Quarterly Journal of Experimental Psychology, 30*, 333–345.

Shah, K., Bradshaw, C. M., & Szabadi, E. (1989). Performance of humans in concurrent variable-ratio variable-ratio schedules of monetary reinforcement. *Psychological Reports, 65*, 515–520.

Shapiro, D. C., & Schmidt, R. A. (1982). The schema theory: Recent evidence and developmental implications. In J. A. S. Kelso and J. E. Clark (Eds.), *The development of movement control and coordination*. New York: John Wiley.

Shea, C. H., Wright, D. L., Wulf, G., & Whitacre, C. (2000). Physical and observational practice afford unique learning opportunities. *Journal of Motor Behavior, 32*, 27–36.

Shea, C. H., Wulf, G., & Whitacre, C. (1999). Enhancing training efficiency and effectiveness through the use of dyad training. *Journal of Motor Behavior, 31*, 119–125.

Sheffield, F. D. (1948). Avoidance training and the contiguity principle. *Journal of Comparative and Physiological Psychology, 41*, 165–177.

Sheffield, F. D., Wulff, J. J., & Backer, R. (1951). Reward value of copulation without sex drive reduction. *Journal of Comparative and Physiological Psychology, 44*, 3–8.

Shepard, R. N. (1967). Recognition memory for words, sentences, and pictures. *Journal of Verbal Learning and Verbal Behavior, 6*, 156–163.

Sherman, R. A. (1991). Aversives, fundamental rights, and the courts. *The Behavior Analyst, 14*, 197–206.

Sherry, D. (1984). Food storage by black-capped chickadees: Memory for the location and contents of caches. *Animal Behaviour, 32*, 451–464.

Shettleworth, S. J. (1983). Function and mechanism in learning. In M. D. Zeiler & P. Harzem (Eds.), *Advances in analysis of behavior*: (Vol. 3). *Biological factors in learning*. New York: John Wiley.

Shettleworth, S. J., & Krebs, J. R. (1982). How marsh tits find their hoards: The role of site preference and spatial memory. *Journal of Experimental Psychology: Animal Behavior Processes, 8*, 354–375.

Shettleworth, S. J., & Krebs, J. R. (1986). Stored and encountered seeds: A comparison of two spatial memory tasks in marsh tits and chickadees. *Journal of Experimental Psychology: Animal Behavior Processes, 12*, 248–257.

Shimp, C. P. (1966). Probabilistically reinforced choice behavior in pigeons. *Journal of the Experimental Analysis of Behavior, 9*, 443–455.

Shimp, C. P. (1968). Magnitude and frequency of reinforcement and frequencies of interresponse times. *Journal of the Experimental Analysis of Behavior, 11*, 525–535.

Shimp, C. P. (1969). Optimal behavior in free-operant experiments. *Psychological Review, 76*, 97–112.

Shimp, C. P. (1973). Synthetic variable-interval schedules of reinforcement. *Journal of the Experimental Analysis of Behavior, 19*, 311–330.

Sidman, M. (1953). Two temporal parameters of the maintenance of avoidance behavior by the white rat. *Journal of Comparative and Physiological Psychology, 46*, 253–261.

Sidman, M., Rauzin, R., Lazar, R., Cunningham, S., Tailby, W., & Carrigan, P. (1982). A search for symmetry in the conditional discriminations of rhesus monkeys, baboons and children. *Journal of the Experimental Analysis of Behavior, 43*, 21–42.

Sidman, M., & Tailby, W. (1982). Conditional discrimination versus matching to sample: An extension of the testing paradigm. *Journal of the Experimental Analysis of Behavior, 37*, 5–22.

Siegel, S. (1975). Evidence from rats that morphine tolerance is a learned response. *Journal of Comparative and Physiological Psychology, 89*, 498–506.

Siegel, S. (1982). Pharmacological habituation and learning. In M. L. Commons, R. J. Herrnstein, & A. R. Wagner (Eds.), *Quantitative analyses of behavior*: (Vol. 3). *Acquisition*. Cambridge, MA: Ballinger.

Siegel, S. (1999). Drug anticipation and drug addiction: The 1998 H. David Archibald lecture. *Addiction, 94*, 1113–1124.
Siegel, S., & Domjan, M. (1971). Backward conditioning as an inhibitory procedure. *Learning and Motivation*, *2*, 1–11.
Siegel, S., Hinson, R. E., Krank, M. D., & McCully, J. (1982). Heroin "overdose" death: The contribution of drug-associated environmental cues. *Science*, *216*, 436–437.
Siegel S., Sherman, J. E., & Mitchell, D. (1980). Extinction of morphine analgesic tolerance. *Learning and Motivation*, *11*, 289–301.
Silberberg, A., Bauman, R., & Hursh, S. (1993). Stock optimizing: Maximizing reinforcers per session on a variable-interval schedule. *Journal of the Experimental Analysis of Behavior*, *59*, 389–399.
Silberberg, A., Hamilton, B., Ziriax, J. M., & Casey, J. (1978). The structure of choice. *Journal of Experimental Psychology: Animal Behavior Processes*, *4*, 368–398.
Silberberg, A., Thomas, J. R., & Berendzen, N. (1991). Human choice on concurrent variable-interval, variable-ratio schedules. *Journal of the Experimental Analysis of Behavior*, *56*, 575–584.
Silberberg, A., Warren-Boulton, F. R., & Asano, T. (1988). Maximizing present value: A model to explain why moderate response rates obtain on variable-interval schedules. *Journal of the Experimental Analysis of Behavior*, *49*, 331–338.
Silva, K. M., & Timberlake, W. (1997). A behavior systems view of conditioned states during long and short CS-US intervals. *Learning and Motivation, 28,* 465–490.
Silva, K. M., & Timberlake, W. (2000). A clarification of the nature of backward excitatory conditioning. *Learning and Motivation, 31,* 67–80.
Silverman, I. W., & Ragusa, D. M. (1990). Child and maternal correlates of impulse control in 24-month-old children. *Genetic, Social, and General Psychology Monographs*, *116*, 435–473.
Sisson, L. A., Hersen, M., & Van Hasselt, V. B. (1993). Improving the performance of youth with dual sensory impairment: Analyses and social validation of procedures to reduce maladaptive responding in vocational and leisure settings. *Behavior Therapy*, *24*, 553–571.
Siuciak, J. A., Lewis, D. R., Wiegand, S. J., & Lindsay, R. M. (1997). Antidepressant-like effect of brain-derived neurotrophic factor (BDNF). *Pharmacology, Biochemistry, and Behavior, 56,* 131-137.
Skinner, B. F. (1935). The generic nature of the concepts of stimulus and response. *Journal of General Psychology*, *12*, 40–65.
Skinner, B. F. (1938). *The behavior of organisms*. New York: Appleton-Century-Crofts.
Skinner, B. F. (1948). "Superstition" in the pigeon. *Journal of Experimental Psychology*, *38*, 168–172.
Skinner, B. F. (1950). Are theories of learning necessary? *Psychological Review*, *57*, 193–216.
Skinner, B. F. (1953). *Science and human behavior*. New York: Macmillan.
Skinner, B. F. (1956a). What is psychotic behavior? In F. Gildea (Ed.), *Theory and treatment of the psychoses: Some newer aspects*. St. Louis, MO: Washington University Press.
Skinner, B. F. (1956b). A case history in scientific method. *American Psychologist*, *11*, 221–233.
Skinner, B. F. (1966). The phylogeny and ontogeny of behavior. *Science*, *11*, 159–166.
Skinner, B. F. (1969). *Contingencies of reinforcement: A theoretical analysis*. Englewood Cliffs, NJ: Prentice Hall.
Skinner, B. F. (1977). Herrnstein and the evolution of behaviorism. *American Psychologist*, *32*, 1006–1012.
Skinner, B. F. (1985). Cognitive science and behaviourism. *British Journal of Psychology*, *76*, 291–301.
Smith, E. E. (2000). Neural bases of human working memory. *Current Directions in Psychological Science, 9*, 45–49.
Smith, J. E., & Levis, D. J. (1991). Is fear present following sustained asymptotic avoidance responding? *Behavioural Processes*, *24*, 37–47.
Smith, J. W., & Frawley, P. J. (1990). Long-term abstinence from alcohol in patients receiving aversion therapy as part of a multimodal inpatient program. *Journal of Substance Abuse Treatment*, *7*, 77–82.
Smith, K. (1954). Conditioning as an artifact. *Psychological Review*, *61*, 217–225.
Smith, K. U. (1962). *Delayed sensory feedback and behavior*. Philadelphia: Saunders.

Smith, M. C., & Gormezano, I. (1965). Conditioning of the nictitating membrane response of the rabbit as a function of backward, simultaneous and forward CS–UCS intervals. Paper presented at the meeting of the Psychonomic Society, Chicago.

Smith, O. A., Astley, C. A., DeVito, J. L., Stein, J. M., & Walsh, K. E. (1980). Functional analysis of hypothalamic control of the cardiovascular responses accompanying emotional behavior. *Federation Proceedings, 39*, 2487–2494.

Smith, R. G., Russo, L., & Le, D. D. (1999). Distinguishing between extinction and punishment effects of response blocking: A replication. *Journal of Applied Behavior Analysis, 32,* 367-370.

Solomon, K. (1990). Learned helplessness in the elderly: Theoretic and clinical considerations. *Occupational Therapy in Mental Health, 10*, 31–51.

Solomon, P. R. (1977). Role of the hippocampus in blocking and conditioned inhibition of the rabbit's nictitating membrane response. *Journal of Comparative and Physiological Psychology, 91*, 407–417.

Solomon, P. R., Blanchard, S., Levine, E., Vel-azquez, E., & Groccia-Ellison, M. (1991). Attenuation of age-related conditioning deficits in humans by extension of the interstimulus interval. *Psychology and Aging, 6*, 36–42.

Solomon, R. L. (1980). The opponent process theory of acquired motivation. *American Psychologist, 35*, 691–712.

Solomon, R. L., & Corbit, J. D. (1974). An opponent-process theory of motivation: I. Temporal dynamics of affect. *Psychological Review, 81*, 119–145.

Solomon, R. L., Kamin, L. J., & Wynne, L. C. (1953). Traumatic avoidance learning: The outcomes of several extinction procedures with dogs. *Journal of Abnormal and Social Psychology, 48*, 291–302.

Solomon, R. L., & Wynne, L. C. (1953). Traumatic avoidance learning: Acquisition in normal dogs. *Psychological Monographs, 67*, 354.

Solomon, R. L., & Wynne, L. C. (1954). Traumatic avoidance learning: The principles of anxiety conservation and partial irreversibility. *Psychological Review, 61*, 353–385.

Soltysik, S. (1960). Studies on the avoidance conditioning: II. Differentiation and extinction of avoidance responses. *Acta Biologiae Experimentalis, 20*, 171–182.

Solvason, H. B., Ghanata, V., & Hiramoto, R. H. (1988). Conditioned augmentation of natural killer cell activity: Independence from nociceptive effects and dependence on interferon-B. *Journal of Immunology, 140*, 661–665.

Sparrow, W. A., & Summers, J. J. (1992). Performance on trials without knowledge of results (KR) in reduced relative frequency presentations of KR. *Journal of Motor Behavior, 24*, 197–209.

Spear, N. E. (1971). Forgetting as retrieval failure. In W. K. Honig & P. H. R. James (Eds.), *Animal memory.* New York: Academic Press.

Spence, K. W. (1937). The differential response in animals to stimuli varying within a single dimension. *Psychological Review, 44*, 430–444.

Spetch, M. L. (1995). Overshadowing in landmark learning: Touch-screen studies with pigeons and humans. *Journal of Experimental Psychology: Animal Behavior Processes, 21*, 166–181.

Spetch, M. L., & Cheng, K. (1998). A step function in pigeons' temporal generalization in the peak shift task. *Animal Learning and Behavior, 26,* 103–118.

Spinelli, D. H., Jensen, F. E., & DiPrisco, G. V. (1980). Early experience effect on dendritic branching in normally reared kittens. *Experimental Neurology, 62*, 1–11.

Staddon, J. E. R., & Simmelhag, V. L. (1971). The "superstition" experiment: A reexamination of its implications for the principles of adaptive behavior. *Psychological Review, 78*, 3–43.

Starr, M. D., & Mineka, S. (1977). Determinants of fear over the cause of avoidance learning. *Learning and Motivation, 8*, 332–350.

Stasiewicz, P. R., & Maisto, S. A. (1993). Two-factor theory: The role of negative affect in the maintenance of substance use and substance use disorder. *Behavior Therapy, 24*, 337–356.

Staub, E. (1968). Duration of stimulus-exposure as determinant of the efficacy of flooding procedures in the elimination of fear. *Behavior Research and Therapy, 6*, 131–132.

Stefan, K., Kunesch, E., Cohen, L. G., Benecke, R., & Classen, J. (2000). Induction of plasticity in the human motor cortex by paired associative stimulation. *Brain, 123,* 572–584.

Steinmetz, J. E. (1999). A renewed interest in human classical eyeblink conditioning. *Psychological Science, 10,* 24–25.

Stempowski, N. K., Carman, H. M., & Fountain, S. B. (1999). Temporal phrasing and overshadowing in rat serial-pattern learning. *Learning and Motivation, 30,* 74–100.

Stuart, R. B. (1967). Behavioral control over eating. *Behavior Research and Therapy, 5,* 357–365.

Stuart, R. B. (1971). A three-dimensional program for the treatment of obesity. *Behaviour Research and Therapy, 9,* 177–186.

Stubbs, A. (1968). The discrimination of stimulus duration by pigeons. *Journal of the Experimental Analysis of Behavior, 11,* 223–238.

Sturges, J. W., & Sturges, L. V. (1998). In vivo systematic desensitization in a single-session treatment of an 11-year-old girl's elevator phobia. *Child & Family Behavior Therapy, 20,* 55–62.

Sulzer-Azaroff, B., Loafman, B., Merante, R. J., & Hlavacek, A. C. (1990). Improving occupational safety in a large industrial plant: A systematic replication. *Journal of Organizational Behavior Management, 11,* 99–120.

Summers, J. J. (1981). Motor programs. In D. Holding (Ed.), *Human skills.* New York: John Wiley.

Swain, J. C., & McLaughlin, T. F. (1998). The effects of bonus contingencies in a classwide token program on math accuracy with middle-school students with behavioral disorders. *Behavioral Interventions, 13,* 11–19.

Swan, J. A., & Pearce, J. M. (1987). The influence of predictive accuracy on serial autoshaping: Evidence of orienting responses. *Journal of Experimental Psychology: Animal Behavior Processes, 13,* 407–417.

Swinnen, S. P. (1990). Interpolated activities during the knowledge-of-results delay and post-knowledge-of-results interval: Effects on performance and learning. *Journal of Experimental Psychology: Learning, Memory, and Cognition, 16,* 692–705.

Swinnen, S. P., Schmidt, R. A., Nicholson, D. E., & Shapiro, D. C. (1990). Information feedback for skill acquisition: Instantaneous knowledge of results degrades learning. *Journal of Experimental Psychology: Learning, Memory, and Cognition, 16,* 706–716.

Tait, R. W., & Saladin, M. E. (1986). Concurrent development of excitatory and inhibitory associations during backward conditioning. *Animal Learning and Behavior, 14,* 133–137.

Taub, E., & Berman, A. J. (1968). Movement and learning in the absence of sensory feedback. In S. J. Freedman (Ed.), *The neuro-psychology of spatially oriented behavior.* Homewood, IL: Dorsey Press.

Taylor, B. A., & Harris, S. L. (1995). Teaching children with autism to seek information: Acquisition of novel information and generalization of responding. *Journal of Applied Behavior Analysis, 28,* 3–14.

Taylor, I., & O'Reilly, M. F. (2000). Generalization of supermarket shopping skills for individuals with mild intellectual disabilities using stimulus equivalence training. *Psychological Record, 50,* 49–62.

Terhune, J. G., & Premack, D. (1970). On the proportionality between the probability of not-running and the punishment effect of being forced to run. *Learning and Motivation, 1,* 141–147.

Terrace, H. S. (1963). Errorless transfer of a discrimination across two continua. *Journal of the Experimental Analysis of Behavior, 6,* 223–232.

Terrace, H. S. (1966). Stimulus control. In W. K. Honig (Ed.), *Operant conditioning: Areas of research and application.* Englewood Cliffs, NJ: Prentice Hall.

Terrace, H. S. (1972). By-products of discrimination learning. In G. H. Bower (Ed.), *The psychology of learning and motivation* (Vol. 5). New York: Academic Press.

Terrace, H. S. (1979). *Nim.* New York: Knopf.

Terrace, H. S. (1985). On the nature of animal thinking. *Neuroscience & Biobehavioral Reviews, 9,* 643–652.

Terrace, H. S. (1991). Chunking during serial learning by a pigeon: I. Basic evidence. *Journal of Experimental Psychology: Animal Behavior Processes,* 17, 81–93.

Terrace, H. S., & Chen, S. (1991). Chunking during serial learning by a pigeon: II. Integrity of a chunk on a new list. *Journal of Experimental Psychology: Animal Behavior Processes, 17*, 94–106.

Terrace, H. S., Petitto, L. A., Sanders, R. J., & Bever, T. G. (1979). Can an ape create a sentence? *Science, 206*, 891–902.

Terry, W. S., & Wagner, A. R. (1975). Short-term memory for "surprising" versus "expected" unconditioned stimuli in Pavlovian conditioning. *Journal of Experimental Psychology: Animal Behavior Processes, 1*, 122–133.

Thomas, D. R. (1981). Studies of long-term memory in the pigeon. In N. E. Spear & R. R. Miller (Eds.), *Information processing in animals: Memory mechanisms*. Hillsdale, NJ: Erlbaum.

Thomas, D. R. (1993). A model for adaptation-level effects on stimulus generalization. *Psychological Review, 100*, 658–673.

Thomas, D. R., & Lopez, L. J. (1962). The effect of delayed testing on generalization slope. *Journal of Comparative and Physiological Psychology, 44*, 541–544.

Thomas, D. R., Mood, K., Morrison, S., & Wiertelak, E. (1991). Peak shift revisited: A test of alternative interpretations. *Journal of Experimental Psychology: Animal Behavior Processes, 17*, 130–140.

Thompson, R. F. (1986). The neurobiology of learning and memory. *Science, 233*, 941–947.

Thompson, R. F. (1991). Are memory traces localized or distributed? *Neuropsychologia, 29*, 571–582.

Thompson, R. F., Donegan, N. H., & Lavond, D. G. (1988). The psychobiology of learning and memory. In R. C. Atkinson, R. J. Herrnstein, G. Lindzey, & R. D. Luce, (Eds.), *Stevens' handbook of experimental psychology* (2nd ed.): (Vol. 2). *Learning and cognition*. New York: John Wiley.

Thompson, R. F., & Krupa, D. J. (1994). Organization of memory traces in the mammalian brain. *Annual Review of Neuroscience, 17*, 519–549.

Thompson, R. F., McCormick, D. A., & Lavond, D. G. (1986). Localization of the essential memory-trace system for a basic form of associative learning in the mammalian brain. In S. H. Hulse & B. F. Green, Jr., (Eds.), *One hundred years of psychological research in America*. Baltimore: Johns Hopkins University Press.

Thompson, R. F., & Spencer, W. A. (1966). Habituation: A model phenomenon for the study of neuronal substrates of behavior. *Psychological Review, 73*, 16–43.

Thompson, R. K. R., Oden, D. L., & Boysen, S. T. (1997). Language-naive chimpanzees (*Pan torglodytes*) judge relations between relations in a conceptual matching-to-sample task. *Journal of Experimental Psychology: Animal Behavior Processes, 23*, 31–43.

Thorndike, E. L. (1898). Animal intelligence: An experimental study of the associative processes in animals. *Psychological Review Monograph Supplement, 2*, 8.

Thorndike, E. L. (1911). *Animal intelligence*. New York: Macmillan.

Thorndike, E. L. (1927). The law of effect. *American Journal of Psychology, 39*, 212–222.

Thorndike, E. L. (1946). Expectation. *Psychological Review, 53*, 277–281.

Thorne, B. M., & Giesen, J. M. (2000). *Statistics for the behavioral sciences* (3rd edition). Mountain View, CA: Mayfield Publishing.

Thorpe, W. H. (1963). *Learning and instinct in animals* (2nd ed.). London: Methuen.

Thurstone, L. L. (1919). The learning curve equation. *Psychological Monographs, 26*, 114.

Timberlake, W. (1983). Rats' responses to a moving object related to food or water: A behavior-systems analysis. *Animal Learning and Behavior, 11*, 309–320.

Timberlake, W. (1993). Behavior systems and reinforcement: An integrative approach. *Journal of the Experimental Analysis of Behavior, 60*, 105–128.

Timberlake, W., & Allison, J. (1974). Response deprivation: An empirical approach to instrumental performance. *Psychological Review, 81*, 146–164.

Timberlake, W., & Farmer-Dougan, V. A. (1991). Reinforcement in applied settings: Figuring out ahead of time what will work. *Psychological Bulletin, 110*, 379–391.

Timberlake, W., & Grant, D. L. (1975). Auto-shaping in rats to the presentation of another rat predicting food. *Science, 190*, 690–692.

Timberlake, W., & Lucas, G. A. (1985). The basis of superstitious behavior: Chance contingency, stimulus substitution, or appetitive behavior. *Journal of the Experimental Analysis of Behavior, 44*, 279–299.

Timberlake, W., & Lucas, G. A. (1989). Behavior systems and learning: From misbehavior to general principles. In S. B. Klein & R. R. Mowrer (Eds.), *Contemporary learning theories: Instrumental conditioning theories and the impact of biological constraints on learning*. Hillsdale, NJ: Erlbaum.

Timmann, D., and others. (1998). Involvement of the human cerebellum during habituation of the acoustic startle response: A PET study. *Journal of Neurology, Neurosurgery & Psychiatry, 65*, 771–773.

Tinbergen, N. (1951). *The study of instinct*. Oxford: Oxford University Press.

Tinbergen, N., & Perdeck, A. C. (1950). On the stimulus situation releasing the begging response in the newly hatched herring gull chick (*Larus argentatus argentatus Pont*). *Behaviour, 3*, 1–39.

Tinklepaugh, O. L. (1928). An experimental study of representative factors in monkeys. *Journal of Comparative Psychology, 8*, 197–236.

Todrank, J., Byrnes, D., Wrzesniewski, A., & Rozin, P. (1995). Odors can change preferences for people in photographs: A cross-modal evaluative conditioning study with olfactory USs and visual CSs. *Learning and Motivation, 26*, 116–140.

Tolman, E. C. (1932). *Purposive behavior in animals and men*. New York: Appleton-Century-Crofts.

Tolman, E. C. (1951). *Collected papers in psychology*. Berkeley: University of California Press.

Tolman, E. C. (1959). Principles of purposive behavior. In S. Koch (Ed.), *Psychology: A study of a science* (Vol. 2). New York: McGraw-Hill.

Tolman, E. C., & Honzik, C. H. (1930). Introduction and removal of reward, and maze performance in rats. *University of California Publications in Psychology, 4*, 257–275.

Tomie, A., Brooks, W., & Zito, B. (1989). Sign-tracking: The search for reward. In S. B. Klein & R. R. Mowrer (Eds.), *Contemporary learning theories: Pavlovian conditioning and the status of traditional learning theory*. Hillsdale, NJ: -Erlbaum.

Towe, A. L. (1954). A study of figural equivalence in the pigeon. *Journal of Comparative and Physiological Psychology, 47*, 283–287.

Tracy, W. K. (1970). Wavelength generalization and preference in monochromatically reared ducklings. *Journal of the Experimental Analysis of Behavior, 13*, 163–178.

Trapold, M. A., & Spence, K. W. (1960). Performance changes in eyelid conditioning as related to the motivational and reinforcing properties of the UCS. *Journal of Experimental Psychology, 59*, 209–213.

Trinkaus, J. W., & Booke, A. L. (1982). Biorhythms: Another look. *Psychological Reports, 50*, 396–398.

Trowbridge, M. H., & Cason, H. (1932). An experimental test of Thorndike's theory of learning. *Journal of General Psychology, 7*, 245–260.

Turner, E. R. A. (1964). Social feeding in birds. *Behaviour, 24*, 1–46.

Turney, T. H. (1982). The association of visual concepts and imitative vocalization in the mynah (*Gracula religiosa*). *Bulletin of the Psychonomic Society, 19*, 59–62.

Tzetzis, G., Kioumourtzoglou, E., & Mavromatis, G. (1997). Goal setting and feedback for the development of instructional strategies. *Perceptual and Motor Skills, 84*, 1411–1427.

Ulrich, R., Giray, M., & Schaffer, R. (1990). Is it possible to prepare the second component of a movement before the first one? *Journal of Motor Behavior, 22*, 125–148.

Ulrich, R. E., & Azrin, N. H. (1962). Reflexive fighting in response to aversive stimulation. *Journal of the Experimental Analysis of Behavior, 5*, 511–520.

Urcuioli, P. J., & Zentall, T. R. (1986). Retrospective coding in pigeons' delayed matching-to-sample. *Journal of Experimental Psychology: Animal Behavior Processes, 12*, 69–77.

Urcuioli, P. J., & Zentall, T. R. (1992). Transfer across delayed discriminations: Evidence regarding the nature of prospective working memory. *Journal of Experimental Psychology: Animal Behavior Processes, 18*, 154–173.

Usherwood, P. N. R. (1993). 'Memories are made of this.' *Trends in Neuroscience, 16*, 427–429.

Vander Wall, S. B. (1982). An experimental analysis of cache recovery by Clark's nutcracker. *Animal Behaviour, 30*, 84–94.
Vauclair, J. (1996). *Animal cognition: An introduction to modern comparative psychology.* Cambridge, MA: Harvard University Press.
Vaughan, W. (1981). Melioration, matching, and maximization. *Journal of the Experimental Analysis of Behavior, 36*, 141–149.
Vaughan, W. (1985). Choice: A local analysis. *Journal of the Experimental Analysis of Behavior, 43*, 383–405.
Vaughan, W. (1987). Dissociation of value and response strength. *Journal of the Experimental Analysis of Behavior, 48*, 367–381.
Vaughan, W. (1988). Formation of equivalence sets in pigeons. *Journal of Experimental Psychology: Animal Behavior Processes, 14*, 36–42.
Vaughan, W., & Greene, S. L. (1983). Acquisition of absolute discriminations in pigeons. In M. L. Commons, A. R. Wagner, & R. J. Herrnstein (Eds.), *Quantitative analyses of behavior*: (Vol. 4). *Discrimination processes*. Cambridge, MA: Ballinger.
Vaughan, W., & Greene, S. L. (1984). Pigeon visual memory capacity. *Journal of Experimental Psychology: Animal Behavior Processes, 10*, 256–271.
Vaughan, W., & Miller, H. L. (1984). Optimization versus response-strength accounts of behavior. *Journal of the Experimental Analysis of Behavior, 42*, 337–348.
Verwey, W. B., & Dronkert, Y. (1996). Practicing a structured continuous key-pressing task: Motor chunking or rhythm consolidation? *Journal of Motor Behavior, 28*, 71–79.
Vienero, V., & Lagerspetz, K. (1984). The relation of parent background and TV-viewing habits to child aggression in six different countries. *Psykologia (Finland), 19*, 414–419.
Voegtlin, W. L. (1940). The treatment of alcoholism by establishing a conditioned reflex. *American Journal of Medical Science, 199*, 802–810.
Vogel, W., Young, M., & Primack, W. (1996). A survey of physician use of treatment methods for functional enuresis. *Journal of Developmental & Behavioral Pediatrics, 17*, 90–93.
Volpicelli, J. R., Ulm, R. R., & Altenor, A. (1984). Feedback during exposure to inescapable shocks and subsequent shock-escape performance. *Learning and Motivation, 15*, 279–286.
von Fersen, L., Wynne, C. D., Delius, J. D., & Staddon, J. E. R. (1991). Transitive inference formation in pigeons. *Journal of Experimental Psychology: Animal Behavior Processes, 17*, 334–341.
von Holst, E. (1935). Über den Lichtruckenreflex bei Fischen. *Publicazioni della Stazione zoologica di Napoli, 15*, 143–158.
Vuchinich, R. E. (1999). Behavioral economics as a framework for organizing the expanded range of substance abuse interventions. In J. A. Tucker, D. M. Donovan, & G. A. Marlatt (Eds.), *Changing addictive behavior: Bridging clinical and public health strategies.* New York: Guilford Press.
Vyse, S. A., & Belke, T. W. (1992). Maximizing versus matching on concurrent variable-interval schedules. *Journal of the Experimental Analysis of Behavior, 58*, 325–334.
Wagner, A. R. (1978). Expectancies and the priming of STM. In S. H. Hulse, H. Fowler, & W. K. Honig (Eds.), *Cognitive aspects of animal behavior.* Hillsdale, NJ: Erlbaum.
Wagner, A. R. (1981). SOP: A model of automatic memory processing in animal behavior. In N. E. Spear & R. R. Miller (Eds.), *Information processing in animals: Memory mechanisms*. Hillsdale, NJ: Erlbaum.
Wagner, A. R., & Brandon, S. E. (1989). Evolution of a structured connectionist model of Pavlovian conditioning (AESOP). In S. B. Klein and R. R. Mowrer (Eds.), *Contemporary learning theories: Pavlovian conditioning and the status of traditional learning theory.* Hillsdale, NJ: Erlbaum.
Wagner, A. R., & Donegan, N. H. (1989). Some relationships between a computational model (SOP) and a neural circuit for Pavlovian (rabbit eyeblink) conditioning. In R. D. Hawkins & G. H. Bower (Eds.), *The psychology of learning and motivation*: (Vol. 22). *Computational models of learning in simple neural systems*. Orlando, FL: Academic Press.

Wagner, A. R., & Larew, M. B. (1985). Opponent processes and Pavlovian inhibition. In R. R. Miller & N. E. Spear (Eds.), *Information processing in animals: Conditioned inhibition*. Hillsdale, NJ: Erlbaum.
Wagner, A. R., Rudy, J. W., & Whitlow, J. W. (1973). Rehearsal in animal conditioning. *Journal of Experimental Psychology, 97*, 407–426.
Wagner, G. A., & Morris, E. K. (1987). "Superstitious" behavior in children. *Psychological Record, 37*, 471–488.
Wallin, J. A., & Johnson, R. D. (1976). The positive reinforcement approach to controlling employee absenteeism. *Personnel Journal, 55*, 390–392.
Walters, R. H., Leat, M., & Mezei, L. (1963). Inhibition and disinhibition of responses through empathetic learning. *Canadian Journal of Psychology, 17*, 235–243.
Walton, D. (1960). The application of learning theory to the treatment of a case of neurodermatitis. In H. J. Eysenck (Ed.), *Behavior therapy and the neuroses*. Oxford: Pergamon Press.
Wanchisen, B. A., Tatham, T. A., & Mooney, S. E. (1989). Variable-ratio conditioning history produces high-and low-rate fixed-interval performance in rats. *Journal of the Experimental Analysis of Behavior, 52*, 167–179.
Warden, C. J., Fjeld, H. A., & Koch, A. M. (1940). Imitative behavior in cebus and rhesus monkeys. *Journal of Genetic Psychology, 56*, 311–322.
Warren, J. M. (1965). Primate learning in comparative perspective. In A. M. Schrier, H. F. Harlow, & F. Stollnitz (Eds.), *Behavior of nonhuman primates* (Vol. 1). New York: Academic Press.
Wasserman, E. A. (1973). Pavlovian conditioning with heat reinforcement produces stimulus-directed pecking in chicks. *Science, 81*, 875–877.
Watanabe, S., Sakamoto, J., & Wakita, M. (1995). Pigeons' discrimination of paintings by Monet and Picasso. *Journal of the Experimental Analysis of Behavior, 63*, 165–174.
Watson, D. L., & Tharp, R. G. (1985). *Self-directed behavior: Self–modification for personal -adjustment* (4th ed.). Monterey, CA: Bro-oks/Cole.
Watson, J. B. (1919). *Psychology from the standpoint of a behaviorist*. Philadelphia: Lippincott.
Watson, J. B., & Rayner, R. (1921). Studies in infant psychology. *Scientific Monthly, 13*, 493–515.
Watson, T. S. (1993). Effectiveness of arousal and arousal plus overcorrection to reduce nocturnal bruxism. *Journal of Behavior Therapy and Experimental Psychiatry, 24*, 181–185.
Watson, T. S., Ray, K. P., Turner, H. S., & Logan, P. (1999). Teacher-implemented functional analysis and treatment: A method for linking assessment to intervention. *School Psychology Review, 28*, 292–302.
Wearden, J. H. (1988). Some neglected problems in the analysis of human behavior. In G. Davey & C. Cullen (Eds.), *Human operant conditioning and behavior modification*. Chichester, UK: John Wiley.
Weaver, M. T., & McGrady, A. (1995). A provisional model to predict blood pressure response to biofeedback-assisted relaxation. *Biofeedback and Self-Regulation, 20*, 229–239.
Wegner, D. M. (1997). When the antidote is the poison: Ironic mental control processes. *Psychological Science, 8,* 148–150.
Wegner, D. M., Ansfield, M., & Pilloff, D. (1998). The putt and the pendulum: Ironic effects of the mental control of action. *Psychological Science, 9,* 196–199.
Weiner, H. (1964). Conditioning history and human fixed-interval performance. *Journal of the Experimental Analysis of Behavior, 7*, 383–385.
Weisberg, P., Stout, R., & Hendler, M. (1986). Training and generalization of a "yes-no" discrimination with a developmentally delayed child. *Child and Family Behavior Therapy, 8*, 49–64.
Weisman, R. G., & Litner, J. S. (1969). Positive conditioned reinforcement of Sidman avoidance in rats. *Journal of Comparative and Physiological Psychology, 68*, 597–603.
Werner, G. A. (1992). Employee recognition: A procedure to reinforce work attendance. *Behavioral Residential Treatment, 7*, 199–204.
Werner, G. E., & Hall, D. J. (1974). Optimal foraging and size selection of prey by the bluegill sunfish (*Lepomis macrochirus*). *Ecology, 55*, 1042–1052.

Whitacre, C. A., & Shea, C. H. (2000). Performance and learning of generalized motor programs: Relative (GMP) and absolute (parameter) errors. *Journal of Motor Behavior, 32,* 163–175.
White, A. G., & Bailey, J. S. (1990). Reducing disruptive behaviors of elementary physical education students with Sit and Wait. *Journal of Applied Behavior Analysis, 23,* 353–359.
White, K., & Davey, G. C. L. (1989). Sensory preconditioning and UCS inflation in human "fear" conditioning. *Behaviour Research and Therapy, 27,* 161–166.
Whiten, A., & Ham, R. (1992). On the nature and evolution of imitation in the animal kingdom: Reappraisal of a century of research. In P. J. B. Slater, J. S. Rosenblatt, C. Beer, & M. Milinski (Eds.), *Advances in the study of behavior* (Vol. 21). New York: Academic Press.
Wickelgren, W. A. (1979). Chunking and consolidation: A theoretical synthesis of semantic networks, configuring in conditioning, S-R versus cognitive learning, normal forgetting, the amnesiac syndrome, and the hippocampal arousal system. *Psychological Review, 86,* 44–60.
Wilcoxon, H. C., Dragoin, W. B., & Kral, P. A. (1971). Illness-induced aversions in rat and quail: Relative salience of visual and gustatory cues. *Science, 171,* 826–828.
Wilkie, D. M. (1983). Pigeons' spatial memory: II. Acquisition of delayed matching of key location and transfer to new locations. *Journal of the Experimental Analysis of Behavior, 39,* 69–76.
Wilkie, D. M., & Slobin, P. (1983). Gerbils in space: Performance on the 17-arm radial maze. *Journal of the Experimental Analysis of Behavior, 40,* 301–312.
Williams, B. A. (1983). Another look at contrast in multiple schedules. *Journal of the Experimental Analysis of Behavior, 39,* 345–384.
Williams, B. A. (1991). Behavioral contrast and reinforcement value. *Animal Learning and Behavior, 19,* 337–344.
Williams, D. R., & Williams, H. (1969). Auto-maintenance in the pigeon: Sustained pecking despite contingent non-reinforcement. *Journal of the Experimental Analysis of Behavior, 12,* 511–520.
Williams, H., & Staples, K. (1992). Syllable chunking in zebra finch (*Taeniopygia guttata*) song. *Journal of Comparative Psychology, 106,* 278–286.
Williams, J. L., & Lierle, D. M. (1986). Effects of stress controllability, immunization, and therapy on the subsequent defeat of colony intruders. *Animal Learning and Behavior, 14,* 305–314.
Wilson, A., Brooks, D. C., & Bouton, M. E. (1995). The role of the rat hippocampal system in several effects of context in extinction. *Behavioral Neuroscience, 109,* 828–836.
Wilson, D. M. (1961). The central nervous control of flight in a locust. *Journal of Experimental Biology, 38,* 471–490.
Wilson, F. A., O'Scalaidhe, S. P., & Goldman-Rakic, P. S. (1993). Dissociation of object and spatial processing domains in primate prefrontal cortex. *Science, 260,* 1955–1958.
Windle, M. (2000). Parental, sibling, and peer influences on adolescent substance use and alcohol problems. *Applied Developmental Science, 4,* 98–110.
Wing, L. (1972). *Autistic children: A guide for -parents and professionals.* New York: Brunner/Mazel.
Winnick, W. A., & Hunt, J. McV. (1951). The effect of an extra stimulus upon strength of response during acquisition and extinction. *Journal of Experimental Psychology, 41,* 205–215.
Winstein, C. J., & Schmidt, R. A. (1990). Reduced frequency of knowledge of results enhances motor skill learning. *Journal of Experimental Psychology: Learning, Memory, and Cognition, 16,* 677–691.
Winter, J., & Hunkin, N. M. (1999). Re-learning in Alzheimer's disease. *International Journal of Geriatric Psychiatry, 14,* 987–990.
Wolpe, J. (1958). *Psychotherapy by reciprocal inhibition.* Stanford, CA: Stanford University Press.
Wolpe, J., & Lazarus, A. A. (1966). *Behavior therapy techniques: A guide to the treatment of neurosis.* Oxford: Pergamon Press.
Woltersdorf, M. A. (1992). Videotape self-modeling in the treatment of attention-deficit hyperactivity disorder. *Child and Family Behavior Therapy, 14,* 53–73.
Wood, D.C. (1973). Stimulus specific habituation in a protozoan. *Physiology and Behavior, 11,* 349–354.

Wood, W., Wong, F. Y., & Chachere, G. (1991). Effects of media violence on viewers' aggression in unconstrained social interaction. *Psychological Bulletin, 109*, 371–383.

Woodruff-Pak, D. S. (1999). New directions for a classical paradigm: Human eyeblink conditioning. *Psychological Science, 10,* 1–3.

Wright, A. A. (1994). Primacy effects in animal memory and human nonverbal memory. *Animal Learning and Behavior, 22*, 219–223.

Wright, A. A., Santiago, H. C., Sands, S. F., Kendrick, D. F., & Cook, R. G. (1985). Memory processing of serial lists by pigeons, monkeys, and people. *Science, 229*, 287–289.

Wulf, G., & Schmidt, R. A. (1989). The learning of generalized motor programs: Reducing the relative frequency of knowledge of results enhances memory. *Journal of Experimental Psychology: Learning, Memory, and Cognition, 15*, 748–757.

Wynne, C. D. L. (1995). Reinforcement accounts for transitive inference performance. *Animal Learning and Behavior, 23*, 207–217.

Wyrwicka, W. (1978). Imitation of mother's inappropriate food preference in weanling kittens. *Pavlovian Journal of Biological Science, 13*, 55–72.

Yamadori, A., & Albert, M. L. (1973). Word category aphasia. *Cortex, 9*, 112–125.

Yamamoto, J., & Asano, T. (1995). Stimulus equivalence in a chimpanzee (*Pan troglodytes*). *Psychological Record, 45*, 3–21.

Yates, C. M. (1991). A response to nonaversive behavior management and "default" technologies. *The Behavior Analyst, 14*, 217–218.

Yell, M. L. (1994). Timeout and students with behavior disorders: A legal analysis. *Education and Treatment of Children, 17*, 293–301.

Yerkes, R. M., & Morgulis, S. (1909). The method of Pavlov in animal psychology. *Psychological Bulletin, 6*, 257–273.

Yin, H., Barnet, R. C., & Miller, R. R. (1994). Trial spacing and trial distribution effects in Pavlovian conditioning: Contributions of a comparator mechanism. *Journal of Experimental Psychology: Animal Behavior Processes, 20*, 123–134.

Yoshikubo, S. (1985). Species discrimination and concept formation by rhesus monkeys (*Macaca mulatta*). *Primates, 26*, 285–299.

Young, G. C., & Morgan, R. T. (1972). Overlearning in the conditioning treatment of enuresis: A long term follow-up study. *Behavior Research and Therapy, 10*, 419–420.

Yule, W., Sacks, B., & Hersov, L. (1974). Successful flooding treatment of a noise phobia in an eleven-year-old. *Journal of Behavior Therapy and Experimental Psychiatry, 5*, 209–211.

Zalstein-Orda, N., & Lubow, R. E. (1995). Context control of negative transfer induced by preexposure to irrelevant stimuli: Latent inhibition in humans. *Learning and Motivation, 26*, 11–28.

Zamble, E., Hadad, G. M., Mitchell, J. B., & Cutmore, T. R. H. (1985). Pavlovian conditioning of sexual arousal: First-and second-order effects. *Journal of Experimental Psychology: Animal Behavior Processes, 11*, 598–610.

Zeldin, R. K., & Olton, D. S. (1986). Rats acquire spatial learning sets. *Journal of Experimental Psychology: Animal Behavior Processes, 12*, 412–419.

Zellner, D. A. (1991). How foods get to be liked: Some general mechanisms and some special cases. In R. C. Bolles (Ed.), *The hedonics of taste*. Hillsdale, NJ: Erlbaum.

Zener, K. (1937). The significance of behavior accompanying conditioned salivary secretion for theories of the conditioned response. *American Journal of Psychology, 50*, 384–403.

Zentall, T. R. (1998). Symbolic representation in animals: Emergent stimulus relations in conditional discrimination learning. *Animal Learning and Behavior, 26*, 363–377.

Zentall, T. R., & Hogan, D. E. (1978). Same/different concept learning in the pigeon: The effect of negative instances and prior adaptation to the transfer stimuli. *Journal of the Experimental Analysis of Behavior, 30*, 177–186.

Zentall, T. R., Roper, K. L., & Sherburne, L. M. (1995). Most directed forgetting in pigeons can be attributed to the absence of reinforcement on forget trials during training or to other procedural artifacts. *Journal of the Experimental Analysis of Behavior, 36*, 127–137.

Zentall, T. R., & Sherburne, L. M. (1994). Transfer of value from S+ to S- in a simultaneous discrimination. *Journal of Experimental Psychology: Animal Behavior Processes*, *20*, 176–183.

Zentall, T. R., Steirn, J. N., & Jackson-Smith, P. (1990). Memory strategies in pigeons' performance of a radial-arm-maze analog task. *Journal of Experimental Psychology: Animal Behavior Processes*, *16*, 358–371.

Zentall, T. R., Urcuioli, P. J., Jagielo, J. A., & Jackson-Smith, P. (1989). Interaction of sample dimension and sample-comparison mapping on pigeons' performance of delayed conditional discriminations. *Animal Learning and Behavior*, *17*, 172–178.

Zhuikov, A. Y., Couvillon, P. A., & Bitterman, M. E. (1994). Quantitative two-process analysis of avoidance conditioning in goldfish. *Journal of Experimental Psychology: Animal Behavior Processes*, *20*, 32–43.

Zimmerman, B. J., & Blom, D. E. (1983). Toward an empirical test of the role of cognitive conflict in learning. *Developmental Review*, *3*, 18–38.

Zubiaur, M., Ona, A., & Delgado, J. (1999). Learning volleyball serves: A preliminary study of the effects of knowledge of performance and of results. *Perceptual and Motor Skills, 89,* 223–232.

Zygmont, D. M., Lazar, R. M., Dube, W. V., & McIlvane, W. J. (1992). Teaching arbitrary matching via sample stimulus-control shaping to young children and mentally retarded individuals: A methodological note. *Journal of the Experimental Analysis of Behavior*, *57*, 109–117.

Namensregister

C

D

E

F

G

H

M

N

O

P

R

S

W

Y

Z

Sachregister

A

B

C

D

E

F

G

H

I

Q

R

S

T

U

V

W

Z